Das Reichsfinanzministerium im Nationalsozialismus

herausgegeben von Jane Caplan, Ulrich Herbert, Hans Günter Hockerts, Werner Plumpe, Adam Tooze, Hans-Peter Ullmann, Patrick Wagner

Band 5

Stefanie Middendorf

Macht der Ausnahme

Reichsfinanzministerium und Staatlichkeit
(1919–1945)

DE GRUYTER
OLDENBOURG

Diese wissenschaftliche Arbeit wurde im Rahmen des Forschungsprojektes „Geschichte des Reichsfinanzministeriums in der Zeit des Nationalsozialismus" durch das Bundesministerium der Finanzen gefördert. Zudem wurde dieses Werk gefördert durch einen einjährigen Forschungsaufenthalt am Historischen Kolleg in München. Das Historische Kolleg wird finanziert aus Mitteln des Freistaates Bayern und privater Förderer.

ISBN 978-3-11-071218-6
e-ISBN (PDF) 978-3-11-071226-1
e-ISBN (EPUB) 978-3-11-071230-8

Library of Congress Control Number: 2021940957

Bibliografische Information der Deutschen Nationalbibliothek
Die Deutsche Nationalbibliothek verzeichnet diese Publikation in der Deutschen Nationalbibliografie; detaillierte bibliografische Daten sind im Internet über http://dnb.dnb.de abrufbar.

Umschlagabbildung: „Groß-Arbeitstage im Reichstag", abgedr. in: Vossische Zeitung, Nr. 50, 14.12.1930, Beilage „Zeitbilder", Fotograf: Erich Salomon, Staatsbibliothek zu Berlin – Preußischer Kulturbesitz
Satz: le-tex publishing services GmbH, Leipzig
Druck und Bindung: CPI books GmbH, Leck
www.degruyter.com

Für Rahel und Clara

Inhaltsverzeichnis

https://doi.org/10.1515/9783110712261-201

Einleitung

„Und der *Staat*? […] *Es liegt durchaus nicht im Wesen des Staates, daß er dauernd zu den gleichen Klassen hinneigen muß.* Aus seinem Apparat bildet sich vielmehr im Verlauf eine Art *Eigengesetzlichkeit* heraus, die in immer stärkerem Maße seine Lebenstätigkeit bestimmt."[1]

Das Wesen des Staates war nach dem Ersten Weltkrieg eine umstrittene Gestalt. Die Mobilisierung aller am Krieg beteiligten Gesellschaften und die revolutionären Bewegungen, die daraus in verschiedenen Ländern hervorgingen, hatten bestehende Autoritäten infrage gestellt. Auch innerhalb der staatlichen Verwaltungen hatte der Krieg „Erfahrungsschübe" bewirkt; bestehende Verhaltensweisen waren herausgefordert und andere Techniken der Administration entwickelt worden.[2] Nicht nur der hier zitierte Rudolf Goldscheid sah daher eine wesentliche Aufgabe seiner Zeit darin, die Beschaffenheit des Staates zu analysieren und neu zu konturieren. Auch Lenin konstatierte 1919, dass es die Suche nach dem Wesen und der Bedeutung des Staates sei, die tagtäglich „in jeder beliebigen Zeitung bei jeder beliebigen ökonomischen oder politischen Frage" verhandelt werde. Diese Aushandlung war aber zutiefst konfliktbeladen, und gerade der deutsche Staat erwies sich in der Folge des Krieges nicht als ein autonomer Herrschaftskomplex, sondern als ein beständig fragiles und scharf umkämpftes Übergangsgebilde.[3]

Inmitten dieser Kämpfe wurde im Jahr 1919 das Reichsministerium der Finanzen begründet. Es verkörperte eine bis dahin ungekannte Reichweite des deutschen Zentralstaates, aber auch die Dynamik gesellschaftlicher Verhältnisse. Anfänglich war dieses Ressort für die Bewältigung der Kriegsfolgen und das Krisenmanagement der Weimarer Demokratie von prägender Bedeutung, später war es an der Etablierung und „Wehrhaftmachung" der nationalsozialistischen Diktatur aktiv beteiligt. Die Ministerialbeamten erlebten diese Jahrzehnte als einen Zeitraum außerordentlicher Herausforderungen, was den Worten eines Zeitgenossen zu entnehmen ist, der noch in den 1950er-Jahren konstatierte, ein Finanzministerium agiere „immer ein wenig in der Nähe des Ausnahmezustandes". Es funktioniere wie die Intendantur einer Heeresverwaltung und sei damit stärker als andere Ressorts auf das Agieren jenseits der Gewalten-

[1] Goldscheid, Staatssozialismus, S. 205 [sofern im Folgenden nicht anders vermerkt: alle Hervorh. i. Orig.].

[2] Koselleck, Erinnerungsschleusen, S. 265; ders., Erfahrungsraum; Raphael, Recht, S. 216; für die deutsche Gelehrtendiskussion um den „Volksstaat" Bruendel, Volksgemeinschaft; für die britische Entwicklung Cronin, Politics, S. 49–67 und 71.

[3] Lenin, Staat, S. 64; Vom „deutsche[n] Staatsproblem" schrieb schon Bracher, Diktatur, S. 16, sparte in seiner Analyse aber die Dynamiken des Ersten Weltkrieges weitgehend aus.

https://doi.org/10.1515/9783110712261-001

teilung, also auf die Ausdehnung exekutiver Spielräume ausgerichtet.[4] Tatsächlich regierte im Zeitraum des Bestehens des Reichsfinanzministeriums zwischen 1919 und 1945 immer wieder die Ausnahmelage – als akute Kassennot, strukturelles Haushaltsdefizit, wachsende Staatsschuld. Angesichts solcher Krisen und Grenzlagen scheint eine Weberianische Vorstellung rationaler Anstaltsstaatlichkeit kaum tauglich, um die historische Realität dieses Ressorts zu beschreiben. Bürokratische Herrschaft mittels überparteilicher Neutralität war zwar die vom Zeitgenossen Max Weber vorgeschlagene Lösung für die Problemlagen dieser Jahre, aber eben kein Abbild der Wirklichkeit. Seinen berühmten Vortrag über die *Politik als Beruf*, in dem er für eine sachliche Haltung der Beamtenschaft plädierte, hielt Weber Ende Januar 1919 in München unter dem Eindruck der Friedensverhandlungen, die gerade in Paris anliefen. Seine Botschaft, ein Beamter solle nicht „kämpfen", sondern „‚verwalten', *unparteiisch* vor allem", sandte er daher nicht primär an den deutschen Staatsapparat, sondern an die Siegerstaaten sowie an die radikale Linke im Inneren, der er politische und moralische Mobilisierung vorwarf.[5]

Wie verhielt sich dieser Ruf nach Sachlichkeit also zur Komplexität des neuen, demokratisch begründeten Staates der Weimarer Republik? Dieser Staat musste seine Legitimität nach dem verlorenen Krieg nicht nur nach innen, sondern durch politische wie ökonomische Beziehungen auch nach außen neu herstellen. Daraus entstand bei vielen zeitgenössischen Beobachtern und Beobachterinnen der Eindruck einer gesellschaftlichen Zerrissenheit, die den Staat dominiere und korrumpiere. Die Weberianische Vorstellung einer neutralen Überparteilichkeit des Regierungsapparats konnte in diesen Konflikten unterschiedlichen politischen Lagern als idealtypischer Zufluchtsort erscheinen. Dieses war aber keineswegs das einzige mögliche Refugium der damaligen Debatte. Den Beteiligten stand der Gegensatz von bürokratischem Ideal und operativer Praxis jedenfalls deutlich vor Augen. Rückblickend schrieb der langjährige Referatsleiter im Reichsfinanzministerium, Hermann Woothke, an den Politikwissenschaftler Theodor Eschenburg, er habe seit seinem Eintritt in das Ressort im Gründungsjahr bis zum Ende des Zweiten Weltkrieges immer wieder nur „äußerlich legal im Rahmen des sogenannten Ermessenspielraum[s]" gehandelt. Sein Leben sei durch diesen „inneren und äußeren Kampf" zwischen Recht und Politik geformt worden – einen Kampf gegen die „reinen Vertreter der Kunst des Möglichen", die (wie etwa der Weimarer Finanzsstaatssekretär und spätere preußische Finanzminister der NS-Zeit,

[4] Hettlage, Finanzverfassung, S. 13. Die Mehrzahl der Protagonisten dieser Studie, insbesondere jener innerhalb des Reichsfinanzministeriums, war männlichen Geschlechts, daher und im Dienste stilistischer Klarheit wird im Folgenden mehrheitlich das generische Maskulinum verwendet.

[5] Weber, Politik, S. 189–190; Leonhard, Frieden, S. 901–904; Middendorf, Ordnung.

Johannes Popitz) für mehr politische Geschmeidigkeit und einen eigenen Führungswillen der Bürokratie eintraten.[6] Begriffe von Ausnahme, Kampf und Krieg prägen solche Selbstzeugnisse sehr viel deutlicher als die üblichen Topoi verwaltungsgeschichtlicher Forschung, die formale Routinen, Entscheidungshierarchien und Rechtsstaatlichkeit als Charakteristika administrativen Handelns betonen. Insofern ist Webers Stellungnahme eben als Gegenentwurf zu der von Woothke beschriebenen Erfahrungswelt der Bürokratie zu verstehen, wenn er in seinem Vortrag 1919 argumentierte, dass Parteinahme, Kampf und Leidenschaft genuine Prinzipien der politischen Führung und damit nicht der Verwaltung seien. Die deutsche Ministerialbürokratie konnte sich nach dem Ersten Weltkrieg offenbar nicht vom politischen Kampf ausnehmen. Ihre Handlungsräume waren vielmehr davon geprägt, dass sich Rechtsförmigkeit und politische Durchsetzungskraft oft widersprachen und neutrale Sachlichkeit zu einer politischen Haltung werden konnte – und dies bereits vor 1933.

Die Geschichte des Reichsfinanzministeriums, wie sie in diesem Buch gedacht wird, geht daher nicht in verwaltungshistorischen Aspekten auf, sondern verweist auf die genuin politische Dimension exekutiver Praxis, gerade in der Staatsfinanzierung der ersten Hälfte des 20. Jahrhunderts. In dieser Organisation wurden nicht nur legislative Vorgaben der Einnahmen- und Ausgabensteuerung administrativ umgesetzt, sondern auch Verfahren der öffentlichen Willensbildung mitgestaltet und Erwartungen von Steuerpflichtigen, nationalen wie internationalen Gläubigern sowie von Verhandlungspartnern in der privaten Wirtschaft oder im Parlament gemanagt. Diese Gemengelagen waren eingebettet in einen Zeitgeist, der den Notstand und die Ausnahme zunehmend zur Normalität machte – bis die nationalsozialistische Herrschaft die damit verbundenen Ermächtigungen in den Dienst einer rassistischen Weltanschauung stellte, sich selbst aber im Unterschied zur Weimarer Republik nicht mehr als ein Regime der Not begriff.[7] Die Rolle der Ministerialbürokratie in den Entscheidungsprozessen, die mit solchen Transformationen verbunden waren, steht im Zentrum der nachfolgenden Untersuchung. Sie führt von den „zerrissenen“[8] Jahren der Zwischenkriegszeit, in denen sich das Ministerium als Nachfolgeinstitution des kaiserlichen Reichsschatzamtes unter demokratischen Bedingungen neu begründete, bis an das Ende des Zweiten Weltkrieges, als die Nachkriegszeit bereits gedanklich vorbereitet wurde. In diesem Zeitraum war das Ministerium zweimal für einen „Staatsbankrott“

[6] Hermann Woothke an Theodor Eschenburg, 16.3.1959, Nachlass Woothke, LAV NRW R, RWN 44/9, Bl. 87.

[7] Für neuere Forschungen zum Ausnahmezustand als gesellschaftshistorische Wirkmacht zwischen 1919 und 1945 Wildt, Gewalt; Geyer, Grenzüberschreitungen; Raithel/Strenge, Reichstagsbrandverordnung; Becker, Macht; Flemming/Saul/Witt, Lebenswelten.

[8] Buchheim/Hutter/James, Zwischenkriegszeit; Blom, Jahre.

mitverantwortlich, zunächst in der Hyperinflation von 1923, mit anschließender zeitweiliger Stabilisierung, dann mit der endgültigen moralischen, militärischen und ökonomischen Niederlage des Deutschen Reiches im Mai 1945 und deren währungspolitischen Folgen. Dass sich die Verantwortung des Ministeriums und seiner nachgeordneten Behörden auch in der Zeit der nationalsozialistischen Diktatur zudem nicht auf vermeintlich unpolitische Aspekte der Finanzadministration beschränkte, ist von Forschungen zur fiskalischen Ausbeutung und Verfolgung bereits umfangreich dokumentiert worden.[9]

Die machtbewusste Mitwirkung des Reichsfinanzministeriums an den Verbrechen des nationalsozialistischen Regimes bildet daher den Referenzrahmen für jede Annäherung an die Geschichte dieser Organisation bis 1945.[10] Die bereits vorliegenden Untersuchungen zu diesem Thema haben gezeigt, dass weder das Ministerium noch die ihm unterstellte Reichsfinanzverwaltung bloß ausführende Organe waren, sondern dass sie eine eigenständige Rolle in der Konstituierung und Durchsetzung der Verfolgungs- und Vernichtungspolitik spielten. Doch macht der Blick auf dieses Ressort nicht nur die Verantwortung für die nationalsozialistische Gewaltherrschaft deutlich, sondern wirft zugleich die vorgelagerte Frage auf, welche Bedeutung die Ministerialbürokratie für die subkutanen Übergänge zwischen demokratischen und diktatorischen Regierungstechniken hatte, mit denen der Massenmord erst denk- und machbar wurde – also für die Transformation von Staatlichkeit über die Zäsur von 1933 hinweg.

Staatseffekte und Staatsaufgaben: Ausgangsüberlegungen

Was aber meint der Begriff der Staatlichkeit mit Blick auf die historischen Gegebenheiten nach dem Ende des Ersten Weltkrieges? Max Webers Idee eines weitgehend autonomen Staatsgebäudes, basierend auf bürokratischer Herrschaft und entsprechendem Befehlsgehorsam der Beamtenschaft, beschrieb jedenfalls keinen zeitgenössischen Konsens. Im Gegenteil: Der britische Polito-

9 Insbesondere Kuller, Bürokratie; dies., Normenstaat; Drecoll, Fiskus; Meinl/Zwilling, Raub; Meinl, Verwaltungssoldaten; Friedenberger, Ausplünderung; Kenkmann/Rusinek, Verfolgung; Rummel, Enteignung; Schmid, Finanztod; Gilles, Hauptsache; ders./Otto, Beuteverwaltung; sowie jetzt Raichle, Finanzverwaltung.

10 Diese Studie entstand im Rahmen des Forschungsprojektes zur Geschichte des Reichsfinanzministeriums in der Zeit des Nationalsozialismus. Hierzu auch die kritische Diskussion um die Geschichte der Ministerialverwaltungen in der nationalsozialistischen Diktatur und in der Bundesrepublik, vgl. Mentel/Weise, Behörden; Schlink, Kultur; Sabrow, Nazis zählen; Mentel, Debatte.

loge Harold Laski erklärte schon 1919 die Pluralität staatlicher Willensbildung zur Normalität. Er wies damit jede „monistic theory of the state" zurück, in der ein autoritäres Zentrum eine einheitliche Repräsentation von Staatlichkeit schaffe.[11] Anderen, wie Carl Schmitt, erschien wiederum ein solch pluralistisch gedachter Staat als problematische Fehlentwicklung demokratischer Gesellschaften. Wie auch seine Schüler Ernst Forsthoff und Ernst Rudolf Huber warf Schmitt dem Weimarer Parlamentarismus gerade vor, keine „neue Repräsentanz von Staatlichkeit" schaffen zu können. Für das „Dritte Reich" suchten diese Staatsrechtler daher nach ganz anderen Souveränitätsbegriffen, und Schmitt erklärte die moderne Staatsidee schließlich generell zu einem transitorischen Phänomen: Die „Überwindung des alten, zentralen Staatsbegriffs" sei das Gebot der Stunde.[12]

Diese Verflüssigung des Staatsbegriffs ist mittlerweile wohl zu einem staatstheoretischen Leitbild geworden, zugleich aber ist – anders als bei Schmitt – die Unverzichtbarkeit einer reflektierten Kategorie des Staatlichen für die Analyse moderner Gesellschaften immer wieder neu betont worden. Wurde vor Jahren noch der weitgehende Rückzug oder sogar der Zerfall des Staatswesens diagnostiziert, so ist seither ein Bild vom Staat als hybridem „Herrschaftsmanager" in den Vordergrund gerückt. Dessen Konturen seien zerfasert, seine Herrschaftsmacht erkläre sich erst aus der Kooperation mit nicht-staatlichen Akteuren.[13] Mark Bevir und Rod Rhodes haben von der „Ankunft des staatslosen Staates" gesprochen, von einem kontingenten Resultat diverser Praktiken des Regierungsapparats. Pluralismus wird dabei aber nicht mehr als Gefährdung, sondern geradezu als Voraussetzung funktionierender und legitimer Staatlichkeit gedacht.[14] Staatlichkeit in einem solchen Sinne entsteht aber erst aus beständigen sozialen, politischen und ökonomischen Grenzziehungen. Der Staat existiert nicht unabhängig von der Gesellschaft, sondern nur als deren Re-

11 Laski, State, S. 233.

12 Schmitt, Epoche, S. 376; ders., Großraum, S. 297 und 304; ders., Wendung; ders., Weiterentwicklung; ders., Bewegung, S. 15. Hierzu auch Schönberger, Staatlich, bes. S. 22; ders., Begriff; Vesting, Erosionen; Walkenhaus, Totalität, S. 97–99; aus der Debatte der Zeit Forsthoff, Totale Staat; ders. Industriegesellschaft, S. 158; Huber, Einheit; später Höhn, Volk; Boehm, Staatswissenschaft. Zur politischen Legitimation der Rechtsordnung des Nationalsozialismus und der Rolle Hubers vgl. Möllers, Fußnote.

13 Schuppert, Was ist; Genschel/Leibfried, Schupperts Staat; Genschel/Zangl, Metamorphosen, bes. S. 446; dies., Staat; Zürn/Leibfried, Transformationen. Zur Frage der Anwendbarkeit einer (allerdings statisch begriffenen) Staats-Kategorie auf unterschiedliche historische Zeiträume bereits Koselleck, Staat.

14 Bevir/Rhodes, State, S. 20. Hierzu auch Vogel, Staatsbedürftigkeit; Schuppert, Staat; Dreier, Verwaltung, S. 29: „In dieser Perspektive erscheint der Staat am Ende weniger als Bezwinger der gesellschaftlichen Kräfte denn als ihr Produkt, nicht als neutrale Instanz über den Gruppen, sondern als ihr Forum, nicht als Hüter eines abstrakten [...] Gemeinwohls, sondern als Informationsverarbeitungs-, Gewichtungs- und Letztentscheidungsinstanz".

sultat – obgleich unter den Zeitgenossinnen und Zeitgenossen der ersten Hälfte des 20. Jahrhunderts die Vorstellung, Staat und Gesellschaft könnten oder sollten getrennte Entitäten sein, noch eine wichtige Rolle spielte.[15] Anschließend an Pierre Bourdieu möchte die vorliegende Studie die arbiträren Anfänge jedes Staatsgebildes betonen, ebenso wie die grundsätzliche Erkenntnis, dass „der Staat und alles, was sich aus ihm ergibt, eine geschichtliche Erfindung ist, ein historisches Artefakt".[16] Dies lenkt den Blick von der Modellhaftigkeit einzelner Staatstypen hin zur grundsätzlichen Historizität von Staatlichkeit. In den Fokus rückt dadurch die Herstellung „des Staates" als Struktur wie als Symbol, hervorgebracht durch Praktiken, Techniken und Taktiken des Regierens.[17]

Mit seiner Geschichte des britischen Staates hat Patrick Joyce kürzlich eine Arbeit vorgelegt, die eine solche Herangehensweise auf methodisch anregende Weise durchführt. In seiner Analyse der *techno power* der britischen Administration weist Joyce unter Rückgriff auf Michel Foucault darauf hin, dass die Konstruktion sozialer Ordnungen, wie jener „des Staates", als Prozess verstanden werden müsse. Der so hergestellte Staat sei kein handlungsleitendes Modell, sondern ein Effekt administrativer Praktiken inklusive der sich verändernden Materialität des jeweiligen Verwaltungshandelns. Auch anlagernde Konzepte von „Macht" oder „Wirtschaft" entstünden erst aus dieser Staatspraxis selbst. Damit lasse sich der Staat als ein Mosaik unterschiedlicher Organisationen, Akteure und Techniken verstehen. Die Rolle der Finanzbürokratie hebt Joyce gesondert hervor: Diese verfüge in besonderem Maße über jenes „Meta-Kapital des Staates", von dem aus der Wert anderer Kapitalarten und Herrschaftszentren erst bestimmt werde. Zur Herstellung staatlicher Kohärenz greife sie auf Strategien der Sichtbarmachung ebenso wie auf Taktiken der Geheimhaltung zurück. Auch Kategorien der Sparsamkeit oder Effizienz würden als Herrschaftsnormen erst produziert, nicht zuletzt unter dem Einfluss der Ökonomie als handlungsleitendem Referenzsystem. Es sei daher davon auszugehen, dass gerade ein Finanzministerium, das eben über Modelle der Wirtschaftlichkeit oder der Vereinfachung regiere, in Verbindung zu einer grundlegenden Ökonomisierung des Regierens gedacht werden müsse.[18]

[15] Rosanvallon, Staat, S. 14; Novak/Sawyer/Sparrow, Democracy; Sparrow/Novak/Sawyer, Boundaries; Migdal, State in Society; Migdal/Schlichte, Rethinking; Steinmetz, State/Culture. In Deutschland haben dies bisher insbesondere Frühneuzeithistorikerinnen und Althistoriker diskutiert, vgl. Lundgreen, Staatsdiskurse; Asch/Freist, Staatsbildung; sowie für das 19. Jahrhundert Raphael, Recht, S. 212–215.

[16] Bourdieu, Staat, S. 208.

[17] Dies zeigte in einer luziden Kritik marxistischer Staatstheorien bereits Abrams, Difficulty, S. 82: „The state comes into being as a structuration within political practice; it starts its life as an implicit construct; it is then reified […] and acquires an overt symbolic identity progressively divorced from practice as an illusory account of practice."

[18] Joyce, State, zur besonderen Rolle des Finanzressorts S. 105–109; ders., Social, S. 228

Eine ähnliche Sichtweise auf die Bedeutung der Bürokratie – insbesondere der Ministerialbürokratie – für die Herstellung von Staatlichkeit findet sich in Franz Neumanns *Behemoth* von 1944. Dort schrieb der in die Emigration getriebene Politikwissenschaftler über die Jahre der Weimarer Republik: „Der höhere Beamte betrachtet den Staat mehr oder weniger als ein Wirtschaftsunternehmen, das effizient zu betreiben ist. Er hat den Zynismus des erfolgreichen Unternehmers, nur daß an Stelle des Gewinns die administrative Effizienz sein höchstes Ziel ist." Dabei kommt Neumann aber zu einem anderen Schluss als Joyce. Während Joyce die administrative Leistungsorientierung als eine Praxis interpretiert, die den liberalen britischen Staat kennzeichne, da dieser eine unternehmerische Vorstellung von „Freiheit" konstruiere, um die Bevölkerung zu disziplinieren, sprach für Neumann aus solchen Methoden ein „antidemokratischer und autoritärer Standpunkt". Neumann sah daher in der Ministerialbürokratie, nicht zuletzt in der Beamtenschaft des Reichsfinanzministeriums, eine reaktionäre Kaste, die aufgrund ihrer Nähe zur Monopolwirtschaft die Weimarer Republik gezielt geschwächt habe und daher im nationalsozialistischen Staat ihre Herrschaft, zumindest zeitweilig, fortsetzen konnte.[19] Während Neumann damit die historische Rolle der Ministerialbürokratie vor allem von der Ermöglichung und Durchsetzung der nationalsozialistischen Herrschaft ab 1933 her dachte, führen die Überlegungen von Joyce auf eine historisch breitere Spur. Diese verweist auf die Bedeutung administrativen Effizienzdenkens und technokratischer Zweckmäßigkeit für sehr unterschiedliche staatliche Gefüge. Beide Autoren jedoch sprechen damit das grundlegende Verhältnis von Politik und Ökonomie in modernen Staaten an. Wo Neumann allerdings das Industriekapital als organisierte Klasse voraussetzt, welche die Rationalität staatlicher Herrschaft (im Sinne Webers) ebenso wie die Strukturlosigkeit des nationalsozialistischen Regimes für sich instrumentalisiert habe, ist bei Joyce eher ein omnipräsenter Marktgedanke am Werk, der in alle Teilbereiche einer Gesellschaft einzudringen vermag.

Der vergleichende Blick auf den britischen Fall regt dazu an, die Geschichte des Reichsfinanzministeriums seit 1919 nicht auf eine Vorgeschichte der deutschen Diktatur zu reduzieren. Die nachfolgende Untersuchung des Finanzressorts ist vielmehr als Fallbeispiel für die Geschichte moderner Staatlichkeit im langen 20. Jahrhundert zu verstehen, in der ökonomische Maßstäbe für staatliches Handeln an Bedeutung gewannen, das Ökonomische wie das Staatliche aber zugleich einem historischen Wandel unterlagen. Ensprechend erfolgte im Untersuchungszeitraum eine grundlegende Veränderung in der

und 242. Zu dieser Debatte auch Sharma/Gupta, Introduction; Mitchell, Society; ders., Limits; Cronin, Politics, bes. S. 36; sowie für die Finanzpolitik Wright, Treasury Control 1854–1914, der stärker auf die Grenzen der Kontrolle verweist.

19 Neumann, Behemoth, S. 431.

finanzwirtschaftlichen Rolle des Staates: An die Stelle der fiskalischen trat die Erwartung einer konjunkturpolitischen Ausrichtung der Staatsfinanzen; die „Ordnungsfinanz" ersetzte die „Deckungsfinanz".[20] Der eingangs zitierte Goldscheid verlangte Staatsbejahung durch eine Budgetgestaltung, die den Staat befähige, „selbst im größten Stile wirtschaftliche Funktionen übernehmen zu können". Zukünftig müsse der Staat selbst ökonomisiert, vom „bloßen Gehäuse" zum „eigentliche[n] Motor" der Wirtschaft und vom „Schuldnerstaat" zum „Kapitalstaat" werden.[21] Auch Joseph Schumpeter konstatierte eine zunehmend „symptomatische" Bedeutung der Staatsfinanzen und verwies darauf, dass der Einfluss staatlicher Finanzpolitik auf die Volkswirtschaft „so ziemlich alle großen Züge der Dinge" erfasse.[22] Die einschlägigen Debatten der Zwischenkriegszeit um staatliche Kreditschöpfung und antizyklische Fiskalpolitik waren daher nicht nur in wirtschafts- oder beschäftigungspolitischer Hinsicht relevant, sondern brachten auch neue Erwartungen an den Staat zum Ausdruck, da sie diesem eine erhöhte „Steuerungs- und Vergesellschaftungskapazität" zuschrieben.[23]

Anders als Joyce mithilfe des Gouvernmentalitätsbegriffs für den britischen Fall annimmt, gelang aber die Herstellung umfassender Staatsmacht nicht immer beziehungsweise stieß beständig auf gesellschaftliche Widerstände. Die Geschichte des deutschen Staatswesens und seiner *financial power* in der ersten Hälfte des 20. Jahrhunderts ist symptomatisch für eine solche Fragilität. Analytisch bedeutsam ist Staatlichkeit für diese Studie somit nicht als eine fest umrissene Norm, an der historisches Handeln zu messen wäre. Vielmehr geht es darum, die sich verändernde Gestalt, Reichweite und Plausibilität von Staatsbehauptungen aufzuzeigen, an deren Konstruktion das Reichsfinanzministerium beteiligt war. Mit Charles Maier gesprochen: „Staaten sind Abstraktionen. [...] Staaten behaupten, nach allgemeinen Gesetzen oder Normen zu operieren, und diese Regeln bilden die Grundlage ihres Legitimitätsanspruchs – also dafür, dass sie aus Gründen, die weit über die bloße Ausübung von Zwangsmacht hinausgehen, von Seiten ihrer Bürger Loyalität und von Außenstehenden Anerkennung verdienen." Die Etatisierung von Machtbeziehungen wird daher im Folgenden als eine Machtform interpretiert,

[20] Tanner, Bundeshaushalt, S. 19; Gerloff, Steuerwirtschaftslehre, S. 240–241 und 247–248; Ehrlicher, Finanzwissenschaft. Für Großbritannien wurde der damit verbundene Wandel des Finanzressorts vom Haushaltswächter zum Manager der nationalen Ökonomie analysiert von Peden, Treasury. Die mit solchen Transformationen verbundene Veränderung staatlich-administrativer Praxis in Großbritannien von der Hierarchie über das Marktdenken zu Netzwerkbildung betonen Bevir/Rhodes, State, S. 94.

[21] Goldscheid, Staat, S. 279; ders., Staatssozialismus, S. 76 und 78.

[22] Schumpeter, Krise, S. 331.

[23] Tanner, Bundeshaushalt, S. 19; zu den Debatten Köster, Krise; ders., Wissenschaft; Janssen, Nationalökonomie; Kim, Industrie; Meister, Depression; Bombach et al., Keynesianismus.

die selbst in einem diktatorischen Staat nicht ausschließlich aus Befehlen und Machthierarchien resultiert, sondern „zirkuliert, als Verkettung funktioniert" und dabei auch immer wieder angefochten wird.[24] Prägend war im hier untersuchten Zeitraum dafür die ausgeprägte Tendenz der Bürokratie, sich selbst zu ermächtigen beziehungsweise eine außerordentliche Ermächtigung durch andere anzustreben. Dies gilt für das Deutsche Reich, aber auch für andere europäische Staaten nach dem Ende des Ersten Weltkrieges. Der französische Technokrat Bertrand de Jouvenel hat diese Entwicklung als Übergang von der „Vorherrschaft des Gesetzes" zur „Vorherrschaft des Ziels" beschrieben. Solche zeitgenössischen Beobachtungen aufgreifend hat Pierre Rosanvallon in seinen regierungstheoretischen Überlegungen argumentiert, dass mit dem Weltkrieg das militärische Kommando als Leitbild erfolgreichen Regierens in modernen Staaten den demokratischen Kompromiss zunehmend infrage gestellt oder sogar ersetzt habe. Damit habe sich das Gesetz „faktisch in eine Regierungsmethode unter anderen" verwandelt.[25]

Auch in der deutschen Forschung, bisher allerdings vorwiegend in der Rechtsgeschichte, ist diese Veränderung thematisiert worden, jedoch mit widersprüchlichen Befunden. So gelten die 1920er- bis 1940er-Jahre als Transformationszeit, in der sich die bürokratischen Akteure zwar neu „programmierten", sich aber auch externen Impulsen gegenübersahen, die eher auf die Einhegung der exekutiven Gewalt abzielten.[26] Denn die Errichtung des demokratischen Staates ging in Teilen der Weimarer Staatsrechtslehre mit der Vorstellung einher, die Bürokratie sei durch den parlamentarischen Gesetzgeber normativ zu steuern und ihrer im 19. Jahrhundert konstituierten Eigenmacht mittels einer „Mediatisierung der Verwaltung durch das Gesetz" zu entledigen.[27] Auch die bei Weber vorgesehene Funktionsteilung zwischen politischem und administrativem Sektor, in der ersterer die Zwecke setzt, die letzterer als „Maschinerie" ausführt, war so zu verstehen. De facto aber brachten die mit dem Krieg begonnenen Erweiterungen der Staatstätigkeit beständig neue Spielräume für eine „Mitherrschaft der Verwaltung" hervor.[28]

[24] Maier, Leviathan, S. 39–40; Frankenberg, Staatstechnik, S. 32–33; hierzu auch Foucault, Subjekt, S. 291.

[25] Jouvenel, Évolution, S. 15; Rosanvallon, Regierung, S. 77 und 79.

[26] So etwa Dreier, Verwaltung, S. 112.

[27] So Merkl, Verwaltungsrecht, S. 73; hingegen Mayer, Verwaltungsrecht, S. 71: „Das verfassungsmäßige Gesetz ist […] nur für gewisse besonders wichtige Gegenstände zur notwendigen Bedingung aller Staatstätigkeit gemacht worden. Für alle übrigen ist die vollziehende Gewalt an sich frei; sie wirkt aus eigner Kraft, nicht auf Grund des Gesetzes."

[28] Weber, Staatsform, S. 5. Hierzu Groh, Republikaner, S. 197–198. Zeitgenössisch wurde die Nichterfüllung des Steuerungsanspruchs der Legislative gegenüber der Exekutive als Schwäche des Weimarer Staates ausgelegt, dies spiegelt auch noch die Darstellung bei Dreier, Verwaltung, S. 99–108 sowie 202–210 u. a. mit Bezug auf Huber, Einheit, wider; die

Zwar wurden dem Reichsfinanzministerium bei seiner Gründung bestimmte Aufgaben zugewiesen, dazu zählten insbesondere die reichsweite Steuerpolitik und eine verfassungsgemäße Planung des Reichshaushalts. Andere Aufgaben aber eroberte es sich erst in den folgenden Jahren oder gab sie an konkurrierende Akteure wieder ab. Dies waren „Staatsaufgaben" insofern, als in ihnen die Konstituierung, Legitimierung und Gestaltung staatlicher Macht mittels verbindlicher Entscheidungen zum Ausdruck kamen.[29] Das Wirkungsfeld dieser Entscheidungen war vielgestaltig, es umfasste politische Institutionen und administrative Strukturen, Finanzmärkte und Kreditnehmer, Steuerzahlerinnen und die öffentliche Meinung. Zudem waren die Handlungsfelder des Reichsfinanzministeriums Arenen internationaler Auseinandersetzungen und weltwirtschaftlicher Ordnungsversuche, auf denen sich Außenpolitik und Innenpolitik beständig verschränkten.[30] In zeitgenössischen Staatsdiskursen, insbesondere in der deutschen Staatsrechtslehre, blieb der nationale Bezugspunkt gleichwohl prägend und wurde angesichts der verbreiteten Abwehr jener internationalen Friedensordnung, die der Versailler Vertrag zu etablieren versuchte, eher neuerlich fixiert als überwunden.[31] Die daraus entstehenden Widersprüche prägten den Bereich der Staatsfinanzierung in besonderem Maße, da internationale Geld- und Kreditbeziehungen nicht mehr mit den üblichen Grenzziehungen nationalstaatlicher Souveränität in Deckung zu bringen waren. Die Finanzpolitik nach dem Ersten Weltkrieg stellte gerade in Deutschland das autonome Staatswesen infrage und die schwebenden Reparationsforderungen zwangen die Weimarer Staatsführung, sich für internationale Arrangements zu öffnen.[32] Darüber hinaus hatte sich schon in den Kriegsjahren eine Praxis der Ausnahmestaatlichkeit entwickelt, mit deren Hilfe die Geltung vorhandener Rechtsordnungen suspendiert oder Rechtsnormen ausgedehnt werden konnten. Dies war eine tiefreichende Erfahrung, die den Erwartungs- wie den Möglichkeitsraum staatlicher Herrschaft nach 1919 prägte.

Debatten um eine unabhängig agierende Bürokratie in der Weimarer Demokratie dokumentiert Czerwick, Demokratisierung.

29 Grimm, Staatsaufgaben; Budäus, Organisationswandel; historisch auch Rosenthal, Staatsaufgaben.

30 Tooze, Sintflut; Haberler, Weltwirtschaft, S. 212; Schötz, Kampf; Leonhard, Frieden, S. 788–812.

31 Reinhard, Geschichte, S. 440–457; Stolleis, Entstehung, S. 253–282.

32 Petersson, Anarchie; ders./Schröder, Souveränität; Pauly, Institutions. Grundlegend auch Maier, Transformations.

Jenseits der Polykratie-Debatte: Forschungsperspektiven

Die Ehemaligen des Reichsfinanzministeriums beschrieben sich nach dem Ende des Zweiten Weltkrieges als Vertreter einer unpolitischen Administration, und die finanzgeschichtliche Forschung folgte lange diesen simplifizierenden Selbstinszenierungen. So trug insbesondere der ehemalige Reichsfinanzminister Lutz Graf Schwerin von Krosigk mit seiner Anfang der 1970er-Jahre veröffentlichten *Geschichte der Finanzpolitik des Dritten Reiches* und weiteren wissenschaftsähnlichen Texten entscheidend dazu bei, dass dieses Ressort als bloße Hauptbuchhaltung des Regimes interpretiert und damit als Gegenstand nicht nur der NS-Forschung, sondern auch der Historiografie der Weimarer Republik vernachlässigt wurde. Selbst ein kritischer Beobachter wie der in die Emigration getriebene Finanzwissenschaftler und ehemalige Mitarbeiter des Reichsfinanzministeriums Fritz Neumark konnte noch 1977 Schwerin von Krosigks Verhalten im Nationalsozialismus nur damit erklären, dass es zeige, „wie gutgläubig-naive Experten durch raffinierte Politiker dazu gebracht werden können, den finanziellen und politischen Bankrott eines Staates herbeiführen zu helfen".[33]

In der breiteren Diskussion um den NS-Staat wurde angesichts solcher Aussagen die Wirkmacht der Ministerialbürokratie lange Zeit darauf reduziert, die Ausnahmeherrschaft von Sonderorganisationen begrenzt und den Verwaltungsstaat so weit „in Ordnung" gehalten zu haben, „daß Rechtsvakuum und Regellosigkeit keine regimegefährdenden Ausmaße annahmen". Davon ging insbesondere die ältere Diskussion um den „polykratischen" beziehungsweise dysfunktionalen Charakter des nationalsozialistischen Herrschaftssystems aus.[34] Diese Forschungsdebatten folgten vielfach jenen Selbstbeschreibungen der Ministerialen, die sich an eng gefassten „preußischen" Ordnungskategorien orientierten und den „rationalen Anstaltsstaat" wider besseren Wissens zum Abbild der historischen Wirklichkeit vor der Machtübernahme Hitlers erklärten. Vor dem Hintergrund dieser für die Zeit vor 1933 postulierten idealtypischen Rationalität bürokratischer Herrschaft wurden dann für die Zeit nach 1933 vor allem Prozesse der Entstaatlichung hervorgehoben. Der nationalsozialistische Herrschaftsstil galt als unvereinbar mit dem „moder-

[33] Schwerin von Krosigk, Staatsbankrott; ders., Zweite Weltkrieg; ders., Finanz- und Außenpolitik; Caeser/Hansmeyer, Haushalts- und Finanzwesen, S. 845; Petzina, Wirtschaft, S. 118; sowie Boelcke, Kosten, S. 28; Neumark, Bankrott, S. 501.

[34] Hüttenberger, Polykratie, S. 423–424; Broszat, Staat, S. 171; die Beiträge in Hirschfeld/Kettenacker, Führerstaat; Ruck, Führerabsolutismus. Als Überblick über die Debatte auch Thamer, Monokratie.

nen Staatsgedanken" und der „politische[n] und moralische[n] Substanz des überkommenen Berufsbeamtentums".[35]

Damit verbunden waren zwei Deutungsweisen, die auf zeitgenössische Staatstheorien zurückgriffen und denen ebenfalls die Weberianische Konzeption einer rationalen, rechtsstaatlichen Ausrichtung der Bürokratie zugrunde lag. Einerseits wurde der Dualismus von Parteiherrschaft und traditioneller Staatsverwaltung betont und dafür Ernst Fraenkels Begriff des „Doppelstaats" herangezogen, mit dem zwischen Normenstaat und Maßnahmenstaat unterschieden wurde, die Fraenkel als „konkurrierende Herrschaftssysteme" innerhalb eines gemeinsamen Gefüges verstand.[36] Andererseits wurde mit Blick auf die zunehmende Verdrängung des Rechts durch die Gewalt, vor allem nach Beginn des Zweiten Weltkriegs, Neumanns Analyse des „Behemoth" rezipiert. Darin erschien das nationalsozialistische Regime überhaupt nicht mehr als Staat, sondern als radikalisierte „Gesellschaftsform", in der Macht ganz unmittelbar und ohne „den wenigstens rationalen, bisher als Staat bekannten Zwangsapparat", also auch ohne die Vermittlung der Verwaltung, ausgeübt werde. Explizit grenzte sich Neumann damit von Fraenkel ab und argumentierte, „daß es in Deutschland ein Reich von Recht und Gesetz nicht gibt". Vielmehr habe mit dem Nationalsozialismus die Vorherrschaft der Zweckmäßigkeit jene der Gesetzmäßigkeit abgelöst und damit auch jede Form von Staatlichkeit beendet. Der faschistische „Ausnahmestaat" erschien so als ein radikales Novum, in dem die zivile Staatsbürokratie eine allenfalls marginale Rolle einnahm. Fraenkel seinerseits erklärte solche Unterschiede damit, dass seine eigene Studie eher die Vorkriegszeit, Neumanns Arbeit hingegen die deutsche Gesellschaft im Krieg zum Gegenstand habe und sich für die Details nationalsozialistischer Rechtspraxis nicht interessiere.[37]

In den Forschungen, die implizit oder explizit an diese beiden Deutungen anschlossen, nahmen klassische Ministerialverwaltungen wie das Reichsfinanzministerium eine tendenziell defensive Rolle ein. Sie erschienen als stabilisierende Kräfte, die von der Dynamik parteinaher Institutionen überwältigt wurden oder damit Arrangements eingingen, nicht aber selbst die Grenzen des Rechts überschritten oder an die Stelle des Rechts andere Herrschaftstechniken setzten. Dies galt, obwohl Neumann die Bürokratie zu einer der vier tragenden Säulen der nationalsozialistischen Gesellschaftsform (neben Partei, Monopolwirtschaft und Militär) erklärt und auch Fraenkel gar keine scharfe

[35] Mommsen, Beamtentum, S. 121–123.

[36] Fraenkel, Doppelstaat, S. 101. Zur Rezeption Fraenkels und der damit einhergehenden These von der Staatsauflösung Mommsen, Nationalsozialismus, bes. S. 409; Rebentisch, Führerstaat, bes. S. 1–27; zum Werk selbst Meierhenrich, Remnants.

[37] Neumann, Behemoth, S. 541 und 543; hierzu Wildt, Ordnung, S. 277; Meierhenrich, Remnants, S. 33; Schäfer, Behemoth, S. 691 und 694; zur Rezeption Bast, Totalitärer Pluralismus; Intelmann, Neumann.

Trennung zwischen Parteiherrschaft und Staatsbürokratie intendiert hatte. Zugrunde liegt diese analytische Dichotomie in gewisser Weise auch noch jenen jüngeren Ansätzen der Forschung, die den Nationalsozialismus und seine Verwaltungsstrukturen als Ausdruck einer „Neuen Staatlichkeit" interpretieren. Sie weisen zwar die älteren Diagnosen der Dysfunktionalität zurück und betonen stattdessen die Effizienz der hybriden Verwaltungspraxis der NS-Zeit. Doch haben sie den schon vor 1933 bestehenden Ministerialverwaltungen empirisch bisher wenig Aufmerksamkeit geschenkt, sodass auch mögliche Kontinuitäten zur Weimarer Republik kaum erforscht sind – wenngleich Sven Reichardt und Wolfgang Seibel hervorgehoben haben, dass das „Hineinregieren" anderer Instanzen generell „für Bürokratien in einer politisierten Umwelt nicht ungewöhnlich" sei. In der empirischen Auseinandersetzung aber erscheinen die bürokratischen Akteure weiterhin primär als Exponenten rationaler Herrschaft, die informelle Verfahrensweisen zwar adaptierten, deren eigentliche Bedeutung aber darin lag, eine „konventionelle" Ordnung von Herrschaft zu wahren und eigene Handlungsspielräume gegen die nationalsozialistische Destabilisierung abzusichern.[38]

Ein Perspektivwechsel ist nicht zuletzt deshalb angebracht, weil es an Wissen über die konkrete Gestalt und Praxis staatlicher Herrschaft für die Zeit *vor* 1933 noch weitgehend fehlt. Dies gilt insbesondere für das Reichsministerium der Finanzen und den Bereich der Finanzverwaltungspraxis,[39] verweist aber auf den grundsätzlicheren Befund, dass die Geschichte der Weimarer Demokratie durch die Dominanz der NS-Forschung zeitweilig aus dem Fokus zeithistorischer Debatten geraten ist.[40] Führt man sich aber die Erfahrungsgeschichte der in den Ministerien vielfach über die Zäsur von 1933 hinweg arbeitenden Beamtenschaft vor Augen, so rückt die Prägekraft einer permanent prekären, keineswegs rational „geordneten" Existenz des Weimarer Staates in den Blick. Dies ist vor allem im Bereich der Finanzpolitik beobachtbar, wo der beständige Krisen-

38 Reichardt/Seibel, Radikalität, S. 9, sowie die Beiträge in dies., Staat; Hachtmann, Neue Staatlichkeit; ders., Polykratie; außerdem Mecking/Wirsching, Stadtverwaltung; für die Integration informaler Handlungsweisen in die „Normalität" von Verwaltungen Gotto, Kommunalpolitik; ders., Selbststabilisierung.

39 Witt, Reichsfinanzminister; für das 19. Jahrhundert ders., Finanzpolitik des Deutschen Reiches; Pietschmann, Finanzministerium; außerdem Leidel, Begründung; Misera, Organisationsveränderungen; als eher populärwissenschaftliche Darstellung Bundesministerium der Finanzen, Reichsschatzkammer. Zum Forschungsstand der Verwaltungsgeschichte Ruck, Beharrung. Ebenso fehlt es an vergleichendem Wissen über die Entwicklung in anderen Ländern, dazu jüngst Hachtmann, NS-Regime; für die Einbeziehung der Weimarer Zeit die Einzelprojekte der Forschungsgruppe zur Geschichte des Reichsarbeitsministeriums, insbesondere Marx, Verwaltung; sowie die im Entstehen begriffene Überblicksstudie von Rüdiger Hachtmann.

40 Für jüngere Versuche der Wiederbelebung einer differenzierten Weimar-Forschung Müller/Tooze, Normalität; Müller, Weltkrieg; Hung/Weiss-Sussex/Wilkes, Glitter.

modus seit dem Ersten Weltkrieg zu immer neuen Ausnahmeregelungen und Notverordnungen führte.

Nicht nur unter nationalsozialistischer Herrschaft wuchs der Staatshaushalt an und machte die jährliche Haushaltsplanung den beteiligten Ministerialbeamten deutlich, dass die formellen Verfahren der Ressourcenmobilisierung dehnbar waren. Vielmehr stellte die zunehmende Komplexität und Intransparenz der Staatsfinanzierung bereits vor der Machtübernahme der Nationalsozialisten eine wesentliche Herausforderung dar, und die im Haushaltsvolumen ablesbare Ausdifferenzierung der Staatstätigkeit, die zu Steuerungsproblemen führte, wurde innerhalb der Ministerialbürokratie schon früh wahrgenommen.[41] Die Relevanz der Finanzwirtschaft für die Legitimation von Staatlichkeit sowie die damit einhergehende Ausbildung neuer Herrschaftsstrategien beschäftigten die Ministerialbürokratie also vor wie nach 1933, was aber für die Zeit der Diktatur dadurch verdeckt wurde, dass die nationalsozialistische Regimespitze mit ostentativer Herablassung auf ministeriale Finanzexperten blickte und ein betont oberflächliches Verhältnis zu Geldfragen pflegte.[42] Die in der Polykratie-Debatte durchklingenden zeitgenössischen Beobachtungen nationalkonservativer Eliten inner- und außerhalb der Ministerien, die ab Mitte der 1930er-Jahre konstatierten, dass die „früher einheitliche Staatsgewalt“ nun „zersplittert“ sei, sind insgesamt daher wohl eher als Ausdruck enttäuschter Erwartungen an die Ordnungsleistung des „Neuen Staates“ zu werten denn als zutreffende Beschreibungen der Gegebenheiten vor 1933.[43] Immerhin formte sich die Kritik an „polykratischen“ Machtkonkurrenzen gerade im Bereich der Staatsfinanzen, wie noch genauer zu zeigen sein wird, bereits in den 1920er-Jahren und war auch schon im Kaiserreich angeklungen. Die Forschungsthese einer nationalsozialistischen Polykratie übernimmt daher unausgesprochen die Mystifizierung eines potenziell monokratischen, rational durchregierten und homogenen Staatsgebildes, welche die zeitgenössischen Erfahrungs- und Erwartungshorizonte prägte.[44]

Schon vor längerer Zeit hat Dieter Rebentisch darauf hingewiesen, dass die für den nationalsozialistischen Staat konstatierten Eigenheiten möglicherweise unspezifisch und stattdessen eher typisch für die Anforderungen an

41 Die Bedeutung des Reichshaushalts für das Verständnis des NS-Staates betont zu Recht, wenngleich argumentativ enggeführt Aly, Volksstaat. Für längere Linien vgl. Hansmeyer, Wohlfahrtsstaat.

42 Dazu ausführlich Banken, Finanzproblem.

43 Fritz-Dietlof von der Schulenburg (1937), zit. nach Ruck, Partikularismus, S. 76. Übernahmen solcher zeitgenössischen Perspektiven werden für das Reichsfinanzministerium besonders erkennbar bei Hüttenberger, Aufbau; hierzu auch Middendorf, Staatsfinanzen.

44 Kroboth, Finanzpolitik, S. 17–18; Schöllgen, Kaiserreich, S. 79–81; Wehler, Kaiserreich, S. 69–71. Für diese Diskussion auch Hentschel, Wirtschaft; kritische Reaktion darauf von Kocka, Kapitalismus, S. 613–615. Dagegen Fischer, Eliten, S. 25–27.

Herrschaft in den Staaten des 20. Jahrhunderts gewesen seien; dies aber lasse sich nur dann beurteilen, wenn das Jahr 1933 analytisch überschritten werde. Erst solche „epochenübergreifenden Studien" könnten klären, ob „manches von dem, was die Zeitgeschichtsschreibung gegenwärtig für Charaktermerkmale der nationalsozialistischen Polykratie hält, in Wirklichkeit Symptome der Komplexität des modernen Verwaltungsstaates sind".[45] Dieses Buch fragt daher am Beispiel des Reichsfinanzministeriums nach Kontinuitäten und Diskontinuitäten in der Praxis des Regierens seit 1919, die schließlich den „Aufstieg" des Nationalsozialismus ermöglichten, ohne dass sie linear auf den Moment der Machtübernahme zuliefen. Vielmehr zeigen sich in der Nahsicht die innere Umstrittenheit, die Widersprüchlichkeit und das Fragmentierte dieser Entwicklung. Die Wirkung einer Entscheidung war vielfach abhängig vom situativen Kontext und der sich ändernden Semantik handlungsleitender Begriffe.[46] Dieser Prozess erschließt sich aber erst aus einer tieferen Auseinandersetzung damit, wie die Beteiligten im Reichsfinanzministerium seit 1919 zu ihrem Verständnis von Staatlichkeit kamen und wie sich dieses Verständnis mit ihrem Handeln verband. Die vermeintliche Vorgeschichte der Diktatur wird damit ebenso als ein Nacheinander von Gegenwarten gelesen wie die Zeit der nationalsozialistischen Herrschaft selbst, in der diese Dynamik nicht endete.[47]

Mikrokosmos: Das Ministerium als Handlungsraum

Nicht nur im Bereich der NS-Forschung hat die Verwaltungsgeschichte ihren Gegenstand lange unter der Perspektive der rationalen Zweckerreichung betrachtet. Schon die ältere Systemtheorie hat aber darauf hingewiesen, dass sich in der Bürokratie vor allem „das Handeln selbst" in Zweck/Mittel-Begriffen und in Kategorien der Effizienz artikuliere, um die Stabilisierung und das Funktionieren einer Organisation zu ermöglichen. „Will man jedoch das Handeln zum Gegenstand einer kritischen wissenschaftlichen Untersuchung machen", so Niklas Luhmann, „kann man sich nicht von vornherein an die Kategorien seines Selbstverständnisses binden". Er setzte an die Stelle der zweckorientierten Selbstbeschreibungen der Handelnden daher den systemtheoretischen Funk-

[45] Rebentisch, Reichskanzlei, S. 633. Für eine empirische Annäherung auch ders., Verfassungswandel.

[46] Als ähnlichen Versuch, die Weimarer Republik nicht allein als Vorgeschichte des Nationalsozialismus zu lesen, aber in finanz- und wirtschaftspolitischen Aspekten eher kursorisch McElligott, Weimar Republic.

[47] In Anlehnung an die Formulierung bei Rosanvallon, Begriffs- und Problemgeschichte, S. 49–50.

tionsbegriff.[48] Luhmanns Texte zu formalen Organisationen bieten eine Vielzahl von Anregungen für analytische Kategorien jenseits der Zweckrationalität, etwa durch die Betrachtung des Kontingenzmanagements in Organisationen, die Dekonstruktion von „Effizienz“ und „Wirtschaftlichkeit“ in der Verwaltung oder die Betonung von „Vertrauen“, „Zeit“ und „brauchbarer Illegalität“.[49] Zudem hat die Systemtheorie darauf aufmerksam gemacht, dass für die Analyse von Organisationen stets auch nach den Grenzen des Formalen zu suchen ist. Elemente der Informalität, der Normabweichung, der Regelverletzung und der interaktiven Spontaneität sind in bürokratischen Handlungszusammenhängen mitzudenken, denn gerade hier können Faktoren des „Erfolgs“ liegen.[50]

Die Rhetorik administrativer Rationalität gezielt zu hinterfragen, verhilft zu kritischer Distanz gegenüber der Quellensprache. Die Produktivität einer solchen Herangehensweise gerade für die Beschäftigung mit Organisationen der nationalsozialistischen Machtausübung ist jüngst durch Stefan Kühls Forschungen zum Polizeibataillon 101 überzeugend dokumentiert worden. Mit Blick auf die Ministerialgeschichte ist aus Kühls Forschungen vor allem zu lernen, dass für das Handeln in Organisationen die (historisch ohnehin schwer ermittelbare) Motivlage von Einzelpersonen nicht allein entscheidend ist, sondern dass dieses Handeln von den formalen und informalen Strukturen der Organisation wesentlich gelenkt wird.[51] Jedoch bringt diese Vorgehensweise zugleich ein Begriffsarsenal mit sich, das die Darstellung der historischen Dynamik, Widersprüchlichkeit und Umstrittenheit organisationaler Entscheidungsprogramme erschwert und ihre Veränderung in der Zeit als erklärendes Moment tendenziell ausblendet. Ein kurztaktiger Wandel kennzeichnete aber in besonderem Maße die Periode seit dem Ersten Weltkrieg, in der sich das Reichsfinanzministerium als Organisation konstituierte.[52]

Daher werden zeitgenössische Staatssemantiken und die damit verbundenen spezifischen Zweckbegriffe, welche die Entscheidungsprozesse im

[48] Luhmann, Zweck, S. 42; ders., Zweckbegriff.

[49] Luhmann, Funktionen, S. 304–314; ders., Organisation; ders., Politik, S. 152–154; ders., Verwaltung.

[50] Emich, Formalisierung; Ellwein, Staat, Bd. 1, S. 54. Dies hatte auch die organisationssoziologische Literatur seit den 1920er-Jahren bereits hervorgehoben – anders als Webers Theorie bürokratischer Herrschaft wurde sie aber kaum rezipiert, hierzu Mayo, Problems; Roethlisberger/Dickson, Management; sowie die Hinweise bei Becker, Bürokratie; Seibel, Bureaucracy.

[51] Für einen Überblick Seibel, Verwaltung, S. 92–101 sowie 142–151. Zudem vor allem Kühl, Organisationen (2014); ders., Organisationen (2011); Nolzen, Ganz normale Organisationen; Christ, Praxis; Schulz/Marx, Soziologie; Seibel, Staatsstruktur.

[52] Die Reduktion offener historischer Situationen auf die anonyme Logik sozialen Wandels und die entsprechende Marginalisierung der Handlungsmotivationen der Beteiligten befeuerte zudem schon die Debatte zwischen „Intentionalisten“ und „Funktionalisten“, die hier nicht wiederbelebt werden soll.

Reichsfinanzministerium prägten, in dieser Studie als historische Phänomene eigenen Rechts betrachtet. Dieser kulturwissenschaftlich erweiterte Blick lenkt die Aufmerksamkeit auch auf die Materialität von Verwaltungstechniken, die konkreten Räume des Regierens sowie die Reibungen zwischen der normativen Bezugnahme auf „den Staat“ und der alltäglichen Produktion aktenmäßiger Vorgänge.[53] Karl Weick hat bereits in den 1970er-Jahren in seiner Theorie des *enactment* nicht Organisationen, sondern „Prozesse des Organisierens“ beschrieben, die beständig durch das selektive Handeln und sinnstiftende Nachdenken der Organisationsmitglieder konstituiert werden. Erkennbar werden diese Prozesse, so Weick, insbesondere in krisenhaften Situationen der Unsicherheit oder der Mehrdeutigkeit.[54] Jüngere Ansätze haben diese Überlegungen um sprachkritische und machttheoretische Überlegungen ergänzt. Sie betonen die aktive Rolle von Organisationen als wissensgenerierende Interpretationssysteme[55] und die „institutionellen Logiken“, die darin zum Ausdruck kommen, wie Akteure innerhalb der Organisation ihre Handlungen rahmen.[56]

Diese von den Erfahrungen der Handelnden mitbestimmten, aber routinisierten Entscheidungsmechanismen (im Falle des Reichsfinanzministeriums etwa: die immer wieder über formalisierte „Haushaltspläne“ geordnete Staatsfinanzierung, die Techniken der „Geschäftsordnung“ oder der durch jährlich wiederkehrende Verhandlungsrituale hergestellte „Haushaltsausgleich“) sind in ihrer Anwendung eng mit der jeweiligen Organisation verbunden, aber veränderbar.[57] Gerade für die normsetzende Ebene der Ministerien gilt, und dies deutlicher als für nachgeordnete und primär ausführende Behörden, dass programmatische Anstöße für Veränderungen aus der Administration selbst kommen können. Hier zeigt sich eine Form der bürokratischen Politik, die sich in den ökonomischen Krisenjahren der Weimarer Demokratie verstärkte, aber

53 Joyce, Archivierung, S. 286; außerdem Löffler, Institutionengeschichte; Becker, Überlegungen; als Kritik an kulturwissenschaftlichen Perspektiven Wunder, Verwaltung.

54 Weick, Prozeß; ders., Sensemaking; ders./Sutcliffe/Obstfeld, Organizing.

55 Taylor/Van Every, Organization; Hiller, Organisationswissen, S. 20; Kieser/Ebers, Organisationstheorien, S. 368–376. Für eine Kritik an den Fallstricken dieser Rezeption, die dazu führen kann, dass die ursprünglich zur Kritik von Machtrelationen entworfenen Konzepte Bourdieus und Foucaults nur mehr „pseudorationale Deliberationsverfahren“ in Verwaltungen abbildeten und die Bedeutung konflikthafter administrativer Praxis für die staatliche Herrschaft ausblendeten, vgl. Rüdiger, Staatswissenschaften, S. 331; Wunder, Verwaltung, S. 343–344.

56 Thornton/Ocasio/Lounsbury, Perspective; Barley/Tolbert, Institutionalization. Dies zielt auf eine Dynamisierung gegenüber Kategorien der „Organisations“- beziehungsweise „Verwaltungskultur“, hierzu Fisch, Verwaltungskultur; Jann, Verwaltungskulturen; Löffler, Währungsgeschichte; anregend auch Collin/Lutterbeck, Maschine; Lutterbeck, Reflexionen.

57 Welskopp, Bewegungsdrang, bes. S. 212–213; Thornton/Ocasio/Lounsbury, Perspective, bes. S. 7, 12 und 99–100; Mahoney/Thelen, Change.

wohl keine Pathologie, sondern eher den Normalfall industriegesellschaftlicher Regierungsformen darstellt.[58] Die Ministerialverwaltung kann so potenziell auch zu einem „Kommunikationsraum“ in gesellschaftlichen Konfliktsituationen werden und integrativ wirken.[59] Allerdings wurden entsprechende Handlungsweisen der Bürokratie in der Weimarer Zeit von rechts wie von links vielfach nicht als Normalität, sondern als Regelbruch wahrgenommen. An solche Kritik anschließend, wurde das Verhalten der hohen Weimarer Bürokratie dann auch in der historiografischen Forschung als problematisch und tendenziell antirepublikanisch dargestellt.[60] Erst nach 1945 wurden solche Praktiken als Regelfall moderner Administrationen in pluralistischen Gesellschaften verstanden.[61]

Als Organisation war das Ministerium in diesem Prozess vor allem an Selbststabilisierung interessiert, bildete aber keine statische Ordnungsform, sondern ein eigenes Element gesellschaftlicher Dynamik. Als normsetzende Reichsbehörde repräsentierte es eine spezifische Form organisationalen Handelns, die – im Unterschied etwa zu Unternehmens- oder Gewerkschaftspraktiken – in besonders enger Beziehung zu Recht und Rechtstaatlichkeit stand und sich zugleich von der primär verwaltenden Arbeitsweise nachgeordneter Organe unterschied.[62] Diese Studie interessiert sich daher vor allem dafür, wie die Ministerialbürokratie im Prozess der Staatsbildung selbst regelverändernd, regelbrechend oder regelbildend wirkte. Pragmatisch wird das Reichsfinanzministerium dafür als formal organisierter und sozial strukturierter Handlungsraum definiert, von dem eigene institutionelle Effekte ausgingen.[63] Was im Ministerium getan und von dort nach außen kommu-

[58] Mayntz, Soziologie, S. 181 und 203; Dogan, Mandarins; Allison/Halperin, Bureaucratic Politics; Häusermann, Politik. Normativ anders argumentiert Dreier, Verwaltung, der gerade aufgrund der Pluralisierung der staatlichen Willensbildung in der Demokratie eine legalistisch und hierarchisch organisierte Exekutive für notwendig hält.

[59] Taylor/van Every, Organization; Becker, Sprachvollzug; Haas/Hengerer, Schatten; Pröve/Winnige, Wissen; Mayntz, Soziologie, S. 193.

[60] So etwa Ruck, Korpsgeist; Winkler, Revolution; Morsey, Beamtenpolitik; Fenske, Beamtentum; ders., Beamtenpolitik; Elben, Problem, S. 31–43; Mommsen, Stellung; ders., Staat.

[61] Für die Debatte insgesamt Seibel, Bureaucracy, S. 723–724; Dreier, Verwaltung; Loschelder, Weisungshierarchie, S. 452–454; Brünneck, Demokratieprinzip; auf die problematischen Implikationen dieser Entwicklung weisen hin Schmid/Treiber, Bürokratie; Schuppert, Verfassungsrecht. Für die Haushaltspolitik Smekal, Flucht; Puhl, Budgetflucht.

[62] Für einen Überblick über Organisationstheorien und neuere Organisationsforschungen in der deutschen Zeitgeschichte Böick/Schmeer, Kreuzfeuer.

[63] Hierfür grundlegend Welskopp, Commentary; ders., Dualität; ders., Mensch; Sewell, Theory; ders., Logics. Für daran anschließende theoretische Überlegungen Middendorf/Schulze/Unger, Institutional History; stärker die Regelhaftigkeit von Ministerialverwaltungen betonend Eden/Marx/Schulze, Verwaltungen; Marx, Verwaltung, S. 15–21; zur Funktion von Organisationen in modernen (kapitalistischen) Gesellschaften Ortmann/Sydow/Türk, Organisation; Türk/Lemke/Bruch, Organisation.

niziert wurde, konnte daher Erscheinungsformen „des Staates" bestimmen und verfestigen. Diese Wirkmacht musste sich aber in der Interferenz mit anderen Organisationen innerhalb eines sozialen Feldes erweisen. Um solche Konstellationen genauer in den Blick zu nehmen, schaut diese Studie auf das Feld staatlicher Haushaltspolitik.

Makrokosmos: Haushaltspolitik als Handlungsfeld

Das Reichsfinanzministerium war Einnahmen- und Ausgabenministerium zugleich, was eine im internationalen Vergleich keineswegs selbstverständliche Lösung darstellte.[64] Dieses Ressort trug somit die Verantwortung, finanzielle Ressourcen nicht nur zu mobilisieren, sondern auch zu verteilen und zu verwalten, wenngleich es dabei in ein Gefüge mitverantwortlicher Institutionen eingebunden war: Dazu zählten insbesondere die Reichsbank, die Reichsschuldenverwaltung und der Reichsrechnungshof. Im Bereich der Haushaltspolitik besaß das Ministerium eine starke Position, sowohl für die interne Koordinierung von Regierungsstrategien als auch für deren Kommunikation nach außen. Das haushaltspolitische Handlungsfeld war damit nicht nur prägend für das Selbstverständnis dieser Organisation. In diesem Bereich zeigten sich auch grundsätzliche Zusammenhänge zwischen bürokratischer Praxis und staatlicher Ordnung besonders deutlich. Die Reichshaushaltsplanung wird daher in dieser Studie im Zentrum stehen, während das Steuer- und das Zollwesen sowie die damit jeweils verbundenen nachgeordneten Behörden nur dort betrachtet werden, wo sie für die Identität der Organisation oder für Konflikte innerhalb der Beamtenschaft eine Rolle spielten.

In der Haushaltspolitik verschränkten sich wirtschafts-, rechts- und regierungshistorische Dimensionen. So schrieb der Staatsrechtler Gerhard Lassar 1926, dass die Erfahrungen der jüngsten Vergangenheit die „rechtsstaatliche Problematik des Haushaltsrechts in ihrem ganzen Umfange klargelegt" hätten, da gerade hier die Dehnbarkeit von Rechtsnormen und die Eigenmacht der Verwaltung jenseits ihrer Routinen erkennbar würden: „Jeder Bureaukratie ist das Streben nach einem möglichst großen Umkreis rechtlich ungebundenen Handelns immanent. Sie fühlt sich in der freien Verfolgung ihrer Zwecke durch Rechtssätze gehindert und sucht derartige Einschränkungen ihrer Machtsphäre nach Möglichkeit zu verhindern oder zu umgehen. Daher neigt die Verwaltung dazu, den Haushalt möglichst undurchsichtig zu halten und ihre Dispositionsmöglichkeit durch weite Fassung der Etatstitel wie durch um-

64 Zunker, Finanzplanung, S. 189–228; Vialon, Stellung; Neumark, Reichshaushaltsplan (1929), S. 61–72; ders., Gemeinsamkeiten; Sturm, Haushaltspolitik; Jèze, Rôle.

fassende Übertragbarkeit der Mittel möglichst groß zu gestalten."[65] Darüber hinaus wurde in der Haushaltsplanung jene Dimension der Staatsfinanzierung erkennbar, die zeitgenössisch, wie erwähnt, besonders umstritten war: der Anspruch, dass Haushaltspolitik nicht nur ein Mittel der punktuellen Intervention und der „Sparsamkeitsbeschwörung" sein dürfe, sondern der flexiblen Steuerung dienen und mittel- beziehungsweise langfristige Planungsziele in der Staatsökonomie befördern müsse.[66]

Sehr unterschiedliche zeitgenössische Stimmen wiesen daher auf die zentrale Rolle des Reichshaushalts für die soziale und staatliche Ordnung hin. Nicht nur der nationalkonservative Finanzstaatssekretär Popitz sah im Budget das „Schicksalsbuch des deutschen Volkes".[67] Auch der sozialdemokratische Haushaltsexperte Kurt Heinig verstand den Haushaltsplan als „Hauptbuch des Staates" und als das „zu Zahlen geronnene Schicksal der Nation, das es zu gestalten gilt".[68] Ähnlich bezeichnete der in Deutschland bis weit in die Zeit nach dem Zweiten Weltkrieg rezipierte französische Verwaltungswissenschaftler Gaston Jèze den Etat als ein „in Zahlen gegossene[s] Regierungsprogramm".[69] Und Goldscheid begriff ihn 1917 als „Rückgrat der ganzen Staatsstruktur", denn immerhin seien Staat und Etat ursprünglich Synonyma. Der Ausgleich des Haushalts war für ihn, wie für viele seiner Zeitgenossen, daher das zentrale Merkmal einer funktionierenden Staatsfinanzwirtschaft.[70]

Am Beispiel der Haushaltspolitik lässt sich daher die spezifische Machtlogik des Reichsfinanzministeriums besonders deutlich zeigen, die nur begrenzt als gezielte Steuerung oder als persönliche Einflussnahme Einzelner erfassbar ist.[71]

65 Lassar, Verwaltung, S. 240.

66 Zunker, Finanzplanung, S. 100; aus der breiten Debatte u. a. Bombach, Keynesianismus I–III; sowie Clingan, Budget.

67 Popitz, Probleme, S. 438.

68 Heinig, Budgetliteratur, S. 374; ders., Haushalt-Fibel, S. 12; hierzu auch Schmölders, Finanzpolitik, S. 60.

69 Jèze, Aspect, S. 20; ders., Theorie, S. VII–VIII; zit. nach Witt, Verfassungs- und Gesellschaftspolitik, S. 391. Zum affirmativen Verweis auf Jèzes politische Deutung des Budgets Hansmeyer, Vorbemerkung, S. 12.

70 Goldscheid, Staatssozialismus, S. 50. Siehe auch ebd., S. 92: „Da mithin die gesamte Zukunft der sozialen Frage, die künftige Stellung der Sozialdemokratie im Staat ebenso wie die Stellung des Staates in der Gesellschaft, in der Hauptsache von einer *grundlegenden Reform des Staatshaushaltes* abhängig ist, so dürfen sich Staat und Sozialdemokratie am wenigsten davon abhalten lassen, den Kampf für diese Aufgabe in den Mittelpunkt ihrer ganzen Betätigung zu stellen".

71 Personalisierungen sind gerade in der „Aufarbeitung" der Rolle der Ministerialverwaltungen im Nationalsozialismus beobachtbar. So vermittelt Aly, Volksstaat, den Eindruck, dass das Reichsfinanzministerium eine Art autonome Schaltzentrale für die Verteilungspolitik des Regimes dargestellt habe, so etwa S. 66: „Oberregierungsrat Dr. Walter Bußmann war derjenige leitende Beamte, der [...] zusammen mit seinem Vorgesetzten, Ministerialrat Walther Bayrhoffer, die Kriegsfinanzen managte." Ähnlich auch, für die Ebene des

In der deutschen Verfassungstradition richtete sich der Machtanspruch des Finanzministeriums bis weit in die zweite Hälfte des 20. Jahrhunderts weniger auf die „Politikformulierung auf Ressortebene“ oder auf eine „die Regierungsorganisation durchdringende und mit einem besonderen politisch-institutionellen Gewicht versehene Dacheinheit“, sondern begründete sich primär aus einem starken Abwehrrecht. Das Finanzministerium besaß aufgrund seiner verfassungsmäßig festgelegten Rolle und eines seit 1922 festgeschriebenen Vetorechts in Haushaltsfragen zwar theoretisch weitreichende Einflussmöglichkeiten und war in diesem Sinne „allgegenwärtig“. Doch die aus dieser Position resultierenden Zugriffschancen konnten je nach politischer Konstellation auch auf die bloße Verhinderung, nachträgliche Koordinierung oder passive Abschätzung von Folgewirkungen andernorts getroffener Entscheidungen beschränkt bleiben.[72] Dieser Trend verstärkte sich in der Zeit der nationalsozialistischen Herrschaft und vor allem im Zweiten Weltkrieg, galt aber auch für manche Phasen der Weimarer Republik.

Die per Reichshaushalts- und Geschäftsordnung zugeschriebenen Rechte bildeten jedoch nur eine Ebene der potenziellen Einflussnahme; eine andere lag beispielsweise in der Möglichkeit, durch Bestimmungen in den jährlichen Haushaltsgesetzen Fakten zu schaffen, die sich als Ordnungsmuster verstetigten. Hinzu trat die Vernetzung durch die Mitarbeit an interministeriellen Gremien und parlamentarischen Ausschüssen (inklusive der sogenannten unterirdischen Beamteninitiative sowie informeller Absprachen) oder das politische Engagement an anderen Orten.[73] Anders als im Steuer- und im Zollbereich war dem Ministerium im Bereich der Haushaltspolitik kein behördlicher Unterbau als Verwaltungsexekutive unterstellt. Während sich auf der unteren Ebene der Steuer- und Zollverwaltung das Gewicht des Ministeriums durch die organisatorischen Strukturen dokumentierte, erwies sich dessen Bedeutung im Bereich der Haushaltsplanung eher anhand von Spielräumen des Handelns, wie etwa der Einschränkung oder Ausweitung des finanzministeriellen Aufgabenbereiches oder der Beteiligung an Kommunikationsnetzwerken und Entscheidungsprozessen. Wesentliche Machtpotenziale eröffneten sich für die Ministerialbeamtenschaft im „Fahren des Haushalts“, beispielsweise durch die Auslegung und Ausdehnung des planmäßig Festgestellten, die sachlich oder zeitlich elastische Bereitstellung von Mitteln, die sogenannte Notbewilligung von über- oder außerplanmäßigen Ausgaben oder die intransparente

einfachen Verwaltungsbeamten, Kenkmann, Pater Devisius. Zur Kritik an dieser Perspektive auf Organisationshandeln Eden/Marx/Schulz, Verwaltungen.

72 Hierzu Zunker, Finanzplanung, S. 94–95 und 122; Lord Salisbury (1899), zit. nach Cronin, Politics, dort auch S. 36: „Because every policy at every step requires money, the Treasury can veto anything.“

73 Heinig, Budget, Bd. I, S. 275; Zunker, Finanzplanung, S. 42 und 52.

Konstruktion von Nebenhaushalten.[74] Die Staatsvorstellungen der beteiligten Beamtenschaft, die innere Struktur und Geschäftsverteilung des Ministeriums, der sich verändernde Gang der Dienstwege und die Personalentwicklung sind daher nicht allein als Bausteine der organisationshistorischen Grundlagenforschung interessant, sondern sie bedingten die spezifischen institutionellen Effekte, die dieses Ressort im Feld der Haushaltspolitik hinterließ.

Staatstechniken des Reichsfinanzministeriums: Erkenntnisinteressen

Mit Blick auf die Globalgeschichte von Staatlichkeit hat Charles Maier jüngst das 20. Jahrhundert als Zeitalter der Ausnahmeherrschaft beschrieben: Die „weiche" Agenda gouvernementaler Selbststeuerung habe sich in vielen modernen Gesellschaften mit der „harten" Agenda von Ausnahmeregimen verbunden; erst am Ende des Jahrhunderts sei dieses Zusammenspiel durch neue Formen der *governance* abgelöst worden. Staaten, die in diesen Ausnahmezuständen entstanden seien, hätten sich „als exzeptionell in ihren Forderungen und in ihrer Brutalität" erwiesen. Der Nationalsozialismus stellt, neben dem Stalinismus, für Maier die „extremste Erscheinungsform" dieser Entwicklung dar. Anders als in westlichen Demokratien aber sei der Regierungsanspruch unter nationalsozialistischer Herrschaft zu einem umfassenden Projekt radikalisiert worden, bei dem nicht nur Formen der Kriegführung perpetuiert wurden, sondern vormoderne Techniken absoluter Herrschaft zurückkehrten.[75]

Diese Problemstellung, die auch an die eingangs zitierten Selbstbeschreibungen der Ministerialbeamten anknüpft, ist in der nachfolgenden Analyse der Geschichte des Reichsfinanzministeriums erkenntnisleitend. Für die Phase von 1919 bis 1945 ist offensichtlich, dass die deutsche Staatlichkeit eher von der Fragilität rechtsstaatlicher Ordnung unter außergewöhnlichen Bedingungen denn von der Alltäglichkeit rechtsförmig organisierter Bürokratie geprägt war – dies jedoch in unterschiedlichen Intensitäten. Das Verhältnis von Gesetzmäßigkeit, Rechtmäßigkeit und Zweckmäßigkeit staatlicher Interventionen unterlag wechselnden Ausdeutungen; demokratischer Rechtsstaat und diktatorisches Ausnahmeregime folgten dabei nicht aufeinander, sondern waren miteinander verflochten. Dies wirft die Frage auf, inwiefern die Berufung auf den Ausnahmezustand eine Strategie demokratischen Regierens angesichts schwerer politischer Kämpfe um die Gestalt des Weimarer Staates darstellte

[74] Peters, Doppelkonstruktion.

[75] Maier, Leviathan, S. 201–203 und 273–274; zur theoretischen Diskussion um Ausnahmestaatlichkeit vgl. etwa Frankenberg, Staatstechnik, S. 19; Lemke, Demokratie; Goupy, État.

und in welcher Weise das Reichsfinanzministerium von diesem Zustand nicht nur geprägt wurde, sondern ihn aktiv beeinflusste. Zu klären ist auch, inwiefern das Politische zunehmend in den Raum der Administration gelangte und die verfassungsmäßige Rechtsordnung destabilisierte. Hier ist also empirisch zu untersuchen, ob und unter welchen Bedingungen die Rechtsförmigkeit des ministeriellen Raumes aufgegeben und der Ausnahmezustand zum herrschenden Prinzip wurde.

Zeitgenössisch wurde jedenfalls argumentiert, dass ausnahmerechtliche Befugnisse seit dem Ersten Weltkrieg zunehmend „deformalisiert" worden seien.[76] Auch Carl Schmitts berühmte Definition des Ausnahmezustands aus dem Jahr 1922 setzte einen Moment der weitgehenden Suspension des Rechts voraus: Denn sie konstatierte nicht nur, dass „Souverän ist, wer über den Ausnahmezustand entscheidet", sondern ging auch davon aus, dass diese Souveränität durch keine „generelle Norm" mehr begründbar und nicht in rechtsstaatlichen Kategorien zu erfassen sei. Schmitt beschrieb den Ausnahmezustand damit als einen Akt der politischen Dezision, der sich in einem Raum außerhalb des Rechts bewege, wenngleich er nicht ganz vom Recht zu lösen sei.[77] Im staatsrechtlichen Diskurs konnte damit eine Art Rückkehr zum überpositiven Notrecht des Polizeistaates des 18. Jahrhunderts angedeutet sein; im politischen Diskurs der Weimarer Republik aber zielte Schmitts Argumentation ganz offensichtlich auf die Delegitimation der bestehenden und die Legitimation einer anderen Staatsmacht, die sich von der geltenden Rechtsordnung souverän befreite. Die begriffsgeschichtliche Forschung hat daran anschließend argumentiert, dass mit dem Ersten Weltkrieg, befördert durch die schon davor einsetzende Heroisierung von Krieg und Nation, der Begriff des Ausnahmezustands das frühere Rechtsinstitut des Kriegs- und Belagerungszustands, das im Ursprung militärtechnischer Natur war, ersetzt habe. Damit sei in den 1920er-Jahren nicht nur ein „Modewort" entstanden, sondern auch der Weg für die Entstehung der modernen Diktaturen geebnet worden, die über eine zeitweilige Regierung des Ausnahmezustands hinausgingen: „Aus einer, nach klassischer Vorstellung zeitlich strikt begrenzten Notregierungsform zur Wiederherstellung der Ordnung wurde so eine eigenständige Staatsform zur Veränderung der Verhältnisse."[78] Der Ausnahmezustand erscheint demzufolge

[76] So Anschütz, Verfassung, Komm. Art. 48 Anm. 7, S. 277; hierzu Kimmel, Ausnahmezustand, S. 101.

[77] Schmitt, Theologie, S. 9. Als Rechtswissenschaftler bemühte Schmitt sich natürlich, die Ausnahme als Kategorie des Staatsrechts zu erhalten, etwa in der Argumentation mit einem „Situationsrecht", ebd., S. 20; als politischer Intellektueller bewegte er sich damit aber eher in einem „vorrechtlichen Raum", hierzu Fraenkel, Auseinandersetzung, S. 597. Schmitts Beschäftigung mit diesem Thema wurzelte im Ersten Weltkrieg, vgl. ders., Erklärung; ders., Gesetz; ders., Diktatur (1917); ders., Einwirkungen; sowie Rogers, Development.

[78] Boldt, Ausnahmezustand, S. 374–375, ders., Perspektive; ders., Rechtsstaat.

vielfach als eine politische Kategorie, die jenseits der Ordnung des Rechts existiert. In dieser Hinsicht ist auch die jüngere geschichtswissenschaftliche Forschung der Argumentationslinie Schmitts – sowie ihrer Aktualisierung durch Giorgio Agamben – gefolgt und hat den Ausnahmezustand allenfalls am Rande als staatsrechtliche Kategorie, vor allem aber als eine Beschreibung (vielfach gewaltförmiger) gesellschaftlicher Erfahrungswelten begriffen.[79]

Wie aber lässt sich in diesem Zusammenhang die Rolle von Bürokratien analysieren, deren Beamtenschaft einerseits selbst in Erfahrungswelten „im Ausnahmezustand" lebte, deren Praktiken aber andererseits prinzipiell an das Recht gebunden blieben? Mit Blick auf das Feld der Staatsfinanzierung ist zunächst zu bemerken, dass es auch hier nicht um einen formell erklärten Ausnahmezustand ging. Vielmehr spielte die wiederholte Durchdringung der normalen Gesetzgebung durch parlamentarische Ermächtigungsgesetze und ihre zunehmende Überformung durch ein außerparlamentarisches Verordnungsregime nach Artikel 48 der Weimarer Reichsverfassung (WRV) eine wichtige Rolle. Dieser Artikel besagte, dass der Reichspräsident bei einer entsprechenden Störung „die zur Wiederherstellung der öffentlichen Sicherheit und Ordnung nötigen Maßnahmen treffen" könne, die dem Reichstag zur Kenntnis gegeben werden mussten und auf dessen Verlangen außer Kraft zu setzen waren. Die nähere Bestimmung wurde einem Reichsgesetz überlassen, das allerdings nie erging.[80] Darüber hinaus konnte sich der Ausnahmezustand aber auch auf leiseren Sohlen in Regierungsverfahren einschleichen. Diese Wirkung hatten beispielsweise Deutungs- und Handlungsfiguren, die auf eine außerordentliche Notlage, einen „Staatsnotstand" oder eine existenzielle Bedrohung verwiesen. Hinzu traten Rationalitäts- und Effektivitätsbehauptungen, die unorthodoxe Regelungen jenseits geltenden Rechts normalisierten, ohne aber auf Rechtsförmigkeit vollständig zu verzichten.

Um solche Entwicklungen zu erfassen, wird hier der Begriff der Staatstechnik des Rechtswissenschaftlers Günter Frankenberg aufgegriffen. Gemeint sind damit Taktiken der Machtausübung, bei deren Einsatz auf den Ausnahmezustand rekurriert und das Regieren als Akt der Krisenbewältigung interpretiert wird.

[79] Grundlegend Geyer, Grenzüberschreitungen; sowie stärker mit Blick auf das Recht Keil/Stibbe, Laboratorium, mit weiteren Literaturhinweisen. Für die längere Perspektive auf das 20. Jahrhundert die Beiträge in Rauh/Schumann, Ausnahmezustände; Ahlheim, Gewalt; Baberowski/Metzler, Gewalträume; einschlägig Agamben, Ausnahmezustand. Für die Zeit ab 1945 untersucht die staatsrechtliche Ebene nun Diebel, Stunde. Die Perspektiven Agambens und Schmitts auf das Recht thematisiert auch Wildt, Ordnung, S. 277–278. Hierzu außerdem die rechtshistorischen beziehungsweise rechtsphilosophischen Studien, die in der jüngsten Zeit erschienen sind, so Siegert, Staatshaftung; Barczak, Staat; Becker, Notverordnung; Kaiser, Ausnahmeverfassungsrecht; Cercel/Fusco/Lavis, States; Morton, States; Heller, Mensch; sowie die Beiträge in der Zeitschrift für Menschenrechte 2 (2019).

[80] Verfassung des Deutschen Reichs, 11.8.1919 (RGBl., S. 1383).

Frankenberg betont dabei gegenüber der Foucaultschen Denktradition, dass gouvernementale Machtausübung nicht allein über Techniken der Selbstführung funktioniere, sondern dass Staatlichkeit und Recht als kollektive Mechanismen einzubeziehen seien. Sein Konzept der Staatstechniken umfasst zudem sowohl Mentalitäten als auch Methoden. Es rückt daher nicht zuletzt jene Ingenieure der Macht in den Fokus, die im Unterbau des Staates agieren und damit auch von dort aus (mit-)regieren. Analytisch geht es dabei in erster Linie um Vorgehensweisen, die an die Stelle oder neben das allgemeine Gesetz „konkrete, situativen Erfordernissen geschuldete Maßnahmen" setzen, die sowohl Berechenbarkeit hoheitlichen Handelns als auch individuelle Rechtssicherheit vermissen lassen. Gerade der ökonomische Bereich war schon seit dem Ersten Weltkrieg (und ist es vielleicht bis heute) von einer, wie Frankenberg es nennt, „exekutiven Staatstechnik" geprägt, „die den Idealtypus des Gesetzes als Handlungsform" hinter sich ließ und stattdessen in „Maßnahmen – insbesondere zur Sicherung und Verteilung öffentlicher Güter – zutage" trat.[81]

Daraus ergibt sich die grundsätzlichere Überlegung, ob sich in der Zwischenkriegszeit mittels der Anrufung des Notstands eine neue „Ökonomie der Macht" entwickelte, in der staatliche Souveränität nicht mehr allein durch das zentralisierte Recht entstand, sondern durch dezentrale Regierungstechniken in den Händen der Bürokratie erweitert, verändert oder unterlaufen wurde. Dies lenkt den Blick auf subtilere Übergänge, etwa auf die bewusste Verunklarung von Normen durch unbestimmte Rechtsbegriffe und Generalklauseln in Verordnungen, auf die dadurch angestrebte Erweiterung von „Ermessensspielräumen" oder andere Wege der Vermehrung von Eingriffswegen. Damit verbunden sein konnte auch der Einbau informaler Elemente in die formale Rationalität des Rechtsstaates oder die Betonung des „Sachzwangs" als übergesetzliches Prinzip.[82] Hier trifft sich Frankenbergs Argumentation mit der Konzeption des „Doppelstaats" bei Fraenkel, der die Regierungsweise der Diktatur als „Evangelium der Effizienz" bezeichnete. Anders als bei Fraenkel wird aber die dualistische Setzung vermieden, durch die fließende Übergänge zwischen den Herrschaftslogiken von Normen- und Maßnahmenstaat in Zeiten der Demokratie ausgeblendet werden. Fraenkel dachte primär vom Nationalsozialismus her und streifte die Zeit zwischen 1919 und 1933 in seiner Studie nur am Rande, obgleich ihm die längere Geschichte der Aushebelung des Rechts im Dienste von Regierungszielen bewusst war. Er ging aber davon aus, dass gerade die Weimarer Regierungen danach gestrebt hatten, „das Staatsleben weitgehendst normativ zu ordnen", also die Dualismen früherer

81 Verfassung des Deutschen Reichs, 11.8.1919 (RGBl., S. 1383); Frankenberg, Staatstechnik, S. 12, 16–19, 202 und 236–237; auch Max Weber verwendete den Begriff des Staatstechnischen wiederholt, ders., Staatsform, S. 8 und 16; ders., Parlament, S. IX.

82 Frankenberg, Staatstechnik, S. 53 und 205.

Staatsformen durch das Recht und nicht durch die Politik zu überwinden. Für Fraenkel stand die politische Ermächtigung im Ausnahmezustand antipodisch zu diesem Bestreben nach Rechtlichkeit, ja: war dessen radikale Verneinung, und wurde darin am deutlichsten verkörpert durch das Denken und Handeln Carl Schmitts.[83] Frankenberg hingegen betrachtet die Ausnahmepraxis als eigene Technik administrativen und juristischen Handelns in der Demokratie und liefert damit ein Konzept, das auch für die Analyse der Finanzbürokratie im Übergang von der Weimarer Republik in die nationalsozialistische Diktatur fruchtbar gemacht werden kann.

Im Folgenden sollen daher die diffizilen Übergänge und Pendelbewegungen zwischen verschiedenen Regimen des Kriegs-, Ausnahme- und Normalzustands sichtbar gemacht werden. Daher stehen in diesem Buch wichtige Schwellenmomente im Fokus: die Übergangswirtschaft von 1919 bis 1923, die Normalisierungspolitik um 1926, die transformative Dynamik der Jahre 1930 bis 1933 und der Eintritt in den Kriegszustand um 1938/39.[84] Um anhand der Geschichte des Reichsfinanzministeriums bürokratische Staatstechniken sowie ihre Effekte genauer zu verstehen, ist diese Studie *erstens* an der Frage interessiert, ob und wie die hohe Finanzbürokratie über politische Zäsuren hinweg sich verändernde Vorstellungen vom „Staat" in Selbstbeschreibungen, Organisationspolitik und Regierungspraktiken übersetzte. Eine besondere Rolle werden hier die Verkopplung von Staatskonzepten und Rechtskategorien sowie die Verhandlung des Verhältnisses von Staat, Politik und Ökonomie im Bereich der Haushaltsplanung spielen. Damit wird in dieser Untersuchung nicht nach einem allgemeinen Wesen des vom Reichsfinanzministerium mitgetragenen Staates gefragt, sondern nach sich verändernden Staatskonzepten der Ministe-

[83] Fraenkel, Doppelstaat, S. 124 und 221. Nur wenige reaktionäre Weimarer Staatsrechtler vertraten laut Fraenkel wie Schmitt die Auffassung, dass die „Tätigkeiten des Staates zur Verwirklichung seiner Zwecke" – also der politische Bereich der Regierung – von der Geltung der Rechtsordnung ausgenommen seien, ebd., S. 121, mit Bezug auf die dritte Auflage von Otto Mayers Studie zum Deutschen Verwaltungsrecht aus dem Jahr 1924. Wichtig für Fraenkels Konzeption war Emil Lederer, der schon im Ersten Weltkrieg ein doppelstaatliches Machtgefüge beschrieben hatte: Dem sozial umstrittenen Klassenstaat im Inneren stellte er einen zunehmend allmächtigen Kriegsstaat gegenüber – Bedingung für dessen Entfaltung war die moderne Massengesellschaft, Lederer, Weltkrieg. Der totale Anspruch des Nationalsozialismus ging für Fraenkel in ähnlicher Weise über frühere dualistische Staatsformen hinaus, ebd., S. 205–206 und 220. Zur Auseinandersetzung mit Schmitt Wildt, Beziehung; ders., Transformation.

[84] Zumal hierzu weitere Studien aus dem Forschungsprojekt zur Geschichte des Reichsfinanzministeriums im Nationalsozialismus vorliegen beziehungsweise im Entstehen sind, vgl. Kilian, Krieg; Banken, Steuerstaat; Ulbricht, Vermögen; sowie die kurz vor der Veröffentlichung stehende Dissertation von Ramona Bräu zur Ausbeutungspolitik im Generalgouvernement.

rialbürokratie in den demokratischen und diktatorischen Experimenten ihrer Zeit.[85]

Auf einer organisationsgeschichtlichen Ebene fragt diese Arbeit *zweitens* danach, wie sich solche staatsrechtlichen und staatspolitischen Konzeptionen mit verwaltungspraktischen Verfahren und personellen Entwicklungen innerhalb des Ministeriums verschränkten und inwiefern das Reichsfinanzministerium dadurch zur treibenden Kraft des Übergangs zur Diktatur wurde. Welche Ausbildungswege und welche beamtenpolitischen Entscheidungen trugen zur Mobilisierung der Beamtenschaft für den jeweiligen Staat bei und wo stieß die Mobilisierbarkeit an Grenzen? Wie wirkten sich Ausnahme- und Normallagen auf die Organisation des Ressorts aus beziehungsweise wurden von ihr mit hervorgebracht? Wie gestaltete sich etwa der Wandel der sogenannten Verwaltungsvereinfachung von einer Technik der Kriegsfolgenbewältigung zu einem Modus der Rationalisierung und schließlich einem Instrument der weltanschaulichen „Säuberung" der Ministerialbürokratie seit 1933? Damit werden auch ministerielle Geschäftsordnungen und organisationale Routinen mit politischen Kämpfen und breiteren Veränderungen innerhalb des Staatsgefüges in Beziehung gesetzt.

Schließlich sollen *drittens* die komplexen Staatstechniken der Haushaltsplanung analysiert werden, in denen sich Befehls- und Verhandlungsstrukturen, formelle Abläufe und informelle Netzwerke, gesetzliche Routinen und kurzfristige Notstandstechniken miteinander verbanden. Dabei wird etwa untersucht, ob beziehungsweise unter welchen Voraussetzungen das Ministerium diesen Politikbereich gezielt durch die Ausnutzung der dem Haushaltsrecht „innewohnenden außerordentlichen Manipulationsbreite"[86] mitgestaltete, um existenzielle Herausforderungen zu bewältigen oder die eigene Machtposition im Staatsgefüge zu stärken. Agierte das Ministerium dabei als koordinative Schnittstelle oder als Programmressort? Und in welcher Weise verschränkte es hierfür staatliche und ökonomische Denkweisen? Dabei geht es darum, die ministerialen Verfahrensweisen zu verstehen. Hingegen ist es nicht das Ziel, valide Haushaltsziffern für die Jahre der Weimarer Republik und die nationalsozialistische Herrschaftszeit zu ermitteln, wenngleich die entsprechende finanzhistorische Forschungsliteratur berücksichtigt wird. Weniger als womöglich erwartet wird es in dieser Studie um Zahlen gehen. Soweit die schwierige Quellenlage dies zulässt, wird die Verhandlung von Haushaltsposten in konkreten Konflikten, etwa mit parlamentarischen Ausschüssen, dem „Wehrstaat" oder nationalsozialistischen Sonderorganen, analysiert.[87] Darüber hinaus werden quantitative Konstruktionen – etwa die sich wandelnde Definition des

[85] Hierzu auch Luhmann, Metamorphosen, S. 107 und 113.
[86] So mit Bezug auf Friedrich Karl Vialon Recktenwald, Rahmen, S. 19.
[87] Hierzu der nachfolgende Abschnitt zu den Quellen.

„Defizits" – als Staatstechniken betrachtet, die von der Ministerialverwaltung gezielt eingesetzt wurden. Im Vordergrund aber steht in dieser Studie die qualitative Ausdifferenzierung von Herrschafts- und Wirtschaftslogiken in der Machtausübung.

Oft übersehen wurde, dass nicht nur Neumanns, sondern auch Fraenkels Analyse der Charakteristika nationalsozialistischer Staatlichkeit kapitalismuskritisch begründet war. In unterschiedlicher Weise verstanden beide die Machtpraktiken des Hitler-Regimes als Verfahrensweisen, die durch ökonomische Verhältnisse und insbesondere durch die Berücksichtigung kapitalistischer Interessen bestimmt waren. Die fortwirkende Rationalität des bestehenden Staatsapparats ebenso wie die besondere Gewalttätigkeit des neuen Regimes seit 1933 interpretierten sie als Ausdruck einer Krise des Spätkapitalismus, die durch die nationalsozialistische Ideologie nur in irrationaler Weise verbrämt worden sei.[88] Auch in der Kapitalismuskritik der Gegenwart ist viel von einer „Ökonomisierung des Regierens" die Rede, welche die Staaten zu Getriebenen privatwirtschaftlicher, kapitalistischer Kräfte mache.[89] Andererseits hat David Graeber kürzlich argumentiert, dass staatliche Verwaltungen selbst durch die Beschwörung nicht nur administrativer Logiken, sondern zugleich einer „Rationalität des Marktes" weitreichende staatliche Eingriffe in soziale Prozesse und in die demokratische Entscheidungsfindung legitimieren können und dass sich hinter der marktwirtschaftlichen Rhetorik nicht selten ausufernde staatliche Regulierung und autoritäre Intervention verberge.[90] Daran anknüpfend lässt sich auch für das Reichsfinanzministerium fragen, inwieweit in der staatlichen Haushaltsplanung „wirtschaftliche" Maßstäbe der Effizienz herangezogen wurden und ob dies am Ende eher der Ökonomisierung oder der Politisierung des Regierungsapparats diente. Denn: Nach vermeintlich rein ökonomischen Kriterien „vereinfachte" Staatstechniken der Budgetierung konnten womöglich gerade unter den Bedingungen des dauernden Ausnahme- und späteren Kriegszustands eine politische Wirkmacht entfalten.

[88] Fraenkel, Doppelstaat, S. 259: Die „Symbiose zwischen Kapitalismus und Nationalsozialismus findet im Doppelstaat ihren institutionellen Ausdruck." Der Kapitalismus stellte für Fraenkel den „rationale[n] Kern im irrationalen Gehäuse" der nationalsozialistischen Ideologie dar, ebd., S. 257.

[89] Vogl, Souveränitätseffekt, S. 161; ähnlich auch Streeck, Zeit, bes. S. 125–126. Aus der zeitgenössischen Debatte Polanyi, Transformation; Mann, Staatswirtschaft, S. 29. Hierzu ausführlicher Middendorf, Ökonomisierung.

[90] Graeber, Bürokratie, S. 51.

Quellen – und ihre Grenzen

Die Überlieferung zur Geschichte des Reichsfinanzministeriums zeichnet sich einerseits durch ein Übermaß an Akten, andererseits durch Lücken in relevanten Beständen aus.[91] Es ist zwar wenig plausibel, dass dies – wie die ältere Literatur behauptete – vorrangig auf Vertuschungsmaßnahmen zurückgeht, die der nationalsozialistische Staatssekretär Fritz Reinhardt schon 1943 vermeintlich aus Furcht vor „den Alliierten“ anordnete.[92] Gleichwohl wurden in den für die Zeit vor wie nach 1933 relevanten Beständen tatsächlich Eingriffe vorgenommen; insbesondere im Bereich der Personalakten sind im Frühjahr 1945 vermutlich gezielt Dokumente vernichtet worden.[93] Auf eine statistische Auswertung von Personendaten sowie kollektivbiografische Analysen wurde daher verzichtet, zumal sie für die leitenden Erkenntnisinteressen nicht in einer Weise zentral erschienen, die eine aufwendige Rekonstruktion solcher Daten gerechtfertigt hätte. Personenbezogene Informationen werden vielmehr nur an relevanten Stellen herangezogen, um durch biografische Kontextualisierung Konflikte innerhalb der Organisation, Entscheidungsprozesse oder Selbstbeschreibungen besser zu verstehen. Solche Informationen wurden mithilfe der unterdessen leider aufgelösten, für dieses Projekt aber überaus wertvollen Finanzgeschichtlichen Sammlung in Brühl, über Amtsblätter, die Akten des Berlin Document Center, die Bestände der ehemaligen Suchstelle der Bundesfinanzdirektion Nord in Hamburg sowie eine Vielzahl weiterer Wege ermittelt.

Die Überlieferung des Ministerbüros sowie des Büros des Staatssekretärs im Bundesarchiv ist ebenfalls fragmentarisch und lässt durch ihre Zusammenstellung vermuten, dass die Leitung des Ministeriums – soll heißen: der Reichsfinanzminister und seine engsten Mitarbeiter – in der letzten Kriegsphase Dokumente strategisch sortierte. Nicht in geschlossener Form auffindbar waren leider die Bestände der Nachrichtenstelle oder des Auslandsarchivs des Reichsfinanzministeriums, die für ein Verständnis der öffentlichen Positionierung sowie der Beobachtung internationaler Entwicklungen durch die Ministerialbeamten besonders hilfreich gewesen wären. Gleiches gilt für das

91 Hierzu auch Aly, Akten.

92 So etwa Krohn, Stabilisierung, S. 12. Für Zweifel an dieser Darstellung Neumark, Finanzgeschichte, S. 356. Hierzu auch das Schreiben von MinDirig Mayer an Reichsminister a. D. Hermes, 19.11.1945, BArch R2 ANH./87, Bl. 16–17, in dem die Tatsache betont wird, dass die Akten des Reichsfinanzministeriums gerade im Bereich der Haushaltsabteilung „verhältnismäßig intakt geblieben“ seien.

93 Schreiben der Restverwaltung des Reichsfinanzministeriums an die Vereinigung ehemaliger polnischer Konzentrationäre und polnischer Inhaftierter, gez. Mayer, 28.1.1946, BArch R2 ANH./86, Bl. 80; sowie Witt, Beschreibung; Henke, Schicksal, S. 564–565.

Zentral- beziehungsweise das Generalbüro als Steuerungsstäbe im Ministerium. Dennoch gibt es einzelne Bestände aus diesem Zusammenhang, die ertragreich waren.

Die Bestände des Reichsfinanzministeriums im Bundesarchiv in Berlin stellten trotz solcher Einschränkungen die zentrale Basis dieser Arbeit dar; jenseits der vorhandenen Generalakten zum Geschäftsbetrieb wurden vielfältige Einzelvorgänge aus dem Bereich der Haushaltsplanung, der Schuldenpolitik und der Personalführung durchgesehen. Allerdings sind für die allgemeine Reichshaushaltsplanung bis zum Ende der 1920er-Jahre nur vereinzelte Akten vorhanden. Hier musste insbesondere für die Zeit vor 1930 auf Bestände aus anderen Ministerialverwaltungen zurückgegriffen werden, um die Abläufe der Haushaltsaufstellung zu begreifen. Herangezogen wurden daher ergänzend die Überlieferungen der Reichskanzlei, des Reichsrechnungshofs, anderer Ministerien, der Reichsbank, der Reichswirtschaftskammer sowie des Reichslandbundes im Bundesarchiv.[94] Ausführlich ausgewertet wurden zudem Quellen zur Haushaltspolitik und zur Reichsfinanzverwaltung aus der Überlieferung des Reichstags sowie die umfangreichen Protokolle des Reichshaushaltsausschusses über ihre gesamte Laufzeit. Im Staatsarchiv Nürnberg wurden Dokumente aus den Nürnberger Prozessen eingesehen. Aus den britischen National Archives wurden einzelne Bestände der Besatzungsverwaltung nach 1945 einbezogen, hinzu kamen Stichproben aus dem Militärarchiv in Freiburg und dem Staatsarchiv München.[95] Aufschlussreich war zudem die Analyse von Nachlässen ehemaliger Ministerialbeamter, Minister und Staatssekretäre in den Bundesarchiven in Koblenz und Berlin, am Institut für Zeitgeschichte in München sowie im Landesarchiv Nordrhein-Westfalen.

Nicht zuletzt wurde die öffentliche Wissensproduktion zur Haushaltspolitik und Verwaltungspraxis berücksichtigt, insbesondere Beiträge der Ministerialbeamten in Fachzeitschriften (sofern sie sich zuordnen ließen), Verbandsorgane der Beamtenschaft, wissenschaftliche Journale und einschlägige Publikationen. Einbezogen wurden zudem, soweit verfügbar, interne wie externe Fortbildungsmaterialien und Handreichungen für die Ministerialbürokratie, Amtsblätter, Gesetzeskommentare und Geschäftsordnungen. Da es sich bei den verantwortlichen Beamten des Ministeriums mehrheitlich um Juristen und bei der Reichshaushaltsplanung um ein staatsrechtlich bestimmtes Handlungsfeld

94 Von den Akten der Reichskanzlei wurden die unveröffentlichten Bestände im Bundesarchiv (R 43 I und R 43 II), die Bände der gedruckten Edition sowie, für die Zeit vor 1933, die Online-Edition herangezogen. Im Folgenden sind die mit „AdR" bezeichneten Bestände aus der Online-Version entnommen, sofern sie ohne Blatt- oder Seitenzahlen zitiert werden. Auf die Angabe der jeweiligen URLs wurde aus Gründen der Übersichtlichkeit verzichtet.

95 Ralf Banken und Alina Khatib danke ich hier ganz besonders für die kollegiale Zusammenarbeit.

handelte, wurden verfassungs- und verwaltungsrechtliche Quellen intensiv berücksichtigt, insbesondere dort, wo über Lektüre oder persönliche Kommunikation eine direkte Rezeption dieser Lehren im Reichsfinanzministerium erkennbar war. So war es möglich, hinter die Kulissen der Akten zu blicken und dem Staatsdenken ihrer Verfasser genauer auf die Spur zu kommen.

Aufbau der Studie

Die Untersuchung verfolgt in drei Teilen einen insgesamt chronologischen, aber systematisch akzentuierten Zugang. Im Sinne der drei oben skizzierten Erkenntnisinteressen werden in den einzelnen Teilen jeweils Staatsvorstellungen im Inneren und im Umfeld des Ministeriums, organisatorische Strukturen im Bereich von Personal und Geschäftsverteilung sowie konkrete Entscheidungszusammenhänge im Bereich der Haushaltsplanung untersucht – dies in sich verändernden Gewichtungen. Diese drei Ebenen strukturieren die Analyse des Reichsfinanzministeriums über die Zäsur von 1933 hinweg. Sie zeigen, wie sich das Regieren im Zustand der Ausnahme zwischen Demokratie und Diktatur veränderte. Der zeitliche Fokus der Studie liegt damit vor allem auf dem Zeitraum 1919 bis 1939, wird aber ergänzt um erweiternde Ausblicke in die Kriegsjahre bis 1945.

Im ersten Teil werden die experimentellen Ordnungsversuche betrachtet, welche die Gründungsphase des Ministeriums prägten. Die Machtposition und die Aufgaben des neu gestalteten Ministeriums wurden in einem Moment revolutionärer Herausforderungen und unter den Bedingungen der Übergangswirtschaft definiert. Mit den Lösungen, die im Bereich des Budgetrechts gefunden wurden, griffen die Verantwortlichen gleichwohl auf staatsrechtliche Konzepte des 19. Jahrhunderts zurück. Mit der Reichsverfassung sowie der Reichshaushaltsordnung wurde in den Jahren 1919 bis 1923 aber auch ein neuer Rahmen für die Haushaltspolitik unter demokratischen Bedingungen bestimmt, der zugleich durch die außenpolitischen Bedingungen der Reparationsverhandlungen und die globale Suche nach einer Nachkriegsordnung geprägt war. Mit der Ermächtigungsgesetzgebung und den Notverordnungen der frühen 1920er-Jahre ragten Elemente des militärischen Belagerungs- beziehungsweise Ausnahmezustands in diese Ordnungsversuche hinein.

Der zweite Teil der Studie blickt auf die Mitte der 1920er-Jahre und damit auf das Selbstverständnis einer Organisation, die sich als Reichsbehörde unterdessen etabliert hatte. In diesem historischen Moment setzten verstärkte Rationalisierungs- und Reformbemühungen innerhalb des Ministeriums ein, nun unter dem Vorzeichen „normaler Zeiten“. Zuvor entworfene Taktiken des Regierens im Ausnahmezustand wurden zur Basis grundlegender Reformakte, und es wurden diverse Umbildungsmaßnahmen unter der Ägide der Vereinfachung verknüpft, was sich für die Beamtenschaft als ambivalent erwies. Der Blick auf die Reichshaushaltsplanung von 1926 als Budgetjahr „am Rand der Zeit“[96] dient als Sonde, um Praktiken der Staatsfinanzierung zu verstehen, die nun unter dem Vorzeichen einer gezielten Normalisierung standen.

Der dritte und ausführlichste Teil behandelt den Übergang von der Demokratie in die Diktatur. Hier geht es also um einen Zeitraum der Transformation, in dem der Staatsapparat von seinen früheren Ausnahmezuständen in den Modus der Führerstaatlichkeit und schließlich in einen neuerlichen Kriegszustand überführt wurde. Der politisierende Effekt, den die exekutive Ermächtigung für das Selbstverständnis der Beamtenschaft schon in den letzten Jahren der Republik hatte, wird ebenso untersucht wie die weltanschauliche Überformung der ministeriellen Organisation seit 1933. Am Beispiel der Haushaltsplanungen und der diversen budgetrechtlichen Veränderungen seit 1930 wird deutlich gemacht, wie die vom Reichsfinanzministerium zur demokratischen Krisenbewältigung mitbetriebene Entparlamentarisierung zu einer Entgrenzung von Konfliktzonen beitrug. Es zeigten sich darin die diffizilen Zusammenhänge, aber auch Differenzen zwischen den Staatstechniken der Weimarer Demokratie und den viel weitergehenden Ermächtigungsansprüchen jener politischen Kräfte, die nach einem ganz „Neuen Staat“ strebten und daher 1933 zunächst die Schwelle zu einem nationalsozialistischen Regime und wenige Jahre später die Schwelle zu einem neuen Krieg überschritten. Für das Reichsfinanzministerium eröffneten sich in diesem Zuge neue Räume des Regierens, in denen die Führung des Ressorts allerdings auch dafür sorgen musste, dass in der zunehmenden Konkurrenz mit anderen Organisationen die permanente Wiederermächtigung gelang.

96 Gumbrecht, 1926.

I. Staatsexperimente im Ausnahmezustand

I.1 Nachkrieg und Neuanfang: Die Gründung des Ministeriums

In den revolutionären Wirren des Novembers 1918 begann der oldenburgische Oberlandesgerichtsrat Enno Becker mit dem Entwurf für die Reichsabgabenordnung – ein Gesetzeswerk, das bis in die 1970er-Jahre in Kraft bleiben sollte. Im Gebäude des Reichsschatzamtes, kurz darauf als Reichsministerium der Finanzen neu begründet, am Wilhelmplatz saß er, so beschrieb er es drei Jahre später, in einem „kahlen Zimmer am Schreibtisch vor einem leeren Blatt Papier". Während draußen die Gebäude wegen der Revolutionsopfer halbmast rot beflaggt waren, bemühte Becker sich darum, „eine Grundlage für die Finanzverwaltung und die zahlreich drohenden einzelnen Steuergesetze zu schaffen, die genügend sicher, zugleich aber elastisch genug wäre, keine Hindernisse für die weitere Entwicklung zu bereiten". Zwar habe er sich schwer getan, „halb ausgereiften Gedanken Gesetzesform zu geben", andererseits habe die politische Situation Handeln „binnen allerkürzester Frist" erfordert.[1]

Bevor der Weimarer Staat überhaupt verfassungsmäßig gebildet war, begannen in den staatlichen Behörden, zunächst vertraulich, die Vorbereitungen für eine reichsweite Finanzverfassung und Finanzverwaltung.[2] Wie Becker in seinen Erinnerungen dies als einen Moment des unvorbereiteten Neuanfangs beschrieb, so erschien auch anderen Beteiligten vor allem die „Schnelligkeit und die Übergangslosigkeit des Prozesses" beeindruckend.[3] Tatsächlich war die Ausgestaltung der neuen Finanzstrukturen auf Reichsebene geprägt durch ein Amalgam aus fortbestehenden Prägungen aus der Zeit des Kaiserreiches, dem finanzpolitischen Erbe des Krieges sowie den krisenhaften Erfahrungen und dem unmittelbaren Handlungsdruck in der Phase der Revolution. Ordnungsdenken und ein Habitus der Flexibilität angesichts der Ungewissheit der historischen Situation standen in ambivalenter Verbindung. Die administrativen Eliten waren ein Faktor der Kontinuität, zumal sich Ebert schon am 9. November 1918 mit einem Aufruf zur Weiterarbeit an die Beamten gewandt hatte. Sie waren aber auch darum bemüht, die eigene Machtposition innerhalb des neuen Staatswesens aktiv zu sichern. Die vonseiten des Rates der Volksbeauftragten angestrebte Einbindung der bestehenden Reichsbürokratie in eine bürgerlich-sozialistische Kooperation bot auch den Protagonisten der

[1] Becker, Reichsabgabenordnung, S. IV–V; zu den Kämpfen am Wilhelmplatz auch die Erinnerungen von Schiffer, Leben, S. 218; neuerdings auch Waldhoff, Reichsabgabenordnung.

[2] Giese, Abgabenordnung, S. 19; Cordes, Untersuchungen, S. 21 und 31; sowie Johannes Popitz' Denkschrift „Zur Frage des Verhältnisses der drei Steuergläubiger Reich, Länder und Gemeinden zueinander" vom 8.8.1917, erwähnt in Hidien, Finanzausgleich, S. 230–231.

[3] So Johannes Popitz, zit. nach Schulz, Demokratie, Bd. 1, S. 218.

https://doi.org/10.1515/9783110712261-002

Finanzpolitik Handlungsspielräume, die sie im Sinne bereits vorhandener finanzstaatlicher Reform- und Ordnungsentwürfe nutzten.[4]

Für die rasche Ausformulierung der Finanzverfassung war zudem entscheidend, dass sich schon vor dem Ausbruch des Ersten Weltkrieges in der Regierung ein gewisser Konsens über die Notwendigkeit einer grundsätzlichen Finanzreform herausgebildet hatte. Insbesondere sollte das Reich an den direkten Steuern beteiligt werden, die bisher den Einzelstaaten vorbehalten gewesen waren – was zugleich hieß, dem demokratisch gewählten Reichstag einen Machtzuwachs zuzugestehen.[5] Mit den Finanzgesetzen von 1906, 1908/09 und 1912/13 war erstmals versucht worden, den Zugriff des Reiches auf die Steuerhoheit der Einzelstaaten auszubauen und eine reichsweite Steuerpolitik zu konturieren. Sie verbanden aus Gründen der sozialen Ausgewogenheit die Erhöhung von Verbrauchssteuern mit dem Ausbau von Besitzsteuern und kaschierten Schritten in Richtung direkter Reichssteuern. Seit 1912 gab es einen eigenen Posten für die „Allgemeine Finanzverwaltung" im Reichshaushaltsplan, und im gleichen Jahr wurden im Reichstag auch Forderungen nach der Erweiterung der Machtstellung des Schatzsekretärs im Sinne eines „verantwortlichen Reichsfinanzministers" laut. Von konservativer Seite entwickelte sich jedoch Widerstand gegen die Beteiligung eines gewählten Parlaments an der Einführung einer direkten Besteuerung. Erst die Militarisierung der Finanzpolitik im Dienste des Krieges ebnete den Weg für die Einführung direkter Reichssteuern und damit zugleich für eine Expansion des Staates in neue gesellschaftliche Handlungsfelder.[6]

Prolog: Das Reichsschatzamt im Krieg

Die Wehrvorlage von 1913 umfasste eine einmalige Abgabe aus allgemeiner Vermögens- und partieller Einkommensteuer, den in drei jährlichen Raten erhobenen „Wehrbeitrag" sowie eine Vermögenszuwachssteuer, die erstmals eine zeitlich nicht befristete direkte Reichssteuer darstellte. Diese Maßnahmen waren politisch bedeutsam, weil sie einen Reformwillen erkennbar machten, der in Richtung einer sowohl zentral- als auch sozialstaatlich ausgelegten Finanzpolitik wies. Dies hing sowohl mit der eklatanten Schwäche des Geld-

[4] Boldt, Reichsverfassung, S. 47; Morsey, Beamtenpolitik, S. 108–109; Elben, Problem, bes. S. 32.

[5] Witt, Finanzpolitik und sozialer Wandel (1977), S. 406.

[6] Witt, Finanzpolitik des Deutschen Reiches, S. 356–376; für den Wandel der Ausgabenstruktur ders., Finanzpolitik und sozialer Wandel (1994), S. 567–570; Neumark, Reichshaushaltsplan (1929), S. 39 und 65; Zitat von Ernst Müller-Meiningen (Fortschrittliche Volkspartei, später DDP), 44. RT-Sitzung, 23.4.1912, Sten. Ber., S. 1345.

und Kapitalmarktes, die weitere Kreditfinanzierung verhinderte, und dem Finanzierungsdruck aufgrund wachsender Rüstungsausgaben als auch mit der politischen Macht der Sozialdemokratie zusammen, die seit den Reichstagswahlen von 1912 gestärkt war. Zudem hoffte die Regierung, durch die Reichssteuerreform mit partiellen Zugeständnissen an die Opposition systemstabilisierend wirken zu können.[7] Trotzdem entzündeten sich heftige Auseinandersetzungen an diesem Reformvorhaben. Diese Konflikte beeinflussten nicht nur die Beziehungen zwischen dem Wirtschaftsbürgertum – das sich von einer steuerlichen „Konfiskation" bedroht sah – und dem Reichsfiskus. Sie machten auch unterschiedliche Staatsvorstellungen sichtbar. Die steuerpolitischen Debatten der Vorkriegszeit betrafen also nicht nur finanzwirtschaftliche Notwendigkeiten, sondern warfen die Frage nach den sozialpolitischen Aufgaben und den Steuerungsansprüchen des Staates auf. Sie verflochten sich zudem mit der Diskussion um die demokratische Mitbestimmung, wenn etwa die Unternehmerschaft angesichts wachsender Steuerbelastungen für eine Einschränkung der finanzpolitischen Handlungsspielräume des Parlaments plädierte.[8]

Nach Kriegsbeginn ruhten solche Reformbemühungen in der Steuerpolitik zunächst. In der Kriegsfinanzierung setzte das Reich, unter Führung der Reichsschatzsekretäre Hermann Kühn und Karl Helfferich, stattdessen auf Neuverschuldung über Anleihen und Schatzanweisungen.[9] Wie in anderen europäischen Ländern wurden Prinzipien der Haushaltsplanung und -kontrolle aufgegeben, um Ressourcen umfassend zu mobilisieren und die Kriegsfinanzierung zu erleichtern. Auch diese Entwicklung hatte bereits mit der Mobilisierung vor 1914 begonnen.[10] Entscheidend war dafür die Annahme, man könne nach dem Krieg die Kosten dem Gegner aufbürden. Zudem erwies sich das bestehende Steuersystem als ungeeignet für weitergehende Besteuerungspläne. Darüber hinaus hätten steuerliche Maßnahmen den inneren „Burgfrieden" bedroht. So verhielt sich das Reichsschatzamt gegenüber einer Neuordnung des Finanzsystems des Reiches zunächst passiv, und die entsprechenden Initiativen des letzten kaiserlichen Schatzsekretärs Siegfried Graf von Roedern in den Jahren 1917 und 1918 stießen auf den Widerstand der Bundesstaaten sowie der

[7] Ullmann, Steuerstaat, S. 78; Witt, Finanzpolitik und sozialer Wandel (1977), S. 406; Neumark, Finanzpolitik, S. 91; Kroboth, Finanzpolitik, S. 320 und 323–324; sowie zeitgenössisch Köppe, Reichssteuerreform; Gerloff, Reichsfinanzgesetzgebung.

[8] Ullmann, Steuerstaat, S. 88.

[9] Dazu Lapp, Finanzierung, S. 34–56; Roesler, Finanzpolitik, S. 24–31.

[10] Strachan, First World War, S. 47: „The treasuries of Europe saw their task no longer as one of restraint but as one of enablement." Zur Kriegsfinanzierung auch Hardach, Mobilmachung; Ullmann, Finance.

Reichstagsmehrheit.[11] Doch das Reich wurde in Finanzangelegenheiten zusehends präsenter, nicht zuletzt in der Wahrnehmung der Bevölkerung. Zugleich entwickelte sich die militärische Logik der Rationalisierung zu einer Triebkraft der Veränderung.[12] Im Sommer 1916 erfolgte mit dem Kriegssteuergesetz eine erste finanzpolitische Neuorientierung, da die Erlöse der Kriegsanleihen nicht mehr mit der wachsenden kurzfristigen Kriegsschuld mithalten konnten. 1918 traten die Einrichtung der Reichsmonopolverwaltung für Branntwein sowie die Einführung einer allgemeinen Umsatzsteuer hinzu. Dabei hatten die verantwortlichen Politiker in dieser Frage erstmals eine Mehrheit des Reichstags hinter sich, die das aus Artikel 70 der Reichsverfassung konstruierte Monopol der Länder auf die direkten Steuern ablehnte.[13]

Erst in dieser Spätphase des Krieges veränderte sich auch der Behördenapparat, der an der Steuererhebung beteiligt war. Auf Initiative des Reichstags beziehungsweise des Haushaltsausschusses (seit 1916: Hauptausschuss) wurde der Reichsfinanzhof als oberstes Reichsgericht in Finanzsachen errichtet; dies stellte einen wichtigen Schritt in Richtung einer reichsweit koordinierten Steuererhebung dar. Um die Veranlagung der neuen Umsatzsteuer durchführen zu können, wurde zudem die Reichsaufsicht für Zölle und Steuern gestärkt.[14] Ende 1918 mehrten sich schließlich die Stimmen, die eine grundlegende Reform der administrativen Strukturen wie auch der Finanzgesetzgebung forderten. Getragen wurden diese reichsweit angelegten Reformvorhaben von einer breiten Allianz aus demokratischen und liberalen Kräften, Reichsfinanzbürokratie, Militär und Experten.[15] Umgesetzt wurden solche Überlegungen dann von der noch überschaubaren Beamtenschaft des seit 1879 bestehenden Reichsschatzamtes, die schon im Kaiserreich eine zunehmend zentralistische Politik betrieben und dabei auch Netzwerke zu den im Reichstag vertretenen Parteien geknüpft hatte. Der Krieg brachte hier ein personelles Wachstum mit sich: 1913 waren im Reichsschatzamt (inklusive Zoll- und Steuer-Rechnungsbureau) 111

11 Witt, Finanzpolitik und sozialer Wandel (1977), S. 407; Leuschen-Seppel, Staatsverantwortung, S. 48.

12 So wurden von Steuerpflichtigen vermehrt Eingaben an das Reichsschatzamt gerichtet, vgl. das entsprechende Schreiben des Reichsschatzamtes vom 25.12.1916, BArch R2/43056. Hierzu Llanque, Denken, S. 34–38; Feldman, Army; Waldecker, Grundzüge.

13 Zeidler, Kriegsfinanzierung, S. 426; Holtfrerich, Modernisation, S. 130; Roesler, Finanzpolitik, S. 113.

14 Leidel, Begründung, S. 65; Hettlage, Finanzverwaltung, S. 178; Popitz, Betrachtungen über Errichtung; Roesler, Finanzpolitik, S. 118–119; Holtfrerich, Modernisation, S. 130–131. Zum Haushalts- beziehungsweise Hauptausschuss im Ersten Weltkrieg Schiffers et al., Hauptausschuss; Llanque, Denken; Geyer, Grenzüberschreitungen, S. 356; Nipperdey, Geschichte, Bd. II, S. 780; Mergel, Kultur, S. 191.

15 Pressemitteilung des Reichsschatzamtes zu Eingaben aus der Bevölkerung, 29.11.1918, BArch R2/22403, Bl. 136. Zu den Debatten auch Kent, Spoils, S. 51; Witt, Finanzen, S. 91 und 93–94.

planmäßige und kommissarische Beamte beschäftigt gewesen, bis 1918 stieg diese Zahl auf 129. Zusammen mit dem sonstigen Personal umfasste die Belegschaft des Amtes am Ende des Krieges 145 Personen.[16] Die im Reichsschatzamt bestehenden Abteilungen I (Haushalt), II (Zölle und indirekte Steuern) und III (direkte Steuern) wurden Anfang 1917 um die Abteilung IV (Geldwesen und Kriegswirtschaft) ergänzt.[17] Ebenfalls in die Kriegszeit fällt die Zentralisierung der Nachrichtenauswertung im Ministerium durch die Gründung eines Zeitungsarchivs, dessen Arbeit dann durch die im September 1917 geschaffene und seit 1919 ausgebaute Nachrichtenstelle mit dem sogenannten Auslandsarchiv weitergeführt wurde. Zudem war schon Ende 1916 ein Statistisches Büro eingerichtet worden – eine organisatorische Entwicklung, die sich in der Zeit des Zweiten Weltkrieges wiederholen sollte.[18]

Parallel entstanden neue Formen der Öffentlichkeitsarbeit. Im Kaiserreich war die Kommunikation mit der Bevölkerung allenfalls selektiv genutzt worden, vor allem in Form publizierter Expertisen – so etwa bei der kurzzeitigen Rekrutierung angesehener Staatswissenschaftler wie Adolph Wagner, Gustav Schmoller, Georg von Schanz oder Wilhelm Gerloff im Dienste der Propagierung der Finanzreform von 1908/09.[19] Nach Kriegsbeginn nutzte das Reichsschatzamt die Werbearbeit für die Kriegsanleihen, um eine breitere Öffentlichkeit für staatliche Ziele zu mobilisieren.[20] Zu diesem Zweck wurde mit Willi Prion ab 1916 ein ausgewiesener Wissenschaftler als Leiter der Pressearbeit beschäftigt. Dieser baute in der Folge die Nachrichtenstelle des

[16] Zahlen nach dem Handbuch für das Deutsche Reich 1913, S. 353–355; Handbuch für das Deutsche Reich 1918, S. 243–246; Bericht des Reichsfinanzministers zum fünfzigjährigen Bestehen der obersten Finanzverwaltungsbehörde des Reichs (Reichsfinanzministerium) an den Reichspräsidenten, 28.6.1929, BArch R43 I/932, Bl. 557–567, hier 559. Zur Personalentwicklung auch Witt, Reichsfinanzminister, S. 9, Anm. 35.

[17] Vermerke zum Geschäftsgang auf dem Gebiet der finanziellen Beziehungen des Reichs zur Kriegswirtschaft, Januar/Februar 1917, BArch R2/43056.

[18] Verfügung vom 8.3.1917, in: Schatzamtliche Nachrichten, 8.3.1917, BArch R2/43056; Schreiben des Pressechefs beim Reichskanzler an die Nachrichtenabteilung des Reichsschatzamtes betr. die Berichterstattung über die wirtschaftlichen Zustände im Ausland, 12.6.1918, BArch R2/44210; Dienstanweisung zur Gliederung des Zeitungsarchivs, in: Nachrichten des Reichsfinanzministeriums, 19.12.1919, BArch R2/50390; Pressemitteilung zur Veröffentlichung in der BZ am Mittag, [20.2.1918], BArch R2/44203; Aufstellung über den Geschäftsbereich der Reichsbehörden unter gleichzeitiger Angabe der bei ihnen beschäftigten Personen, 14.12.1920, RT-Drucksache, S. 89, BArch R43 I/1946. Hierzu auch Kap. III.2.

[19] Witt, Finanzpolitik des Deutschen Reiches, S. 217–226; Neumark, Finanzpolitik, S. 67–68.

[20] Kunczik, Geschichte, S. 161–163. Für die zunehmende zentrale Koordinierung der Pressearbeit über die Reichskanzlei die Dokumente in BArch R2/44202, etwa das Schreiben des Reichskanzlers an die Herren Staatssekretäre und Unterstaatssekretäre vom 9.9.1917 mit der Aufforderung, in ihren Ämtern eine „leistungsfähige Presseeinrichtung“ zu schaffen. Im Reichsschatzamt entstand daraus die Nachrichtenstelle.

Reichsschatzamtes auf und blieb bis 1919 im Ministerium. Als Gutachter setzte er danach seine Tätigkeit für das Ressort fort, vor allem mit Blick auf das ausländische Finanz- und Steuerwesen. Prion nutzte seine im Rahmen der Anleihepropaganda entstehende Kooperation mit Militärstellen schon 1917 nicht nur für die Verkaufsförderung von Staatspapieren, sondern auch für Impulse zur „Vertiefung des Steuergedankens" im Dienste einer zukünftigen Reichsfinanzreform sowie für die Bekämpfung von Verschwendung im Heer, die „ein Eingreifen von Seiten des Reichsschatzamtes dringend notwendig" mache.[21] Vor Vertretern der Einzelstaaten skizzierte Prion 1918 die steuerpolitischen Strategien des Reichsschatzamtes mit Blick auf die „allgemeine politische Lage" – was nicht zuletzt bedeutete, „während der Kriegsanleihe-Zeichnungszeit eine zu weitgehende öffentliche Diskussion über die Steuerfragen zu verhindern" und entsprechend auf die Presse einzuwirken. Aber auch die Abstimmung der eigenen Interventionen mit den Terminen der Reichstagsversammlungen war zu berücksichtigen, da die „unerquicklichen Auseinandersetzungen der deutschen Volksvertreter" (so ein Vertreter des Gardekorps) die Zeichnungsfreude vor allem im Militär trübten.[22] Schließlich zählte es auch zur Öffentlichkeitsarbeit, das Erscheinen von unliebsamen Büchern wie Alfred Manes' *Staatsbankerotte* mit polizeilichen Mitteln zu behindern und gegen „ungünstige Gerüchte" über die Kriegsanleihen vorzugehen.[23]

Insgesamt wurde dieses Vorgehen als eine „aktive Pressepolitik" verstanden, welche die öffentliche Diskussion im In- und vor allem im Ausland beeinflussen sollte.[24] Im Februar 1918 wurde darüber hinaus ein Finanzbeirat eingerichtet; in der begleitenden Pressemitteilung verwies man darauf, dass das Reichsschatzamt „wie jedes modern verwaltete Ressort" sich in „enge Fühlung mit

21 Verfügung vom 4.1.1919, in: Schatzamtliche Nachrichten, 6.1.1919, BArch R2/43056; Einladung des Kriegspresseamtes an Prion zur Besprechung der Werbearbeit zur Kriegsanleihe, 20.10.1917; Ausarbeitung Prions für diese Besprechung, 16.11.1917; Bericht Prions über eine Besprechung über die Kriegsanleihe mit Vertretern des Feldheeres am 11.12.1917; alle BArch R2/44207. Hierzu Prion, Inflation; ders., Finanzen.

22 Vermerk Prions über eine Besprechung im Reichstag über den Vaterländischen Unterricht, 16.5.1918, BArch R2/44207; Pressemitteilung der Nachrichtenstelle des Reichsschatzamtes, 18.3.1918, BArch R2/44203, mit dem Aufruf „sich an die Vereinbarung zu halten, während der Kriegsanleihezeit nichts über die Steuervorlagen zu veröffentlichen."

23 Diskussionsbeitrag Prion, in: Stenographischer Bericht zur Sitzung der bundesstaatlichen Regierungsdezernenten für die Kriegsanleihewerbearbeit im Herrenhause in Berlin, 19.1.1918, S. 32; Richtlinien des Reichsschatzamtes zur wirtschaftlichen Aufklärungsarbeit für die Bundesregierungen, 20.12.1917; Pressemitteilung zur 9. Kriegsanleihe, Wolff's Telegraphisches Büro; Schreiben der Presse-Abteilung des Oberkommandos in den Marken an den Staatssekretär des Reichsschatzamtes, 15.9.1918, alle BArch R2/44207; sowie die Antwort von Manes an Graf von Roedern, 17.9.1918; Schreiben des Reichsschatzamtes an die Bundesregierungen, 7.10.1918, beide BArch R2/44208.

24 Eine Arbeit, die später das sogenannte Auslandsarchiv weiterführte. Hierzu die Ausarbeitung „Aufgabenkreis der Nachrichtenstelle" [30.10.1917], BArch R2/44205, Bl. 173.

dem praktischen Leben" und den „Äußerungen der öffentlichen Meinung" zu Fragen der Finanzen begeben wolle. Der Finanzbeirat solle „ohne Dazwischentreten von Partei- und Interessenpolitik" agieren, er stehe daher für eine „möglichst objektive Sachlichkeit".[25] In den Beirat aufgenommen wurden unter anderen der Sozialökonom Heinrich Dietzel, der Staatsrechtler und Herausgeber des *Finanz-Archivs* Georg von Schanz, Vertreter der Gewerkschaften wie Adam Stegerwald und Max Schippel sowie diverse Vertreter der Banken und der Industrie.[26] Anfang 1919 wurde Prion durch Arthur Norden abgelöst, der zuvor als Journalist unter anderem im Pressebeirat des Reichsbankdirektoriums sowie als wissenschaftlicher Hilfsarbeiter im Reichswirtschaftsamt tätig gewesen war und im Oktober 1920 diese Aufgabe an den promovierten Nationalökonomen Paul Beusch abgab.[27] Ein großer Teil der Tätigkeit der Nachrichtenstelle unter Beusch war finanzwissenschaftlicher Natur, also an Experten gerichtet. Hingegen sollte Matthias Erzberger, der seit Oktober 1918 als Staatssekretär ohne Portefeuille die Pressearbeit der Reichsbehörden koordinierte, als Reichfinanzminister ab Juni 1919 die entsprechenden Referate des Ministeriums zeitweilig heranziehen, um grundlegende Finanzreformen und die Einführung einer reichseigenen Steuerverwaltung in der Öffentlichkeit politisch zu legitimieren. Auch große Teile dieser Reformpläne waren aber schon zuvor im Reichsschatzamt entstanden.[28]

[25] Der Finanzbeirat beim Reichsschatzamt, 5.2.1918, BArch R2/44202.

[26] Berufungen in den Finanzbeirat, Mitteilung der Nachrichtenstelle zur Veröffentlichung durch Wolff's Telegraphenbüro, 1.2.1918, BArch R2/44203.

[27] Verfügung vom 16.11.1920, in: Nachrichten des Reichsfinanzministeriums, 16.11.1920, BArch R2/50390. Norden war im Zuge von Diskussionen der Reichsregierung um eine Verwaltungsreform Ende 1920/Anfang 1921 für die Ausarbeitung von Vereinfachungsvorschlägen im Bereich der Presseeinrichtungen zuständig, vgl. den von Norden erstellten Bericht des Herrn Reichskommissar für die Vereinheitlichung und Vereinfachung der Reichsverwaltung über die Konzentration des Presse- und Propagandadienstes der Reichsministerien, 29.1.1921, BArch R43 I/1947. Darin schlug er den Abbau der Nachrichtenstelle des Reichsfinanzministeriums vor.

[28] Protokoll der Besprechung im Auswärtigen Amt zur Zusammenlegung der Lesestellen der In- und Auslandspresse, 2.11.1918; Protokoll der Besprechung über Kriegspresseamt und Pressewarte, 31.10.1918, beide BArch R2/44210; Witt, Reichsfinanzminister, S. 16, dort Anm. 51. Hierzu die Verfügung vom 31.1.1919 bezüglich des Verkehrs mit der Presse, in: Schatzamtliche Nachrichten, 1.2.1919, BArch R2/43056.

Übergangsorganisation: Die Konstituierung des Ministeriums 1918/19

Mit einer „Denkschrift über eine Steuerreform im Reich und in den Bundesstaaten" war bereits am 13. November 1918 der erwähnte letzte kaiserliche Staatssekretär im Reichsschatzamt, Graf von Roedern, hervorgetreten. Bisher sei „von zu vielen Behörden nach zu vielen verschiedenen Normen gearbeitet" worden, nun sei es unumgänglich, diese Arbeit zu vereinheitlichen und zu zentralisieren. Der sozialdemokratische Volksbeauftragte und spätere Justizminister Otto Landsberg sprach sich im Reichskabinett ebenfalls dafür aus, die reichseigene Steuerverwaltung zum Bestandteil des Finanzprogramms der Revolutionsregierung zu erklären und auf diese Weise Ungleichheiten in der Steuererhebung zu beseitigen.[29] Wenige Tage nach von Roedern legte auch dessen Nachfolger, der frühere Unterstaatssekretär im Reichsschatzamt Eugen Schiffer, der Regierung ein von den Beamten des Ministeriums entworfenes Finanzprogramm vor, das die Neuordnung vor allem der Besitzsteuern vorsah. Bei der Vorstellung dieser Maßnahmen verwies der Ministerialdirektor im Reichsschatzamt und spätere Finanzstaatssekretär Stephan Moesle darauf, dass dringend eine „Steuerbehörde ohne politischen Charakter" nötig sei. Diese sei aber nur dann zu realisieren, wenn zuvor die Beschaffenheit und die Stellung der Kommunen und Bundesstaaten geklärt worden sei. Dennoch plädierte er dafür, das Konzept bereits zu diesem Zeitpunkt „in programmatischer Weise als feste Absicht der Regierung" zu verkünden. Das Papier sah eine gerechtere Lastenverteilung und den Aufbau eines neuen Steuerwesens unter Führung des Reiches vor. In der Fokussierung auf direkte Einkommen- und Vermögenssteuern war es von sozialistischem Denken beeinflusst. Gefordert wurden darin für die entsprechende Verwaltung auch „finanztechnisch besonders gebildete Personen", ohne aber die – verfassungsrechtlich ja noch zu klärende – Frage der Zuständigkeit des Reiches für dieses Verwaltungspersonal zu thematisieren. Am 30. Dezember 1918 wurde ein auf diesen Vorarbeiten basierendes Finanzprogramm des Rates der Volksbeauftragten im *Deutschen Reichsanzeiger* veröffentlicht.[30]

Bei öffentlichen Auftritten vor Wirtschaftskreisen, unterstützt von der Nachrichtenstelle des Ministeriums, forderte Schiffer dazu auf, eine Volksvertretung einzuberufen, um die neue Gesetzgebung durch „die Stimme der Allgemeinheit und Öffentlichkeit in Kritik, in Rede und Gegenrede" demokratisch zu legitimieren. Seine aus „sachlichen Bedenken" vorgetragenen Erwägungen interpretierten Kritiker auf der Linken allerdings als bloße Verschleierungen

[29] Denkschrift von Roedern, zit. nach Leidel, Begründung, S. 66; Stellungnahme im Reichskabinett am 12.12.1918, BArch R43 I/1324; Menges, Reichsreform, S. 138–139.

[30] Popitz, Die deutschen Finanzen, S. 187; Menges, Reichsreform, S. 139–140; Ministerialdirektor Moesle im Reichskabinett am 15.12.1918, BArch R43 I/1324.

seines bürgerlichen Klasseninteresses. Tatsächlich waren ja die Grundlagen dieser Vorhaben, wie auch Schiffer eingestand, bereits vor der Revolution im Reichsschatzamt entwickelt worden. Doch setzte Schiffer sie nun gemeinsam mit dem Reformpolitiker Eduard Bernstein um, der von der Unabhängigen Sozialdemokratischen Partei Deutschlands (USPD) dem Reichsschatzamt beigeordnet worden war. Bernstein fungierte als parlamentarischer Unterstaatssekretär, interpretierte seine Rolle allerdings zurückhaltend. Angesichts der im Januar 1919 anlaufenden Verhandlungen um den Versailler Friedensvertrag legitimierte Schiffer das Reformprogramm nun nicht zuletzt mit den Veränderungen der (welt-)wirtschaftlichen Ordnung nach Kriegsende, welche die Bedingungen deutscher Staatlichkeit verschoben habe: „Ohne klare, durchsichtige und stetige Zustände, ohne Rechtssicherheit, ohne Gesetzlichkeit bekommt ein Land keinen Kredit bei anderen Ländern." Gegenüber der Entente solle der Weimarer Schuldnerstaat, so Schiffer im Februar 1919 in der Nationalversammlung, als „ehrlicher, anständiger und reeller Kaufmann" agieren, „der Gläubiger zu befriedigen hat und auch nichts weiter tut, als sagt: das habe ich, seht zu, was ich überhaupt leisten kann". Diese Semantik, die den neuen deutschen Staat zum Unternehmer und zugleich zum Schuldner machte und deshalb auf ein wirtschaftliches Einnahmen- und Ausgabenregime verpflichtete, war mit Blick auf die Reparationsverhandlungen weit verbreitet. Sie unterschied sich allerdings deutlich von den gesellschaftspolitisch und sozialstaatlich begründeten Reformvorhaben, die zeitgleich im Reichswirtschaftsministerium unter Rudolf Wissell und Wichard von Moellendorff vorbereitet wurden.[31]

Der Reichsfinanzminister Schiffer managte die Übergangswirtschaft zudem mit Methoden am Rande der Legalität. Da zeitweilig keine Kreditermächtigungen durch das Parlament eingeholt werden konnten, ließ Schiffer nach der Verweigerung einer entsprechenden Ermächtigung seitens der Reichsschuldenverwaltung das Reich als „juristische Person" eigene Wechsel ausgeben und diese dann bei der Reichsbank gegen Banknoten eintauschen. Auf diese Weise wurden bis Ende Januar 1919 16,5 Milliarden Mark mobilisiert, um die „Existenz" des Weimarer Staates zu sichern, was die „Unmöglichkeit, den Weg des Gesetzes innezuhalten", legitimierte, wie Schiffer argumentierte. Erst

[31] Schiffer, Deutschlands Finanzlage, S. 10–11 und 21; ders., Vortrag am 12.12.1918 vor dem Rat der Volksbeauftragten, zit. nach Elben, Problem, S. 92; 8. NV-Sitzung, 15.2.1919, sowie 50. NV-Sitzung, 8.7.1919, Sten. Ber., S. 91 und 1395; Freiheit, Nr. 47, 10.12.1918; zum Verhältnis von Bernstein und Schiffer die Verfügung vom 19.11.1918, in: Schatzamtliche Nachrichten, 21.11.1918, BArch R2/43056; Schiffer, Leben, S. 220; Miller, Bürde, S. 171–172; Llanque, Denken, S. 312. Zur direkten Beauftragung von Wirtschaftsleuten (hier: des Industriellen Richard Merton) für Gutachten zu steuerpolitischen Fragen durch Schiffer die Verfügung vom 6.2.1919, in: Schatzamtliche Nachrichten, 7.2.1919, BArch R2/43056. Hierzu auch Feldman, Disorder, S. 135 und 137.

rückwirkend wurde für 15 dieser 16,5 Milliarden die Ermächtigung der Nationalversammlung eingeholt. Dies geschah nur einen Tag, nachdem der gerade ernannte Außenminister Ulrich Graf Brockdorff-Rantzau am 14. Februar 1919 mit einer programmatischen Rede an gleicher Stelle versucht hatte, die nationale wie internationale Öffentlichkeit von der prinzipiellen Neuorientierung und umfassenden Aufrichtigkeit der deutschen Politik zu überzeugen. Auch Schiffer begründete sein Vorgehen mit der Notwendigkeit, nach innen wie nach außen „rücksichtsloseste Offenheit" in den Reichsfinanzen walten zu lassen, um das verlorene Vertrauen der Welt wiederherzustellen und zugleich falschen Optimismus in der deutschen Bevölkerung wie aufseiten der Entente zu bekämpfen. Dazu zählte er auch die Rückkehr auf den „Boden des Rechtsstaats", die mit betonter Sparsamkeit als Legitimationsgrundlage der Staatsmacht zu verknüpfen sei. Von der weitgehend „fiktiven" Gestaltung der Notbudgets in der Kriegszeit müsse man daher wieder zu ordentlicher Haushaltsgebarung gelangen.[32] So unternahm die Reichsregierung den Versuch, öffentlich mit der Praxis der deutschen Kriegsfinanzierung zu brechen, die das budgetäre Gleichgewicht als eine fragile Fiktion und Haushaltsplanung als wiederkehrende Notlösung begriffen hatte – damals mit dem Ziel „in erster Linie, wirksam Krieg zu führen, und erst in zweiter Linie, möglicherweise zu sparen".[33]

Auch die Gründung des Reichsfinanzministeriums ergab sich aus einer solch temporären Politik der Ermächtigung, die Strukturen aus der Kriegszeit mittels vereinfachter Gesetzgebung in neue staatliche Institutionen überführte, ohne dass dieses Vorgehen umfassenden Konzeptionen entsprang. Getrieben wurden die Beteiligten durch den Handlungsdruck einer als dringlich empfundenen Notlage. Das „Bedürfnis nach außerordentlicher Rechtssetzung" war daher, wie sich zeigte, verbreitet. Dies galt natürlich nicht allein im Feld der Staatsfinanzierung, sondern noch viel deutlicher mit Blick auf die gewaltsamen Auseinandersetzungen, die zeitgleich auf den Straßen stattfanden. Dort brachte der Jahresbeginn 1919 mit den Streiks und bewaffneten Kämpfen in Berlin und bürgerkriegsähnlichen Zusammenstößen an anderen Orten eine weitere Steigerung der Gewalt mit sich. Der Rekurs auf den Belagerungs- oder Ausnahmezustand und ein daraus abgeleitetes Staatsnotrecht wurde vor diesem Hintergrund zunehmend selbstverständlich.[34]

32 8. NV-Sitzung, 15.2.1919, Sten. Ber., S. 90–99; 30. NV-Sitzung, 27.3.1919, ebd., S. 829; 33. NV-Sitzung, 9.4.1919, ebd., S. 904. Hierzu Feldman, Disorder, S. 133; Leonhard, Frieden, S. 885. Zur Haushaltspolitik ausführlicher Kap. I.3.

33 Denkschrift des Hilfsarbeiters in der Nachrichtenstelle des Reichsfinanzministeriums, Dr. Erwin Respondek, Reichsfinanzen, S. 18; Umlaufplan [15.4.1920], BArch R2/4441.

34 Kimmel, Ausnahmezustand, S. 7–8; Gusy, Ermächtigungsgesetzgebung, S. 253–257; hierzu und zum Folgenden auch Geyer, Notwehrmentalitäten; Keil/Stibbe, Laboratorium, S. 553–555.

Vor diesem Hintergrund zielte, wie viele andere Überlegungen und Maßnahmen dieser Monate, auch das „Gesetz über die vorläufige Reichsgewalt" vom 10. Februar 1919 auf die Absicherung der staatlichen Autorität, und Artikel 6 dieses Gesetzes übertrug dem Reichspräsidenten entsprechend breite Vollmachten. Auf Basis dieses Gesetzes sowie des sogenannten Übergangsgesetzes vom 4. März 1919 wurde dann das Reichsschatzamt per Erlass des Reichspräsidenten vom 21. März 1919 in ein Reichsministerium der Finanzen umgewandelt.[35] Das zugleich begründete Reichsschatzministerium verantwortete bis 1923 die Verwaltung des Reichsvermögens, die Bauverwaltung, die Beaufsichtigung aller kriegswirtschaftlichen Organisationen sowie die Beschaffung anderer Reichseinnahmen als Steuern, Zölle, Gebühren und Kredite, also insbesondere die aus der Kriegs- und Nachkriegszeit entstandenen technischen Sonderaufgaben. Etatrechtlich fundiert wurde diese Aufgabenzuteilung über einen Nachtrag zum Reichshaushalt für das Jahr 1918, was mit den „erst aus der Zeit herausgeborenen, zum Teil ganz plötzlich entstehenden neuen Aufgaben" begründet wurde, die das Reichsfinanzministerium nicht allein bewältigen könne.[36]

Zusammen mit dem Nachtragshaushalt für 1918 wurde zudem ein Gesetz über die vorläufige Regelung des Reichshaushalts für das Jahr 1919 eingebracht. Mit diesem Nothaushalt forderte das Reichsfinanzministerium umgehend Mittel für bauliche Erweiterungsmaßnahmen an. Das „Anwachsen der Geschäfte" und die damit verbundene Zunahme der Arbeitskräfte lasse trotz der Abspaltung des Reichsschatzministeriums die Unterbringung in den bisherigen Gebäuden nicht mehr zu. Jetzt schon werde die Dienstwohnung des Ministers für Bürozwecke genutzt. Daher habe man das Gebäude auf dem Grundstück Kaiserhofstraße 1 über ein Hypothekendarlehen gepachtet und erwäge einen zukünftigen Ankauf – ein Ansinnen, dessen Realisierung in den folgenden Jahren immer wieder auf die Tagesordnung kommen, aber nicht abschließend realisiert werden sollte. 20.000 Mark waren dafür im Haushaltsjahr 1918 aber bereits vorschussweise für die bauliche Instandsetzung für Bürozwecke verausgabt.[37] Zeitgleich wurden im Kabinett steuerpolitische Maßnahmen diskutiert, allerdings mit Blick auf die nationale wie internationale Öffentlichkeit zunächst vertraulich behandelt. Die bei der Kabinettssitzung vertretene Ministerialbürokratie, insbesondere der Finanzstaatssekretär Moesle, plädierte

[35] Gesetz über die vorläufige Reichsgewalt, 10.2.1919 (RGBl., S. 169); Erlass betreffend die Errichtung und Bezeichnung der obersten Reichsbehörden, 21.3.1919 (ebd., S. 327); hierzu Gusy, Ermächtigungsgesetzgebung, S. 246; zeitgenössisch auch Respondek, Reichsfinanzen, S. 13–34.

[36] Witt, Reichsfinanzminister, S. 9; 30. NV-Sitzung, 27.3.1919, Sten. Ber., S. 828.

[37] Begründung zu Kap. 8 (Reichsministerium der Finanzen) im Entwurf eines Gesetzes betreffend die vorläufige Regelung des Reichshaushalts für das Rechnungsjahr 1919, 17.3.1919, NV-Drucksache Nr. 165. Hierzu auch Kap. II.2.

für „technisch" machbare Lösungen und „praktische Durchführbarkeit". Damit war gemeint, ein umfassendes Steuerpaket zu verabschieden, zu hohe Steuersätze und die Belastung aller Vermögen aber zu vermeiden.[38] Mitte April 1919 kam es schließlich wegen einer Stellenbewilligung im Reichsarbeitsamt zu Meinungsverschiedenheiten im Kabinett, was zum Rücktritt Schiffers als Minister führte; er wurde durch Bernhard Dernburg ersetzt, den die Fraktion der Deutschen Demokratischen Partei (DDP) nominiert hatte und der nur zwei Monate im Amt blieb.[39]

Die per Erlass durchgeführte Einrichtung der obersten Reichsbehörden, die im Stile einer persönlichen Ermächtigung an den „Reichsminister der Finanzen (Reichsfinanzministerium)" erging, war also zunächst eine Antwort auf die finanzpolitischen Herausforderungen in der unmittelbaren Nachkriegszeit. Die weitere Ausgestaltung des Reichsfinanzwesens fand anschließend im Rahmen der verfassunggebenden Debatten der Nationalversammlung statt.[40]

Verfassungspolitik und die Ausdehnung der staatlichen Finanzgewalt

Die Bestimmungen über das Finanzwesen gehörten zu den umstrittensten Inhalten des Verfassungsentwurfs, zumal sie sowohl Grundfragen des demokratischen Regierungssystems als auch die föderale Ordnung berührten. Der von Hugo Preuß zunächst nicht veröffentlichte ursprüngliche Entwurf der Verfassung zielte auf einen dezentralisierten Einheitsstaat. Auf Wunsch der Reichsregierung wurde in den nachfolgenden Überarbeitungen dieses Entwurfs das Reichsfinanzwesen zunächst ausgeklammert. In der Diskussion mit den Einzelstaaten wurde diese Frage dann in Richtung einer eher bundesstaatlichen Organisation gelenkt, die den Ländern die Verwaltungshoheit über die direkten Steuern zusprach.[41] Einfluss auf die Diskussionen hatten aber auch die in Paris laufenden Friedensverhandlungen und die Resonanz ausländischer Beobachter. Ende April 1919 wies Dernburg im Kabinett darauf hin, dass Deutschland „hieb- und stichfest[e]" Zahlen an das Ausland liefern müsse, um internationale Anerkennung und Kreditwürdigkeit zu erhalten: „Nichts hat uns so sehr geschadet als die Behauptung, daß die Deutschen unzuverlässig

[38] Kabinettssitzung vom 15.3.1919, AdR, Kabinett Scheidemann, Bd. 1, Dok. Nr. 14b.

[39] Kabinettssitzung vom 14.4.1919, ebd., Dok. Nr. 41.

[40] Klein, Bundesministerium, S. 16; Hettlage, Finanzverwaltung, S. 179; Leidel, Begründung, S. 73; Kabinettssitzung vom 11.3.1919, AdR, Kabinett Scheidemann, Bd. 1, Dok. Nr. 9, dort Anm. 6.

[41] Bundesministerium der Finanzen, Reichsschatzkammer, S. 99; Hidien, Finanzausgleich, S. 206–210; Witt, Finanzpolitik und sozialer Wandel (1977), S. 413.

seien, ihre Verpflichtungen nicht ernsthaft nehmen und unrichtige Angaben machen." Die Erwartungen des Auslands wie auch die bereits desolate Finanzlage des Reiches veränderten insofern das Sagbare wie das Machbare. Nicht nur enorme Haushaltssummen des Zentralstaates wurden damit legitimierbar, sondern auch die Stärkung der zentralstaatlichen Organisation zur Überwindung des „Chaos" im Reich.[42]

In einer im Juli 1919 vom Reichsfinanzministerium, nun unter Matthias Erzberger als Nachfolger Dernburgs, vorbereiteten Skizze zum zukünftigen Aufbau der Finanzverwaltung des Reiches hieß es, dass die Reichsregierung von sich aus die „Zentralisierung in der Finanzverwaltung" durchführen müsse. Anderenfalls „würde die Vielheit der Verwaltungskörper eine stete Quelle von Streitigkeit und Beanstandungen der gegnerischen Kontrollorgane werden und letzten Endes dazu führen, daß die Feinde je nach ihren Tendenzen sich entweder auf unerträgliche Weise in die Verwaltung selbst einmischten und Zwietracht zwischen Reich und Einzelstaaten säten, oder aber die Einheitlichkeit der Verwaltung ihrerseits erzwingen würden".[43] Der Vertreter des Ministeriums im Verfassungsausschuss, der Geheime Regierungsrat und spätere Vereinfachungskommissar Friedrich Carl, argumentierte ebenfalls mit den „grundstürzenden Änderungen" des Finanzwesens im Reich, die nach den Verpflichtungen des Versailler Vertrags nötig würden. Die Reichsverwaltung müsse in der zukünftigen Finanzgesetzgebung „Ellbogenfreiheit" haben und das verfassungsmäßige Recht erhalten, per einfacher Gesetzgebung auch die Verwaltung direkter Steuern zu übernehmen.[44]

Auch für Max Weber bildete die Abhängigkeit Deutschlands vom Ausland beziehungsweise von ausländischen Krediten einen wesentlichen Ausgangspunkt für seinen Entwurf eines „republikanischen Föderativstaat[es]", der auf privatwirtschaftlicher Initiative und nicht auf staatssozialistischer Bürokratie beruhen sollte. Eine Verstaatlichung der Wirtschaft schien ihm nicht ratsam, wohl aber eine „möglichst unitarische Lösung" im Finanzwesen. Dabei dachte er aber weniger an eine einheitliche Reichsverwaltung unter parlamentarischer Aufsicht als an eine bundesstaatliche Lösung, in der eine Körperschaft aus gewählten Landesdelegierten und durch die Fachministerien instruierten Beamten über Budgetfragen entscheiden und vom Reichspräsidenten kontrolliert werden sollte.[45] All diese Überlegungen für eine reichsweite Finanzadministration sind demnach nicht nur im Kontext nationaler Reichsreformbestrebungen

[42] Ausführungen des Reichsfinanzministers vor dem Reichskabinett über die finanzielle Leistungsfähigkeit des Reichs, 26.4.1919, AdR, Kabinett Scheidemann, Bd. 1, Dok. Nr. 54b.

[43] Zit. nach Leidel, Begründung, S. 104.

[44] Verhandlungen der verfassunggebenden Deutschen Nationalversammlung, Bd. 336, Nr. 391, S. 467; Leidel, Begründung, S. 97. Zu Carl auch Kap. I.3.

[45] Weber, Staatsform, S. 16 und 38. Zu Webers Rolle Mommsen, Max Weber; Hanke/Mommsen, Herrschaftssoziologie.

zu sehen, sondern waren durch internationale Resonanzräume mitbedingt. Dieser Konnex blieb, wie im Weiteren zu zeigen sein wird, auch in den kommenden Jahren bestehen, wenn etwa Frankreich in den Verhandlungen für den Londoner Zahlungsplan von 1921 forderte, den Alliierten zur Sicherung der Reparationszahlungen die Aufsicht über Zölle und bestimmte Steuern in Deutschland zu übertragen, was der britische Vertreter in der Reparationskommission als eine „Ottomanisierung“ Deutschlands ablehnte.[46]

Bereits bei der ersten Lesung des Verfassungsentwurfs in der Nationalversammlung wurde deutlich, dass die Mehrheit der Abgeordneten für mehr Einheitlichkeit auf dem Gebiet der Finanzen (wie auch im Militär und im Verkehrswesen) plädierte. Auch die von März bis Juni 1919 währenden Verhandlungen im Verfassungsausschuss der Nationalversammlung unterstrichen dies. Nur die süddeutschen Einzelstaaten protestierten harsch gegen die „Übertreibung des Einheitsgedankens“ im Verfassungsausschuss.[47] Letztlich wurden daher Regelungen finanzieller Verhältnisse im Rahmen der Verfassung vermieden. Doch war gerade die Tatsache, dass vom Verfassungsausschuss die Option einer Reichsfinanzverwaltung bewusst nicht ausgeschlossen wurde, de facto ein Schritt in Richtung Zentralisierung. Die ursprüngliche Regelung des von Hugo Preuß in Auseinandersetzung mit den Einzelstaaten ausgearbeiteten Entwurfs hatte noch vorgesehen, die direkten Reichssteuern durch Landesbehörden verwalten zu lassen; diese Bestimmung hob der Verfassungsausschuss auf. Zudem wurde die Möglichkeit aufgenommen, die Verwaltung weiterer Steuern per einfacher Gesetzgebung an das Reich zu übertragen. Letztlich sah der daraus hervorgehende Entwurf die Verwaltung von Zöllen und Verbrauchssteuern durch das Reich vor, ließ die Frage der Verwaltung von Besitz- und Verkehrssteuern hingegen (vorläufig) offen. Im Plenum der Nationalversammlung erfuhren die das Finanzwesen betreffenden Vorschriften des Verfassungsentwurfs dann keine prinzipiellen Änderungen mehr. Die Weimarer Reichsverfassung wurde am 31. Juli 1919 verabschiedet. Vorab hatte Preuß noch einmal mit Verweis auf die schlechte Finanzlage des Reiches die Notwendigkeit einer Neuordnung des Finanzwesens betont: „Ist es gerade heute möglich, das Reich in seiner Bewegungsfreiheit auf finanziellem Gebiet eng einzuschnüren? Das ist ganz gewiß nicht der Fall“.[48]

Die Finanzverfassung der Weimarer Republik bildete – ähnlich wie die Verfassung des Kaiserreiches – einen Kompromiss, der sich einer weiteren Zentralisierung nicht versperrte. Damit wurde dem Umstand Rechnung getragen, dass die finanzielle Situation des neuen Staatswesens noch unberechenbar

[46] Petersson, Anarchie, S. 112; Kent, Spoils, S. 136.

[47] Resolution der Regierungen von Bayern, Württemberg, Baden und Hessen, 29.3.1919, zit. nach Menges, Reichsreform, S. 154.

[48] 45. NV-Sitzung, 3.7.1919, Sten. Ber., S. 1244; Leidel, Begründung, S. 99.

war und für die Zukunft flexibel gehalten werden musste.[49] Die entsprechenden Regelungen waren anders als zuvor nicht mehr in einem eigenen Abschnitt zum Finanzwesen erfasst, sondern in die entsprechenden Teile der Verfassung zu „Reich und Ländern" sowie zur „Reichsverwaltung" aufgenommen, sie durchdrangen die Grundstrukturen der Staatsverfassung und wurden nicht mehr als spezifisches Handlungsfeld definiert. Der Reichsfinanzminister war entsprechend auch der einzige Minister, der in der Verfassung erwähnt wurde, das Bestehen seines Ressorts wurde also von der Verfassung vorausgesetzt. Nach Artikel 54 Satz 1 WRV oblag ihm die unmittelbare Verantwortung für sein Ressort gegenüber dem Parlament, wodurch sich seine staatsrechtliche Stellung grundlegend von der des kaiserlichen Schatzsekretärs unterschied. Gemäß Artikel 86 Satz 1 WRV hatte er über die Verwendung aller Reichseinnahmen dem Reichstag und dem Reichsrat Rechnung zu legen. Ansonsten war er zunächst den anderen Ministern gleich- und der Richtlinienkompetenz des Reichskanzlers unterstellt.[50]

Die Artikel 8 und 11 WRV regelten die Zuständigkeit des Reiches für die Gesetzgebung über Abgaben und sonstige Einnahmen, sofern sie ganz oder teilweise für seine Zwecke in Anspruch genommen wurden, sowie für Landesabgaben, wenn diese Steuerbenachteiligungen, Doppelbesteuerung oder „wichtige Gesellschaftsinteressen" betrafen. Damit war eine allgemeine Formulierung gefunden worden, die weiten Raum für eine zukünftige Ausgestaltung von Reichszuständigkeiten per Gesetz bot. Ähnlich offen war die Formulierung in Artikel 8, welche die Rücksichtnahme der Reichsgesetzgebung auf die „Lebensfähigkeit der Länder" vorsah. Artikel 83 legte schließlich die Verwaltung von Zöllen und Verbrauchssteuern durch Reichsbehörden fest, zudem regelten die Artikel 84 und 14 die Reichshoheit über die Ausführung von Reichsgesetzen durch Länderbehörden.[51] Damit bot, wie der Finanzstaatssekretär Popitz rückblickend bemerkte, die Verfassung im Bereich der Finanzhoheit die Möglichkeit, dass „das Reich letztlich durch Inanspruchnahme von Steuern oder durch Normativbestimmungen seine Macht so weit ausdehnen kann, wie es aus finanziellen oder aus wirtschaftlichen oder auch, wir können das nicht verschweigen, aus politischen Gründen zweckmäßig erscheint".[52] Unitaristen wie Föderalisten sahen folglich die Staatsorganisation als nicht dauerhaft geordnet an. Die einen verstanden die Verfassung als Sprungbrett zu mehr

[49] Hidien, Finanzausgleich, S. 214 und 218, in Abgrenzung zu Menges, Reichsreform, S. 133, der den Fokus dezidierter auf die Erweiterung der Steuergesetzgebungskompetenzen des Reiches durch die WRV legt.

[50] Lilien-Waldau, Bundesminister, S. 9; Rosenfeld, Stellung, S. 25. Dagegen zeitgenössisch Glum, Stellung, S. 15–16 und 26, der den Reichskanzler eher als *primus inter pares* einordnete.

[51] Verfassung des Deutschen Reichs, 11.8.1919 (RGBl., S. 1383).

[52] Popitz, Wandlungen, S. 160.

Einheitsstaatlichkeit, die anderen wollten die verfassungsmäßige Verankerung föderativer Garantien stärken. Beide Seiten aber strebten damit nach Revision beziehungsweise Weiterentwicklung des Verfassungswerks.[53]

Währenddessen trieb die Ministerialbürokratie die Vorbereitungen für eine umfangreichere Finanzreform voran, dies auch unter dem Druck der Friedensverhandlungen. Anders als die Beamten des Reichswirtschaftsministeriums waren die Ministerialen des Finanzressorts in dieser Phase weniger mit konzeptionellen Fragen der Reorganisation der nationalen Wirtschaft befasst als mit der Kriegsfolgenbewältigung und den ungewissen finanziellen Erfordernissen der internationalen Wirtschaftsordnung.[54] So präsentierten Schiffer und Dernburg ihr Steuerprogramm nicht als verteilungspolitischen Entwurf, sondern als zwingend notwendige Krisenmaßnahme zur Bekämpfung der ökonomisch bedrohlichen Folgen des Krieges.

Erst Matthias Erzberger gab nach seinem Amtsantritt dem Vorhaben einen sozialreformerischen und demokratischen Anklang: „Ein guter Finanzminister", so Erzbergers vielzitierter Ausspruch, sei „der beste Sozialisierungsminister". Mit solchen Äußerungen und seiner Entschlossenheit, Steuerreformen durchzusetzen, zog Erzberger den Hass der politischen Rechten auf sich. Gleichwohl war diese Formulierung eher aus der Anpassung an die verbreitete Sozialisierungsrhetorik zu erklären als aus weiterreichenden Gedanken zur Verstaatlichung, denn zugleich warnte Erzberger mit scharfen Worten vor der „asiatische[n] Krankheit" des Bolschewismus.[55] Im Verbund mit gezielt rekrutierten Ministerialbeamten setzte Erzberger zwischen Juli 1919 und März 1920 in den parlamentarischen Ausschüssen Maßnahmen zur Besteuerung von Kriegsgewinnen, Erbschaften, Tabak und Grunderwerb durch. Hinzu traten das umstrittene „Reichsnotopfer" sowie als entscheidende Neuerung eine progressive Einkommensteuer. Die Objekt- und Ertragshoheit über die Steuern wurde im Landessteuergesetz neu geregelt.[56] Allerdings zeigten diese Maßnahmen zunächst nicht die erhoffte Wirkung. Die hohen Sätze bei den Einkommen- und Vermögenssteuern stießen auf den Widerstand der Wohlhabenden, mit dem Ergebnis wachsender Kapitalflucht und Steuerhinterziehung. Zudem veränderte die Inflation die materielle Wirkung des Steuerprogramms: Während viele Besitzenden in der Lage waren, die Zeitspanne bis zur Steuerzahlung auszudehnen und so den Wertverfall der Währung zu nutzen, wurde die Lohnsteuer im direkten Quellenabzug erhoben und konnte so nicht durch

[53] Menges, Reichsreform, S. 162.

[54] Leidel, Begründung, S. 100 und 111; Feldman, Disorder, S. 132–137.

[55] 50. NV-Sitzung, 8.7.1919, Sten. Ber., S. 1377; Erzberger, Reden, S. 5–6. Hierzu auch Feldman, Disorder, S. 160; Witt, Finanzpolitik und sozialer Wandel (1977), S. 414; Hidien, Finanzausgleich, S. 232.

[56] Epstein, Erzberger, S. 381–385; Schulz, Demokratie, Bd. 1, S. 219.

Verzögerung verringert werden. Zudem machten die indirekten Steuern am Ende einen größeren Anteil an den Einnahmen des Reiches aus als geplant, was ebenfalls die regressive Wirkung intensivierte. In der Summe gelang es auch nicht, die Reichsfinanzen auf diesem Wege zu sanieren; der Anteil der Neuverschuldung stieg wieder an und erreichte schließlich 1923 mit über neunzig Prozent seinen höchsten Wert. In sozialer und ökonomischer Hinsicht erzielten die Erzbergerschen Reformen die intendierte strukturverändernde Wirkung zunächst nicht, wenngleich sie wichtige steuerpolitische Reformmaßnahmen umfassten.[57]

Unmittelbar wirksam und langfristig erfolgreich war hingegen die grundlegende Umgestaltung der Finanzverwaltung und des Steuerrechts durch die Reichsabgabenordnung, die Erzberger entschlossener als seine Vorgänger vorangetrieben und den erwähnten Plänen Beckers hinzugefügt hatte. In Reden vor der Nationalversammlung am 8. und 9. Juli 1919 forderte Erzberger „grundlegende Systemänderungen" in der Steuerverwaltung und begründete dies aus den Bestimmungen des gerade in zweiter Lesung befindlichen Verfassungsentwurfs.[58] Zeitgleich wirkte Erzberger auch in der Aufgabenverteilung mit dem Reichsschatzministerium darauf hin, dem eigenen Ministerium die alleinige Verantwortung für die gesetzliche Regelung der „Einnahmebeschaffung für das Reich" zu übertragen und zu diesem Zweck auch die entsprechenden Referenten aus dem Reichsschatzministerium in das Finanzressort zu übernehmen. Dem Reichsschatzministerium sollte hingegen nur die Ausführung der ergangenen Gesetze für „Monopole, Beteiligungen und sonstige Abgaben nicht steuerlicher Art" verbleiben. Mit ähnlicher Konsequenz bemühte sich das Ministerium unter Erzberger um die Zentralisierung der Informationsflüsse.[59]

Der im Juni 1919 von der Ministerialbürokratie vorgelegte Entwurf der Reichsabgabenordnung hatte ursprünglich nur besondere Steuerbehörden auf der Länderebene sowie eine spezifische Berufsvorbildung für Steuerbeamte vorgesehen und an der Verwaltung der Reichssteuern durch die Einzelstaaten bei angemessener Reichsaufsicht festgehalten. Am 14. Juli 1919 war die Frage der Reichsfinanzverwaltung dann Gegenstand von Beratungen des Reichskabinetts. Erzberger legte dort seinen Plan dar, eine sämtliche Reichsabgaben umfassende Reichsfinanzverwaltung zu gründen.[60] Dabei verstand es Erz-

[57] Schulz, Demokratie, Bd. 1, S. 220; Ullmann, Steuerstaat, S. 102–105; Witt, Finanzpolitik und sozialer Wandel (1977), S. 414–422; jetzt auch Buggeln, Versprechen, S. 250–256.

[58] Erzberger, Reden, S. 18.

[59] Vermerk über die Besprechung zwischen Reichsfinanzminister und Reichsschatzminister, 28.6.1919, BArch R2/43056; Schreiben des Reichsfinanzministers an den preußischen Finanzminister betr. Einzug von Erkundigungen bei Zoll- und Steuerstellen, 5.11.1919; Vermerk Abt. IV an Abt. II betr. geschäftlichen Verkehr zwischen Behörden der Reichsfinanzverwaltung und Zentralbehörden, 10.2.1920, beide BArch R2/50390.

[60] Leidel, Begründung, S. 81–82; Menges, Reichsreform, S. 149 und 206.

berger, den kämpferischen Habitus, der die Weimarer Gesellschaft insgesamt durchzog, in die politische Debatte um die Einführung einer reichseigenen Finanzverwaltung zu übertragen und seine Vorstellungen damit durchzusetzen. Aufschlussreich ist hierfür auch eine Schilderung, die der Pressechef des Preußischen Staatsministeriums, Hans Goslar, von einer Sitzung im Finanzausschuss der Weimarer Nationalversammlung im Sommer 1919 gegeben hat: Begleitet von Moesle habe Erzberger dort gestanden, „im Trommelfeuer der Angriffe", die Deutschnationalen hätten „die Klinge" geschwungen, doch Erzberger habe „fabelhafte Elastizität" gezeigt, denn er sei „[n]ach dem Rezept: ‚Die beste Parade ist der Hieb!'" gegen alle Zweifler vorgegangen und habe schließlich den Sieg errungen.[61] Auch Harry Graf Kessler, einer der prominentesten Beobachter dieser Jahre, verglich Erzbergers Rhetorik mit „Kolbenschlägen", seine Sätze mit „Bataillonen".[62]

Anfang August wurde der um die Einführung einer reichsweiten Verwaltung erweiterte Entwurf der Reichsabgabenordnung der Nationalversammlung zur Beratung vorgelegt und bis in den Spätherbst 1919 diskutiert; der die Reichsfinanzverwaltung betreffende erste Teil „Behörden" (§§ 8–50 sowie § 451) wurde jedoch gesondert verhandelt und schon am 19. August 1919, nach wenigen Tagen der Beratung, als „Gesetz über die Reichsfinanzverwaltung" verabschiedet.[63] In der Deutung von Popitz, der ebenso wie Becker, Carl und der spätere Reichssparkommissar Friedrich Moritz Ernst Saemisch als Kommissar des Reichsfinanzministeriums bei den Verhandlungen anwesend war, wurde damit ein „Notgesetz" verabschiedet, das zwischen starken Interessengegensätzen vermittelte.[64] In den Debatten der Nationalversammlung wurde die Tragweite der mit der Reichsabgabenordnung vorgeschlagenen steuerpolitischen sowie administrativen Maßnahmen für die Ausbildung eines demokratischen Staatswesens und die Legitimation der zukünftigen Ordnung des Reiches unterschiedlich bemessen. Während Erzberger entschieden für sein Vorhaben eintrat, die Neuartigkeit seines Programms hervorhob und es als Resultat einer weltweiten „Umwertung aller Werte" und der „Geburtswehen einer neuen Zeit" präsentierte,[65] wiesen Redner verschiedener Parteien (auch aus Erzbergers eigener) darauf hin, dass die geplanten Steuermaßnahmen eher die Tradition früherer Politik fortsetzten. Es zeigten sich unter anderem „Bruchstücke des Bürgerlichen Gesetzbuchs, der Zivilprozeßordnung, des Strafgesetzbuchs, der Strafprozeßordnung" sowie Bestandteile einzelner Reichssteuergesetze und preußischer Verwaltungsverfahren, so der Zentrums-Vertreter Eduard

61 Goslar, Erzberger; Epstein, Erzberger, S. 382.
62 Zit. nach Eschenburg, Erzberger, S. 154.
63 Gesetz über die Reichsfinanzverwaltung, 10.9.1919 (RGBl., S. 1591).
64 Popitz, Gesetz, Sp. 781; hierzu Leidel, Begründung, S. 123.
65 77. NV-Sitzung, 12.8.1919, Sten. Ber., S. 2365.

Burlage.[66] Erzbergers Amtsvorgänger Schiffer wendete diese Beobachtung zu einer Kritik an der fehlenden „tiefgreifenden Systematik" der Erzbergerschen Vorschläge, während der Abgeordnete der USPD, Emanuel Wurm, die „systemlose" Konzeption als Fortsetzung früherer Übel und „Steuermätzchen von Anno dazumal" wertete. Seines Erachtens verfehlte die Regierung damit die notwendige Transformation des Staates von der „Herrschaftsorganisation" zur „Wirtschaftsorganisation".[67]

Anders als die Steuerreformen wurde die Einführung einer reichsweiten Steuerverwaltung gleichwohl von allen Seiten als gelungener Schritt wahrgenommen. Umstritten war diese administrative Zentralisierung im Plenum wie in den Ausschüssen der Nationalversammlung trotzdem in dreierlei Hinsicht: erstens bezüglich ihrer Verfassungsmäßigkeit, zweitens hinsichtlich der Machtposition von Ländern und Gemeinden im neuen Staat und drittens mit Blick auf die Rekrutierung und Qualifizierung der entsprechenden Reichsbeamtenschaft. Zweifel daran, dass eine reichseigene Steuerverwaltung mit den Verfassungsbestimmungen (insbesondere Artikel 83) kollidieren könne, waren schon bei der Ausarbeitung des Entwurfs im Ministerium geäußert, aber nicht weiter verfolgt worden.[68] In der Debatte des Entwurfs im Plenum der Nationalversammlung, die einen Tag nach der Ausfertigung der Reichsverfassung durch den Reichspräsidenten begann, kritisierten Vertreter der Deutschen Volkspartei (DVP), der Deutschnationalen Volkspartei (DNVP) und der Bayerischen Volkspartei (BVP) die Einführung einer reichseigenen Steuerverwaltung als von der Verfassung nicht vorgesehenen Schritt zur „Mediatisierung" und „Bevormundung" der Einzelstaaten. Die DVP forderte daher die Abstimmung über das Gesetz mit verfassungsändernder Mehrheit. Während der Vertreter der DDP darauf verwies, dass die Verfassung „nur aus sich selber heraus ausgelegt werden" könne und von dem „großen Gedanken getragen [sei], daß wir allmählich zu einer einheitlichen Gesetzgebung auf dem Gebiete der Verwaltung kommen", argumentierte die DVP damit, dass in den Debatten um die Reichsverfassung die Mehrheit des Parlaments eine Unterordnung der Einzelstaaten nicht gewollt habe – die Intention bei der Aufstellung der Verfassung also gerade keine unitarische gewesen sei.[69]

Die Debatte um die Reichsfinanzverwaltung berührte damit die grundlegende Frage der Dynamik und Anpassungsfähigkeit der Verfassung, die in von der Weimarer Staatsrechtslehre (insbesondere zwischen Rudolf Smend und

66 79. NV-Sitzung, 14.8.1919, ebd., S. 2424.

67 52. NV-Sitzung, 9.7.1919, ebd., S. 1142; 78. NV-Sitzung, 13.8.1919, ebd., S. 2398.

68 Leidel, Begründung, S. 111–112.

69 Hierzu Johann Becker (DVP), 78. NV-Sitzung, 13.8.1919, Sten. Ber., S. 2408; 83. NV-Sitzung, 19.8.1919, ebd., S. 2616; Clemens von Delbrück (DNVP), ebd., S. 2626; Johann Leicht (BVP), ebd., S. 2642; Andreas Blunck (DDP), ebd., S. 2627–2628.

Carl Schmitt) wiederholt verhandelt wurde. Hier entschied sich am Beispiel der Reichsfinanzverwaltung die Frage, ob man die Ausbildung des Staatswesens anhand der Verfassung prozedural verstand oder in der Verfassung die einmalige und damit dezisionistische Verankerung des Volkswillens sah.[70] Diese Debatte wurde sowohl in den parlamentarischen Gremien als auch in der Öffentlichkeit geführt, trotzdem ergab sich ein Konsens bezüglich der Einführung der Reichsverwaltung. Dies lag auch daran, dass die Mehrheit der Einzelstaaten der neuen Reichsfinanzorganisation nicht nur am 6. August 1919 im Staatenausschuss bereits zugestimmt hatte, sondern dass Erzberger parallel zur Diskussion in der Nationalversammlung direkt mit den süddeutschen Ländern sowie Sachsen verhandelt hatte. Im Ergebnis wurden Abkommen geschlossen, die Zugeständnisse in der Ausgestaltung der administrativen Strukturen auf der Landesebene machten. Vor allem durften die Einzelstaaten über die personelle Besetzung der Landesfinanzämter mitentscheiden. In den süddeutschen Ländern wurde infolgedessen der jeweilige Finanzminister mit der Führung der Geschäfte des Präsidenten des Landesfinanzamtes betraut, zudem wurden in Nürnberg und Würzburg Beamte berufen, die unmittelbar an den Verhandlungen mit Erzberger beteiligt gewesen waren. Darüber hinaus sagte das Reich zu, den gesamten Pensionsetat für die ans Reich gehenden Länderverwaltungen zu übernehmen und diese für bereitgestelltes Inventar und Gebäude finanziell zu entschädigen. Diese Kompromisse ermöglichten die zügige Verabschiedung der Reichsabgabenordnung durch die Legislative, sollten sich gleichwohl in der administrativen Praxis rächen, da sie dazu beitrugen, die Finanzverwaltung aufzublähen.[71]

Der zweite problematische Punkt war die Frage der Verteilung der Steuererträge zwischen Reich und Ländern, also der materielle Finanzausgleich und damit der Grad der Zentralisierung, der in Artikel 46 des Gesetzes über die Reichsfinanzverwaltung und später im Landessteuergesetz geregelt wurde.[72] Den Ländern und Gemeinden wurde hier ein Betrag zugesprochen, der dem Aufkommen an Einkommensteuern von Ländern und Gemeinden im Jahr 1919 plus einer Steigerungsrate von jährlich sechs Prozent entsprechen musste. Diese Vorschriften sollten im Falle von Zuständigkeitsverlagerungen angepasst, aber nur mit verfassungsändernder Mehrheit revidiert werden können.[73] In der Debatte der Nationalversammlung um die damit erreichte „verfassungsmäßige

[70] Schuppert, Rigidität, bes. S. 39–42.

[71] Leidel, Begründung, S. 125–126; Menges, Reichsreform, S. 214–215; Metzger/Weingarten, Einkommensteuer, S. 161; Feldman, Disorder, S. 347–348.

[72] Die zwischen 1919 und 1933 erlassenen mehr als ein Dutzend Änderungen des Finanzausgleichsrechts sollten den beständig umstrittenen und provisorischen Charakter dieses Bereiches der Finanzverfassung deutlich machen, hierzu Hidien, Finanzausgleich, S. 232 und 252.

[73] § 46, Gesetz über die Reichsfinanzverwaltung, 10.9.1919 (RGBl., S. 1600–1601).

Verankerung" der neuen Finanzordnung wurde deutlich, dass die Länder die Festschreibung ihres Anteils zur Bedingung für die zeitnahe Durchsetzung der Reichsabgabenordnung machten – anderenfalls kündigte der preußische Bevollmächtigte zum Reichsrat im Parlament an, Einspruch gegen das Gesetz gemäß Artikel 74 der WRV zu erheben und damit die Umsetzung der Reformen entscheidend zu verzögern.[74] In Erzbergers Interpretation bildete die Schaffung einer reichseigenen Steuerverwaltung dagegen den „materiellen Schlußstein" eines jahrhundertealten Strebens nach Reichseinheit. Zugleich sah er sie aber auch als Auftakt zu weiterer Zentralisierung; so verkörperten die Bezirke der Landesfinanzämter seines Erachtens die „künftigen Reichsprovinzen" eines deutschen Einheitsstaates.[75] Diese unitaristische Tendenz verlor in den folgenden Jahren zunächst an Stoßkraft. Eine grundlegende Reichsreform wurde stattdessen zum Gegenstand fortgesetzter Diskussion.

Verhandelt wurde anhand der Reichsabgabenordnung schließlich drittens die Frage, bis zu welchem Grad staatliche Einheit aus technokratischer Organisation entstehen könne. Von der DVP wurde auf die Fehlleistungen der Kriegswirtschaft verwiesen, die Planung und Lenkung an die Stelle „organischer" Bedürfnisse und menschlicher „Erziehung" des Volkes gesetzt habe. Eine straffe administrative Zentralisation wurde in dieser Lesart gerade nicht als Garantie staatlicher Einheit, sondern als deren potenzielle Gefährdung angesehen. Dies galt insbesondere dort, wo es um die Auswahl der Beamtenschaft, die Besetzung von Führungspositionen und die strukturelle Gestaltung der Behörden ging. Die konservativen Parteien, aber auch die DDP äußerten die Befürchtung, dass wichtige Posten politisch vergeben würden und kritisierten, dass die Eigenheiten und Mitbestimmungsrechte der lokalen Ebene nicht ausreichend berücksichtigt würden.[76] Entsprechend sah sich Erzberger aufgefordert, mit Verweis auf die verfassungsmäßigen Bestimmungen zu bestätigen, dass beim Aufbau der neuen Verwaltung „mit weicher Hand vorgegangen wird, daß die landsmännische Eigenart in weitgehendstem Maße gewahrt bleibt. Es wird keiner Finanzverwaltung einfallen, einen ostpreußischen Beamten nach Bayern zu schicken, weil sich die beiden ja doch nicht miteinander verständigen würden; es wird niemandem einfallen, die Beamten des Deutschen Reichs durcheinander zu würfeln". Damit reagierte er auch auf

[74] Leidel, Begründung, S. 125 und 129.

[75] Erzberger bei der Konferenz der Präsidenten der neugeschaffenen Landesfinanzämter, zit. nach Deutsche Allgemeine Zeitung, Nr. 522, 24.10.1919; 93. NV-Sitzung, 8.10.1919, Sten. Ber., S. 2938. Hierzu und zum Folgenden Menges, Reichsreform, S. 220; Schulz, Demokratie, Bd. 1, S. 223–224; zeitgenössisch Boenicke, Organisation, Sp. 715.

[76] Hierzu die Ausführungen von Johann Becker (DVP), 78. NV-Sitzung, 13.8.1919, Sten. Ber., S. 2409; Konrad Henrich (DDP), ebd., S. 2392; Heinrich von Kraut (DNVP), ebd., S. 2396–2397.

die starken Vorbehalte, welche die süddeutschen Landesregierungen zeitgleich gegen solche Auswirkungen der Unitarisierung artikulierten.[77]

Hingegen forderten die Sozialdemokratische Partei Deutschlands (SPD) sowie die USPD eine „fachmännisch tüchtige ausgebildete" Steuerbeamtenschaft gerade als Bollwerk gegen die politischen Interessen der Einzelstaaten und der besitzenden Schichten. Insbesondere die dadurch ermöglichte Ausschaltung der Landräte sah das Lager der Linken als Schritt zu einem sozialen Ausgleich zugunsten der Arbeiterschaft in der neuen staatlichen Ordnung. Deren spezifische Machtposition und soziale Homogenität hatte die Steuerveranlagung im Kaiserreich und das öffentliche Bild der Steuererhebung als Klientelpolitik geprägt.[78] Die dezentralen Steuerinstanzen wurden daher als Relikte überkommener Herrschaftsformen und die Ansprüche der Einzelstaaten als Ausdruck von „staatsrechtlichen Prinzipien, die eben aus der Atmosphäre des Regensburger Reichstags von 1763 stammen" und damit noch hinter die Vereinheitlichung im Bismarckschen Staat zurückfielen, angesehen.[79] Die Zentrumspolitiker betonten in der Nationalversammlung ebenfalls das Modernisierungspotenzial einer Reichsverwaltung mit eigens ausgebildeter Beamtenschaft. Für sie ging es aber nicht um die soziale Ausgleichsfunktion, sondern um die erhöhte bürokratische Leistungsfähigkeit einer Zentralverwaltung, abgesichert durch Expertenwissen. So hoffte der Abgeordnete Wilhelm Farwick, dass gemeinsam mit der zentralen Administration auch eine neue Steuerwissenschaft entstehen werde. Diese könne dann die Schaffung der „allerbesten Organisation – und zu dem Prädikat ‚allerbest' gehört die Einheitlichkeit und straffe Organisation" – ermöglichen. Damit werde nicht nur das deutsche Ansehen als Wissenschaftsnation, sondern auch die Akzeptanz der Steuerveranlagung in der Bevölkerung und damit letztlich der Steuerertrag gesteigert. Sein Vorschlag, hierfür die Hochschulen und Universitäten in die Ausbildung der Steuerbeamtenschaft einzubinden, wurde gleichwohl von der DVP als Ausdruck der Wirklichkeitsferne des neuen demokratischen Staatswesens zurückgewiesen: Die „Männer

77 77. NV-Sitzung, 12.8.1919, ebd., S. 2377; Bericht der Preußischen Gesandtschaft über eine Zusammenkunft der Regierungen Württembergs, Badens und Hessens, 14.7.1919, BArch R43 I/2430, Bl. 32–33. Hierzu auch die Denkschrift der bayerischen Regierung „Zur Revision der Weimarer Reichsverfassung" aus dem Jahr 1924, o. S. Darin wurde die von der Reichsfinanzverwaltung ausgeübte „Tätigkeit fremder Beamten auf dem Territorium eines selbständigen Staates" als unvereinbar mit dessen „Souveränität" beschrieben.

78 Wilhelm Keil (SPD), 50. NV-Sitzung, 8.7.1919, Sten. Ber., S. 1391; Emanuel Wurm (USPD), 78. NV-Sitzung, 13.8.1919, ebd., S. 2403. Hierzu Witt, Landrat; Dieckmann, Popitz, S. 18; sowie zur Dynamisierung solcher Verhältnisse bereits im 19. Jahrhundert Wagner, Bauern, bes. S. 286–288 und 379–386.

79 Adolf Braun (SPD), 78. NV-Sitzung, 13.8.1919, Sten. Ber., S. 2384.

der Theorie" auf Reichsebene würden ohne die „Männer der Praxis" in den vorhandenen Staatsverwaltungen gar nicht arbeiten können.[80]

In der Summe brachten die seit dem Sommer 1919 umgesetzten Steuer- und Verwaltungsreformen die vorhandenen Konzepte der hohen Bürokratie zum Ausdruck, erweitert um steuer- und verteilungspolitische Ideale des Zentrums und der Sozialdemokratie.[81] Peter-Christian Witt hat darüber hinaus argumentiert, dass in diesem Zusammenhang die finanzpolitischen Züge eines Wohlfahrtsstaates gezeichnet worden seien, der die Staatsverschuldung in Kauf genommen hätte, um die Nachkriegskrise zu überwinden. Eine Deckung der Staatsausgaben in den Jahren 1919 und 1920 sei also gar nicht angestrebt worden. In der Debatte in der Nationalversammlung wurde dieser Aspekt vom Zentrums-Abgeordneten Farwick angedeutet, der Steuerpolitik als „Sozialpolitik" verstanden wissen wollte.[82] Gleichwohl scheint für den Minister Erzberger der Reichsgedanke gegenüber sozialpolitischen oder reformerischen Absichten dominiert zu haben, denn auf die strukturelle Reorganisation der Verwaltung legte er besonderen Wert. Hier brachte er auch die eigentliche Neuerung ein. In dem resultierenden „Unitarismus auf kaltem Weg" war aber insgesamt weniger eine gezielte Strategie der Reichsregierung denn eine Begleiterscheinung zu sehen, die sich aus den finanzpolitischen Bedingungen des Moments ergab. Auch zeitgenössisch wurden die Erzbergerschen Reformen eher als ein Erfolg der Machtpolitik interpretiert denn als Ergebnis programmatischer Planung. Und so zeigte sich der Taktiker Erzberger auch gegenüber den zeitgleich von Wissell und anderen im Reichswirtschaftsministerium diskutierten weitreichenden sozial- und ordnungspolitischen Konzeptionen eines Interventionsstaates eher skeptisch.[83]

Letztlich wurde der Ausbau der Reichsfinanzverwaltung zum Paradebeispiel für die in der Verfassung zwar als Möglichkeit angelegte, aber erst durch nachfolgende Gesetze tatsächlich verwirklichte Unitarisierung des Reichs. Die in der Weimarer Verfassung enthaltene Ermächtigung, per Gesetz die Reichszuständigkeit über die verfassungsmäßigen Bestimmungen hinaus auszudehnen, wurde am Beispiel der Reichsfinanzverwaltung umgesetzt.[84] Einen Eingriff von ähnlicher Tragweite in die Verwaltungszuständigkeit der Länder hat es danach nicht mehr gegeben. Vergleichbar war allenfalls der Aufbau eines

80 So Wilhelm Farwick (Zentrum), 50. NV-Sitzung, 8.7.1919, Sten. Ber., S. 1394; dagegen Johann Becker (DVP), 83. NV-Sitzung, 19.8.1919, ebd., S. 2618–2619.

81 Dies betont mit Bezug auf von Roedern, Stephan Moesle und Eugen Schiffer Feldman, Disorder, S. 132.

82 50. NV-Sitzung, 8.7.1919, Sten. Ber., S. 1394; Witt, Staatliche Wirtschaftspolitik, S. 172.

83 Popitz, Steuerpolitik, S. 58. Hierzu auch Dieckmann, Popitz, S. 19 und 21, Anm. 15; Feldman, Disorder, S. 153.

84 Frotscher, Organisation, S. 118; Bühler, Zuständigkeitsverteilung, S. 325; Böckenförde, Zusammenbruch, S. 41.

neuen Verwaltungssystems in Ausführung des Gesetzes für Arbeitsvermittlung und Arbeitslosenversicherung vom 16. Juli 1927. Von seiner Zuständigkeit für die Finanzgesetzgebung gemäß Artikel 11 WRV machte das Reich in der Folge weitgehenden Gebrauch. Tiefer als die Sonderverwaltungen des Post-, Bahn- und Militärwesens griff die reichseigene Finanzverwaltung auch deshalb in das innere Staatsleben ein, weil sie „unmittelbare Rechtsbeziehungen" zur Bevölkerung mit sich brachte. Von kritischen Beobachtern wurden diese Veränderungen als „Finanzmilitarismus" wahrgenommen, von der beteiligten Ministerialbürokratie hingegen als souveräner Akt des wehrhaften Staates interpretiert, der auf diese Weise die „Willkür" wandelbarer Verwaltungsroutinen durch klar definiertes Recht und Gesetz ersetze.[85]

Jenen Unitarismus, den Hugo Preuß verfassungspolitisch zunächst nicht erreicht hatte, konnte Erzberger so mittels einer Reichsfinanzpolitik, die durch Verfassungsbestimmungen und die parlamentarische Mehrheit gedeckt war, gegen die süddeutschen Einzelstaaten durchsetzen. Am Beispiel der Reichsfinanzverwaltung zeigten sich damit die grundsätzliche Revidierbarkeit beziehungsweise Flexibilität der Verfassungsbestimmungen, die nicht nur aus einer Übergangssituation entstanden waren, sondern die Möglichkeit der Transformation auch perpetuierten. Die „Demokratie der Kompromisse" verstand die Verfassung als einen Rechtszustand, der die Beendigung der revolutionären Umwälzung markierte, aber zugleich den Fortgang der Staatsreformen voraussetzte. Geboren aus dem Übergang, setzte diese Ordnung also dessen Fortsetzung voraus. Schon im Herbst 1919 ging etwa das Reichsinnenministerium davon aus, dass „alle politischen Parteien Änderungen der Verfassung anstrebten". Die politischen Gewalten wurden damit in einen experimentellen Zustand versetzt, dies galt für das Verhältnis der Zentralgewalt des Reiches zu den Ländern, aber ebenso für die Beziehungen der zentralen Instanzen des Reiches untereinander.[86]

85 Popitz, Finanzmilitarismus, S. 232–241. Hierzu Wengst, Staatsaufbau, S. 76–77; Boldt, Reichsverfassung, S. 56; Menges, Reichsreform, S. 217.

86 Hierzu Schulz, Demokratie, Bd. 1, S. 19, 210, 222 und 236–238; Ausführungen des Reichsinnenministers Eduard David, zit. nach ebd., S. 209; sowie ebd., S. 212: „[D]ie Reichsverfassung, als Vereinbarungsdokument und Grundsatzkatalog zustandegekommen, wurde zum Interpretationsmaterial für Juristen."

Gesetzgebungsmaschine? Strukturen des Ministeriums in der Gründungsphase

Mit der Bezeichnung der Spitzenbehörde der neuen Verwaltung als „Reichsfinanzministerium“ wurde – wie auch mit der Weimarer Reichsverfassung überhaupt – ein Faden wiederaufgenommen, der auf die Paulskirchenverfassung und die Institutionen der provisorischen Zentralgewalt von 1848/49 zurückwies. Das neue Ministerium blieb jedoch im Gebäudekomplex des Reichsschatzamtes am Wilhelmplatz 1/2 und in der Wilhelmstraße 60/61, räumlich herrschte also Kontinuität zum Kaiserreich. Das Ressort war damit weiterhin im Zentrum eines Regierungsraums angesiedelt, der auf der „Fußläufigkeit“ kommunikativer Beziehungen basierte (anders als die entfernter untergebrachten neuen Ministerien für Arbeit und für Wirtschaft), besaß allerdings auch abgelegene Dependancen.[87] So waren etwa die Abteilung II sowie die Nachrichtenstelle inklusive Auslandsarchiv und Statistischem Büro zeitweilig in der Budapesterstraße 14 untergebracht, die Abteilung III a zunächst dort, dann in der Schützenstraße 3, wo später auch die Abteilung IV ihren Sitz hatte. Weitere Auslagerungen kamen in der Folgezeit hinzu.[88]

Eine vergleichbare Zersplitterung zeigte sich auch bei anderen Ressorts. Dies wurde schon früh kritisiert, etwa vom Reichsministerium des Innern, das im Mai 1922 in einer Kabinettsvorlage detailliert die Entfernungen zwischen einzelnen Ministerien auflistete (vom Reichsarbeitsministerium zum Reichsfinanzministerium wurde für Hin- und Rückweg mit etwa sechzig Minuten kalkuliert) und darauf verwies, dass ein ständiger Verkehr der Reichskanzlei nur mit den benachbarten Ministerien, nicht aber mit den entfernter liegenden Ressorts stattfinde (zu denen auch das Innenministerium zählte) [Abb. 1]. Grundsätzlich erschwerten diese Distanzen – so die zeitgenössische Argumentation – die nicht-schriftlichen, also informellen Beziehungen, die für eine effiziente Verwaltung unerlässlich seien, und beförderten ein Korpsdenken, das den modernen Staatsaufgaben nicht mehr angemessen erschien: „Die Referenten der Ministerien kennen sich trotz jahrelanger Arbeit vielfach nicht einmal persönlich. Sie treten fast niemals in einen allgemeinen Gedankenaustausch.

87 Bundesministerium der Finanzen, 40 Jahre, S. 9–11; Wilderotter, Alltag, S. 232–244; Demps, Berlin-Wilhelmstraße, S. 105–106.

88 Erlass des Reichsministers der Finanzen an die Präsidenten der Landesfinanzämter betr. Nachrichtendienst beim Reichsfinanzministerium, 24.2.1920; Verfügung vom 10.12.1920 betr. Verlegung der Abteilung III a und der Nachrichtenstelle einschl. des Auslandsarchivs und des statistischen Büros, in: Nachrichten des Reichsfinanzministeriums, 16.12.1920, beide BArch R2/50390; Verfügung vom 13.6.1921 betr. Beförderung von Schriftstücken zwischen Wilhelmplatz 1 und Budapesterstraße 14, in: Nachrichten des Reichsfinanzministeriums, 14.6.1921, BArch R2/50391; Meinl/Zwilling, Raub, S. 228–229.

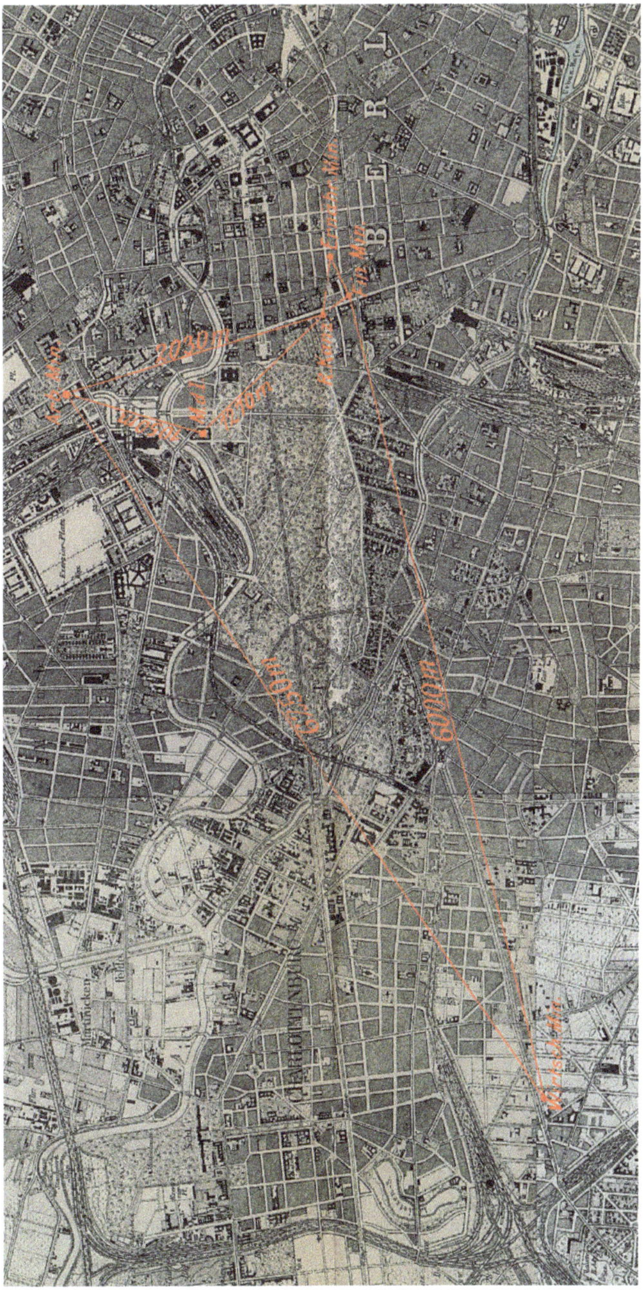

Abbildung 1 – Räume und Relationen der Macht: Lage der Reichsministerien in Berlin, Mai 1922

Selbst ihre Mittagspause spielt sich meist in ihrem eigenen Kreise ab. Mit den ‚Ansichten des Ministeriums' wird eine gewisse Inzucht getrieben, die zum klüngeln verführt. Während heute mehr als je die meisten grossen Fragen gleichzeitig und fast untrennbar solche der äusseren und inneren, Wirtschafts-, Arbeits- und Finanzpolitik sind, teilen sie sich in der ministeriellen Behandlung infolge der grossen Entfernungen und ihrer Folgen heute schlimmer als jemals vorher in parallel behandelte Ressortfragen."[89] Schon früh gab es daher Initiativen, sämtliche Ministerien und Abteilungen im Umfeld der Wilhelmstraße anzusiedeln. Diese scheiterten um 1922 einerseits an der mangelnden Finanzierbarkeit, andererseits an der Sorge, dass eine solche Zentralisierung in Berlin die „Gefahr der Radikalisierung der Beamtenschaft" verstärken und eine mögliche „Besetzung des Ministerialgebäudes" erleichtern könne. Einige Jahre später verwoben sich entsprechende Überlegungen hingegen mit programmatischen Entwürfen einer republikanischen Staatsarchitektur sowie mit Reformplänen im Dienste der Rationalisierung und Vereinfachung der Ministerialverwaltung.[90]

Bereits im Dezember 1918 hatte die Spitze des Reichsschatzamtes – um das Kriegsende als „gegebene[n] Augenblick für die Einführung von Reformen im Personalwesen" zu nutzen – Überlegungen für die zukünftige Personalpolitik angestellt; neben dem möglichen Abbau von Stellen standen der notwendige Austausch mit nachgeordneten Behörden zur Deckung des Personalbedarfs sowie die Versorgung von kriegsbeschädigten Militärpersonen und entbehrlichen Kräften der Reichspostverwaltung im Fokus. Ein weiterer Punkt der Überlegungen war die Weiterbeschäftigung weiblicher Arbeitskräfte, die sich im Krieg bewährt hatten.[91] Beim Aufbau der Reichsfinanzverwaltung nach dem Krieg war das Ministerium dann einerseits darauf angewiesen, „sachkundige Beamte" aus den bisherigen Länderverwaltungen zu rekrutieren, andererseits war es für

89 Schreiben des Reichsinnenministers an den Reichskanzler betr. Vereinfachung der Reichsverwaltung durch räumliche Zusammenlegung der Ministerien, 4.5.1922, BArch R43 I/910, Bl. 136. Ähnlich argumentierte später auch das Reichsfinanzministerium in einer Initiative für den Ankauf neuer Gebäude zur Zentralisierung der Verwaltung, Denkschrift des Reichsfinanzministers über die Unterkunft der Reichsbehörden in Berlin, 4.11.1926, RT-Drucksache Nr. 2611.

90 Schreiben des Reichsinnenministers an den Staatssekretär in der Reichskanzlei, 23.4.1921; Schreiben des Reichswirtschaftsministers an den Reichsschatzminister und sämtliche Reichsminister, 21.5.1921, beide BArch R43 I/910; Schreiben des Reichswirtschaftsministers an den Reichsinnenminister, 24.5.1921, BArch R3301/2044, Bl. 168. Hierzu auch die weiteren Vorgänge in BArch R43 I/910 und R 43 I/1583. Für die Architektur- und Städtebaugeschichte insbesondere Welzbacher, Staatsarchitektur. Hierzu ausführlicher Kap. II.2.

91 Staatssekretär des Reichsschatzamtes an die Herrn Chefs der Reichsressorts, 23.12.1918; Protokoll der Besprechung der preußischen Ressorts betr. Schaffung der Klasse der Bureauassistenten, 26.1.1918, beide BArch R2/43056. Hierzu auch Kap. II.2 für die Personalentwicklung mit der Aufschlüsselung nach weiblichen und männlichen Personen.

die Legitimation der dezentralen Verwaltungsstrukturen, wie gesehen, wichtig, das in Artikel 16 WRV gebotene „landsmännische Prinzip" zu berücksichtigen.[92] Per Verordnung des Reichspräsidenten vom 15. September 1919 wurde die Übernahme von Landesfinanzbeamten grundsätzlich ermöglicht. Erzberger ermächtigte auf dieser Basis dann die Präsidenten der Landesfinanzämter, planmäßige Beamte der Landesfinanzverwaltungen, die zuvor hauptamtlich mit der Verwaltung von Reichsabgaben beziehungsweise mit Landesabgaben, die nun Reichsabgaben wurden, befasst gewesen waren, in den Reichsdienst zu übernehmen. Der Bedarf wurde auf etwa 30000 Personen beziffert.[93] Wo funktionierende Strukturen vorhanden waren, vor allem in den südlichen Staaten, wurden zunächst die Länderverwaltungen weitgehend in den Reichsdienst überführt. In den nord-, mittel- und in ostdeutschen Gebieten musste die Reichsfinanzorganisation hingegen zumeist von Grund auf neu errichtet werden. Da bei der Rekrutierung des Personals für die Reichsfinanzverwaltung zeitweilig Probleme entstanden, versuchten Erzberger und sein Staatssekretär Moesle, das „Juristenmonopol" zu durchbrechen und auch Diplomkaufleute zuzulassen. Dies blieb allerdings die Ausnahme.[94]

Insgesamt mangelte es sowohl an geneigtem als auch an geeignetem Personal innerhalb der Finanzverwaltungen der Einzelstaaten.[95] Dies erklärt, warum auch ehemalige Kolonialbeamte, zoll- und steuertechnisch ausgebildete Staats- und Kommunalbeamte aus den abgetretenen oder unter Völkerbundverwaltung gestellten Territorien, aus der Kriegsgefangenschaft zurückkehrende Beamte der sogenannten Abstimmungsgebiete ebenso wie Heeres- und Marinebeamte in die Reichsfinanzverwaltung eintreten konnten. Hinzu kamen Angehörige freier Berufe, Kaufleute und Bankbeamte, die entsprechende Schnellkurse durchlaufen hatten. Bei entsprechender Eignung sollten sie nach einer halbjährigen Probeanstellung auf eine Planstelle übernommen werden.[96]

92 Respondek, Reichsfinanzen, S. 228; Popitz, Wandlungen, S. 173.

93 Leidel, Begründung, S. 130; Boenicke, Organisation, Sp. 727; Verordnung über die Übernahme von Landesbeamten in die Reichsfinanzverwaltung, 15.9.1919 (RGBl., S. 1708); Verordnung zur Einführung der Reichsfinanzverwaltung, 27.9.1919 (ebd., S. 1766); Verordnung über die Übernahme von Landesbeamten in die Reichsfinanzverwaltung, 29.9.1919, in: Zentralblatt für das Deutsche Reich, 1.10.1919, S. 1150.

94 Hierzu Witt, Reichsfinanzminister, S. 27. Kurzfristig abgehaltene Einführungskurse, Vorträge und Informationsveranstaltungen sollten dazu beitragen, die neu eingetretenen Beamten für die Aufgaben der Steuerverwaltung auszubilden, ausführlicher dazu Kap. II.1.

95 Hierzu die Verhandlungen um die Bedingungen des Übertritts in den Reichsdienst, etwa die Anfrage Nr. 444 in der Nationalversammlung vom 21.10.1919, RT-Drucksache Nr. 1285, sowie das Schreiben des Hessischen Ministeriums der Finanzen an das Reichsfinanzministerium, 7.10.1919, beide BArch R101/271; Anfrage Nr. 76 im Reichstag vom 6.7.1920 betr. Ungleichbehandlung übergetretener Beamtengruppen mit kameralistischer und mit juristischer Vorbildung, RT-Drucksache Nr. 139, BArch R101/272.

96 N.N., Triebkräfte, S. 337–342, hier S. 338; Ellwein, Der Staat, Bd. 2, S. 170; hier auch

Zudem wurden aus den abbauenden Reichsverwaltungen – insbesondere aus der Postverwaltung – ausscheidende Beamte übernommen. So traten etwa 12500 Postbeamte in die Besitz- und Verkehrssteuerverwaltung sowie weitere 3000 in die Zoll- und Verbrauchssteuerverwaltung über. Die Aufnahme dieser Beamten wurde in der Reichsfinanzverwaltung mit der Entlassung nicht versorgungsberechtigter Angestellter verbunden – eine Maßnahme, die von den Betroffenen als unzweckmäßiger und parteipolitisch motivierter Eingriff gegen sozialdemokratische Kräfte kritisiert wurde.[97]

Offen war, wie diese Beamtenschaft für ihre fachlichen Aufgaben geschult werden konnte. Um 1919/20 wurden zunächst kurzfristige Maßnahmen ergriffen, bevor in den folgenden Jahren die Rahmenbedingungen für die Ausbildung der Beamtenschaft präzisiert wurden. Ausgangspunkt dafür war die Regelung des § 9 der Reichsabgabenordnung, der festlegte, dass Beamte der Reichsfinanzverwaltung für ihren Beruf besonders vorzubilden waren und dass der Reichsfinanzminister dies noch näher zu bestimmen habe. In der Gesetzesbegründung zu diesem Paragrafen (ursprünglich als § 2 des Gesetzes über die Reichsfinanzverwaltung) wurde zudem ausgeführt, dass insbesondere „tüchtigen mittleren Beamten das Einrücken in leitende Stellungen ermöglicht werden sollte".[98] In den ersten Versuchen, ein einheitliches Ausbildungswesen zu schaffen, war der Charakter der Improvisation deutlich erkennbar. Zunächst ging es vor allem um die Integration der aus den unterschiedlichen Verwaltungen übernommenen Beamten, der in den Landesverwaltungen bereits vorhandenen Assessoren sowie der Zivil- und Militäranwärter für den mittleren Dienst, die insbesondere in

Metzger/Weingarten, 1989, S. 180–182; Bathe, Geschichte, S. 19, mit Verweis auf das *Reichsfinanzblatt* von 1919, dort S. 29; Meinl/Zwilling, Raub, S. 226. Für einen Überblick am Beispiel Preußens über die verschiedenen Verwaltungen, aus denen neue Beamte kamen, die Denkschrift über den Stand der Organisation der Reichsfinanzverwaltung, 18.10.1920, RT-Drucksache Nr. 644, S. 14–17; zu den Übernahmen vgl. außerdem Verfügung vom 15.5.1919, in: Nachrichten des Reichsfinanzministeriums, 17.5.1919, BArch R2/43056; Reichsfinanzminister an sämtliche Reichsressorts und Abt. IV betr. Wiederbesetzung freiwerdender Beamtenstellen, 25.10.1920, BArch R43 I/861. Zur Personalpolitik insgesamt auch die Erläuterungen des Staatssekretärs Moesle im Haushaltsausschuss des Reichstags, Protokoll der 8. Sitzung des Haushaltsausschusses am 9.7.1920, BArch R101/272.

97 Verfügung vom 20.4.1922, in: Nachrichten des Reichsfinanzministeriums, 24.4.1922; Verfügung vom 15.10.1922, in: ebd., 17.10.1922, beide BArch R2/31795; N.N., Reichstag, S. 21 (ich danke Martin Friedenberger für den Hinweis auf diese Quelle.) Zur Diskussion um den Wechsel von Postbeamten in die Reichsfinanzverwaltung auch Steinkopf, Beamtenproblem; zur Entlassung von Angestellten das Protestschreiben an Reichkanzler Wirth, 16.10.1922, sowie das Antwortschreiben des Reichsfinanzministers, 18.10.1922, beide BArch R43 I/1947.

98 Pausch, 250 Jahre, S. 137 und 201, dort Anm. 216; Becker, Reichsabgabenordnung, Erläuterungen zu § 9 AO; die Berichte in Deutsche Steuer-Zeitung (1919), S. 138 und 236; Dorn, Stellung, S. 217.

Preußen in hoher Zahl auf Anstellung warteten. Zusätzliche Neueinstellungen waren auch deshalb schwierig, weil man damit die Überfüllung der Laufbahnen riskierte, was – so das *Reichsfinanzblatt* – „zu jahrzehntelangen größten Schädigungen der ganzen Verwaltung, zu Unzufriedenheit der Beamten, Disziplinlosigkeit, Gehaltstreibereien und mangelhaften Leistungen führen" würde. Tatsächlich wurde diese Situation in der Folge wiederholt von der Beamtenschaft kritisiert.[99]

Auch die Inhalte der Ausbildung waren zunächst unklar. Im Juli 1919 veranstaltete das Ressort in Weimar eine Konferenz, in der Vertreter verschiedener Unterrichtsverwaltungen der Einzelstaaten sowie Finanzwissenschaftler, Staats- und Steuerrechtler teilnahmen. Der Berliner Privatdozent Ludwig Waldecker hielt das Hauptreferat und forderte eine spezielle, sowohl juristisch als auch volkswirtschaftlich geprägte Ausbildung der Steuerbeamten, die in ihren ersten Abschnitten für Beamte des mittleren wie des höheren Dienstes gleich sein sollte. Weil der Steuerbeamte der „wichtigste praktische Volkswirt" sei, müsse er entsprechende besondere Kenntnisse bis hin zur „Steuerpsychologie" besitzen, anstatt „einseitig fiskalisch" zu denken. Erst wenn durch eine solchermaßen geänderte Laufbahn der „schwerfällige Bürokratismus" überwunden werde, sei der Steuerbeamte befähigt, das für eine erfolgreiche Veranlagung notwendige „Vertrauensverhältnis" zu den Zensiten aufzubauen. Schließlich seien in keinem anderen Amt die Ermessenspielräume so groß. Entscheidender noch als Ausbildungsinhalte seien in der Reichsfinanzverwaltung aber die „Persönlichkeit" des Beamten und seine Vernetzung vor Ort. Daher sollte auch das landsmännische Prinzip beachtet werden: „Möglichste Anpassung der Steuerbeamten an den Typus der Bevölkerung und möglichst wenig Versetzungen sind dringend notwendig."[100]

Aufgrund der raschen Einführung der Reichseinkommensteuer zum 1. April 1920 waren dann allerdings nicht programmatische Reformen, sondern die kurzfristige Rekrutierung geeigneter Mitarbeiter gefragt. Benötigt wurden sofort etwa 300 bis 350 höhere sowie 1200 bis 1300 mittlere Beamte, die noch in der Amtszeit Erzbergers in einem viermonatigen „Umdrillungskurs" für die

[99] Bericht über eine vom Herrn Reichsfinanzminister veranstaltete Tagung der Präsidenten der Landesfinanzämter im Reichsfinanzministerium, 24.10.1919, in: RFBl. 1 (1919), 2, S. 29–30.

[100] Waldecker, Vorschläge, S. 19–24, 27, 29 und 32–34; zustimmend Diepenhorst, Rezension. Traditioneller hingegen das Koreferat zur Vorbildung der Beamtenschaft, das der Berliner Staatswissenschaftler Ignaz Jastrow hielt, ein Mitglied des Vereins für Socialpolitik. Jastrow forderte für die Studieninhalte eine Rückkehr zur „Kameralistik" des 17. bis 19. Jahrhunderts. Die wirtschaftswissenschaftlichen Kenntnisse sollten weniger im Studium als im Laufe der Referendars- und Assessorenzeit an speziellen Lehreinrichtungen vermittelt werden – hier sah er die Reichsfinanzverwaltung in der Situation, etwas „Neues und Vorbildliches" zu schaffen, Jastrow, Ausbildung, S. 10.

neue Aufgabe geschult wurden. Die Zahl an Bewerbern lag für diese Stellen, so ein zeitgenössischer Bericht, bei 15000 Personen. Dazu zählten Staats- und Kommunalbeamte, aber auch Rechtsanwälte, Bankbeamte und Offiziere, die in den meisten Fällen zu alt waren, um noch als Anwärter oder Supernumerare in Betracht zu kommen. Diese wurden (sofern sie nicht eine spezifische Vorbildung hatten) zunächst als mittlere Beamte in der Reichsfinanzverwaltung eingestellt, mit der Option auf Beförderung. Auch in diesem Rahmen wurde wieder betont, dass es beabsichtigt sei, „in der neuen Reichsfinanzverwaltung den Unterschied zwischen höheren und mittleren Beamten zum großen Teil zu verwischen". Aber auch dies war ein Versprechen, dessen mangelnde Einlösung später zur Unzufriedenheit in der Beamtenschaft beitrug.[101]

Der Sonderlehrgang vermittelte zunächst das „wesentliche Rüstzeug", die „praktische Lebenserfahrung und den wünschenswerten guten alten Beamtengeist" sollten die Bewerber ihrerseits mitbringen. Der Kurs fand in Zusammenarbeit mit Hochschulen in Königsberg, Berlin, Breslau, Hamburg, Leipzig, Frankfurt a. M., Köln und Düsseldorf statt, jedoch nicht in süddeutschen Städten, da diese eine solche Kooperation abgelehnt hatten und an ihren eigenen Strukturen festhielten. Die Inhalte wurden in zwei sachlich und zeitlich gegliederten Teilen vermittelt: Der erste Teil (von November bis Weihnachten 1919) umfasste theoretisches Wissen, gelesen von Hochschullehrern, sowie die Unterrichtung in kaufmännischer Buchführung und Bilanzwesen mit seminaristischen Übungen. Im zweiten Teil (ab Anfang 1920) wurden Steuerrecht und staatliches Etat-, Kassen- und Rechnungswesen von Steuerpraktikern, also von Beamten aus dem jeweiligen Landesfinanzamtsbezirks, gelehrt. Die Teilnahme am Lehrgang gewährte nur die Anwartschaft, die anschließende Übernahme wurde von der Bewährung im Amt abhängig gemacht. Insgesamt betonte Erzberger für die Ausbildung, dass diese der Schaffung eines „homogenen Gesellschafts- und Wirtschaftskörpers" dienen solle, in dem „landsmännische Unterschiede" nicht zur Reibung beitrugen, sondern sich als „Triebkräfte des Fortschrittes" betätigten. Nachdem der unmittelbare Personalbedarf durch die Lehrgangsteilnehmer gedeckt war, sollte dann schrittweise die Übernahme von Beamten aus den anderen Staats- und Kommunalverwaltungen, aus abgetretenen Gebieten und weiteren Bereichen erfolgen. Bis dahin wurde die regelmäßige und einheitlich erfolgende Annahme von Anwärtern für höhere und mittlere Beamtenstellen zunächst ausgesetzt. Laufbahnrichtlinien und Vorgaben für die Vor- und Ausbildung der Beamtenschaft mussten zudem erst noch

[101] Hierzu und zum Folgenden Bericht über eine vom Herrn Reichsfinanzminister veranstaltete Tagung der Präsidenten der Landesfinanzämter im Reichsfinanzministerium, 24.10.1919, in: RFBl. 1 (1919), 2, S. 17 und 30–34; Jastrow, Ausbildung, S. 10.

entworfen werden. Die weiteren Regelungen erfolgten ab 1921 schrittweise, so etwa mit Bezug auf Beförderungsprüfungen und Weiterbildungslehrgänge.[102]

Schon früh gab es auch Initiativen zur Einrichtung einer „technischen" Beamtengruppe für den Buch- und Betriebsprüfungsdienst, die statt des volljuristischen ein sowohl juristisches als auch betriebs- und volkswirtschaftliches Studium absolvieren und nach erfolgter Prüfung die Amtsbezeichnung „Finanzassessor" erhalten sollte.[103] An diesem Vorhaben beteiligt waren neben dem Begründer der Betriebswirtschaftslehre, Eugen Schmalenbach, unter anderen der Rechtswissenschaftler Ernst Heymann und der Finanzwissenschaftler Walther Lotz sowie aufseiten des Ministeriums besonders Herbert Dorn.[104] Im November 1921 stimmte die Reichsregierung der Schaffung dieser Beamtengruppe grundsätzlich zu, eine Umsetzung des bereits ausgearbeiteten Studienprogramms erfolgte aber zunächst nicht. Stattdessen wurden im folgenden Jahr Lehrgänge für Beamte eingerichtet, welche die Steuersekretär- oder Obersteuersekretärprüfung ablegen wollten, auch wurden die Anstellungsgrundsätze und das allgemeine Dienstalter geregelt.[105]

Ende Dezember 1922 erging eine umfangreichere Verfügung über die Ausbildung der Beamten des mittleren Dienstes in der Besitz- und Verkehrssteuerverwaltung, die „einen fest geregelten und systematisch aufgebauten Ausbildungsplan" begründete, der sich über drei Jahre erstreckte. Die theore-

102 Vorschriften für die Sekretärprüfung und die Obersekretärprüfung, 23.3.1921, in: RFBl. 3 (1921), 10, S. 113–119; Zulassung der Kriegsteilnehmer zur Obersekretärprüfung, 12.6.1921, in: ebd., 13, S. 157; Zulassung zur Obersteuersekretärprüfung, 21.7.1921, in: ebd., 17, S. 206; Entschädigung für die Teilnahme an Lehrgängen außerhalb des Wohnsitzes der Beamten, 20.8.1921, in: ebd., 18, S. 232; Entschädigungen für Reisen zur Teilnahme an Fachausbildungslehrgängen, 23.5.1922, in: RFBl. 4 (1922), 14, S. 222.

103 Niederschrift über die am 4.10.1921 im Reichsfinanzministerium abgehaltene Sitzung betr. die Ausbildung technischer Beamter für den Buch- und Betriebsprüfungsdienst der Reichsfinanzverwaltung, BArch R43 I/932, Bl. 154–163; Niederschrift über die am 5.10.1921 im Reichsfinanzministerium (Festsaal) abgehaltene Sachverständigenkonferenz, ebd., Bl. 164–174. Zum Bedeutungszuwachs der technischen Beamten in der Weimarer Republik Collin, Ökonomisierung, S. 229, der darauf hinweist, dass 1928 im Stellenplan der preußischen Verwaltung ca. 5500 Stellen für höhere technische Beamte den ca. 1250 Stellen für juristisch ausgebildete Beamte gegenüberstanden.

104 Bericht über die Redaktionssitzung am 5.10.1921 zur Festlegung des Studienplans für die Ausbildung der technischen Beamten des Buch- und Betriebsprüfungsdienstes der Reichsfinanzverwaltung, BArch R43 I/932, Bl. 177–180.

105 Auszug aus dem Protokoll der Sitzung des Reichsministeriums, 18.11.1921, BArch R43 I/932, Bl. 183; Handbuch der Anstellungsgrundsätze, 4.12.1922, in: RFBl. 4 (1922), 26, S. 466 hierzu auch Adam, Anstellungsgrundsätze; daran anschließend Stellenvorbehalt und Sonderanweisung der Reichsfinanzverwaltung zu den Anstellungsgrundsätzen, 15.8.1927, in: ebd. 9 (1927), 25, S. 91–101; Richtlinien zur Regelung des allgemeinen Dienstalters, 4.12.1922, in: ebd. 4 (1922), 26, S. 464–465; Ausbildung der Beamten des mittleren Dienstes in der Besitz- und Verkehrssteuerverwaltung, 29.12.1922, in: ebd. 5 (1923), 1, S. 3–8.

tische und praktische Ausbildung erfolgte an geeigneten Finanzämtern, den sogenannten Ausbildungsämtern, sowie an Landesfinanzämtern. Unterrichtet wurde der Nachwuchs durch juristisch vorgebildete Beamte sowie Beamte des Kassen- und Rechnungswesens. Zum Ausbildungsplan gehörten ein regelmäßiges Selbststudium sowie die Anfertigung größerer Seminararbeiten. Schwerpunktsetzungen waren je nach örtlichen Gegebenheiten möglich; die entsprechenden Anordnungen sowie Erfahrungsberichte waren dem Ministerium aber zur Kenntnis vorzulegen. Insgesamt umfasste der Ausbildungsplan neben dem Gebiet der Reichsverfassung und der daraus begründeten Struktur der Reichsfinanzverwaltung finanzwissenschaftliche Lehrinhalte sowie die Reichsabgabenordnung und die diversen Steuerarten (inklusive der damals diskutierten Zwangsanleihen). In „großen Umrissen" sollte auch das Bank- und Börsenwesen vorkommen. Beamten- und Besoldungsrecht sowie Haushalts-, Kassen- und Rechnungswesen waren vor allem an den Landesfinanzämtern zu lernen.[106] Ab 1923 wurde zunächst für den mittleren Dienst, später auch für die vollakademisch gebildeten Anwärter des höheren Dienstes eine Probezeit im Anschluss an die bestandene Prüfung beziehungsweise das Zweite Staatsexamen eingeführt. Für den mittleren Dienst dauerte diese Probezeit drei Jahre, in der die Beamten außerplanmäßig angestellt waren und die Amtsbezeichnung Steuer- beziehungsweise Zollpraktikant führten. Die Anwärter des höheren Dienstes hatten als „Probeassessoren" eine einjährige Probezeit zu absolvieren, in deren Verlauf die praktische Ausbildung erfolgte.[107] Eine planmäßige theoretische Ausbildung für diese höheren Dienstlaufbahnen war zu diesem Zeitpunkt noch nicht vorgesehen. Ende 1924 wurden Richtlinien für die Dienstlaufbahnen (zunächst aber nur auf der Basis eines Referentenentwurfs und unter Vorbehalt) in der Reichsfinanzverwaltung eingeführt und auf dieser Basis weitere Ausbildungs- und Prüfungsordnungen festgelegt.[108]

[106] Ausbildung der Beamten des mittleren Dienstes in der Besitz- und Verkehrssteuerverwaltung, 29.12.1922, in: ebd. 5 (1923), 1, S. 3–8, dort auch zum Folgenden.

[107] Hierzu Misera, Organisationsveränderungen, S. 204; Verfügung betr. Vorbereitungsdienst (Probedienst) der Beamtenanwärter für Besoldungsgruppe VII, Prüfung und Überleitung in das Diätariat, 31.8.1923, in: RFBl. 5 (1923), 25, S. 401–402; Widerrufliche Unterhaltungszuschüsse an Beamte im Vorbereitungsdienst, 23.8.1920, in: RFBl. 2 (1920), 32, S. 405–408; Erhöhung der Unterhaltszuschüsse für Beamte im Vorbereitungsdienste, 7./15.4.1922, in: ebd. 4 (1922), 11, S. 196–197; Schwandt, Finanzverwaltung, S. 266. Die Ausbildung für die Zollverwaltung erfolgte dabei zunächst getrennt, hierzu Pausch, 250 Jahre, S. 133.

[108] N.N., Dienstlaufbahnen, S. 7–8; sowie N.N., Ausbildung, S. 8–9; Vormerkung von Versorgungsanwärtern für den Eintritt in die Laufbahnen des gehobenen mittleren Dienstes, 9.12.1924; Prüfungsordnung für die Assistentenprüfung in der Reichsfinanzverwaltung, 9.12.1924; Vorprüfungsordnung, 9.12.1924, alle in: RFBl. 6 (1924), 34, S. 148–152. Per Verfügung wurden diese Regelungen später ergänzt, vgl. Vorprüfungsordnung, 5.9.1930, in: ebd. 12 (1930), 27, S. 161–163; Änderungen und Berichtigungen der Vorprüfungsord-

Die hier dargestellten Ansätze, die Ausbildungs- und Aufstiegswege zu systematisieren, blieben Stückwerk. Personelle Heterogenität prägte daher auch das Reichsfinanzministerium: „Als ich im Jahre 1920 eintrat", so erinnerte sich 1931 der Ministerialrat Wilhelm Markull, „sah's am Wilhelmplatz wie in der Arche Noah aus [...]. Man brauchte nur die Korridore langzugehn und auf die Schilder an den Türen achtzugeben. Da gab es Junge und Alte, Assessoren, Richter und Räte, Räte von allen Sorten: Regierungsräte, Oberregierungsräte, Geheime Regierungsräte, Landräte und Landgerichtsräte; da gab es Leute aus der Staats- und aus der Selbstverwaltung, Postmenschen, Eisenbahner, Kolonialbeamte und – toi, toi, toi! – sogar Intendanturfritzen. Das redete in allen Zungen Deutschlands, das strudelte auch damals noch fortwährend ein und aus, das war ein buntscheckiger Haufe ohne einheitliche Zucht und Überlieferung – und sollte, musste doch den Grossen Generalstab geben, mit dem es galt, die Riesenaufgaben der Zeit zu zwingen: den Aufbau der reichseigenen Finanzverwaltung, die Durchführung des neuen Steuerrechts und den Verzweiflungskampf um Deutschlands Selbstbehauptung als staatliche und wirtschaftliche Einheit."[109]

So begann nach dem Ersten Weltkrieg ein längerfristiger, als „unsäglich schwer" wahrgenommener Transformationsprozess. Das Ministerium entstand aus einer Gemengelage von Neubildungen und Übernahmen.[110] Von der Beamtenschaft wurde allerdings nur die Reichsfinanzverwaltung als genuine Neuerung des Weimarer Staatswesens wahrgenommen, während sie das Ministerium eher in der Kontinuität der kaiserlichen Ämter verortete. Entsprechend wurden 1929 sowohl das „50jährige" Bestehen des Reichsfinanzministeriums als auch das „10jährige" Jubiläum der Reichsfinanzverwaltung begangen. Gleichwohl war mit der Gründung des Ministeriums Anfang 1919 und seiner Zuständigkeit für die Einnahmen und Ausgaben des gesamten Staates ein entscheidender Bedeutungszuwachs gegenüber der als „unfertig" wahrgenommenen Vorläuferorganisation verbunden.[111] Die Ministerialbüro-

nung und der Bemerkungen zur Vorprüfungsordnung, 5.9.1930, in: ebd. 13 (1931), 15, S. 70–71.

[109] Rede Markull zur Abschiedsfeier von Herbert Dorn am 25.3.1931, NL Dorn, FS Brühl. Dazu auch die nicht ganz eindeutigen Erhebungen bei Witt, Reichsfinanzminister, S. 22 und 26.

[110] Hierzu der Erlass des Reichsfinanzministers Hilferding aus Anlass des zehnjährigen Bestehens der Reichsfinanzverwaltung am 28.9.1929 an die Präsidenten der Landesfinanzminister, abgedr. in: Steuer-Warte 8 (1929), 20, S. 520–521; sowie Ellwein, Staat, Bd. 2, S. 177–178, der ebenfalls die Schwierigkeiten in der Umsetzung und die entstehende Hektik betont.

[111] N.N., 50 Jahre Reichsfinanzministerium, S. 381–382; N.N., Zehn Jahre Reichssteuerverwaltung, S. 501–514 und 520–522, dort S. 511 auch die Formulierung „Fünfzig Jahre Reichsfinanzverwaltung, zehn Jahre Reichssteuerverwaltung"; Erlass des Reichsfinanzministers Hilferding aus Anlass des zehnjährigen Bestehens der Reichsfinanzverwaltung am 28.9.1929 an die Präsidenten der Landesfinanzminister, in dem er auf die „völlige

kratie wollte diese neue Rolle des Finanzressorts nach dem Vorbild der bisher „überragende[n] Stellung“ des preußischen Finanzministeriums modellieren: Wie in Preußen sollten auch im Reich alle Maßnahmen, von denen eine finanzielle Wirkung zu erwarten war, vor der Beratung dem Finanzministerium mitgeteilt werden. Zudem sollte die Stellungnahme des Reichsfinanzministers so lange maßgebend sein, bis über die betreffende Angelegenheit endgültig entschieden worden war. Auf der Grundlage entsprechender Vorarbeiten sollte bereits Anfang 1919, also im Vorfeld der Festlegungen der Verfassung, die Handhabung der Geschäfte durch die Ministerien im Reich geregelt und die hervorgehobene Position des Finanzministeriums legitimiert werden. Diese Vorarbeiten wurden aber zunächst nicht weiterverfolgt, sondern erst in den Folgejahren, im Zuge außerordentlicher Maßnahmen zur Krisenbewältigung, umgesetzt.[112]

Bevor im Jahr 1923 mit einem umfassenden Personalabbau begonnen wurde, stieg die Belegschaft zwischen 1919 und 1920 zunächst sprunghaft an und wuchs anschließend kontinuierlich. Mehr als die Hälfte der höheren Beamten, die im Oktober 1918 im Reichsschatzamt tätig gewesen waren, verließ das Ministerium bereits bis 1920. Zudem erlebte das Ministerium ein gewisses Revirement auf der Ebene der Unterstaatssekretäre und Abteilungsleiter. Freiwerdende Stellen wurden allerdings weitgehend aus dem eigenen Hause nachbesetzt, zum Teil unter Umgehung der eigentlichen Beförderungsrangfolge. Die beiden letzten Unterstaatssekretäre des Reichsschatzamtes, Gustav Jahn und Schiffer, wurden Präsident des neuen Reichsfinanzhofs resp. Reichsfinanzminister. An ihre Stellen traten der bisherige Leiter der Haushaltsabteilung, Franz Schroeder, und der ehemalige Direktor in der Abteilung für Zölle und Verbrauchsabgaben, Johann Meuschel.[113] Auf die vakanten Abteilungsleiterposten rückten der 45-jährige Geheime Regierungsrat Stephan Moesle sowie der 44-jährige Geheime Regierungsrat Curt Maeder auf; Moesle ersetzte bereits im August 1919 Meuschel als Staatssekretär. Zum dritten Staatssekretär neben Schroeder und Moesle wurde der Bankier Carl Bergmann berufen, der als Vorsitzender der Deutschen Kriegslastenkommission im Reichsfinanzministerium für die Bearbeitung der aus dem Friedensvertrag sich ergebenden Aufgaben

Umstellung der Reichsfinanzverwaltung in materieller und formeller Beziehung“ verwies, abgedr. in: Steuer-Warte 8 (1929), 20, S. 520–521; Popitz, Zehn Jahre, S. 313–318; ders., Fünfzig Jahre, S. 323–325; Börsenkurier vom 13.1.1880, zit. nach Cholet, Etat, S. 228–229.

112 Denkschrift des Ministerialdirektors Meyer-Gerhard über die Geschäftsordnung des Reichsministeriums, 20.2.1919, AdR, Kabinett Scheidemann, Bd. 1, Dok. Nr. 1, dort auch die Anm. 9. Hierzu Kap. I.3.

113 1919 waren laut Haushaltsplan 186 Beamte im Ministerium beschäftigt, 1920 490 Beamte, 1922 618 Beamte und Anfang 1923 892 Beamte, vgl. Denkschrift über die Umbildung des Reichsfinanzministeriums, 10.11.1926, RT-Drucksache Nr. 2659, S. 4. Hierzu und zum Folgenden Witt, Reichsfinanzminister, S. 14 und 22–26, sowie ausführlicher Kap. II.2.

zuständig war und dann Ende 1921 zur Deutschen Bank zurückkehrte. In den Reparationsverhandlungen erwies Bergmann sich als Repräsentant einer aufgeschlossen und informell agierenden Finanzdiplomatie. Die Kontaktpflege mit internationalen Regierungsbeamten und Experten wie John Maynard Keynes setzte Bergmann auch nach seinem Ausscheiden aus dem Amt des Staatssekretärs fort.[114] Bergmann wurde dann durch David Fischer ersetzt, der 1919 ins Ministerium eingetreten war und bis September 1926 Staatssekretär blieb. Ende 1920 schied Moesle aus, Staatssekretär wurde an seiner Stelle der schon seit 1914 im Reichsschatzamt tätige, knapp fünfzigjährige Heinrich Zapf. Ab Ende 1921 nahm die Kontinuität in den Spitzenpositionen des Ministeriums dann zu. Schroeder, Fischer und Zapf blieben bis Ende 1924 gemeinsam Staatssekretäre, dann trat der gerade 41-jährige Popitz als zweiter Staatssekretär neben Fischer und agierte ab 1926 bis zu seinem Rücktritt Ende 1929 als einziger Staatssekretär im Ministerium.

Nicht nur personell, sondern auch strukturell zeigte sich eine relative Stabilität des Ministeriums bei gleichzeitiger Expansion der Aufgaben. Die drei Kernbereiche – Haushalt (Abt. I), Steuern (Abt. II), Zoll (Abt. III) – blieben und wurden um neu entstehende ordnungs- und wirtschaftspolitische Aufgaben in entsprechend gebildeten Abteilungen ergänzt [Abb. 2]. Diese existierten in den ersten Jahren jeweils nur für eine gewisse Zeit. So gab es kurzzeitig Anfang 1919 eine eigene Abteilung für „Sozialisierungsmaßnahmen", die unmittelbar dem Staatssekretär Schroeder unterstellt wurde.[115] Die Personalfragen der Beamten und Angestellten des Berliner Ministeriums wurden zunächst ebenfalls unter Leitung Schroeders in der sogenannten Zentralabteilung bearbeitet. Für den Bereich der Verkehrsverwaltungen und für die Angelegenheiten des Haushaltsrechts wurde die Abteilung I a aus der Abteilung I ausgegliedert, im August 1920 dann zeitweilig die Abteilung I b ergänzt, die sich vor allem der Kriegsfolgenbewältigung und den Auslandsfragen widmete.[116]

[114] Holborn, Diplomats, S. 150; N.N., Ex-German Minister, S. 19; N.N., Oversubscribed; sowie Keynes, Réflexions, S. 36: „M. Bergmann [...] a été l'un des plus heureux représentants de cette catégorie d'hommes qui ne restent pas assis dans leurs fauteuils dorés, mais établissent avec le camp opposé des relations amicales, exemptes de tout formalisme."

[115] Diese wurde aus nicht ermittelten Gründen als Abt. VII geführt, Verfügung vom 4.2.1919, in: Schatzamtliche Nachrichten, 7.2.1919, BArch R2/43056. Zur unklaren, teilweise doppelten Bezeichnung der Abteilungen in dieser Übergangsphase auch die Verfügung vom 24.2.1919, in: Schatzamtliche Nachrichten, 26.2.1919, ebd., welche die Abt. I und IV (V und VI) erwähnt, dort auch weitere Hinweise auf die Terminologie des Übergangs, etwa die Bezeichnung des neuen Reichsschatzministeriums als „Reichsschatzamt" und des Reichsfinanzministeriums als „Reichsfinanzamt"; ähnlich auch in der 49. Sitzung des 1. Ausschusses, 18.10.1919, BArch R2/1329; sowie in der Verfügung vom 7.3.1919 betr. Regelung der Zuständigkeiten von Reichsschatzamt und Reichsfinanzamt, in: Schatzamtliche Nachrichten, 8.3.1919, BArch R2/50010, Bl. 2.

[116] Verfügung vom 19.10.1920, in: Nachrichten des Reichsfinanzministeriums, 26.10.1920,

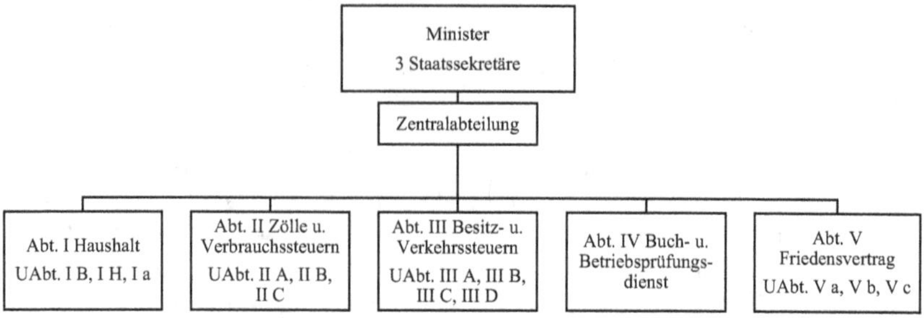

Abbildung 2 – Geschäftsverteilung des Reichsfinanzministeriums im Jahr 1922

Den Abteilungen II und III des Ministeriums wurden mit der Schaffung der Reichsfinanzverwaltung neben der gesetzgeberischen Arbeit neue Tätigkeiten zugewiesen. Diese bestanden in der zentralen Verwaltung der materiellen Steuerangelegenheiten, da sie in dieser Hinsicht an die Stelle der bisherigen obersten Landesfinanzbehörden traten. Darüber hinaus wurde kurzzeitig eine zentrale Verwaltungs- und Personalabteilung für die Reichsfinanzverwaltung (Abteilung IV) eingerichtet, welche die reichsweite Neuorganisation koordinierte und die Haushaltsaufstellung der Finanzverwaltung übernahm. Aufgrund von Überlastung wurde für den Bereich der Zoll- und Verbrauchsabgabenverwaltung dann im Juni 1920 eine eigene Abteilung (IV a) geschaffen, der auch die Bearbeitung der den beiden Verwaltungszweigen gemeinsamen Beamten- und Bausachen oblag. Beide Abteilungen wurden im Mai 1921 im Zuge der „Vereinfachung“ wieder aufgelöst.[117] An ihre Stelle trat eine Abteilung für steuerbezogene Buch- und Betriebsprüfung unter der Leitung von Paul Beusch, die auch die Nachrichtenstelle, das Statistische Büro und das Auslandsarchiv inklusive der Referate für Auslandsfinanzen und ausländische Presse umfasste. Letztere wurden zum 1. April 1922 unmittelbar dem Reichsfinanzminister unterstellt, da im Zuge der internationalen Reparations- und

BArch R2/50390; Aufstellung über den Geschäftsbereich der Reichsbehörden unter gleichzeitiger Angabe der bei ihnen beschäftigten Personen, 14.12.1920, RT-Drucksache, S. 88, BArch R43 I/1946; hierzu und zum Folgenden auch Bekanntmachung über den Geschäftsbereich und die Geschäftsverteilung des Reichsfinanzministeriums, in: RFBl. 1 (1919), 3, S. 35–36.

117 Denkschrift über den Stand der Organisation der Reichsfinanzverwaltung, 18.10.1920, RT-Drucksache Nr. 644, S. 6; Verfügung vom 24.5.1921 betr. Aufteilung der Abteilung IV, in: Nachrichten des Reichsfinanzministeriums, 28.5.1921, BArch R2/50391; zur internen Funktion der Abteilung IV auch Verfügung des Staatssekretärs Zapf vom 27.4.1921 betr. Zusammenwirken der Abteilungen I und IV, ebd., Bl. 91; N.N., Vereinfachung im Reichsfinanzministerium; Bericht über eine vom Herrn Reichsfinanzminister veranstaltete Tagung der Präsidenten der Landesfinanzämter im Reichsfinanzministerium, 24.10.1919, in: RFBl. 1 (1919), 2, S. 15–34, hier S. 20.

Schuldenverhandlungen der Bereich der Finanzdiplomatie und damit auch der internationalen Finanzstatistik an Bedeutung gewann.[118]

Das Auslandsarchiv entwickelte sich in den folgenden Jahren unter der Leitung Herbert Dorns (ab 1926 in der neuen Abteilung IV für Rechtsangelegenheiten) zum „bescheidenen Kern" eines nicht nur rechtsvergleichenden, sondern auch volkswirtschaftlichen Denkens im Ministerium, zumal dort auch die wenigen Nationalökonomen des Hauses und einige der vereinzelten DDP-nahen Beamten beschäftigt waren.[119] In diesem Bereich arbeiteten auch die wenigen Akademikerinnen des Ministeriums, allesamt promoviert – dies waren im Auslandsarchiv Johanna Höpfner, zuständig für statistische Angelegenheiten, und ab 1926 Lotte Bamberg, befasst mit internationalem Steuerrecht, sowie Johanna Ohlmann, die zunächst im Auslandsarchiv und ab 1922 in der Nachrichtenstelle damit betraut war, Angriffe der ausländischen Presse auf die deutsche Finanzpolitik zu entkräften.[120] Für Aufgaben der Ausführung des Friedensvertrags wurde die Abteilung V geschaffen, diese stand bis August 1920 unter der Leitung Bergmanns.[121]

Gegenüber der Zeit vor dem Ersten Weltkrieg wesentlich verändert und erweitert hatte sich das Gefüge nachgeordneter Behörden in der Reichsfinanzpolitik. Zu diesen Stellen zählten die aus der Preußischen Hauptverwaltung der Staatsschulden hervorgegangene Reichsschuldenverwaltung und die sie beaufsichtigende Reichsschuldenkommission, die schon auf das Jahr 1902 zurückgehende Technische Prüfungsstelle, das Münzmetalldepot und der 1918

118 Hierzu Verfügung vom 29.7.1921, in: Nachrichten des Reichsfinanzministeriums, 2.8.1921, BArch R2/50391; Änderungen im Reichsfinanzministerium, 29.7.1921, in: RFBl. 3 (1921), 17, S. 205. Zu Beusch als Popularisierer der Erzbergerschen Politik Leuschen-Seppel, Staatsverantwortung, S. 47; Beusch, Neuordnung.

119 Im Auslandsarchiv arbeiteten dann Dr. Max Witte, Dr. Johanna Ohlmann, Dr. Johanna Höpfner; Oberregierungssekretär Ziege; Fr. Odenhausen, vgl. Verfügung vom 6.4.1922, in: Nachrichten des Reichsfinanzministeriums, 7.4.1922, BArch R2/50392. Hierzu auch Neumark, Finanzgeschichte, S. 352, dort Anm. 4, und 355; Bräunig, Herbert Dorn, S. 75–77.

120 Entwurf eines Geschäftsverteilungsplans des Auslandsarchivs, o. D., BArch R2/50392; Geschäftsverteilungsplan gemäß Verfügung vom 9.8.1922, in: Nachrichten des Reichsfinanzministeriums, 14.8.1922, BArch R2/50757; Verfügung vom 3.8.1922, in: ebd., 8.8.1922, BArch R2/31795. Für die Entwicklung nach 1933 Vermerk für MinRat Nasse über die Aufgaben des Auslandsarchivs, o. D., BArch R2/16430. Zur Biografie Lotte Bambergs, die von 1922 bis 1924 im Auswärtigen Amt und von 1926 bis 1935 im Reichsfinanzministerium tätig war, Displaced German Scholars, S. 26; Bamberg, Erinnerung. Johanna Ohlmann verfasste ihre Doktorarbeit 1925 zum Thema *Der Gewerkverein der Heimarbeiterinnen Deutschlands, seine Entwicklung, sein Wirken und seine Bedeutung.* Von Johanna Höpfner stammte eine staatswissenschaftliche Dissertation von 1921 über *Die Boden- und Wohnungspolitik der Stadt Cassel.*

121 Umlaufplan [15.4.1920], BArch R2/4441; Protokoll des Haushaltsausschusses des Reichstags vom 23.9.1919, S. 8, BArch R101/1328.

errichtete Reichsfinanzhof. Im Jahr 1919 kamen das Reichsabwicklungsamt unter Albert Grzesinski, das Reichsmonopolamt für den Branntwein, die Stelle für ausländische Wertpapiere, die Deutsche Kriegslastenkommission in Paris sowie die nach der Reichsabgabenordnung vorgesehenen Landesfinanzämter hinzu. Angesichts dieser diversen Organisationseinheiten und damit verbundener Schnittstellen galt es, neue Kommunikationsformen sowohl nach innen als auch nach außen einzuüben, so etwa in der gegenseitigen Beteiligung von Abteilungen des Ministeriums[122] und gegenüber dem Reichstag. Anfragen des Parlaments sollten zügig beantwortet, Schreiben und Beschwerden von Abgeordneten bevorzugt berücksichtigt werden.[123] Insbesondere Erzberger drängte auf ein rascheres und stärker auf die Öffentlichkeit ausgerichtetes Handeln des Ministeriums. Zu diesem Zweck wurde 1919 das *Amtsblatt der Reichsfinanzverwaltung* begründet. Während Erzberger den Nutzen der Presse und der hauseigenen Nachrichtenstelle für die gezielte Vermittlung von Entscheidungen in die Öffentlichkeit erkannte, beschränkten sich seine Nachfolger allerdings zunächst auf eine eher sporadische Heranziehung der Medien.[124]

Kritisiert wurde das Reichsfinanzministerium in der Frühphase vor allem mit Blick auf die mangelnde staatspolitische Legitimität und steuertechnische Effektivität der ihm unterstellten Finanzverwaltung. Zwar erzeugte die Tatsache, dass das Reichsschatzamt beziehungsweise das Reichsfinanzministerium nacheinander von drei bürgerlichen Politikern – Schiffer, Dernburg, Erzberger – geleitet wurde, eine relativ breite Akzeptanz für die strukturellen Reformen

[122] Aufstellung über den Geschäftsbereich der Reichsbehörden unter gleichzeitiger Angabe der bei ihnen beschäftigten Personen, 14.12.1920, S. 90, BArch R43 I/1946, Bl. 133 RS. Zur Verbesserung der gegenseitigen Beteiligung die Verfügungen vom 19.11.1921, in: Nachrichten des Reichsfinanzministeriums, 25.11.1921; vom 23.1.1922, beide BArch R2/50391; sowie vom 31.3.1922, BArch R2/50392.

[123] Verfügung vom 29.11.1919 betr. Ministervortrag, in: Nachrichten des Reichsfinanzministeriums, 1.12.1919; Verfügung vom 29.11.1919 betr. Beantwortung der von Mitgliedern der Nationalversammlung gestellten Anfragen, in: ebd.; Verfügung vom 22.12.1919 betr. Anfragen von Mitgliedern der Nationalversammlung; Verfügung vom 29.12.1919 betr. Beantwortung von kleinen Anfragen, in: Nachrichten des Reichsfinanzministeriums, 30.12.1919, alle BArch R2/50390; Diskussion bei der Kabinettssitzung am 10.12.1919 betr. Beantwortung von kleinen Anfragen, AdR, Kabinett Bauer, Bd. 1, Dok. Nr. 125; Verfügung vom 3.2.1923 betr. Beantwortung von kleinen Anfragen, 3.2.1923; Verfügung vom 31.3.1924 betr. Bearbeitung von Beschwerden, beide BArch R2/50392.

[124] Verfügung vom 3.1.1920, in: Nachrichten des Reichsfinanzministeriums, 5.1.1920; Verfügung vom 31.12.1919, in: ebd., 6.1.1920; Verfügung vom 6.1.1920, in: ebd., 13.1.1920, alle BArch R2/50390; Verfügung vom 6.10.1919 betr. populäre Abhandlungen über verabschiedete Gesetze, in: Nachrichten des Reichsfinanzministeriums, 7.10.1919; Verfügung zur Vereinfachung und Beschleunigung des Geschäftsverkehrs, 17.10.1919, in: ebd., 17.10.1919; Verfügung betr. die Regelung des Verkehrs mit der Presse, 14.11.1919, in: ebd., 18.11.1919, alle BArch R2/50390. Hierzu auch Witt, Reichsfinanzminister, S. 16.

in der Steuerpolitik, selbst dort, wo es um Umverteilungen ging.[125] Doch die Verzögerungen in der Steuererhebung und deren unbefriedigende Resultate befeuerten in den folgenden Jahren die Kritik an der Unfähigkeit des Reichs, die eigene Verwaltungstätigkeit zu organisieren und wirkmächtig zu gestalten. Bemängelt wurde die Vielzahl von Erlassen sowie ein übermäßiger Fiskalismus, der aufgrund der reichsweiten Zuständigkeit des neuen Ministeriums dessen „engherzigen Ressortgeist" zur Leitlinie der allgemeinen Politik werden lasse – vor allem dort, wo es um Ermessensentscheidungen gehe.[126] Vorschläge, die Steuererhebung ganz oder teilweise an nicht-staatliche Träger abzugeben, erhielten daher eine erstaunliche Resonanz. Entsprechende Initiativen kamen etwa von Gustav Stresemann, der das Eintreiben der Steuern an „Industrieorganisationen" auslagern wollte, von Popitz und vom ehemaligen Minister Schiffer, der Ende 1920 eine gewisse „Autonomie in der Steuererhebung für die einzelnen Wirtschafts- und Berufszweige" befürwortete.[127]

Zudem wurde das Ministerium als „Gesetzgebungsmaschine" wahrgenommen, der es an ausreichender Vermittlung zwischen Theorie und Praxis mangele. Anlass hierfür bot die Tatsache, dass die Zahl der Gesetze, Verordnungen und Bekanntmachungen, die das Ministerium herausgab, explosionsartig anstieg: Waren davon im *Reichsgesetzblatt* zwischen 1879 und 1913 446 veröffentlicht worden, so waren es von 1914 bis 1918 335, in den folgenden zehn Jahren bis 1929 sogar 1302. Der Jahresdurchschnitt stieg also von knapp 13 auf über 118. Hinzu kamen unzählige Aus- und Durchführungsbestimmungen sowie allgemeine Erlasse, die nicht veröffentlicht wurden. Um diese Komplexität zu reduzieren, wurden sowohl für den Bereich der Steuererhebung als auch mit Blick auf die Haushaltsplanung schon um 1920 finanzdiktatorische Lösungen erwogen, die eine stärker personalisierte Führungsstruktur einführen und so auch die Wirkmacht des dem Ministerium unterstellten „Beamtenkörpers" erhöhen sollten.[128] Dies lässt sich als Wunsch lesen, die Kriegspraxis der „Vereinfachung" fortzusetzen. In diesem Zuge geriet der Bereich der Finanz- und Haushaltspolitik zu einem Experimentierfeld, in dem die kommissarische Er-

[125] So argumentiert Witt, Finanzpolitik und sozialer Wandel (1977), S. 414; hierzu auch Leuschen-Seppel, Staatsverantwortung, S. 59–60.

[126] Kaufmann, Steuerverwaltung, S. 215–216; Waldecker, Steuerrecht, S. 69–110; Bezug nehmend auf ders., Finanz- und Steuerrecht; Reichsfinanzminister an die Präsidenten sämtlicher Landesfinanzämter (ausgenommen Köln) betr. Zahl der Runderlasse, 3.2.1921, BArch R2/50391. Zur Rechtfertigung die Denkschrift über den Stand der Veranlagung und Erhebung der Reichssteuern, 25.10.1920, RT-Drucksache Nr. 720.

[127] 24. RT-Sitzung, 29.10.1920, Sten. Ber., S. 874; 26. RT-Sitzung, 30.10.1920, ebd., S. 914; Popitz, Finanzmilitarismus, S. 233.

[128] So etwa die Forderung nach einem „Steuerdiktator" bei von Roedern, Reichsfinanzverwaltung, S. 41–42; Bericht des Reichsfinanzministers zum fünfzigjährigen Bestehen der obersten Finanzverwaltungsbehörde des Reichs (Reichsfinanzministerium) an den Reichspräsidenten, 28.6.1929, BArch R43 I/932, Bl. 564.

mächtigung einzelner „Persönlichkeiten" (inklusive des Reichsfinanzministers) diskutiert und erprobt wurde. Zudem wirkte eine Sichtweise nach, die schon im 19. Jahrhundert den Maßnahmencharakter bestimmter Gesetze betont hatte, sofern diese vor allem das Regierungshandeln selbst betrafen und weniger die Beziehungen zwischen den Staatsbürgern und der Regierung. Dies zeigte sich auch in der staatsrechtlichen Diskussion um das ministeriale Notbewilligungsrecht und den Gesetzescharakter des Haushaltsplans in der parlamentarischen Demokratie.

I.2 Budgetrecht, Notbewilligung und demokratische Ermächtigung

Die Machtposition des Reichsfinanzministeriums in der staatlichen Haushaltsplanung war abhängig von der Reichweite des parlamentarischen Budgetrechts in der Weimarer Demokratie. Hier wirkte die Erinnerung an den Ausgang des preußischen Verfassungskonflikts von 1862 bis 1866 in den beteiligten Institutionen nach. Damals hatte die preußische Regierung nach der Ablehnung ihrer Militärvorlage den Etat ohne Mitwirkung des Landtags interimsweise auf der Basis der eingehenden Steuereinnahmen ausgeführt, da das Parlament kein Recht auf Steuerverweigerung besaß. In der Indemnitätsvorlage von 1866 hatte das Parlament hierfür die Regierung entlastet und somit rückwirkend das Vorgehen der Exekutive legalisiert. Im Gegenzug hatte die Regierung das Budgetrecht des Parlaments anerkannt, sofern die grundlegenden politischen Ziele dadurch nicht infrage gestellt wurden. Seither war es in der Staatsrechtslehre herrschende Meinung, dass die Regierung das Recht habe, aufgrund des von ihr aufgestellten Etats weiter zu wirtschaften, wenn sich Regierung und Parlament nicht auf einen Entwurf einigen konnten. Dahinter stand die Annahme, dass dieses Vorgehen unumgänglich sei, um die Funktionsfähigkeit des Staates zu garantieren.[129]

Die Reichsverfassung von 1871 hatte dem Reichstag dann die volle Budgetgewalt zuerkannt. Die Praxis der Budgetaufstellung übernahm aber die faktischen Beschränkungen, die dem parlamentarischen Budgetbewilligungsrecht im Zuge des Verfassungskonflikts auferlegt worden waren. Im Falle des Etatkonflikts konnte die Exekutive auf Reichsebene (anders als in Preußen) zwar das Budget nicht einseitig feststellen – auch nicht durch eine Kabinettsorder oder eine Notverordnung –, aber sie konnte aufgrund ihrer Pflicht zur Weiterführung der öffentlichen Wirtschaft im Rahmen einer ordnungsgemäßen Verwaltung weiter über die gesetzmäßigen Staatseinkünfte verfügen. Allerdings zeigte sich, dass die kaiserliche Regierung es nicht darauf ankommen ließ, ohne Etatgesetz zu handeln. Vielmehr wurden die Haushaltsdebatten von beiden Seiten vehement geführt, teilweise nahmen sie zwei Drittel der gesamten Tagungszeit der Volksvertretung ein und waren mit breiteren innen- und außenpolitischen Debatten verknüpft. Mehrfach wurde zudem vorab gesetzlich festgeschrieben,

[129] Hierzu und zum Folgenden Cholet, Etat, S. 79–80; Bienert/Caesar/Hansmeyer, Ausgabenbewilligungsrecht, S. 19–21; zeitgenössisch Schwarz, Finanzverwaltung; Laband, Staatsrecht, Bd. 4, S. 549–558.

https://doi.org/10.1515/9783110712261-003

welche Ausgaben im Falle des Fehlens eines Budgetgesetzes getätigt werden konnten.[130]

Wenn der Haushalt zu spät verabschiedet wurde, überbrückte diesen Zeitraum ein Gesetz, das für jeweils einen Monat die im Vorjahr für diesen Zeitraum bewilligten Mittel freigab: die sogenannten provisorischen Zwölftel. Damit wurde das Ausgabenbewilligungsrecht des Reichstags gewahrt.[131] Zugleich nahm allerdings die Bedeutung außer- und überplanmäßiger Ausgaben zu, mit denen die vorherige Budgetbewilligung durch das Parlament de facto umgangen wurde. Im gleichen Zuge wurden Fragen der Spezialisierung des Haushaltsplans und der Übertragbarkeit von Ausgabeposten virulent.[132] Die Drohung mit Budgetverweigerung verlor demgegenüber an Reiz, da immer breitere Bevölkerungsteile und damit auch ein immer größeres und vielfältigeres Wählerklientel von staatlichen Leistungen und wachsenden Staatsausgaben profitierten.[133]

Paradoxerweise erweiterte sich somit durch den Ausbau der Staatsaufgaben zwar die Sphäre der potenziellen Mitgestaltung durch den Reichstag, zeigten sich aber Einzelfragen der Haushaltsplanung immer seltener geeignet, parlamentarische Mehrheiten zu begründen. Zu tiefgreifenden Konflikten zwischen Regierung und Reichstag kam es daher im Kaiserreich kaum; selbst die verspätete Verabschiedung von Haushalten nahm erst seit 1903 zu. Das Parlament beschränkte sich allerdings grundsätzlich nicht mehr auf die Kontrolle einer ausgabenfreudigen Exekutive, sondern initiierte immer häufiger eigene Ausgaben. Damit einher ging die Notwendigkeit, ein Urteil über miteinander konkurrierende Ausgabenzwecke zu treffen. Hierin, nicht in der Kontrollfunktion gegenüber der Exekutive, lag nunmehr die eigentliche politische Bedeutung der Haushaltsaufstellung, die allerdings in der staatsrechtlichen Lehre des Kaiserreiches (anders als zeitgleich etwa im angelsächsischen oder französischen Schrifttum) und bis in die späten 1920er-Jahre weitgehend ausgeblendet oder explizit zurückgewiesen wurde.[134]

Mit dem wachsenden Anteil des Staates an Einkommen und Ausgaben wuchs auch das Problem der Transparenz und Verlässlichkeit öffentlicher Haushalte. Praktiken der Haushaltsführung wie außer- und überplanmäßige

[130] So im Haushaltsgesetz vom 26.3.1914 (RGBl., S. 65), dies ähnlich dem Art. 111 GG; hierzu Thierfelder, Bedeutung, S. 60; Witt, Finanzpolitik des Deutschen Reiches, S. 32 und 38; Jennings, Regierungssystem, S. 84 und 95–97; Fraenkel, Regierungssystem, S. 234–236 und 308–310.

[131] Thierfelder, Bedeutung, S. 60–61; Bienert et al., Ausgabenbewilligungsrecht, S. 23–24; Mußgnug, Haushaltsplan, S. 184; Dreier, Kampf, S. 85–87.

[132] Bienert et al., Ausgabenbewilligungsrecht, S. 24–26; Heun, Staatshaushalt, S. 76, dort auch Anm. 235.

[133] Leuthner, Parlament, S. 686; Witt, Finanzpolitik des Deutschen Reiches, S. 32–33.

[134] Dies analysieren Mußgnug, Haushaltsplan, S. 184; Friauf, Staatshaushaltsplan, S. 217–219.

Ausgaben wurden daher nunmehr zum Gegenstand grundlegender Debatten. Anders als in Preußen fehlte in der Reichsverfassung eine ausdrückliche Ermächtigung der Exekutive, zudem waren Reichstag und Bundesrat darauf bedacht, die finanzielle Bewegungsfreiheit der Regierung durch die detaillierte Aufschlüsselung aller Bewilligungen und die möglichst exakte Begrenzung einzuhegen. Alle Abweichungen vom Etat wurden als gesetzeswidrig angesehen und waren durch einen Nachtragshaushalt zu legitimieren; dies wurde auf Reichsebene eine zunehmend vertraute Erscheinung.[135] Bismarcks Vorhaben, dieses Problem durch die Einführung von Zweijahresbudgets zu umgehen, scheiterte am Widerstand des Reichstags. Die Parlamentarier sahen in der Rationalisierungsrhetorik, mit der die Regierung eine Ausweitung der Haushaltsplanung auf zwei Jahre forderte, den Versuch, ein „absolute[s] Verwaltungsregiment" einzuführen, sich des Reichstags zu entledigen und den „verfassungsmäßigen Scheinkonstitutionalismus" zu festigen.[136]

Formell oder materiell? Der Reichshaushaltsplan in der Staatsrechtslehre

Das Haushaltsrecht des Kaiserreiches lässt sich als „juristisches System der Budgetlosigkeit" beschreiben. Die Befugnisse von Regierung und Parlament in Zeiten *ohne* Haushaltsgesetz und die sogenannten Notetats bildeten den Erfahrungshintergrund, von dem aus die Bedeutung des Reichshaushaltsplans staatsrechtlich bestimmt wurde.[137] Die herrschende Lehre schrieb so die Machtverhältnisse im Bereich des Budgetwesens fest und überdeckte die eigentliche politische Bedeutung des Budgets, indem sie auf seiner primär rechnerischen und administrativen Funktion beharrte.[138]

Die von Paul Laband formulierte Lehrmeinung sah im Etat ein „formelles" Gesetz, das lediglich als Verwaltungsgrundlage relevant, aber nicht Teil der „Gesetzgebung als der staatlichen Regelung der Rechtsordnung" sei. Das Budgetgesetz stellte in dieser Deutung kein „richtiges" Gesetz dar und musste in seiner Ausführung daher auch keiner parlamentarischen Kontrolle unterliegen. In dieser Lesart beinhaltete der Etat keine veritable politische Dezision, sondern war

135 Schönberger, Parlamentarisierung, S. 644; Bienert et al., Ausgabenbewilligungsrecht, S. 23–24; Mußgnug, Haushaltsplan, S. 185.

136 So die Beiträge von August Reichensperger (Zentrum) und Eduard Lasker (Liberale Vereinigung) in der 10. RT-Sitzung, 8.3.1881, Sten. Ber., S. 190 und 199; zu den Debatten im Reichstag auch Hatschek, Staatsrecht, Bd. 2, S. 224–227; Mußgnug, Haushaltsplan, S. 186; Dreier, Kampf, S. 86; Cholet, Etat, S. 478–479.

137 Theiß, Nothaushaltsrecht, S. 25; mit Bezug auf Zorn, Staatsrecht, S. 454, Anm. 33.

138 Hierzu Friauf, Staatshaushaltsplan, bes. S. 16.

ein bloßer Akt der Deklaration, der vorgegebene Tatsachen referierte. Der Haushaltsplan stellte gewissermaßen eine Entlastung der Regierung im Voraus dar, war aber nicht Ausdruck eines willentlichen Ermessens des Parlaments. Laband betonte zudem die Bindung des Parlaments an frühere Etatbeschlüsse, sodass nach seiner Auffassung einmal bewilligte Posten auch in den folgenden Jahren wiederaufgenommen werden mussten. Damit war das Budget ein bloßer „Verwaltungsplan", von dem die Regierung durch über- oder außeretatmäßige Ausgaben abweichen konnte, ohne damit gesetzeswidrig zu handeln. Aus gleichem Grunde argumentierte Laband für das Recht der Regierung, im Dienste der Staatsinteressen auch Ausgaben zu tätigen, wenn ein Etatgesetz fehlte.[139] Die haushaltsrechtliche Lehre Labands diente somit nicht allein der Ausdifferenzierung der juristischen Methodik, sondern sollte das Regierungsprogramm rechtswissenschaftlich absichern und legitimieren.[140]

Die Unterscheidung von „formellem" und „materiellem" Gesetz rationalisierte aber nicht nur den Triumph der monarchischen Exekutive über die parlamentarische Mitbestimmung in den finanzpolitischen Konflikten des Kaiserreiches. Zugleich drückte sie das grundlegende Spannungsverhältnis von Staat und Gesellschaft im 19. Jahrhundert aus. Die Gesellschaft galt als vom Staat durch die Mauer des Rechts unterschieden – das Recht regelte die Beziehungen der Bürger untereinander, der Staat selbst aber wurde von den Schranken des Rechts freigesetzt oder nur in Form einer freiwilligen Selbstbindung an rechtsstaatliche Normen gebunden, von denen er sich im politischen Notfall schnell wieder befreien konnte. Die demokratische Repräsentation in Vertretungen und Parlamenten sowie die dort getroffenen Entscheidungen wurden umgekehrt nicht als Teil des Staates verstanden, sondern als eine von außen kommende Vertretung der Gesellschaft. Politische Auseinandersetzungen über den Reichshaushalt, im Sinne einer öffentlichen Aushandlung von Interessenlagen, wurden somit zu einem außerstaatlichen Phänomen erklärt, zu einer Repräsentation gesellschaftlicher Irrationalität im Unterschied zur Rationalität der staatlichen Bürokratie.[141]

Im Gebiet des Staates selbst, innerhalb der Exekutive, galt daher auch nicht die konstitutionelle Gesetzgebung, sondern die ausführende Verordnungs- und Verfügungsgewalt. Nur wenn der Staat in den Bereich der Gesellschaft eindringen wollte, musste er sich dem Recht beugen. Die Haushaltsführung aber erschien zu diesem Zeitpunkt nicht als ein Bereich der Gesellschaftspolitik, sondern als Feld der innerstaatlichen Organisation. Da die geltende

139 Laband, Staatsrecht, S. 524; ders., Budgetrecht; Cholet, Etat, S. 80; Thierfelder, Bedeutung, S. 44–62, Zitat S. 54; Friauf, Staatshaushaltsplan, S. 217; Därr, Notbewilligungsrecht, S. 38–39.

140 Möllers, Methodenstreit, S. 404; Mußgnug, Haushaltsplan, S. 176; Böckenförde, Organisationsgewalt, S. 108, Anm. 3.

141 Möllers, Leviathan, S. 16; Schönberger, Parlament.

Rechtslehre den Reichshaushalt somit als einen außerhalb des Rechts stehenden Komplex, als eine innere Staatsangelegenheit begriff, die nicht der naturgegebenen Zuständigkeit des Parlaments unterlag, wurde der Gesetzesvorbehalt für den Haushaltsplan außer Kraft gesetzt. Zugleich wurde jede Gesetzgebung des Parlaments außerhalb des ihm eigentlich zustehenden „materiellen" Bereiches als Form der Überschreitung von Zuständigkeiten interpretiert und daher als „bloß" oder „rein" formelles Gesetz bezeichnet oder, anders formuliert, als „Staatsakt aus dem Gebiet der materiellen Verwaltung".[142] Georg Jellinek sah in dieser Deutung die „Lösung eines der schwierigsten Probleme des constitutionellen Staatsrechts, der Abgrenzung der Competenz der constitutionellen Gesetzgebung von der Verordnungs- und Verfügungsgewalt der Regierung".[143] Der Verwaltungsrechtler Otto Mayer argumentierte zustimmend, dass der Haushaltsplan „kein Gesetz" sei, weil er keine „rechtlich bestimmende Wirkung auf die Untertanen" hervorbringe, sondern nur die verfassungsmäßigen Rechtsbeziehungen zwischen Regierung und Volksvertretung betreffe.[144]

Zeitgenössisch war Labands Position gleichwohl nicht unumstritten. Selbst Jellinek betonte stärker als Laband, dass der Haushaltsplan der Verwaltung feste Schranken setze und über ein Rechenexempel hinausging; das Problem einer Finanzverwaltung ohne Budgetgesetz sei nur staatspolitisch und nicht staatsrechtlich lösbar. Allerdings war auch für Jellinek das Budget kein Akt materieller Gesetzgebung, sondern ein Akt der Verwaltung.[145] Hingegen argumentierten Ferdinand von Martitz, Philipp Zorn sowie insbesondere Albert Haenel für den materiellen Gesetzescharakter des Etats und somit für die Zuständigkeit des Parlaments für die Budgetfestsetzung.[146] Dies begründete Haenel damit, dass Gesetze eben nicht allein im Bereich der staatlichen Regelung der Rechtsordnung, sondern ebenso auf dem Gebiet der Wohlfahrtspflege zu finden seien. Gegenstand der freien Entscheidung des Parlaments bei der Budgetberatung sei gerade die „Anschmiegung der Verwaltung an die wechselnden Verhältnisse und die Befriedigung der neu hervorgetretenen Bedürfnisse", also eine Art Rückkopplung mit gesellschaftlichen Verhältnissen. Hierin liege eine besondere Machtstellung des Parlaments begründet, die entsprechend auch die Rechtfertigung von Etatabweichungen (ob als Mehr- oder Minderausgaben) durch die Regierung erlaube. Die Führung der Staatsfinanzen ohne Budgetgesetz bezeichnete Haenel als prinzipiell verfassungswidrig, im Notfall sei diese konstitutionell zu legitimieren.[147]

[142] Jesch, Gesetz, S. 20–22; Thierfelder, Bedeutung, S. 83.
[143] Georg Jellinek (1887), zit. nach Jesch, Gesetz, S. 19. Hierzu und zum Folgenden auch Thierfelder, Bedeutung, S. 66–69.
[144] Otto Mayer (1909), zit. nach Thierfelder, Bedeutung, S. 78.
[145] Friauf, Staatshaushaltsplan, S. 265 und 269.
[146] Hierzu etwa Zorn, Staatsrecht; ders. Gesetz, bes. S. 363–374; Martitz, Begriff, bes. S. 259–261; Därr, Notbewilligungsrecht, S. 39–40.
[147] Haenel, Studien, S. 305 und 352–353; hierzu auch Thierfelder, Bedeutung, S. 91.

Diese Gegenentwürfe machten deutlich, dass hinter der jeweiligen Einordnung des Reichshaushaltsplans zwischen „formellem“ und „materiellem“ Recht unterschiedliche Vorstellungen von den Zuständigkeiten des Staates und von der Rolle der Verwaltung im Prozess des Regierens (im *politischen* Sinne) standen. Die Labandsche Lehre blieb bis ins 20. Jahrhundert prägend, sodass die Vorstellung eines beschränkten Ausgabebewilligungsrechts des Parlaments auch in der staatsrechtlichen Auffassung der Weimarer Republik fortwirkte. Die Positionen des Kaiserreiches verfestigten sich nach dem Ersten Weltkrieg sogar noch, da eine dogmatische Auseinandersetzung mit dieser Frage nur zögerlich stattfand. Stattdessen verschaffte die Weltwirtschaftskrise und das staatliche Notstandshandeln der Lehre vom formellen Charakter des Budgetgesetzes ab 1930 eine neuerliche Konjunktur.[148]

Budgetrecht und Weimarer Reichsverfassung

Der im Konstitutionalismus begründete Dualismus von Parlament und Regierung wirkte also über das Jahr 1918 hinaus fort. So basierten auch die haushaltsrechtlichen Regelungen der Weimarer Reichsverfassung auf den vorherigen Arrangements, insbesondere auf der Preußischen Verfassung von 1850 sowie der Reichsverfassung von 1871. Nicht nur die Staatsvorstellungen und budgetpolitischen Begriffssysteme, sondern auch die Konfliktlagen der konstitutionellen Monarchie überdauerten den Verfassungswandel.[149] Zunächst war in den Verfassungsdebatten aber nach Lösungen für die zuvor nicht geregelten Probleme gesucht worden. Der von Preuß vorgelegte Verfassungsentwurf sah entsprechend nicht nur eine Art Vetorecht des Reichsrats gegen vom Reichstag vorgesehene Ausgaben vor, sondern wollte auch die Regierung „ein für allemal“ und ohne Zeitbeschränkung befähigen, gewisse Ausgaben zu leisten, sofern der Etat nicht rechtzeitig festgestellt war. Er schlug damit ein grundlegendes Notbewilligungsrecht der Regierung in der Haushaltsführung vor und begründete dies mit der Annahme, im parlamentarischen System seien Konflikte über den Reichshaushalt zwischen Reichstag und Regierung nicht mehr zu erwarten, eine verspätete Verabschiedung insofern allenfalls ausnahmsweise zu überbrücken.[150]

148 Zeitgenössisch Thoma, Funktionen, S. 124–134. Hierzu Thierfelder, Bedeutung, S. 40; Huber, Verfassungsgeschichte, Bd. III, S. 955–956; Witt, Finanzpolitik des Deutschen Reiches, S. 337; Bienert, Ausgabenbewilligungsrecht, S. 23. Hierzu auch Kap. III.3.

149 Stern, Staatsrecht II, S. 1069; Friauf, Staatshaushaltsplan, S. 270; Dreier, Kampf, S. 87.

150 Verhandlungen der verfassunggebenden Deutschen Nationalversammlung, Bd. 336, Nr. 391, S. 144; Waldecker, Budgetrecht, S. 26–27. Zu dieser zeitgenössischen Position und ihrem Scheitern in der Praxis Huber, Verfassungsgeschichte, Bd. VI, S. 502–504.

Der Vorsitzende des Verfassungsausschusses, Conrad Haußmann (DDP), reagierte skeptisch und wies darauf hin, dass „die Entwicklung unserer politischen Verhältnisse im Reiche zur Zeit in keiner Weise zu übersehen ist". Der deutsch-demokratische Abgeordnete Friedrich Max Ludewig betonte zudem das grundsätzliche Interesse der Parteien, das „wichtigste Recht des Parlaments, das Etatsrecht" unbeschadet zu erhalten; Ausnahmeregelungen seien nur im Einzelfall zu treffen und mit der Verfassungsregelung stattdessen ein Zwang zur rechtzeitigen Feststellung des Etats auszusprechen. Alles andere bedeute eine „Blankovollmacht" für die Regierung sowie die Festschreibung eines „Notverordnungsrechts" im Finanzwesen, während auf solche Notstandsregelungen in anderen Bereichen der Verfassung explizit verzichtet werde. Die Vertreter des gerade gegründeten Reichsfinanzministeriums hingegen, insbesondere der spätere Sparkommissar Saemisch, vertraten, unter bezeichnender Ausblendung der politischen Dimension dieser Problematik seit dem 19. Jahrhundert, die Auffassung, die angestrebte Regelung sei „harmlos und zweckmäßig", vor allem aber eine bedeutsame Maßnahme der „Modernisierung" der Reichsverfassung.[151]

Die Vertreter der Bürokratie spielten somit die politischen Dimensionen der Haushaltsplanung herunter, ganz im Sinne der herrschende Staatsrechtslehre.[152] Gleichwohl hatte nach Einschätzung der Volkswirtin Hedda Seeck der Streit um das Budgetrecht „in dem öffentlichen Leben keines anderen Staates [...] so tiefe und unheilvolle Spuren hinterlassen wie in Deutschland." Auch die Verhandlungen der Nationalversammlung stünden daher ganz im Zeichen dieses Konflikts. Das Budgetrecht garantiere die liberale „Unantastbarkeit einer gewissen Sphäre für Mensch und Eigentum" und zugleich die „schöpferische Mitarbeit der Bürger" im Staate. Erfahrungen der Kaiserzeit zeigten, wie der Reichstag auf diesem Wege Verschleierungsversuche über Fonds und Ausgabereste, vor allem bei den Militärausgaben, verhindert habe. Hierzu habe insbesondere die 1871 eingerichtete Budgetkommission, also der parlamentarische Haushaltsausschuss, gedient. Mit dem Machtzuwachs des Parlaments in der Demokratie nehme aber die Notwendigkeit zu, feste Mehrheiten unter den Parteien zu schaffen, um damit den Willen des Volkes zum Ausdruck bringen zu können. Erst diese „Disziplinierung" der Parteien garantiere, dass „die Finanzen dann nicht mehr die Objekte der politischen Machtentfaltung sind, sondern als wichtigste Grundlage für die Staatstätigkeit einer vom Ver-

151 Verhandlungen der verfassunggebenden Deutschen Nationalversammlung, Bd. 336, Nr. 391, S. 145–146. Dagegen Thierfelder, Bedeutung, S. 107, der davon ausgeht, die Verfassungsgeber hätten „eine positive Regelung nicht für möglich" gehalten und deswegen auf eine Normierung verzichtet.

152 Friauf, Staatshaushaltsplan, S. 273–276.

trauen der Volksvertretung gestützten Regierung gewertet werden".[153] Seeck betonte damit gegen die Notstandslösungen das grundsätzliche Kontrollrecht des Parlaments und zugleich die Pflicht der Parteien zur Selbstkontrolle.

Letztlich wurden die strittigen Bestimmungen des Verfassungsentwurfs zur Notbewilligung im Ausschuss gestrichen. Obwohl die Weimarer Verfassung das Verhältnis zwischen Parlament und Regierung grundlegend veränderte, arbeitete sie die Artikel 69, 71 und 72 der alten Reichsverfassung nur redaktionell um. Artikel 85 WRV beließ es bei der Jährlichkeit, der Vorherigkeit und der Gesetzlichkeit des Reichshaushaltsplans, so wie sie bereits in der alten Reichsverfassung verankert waren. Doch die gesetzgebende Gewalt lag nun ausschließlich beim Reichstag (Artikel 68 Abs. 2), und dies galt auch für den Haushaltsplan. Die Aufgabe der Regierung hingegen war es, den Haushaltsplan zu entwerfen und ihn so, wie er aus den parlamentarischen Beratungen hervorgegangen war, zu vollziehen. Der Reichstag war aufgrund seiner Budgethoheit nicht mehr gezwungen, den Haushaltsplan mit der Regierung oder dem Reichsrat zu vereinbaren, er stellte ihn autonom fest.[154] Eingeschränkt wurde diese Befugnis nur im Artikel 85 Abs. 4 WRV, der die Zustimmung des Reichsrats zu Ausgabeninitiativen des Reichstags erforderlich machte – die aber durch eine Zweidrittelmehrheit im Reichstag ersetzt werden konnte. Artikel 85 Abs. 3 Satz 2 umfasste zudem ein sogenanntes Bepackungsverbot, das alle Vorschriften im Reichshaushaltsgesetz für unzulässig erklärte, „die über das Rechnungsjahr hinausreichen oder sich nicht auf die Einnahmen und Ausgaben des Reichs oder ihre Verwaltung beziehen". Nichtsdestotrotz legte der Reichstag, wie noch ausführlicher zu zeigen sein wird, in der Praxis durchaus materielle Vorschriften mit langfristiger Wirkmacht in die Haushaltsgesetze, etwa Notbewilligungsverfahren, Kontrollmechanismen, Steuermodifikationen, Besoldungsregelungen und Enteignungsmöglichkeiten.[155]

So blieben grundlegende haushaltsrechtliche Probleme dem politischen Aushandlungsprozess sowie der nachholenden Regelung mittels Haushaltsgesetzen, exekutiven Richtlinien, Reichshaushalts- und Geschäftsordnung überlassen. Die in den Verhandlungen geäußerte Annahme, ein Budgetnotstand nach preußischem Vorbild sei in der Weimarer Demokratie ausgeschlossen, weil es zu Meinungsverschiedenheiten zwischen Regierung und Reichstag nicht mehr kommen könne, sollte sich als unzutreffend erweisen. Die fortwirkende Kraft der konstitutionellen Vorstellung, der Staat – vertreten durch die Reichsregierung und die Beamtenschaft – stehe über den Parteien beziehungsweise diesen gegenüber, führte dazu, dass die parlamentarische Debatte zumindest in Teilen auf den Dualismus von Exekutive und Legislative orientiert blieb. Hinzu tra-

[153] Seeck, Kampf, S. 190 und 230.
[154] Mußgnug, Beziehungen, S. 323; ders., Haushaltsplan, S. 188–189.
[155] Heckel, Ausgabeninitiative, S. 460–461; Mußgnug, Haushaltsplan, S. 190.

ten die tatsächlich beständig fragilen Mehrheitsverhältnisse in den Weimarer Reichsregierungen, die darin fortwirkende Atmosphäre des Bürgerkrieges sowie die Abhängigkeit der Haushaltsplanung von internationalen Bedingungen und Krisenszenarien, die tragfähige Mehrheitskompromisse erschwerten.

Anders als im Grundgesetz der Bundesrepublik Deutschland, in der die verspätete Verabschiedung des Etats zeitweilig Routine wurde[156], und auch im Unterschied zur preußischen Verfassung vom 30. November 1920 sowie weiteren nach 1918 verabschiedeten Landesverfassungen unterblieb in der Weimarer Verfassung somit eine explizite Regelung der interimistischen Haushaltsführung im Falle von Etatverspätungen ebenso wie eine Vorgabe bezüglich der Notbewilligung von über- oder außerplanmäßigen Ausgaben.[157] Stattdessen setzte sich die Argumentation durch, dass beim Thema Nothaushalte der Bereich des Politischen erreicht sei: „Das Staatsrecht hört hier auf", hieß es im *Lehrbuch des Deutschen Staatsrechts*.[158] Das Scheitern der Budgetfeststellung im Zusammenspiel von Parlament und Regierung wurde also nicht als rechtliches, sondern als politisch-parlamentarisches Problem definiert. Ähnlich argumentierte von Martitz, dem es „geradezu wie ein Hohn auf die Wissenschaft [schien], solche Krisen … zu Rechtsinstituten zu machen". Hier zeigte sich die auch im Methodenstreit vertretene Vorstellung einer grundsätzlichen Unterscheidbarkeit von Politik und Recht.[159] Von manchen Juristen wurden diese Regelungen sogar als wirkmächtiger Schritt von einem „statischen" zu einem „elastischen" Staatsverständnis interpretiert: „Labile statt stabile Normen werden die Zukunft beherrschen", so schrieb der Staatsrechtler Ludwig Waldecker, „wir gleiten immer rascher vom festen Gesetzesrecht hinüber in das bewegte Leben der gegenseitigen Rechtsverhältnisse. Der politische Zweck rückt in den Vordergrund".[160] Damit wurde aber nicht nur ein dynamisches Verfassungsverständnis plausibilisiert, sondern auch ein Rechtsdenken, das sich in Kategorien von Maßnahmenstaatlichkeit und politischer Zweckmäßigkeit bewegte.

[156] Rosenfeld, Stellung, S. 8, mit Bezug auf N.N., Karten auf den Tisch, S. 34. Die Bundeshaushaltsordnung (BHO) von 1969 bestimmte in ihren §§ 37 und 83 dann sogar den Wegfall der nachträglichen Beteiligung des Parlaments an der Genehmigung von außer- und überplanmäßigen Ausgaben und entschied sich damit „für ein selbständiges ministerielles Notbewilligungsrecht", Därr, Notbewilligungsrecht, S. 50.

[157] Mußgnug, Haushaltsplan, S. 191; Theiß, Nothaushaltsrecht, S. 39; für die Landesverfassungen die Übersicht bei Ruthenberg, Verfassungsgesetze.

[158] Anschütz, Lehrbuch, S. 906; zeitgenössisch kritisiert dies Schmitt, Verfassungslehre, S. 332; ders., Vorbemerkung, S. 8; ders., Theologie, S. 14; zu dieser Debatte Mehring, Kriegstechniker, S. 53; Stolleis, Öffentliches Recht, S. 105.

[159] Martitz, Begriff, S. 274; hierzu auch Theiß, Nothaushaltsrecht, S. 26; Möllers, Methodenstreit, S. 407 und 410–411.

[160] Waldecker, Budgetrecht, S. 36.

Nothaushalte und Maßnahmegesetzgebung

Die theoretische Auseinandersetzung spiegelte so auch nach dem Ende des Kaiserreiches die Doppelseitigkeit der Regierungsfunktion des Budgets: Einerseits bildete es die Grundlage exekutiven Handelns, andererseits konkretisierte es den politischen Willen und diente der öffentlichen Legitimation des Staates. Die im Zuge der Verfassungsverhandlungen um die Nothaushalte wieder aufgeworfene, aber weiterhin nicht abschließend beantwortete Frage, ob das Budget Gegenstand eines formellen oder materiellen Gesetzes war und in welcher Form daher Legislative und Exekutive jeweils an der Aufstellung, Ausführung und Kontrolle des Reichhaushalts mitzuwirken hatten, bildete nicht nur ein akademisches Problem ab. Sie zeigte vielmehr, wie schwer das politische Prinzip der Demokratie in staatsrechtliche Selbstbeschreibungen der Weimarer Republik zu integrieren war, die noch aus dem Kaiserreich stammten. De facto aber konnte die Rolle des Reichstags nicht mehr auf die Kontrolle des Regierungshandelns beschränkt werden, sondern musste ebenso wie das Handeln der Exekutive als aktiver Bestandteil „politischer Wertentscheidungen" gedacht werden.[161] Die von Weber 1918 noch ganz im Sinne der Machtkonstellationen des Kaiserreiches konstatierte Tatsache, dass die „Verfügung über die Art der Geldbeschaffung des Staates", also das Budgetrecht, das entscheidende Machtmittel des Parlaments darstelle, weitete sich damit zu einer Grundsatzfrage politischer Führung und Steuerung in der parlamentarischen Demokratie.[162]

Diese „heikle politische Natur des Budgetrechts" ließ sie in den zeitgenössischen Auseinandersetzungen als „Zentrum des neueren Staatswesens" erscheinen und führte dazu, dass Ergänzungen und Neuerungen in diesem Bereich besonders umstritten waren.[163] Der Haushaltsnotstand wurde in den 1920er-Jahren auf Reichsebene wiederholt durch die Praxis vorläufiger Haushaltsgesetzgebung nach dem Vorbild der Politik im Kaiserreich überbrückt, bevor er mit den Notverordnungen unter dem Reichskanzler Heinrich Brüning zur Aushebelung parlamentarischer Macht führte. Für die Zeit der Etatverzögerung behalf sich die Regierung regelmäßig mit Interimsgesetzen, die als „Gesetze über die vorläufige Haushaltsführung" beziehungsweise 1930 einmalig als „Nothaushaltsgesetz" bezeichnet wurden, bevor sich diese Praxis ab 1932 grundlegend veränderte.[164] In der staatsrechtlichen Lehre führte dies zu Kontroversen. Diejenigen, welche die interimistische Haushaltsführung für verfassungswidrig erachteten, beriefen sich auf die in Artikel 85 Abs. 3

[161] Därr, Notbewilligungsrecht, S. 42 und 49.

[162] Weber, Parlament, S. 40.

[163] Heckel, Entwicklung, S. 359; mit Bezug auf Wagener, Staats- und Gesellschafts-Lexikon, S. 586.

[164] Theiß, Nothaushaltsrecht, S. 37; hierzu Kap. III.3.

WRV festgelegte grundsätzliche Einjährigkeit des Etats. Diejenigen, denen die vorläufigen Haushaltsgesetze als zulässig erschienen, ordneten diese nicht als Haushaltsgesetze im Sinne des Artikels 85 WRV ein. Vielmehr sahen sie darin vorbehaltliche Zustimmungen des Reichstags zur zeitweiligen Führung der Staatswirtschaft durch die Exekutive, ausgesprochen in Gesetzesform. Johannes Heckel, der die letztgenannte Richtung repräsentierte und das Haushaltsgesetz als gemeinsamen „staatsleitenden Akt" von Regierung und Parlament definierte, vertrat sogar die Auffassung, dass beide Seiten im Falle der Etatlosigkeit nicht nur das Recht, sondern die politische Pflicht hätten, dem Zweck der Budgetgesetzgebung durch einen vorläufigen Akt so weit zu genügen, wie es „die Verhältnisse" zuließen. Das subkutane Eindringen der Diktatur in das Budgetrecht, also die Notverordnungen ab 1930, hielt er hingegen für verfassungswidrig.[165]

Solche Fragen sollten erst seit 1930 systemtransformierende Wirkung entfalten. Der Vertrauensvorschuss der Verfassung in die „Konfliktfestigkeit" des demokratischen Haushaltsrechts stellte aber auch schon in den 1920er-Jahren eine beständig wiederkehrende Herausforderung für die beteiligten Parlamentarier, die Ministerialbürokratie und die Regierung dar. Die Überzeugung, der Etat sei nur ein „Verwaltungsakt", und die Ausblendung seines politischen Programmcharakters konnten daher als fortgesetzte Versuche einer technokratischen Untertunnelung politischer Institutionen interpretiert werden. Dies bedeutete aber zugleich eine Selbstermächtigung der Exekutive gegenüber der parlamentarischen Demokratie und konnte mit der Systemfrage des Weimarer Staatswesens verknüpft werden.[166]

Im Hintergrund dieser budgetrechtlichen Fragen ist aber die Erfahrung dauernder Notstände mitzudenken. Der militärisch definierte „Belagerungszustand" des Krieges ging dabei in einen wirtschaftlichen „Ausnahmezustand" über. Weil sie den Staat somit auch nach 1918 immer wieder im Zustand des Kampfes um seine Existenz und um Selbsterhaltung sahen, erschien es vielen Vertertern der Ministerialbürokratie legitim, an die Stelle regulärer Gesetzgebungsprozesse Ermächtigungen, Erlasse und gesetzesvertretende Verordnungen zu setzen.[167] Die dabei verwendete Sprache der Sachlichkeit und die entsprechende Logik der Rationalisierung waren in der Kriegswirtschaft

[165] Die erste Position vertraten etwa van Calker, Grundzüge, S. 98; Giese, Grundriß, S. 148; sowie der demokratische Verwaltungs- und Verfassungsrechtler Stier-Somlo, Reichs- und Landesstaatsrecht, S. 686; die letztere Heckel, Budgetverabschiedung, S. 392–393 und 410–411; ders., Einrichtung, S. 389–390; Neumark, Reichshaushaltsplan (1929), S. 293; Kühnemann, Haushaltsrecht; ders., Reichsetat.

[166] Mußgnug, Haushaltsplan, S. 191; Stern, Staatsrecht, S. 1198.

[167] Kimmel, Ausnahmezustand; Lange, Ausnahmezustand; Geyer, Grenzüberschreitungen; Boldt, Rechtsstaat; ein Überblick über die staatsrechtlichen Positionen in Anschütz/Thoma, Handbuch, Bd. 2, S. 221–263.

geprägt worden. Sie beschrieben den Akt des Regierens vor allem als erfolgsorientiertes Verfahren ohne Bezug zu gesellschaftlichen Aushandlungsprozessen. Damit konnten autoritäre Strategien der Krisenbewältigung auch in der Demokratie gerechtfertigt werden – womit die Staatstechniken der Weimarer Republik im Übrigen jenen glichen, die in anderen Staaten entwickelt wurden. Daher wurden solche Maßnahmen zunächst auch nicht als Gefährdungen der parlamentarischen Ordnung verstanden, sondern als Adaptionen der deutschen Demokratie an den westeuropäischen Parlamentarismus legitimiert.[168]

Während in der Weimarer Verfassung der formelle Gesetzesvorbehalt für den Reichshaushaltsplan aufrechterhalten wurde, gewannen in der Praxis situationsbedingte Maßnahmegesetze und gesetzesvertretende Verordnungen an Bedeutung.[169] Bereits das erste „Gesetz über eine vereinfachte Form der Gesetzgebung für Zwecke der Übergangswirtschaft" vom 17. April 1919 wurde zur Grundlage von Notverordnungen mit weittragender und teils langfristiger Wirkung für die Finanz-, Wirtschafts- und Sozialpolitik.[170] Die Ministerien nutzten hier, ganz in der Kontinuität der Kriegsjahre, ihre außerordentlichen Rechtsetzungsmöglichkeiten. Nach zwei weiteren Gesetzen zur vereinfachten Regelung der Übergangswirtschaft in den Jahren 1920 und 1921, welche an die parlamentarischen Ermächtigungen vor der Verabschiedung der Weimarer Verfassung anknüpften, stellte das Jahr 1923 einen Höhepunkt dar: Es ergingen das Reichsnotgesetz vom 23. Februar sowie die beiden erstmals explizit so genannten Ermächtigungsgesetze vom 13. Oktober und 8. Dezember 1923, welche steuer-, währungs- und haushaltspolitisch relevante Notverordnungen ermöglichten, die teilweise schon lange in den Schubladen der Regierung gelegen hatten. Zudem erließ Reichspräsident Friedrich Ebert bereits 1923 finanzpolitische Präsidialverordnungen kraft seiner Diktaturgewalt gemäß Artikel 48 Abs. 2 WRV; hieran knüpfte die Politik seines Nachfolgers Paul von Hindenburg ab 1925 an. Zur öffentlichen Sicherheit wurde nun immer deutlicher auch eine funktionsfähige Finanzordnung gezählt, wenngleich sich die Stimmen, die Kritik an dieser außerparlamentarischen Gesetzgebung übten, mehrten.[171]

[168] Rossiter, Dictatorship, für Deutschland S. 29–73; Mößle, Verordnungsermächtigung, S. 269 und 277; Schmitt, Überblick. Die damit in Frankreich verbundenen Konfliktlinien zeigt Raithel, Spiel, S. 388–407.

[169] Eine nicht ganz unproblematische Auflistung bei Huber, Verfassungsgeschichte, Bd. VI, S. 417 und 437–449.

[170] Für den Wortlaut vgl. RGBl. (1919), S. 394; ergänzt per Gesetz vom 3.8.1920 (ebd., S. 1493) sowie vom 6.2.1921 (ebd., S. 139); Übersichten bei Poetzsch, Staatsleben (1925), S. 141–147 und 206–216.

[171] Für den Wortlaut des Reichsnotgesetzes und der beiden Ermächtigungsgesetze vgl. RGBl. I (1923), S. 147, 943 und 1179. Hierzu Eilers, Ermächtigungsgesetz; Gusy, Ermächtigungsgesetzgebung, S. 257 und 263–268.

Nach einer Zwischenphase der legislativen „Normalisierung" in der Mitte der 1920er-Jahre wurde diese Praxis in den Jahren 1930 bis 1932 zu einem System des Regierens im „wirtschaftlich-finanziellen Ausnahmezustand" ausgeweitet.[172] Hierin zeigte sich aber auch der Wandel des Rechts. Weil es scheinbar keine Materie mehr gab, die nicht vom Staat gesetzlich geregelt werden konnte, wurde der geltende Rechtsbegriff ausgedehnt. Eingriffe, die von einer „konkreten Störungslage" oder der „staatlichen Selbsterhaltung" ausgingen und „Zweckmäßigkeitserwägungen" verfolgten, konnten dann unabhängig von ihrer Rechtsform als legitime Maßnahmen begriffen werden. Diese Staatsmaßnahmen erschienen insofern als rechtmäßig – so der an solchen Diskussionen bis in die NS-Zeit hinein beteiligte Verfassungsrechtler und Schmitt-Schüler Ernst Rudolf Huber – „soweit sie die Prinzipien der Richtigkeit, der Vernünftigkeit und der Gerechtigkeit nicht, über ihren rechtfertigenden Zweck hinausgreifend, evident und gröblich verletzten."[173] Diese Prinzipien waren aber natürlich politisch. In ihnen wurden die Konflikte zwischen verfassungsmäßigem Denken und notstandsbezogener Praxis nur scheinbar zu einer normativen Lösung gebracht. Diese politische Spannung zeigte sich auch im Handeln des Reichsfinanzministeriums in der jährlichen Reichshaushaltsplanung seit 1919 – das Ressort navigierte zwischen staatlichen Ordnungsansprüchen, kommissarischer (Selbst-)Ermächtigung, pragmatischer Haushaltsgebarung und gesetzlich verbindlichen Regelungen.

[172] Damit wandelte sich der Charakter der Ausnahmegewalt von einer „vorübergehenden Legalitätsbrücke" zu einem rechtlichen „Fundament grundlegender Reformakte" und zu einem legislativen Monopol gegenüber dem Parlament, so Kurz, Diktatur, S. 191; hierzu auch Richter, Notverordnungsrecht; Huber, Verfassungsgeschichte, Bd. VI, S. 445–446.

[173] Huber, Verfassungsgeschichte, Bd. VI, S. 418; Kurz, Diktatur, S. 167–174; für spätere Debatten Zeidler, Maßnahmegesetz, S. 28; Menger, Gesetz, S. 6–8; Huber, Maßnahmegesetz.

I.3 Ordnung in der Übergangswirtschaft: Reichshaushaltsplanung 1919 bis 1923

Die Anfänge der Weimarer Haushaltspolitik waren von Interimsbudgets geprägt, und die jährlichen Haushaltsverhandlungen boten wiederkehrende Gelegenheiten, aus der Praxis entstandene Prinzipien der Haushaltsführung gesetzlich zu verstetigen. In den entsprechenden Debatten wurde wiederholt darauf verwiesen, dass man nur die „bereits bestehenden Grundsätze zusammenfassen" beziehungsweise dem „bereits bestehenden Verfahren" eine legale Rahmung geben wolle.[174] Solche gewohnheits- und damit strukturbildenden Praktiken bildeten auch die Grundlage für die umfassende Budgetordnung, die zu Beginn der 1920er-Jahre durchgesetzt wurde: Die normativen Konturen der 1922 verabschiedeten Reichshaushaltsordnung (RHO), die eine Art Finanzverfassung des Weimarer Staates unter den Bedingungen des Reparationsregimes darstellte, entstanden also aus den praktischen Auseinandersetzungen um den Reichshaushalt. Sie waren zudem geprägt von der Interdependenz zwischen nationaler Übergangswirtschaft, politischen Krisendiskursen und internationaler Finanzdiplomatie, wie überhaupt die Haushaltspolitik dieser frühen Jahre der Republik in hohem Maße als Außenpolitik und als eine Form der Kommunikation mit den Reparationsgläubigern zu verstehen war. So ist zu fragen, wie mittels der Zahlen der Haushaltspläne die Erwartungen im Inneren und im Äußeren gemanagt wurden und welche Rolle dabei der Verweis auf akute Notlagen und Ausnahmesituationen spielte.

„Die Zahlen sollen reden": Reichshaushaltsplanung und Plenarberatung 1919/20

Die Etatberatungen der Jahre 1919 und 1920 standen im Zeichen der Nothaushalte und unter dem Eindruck der gewaltsamen Auseinandersetzungen in diesen Jahren. Als am 27. März 1919, nur kurz nach der gewaltsamen

[174] So der berichterstattende Abgeordnete Georg Schreiber in der Generaldebatte des Haushaltsausschusses des Reichstags am 6.11.1922, S. 3, BArch R101/5249. Hierzu etwa die Ausnahmen vom Bruttoprinzip, dazu Verfügung vom 13.4.1921 betr. Bestimmungen, die für die Auslegung und Weiterbildung des Reichshaushaltsrechts von Bedeutung sind, in: Nachrichten des Reichsfinanzministeriums, 18.4.1921, BArch R2/50391, Bl. 74; Schreiben des Reichsfinanzministers an sämtliche Reichsressorts betr. die gesetzliche Sanktionierung bestehender Regelungen zur Verwendung von Reichsmitteln, 11.2.1924, BArch R2/50757, Bl. 266.

https://doi.org/10.1515/9783110712261-004

Beendigung der Märzkämpfe in Berlin, ein vorläufiges Haushaltsgesetz eingebracht wurde, begründete Reichsfinanzminister Schiffer die Verzögerung mit dem schwierigen Übergang von der Kriegs- in die Friedenswirtschaft. Zwar seien Notetatgesetze in der parlamentarischen Geschichte des Reiches „nichts Neues", doch sei die Ursache der Verspätung nun erstmalig nicht in den langwierigen Verhandlungen im Reichstag, sondern bei den Problemen in der Vorbereitung aufseiten der Regierung zu suchen. Diese versuche, im neuen Haushaltsjahr endlich die Praxis der Kriegsetats zu überwinden, die alle Zahlen einfach aus dem letzten Friedenshaushalt übernommen habe, „obgleich jedermann wußte und wissen sollte, daß diese Zahlen nicht richtig waren." So habe man im Krieg rein „technisch" einen Etat konstruieren wollen, um Unterlagen für die Verwaltungsführung bereitzustellen. Nun aber müsse man wieder zu einem „richtigen, wahren, echten Etat" kommen, also zu einem politischen Handlungsprogramm.[175] Am 29. März 1919 konnte dann das „Gesetz betreffend die vorläufige Regelung des Reichshaushalts für das Rechnungsjahr 1919" verabschiedet werden, das im Juni und Oktober 1919 durch weitere Notgesetze verlängert und ergänzt wurde. Es enthielt nicht nur die allgemeine Ermächtigung, bis Juni 1919 „alle Ausgaben zu leisten, die zur Erhaltung gesetzlich bestehender Einrichtungen und zur Durchführung gesetzlich beschlossener Maßnahmen erforderlich sind", sondern benannte auch einige konkrete Haushaltsposten, etwa für bauliche Maßnahmen (unter anderem beim Reichsfinanzministerium) sowie für die Schaffung neuer Stellen.[176]

Den regulären Reichshaushaltsplan brachte die Regierung dann im April 1919 ein. Während der ordentliche Haushalt mit einem Fehlbetrag von sieben Milliarden Mark abschloss, wurde der außerordentliche Haushalt dadurch kleingerechnet, dass die Kosten für Heeres-, Marine- und Kolonialwirtschaft über Kreditaufnahmen finanziert wurden.[177] Schiffer wies darauf hin, dass dies zwar noch immer „kein Friedensetat" sei, sondern allenfalls ein erster Schritt zur formalen Normalisierung. Er beruhe aber auf ernsthaften Schätzungen und bemühe sich um Klarheit.[178] Die sich daran anschließende zweitägige Debatte in der Nationalversammlung drehte sich um die großen innen- und außenpolitischen Fragen – um die Bilanz der Revolution und der Parlamentarisierung, um die Effekte von Sozialisierung und Bürokratisierung, um internationale

[175] 30. NV-Sitzung, 27.3.1919, Sten. Ber., S. 829. Zum Ausnahmezustand und den Märzkämpfen Keil/Stibbe, Laboratorium, S. 554–555.

[176] Für den Wortlaut des Gesetzes vgl. RGBl. (1919), S. 363; weitere vorläufige Gesetze vom 24.6.1919 (ebd., S. 603) und 1.10.1919 (ebd., S. 1771).

[177] Das tatsächliche Defizit nach der Reichshaushaltsrechnung für 1919 war weitaus größer; es betrug knapp 38 Milliarden Mark. Die außerordentlichen Ausgaben nahmen dabei mit 39,8 Milliarden Mark den größten Teil der Reichsausgaben in Höhe von insgesamt knapp 55 Milliarden Mark ein, vgl. Statistisches Jahrbuch (1922), S. 359–360.

[178] 33. NV-Sitzung, 9.4.1919, Sten. Ber., S. 904.

Konfliktlagen und die Gewalt des Bürgerkriegs. Allenfalls am Rande wurden die im Haushaltsplan dargelegten Posten berührt. Die Beratung wurde anschließend in den Haushaltsausschuss abgegeben und dort zunächst bis zum Herbst vertagt, da Schiffer bereits einen Ergänzungshaushalt angekündigt hatte und angesichts der noch laufenden Friedensverhandlungen die zukünftigen Handlungsspielräume ungewiss erschienen. Die Ausschussberatungen wurden im September 1919 noch einmal kurzzeitig für die Verabschiedung eines weiteren Notetats unterbrochen.[179] Die inhaltlichen Bestimmungen dieser vorläufigen Haushaltsgesetze wurden aber zu diesem Zeitpunkt nicht vom Reichsfinanzministerium allein festgelegt, sondern durch Fühlungnahme „von Referent zu Referent" vorab zwischen dem Ministerium und den Ressorts sowie mit der Nationalversammlung abgestimmt.[180] Zeitlich parallel waren, wie bereits gesehen, die Verhandlungen um die Steuerreformen und die Einführung der Reichsfinanzverwaltung zu bewältigen.

Die zweite Lesung des Gesetzes über den Reichshaushaltsplan und die ausführliche Diskussion einzelner Etats in der Nationalversammlung fanden vom 7. bis zum 29. Oktober 1919 statt, die anschließende dritte Beratung bot noch einmal Anlass für eine eintägige Generaldebatte, nun mit dem neuen Reichsfinanzminister Matthias Erzberger. Dabei prallten unterschiedliche Vorstellungen von der Rolle des Reichstags für die staatliche Budgetplanung aufeinander. Erzberger begriff das parlamentarische Plenum als Ort der gesellschaftlichen Aushandlung, „leere Behauptungen" über den Etat wies er als unverantwortlich gegenüber der Öffentlichkeit zurück. Als Vertreter der Regierungsparteien zog der deutsch-demokratische Abgeordnete Hermann Pachnicke die „Gepflogenheiten des parlamentarischen Regimes" in Großbritannien heran, wo die Minderheit auch nur einzelne Posten kritisieren oder verändern könne, ohne das Budget insgesamt abzulehnen. Zudem verwies Pachnicke auf die vertraulichen Verhandlungen des Haushaltsausschusses, um öffentlich zu thematisieren, dass gerade die jetzigen Kritiker der mangelnden Sparsamkeit der Regierung dort Anträge auf Ausgabenerhöhung gestellt hätten. DNVP, USPD und DVP lehnten den Reichshaushaltsplan trotzdem im Ganzen ab und wollten dies als ein grundsätzliches Misstrauensvotum gegen die Regierung verstanden wissen, „nach der Praxis der parlamentarisch regierten Staaten des Kontinents". Dort bedeute die Bewilligung des Etats mit den Stimmen einer Oppositionspartei, dass sich diese „taktisch den Regierungsparteien" annähere.[181]

179 Respondek, Reichsfinanzen, S. 20–22; Protokoll der Sitzung des Haushaltsausschusses des Reichstags am 30.9.1919, BArch R101/1328.

180 Reichsfinanzminister an den Präsidenten der Nationalversammlung, 5.9.1919, BArch R101/2235.

181 So die Redebeiträge in der 113. NV-Sitzung, 30.10.1919, Sten. Ber., S. 3628–3634.

Trotz dieser Konflikte konnte das Reichshaushaltsgesetz für das Rechnungsjahr 1919 aber in der Sitzung am 30. Oktober 1919 verabschiedet werden. In § 9 dieses Gesetzes wurde zudem das Notbewilligungsrecht geregelt. Diese Festlegung begrüßte Erzberger im Reichstagsplenum als „neue Machtbefugnis" des Reichsfinanzministers im Kampf gegen Etatverletzungen durch die Regierung und als Maßnahme im Sinne der Volksvertretung. Der entsprechende Paragraf bestimmte: „Haushaltsüberschreitungen und außerplanmäßige Ausgaben bedürfen der vorherigen Zustimmung des Reichsministers der Finanzen. Sie darf nur im Falle eines unabweisbaren Bedürfnisses erteilt werden." Eine ausführliche Diskussion darüber fand in der Nationalversammlung erstaunlicherweise nicht statt, obwohl damit ein wesentliches Prinzip der parlamentarischen Demokratie berührt wurde, die Ministerverantwortlichkeit.[182]

Auf diese Weise sollte die Praxis der Verausgabung nicht bewilligter Mittel überwunden werden, die sich in der Kriegs- und Revolutionszeit potenziert hatte, in der Verfassungsdebatte aber ausgeklammert worden war. Für das kommende Haushaltsjahr wollte die Regierung zudem erreichen, dass weitere Schritte zu einer geordneten Finanzwirtschaft getan würden: die rechtzeitige Verabschiedung des Etats, die Vermeidung von Pauschquanten (also geschätzter Gesamtsummen) zugunsten spezialisierter Haushaltsansätze und die Abschaffung des außerordentlichen Haushalts, der im Ersten Weltkrieg für die Verbuchung der Kriegsausgaben eingeführt worden war.[183] Diese Hoffnungen sollten sich allerdings nicht erfüllen, obwohl das Reichsfinanzministerium die Haushaltsaufstellung durch persönliche Fühlungnahme der eigenen Referenten mit Reichsrat, Haushaltsausschuss und den Ressorts die Planungen „zweckdienlich und sachfördernd" vorzubereiten versuchte.[184] Wie im Vorjahr wurde daher zunächst ein Gesetz über die vorläufige Regelung der Haushaltsführung beim Reichstag zur Beratung eingebracht und von diesem in den Haushaltsausschuss verwiesen. Es trat am 31. März in Kraft und ermächtigte die Reichsregierung wiederum für drei Monate, den Haushalt zu führen sowie bestimmte Summen für einzelne Ministerien zu verausgaben. Insgesamt neun weitere vorläufige Gesetze folgten bis Februar 1921, jeweils verbunden

182 Vorausgegangen waren dem aber vorbereitende Initiativen des Reichsfinanzministers und des Reichsrats, hierzu Reichsfinanzminister an den Präsidenten der Nationalversammlung, 4.10.1919, BArch R101/2235; § 9 des Gesetzes betreffend die Feststellung des Reichshaushaltsplans für das Rechnungsjahr 1919, 31.10.1919 (RGBl., S. 1841); 113. NV-Sitzung, 30.10.1919, Sten. Ber., S. 3630.

183 Respondek, Reichsfinanzen, S. 24.

184 Reichsminister der Finanzen an die Reichsressorts betr. Besprechungen der Haushaltspläne, 21.2.1920; Verfügung vom 21.7.1920 betr. Begründung von Neuforderungen, beide BArch R43 I/861.

mit mehr oder weniger intensiven Beratungen im Haushaltausschuss sowie im Plenum der Nationalversammlung beziehungsweise des Reichstags.[185]

In diesen Zeitraum komplizierter Haushaltsverhandlungen und provisorischer Maßnahmen fiel im März 1920 der Rücktritt des Ministers Erzberger, der einer Hetzkampagne seines deutschnationalen Amtsvorgängers Helfferich ausgesetzt war und von seinen politischen Gegnern schließlich im August 1921 ermordet werden sollte. Der neue Reichsfinanzminister Joseph Wirth (Zentrum) forderte dann im August 1920 die Mitglieder des Reichstags auf, sich der „Wucht der Zahlen" endlich zu stellen und eine wirkliche Finanzdebatte zu führen. Parallel erging an die Ressorts allerdings die Aufforderung, die Haushaltsverhandlungen mit dem Reichsfinanzministerium aus Zeitgründen nur mehr mündlich abzuhalten, die verantwortlichen Referenten mit weitgehender Entscheidungsmacht auszustatten und Chefbesprechungen möglichst zu vermeiden – auch dies waren Strategien, die sich in der Folge verstetigten.[186] Die parlamentarische Debatte begann dann mit der ersten Beratung des Reichshaushaltsplans am 27. Oktober 1920. Der Reichskanzler Konstantin Fehrenbach, der seit Juni 1920 an der Spitze einer Koalition aus DDP, DVP und Zentrum amtierte, gab eine Regierungserklärung ab, welche die Frage der Reparationen und die politischen Bestimmungen des Versailler Vertrags in den Vordergrund rückte. Auch Wirths anschließende Rede ging auf diesen Zusammenhang ein und bezog sich insbesondere auf die Bestimmungen der Brüsseler Sachverständigenkonferenz zur Reparationsfrage. Wirth kritisierte die bisherige „Taktik der Zahlen", die mit der immer wieder vorläufigen Regelung des Reichshaushalts in vierteljährlichem Rhythmus verbunden und damit letztlich eine „Flucht vor Zahlen" gewesen sei – er forderte hingegen, dass die Zahlen nun endlich selbst „reden" sollten.[187]

Damit wurde deutlich, dass die parlamentarischen Verhandlungen im Lichte der internationalen Öffentlichkeit geführt wurden. Es wurde also nicht nur um den deutschen Haushaltsausgleich, sondern um ein „finanzielles Gleichgewicht der Welt" (so der Staatssekretär Bergmann) gerungen. Solange kein umfassender Reichshaushaltsplan verabschiedet und im Reichsgesetzblatt publiziert wurde, blieb die tatsächliche Leistungsfähigkeit Deutschlands für Beobach-

[185] Gesetz betreffend die vorläufige Regelung des Reichshaushalts für das Rechnungsjahr 1920, 31.3.1920 (RGBl., S. 425); weitere Übergangsgesetze wurden verabschiedet am 8.5.1920 (ebd., S. 917), am 6.7.1920 (ebd., S. 1385), am 6.8.1920 (ebd., S. 1495), am 30.10.1920 (ebd., S. 1847), am 11.12.1920 (ebd., S. 2033), am 20.12.1920 (ebd., S. 2159), am 22.1.1921 (ebd., S. 87), am 2.2.1921 (ebd., S. 125) sowie am 26.2.1921 (ebd., S. 193).

[186] 17. RT-Sitzung, 3.8.1920, Sten. Ber., S. 568; Schreiben des Reichsfinanzministers an die Reichsressorts, 17.8.1920, BArch R2/50390, Bl. 23; ähnlich auch Schreiben des Reichsfinanzministers an die Chefs der Reichsressorts betr. Aufstellung des Haushaltsentwurfs für 1922, 24.4.1921, BArch R2/50391, Bl. 120 RS.

[187] 22. RT-Sitzung, 27.10.1920, Sten. Ber., S. 800.

ter ungewiss; Verzögerungen konnten also Handlungsspielräume bewahren oder eröffnen. Neben diese außenpolitische Stoßrichtung trat die andauernde innenpolitische Auseinandersetzung um die „Staatsform" der Weimarer Republik. Dabei ging es aber um grundsätzliche Alternativen zum demokratischen System, nicht um Haushaltsfragen. Wirths zahlenlastige Ausführungen zur Konsolidierung der Reichsschuld von 288 Milliarden Mark, zur Besoldungsreform und zu einem umfassenden Sparprogramm stießen daher trotz der Anrufung von „Lebensfragen" des Reiches auf wenig Interesse. Gemeinsam mit dem Vizepräsidenten des Reichstags mahnte er während seiner Haushaltsrede die Abgeordneten beständig zu mehr Aufmerksamkeit beziehungsweise überhaupt zur Anwesenheit.[188]

Das Reichshaushaltsgesetz für 1920 wurde dann erst am 26. März 1921 verabschiedet, und dies gemeinsam mit dem Reichshaushaltsplan des Rechnungsjahres 1921, für den der Ältestenrat den Verzicht auf eine Debatte beschlossen hatte.[189] Auf Initiative des Reichsrats waren darin die Bestimmungen des § 9 noch einmal verschärft worden, sodass Haushaltsüberschreitungen und außerplanmäßige Ausgaben vom Reichsfinanzminister nur noch in Ausnahmefällen bewilligt werden konnten und ansonsten im Rahmen eines ordentlichen Haushaltsgesetzes beziehungsweise Nachtragshaushalts angefordert werden mussten. Zudem hatte der Reichsrat einige Posten des Reichshaushaltsplans gestrichen – sehr zur Überraschung des davon betroffenen Reichsinnenministeriums.[190]

In den Reichshaushaltsplanungen dieser Jahre zeigte sich die Komplexität der Beziehungen zwischen Exekutive und Legislative, die in ihrer Bedeutung für die parlamentarische Demokratie erst einmal ausgehandelt werden mussten. So konnte es einerseits zu Allianzen zwischen der Nationalversammlung beziehungsweise dem Reichstag und dem Reichsfinanzministerium kommen, sofern es um die allzu eigenmächtige Ausgabengebarung der Ressorts ging. Das Interesse an demokratischer Kontrolle deckte sich hier mit dem Interesse des Ministeriums an der Festigung eigener institutioneller Macht. Zudem hatte sich schon im Krieg die Praxis der Unterstützung des Reichstags für

188 Ebd., S. 790 und 793; 24. RT-Sitzung, 29.10.1920, ebd., S. 878; 26. RT-Sitzung, 4.11.1920, ebd., S. 952; Bergmann, Weg, S. 67. Zu Bergmanns Rolle auch die Chefbesprechung vom 28.8.1922, AdR, Kabinette Wirth I/II, Bd. 2, Dok. Nr. 356.

189 85. RT-Sitzung, 15.3.1921, Sten. Ber., S. 2952; 87. RT-Sitzung, 17.3.1921, ebd., S. 3171. Hierzu auch das Haushaltsrundschreiben des Reichsfinanzministers vom 17.8.1920, das dafür plädierte, den (noch gar nicht gesetzlich festgestellten) Haushaltsplan für 1920 „ohne wesentliche Änderungen auch für das Jahr 1921 als Grundlage" zu nehmen, BArch R2/50390.

190 Reichsfinanzminister an sämtliche Reichsressorts und Abt. IV, 19.10.1920, BArch 101/2235; Reichsminister des Innern an den Reichskanzler, 30.7.1920; Reichsminister des Innern an den Reichskanzler, 14.8.1920, beide BArch R43 I/861.

die Regierung gegenüber Ausgabeforderungen (insbesondere des Militärs) herausgebildet. Solche Allianzen wurden allerdings meist nur in den Ausschussverhandlungen und nicht im Plenum der Volksvertretung erkennbar. In den Fachgremien konnte sich eine Art geteilter „Gouvernementalismus" (so der sozialdemokratische Abgeordnete Kurt Heinig rückblickend) von Vertretern des Finanzressorts und Finanzexperten der Parteien ausbilden. Andererseits fand das Reichsfinanzministerium für weitergehende finanzwirtschaftliche Sanierungsprogramme weder im Parlament noch in den anderen Ressorts Verbündete. Unter Verweis auf eine autoritär verstandene Sachlichkeit verlegte es sich daher in diesem Bereich auf quasi-diktatorische Maßnahmen.[191]

Vereinfachung und Vetorecht: Konturen eines sparsamen Staates

Parallel zu den Haushaltsverhandlungen in den parlamentarischen Gremien wurden im Verlauf des Jahres 1920 verschiedene Programme entworfen, welche sowohl die formelle Stellung des Reichsfinanzministers und die Verfahrensweisen der Haushaltsgesetzgebung betrafen als auch inhaltliche Forderungen nach Kostenersparnis und Stellenabbau umfassten. Schon im Juli 1920 hatte der nun von einer bürgerlich-konservativen Mehrheit geprägte Reichstag auf Vorschlag des Haushaltsausschusses ein Gremium eingesetzt, in dem gemeinsam mit Vertretern der Reichsregierung Reformen entwickelt wurden, die einzelne Verwaltungszweige verbilligen sollten.[192] Diese Initiative griff Wirth auf, zumal sich die mangelnde Ordnung der Haushaltsplanungen im Jahr 1920 deutlich gezeigt hatte: Wiederholt hatten die Ressorts die Fristen, die für ihre Voranschläge gesetzt waren, nicht eingehalten oder ausgabewirksame Gesetzentwürfe dem Kabinett vorgelegt, ohne das diese zuvor durch das Reichsfinanzministerium geprüft worden waren.[193]

Da die zeitgleich laufenden Vorbereitungen für eine Geschäftsordnung der Reichsregierung stockten, brachte das Ministerium in einer Vorlage zur Beratung über die „Finanzlage des Reiches" im Ministerrat am 22. September 1920 neben sachlichen Forderungen auch Richtlinien für die formelle Stellung des Reichsfinanzministeriums ein. Diese sahen eine Stärkung der Position des

[191] Erlass des Reichsfinanzministers betr. die Anwesenheit von Referenten im Reichstag und den Umgang von Regierungsvertretern mit Externen im Reichstagsgebäude, 4.10.1920, BArch R2/50390, Bl. 257; Heinig, Budget, Bd. I, S. 389. Hierzu, allerdings mit Bezug auf konservative Zeitgenossen wie Kuno Graf Westarp, Voth, Reichsfinanzen, S. 142–144.

[192] Schulz, Demokratie, Bd. 1, S. 521; für die Auswirkungen des politischen Wechsels auf die Haushaltspolitik auch Clingan, Finance, S. 29–34.

[193] Witt, Reichsfinanzminister, S. 33–35.

Reichsfinanzministers durch ein Widerspruchsrecht im Kabinett sowie das Erfordernis seiner Zustimmung zu allen von den Ressorts geplanten Maßnahmen mit möglichen finanziellen Folgen für das Reich vor. Beschlossen wurden die Richtlinien in der Kabinettssitzung am 9. Oktober 1920, verbunden mit der Diskussion des Entwurfs für den Reichshaushaltsplan 1920.[194]

Die Absicht, die Reichsfinanzen zu konsolidieren, wurde so unter den Ausnahmebedingungen der finanziellen Notlage mit einem Umbau der Machtverhältnisse innerhalb der Reichsregierung verwoben. Unterstützt wurde die Ermächtigung des Reichsfinanzministers durch die Beiordnung eines „Finanzdiktators", des sogenannten Reichskommissars für die Vereinfachung und Vereinheitlichung der Reichsverwaltung. Berufen wurde auf diesen Posten der Präsident des Landesfinanzamtes Unterweser, Friedrich J. A. Carl. Dieser war 1917 vom elsaß-lothringischen Finanzministerium ins Reichsschatzamt und anschließend ins Reichsfinanzministerium gekommen, bevor er 1919 ins Landesfinanzamt in Bremen wechselte. Er legte dem Kabinett noch im Dezember 1920 eine Reihe von Vorschlägen zur Reform der Reichsverwaltung vor: Diese umfassten unter anderem die Zusammenlegung des Reichswirtschafts- und Reichsarbeitsministeriums, die Festlegung eines „Normalaufbaus" für die Ministerien, den Ausbau der Landesfinanzämter zu allgemeinen Reichsbezirksbehörden, die Förderung wirtschaftlicher Selbstverwaltung und den Ausgleich des Haushalts 1921, der von der „Zwangsjacke eines festen Einnahmeetats" geprägt sein sollte.[195] Das Programm war nicht zuletzt formuliert mit Blick auf die in Brüssel zeitgleich tagende internationale Sachverständigenkonferenz. Carl selbst beschrieb sein Motiv explizit als „außenpolitisches", da er auf diese Weise die „drohende Finanzkontrolle der Entente" abzuwehren gedachte, und betonte daher die Notwendigkeit, diese Initiative in der Öffentlichkeit sichtbar zu machen. Entsprechend hatte der Vereinfachungskommissar schon vor der Beratung in der Regierung seine Vorschläge nach außen getragen, was im Kabinett auf Kritik stieß. Reichsinnenminister Erich Koch (später: Koch-Weser) betonte, dass doch zunächst eine Debatte innerhalb der Reichsre-

194 Für die entsprechenden Beschlüsse von Ministerrat und Kabinett vgl. Kabinettssitzung vom 9.10.1920, Richtlinien über die formelle Stellung des Reichsministers der Finanzen und über die künftige Finanzgebarung und Wirtschaftsführung des Reiches, AdR, Kabinett Fehrenbach, Bd. 1, Dok. Nr. 85; Ministerratssitzung vom 22.9.1920 betr. Finanzlage des Reiches, ebd., Dok. Nr. 73; Liste der ursprünglichen Forderungen des Reichsfinanzministeriums zum Zwecke der Gesundung der Reichsfinanzen, Anlage zum Protokoll der Sitzung vom 22.9.1920, BArch R43 I/1359. Hierzu auch die auf diesen Kabinettsbeschluss zurückgreifende Debatte um die RHO bei der 189. Sitzung des Ausschusses für den Reichshaushalt, 6.11.1922, S. 4, BArch R101/5249, dort allerdings mit falscher Datierung; sowie Poetzsch, Staatsleben (1925), S. 179, ebenfalls mit fehlerhafter Datierung.

195 Reichsfinanzminister an den Staatssekretär in der Reichskanzlei, 13.12.1920, mit beigefügten Anträgen des Reichskommissars vom 29.11.1920, BArch R43 I/1946; hierzu auch Schulz, Demokratie, Bd. 1, S. 522–523.

gierung notwendig sei, und spottete über den Finanzdiktator als vermeintlich „Sachverständigen" unter lauter „Dilettanten".[196]

Der technokratische Geist, in dem der Reichskommissar seine vielschichtigen Forderungen als eine von der Regierung ohne längere Erwägungen durchsetzbare „feste Marschroute" (so Carl in der Kabinettssitzung) präsentierte, war tatsächlich befremdlich und stieß auch bei anderen Ministern auf Kritik. Der Reichswirtschaftsminister Ernst Scholz (DVP) wies darauf hin, dass entsprechende Veränderungen nicht ohne die Berücksichtigung der „Gesichtspunkte allgemein politischer Natur", also der Mehrheitsverhältnisse in der Koalition und der sozialen Interessenkonstellationen in der Bevölkerung, vorgenommen werden könnten. Dennoch fanden Carls Vorschläge in ihrer Tendenz durchaus Resonanz, etwa im Auswärtigen Amt sowie im Reichsarbeits- und auch im Reichswirtschaftsministerium. Dort wurden eigenständige, das heißt nicht durch die Alliierten erzwungene Einsparungen und gewisse Zusammenlegungen (natürlich nicht die der eigenen Ressorts) grundsätzlich befürwortet. Das Reichswirtschaftsministerium brachte zudem eine zweijährige Haushaltsperiode ins Spiel, weitere Maßnahmen zur Einsparung von Ausgaben sollten aber Sache des Reichsfinanzministeriums bleiben. Vonseiten des Reichsverkehrsministeriums wurde das in Carls Denkschrift zum Ausdruck kommende Staatsverständnis kritisiert, das politische Angelegenheiten als ökonomische behandele: „Ob das Reich für die Einrichtung von lediglich nach wirtschaftlichen Gesichtspunkten abgegrenzten einheitlichen Reichsprovinzen, auch für die Erfüllung seiner nicht wirtschaftlichen Aufgaben sich einsetzen soll, muss bezweifelt werden." Die „schematische" Herangehensweise der Denkschrift stelle die „historisch gewordene politische Ordnung" infrage. Außenminister Simons hingegen brachte seine Erfahrungen als ehemaliges Präsidialmitglied des Reichsverbandes der Deutschen Industrie ein, um mit volkswirtschaftlichen Argumenten die von Carl vorgeschlagene Zusammenlegung von Ressorts zu unterstützen.[197] So zeigt diese Diskussion auch, dass hier die Grenzen zwischen Staat und Wirtschaft verhandelt wurden.

Deutlicher Widerspruch kam vom Reichsinnenminister Koch, der eine eigene Denkschrift vorlegte und darin für die Schaffung eines gemeinsamen Minis-

[196] Vorschläge des Reichskommissars für die Vereinfachung und Vereinheitlichung der Reichsverwaltung, vorgelegt in der Kabinettssitzung am 20.12.1920, AdR, Kabinett Fehrenbach, Bd. 1, Dok. Nr. 141, dort auch Anm. 11 für den Nachlass Koch-Weser; Auszug aus dem Protokoll der Sitzung des Reichsministeriums vom 18.12.1920, BArch R43 I/1946, Bl. 87, dort auch einige Presseberichte.

[197] Bericht des Reichswirtschaftsministers an den Staatssekretär in der Reichskanzlei, 23.12.1920, BArch R43 I/1946, Bl. 157; Bemerkungen des Reichsverkehrsministeriums zu den Anträgen des Reichskommissars für die Vereinfachung und Vereinheitlichung der Reichsverwaltung, 4.1.1921, ebd. Bl. 167; Votum des Auswärtigen Amtes zu dem Vorschlag des Präsidenten Carl wegen der Reform der Reichsverwaltung, o. D., ebd., Bl. 184.

teriums für Wirtschaft und Finanzen plädierte. Einheitlichkeit der Wirtschafts- und Finanzpolitik sei Ausdruck der Wiedergewinnung staatlicher Souveränität in einem Moment, „wo wir uns treiben lassen". Darin sah Koch auch eine Annäherung an internationale wirtschaftspolitische Entwicklungen – unter dem Primat der Finanzen, aber nicht des Budgets: „So etwas wie ein Wirtschaftsministerium gibt es in den Manchesterstaaten des Westens überhaupt nicht. Auch hat noch nie ein Staat so sehr vor der Aufgabe gestanden, die gesamte Wirtschaft für die Sanierung des Finanz- und Steuerwesens und für die Bezahlung der Kriegs- und Friedensschulden heranzuziehen, wie der unsrige. Die letzten zwei Jahre sollten gelehrt haben, dass mit Steuern diesem Problem überhaupt nicht beizukommen ist, sondern dass es dazu neuer Wege bedarf, die wirtschaftspolitischer Natur sind." Dieses Ressort könne man Finanzministerium nennen, geeigneter sei die Betitelung als Wiederaufbauministerium, da diese Regelung möglicherweise temporär sei. Logisch sinnvoll, politisch aber nicht legitimierbar sei zudem die Unterstellung auch der Verkehrs-, Arbeits- und Ernährungspolitik unter dieses Ressort. De facto ermächtigte diese Konzeption einen einzelnen Minister in diktatorischer Form, wie Koch einräumte. Dass er die „politischen" Ministerien (also insbesondere sein eigenes Ressort) von solchen Maßnahmen auszuklammern empfahl, war daher wenig verwunderlich.[198] Deutlich wurde hier, dass nach dem Willen des Innenressorts der Primat des Staates und damit der Politik gegenüber der Wirtschaft, anders als bei Carl, gewahrt bleiben sollte. Koch vertrat damit nicht die Ökonomisierung der Politik, sondern die Politisierung der Ökonomie.

In dieser Frage standen sich das Reichsinnenministerium, das als „Beamten- und Geschäftsministerium" die Federführung in der Reform der Verwaltung beanspruchte, und das Reichsfinanzministerium gegenüber.[199] Wenn Carl die Restrukturierung von Verfahrensweisen in den Reichs- und Länderbehörden im Dienste erhöhter „Arbeitsökonomie" forderte, so war damit zugleich das Plädoyer verbunden, die Organe der Reichsfinanzverwaltung anstelle jener der inneren Verwaltung zum wichtigsten Träger zentralstaatlicher Regierung zu machen.[200] In der anschließenden Diskussion hielt sich das Reichsfinanz-

[198] Denkschrift des Reichsministers des Innern über die Vereinheitlichung und Vereinfachung der Reichsverwaltung, o. D., S. 8–9, 11 und 37, BArch R43 I/1946, Bl. 225–227 und 241. Die Volksvertretung plädierte hingegen für die Unterstellung der Finanzen unter das Wirtschaftsressort und vertrat damit eine Konzeption, in der die neuen „ökonomischen" Handlungsfelder entscheidende Bedeutung besaßen, Auszug aus der Niederschrift über die Sitzung des Interfraktionellen Ausschusses, 21.1.1921, BArch R43 I/1947, dort die Vorschläge Schiffers.

[199] Reichsinnenminister an den Herrn Staatssekretär in der Reichskanzlei betr. Federführung in der Frage der Reform der Verwaltung, 15.9.1920, BArch R43 I/1946, Bl. 23; Antwort des Staatssekretärs in der Reichskanzlei an den Reichsinnenminister, 20.10.1920, ebd., Bl. 25.

[200] Reichskommissar für die Vereinfachung und Vereinheitlichung der Reichsverwaltung

ministerium zwar eher im Hintergrund (zumal sowohl Carls als auch Kochs Vorschläge eine Stärkung des Finanzressorts implizierten, wenngleich mit unterschiedlichen Akzenten), drängte aber auf schnelle Entscheidungen. Die Rolle des Reichskommissars sah Wirth vor allem darin, zur Ausgabenvermeidung anzuregen (weniger, so scheint es, in der aktiven Rationalisierung der Verwaltung, wie sie vom Reichsarbeits- oder vom Reichswirtschaftsministerium befürwortet wurde). Am Ende einigten sich die Ressorts auf die vom Reichswirtschaftsminister angeregte Schaffung einer ministeriellen Kommission, dies auch, weil als Alternative zu den damit verbundenen längerfristigen Überlegungen ansonsten nur noch eine wirklich „diktatorische" Lösung infrage zu kommen schien. Die Kommission sollte mit dem Anfang Juli 1920 auf Initiative des Haushaltsausschusses berufenen Reichstagsausschuss für die Verbilligung der Verwaltung und dem Reichsrat Kontakt aufnehmen, um weitere Vorschläge auszuarbeiten.[201]

Carl trat daraufhin im Februar 1921 zurück.[202] Seine Aufgabe übernahm eine Kommission zur Vereinfachung und Vereinheitlichung der Reichsverwaltung, die unter Leitung des Reichsinnenministers Koch aus Vertretern von Reichstag, Reichsrat und Reichsministerien gebildet wurde. Die vom Innenministerium für diese Kommission entworfenen Richtlinien skizzierten grundlegende Reformbereiche der Regierungsorganisation; dazu zählten die Vereinigung des Reichswirtschafts- und des Reichsfinanzministeriums, die Abwicklung des Reichsschatz- und des Wiederaufbauministeriums, die Möglichkeit von Personalunionen zwischen preußischer Regierung und Reichsregierung, Maßnahmen der Dezentralisierung und die Rekrutierung des Beamtennachwuchses. Doch verlief die Arbeit der Kommission schleppend,

an die Reichsressorts betr. Prüfung der Haushaltspläne der Ministerien und nachgeordneten Behörden, 26.10.1920, BArch R43 I/1946, Bl. 34; Reichsminister der Finanzen (Reichskommissar für die Vereinfachung und Vereinheitlichung der Reichsverwaltung) an sämtliche Landesregierungen betr. Prüfung der Haushaltspläne der Länder, 5.11.1920, ebd., Bl. 35; Anträge des Reichskommissars für die Vereinfachung und Vereinheitlichung der Reichsverwaltung zur Durchführung des Kabinettsbeschlusses vom 9.10.1920, S. 18, ebd., Bl. 72 RS.

201 Stellungnahmen der Herren Reichsminister zu dem Vorschlag des Reichskommissars für Vereinfachung und Vereinheitlichung der Reichsverwaltung, Vermerk o. D., BArch R43 I/1947, Bl. 91–95; handschriftliche Notizen und Manuskript der Rede des Staatssekretärs der Reichskanzlei, Albert, gehalten vor dem Reichstag am 15.3.1921, ebd., Bl. 96–108; Aussprache über die Anträge des Reichskommissars für die Vereinfachung und Vereinheitlichung der Reichsverwaltung mit den dazu ergangenen Voten der Herren Reichsminister, vorgelegt in der Kabinettssitzung vom 29.1.1921, AdR, Kabinett Fehrenbach, Bd. 1, Dok. Nr. 163; Mündlicher Bericht des Ausschusses für den Reichshaushalt, 2.7.1920, RT-Drucksache Nr. 86, mit Anstreichungen in BArch R43 I/1946, Bl. 13.

202 Als Oberfinanzpräsident setzte er sich dann 1940 für eine erhöhte „Schlagfertigkeit der Staatsautorität" ein, die durch eine stärkere Position der Oberfinanzpräsidien im nationalsozialistischen Staat erreicht werden sollte, Carl, Reichsfinanzverwaltung, S. 7.

nicht zuletzt in jenen Gremien, von deren Beschlüssen das Reichsfinanzministerium betroffen gewesen wäre.[203] Die Kontrolle über die verfügbaren Informationen war in dieser Phase ein wesentlicher Machtfaktor, dabei schwankten die Strategien zwischen Geheimhaltung und strategischer Veröffentlichung von Beschlüssen – je nachdem, ob die Beteiligten eher an die im Inneren anstehenden Wahlen dachten (wie etwa der zu Beginn des Jahres 1921 für Zurückhaltung plädierende Reichsfinanzminister Wirth) oder an das internationale Gläubigerpublikum.[204] An die Stelle der Kommission trat schließlich Ende 1922 der Reichssparkommissar, der das – nicht zuletzt in der deutschen wie internationalen Öffentlichkeit vernehmbare – Bedürfnis nach einer autoritär ermächtigten, nicht deliberativ angelegten Institution erfüllte.[205]

Bevor jedoch dem Präsidenten des Rechnungshofs des Deutschen Reichs, Saemisch, diese Aufgabe übertragen wurde, ging es seit Herbst 1920 zunächst um die Erweiterung der Machtbefugnisse des Reichsfinanzministers, die dann Ende 1922 in die Verabschiedung der Reichshaushaltsordnung mündeten. Die Debatte um die Vereinfachung der Verwaltung verstetigte sich damit. Weiterhin stand dabei nicht nur die Kontrolle der Finanzgebarung der Ressorts oder die Sparsamkeit des Staates zur Diskussion. Vielmehr wurden auch grundlegende Staatsvorstellungen verhandelt, auf deren Basis die Reichsregierung ihre Entscheidungen traf. Die dann am 9. Oktober 1920 beschlossenen Richtlinien brachte der Reichsfinanzminister unmittelbar in die Reichshaushaltsplanung des Jahres 1921 ein. In einem Schreiben an die Ressorts forderte er Ende Oktober 1920, damit geschlossen an der „Gesundung der Reichsfinanzen" zu arbeiten, was sich „nur auf dem Wege strengster und rücksichtslosester Sparsamkeit" verwirklichen lasse. Jegliche Ausweitung des Aufgabenkreises des Zentralstaates sollte vermieden, überhaupt sollten alle staatlichen Ausgaben auf die „Lebensnotwendigkeiten für das Reich" beschränkt werden. Ein Veto des Reichsfinanzministers könne nur durch eine zweite Abstimmung unter Anwesenheit des Reichskanzlers aufgehoben werden, eigenständige Ausgabe-

203 Vorschläge zur Vereinfachung und Vereinheitlichung der Reichsverwaltung, diskutiert bei der Kabinettssitzung am 21.2.1921, AdR, Kabinett Fehrenbach, Dok. Nr. 179; Koch, Vereinheitlichung; Bericht über die bisherige Tätigkeit der Kommission zur Vereinfachung und Vereinheitlichung der Reichsverwaltung, 15.12.1921; Reichsinnenminister an den Reichskanzler betr. Vereinfachung der Reichsverwaltung, 5.5.1922, beide BArch R43 I/1947; Schulz, Demokratie, Bd. 1, S. 524–526.

204 Für diese Diskussion die handschriftliche Aufzeichnung über die Chefbesprechung beim Herrn Reichskanzler über die Anträge des Reichskommissars Carl, 8.2.1921, BArch R43 I/1947.

205 Wo bleibt der Sparkommissar?, in: Vossische Zeitung, Morgen-Ausgabe, Nr. 374, 11.8.1921; Die sparsame Republik, in: Deutsche Tages-Zeitung, Nr. 472, 8.10.1921; Geheimes Schreiben des Reichsfinanzministers an die Reichsregierung, 9.12.1921, alle zu finden in BArch R43 I/1947, Bl. 156, 163 und 168–171; Bilfinger, Reichssparkommissar. Hierzu nachfolgend Kap. II.2.

verfügungen ohne Zustimmung des Ministeriums seien zu unterlassen. Sollten Überschreitungen oder außerplanmäßige Ausgaben notwendig sein, so seien diese normalerweise über Nachtragshaushalte anzufordern und nur ausnahmsweise zur „Bestreitung unbedingter Lebensnotwendigkeiten des Reichs“ über eine Einzelfallbewilligung beim Reichsfinanzministerium zu erbitten. Für die Durchsetzung dieser Richtlinien sei neben dem Reichsfinanzministerium auch der Reichssparkommissar zuständig. Vor allem aber sollte die vom Reichskabinett geforderte scharfe Nachprüfung aller Anträge „schon beim Sachressort einsetzen“ – jedes einzelne Ministerium und jeder einzelne Referent war also für einen Geist der Sparsamkeit verantwortlich zu machen.[206] In den folgenden Jahren dienten die im Oktober 1920 beschlossenen Richtlinien dann immer wieder dazu, eine zügige und „rücksichtslose“ Routine in den Haushaltsverhandlungen einzufordern und ein Verständnis des Staates zu legitimieren, das dessen anwachsenden Aufgabenkreis wieder „vermindern“ wollte. Schließlich gingen sie dauerhaft in die Regelungen der Reichshaushaltsordnung von 1922 sowie der Geschäftsordnung der Reichsregierung von 1924 ein.[207]

Von der Reichshaushaltsplanung zur Reichshaushaltsordnung

Die Vorbereitungen für eine „abgeschlossene gesetzliche Regelung des gesamten Haushaltsrechts“ begannen bereits Anfang 1921. Obwohl es sich um ein größeres Gesetzesvorhaben handelte, wurde auf schriftliche Fachgutachten zum Thema verzichtet, stattdessen setzte das Reichsfinanzministerium auf Ressortverhandlungen unter der Führung der eigenen Haushaltsabteilung. Dies erklärt sich auch daraus, dass entsprechende Konzepte schon seit dem späten 19. Jahrhundert im Reichsschatzamt vorbereitet worden waren, also gewissermaßen in der Schublade lagen. Ein erster Entwurf erreichte im Februar 1921 die Ressorts. Er verwies auf die lange Vorgeschichte und die gewohnheitsrechtliche Praxis: „So hat sich im Reiche auf dem Gebiete der sogenannten Komptabilität in langjähriger Übung ein im wesentlichen allseitig anerkannter Rechtszustand herausgebildet, der dem Bedürfnis im wesentlichen genügt. [...] Der Entwurf sieht

[206] Reichsfinanzminister an sämtl. Ressorts und Abt. IV betr. Reichshaushaltsplan 1921, 25.10.1920, S. 4; Reichsminister der Finanzen an sämtl. Reichsressorts, 1.12.1920, beide BArch R43 I/861.

[207] Reichsfinanzminister an die Herren Chefs der Reichsressorts betr. Aufstellung des Haushaltsentwurfes für 1922, 24.4.1921, BArch R101/2235; Reichsfinanzminister an die Reichsressorts betr. Nachtragshaushalt für 1921, 25.10.1921, BArch R43 I/861. Hierzu Poetzsch, Staatsleben (1925), S. 179.

deshalb eine Hauptaufgabe darin, die bereits geltenden Grundsätze mit den im einzelnen etwa erforderlichen Ergänzungen und Berichtigungen zusammenzufassen."[208] Die Neuerungen, die der Entwurf insbesondere mit Blick auf die Befugnisse des Reichsfinanzministeriums vorsah, wurden in dieser Formulierung ausgeblendet. Genau hier, also in der Stellung des neugebildeten Ressorts, aber lag die zentrale Differenz gegenüber jenen Überlegungen, die vor 1918 im Reichsschatzamt entworfen worden waren.[209]

In den kommissarischen Beratungen zeigte sich, dass die damit angestrebte Normalisierung der Ermächtigung des Reichsfinanzministers (anders als die letztlich unverbindlichen Richtlinien vom Oktober 1920) auf grundlegende Vorbehalte bei den Ressorts stieß. So drehte sich die Diskussion darum, ob nicht Kabinettsbeschlüsse und entsprechende Ausführungsbestimmungen für die Reichshaushaltspolitik ausreichten, die „im Bedürfnisfalle jederzeit schnell geändert werden" könnten, sowie eine noch zu erlassende Geschäftsordnung, „von der im Gegensatz zu gesetzlichen Vorschriften gelegentlich auch mal abgewichen werden könne". Kritik kam hier insbesondere von der Verkehrs- und von der Heeresverwaltung, die sogar die grundlegende Stellung des Reichsfinanzministers in der Haushaltsaufstellung wieder schwächer gestalten und diesem keine „eigene Verantwortlichkeit", sondern bloß deren „Leitung" zugestehen wollten. Kompetenzen jenseits der Prüfung von Voranschlägen sollten nur auf Beschluss der Reichsregierung zugewiesen werden können. Nachdem die Referenten des Reichsfinanzministeriums (der spätere Minister Otto von Schlieben sowie die späteren Kommentatoren der RHO, Erich Wagner und Rudolf Schulze) jedoch darauf aufmerksam gemacht hatten, dass eine Straffung der Finanzgebarung aus „aussenpolitischen Gründen" notwendig sei, wurde der Antrag abgelehnt. Die Autonomiebestrebungen des Militärs im Bereich der Reichshaushaltsplanung sollten aber in den folgenden Jahren ein virulentes Thema bleiben.[210]

208 Schreiben des Reichsministers der Finanzen an sämtl. Reichsressorts, die Abt. IV und den Reichskommissar für die Vereinfachung, 5.2.1921, mit anliegendem Entwurf, BArch R43 I/861. Für die Vorgeschichte Witt, Finanzpolitik des Deutschen Reiches, S. 330–337. Die Länder hatten schon seit längerem auf eine grundsätzliche Regelung gedrängt, vgl. Reichsfinanzminister an den Präsidenten der Nationalversammlung betr. Wünsche der Länder für die künftige Aufstellung der Haushaltspläne des Reichs, 4.10.1919, BArch R101/2235.

209 Dies betraf die späteren § 20 und 22 über die Rechtsstellung und das Vetorecht des Finanzministers, hierzu Witt, Finanzpolitik des Deutschen Reiches, S. 332, dort Anm. 112.

210 Ergebnis der kommissarischen Beratungen am 23./24. u. 26.3. sowie 4., 7./9. u. 11.4.1921 über den Entwurf einer Reichshaushaltsordnung, Anlage 3 zum Schreiben vom 23.4.1921, S. 7–10; Nachtrag zu der Niederschrift über das Ergebnis der kommissarischen Beratungen, betreffend den Entwurf einer Reichshaushaltsordnung (Anlage 3 zum Schreiben vom 23.4.1921), S. 1, beide BArch R43 I/861. Zur „Militärdiktatur" im Haushaltswesen auch Kap. III.3.

Darüber hinaus drehten sich die Diskussionen um die Staatsauffassung, die mit dem Gesetz artikuliert wurde. Zunächst war beabsichtigt gewesen, die RHO als „Reichswirtschaftsgesetz" zu bezeichnen, doch wurde in den Beratungen deutlich, dass dieser Begriff auf das Gemeinte nicht mehr zutraf. Dies lag daran, dass unterdessen durch das Reichswirtschaftsministerium und den Reichswirtschaftsrat ein entsprechendes eigenes staatliches Handlungsfeld institutionalisiert worden war. Auch gegen die Formulierung, nur „lebensnotwendige Aufgaben des Reichs" dürften über den Haushaltsplan finanziert werden, regte sich Widerstand, weil dies fraglich mache, „ob alle dem Reiche in der Verfassung zugewiesenen Aufgaben gerade als lebensnotwendige zu betrachten wären, und ob überhaupt noch für Wohlfahrtszwecke Mittel angefordert werden dürften". Die entsprechende Formulierung wurde gestrichen. In der Diskussion wurde zudem das Prinzip der Sparsamkeit als handlungsleitende Maxime infrage gestellt und ausdifferenziert. Zunächst sollte die im Entwurf gewählte Formulierung, die „größtmögliche Sparsamkeit" forderte, durch das Wort „gebotene" modifiziert werden, um die eigenverantwortliche „Initiative" der Beamtenschaft nicht zu behindern. Doch setzte sich die Auffassung durch, dass damit ohnehin „nicht Sparsamkeit um jeden Preis, sondern eine Sparsamkeit, die sich mit der Wirtschaftlichkeit vertrage", gemeint sei – also nicht das jeweils „billigere Angebot", sondern die rentabelste Variante. Die Festlegung eines solchen Wirtschaftsgrundsatzes in der Reichshaushaltsordnung erschien schließlich sogar so wichtig, dass der Paragraf geändert wurde. Der Wortlaut war nun: „Die Haushaltsmittel sind wirtschaftlich und sparsam zu verwalten".[211]

Auf Widerspruch stieß in den Vorberatungen der Machtzuwachs des Reichsfinanzministers gegenüber Voranschlägen der Ressorts und in der Entscheidungsfindung im Kabinett, wo (wie schon in den Richtlinien von 1920) ein suspensives Vetorecht vorgesehen war. Gegen dieses Vetorecht, das in der vorgeschlagenen Form nur durch eine den Reichskanzler einschließende Kabinettsmehrheit aufhebbar sein sollte, wehrten sich vor allem das Reichswirtschafts- und das Reichsarbeitsministerium.[212] Für die weiteren Verhandlungen legten dann Reichspost-, Reichswehr- und Reichsarbeitsministerium Änderungsanträge vor, da sie die vorgeschlagenen Regelungen als verfassungswidrige Einschränkung der Ressortkompetenzen ansahen. Ein überarbeiteter Entwurf wurde schließlich im Mai 1921 zur Beratung an das Kabinett überwiesen.[213]

[211] Ergebnis der kommissarischen Beratungen am 23./24. u. 26.3. sowie 4., 7./9. u. 11.4.1921 über den Entwurf einer Reichshaushaltsordnung, Anlage 3 zum Schreiben vom 23.4.1921, ebd.

[212] Handschriftlicher Vermerk auf der offenbar für Erich Wagner und Rudolf Schulze zusammengestellten Zusammenfassung der Abänderungen zum Entwurf einer Reichshaushaltsordnung auf der Grundlage der kommissarischen Beratungen, S. 5, o. D., ebd.

[213] Antrag des Reichspostministeriums, o. D.; Abänderungsantrag des Reichswehrministe-

Dort argumentierte der neue Reichswirtschaftsminister Robert Schmidt (SPD) sowohl verfassungs- als auch tagespolitisch: Die im Entwurf vorgesehene Bestimmung, dass in einzelnen Fällen selbst die Mehrheit der Minister nur dann entscheiden könne, wenn der Reichskanzler mit ihr stimmte, „würde die Stellung des Reichskanzlers gegenüber der verfassungsmäßigen Regelung verschieben, übrigens vermutlich auch dem Reichskanzler gelegentlich selbst unbequem werden." Dies gelte vor allem dann, wenn – wie zu diesem Zeitpunkt in der Person Wirths – der Reichskanzler gleichzeitig Finanzminister sei. In der im Juni 1922 an den Reichstag überwiesenen Fassung war dann von einer notwendigen „Zustimmung des Reichskanzlers" zum Veto des Reichsfinanzministers zunächst keine Rede mehr; diese Bestimmung war in einer Sitzung des Reichsministeriums am 9. Juli 1921 nach weiteren Ressortbesprechungen gestrichen worden.[214] Die schließlich verabschiedete Fassung aber enthielt diese Klausel wieder, da der Haushaltsausschuss sie neuerlich in den Entwurf aufgenommen hatte. Nach langwierigen Diskussionen wurde das Gesetz schließlich am 15. Dezember 1922 mit Zweidrittelmehrheit angenommen.[215]

Die schon in den Ressortverhandlungen diskutierten Vorstellungen von „Sparsamkeit" und „Wirtschaftlichkeit" waren auch im Haushaltsausschuss thematisiert worden. So hatte der Zentrums-Abgeordnete Georg Schreiber darauf hingewiesen, dass im früheren Kampf zwischen Parlament und Regierung der Etat „etwas Formalistisches" bekommen habe, es sei vor allem „nach einer möglichst klaren und durchsichtigen Etatsaufstellung" gestrebt worden, also nach einer äußeren Form der Übersichtlichkeit und Nachvollziehbarkeit. Gegenüber dieser älteren Auffassung gewinne nun das Ziel an Relevanz, „eine möglichst sparsame Etatswirtschaftsführung" zu erreichen, die Bedeutung des Reichshaushaltsplans also stärker inhaltlich zu füllen. Dies bedeute, so Schreiber, auch eine Annäherung an die internationale Praxis – dabei verwies

riums zur 2. Lesung des Entwurfs einer Reichshaushaltsordnung, 9.5.1921; Vorschläge des Reichsarbeitsministeriums zum Entwurf einer Reichshaushaltsordnung, o. D.; Aufzeichnung über das Ergebnis der 2. Lesung des Entwurfs einer Reichshaushaltsordnung am 9./10.5. und der weiteren Beratungen über den Abschnitt IVa des Gesetzentwurfs am 12./13.5.1921; Reichsminister der Finanzen an den Staatssekretär in der Reichskanzlei betr. Entwurf einer Reichshaushaltsordnung nebst Begründung, 19.5.1921, alle ebd.

214 Reichswirtschaftsminister an den Reichskanzler betr. Kabinettssache Rk. 4793, 11.6.1921; Auszug aus dem Protokoll der Sitzung des Reichsministeriums vom 9.7.1921; Reichsfinanzminister an Reichskanzler betr. Entwurf der Reichshaushaltsordnung, 5.7.1921, alle ebd.

215 Mündlicher Bericht des Ausschusses für den Reichshaushalt über den Entwurf einer Reichshaushaltsordnung, 14.12.1922, RT-Drucksache Nr. 5377, S. 2; Schreiben des Reichsfinanzministers an den Staatssekretär in der Reichskanzlei, 18.12.1922, R 43 I/862, Bl. 120; 283. und 284. RT-Sitzung, 15.12.1922, Sten. Ber., S. 9349 und 9360. Zur Geschichte dieser Regelung auch Witt, Reichsfinanzminister, S. 36–40; zum Inhalt Doeinck, Neuordnung.

er vor allem auf England und Frankreich. In Frankreich war kurz zuvor der sogenannte Loi Marin verabschiedet worden, der die präventive Finanzkontrolle stärkte. Um die institutionelle Macht des französischen Finanzministeriums und die Überwachung der Haushaltsführung zu erweitern, sah dieses Gesetz die Entsendung von Finanzkontrolleuren (*contrôleurs des dépenses engagées*) in die übrigen Ressorts vor. Diese Maßnahme ging auf parlamentarische Initiativen zurück. Sie beschränkte die Handlungs- und Disziplinarmacht der Ministerien und umfasste auch Bestimmungen bezüglich der Ausbildung und Rekrutierung des entsprechenden Personals.[216]

Hier fanden also Wissenstransfers zwischen der französischen und der deutschen Politik statt, nicht zuletzt, weil das Budgetrecht und die Haushaltskonsolidierung in der Aushandlung der Reparationsbedingungen eine hervorgehobene Rolle spielten. Der ebenfalls Bericht erstattende sozialdemokratische Abgeordnete Gustav Hoch hatte daher wie Schreiber eine stärkere Orientierung am „französischen Grundsatz" angemahnt, also die Abordnung eines ständigen Vertreters des Reichsfinanzministeriums in die verschiedenen Ministerien. Sparsamkeit könne allerdings nicht von außen in die Fachministerien getragen werden, sondern müsse dort auf der Basis von Sachkenntnis entstehen. Unter Verweis auf eine Schrift des im Reichsarbeitsministerium tätigen Ministerialdirektors Erwin Ritter hatte Hoch im Ausschuss daher zugleich mehr Flexibilität und Übertragbarkeit von Mitteln gefordert, insbesondere bei Selbstbewirtschaftungsfonds.[217] Die Entsendung von Kommissaren des Reichsfinanzministeriums hatte Hoch damit vor allem als eine Maßnahme verstanden, welche das Prinzip der Ministerverantwortlichkeit gegenüber dem Parlament stärkte. Dass in einer solchen Form des personellen Schnittstellenmanagements zwischen den Ressorts und dem Finanzministerium aber Reibungspunkte lagen, deren Auswirkungen auf den Staatsapparat schwer zu kalkulieren waren, sollte sich in den Versuchen zur Umsetzung der französischen Regelung in Deutschland zeigen.

Insgesamt war die außenpolitische Aufladung dieser verwaltungstechnischen Regelungen erstaunlich. Dies wurde bei der abschließenden Diskussion des Ausschusses um jene Paragrafen deutlich, welche die besondere Stellung

[216] 189. Sitzung des Ausschusses für den Reichshaushalt, 6.11.1922, S. 3, BArch R101/5249; Rapport Berenger présenté au Sénat, 2.2.1922, Journal Officiel, Documents parlementaires, Sénat, Annex N° 49, S. 41; Proposition Leroy-Beaulieu tendant à organizer le contrôle préventif des dépenses, 7.7.1911, Journal Officiel, Chambre des deputes, Annex N° 1140, S. 1506. Diese Zusammenhänge sind für Frankreich deutlich besser erforscht, hierzu Kott, Contrôle, S. 180–194; ders., Contrôleurs; Reny, Loi; zur späteren Erweiterung der Maßnahmen des Loi Marin in Frankreich Raithel, Spiel, S. 391–392.

[217] 189. Sitzung des Ausschusses für den Reichshaushalt, 6.11.1922, S. 3–5; 191. Sitzung des Ausschusses für den Reichshaushalt, 8.11.1922, S. 2–3, beide BArch R101/5249; Ritter, Verwaltung.

des Reichsfinanzministers betrafen. Hier ging es noch einmal grundsätzlich um die Regelungen im Stadium der Etatzusammenstellung, die Frage der Etatüberschreitungen und die Modi der Entscheidungsfindung im Kabinett. Diese Aspekte wurden in Anwesenheit des neuen Ministers Andreas Hermes (Zentrum) debattiert, der darauf hinwies, dass nicht zuletzt mit Blick auf das Ausland und die Vorstellungen der Reparationskommission auf eine Stärkung seines Amtes in all diesen Bereichen hingearbeitet werden müsse. Auch er zog dafür die französische Situation heran. Dort sei die Position des Finanzministers durch die Entsendung besonderer Delegierter in jedes Ministerium entscheidend gestärkt, darauf „werde er bei den Auseinandersetzungen mit dem Garantiekomitee immer wieder hingewiesen." Die Macht des Reichsfinanzministeriums in den Verhandlungen mit dem Ausland werde infrage gestellt, wenn im Inland die Regelungen der Reichshaushaltsordnung nicht umfassend angelegt und angewandt würden. Immer wieder frage man, so Hermes weiter, im Garantiekomitee der Reparationskommission, „wieweit denn seine Macht als Reichsfinanzminister gehe".[218]

Die DNVP hielt dem entgegen, dass angesichts der internationalen Situation gerade nicht der Finanzminister, sondern die zuständigen Ressortchefs in ihrer Entscheidungsmacht gestärkt werden müssten: Anderenfalls diene der Reichsfinanzminister als Hebel des Auslands und der Kontrollforderungen der Entente. Das vorgesehene Vetorecht des Reichsfinanzministers sowie seine weitgehenden Eingriffsrechte im Prozess der Haushaltsaufstellung förderten in der vorgeschlagenen Form also nicht die Macht der deutschen Regierung, sondern die „effektive Macht des Garantiekomitees". Hermes antwortete darauf, dass gerade eine besondere Autorisierung des Finanzministeriums diesem die Rolle eines „Prellbocks" verschaffe, der verhindere, dass ausländische Kontrolleure selbst Einblick in die Angelegenheiten der Ressorts verlangten und so unter dem Vorwand der Haushaltssanierung unmittelbar in relevante politische Zusammenhänge eingriffen.

Die Debatten des Haushaltsausschusses, die eine Vielzahl weiterer Regelungspunkte (den Gesetzescharakter des Haushaltsplans, die Rolle des Rechnungshofs, die Legitimität von Geheim- und Selbstbewirtschaftungsfonds oder die Buchführung in Reichsbetrieben) berührten, zeigen, dass es bei der Reichshaushaltsordnung nicht nur um vermeintlich technische Aspekte der Planung und Ausführung des Staatsbudgets ging, sondern um die innen- wie außenpolitische Souveränität des Staates. Welche Position das Reichsfinanzministerium in diesem Gefüge einnahm, wie weit seine eigenen bürokratischen Befugnisse gehen sollten und welche Rolle weitere Organisationen (wie der nicht zuletzt von den Parlamentariern wiederholt geforderte „Sparkommissar")

[218] 201. Sitzung des Ausschusses für den Reichshaushalt, 12.12.1922, S. 3–4, BArch R101/5249, dort auch zum Folgenden.

erhalten sollten – dies waren daher Fragen, deren Beantwortung nicht in einem strikten Antagonismus pro- versus antirepublikanischer Positionen aufging. Das Problem, die durch die Inflation dynamisierten Verhältnisse in Staat und Wirtschaft überhaupt noch „in eine juristisch-staatsrechtliche Form zu gießen", durchzog lagerübergreifend die Debatten.[219] Auch der Einfluss der internationalen Konferenzen sowie der Wissenstransfer zwischen den europäischen Demokratien machten deutlich, dass die entsprechenden Verhandlungen in einer wirtschaftlich wie politisch vielschichtigen Situation erfolgten.

Der parlamentarische Ausschuss war aber trotzdem auch ein Raum der Aushandlung handfester Interessen der beteiligten Institutionen: Denn letztlich wurden dem Reichstag gewisse Sonderrechte bei der Verhandlung seines eigenen Haushalts mit dem Finanzressort zugestanden, im Gegenzug nahm der Ausschuss die vom Kabinett gestrichene Bestimmung, dass das Veto des Finanzministers nur dann überstimmt werden konnte, wenn „der Reichskanzler mit der Mehrheit gestimmt hat", wieder in den Entwurf auf. Gestärkt wurde auch das Recht aller Ressorts, schon während der Verhandlungen über die Einzelpläne bei Fragen von grundsätzlicher oder erheblicher Bedeutung die Entscheidung des Kabinetts zu erbitten. Diese Regelung wurde im Ausschuss begrüßt, weil sie eine „Diktatur der Referenten" des Reichsfinanzministeriums verhindere. Durch das Wissen darum, dass ihr Gegenüber im Falle der Nichteinigung eine Chef- oder Kabinettsbesprechung herbeiführen konnte, sollte ein allzu autokratisches Vorgehen der Haushaltsreferenten verhindert werden.[220]

In der Summe begründete die im Dezember 1922 verabschiedete RHO eine Sonderstellung des Reichsfinanzministers innerhalb der Reichsregierung und erweiterte seine Befugnisse erheblich. Dafür waren insbesondere die §§ 20 und 21 sowie der § 128 RHO entscheidend, weil sie das Veto des Finanzministers gegen Ausgaben nicht durch einfachen Kabinettsbeschluss ersetzbar machten und eine Diskussion über die Nichtberücksichtigung von Voranschlägen im Entwurf des Reichshaushaltsplans nur bei Fragen von grundsätzlicher Bedeutung zuließen. Die §§ 30 und 33 bestimmten zudem weitgehende Befugnisse im Hinblick auf Haushaltsüberschreitungen und außerplanmäßige Ausgaben. Damit wurde das Reichsfinanzministerium als ein „neutraler Hüter der Staatsfinanzen" imaginiert, der als einziger keine Ressortinteressen verfolge, sondern seine politische Stärke aus dem gelingenden Haushaltsausgleich und aus der weitgehend unverfälschten Verwirklichung des parlamentarischen

[219] So Reinhold Quaatz (DVP), 189. Sitzung des Ausschusses für den Reichshaushalt, 6.11.1922, S. 7, BArch R101/5249.

[220] 201. Sitzung des Ausschusses für den Reichshaushalt, 12.12.1922, S. 5–6, BArch R101/5249.

Willens ziehen sollte. Dies waren allerdings zwei keineswegs deckungsgleiche Handlungsziele.[221]

Zeitgenössisch war diese Regelung nicht unumstritten. Die von dem Staatsrechtler Friedrich Glum geäußerten weitreichenden Zweifel an der Verfassungsmäßigkeit der RHO stellten aber eher eine Ausnahme dar.[222] Verbreiteter war der Eindruck, mit der RHO habe der Druck der Alliierten eine Entscheidung der deutschen Regierung erzwungen.[223] Die Vorgaben der Reparationskommission beziehungsweise des Garantiekomitees (dessen Delegierte zeitweilig im Ministerium saßen) und die von dort drohende Gefahr der „Ottomanisierung"[224] im Falle einer unzureichenden Konsolidierung der Reichsfinanzen wurden von den Vertretern des Reichsfinanzministeriums immer wieder angeführt. Die strenge Sparsamkeit und Selbstbeschränkung, die beständig angemahnt wurden, erschienen so als Maßnahmen eines nicht souverän agierenden Staates, als erzwungene Verzweiflungstat eines Volkes, das geschwächt und verarmt war. Zugleich wurde damit die Alternativlosigkeit von Regierungsentscheidungen behauptet, im Tausch gegen die Finanzierung des neuen Staates durch internationale Gelder.

Auf die Organisation des Reichsfinanzministeriums hatten solche Abmachungen ebenfalls Auswirkungen, denn die absehbare Verabschiedung der Reichshaushaltsordnung bot Anlass, interne Umstrukturierungen vorzunehmen. Mit Wirkung vom 1. Dezember 1922 wurde das Generalreferat für die Haushaltsangelegenheiten im Ministerium ausgebaut, „um dafür zu sorgen, dass der Gesamthaushalt nach einheitlichen Gesichtspunkten und unter grösstmöglicher Sparsamkeit aufgestellt wird und dass das Gleichgewicht im Haushalt erreicht und erhalten wird". Dies galt für externe ebenso wie für interne Abstimmungsprozesse; so war das Generalreferat bei allen Verhandlungen über Haushaltspläne, aber auch bei der Genehmigung von größeren Haushaltsüberschreitungen zu beteiligen. Leiter des Referats wurde der Ministerial- und Geheime Regierungsrat Rudolf Karlowa.[225]

In der Folge waren es das Generalreferat für den Reichshaushalt sowie die Referenten der Abteilung I, die in den Verhandlungen um die Entsendung von Finanzkommissaren auf die Erweiterung eigener Zuständigkeiten und Kompetenzen der Überwachung drangen. Die einmal geschaffenen Organisationsstrukturen sollten in weitere Räume ausgedehnt werden. Während Karlowa

221 Begriff nach Kirchhof, Gewaltenkontrolle, S. 1471; Rosenfeld, Stellung, S. 196.

222 Glum, Stellung; dagegen Zinkeisen, Geschäftsordnung, S. 14–16 und 54–58; Bilfinger, Reichssparkommissar, S. 20. Hierzu auch Rosenfeld, Stellung, S. 32.

223 So etwa Lassar, Verwaltung (1926), S. 125; Buchholtz, Haushaltsplan, Vorwort.

224 Chefbesprechung vom 15.7.1922 betr. Verhandlungen mit dem Garantiekomitee, AdR, Kabinette Wirth I/II, Bd. 2, Dok. Nr. 319.

225 Verfügung vom 1.12.1922, in: Nachrichten des Reichsfinanzministeriums, 2.12.1922, BArch R2/31795.

insbesondere mit dem Reichssparkommissar zusammenarbeitete,[226] wurde der ebenfalls aus der Abteilung I stammende Oberregierungsrat Kurt Wachsmann (ehemals persönlicher Referent Erzbergers) Ende 1924 unter dem Minister Hans Luther zum Leiter des Ministerbüros und zum Generalreferenten für das gesamte Reichsfinanzministerium ernannt. Wachsmann trug in der Folge mit Beiträgen in Wirtschafts- und Finanzzeitungen dazu bei, die fundamentale Bedeutung der neu geordneten Reichshaushaltsplanung für das „Verhältnis zwischen Staat und Wirtschaft im neuen Deutschland“ hervorzuheben.[227]

Dezentrales Regieren und die „Ethik des Etats"

Die Debatten um die Reichshaushaltsordnung hatten deutlich gemacht, dass der Weimarer Staat die Konsolidierung finanzwirtschaftlicher Verhältnisse nicht allein über effektive Verfahren der Haushaltsplanung erreichen konnte, sondern auch einen breiteren „Geist der Sparsamkeit“ (so von Schlieben im Haushaltsausschuss) herstellen musste. In Erweiterung der Reichshaushaltsordnung wurden daher per Beschluss der Reichsregierung vom 12. Oktober 1923, ähnlich wie in Frankreich, besondere Beauftragte des Reichsfinanzministers eingesetzt, die in die anderen Reichsministerien abzuordnen waren. Sie sollten zusätzlich zu den Haushaltsreferenten und -dezernenten der jeweiligen Ressorts berufen werden, um Maßnahmen von finanzieller Bedeutung schon im Stadium der Haushaltsaufstellung dem Votum des Finanzministeriums zu unterwerfen. Zudem sollten sie die Verwaltungspraxis (inklusive jener des Finanzressorts selbst) sowie die Behördenorganisation überwachen.[228]

Diese Maßnahmen erfolgten im Moment eines politischen Ausnahmezustands und waren Teil eines umfassenden Programms, das den Abbau der Verwaltungen und die „Balanzierung des Haushalts“ vorsah. Dieses Programm entwickelte das Reichsfinanzministerium unter der Leitung Hans Luthers parallel zu den Steuernotverordnungen und den im Parlament erwirkten Ermächtigungen der Regierung zur Bekämpfung der Hyperinflation und zur

226 Reichskanzler an den Präsidenten des Rechnungshofs, 28.11.1922; Verfügung des Reichsfinanzministers betr. Bestellung des Staatsministers a. D. Saemisch zum Sparkommissar in der Reichsverwaltung, 29.1.1923, beide in: Nachrichten des Reichsfinanzministeriums, 2.2.1923, BArch R2/31795.

227 Nachrichten des Reichsfinanzministeriums, 31.10.1924, BArch R2/31795; Wachsmann, Verhältnis zwischen Staat und Wirtschaft. Hierzu auch Kap. II.1.

228 Entwurf für einen Beschluss der Reichsregierung vom 10.11.1923; Beschluss der Reichsregierung vom 12.10.1923, beide BArch R2/21795; Grundsätze über die Rechte und Pflichten der Haushaltsreferenten und Haushaltsdezernenten innerhalb der Reichsverwaltung, beschlossen in der Kabinettssitzung vom 7.11.1923, BArch R2/50757.

Durchführung der Währungsreform im Oktober 1923. Diese Maßnahmen waren zugleich Vorbedingungen für eine Neuverhandlung der Reparationszahlungen.[229] Kurz zuvor hatte der neue Reichskanzler Gustav Stresemann den Kampf gegen die französische Besetzung des Ruhrgebiets für beendet erklärt. Dieser Kampf hatte mit dem Reichsnotgesetz vom 24. Februar 1923 bereits ein umfangreiches Gesetzeswerk hervorgebracht, das die Reichsführung unter Ausschaltung des Parlaments zum „Abwehrkampf" ermächtigte. Unter diesen Kampf fielen alle möglichen Maßnahmen gegen die sozialen oder ökonomischen Auswirkungen „fremder Einwirkung" auf das Deutsche Reich, wozu de facto auch die intensive Betätigung der Notenpresse und damit die Beförderung der Inflation gehörten. Neuerlich wurde damit auf Verfahren der außerordentlichen Rechtssetzung zurückgegriffen, um eine Krise der Republik zu bewältigen. Dies galt, obwohl die normale Gesetzgebung in dieser Phase durchaus weiter funktionierte und zwischen Februar und Oktober 1923 deutlich mehr reguläre Gesetze als Notverordnungen ergingen. Die Anwendbarkeit des Reichsnotgesetzes, das emotional wie politisch auf die Ermächtigungen im Ersten Weltkrieg verwies und dem „Kabinett der Wirtschaft" unter Reichskanzler Wilhelm Cuno kurzzeitig innenpolitische Autorität verliehen hatte, verlor sich aber mit der Einstellung des „Ruhrkampfes".[230]

Das kurz darauf verabschiedete Ermächtigungsgesetz vom 13. Oktober 1923 befähigte die Reichsregierung daher in neuer Weise, „die Maßnahmen zu treffen, welche sie auf finanziellem wirtschaftlichem und sozialem Gebiet für erforderlich und dringend erachtet" und bildete die Basis für die Einführung der Rentenmark per Gesetz vom 15. Oktober 1923. Das Ermächtigungsgesetz sollte bei einem Regierungswechsel außer Kraft treten, spätestens jedoch am 31. März 1924. Kurz zuvor, am 13. März 1924, löste Reichspräsident Ebert allerdings den Reichstag auf, nachdem dieser mit der Aufhebung von Verordnungen gedroht hatte. Schon im August 1923 hatte nicht nur Stresemann eine diktatorische Erweiterung der Regierungsvollmachten gefordert.[231] Auch Luthers sozialdemokratischer Vorgänger als Reichsfinanzminister, Rudolf Hilferding, hatte in einer Denkschrift erklärt, dass angesichts der Finanzlage sowie des außenpolitischen Drucks eine machtvolle präventive Finanzkontrolle nach französischem Vorbild notwendig sei. Die Verfahren der RHO inklusive der nachträglichen Kontrolle durch den Reichsrechnungshof seien auf „normale"

229 Reichsfinanzminister an die Reichsressorts, den Vorl. Reichswirtschaftsrat, die Reichsschuldenverwaltung, die Abt. I a, IB, IH, A, II, III, IV, V, Z, B und den Sparkommissar betr. die Durchführung des Abbau- und Ersparnisprogramms der Reichsregierung, 27.10.1923, BArch R2/21795.

230 Gusy, Ermächtigungsgesetzgebung, S. 264; hierzu auch Pyta, Präsidialgewalt, bes. S. 70–71.

231 Ermächtigungsgesetz vom 13.10.1923 (RGBl. I, S. 943). Hierzu Möllers, Gesetz, S. 429–430; Hoppe, Demokratie, S. 112.

Zeiten zugeschnitten und für die derzeitige „außerordentliche Zeit" nicht adäquat; es seien vielmehr „außerordentliche Maßnahmen" und „außerordentliche Vollmachten" nötig. Daher schlug der Minister vor, „das augenblicklich bestehende System der Rechnungskontrolle dahin abzuändern, dass in jedes Ministerium besondere Beamte gesetzt werden, die dienstlich und disziplinär nur dem Finanzminister unterstellt sind". Sie sollten an Ort und Stelle die Finanzgebarung der einzelnen Ressorts überwachen und größere Ausgabeverfügungen mitzeichnen. Ein entsprechender Gesetzentwurf zur Änderung der RHO könne alsbald vorgelegt werden. Schon im Vorfeld der Behandlung dieses Vorschlags im Kabinett kam jedoch Kritik an einer solchen „Unterstellung der anderen Minister unter den Reichsfinanzminister" aus der Reichskanzlei und verschiedenen Ressorts.[232]

Der schließlich im Oktober 1923 unter Luther eingebrachte Regierungsbeschluss zur Entsendung von Finanzkommissaren in die Ministerien ging trotzdem noch weiter und sah vor, die Stellung des Reichsfinanzministers generell zu stärken sowie die Kompetenzen des Reichssparkommissars auszuweiten. Nicht nur sollte es Kommissare des Ministeriums in den Ressorts geben, sondern es sollten alle Pläne für neue Gesetze oder Organisationen ebenso wie sonstige Maßnahmen von finanzieller Bedeutung vor ihrer näheren Ausarbeitung dem Reichsfinanzminister und zugleich dem Sparkommissar, der zur Teilnahme an Regierungsberatungen befugt wurde, vorgelegt werden. Die ensprechenden Vorhaben mussten auf Intervention des Finanzministeriums eingestellt werden, wenn es mit Rücksicht auf die Finanzlage erforderlich schien. Die vorgesehenen Eingriffsmöglichkeiten umfassten zudem nicht nur den Auf- und Ausbau des Verwaltungsapparats, sondern reichten weit in gesetzgeberische Befugnisse hinein, unter Ausnutzung der durch das Ermächtigungsgesetz geschaffenen Spielräume: „Ist zur Erfüllung des Verlangens des Reichsfinanzministers die Änderung eines bestehenden Gesetzes erforderlich, so hat der zuständige Reichsminister den Entwurf einer entsprechenden Verordnung auf Grund des Ermächtigungsgesetzes oder, soweit dieses nicht Platz greift, einen entsprechenden Gesetzentwurf auszuarbeiten und der Reichsregierung zur Beschlussfassung vorzulegen." Festgelegt wurde zudem, dass der Reichsfinanzminister in kürzester Frist allen Ressorts eine Liste mit Gesetzen oder Gesetzentwürfen übersenden würde, deren Abänderung oder Aufhebung er für erforderlich erachtete. Für die Beamtenschaft wurden Maßnahmen zur Bestrafung und Haftung für Verstöße gegen Gesetze oder Verordnungen angekündigt, die „im Interesse der Finanzgesundung" standen.[233]

232 Denkschrift des Reichsfinanzministers vom 20.8.1923, BArch R43 I/876, Bl. 87–88; sowie Kabinettssitzung vom 13.9.1923, AdR, Kabinette Stresemann I/II, Bd. 1, Dok. Nr. 55.

233 Beschluss der Reichsregierung vom 12.10.1923, BArch R2/21795; Netzband/Widmaier, Währungs- und Finanzpolitik, S. 103–107. Zum Reichssparkommissar auch Kap. II.2.

Erwartungsgemäß kam Kritik an dieser Ermächtigung des Finanzressorts vor allem von den ausgabeintensiven Ministerien, das heißt vom Reichsarbeits-, Reichswehr- und Reichswirtschaftsministerium, aber auch vom sozialdemokratischen Vizekanzler Robert Schmidt. Dieser Widerspruch richtete sich aber nur gegen die Entsendung von Kommissaren des Reichsfinanzministeriums in die Ressorts, nicht gegen die Eingriffe in gesetzgeberische Vorhaben.[234] Unterstützt wurde der Vorstoß des Reichsfinanzministers hingegen vom Reichssparkommissar Saemisch, der darauf verwies, dass es infolge der Geldentwertung dauernd zu Etatüberschreitungen komme, die der Reichsfinanzminister nur dann begrenzen könne, wenn er einen ständigen Vertreter in den einzelnen Ministerien habe. Betraue man damit – wie etwa vom Reichswirtschaftsminister und vom Reichsminister für die besetzten Gebiete vorgeschlagen – die Etatreferenten der einzelnen Ministerien, müsse für diese eine disziplinarische Doppelstellung geschaffen werden. Schließlich einigte die Regierung sich auf eine vermittelnde Kann-Regelung, die den zuständigen Reichsministern mehr Eigenständigkeit ermöglichte, aber den Reichsfinanzminister prinzipiell befugte, zeitweise Beauftragte in die Ministerien zu entsenden.[235]

Auf die letztgenannte Option legte die Etatabteilung des Reichsfinanzministeriums besonderen Wert: Nicht zuletzt aus „außenpolitischen" Gründen sollten vom jeweiligen Sachressort unabhängige „besondere Beamte" mit dieser Aufgabe betraut werden, da sonst im Ausland „der Eindruck entstehen könnte, daß zwar Beschlüsse zur weitgehenden Einschränkung aller Ausgaben gefaßt sind, daß aber hinsichtlich der Durchführung alles beim alten bleibt". Es ging also neuerlich auch um Symbolpolitik. Durch die Berufung externer beziehungsweise eigens bestellter Kräfte sollten aber auch Loyalitätskonflikte gegenüber den jeweiligen Ressortchefs vermieden werden. Zudem plädierten die zuständigen Referenten im Reichsfinanzministerium dafür, die bisherigen „endlosen Verhandlungen" zu umgehen, indem jedem Ressort zunächst umgehend die verfügbare „Gesamtsumme" (also eine Art Globalbudget) auf Goldmark-Basis benannt werde. So sollten – zumal in der politisch aufgewühlten Übergangsphase bis zur endgültigen Einführung der Rentenmark ab November 1923 – Kabinettsentscheidungen über Einzelfragen vermieden werden, die „nach den bisherigen Erfahrungen" offenbar nur selten im Sinne des

234 Auszug aus dem Protokoll der Sitzung des Reichsministeriums vom 13.9.1923, auf der Schmidt argumentierte, der Verzicht auf die geplanten Finanzkommissare bei den Ressorts vermeide die Schaffung neuer Verwaltungsstrukturen. Dazu wurde im Reichsfinanzministerium handschriftlich vermerkt: „woher dieser plötzliche Drang zur Sparsamkeit?" Hierzu auch der Auszug aus dem Protokoll der Sitzung des Reichsministeriums vom 11.10.1923, beide BArch R2/21795.

235 Auszug aus dem Protokoll der Sitzung des Reichsministeriums vom 20.9.1923; sowie Auszug aus dem Protokoll der Sitzung des Reichsministeriums vom 11.10.1923; Beschluss der Reichsregierung vom 12.10.1923, alle ebd.

Reichsfinanzministeriums ausfielen.[236] Für die Referenten in der Abteilung I ging es damit um die Erweiterung der eigenen Handlungsspielräume, denn diese waren durch die Regelungen der RHO, die Kabinettsentscheidungen in Zweifelsfällen erlaubten, eingehegt und überprüfbar gemacht worden. Inhaltlich sollte zudem nicht bloß die Prüfung einzelner Ausgaben, sondern eine „Überwachung der gesamten Gesetzgebungs- und Verwaltungstätigkeit der Fachressorts" zur Vermeidung von Budgetüberschreitungen erreicht werden. Sowohl nach außen, also mit Blick auf die Reparationskommission, als auch nach innen, das heißt zur „Wahrung des Ansehens des Reichsfinanzministeriums", müsse daher eine wirkliche Veränderung gegenüber der bisherigen Praxis erkennbar werden. De facto sei dies, so argumentierte der erwähnte Wachsmann vom Ref. VI der Haushaltsabteilung wenig überraschend, nur zu erreichen, wenn man die Haushaltsreferenten des Finanzministeriums ermächtige, indem sie selbst zu Kommissaren ernannt und von sonstigen Referatsaufgaben durch zusätzliches Personal entlastet würden.[237]

Die nachfolgenden Verhandlungen zwischen den Ressorts, dem Rechnungshof und Sparkommissar Saemisch drehten sich dann allerdings eher um die Präzisierung der Rechte und Pflichten der bereits vorhandenen Haushaltsreferenten und -dezernenten. Die Beteiligten, inklusive des Leiters der Haushaltsabteilung (und späteren Reichsfinanzministers) von Schlieben, setzten dabei auf die Selbststeuerungskräfte der verschiedenen Ministerialverwaltungen. Neben der „energischen" Tatkraft der zuständigen Haushaltsreferenten sollte daher die selbstverantwortliche Einsicht der diversen Ressortchefs wirken. Die von einigen der anwesenden Referenten geforderten Befugnisse des Reichsfinanzministers bei der Ernennung und Absetzung von Referenten in den anderen Ressorts, etwa bei Meinungsverschiedenheiten mit Vorgesetzten, waren hingegen nicht konsensfähig. Den Vertretern des Reichsfinanzministeriums ging es stattdessen um eine Regelung, die schon bei den vorbereitenden Verhandlungen in den einzelnen Ministerien griff: So sollten den Haushaltsreferenten in den anderen Ressorts umfangreiche Entscheidungskompetenzen zugesprochen werden, die diese dann in enger Abstimmung mit der Etatabteilung des Reichsfinanzministeriums nach vorab vereinbarten Grundsätzen nutzen konnten. Nicht durchsetzbar war die Absicht, die zuständigen Beamten in den anderen Ministerien direkt dem Reichsfinanzminister zu unterstellen. Aus dem Entwurf des Finanzressorts zu den Rechten und Pflichten der Haushaltsreferenten musste

236 Vermerk von Manteuffel über die Durchführung des Kabinettsbeschlusses vom 12.10.1923, [18.10.1923]; Stellungnahme Greiner zum Beschluss der Reichsregierung vom 12.10.1923, 15.10.1923; Vermerk Dr. Wachsmann an das Generalreferat der Abt. I, 15.10.1923; Handschriftlicher Vermerk Dr. Jacobs, 15.10.1923, alle ebd. Zum Erfolg dieser Strategie vgl. Netzband/Widmaier, Währungs- und Finanzpolitik, S. 107.

237 Vermerk des Referenten Dr. Wachsmann (Ref. I.VI) an das Generalreferat der Abt. I, 15.10.1923, BArch R2/21795.

daher die Passage gestrichen werden, die diese als „Beauftragte“ des Finanzministeriums bezeichnete.[238]

In der so festgelegten Fassung wurden die Grundsätze dann am 7. November 1923 vom Kabinett angenommen, zusammen mit der Ausgabe von Rentenmarkscheinen und der Einstellung der Diskontierung von Schatzanweisungen des Reichs, also dem Beginn der Währungsreform. Die strukturelle Ermächtigung des Reichsfinanzministeriums verband sich also mit finanzpolitischen Maßnahmen der Krisenbewältigung. Der ordentliche Haushalt für das Rechnungsjahr 1923, der eigentlich bis zum 31. März 1924 laufen sollte, wurde außer Kraft gesetzt und durch einen „Wirtschaftsplan“ für die Zeit ab dem 15. November 1923 ersetzt, der die Balancierung des Etats durch Ausgabensenkungen (insbesondere in der Beamtenbesoldung) und Steuererhöhungen erreichen sollte. Zu diesem Zeitpunkt wurden nur mehr 0,4 Prozent der Ausgaben des Reiches durch ordentliche Einnahmen gedeckt, während 99,6 Prozent durch Schulden, praktisch mit Papiergeld, aufgebracht wurden. Die schwebende Schuld des Reiches belief sich auf 191,6 Trillionen Mark.[239]

Während der Regierungsbeschluss vom 12. Oktober 1923 die grundsätzliche Stellung des Reichsfinanzministers in der Reichsregierung gestärkt hatte, griffen die im November 1923 angenommenen Grundsätze nun direkt in die Verwaltungspraxis der Ressorts ein. Diese Entwicklungen müssen im Kontext der politischen Entwicklungen des Jahres 1923, insbesondere der im November ausgebrochenen Regierungskrise gesehen werden. Letzere wurde durch den Bruch der Großen Koalition am 2. November 1923 und das Ausscheiden der Sozialdemokraten aus dem Kabinett markiert. Nach dem Rückzug des Reichskanzlers Stresemann erfolgte die Neubildung der Regierung unter dem Zentrumspolitiker Wilhelm Marx. Damit erlosch, wie erwähnt, die Ermächtigung, die der Reichstag der früheren Regierung mit dem Ermächtigungsgesetz vom 13. Oktober 1923 – trotz bestehender Mehrheitsbasis im Reichstag – erteilt hatte, und es entstand ein Interimszustand, in dem der Reichsführung die Handlungsfähigkeit zunehmend abgesprochen wurde.[240]

Die Gefahr einer „autoritären Umwälzung“ nahm in diesem Zuge zu, denn die Macht der Reichsregierung schien angesichts der politischen Polarisierung und der Verwerfungen der Hyperinflation nicht mehr ausreichend gesichert.

238 Niederschrift über das Ergebnis der Besprechung vom 24.10.1923 betreffend Grundsätze über die Rechte und Pflichten der Haushaltsreferenten und Haushaltsdezernenten innerhalb der Reichsverwaltung, S. 3 und 7; sowie den Entwurf für die Grundsätze über die Rechte und Pflichten der Haushaltsreferenten und Haushaltsdezernenten innerhalb der Reichsverwaltung, o. D., mit entsprechenden Anstreichungen, beide BArch R2/21795.

239 Netzband/Widmaier, Währungs- und Finanzpolitik, S. 106–113; Bachmann, Reichskasse, S. 64–65.

240 Netzband/Widmaier, Währungs- und Finanzpolitik, S. 42–43 und 107; Hoppe, Demokratie, S. 127.

Der rapide Währungsverfall zog für viele Zeitgenossen eine „fundamentale Entwertung von sozialer und politischer Ordnung und Autorität" nach sich. Zudem hatten sich im Verlauf des Jahres 1923 zwei Dynamiken verschränkt und verselbständigt: Die vom Minderheitenkabinett Cuno beförderte Mobilisierung des Widerstands gegen Frankreich und den Versailler Vertrag konnte für republikkritische Kräfte zugleich die Möglichkeit des aktiven Widerstands gegen die innenpolitische Ordnung bedeuten. Stimmen, die nach diktatorischen Maßnahmen und einer rücksichtslosen Wiederherstellung staatlicher Autorität riefen, wurden auf verschiedenen Seiten immer lauter und schärfer. Es sei „alles legal, was den Notstand des Staates behebt", so das Argument.[241] Dies setzte auch die neue Regierung Stresemann unter Handlungsdruck. Schon im September 1923 hatte Reichspräsident Ebert angesichts des Anwachsens rechter Bewegungen und der Agitation der Nationalsozialistischen Deutschen Arbeiterpartei (NSDAP) in Bayern per Verordnung den reichsweiten Ausnahmezustand verhängt und die Exekutivgewalt an den Reichswehrminister Otto Geßler übertragen; zu diesem Zeitpunkt lagen Pläne zur Änderung der Verfassung nach § 48 und zur Schaffung einer Form der Diktatur in diversen Schubladen. In vielen dieser Pläne erschienen vermeintlich unpolitische Fachmänner und Technokraten der Macht aus Wirtschaft, Militär und Bürokratie als die eigentlichen Retter des Staatswesens.[242]

Am 8. November 1923 übertrug Ebert die vollziehende Gewalt zur Sicherung des Reiches gegen innere Unruhen dann direkt an das Militär in Gestalt von General Hans von Seeckt, den Chef der Heeresleitung der Reichswehr, der diese Stellung bis Ende Februar 1924 behielt. Erst zu diesem Zeitpunkt schien – so Seeckt – „die unter dem Ausnahmezustand eingeleitete Sanierung unseres Staats- und Wirtschaftslebens auch ohne ihn" durchführbar.[243] Unter Ausnahmebedingungen erfolgte im Spätherbst 1923 also auch die Haushaltsplanung für das kommende Jahr. Der kommissarische Reichsfinanzminister Luther veröffentlichte am 30. November 1923 einen offenen Brief, in dem er die sofortige Sanierung der Finanzen forderte. Als Reaktion darauf wurde auch in der Presse eine „aktionsfähige Regierung" herbeigesehnt, die den durch die politischen Konflikte und die Finanznot bedingten „staatlichen Verfall" aufhalten müsse.[244] Das noch am gleichen Tag gebildete Kabinett Marx begann seine Regierungszeit entsprechend mit der Forderung nach einem zweiten Ermächtigungsgesetz,

[241] Mommsen, Aufstieg, S. 216; Geyer, Welt, S. 321, 332 und 346 (mit Bezug auf ein rückblickendes Zitat des bayerischen Generalstaatskommissars Gustav von Kahr).

[242] Kabinettssitzung vom 27.9.1923, AdR, Kabinette Stresemann I/II, Bd. 1, Dok. Nr. 83; ebd., Bd. 2, Anhang Nr. 2; Geyer, Welt, S. 346–348.

[243] Ministerbesprechung vom 12.2.1924 (Mitteilung von Seeckts zum Ausnahmezustand), AdR, Kabinette Marx I/II, Bd. 1, Dok. Nr. 99.

[244] Brief abgedr. in: Beusch-Briefs-Fischer, Währungszerfall, Anlage 28, S. 181; hierzu auch Luther, Politiker, S. 208–212.

das ihm der Reichstag auch bewilligte. Mit dem Gesetz vom 8. Dezember 1923 wurde die Regierung nach kontroverser Debatte ermächtigt, erforderliche und dringliche Maßnahmen im Hinblick auf die „Not von Volk und Reich" zu erlassen. Ein Zustimmungsrecht des Reichstags war dabei nicht mehr vorgesehen, auch das parlamentarische Aufhebungsverlangen eingeschränkt. Die 68 Verordnungen, die auf dieser Grundlage ergingen, betrafen die unterschiedlichsten Gebiete der Wirtschafts-, Sozial- und Finanzpolitik. Neben die parlamentarisch abgesicherten Notverordnungen der Regierung auf Basis der Ermächtigungsgesetze traten aber zunehmend solche, die nach Artikel 48 WRV ergingen und damit tatsächliche „Diktaturverordnungen" darstellten. Die drei Steuernotverordnungen vom 7. und vom 19. Dezember 1923 sowie vom 14. Februar 1924 sollten gemeinsam mit einem Anstoßkredit der Rentenbank die Einnahmen erhöhen, während parallel auf die Kürzung von Ausgaben hingearbeitet wurde. Anträge auf Aufhebung einzelner dieser verschiedenen Notverordnungen scheiterten dann an der erwähnten Reichstagsauflösung im März 1924 beziehungsweise wurden auf diese Weise erledigt. Danach fand das Instrument der Ermächtigungsgesetzgebung in der Republik zunächst sein Ende, Bemühungen um eine Verlängerung konnten sich im Parlament nicht mehr durchsetzen. Die Notverordnungen gemäß Artikel 48 aber blieben und wurden als Maßnahme der Krisenbewältigung in gewisser Weise normalisiert.[245]

Die finanzielle und politische Krise der Republik Ende 1923 ging so mit einer Transformation der Staatstechniken einher. Daraus resultierte nicht nur die zeitweilige Ausschaltung parlamentarischer Entscheidungsverfahren, sondern auch die notstandsbedingte Ermächtigung Einzelner innerhalb der Exekutive. Auf der Basis des Kabinettsbeschlusses vom 7. November wurden im Dezember 1923 daher Beamte des Sparkommissars zu Kommissaren des Reichsfinanzministeriums für das Auswärtige Amt und für die Reichsministerien des Inneren, der Justiz sowie für Wiederaufbau ernannt. Für das Reichswehrministerium wurden vier Referenten des Reichsfinanzministeriums zu Kommissaren bestellt. Aus dem Reichswirtschafts-, Reichsverkehrs- und Reichsarbeitsministerium sowie dem Reichsministerium für Ernährung berichteten die dortigen Haushaltsreferenten dem Finanzministerium und nahmen dessen Weisungen hinsichtlich der Einnahme- und Ausgabeverwaltung entgegen. Dort, wo zunächst keine Kommissare bestellt wurden und die Ressorts eigenständig berichteten – etwa bei der Reichsbahnverwaltung – konnte das Finanzressort mit der „Drohung der Kommissarsernennung" agieren und so Kooperation einfordern.[246] Zusätzlich präzisierte das Reichsfinanz-

245 Gusy, Ermächtigungsgesetzgebung, S. 264–267; Netzband/Widmaier, Währungs- und Finanzpolitik, S. 44–46; Hoppe, Demokratie, S. 131.

246 Verfügung des Reichsfinanzministers an alle Haushaltsreferenten, 13.12.1923; Vermerk an den Leiter der Abt. I betr. Entsendung von Beauftragten des Reichsfinanzministeri-

ministerium in einem Referentenentwurf noch einmal die Kompetenzen der Kommissare. Die ursprünglich vorgesehene schriftliche Berichterstattung zum Ersten jeden Monats zur allgemeinen „Wirtschaftlichkeit“ wurde durch eine initiative Kontaktaufnahme ersetzt, die dann erfolgen sollte, wenn „Verstösse“ gegen Haushaltsvorschriften beobachtet oder im jeweiligen Ressort „Ersparnismassnahmen“ erfolgreich durchgeführt wurden, „die auch für andere Ressorts von Bedeutung sein“ könnten.[247]

Dennoch kam es in den folgenden Jahren zu Reibungen zwischen dem Reichsfinanzministerium und den anderen Ressorts wegen der Kompetenzen der beauftragten Beamten. Diese Konflikte drehten sich auch um die Konkurrenz von „sachlichen“ und „finanziellen“ Kriterien in der Verteilung vorhandener Ressourcen.[248] Schließlich verwies das Reichsarbeitsministerium im Februar 1925 darauf, dass die „ausserordentlichen Verhältnisse“ im Herbst 1923 zwar solche „ausserordentlichen Massnahmen“ legitimiert hätten, dass diese Situation aber nicht mehr bestehe. Die Beschränkung der verfassungsmäßigen Selbstständigkeit der Ressorts, die durch die kommissarische Kontrolle des Finanzressorts und das damit verbundene „Vetorecht“ einzelner Beamter eingeschränkt werde, müsse daher aufgehoben werden. Damit stieß das Arbeitsressort bei den anderen Ministerien allerdings nicht auf mehrheitliche Zustimmung, sodass der Reichsfinanzminister Peter Reinhold (DDP) im März 1926, mitten in den zu diesem Zeitpunkt laufenden Verhandlungen um Stellenanforderungen für den neuen Reichshaushalt, bescheiden konnte, eine Rücknahme der Bestimmungen sei „verfrüht“ und die Bedeutung der 1923 eingeführten Kontrollpraxis angesichts der weiterhin prekären Lage unverändert hoch.[249] Einzelne Ressorts reagierten darauf allerdings mit informellen Gegenbewegungen, insbesondere mit der Kontaktaufnahme zu Reichstagsmit-

ums in die übrigen Reichsressorts, 15.10.1923, beide BArch R2/21795; Verfügung des Reichsinnenministers an die Herren Vorstände der angegliederten und nachgeordneten Dienststellen, 18.12.1923, BArch R2/12357.

247 Referentenentwurf für die „Richtlinien für die auf Grund des Beschlusses der Reichsregierung vom 12.10.1923 gemäss Ziffer VI und VII bei den einzelnen Ressorts bestellten Kommissare“, 29.2.1924; endgültige Fassung vom 25.3.1924, BArch R2/52781; Verfügung vom 23.2.1924 betr. Unterrichtung der Kommissare des Reichsfinanzministeriums bei den Ressorts, in: Nachrichten des Reichsfinanzministeriums, 1.3.1924, BArch R2/31795.

248 Korrespondenz zwischen dem Reichsfinanzministerium und dem Reichsarbeitsministerium, April 1924 bis Juni 1925, BArch R2/21795.

249 Schreiben des Reichsarbeitsministers an den Reichsfinanzminister am 3.2.1925 und am 19.12.1925; Schreiben des Reichsfinanzministers an die obersten Reichsbehörden, den Vorl. Reichswirtschaftsrat, den Reichssparkommissar und die Reichsschuldenverwaltung, 14.12.1925; Reichsverkehrsminister an den Reichsfinanzminister betr. Überwachung der Durchführung des Reichshaushalts, 9.1.1926; Reichsfinanzminister an den Reichsarbeitsminister, 20.3.1926, alle BArch R2/21795; vgl. auch den Überlieferungskontext in BArch R43 I/877, Bl. 250–259.

gliedern, um ihre finanziellen Forderungen stattdessen auf parlamentarischem Wege in die Reichshaushaltsplanungen einzuspeisen.[250]

Mit den Haushaltsreferenten und -kommissaren stand also nicht nur die Organisation der präventiven Finanzkontrolle zur Debatte. Damit verknüpft war die Frage, ob und wie sich durch die Implementierung personeller Schnittstellen zwischen den Ressorts eine „Ethik des Etats" schaffen ließ, die autoritär angelegt, aber zugleich dezentral wirksam war – also eine Frage der Staatstechnik. Im Verbund mit den Regelungen der RHO konnten damit einerseits eine eng geführte fiskalische Strategie und ein geschlossener Apparat unter Führung des Finanzministeriums gemeint sein.[251] Andererseits bot die in § 26 festgelegte Richtlinie der Sparsamkeit und Wirtschaftlichkeit den Beamten Spielräume für eine Haushaltsführung, die nicht allein von der „gesetzlichen Ermächtigung" ausging.[252] Erst dann, so argumentierte der erwähnte Vertreter des Arbeitsressorts, Erwin Ritter, bekäme der Haushaltsplan den Charakter eines „Finanzplans", der nur allgemeine, von der Volksvertretung befürwortete Richtlinien aufstelle, auf deren Grundlage die Verwaltung zu wirtschaften aufgerufen war. Dies bedeutete für Ritter, dass der Reichstag nicht mehr primär auf formale Einhaltung des Budgets, sondern auf ein „wirtschaftliches Sparen" der Exekutive bedacht sein sollte. Zugleich sollten auch die Beamten zu „wirtschaftlichem Denken" erzogen werden, etwa in der kaufmännischen Buchführung für Reichsbetriebe. Sachlichkeit statt Formalismus war seine Devise; diese verband sich mit etwas blumigeren Ideen hinsichtlich der individuellen Disposition der beteiligten Akteure: „Wer als Politiker oder als Verwaltungsbeamter nachhaltige Erfolge erzielen will", so Ritter, „muß sich daran gewöhnen, sich in die Psyche dessen einzufühlen, der ihm gegenübertritt. Er muß versuchen, auch von dessen Standpunkt aus seine Pläne zu prüfen und zu würdigen; er wird sie dann vielleicht anders gestalten."[253]

Verwaltungsrationalität erschien so als flexible Haltung und als Resultat des Widerstreits unterschiedlicher Handlungsangebote in Momenten krisenhafter Herausforderungen. Insofern scheint es fraglich, ob für die Phase nach dem

250 Reichsfinanzminister an den Staatssekretär in der Reichskanzlei und sämtl. Reichsressorts, 2.6.1925; sowie die Bestimmungen des Kabinettsbeschlusses vom 8.6.1925, beide BArch R2/21795. Hierzu Witt, Kontinuität; Möllers, Gesetz, S. 440–442.

251 Zitat aus der Debatte um die Reichshaushaltsordnung bei Neumark, Fortbildung, S. 419; Netzband/Widmaier, Währungs- und Finanzpolitik, S. 103–107, Zitat S. 107.

252 Auch der Zustimmungsvorbehalt zu außerplanmäßigen Ausgaben gemäß § 33 RHO ließ sich durchaus als Befugnis denken, die Ressorts in einem rechtlich legitimierten Rahmen „von den Schranken zu dispensieren, die der Haushaltsplan ihren Ausgaben auferlegt", hierzu Mußgnug, Haushaltsplan, S. 192; ders., Dispens.

253 Ritter, Verwaltung, S. 11. Eine kritische, in der Sache aber zustimmende Besprechung der Schrift Ritters durch einen Beamten des Reichsfinanzministeriums findet sich bei Wachsmann, Verwaltungsreform, S. 402–405.

Ersten Weltkrieg tatsächlich Selbstbeschreibungen der Akteure, „die auf einen rational zu denkenden Staat und eine rational konstruierte, geführte und tätige Verwaltung" abzielten, überwogen.[254] In jedem Fall zeigen sich in der Planung und Ordnung des Reichshaushaltswesens in den Jahren 1919 bis 1923 diverse Handlungslogiken. Informelle oder ausnahmebasierte Verfahrensweisen wurden von verschiedenen Seiten einkalkuliert und so in gewissem Maße normalisiert. Die Machtpolitik des Finanzressorts war in diesem Gefüge vor allem darauf ausgerichtet, nicht nur jene Ordnung zu wahren, die in der RHO kodifiziert war, sondern sich als Organisation zwischen Staat und Wirtschaft zu verorten, Netzwerke zu pflegen und die eigenen Informations- und Mitwirkungsmöglichkeiten inhaltlich wie räumlich zu erweitern. Die Berufung auf außergewöhnliche Herausforderungen und notwendige Ermächtigungen spielte dabei immer wieder eine hervorgehobene Rolle.

[254] Ellwein, Staat, S. 17.

Zwischenfazit

In den Jahren zwischen 1919 und 1923 waren das Ministerium und die ihm unterstellte Reichsfinanzverwaltung von den Nachwirkungen des Kriegszustands geprägt. Die Gründung des Ressorts war zwar eng mit den Verfassungsverhandlungen und den Ideen einer unitarischen Reichsreform verflochten, erfolgte aber auf der Basis einer Übergangsgesetzgebung und daher eher tastend. Routinen der Reichshaushaltsplanung wie auch der Steuererhebung mussten unter demokratischen Gegebenheiten erst neu entwickelt werden. Diese Herausforderung prägte auch die innere Gestalt des Ressorts, denn die notwendige Beamtenschaft wurde aus verschiedenen anderen Verwaltungen rekrutiert und kurzfristig in Sonderlehrgängen ausgebildet. So entstand ein ambivalentes Konglomerat unterschiedlicher Erfahrungen, in dem einerseits die Kontinuität zum Reichsschatzamt betont und andererseits der Neuanfang als parlamentarisch verantwortliches Ministerium seit 1919 umgesetzt wurde.

Neben dem Anspruch, einheitliche Prinzipien der Finanzverwaltung auf nationaler Ebene durchzusetzen, prägte die Rolle als Scharnierorganisation zum internationalen Gläubigerpublikum die Praktiken des Ressorts. Dies galt in besonderem Maße für das Feld der Reichshaushaltsplanungen, in dem der Blick über die Grenze der deutschen beziehungsweise preußischen Tradition erkennbar wurde, aber auch Rechtsauffassungen des 19. Jahrhunderts nachwirkten. Durchsetzen konnte das Reichsfinanzministerium eigene Ordnungsvorstellungen vor allem dort, wo vorläufige Regelungen und pragmatische Lösungen normativ verstetigt wurden. Dies galt insbesondere für die Reichshaushaltsordnung, die 1922 aus der Übergangswirtschaft entstand und doch erstmals ein weitreichendes Vetorecht des Reichsfinanzministers festlegte, das bis heute fortbesteht. Ähnliches ist für nachfolgende Regelungen zur Publizität und Transparenz des Reichshaushalts oder zum Umgang mit außer- und überplanmäßigen Ausgaben zu konstatieren; eine große Zahl solcher Regelungen ergab sich aus der vorherigen Gepflogenheit oder aus den unmittelbaren Erwartungen, welche die Reparationsgläubiger an den krisengeschüttelten deutschen Schuldnerstaat richteten. Dies betraf auch inneradministrative Regelungen wie die Einsetzung von Haushaltskommissaren und Vereinfachungsbeauftragten.

Diese, in der Sprache der Zeit, diktatorischen Ermächtigungen zur Bewältigung akuter Herausforderungen gingen damit in die Prinzipien demokratischer Haushaltsführung ein, wie überhaupt das Begriffsfeld von Diktatur und Demokratie seit dem Ersten Weltkrieg von ambivalenten Mischungen geprägt war. Dass innerhalb einer parlamentarischen Ordnung einzelne Persönlichkeiten ermächtigt werden sollten, war eine Auffassung, die gerade im Bereich der Finanzpolitik nicht nur von Republikfeinden vertreten wurde. Allerdings war

https://doi.org/10.1515/9783110712261-005

umstritten, wie sehr die Ermächtigung – etwa eines „Finanzdiktators" – an den Grundfesten der Verfassung rühren durfte. Dieser Konflikt stand auch im Kern der komplizierten und langwierigen Rechtsdebatte um die Frage, ob der Reichshaushalt durch eine Notverordnung verabschiedet werden durfte. Deutlich wird in diesem ersten Zeitschnitt, dass Praktiken der Kriegswirtschaft und das Management von Notständen in der Nachkriegszeit fortbestanden und die verfassungsmäßige Finanzordnung auf der administrativen Ebene konkretisiert, zum Teil aber auch unterlaufen wurde. Die vorläufige Gesetzgebung und die Aufstellung von „Notetats" wurde so im Bereich der Reichshaushaltsordnung zur Regel. Als Reaktion auf diese unvorhergesehene Komplexität des Regierens in der parlamentarischen Demokratie entstanden früh Forderungen nach einer „Vereinfachung" dieser Konfliktlagen, die zur Einrichtung zusätzlicher Überwachungsorgane wie dem Reichssparkommissariat oder den Haushaltsreferenten führten. Diese autoritären Umbauten des Regierungsapparats trugen dazu bei, die Inflationskrise des Jahres 1923 zu beenden, griffen aber auch verbreitete Erwartungen und nachwirkende Kriegserfahrungen auf, aufgrund derer oft selbst dort außerordentliche Ermächtigungen erteilt wurden, wo normale Routinen der Verwaltung und der Gesetzgebung durchaus funktionierten. Für das Reichsfinanzministerium brachte dieser verbreitete Wunsch nach Vereinfachung des Regierens, im Unterschied zu späteren Jahren, keine Anfechtung der eigenen Organisation, sondern die Ausdehnung eigener Befugnisse.

Dass die diversen Semantiken des Ausnahmezustands zugleich ein Terrain der konfliktträchtigen Konfrontation unterschiedlicher Ressortinteressen sein konnten, zeigte sich jedoch ebenfalls. Das Reichsfinanzministerium nahm hier, wie so oft, eine taktische Position ein. In der Diskussion um die Frage, ob eher „Sparsamkeit" oder „Wirtschaftlichkeit" den zentralen Maßstab staatlichen Handelns bilden sollten, wurden solche Konfliktlinien programmatisch aufgeladen. Die vom Finanzressort angestrebte Ethik des Etats konnte beides meinen, neigte aber eher zur Seite der autoritär verfügten Einsparung und weniger zur Seite der individuellen Entscheidungsbefugnisse. Verbunden war damit gleichwohl auch in diesem Ministerium die Hoffnung, die per Verfassung festgeschriebene zentrale und ordentliche Macht durch dezentrale und außerordentliche Strukturen des Regierens innerhalb des staatlichen Gefüges zu ergänzen und dadurch auszudehnen.

II. Normaler Geschäftsbetrieb?

II.1 Aneignungen des Staates: Selbstbilder, Konfliktzonen, Ausbildungswege

Im Juni 1926 hielt jener Enno Becker, der knapp acht Jahre zuvor, in der umkämpften Gründungsphase der Weimarer Republik, die Reichsabgabenordnung entworfen hatte, eine Rede auf der Tagung des Reichsverbands der akademischen Finanzbeamten in Dresden. Darin erinnerte er an die Situation der Reichsfinanzverwaltung im Jahr 1919: „Wahrlich dunkel und finster sah es damals aus", so Becker mit Blick auf die ökonomische und politische Situation nach dem Krieg, in der „das Vertrauen in die Lauterkeit des deutschen Beamtentums" erschüttert gewesen sei. Doch habe man die „Kinderkrankheiten" des Anfangs unterdessen überwunden. Der Reichsfinanzverwaltung komme nun die Verantwortung für die *salus publica*, für die „Wohlfahrt des ganzen Reichs" zu. Diese Verwaltung bilde damit ein Gegengewicht gegen die Vielzahl partikularer „Wünsche" und „Weisungen", die an die Beamtenschaft von außen herangetragen würden. Gerade in der „Reichseigenheit" der Verwaltung liege (aller Kritik an ihrer mangelnden Durchschlagskraft bei der Steuererhebung zum Trotz) ihre eigentliche Stärke und vor allem die Garantie ihrer Unabhängigkeit. Zur Veranschaulichung der Leistungsfähigkeit dieser Verwaltung diente ihm das Bild des bürokratischen Apparats: „Was sind wir anders", so Becker, „als Räder in einem großen Maschinenbetrieb?" Das Funktionieren dieses Apparats werde durch eine angemessene, also „wissenschaftliche, und zwar akademische" Ausbildung der Finanzbeamten ermöglicht, die es daher auszubauen gelte.[1]

In vielem entsprach Beckers Rede dem, was die Forschung als prägende Merkmale des Selbstverständnisses und der politischen Haltung „der Bürokratie" in der Weimarer Republik lange Zeit hervorgehoben hat. Dazu zählte eine „Neutralität", hinter der sich die Kontinuität monarchistischer Einstellungen ebenso verbergen konnte wie eine Ämterpatronage, die auf die Bewahrung des personellen Status quo angelegt war.[2] Auf diese Weise, so die These Rudolf Morseys, sei ab 1918 eine „Republik ohne republikanische Beamte" entstanden, in der wesentliche Teile des Staatsapparats (mit Ausnahme Preußens) trotz entsprechender beamtenpolitischer Maßnahmen nicht „demokratisiert" worden seien.[3] Die „herrschaftlich gebliebene Form des Diensts und die im allgemeinen nicht oder nur wenig veränderte Technik und Arbeitsweise" eben-

[1] Becker, Stellung, S. 250–255; zum Bild der Verwaltung als Apparat Anter, Verwaltung, S. 25–46; Stollberg-Rilinger, Staat; Smid, Recht.
[2] Fenske, Beamtentum, S. 121–122.
[3] Morsey, Beamtenpolitik, S. 111.

https://doi.org/10.1515/9783110712261-006

so wie „die grundsätzliche Beibehaltung des alten Bildungsganges", also des Juristenmonopols, belegten so eine scheinbar von Beginn an problematische Beziehung der Beamtenschaft zum parlamentarischen Staat.[4]

Staatsdenken und Wirtschaftsfragen: Sichtweisen der hohen Finanzbürokratie

Solche Interpretationen verlassen sich vielfach auf zeitgenössische Kronzeugen, insbesondere auf rechtskonservative Beobachter wie Arnold Köttgen, Carl Schmitt und Otto Koellreutter. Diese verbanden (in unterschiedlicher Radikalität) ihre Forderung nach Überparteilichkeit der Beamtenschaft mit einer antiparlamentarischen und antiliberalen Stoßrichtung.[5] Seltener, aber mit ähnlichen Schlussfolgerungen, werden die Stimmen demokratischer Zeitgenossen aufgegriffen, die eine „vom Volke getrennte Bürokratie des alten Systems" attackierten, die durch eine Rationalität der „Zwecke" zur Umsetzung parlamentarischer Entscheidungen gezwungen werden musste.[6] Auch viele Selbstzeugnisse der Beamten lassen sich entsprechend lesen: So beantwortete etwa Magnus Freiherr von Braun, Personalreferent im preußischen Innenministerium, die Frage, warum er 1919 auf seinem Posten geblieben sei, Anfang der 1950er-Jahre wie folgt: „Und wenn schon die oberen Beamten weggehen, die unteren würden bleiben, und die oberen Stellen würden mit irgendwelchen Nichtskönnern besetzt werden. Will man das Chaos und glaubt man, am Ende würde die alte Führerschicht wieder ans Ruder kommen? Ich habe dies für ausgeschlossen gehalten." Ein Plöner Landrat gab 1935 an, er habe „viel darüber nachgedacht, ob es richtig sei, unter der roten Regierung Dienst zu tun", sei aber im Amt geblieben, weil „die alten Beamten immer noch viel Unheil verhüten, für gesunde Finanzen sorgen und in der Personalpolitik für altpreußische Grundsätze sorgen konnten. Auch war eine stetige Verwaltung den Kreisen sicher viel nützlicher als das fortgesetzte Wechseln des Leiters." Und in Minden argumentierte der Regierungspräsident Rudolf von Campe bereits im Jahr 1920, dass der Sinn seines Weiterarbeitens unter einer sozialdemokratischen Regierung darin gelegen habe, in seinem Bezirk „Ruhe und Ordnung, Arbeit

4 Schulz, Demokratie, Bd. 1, S. 108.

5 Runge, Politik, S. 250–257, mit der These: „Es steht außer Frage, daß Vorstellungen, wie sie uns bei Köttgen, [Hans] Gerber oder Carl Schmitt begegnen, der Gedanken- und Interessensphäre der aus der Monarchie übernommenen höheren Beamten und ihrer Standesorganisationen weitgehend entsprachen." Zu Schmitt auch Marquardt, Polis, S. 109–125.

6 Runge, Politik, S. 36; Schulz, Demokratie, Bd. 1, S. 109; hierzu auch Grzesinski, Republik, S. 9–10; sowie die von Hans Kelsen und Adolf Merkl vertretenen Positionen zur Gesetzesbindung der Verwaltung, dazu Czerwick, Demokratisierung, S. 183–203.

und Fortschritt zu sichern, ihm das Gefühl zu geben, daß wir doch in einem Rechtsstaate leben".[7]

Weil all diese Selbstdeutungen nur selten auf demokratische Werte Bezug nahmen und die Verwaltung als einen Ort der Kontinuität beschrieben, hat die Forschung sie als Ausdruck eines „eigentümlich gespaltenen Pflichtverständnisses" interpretiert, das auf einer inneren Distanz gegenüber dem neuen politischen System beruht habe. Im Effekt habe sich die Weimarer Beamtenschaft nicht als republikanische Exekutive, sondern als Dienerschaft „des Staates" verstanden und nur auf dieser Basis ihr Verbleiben im Amt gerechtfertigt.[8] Daraus sei eine Belastung der jungen Republik entstanden. Der breite Konsens über die staatswahrende Kraft von „Fachleuten" habe zudem eine entsprechende Unentschlossenheit bei der Demokratisierung des Personals bedingt. So sei es der Bürokratie möglich geworden, unter dem Vorwand der Staatspolitik die Aushöhlung des parlamentarischen Systems voranzutreiben, durch die Anrufung des Berufsbeamtentums in diversen Kampagnen die „Verselbständigung des bürokratischen Apparats" zu erreichen und die Präsidialkabinette sowie den Übergang in die Diktatur schon früh vorzubereiten.[9]

Ein ganz ähnlich und ebenfalls nachträglich artikuliertes „Pflichtverständnis" ist jedoch für die Zeit der nationalsozialistischen Herrschaft als Taktik gedeutet worden, mit der sich die Beamtenschaft dem Regime angepasst und die Diktatur de facto stabilisiert habe. In der Weimarforschung hingegen erscheint die vermeintlich apolitische Überparteilichkeit des Beamtenapparats primär als Strategie des Widerstands und damit der gezielten Destabilisierung. Die Beamtenschaft beziehungsweise „die Bürokratie" wird so zu einem *power bloc* erklärt, der aufgrund seiner Beharrungskraft erratisch in der gesellschaftlichen Dynamik der Demokratie gestanden habe. Diese Deutung geht mit einem auffälligen Desinteresse an der tatsächlichen administrativen Praxis sowie möglichen Divergenzen innerhalb des „Beamtenkörpers" einher.[10] Wie Gerhard Schulz schon vor langer Zeit (allerdings in unkritischer Nähe zu manchen Selbstdarstellungen der Zeitgenossen) angemerkt hat, werden somit die Unterschiede zwischen einzelnen Beamtengruppen sowie die Vielfalt der möglichen Bezugspunkte zwischen bürokratischen Organisationen einerseits und demokratischem Verfassungssystem andererseits außer Acht gelassen.[11] Zugleich wird die Beziehung der Bürokratie zu ihrer Umwelt als weitgehend

[7] Zit. nach Runge, Politik, S. 103–104; weitere Beispiele bei Schenck, Einstellung, Bd. 1, S. 2–8.

[8] Runge, Politik, S. 104.

[9] Mommsen, Staat, S. 83–84, auch hier mit Bezug auf Köttgen und Schmitt.

[10] Eine der wenigen systematischen Analysen der konkreten Interaktionen der Ministerialbürokratie, die allerdings ebenfalls primär auf die diversen „Schwierigkeiten" zwischen machtpolitischen Blöcken schaut, bietet Witt, Kontinuität, bes. S. 145.

[11] Schulz, Triebkräfte, S. 78.

statisch interpretiert. Diese Sichtweise ist wiederum auch in der Verwaltungsgeschichte des nationalsozialistischen Staates zu beobachten. Die hegelianischen Überhänge solcher Deutungsmuster hat Jane Caplan herausgearbeitet und zu Recht kritisiert, dass aufgrund der mythologischen Konstruktion eines überkommenen „Staatsgefühls" Momente der Kontingenz, der Relativität und der Unmittelbarkeit administrativen Handelns allenfalls als obstruktive „Ineffizienz" oder bewusste „Korruption" einer sich hinter dem Standesdünkel der „Unparteilichkeit" versammelnden sozialen Klasse fassbar wurden.[12]

In einer solchen Konzeptualisierung von „Korpsgeist und Staatsbewußtsein" gerät aber aus dem Blick, wie sehr die Weimarer Bürokratie in sich differenziert war und in wie vielen lokalen, nationalen und internationalen Handlungszusammenhängen sie agierte. So wird etwa ausgeblendet, dass eine nicht geringe Anzahl von Beamten selbst Mitglied des Reichstags und der Organisationsgrad von Beamten in eigenen Interessenvertretungen hoch war, dass also Formen der spezifischen Aneignung und aktiven Mitgestaltung der Weimarer Gesellschaftsordnung erkennbar wurden.[13] Inwiefern man solche Aktivitäten als Formen demokratischer Partizipation von Beamten bewerten mag, hat viel mit dem jeweils zugrundeliegenden Demokratiebegriff zu tun. Wie widersprüchlich demokratisches Denken in der Zwischenkriegszeit sein konnte, haben neuere Forschungen jedenfalls hervorgehoben.[14] Die folgende Analyse des

[12] Caplan, Imaginary, S. 299–300 und 307–308; sowie dies., Bureaucracy, S. 234–256. Exemplarisch kritisiert Caplan die Arbeiten Peter-Christian Witts, hier bes. ders., Landrat, S. 205–219; differenzierter die Argumentation bei ders., Reichsfinanzminister, S. 1–2 und 21–22.

[13] So der Titel von Ruck, Korpsgeist. Im Falle des Reichsfinanzministeriums war die Mitgliedschaft im Reichstag allerdings eher eine Ausnahme: Paul Beusch, Leiter der Nachrichtenstelle des Ministeriums von 1919 bis 1923, war nach seinem Ausscheiden von 1924 bis 1925 MdR für das Zentrum, ähnlich sein ehemaliger Mitarbeiter, der Volkswirt Erwin Respondek, der 1932/33 ebenfalls für das Zentrum im Reichstag saß, vgl. BIORAB Weimar Online, http://zhsf.gesis.org/ParlamentarierPortal/biorabwr_db/biorabwr_db.php. Hierzu auch Respondek, Reichsfinanzen; Beusch, Neuordnung. Zu Respondeks späterer Rolle im Widerstand Houten Dippel, Two Against Hitler. Zur Mitgliedschaft von Beamten in Nationalversammlung und Reichstag die Aufstellung bei Schmahl, Disziplinarrecht, S. 215, der für 1924 unter den 493 Mitgliedern des Reichstags 120 Beamte zählt (III. Wahlperiode 1924) und für 1928 (IV. Wahlperiode) auf 112 Beamte unter 490 Parlamentariern kommt. Solche Zahlen waren aber auch ein strategisches Instrument in der politischen Auseinandersetzung, dazu N.N., Beamten in den Parlamenten; N.N., M.d.R., S. 127–128. Hierzu auch Caplan, Government, S. 17–18.

[14] Müller, Weltkrieg; sowie die Beiträge in ders./Tooze, Normalität. Diese Frage warf auch schon Gerhard Schulz in einer Kritik an Hans Mommsen auf: „Demokratische Institutionen", so Schulz, seien „keineswegs nur solche, die ausschließlich und vollständig von Parteien beherrscht werden; ob sie es denn überhaupt sind, hängt von den Parteien ab. Jedenfalls muß nach unseren Erfahrungen die Einsetzung unparteiischer Gutachter, Ausschüsse, Beiräte, Wissenschaftler und Richter, die unmittelbaren Parteieinflüssen enthoben sind – auch wenn dies nur in allzumal unvollkommenem Maße gelten sollte –, bei weitem

Selbstverständnisses der Beamtenschaft (wie auch, in Teilen, der Angestellten und Arbeiter) im Reichsfinanzministerium sucht daher nicht nach abstrakten Überzeugungen *der* Staatsdienerschaft, sondern nach den Beziehungen einzelner Vertreter und Gruppen der Ministerialverwaltung zum Weimarer Staat, in seiner politischen wie ökonomischen Ordnung. Unter diesem veränderten Blick stößt man auf durchaus vielfältige Haltungen der Ministerialbeamten, mit denen die staatlichen Verhältnisse sowohl hinterfragt als auch mitgestaltet werden konnten.

Bereits Ende 1918 schrieb Johannes Popitz, noch als Referendar, im *Preußischen Verwaltungsblatt* einen Beitrag, der die Beamtenschaft zu einer aktiven Haltung – auch im Sinne einer organisierten Beamtenpolitik – aufforderte: „Die Tatsache, daß manche unserer Beamtenkreise mit der Entstehung und den Zielen der jetzt herrschenden Gewalten nicht zufrieden sind, darf sie nicht veranlassen, abseits zu stehen und sich auf die Negation zu beschränken. Mit der Staatsumwälzung muß als mit einer gegebenen Tatsache gerechnet werden. Ferner muß damit gerechnet werden, daß die künftige Entwicklung mehr oder weniger dem von der jetzt bestehenden Gewalt gewiesenen Wege folgen wird. Es gilt, die m ö g l i c h e n Aussichten ins Auge zu fassen und Stellung dazu zu nehmen."[15] Sich als „Staatsdiener" zu verhalten, bedeutete also selbst für einen nationalkonservatien Nachwuchsbeamten wie Popitz am Ende des Ersten Weltkrieges dies: sich auf die neuen Gegebenheiten frühzeitig einzustellen und von der Vergangenheit weg in die Zukunft zu denken. Ob diese Haltung dann am Ende dazu diente, die parlamentarische Demokratie zu ermöglichen oder zu bekämpfen, war abhängig von den sich wandelnden politischen Konstellationen – auch dafür steht die Biografie des Beamten Popitz exemplarisch.

In Beckers Rede vor der akademischen Beamtenschaft in Dresden lässt sich insofern mehr entdecken als eine Maske der Überparteilichkeit, hinter der sich antimoderne Beharrung verbarg. „Spannkraft" sowie „Freiheit und Unabhängigkeit des Geistes" seien unabdingbar, so Becker, ebenso wie die Fähigkeit der verantwortlichen Beamten (hier erinnerte seine Position an die des erwähnten Erwin Ritter), sich „stets in die Seele derer, die von ihren Verfügungen betroffen werden, hinein[zu]versetzen". Bürokratisches Handeln sei zwar eine Form der Verwaltung „der Angelegenheiten des Staates", aber zugleich ein Ringen um das „Vertrauen der Pflichtigen", also des steuerzahlenden Staatsbürgers, und zwar nicht allein durch die allgegenwärtige Ratio der „Vereinfachung", sondern durch „Gerechtigkeit". Diese aber lasse sich nur „in langsamer und mühevoller Arbeit ungeachtet aller Voreingenommenheiten und Widerstände" erwirken, „und dazu ist Vorbedingung, daß sich in der Verwaltung selber die Achtung vor

noch nicht zur Einschränkung oder Untergrabung der Demokratie führen" (Schulz, Triebkräfte, S. 78, dort Anm. 10; dazu auch Rebentisch, Verfassungswandel, S. 127).

15 [Popitz], Staatsumwälzung, S. 250.

den Rechten und Belangen der einzelnen und die Erkenntnis, daß der Schutz dieser Rechte ganz wesentlich zu den Aufgaben der Finanzbeamten gehört, wie etwas Selbstverständliches allgemein durchsetzt".[16] Auch Popitz betonte mit Blick auf die Beziehung der Reichsfinanzverwaltung zu anderen Akteuren, insbesondere den Steuerzahlern, die Notwendigkeit von „Vertrauen",[17] ebenso wie Hans Nawiasky, dessen Studie *Die Stellung des Berufsbeamtentums im parlamentarischen Staat* von 1926 für die Bibliothek des Reichsfinanzministeriums angeschafft wurde: „Alles kommt darauf an", so Nawiasky, „daß in der Gesamtbevölkerung das unbedingte Vertrauen, der Glaube an die Bedeutung des Beamtentums als berufenen Sachwalters des Gemeininteresses gegenüber den auseinandergehenden Parteibestrebungen lebendig ist. [...] Das Wesentliche ist deshalb etwas gewissermaßen negatives, die unbedingte, restlose Überparteilichkeit, auf die von allen Seiten ausnahmslos muß gerechnet werden können und die demgemäß auch tatsächlich erwartet wird."[18]

Keine dieser Kategorien war widerspruchsfrei; sie ließen sich demokratisch ebenso wie antidemokratisch wenden. Gleichwohl waren es Kategorien, welche die Suche nach Orientierung in einer unsicheren gesellschaftlichen Situation zum Ausdruck brachten. Sie ergänzten die Beziehungen, in denen das Reichsfinanzministerium und die Reichsfinanzverwaltung agierten, um eine Ebene jenseits des Rechts. Und, mit Niklas Luhmann gesprochen: Dass das Vertrauen der Bevölkerung von Becker wie von Popitz als Gut beschrieben wurde, das durch administrative Anstrengungen erst noch zu erringen war, spricht für das Bemühen eines Teils der Ministerialbeamtenschaft, sich in die Weimarer Demokratie selbst zu integrieren. Zugleich war darin aber ein taktisches Moment erkennbar. „Wer sich Vertrauen erwerben will", so formuliert es Luhmann, „muß am sozialen Leben teilnehmen und in der Lage sein, fremde Erwartungen in die eigene Selbstdarstellung einzubauen". Dies meint jedoch auch ein „formendes Eingehen" auf diese Erwartungen.[19] Insofern lässt sich die „überparteiliche" Selbstinszenierung der Beamtenschaft auch als eine mögliche Strategie des Erwartungsmanagements deuten.

Die Tatsache, dass „Sachlichkeit" als Argument ab 1930 das Regieren der Präsidialkabinette mittels Notverordnungen beförderte und legitimierte, hat jedoch dazu beigetragen, diese Haltung per se als eine antidemokratische Position zu interpretieren. Immerhin forderte auch die völkische Jugend seit den 1920er-

[16] Becker, Stellung, S. 254–257.

[17] Johannes Popitz im Vorwort zu Boenicke, Organisation, Sp. 704.

[18] Nawiasky, Stellung, S. 12; hierzu Zuwachs der Bücherei im Mai 1926, in: Nachrichten des Reichsfinanzministeriums, Nr. 32, 7.6.1926, BArch R2/50004, Bl. 81; auch Herbert Dorn verknüpfte Sachlichkeit und Vertrauensbildung, vor allem mit Blick auf die Außenpolitik, vgl. Dorn, Wirtschaft, S. 138.

[19] Luhmann, Vertrauen, S. 67–69; für ähnliche Überlegungen zur vertrauensstiftenden Rolle der Administration in der britischen Haushaltspolitik Wildavsky, Politics, S. 74–84.

Jahren eine auf „die Sache“ bezogene Haltung, bei der allerdings ein radikalerer Stil der Kälte und Entschlossenheit mitschwang; Überparteilichkeit war dort nicht gemeint. Der Glaube an die Effizienz einer sachlichen, im Sinne von unparteiischen Führung in Krisensituationen war aber sowohl in konservativen als auch in liberalen Kreisen verbreitet.[20] Dieser Glaube verband sich mit der Erwartung, durch ein betont neutrales Beamtentum werde staatliche Leistungsfähigkeit garantiert. Nicht nur von republikfeindlicher Seite wurde daher die in Artikel 130 Abs. 1 der Weimarer Reichsverfassung festgeschriebene Formulierung, der Beamte sei Diener der Gesamtheit und nicht einer Partei, aufgegriffen. Auch demokratische Stimmen forderten die (partei-)politische Zurückhaltung der Beamtenschaft, sie verbanden diese Forderung aber nicht mit einer Absage an den Parlamentarismus und sahen in der Bürokratie auch nicht eine dem „Parteiwohl“ prinzipiell übergeordnete Institution des „Staatswohls“, die unabhängig vom Volk agieren sollte.[21]

So konnte es zu Überschneidungen zwischen vermeintlich konträren Positionen kommen; „der Staat“ blieb hier wie dort der zentrale Bezugspunkt, von dem aus die erforderliche Gesinnung der Beamtenschaft bestimmt wurde. Sowohl für konservative Verfechter der Staatsidee als „objektivem“ Wesen als auch für demokratische Staatsrechtler, die eine Autonomie der „juristischen Staatsperson“ vertraten, sollte der Beamte nicht dem Staat in seiner konkreten Erscheinungsform (und, so lässt sich hinzufügen, politischen Umstrittenheit) dienen, sondern einem „Staatswesen an sich“. In dieser Weise ist beispielsweise die Position Gerhard Anschütz‘ zu verstehen, der 1923 schrieb: „Staatsgewalt ist Volkswille“ und damit den Staat in die Definition des demokratischen Prinzips aufnahm. Für Anschütz war die Staatsbejahung elementarer Bestandteil eines „Ethos der Demokratie“. Ähnliches galt für Richard Thoma, der die parlamentarische Demokratie ebenfalls in den Dienst des Staates als solchen stellte. Die staatliche „Leistungsfähigkeit“ im Ausgleich zwischen gesellschaftlichen Interessen wurde dabei zum zentralen Legitimitätsanker.[22]

In den staatsrechtlichen Diskursen, die in Form von Gutachten auch Bestandteil der Entscheidungsfindung in der Ministerialbürokratie wurden, war daher die vermeintlich unpolitische Staatsorientierung der Beamtenschaft durchaus konsensfähig. Als politisches Konzept war sie, wie auch der Begriff des Politischen, aber zugleich höchst uneindeutig. Grundsätzlich erschien der Beamtenschaft oft unklar, was im Sinne „des Staates“ und damit möglicherweise systemkonform war; die „Staatsdiener“ konnten sich zudem auch als

20 Groh, Staatsrechtslehrer, S. 393; Herbert, Best, bes. S. 55–56; Middendorf, Fundamente.

21 Groh, Republikaner, S. 197–214, bes. S. 198–200 und 214; Witt, Konservatismus; Schulz, Einleitung, S. XX.

22 Groh, Staatsrechtslehrer, S. 3, 68, 72 und 205–206; Anschütz, Leitgedanken, S. 30–32; Thoma, Begriff, S. 39–64.

„Volksdiener" verstehen.[23] Überparteilichkeit und Demokratie schlossen sich nicht prinzipiell aus. Die von der Ministerialbürokratie in den 1920er-Jahren behauptete Neutralität ließe sich mit Pierre Rosanvallon daher als eine spezifische Form des Handelns in Situationen sozialer Ungewissheit definieren. Weil wesentliche demokratische Institutionen der Weimarer Republik nicht von der Mehrheit „akzeptiert" waren, konnte eine solche Unparteilichkeit dazu beitragen, prozessuale Handlungsbedingungen zu bestimmen, die für alle „akzeptabel" und dann in diesem verfahrenstechnischen Sinne gerecht waren. Sie konnte aber auch, und dies geschah seit 1930 in zunehmendem Maße, zu einer Haltung gerinnen, welche „die Sorge um ausgleichende Gerechtigkeit auf Abstraktion" reduzierte – in der Diktion der Zeit: auf „Staatspolitik", die inhaltlich nicht mehr zu diskutieren, sondern nur zu akklamieren war.[24]

Blickt man auf die höheren Beamten im Reichsfinanzministerium, so zeigt sich aber, dass hinter solchen Abstraktionen sehr unterschiedliche Perspektiven und bürokratische Selbstverständnisse lagen. Daher sollen exemplarisch drei biografische Fallbeispiele aus den 1920er-Jahren näher betrachtet werden: der nationalkonservative Staatssekretär Johannes Popitz, der nach seinem Ausscheiden aus dem Amt an der Seite Carl Schmitts zum Kritiker der Republik und dann zum Minister des nationalsozialistischen Regimes werden sollte; der international vernetzte, reformerisch denkende Abteilungsleiter Herbert Dorn, der mit seinen Gutachten für eine gewisse Entparlamentarisierung des Budgetrechts eintrat und später in die Emigration getrieben wurde; sowie der Haushaltsreferent Kurt Wachsmann, der aus dem Maschinenraum „sparsamer" Budgetplanung gegen die vermeintlichen Auswüchse des demokratischen Sozialstaates anschrieb, die für ihn auch eine Folge der Kriegswirtschaft waren.[25]

Stabilisierung des Staatsgebäudes: Johannes Popitz (1884–1945)

Nachdem sein Vorgänger im Zuge der 1926 erfolgten Umbildung des Ministeriums aus dem Dienst entlassen worden war, stieg Johannes Popitz zum einzigen

23 Scholl, Abhängigkeit, S. 141–145; Morsey, Beamtenschaft, S. 157; Schenck, Einstellung, Bd. 1, S. 4. Zur Gutachtertätigkeit von Staatsrechtlern auch Kap. III. 1 und III. 3.

24 Rosanvallon, Legitimität, S. 132 und 135.

25 Nicht alle Beamten exponierten sich in individuellen Stellungnahmen oder Fachartikeln, sodass die Gewichtung hier nicht repräsentativ ausfallen kann. Gerade von den Managern des Reichshaushalts, d. h. den Leitern der Abteilung I, Otto von Schlieben und Karl Lothholz, sind keine ausführlichen Schriften überliefert. Auch Johann David Fischer, der seit 1920 gemeinsam mit Heinrich Zapf und Franz Schröder als Staatssekretär amtierte und vor allem in den Reparationsverhandlungen eine Rolle spielte, hat kaum Material zu seiner Amtstätigkeit hinterlassen, dies gilt auch für seinen Nachlass in BArch N2074. Zu Fischers Rolle bei den Reparationsverhandlungen Feldman, Disorder, S. 429–438.

Staatssekretär auf. Popitz hat in der einschlägigen Erinnerungsliteratur einige Beachtung gefunden. Der ehemalige Reichsfinanzminister Heinrich Köhler bezeichnete ihn in seinen Memoiren als „eine beruflich außerordentlich hoch qualifizierte Arbeitskraft" mit umfassender Bildung, zugleich mit einem „Charakter als Führer und Lenker [...], der an Zynismus, Verschlagenheit, Überheblichkeit, einem fast bis ins Krankhafte gesteigertem Ehrgeiz und einer manchmal geradezu lächerlichen Eitelkeit kaum seinesgleichen fand [...,] ein wahrer Fouché des 20. Jahrhunderts".[26] Auch in anderen Beschreibungen taucht das Bild von Popitz als intelligentem Intriganten und eigentlichem Herrscher des Reichsfinanzministeriums bis 1929 auf. Der bereits zitierte Ministerialrat Markull zeichnete ihn in einer Rede zu seinem Abschied aus dem Ministerium als „Zauberkünstler", der „das Spiel mit Menschen" beherrsche, aber auch als Stifter einer „inneren Gemeinschaft", eines Korpsgeistes. Der Umsatzsteuerexperte des Ministeriums, Rolf Grabower, schrieb nach dem Krieg, Popitz habe absichtlich „Reibungen" in die Verwaltung eingeschaltet.[27] Der ihm persönlich nahestehende Begründer des Kieler Instituts für Weltwirtschaft, Bernhard Harms, sah Popitz 1934 hingegen als „Künder und Verfechter der Staatsidee und des Gemeinwohls", der bei seinem Rücktritt 1929 von „den mit allen Mitteln arbeitenden, kapitalistisch eingestellten Gegnern" zu Falle gebracht worden sei. Ulrich von Hassell charakterisierte ihn 1940 als Prototypen des „praktischen Verwaltungsmannes" mit wenig ausgeprägtem politischen Gespür, Hans Rothfels nannte ihn 1948 „autoritär und bürokratisch".[28] Schwerin von Krosigk schließlich schrieb 1951 über Popitz, dieser habe die Steuern als „Kunst", den Etat als „Handwerk" der Finanzpolitik betrieben; staatspolitisch begründete Steuerprogramme seien ihm daher wichtiger gewesen als die „beamtenmäßige" Bewältigung von Kassennöten.[29]

Die geschichtswissenschaftliche Forschung hat sich bisher ähnlich schwer damit getan, Popitz präzise einzuordnen – was auch daran liegen mag, dass sie sich für seine konkrete Tätigkeit als hoher Beamter in der Finanzbürokratie und seine Schriften zu Fragen des Umsatzsteuerrechts, der kommunalen Selbstverwaltung und des Finanzausgleichs weniger interessiert hat als für seine intellektuelle und soziale Inszenierung als „Mann von ganz ungewöhnlichem Format".[30] Jüngst hat Florian Meinel ihn treffend als „Beamtenpolitiker" be-

[26] Köhler, Lebenserinnerungen, S. 195.

[27] Rede Wilhelm Markulls bei der Abschiedsfeier der Beamtenschaft des Reichsfinanzministeriums für Johannes Popitz, 7.2.1930, S. 16, Nachlass Popitz BArch N1262/90; Wenn im Amte, S. 25.

[28] Unveröff. Ansprache von Bernhard Harms, 2.12.1934, zit. nach Herzfeld, Johannes Popitz, S. 358, weitere Zitate ebd., S. 347.

[29] Schwerin von Krosigk, Es geschah, S. 83 und 339–344.

[30] So die kürzlich erschienene Arbeit von Nagel, Johannes Popitz, S. 15; ähnlich auch die älteren biografischen Miniaturen wie die von Herzfeld, Johannes Popitz; Schulz, Johannes Popitz.

zeichnet, dies allerdings zugleich unter Berufung auf Erinnerungen Brünings als Ausnahmefall interpretiert. Die Annahme jedoch, Popitz sei „vielleicht der einzige leitende Beamte der Weimarer Zeit“ gewesen, der „den gewaltigen Aktionsraum erkannte und nutzte, der sich aus der hinkenden Parlamentarisierung der Reichsregierung ergab“, weil er strategisch auf der Klaviatur von Kabinettssitzungen, Reichstagsausschüssen und interner Geschäftsverteilung spielte, scheint kaum haltbar. Hier wäre an andere hohe Beamte und Staatssekretäre zu denken, die – wie Arnold Brecht, Saemisch oder Hans Schäffer – diese Klaviatur ebenfalls beherrschten, wenngleich mit anderen politischen Netzwerken und anderen Formen der Selbstdarstellung. Belege dafür, dass Popitz „alle Abteilungen des Finanzministeriums“ kontrollierte, sind ebenfalls schwer beizubringen, auch wenn er im Ministerium fraglos eine einflussreiche Position besaß und diese seit 1926 als alleiniger Staatssekretär noch ausbauen konnte.[31]

Charakteristisch war die Nähe, die Popitz immer wieder zu intellektuellen und akademischen Zirkeln suchte. Seit 1922 lehrte er an der Juristischen Fakultät der Universität Berlin als Honorarprofessor, 1930 als Gast an der Universität Kiel, seit 1931 auch an der Philosophischen Fakultät der Berliner Universität. Anfang 1931 lehnte er jedoch einen Ruf auf den Lehrstuhl für Staatsrecht in Kiel ab. Sein Studium hatte Popitz an den Universitäten Lausanne, Leipzig, Berlin und Halle absolviert und sein Referendariat in Köln abgeleistet. In dieser Zeit studierte er bei der Cölner Vereinigung für Staatswissenschaftliche Fortbildung bei Gustav von Schmoller im Fach „Volkswirtschaftslehre und Finanzwissenschaft“, an der Königlichen Akademie Posen belegte er im Frühsommer 1912 einen staatswissenschaftlichen Kurs. 1913 kam er an das Oberverwaltungsgericht in Berlin, von 1914 bis 1919 arbeitete er im Preußischen Ministerium des Innern, seit 1916 zugleich im Reichsschatzamt. Mit der Gründung des Reichsfinanzministeriums wechselte er als Geheimer Regierungsrat und Vortragender Rat dorthin, bereits 1921 wurde er Ministerialdirektor. Seither leitete er die Abteilung III des Ministeriums, bevor er 1925 zum Staatssekretär ernannt wurde.[32]

Schon im Krieg hatte Popitz zu aktuellen Fragen des Steuer- und Verwaltungsrechts publiziert; in den frühen 1920er-Jahren wurde er dann zum führenden Experten im Bereich der Umsatzsteuer und zum Vordenker der großen Steuerreform von 1925/26. Seit dem Ende der 1920er-Jahre beschäftigten ihn vor allem die Fragen der Reichsreform, insbesondere der

31 Meinel, Beamtenpolitiker, S. 114; hierzu auch Schulz, Johannes Popitz, S. 408: „P. war weder Bürokrat noch Technokrat, sondern ein auf weite Sicht politisch Handelnder.“ Zu Schäffer Wandel, Hans Schäffer; zu Brecht Krohn/Unger, Arnold Brecht; Bethke, Denken; zu Saemisch Dommach, Reichssparkommissar.

32 Schulz, Johannes Popitz, S. 407; Dieckmann, Popitz, S. 11–12; hierzu die biografischen Unterlagen in seinem Nachlass, BArch N1262/69 und 75.

Finanzausgleich.[33] Innerhalb des Ministeriums, aber auch darüber hinaus war Popitz sehr gut vernetzt, so hielten sich in seinem Dahlemer Wohnhaus regelmäßig Kollegen gegenseitig Vorträge. Auch in der Deutschen Gesellschaft hatte Popitz vor 1933 eine einflussreiche Rolle inne, nach 1933 war er in der Mittwochsgesellschaft aktiv. Seine Haltung zum Weimarer Staat war je nach Karrierestand durchaus flexibel. Sein Denken aber blieb auf ein übergeordnetes Staatswesens gerichtet.[34]

Grundlegend war für Popitz eine „Staatsgesinnung", die den Beamten nicht nur als Diener des Staates ausweise, sondern die grundlegende Identität von „Volk und Staat" auch in der Administration zum Ausdruck bringe. Finanztechnisch gewendet bedeutete dies, den Reichshaushalt als „Schicksalsbuch des deutschen Volkes" und die Steuergesetzgebung als eine Art „Negativ" der wirtschaftlichen und kulturellen Gegebenheiten in Deutschland anzusehen.[35] Effektive Steuerbehörden verstand Popitz um 1920 als „Stützen am zusammenbrechenden Staatsgebäude", die einen „guten Finanzmilitarismus" zeigten. In seiner Zeit als Staatssekretär inszenierte er sich vor allem als Taktiker, der weitreichenden Plänen skeptisch gegenüberstand.[36] Trotzdem beschäftigte er sich seit Mitte der 1920er-Jahre auch mit grundlegenden Fragen des Staatsaufbaus, mit Verwaltungsvereinfachung, Steuersenkungen und dem Zusammenspiel von Körperschaften des Reichs, der Länder und Gemeinden. Verwaltungs- und Reichsreform verstand er als miteinander verflochtene Schritte auf dem Weg zu einem dezentralisierten Einheitsstaat. Neben die Staatszentriertheit seines Denkens trat so die Fixierung auf die „Einheit" des nationalen Gefüges, womit er in seiner Zeit nicht alleine stand. Schon 1927 haderte Popitz in einem Vortrag zur Finanzpolitik mit dem „Durcheinander von Zuständigkeiten" im Deutschen Reich. In den Jahren nach seinem Rücktritt sollte er daraus dann – gemeinsam mit Carl Schmitt, dem er seit 1929 eng verbunden war – eine Fundamentalkritik der „polykratischen" Willensbildung im parlamentarischen Staat formen.[37]

[33] Für die Kriegszeit etwa Popitz, Einfluß, S. 869–876; ders., Feststellung, S. 605–619; ders., Umsatzsteuer, S. 533–538.

[34] Dies zeigt etwa die Darstellung bei Dieckmann, Popitz, S. 54–56, zu Fragen des Finanzausgleichs und kommunaler Selbstverwaltung. Hierzu auch die Erinnerungen Rolf Grabowers an Johannes Popitz, o. D., FS Brühl (Materialband zur Ausstellung der Bundesfinanzakademie); Scholder, Mittwochsgesellschaft.

[35] [Popitz], Staatsumwälzung, S. 250; ders., Finanzpolitik und deutsche Kultur, S. 25.

[36] Popitz, Finanzmilitarismus, S. 241; Schlusswort von Popitz, in: Colm/Neisser, Kapitalbildung, Teil 2, S. 149; Stolper, Finanzplan.

[37] Popitz, Gegenwartsaufgaben, S. 9; ders., Reichssparkommissar, Sp. 123–128; ders., Wandlungen; ders., Grundlagen, S. 176–206; ders., Zentralismus, S. 328–361; Llanque, Theorie, S. 165–171; Stolleis, Geschichte, Bd. 1, S. 101–103. Hierzu auch Middendorf, Wille; sowie Kap. III.1.

Als hoher Ministerialbeamter interessierte sich Popitz aber zunächst stärker für die fortwirkenden Effekte der Kriegswirtschaft und der revolutionären Umwälzungen nach Kriegsende. Er war dabei dauerhaft überzeugt, dass das Reich sich nach dem „Bruch mit der Überlieferung“ um 1918 weiterhin in einer Übergangszeit befinde. Noch 1931 konstatierte Popitz, der Weimarer Staat sei ein vorläufiger „Notbau“, aus dem noch nichts Geschlossenes hervorgegangen sei. Ein solches Urteil ruhte auf der Vorstellung, eine „vollgültige“ Ordnung des Staates sei machbar.[38] Damit meinte Popitz aber keine vollständige Zentralisierung oder bürokratisierte Planwirtschaft. Vielmehr sollten Elemente der Selbstregulierung in das staatliche Gefüge eingebaut werden, ohne damit die Idee politischer Homogenität aufzugeben.[39] Diese gedankliche Verbindung von teilweiser Dezentralisierung und absoluter Führung bildete später auch die Basis seines Handelns in der nationalsozialistischen Zeit. Zuvor, in den 1920er-Jahren, kritisierte Popitz vor allem die zunehmende Ökonomisierung von Regierungsprinzipien, die seines Erachtens durch die unreflektierte Ausweitung staatlicher Tätigkeiten entstand. Privatwirtschaftliche Kapitalbildung und die öffentliche Verwendung von Steuergeldern seien unterschiedliche Kategorien, wenngleich beide volkswirtschaftlich bedeutsam. Der Staat solle sich in seinem wirtschaftlichen Engagement auf jene Bereiche konzentrieren, die er besser als andere beherrsche. Damit gestand Popitz zwar zu, dass die Staatstätigkeit Teil einer gesamtwirtschaftlichen Situation war, beklagte in diesem Zuge aber die durch „parteipolitische Einflüsse“ und den Föderalismus bedingte Überdehnung des Staatsapparats. Dessen Ausstattung dürfe nicht „nur dem rein politischen Kampf“ überlassen werden, sondern müsse „nach wissenschaftlichen Grundsätzen“ erfolgen.[40] Dies aber war natürlich keine unpolitische Haltung. De facto trat Popitz für Steuererleichterungen zur privaten Kapitalbildung ein. Die durch allzu starken „Steuerdruck“ eingetretene Belastung der Wirtschaft führte er darauf zurück, dass der „organmäßig“ (also: parlamentarisch) bestimmte Staatsbedarf nicht mehr in einem angemessenen Verhältnis zur Marktlage stehe und so das volkswirtschaftliche Gefüge destabilisiere. Nicht bloß Sparprogramme seien daher zu entwerfen, sondern die Frage nach dem Wesen der Staatstätigkeit aufzuwerfen und sich über deren Grenzen neu zu verständigen: „Es gilt den Raum zwischen der Marktwirtschaft und der Staatstätigkeit neu abzustecken.“[41]

Auf dieser Basis verfasste Popitz auch Reformvorschläge für die Ausbildung der Beamtenschaft. Gemeinsam mit anderen hochrangigen Juristen wie Erich Kaufmann und Ernst Trendelenburg veröffentlichte er 1927 eine program-

[38] [Popitz], Staatsumwälzung; ders., Wandlungen, S. 175; ders., Zukunftsaufgaben, Sp. 386.
[39] Balke, Zeichen, S. 254.
[40] Diskussionsbeitrag von Popitz, in: Colm/Neisser, Kapitalbildung, Teil 1, S. 139–141.
[41] Popitz, Finanzpolitische Aufgaben, Sp. 12; ders., Probleme, S. 449.

matische Schrift zur Vereinheitlichung der akademischen und praktischen Ausbildung von Juristen und Nationalökonomen für den öffentlichen und halböffentlichen Dienst. Darin wurde der Vorschlag gemacht, über einen gemeinsamen Studiengang zukünftig „Staatsassessoren" auszubilden. Deren Laufbahn sollte dem Aufschwung der Volkswirtschaftslehre seit dem Ersten Weltkrieg Rechnung tragen und eine Annäherung von nationalökonomischer und juristischer Ausbildung schaffen. Zwar sollten nach einem dreieinhalbjährigen Studium und anschließendem zweieinhalbjährigen Referendariat weiterhin „Vollassessoren" ohne zu starke Spezialisierung zur Verfügung stehen. Eine „gründliche Schulung im juristischen Denken" inklusive des internationalen Rechts wurde also weiterhin als unerlässlich angesehen. Zusätzlich gehörten aber die „klare Einsicht in die wirtschaftlichen und sozialen Zusammenhänge unserer Zeit" sowie grundlegendes Wissen in „Einzelgebieten" entsprechend der späteren Berufsabsicht zu den Studienzielen. Darin sollten sich nicht nur die gesteigerten Anforderungen an die Beamtenschaft und ein „neuer Typus des höheren Staatsbeamten" abbilden, sondern zugleich die Attraktivität dieser Laufbahn gesteigert und neues Personal angelockt werden. Grenzgänge beziehungsweise Quereinstiege zwischen Staat und Wirtschaft wurden als Möglichkeiten vorausgesetzt; auf bestimmten Gebieten sollte sogar die sozialökonomische Betrachtung der rechtlichen vorausgehen können.[42]

In einer Rezension im *Reichsverwaltungsblatt* begrüßte Ministerialrat Markull die von Popitz mitverfasste Schrift als Ausdruck eines „frischen Luftzuges" in der Debatte um die Vor- und Ausbildung der höheren Beamtenschaft. Große Aussichten auf Realisierung schienen ihm die Vorschläge allerdings nicht zu besitzen.[43] Darin war er sich mit Joseph Schumpeter einig, der in *Schmollers Jahrbuch* darauf hinwies, „daß der ganze Plan ein infolge bestehender Widerstände praktisch unerreichbares Ideal darstelle", daher sei dieser Ansatz „grundsätzlich verfehlt". Vor allem kritisierte er den fortbestehenden Primat des Juristischen, der im Rechtsstudium weiterhin „die wahre und einzig mögliche Grundlage für fast jede Tätigkeit in Staat und Wirtschaft" sehe, der man allenfalls volks- und betriebswirtschaftliche Kenntnisse „aufpfropfen" wolle. „Daß die Wirtschaftslehre ihre Denktechnik hat, die zwar ganz anders aber genau so schwierig ist, wie die der Zivilistik", so Schumpeter, „daß auch vom praktischen Volkswirt, wenn schon nicht selbständige Handhabung von teilweise überaus komplizierten Methoden, so doch Verständnis für sie und für die durch sie gewonnenen Resultate verlangt werden muß, wenn man ihn nicht ganz so belächeln soll, wie der Jurist mit Recht juristische Argumentationen des Laien belächelt", verkenne die Schrift. Schumpeter forderte

[42] Batocki, Staatsreferendar, S. 16–18, 22–23, 34, 36 und 42–43; Popitz, Reformvorschläge, Sp. 21. Hierzu auch Köster, Wissenschaft, S. 68–78 und 222–233.

[43] Markull, Staatsreferendar, S. 716.

stattdessen die Ausdifferenzierung unterschiedlicher Ausbildungswege (für Fachjuristen, Verwaltungsbeamte und Volkswirte) und in diesem Zuge die Intensivierung des volkswirtschaftlichen Studiums unter Verzicht auf die juristischen Lehrinhalte – nur dann seien die entsprechenden Absolventen aus dem Status des „wissenschaftlichen Hilfsarbeiters" zu befreien, dem sie gegenwärtig unterlägen.[44]

Mit der Denkschrift versuchte Popitz eine Sichtweise zu aktualisieren, die für die Ausbildung der Staatsbeamten schon früher von Bedeutung gewesen war. Erst mit der Durchsetzung formeller Staatsverfassungen und rechtsstaatlicher Normen im Laufe des 19. Jahrhunderts hatte sich die Rechtswissenschaft gegenüber den Staatswissenschaften als dominierende Disziplin durchgesetzt. In den entstehenden „höheren" Laufbahnen war dadurch der wirtschaftlich geschulte Kameralist durch den rechtlich orientierten Finanzjuristen verdrängt worden, insbesondere infolge preußischer Initiativen nach der Reichsgründung 1871. Ins 1879 gegründete Reichsschatzamt waren daher fast ausnahmslos Juristen mit längerer Justizerfahrung berufen worden.[45] Die von Popitz und den anderen Autoren vorgeschlagene Reform der Ausbildung zugunsten sozial- und wirtschaftsstaatlicher Aufgaben knüpfte insofern an ältere Konzeptionen der Beamtenbildung an, wie sie etwa von Friedrich List Anfang des 19. Jahrhunderts an der Staatswissenschaftlichen Fakultät in Tübingen entwickelt worden waren. Die 1925 gegründete Friedrich-List-Gesellschaft, in der auch Popitz aktiv war, bemühte sich um eine Wiederbelebung dieses politisch-ökonomischen Wissens der Bürokratie.[46]

In solchen Ansätzen lag ein reformerischer Impuls, doch standen entsprechende Initiativen zugleich der Weberianischen Neutralitätserwartung und der primären Bindung der Bürokratie an den Rechtsstaat entgegen. Damit wird deutlich, dass es die politischen Dimensionen des bürokratischen Regierens im Sinne des 19. Jahrhunderts waren, an denen sich Popitz als Beamter orientierte, und nicht eine unpolitische Vorstellung von Verwaltung. Allerdings hielt er dabei am Primat der Rechtswissenschaft gegenüber ökonomischen Prinzipien fest. Insofern stand er als Figur ebenso für das Fortwirken früherer Vorstellungen wie für eine gewisse Öffnung gegenüber dem Neuen. Die Grenzen dieser Öffnung verliefen aber dort, wo wirtschaftsdemokratische und sozialpolitische Vorstellungen ins Spiel kamen und die Idee des autonomen Staates ebenso wie die Handlungsmacht seiner Beamtenschaft infrage stellten. Angesichts des vermeintlichen Chaos einer pluralistischen, föderalistischen Gesellschaft sehnte Popitz die Ordnung eines fest umrissenen, autoritär geformten Staatsgebäudes

44 Schumpeter, Staatsreferendar, S. 706, 708 und 711.

45 Pausch, 250 Jahre, S. 82, 87 und 113–115.

46 Brügelmann, Ökonomie; Colm/Neisser, Kapitalbildung; Salin, Reparationsproblem; Bleek, Kameralausbildung, S. 230–239 und 286–308.

herbei. Dafür forderte er aber nicht die schlichte Rückkehr zu einem früheren Status, sondern die Ermächtigung eines neu geschaffenen Typus des politischen Beamten.

Internationalisierung des Staatsdenkens: Herbert Dorn (1887–1957)

Herbert Dorn war als Steuerexperte zunächst in der Abteilung III und dann als Leiter der Abteilung V für „Gemeinsame und Rechtsangelegenheiten" engster Mitarbeiter von Popitz, zugleich ein international anerkannter Spezialist für Fragen der Doppelbesteuerung und des Rechtsvergleichs. Dorn hatte Rechts- und Wirtschaftswissenschaften studiert und war nach seiner Promotion an der Universität Würzburg ab 1913 im preußischen Justizdienst tätig gewesen. Als wissenschaftlicher Hilfsarbeiter der Handelskammer zu Berlin hatte er zudem neben verwaltungstechnischen auch handelsrechtliche und volkswirtschaftliche Kenntnisse erworben und bereits 1915 an einer Zusammenstellung über „Moratorien und andere Sonderregelungen des Zahlungsverkehrs im Auslande" mitgearbeitet. Dieses Wissen konnte er dann als Mitarbeiter der deutschen Delegation bei den Pariser Friedensvertragsverhandlungen ab 1919 einsetzen.[47] 1920 wurde Dorn in die Reichsfinanzverwaltung berufen und schon mit 33 Jahren zum Ministerialrat ernannt, ein Jahr später zum Ministerialdirigenten. Mit 39 Jahren zum Ministerialdirektor befördert, war er der jüngste Abteilungsleiter im Reichsministerialdienst. Bereits 1921 wählte ihn der Deutsche Juristentag zum Mitglied seiner Ständigen Deputation, seit 1922 war er Mitglied der Deutschen Gesellschaft für Völkerrecht. Im April 1923 forderte das Auswärtige Amt ihn als Mitglied der Delegation für die Verhandlungen über den Rapallo-Vertrag an, da man seine „umfassende Sachkenntnis wie seine hervorragende Befähigung zu internationalen Verhandlungen" schätzte. Im Oktober 1924 lehnte das Reichsfinanzministerium weitere Teilnahmen Dorns an den Verhandlungen in Moskau ab, weil er für die Aufgaben im Geschäftsbereich der Steuerabteilung (insbesondere die Vorbereitung der großen Steuerreform unter Popitz) gebraucht wurde. Im gleichen Jahr wurde Dorn in den Aufsichtsrat der Bank für deutsche Industrieobligationen berufen, 1925 dann von Saemisch für das Kuratorium des Instituts für ausländisches öffentliches Recht und Völkerrecht an der Berliner Universität rekrutiert, da er auch die „praktischen Bedürfnisse der Behörden von Reich und Ländern" im Blick habe. Anders als Popitz war Dorn (ähnlich wie dessen Nachfolger, sein enger Freund Hans Schäffer) ein über die Grenzen Deutschlands hinaus vernetzter *expert technique*, kein politischer

[47] Zeugnis für Herbert Dorn von der Handelskammer Berlin, 16.1.1915, FS Brühl, NL Dorn, Ordner: Dokumente 1906–1927.

Intellektueller auf dem Parkett der Weimarer Demokratie. Als Leitlinie staatlichen Handelns galt für Dorn der „internationale Geist", nicht die nationale „Souveränität".[48]

Im Ministerium unterstand ihm das Auslandsarchiv – wie erwähnt ein Refugium für die wenigen Volkswirte und Akademikerinnen in diesem Ressort. Dessen Aufgabe war es, regelmäßig Materialien und Informationen mit anderen Ländern auszutauschen, ausländische Publikationen zu beschaffen und Übersichten im Dienste des vom Versailler Vertrag geforderten internationalen Finanzvergleichs zu erstellen. Dorn war seit 1926 Mitglied der Kriegslastenkommission und wurde als erster Deutscher in das Expertenkomitee des Völkerbundes für Fragen des internationalen Finanzrechts berufen, auch an den Anleihe-Verhandlungen im Kontext des Young-Plans 1929/30 war Dorn federführend beteiligt. Darüber hinaus unterrichtete er als Honorarprofessor an der Handelshochschule Berlin, wo er gemeinsam mit dem liberalen Nationalökonomen Moritz Julius Bonn ein Institut für Finanzwissenschaft und Finanzrecht aufbaute. 1931 wurde Dorn zum Vorsitzenden des Fiskalkomitees des Völkerbundes ernannt. In dieser Funktion reiste er noch 1933 in die USA. Kurz darauf wurde er von Schwerin von Krosigk, der unterdessen von einem Kollegen zum Minister aufgestiegen war, zur Aufgabe dieses Amtes aufgefordert.[49] Schon 1931 war Dorn vom Reichsfinanzministerium als Präsident an den Reichsfinanzhof gewechselt, zeitgleich war offenbar sein Rückhalt an der Berliner Handelshochschule geschwunden.[50]

Dorn setzte sich mit technokratischen Argumenten für eine Reform des Weimarer Parlamentarismus ein. Bei Vertretern der SPD galt er um 1930 daher als Exponent eines gescheiterten internationalen Expertentums und als Repräsentant des überholten Geistes der frühen 1920er-Jahre, als unter Luther vermeintliche Fachleute die Regierung stellten.[51] Dagegen beharrte Dorn auf der Notwendigkeit „unpolitischer Betrachtung" der Welt und auf dem Selbstverständnis als „Fachmann" gerade deshalb, „weil wir inmitten einer Zeit der Unruhe und Ungewißheit auf allen Gebieten von Wirtschaft und Politik leben".

[48] Hierzu die biografischen Unterlagen in FS Brühl, NL Dorn, Ordner: Dokumente 1906–1927 (Zitat dort aus dem Schreiben Saemischs an Dorn, 30.11.1925); Ordner: Zeitungsberichte über Dorn 1928–1987; Rede Markulls zur Abschiedsfeier Dorns, 25.3.1931, Ordner: Dokumente 1928–1935, in der Dorn als „Leuchte internationalen Rechts und Meister allerfeinster internationaler Sitte" bezeichnet wird; Dorn, Bedeutung, Sp. 926. Zu Schäffer Kap. III.1.

[49] Bräunig, Herbert Dorn, S. 75–77; Reports Fiscal Committee; Falk, Bedeutung; Klein, Erinnerung; Minist. Dir. Dorn nach Paris abgereist, in: Tempo, 14.9.1929, FS Brühl, NL Dorn, Ordner: Dokumente 1928–1935; Reichsfinanzminister Schwerin von Krosigk an Dorn, 31.10.1933, ebd.

[50] Dies lassen die Darlegungen bei Bräunig, Herbert Dorn, S. 270–271, über die Konflikte mit dem Senat der Hochschule und mit Moritz Julius Bonn vermuten.

[51] Hugo Heimann (SPD), 132. RT-Sitzung, 26.2.1930, Sten. Ber., S. 407.

Diese sachliche Haltung umfasste für ihn die preußische Tradition der Staatsgesinnung, aber auch die Fairness, die Krisenerfahrungen in anderen Ländern wie den USA oder Großbritannien zu berücksichtigen sowie den deutschen „Mangel organisatorischer und technischer Kenntnis, die [sic] sich aus 10jähriger Abschließung von der Welt erklärte", offen zu thematisieren. Dieser Mangel habe unter anderem dazu geführt, dass Rationalisierung zu einem verbreiteten Schlagwort geworden sei, ohne dass dessen problematische Effekte ausreichend beachtet worden seien. Wie diese Entwicklung so sei auch die „Verbeamtung der Welt" als Krisenerscheinung zu verstehen, als Kriegsfolge ebenso wie als Ergebnis einer verfehlten Reparationspolitik. Er berief sich dabei gleichermaßen auf Carl Schmitt wie auf internationale Gesprächspartner, insbesondere aus der englischen Administration. Für den einzelnen Beamten bestehe in dieser Lage, so Dorn in öffentlichen Stellungnahmen, die Notwendigkeit, die eigenen Ermessensspielräume so zu nutzen, dass nicht „der Wortlaut, sondern der Zweck und die wirtschaftliche Bedeutung" von Gesetzen handlungsleitend waren. Das gesetzte Recht der Weimarer Republik sei ein „aus der Not geborene[s], der Not dienende[s] Recht", also das Produkt einer Ausnahmesituation. In dieser Situation drücke sich die besondere Sachlichkeit des Staatsapparats nicht in „Begriffsjurisprudenz" aus, sondern darin, auch im „weisungsfreie[n] Raum" eigenständig und zweckorientiert handeln zu können, wobei neben staatlichen Zielsetzungen auch ökonomische Maßstäbe anzulegen waren.[52]

Dorns Wunsch nach exekutiver Selbstermächtigung war nicht aus einer prinzipiellen Ablehnung der republikanischen Ordnung zu erklären, sondern als eine Form der Selbstpositionierung der Bürokratie innerhalb dieser Ordnung zu verstehen, angeregt nicht zuletzt durch transnationale Wissenstransfers unter Experten. Dies zeigte auch ein Gutachten, das Dorn 1928 für den Deutschen Juristentag über die Grundsätze der Bewilligung von Einnahmen und Ausgaben für die Reichs- und Länderhaushalte erarbeitete.[53] Darin plädierte er für die Überarbeitung der haushaltsrechtlichen Grundsätze und begründete dieses Plädoyer gewissermaßen weberianisch: „Parlamentarische Regierung", so Dorn, meine nicht eine „Parlamentsregierung", sondern eine „Regierung von Persönlichkeiten, die vom Vertrauen des Parlaments getragen, aber mit selbständiger Regierungsgewalt betraut sind". Das parlamentarische System basiere auf dem

[52] Dorn, Deutschlands Wirtschaft, S. 122 und 124; ders., Stellung, S. 211 und 218–219. Zu Dorns Rolle auch Kap. III.1 und III.3.

[53] Dorn, Gutachten; dazu der Bericht „Barrieren gegen finanzielle Mißwirtschaft", in: Deutsche Allgemeine Zeitung, 1.9.1928, FS Brühl, NL Dorn, Ordner: Zeitungsberichte über Dorn 1928–1987. Die vom Juristentag auf der Basis des Gutachtens entwickelten Leitsätze zum Reichshaushaltsrecht gingen unmittelbar in die Beratungen der Reform der Reichshaushaltsordnung in den Jahren 1929/30 ein, vgl. Entwurf eines Gesetzes zur Änderung der Reichshaushaltsordnung, 25.2.1929, RT-Drucksache Nr. 851, S. 5 und 15. Hierzu auch Kap. III.3.

„Gedanken und Ziel der Führerauslese“. Die Verantwortung dieser Regierung bestehe „gegenüber dem Gesamtvolke“. Er ging also von einem die Parlamentsherrschaft überwölbenden Konzept demokratischer Führung aus. Zudem verwies er darauf, dass unabhängig vom realen, das heißt in der Weimarer Zeit zumeist äußerst kritischen Zustand der Finanzwirtschaft generelle Grundsätze „sachgemäßer Staatsverwaltung“ aufzustellen seien.[54]

Insofern wollte Dorn gerade die ökonomische Krisenerfahrung dazu nutzen, allgemeingültige Prinzipien einer demokratischen Finanzpolitik zu etablieren. Dies ähnelte der Haltung Fritz Neumarks, der (als ehemaliger wissenschaftlicher Hilfsarbeiter im Auslandsarchiv des Reichsfinanzministeriums) zur gleichen Zeit an seiner finanzwissenschaftlichen Habilitationsschrift über die Reichshaushaltsplanung arbeitete.[55] Hier zeigte sich eine Mischung aus Reformbemühen und Krisenempfinden, die in diesen Jahren unter wissenschaftlichen und intellektuellen Eliten verbreitet war. Deren Initiativen zielten nicht notwendig auf die Abschaffung, wohl aber auf die Einhegung der parlamentarischen Demokratie.[56] Als aktiver Ministerialbeamter kritisierte Dorn in seinem Gutachten allerdings anders als Neumark vor allem die Ausgabenfreude des Parlaments, nicht die der Ressorts. Der Text umfasste im Sinne von Dorns rechtsvergleichender Perspektive eine ausführliche Beschäftigung mit dem Budgetrecht in den USA, England, Frankreich und Belgien und schloss sich der Variante einer Verantwortung der Regierung für das Budget nach englischem Vorbild an. Entscheidend war für Dorn, „daß es mit dem Wesen des parlamentarisch regierten Staats nicht unvereinbar ist, die Regierungsverantwortung zur Sicherung des Haushalts einzuschalten.“ Im Kern stand die Forderung, dass jeder ausgabenerhöhende oder einnahmesenkende Antrag des Parlaments entweder von der Zustimmung der Regierung abhängig zu machen oder mit einem „Ausgleichsantrag“ zu verbinden sei, der Vorschläge für die Deckung enthalte, die der Minister wiederum vor der Beschlussfassung beanstanden könne. Zudem wollte Dorn eine Verpflichtung zur Beratung aller Anträge in den zuständigen Ausschüssen vor der Lesung im Parlament erreichen.[57] Die Erfahrung, dass sich zu diesem Zeitpunkt die Reichstagsausschüsse – nicht zuletzt der Haushaltsausschuss – als Räume der „Problemlösung auf niedrigem Streitniveau“ bewährt hatten, kam hier zum Ausdruck.[58]

54 Dorn, Gutachten, S. 493–496.

55 Neumark, Reichshaushaltsplan (1929), der darin Popitz, Dorn und Schwerin von Krosigk dankt; sowie die Dienstausweise Neumarks für die Jahre 1923 bis 1925, Exilarchiv Frankfurt EB 91 / 155, II. A 004; Kondolenzschreiben an Dorns Witwe, August 1957, FS Brühl, NL Dorn, Ordner: Dokumente 1936–1976.

56 Boldt, Demokratie, S. 622–623.

57 Dorn, Gutachten, S. 539 und 560–562.

58 Mergel, Kultur, S. 191–201.

Dorns Gutachten stand 1928 nicht in einem antidemokratischen Kontext. Sein Plädoyer für die Einhegung der parlamentarischen Ausgabeninitiative wurde beim Juristentag gemeinsam mit dem Gutachten des Kelsen-Schülers Adolf Merkl diskutiert, der ebenfalls für eine Ausgleichsregelung plädierte. Allerdings verband Merkl diese Position mit der Vorstellung, dass der Kern der Demokratie in Prozessen der Aushandlung bestehe. Der Parlamentarismus sei damit nicht nur ein Instrument sachgemäßen Regierens, sondern ein Medium der gesellschaftlichen Integration „durch die parlamentarische Kritik". Gleichwohl vertrat auch Merkl die Auffassung, dass „dem Gleichgewichte der Staatsausgaben und Staatseinnahmen von parlamentarischer Seite die größten Gefahren" drohten, da dort eine oppositionelle Minderheit in demagogischer Absicht Mehrausgaben durchsetzen könne. Hellsichtiger als Dorn aber warnte Merkl vor einem zu starken Fiskalismus – dieser könne nicht den „eigentlichen Zweck des Staates" darstellen.[59] Zeitgleich zu solchen Tätigkeiten begann Dorn in den 1920er-Jahren, die Bestände des Auslandsarchivs für die Ausarbeitung eines „Sachwörterbuchs des Finanz- und Steuerwesens" heranzuziehen. Dies sollte eine Arbeit sein, die er in der zweiten Hälfte der 1930er-Jahre gemeinsam mit dem früheren Amtsnachfolger von Popitz, Hans Schäffer, wiederaufnahm. Beide waren jedoch als jüdische Beamte und Repräsentanten der Weimarer Republik unterdessen aus ihren Ämtern vertrieben und nach dem Verlust ihrer beruflichen Existenz in Deutschland nur von internationalen Netzwerken aufgefangen worden. 1934 verlor Dorn aufgrund des „Gesetzes zur Wiederherstellung des Berufsbeamtentums" seine Position am Reichsfinanzhof, 1939 musste er in die Schweiz emigrieren. In den folgenden Jahren war er unter anderem als Wirtschaftsberater auf Kuba tätig, bevor er schließlich 1947 einen Ruf auf den Lehrstuhl für Finanz- und Wirtschaftsrecht an der Universität Delaware erhielt. Wenige Wochen, bevor er vor dem neu geschaffenen Wissenschaftlichen Beirat des Bundesfinanzministeriums über Steuerfragen sprechen sollte, starb Dorn im Jahr 1957.[60]

Ermächtigung des Staatswesens: Kurt Wachsmann (1886–1944)

Anders als über Popitz und Dorn ist über Kurt Wachsmann, jenseits der Eckdaten seines Lebensweges, fast nichts bekannt. Dennoch wurde er im Sommer 1932 von deutschnationaler Seite als möglicher Reichsfinanzminister gehandelt: „Als bester Mann wurde Wachsmann bezeichnet. Zarden unzuverlässig,

[59] Stellungnahme Adolf Merkls in der Debatte, in: Verhandlungen 35. Juristentag, Bd. 2, S. 461; Merkl, Gutachten, S. 346–347 und 352–353.

[60] Bräunig, Herbert Dorn, S. 327; Einladungsschreiben vom 15.8.1957, FS Brühl, NL Dorn, Ordner: Dokumente 1936–1976.

Krosigk zu schwach" – so resümierte es in seinen Aufzeichnungen am 27. Juli 1932 der deutschnationale Politiker Reinhold Quaatz nach einem Gespräch mit Otto Meissner, Alfred Hugenberg, Adolf Hitler und Hermann Göring.[61] Als Gerichtsassessor war Wachsmann 1914 zunächst Hilfsarbeiter bei der Staatsanwaltschaft II in Berlin, während des Ersten Weltkrieges unter anderem Polizeirichter und Bezirksrichter in Riga. 1919 kam er ins Landespolizeiamt in Berlin, 1920 als Regierungsrat ins Reichsfinanzministerium, wo er zunächst persönlicher Referent Erzbergers war und dann 1924, im Zuge der von Hans Luther betriebenen organisatorischen Vereinfachung, „Generalreferent für das gesamte Reichsfinanzministerium" wurde. Im folgenden Jahr zeitweilig als Vertrauter Luthers in die Reichskanzlei gewechselt, kehrte er 1926 in die Haushaltsabteilung des Finanzressorts zurück, bevor er 1930 in das Reichsministerium für Ernährung und Landwirtschaft eintrat (dort maßgeblich zuständig für die „Osthilfe") und 1932, nach einer kurzzeitigen Versetzung in den einstweiligen Ruhestand, zum kommissarischen Leiter des Landesfinanzamtes Schleswig-Holstein berufen wurde. Anschließend wurde er Direktor der neu errichteten Tilgungskasse für gewerbliche Kredite (Tilka) in Berlin und Vorstandsmitglied des Deutschen Finanzierungsinstituts (Finag). Wachsmann war gut vernetzt, als Mitglied in der studentischen Verbindung Corps Suevia und seit 1942 in der preußisch-elitären Herrenrunde der Gesetzlosen Gesellschaft zu Berlin.[62]

In der Zwischenkriegszeit veröffentlichte Wachsmann eine Reihe von Artikeln zu wirtschafts- und finanzpolitischen Fragen, vor allem in der *Deutschen Wirtschafts-Zeitung*. Unter dem Eindruck der Sozialisierungsdebatten der unmittelbaren Nachkriegszeit kritisierte er dort 1921 die „Verquickung von Staat und Wirtschaft" und die damit verbundene „Umstellung des Staates vom Verwaltungsmechanismus zum Wirtschaftskörper". In der Folge der Revolution und als Effekt gemeinwirtschaftlicher Bestrebungen sei der gegenwärtige Arbeiter- beziehungsweise Wirtschaftsstaat mit Aufgaben überlastet, „die ihm nicht begriffs- und lebensnotwendig zugehören". Hier erinnerte Wachsmanns Darstellung an die Kritik von Popitz. Doch argumentierte Wachsmann schärfer und richtete seine Ausführungen vor allem gegen die „ewig sich wandelnden Wünsche der Masse", das heißt: gegen die Ansprüche der organisierten Arbeiterschaft sowie der niederen Beamtenränge. Deren, von interessierten Kreisen des „Feindbundes", unterstützte Interventionen in staatliche Angele-

61 Weiß/Hoser, Deutschnationalen, S. 141; hierzu und zum Folgenden auch Schulz, Demokratie, Bd. 3, S. 71–73, 212–213 und 466.

62 Nachrichten des Reichsfinanzministeriums, 31.10.1924, BArch R2/31795; Bathe/Kumpf, Mittelbehörden, S. 191–192; Schulz, Demokratie, Bd. 1, S. 211–212; Clingan, Hans Luther, S. 56. 1944 kam Wachsmann auf einer Reise in die Slowakei, während des dortigen Nationalaufstands gegen die deutsche Okkupation, ums Leben. Die genaueren Umstände konnten nicht ermittelt werden.

genheiten und die Verdrängung leitender Beamter führten zu „Dilettantismus" und „Pfuschertum", eine „sachkundige Leitung" des Staates sei so nicht mehr gewährleistet. In der Konsequenz strebe die von den Forderungen der Massen dominierte Regierung danach, „aus Zweckmäßigkeitsgründen die Staatsbelange denen der Wirtschaft" unterzuordnen. Dies zeige einen Autonomieverlust nach innen, welcher die nach außen ohnehin schon „entmannte" Staatsmacht weiter schwäche. Was Wachsmann stattdessen forderte, war ein „allgemeinpolitisches Staatswesen", das sich der Eingriffe in gesellschaftliche Verhältnisse enthielt und zugleich autonom entschied: „eine Regierungs- und Staatsform […], in der die Wirtschaft nicht Alleinherrscherin ist".[63] Andererseits forderte Wachsmann aber „die Wirtschaft" (nun bezogen auf die freien Unternehmer) dazu auf, sich besser zu organisieren und ihren Einfluss über einen Zentralverband statt über „unzweckmäßige" Gremien wie den Reichswirtschaftsrat wahrzunehmen. Diese Strategie sollte ebenso wie zurückhaltende Gewinnkalkulationen weitere Staatsinterventionen präventiv verhindern. Die so verstandene Wirtschaft benötige „in ihrem Interesse und dem des Staates" sogar mehr Einfluss und vor allem „unmittelbaren Anteil an der Verwaltung".[64]

Die Begriffe „Staat" und „Wirtschaft" waren hier also deutungsoffen; sie konnten für Unterschiedliches stehen und wurden auch in ihren gegenseitigen Relationen flexibel gehandhabt. Dort, wo Staat und Wirtschaft sich auf marktliberale Verhältnisse bezogen, waren sie in enger Beziehung zu denken, wo es hingegen um sozialpolitische Regulierung und internationale Wirtschaftsordnung ging, stellten sie getrennte Entitäten dar. Die Auswirkungen solcher Beziehungen auf die exekutive Praxis behandelte Wachsmann in einem weiteren Text von 1921, der sich mit Initiativen zur Verwaltungsreform, insbesondere mit dem erwähnten Programm Erwin Ritters, befasste. Dessen Vorschlägen stand Wachsmann kritisch, wenn auch nicht gänzlich ablehnend gegenüber. Eine Öffnung für „wirtschaftliche" Kriterien der Staatsadministration begrüßte auch Wachsmann, da er wie Ritter den Wechsel von Personal aus der Wirtschaft – bei entsprechender akademischer Vorbildung – in die Verwaltung befürwortete und so den „Austausch zwischen Staat und Wirtschaft" gestärkt wissen wollte. Zudem unterstrich Wachsmann die Notwendigkeit, die formalrechtlichen Kriterien fiskalischer Amtsführung um Kategorien des effizienten Mitteleinsatzes zu ergänzen. Anders als Ritter wollte er den Staat aber dem wirtschaftlichen Unternehmen nicht so weit gleichgestellt sehen, dass auch in der Administration die kaufmännische anstelle der kameralistischen Buchhaltung eingeführt würde. Rentabilitätsrechnungen seien nicht Aufgabe des Staates.[65]

[63] Wachsmann, Verhältnis zwischen Staat und Wirtschaft, S. 199–201.
[64] Wachsmann, Verhältnis der Wirtschaft zur Verwaltung, S. 258–259.
[65] Wachsmann, Verwaltungsreform, S. 402–403.

An der Verantwortlichkeit der Minister gegenüber dem Parlament hielt Wachsmann ebenfalls fest; anders als die Leiter wirtschaftlicher Unternehmen sollten sie nicht (wie von Ritter angestrebt) eigenständig über die Ausgabengebarung entscheiden können. Hier habe sich gegenüber der konstitutionellen Monarchie nichts geändert: „Andernfalls, d. h. wenn der parlamentarische Ressortminister befugt wäre, eigenmächtig den Haushalt zu überschreiten, dessen Einnahmen er nicht steigern kann, da er von sich aus Einnahmequellen zu schaffen nicht in der Lage ist, so würde damit eine Willkürherrschaft ermöglicht, welche den Parlamentarismus in sein Gegenteil umkehrte." Globalhaushalte und Pauschquanten lehnte Wachsmann ebenfalls ab, denn die eigentliche Verantwortung des Staates bestehe eben nicht in Wirtschaftlichkeit, sondern in der Minimierung von Ausgaben, also in Sparsamkeit. Transparenz des Budgets und kleinteilige Zergliederung der Ausgabevollmachten dienten dieser Selbstbeschränkung des Staates. In dieser Vorstellung repräsentierte das Finanzministerium sowohl die „preußische" Tradition der Sparsamkeit als auch die unmittelbare Verpflichtung des Staates gegenüber der „Volksgesamtheit" (nicht: den Wählern!). Dabei kam Wachsmann zu dem angesichts der oben geschilderten budgetrechtlichen Traditionen durchaus erstaunlichen Schluss: „Das Haushaltsgesetz ist ein Gesetz wie jedes andere". Dieses war also mehr als ein Verwaltungsakt und damit bindend für die Amtsführung der Ministerien.[66]

Es war insofern nicht der Parlamentarismus, den Wachsmann infrage stellte und ablehnte, sondern der Weimarer Sozialstaat. Die sozialpolitische Transformation des Staates hin zur „Versorgungsanstalt" bedeutete für Wachsmann „Kriechen vor dem Demos", schlimmer: „Moskowitismus" und damit das Gegenteil von Sachlichkeit; die aus dem Kaiserreich fortexistierende Vetternwirtschaft der Vergangenheit werde auf diese Weise befördert durch die Auswüchse dilettantischer Parteiwirtschaft. Wachsmanns Lösung für die sozialen Probleme waren „vermehrte Arbeit, intensivste und rücksichtsloseste Ausnutzung aller Kräfte" statt „Staatsorganisation" der Wirtschaft sowie entschlossene „Führer" und ein opferbereites „Volk", zusammengehalten durch einen zweckmäßig aufgestellten „Verwaltungsapparat".[67] Wachsmann war zu diesem Zeitpunkt, dies erklärt seine unmittelbare Reaktion auf die Schrift Ritters, der für den Haushalt des Reichsarbeitsministeriums und des Reichswirtschaftsrats (sowie weitere sozial- und wirtschaftspolitische Etatposten) zuständige Referent der Haushaltsabteilung im Reichsfinanzministerium.[68] Wenn Ritter also in seinem Text den kleinlichen „Positionsgeist" und das fiskalische Unverständnis für wirtschaftliche Zusammenhänge aufseiten der

[66] Ebd., S. 403.
[67] Ebd., S. 405.
[68] Geschäftsverteilungsplan des Reichsfinanzministeriums, 15.5.1922, S. 6, BArch R2/50392, Bl. 54 RS.

Finanzverwaltung anprangerte, so konnte sich Wachsmann persönlich angesprochen fühlen. Trotz solcher Differenzen gab es aber auch Gemeinsamkeiten zwischen den beiden: Dazu zählten die Idee des „wirtschaftlichen Sparens" und die Forderung nach „führenden Persönlichkeiten", die das große Ganze repräsentieren konnten.[69]

Nach dem Intermezzo in der Reichskanzlei machte Wachsmann in den folgenden Jahren in der Haushaltsabteilung des Reichsfinanzministeriums Karriere. 1926 war er dort zum Leiter der Unterabteilung I a aufgestiegen, die über die Einzelhaushalte der Ministerien wachte. Dort blieb er, bis er 1930 ins Agrarministerium wechselte.[70] Seine praktischen Erfahrungen während der jährlichen Haushaltsverhandlungen brachte er wiederholt in seinen publizistischen Beiträgen zum Ausdruck. An seine Leser appellierte er, die Dringlichkeit der Situation in die Öffentlichkeit zu tragen. Politische Interventionen interessierter „Kreise der Wirtschaft" seien notwendig.[71] Wachsmanns wirtschaftsliberale Haltung wurde auch dort deutlich, wo er zur Verwaltungsvereinfachung Stellung nahm. Hier geißelte er das „Zuviel an Organisation", das dem Gefühl für die eigene „Verantwortlichkeit" sowohl beim Parlament als auch bei den Regierungen im Wege stehe. Die bestehenden Instanzen der Sparpolitik – den sogenannten Sparausschuss des Reichstags sowie den Reichssparkommissar – sah er Ende 1927 allesamt vom Zeitgeist der Ausgabenerhöhung betroffen. Letzterer, also der Saemisch unterstehende Apparat, sei mittlerweile sogar selbst ein Grund für die „Verschleppung und Verteuerung des Verwaltungsablaufs", da in ihm der überbordende Machtanspruch der Legislative gegenüber der Exekutive zum Ausdruck gebracht werde.[72]

Wenig erstaunlich war daher auch Wachsmanns Plädoyer für eine Stärkung des „kaum bekannten" Vetorechts des Reichsfinanzministers, da dieser damit zwar nicht die vom Reichstag beschlossenen oder anderswie verpflichtenden Ausgaben beschneiden, wohl aber alle sonstigen Ausgaben beeinflussen, also „Sparmaßnahmen nicht gesetzgeberischen Ursprunges" durchführen könne. Dieses Vetorecht sei bisher eine bloße „Geste", da jederzeit im Kabinett überstimmbar oder durch nachträgliche Beschlüsse von Reichsrat oder Reichstag aufhebbar. Zudem gelte es nicht für die Haushalte der Länder und Gemeinden, die einen wesentlichen Teil der Staatsfinanzwirtschaft ausmach-

[69] Wachsmann, Verwaltungsreform, S. 402; Ritter, Verwaltung, S. 21–22 und 30–43.

[70] Geschäftsverteilungsplan des Reichsfinanzministeriums, 12.10.1926, S. 4, BArch R2/GVPl. Bd. 1; Geschäftsverteilungsplan (1929), BArch R2/60580, Bl. 16 RS.

[71] Wachsmann, Bemerkungen [I], S. 2 und 4.; ders., Bemerkungen [II], S. 488; Reichsminister der Finanzen, Haushalt; Überblicke über den Entwurf der Reichshaushaltspläne für 1927, 4.1.1927, RT-Drucksache Nr. 2892, und für 1928, 31.8.1928, RT-Drucksache Nr. 361; Neumark, Reichshaushaltsplan (1929), S. 359–360; zur Einordnung in die zeitgenössische Debatte um die Intransparenz des Haushalts auch Heimann, Reichshaushalt, S. 43–44.

[72] Wachsmann, Probleme [I], S. 1053–1054; ders., Veto, S. 1178–1181.

ten. Es solle daher konsequenter dort angewendet werden, wo Ausgaben nicht „zwangsläufig" (also durch ein materielles Gesetz verpflichtend) zu leisten seien. Wachsmann ging aber noch weiter: De facto forderte er ein Vetorecht des Reichsfinanzministers gegen alle Gesetze mit finanzieller Wirkung, also einen Eingriff in die Legislative, und zwar jene der Länder, Gemeinden und des Reiches gleichermaßen. Die damit erreichte „Unabhängigkeit" der Regierung vom Parlament werde, so Wachsmann, auch der jeweiligen Volksvertretung willkommen sein, weil diese damit in ihren Beschlüssen den „parteipolitischen Rücksichten Rechnung tragen", zugleich aber die Verantwortung für deren „Nichtausführung" auf die Regierung abwälzen könne. Staatsfinanzen und parlamentarisches Regime ließen sich so gleichermaßen stabilisieren.[73]

Diese Argumentation imaginierte eine exekutive Hierarchie, in der das Reichsfinanzministerium über besondere Ermächtigungen verfügte. Damit verknüpfte Wachsmann die Vorstellung, eine „organische" Reform der Verwaltung sei möglich, die sich nicht auf „schematische" Rationalisierung durch Personalabbau beschränke, sondern alle Glieder einem „einheitlichen Willen" unterwerfe. Aufgrund der vielfältigen Konfliktlinien sowohl zwischen den Ressorts als auch zwischen den Ressorts und dem Reichstag sowie schließlich zwischen dem Reichstag und den Länderparlamenten sei diese Lösung aber nicht in Prozessen demokratischer Aushandlung zu finden: „Hier liegt", so Wachsmann, „das schwerste, eigentlich das ausschlaggebende Hindernis für die Durchführung einer wirklich entlastenden Verwaltungsvereinfachung: auch hier fehlt die Möglichkeit einer organischen Durchstaffelung und Kontraktion der Verwaltung mit einem einzigen Gipfel, wie sie den neueren Zeit- und Staatsverhältnissen entspräche."[74]

Damit war das auch von Popitz artikulierte Problem der „Polykratie" des Weimarer Staates benannt und die Frage der Reichsreform aufgeworfen. Wachsmann deklinierte die Vorstellung eines „geradezu babelturmhaften, kaum zu entwirrenden Verwaltungsgemisches" am Beispiel Preußens durch, das er schon 1927, also fünf Jahre vor dem sogenannten Preußenschlag gegen die dortige, sozialdemokratisch geführte Landesregierung, als eigenen Staatskörper für nicht mehr zeitgemäß hielt.[75] Ausgehend von der zunächst nur haushaltsrechtlichen Vetofrage gelangte Wachsmann so Mitte der 1920er-Jahre dazu, den „staatsrechtlichen Zustand" der Weimarer Republik grundsätzlich infrage zu stellen.[76] Solche Positionen können erklären, warum Wachsmann einige Jahre später wie Popitz und im Unterschied zu Dorn der nationalsozialistischen Staatsauffassung nahestand.

73 Wachsmann, Probleme [I], S. 1054; ders., Veto, S. 1179 und 1181.
74 Wachsmann, Probleme [I], S. 1055; ders., Bemerkungen [III], S. 1207.
75 Wachsmann, Probleme [II], S. 1080; ders., Probleme [III], S. 1128–1131.
76 Wachsmann, Veto, S. 1180.

Die drei Biografien zeigen Differenzen innerhalb der Beamtenschaft, aber auch gemeinsame Problemwahrnehmungen. Insbesondere wird deutlich, dass sich die Staatsdebatten, gerade in der Finanzbürokratie, seit den 1920er-Jahren immer stärker um die Wechselwirkungen zwischen Staatsverwaltung und Privatwirtschaft drehten. Damit verbunden wurde die Frage nach der „Persönlichkeit" des Beamten, nach stärkerem Handlungswillen und Unternehmensgeist in den Amtsstuben, nach kaufmännischen Gegenentwürfen zu routiniertem Schlendrian und seelenlosem Bürokratismus, nach administrativer Selbstverantwortung in einem wirtschaftlich agierenden Staat. Daraus entstand zugleich eine deutliche Skepsis gegenüber dem Parlamentarismus, da dieser die Entscheidungsmacht der Exekutive wie auch die Staatsverschlankung behindere. Institutionelle Umbauten, die autoritäre Ermächtigung einzelner Persönlichkeiten oder ein technokratisches Expertentum sollten Gegengewichte bilden. Zudem betraf diese Debatte aber ausbildungspraktische Aspekte, etwa die Infragestellung des Akademiker- und Juristenmonopols zugunsten einer stärker technischen und ökonomischen Ausrichtung des Verwaltungdienstes. Und nicht zuletzt wurde damit das Verhältnis von höherem, mittlerem und unterem Beamtentum thematisiert, dem je nach Staatskonzept unterschiedliche Rollen zukommen sollten.

Dies alles aber waren Probleme mit einer Vorgeschichte. Otto Hintze hatte schon zu Beginn des 20. Jahrhunderts formuliert, dass es sich beim Staat wie beim öffentlichen Beamtentum nicht um „eine Einrichtung, die von rein wirtschaftlichen Voraussetzungen beherrscht ist", handeln dürfe, „sondern um eine politische Institution, die den herrschaftlichen Charakter unseres Staatswesens ganz deutlich und unvertilgbar an sich trägt".[77] Während Hintze seinerzeit klar gegen Sozialdemokratie und Parlamentarismus sowie zugunsten der konstitutionellen Monarchie argumentierte, mussten der Bezug auf ein staatstragendes Beamtentum und die Verteidigung der Politik gegenüber der Wirtschaft in den Weimarer Jahren nicht zwangsläufig antirepublikanisch motiviert sein. Mit solchen Verweisen wurden zwar frühere Staatskonzeptionen aktualisiert, doch konnte damit auch eine aktuellere Skepsis gegenüber der zunehmenden Ökonomisierung von Staat und Verwaltung ausgedrückt werden. Diese Skepsis wurde bis in das demokratische Lager geteilt und nahm im Zuge der Weltwirtschaftskrise zu. Damit wirkten Erfahrungen und Episteme des 19. Jahrhunderts in der Weimarer Beamtenschaft nach, sie brachten aber nach den Ereignissen im Ersten Weltkrieg und den Krisenjahren der Republik, nicht zuletzt aufgrund transnationaler Vernetzungen der beteiligten Experten, veränderte Staatsvorstellungen und Staatspraktiken hervor.

[77] Hintze, Beamtenstand, S. 27, zur Vorgeschichte im Bereich der Ausbildungsdebatten ebd., S. 52–53.

In ähnlicher Weise hat Timothy Mitchell argumentiert, dass in der Zwischenkriegszeit „die Wirtschaft" als Gegenstand staatlichen Handelns präsenter wurde als zuvor und aus der dadurch erforderlich werdenden Abgrenzung „der Staat" verändert hervorgetreten sei. In einem historischen Moment, in dem die Zerfaserung der Grenzen zwischen beiden Bereichen de facto beständig zunahm, wurde in den entsprechenden Expertendiskursen also deren vermeintlicher Dualismus schärfer als zuvor thematisiert. Allerdings konnte gerade dadurch eine mögliche Annäherung legitimiert werden. Die Ausschaltung des demokratischen Kräftespiels etwa ließ sich sowohl mit dem Ziel betreiben, den Einfluss des Staates auf wirtschaftliche Entwicklungen zu stärken, als auch mit dem Ziel, die Wirtschaftlichkeit des Staates zu steigern.[78]

Konfliktlinien und Grenzziehungen

Das Reichsfinanzministerium war nicht nur innerhalb seiner höheren Beamtenschaft durch unterschiedliche Perspektiven geprägt. Eine Auflistung der dort angemeldeten Beamtenverbände ergab im Juli 1932 eine Zahl von 18 Organisationen, von denen sich allein sechs als Vertretungen der höheren beziehungsweise akademischen Beamtenschaft verstanden. Angesichts dieser Zersplitterung war schon bei der Einrichtung der reichsweiten Verwaltung 1919 die Anweisung ergangen, unter den verschiedenen Beamtenverbänden zumindest „Arbeitsgemeinschaften" zu bilden.[79] Bereits im August 1919 war die Interessengemeinschaft Deutscher Finanzbeamtenverbände in Heidelberg gegründet worden, die sich schwerpunktmäßig für die Rechte der mittleren Beamten und ihre Aufstiegsmöglichkeiten in höhere Stellen einsetzte. Ohnehin bestand eine starke Konkurrenz zwischen den akademischen Beamten und den Beamten des mittleren Dienstes.[80] So übte die Vertretung der mittleren Beamtenschaft – der Bund Deutscher Reichssteuerbeamten, der die *Steuer-Warte* herausgab und bei anderen Organisationen (etwa der Deutschen Finanzbeamten-Gewerkschaft) tendenziell als „links" galt – in der ersten Hälfte der 1920er-Jahre häufiger Kritik an der Sonderorganisation der akademischen Beamten und deren Standesdünkel.[81] Solche Frontlinien prägten auch die

[78] Mitchell, Society, bes. S. 93; ders., Limits; Graeber, Bürokratie, S. 51–52.

[79] Verzeichnis der Beamtenverbände in der Reichsfinanzverwaltung, in: RFBl. 14 (1932), 20, S. 83–84; Bericht über eine vom Herrn Reichsfinanzminister veranstaltete Tagung der Präsidenten der Landesfinanzämter im Reichsfinanzministerium, 24.10.1919, in: ebd. 1 (1919), 2, S. 29.

[80] N.N., Vor zehn Jahren, S. 429–430; N.N., Aufstiegsfrage, S. 291; Deutsche Zentralstelle für Berufsberatung, Berufe. Hierzu auch Nicholls, Beamtenschaft, S. 199–200.

[81] N.N., Hilf, S. 279; N.N., Zersplitterung, S. 218.

Beziehungen zwischen dem Ministerium und den nachgeordneten Behörden. So wurde vonseiten der Reichssteuerbeamten etwa darauf hingewiesen, dass es gerade die Referenten des Reichsfinanzministeriums seien, die über ihre Weisungen an die Landesfinanzämter das Juristenmonopol und damit die „ideelle Entrechtung der nichtakademischen Beamtenschaft“ zu befördern suchten.[82]

Seit 1926 näherten sich jedoch die verschiedenen Beamtenorganisationen an; die Deutsche Finanzbeamten-Gewerkschaft, der Bund oberer Reichsfinanzbeamten und der Bund Deutscher Reichssteuerbeamten schlossen sich im Februar 1927 in einem gemeinsamen Bund Deutscher Reichssteuerbeamten zusammen [Abb. 3]. Auf der Einigungskundgebung forderte Reichsfinanzminister Köhler auch die weiteren Organisationen, insbesondere die Vertretungen der akademischen Beamten, auf, sich dem Verband anzuschließen.[83] Daraufhin bildete sich die Arbeitsgemeinschaft Deutscher Reichssteuerbeamten, die den Reichsverband der akademischen Finanzbeamten und den Bund Deutscher Reichssteuerbeamten sowie den Verein bayerischer kameralistischer Finanzbeamten umfasste. Zu der 1928 stattfindenden Tagung des Reichsverbands der akademischen Finanzbeamten war dann auch der Bund Deutscher Reichssteuerbeamten geladen.[84]

Im Oktober 1928 waren in der Arbeitsgemeinschaft Deutscher Reichssteuerbeamten etwa 40000 Reichssteuerbeamte organisiert. Bei Gesprächen mit dem neuen Finanzminister Hilferding setzte sich die Arbeitsgemeinschaft für eine bessere Besoldung und gegen die Benachteiligungen durch die „Verwaltungsvereinfachung“ ein.[85] Gegenstand der internen Diskussion wie auch der öffentlichen Auseinandersetzung waren dabei immer wieder jene Beamten, die seit 1919 aufgrund des Personalmangels aus den abbauenden Verkehrsverwaltungen (insbesondere der Post) übernommen worden waren und aufgrund ihrer nichtakademischen Bildung von den Juristen in der Reichsfinanzverwaltung kritisch betrachtet wurden, insbesondere dann, wenn es um Fragen des „Härteausgleichs“ für diese Beamten ging.[86] Dies führte Mitte der 1920er-Jahre zu einer Initiative des Reichsfinanzministeriums mit dem Ziel, die ehema-

[82] N.N., Anweisungen, S. 164.

[83] N.N., Einigungs-Kundgebung, S. 82–83; N.N., Denkschrift, S. 117.

[84] N.N., Vorstellung, S. 485–486; Potzel, Abrechnung, S. 524; N.N., Reichsverband der akademischen Finanzbeamten.

[85] N.N., Reichsminister der Finanzen, S. 346.

[86] Potzel, Rede des Bundesvorsitzenden, S. 220–221; hierzu auch Steinkopf, Beamtenproblem, mit Verweis auf die Hintergründe dieses Konflikts, die in der Vielzahl nichtakademisch gebildeter Beamten des höheren Dienstes bei der Post begründet seien, denen die „Vollakademiker“ des Reichsfinanzministeriums und der Reichsfinanzverwaltung skeptisch gegenüberstünden.

Abbildung 3 – „Einigungstagung": Zusammenschluss im Bund Deutscher Reichssteuerbeamten, Plenarsaal des Preußischen Landtags, 1927

ligen Postbeamten zu erfassen und möglichst in ihre Ursprungsverwaltung zurückzuführen.[87]

In den Konflikten innerhalb der Beamtenschaft spielte somit die Frage des Juristenmonopols eine besondere Rolle.[88] Bei den Verhandlungen über die Vereinheitlichung der Finanzverwaltung war schon 1919 die Frage aufgetreten, welches Universitätsstudium für den Eintritt in den höheren Reichsfinanzdienst zur Vorbedingung gemacht werden sollte. Sowohl Erzberger als auch der damalige Staatssekretär Moesle hatten sich dafür eingesetzt, dass nicht nur Juristen, sondern auch Diplomkaufleute Zugang zum Ministerium und zur Reichsfinanzverwaltung bekommen sollten. Diese Bemühungen hatten aber nur geringe Effekte gezeitigt, zumal diejenigen, die im Ministerium für die Personalpolitik Verantwortung trugen, allesamt die Juristenlaufbahn absolviert

[87] Reichsfinanzminister an den Reichspostminister, 17.6.1925; sowie Reichsfinanzminister an die Präsidenten der Landesfinanzämter, den Präsidenten des Reichsmonopolamtes für Branntwein und den Vorsteher des Reichsfinanzzeugamtes, 17.6.1925, beide BArch R43 I/932, Bl. 263–267.

[88] Zum Kontext dieser Debatte Nicholls, Beamtenschaft, S. 200–201; Luttenberger, Verwaltung, S. 287–351.

hatten.[89] Nachdem ein Artikel in der *Deutschen Allgemeinen Zeitung* unter dem Titel „Der Volkswirt in der Steuerverwaltung" Mitte 1925 die fortbestehende Notwendigkeit juristischer Bildung betont hatte, wies allerdings ein Beiträger der *Steuer-Warte* darauf hin, dass „der Jurist in der Steuerverwaltung nicht am Platze" sei, da logisches Denken und praktisch erworbenes Wissen von größerer Bedeutung als Rechtskenntnisse seien. Wichtiger als Vorbildung seien Begabung und Leistung sowie die Möglichkeit, in der Ausbildungszeit in der Verwaltung nicht nur „Listen führen, Akten heften und Bescheide ausschreiben" zu müssen – denn: „mit Heftnadel und Heftzwirn dringt man nicht in die Tiefe der Dinge ein." Die verbreitete Rationalisierungsrhetorik aufgreifend, argumentierte die *Steuer-Warte* auch mit dem „Gebot der Wirtschaftlichkeit". Dieses mache es unerlässlich, das Juristenmonopol für die Reichsfinanzverwaltung aufzugeben und die mittleren Beamten zu fördern.[90]

Die Öffnung der Staatsadministration für die Prinzipien der Ökonomie spielte ab Mitte der 1920er-Jahre somit vor allem für die mittlere Beamtenschaft eine Rolle, nicht zuletzt als Aufstiegsstrategie. Entsprechendes Wissen sei auch deshalb notwendig, weil die Reichsfinanzverwaltung beständig Gegenstand der Anfeindung und Kritik aus Wirtschaftskreisen sowie der breiten Öffentlichkeit sei, so die *Steuer-Warte*. Die „Wirtschaft" sei zwar ein Kampfbegriff, dem inhaltlich entgegenzutreten sei, aber die ökonomische Dynamik müsse sowohl die Ausbildung der Beamten prägen als auch ihr alltägliches Handeln: „Aus den bewegenden Kräften, die das Neue bauen, darf der Beamte sich nicht ausschließen. Er hat die besondere Pflicht mitzuarbeiten, wozu ihn nur eine umfassendere Bildung befähigen kann, die ihn auch außerhalb seiner engeren Berufstätigkeit liegende Dinge verstehen läßt." Dies sei eine neue, persönliche Form der „Staatsgesinnung".[91] Diese Gesinnung und die damit verbundene Haltung gegenüber der „Wirtschaft" waren innerhalb der Beamtenschaft allerdings nicht unumstritten. Die Positionen reichten von politisch formulierter Abwehr bis hin zu konkreten Vorschlägen, wie eine bewusste Arbeitsökonomie in der Verwaltung aussehen sollte.[92]

Beispielsweise lieferte die mittlere Beamtenschaft im Verlauf der 1920er-Jahre Konzepte, welche die zeitgenössischen, vor allem von den Verkehrs-, Arbeits- und Militärverwaltungen sowie der Technischen Hochschule Berlin vorangetriebenen Bemühungen um eine wissenschaftlich fundierte „Psychotechnik" als Basis der Personalauslese in den Reichsbehörden aufgriffen.[93] Der im Reichsfinanzministerium tätige Obersteuersekretär Herbert Krieger

[89] Bundesministerium der Finanzen, Reichsschatzkammer, S. 253–256; Pausch, 250 Jahre, S. 126.

[90] Röttscher, Wirtschaftlichkeit, S. 219; ders., Juristen.

[91] Wiese, Beamtenfortbildung.

[92] Kowsky, Interesse; N.N., 1925–1928, bes. S. 1; allgemein Haußmann, Büroreform.

[93] Schreiben des Reichssparkommissars an den Reichsminister der Finanzen, 23.1.1929,

hatte schon 1924 eine Studie zu „Auswahl und Aufstieg der Beamten unter Anwendung der Psychotechnik" veröffentlicht, die er als „Beitrag zur Verwaltungsreform und zur modernen Auslesemethode" verstanden wissen wollte. Sie erschien als erster Band einer Schriftenreihe der Arbeitsgemeinschaft zur Förderung und zum Ausbau der Beamtenwissenschaft. Darin plädierte Krieger für die Berücksichtigung psychologischer Erkenntnisse bei Auswahlverfahren: Dies sei eine Möglichkeit für die Verwaltung, aus den Erfahrungen der privatwirtschaftlichen Betriebe zu lernen.[94] Mit solchen Initiativen war Krieger innerhalb des Finanzressorts in dieser Phase allerdings isoliert. Zwar nahmen Vertreter des Ministeriums am Ende der 1920er-Jahre kurzzeitig an Besprechungen mit dem Reichssparkommissar über den Einsatz psychotechnischer Methoden teil, letztlich erachteten sie diese Ansätze aber als wenig nützlich. Auch in anderen Verwaltungen spielten entsprechende Eignungsuntersuchungen vorwiegend bei unteren und mittleren Beamtenlaufbahnen eine Rolle und wurden nicht herangezogen, um die Leistungsfähigkeit für gehobene Berufe mit einem „gewissen Bildungsniveau" zu prüfen.[95] Auf der ministeriellen Ebene wurde der individuellen Motivation und psychologischen Eignung offenbar eine untergeordnete Bedeutung gegenüber der inhaltlichen (weiterhin vor allem juristischen) Vorbildung zugeschrieben.[96]

So waren im Reichsfinanzministerium verschiedene Bestrebungen zur Reform der Beamtenausbildung mithilfe volkswirtschaftlicher oder staatswissenschaftlicher Inhalte zu beobachten, ohne dass daraus tiefgreifende Veränderungen hervorgingen.[97] Aus interministeriellen Beratungen unter Federführung des Reichsjustizministeriums resultierte zwar 1930 eine Reich-Länder-Vereinbarung zur Ausbildungsordnung. Diese hielt aber am Primat der rechtswissenschaftlichen Ausbildung fest, wenngleich die Lehrpläne um

BArch R2/22673, Bl. 2; sowie den Vermerk des Regierungsrats Gabriel im Reichsfinanzministerium, 4.7.1929, ebd., Bl. 6; Couvé, Eignungsuntersuchungen, S. 583–585.

94 Krieger, Auswahl, S. 4 und 24; Misera, Organisationsveränderungen, S. 205–208.

95 Vermerk betr. Teilnahme von Beamten der Reichsfinanzverwaltung am IV. psychotechnischen Lehrgang der DIWIV, 24.8.1929, BArch R2/22673, Bl. 20; Vermerk betr. Abordnung von Reichsfinanzbeamten zum V. psychotechnischen Lehrgang der DIWIV, 20.9.1930, ebd., Bl. 29; hierzu auch Misera, Organisationsveränderungen, S. 208–209; Couvé, Eignungsuntersuchungen, S. 583.

96 Misera, Organisationsveränderungen, S. 210, der argumentiert, dass in diese Lücke dann die nationalsozialistische Ideologie stieß, die „fachliche Qualifikation und Motivierung zu verbinden" versucht habe.

97 Bruck, Ausbildungsproblem; Drews, Berufsbildung, der für eine Trennung der Studiengänge der Justizjuristen und der Verwaltungsbeamten eintrat. Parallel dazu sind Bestrebungen zu sehen, die u. a. vom Verein für Socialpolitik unterstützt wurden und das Ansehen des nationalökonomischen Studiums heben wollten, hierzu Breuckmann, Vorbereitung, S. 58; Daviet-Vincent, Élites, S. 70–73.

nationalökonomische und öffentlich-rechtliche Inhalte erweitert wurden.[98] Parallel hatten sich Vertreter des Reichsfinanzministeriums darum bemüht, das Finanz- und Steuerrecht besser in die Studienpläne der juristischen Fakultäten einzubauen, jedoch ebenfalls ohne großen Erfolg. Einzig in Tübingen, wo noch die frühere staatswissenschaftliche Ausrichtung nachwirkte, bestand kurzzeitig eine Professur für Finanz- und Steuerrecht. An einigen Universitäten wurden außerdem in geringem Umfang entsprechende Vorlesungen in das Curriculum aufgenommen. 1926 wurde in Köln das erste Ordinariat für Finanzwissenschaft eingerichtet, das Fritz Karl Mann innehatte. Erst 1942 aber wurde ein Lehrstuhl für deutsches und internationales Finanz- und Steuerrecht eingerichtet, besetzt mit Ottmar Bühler an der Universität Köln.[99]

Zu einer Reform der rechts- und staatswissenschaftlichen Ausbildung, welche die spätere Spezialisierung der Absolventen in unterschiedlichen Verwaltungs- und Berufszweigen einbezogen hätte, kam es also in den Weimarer Jahren nicht.[100] Auch ein entsprechender Vorschlag des Landesfinanzamtspräsidenten Otto von Claer aus Kassel, der ein dreieinhalbjähriges Referendariat bei den Organen der Finanzverwaltung anstelle der volljuristischen Gerichts- und Regierungsreferendariate vorsah, konnte sich nicht durchsetzen. Stattdessen blieb es bei verschiedenen Regelungen der Ausbildungsinhalte und Laufbahnen auf Reichs- und Länderebene, die im Effekt eher den juristischen Wissensanteil stärkten, vor allem aber einen Übergangszustand beschrieben, da sie nicht zu einem einheitlichen Programm zusammengefasst wurden.[101] Zwischen 1927 und 1933 wurde dann das Regierungsreferendariat sogar ganz zugunsten des Gerichtsreferendariats abgeschafft, diese Maßnahme aber unter nationalsozialistischer Herrschaft wieder aufgehoben. Erst 1937 wurde eine separate Ausbildungsordnung für den höheren Verwaltungsdienst eingeführt, die eine Sonderausbildung nunmehr unter Hervorhebung des Regierungsreferendariats vorsah; hier lag die Federführung aber beim Innenministerium. Darin wurde ausdrücklich verlangt, dass Bewerber für den höheren Verwaltungsdienst schon während des juristischen Studiums in

[98] Breuckmann, Vorbereitung, S. 59; Caplan, Government, S. 49–50. Die 1933 im nationalsozialistischen Staat eingeführte neue Ausbildungsordnung knüpfte hier an, vgl. die Verordnung und die Ministerbekanntmachung über die Vorbedingungen für den höheren Justiz- und Verwaltungsdienst vom 17.7. und 27.9.1933, dazu Breuckmann, Vorbereitung, S. 60–61.

[99] Pausch, 250 Jahre, S. 128.

[100] In Preußen wurde hingegen der Zugang zur höheren Verwaltungslaufbahn modifiziert durch das Gesetz über die Befähigung zum höheren Verwaltungsdienst vom 8.7.1920, das eine Berufung in die höhere Beamtenlaufbahn der Innen- oder Finanzverwaltung bei entsprechender fachlicher Vorbildung und nach einer dreijährigen Bewährungszeit auch ohne akademisches Studium erlaubte, hierzu Grotkopp, Beamtentum, S. 39–40.

[101] Witt, Reichsfinanzminister, S. 55–56; Breuckmann, Vorbereitung, S. 55–65; Collin, Treffräume, S. 14–16.

besonderem Maße auch Verwaltungsrecht, Finanzwissenschaft und Volkswirtschaftslehre belegen sollten. 1942 wurde dann verordnet, dass „bis auf weiteres“ auch ein volkswirtschaftliches Diplomstudium als Vorbedingung für den höheren Verwaltungsdienst anerkannt werden konnte – eine Regelung, die in den Kriegsjahren aber kaum noch Anwendung fand.[102]

Ausbildung und Selbstbildung

Die programmatischen Debatten um die Grenzen des Juristenmonopols und die Relevanz ökonomischer Denktechniken, die verschiedene Statusgruppen innerhalb der Reichsfinanzverwaltung führten, zogen sich über Jahre hin, ohne dass grundlegende Änderungen festgeschrieben wurden. Konkrete Entscheidungen über Ausbildung und Fortbildung der Beamtenschaft resultierten stattdessen vor allem aus dem Mangel an Fachkräften. Zudem sollten die unterschiedlichen Erfahrungen aus den Landesverwaltungen sinnvoll zusammengeführt werden.[103] Mitte der 1920er-Jahre waren die Ausbildungswege in groben Zügen konturiert, nun verstärkten sich die bereits angedeuteten systematischen Ordnungsversuche. Dies wirkte sich auch im Reichsfinanzministerium aus. Kurz bevor Popitz die erwähnte Denkschrift publizierte, wurde unter seiner Leitung im Ministerium durch die Abtrennung der Aus- und Fortbildungsfragen vom Personalreferat erstmals ein eigenes Ausbildungsreferat geschaffen.[104]

Parallel nahm die Kritik an den bisherigen Lehrinhalten ebenso wie die Eigeninitiative der mittleren Beamtenschaft im Bereich der Fortbildung zu. Im Rahmen der Haushaltsverhandlungen wurde 1925 die Forderung laut, sich der Ausbildung der Beamtenschaft in der Reichsfinanzverwaltung gezielter zu widmen. Auch die Beamtenorganisationen forderten, „nachdem die Reichsfinanzverwaltung ihre Daseinsberechtigung oder richtiger die Notwen-

[102] Verordnung über die Ausbildung für den höheren Dienst in der allgemeinen und inneren Verwaltung, 29.6.1937 (RGBl. I, S. 666); Erste Durchführungs- und Überleitungsvorschrift zur Verordnung über die Ausbildung für den höheren Dienst in der allgemeinen und inneren Verwaltung, 31.12.1937 (ebd., S. 2); Verordnung zur Änderung der Verordnung über die Ausbildung für den höheren Dienst in der allgemeinen und inneren Verwaltung vom 24.4.1942 (ebd., S. 241). Hierzu Breuckmann, Vorbereitung; Gutachten über die juristische Ausbildung; sowie Kap. III.2.

[103] Denkschrift über den Stand der Organisation der Reichsfinanzverwaltung (unter Beschränkung auf das Gebiet der Besitz- und Verkehrssteuern), 18.10.1920, RT-Drucksache Nr. 644. Zur koordinativen Rolle des Reichsfinanzministeriums Luttenberger, Verwaltung, S. 302–305.

[104] Pausch, 250 Jahre, S. 134–135.

digkeit ihres Daseins nachgewiesen" habe, nun „an die Ausführung des § 9 der Reichsabgabenordnung planmäßig" heranzugehen. Dies mache es notwendig, für die höheren Beamten als wissenschaftliche Vorbildung neben der Rechtswissenschaft auch Volkswirtschaftslehre einzuführen und die praktische Ausbildung während des Referendariats nicht nur auf den höheren Justizdienst zu beschränken, sondern auf die Finanzbehörden auszudehnen. Anwärter des gehobenen mittleren Finanzdienstes sollten nach dem Abitur direkt in die praktische Ausbildung eintreten und parallel durch Kurse unterrichtet werden. Besondere Fähigkeiten und der Aufstiegswille der Beamten – insbesondere der nicht akademisch gebildeten – sollten gefördert werden.[105]

1927 konstatierte ein Beitrag in der *Steuer-Warte*, dass die Reichsfinanzverwaltung zwar in den vergangenen Jahren insbesondere die Ausbildung der Anwärter für den gehobenen mittleren Dienst weiter vereinheitlicht habe. Doch genüge die bisherige Ausbildung „bei weitem nicht" den Bedürfnissen. Sie sei „zu einseitig, gewissermaßen zu handwerksmäßig, nur darauf bedacht, dem Prüfling den Inhalt der Steuergesetze einzuhämmern". Zur ordentlichen Verwaltungspraxis gehöre aber nicht allein die Kenntnis der Steuergesetzgebung, vielmehr brauche es ein breiteres Wissen: „Jeder Steuerbeamte muß ein großes Maß an Kenntnis des Erbrechtes, Hypothekenrechtes, Gesellschaftsrechtes usw. haben, sowie befähigt sein, die wirtschaftlichen Vorgänge verstehen und auswerten zu können. Auch bisher ist den Anwärtern Unterricht in diesen Fächern erteilt worden, aber der Unterricht hat vielfach nicht genügt." In der bestehenden Form sei die Ausbildung des Nachwuchses daher nicht in der Lage, „mit der Entwicklung der Wirtschaft gleichen Schritt" zu halten.[106] Die *Steuer-Warte* schlug daher eine längere Ausbildungsdauer vor, inklusive der Teilnahme an einem zentral konzipierten Hochschulkurs über Steuerrecht, Verwaltungsrecht, Bürgerliches Recht, Handelsrecht, Gesellschaftsrecht, Finanzwissenschaft, Volkswirtschaft und Buchführung. Damit wurden Ansätze wieder aufgegriffen, die im Winter 1919/20 im Rahmen der kurzfristigen Lehrgänge für die neuen Finanzbeamten schon erprobt worden waren. Der Hochschullehrgang sollte mindestens ein Jahr in Anspruch nehmen und an die bestehenden Beamtenhochschulen, die sogenannten Verwaltungsakademien, angegliedert sein. Die höheren Kosten für die verlängerte und verwissenschaftlichte Ausbildung sollten dadurch aufgefangen werden, dass sich die Anwärter (ähnlich wie die Volksschullehrer) verpflichteten, nach bestandenem Examen mindestens fünf Jahre im Dienst der Verwaltung zu bleiben oder anteilmäßig Geld zurückzubezahlen.

105 Röttscher, Ausbildung, S. 278–279; N.N., Vorbildung, S. 362; Denkschrift über die Erhaltung des Freien Aufstiegs.

106 Jacobsen, Ausbildung, S. 459–460, dort auch zum Folgenden.

Während hier also die systematische Annäherung der Ausbildungsvorgaben des mittleren Dienstes an die wissenschaftlichen Standards der höheren Laufbahnen und an ökonomische Erfordernisse hervorgehoben wurde, betonten andere Vertreter der mittleren Beamtenschaft – in Anlehnung an eine Formulierung von Becker – die Notwendigkeit, den „Blick für die Wirklichkeit" stärker zu berücksichtigen. Anstelle einer akademischen Ausbildung solle die praktische Erfahrung in ihrer Bedeutung gestärkt werden. Hierzu zählte der Vorschlag des sächsischen Innenministers Willibalt Apelt (DDP), der 1927 einen „Normalbeamtentypus" ohne universitären Hintergrund forderte, sich damit aber nicht durchsetzen konnte. Wirkmächtiger war die Stellungnahme des Steuerrechtlers Albert Hensel, der im *Steuer-Archiv* dafür plädiert hatte, dass auch mittlere Beamte sich über Selbststudium zum „wissenschaftlichen Denken" befähigen sollten. Hensel zielte damit aber ebenfalls nicht auf den Erwerb theoretischer Kenntnisse, sondern auf das Engagement eigenständiger „Persönlichkeiten" und die Fähigkeit zur „Verantwortung". Gerade diese Betonung des persönlichen Faktors kam den Vertretungen der mittleren Beamtenschaft entgegen, die daraus das organisationspolitische Argument ableiteten, dass entsprechend geeignete mittlere Beamte zu gleichen Leistungen wie die akademisch vorgebildeten Beamten und damit auch zum Aufstieg in leitende Positionen befähigt seien.[107] Generell forderten die Vertretungen der mittleren Beamtenschaft größere individuelle Handlungsspielräume, um die Bedürfnisse der Wirtschaft und das Vertrauen der Steuerpflichtigen berücksichtigen zu können und sich dabei von den „bürokratischen" Vorgaben durch Reichsgesetze und Ministerialerlasse nicht einschränken zu lassen.[108]

Eine wichtige Rolle in diesen Diskussionen spielten die Verwaltungsakademien, die ihren Ursprung 1919 im Innenministerium genommen hatten. Sie richteten sich sowohl an die mittleren als auch die höheren Beamten und sollten als unabhängige, aber verwaltungsnahe Bildungsorganisationen der wissenschaftlichen Fortbildung dienen.[109] 1926 wurde der Reichsverband Deutscher Verwaltungsakademien gegründet. Den Vorsitz übernahm der ehemalige Reichsfinanzminister Schiffer, der die Akademien als Organisationen des „Berufsbeamtentums", des „Deutschtums" und des „Staatsgedankens" beschrieb.[110] Seit 1925 wurden im Reichsfinanzministerium die Zertifikate der Verwaltungsakademien zu den Personalakten genommen; eine wirkliche

[107] Eggers, Notwendigkeit, S. 66; Hensel, Fortbildung, S. 1–6 und 33–38, bes. S. 2 und 6.

[108] Potzel, Rede des Bundesvorsitzenden S. 216; Eggers, Steuerzahler, S. 170.

[109] N.N., Zweite fachwissenschaftliche Woche [IV], S. 402. Das DIWIV veranstaltete dann beispielsweise im WS 1927/28 eine Vortragsreihe „Das neuzeitliche Behördenbüro" an der Universität Berlin, vgl. N.N., Informationskursus, S. 486; hierzu auch Luttenberger, Verwaltung, S. 312–351.

[110] Schiffer, Verwaltungs-Akademie, S. 289–290; ders., Berufsbeamtentum, S. 301–302; N.N., Verwaltungsakademien, S. 188.

Anerkennung der entsprechenden Abschlusszeugnisse hatte die mittlere Beamtenschaft aber vergeblich gefordert.[111] Zu diesem Zeitpunkt bestanden im Reich neun Verwaltungsakademien sowie weitere neun Beamtenhochschulen. Das Vorlesungsprogramm der Berliner Akademie umfasste die Bereiche der Staats- und Wirtschaftswissenschaft, der Rechtswissenschaft, der Auslandswissenschaft, der Fachwissenschaft (Steuerrecht) sowie weitere Gebiete. Zu den renommierten Dozenten zählten der Präsident des Statistischen Reichsamtes und Gründer des Instituts für Konjunkturforschung Ernst Wagemann, der Staatsrechtler Friedrich Poetzsch-Heffter, der Nationalökonom Arnold Bergstraesser sowie Rolf Grabower und Johannes Schwandt aus dem Reichsfinanzministerium. Johannes Popitz referierte schon seit dem Wintersemester 1919/1920 an der Berliner Akademie, offenbar mit regem Zuspruch.[112] Im Jahr 1929 konnte man am Standort Berlin auf über 20000 Hörer seit der Gründung im Jahr 1919 verweisen. Das zu diesem Zeitpunkt formulierte Ziel lautete, den Beamten seiner „Führerstellung in Staat und Volk" gemäß auszubilden. Das Leitbild des Beamten als einer gebildeten, leistungsstarken „Persönlichkeit" war für die Ausrichtung der Verwaltungsakademien insgesamt wichtig.[113]

Auch in diesem Rahmen wurde die engere Verbindung von Staatsgesinnung und ökonomischem Denken diskutiert. So argumentierte die *Steuer-Warte*: „Wenn man früher sagen konnte ‚Der Staat ist Schicksal', so ist man heute versucht, dafür zu setzen ‚Die Wirtschaft ist Schicksal'. […] Bei der mannigfachen Berührung zwischen der Wirtschaft und den Beauftragten des Staates wird es immer notwendiger, der Wirtschaft gegenüber ebenbürtig aufzutreten. Das läßt sich nicht allein mit Fachkenntnissen erreichen, sondern erfordert auch Kenntnisse auf anderen Gebieten, sei es auf rechtswissenschaftlichem, volkswirtschaftlichem oder finanzpolitischem Gebiet." Durch die Verwaltungsakademien werde eine solche Erweiterung der Kenntnisse ermöglicht, die ebenso wie eine verbesserte materielle und rechtliche Lage den Status der Beamtenschaft in der Gesellschaft stärke. Gerade die Fragilität der Weimarer Staatsverhältnisse wurde damit als Chance für die Beamtenpersönlichkeit beschrieben: „Wir befinden uns noch in einer Übergangszeit. Was einst Zukunft war, ist heute Gegenwart und wird morgen Vergangenheit sein. Mehr als im Obrigkeitsstaat ist der Beamte in das flutende Leben hineingestellt. Neue Kräfte sind am Werk. Auch durch unsere Arbeit muß dieses neue Leben fluten, damit wir vor dem Schema und dem Bürokratismus bewahrt bleiben." Das Streben der Beamten nach breiterer Bildung stelle einen aktiven Beitrag zu diesem

111 Steuer-Warte 5 (1926), 1, S. 14; N.N., Bewertung, S. 365; Eggers, Beamtenhochschule, S. 244; Fattmann, Bildungsbürger, S. 188.

112 N.N., Verwaltungs-Akademien und Beamtenhochschulen, S. 309; N.N., Verwaltungs-Akademie Berlin, S. 367; Brosinsky, Studienstatistik, S. 22–31.

113 N.N., Bildung, S. 479; Wiese, Beamtenfortbildung, S. 422; Krieger, Studium.

Abbildung 4 – Der Beamte als „Persönlichkeit“: Rolf Grabower in seinem Arbeitszimmer in Berlin, um 1925

dauernden Wandel dar, zugleich aber eine Strategie, die den Staat gegen allzu starke ökonomische Einflüsse absichern solle: „Wenn eingangs gesagt wurde, die Wirtschaft ist Schicksal, so steht über dem doch die Persönlichkeit mit dem Willen zur Staatsgesinnung und mit ihrer Hingabe an den Staat, dem wir dienen und mit dem wir auf Gedeih und Verderb verbunden sind, der daher letzten Endes doch unser Schicksal ist.“[114]

Ergänzt wurden die Verwaltungsakademien durch Initiativen, die aus den Kreisen der Beamtenschaft hervorgingen, vor allem durch die sogenannten Fachwissenschaftlichen Wochen. Diese sollten die Zugänglichkeit der Fortbildungsangebote für Beamte aus kleineren Städten erhöhen, denn in dieser Hinsicht war die Reichsfinanzverwaltung gegenüber anderen Verwaltungen Mitte der 1920er-Jahre im Rückstand.[115] Die Fachwissenschaftlichen Wochen standen theoretisch allen Laufbahngruppen offen. Als Dozenten traten in Berlin vor allem die Fachreferenten des Ministeriums auf, an anderen Standorten waren es leitende Beamte der Landesfinanzämter, Finanzamtsvorsteher

[114] Wiese, Beamtenfortbildung.

[115] Kyris, Fortbildung, S. 362–363; N.N., Erste fachwissenschaftliche Woche [I], S. 294–295.

und zum Teil auch Universitätsprofessoren wie der erwähnte Steuerrechtler Hensel. Die Tagungen zielten darauf, nicht nur fachliches Wissen zu vermitteln, sondern zugleich Netzwerke zwischen den Außenverwaltungen und der Verwaltungsspitze zu bilden sowie die Verwaltungspraxis durch den Erfahrungs- und Gedankenaustausch zu vereinheitlichen.[116] Die Förderung durch das Ministerium war zunächst zurückhaltend; zwar gab es für die interessierten Beamten Sonderurlaub, jedoch keine Zuschüsse, da man die vorhandenen Mittel für eigene Veranstaltungen nutzen wollte.[117]

Die erste Fachwissenschaftliche Woche wurde Ende Oktober 1925 an der Berliner Universität durchgeführt, geprägt von Vorträgen jener Ministerialreferenten, die zu diesem Zeitpunkt für die Schliebensche Steuerreform verantwortlich waren. Die zweite Fachwissenschaftliche Woche, die im Oktober 1926 stattfand, wurde erstmals auf Erlass des Ministeriums durch eine Beihilfe gefördert.[118] Aufgrund der hohen Zahl von Anmeldungen fand sie im Auditorium Maximum statt, wo sich insgesamt 600 Teilnehmer einfanden. Die stärkste Gruppe bildeten Beamte aus der Besoldungsgruppe VII (34,3 Prozent), der höhere Dienst war hingegen kaum vertreten (sechs Prozent). Die Begrüßung übernahm der ehemalige Vereinfachungskommissar Bill Drews. Dieser bedauerte, dass nicht alle Beamten der Verwaltung die Vorlesungen besuchten könnten, denn in „der R.F.V. sei mehr in Gärung als in allen anderen Verwaltungen"; dort gehe „man ja auch mit der sagenhaften Verwaltungsreform voran, an die sich bisher niemand in der Praxis herangetraut habe".[119]

Im darauffolgenden Jahr, wiederum in Berlin, wurde für die dritte Fachwissenschaftliche Woche erstmals ein Leitthema definiert, nämlich „Steuer und Wirtschaft". Damit wurden auch hier die „Wirtschaftlichkeit" der administrativen Praxis und die „Verwaltungsreform" nach dem Vorbild privatwirtschaftlicher Betriebe in den Fokus gerückt ebenso wie das „selbständige Denken", durch das sich die Beamtenschaft den Bedürfnissen der Wirtschaft annähern sollte.[120] In den folgenden Jahren fanden regelmäßig Fachwissenschaftliche Wochen statt, bei denen neben steuerrechtlichen auch immer wieder wirtschaftspolitische Themen besprochen wurden.[121] Seit 1929 wurde sowohl im Frühjahr als auch im Herbst eine solche Tagung abgehalten; anders als seine

[116] Pausch, 250 Jahre, S. 138; Zusammenfassung der Fortbildungsmaßnahmen im Bund Deutscher Reichssteuerbeamten, Geschäftsbericht, S. 19–20.

[117] N.N., Erste fachwissenschaftliche Woche [I], S. 295.

[118] N.N., Erste fachwissenschaftliche Woche [II], S. 348–349; N.N., Zweite fachwissenschaftliche Woche [I], S. 338; N.N., Zweite fachwissenschaftliche Woche [II], S. 355.

[119] N.N., Zweite fachwissenschaftliche Woche [III], S. 380–381; N.N., Zweite fachwissenschaftliche Woche [IV], S. 401–402.

[120] N.N., Dritte fachwissenschaftliche Woche [I], S. 327–328; N.N., Willkommen zur Dritten fachwissenschaftlichen Woche, S. 364–365.

[121] N.N., Vierte fachwissenschaftliche Woche [I], S. 284–285; N.N., Willkommen zur Vier-

Amtsvorgänger erschien dort auch der Reichsfinanzminister Rudolf Hilferding. Ende 1928 konnten die Fachwissenschaftlichen Wochen aller Verwaltungen auf eine Teilnehmerzahl von etwas über 21000 zurückblicken, für die Reichssteuerverwaltung kam man auf 3754 Teilnehmer.[122] Trotz solcher Erfolge stießen die Fachwissenschaftlichen Wochen in der Reichsfinanzverwaltung auch auf Kritik, weil sie dem Ministerium die Verantwortung für eine einheitliche Aus- und Fortbildung abnahmen und fakultativ blieben.[123]

Während es diese Initiativen der mittleren Beamtenschaft eher distanziert begleitete, organisierte das Ministerium eigene Bildungsveranstaltungen für die höhere Beamtenschaft (die man daher auch nicht zu den Fachwissenschaftlichen Wochen abordnete). Dafür griff das Ressort Initiativen anderer Träger auf. Dazu zählten die Angebote der Deutschen Hochschule für Politik, die „neben der sachlichen Ausbildung eine Vertiefung der politischen Bildung" anstrebten und im Dienstgebäude des Ministeriums beworben wurden.[124] Als wegweisend für die Annäherung von Steuerrecht und Wirtschaftslehre galt eine Vortragsreihe an der Universität Bonn unter Leitung von Popitz und Zarden.[125] Führende Beamte des Reichsfinanzministeriums übernahmen in diesem Rahmen akademische Lehraufträge. Popitz war schon seit 1920 als Lehrbeauftragter an der Handelshochschule Berlin tätig und wurde, wie erwähnt, zwei Jahre später zum Honorarprofessor für Steuerrecht und Finanzwissenschaft an der Juristischen Fakultät der Universität Berlin berufen. Dorn begründete an der Handelshochschule eine fortlaufende Vorlesungsreihe über Finanz- und Steuerrecht, die auch die internationale Rechtslage berücksichtigte, Grabower war seit 1929 dort Lehrbeauftragter für Steuerrecht. Der Regierungsrat Kurt Ball, der 1920 die erste systematische Einführung in das Steuerrecht verfasste, habilitierte sich 1926 an der Handelshochschule.[126]

ten fachwissenschaftlichen Woche, S. 321–322; N.N., Vierte fachwissenschaftliche Woche [II], S. 371–373.

122 N.N., Fünfte fachwissenschaftliche Woche, S. 85–86; N.N., Eröffnung der Fünften Fachwoche, S. 129–131; N.N., Sechste fachwissenschaftliche Woche, S. 445–446; Foto von 1929, in: Steuer-Warte 8 (1929), 22, S. 567; N.N., Bildung, S. 478.

123 Röttscher, Bedeutung, S. 413.

124 N.N., Scheidung, S. 447–448; Rundschreiben des Reichsministers des Inneren, mitgeteilt als Verfügung vom 4.6.1926, in: Nachrichten des Reichsfinanzministeriums, 7.6.1926, BArch R2/31796; Bekanntmachung vom 14.11.1928, in: ebd., 29.11.1928, BArch R2/50760.

125 N.N., Steuer- und Betriebswirtschaft, S. 409; Popitz an die Präsidenten der Landesfinanzämter betr. Vorträge über die Zusammenhänge zwischen Steuern und Betriebswirtschaft, 21.5.1927, BArch R2/50760, Bl. 122–123; Pausch, 250 Jahre, S. 139–140. Hierzu auch Reichsfinanzministerium, Zusammenhang. Beiträge dazu in Deutsche Steuerzeitung (1927), S. 864 und 1465; Juristische Wochenschrift (1927), S. 2968; Steuer und Wirtschaft (1927), S. 1033; Steuer-Archiv (1927), S. 346.

126 Pausch, 250 Jahre, S. 130.

Einschlägig für die Fortbildung der höheren Beamtenschaft waren aber vor allem die Lehrgänge der Deutschen Vereinigung für Staatswissenschaftliche Fortbildung, die zur Erweiterung der Kenntnisse „auf volkswirtschaftlichem und juristischem Gebiete" beitragen sollten.[127] Diese Vorlesungen entstanden nach dem Vorbild der vom Nationalökonomen Max Sering in Preußen bereits vor dem Weltkrieg ins Leben gerufenen staatswissenschaftlichen Kurse.[128] Zwischen 1928 und 1931 veröffentlichte Bernhard Harms insgesamt vier dieser umfangreichen Vorlesungsreihen zum vergünstigten Preis für die Ministerialbeamten: Beginnend mit den *Strukturwandlungen der deutschen Volkswirtschaft* (1928) folgten *Recht und Staat im neuen Deutschland* (1929) sowie *Volk und Reich der Deutschen* (1929), abgeschlossen wurde die Reihe durch die Bände zu *Kapital und Kapitalismus* (1931).[129] Die Führungsriege des Reichsfinanzministeriums spielte in diesen Vortragsreihen eine prominente Rolle. So trugen zur ersten Reihe die beiden Staatssekretäre Popitz und Bergmann sowie Willi Prion als ehemaliger Berater des Ministeriums Texte zur Staatsfinanzwirtschaft und zum Geld- und Kapitalmarkt bei. In der folgenden Runde war Popitz sogar mit zwei Beiträgen vertreten, Dorn steuerte einen Vortrag zu den internationalen Bedingungen deutscher Souveränität bei. Popitz beschrieb in seiner Vorlesung die Gegenwart als grundsätzlich problematisch und ungeordnet, ihr mangele es an „Klarheit". Diese fehlende Ordnung belaste nicht zuletzt die höhere Beamtenschaft der Reichsfinanzverwaltung: Sie werde zwar weiterhin nur auf Länderebene ausgebildet und später vom Reich, also dem Ministerium, übernommen; ihr Status aber unterliege zugleich einer Vielzahl von reichsgesetzlichen Regelungen. So kam er zu dem Fazit: „Überblickt man das Ganze, so kann man nur zu dem Urteil kommen: etwas systematisch Durchdachtes, in sich Geschlossenes liegt in keiner Weise vor. Wir leben vielmehr in einem Zustande der Entwicklung der Verhältnisse, in einer Übergangszeit mit allen ihren Nachteilen." Nötig sei daher eine andere Erfassung des Staatlichen „unabhängig von den einzelnen juristischen Normen der Verfassung".[130]

[127] Entsprechender Vermerk vom 7.3.1928, BArch R2/50760; sowie die Verfügungen vom 1.3.1921, in: Nachrichten des Reichsfinanzministeriums, 2.3.1921, BArch R2/50391; sowie vom 17.1.1927, in: ebd., 19.1.1927, BArch R2/31796.

[128] Batocki, Staatsreferendar, S. 21–22.

[129] Meldung betr. Vertrieb von Werken zum Zwecke der allgemeinen Fortbildung der Angehörigen der Reichsfinanzverwaltung, 13.7.1929, in: Nachrichten des Reichsfinanzministeriums, Nr. 33, 22.7.1929, BArch R2/31796; Harms, Strukturwandlungen; ders., Recht; ders, Volk; ders., Kapital.

[130] Popitz, Probleme, S. 450; ders., Wandlungen, S. 153, 160, 168 und 175. Zu den Folgen dieser Rekrutierungsweise für die demokratische Haltung der entsprechenden Beamten Brecht, Nähe, S. 381.

Eine ähnliche Wahrnehmung vertrat der demokratische Staatsrechtler Gerhard Lassar in seiner Vorlesung über „Die reichseigene Verwaltung", obgleich er dem Weimarer Staat weniger kritisch gegenübertrat als Popitz. In seinem Beitrag behandelte Lassar die „weitgehende Rechtssetzungsbefugnis" der Exekutive, die seit dem Ersten Weltkrieg in Deutschland und anderen Ländern durch Verordnungsregime entstanden sei. Besonders der Herbst 1923 und die damit verbundene Stabilisierungskrise hätten diesen Weg befördert, der sich letztlich „als der richtige erwiesen" habe, weil er staatliche „Leistung" ermöglichte. Die Kritik an einer solchen Ausdehnung und möglichen Intransparenz staatlicher Macht sei nicht falsch, doch garantiere diese Entwicklung zugleich die Souveränität des Weimarer Staates. Kurz: „Mißgriffe und Überschreitungen des rechtlich Zulässigen sind im einzelnen sicher vorgekommen. Darauf kommt es aber nicht an. Wo gehobelt wird, fliegen Späne."[131] Eine gewisse (Selbst-)Ermächtigung der Exekutive wurde in diesen Lehrmaterialien also gerade von republikanischer Seite als notwendiger Schritt vermittelt, um die Effektivität demokratischen Regierens abzusichern und so die Fähigkeit des Staates zu erhalten, Ordnung zu schaffen.

Die dritte Reihe enthielt unter anderem einen Vortrag von Popitz zu Zentralismus und Selbstverwaltung, auch die abschließenden Bände ließen Popitz, unterdessen von seinem Amt zurückgetreten, sowie den ehemaligen Minister Hilferding und den neuen Staatssekretär Hans Schäffer zu Wort kommen. Zu den Autoren zählten neben der Ministerialelite und demokratischen Politikern wie Hilferding, Willy Hellpach oder Hendrik de Man vor allem einflussreiche Nationalökonomen und jüngere Volkswirtschaftler, darunter Werner Sombart, Gerhard Colm, Joseph Schumpeter, Edgar Salin, Emil Lederer, Wilhelm Röpke und Ernst Wagemann. Popitz beharrte in seinem Beitrag neuerlich darauf, dass der Staat „außerhalb der Wirtschaft" stehen müsse – insgesamt war der Fokus der Vorlesungen nun aber verstärkt auf die Funktionsweisen des Wirtschaftslebens gerichtet. Schäffer, der aus dem Reichswirtschaftsministerium kam, hob die vielfältigen Notwendigkeiten für staatliche Interventionen im Bereich des Ökonomischen hervor. Während er der Reichsfinanzverwaltung weiteren Abbau prophezeite, lenkte er seine „Zuversicht" für die Zukunft auf „denkende Köpfe und schreibende Hände", also auf Experten.[132]

Das Verhältnis von Staat und Wirtschaft war im Kontext der Ausbildungs- und Fortbildungsprogramme der Finanzbürokratie also ein bestimmendes Thema. Dabei wurde auf verschiedenen Ebenen das Spannungsfeld von staatlicher Sparsamkeit und administrativer Handlungsfreiheit, juristischem Wissen und ökonomischer Expertise sowie von rechtsstaatlichen Normen und politischer Leistungsfähigkeit erkennbar. Dies galt nicht nur auf einer theoretischen Ebe-

131 Lassar, Verwaltung, S. 242–243.

132 Popitz, Kapitalbildung, S. 255 und 268–269; Schäffer, Problematik, S. 52.

ne, denn die daraus resultierenden Konflikte reichten tief in die Lebenswelt der beteiligten Beamtenschaft hinein, nicht zuletzt in der Frage ihrer Besoldung.

Beamtenhetze und Besoldungsordnung

Als der Reparationsagent Parker Gilbert am 20. Oktober 1927 in seinem Memorandum an die deutsche Regierung die Tendenz der Regierungspolitik „in der Richtung erhöhter Ausgaben und vermehrter Verpflichtungen" kritisierte, verwies er an prominenter Stelle auf die beabsichtigte Erhöhung der Beamtengehälter.[133] Diese – „allen diktatorischen Vereinfachungs- und Einsparungsmaßnahmen zuwiderlaufende"[134] – Maßnahme hatte der zu diesem Zeitpunkt amtierende Reichsfinanzminister Heinrich Köhler (Zentrum) entscheidend vorangetrieben. Doch die Besoldungsfrage war auch zuvor schon ein Dauerthema gewesen. Unter dem Reichsfinanzminister Otto von Schlieben hatte dies 1925 zu Auseinandersetzungen mit den Beamtenorganisationen und zu einem Kampf um Gehälter geführt, in dem das Ministerium die Bedeutung von „Leistung" betonte, während die Beamtenvertretungen den Gedanken sozialer „Gemeinschaft" und „Volksgesamtheit" hervorhoben.[135] Während von Schlieben dabei die kritische Wirtschafts- und Finanzlage heranzog, konstatierte die Beamtenschaft, „daß es bald so aussehe, als ob die Reichsregierung durch die Verelendung weiter Schichten der Bevölkerung im Laufe der Zeit den Nachweis erbringen wolle, daß die Reparationsleistungen auf die Dauer nicht erfüllt werden könnten." Die Reichsführung solle sich der politischen Folgen für den Staat bewusst sein, die durch eine fortgesetzte Nichtbeachtung der „berechtigten Wünsche der stark gefährdeten Beamtenschaft" entstünden. Der für den Reichshaushalt zuständige Ministerialdirektor Karl Lothholz verwies dagegen auf die Stimmen ökonomischer Experten, die vor den inflationären Folgen jeder „Notstandsaktion" zugunsten der Beamten warnten.[136]

Die Beamtenvertretungen sahen sich also als Spielball einer außenpolitisch begründeten Verelendungspolitik und organisierten Proteste, bei denen sie den Vertrauensverlust gegenüber dem Ministerium und der Reichsregierung zum

[133] Memorandum des Reparationsagenten, S. 15 und 19–21.

[134] Schulz, Demokratie, Bd. 1, S. 549.

[135] N.N., Vertrauenskrise, S. 290; Caplan, Government, S. 76–83, zur späteren Anschlussfähigkeit solcher Positionen für die nationalsozialistische Beamtenpolitik auch ebd., S. 110.

[136] N.N., Lied, S. 306–307 und 366; Denkschrift des Reichsfinanzministeriums über die Entwicklung der Besoldung der Reichsbeamten von 1897 bis Dez. 1924, 22.1.1925, RT-Drucksache Nr. 407; sowie die Stellungnahme des Deutschen Beamtenbundes zur Denkschrift des Reichsministers der Finanzen über die Besoldung der Beamten, 19.3.1925, BArch R43 I/2567.

Ausdruck brachten. Im Oktober 1925 fand eine vom Deutschen Beamtenbund veranstaltete Demonstration in Berlin statt, an der auch die Reichsfinanzbeamten teilnahmen. Im Januar 1926 intervenierten die Vertretungen der Steuerbeamten beim Reichstag und bei Popitz. Die tagespolitische Kritik an der ausbleibenden Besoldungsreform verband sich mit dem Eindruck, in der Weimarer Gesellschaft generell marginalisiert zu sein.[137] Immer wieder wurde die „Beamtenhetze" beklagt, die zusammen mit der Autorität der Beamten auch die „Staatsautorität" untergrabe. Anstatt einer sachlichen Behandlung entsprechender Fragen sei eine ausgreifende „Beamten-Psychose" zu beobachten, der von der Regierung nicht entschlossen genug begegnet werde. Damit werde das genuine Treue- und Schutzverhältnis zwischen Beamtenschaft und Staat infrage gestellt und die Entscheidungsmacht jenen Kreisen übertragen, die von sich behaupteten, sie seien „die Wirtschaft".[138]

Der liberaldemokratische Reichsfinanzminister Peter Reinhold, der von 1926 bis 1927 amtierte, hatte die Beamtenschaft zwar öffentlich gegen solche Angriffe verteidigt, aber daraus keine besoldungspolitischen Schritte abgeleitet, zumal er andererseits aus seiner Skepsis gegenüber den Auswüchsen des administrativen Apparats keinen Hehl machte. Entschlossenere Schritte in Richtung einer Besoldungsreform unternahm erst sein Nachfolger Köhler. Dieser stammte aus der mittleren Zollverwaltung und bestand trotz seiner langjährigen Verwaltungslaufbahn darauf, „kein Bürokrat" zu sein. Zudem inszenierte er sich als Vertreter der nichtakademischen Schichten innerhalb der Beamtenschaft. In seinen 1964 publizierten Erinnerungen verleumdete Köhler seinen Amtsvorgänger als verlängerten Arm des „jüdischen" Kapitals und einer internationalen Verschwörung von Reparationsregime, Großindustrie und Großbanken. Unter Köhlers Ägide wurden die Beamtenvertretungen dann informell an den Vorverhandlungen des Referentenentwurfs für eine neue Besoldungsordnung beteiligt.[139] Spielraum für eine solche Reform war entstanden, weil zum 1. April 1926 die seit 1920 geltende Sperre für Besoldungserhöhungen auslief und auch die entsprechenden Regelungen der Personalabbauverordnung von 1923 nicht mehr griffen. Nicht nur die Beamtenorganisationen mit ihren Protestkampagnen, sondern auch die meisten der im Reichstag vertretenen Parteien sowie die Länder hatten sich daher der Besoldungsfrage angenommen. Köhler reagierte darauf im Juni 1927 mit einer Presseerklärung, in der er die Wirtschaftslage für stabil und eine Reform der Besoldungsordnung zum 1. Oktober für machbar erklärte. Nachdem man sich

[137] N.N., Lied, S. 366–367; N.N., Besprechung; N.N., Reichstag; N.N., Gefährdung.
[138] N.N., Beamtenhetze; N.N., 1925–1926, S. 1.
[139] N.N., Beamtenhetze, S. 321; Reichsfinanzminister Dr. Köhler übernimmt sein Amt, WTB, Nr. 176, 1.2.1927, BArch R43 I/933, Bl. 209; N.N., Klarheit; Köhler, Lebenserinnerungen, S. 189, 192 und 214–215; ders., Rede zur Besoldungsordnung.

im interfraktionellen Ausschuss rasch auf eine gemeinsame Strategie geeinigt hatte, übernahm Köhler die Aushandlungen mit den Ländern.[140] Auf einer Kundgebung des Deutschen Beamtenbundes in Magdeburg am 11. September 1927 kündigte er schließlich erhebliche Erhöhungen bei den Grundgehältern der Beamten an. Die vorgesehenen Erhöhungssätze – 25 Prozent bei den unteren, 21 Prozent bei den mittleren und 17,7 Prozent bei den höheren Besoldungsgruppen – waren höher als erwartet und sorgten für Kontroversen. Nicht zuletzt stießen die Pläne auf den Widerstand der höheren Beamtenschaft in den Reichsressorts, die bei der Aufstellung des Entwurfs nicht konsultiert worden waren.[141]

Die Reichskanzlei und das zu diesem Zeitpunkt unter sozialdemokratischer Führung stehende preußische Innenministerium stießen sich daran, dass vor allem den unteren Besoldungsgruppen Vorteile entstehen sollten, und forderten auch die Besserstellung der leitenden Beamten, insbesondere der Oberpräsidenten und Ministerialräte, was Köhler ablehnte. Das von Julius Curtius (DVP) geleitete Reichswirtschaftsministerium erkannte zwar die staatspolitische Notwendigkeit der Reform an, kritisierte aber ihre volkswirtschaftlichen Folgen. Dem schloss sich der Reichsverband der Deutschen Industrie in öffentlichen Stellungnahmen an. Köhler wies diese Kritik nicht nur im Kabinett und im persönlichen Gespräch mit Parker Gilbert zurück, sondern nutzte auch den Haushaltsausschuss strategisch als halböffentlichen Raum, um die Position der Reichsregierung bekannt zu machen, ohne unmittelbar mit der Presse zu sprechen. Die Darstellung der Besoldungsreform im Ausschuss verband er mit einer ausführlichen Rede zur finanzpolitischen Situation und zu den Erfolgen der Sparpolitik.[142] In seiner offiziellen Antwort an den Reparationsagenten verwies er hingegen vor allem auf die Gefahr wachsender

[140] Frerich/Frey, Handbuch, S. 225; zur Personalabbauverordnung auch nachfolgend Kap. II.2. Hierzu und zum Folgenden Schulz, Demokratie, Bd. 1, S. 549–564; Haungs, Reichspräsident, S. 217–229; Besprechung mit den Ministerpräsidenten der Länder, 3.10.1927, AdR, Kabinette Marx III/IV, Bd. 2, Dok. Nr. 307; Vermerk MinRat Vogel über eine Besprechung des Reichsfinanzministers mit den Finanzministern der Länder am 5.10.1927, ebd., Dok. Nr. 311.

[141] Die Rede des Reichsfinanzministers über die Besoldungsreform, in: WTB, Nr. 1567, 11.9.1927, BArch R43 I/2581, Bl. 292–293; Ministerbesprechung und Kabinettssitzung bzgl. des Entwurfs eines Besoldungsgesetzes und einer Besoldungsordnung, 10.9.1927, AdR, Kabinett Marx III/IV, Bd. 2, Dok. Nr. 291, dort auch zum Folgenden; Clingan, Finance, S. 138–139; Vertrauliche Niederschrift über die interministerielle Sitzung im Reichsfinanzministerium betr. Neuordnung der Besoldung, 16.8.1927, BArch R43 I/2568.

[142] Schulz, Demokratie, Bd. 1, S. 552–553 und 556–557; sowie die entsprechenden strategischen Erwägungen bei der Ministerbesprechung betr. Reparationspolitik, 24.10.1927, AdR, Kabinette Marx III/IV, Bd. 2, Dok. Nr. 324; sowie das Protokoll der 260. Sitzung des Ausschusses für den Reichshaushalt, 26.10.1927, bei der auch die Grenzen der Vertraulichkeit der Verhandlung diskutiert wurden.

„Unzuverlässigkeit“ der Beamtenschaft aufgrund der unzureichenden Besoldung. Zugleich versicherte Köhler, dass sich die Reichsregierung gemeinsam mit dem Reichssparkommissar intensiv einer „wirtschaftlichen“ Etatgestaltung sowie „einer rationellen Gestaltung des Verwaltungsapparates“ im Rahmen einer grundlegenden Reichsreform widme.[143]

Im Dezember 1927 wurde die Besoldungsreform schließlich gesetzlich verabschiedet. Letztlich trug sie nicht dazu bei, das Vertrauen der mittleren Beamtenschaft dauerhaft zu stärken, die schon ein Jahr darauf enttäuscht konstatierte, dass „Dr. Köhler kein Erzberger“ sei. Die Beamtenorganisationen zeigten sich unzufrieden, da die neue Besoldungsordnung de facto die Unterschiede zwischen den Beamtengruppen eher erhöhte als abmilderte. Durch ein System von Zulagen schuf sie Spielräume, die in den folgenden Jahren vor allem den höheren Beamten zugutekam. Das (vermutlich nicht zuletzt durch die zahlreichen scharfen Proteste gegen die Besoldungserhöhung ausgelöste) Gefühl, dass die Reichsfinanzverwaltung in der Öffentlichkeit ungestraft als „Parasit am Volke“ verleumdet werden durfte, setzte sich im Staatsapparat daher ebenso fort wie der Eindruck, dass die Arbeits- und Aufstiegsbedingungen für die Beamtenschaft unzureichend waren. Das Streben nach Veränderung der Verhältnisse und der Eindruck des Ungeordneten blieben somit nicht nur an der Spitze des Ministeriums, sondern auch innerhalb dieser weitverzweigten Verwaltung weiterhin einflussreich.[144]

So bilanzierte die *Steuer-Warte* im Jahr 1928: „Enttäuschungen über Enttäuschungen, wohin wir auch blicken! Nach einer kurzen, personalpolitisch günstigen Konjunkturzeit beim ersten Aufbau der Verwaltung, die übrigens auch nur einem Teil der damals schon vorhandenen Arbeitskräfte einen vorübergehenden Vorteil bot, kam naturgemäß der Rückschlag, und nun stehen wir schon seit einigen Jahren vor einem personalpolitischen Chaos [...]. Die gewiß beachtenswerte Besserung, die der damalige Herr Reichsminister der Finanzen Dr. Köhler mit der Gestaltung des Etats 1927 brachte, war wohl die einzige nennenswerte dieser Maßnahmen. Sie konnte aber niemals als die Maßnahme der Gesundung der Verhältnisse betrachtet werden. Sie durfte nur als der erste Schritt auf dem Wege zur Sanierung gelten. Unsere Hoffnung setzen wir nun auf die Neugestaltung der Besoldungsordnung.“[145] Für die Beamtenschaft war

143 Erwiderung der Reichsregierung vom 5.11.1927 auf das Memorandum des Generalagenten vom 20.10.1927, in: Memorandum des Reparationsagenten, S. 58–59; Schulz, Demokratie, Bd. 1, S. 557–558; Caplan, Government, S. 88.

144 Besoldungsgesetz, 16.12.1927 (RGBl. I, S. 349); Köhler, Epilog, S. 209–210; Caplan, Government, S. 86 und 89; dies., Civil Service, S. 183. Darauf verweist Caplan, Government, S. 86.

145 N.N., Gebot der Stunde, S. 393. Dies setzte sich dann in der Forschungsliteratur fort, die der Weimarer Reichsfinanzpolitik attestierte, „niemals das Stadium permanenter Improvisationen“ verlassen zu haben, so Schulz, Demokratie, Bd. 1, S. 561.

damit vor allem das Ziel der Verbesserung der eigenen materiellen Situation und der administrativen Arbeitsbedingungen verbunden. Die Unzufriedenheit richtete sich darüber hinaus gegen einen Staat, der (noch immer) nicht in der Lage schien, die gesellschaftlichen Verhältnisse zu ordnen. Diese kritische Dynamik konnte sich aber auch gegen das Finanzressort selbst wenden, als dieses in der Mitte der 1920er-Jahre selbst zum Objekt der Rationalisierung wurde.

II.2 Rationalisierungen und die „Umbildung" des Ministeriums

In den 1920er-Jahren ging die Ministerialbürokratie von der Bewältigung akuter Notstände zunehmend in Reformprogramme über, die eine längerfristige Perspektive haben sollten. Aus der „Vereinfachung" als Sparaktion entstand so, zumindest zeitweilig, die „Rationalisierung" als Modernisierungsvorhaben. Damit verband sich wiederum die größere Frage, inwieweit in der Staatstechnik ökonomische Kriterien an die Stelle politischer Kategorien treten konnten und an welcher Stelle dieses Spektrums das Reichsfinanzministerium anzusiedeln war. War es ein „politisches" oder ein „wirtschaftliches" Ressort? Welchen Einfluss sollten wirtschaftliche Kriterien und entsprechende Interessenverbände auf das Handeln und die Entscheidungen der Regierung in der Finanzpolitik nehmen können? Sollte das ausgeglichene „Budget" weiterhin die zentrale Rolle für die Staatsfinanzierung spielen oder stand stattdessen eine „einheitliche Wirtschafts- und Finanzpolitik" im Vordergrund?[146] Und was bedeutete es für die Machtstellung des Ministeriums, wenn die demokratische Öffentlichkeit nicht länger nur nach Ersparnismöglichkeiten, sondern verstärkt nach dem Nutzeffekt von Maßnahmen fragte?

Schon 1921 hatte der Wirtschaftswissenschaftler Theodor Otto Cassau im *Vorwärts* dafür plädiert, die Reformen des Staatsapparats zu einer „Arbeit des Reichstages" zu machen, denn diese dürften „nicht in der Dunkelkammer des Amtsgeheimnisses vor sich gehen" und könnten „auch nicht vom Finanzministerium geleistet werden, das eher Objekt als Subjekt einer solchen Arbeit sein sollte." Cassau wollte also die Verantwortung für die Erneuerung der staatlichen Verwaltungen von der Regierung auf das Parlament verlagern, dies jedoch nicht aus politischen Gründen, sondern weil er in der Wirtschaft das eigentliche Zentrum der Staatsaufgaben sah. Zugleich forderte er die „geistige Umbildung der Beamtenschaft", die sich an den Umgang mit der Öffentlichkeit gewöhnen müsse, statt diese nur für „aktive Ressortreklame" zu nutzen.[147] Mit der Erwartung, dass die Reichsverwaltungen effizienter und transparenter arbeiten und zu diesem Zweck reorganisiert werden müssten, sah sich das Finanzressort im Verlauf der 1920er-Jahre also zunehmend konfrontiert. Dabei standen aber nicht nur administrative Techniken oder allgemeine Sparpotenziale, sondern auch insti-

[146] Votum des Auswärtigen Amtes zu dem Vorschlag des Präsidenten Carl wegen der Reform der Reichsverwaltung, o. D., BArch R43 I/1946, Bl. 184–185; sowie die Einladung zu einem „vertraulichen" Vortrag über „Die Erneuerung der öffentlichen Verwaltung" durch den Hansa-Bund, 8.1.1921, ebd., Bl. 190; Denkschrift des Reichsministers des Innern über die Vereinheitlichung und Vereinfachung der Reichsverwaltung, o. D., ebd., Bl. 225 RS.

[147] Cassau, Reform.

https://doi.org/10.1515/9783110712261-007

tutionelle Machtverhältnisse zur Diskussion. Exemplarisch ablesen lassen sich diese Entwicklungen an der Institution des Reichssparkommissars, der dem Ministerium zu Beginn der 1920er-Jahre an die Seite gestellt wurde.

Ministerium und Sparkommissariat

Die kurzzeitige Einsetzung des „Finanzdiktators" Friedrich Carl im Oktober 1920, die bereits erwähnt worden ist, hatte noch auf Handlungsformen der Kriegszeit zurückgegriffen. Schon im Jahr 1917 war der preußische Innenminister Drews in ähnlicher Weise als „Kommissar für die Verwaltungsreform" ermächtigt worden, die Verwaltungsarbeit zu vereinfachen und zu verbilligen. Zwei Jahre später hatte Drews seine Ausarbeitungen veröffentlicht und dazu aufgerufen, aus den Kriegsjahren zu lernen, dass Verwaltung nach „dem Empfinden der neuen Zeit" nicht mehr „Kleinigkeitskrämerei" sein dürfe, sondern „alle vorhandenen Kräfte frei und selbständig gewähren zu lassen [habe], soweit das Wohl des Staates es irgend zuläßt." Für die richtige Nutzung solch individueller Spielräume jenseits bürokratischer Routinen sei es nicht zuletzt nötig, auf „Persönlichkeiten" zu setzen.[148] Die aus dem Krieg kommende Vorstellung, dass die Ermächtigung Einzelner im Staatsapparat notwendig sei, wirkte auch in den Debatten der 1920er-Jahre fort. Erweitert aber wurde dieser nationale Erfahrungshorizont nun durch die Erwartung der Reparationsgläubiger, dass die Führung des deutschen Staates Einsparungen im eigenen Apparat durchsetzen und dabei entschlossen vorgehen sollte.

So forderte die wirtschaftsliberale *Vossische Zeitung* im August 1921, dass nach dem Rücktritt Carls endlich eine „Persönlichkeit" an die Seite des Reichsfinanzministers gestellt werden müsse, die „mit Machtmitteln ausgestattet" sei, nicht zuletzt, um eine „zwangsweise" Kontrolle der Reichsfinanzen durch die Entente zu vermeiden. Im Reichstag brachte die DVP sogar ein besonderes Ministerium für Vereinfachungsmaßnahmen in Spiel. Die Reichsregierung hielt dem allerdings entgegen, dass „Männer nicht Maßnahmen" gefordert seien. Um sowohl der öffentlichen Meinung als auch den Forderungen der Reparationskommission Genüge zu tun und zugleich gegenüber dem Innenressort eigene Akzente in der Verwaltungsreform zu setzen, erbat der Reichsfinanzminister Andreas Hermes dann im Mai 1922 im Kabinett die Ermächtigung, eine eigene Instanz zu schaffen, die für „sparsamste Wirtschaftsführung" der Reichsverwaltungen sorgen sollte.[149]

[148] Haußmann, Büroreform, S. 9; Drews, Grundzüge, S. 4. Zu dieser Vorgeschichte Kap. I.3.

[149] Wo bleibt der Sparkommissar?, in: Vossische Zeitung, Morgen-Ausgabe, Nr. 374, 11.8.1921, S. 1; Reichsschatzminister an die übrigen Reichsministerien, 12.12.1921,

Damit ging die Initiative in der Vereinfachungsfrage vom Reichsinnenministerium und der dort seit dem Vorjahr bestehenden Kommission wieder auf das Reichsfinanzministerium über. Während das Innenressort sich an der Sparkommission des britischen Parlaments unter Eric Geddes orientiert hatte und daher die verantwortlichen Ressorts in die Überlegungen mit einbinden wollte, sah das Finanzressort hier eine primär fiskalische Aufgabe. Diese dürfe nicht durch Kabinettspolitik und die „dem Herrn Reichsminister des Innern obliegende Wahrnehmung der Interessen der Beamtenschaft" behindert werden.[150] Dem wiederum hielt das Innenressort entgegen, dass die „Verwaltungsreform" nicht allein „unter dem Gesichtspunkt der Sparsamkeitsaktion" gesehen werden dürfe. Mehr noch als die Kosten seien die „Umständlichkeit und Rückständigkeit der Reichsverwaltung" Gegenstände der öffentlichen Kritik. Wichtiger als „Streichungsversuche um jeden Preis" sei daher die „sachliche Arbeit", beispielsweise die Aufgabe der kameralistischen zugunsten einer kaufmännischen Führung des Reichshaushalts.[151] Letztlich aber setzte sich im November 1922 das Finanzressort im Kabinett durch. Die Berufung des Reichssparkommissars war insofern ein institutioneller Sieg des Reichsfinanzministeriums in den Konflikten, die um die Federführung in diesem Bereich ausgetragen wurden; sie stärkte zugleich den Austeritätsansatz gegenüber breiteren Rationalisierungs- und Reformabsichten. Nicht zuletzt wusste die Reichsregierung mit dieser Entscheidung die internationalen Gläubigerinstitutionen auf ihrer Seite.[152]

Der Mann, der Ende 1922 diese Aufgabe übernahm, war Friedrich Ernst Moritz Saemisch. Er stammte ursprünglich aus der preußischen Verwaltung, war 1916 ins Reichsschatzamt gewechselt, im Jahr 1921 unter dem Ministerpräsidenten Adam Stegerwald (Zentrum) kurzzeitig preußischer Finanzminister

BArch R43 I/1947, Bl. 233; Bilfinger, Reichssparkommissar, S. 22–23; Kabinettssitzung, betr. Besprechung des Reichsministers der Finanzen mit der Reparationskommission in Paris, 11.5.1922, AdR, Kabinette Wirth I/II, Bd. 2, Dok. Nr. 269; Schulz, Demokratie, Bd. 1, S. 527.

150 Geheimes Schreiben des Reichsfinanzministers an die Reichsregierung, 9.12.1921, BArch R43 I/1947, Bl. 168; Bericht über die bisherige Tätigkeit der Kommission zur Vereinfachung und Vereinheitlichung der Reichsverwaltung, 15.12.1921, ebd., Bl. 202; Reichsinnenminister an den Reichskanzler betr. Vereinfachung der Reichsverwaltung, 5.5.1922, ebd., Bl. 272. Zur Geddes-Kommission McDonald, Geddes-Committee.

151 Denkschrift des Reichsinnenministeriums über Ersparnismaßnahmen und Reform der inneren Verwaltung, 23.5.1922, BArch R43 I/1947, Bl. 292–299; sowie die Anlage: Bisheriger Verlauf der Arbeiten zur Vereinfachung und Vereinheitlichung der Reichsverwaltung, ebd., Bl. 302. Hierzu auch Arnold Brecht, Die Ausgaben der deutschen Reichsverwaltung. Versuch einer genauen Übersicht, in: Der Wiederaufbau. Zeitschrift für Weltwirtschaft, 22.12.1922, Nr. 26/27, BArch R43 I/1948, Bl. 5–7.

152 Reichsfinanzminister an das Reichsministerium, 23.11.1922, BArch R43 I/1947, Bl. 366; Kabinettsbeschluss vom 23.11.1922, betr. Einsetzung eines Reichssparkommissars, AdR, Kabinett Cuno, Bd. 1, Dok. Nr. 4; Ausführungen des Reichsfinanzministers Hermes bei der Kabinettssitzung vom 22.11.1922, ebd., Dok. Nr. 2.

gewesen und seit 1922 Präsident des Rechnungshofs des Deutschen Reiches, was er bis 1938 blieb. Als Vertreter des Reichsfinanzministeriums bei den Verfassungsberatungen hatte Saemisch schon 1919, wie bereits gesehen, mit technokratischen Argumenten für eine stärkere Autonomie der Exekutive gegenüber dem Parlament und für ein „Notverordnungsrecht" im Haushaltswesen plädiert.[153] Als Reichssparkommissar widmete sich Saemisch nun sowohl der Reorganisation einzelner Ressorts (auch des Reichsfinanzministeriums, für das eine Teilung in Haushalts- und Steuerministerium sowie eine rationellere Gestaltung der RHO zur Diskussion standen) als auch konkreten Praktiken der Gesetzgebung und des Regierens.[154] Im Herbst 1923 wurde Saemischs Position noch einmal gestärkt, als die Weimarer Demokratie angesichts von Hyperinflation und Regierungskrise wiederum auf Ermächtigungsgesetze sowie auf Diktaturverordnungen gemäß Artikel 48 der WRV zurückgriff.[155]

Vorangegangen war dem eine längere Debatte darüber, ob Saemisch als Teil der Regierung angesehen werden sollte oder, von der Regierung losgelöst, als „Sparsamkeitskommissar oder Diktator". Letztlich war es Saemisch selbst, der eine diktatorische Ermächtigung ablehnte, um den Charakter eines Organs, das außerhalb der regulären Exekutive angesiedelt war, zu vermeiden.[156] Stattdessen drang er auf einen regelmäßigen Zugang zu Kabinettssitzungen, was zunächst auf den Widerstand des Reichsfinanzministeriums stieß. Nachdem Saemisch jedoch die Stärkung der Landesfinanzämter mitbetrieb, unterstützte ihn das Finanzressort im Gegenzug in seinem Bemühen, an den Kabinetts-

[153] Verhandlungen der verfassunggebenden Deutschen Nationalversammlung, Bd. 336, Nr. 391, S. 145–146. Als preußischer Finanzminister hatte Saemisch zudem mit Blick auf die rechtliche Organisation des Staatsministeriums argumentiert, dass „man mit formalen Bestimmungen bei weitem nicht so weit komme wie mit der tatsächlichen Praxis", hierzu seine Stellungnahme im Hauptausschuss des Preußischen Landtags, 59. Sitzung, 25.10.1921, zit. bei Bilfinger, Reichssparkommissar, S. 15, mit Verweis auf Glum, Stellung, S. 54–55, Anm. 1.

[154] Vermerk der Reichskanzlei für die Besprechung mit Herrn Minister Saemisch, o. D., BArch R43 I/1947, Bl. 383; Liste der Sparkommissare, o. D., ebd., Bl. 402; Reichskanzler an sämtliche Reichsminister, 4.1.1923, ebd., Bl. 403; Vermerk zur Besprechung mit Herrn Minister Saemisch über Sparmaßnahmen in der Reichsverwaltung, 18.4.1923, BArch R43 I/1948, Bl. 134; dazu auch das Schreiben von Saemisch an den Reichsinnenminister, 28.12.1922, ebd., Bl. 13–14, mit ausführlichen Vorschlägen zur Regulierung der „Reichsgesetzgebungsmaschine".

[155] Huber, Verfassungsgeschichte, Bd. VI, S. 438–446; Kurz, Diktatur; Frehse, Ermächtigungsgesetzgebung.

[156] Staatsminister a. D. Saemisch an den Reichskanzler, 1.12.1922, BArch R43 I/1947, Bl. 370; Kabinettssitzung betr. Sparaktion, 4.12.1922, AdR, Kabinett Cuno, Bd. 1, Dok. Nr. 10. Zur staatsrechtlichen Deutung Bilfinger, Reichssparkommisar, S. 22–23; zur Debatte um die Bezeichnung als „Reichssparkommissar" Störring, Beratungsfunktion, S. 37; zum Kontext auch Saemisch, Reichssparkommissar.

besprechungen teilnehmen zu dürfen.[157] De facto wurde Saemisch bereits ab September 1923 der Zugang zum Kabinett gewährt; im Dezember 1923 wurden dafür auch formale Richtlinien festgelegt.[158] Zum Jahreswechsel 1923/1924 wurde Saemisch außerdem zum Kopf eines „Drei-Männer-Kollegiums“ ernannt, in das außer ihm noch die ehemaligen Staatssekretäre Theodor Lewald und Felix Busch eintraten. Dieses Gremium erhielt vom Kabinett exekutive Befugnisse im Verwaltungsabbau, sofern „es nicht gelang, die Verminderung der Reichsaufgaben und die Verringerung des Behördenapparates im Wege einer Verständigung mit den Reichsministerien und ihren nachgeordneten Behörden durchzuführen“.[159] In Teilen der liberalen Öffentlichkeit, etwa in der *Frankfurter Zeitung*, galt diese Kommission aber nicht als bloße Reformeinrichtung, sondern als antirepublikanisches Gremium. Darin zeigte sich die politische Wirkmacht solch vermeintlich technokratischer Einsparungspläne.[160]

Blickt man auf die Konstellationen zwischen Reichsfinanzministerium, Sparkommissar, Parlament und nationaler wie internationaler Öffentlichkeit in den folgenden Jahren, so zeigt sich, dass die Ministerialbürokratie flexibel auf der Klaviatur der Ausnahmegewalten spielte und die normalen Wege der Gesetzgebung damit zu beeinflussen verstand. Als die „Mordkommission“, also der Sparausschuss des Reichstags, im Einklang mit dem Reparationsagenten den Wunsch äußerte, den Reichssparkommissar durch regelmäßige Teilnahme an Kabinettssitzungen zu stärken, griff die Exekutive diese Forderung auf. Doch wurde dies mit der informellen Abmachung verbunden, dass im Gegenzug der Reichstagsausschuss *vor* der offiziellen Vorlage des Haushaltsplans von der Re-

157 Besprechung des Reichskanzlers mit dem Sparausschuss des Reichstags, 7.7.1923, AdR, Kabinett Cuno, Bd. 1, Dok. Nr. 212, dort Anm. 2 und 3; Saemisch an den Reichsfinanzminister, 22.5.1923, BArch R43 I/1948, Bl. 210–217; Vermerk für den Staatssekretär der Reichskanzlei betr. Beteiligung Saemisch an Kabinettssitzungen, 13.6.1923, ebd., Bl. 228; Reichsfinanzminister an die Reichsregierung, 5.7.1923, ebd., Bl. 232–234; Vorlage des GehRat Wever an den Reichskanzler betr. Aktion Saemisch, 15.7.1923, ebd., Bl. 235; Reichsfinanzminister an die Reichsregierung, 17.7.1923, ebd., Bl. 238; Vermerk über die Besprechung mit Staatsminister a. D. Saemisch, 3.8.1923, ebd., Bl. 271–273.

158 Kabinettssitzung betr. Stellung des Sparkommissars, 10.9.1923, AdR, Kabinette Stresemann I/II, Bd. 1, Dok. Nr. 51; Saemisch an Reichsfinanzminister, 13.10.1923, BArch R43 I/1948, Bl. 467–468; Kabinettssitzung betr. Stellung des Sparkommissars, 3.12.1923, AdR, Kabinette Marx I/II, Bd. 1, Dok. Nr. 4. Dazu auch Störring, Beratungsfunktion, S. 35–44; Pfuhlstein, Institution, S. 378; Dommach, Reichssparkommissar, S. 24.

159 Vortrag Saemischs über die Aufgaben des Reichssparkommissars vor dem Reichsrat am 1.4.1924, überliefert im Nachlass, zit. nach Schulz, Demokratie, Bd. 1, S. 529. Dazu exemplarisch die Verhandlungen um Einsparungen im Bereich des Reichsinnenministeriums in den Jahren 1924/25, an denen die Verwaltungsabbaukommission und der Reichssparkommissar mit verschiedenen Vorschlägen beteiligt waren, BArch R2/12357 und R2/12358.

160 Der Abbau republikanischer Beamter. Ein Briefwechsel mit Ebert, in: Frankfurter Zeitung, 8.5.1924, BArch R43 I/1949.

gierung beratend hinzugezogen werde und seine Mitglieder dann verpflichtet sein sollten, die Vorlage des Finanzministeriums im Plenum des Reichstags gegen Kritik zu verteidigen. Dies war eine Strategie, die Saemisch als Form der „indirekten" Einflussnahme auf das Parlament interpretierte.[161] Ähnliches galt auch mit Blick auf den Reichsrat, den das Reichsfinanzministerium unter der Hand mit den Denkschriften des Reichssparkommissars versorgte – sehr zum Unwillen des Reichsinnenministeriums, das darin eine Abweichung von der Gemeinsamen Geschäftsordnung der Reichsministerien (§ 38) und die gezielte Unterwanderung einer einheitlichen Regierungsstrategie gegenüber den parlamentarischen Gremien sah.[162] Indem der Reichssparkommissar wiederum gelegentlich dort Streichungen vorschlug, wo sich das Reichsfinanzministerium zunächst entgegenkommend gezeigt hatte, ließen sich politische Fragen (etwa die Zurückdrängung des Reichsarbeitsministeriums im Bereich des Arbeitergesundheitsschutzes) zu Fragen der „notwendigen Vereinfachung der gesamten Behördenorganisation" erklären – die Interessen der Ressorts hingegen zu „Spezialinteressen", die dem Allgemeinwohl entgegenstanden.[163]

Im Gegenzug überließ das Reichsfinanzministerium Saemisch (gemeinsam mit dem Innenministerium) den programmatischen Teil: die Optimierungsdiagramme und Denkschriften sowie die Rationalisierungsrhetorik. So legte der Reichssparkommissar im August 1923 eine Ausarbeitung vor, mit deren Hilfe die Reichshaushaltsplanung nach dem Prinzip der „Wirtschaftlichkeit" reorganisiert werden sollte. Weitere Schriften aus dem Umfeld des Reichssparkommissars zeigten, dass diese Semantik der Effizienz auch geeignet sein konnte, Formen der Ökonomisierung und der völkischen Biologisierung zusammen zu denken. Eine 1926 vom Kuratorium für Spar- und Vereinfachungsmaßnahmen, dem neben Saemisch auch Carl, Drews und Popitz angehörten, preisgekrönte Schrift von Oskar Aust verband den Entwurf eines

[161] Vermerk der Reichskanzlei für die Besprechung mit Herrn Minister Saemisch, o. D.; Vermerk betr. Sparmaßnahmen, 16.12.1922, beide BArch R43 I/1947, Bl. 383 und 395; Besprechung des Reichskanzlers mit dem Sparausschuss des Reichstags, 7.7.1923, AdR, Kabinett Cuno, Bd. 1, Dok. Nr. 212; Saemisch an den Reichsfinanzminister, 22.5.1923, BArch R43 I/1948, Bl. 212.

[162] Reichsinnenminister an Reichsfinanzminister betr. Reichsratssonderausschuss für Vereinfachung der öffentlichen Verwaltung, 5.11.1926, BArch R43 I/1951, Bl. 16; Reichsfinanzminister an Reichsinnenminister betr. Reichsratssonderausschuss und Denkschrift des Reichssparkommissars, 6.12.1926, ebd., Bl. 39.

[163] Vermerk betr. Auflösung der Kaiser-Wilhelm-Akademie, 20.2.1923, BArch R43 I/1948, Bl. 27; Reichsfinanzminister an den Staatssekretär in der Reichskanzlei betr. Übergang der Kaiser-Wilhelm-Akademie auf das Reichsgesundheitsamt, 3.4.1923, ebd., Bl. 82; Saemisch an den Reichsfinanzminister betr. Umgestaltung der Kaiser-Wilhelm-Akademie, 12.4.1923, ebd., Bl. 100. Zum damit verbundenen strategischen *bargaining* zwischen den beteiligten Ressorts auch der Vermerk zur Kabinettssache Rk. 4725, 13.4.1923, ebd., Bl. 107.

verwaltungsreformerischen Ermächtigungsgesetzes mit Verweisen auf die Zentralität des „ökonomischen Prinzips“, mit der Idee von Verwaltung als „Organismus“ des „Volksganzen“ und mit Visionen eines „dritten Reichs“.[164] In dieser Variante des Vereinfachungsdenkens waren der souveräne Staat und sein Budget nicht mehr autonomer Selbstzweck, sondern Dienstleister einer Volksgesamtheit. Dabei sollte der Staat sich aber – und hier kam das hinter den Kulissen agierende Reichsfinanzministerium wieder ins Bild – „taktisch“ verhalten: Die getroffenen Maßnahmen sollten nach außen gerade nicht mit jener ökonomischen Logik gerechtfertigt werden, die ihnen de facto zugrunde liege, denn dies könne unnötig „Widerstände stärken“, so eine Denkschrift. Dies erklärte dann auch die Zurückhaltung des Finanzressorts gegenüber der öffentlichen Präsentation umfassender Reformstrategien für Staat und Wirtschaft; die Macht dieses Ministeriums resultierte eher aus den kleinteiligen Taktiken des Regierens.[165]

In der zweiten Hälfte der 1920er-Jahre intensivierten sich die Aushandlungsprozesse um die Zuständigkeiten und die Machtposition des Reichssparkommissars zwischen Parlament und Regierung, zumal in dieser Phase auch das Reichsinnenministerium seinen Reform- und Vereinfachungseifer wiederentdeckte.[166] Die Regelungen der Gemeinsamen Geschäftsordnung der Reichsministerien (Besonderer Teil, GGO II), die am 1. Mai 1924 beschlossen wurde, legten fest, dass nicht nur der Reichsfinanzminister, sondern auch der Reichssparkommissar bei der Ausarbeitung von Gesetzentwürfen, die Reich, Länder oder Gemeinden finanziell belasteten, zu beteiligen war. Die Rolle des Reichssparkommissars in der Ausgabenkontrolle näherte sich somit jener des Reichsfinanzministers an. Der weitere Ausbau seiner Macht zu der eines „Spardiktators“ mit eigenen Vetorechten gegenüber der Reichsregierung, wie er seit 1926 insbesondere von der DVP angestrebt wurde, scheiterte zwar. Doch wurden Richtlinien verabschiedet, die erweiterte Kompetenzen bei der Einsichtnahme in Haushaltsvoranschläge (auch gegenüber den Ländern) und einen eigenen Etat vorsahen.[167]

164 Hierzu die Dokumente in BArch R43 I/1947, Bl. 309; BArch R43 I/1948, Bl. 277; sowie Aust, Reform, S. 60, 200 und 255; Dalchow, Vorschläge.

165 Denkschrift „Ueber den Zusammenhang der wesentlich, bei einer wirtschaftlicheren Gestaltung des Reichshaushalts zu berücksichtigenden Fragen“, 8.8.1923, BArch R43 I/1948, Bl. 270–290; sowie die darauf aufbauende geheime „Denkschrift über Möglichkeiten zur wirtschaftlichen Gestaltung des Reichshaushalts“, ebd., Bl. 311–413. Zur Zurückhaltung gegenüber der Präsentation eines „großen praktischen Programms“ in der Öffentlichkeit auch die Besprechung mit Staatsminister a. D. Saemisch in der Reichskanzlei, 3.8.1923, ebd., Bl. 269.

166 Ruck, Institutionalismus, S. 195–196; Kaisenberg, Geschäftsvereinfachungen, S. 328.

167 Gemeinsame Geschäftsordnung (GGO II), S. 11, dort § 26; hierzu auch die Dokumente in BArch R43 I/1952, Bl. 81–114; Störring, Beratungsfunktion, S. 44–60. Als Stärkung des Reichsfinanzministers und Schwächung des Reichssparkommissars interpretiert dies

Der wachsende Eigensinn dieses Sonderorgans und die zeitweilig zu beobachtende Annäherung zwischen dem Reichssparkommissar und den parlamentarischen Gremien führten innerhalb des Reichsfinanzministeriums zu Uneinigkeit. Dabei standen machtpolitische Erwägungen einerseits und haushaltspolitische Ziele andererseits im Widerstreit. Der Leiter der Haushaltsabteilung, Karl Lothholz, plädierte für die Etatisierung und die Stärkung der Position des Reichssparkommissars, während Staatssekretär Popitz solchen Plänen (insbesondere der ständigen Beteiligung des Kommissars an allen Kabinettssitzungen) aus Gründen der Machtsicherung für das Ministerium skeptisch gegenüberstand, offiziell allerdings die Lothholzsche Linie vertreten musste. Die beteiligten Referenten innerhalb des Ressorts wollten den Reichssparkommissar zwar als regierungsnahe Ausnahmeinstitution bewahren, aber ihm nicht zu viel institutionelle Macht zusprechen. In spitzzüngigen Vermerken wurde im Herbst 1926 die Skepsis insbesondere der jüngeren leitenden Beamten des Reichsfinanzministeriums (unter anderem Schwerin von Krosigks) gegenüber dem Sparkommissar artikuliert. Dieser behindere notwendige Vereinfachungen, um seine Kooperation mit parlamentarischen Gremien nicht zu belasten, und lasse so die Reichsregierung schwach und unentschlossen erscheinen. Damit drohe diese kommissarische Einrichtung, das Bild einer leistungsfähigen Exekutive zu beschädigen, zu dessen Bewahrung sie ursprünglich geschaffen worden war. Aus diesem Grund sollte statt des Sparkommissars die Ministerialbürokratie mit weitergehenden Vetorechten ausgestattet werden, um Eingriffe in alle materiellen Gesetze mit finanzieller Wirkung auf Reichs-, Länder- und Gemeindeebenen zu ermöglichen.[168]

In der zweiten Hälfte der 1920er-Jahre versuchten die Ministerialbeamten dann, die wachsenden Kompetenzen des Kommissars vor allem auf die „Vereinfachung“ der Länder- und Gemeindefinanzen sowie der nachgeordneten Behörden zu lenken und so die Reichsebene aus der Schusslinie zu nehmen.[169] Zudem wurden eine gesetzliche Grundierung dieses Amtes sowie dessen institutionelle Anbindung an den Reichsrechnungshof diskutiert, was eine gewisse Zähmung, aber auch eine zunehmende Kontrolle durch den Reichstag bedeutet hätte. Die Expertisen des Reichssparkommissars wurden

Bilfinger, Reichssparkommissar, S. 30, dort auch die Richtlinien vom 18.2.1927, S. 65–68. Anders die Deutung bei Dommach, Potsdam, S. 23; hierzu auch ders., Reichsrechnungshof, S. 82; ders., Reichssparkommissar.

168 Vermerk an den Reichskanzler, 23.2.1926, BArch R43 I/1950, Bl. 377–379; Vermerk für MinDir Offermann, Nov. 1926, BArch R43 I/1951, Bl. 28; Vorlage für Kabinettssitzung betr. Sparkommissar, o. D., ebd., Bl. 29–30; mit Begriffen des „Organischen“ vgl. Wachsmann, Probleme [I], S. 1179–1181.

169 Hierzu die unter Beteiligung des vom Reichsfinanzministerium auf den Posten des Präsidenten des Landesfinanzamtes Schleswig-Holstein gewechselten Wachsmann geführten Korrespondenzen in BArch R43 I/1954, Bl. 415–429.

zeitgleich zum Bestandteil einer ökonomisch argumentierenden Staatskritik, die auch der Ende 1929 zurückgetretene Popitz und sein Mitstreiter Carl Schmitt artikulierten. Wie diese beiden geißelte auch Saemisch das „polykratische" Durcheinander im Parteienstaat und forderte eine umfassende Reichsreform.[170] Das Reichsfinanzministerium, seit 1929 mit Schwerin von Krosigk als Leiter der Haushaltsabteilung, setzte zu diesem Zeitpunkt allerdings schon wieder verstärkt auf eine Notverordnungspolitik, anstatt die Kooperation mit dem Reichssparkommissar weiter zu vertiefen. Darin wurde bereits eine gewisse Transformation von der (um Schmitts Begriffe aufzugreifen) kommissarischen zur souveränen Diktatur in der Haushaltspolitik erkennbar; über Fragen der Sparsamkeit oder der Vereinfachung ging diese Entwicklung zusehends hinaus.[171]

Personalabbau und Vereinfachungspolitik

Zunächst bedeutete Vereinfachung aber für die Ministerialbürokratie vor allem eines: Personalabbau. Es ging darum, die in Krieg und Inflation beständig angewachsene Beamtenschaft zu reduzieren und die Behördenstrukturen zu straffen. Schon seit Kriegsende war dabei auch die Forderung nach einer dezidiert demokratischen, also nicht bloß um Stelleneinsparung bemühten Personalpolitik laut geworden. So hatte ein von den Gewerkschaften eingesetzter Ausschuss für die Verwaltungsreform im Jahr 1920, auch unter dem Eindruck des antirepublikanischen Putschversuches des Generals Walthers von Lüttwitz und seines Mitstreiters Wolfgang Kapp in Teilen des Staatsapparats, gefordert, die „reaktionären Beamten" besser zu kontrollieren und dafür persönliche Vertrauensleute aus den Fraktionen in die Ministerien zu senden. Die Regierungsvertreter im Ausschuss hatten hingegen darauf verwiesen, dass dies nicht möglich, hingegen „die richtige Besetzung der Personalreferenten" entscheidend sei.[172]

Erneuert worden war diese Forderung aus Anlass der Verabschiedung des „Gesetzes über die Pflichten der Beamten zum Schutze der Republik" im Ju-

170 Störring, Beratungsfunktion, S. 51–60; Dommach, Reichssparkommissar, S. 36; sowie die von Fritz Thyssen an den Reichskanzler übersandten Studien aus dem Umfeld des Sparkommissars, BArch R43 I/1950, Bl. 366.

171 Boldt, Artikel 48; ders., Art. Ausnahmezustand (GG); für die auf Art. 48 WRV zurückgreifende Vereinfachungsdiskussion mit Blick auf die Reichsreform um 1932 die Unterlagen in BArch R43 I/1953, Bl. 146; Schmitt, Diktatur; Voigt, Ausnahmezustand. Zur weiteren Entwicklung Kap. III.3.

172 Protokoll der Chefbesprechung am 22.5.1920, Reichskanzlerhaus, BArch R43 I/1946, Bl. 12; für die fiskalischen Auswirkungen des Personalabbaus vgl. Baumgarten, Finanzpolitik, S. 19–20.

li 1922 durch einen Antrag der sozialdemokratischen Fraktion im Reichstag, der die Besetzung der Personalreferentenstellen in den Behörden betraf. Angesichts der Ermordung Walther Rathenaus durch Mitglieder der rechtsradikalen Organisation Consul brachte auch das Zentrum das Thema auf. In der Folge ersuchte der Reichstag die Reichsregierung, „die Personalreferate in allen Zweigen der Reichsverwaltung nur solchen Beamten zu übertragen, die sachkundig und unbedingt zuverlässige Republikaner sind". Doch konnten sich diese parlamentarischen Forderungen nicht durchsetzen. Auch eine Initiative des Reichsinnenministeriums im Januar 1923 zur Besetzung der Personalreferentenstellen mit republikanischen Beamten blieb ohne konkrete Wirkung. 1926 wurde die frühere Intervention des Reichstags daher wieder aufgegriffen. So nahm der Parteiausschuss der DDP aus Anlass des Eintritts in die Regierung eine Resolution an, die von den eigenen Ministern und den Regierungsfraktionen eine entschlossene „Republikanisierung" der Verwaltung durch eine entsprechende Besetzung der Personalreferate in den Ministerien forderte.[173]

Im Reich hatten diese Initiativen gleichwohl kaum Effekte, während im mehrheitlich demokratisch regierten Preußen entsprechende Erlasse und Revirements erfolgten.[174] Immerhin lassen sich aber im Reichsfinanzministerium um 1926 gewisse Änderungen in der Organisation der Personalpolitik erkennen, die gleichwohl eher vom wachsenden Einfluss und vom Lenkungswillen des Staatssekretärs Popitz zeugten als von gezielten Demokratisierungsstrategien: Erstmals entstand nun eine eigene Personalabteilung, deren Leitung der Ministerialdirigent Rudolf Kaiser übernahm. Dieser hatte im bayerischen Finanzministerium Karriere gemacht, bevor er 1920 ins Reichsfinanzministerium wechselte. Dort war er unter Popitz in der Abteilung III für die Personalangelegenheiten der Reichssteuerverwaltung zuständig gewesen. Die Verantwortung für Fragen der leitenden Beamten des Ministeriums übernahm der deutlich jüngere Ministerialrat Alexander Prugger, der ebenfalls aus Bayern stammte, aber aus der dortigen Zollverwaltung. Er war erst im Oktober 1925 ins Reichsfinanzministerium eingetreten und ab 1926 unmittelbar Popitz unterstellt. Die Einflussnahme dieser Abteilung auf die Personalauswahl lässt sich allerdings empirisch, aufgrund der schwierigen Quellenlage, kaum nachweisen.[175]

[173] Grotkopp, Beamtentum, S. 58–59; Fenske, Beamtenpolitik, S. 123; Sühl, SPD, S. 190; Resolution Grossmann-Darmstädter und Genossen, angenommen bei der Sitzung des Parteiausschusses der DDP am 24.1.1926, abgedr. in: Bracher/Matthias/Morsey, Quellen, Dritte Reihe, Bd. 5, S. 375–376.

[174] Runge, Politik, S. 71–72; Grotkopp, Beamtentum, S. 58 und 65.

[175] Geschäftsverteilungspläne von 1922, 1926 und 1929, BArch R2/50392, R 2 / GVPl. Bd. 1 und R2/60580. Zu Prugger auch die Angaben bei Kuller, Bürokratie, S. 80–81. Im Zuge der Maßnahmen des „Gesetzes zur Wiederherstellung des Berufsbeamtentums" wurde das unterdessen in Würzburg zum Landesfinanzamtspräsidenten aufgestiegene BVP-Mitglied Prugger 1933 an den Reichsfinanzhof versetzt.

Öffentliche Forderungen nach Bürokratieabbau, nicht Demokratisierungsabsichten beförderten Überlegungen, beamtenrechtliche Gegebenheiten auszuhebeln, um das Personal zu reduzieren. Von diesen Debatten war die Beamtenschaft des Reichsfinanzministeriums am Ende selbst betroffen, zuvor aber war das Ministerium ein wesentlicher Impulsgeber. Im Verlauf des Jahres 1923 wurden im Finanzressort Maßnahmen diskutiert, um die Pensionierung älterer Beamter leichter durchsetzen zu können. Das Reichsbeamtengesetz sah zu diesem Zeitpunkt vor, dass die „Dienstunfähigkeit“ in jedem einzelnen Fall nachgewiesen werden musste, zudem erlaubte § 24 eine Versetzung in den Ruhestand nur, wenn das Amt des betreffenden Beamten zu bestehen aufhörte. Daher sollten Spielräume geschaffen werden, um „entbehrliche und hemmende“ Kräfte (so die Formulierung des verantwortlichen Ministers Hilferding) aus ihrem Amt zu entfernen; damit waren vor allem ältere und nicht leistungsfähige Beamte gemeint. Später bezeichnete Hilferding dies als wichtigen Schritt auf dem Weg der Ministerialbürokratie zu einem „einheitlichen Ganzen“. Mitte Oktober 1923 traf sich der neue Minister Luther dann mit den Spitzenverbänden der organisierten Beamtenschaft, der Angestellten und der Arbeiter, um die vorliegenden Pläne zu diskutieren – just zu einem Zeitpunkt, als das Parlament aufgrund des Ermächtigungsgesetzes von jeder Einflussnahme ausgeschlossen war. Nachdem dies vom Reichsarbeitsminister Heinrich Brauns im Kabinett kritisiert worden war, wurden die Verbandsvertreter über die Vorhaben mündlich informiert, mussten sich Notizen machen und erhielten dann eine Frist von 24 Stunden zur Eingabe von Änderungswünschen. Dieses Vorgehen führte dazu, dass die Beamtenverbände nicht zu einer einheitlichen Strategie fanden, sondern jeweils nur für ihre eigene Klientel Verbesserungen durchzusetzen versuchten.[176]

Die aus diesen Verhandlungen hervorgegangene „Verordnung zur Herabminderung der Personalausgaben des Reichs“, die sogenannte Personalabbauverordnung (PAV), wurde schließlich am 27. Oktober 1923 auf Basis des Ermächtigungsgesetzes erlassen und mit der Beauftragung des Reichssparkommissars und des „Drei-Männer-Kollegiums“ als verantwortliche Sonderinstanzen verbunden. Einer näheren Begründung für die Versetzung von Reichsbeamten in den Ruhestand unter Bewilligung des gesetzlichen Wartegelds bedurfte es nach der Verordnung nicht mehr. Die Auswahl der vom Abbau betroffenen Amtsträger sollte gemäß Artikel 3 §§ 2 und 3 nach dem Wert ihrer dienstlichen Leistung, bei Gleichwertigkeit nach sozialen Gesichtspunkten erfolgen. Zudem wurde eine Altersgrenze von 65 Jahren festgelegt, eine frühere Pensionierung war ab 58 Jahren auch gegen den Willen der betroffenen Beamten möglich. Um die vermeintlich rein finanziellen und

176 Hilferding, Grußwort, S. 502; hierzu Caplan, Government, S. 51–52; Kunz, Civil Servants, S. 372–374; ders., Stand, S. 68–69 und 74–76.

fachlichen Motive des Personalabbaus nach außen zu unterstreichen, hatte die Reichsregierung zudem den Artikel 3 § 4 eingebracht. Dieser legte fest, dass sowohl die politische Betätigung eines Beamten als auch seine Zugehörigkeit zu einer Partei bei der Entscheidung nicht berücksichtigt werden dürften.[177]

Insgesamt wurden eher sozial- und geschlechterpolitische als parteipolitische Schwerpunkte gesetzt, wobei die Grenzen fließend verliefen. Im Effekt waren vor allem Angestellte und Arbeiter vom Personalabbau betroffen. Diese soziale Differenzierung hatten die Beamtenverbände – insbesondere der Deutsche Beamtenbund sowie der Reichsbund der höheren Beamten – durch Interventionen bei der Ministerialbürokratie durchgesetzt. Der ursprüngliche, noch unter Hilferding ausgearbeitete Entwurf der Verordnung hatte die Angestelltenfrage ganz ausgeklammert. In der endgültigen Fassung aber bestimmte der Artikel 15 lapidar, dass Angestellte zu entlassen seien. Damit geriet der beabsichtigte Beamtenabbau zum allgemeinen Personalabbau. In absoluten Zahlen wurden zwar mehr Beamte entlassen, doch prozentual waren deutlich mehr Angestellte betroffen. Zudem wurden insbesondere die Rechte weiblicher Beamter ausgehebelt. So bestimmte der Artikel 14, dass weibliche Beamte aus dem Amt zu entlassen seien, sofern ihre wirtschaftliche Situation gesichert sei – dies galt insbesondere im Falle der Heirat. Auch ihre Pensionsansprüche wurden eingeschränkt. Schließlich hatte der Personalabbau auch eine generationenpolitische Schlagseite, da die jüngsten sowie die ältesten Beamtengruppen stärker betroffen waren als die mittleren Jahrgänge. Insgesamt wurde der Personalbestand des Reiches um etwa 25 Prozent reduziert.[178]

Die Beamtenverbände protestierten scharf, nicht zuletzt, weil die PAV als eine kurzfristige Maßnahme gegen das vorhandene Personal und nicht als planmäßige Reform der Verwaltungsstrukturen verstanden wurde. Zwar wurde der Personalabbau im Juni 1924 (nach Erreichen der gesetzten Ziele) vom Kabinett für beendet erklärt und mit dem „Gesetz über Einstellung des Personalabbaus und Änderung der Personalabbauverordnung“ vom 4. August 1925 offiziell abgeschlossen. Damit wurde auch die Einstellungssperre für Assessoren aufgehoben. Doch auch danach behielt die Regierung einige der in der PAV festgelegten Eingriffsrechte, etwa mit Blick auf Neueinstellungen, Versetzungen und die Nichtbesetzung freiwerdender Stellen sowie hinsichtlich der Entlassung verheirateter weiblicher Beamter, die etwas abgemildert, aber nicht

[177] Verordnung zur Herabminderung der Personalausgaben des Reichs (Personal-Abbau-Verordnung), 27.10.1923 (RGBl. I, S. 999); hierzu Grotkopp, Beamtentum, S. 67; Caplan, Government, S. 53; daran übte die NS-Führung später Kritik vgl. Erlass des Reichsministeriums des Innern über die bevorzugte Verwendung national gesinnter Wartestandsbeamter, 7.8.1933, abgedr. in: Mommsen, Beamtentum, S. 166–167. Für entsprechende Regelungen ab 1933 vgl. Kap. III.2.

[178] Kunz, Stand, S. 64–65; Caplan, Government, S. 53–55; Fattmann, Bildungsbürger, S. 41–43. Für die Reichsfinanzverwaltung auch N.N., Bemerkungen.

beendet wurde. Auch die Einstellung neuer Angestellter blieb untersagt. Diese personalpolitischen Maßnahmen markierten den ambivalenten Übergang zwischen außerordentlichen Maßnahmen der Nachkriegszeit und einer Phase der Konsolidierung.[179] Bald darauf setzte wieder ein moderates Personalwachstum ein, wenngleich etwa durch Stellensperren Begrenzungen bestehen blieben, vor allem für Beamte. So brachte die bereits erwähnte Reichsbesoldungsordnung vom 16. Dezember 1927 nicht nur Erhöhungen der Beamtengehälter, sondern bestimmte auch, dass jede dritte freiwerdende Stelle für die Dauer von fünf Jahren nicht besetzt werden durfte. Die Zahl der Angestellten und Arbeiter stieg hingegen an, bevor die Weltwirtschaftskrise eine erneute Verringerung bewirkte.[180]

Die Beamtenschaft des Reichsfinanzministeriums beziehungsweise der ihm unterstellten Reichsfinanzverwaltung blieb von den frühen Abbaumaßnahmen allerdings weitgehend ausgenommen. Insgesamt wurden im Zuge des Personalabbaus aus der Reichsfinanzverwaltung 4708 Beamte (knapp sechs Prozent) entlassen – unter den Hoheitsverwaltungen war dies nach dem Auswärtigen Amt und dem Reichsministerium für die besetzten Gebiete der niedrigste Anteil. Durchschnittlich waren zu diesem Zeitpunkt knapp 16 Prozent der Beamten, circa 33 Prozent der Arbeiter und knapp fünfzig Prozent der Angestellten entlassen worden. Auch die Zahl der „abgebauten“ Arbeiter war im Haushalt des Reichsfinanzministeriums mit 454 Personen (knapp acht Prozent) vergleichsweise gering; anders sah dies allerdings bei den Angestellten aus, von denen 10217 (knapp 42 Prozent) aus ihren Stellen entlassen wurden. Die in der Literatur zu findende These, dass das Reichsfinanzministerium überhaupt nicht vom Personalabbau betroffen war, ist insofern zu modifizieren. Allerdings verloren im Reichsarbeitsministerium, das als einziges Ressort neben dem Reichsfinanzministerium über einen großen Unterbau an Personal und hohe Angestelltenzahlen verfügte, fast neunzig Prozent der Angestellten sowie knapp 53 Prozent der Arbeiter ihre Stellen. In der Summe kam eine entsprechende Aufstellung für den Zeitraum vom 2. Oktober 1923 bis 31. März 1924

[179] Caplan, Government, S. 55–56, mit Verweisen auf Gespräche zwischen Stresemann und Beamtenvertretungen im November 1923; Iltgen, Reichsfinanzbeamte, o. S.; Betr. Gesetz über Einstellung des Personalabbaues und Änderung der P.A.V. vom 4.8.1925, in: RFBl. 7 (1925), 30, S. 117–119. Zur Frage der weiblichen Beamten insbesondere N.N., Einstellung, S. 264–265; sowie Erlass zum Gesetz über die Rechtstellung der weiblichen Beamten, 9.8.1932, in: RFBl. 14 (1932), 23, S. 93–95.

[180] Collin, Staatsfinanzkrisen, S. 131; Mommsen, Stellung, S. 154; Caplan, Government, S. 56; Püttner, öffentliche Dienst, S. 529, Anm. 18; sowie Personalstand und Personalausgaben der öffentlichen Verwaltung, bes. S. 8–9. Zur weiteren Personalentwicklung auch Schlieben, Rede im Haushaltsausschuß, S. 206 (5781 Beamte waren zu diesem Zeitpunkt ausgeschieden, d. h. 7,5 Prozent, sowie 20974 Angestellte, also 64,5 Prozent); hierzu auch Kap. III.2.

(mit gewissen Abweichungen gegenüber den genannten Einzelzahlen) für das Reichsfinanzministerium auf 72 ausgeschiedene Beamte, 22 abgebaute Wartegeldempfänger und kommissarisch beschäftigte Landes- und Gemeindebeamte sowie die Entlassung von 48 Angestellten und 17 Arbeitern – also eine Zahl von 159 Personen. Unter den Beamten waren die niedrigeren Besoldungsgruppen (X und XI) mit etwa 25 Prozent am stärksten betroffen.[181]

Die Belegschaftszahlen des Ministeriums zeigten somit zwischen 1919 und 1920 einen sprunghaften Anstieg, dem nach 1923 gezielte Verminderung folgte. Anschließend stabilisierte sich die Entwicklung etwas, gleichwohl war bis Ende der 1920er-Jahre aufgrund von Umbildungen und Übernahmen aus anderen Ministerien noch eine gewisse Dynamik zu beobachten. Von diesen Bewegungen geben die Pläne für den Einzelhaushalt XV (Reichsfinanzministerium) Auskunft, die allerdings nur im Entwurf publiziert wurden.[182] Für das Jahr 1922 wurden dort 496 planmäßige Beamte aufgeführt sowie 135 beamtete Hilfskräfte. Hinzu kamen 232 Arbeiter und Angestellte, sodass die gesamte Belegschaft 863 Personen umfasste.[183] Im Haushalt des Jahres 1926 wurden Stellen für 513 planmäßige Beamte, 194 kommissarische Beamte sowie 283 Arbeiter und Angestellte beantragt, wobei hier die Übernahme von Personal aus dem

181 Aufstellung in der Denkschrift des Reichsfinanzministeriums über den Personalabbau, 5.6.1924, RT-Drucksache Nr. 218, S. 3 und 78–81. Dazu auch Schulz, Demokratie, Bd. 1, S. 529.

182 Die nachfolgenden Angaben basieren auf der Auswertung der veröffentlichten Haushaltsentwürfe, die mit den Angaben in der Denkschrift des Reichsfinanzministeriums von 1926 und unveröffentlichten Dokumenten abgeglichen wurden. In der Sekundärliteratur finden sich verschiedene Zahlen, deren genaue Provenienz nicht immer deutlich wird, etwa die Angaben bei Witt, Reichsfinanzminister, S. 5, 9, 11 und 14; Bundesministerium der Finanzen, 40 Jahre, S. 13 und 18–20; Fattmann, Bildungsbürger, S. 31; verlässlich erscheint die Aufstellung bei Sturm, Entwicklung, S. 60. Zeitgenössisch auch die Aufstellung über den Geschäftsbereich der Reichsbehörden unter gleichzeitiger Angabe der bei ihnen beschäftigten Personen, 14.12.1920, RT-Drucksache, S. 89, BArch R43 I/1946; Bericht des Reichsfinanzministers zum fünfzigjährigen Bestehen der obersten Finanzverwaltungsbehörde des Reichs (Reichsfinanzministerium) an den Reichspräsidenten, 28.6.1929, BArch R43 I/932, Bl. 560–561; Boenicke, Organisation, Sp. 708–709; Statistisches Jahrbuch 1932, S. 474. Für die Jahre ab 1933 konnten in den Beständen der Bibliothek des Bundesministeriums der Finanzen in Berlin die endgültig festgestellten Einzelpläne genutzt werden, die nur für den inneren Dienstgebrauch bestimmt waren und – wie der Gesamtplan – nicht veröffentlicht wurden.

183 Die Form der Angaben in den Haushaltsplänen variiert dabei leicht, sowohl innerhalb einzelner Pläne als auch zwischen den Haushaltsjahren. So wurden für 1922 beispielsweise die Beschäftigten in der Buch- und Betriebsprüfung (Kap. 2 Tit. 3) gesondert und nach leicht abweichenden Kriterien gegenüber denen für die übrigen Bereiche des Ministeriums (Kap. 1 Tit. 1–5) aufgeführt. Die berechneten Zahlen sind daher nur als Näherungswerte zu verstehen. Nachtrags- und Ergänzungshaushalte wurden nicht einbezogen, ebenso nicht die nachgeordneten Behörden. Hierzu Reichshaushaltsplan, Anlage XV: Haushalt des Reichsfinanzministeriums für das Rechnungsjahr 1922.

aufgelösten Reichsschatzministerium und dem Reichsministerium für Wiederaufbau zu Buche schlug. Insgesamt waren gemäß Haushaltsplanung daher zu diesem Zeitpunkt etwa 990 Personen im Ministerium verzeichnet. Angesichts solcher Zahlen war mit dem Auslaufen der PAV im Jahr 1925 die Diskussion um eine Verschlankung des Staatsapparats nicht beendet. So gab es Überlegungen, einzelne Verwaltungen als Abbauverwaltungen einzustufen, darunter auch die Reichsfinanzverwaltung. Für diese Verwaltungen sollten die Bestimmungen der Verordnung weitergelten.[184] Die Kosten der Steuererhebung und der dafür notwendigen administrativen Strukturen der Reichsfinanzverwaltung ebenso wie die beständige Überproduktion der „Gesetzgebungsmaschine“ des Ministeriums blieben ein öffentlich präsentes Thema.[185] In diesem Zusammenhang wurde sogar die gänzliche Zerschlagung der Reichsfinanzverwaltung erwogen – eine „Pressehetze“, die unter der Beamtenschaft zunehmend für Unruhe sorgte. Dem trat von Schlieben 1925 mit dem Plan entgegen, einen zwangsweisen Abbau durch eine zurückhaltendere Personalpolitik zu vermeiden. Besoldungserhöhungen sollten allenfalls in Form von „Notstandsbeihilfen“ gewährt, nicht aber zu einer umfassenden Besoldungsreform ausgeweitet werden. Das „besonders starke Argument“ für eine Beibehaltung der Reichsfinanzverwaltung liege allerdings „in der Vergangenheit“, insbesondere in der erfolgreichen Bewältigung der Krisenjahre 1923/24.[186]

Eine weniger rückwärtsgewandte Strategie verfolgte sein Nachfolger Reinhold. Dieser berief sich vor allem auf betriebswirtschaftliche Argumente, nicht auf die Erfordernisse akuter Krisenbewältigung. Personalabbau und Verwaltungsvereinfachung sollten auf diese Weise den autoritären Anklang verlieren, den sie unter der Ägide des Sparkommissars und durch den Maßnahmencharakter der Personalabbauverordnung erhalten hatten. In einer Rede auf dem

184 Reichshaushaltsplan, Anlage XV: Haushalt des Reichsfinanzministeriums für das Rechnungsjahr 1926, dort Kap. 1 Tit. 1–4a, Kap. 1a Tit. 1–4, Kap. 1b Tit. 1, Kap. 2 Tit. 1–4; N.N., Einstellung, S. 264–265; N.N., Besoldungsdenkschrift, S. 174; N.N., Organisationsvertreter, S. 103–104.

185 Hierzu die Kritik der Frankfurter Zeitung, abgedr. in: Steuer-Warte 5 (1926), 10, S. 184–185; 159. RT-Sitzung, 12.2.1926, Sten. Ber., S. 5467; 188. RT-Sitzung, 27.3.1926, ebd., S. 6844. Zur Öffentlichkeitsarbeit der Nachrichtenstelle die Berichte in der Steuer-Warte 4 (1925), 24, S. 415; N.N., Geschäftsbericht, S. 205. Später auch der Überblick von Bergmann, Kosten, der die tatsächlichen Kosten in Relation zu ihrem finanzwirtschaftlichen Ertrag setzte. Dazu auch Antweiler, Rezension.

186 Hierzu die Forderung des DVP-Abgeordneten Ernst Scholz nach „radikaler Umkehr“ bei der 369. RT-Sitzung, 18.6.1923, Sten. Ber., S. 11454; weitere solche Stimmen auch aus anderen Parteien bei Dieckmann, Popitz, S. 36; N.N., Pressehetze, S. 12; N.N., Bitterer Ernst, S. 44–54; Entschließung des Bundestages 1926, dieser forderte entsprechend eine verbesserte Öffentlichkeitsarbeit durch das Ministerium und die Landesfinanzämter; N.N., Kritik der Reichssteuerverwaltung, S. 285–288; N.N., Organisationsvertreter, S. 103–105; N.N., Besoldungsdenkschrift, S. 174.

Bundestag des Bundes Deutscher Reichssteuerbeamten in München im Jahr 1926 verwies Reinhold entsprechend darauf, dass die „Übergangszeiten“ nunmehr überwunden und „normale Verhältnisse“ erreicht seien, sodass beamten-, verwaltungs- und finanzpolitische Notstandsmaßnahmen „der Geschichte angehören“ sollten. Vor dem Reichstag machte Reinhold zwar im Februar 1926 die Fortsetzung der „Verwaltungsvereinfachung“ zum zentralen Thema, wollte entsprechende Maßnahmen aber nicht länger als „schematischen Beamtenabbau“ verstanden wissen – dieser sollte „unter keinen Umständen wiederholt werden“ –, sondern nur als Abbau von „Verwaltungsarbeit“ und unnötiger Ämter. Dafür sei es notwendig, „die berühmte und fast legendär gewordene Verwaltungsreform aus dem Stadium der theoretischen Erwägung und der Kommissionsberatungen heraus zur praktischen Durchführung“ zu bringen. Neben den administrativen Strukturen sei dafür das Verständnis der Staatsfinanzwirtschaft grundlegend zu erneuern.[187]

Die darin liegende Nähe zur Wirtschaft zeigte Reinhold auch, als er seine Steuersenkungspläne und seine Ideen für die Verwaltungsreform ausgerechnet in einer Rede vor Repräsentanten des Reichsverbandes der Deutschen Industrie im September 1926 in Dresden konkretisierte. Wohl nicht zufällig kündigte er die Pläne zur Umbildung des Reichsfinanzministeriums, die erst am Vorabend in einer Nachtsitzung des Reichskabinetts verabschiedet worden waren, vor führenden Wirtschaftsvertretern erstmalig an. Wie schon in der Rede vor dem Reichstag betonte Reinhold, dass nicht Personalabbau, sondern Staatsabbau notwendig sei, den er nicht zuletzt anhand seines eigenen Ministeriums durchzusetzen beabsichtigte. Mit Anekdoten über die Absurditäten der ministerialen Gesetzgebungs- und Verwaltungspraxis hatte Reinhold das Publikum rasch auf seiner Seite: So verwies er auf die hohen Kosten, die von unterbeschäftigten Referenten verursacht würden – nicht, weil diese so hohe Gehälter bezögen, „sondern deshalb, weil diese Referenten doch sozusagen ihre Daseinsberechtigung beweisen müssen (Heiterkeit und lebhafte Zustimmung) und deshalb jeden Tag auf eine neue Idee kommen und kommen müssen um ihrer selbst willen“. Auch durch unnötig hierarchische Dienstwege würden Kosten und Mehrarbeit verursacht, die nur aus der Logik der ministerialen Organisation resultierten und nicht „rationell“ seien. Plakativ fügte er hinzu: „Jeder halbbeschäftigte Referent würde dem Staate viel mehr sparen, wenn er mit vollem Gehalt spazieren gehen könnte.“[188]

Dass er mit solchen öffentlichen Auftritten bei seiner eigenen Beamtenschaft aneckte, war nicht verwunderlich. Die *Steuer-Warte* zeichnete die merkwürdige Chronologie seiner Reformpläne nach und interpretierte diese als „Geschenk der Reichsregierung an die Industrie“. In Reinhold sahen die Finanzbeamten

[187] Reinhold, Rede, S. 215; 157. RT-Sitzung, 10.2.1926, Sten. Ber., S. 5403.
[188] Reinhold, Vortrag, S. 37.

zwar einen tatkräftigen Macher und prinzipiell den „richtigen Mann“ für die Fragen der Zeit, seine Pläne zur Vereinfachung und Vereinheitlichung der Verwaltung erschienen ihnen aber als ein „gefährlicher Weg“. Für Irritation sorgte, dass personelle Details seines Vorhabens zur Reorganisation des Reichsfinanzministeriums schon in der Presse bekannt gemacht wurden, bevor diese der Ministerialbeamtenschaft selbst zugänglich gewesen waren. Auch die beamtenrechtliche Vorgehensweise bei der Reform des Ministeriums löste „allergrößte Bedenken und schwerste Befürchtungen“ aus und wurde (nicht nur) in der Fachpresse als „Freibrief für allerschlimmste Verwaltungswillkür“ interpretiert. Über die internen Vorgänge bei der Entscheidungsfindung in der Reichsregierung zeigten sich die Beamtenverbände dabei ebenso gut informiert wie über die vertraulichen Verhandlungen im Sparausschuss des Reichstags.[189]

Am 7. September 1926, nur kurz nach Reinholds Rede beim RDI, unterzeichnete Reichspräsident Hindenburg eine Verordnung, die den Reichsfinanzminister mit der Reorganisation des Ministeriums beauftragte. Sie legte fest, dass „das Reichsfinanzministerium unter den Gesichtspunkten der Vereinheitlichung der Geschäftsleitung sowie besseren Verteilung und sparsamen Nutzung der Arbeitskräfte umgebildet“ werden und dass dafür der § 24 des Reichsbeamtengesetzes Anwendung finden solle. In einer vertraulichen Denkschrift an den Staatssekretär in der Reichskanzlei, Hermann Pünder, hatte der Finanzstaatssekretär David Fischer schon im August 1926 die Umbildungspläne Reinholds angedeutet und seine Skepsis geäußert. Er bezweifelte die Anwendbarkeit des § 24 RBG, wollte damit aber auch seine eigene Ausschaltung verhindern – vergeblich, wie sich zeigen sollte. Wenngleich Pünder das persönliche Anliegen Fischers unterstützte, so war doch die Reichskanzlei von der Reformbedürftigkeit und Überbesetzung des Reichsfinanzministeriums überzeugt. Wie die gut informierte *Steuer-Warte*, so wusste auch Pünder, dass Reinhold zwei unterschiedliche juristische Gutachten vorlagen – ein von ihm beauftragtes, das die Anwendbarkeit des § 24 bejahte, sowie ein internes der Abt. I B des Ministeriums, das diese Anwendbarkeit verneinte. Anders als das Fachorgan der Reichssteuerbeamten aber schloss sich die Reichskanzlei der von Reinhold vertretenen Auffassung an, da er nicht nur kleinere Änderungen der Geschäftsverteilung anstrebe, sondern eine tatsächliche „Umbildung“ des Ministeriums beabsichtige.[190] Dies war für die Frage der Anwendbarkeit des Reichsbeamtengesetzes entscheidend, denn § 24 bestimmte: „Jeder Reichsbe-

[189] N.N., Gefährlicher Weg, bes. S. 350; N.N., Vereinfachung der Reichsfinanzverwaltung, S. 335; N.N., Beamtenhetze, S. 324; N.N., Rationalisierung, S. 336–337; N.N., Rückblick; N.N., Etat.

[190] Verordnung über die Umbildung des Reichsfinanzministeriums, 7.9.1926 (RGBl. I, S. 469); hierzu die Korrespondenz vom August 1926, BArch R43 I/932, Bl. 295–304; sowie Bemerkungen der Reichskanzlei zu der Umorganisation des Reichsfinanzministeriums, gez. Pünder, o. D., BArch R43 I/932, Bl. 305–308.

amte kann unter Bewilligung des gesetzlichen Wartegeldes einstweilig in den Ruhestand versetzt werden, wenn das von ihm verwaltete Amt infolge einer Umbildung der Reichsbehörden aufhört." Unter den leitenden Beamten des Reichsfinanzministeriums stieß diese Strategie auf Widerstand. Die Kritik kam in dem erwähnten internen Gutachten – das Reinhold im Haushaltsausschuss allerdings als „Privatarbeit" der betroffenen Beamten zurückwies – sowie in weiteren Vorlagen zum Ausdruck.[191]

So wurde in einer Aufzeichnung des Leiters der für Angelegenheiten des Friedensvertrags zuständigen Abteilung V, Alexander von Brandt, vom Juli 1926 die Auffassung vertreten, dass „unter der Herrschaft des geltenden Rechts" nicht der § 24 die Basis für die Reorganisation des Ministeriums (außer für einzelne mit der Kriegsfolgenbewältigung befasste Bereiche der Abt. V) sein könne, sondern dass „Planstellen von Beamten, für deren Verwendung im Reichsfinanzministerium keine passende Gelegenheit mehr ist, unter Anwendung von § 7 des Haushaltsgesetzes in andere Verwaltungen zu übertragen oder solche Beamte einstweilen unter Fortbestand ihres Gehalts zu beurlauben" seien. Generell sei die „numerische Rückbildung" zunächst wichtiger als die strukturelle Reorganisation. Hier verteidigte also ein leitender Ministerialbeamter die Strategie des fiskalischen Sparens gegen den eigenen Minister, der mit privatwirtschaftlichen Logiken argumentierte. Zugleich sollte die hierarchische Ordnung, die innerhalb der Organisation bestand, bewahrt werden, um so die institutionelle Macht des Ressorts, die dieses in politische Prozesse einzubringen wusste, nicht zu gefährden: Im Bereich der Abteilung I, so von Brandt, dürften nicht zu viele selbstständige Einheiten entstehen, denn gerade dort müsse für den Verkehr mit dem Parlament beziehungsweise für sonstige „Verhandlungen mit aussenstehenden Instanzen" die alleinige Verantwortlichkeit des Abteilungsleiters erkennbar bleiben. Dies gelte umso mehr, als zukünftig die Rolle des Reichsfinanzministeriums in der Budgetpolitik nicht mehr primär durch die „Disposition über vorhandene Bestände", also das Kassenwesen, bestimmt sein werde, sondern „die Heranziehung von fremdem Geld durch Schatzwechsel, Schatzanweisungen und Anleihen", also die Staatsverschuldung, an Bedeutung gewinnen werde. Damit sei eine wachsende Rolle sowohl der Haushalts- als auch der bisher in Abt. V angesiedelten Anleihereferate zu erwarten, die eine enge Koordination dieser beiden Stellen benötige.[192]

Gewahrt bleiben müsse auch der direkte Kontakt zwischen den Referenten und der Führungsspitze, verstanden als formaler Referentenvortrag, den Reinhold – folgt man der deutschnationalen Presse sowie manchen späteren

[191] Gesetz betreffend die Rechtsverhältnisse der Reichsbeamten, 31.3.1873 (RGBl., S. 61); 189. Sitzung des Ausschusses für den Reichshaushalt, 14.12.1926, S. 7.

[192] Aufzeichnung zur Organisation des Reichsfinanzministeriums, 30.7.1926, BArch R43 I/932, Bl. 309–335 sowie 341–365.

Aussagen der Beteiligten[193] – offenbar vernachlässigte, um eigenmächtig oder unter Umgehung der üblichen dienstlichen Wege zu agieren. Die zuständigen Referenten hielt von Brandt für die eigentlichen Sachverständigen und für die entscheidenden Schnittstellenmanager im Umgang mit dem Publikum, den Interessenverbänden und dem Parlament. Reinhold hingegen ging intern gegen die Praxis der Ministerialbürokratie vor, vertrauliche Gesetzesentwürfe vorab informell an Abgeordnete des Reichstags zu leiten oder sogar eigenmächtig mit diesen zu besprechen sowie Interessenverbände mit statistischem Material zu versorgen.[194]

Als Stimme der Beamtenverbände vertrat die *Steuer-Warte* die Auffassung, dass es sich bei der Reorganisation des Ministeriums nicht um eine wirkliche Umbildung, sondern allenfalls um eine „Vereinfachung der Geschäftsverteilung“ handele. Damit wären die Versetzungen von Beamten in den Wartestand, die im Zuge der Restrukturierung unter Reinhold erfolgten, rechtswidrig gewesen. Zur Bekräftigung wurde auf die Staatsrechtslehre des 19. Jahrhunderts ebenso wie auf eine im Juni 1924 unter Hans Luther veröffentlichte Denkschrift des Reichsfinanzministeriums zum Personalabbau verwiesen, welche die Anwendbarkeit des § 24 verneint hatte. Zwar hatte man sich auch dort auf frühere haushaltsgesetzliche Regelungen und Präzedenzfälle berufen, die mit dem § 24 argumentiert hatten, aber zurückgewiesen, dass diese Grundlage systematisch für eine Personalverminderung in den Reichsbehörden herangezogen werden könne. Der § 24 biete keine geeignete Handhabe, so die damalige Denkschrift, weil er nur dann greife, wenn das von einem Beamten verwaltete Amt infolge der Umbildung tatsächlich aufhöre und nicht nur der Geschäftsgang einer Behörde verändert werde. Stattdessen hatte man 1923 auf das Ermächtigungsgesetz zurückgegriffen und diese Vorgehensweise mit der unmittelbaren Gefährdung des Berufsbeamtentums durch die ausufernden Personalverhältnisse, also mit einer Notlage legitimiert. 1926 vermutete die *Steuer-Warte* hingegen „ganz besondere Gründe eigener Art“ hinter Reinholds Reform.[195]

Gemeint war damit, dass Reinholds Ideen der Vereinfachung und Verschlankung sich grundsätzlich gegen das autonome Staatswesen und die Bürokratie als dessen Träger richteten, zumal sie am Vorbild der privaten Wirtschaft orientiert

193 Hierzu der Zeitungsbeitrag „Neueste Beamtenpolitik“ des deutschnationalen Abgeordneten Gottfried von Dryander [Provenienz unklar], o. D., BArch R43 I/932, Bl. 433; Schwerin von Krosigk, Es geschah, S. 88–91; ders., Memoiren, S. 102–104; Köhler, Lebenserinnerungen, S. 235.

194 Aufzeichnung zur Organisation des Reichsfinanzministeriums, 30.7.1926, BArch R43 I/932, Bl. 309–335 sowie 341–365; Verfügung des Reichsfinanzministers, 16.11.1926, in: Nachrichten des Reichsfinanzministeriums, Nr. 68, 18.11.1926, BArch R2/31796.

195 N.N., Gefährlicher Weg, S. 351–352; Denkschrift des Reichsfinanzministeriums über den Personalabbau, 5.6.1924, RT-Drucksache Nr. 218, S. 1.

waren. Sarkastisch schlug die *Steuer-Warte* daher vor, die Sparsamkeitsexperten der Abteilung I des Ministeriums abzubauen und damit die staatliche Finanzpolitik nicht länger auf den Reichshaushalt – „heute selbst für die meisten Reichstagsabgeordneten ein Buch mit sieben Siegeln" – zu reduzieren. Zugleich sollten die dezentralen Institutionen der Reichsfinanzverwaltung, insbesondere die Landesfinanzämter, gegenüber einer Berliner Zentrale, die sich allein an internationalen Finanzverhältnissen und ökonomischen Modellvorstellungen orientiere, gestärkt werden. In der nationalliberalen Presse wurden Reinholds Maßnahmen noch schärfer als „demokratische Uebergriffe" auf das Berufsbeamtentum und als „Willkürakt" interpretiert, für den insbesondere der jüdische Ministerialbeamte Dorn verantwortlich gemacht wurde. Dieser profitierte von Reinholds Reorganisation insofern, als er zum Leiter der neuen Abteilung IV berufen wurde. Darüber hinaus wurde die Reform als Maßnahme kritisiert, welche die präsidiale Entscheidungsmacht der fachlichen Expertise der Ministerialbürokratie vorziehe.[196]

Ende September 1926 forderte die DNVP in einer parlamentarischen Anfrage die Regierung auf, zu erläutern, „ob das Gesamtkabinett nach gründlicher Vorbereitung seiner Stellungnahme durch solche Gutachten" die entsprechenden Entscheidungen gebilligt habe. Daraufhin wurde eine neuerliche Abstimmung der Ressorts anberaumt, bei der die rechtliche Zulässigkeit der Anwendung des § 24 zur Debatte stand. Insbesondere das Reichsjustizministerium und das Reichswirtschaftsministerium, beide zu diesem Zeitpunkt unter der Leitung des Zentrums, vertraten einen anderen Standpunkt als das Reichsfinanzministerium und forderten eine entsprechende Klärung unter den Ressorts, auch um eine zukünftige „willkürliche Auslegung auszuschließen". Als Leiter der betreffenden Sitzung drang Arnold Brecht als Vertreter des Reichsinnenministeriums jedoch darauf, mögliche Zweifel an der Rechtmäßigkeit nicht zu diskutieren, sondern sich ausschließlich darüber zu verständigen, wie man die bereits erfolgten Maßnahmen vor dem Reichstag „rechtfertigen" könne. Dem wurde dann auch Folge geleistet.[197]

[196] N.N., Vereinfachung der Reichsfinanzverwaltung, S. 333; Berliner Börsen-Zeitung, 17.9.1926, BArch R43 I/932, Bl. 431; sowie der Zeitungsbeitrag „Neueste Beamtenpolitik" von Gottfried von Dryander [Provenienz unklar], o. D., ebd., Bl. 433.

[197] Anfrage Hergt und Genossen, 27.9.1926, RT-Drucksache Nr. 187, BArch R43 I/932, Bl. 521; Geheimer Vermerk für den Staatssekretär betr. Versetzung in den Wartestand aus Anlaß der Umbildung von Behörden, insbesondere des Reichsfinanzministeriums, 21.10.1926, ebd., Bl. 443–445; Reichswirtschaftsminister an den Reichsfinanzminister betr. Denkschrift über die Umbildung des Reichsfinanzministeriums, 1.11.1926, ebd., Bl. 507; Reichsjustizminister an den Reichsfinanzminister, 1.11.1926, ebd., Bl. 510; Reichsjustizminister an Reichsinnenminister betr. Versetzung in den Wartestand, 10.9.1926, ebd., Bl. 511, mit dem Verweis auf mögliche „Meinungsverschiedenheiten". Hierzu auch die interministeriellen Korrespondenzen in BArch R2/5823.

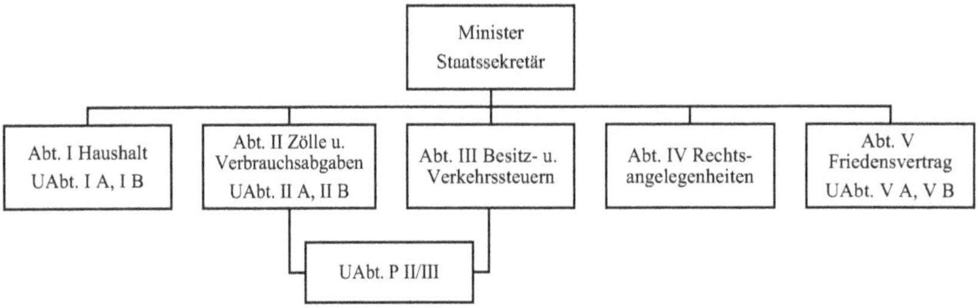

Abbildung 5 – Geschäftsverteilung des Reichsfinanzministeriums im Jahr 1926

Die ausführliche Rechtfertigung übernahm die „Denkschrift über die Umbildung des Reichsfinanzministeriums", die Reinhold am 10. November 1926 dem Reichstag vorlegte. Darin wurde zunächst die Organisation des Ministeriums vor und nach der Restrukturierung beschrieben: Im Zuge der Umbildung waren die vormals zehn Abteilungen[198] und 128 Referate des Ministeriums reduziert und das bisher von Fischer verantwortete Staatssekretariat aufgelöst worden. Die Organisation des Ministeriums wurde auf fünf Abteilungen sowie insgesamt 79 Referate aufgeteilt; die Überwachung des Geschäftsbetriebs unterhalb des Ministers übernahm nunmehr Popitz als alleiniger Staatssekretär. Die Abteilung I (Haushalt) umfasste neben dem neu geschaffenen Generalbüro zwei Unterabteilungen und insgesamt 18 Referate, die Abteilung II (Zölle) besaß zwei Unterabteilungen und kam ebenso wie die Abteilung III (Steuern) auf 15 Referate. Beiden Abteilungen gemeinsam unterstellt war die aus zwölf Referaten bestehende Unterabteilung P II/III, welche die Personalangelegenheiten verantwortete. Neu zugeschnitten war die Abteilung IV (Rechtsangelegenheiten), die elf Referate umfasste. Wiederum über zwei Unterabteilungen verfügte die Abteilung V (Friedensvertrag), die aus acht Referaten bestand [Abb. 5].[199]

Die letztgenannte Abteilung, die von Brandt geleitet hatte, wurde zum 1. März 1927 aufgelöst und die dort bisher angesiedelte Unterabteilung für Anleihen und Geldwesen der Haushaltsabteilung zugewiesen. Nicht nur strukturell, sondern auch personell zeitigte die Umbildung Folgen: Sechzig Beamte schieden aus dem Ministerium aus, davon wurden 27 in planmäßige Stellen bei nachgeordneten Behörden versetzt, zwei gingen in den dauernden Ruhestand, 31 Beamte wurden in den einstweiligen Ruhestand versetzt – davon

198 Dies waren die Zentralabteilung, die Abt. I (mit drei Unterabteilungen), Abt. I a, Abt. II (mit zwei Unterabteilungen), Abt. III, Abt. III P, Abt. III R, Abt. IV, Abt. V (zwei Unterabteilungen) sowie Abt. V B. Die aus dieser Vielzahl von Abteilungen und Unterabteilungen entstehende Unübersichtlichkeit zeigt der Geschäftsverteilungsplan vom 15.5.1922, BArch R2/50392, Bl. 52.

199 Hierzu und für die nachfolgende Abbildung vgl. Geschäftsverteilungsplan vom 12.10.1926, BArch R2/GVPl. Bd. 1.

21 Beamte von Amts wegen. Die bisherigen Abbauvermerke im Haushalt des Ministeriums wurden dafür gestrichen, sodass die davon betroffenen Beamten nunmehr „aus der Ungewißheit über ihre Zukunft befreit" waren, so Reinhold. Mit Schreiben an den Reichspräsidenten vom 16. Oktober 1926 erklärte der Reichsfinanzminister die Umbildung für abgeschlossen und die angestrebte Vereinfachung für erreicht.[200]

Profiteure dieser Umstrukturierungen waren neben Popitz als alleinigem Staatssekretär und Dorn als neuem Abteilungsleiter nachrückende jüngere Beamte wie Schwerin von Krosigk, der zum Leiter des neu begründeten Generalreferats für den Reichshaushalt aufstieg, sowie Wachsmann, dessen offen zutage getragene Skepsis gegenüber den informellen Netzwerken des Sparkommissars und der Ausgabenfreude der Ressorts ihm die Verantwortung für sämtliche Einzelpläne einbrachte, als Leiter der Unterabteilung I A.[201] Damit wurde – wie die *Steuer-Warte* zutreffend erkannte – eine Auffassung von Haushaltspolitik gefördert, die eher die Ökonomisierung staatlicher Steuerung als eine bestimmte parteipolitische Linie vertrat. Für diese Position stand auch Schwerin von Krosigk, denn dieser galt als den Strategien „moderner Finanzakrobatik" zugewandt.[202]

Mit der Umbildung ging daher innerhalb des Regierungsapparats auch ein neuer Blick auf die Haushaltspolitik einher. Der Primat eines schlanken Reichshaushalts wurde zwar weiterhin betont, doch diese Zielsetzung nun stärker konjunktur- als reparations- oder reichspolitisch begründet.[203] Reinholds programmatisch vorgetragener Anspruch, „nicht eine bürokratisch-fiskalische, sondern eine wirtschaftlich orientierte Finanzpolitik" zu betreiben und diese auch gegen den „schwerfällig bürokratisch-parlamentarischen Apparat" beziehungsweise die „geschlossene Front" der eigenen Beamtenschaft durchzusetzen, wurde im eigenen Haus erprobt. Zur Untermauerung wurden Staats-

[200] Denkschrift über die Umbildung des Reichsfinanzministeriums, 10.11.1926, RT-Drucksache Nr. 2659, S. 11–12; Schreiben des Reichsfinanzministers an den Reichspräsidenten, 16.10.1926, inkl. Anlage, in: Nachrichten des Reichsfinanzministeriums, Nr. 62, 19.10.1926, BArch R2/31796.

[201] Einen Überblick über diese internen Verschiebungen bietet ein Bericht der *Vossischen Zeitung*, [17.10.]1926, BArch R43 I/932, Bl. 429. Aufschlussreich für die Aufwertung der entsprechenden neuen Abteilungen ist auch deren Ansiedlung an zentraler Stelle innerhalb des Ministeriums am Wilhelmplatz 1 beziehungsweise in der Kaiserhofstr. 1, hierzu Nachrichten des Reichsfinanzministeriums, Nr. 58, 11.10.1926, BArch R2/31796.

[202] Köhler, Lebenserinnerungen, S. 197; Grotkopp, Krise, S. 81; Neumark, Zuflucht, S. 55; sowie Hugo Fritz Berger an Wilhelmine Dreißig, 5.2.1964, BArch N1181/44.

[203] Dazu die oben erwähnten internen Konflikte um die Stärkung des Reichssparkommissars, in denen Popitz (und mit ihm Wachsmann und Schwerin von Krosigk) eine andere Meinung als Lothholz vertrat. Zu Lothholz' Aufgabenbereich die Verfügung vom 8.9.1926 betr. Umbildung des Reichsfinanzministeriums, in: Nachrichten des Reichsfinanzministeriums, Nr. 49, 8.9.1926, BArch R2/31796.

und Privatwirtschaft in eine enge Beziehung gesetzt: Der „Gesundungsprozeß“ der Staatsadministration sollte, nach dem Vorbild der „Rationalisierung“ in Unternehmen, als „straffe Zusammenfassung des Betriebes, Ersparung überflüssiger Unkosten und Vermeidung unproduktiver Arbeit“ verstanden werden. Gleichzeitig aber wurde betont, dass die Umbildung eine Reaktion auf parlamentarische Forderungen (insbesondere aus dem Haushaltsausschuss) sowie auf wiederholte Mahnungen des Reichssparkommissars gewesen sei – eine Argumentation, die von den Deutschnationalen empört zurückgewiesen wurde, weil man nicht für die Entlassungen verantwortlich gemacht werden wollte. Was die Heranziehung des § 24 anging, so berief sich die Denkschrift vor allem auf die preußische Rechtsprechung und Staatspraxis in der Zeit des Kaiserreiches sowie auf Urteile des Reichsgerichts in den 1920er-Jahren. Hier wurde also das Staatsgewohnheitsrecht bemüht, das die Ermächtigung zur Umbildung von Reichszentralbehörden durch den „Träger der Organisationsgewalt“ (früher der Kaiser, nun der Reichspräsident) schon länger eingeführt und in der 1924 erlassenen Geschäftsordnung der Reichsregierung sowie der Gemeinsamen Geschäftsordnung der Reichsministerien Niederschlag gefunden hatte.[204]

Die parlamentarische Diskussion über die Denkschrift vom November 1926 war relativ kurz, aber scharf im Ton. Im Haushaltsausschuss wiederholten die deutschnationalen Abgeordneten den Vorwurf, dass Reinhold den § 24 willkürlich anwende. Zudem bemängelten sie die Umstrukturierungen als Mogelpackung, die zwar Abteilungen aufgelöst, aber auch Unterabteilungen neuen Zuschnitts geschaffen habe.[205] Wie sie bereits über die Presse kundgetan hatten, sahen die Deutschnationalen darin eine gezielte Maßnahme gegen einzelne Beamte des Ministeriums, da insbesondere Mitglieder der DNVP und der DVP betroffen seien, auch wenn dies de facto nur für zehn der insgesamt 31 in den Ruhestand versetzten Beamten galt. Die Reorganisation wurde damit als republikanischer Angriff auf das unabhängige „Berufsbeamtentum“ verleumdet.[206] So wurde der Eindruck erweckt, dass ein Präzedenzfall für willkürliche Entlassungen geschaffen worden sei. Dies galt auch für jene Ausschussmitglieder, die – wie Albrecht Morath von der DVP – dem Minister Reinhold zugestanden, dass er dieser Verlockung selbst nicht erlegen sei: „Gehe man den Weg des Reichsfinanzministeriums“, argumentierte Morath laut Protokoll, be-

204 Reinhold, Finanz- und Wirtschaftspolitik, S. 9; Denkschrift über die Umbildung des Reichsfinanzministeriums, 10.11.1926, RT-Drucksache Nr. 2659, S. 7–10; 189. Sitzung des Ausschusses für den Reichshaushalt, 14.12.1926, S. 2.

205 189. Sitzung des Ausschusses für den Reichshaushalt, 14.12.1926, S. 2.

206 Censor, Eine merkwürdige Verwaltungsreform, in: Berliner Börsen-Zeitung, Nr. 433, 17.9.1926, BArch R43 I/932, Bl. 431; sowie der Beitrag „Neueste Beamtenpolitik“ von Gottfried von Dryander [Provenienz unklar], o. D., ebd., Bl. 433; Denkschrift über die Umbildung des Reichsfinanzministeriums, 10.11.1926, RT-Drucksache Nr. 2659, S. 12–13.

stehe „die große Gefahr, einen Abbau nach parteipolitischen Gesichtspunkten vorzunehmen.“ Zwar sei es in diesem Falle nicht so gekommen, doch wenn „ein Minister später mit einer Verordnung, wie sie hier gegeben sei, bei anderer Gelegenheit herauskomme, so könne sehr wohl der Fall eintreten, daß politisch ihm unbequeme Beamte alsdann dem unerwarteten Abbau verfallen würden. Seine Fraktion fürchte, daß dieser Vorgang Schule machen werde. Schließlich werde ein Beamter kaum noch wagen dürfen, sich politisch zu betätigen.“ Im Ausschuss wurden daraufhin verschiedene Anträge diskutiert, die den § 24 neu regeln oder seine Anwendbarkeit zum Gegenstand der Entscheidung ordentlicher Gerichte machen wollten. Anschließend wurde die Frage an den Beamtenausschuss des Reichstags verwiesen, dort aber auf die Beratungen des Haushalts des Reichsfinanzministeriums für 1927 vertagt, die dann schon in die Amtszeit von Reinholds Nachfolger fielen.[207]

Der in der Denkschrift vorgenommene juristische Zirkelschluss – es handele sich schon deshalb um eine Umbildung, weil der zugrundeliegende Präsidialerlass eine ebensolche angeordnet habe – wurde aber auch im Reichsjustizministerium hinterfragt. Tatsächlich beschäftigte dieser Sachverhalt in den folgenden Jahren die Gerichte, da ein betroffener Ministerialdirigent Klage erhob. Nach mehreren Instanzen wurde das Vorgehen des Reichsfinanzministeriums als rechtmäßig gebilligt, weil die Vielzahl der bei der Reform getroffenen Einzelmaßnahmen sich zu einer „Umbildung des Ministeriums im Rechtssinne“ summiert und auch das Amt des Klägers tatsächlich „aufgehört“ habe. Darin eine grundsätzliche Gefährdung der in der Verfassung festgelegten Gewährleistung der wohlerworbenen Beamtenrechte zu sehen, sei „eine unbegründete Befürchtung des Klägers“, so die Argumentation des Zivilsenats des Reichsgerichts Anfang 1931.[208]

Diese gerichtliche Entscheidung sowie die gesamte Umbildung blieben gleichwohl auch in der Folgezeit Gegenstand von Kontroversen. Den Kritikerinnen und Kritikern der Weimarer Republik dienten sie als Symbol für die staatliche Willkür im Umgang mit wohlerworbenen Beamtenrechten – zumal die ersten Pensionierungen offenbar schon erfolgt waren, bevor die Umbildungsverordnung des Reichspräsidenten griff. Im Vorgehen des Ministeriums sahen viele Beobachterinnen und Beobachter daher eine Ausnahmepraxis des Staates, die nicht ausreichend legitimiert worden sei. Gerade Vertreter der Beamtenschaft empfanden den Personalabbau und die Umbildung von 1926

207 189. Sitzung des Ausschusses für den Reichshaushalt, 14.12.1926, S. 3; hierzu die handschriftlichen Vermerke und Notizen, o. D., BArch R43 I/932, Bl. 545–546.

208 Dazu die interministeriellen Korrespondenzen in BArch R2/5823; die handschriftliche Notiz auf dem Deckblatt der Denkschrift, datiert auf den 10.9.1931, ebd., mit Verweis auf die entsprechenden Entscheidungen des Reichsgerichts; sowie Entscheidung des III. Zivilsenats, S. 211.

als politisch motivierte Strategien, die das Berufsbeamtentum der öffentlichen Hetze preisgebe. Sie erlaube es, die abgebauten Beamten als „Trinker oder sonstige moralisch nicht einwandfreie Menschen" zu diskreditieren. Der „Leistungsgrundsatz", der bei der personellen Reorganisation immer wieder hervorgehoben worden war, galt vor diesem Hintergrund als intransparentes und unfaires Mittel republikanischer Personalpolitik.[209] So herrschte Ende 1926 eine kritische Stimmung unter der Beamtenschaft des Ministeriums und der ihm unterstellten Reichsfinanzverwaltung. Im November 1926 versammelten sich die Reichssteuerbeamten daher zu einer Demonstration in Berlin, zudem intervenierten die Beamtenorganisationen unmittelbar bei Popitz.[210] Im gleichen Jahr zog der ehemalige Reichsfinanzminister Schiffer eine skeptische Bilanz der Umbildung, wobei er die Rechtmäßigkeit und Rechtswirksamkeit der Reinholdschen Maßnahmen grundsätzlich anzweifelte: „Es ist bedauerlich und wirkt beinahe wie eine Ironie des Schicksals", so Schiffer, „daß, wenn nun wirklich einmal an irgendeiner Stelle mit der fast schon sagenhaft gewordenen Verwaltungsreform Ernst gemacht wird, der eingeschlagene Weg sich als ungangbar erweist." Der Minister solle aufgrund seiner Rechtsbrüche daher dankbar sein, wenn sein Vorbild keine Schule mache. Auch Kurt Ball, der schon 1924 vom Ministerium ans Finanzamt Berlin-Luisenstadt versetzt und zuvor unter Dorn in der Abteilung III tätig gewesen war, sezierte in der *Vierteljahresschrift für Steuer- und Finanzrecht* 1927 die Umgestaltung des Ministeriums als Einwirkung „persönlicher Kräfte", womit er die Rolle des Staatssekretärs Popitz und des neuen Abteilungsleiters Dorn meinte.[211]

Grundsätzlich begrüßte Ball allerdings die Reorganisation und deutete sie als Ausdruck einer unabdingbaren Normalisierung und Ökonomisierung der Staatsadministration, nachdem die akuten Krisenzeiten überwunden worden seien: „Die ganze Verwaltungsreform", so Ball, „wird noch jetzt überwiegend als ein Akt der Ersparung von Ausgaben angesehen, und die Öffentlichkeit folgt damit einer Auffassung, die in der Zeit der Notverordnungen auch bei Regierungsstellen herrschend war und herrschend sein mußte. Nachdem wir aber allmählich wieder in normale Verhältnisse hineingekommen sind, muß mit aller Deutlichkeit betont werden, daß die finanzielle Seite der Verwaltungsreform nur eine, wenn auch sehr wichtige Seite dieser Reform ist". Statt Kostenreduk-

209 Schulze, Begriff, S. 843–848; N.N., Beschwerde, S. 4; N.N., Grundsätze, S. 307; Köttgen, Berufsbeamtentum, S. 49: „In größtem Ausmaß wurde schließlich diese Gefahr der Politisierung des Berufsbeamtentums durch den Personalabbau heraufbeschworen, wenn hier auch schließlich durch die außerordentlich vorsichtige Handhabung des Abbaus diese Begleiterscheinungen vermieden worden sind."

210 N.N., Protestversammlung der Reichssteuerbeamten; N.N., Protestversammlung des Bezirksverbandes; N.N., Wer will noch; N.N., Verwaltungsreform.

211 Schiffer, Neuordnung, Sp. 117; Ball, Organisationsprobleme, S. 538; Ball-Kaduri, Juden, S. 18 und 23; Pausch, Gedenken; Felix, Erinnerung.

tion solle zukünftig Leistungssteigerung im Vordergrund stehen: „Auch in gutgeleiteten kaufmännischen Betrieben denkt niemand daran, wenn der Betrieb schlecht arbeitet, einfach einen Teil der Ausgaben zu streichen, sondern er führt rationellere Methoden ein. Das ist es, was der Verwaltung not tut."[212]

Balls Vorstellungen von einer wirtschaftlich arbeitenden Verwaltung gingen aber noch weiter als die Umbildungsmaßnahmen von 1926. Schon 1921 hatte er in einer eigenen Denkschrift sowohl die allzu strenge formaljuristische Ausrichtung als auch die überstürzte Verordnungspraxis als zwei Varianten des gleichen Bürokratieversagens kritisiert und eine grundlegende Neugestaltung dieser Strukturen gefordert.[213] Sechs Jahre später skizzierte er für das Ministerium finanzpolitische und finanzstatistische „Zentralreferate", die als stabsähnliche Strukturen für eine einheitliche Politik des Reichsfinanzministeriums sorgen und die bisher nur verstreut vorhandenen Kompetenzen (insbesondere aus der Abteilung V) bündeln sollten. Diese an die Argumentation von Brandts gemahnende Linie, so ließ Ball durchblicken, sei bei der Umbildung nur deshalb nicht konsequenter verfolgt worden, weil stattdessen die persönliche Machtposition von Popitz (und des ihm nahestehenden Dorn) gestärkt worden sei. Trotzdem war Popitz für Ball auch ein Hoffnungsträger, da er die Ergänzung der bisher „fast rein juristischen Einstellung" der Ministerialbeamten um volkswirtschaftliches Wissen, also die Orientierung an ökonomischen „Funktionen" statt an rechtswissenschaftlichen „Abstraktionen" verfolge. Entsprechend klang bei Ball ähnlich wie bei Popitz die Hoffnung an, dass die zukünftige Verwaltungslehre den Charakter einer bloßen „Gesetzestechnik" hinter sich lassen und zu einer wirklichen „Verwaltungstechnik" werden könne.[214] Balls Beitrag machte somit deutlich, dass die „Umbildung" des Ministeriums nicht nur von spezifischem Interesse für die Organisation, sondern Bestandteil eines breiteren Reformdiskurses war, der sich – das Vereinfachungsdenken der Krisenzeit hinter sich lassend – programmatisch mit administrativen Abläufen, Regierungstechniken und der Leistungsfähigkeit des demokratischen Staates beschäftigte. Dies galt auch für die Verbindung von „Verwaltungsreform" und „Staatsreform" in einer umfassenden Reform der Reich-Länder-Beziehungen, für die sich Reinhold stark machte. In diesen Kontext gehörten auch Bemühungen, einen so effizienten wie repräsentativen Ort des demokratischen Regierens in Berlin zu schaffen.[215]

[212] Ball, Organisationsprobleme, S. 538–539.

[213] Ball, Weg, S. 17–19.

[214] Ball, Organisationsprobleme, S. 533–535, 524 und 548.

[215] Reinhold, Reichsfinanzen, S. 1–2; ders., Finanz- und Wirtschaftspolitik, S. 23; Dieckmann, Popitz, S. 59–61. Zur sich wandelnden Topografie der Macht um den Wilhelmplatz Wilderotter, Alltag, bes. S. 226–245.

Reichshochhaus oder Kaiserhof: Orte des Regierens

Parallel zur organisatorischen Umbildung legte das Reichsfinanzministerium im Oktober 1926 eine „Denkschrift über die Unterkunft der Reichsbehörden in Berlin" vor. Einleitend wurde darauf hingewiesen, dass „allseitige Übereinstimmung" darüber herrsche, „daß ein erhebliches Maß unproduktiver Verwaltungsarbeit dadurch entsteht, daß die Gebäude, in denen die einzelnen Dienststellen der Reichsministerien untergebracht sind, weit voneinander entfernt liegen."[216] Damit suchten die Autoren dieser Denkschrift Anschluss an jene Diskussionen, die schon zu Beginn der 1920er-Jahre darüber geführt worden waren, wie durch eine räumliche Vereinigung der Reichsministerien und ihrer Dependancen die Regierungsarbeit vereinfacht werden könne. Damals war auch eine Aufstockung des Reichsfinanzministeriums debattiert worden, die aufgrund der Höhe der veranschlagten Baukosten von 9,5 Millionen Mark aber zum Politikum geworden war. Dies hatte Planungen für den Bau eines Büro-Hochhauses beziehungsweise „Reichshauses" zur Unterbringung der Reichsverwaltungen befeuert, die sowohl von den Ministerien (insbesondere dem des Innern) als auch von Architekten wie Otto Kohtz unternommen worden waren. Fragen der Verwaltungsvereinfachung waren so mit Vorschlägen für eine demokratische Staatsarchitektur verwoben worden.[217] In diesem Zusammenhang hatte insbesondere das Innenressort dafür plädiert, die Reichsverwaltungen in einem Neubau zusammenzulegen, um die Entfernungen zu reduzieren sowie mündlichen Austausch und kurzfristige kommissarische Beratungen zu ermöglichen. Verhandlungen über die Finanzierung eines entsprechenden Vorhabens durch die Großbanken im Wege des Austausches eines durch den Neubau entbehrlich werdenden Grundstücks waren jedoch, nach längeren Vorarbeiten, im April 1922 gescheitert.[218]

Die seither vom Reichsinnenministerium vorangetriebenen Überlegungen zur äußeren und inneren Gestaltung des Gebäudes und wiederholte Initiativen zur planmäßigen Behandlung dieser Fragen verliefen, trotz einer entsprechenden Reichstagsresolution, immer wieder im Sande, zumal das Reichsfinanzministerium sich allen systematischen Ansätzen entzog und

216 Denkschrift über die Unterkunft der Reichsbehörden in Berlin, 4.11.1926, RT-Drucksache Nr. 2611, S. 2. Hierzu Demps, Berlin-Wilhelmstraße, S. 137–138.

217 Welzbacher, Staatsarchitektur, S. 137–140; sowie die Dokumente zu solchen Planungen und Diskussionen in Bauwelt (1920), 27, S. 266; Bauwelt (1921), 44, S. 655.

218 Reichsinnenminister an den Reichsschatzminister, 8.4.1921, BArch R43 I/910, Bl. 19–20; Kabinettsvorlage des Reichsinnenministeriums betr. Vereinfachung der Reichsverwaltung, 4.5.1922, ebd., Bl. 137; Reichswirtschaftsminister an den Reichsinnenminister, 24.5.1921, ebd., Bl. 47; Reichsschatzminister an den Staatssekretär in der Reichskanzlei betr. Vorschläge für die Errichtung eines Hochhauses, Abschrift für den Reichsfinanzminister, 20.4.1922, ebd., Bl. 128; sowie Kap. I.1.

stattdessen auf punktuelle Interventionen setzte. Hier wurde neuerlich die institutionelle Konkurrenz dieser beiden Ressorts sichtbar. So befürwortete das Reichsfinanzministerium beispielsweise 1924 eine zentrale Ansiedlung (und damit Stärkung) des Reichsernährungsministeriums in der Wilhelmstraße 72, während das Reichsinnenministerium dieses Gebäude aufgrund der Nähe zum Bankenviertel dem Reichswirtschaftsrat überlassen und das Ernährungsressort stattdessen gemeinsam mit dem Reichswirtschafts- und dem Reichsarbeitsministerium an anderer Stelle, am Standort Viktoriastraße/Bellevuestraße, unterbringen wollte. Dort sollten die „wirtschaftlichen" Ressorts (mit Ausnahme des Finanzministeriums, das aber vom Innenministerium ebenfalls zu diesen Ressorts gezählt wurde) später auch institutionell vereinigt werden, während die „politischen" Ministerien (Justiz, Inneres, Auswärtiges und Reichskanzlei) an der Wilhelmstraße örtlich unmittelbar verbunden sein sollten. Die in dem entsprechenden Schreiben beiläufig vorgenommene Kategorisierung des Finanzressorts als wirtschaftliches, nicht als politisches Ministerium bedeutete, dass es institutionell nicht im Zentrum hoheitlicher Macht verortet wurde, wenngleich es räumlich dort angesiedelt bleiben sollte.[219] Das Reichsfinanzministerium setzte sich jedoch mit seinem eigenen Vorschlag durch. Zum Ausgleich erhielt das Reichsinnenministerium den Auftrag, gemeinsam mit dem Reichssparkommissar und der Etats- und Bauabteilung des Reichsfinanzministeriums einen umfassenderen Plan für die räumliche Zusammenlegung der Ministerien auszuarbeiten.[220]

Dieses Projekt verzögerte sich jedoch neuerlich, bis im Herbst 1926 die Initiative für konkrete Veränderungen wiederum aus dem Reichsfinanzministerium kam, das sich dabei auf Forderungen des Reichstags berief. Das Finanzressort regte den Ankauf des „Kaiserhofs" an, der im Besitz der Berliner Hotel-Gesellschaft war. Dieses Gebäude sollte die räumliche Grundlage für eine stärkere Zusammenfassung der Regierungsstellen schaffen. Mit diesem Vorschlag sollte „das Bestreben der Privatwirtschaft, durch Abstossung des Kaiserhofs eine Rationalisierung im Hotelgewerbe anzubahnen", mit dem „Wunsche der Reichsregierung" nach Vereinfachung, Vereinheitlichung und Verbilligung der Verwaltung verbunden werden. Unterstützt wurde diese Initiative vom Reichssparkommissar, der darauf verwies, dass „ein Neubau die Durchführung der Vereinfachungsbestrebungen erheblich verzögern" würde, während es darauf ankomme, „gerade in der jetzigen, Verwaltungsreformen

[219] Kabinettsvorlage des Reichsinnenministers betr. Verwendung des Dienstgebäudes des Reichsschatzministeriums, 7.4.1923, BArch R43 I/910, Bl. 171; Reichsinnenminister an den Staatssekretär in der Reichskanzlei betr. räumliche Zusammenlegung der Ministerien, 10.3.1924, ebd., Bl. 211.

[220] Reichsinnenminister an sämtliche Reichsministerien, 7.5.1924, ebd., Bl. 224; Vermerk der Reichskanzlei, 1.6.1924, ebd., Bl. 225; Aufzeichnung betreffend den Ankauf des Kaiserhofs durch das Reich, o. D., ebd., Bl. 258–259.

endlich geneigter erscheinenden Zeit, solche möglichst bald in Gang zu bringen." Dabei sei es durchaus sinnvoll, dass durch den Ankauf „nun in erster Linie das Reichsfinanzministerium in die Lage gesetzt" werde, seinen Verwaltungsapparat zu vereinfachen, denn „von einer vorbildlichen Fortsetzung der Verwaltungsvereinfachung gerade bei diesem Ressort" sei ein „besonders fühlbarer Fortschritt" zu erwarten.[221]

Die Denkschrift über die Unterkunft der Reichsbehörden skizzierte solche Vorstellungen näher und warb mit der Beseitigung „überflüssiger Verwaltungsarbeit", insbesondere des schwerfälligen Schriftverkehrs. Jede räumliche Trennung bedeute, „daran bringt auch ein gut ausgebautes Fernsprechnetz erfahrungsgemäß nur wenig Änderung", eine Erschwerung „des persönlichen Meinungsaustausches". Auch der „Registraturbetrieb", so argumentierte das Reichsfinanzministerium mit Blick auf dieses im Innenressort besonders intensiv bearbeitete Thema, werde dadurch mit unnötigem Aktenverkehr belastet und arbeite entsprechend „unwirtschaftlich". Der Kaiserhof biete nunmehr die räumlichen Gegebenheiten für eine Umstellung, und sein Ankauf ermögliche daher die Ersparnis von Arbeit wie auch von Büroflächen. Der Vermerk, den die Reichskanzlei zu der Denkschrift anfertigte, konstatierte lapidar, „in Wirklichkeit" solle diese „in sehr vorsichtiger Form wohl nur den Ankauf des Hotels Kaiserhof durch das Reich begründen", wogegen prinzipiell keine Bedenken bestünden. Nicht akzeptabel aber sei der damit verbundene Plan, den Kaiserhof ausschließlich dem Reichsfinanzministerium zur Nutzung zu überlassen, inklusive der dort befindlichen großzügigen Repräsentationsräume. Im Kabinett wurde daher am 3. November 1926 zwar der Ankauf bewilligt, die Unterbringungsmaßnahmen aber sollten zum Gegenstand eingehender Erörterungen unter den Ressorts gemacht werden.[222] Vorbehalte des Reichsinnenministeriums gegen die Höhe des Kaufpreises (8,3 Millionen RM) konnten sich dabei zwar nicht durchsetzen, wurden aber in der Öffentlichkeit aufgegriffen: So unterstellten sowohl die *Deutsche Zeitung* als auch der *Vorwärts* dem Reichsfinanzminister unlautere Motive, die aus dessen engen Verbindungen zu den Banken resultierten und die Interessen des Reiches zugunsten privater Profitgier schädigten.[223] Die DNVP warf Reinhold vor, er habe mit der

[221] Aufzeichnung betreffend den Ankauf des Kaiserhofs durch das Reich, o. D., ebd., Bl. 258; Saemisch an den Reichsfinanzminister, 21.10.1926, ebd., Bl. 268–269.

[222] Denkschrift über die Unterkunft der Reichsbehörden in Berlin, 4.11.1926, RT-Drucksache Nr. 2611, S. 6–7; Referentenvorlage des MinRat Vogels für die Kabinettssitzung betr. Unterkunft der Reichsbehörden in Berlin, o. D., BArch R43 I/910, Bl. 266; Auszug aus dem Protokoll der Sitzung des Reichsministeriums vom 3.11.1926, ebd., Bl. 278.

[223] „Kaiserhof" und Reichstag, in: Deutsche Zeitung, Nr. 314, 10.11.1926; Der Verkauf des Hotels „Kaiserhof". Privatinteressen gegen öffentliche Interessen, in: Vorwärts, Nr. 302, 24.10.1926, beide BArch R43 I/910, Bl. 288 und 293; sowie die Vorgänge zu

Denkschrift vom Reichstag „eine Art Ermächtigungsgesetz" zur Regelung der Unterbringung der Reichsbehörden verlangt. Auch aufgrund dieser breiten Kritik verfiel das Verkaufsangebot schließlich, weil weder die Aktienbesitzer noch der Reichstag bis zur gesetzten Frist Ende November 1926 zustimmten. Stattdessen ergriff Anfang 1927 wiederum das Reichsinnenministerium die Initiative für gemeinsame Planungen der Ressorts, die sich dann bis Ende 1931 hinzogen. Von den Maßnahmen, die in der Denkschrift des Reichsfinanzministeriums angeregt worden waren, wurde letztlich nur die Zusammenziehung des Reichswehrministeriums im Bendlerblock realisiert. Zu einem späteren Zeitpunkt wurde allerdings der „Kaiserhof" doch noch vom Reich gekauft, jedoch nicht mehr als Sitz des Reichsfinanzministeriums.[224]

Anhand solcher Aushandlungsprozesse zeigte sich in der Mitte der 1920er-Jahre die ambivalente Verschränkung administrativer und politischer Diskurse. Das liberaldemokratisch geführte Reichsfinanzministerium vertrat in der Auseinandersetzung mit dem Innenressort einerseits eher konventionelle Vorstellungen der Verwaltungsreform. Andererseits riskierte der Reichsfinanzminister aus diesem Anlass den Konflikt mit politischen Gegnern und erzeugte neuerlich (wie schon beim Personalabbau) den Eindruck, sich für seine Ziele außerordentlicher Maßnahmen oder der Ausdehnung des gesetzten Rechts zu bedienen. Reinholds Selbstinszenierung als jugendlich-tatkräftiger Einzelkämpfer, der „die geheiligte Ordnung einfach über den Haufen" werfe und sich von seiner „sachlichen" Politik nicht durch parteiliche Interessen abbringen lasse, trug dazu bei.[225] Diese Auseinandersetzungen waren somit nicht nur bürokratische Details, sondern brachten unterschiedliche Vorstellungen davon zum Ausdruck, welche Praktiken des Regierungshandelns unter republikanischen Bedingungen angemessen und ob politische oder ökonomische Maßstäbe dafür entscheidend waren. In diesem Zuge wurden auch Aspekte der Geschäftsordnung und der Materialität des administrativen Raumes berührt.

den Anschuldigungen der Sächsischen Arbeiterzeitung vom 22.10.1926, BArch R43 I/933, Bl. 204–206.

224 183. Sitzung des Ausschusses für den Reichshaushalt, 9.12.1926, S. 5–10; Vermerk der Reichskanzlei, 20.12.1926, BArch R43 I/910, Bl. 299; Demps, Berlin-Wilhelmstraße, S. 138–140.

225 Reinhold, Finanz- und Wirtschaftspolitik, S. 10–11, 18–19 und 24. Hierzu und zum Folgenden auch Mai, Krise, S. 317–332; Collin, Ökonomisierung, S. 221–223.

Geschäftsordnungen und die Materialität der Verwaltungspraxis

Neben dem Reichssparkommissar war seit den frühen 1920er-Jahre eine Vielzahl halbstaatlicher und privater Einrichtungen zur Rationalisierung der Verwaltung entstanden, darunter das Reichskuratorium für Wirtschaftlichkeit (1921), der Ausschuss für Wirtschaftlichkeit in der Verwaltung (1925) und das bereits erwähnte Kuratorium für Spar- und Vereinfachungsmaßnahmen in der Verwaltung. In der zweiten Hälfte der 1920er-Jahre befassten sich über 600 private und 85 staatliche Einrichtungen mit dem Thema der Rationalisierung.[226] Mit Blick auf die Reichsverwaltung besaß insbesondere das 1926 in Kooperation mit dem Deutschen Beamtenbund gegründete Deutsche Institut für Wirtschaftlichkeit in der Verwaltung (DIWIV) Einfluss, das Ergebnisse privatwirtschaftlicher Reformprogramme auf ihre Brauchbarkeit für die Behörden prüfte. Neben der technischen Effizienz wollte das DIWIV auch die „Kundenorientierung" der Beamtenschaft stärken. Zu den treibenden Kräften dieser Unternehmung, die vornehmlich aus dem Etat des Innenministeriums finanziert wurde, gehörten Brecht und Drews.[227]

Letzterer hatte sich in seinen Vorarbeiten für eine Verwaltungsreform von 1917, die bereits betrachtet wurden, vor allem mit der Behördenreform beschäftigt, aber auch die Verbesserung und Vereinfachung des Geschäftsgangs thematisiert. Seine Schrift galt daher allgemein als „Ausgangspunkt" für die Überlegungen zur Geschäftsordnung. Auch Brecht hatte schon seit 1922 als „Spezialkommissar für Vereinfachungsfragen" im Innenressort inhaltliche Vorarbeiten für die Reform des Geschäftsbetriebs und die Schaffung einer verbindlichen Geschäftsordnung vorgelegt, bevor mit der Ernennung des Reichssparkommissars die Initiative zwischenzeitlich an das Reichsfinanzministerium übergegangen war. Dennoch entwickelte Brecht weiterhin Konzepte zur Regelung des Geschäftsgangs, zum Lauf von Akten, zur materiellen Einrichtung der Registratur und zur Kommunikation zwischen den Ministerien.[228] Trotz einer detaillierten Normierung sollten diese Verfahrensweisen zugleich so angelegt sein, dass sie jederzeit Ausnahmen und Abweichungen, also ad-

226 Misera, Organisationsveränderungen, S. 72–74; Laux, Entwicklung, S. 1090–1096; sowie die Übersichten in Reichskuratorium für Wirtschaftlichkeit, Handbuch. Für einen Überblick über die entsprechende Reformliteratur auch Couvé, Rationalisierung; ders., Bestgestaltung; Harnack, Praxis, S. 250–282.

227 Hierzu Brecht, DIWIV, S. 186–188; ders., Dienst, S. 433–435; Ruck, Institutionalismus, S. 187–188 und 198–200.

228 Hierzu Brecht, Geschäftsordnung, S. 19–21; Ruck, Institutionalismus, S. 189–192. Zu Brecht auch die Beiträge in Krohn/Unger, Arnold Brecht, die ein differenziertes Bild seiner politischen und fachlichen Positionen zeichnen.

ministrative Flexibilität ermöglichten. Dies implizierte, dass in der Praxis von einem legalistischen Verwaltungsverständnis abgerückt werden konnte und sollte. Auch hier diente die private Wirtschaft als Referenzsystem.[229]

Was den Geschäftsbetrieb anging, so wurden beginnend mit der Geschäftsordnung des Reichsrats vom 20. November 1919 und der Geschäftsordnung des Reichstags vom 12. Dezember 1922 nach und nach Verfahrensweisen der Reichsregierung und der Reichsverwaltung verändert. Diese Maßnahmen gingen auf Bestimmungen der Weimarer Verfassung zurück. Besonders bedeutsam war die Geschäftsordnung der Reichsregierung, die am 3. Mai 1924 in Kraft trat. Näher bestimmt wurden darin unter anderem die Richtlinienkompetenz des Reichskanzlers sowie die Ministerverantwortlichkeit. Zudem wurden Verfahrensweisen bei der Vorlage und Beratung von Gesetzesentwürfen beschrieben sowie der Verkehr der Regierung mit dem Parlament, dem Ausland sowie Interessengruppen geregelt. Obwohl § 15 der Geschäftsordnung festlegte, dass „Maßnahmen der Reichsminister innerhalb ihrer Zuständigkeit" nicht der Beschwerde unterlagen, sondern nur vor dem Parlament zu verantworten waren, verlieh der § 32 dem Reichsfinanzminister nach dem Vorbild der Reichshaushaltsordnung eine hervorgehobene Position: In einer Frage von finanzieller Bedeutung galt auch nach der Geschäftsordnung das Vetorecht des Reichsfinanzministers, das von einem Beschluss der Mehrheit sämtlicher Reichsminister nur dann aufgehoben werden konnte, wenn der Reichskanzler mit der Mehrheit gestimmt hatte.[230]

Die Verfassungsmäßigkeit dieser Regelung war schon in der Debatte um die RHO 1922 infrage gestellt worden und wurde anhand der Geschäftsordnung erneut diskutiert. Berücksichtige man lediglich den Wortlaut der Verfassung, so argumentierte eine rechtswissenschaftliche Dissertation von 1929, so müsse man zu dem Ergebnis kommen, dass der § 32 der Verfassung widerspreche. Doch sei durch die Bestimmungen der RHO, die mit verfassungsändernder Mehrheit beschlossen worden seien, eine neue verfassungsrechtliche Grundlage geschaffen. Darüber hinaus sei die hervorgehobene Stellung des Reichsfinanz-

[229] Dies zumindest beschrieb Brecht 1940 für seine amerikanischen Leser als die besondere Leistung der GGO I, hierzu Brecht/Glaser, Art, S. 23: „The desire of the framers of the Code to break away from over-rigid rules is shown by the fact that despite the great simplicity of its regular procedure almost every provision carries a clause permitting the elimination of normal adminstrative steps in cases of particular urgency. However, the official who cuts across red tape must show that the need for especially rapid action justifies his doing so – this tends to reserve the most direct channels for the most urgent business. By its flexible statements the Code permits the individual official to exercise to the fullest his creative bent and tends to develop in him a high responsibility towards his office." Hierzu auch Collin, Ökonomisierung, S. 227–230.

[230] Kaisenberg, Geschäftsvereinfachungen, S. 331; Geschäftsordnung der Reichsregierung, S. 6 und 11.

ministers grundsätzlich „im Interesse einer sparsamen Wirtschaft" und damit als eine Art überparteiliches Prinzip stets im Sinne der Regierung.[231]

Differenzierte die Geschäftsordnung der Reichsregierung also die Regierungsprinzipien und Machtverhältnisse auf der Ebene des Kabinetts aus, befasste sich die Gemeinsame Geschäftsordnung der Reichsministerien mit den Beziehungen zwischen den Ressorts sowie mit deren innerem Geschäftsbetrieb. Der Besondere Teil (GGO II), der am 1. August 1924 in Kraft trat, bestimmte die Modalitäten des Verkehrs mit dem Reichsrat, dem Reichswirtschaftsrat und dem Reichstag sowie den Weg der Gesetzgebung von der Vorbereitung der Entwürfe bis hin zur Veröffentlichung der Gesetze. Er umfasste auch Vorgaben für die Gesetzessprache, die „klar und auch für den Laien leicht verständlich" sein sollte. Das Reichsfinanzministerium war – womit die 1920 und 1923 gefassten Kabinettsbeschlüsse verstetigt wurden – schon im Entwurfsstadium an allen Gesetzesvorhaben zu beteiligen, die Kosten für Reich, Länder oder Gemeinden bedeuteten. Sofern umfangreiche oder besonders kostspielige Projekte geplant waren, musste vorher das Einverständnis des Ministeriums oder, im Streitfalle, des Kabinetts eingeholt werden. Gleiches galt nun auch für die Beteiligung des Reichssparkommissars. Das Reichsfinanzministerium hatte darüber hinaus ein Beteiligungsrecht bei allen Entwürfen, die Vorschriften über Steuern oder Abgaben irgendeiner Art enthielten.[232]

Für den inneren Geschäftsgang entscheidend war der Allgemeine Teil der Gemeinsamen Geschäftsordnung (GGO I), der nach längeren Beratungen am 2. September 1926 von der Reichsregierung beschlossen und zum 1. Januar 1927 in Kraft gesetzt wurde. Erklärtes Ziel dieses Geschäftsordnungsteils war die Verwaltungsvereinfachung, die daher im § 1 zur Dienstpflicht der Beamten erklärt wurde. Für die Koordination der entsprechenden Bemühungen wurde in jedem Ministerium ein „Vereinfachungsreferent" ernannt, der die entsprechenden Arbeiten zusammenführen und durch „Stichproben" den Geschäftsgang überwachen sollte. Die Vereinfachungsreferenten der Ressort bildeten zusammen den „Ausschuss der Reichsministerien für Vereinfachungsfragen", der unter dem Vorsitz des Vertreters des Reichsinnenministeriums stand. Das Finanzressort nahm an diesen vom Innenressort vorangetriebenen Bemühungen daher nur mit begrenztem Interesse teil.[233] In der GGO I wurden zudem kleinteilige Vorgaben für die Behandlung und Bearbeitung von Vorgängen

231 Zinkeisen, Geschäftsordnung, S. 14–16 und 54–58.

232 Gemeinsame Geschäftsordnung (GGO II), bes. S. 11–12 und 15.

233 Gemeinsame Geschäftsordnung (GGO I), S. 5. Im Reichsfinanzministerium übernahm die Aufgabe des Vereinfachungsreferenten der erwähnte Ministerialrat Prugger; hierzu die Niederschrift über die konstituierende Sitzung des Ausschusses der Reichsministerien für Vereinfachungsfragen vom 17.2.1927, an der kein Vertreter des Reichsfinanzministeriums teilnahm, BArch R43 I/1951, Bl. 83. Hierzu auch Ruck, Institutionalismus, S. 190–196.

in den Reichsministerien gemacht. Dazu zählten grundsätzliche Fragen wie die Beteiligung der Haushaltsreferenten der Ressorts bei allen Maßnahmen, die Reichsmittel erforderten (§ 58), aber auch die detaillierte Regelung der zu verwendenden Stiftfarben und Zeichen durch die leitenden Beamten, Staatssekretäre und Minister (§ 12). Im Reichsfinanzministerium waren entsprechende Anweisungen schon unmittelbar nach der Beschlussfassung über die GGO I im Oktober 1926 ergangen, mit leichten Abweichungen beziehungsweise Ergänzungen: ein „∧“ zeigte dort die Kenntnisnahme des Ministers an, ein „+“ die Schlusszeichnung durch den Minister und ein „++“ diejenige des Staatssekretärs. Dies waren Arbeitsformen, die sich langfristig durchsetzten.[234]

Hier hatte das Reichsfinanzministerium aber ohnehin schon Fakten geschaffen: Bereits Erzberger hatte „Entbureaukratisierung“ zur Devise der Reichsfinanzverwaltung erhoben. Der „Steuerbeamte der Zukunft“ sollte „einen Blick haben für die wirtschaftliche Umwelt und ihre Bedürfnisse“ und diese volkswirtschaftliche Bildung als Grundlage für „ein rasches Funktionieren des gesamten Apparates“ nutzen.[235] Im Sinne einer Beschleunigung der Abläufe waren die Abteilungsleiter im Mai 1921 daher ermächtigt worden, den Referenten die selbstständige Zeichnung der von ihnen oder nach ihrer Anweisung entworfenen Verfügungen zu übertragen. Generell sollten die Referenten möglichst eigenständig agieren. 1923 und 1924 waren weitere Verfügungen für den Bürobetrieb ergangen. In dieser Phase hatte sich auch schon eine interministerielle Abstimmung über die jeweiligen Verwaltungsabläufe entwickelt, die dann systematische Vorüberlegungen für eine gemeinsame Geschäftsordnung beförderte.[236] 1925 wurde im Reichsfinanzministerium schließlich der Versuch gemacht, die Aktenlaufwege zu verkürzen. Im gleichen Jahr hielt der Leiter der Abteilung II des Reichsfinanzministeriums, Willy Ernst, seine Beamten dazu an, Schriftstücke nicht länger willkürlich mit unübersichtlichen Randvermerken zu versehen, sondern die „Aktenführung auf den gleichen sorgfältigen und sauberen Zustand zu bringen, wie er in vorbildlicher Weise z. B. bei dem ehemaligen Reichsschatzamt und dem Preußischen Finanzministerium bestanden

[234] Gemeinsame Geschäftsordnung (GGO I), S. 10 und 28; Erlass vom 12.10.1926, BArch R2/12987, Bl. 135. Zu gewissen Abweichungen in der NS-Zeit die Aussage Reinhardts in Nürnberg, StA Nürnberg, Rep. 501 Fall 11 Nr. A 145, Verhör vom 7.9.1948, S. 19989–19990: Der Minister zeichnete mit Grünstift, der Staatssekretär mit Braunstift, die Abteilungsleiter gebrauchten den Blaustift, die Unterabteilungsleiter den violetten Stift.

[235] Bericht über eine vom Herrn Reichsfinanzminister veranstaltete Tagung der Präsidenten der Landesfinanzämter im Reichsfinanzministerium, 24.10.1919, in: RFBl. 1 (1919), 2, S. 15–34, hier S. 18.

[236] Erlass vom 24.5.1921, BArch R2/50391, Bl. 137–138; Erlass vom 24.12.1926, BArch R2/50392, Bl. 224; Verfügung vom 17.3.1924 betr. Gewinnung eines einheitlichen Gesamtüberblicks über die in den einzelnen Ministerien bestehende Geschäftshandhabung, in: Nachrichten des Reichsfinanzministeriums, 20.3.1924, BArch R2/50932, Bl. 181.

hat."[237] Hatte die Büroreform in der Spielart des Innenressorts (also bei Brecht oder Drews) einen zukunftsorientierten und modernistischen Anklang, so besaßen entsprechende Maßnahmen des Finanzressorts einen eher rückwärts gewandten, tendenziell autoritären Zug.

An die Verabschiedung der GGO schloss sich die Ausarbeitung einer Gemeinsamen Geschäftsordnung der höheren Reichsbehörden (GOH) an, die zum 1. Oktober 1928 in Kraft trat und die Basis für weitere Regelungen, etwa für die Landesfinanzämter, darstellte. Für die Finanzämter hatte das Ministerium schon um 1920 erste provisorische Regelungen zur Geschäftsordnung ausgegeben, die dann ab Mitte der 1920er-Jahre vertieft wurden. Dabei ging es ebenfalls um die Dezentrierung von Verantwortung und Zeichnungsrechten sowie um die Restrukturierung von Verwaltungseinheiten.[238] Zum 1. September 1925 war eine Geschäftsordnung für die Finanzämter (FGO) eingeführt worden, die im Wesentlichen bis 1932 bestehen blieb. Diese Geschäftsordnung setzte vorrangig auf die Förderung von Einheitlichkeit in den Ämtern und orientierte sich ebenfalls an Rationalisierungs- und Managementstrategien der Privatwirtschaft.[239] Während sich das Reichsfinanzministerium aber im Bereich der Psychotechnik oder der Persönlichkeitsbildung mit Reformmaßnahmen zurückhielt, übernahm es im Bereich der mechanischen Hilfsmittel eine hervorgehobene Rolle. So richtete es eine zentrale Auskunftstelle für Fragen des Büromaschinenbedarfs ein und erließ entsprechende Richtlinien an Reichs- und Landesbehörden. Für den Bereich der Reichsfinanzverwaltung ergab eine Aufstellung im Jahr 1928 folgenden Bestand: 196 Buchungsmaschinen und 260 Adressier- und Listendruckmaschinen wurden reichsweit verwendet, dazu kamen 1400 Addier- und Rechenmaschinen sowie 1800 Vervielfältigungsapparate. Den numerisch größten Anteil an der vorhandenen Bürotechnik hatten die 4500 Schreibmaschinen. Damit lag die Reichsfinanzverwaltung im Trend ihrer Zeit, denn Schreibmaschinen waren schon in der Denkschrift von Drews zu Trägern der Verwaltungsreform erklärt worden, auch hier nach dem Vorbild der Privatwirtschaft und des Militärs.[240]

Im Jahr 1928 wurde zudem ein sogenannter vertikaler Aktenplan für die Reichsfinanzverwaltung eingeführt. Damit wurde auch in der Aktenführung

[237] Vermerk vom 20.3.1925, BArch R2/50392, Bl. 249; Verfügung vom 6.7.1925, ebd., Bl. 257.

[238] Kaisenberg, Geschäftsvereinfachungen, S. 328–331; Misera, Organisationsveränderungen, S. 104–106 und 121–129.

[239] Ball, Organisationsprobleme, S. 528; Grabower, Stellung, S. 117–118. Nach Meinung verwaltungswissenschaftlicher Studien wiesen solche Strukturreformen bereits Merkmale späterer Personalführungskonzepte des *management by delegation* auf, vgl. Misera, Organisationsveränderungen, S. 154–157, 161, 188–189 und 194–195, hier mit Verweis auf Boenicke, Organisation, Sp. 706 und 731.

[240] Boenicke, Organisation, Sp. 747; Misera, Organisationsveränderungen, S. 214–215; Kaiser, Verwaltungsmaschine, S. 236; Vismann, Akten, S. 272–273.

des Ministeriums deutlich gemacht, dass eine gewisse Normalität und Stabilität erreicht schien, denn die Anwendung von Einheitsaktenplänen machte nur dort Sinn, wo die Aufgaben der entsprechenden Verwaltungen über einen längeren Zeitraum gleichblieben und insofern planbar waren. Sie beruhten darauf, zukünftige Arbeitsgebiete vorab in Kategorien einzuteilen, inklusive freier Rubriken für Unvorhergesehenes. Die Aufstellung systematischer Aktenpläne war zudem eine Grundforderung der Büroreformbewegung. In dieser Hinsicht gehörte das Reichsfinanzministerium zu den Vorreitern unter den Reichsverwaltungen – gemeinsam mit der Reichspost und der Reichsbahn, die im gleichen Jahr einen Einheitsaktenplan einführten. In der preußischen Justizverwaltung gab es seit 1927 ebenfalls Vorarbeiten, die dann aber erst 1935 im Zuge der „Verreichlichung" umgesetzt wurden.[241]

Der Aktenplan basierte auf dem Vierziffernsystem, das mit der GGO II eingeführt worden war: Die erste Ziffer bezeichnete das Hauptgebiet, die zweite die Gruppe, die dritte die Untergruppe und die vierte den Einzelband. Vorangestellt wurde das Abteilungszeichen. So stand beispielsweise die Bezeichnung „P 1401" für die Durchführung der Stellenpläne und „H 2045" für die Vereinfachungsmaßnahmen auf dem Gebiete der Kassen- und Buchführung.[242] Die Verantwortung für die Einordnung eines Vorgangs in ein Sachgebiet wurde auf den einzelnen Bearbeiter übertragen – *self-indexing* war das Schlagwort, das dafür aus der US-amerikanischen Reformdebatte übernommen wurde. Damit verband sich sowohl das Bestreben nach Rückkehr in den „natürlichen Zustand" einer Verwaltung ohne Registratur als auch der Wunsch nach einem vermehrten Einsatz technischer Hilfsmittel, etwa mechanischer Stehordner mit vorgefertigten Einlagesystemen. Diese Maßnahmen stärkten vor allem die prozessuale Dimension der Verwaltungspraxis: Aktenbände waren nicht mehr allein für die Archivierung abgeschlossener Amtshandlungen gedacht, sondern zeichneten deren Entstehung, vorläufige Kontextualisierung und mögliche Verflochtenheit mit anderen Vorgängen auf. Es galt damit die Devise: „statt Aufräumen und Registrieren – Planen und Systematisieren". Teilweise war dies nicht mehr als die

[241] Zarden, Zehn Jahre, S. 282. Zur Einführung des Aktenplans den Erlass vom 3.11.1928 und die entsprechenden Anordnungen zur „Arbeitsvereinfachung" vom 22.12.1928, in: Nachrichten des Reichsfinanzministeriums, 29.12.1928, BArch R2/31796; sowie die Verfügung betr. praktische Anwendung des Aktenplans, 8.8.1929, in: Nachrichten des Reichsfinanzministeriums, Nr. 37, 13.8.1929, BArch R2/31796. Skeptischer, mit der Forderung eines Stellenplans, berichtete die *Steuer-Warte* 8 (1929), 13, S. 337–339. Die vier großen Einheitsaktenpläne hatten dann bis in die Bundesrepublik Bestand, Schatz, Behördenschriftgut, S. 92 und 102–104; Vismann, Akten, S. 293.

[242] Deckblatt für den Aktenplan der Reichsfinanzverwaltung, 27.12.1928, in: RFBl. 11 (1929), 1, S. 2. Hierzu Brecht, Geschäftsordnung, S. 25; Matuschek, Reform.

Normalisierung bestehender Arbeitsweisen, es ermöglichte aber auch ein stärker zukunftsorientiertes Regieren.[243]

Einen programmatischen Akzent für den Bereich des Informationsmanagements, in dem der Bedarf an Regelungen und technischen Hilfsmitteln zunahm, setzte 1929 Albert Boenicke, Leiter des Organisations- und Verwaltungsreferats in der Steuerabteilung des Ministeriums.[244] Anders als Brecht und das DIWIV zeigte sich Boenicke weniger daran interessiert, den Betrieb innerhalb der Büros zu optimieren, als daran, den Informationsfluss zwischen Ministerium und dezentralen Instanzen zu steuern. In einem Beitrag in der Zeitschrift *Reich und Länder* warb er für ein zentralisiertes und mechanisiertes Listen- und Meldewesen, das über die Vorschläge hinausging, die dazu aus dem Umfeld des Reichsinnenministeriums vorlagen. Alle physischen Personen ab dem 14. Lebensjahr sollten in einer zentralen Kartei erfasst und mit einer „Ewignummer" versehen werden [Abb. 6]. Die vorhandenen Informationen sollten dann allen Behörden, Dienststellen oder öffentlich-rechtlichen Körperschaften, deren Verwaltungstätigkeit sich ganz oder teilweise auf den entsprechenden Personenkreis erstreckte, zur Verfügung gestellt werden. Um diese „Zentralkartei" aufzubauen, sollten alle beteiligten Administrationen ihre vorhandenen Personenkarteien einbringen, damit diese mithilfe einer Adressiermaschine zusammengefasst werden konnten. Ein kontinuierlicher Informationsfluss von den angeschlossenen Behörden zur Zentrale und wieder zurück sollte die Aktualität und Vollständigkeit der Kartei P sichern. Zielgruppe dieser Erfassung war für Boenicke insbesondere der „am meisten fluktuierende Teil der Bevölkerung", damit meinte er die Lohnsteuerpflichtigen. Die Kartei sollte es erlauben, „die bisher unvollkommene, ja fast unmögliche Kontrolle für diese Personengattung" durchzuführen.[245]

Erweitert werden sollte diese Personenkartei um Sachkarteien für gewerbliche Betriebe und Grundstücke (Kartei B und Kartei G) und eine „Ergänzungskartei A (Ausländer)", die alle ausländischen Inhaber von Betrieben oder Grundstücken erfasste. Hier verfügte die Reichsfinanzverwaltung mit der „Ausländerkartei", die beim Finanzamt Berlin-Moabit West geführt wurde und insgesamt 40000 Karteikarten umfasste, über einen erprobten Ansatz. Für die Erfassung von Ausländern biete sich, so Boenicke, auch zukünftig

243 Vismann, Akten, S. 276–296, Zitat S. 293; Paulyn, Geschäftsgang, S. 24; Demtröder, Aktenführung; Delgado, File; Glenn, Commission; Witte, Büroorganisation.

244 Hierzu Misera, Organisationsveränderungen, S. 219 und 239; Kaiser, Verwaltungsmaschine, S. 237–238; Maaß, Mechanisierung, S. 141. Vorschläge für die Einführung kaufmännischer statt kameralistischer Prinzipien kamen hingegen eher nicht aus dem Ministerium, vgl. Buchholtz, Haushalts-, Kassen- und Rechnungswesen, S. 1–20; ders./Segebrecht, Musteranweisung.

245 Boenicke, Vereinheitlichung, S. 135–136; in ergänzter Form auch erschienen in Steuer-Warte 8 (1929), 21.

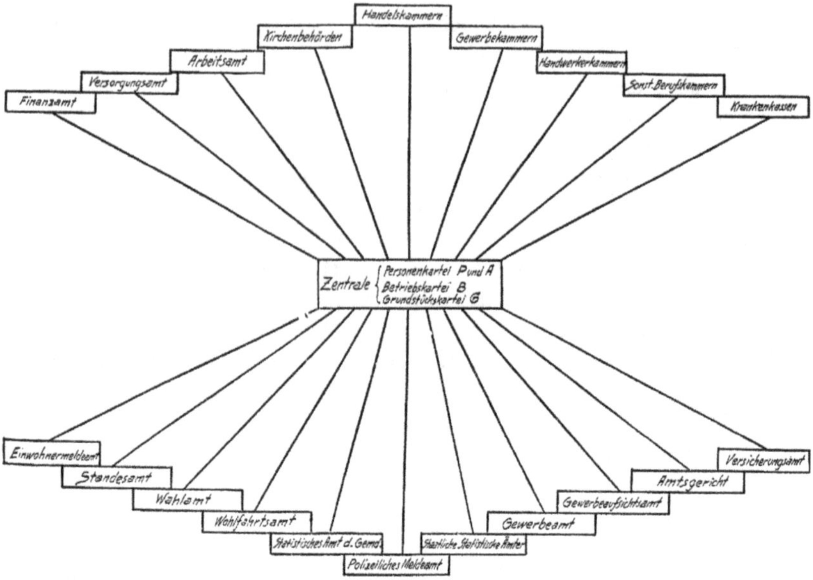

Abbildung 6 – Vereinfachtes Regieren: Skizze einer „Zentralkartei" nach Vorstellungen Albert Boenickes, Ministerialrat im Reichsfinanzministerium, 1929

eine reichsweit arbeitende Zentrale in Berlin an, während die Karteien P, B und G jeweils auf Gemeindeebene für den dort wohnenden Personenkreis geführt werden sollten. Er rechnete daher mit circa 1100 bis 1200 ländlichen Zentralen sowie 3430 Zentralen für städtische Gemeinden mit mehr als 2000 Einwohnern, jeweils mit Adressiermaschinen und dem entsprechenden Zubehör ausgestattet. Dies werde trotz der notwendigen Aufwendungen für die Einrichtung aber Ersparnisse zeitigen, die „kaum hoch genug bewertet werden" könnten. Zudem sei dies ein Vorhaben, das unabhängig von den „in Reich und Ländern schwebenden großen Verwaltungsreformen" sofort in Angriff genommen werden könne – und zwar unter der Ägide des Reichsfinanzministeriums. Damit vertrat das Ministerium auch hier eine autoritäre Variante der Rationalisierung, die in Konkurrenz zu den Methoden der Reichsstatistik am Institut für Konjunkturforschung beziehungsweise im Reichswirtschaftsministerium stand.[246] Im Zweiten Weltkrieg wurde diese zentralisierte Erfassung

[246] Boenicke, Vereinheitlichung, S. 138–142. Hierzu Tooze, Statistics, S. 149–176. Der Vorschlag von Boenicke, der unterdessen zum Leiter der Unterabteilung P aufgestiegen war, wurde im Zuge von Überlegungen zur Reichsreform in einer Kabinettsbesprechung noch einmal aufgegriffen, vgl. Besprechung vom 5.11.1932 über Änderungen in der Reichsverwaltung, AdR, Kabinett von Papen, Bd. 2, Dok. Nr. 193.

von Steuerdaten dann im Dienste der nationalsozialistischen Mobilisierung aller Ressourcen eingesetzt.[247]

Mit dem Begriff der „materialisierten Bürokratie“ hat Peter Becker auf den Eigensinn administrativer Erfassungssysteme verwiesen. Entsprechende Formulare oder Karteien ließen sich nicht nur als Instrumente einer vorgegebenen Ordnung definieren, sondern, so Becker, als „Knotenpunkte in einem Netzwerk“, das Politik und Verwaltung, Wirtschaft und Gesellschaft miteinander in Beziehung setze.[248] Ähnlich hat Patrick Joyce die autonome Macht bürokratischer Aufschreib-, Archivierungs- und Registraturpraktiken betont. Der Staat generiere nicht administrative Autorität, sondern er entstehe selbst erst aus der Logik des bürokratischen Handelns. Diese „materielle Gewalt“ sei verborgen in routinisierten Verfahren zur Produktion und Verarbeitung von Texten, festgeschrieben in Geschäftsordnungen und den zugehörigen Archivierungs- und Registraturpraktiken, die über verschiedene Verwaltungen hinweg den Eindruck von Kohärenz und Zwangsläufigkeit erzeugten. Darauf gründe die vermeintliche „Selbstverständlichkeit der bürokratischen Verfahren und des Staates“. Implementiert sei darin auch die Macht des Ökonomischen als Referenzsystem des Sozialen.[249]

Insbesondere diese Tendenz zur Ökonomisierung zeigte sich auch im Weimarer Vereinfachungsdiskurs und in den skizzierten Umbildungsmaßnahmen. Praktiken der privaten Wirtschaft wurden dabei herangezogen, um den vermeintlichen Egoismus der parlamentarischen Demokratie zu überwinden. Staatliche Entscheidungen sollten mittels neuer Arbeitsweisen erleichtert, und diese Arbeitsweisen zugleich als überparteiliche Staatstechniken legitimiert werden. Die Position des Reichsfinanzministeriums in diesem Gefüge war allerdings uneindeutig. Sowohl bei den frühen Vereinfachungsdebatten als auch im Zusammenspiel mit dem Reichssparkommissariat und in der Rationalisierungswelle ab Mitte der 1920er-Jahre war die Stellung des Reichsfinanzministeriums zwischen „politischem“ und „wirtschaftlichem“ Feld umstritten; das Ressort verortete sich selbst eher im Bereich der hoheitlichen Verwaltungen, zeigte sich aber auch empfänglich für ökonomisches Denken im Bereich des Regierens, sofern es mit organisationseigenen Logiken vereinbar war. Dieses Oszillieren ist auch in der „Normalisierung“ der Haushaltsplanung im Jahr 1926 zu beobachten, die von der Führung des Ministeriums mit den bereits beschriebenen Umbildungen zu einem öffentlich inszenierten Programm der Staatsverschlankung verkoppelt wurde.

[247] Für die Einführung auf kommunaler Ebene Rabe, Stadt, S. 115. Zur weiteren Geschichte solcher Ansätze, insbesondere im Zweiten Weltkrieg, auch Aly/Roth, Erfassung, bes. S. 132–159.

[248] Begriff von Paris, Macht, S. 189; bei Becker, Formulare, S. 281 und 296.

[249] Joyce, Archivierung, S. 288–289. Hierzu auch ders., State.

II.3 Ein Haushaltsjahr am Rand der Zeit? Demokratische Budgetpolitik 1926

Als Mitte des Jahres 1925 die Planungen für den Haushalt 1926 begannen, initiierte die Reichsregierung eine Pressekampagne. Der parteilose Reichskanzler Hans Luther, der zu diesem Zeitpunkt eine bürgerliche Koalitionsregierung unter Einschluss der DNVP anführte, hatte sich zuvor beim Finanzressort beklagt, dass in der demokratischen „Oppositionspresse" (wie der *Vossischen Zeitung*, dem *Berliner Tageblatt* und dem *Vorwärts*) die Weimarer Staatsfinanzierung als „kurzsichtig" und „katastrophal" bezeichnet würde. „Nach wie vor", so argumentierte die Reichskanzlei in einem Schreiben an Popitz, „werden den mehr oder weniger einsichtslosen Lesern die alten Ladenhüter aufgetischt, wonach die Reichsfinanzverwaltung Milliarden auf Milliarden dem blutleeren Wirtschaftskörper abziehe und obendrein noch die so zu Unrecht eingezogenen Geldmittel für gleichgültige und unwirtschaftliche Dinge verschwende." Daher sei eine Gegenkampagne notwendig – im Dienste „rein sachlicher und von jeder Demagogie losgelöster Arbeit zum Wohle des Staatsganzen", aber natürlich auch zur Eindämmung der „politischen Gefahr", die damit für die Stabilität der Regierungskoalition verbunden war. Das offenbar in dieser Hinsicht zu zögerliche Reichsfinanzministerium solle über seine Pressestelle offensiver für die „Beeinflussung der deutschen öffentlichen Meinung" Sorge tragen.[250]

Pressepolitik und Interessenpolitik

In gemeinsamen Gesprächen zwischen der wissenschaftlichen Hilfsarbeiterin der Nachrichtenstelle des Reichsfinanzministeriums, Johanna Ohlmann, dem Ministerialrat Hans Staudinger vom Reichswirtschaftsministerium und Kurt Wachsmann, unterdessen als persönlicher Referent Luthers in die Reichskanzlei gewechselt, wurden entsprechende Optionen erwogen. Die Mitarbeiter der Nachrichtenstelle des Finanzressorts (neben Ohlmann insbesondere der Pressechef Hermann Terdenge sowie Max Witte) hatten nicht nur mehrheitlich einen volkswirtschaftlichen Hintergrund, sondern galten auch als politisch weniger konservativ und dem Zentrum, teilweise auch der DDP nahestehend.[251] Staudinger wiederum zählte zu den wenigen Sozialdemokraten unter den

[250] Reichskanzlei an Staatssekretär Popitz, 23.8.1925, BArch R43 I/2359, Bl. 25–26.

[251] Neumark, Finanzgeschichte, S. 355, Anm. 11. Witte war aber auch, wie Popitz, in der Deutschen Gesellschaft aktiv, hierzu Schmitt, Tagebücher, S. 129. Hierzu auch Kap. I.1.

https://doi.org/10.1515/9783110712261-008

Spitzenbeamten der Republik und vertrat gemeinwirtschaftliche Ideen. Diese Arbeitsgruppe kam allerdings zu dem Schluss, dass eine politische Resonanz auf solche Interventionen, etwa auf ein großes Interview des Reichskanzlers, nicht zu erwarten sei. Nachdem die von Popitz und von Schlieben mit dem Anspruch eines „relativen Ewigkeitswertes" verbundene Steuerreform erst kurz zuvor mit Unterstützung von Wirtschaftskreisen und konservativen Parteien durchgesetzt worden war, schien eine politische Umdeutung der Regierungsstrategie wenig erfolgversprechend. Zudem, so protokollierte es Wachsmann, sei aufgrund der Urlaubszeit und anderer Gegebenheiten ein Zugriff auf jene Leute, „mit deren Hilfe das Reichsfinanzministerium sonst auf die Presse einwirkt", ohnehin nicht möglich.[252]

Daraufhin wandte sich die Reichskanzlei an den früheren Berater des Reichsfinanzministeriums, Moritz Julius Bonn, mit der Bitte, in einem Artikel die Finanz- und Wirtschaftspolitik der Regierung „sachlich zu würdigen". Dieser solle „psychologische Wirkung" entfalten, um so auch die Effekte der beabsichtigten Preissenkungspolitik zu sichern. Dafür sollte Bonn beispielsweise darauf hinweisen, dass zukünftig die Kartelle „scharf unter die Lupe genommen" würden ebenso wie die „zu lange Kette zwischen Produzenten und Konsumenten". Die Antwort kam rasch und enthielt eine harsche Zurückweisung: Dem Finanzministerium warf Bonn vor, von den Wechselwirkungen zwischen Steuerpolitik und Preisentwicklung „keine Ahnung" und „den Zusammenhang zwischen Finanzpolitik und Wirtschaft [...] nur unvollkommen erfaßt" zu haben. Es besitze zwar „hervorragende Steuertechniker", aber „von konstruktiver Finanzpolitik, die alles zusammenfaßt, hat es keine Vorstellung". Die fiskalische Sachlichkeit, die Luther zur politischen Agenda erhoben hatte, bewertete Bonn als Mangel an ökonomischer Programmatik und Planmäßigkeit. Daher sei die gegenwärtige Wirtschaftspolitik nur „bureaukratischer, unter dem Druck mächtiger Interessengruppen stehender Dilettantismus". Für die staatliche Finanzpolitik eintreten könne er nur dann, wenn sie als klare Abkehr von der bisherigen Regierungspraxis beschreibbar wäre, für die aber Luther als Person nicht glaubhaft stehe. Zudem müsse er dann weitere Schritte fordern, so Bonn, insbesondere die Einsetzung einer „Enquêtekommission" zur Prüfung der Wirtschaftslage, also die formelle Einbindung wissenschaftlicher Experten. Nur für eine solche grundsätzliche Neuausrichtung stehe er zur Verfügung, nicht aber für eine „bloße Beruhigungsaktion". Die Reichskanzlei lud ihn daraufhin zwar noch zu einem persönlichen Gespräch ein, doch die Initiative verlief im Sande.[253]

252 Staudinger, Staat; ders., Wirtschaftspolitik; Vermerk Wachsmann, 24.8.1925, BArch R43 I/2359, Bl. 27; hierzu auch Krohn, Stabilisierung, S. 148–157.

253 Staatssekretär Franz Kempner an Moritz Julius Bonn, 1.9.1925, BArch R43 I/2359, Bl. 28–30; Bonn an Kempner, 4.9.1925; Antwort Kempners vom 11.9.1925, beide ebd., Bl. 39–42.

Auch auf verschiedenen anderen Wegen bemühten sich das Reichsfinanzministerium und der Reichskanzler seit Mitte 1925 darum, ihre öffentliche Wirkung zu optimieren. So traf man sich mit den Staats- und Ministerpräsidenten sowie den Finanz- und Innenministern der Länder und suchte informelle Kontakte zu international einflussreichen Kreditgebern wie dem schwedischen Bankier Marcus Wallenberg. Zu Gesprächen eingeladen wurden auch die kommunalen Spitzenorganisationen sowie Vertreter von Parteien, die der Produktion von Haushaltsüberschüssen in den Jahren 1924 und 1925 – der sogenannten Thesaurierungspolitik – kritisch gegenüberstanden.[254] Während diese mehr oder minder erfolglose PR-Kampagne noch lief, begann sich jedoch eine ökonomische Krise abzuzeichnen, welche die Debatte um den Zusammenhang von Finanz- und Wirtschaftspolitik befeuern sollte. Diese zeitgenössisch zunächst als heilende „Reinigungskrise", dann aber als gefährliche „Rationalisierungskrise" gedeutete Entwicklung war vor allem mit einer sprunghaft ansteigenden Zahl von Konkursen sowie wachsender Arbeitslosigkeit verbunden. Auch der von der Wirtschaft geforderte Abbau von Verwaltungsstrukturen in den Reichsbehörden bewirkte die zunehmende Freisetzung von Arbeitskräften beziehungsweise den Verlust von Arbeitsplätzen. Die zeitliche Häufung entsprechender Maßnahmen bedingte – neben anderen Faktoren – daher das Ausmaß der sich abzeichnenden Krise mit.[255]

Damit wuchs aber wiederum die regierungskritische Stimmung in der Wirtschaft. Die Reichsführung befand sich zudem politisch in der Krise, da die DNVP wegen der Annahme der Locarno-Verträge und der darin festgelegten Grenzverläufe die Koalition verlassen hatte. Auch der Reichsfinanzminister Otto von Schlieben trat aus diesem Grund Ende Oktober 1925 von seinem Amt zurück. Nach dem endgültigen Scheitern des Kabinetts Luther Anfang Dezember 1925 waren die Ministerien bis Ende Januar 1926 verwaist beziehungsweise wurden nur interimistisch geführt, sodass zusammen mit der dort ausharrenden Beamtenschaft einflussreiche Wirtschaftsverbände zeitweilig die Gestaltung der Regierungspolitik übernahmen. Daraus ging jenes unterneh-

[254] Hierzu bereits die Verfügung des kommissarischen Ministers und Finanzstaatssekretärs David Fischer vom 27.1.1925 betr. Pressebeobachtung durch die Nachrichtenstelle, in: Nachrichten des Reichsfinanzministeriums, Nr. 9, 28.1.1925, BArch R2/50392; sowie Aufzeichnung Hans Schäffers über ein vertrauliches Gespräch mit Wallenberg, 28.9.1926, BArch R43 I/2359, Bl. 47–53; Stenographische Niederschrift der Besprechung der Reichsregierung mit den Staats- und Ministerpräsidenten sowie den Finanz- und Innenministern der Länder über die Finanzlage des Reichs, der Länder und Gemeinden am 2.10.1925, ebd., Bl. 66–79; Reichsfinanzminister an sämtliche Länderregierungen, 14.10.1925, ebd., Bl. 109; Ernst Scholz (DVP) an Reichskanzler Luther, 5.11.1925, ebd., Bl. 124.

[255] Zu den diversen Ursachen vgl. Blaich, Wirtschaftskrise, S. 15–46, hier bes. S. 19–20; Hinnenthal, Rationalisierungsbewegung; Hertz-Eichenrode, Wirtschaftskrise, S. 19–36.

mernahe „Alternativprogramm“ zur bisherigen Finanzpolitik hervor, für das der neue Minister Reinhold eintrat, der am 20. Januar 1926 die Amtsgeschäfte übernahm.[256]

So veröffentlichte etwa der mit Reinhold eng verbundene Hansa-Bund für Gewerbe, Handel und Industrie, der ein Gegengewicht zur agrarfreundlichen Politik konservativer Kreise bilden wollte, entsprechende Forderungen. Diese umfassten eine transparente Finanzstatistik der öffentlichen Hand, die Festschreibung von Steuerbelastungsgrenzen, neue Grundsätze für die Haushaltsplanung, aber auch das Festhalten an einer europäischen Wirtschaftsordnung sowie eine internationale Aussprache über die zukünftige weltwirtschaftliche Arbeitsteilung. Unter dem Titel *Deutsche Wirtschafts- und Finanzpolitik* publizierte auch der Reichsverband der Deutschen Industrie eine Denkschrift, die in der Öffentlichkeit breite Beachtung fand. Darin wurden vom Staat ein konsequenter Haushaltsausgleich, generelle Sparsamkeit sowie Maßnahmen zur inneren Kapitalbildung gefordert. Hinzu kam der Wunsch nach einer Vereinfachung des Verwaltungsapparats. „Die Ursachen unserer geradezu schrankenlosen Ausgabenwirtschaft und Verwaltungsorganisation“, so die Denkschrift, „liegen in der Überspannung der öffentlichen Aufgaben, der Zersplitterung der Reichsverwaltung in zahlreiche Sonderorganisationen, sowie in dem Neben- und Gegeneinanderarbeiten von Reichs- und Landesbehörden, Regierungen und Parlamenten, das eine Menge von Doppelarbeit, von Reibungen und Überschneidungen und damit von überflüssigen Verwaltungsausgaben hervorruft.“ Ziel müsse die Rückkehr zum Umfang der Vorkriegszeit sein. Behördliche Funktionen könnten verstärkt ehrenamtlich ausgeübt, die Parlamente verkleinert werden. Zudem kritisierte die Schrift die „Ansammlung öffentlicher Gelder zum Zwecke der Schaffung von Rücklagen“, die angesichts der volkswirtschaftlichen Krise den Prinzipien wirtschaftlicher Führung widerspreche. Diese Gelder müssten dem Kreditmarkt zugeführt werden.[257]

Begleitet wurde die Veröffentlichung der Denkschrift im Dezember 1925 von der direkten Fühlungnahme der Verbandsspitze, insbesondere Carl Duisbergs und Paul Reuschs, mit dem Reichspräsidenten. In diesen Zirkeln wie auch in der breiteren Öffentlichkeit mehrten sich zugleich die Forderungen nach einer diktatorischen Lösung beziehungsweise einer Durchsetzung der finanz- und wirtschaftspolitischen Maßnahmen mithilfe des Artikels 48 WRV.[258] Um

[256] Blaich, Wirtschaftskrise, S. 93–94; Hertz-Eichenrode, Wirtschaftskrise, S. 91.

[257] Wirtschaftliche Entschließungen des Präsidiums des Hansa-Bundes, Präsidial-Sitzung, Düsseldorf, 31.10.1925, BArch R43 I/2359, Bl. 126; Einsparungsvorschläge zum Reichshaushaltsplan 1929; Deutsche Wirtschafts- und Finanzpolitik, S. 15–16 und 25–28; Industriellendenkschrift, S. 819–821.

[258] Blaich, Wirtschaftskrise, S. 97; Krohn, Stabilisierung, S. 199.

diese Forderungen zu legitimieren, wurde die Übereinstimmung privat- und staatswirtschaftlicher Interessen hervorgehoben, während die parlamentarische Demokratie als Störung dieser gemeinsamen Interessen erschien: So übte beispielsweise Duisberg gegenüber dem Reichspräsidenten Kritik daran, „daß noch immer die Rücksicht auf die Erhaltung der Stimmen für die Partei wichtiger ist, als die Rücksicht auf die dringendsten Erfordernisse der Erhaltung der Wirtschaft und damit des Staates“.[259]

Angesichts der öffentlichen Stimmungslage hatte die Reichsregierung Anfang des Jahres 1925 den Entwurf eines allgemeinen Notverordnungsrechts zur Systematisierung der vorhandenen Maßnahmen vorgelegt, der allerdings unerledigt blieb. Während sich in dieser Phase liberaldemokratische Rechtswissenschaftler wie Robert Piloty und Richard Grau ebenso wie der Juristentag mehrheitlich für eine Eingrenzung und Reformalisierung der Ausnahmegewalt aussprachen, konnten sich daher längerfristig andere Stimmen wie jene Carl Schmitts durchsetzen, der zunächst die Minderheitsmeinung repräsentiert hatte.[260] Die Vorstellung, es müsse eine überparteiliche Staatsgewalt ermächtigt werden, gewann in der Weimarer Gesellschaft auch in den vergleichsweise ruhigen 1920er-Jahren weiter an Überzeugungskraft. Befeuert wurden Forderungen nach einer Exekutivregierung auch durch Luther, der als Person eine prinzipielle Distanz gegenüber dem Parlament verkörperte und sich selbst als „Politiker ohne Partei“ inszenierte. Er vertrat damit eine Haltung, die zwar nicht offen die Diktatur anstrebte, hinter ihrer Sachlichkeit aber einen „bürokratischen Absolutismus“ verbarg, der nicht unpolitisch war.[261] Dass der Rückgriff auf diktatorische Lösungen dabei weiterhin als naheliegende Option zur Durchsetzung finanzpolitischer Maßnahmen galt, zeigte sich daher schon unmittelbar nach dem Amtsantritt der neuen Regierung Anfang 1926, als Luther in der Diskussion um den Reichsetat im Kabinett die Praxis der Steuernotverordnungen nach Artikel 48 im Jahr 1924 in Erinnerung rief. Die Wirkmacht ökonomischer Argumentationsfiguren blieb dabei bestehen. Hatten die Wirtschaftsverbände solche Optionen als Dienst am Staat durch Dienst an der Wirtschaft begründet, so legitimierte Luther seine Vorschläge mit der Forderung an den Staat, „Vorbild“ für die Wirtschaft zu sein.[262]

[259] Zit. nach Blaich, Wirtschaftskrise, S. 100. Zu Duisberg vgl. Plumpe, Carl Duisberg, hier bes. S. 735–737.

[260] Poetzsch-Heffter, Staatsleben (1929), S. 112–113; Scheuner, Anwendung, S. 268–269 sowie 285, der darin allerdings etwas überspitzt ein „entscheidendes Versäumnis“ der Weimarer Regierungen und des Parlamentarismus in den mittleren Jahren der Republik sieht.

[261] Luther, Politiker; Hertz-Eichenrode, Wirtschaftskrise, S. 82–87; Stürmer, Koalition, S. 96.

[262] Ministerbesprechung vom 9.2.1926 über finanzpolitische Fragen, AdR, Kabinette Luther I/II, Bd. 2, Dok. Nr. 286; hierzu auch Clingan, Budget, S. 35; ders., Lives.

Ressortkämpfe und Regierungsvorlage

Für 1925 hatte der Haushaltsplan erstmals seit Kriegsende den gesetzgebenden Körperschaften rechtzeitig im Sinne der Vorgaben der Reichshaushaltsordnung vorgelegen. Aufgrund der Stabilisierung der Währung war zudem zum ersten Mal wieder ein Goldetat aufgestellt und so eine verlässliche Zahlenbasis geliefert worden. Zu Beginn der Haushaltsverhandlungen äußerte der Haushaltsausschuss daher den Eindruck, dass man „einen bedeutenden Schritt in der Besserung der Finanzlage des Vaterlandes vorwärts gekommen sei" und „zum erstenmal vor Etatsberatungen stehe, die ein bestimmtes Bild ergeben". Die Beratungen wurden in den parlamentarischen Gremien daher auch mit besonderer Genauigkeit geführt, was in der Summe allerdings dazu beitrug, dass sich die Verabschiedung des Budgets wiederum bis Ende Januar 1926 verzögerte.[263]

Erneut behalf sich die Regierung daher mit verschiedenen Notetats. So wurden im Mai 1925 parallel die Haushaltspläne für 1924 und 1925, zwei Ergänzungen zu diesen Etats sowie ein Nothaushalt für 1925 beraten, während zugleich bereits die Vorbereitungen für das nachfolgende Rechnungsjahr begannen. Solche Verzögerungen wurden zwar als Versagen des Weimarer Parlamentarismus gewertet, waren im internationalen Vergleich jedoch keine Ausnahme; auch in Frankreich oder Italien waren Notregelungen und nachträgliche Haushaltsfeststellungen in der Kriegs- und Nachkriegszeit verbreitet, und erst seit den späten 1920er-Jahren wurden die Budgets dort wieder rechtzeitig verabschiedet (in Frankreich um den Preis stark verkürzter parlamentarischer Beratungszeit). Weniger als eine „totale Gleichgültigkeit" des Reichstags gegenüber seiner Regierungsverantwortung oder eine spezifisch deutsche „Interesselosigkeit" am Budgetrecht zeichnete sich hier der krisenhafte Nachhall des Ersten Weltkrieges ebenso wie die Komplexität der Finanzfragen in dieser Zeit ab.[264]

Der Haushaltsplan für 1926 war dann der erste seit dem Krieg, der vor Beginn des Rechnungsjahrs verabschiedet werden konnte. Die Tagespresse widmete diesem Umstand zahlreiche Berichte, und Reichspräsident von Hindenburg gratulierte dem Reichsfinanzminister und seiner Beamtenschaft.[265]

263 Joseph Ersing (Zentrum), 2. Sitzung des Ausschusses für den Reichshaushalt, 28.1.1925, S. 10; Erläuterungen des Ausschussvorsitzenden Heimann bei der 103. Sitzung des Ausschusses für den Reichshaushalt, 29.1.1926, S. 1.

264 Im englischen Parlamentarismus wurden das Budget beziehungsweise die damit gemeinten Ausgabenvoranschläge der Regierung regelmäßig erst mehrere Monate nach Beginn des Haushaltsjahres verabschiedet, selbst die sogenannte *budget speech* vor dem Unterhaus fand erst im April des jeweiligen Jahres statt. Hierzu Krohn, Stabilisierung, S. 132 und 205; Neumark, Reichshaushaltsplan für 1924/1925 (I), S. 801; ders., Reichshaushaltsplan (1929), S. 287–288; ders., Grundsatz; Poetzsch, Staatsleben (1925), S. 131.

265 Krohn, Stabilisierung, S. 206; Dankschreiben des Reichspräsidenten an den Reichsfi-

Die Ausgangslage für das neue Rechnungsjahr war denkbar gut. Die Kassenübersicht des Reichsfinanzministeriums vom 1. April 1925 ergab einen Bestand von über 1,2 Milliarden RM, woraufhin die Reichskanzlei vermerkte: „Wenn man diese Verhältnisse berücksichtigt, und außerdem in Betracht zieht, daß zweifellos die Ausgaben sehr hoch, die Einnahmen sehr niedrig eingeschätzt sind, so muß man zu der Überzeugung kommen, daß das Bild des Etats für 1925 ein außerordentlich günstiges ist."[266] Kurz darauf wurden die Ressorts aufgefordert, bis Mitte Juni Mehr- oder Neuforderungen vorzeitig anzumelden, sofern sie „von erheblicher geldlicher oder grundsätzlicher Bedeutung" waren. Eine Antwort auf diese Eingaben sollten sie spätestens bis zum 15. August 1925 (dem für die Einreichung der übrigen Haushaltsmeldungen vorgesehenen Zeitpunkt) erhalten. Dieses Verfahren war dazu gedacht, die Haushaltsaufstellung zu beschleunigen und umfangreichere Posten „mit grösserer Ruhe und Sorgfalt zu prüfen, als dies bei der späteren Einreichung im Rahmen der Gesamtanmeldungen ausführbar wäre." Alle Anforderungen waren vorab intern durch die jeweiligen Haushaltsreferenten zu prüfen, bevor sie an das Reichsfinanzministerium gingen. Auf besonderen Schriftwechsel zu den Voranmeldungen sollte nach Möglichkeit verzichtet werden, Nachverhandlungen erfolgten mündlich zwischen den beiderseitigen Sachbearbeitern.[267]

Ende Mai 1925 versandte das Ministerium dann das jährliche Haushaltsrundschreiben an die Ressorts, das für das Haushaltsjahr 1926 insbesondere der Einführung eines „Normalplans" für den Reichshaushalt gewidmet war. Damit wurde ein einheitliches und für alle Behörden bindendes Gliederungsschema für alle gleichartigen Einnahmen und Ausgaben in den Einzelplänen durchgesetzt. Nicht nur sollten die grundsätzlichen Haushaltstitel aller Dienststellen in jedem Jahr gleich gefasst sein, auch die Verrechnung einzelner Bedürfnisse auf diese Titel sowie die Unterveranschlagung der Bedürfnisse in den ausführlichen Erläuterungen sollten gleichmäßig und wiederkehrend erfolgen. Damit wurde auf allen Ebenen des Haushaltsplans eine „weitgehende Normalisierung" angestrebt. Festgelegt wurde, dass jeweils der Titel 1 eines Haushaltsplans den Besoldungen gelten, die Titel 2 bis 10 für andere persönliche Ausgaben bestimmt, die Titel 11 bis 20 für sächliche Ausgaben reserviert und alle Titel ab 31 für sonstige Ausgaben gedacht sein sollten. Sollte die Bildung von Unter-

nanzminister zur rechtzeitigen Verabschiedung des Reichshaushaltsgesetzes, 6.4.1926, in: Nachrichten des Reichsfinanzministeriums, Nr. 23, 15.4.1926, BArch R2/31796; N.N., Und nun, S. 140–141.

266 Übersicht über die Kassenlage des Reichs am 1.4.1925, BArch R43 I/877, Bl. 20–22; Vermerk, [27.]5.1925, ebd., Bl. 25.

267 Reichsfinanzminister an die Ressorts, den Reichssparkommissar und die eigenen Abteilungen, 4.5.1925, BArch R43 I/877, Bl. 7; mit Bezug auf die Praxis des Vorjahres das Rundschreiben des Reichsfinanzministers zur Aufstellung des Reichshaushaltsplans für das Rechnungsjahr 1927, 21.5.1926, BArch R2/50760, Bl. 22–23.

gruppen notwendig sein, konnten diese Titelziffern um Zusätze („a", „b", „c" usw.) ergänzt werden. Aufgestellt wurden die Haushaltsentwürfe in doppelter Fertigung und unter Verwendung eingebesserter Druckstücke des Haushaltsplans für 1925. Dieses Prinzip verstetigte sich in der Folgezeit. Änderungen gegenüber dem letzten Plan oder neue Maßnahmen wurden durch Fettdruck hervorgehoben und für den Setzer zusätzlich durch Unterstreichung mit roter Tinte kenntlich gemacht. Über die Bestimmungen der Reichshaushaltsordnung (§ 8) hinaus sollten bei größeren Posten ausführliche Erläuterungen auch dann gegeben werden, wenn keine Veränderungen gegenüber dem Vorjahr eintraten. Damit reagierte das Reichsfinanzministerium auf Kritik des Haushaltsausschusses bei den Beratungen der Etats für 1924 und 1925, als die dürftige Begründung von Mittelanforderungen bemängelt und der „Wunsch nach größerer Ausführlichkeit" geäußert worden war.[268]

Im Juni 1925 fanden weitere Ressortbesprechungen statt, welche die Vorgaben ergänzten und ausdifferenzierten. Auch hier versuchten die Verantwortlichen des Reichsfinanzministeriums, bestehende Praktiken, die aus Ausnahmen resultierten, nachträglich zu formalisieren. In Korrespondenzen mit den anderen Ministerien wurde beispielsweise verhandelt, inwiefern die Ressorts an Vorgaben zur Verwendung von Fonds für die Einstellung von Hilfsarbeitern, die das Reichsfinanzministerium in seinem Haushaltsschreiben gemacht hatte, gebunden sein sollten. Diese Praxis war 1924 im Zuge der Inflationsbekämpfung als Sondermaßnahme eingeführt worden und wurde vom Finanzressort nun zunächst stillschweigend fortgesetzt. Die Reichskanzlei sowie die Ministerien des Innern, für Arbeit, für Verkehr und für die besetzten Gebiete kritisierten dieses Vorgehen, da es die „Verfügungsfreiheit" der Ressorts über die ihnen zugewiesenen Mittel und damit die Ministerverantwortlichkeit unzulässig einschränkte.[269] Das Reichsfinanzministerium stellte sich dagegen auf den Standpunkt, dass ein entsprechender Beschluss des Reichstags noch nicht endgültig sei, spielte also über die parlamentarische Bande und auf Zeit. Dennoch entschied sich das Ministerium schließlich, die Vorgaben bezüglich der Hilfsleistungsfonds aufzuheben. Damit ging aber zugleich die Ansage einher, dass die Verantwortung für die Vermeidung von Haushaltsüberschreitungen beziehungsweise für die rechtzeitige Einholung der Zustimmung des Reichsfinanzministeriums zukünftig bei den Ministerien liege.[270] Die Ver-

[268] Hierzu und zum Folgenden Rundschreiben des Reichsfinanzministers betr. die Aufstellung des Reichshaushaltplans für das Rechnungsjahr 1926, 27.5.1926, BArch R43 I/877, Bl. 39–53; Neumark, Finanzpolitik, S. 68.

[269] Reichsfinanzminister an die Reichsressorts, den Reichssparkommissar, die Reichsschuldenverwaltung und die eigenen Abteilungen, 25.6.1925, BArch R43 I/877, Bl. 54–57; sowie der weitere Schriftverkehr ebd., Bl. 87–92.

[270] Reichsfinanzminister an die Reichsressorts, den Reichssparkommissar, die Reichsschuldenverwaltung und die eigenen Abteilungen, 22.10.1925, ebd., Bl. 113.

handlungen über die Voranmeldungen der Ressorts wurden Ende Oktober 1925 beendet und die noch offenen Punkte von „grundsätzlicher oder sonst erheblicher Bedeutung“ dem Reichskabinett zur Entscheidung vorgelegt. Der Reichsverkehrsminister Rudolf Krohne (DVP) leitete dem Kabinett entsprechend seinen Widerspruch gegen eine Streichung von Stellenanforderungen zu, welche die Kommissare des Reichsfinanzministeriums veranlasst hatten. Diejenigen Einzelhaushalte, bei denen keine Streitpunkte bestanden, wurden ohne weitere Beratung im Kabinett direkt an den Reichsrat weitergeleitet. Für die Übrigen wurde kurzfristig telefonisch eine Kabinettssitzung anberaumt, welche die betroffenen Ressorts unvermittelt in Hektik versetzte.[271]

Zwei Tage, bevor er zusammen mit den anderen DNVP-Ministern aus dem Kabinett Luther ausscheiden sollte, plädierte Reichsfinanzminister von Schlieben auf dieser Sitzung dafür, alle Neueinstellungen und Höherstufungen abzulehnen: Nur so könne der Haushalt balanciert und auch von anderen Ressorts, den Ländern und Gemeinden Zurückhaltung gefordert werden. Diese Fragen wurden schließlich auf eine Chefbesprechung vertagt, die am 30. Oktober 1925 (nun ohne von Schlieben) stattfand und weitere strittige Punkte aus den Etats des Auswärtigen Amtes, des Reichswehrministeriums sowie der Ministerien für Arbeit und des Innern berührte. Ein Teil dieser Punkte war allerdings zwischen dem Reichsfinanzministerium und den Ressorts bereits vorab geklärt worden, für einen anderen Teil wurde eine weitere Kabinettsentscheidung nötig, die am 31. Oktober 1925 weitgehend im Sinne des Reichsfinanzministeriums ausfiel. Die größeren Forderungen des Reichsverkehrsministeriums wurden jedoch von dieser Kabinettsentscheidung ausgenommen. Trotz dieser ungeklärten Frage ging der Haushaltsentwurf noch am gleichen Tag an den Reichsrat. Erst im März 1926 kam das Kabinett auf den Haushalt des Reichsverkehrsministeriums und seine Stellenanforderungen zurück. Über diese hatte der Reichsverkehrsminister unterdessen mit dem Sparkommissar verhandelt, der sie für berechtigt erklärt hatte. Zudem hatte der Reichsverkehrsminister mit dem Sparausschuss des Reichstags vereinbart, dass dort die Erhöhung seines Personaletats nicht zum Anlass genommen werde, in anderen Ressorts ähnliche Erhöhungen durchzusetzen. Nachdem dieses Verhandlungsergebnis am 22. März 1926 dem Kabinett mitgeteilt worden war, bat der Reichsfinanzminister schließlich seinen Kollegen, dafür zu sorgen, dass

[271] Reichsfinanzminister an sämtliche Reichsministerien, 15.10.1925, ebd., Bl. 111; Reichsfinanzminister an den Staatssekretär in der Reichskanzlei, 23.10.1925, ebd., Bl. 112; Reichsverkehrsminister an den Reichskanzler, 24.10.1925, BArch R43 I/877, Bl. 115; Reichsverkehrsminister an den Reichsfinanzminister (Abschrift), 23.10.1925, ebd., Bl. 116–118; dazu auch die Stellungnahme der Reichskanzlei, 27.10.1925, ebd., Bl. 151, die von MinRat Karl Eugen Offermann für MinRat Kurt Wachsmann verfasst wurde und sich der Position des Reichsfinanzministeriums anschloss. Sowohl Offermann als auch Wachsmann waren zuvor im Reichsfinanzministerium tätig gewesen.

„die Vermehrungen aus dem Reichstag heraus beantragt würden", also als Ausgabeninitiative des Parlaments verpackt würden. Der Reichsverkehrsminister sicherte daraufhin zu, selbst diesen Antrag im Reichstag zu stellen. Damit erklärte sich die Reichsregierung einverstanden.[272]

Notgemeinschaft? Haushaltsausschuss und Ministerialbürokratie

Der Boden für die Umsetzung dieser Kabinettsentscheidung war jedoch schon Wochen zuvor im Haushaltsausschuss bereitet worden. Als dieser Ende Januar mit den Etatberatungen für das Jahr 1926 und speziell mit der Beratung des Verkehrshaushalts begonnen hatte, war der Reichsverkehrsminister Krohne dort in einer Art Doppelrolle aufgetreten: Als Mitglied des Kabinetts hatte er die Auffassung der Regierung, die Schaffung neuer Beamtenstellen unter allen Umständen zu vermeiden, vorgetragen und vertreten. Als Minister aber hatte er dem Ausschuss anschließend die problematischen Folgen, die eine solche Haltung für die Arbeit seines Ressorts haben würde, dargelegt. Wenig missverständlich hatte er darauf hingewiesen, dass er mit dem jetzigen Personalstand kaum im Stande sein werde, „die Aufgaben zu fördern oder zu erfüllen, die ihm aus dem Haushaltsausschuß oder dem Plenum des Reichstags übertragen würden."[273]

Infolgedessen verwies der Haushaltsausschuss die Aussprache über die betreffenden Personaltitel zunächst an den Sparausschuss; dieser empfahl dann zwar die unveränderte Annahme der gekürzten Titel, betonte aber gleichzeitig, „daß nach Darstellung des Reichsverkehrsministers das Ministerium mit den vorhandenen Kräften im Hinblick auf die vielseitigen Aufgaben nur schwer auskommen könne". Da man selbst keine Zeit für Änderungen gehabt habe und eine Entscheidung des Gesamtkabinetts zu dieser Frage nicht vorliege, solle stattdessen die Regierung ersucht werden, den Personalbedarf des Ministeriums neuerlich nachzuprüfen und dazu dem Haushaltsausschuss vor der dritten Lesung Mitteilung zu machen. Schließlich wurde die Frage, wie gesehen, nochmals im Kabinett (unter Anwesenheit des mit der Prüfung beauftragten Reichssparkommissars) sowie mit Vertretern der Regierungsparteien erörtert. Gegen den

[272] Kabinettssitzung vom 24.10.1925 betr. Haushalt 1926, AdR, Kabinette Luther I/II, Bd. 2, Dok. Nr. 206; Zusammenstellung der noch strittigen Punkte beim Etat 1926, 29.10.1925, sowie Niederschrift über die Chefbesprechung am 30.10.1925 und Protokoll der Sitzung des Reichsministeriums am 31.10.1925, BArch R43 I/877, Bl. 162–188; Kabinettssitzung und anschl. Ministerbesprechung betr. Personaletat des Reichsverkehrsministeriums, 22.3.1926, AdR, Kabinette Luther I/II, Bd. 2, Dok. Nr. 321.

[273] 103. Sitzung des Ausschusses für den Reichshaushalt, 29.1.1926, S. 5.

Widerstand des Zentrums setzte sich der Reichsverkehrsminister im Kabinett durch. Die ablehnende Haltung des Sparausschusses blieb, wurde aber durch die Verlagerung von Forderungen auf den Nachtragsetat ausgehebelt. In Rahmen des Nachtragsetats einigte man sich dann neuerlich auf einen Kompromiss, nun im Austausch gegen die vom Sparausschuss betriebene Etatisierung des Reichssparkommissars.[274]

Die Anfänge der Haushaltsberatung des Jahres 1926 sind aber nicht nur deshalb aufschlussreich, weil darin die taktischen, vielfach widersprüchlichen und informell ausgestalteten Beziehungen zwischen Legislative und Exekutive erkennbar werden, die offensichtlich auch nach der Überwindung der Inflationskrise fortbestanden. Als gegenläufiges Moment wird hier ein zunehmender Anspruch auf Formalisierung und Normalisierung ersichtlich, der in dieser Phase in den Reichstagsgremien und der Expertenöffentlichkeit artikuliert wurde. So war der Debatte mit dem Reichsverkehrsminister ein Vorschlag des sozialdemokratischen Ausschussvorsitzenden Hugo Heimann zur Geschäftsordnung vorangegangen. Dieser sollte verhindern, dass die Haushaltsberatung „so weiterlaufen könne, wie sie sich unter dem Zwang widriger Umstände im Laufe der letzten Jahre gestaltet habe". Heimann wollte den Neuanfang. Die „Verhältnisse der Vergangenheit", die Politisierung des Haushaltsausschusses in der Kriegs- und Nachkriegszeit, sollten überwunden werden, indem der Haushalt rechtzeitig verabschiedet und der Charakter eines Fachausschusses wieder gestärkt werde: „Es gehe nicht an, weil alles öffentliche Geschehen mit irgendeiner Staatsposition in Verbindung gebracht werden könne, daß im Ausschuß über Alles und Jedes mit größter Breite gesprochen werde", so das Protokoll. Daher trug Heimann einen Vorschlag zur Straffung der Ausschussberatungen vor. Dieser legte eine Anzahl von Stunden fest, die für jeden Etat maximal zur Verfügung stehen sollten, ein Beratungskontingent also. Das höchste Kontingent erhielt mit insgesamt 18 Stunden (sechs für die Marine, zwölf für das Heer) der Etat des Reichswehrministeriums, gefolgt vom Reichsinnenministerium mit 15 Stunden und dem Reichsarbeitsministerium mit zwölf Stunden. Reichswirtschaftsministerium und Reichswirtschaftsrat erhielten zusammen zehn Stunden. Für das Reichsfinanzministerium waren acht Stunden eingeplant, vier Stunden für die Reichsfinanzverwaltung. Zusätzliche drei Stunden sollten für die Beratung über Formulierungen des Haushaltsgesetzes zur Verfügung

[274] 107. Sitzung des Ausschusses für den Reichshaushalt, 3.2.1926, S. 2; Reichsverkehrsminister an den Staatssekretär in der Reichskanzlei, 19.3.1926, BArch R43 I/877, Bl. 250; Auszug aus dem Protokoll der Ministerbesprechung vom 25.3.1926, ebd., Bl. 256; Auszüge aus dem Protokoll der Besprechung mit den Regierungsparteien, 26.3.1926, ebd., Bl. 258–259; Ministerbesprechung betr. Nachtragsetat, 11.11.1926, AdR, Kabinett Marx III/IV, Bd, 1, Dok. Nr. 114.

Anlage	Haushalte	Voranschlag (in Stunden)
I	Reichspräsident	1
II	Reichstag	2
III	Reichsministerium, Reichskanzler und Reichskanzlei	3
IV	Auswärtiges Amt	7
V	Reichsministerium des Innern	15
Va	Reichsministerium für die besetzten Gebiete	2
VI und VIa	Reichswirtschaftsministerium und Vorläufiger Reichswirtschaftsrat	10
VII	Reichsarbeitsministerium	12
VIII	Reichswehrministerium	
	Marine	6
	Heerwesen	12
IX	Reichsjustizministerium	6
X	Reichsministerium für Ernährung und Landwirtschaft	9
XI	Reichsverkehrsministerium	9
XII	Allgemeiner Pensionsfonds	1
XIII	Rechnungshof	1
XIV	Reichsschuld	1
XV	Reichsfinanzministerium	8
XVII	Allgemeine Finanzverwaltung	4
XVIII	Reichspostministerium (einschl. Reichsdruckerei)	6
XX	Kriegslasten	4
	Haushaltsgesetze	3

Abbildung 7 – Versuch der Versachlichung: Kontingentierung von Beratungszeiten im Haushaltsausschuss, Januar 1926

stehen. Eingehalten werden sollten diese Vorgaben mittels der Beschränkung von Redezeiten [Abb. 7].[275]

Bei den Ausschussmitgliedern stieß dieser Plan auf breite Zustimmung, auch wenn der Vertreter des Zentrums, Florian Klöckner, betonte, die „ständigen Mitglieder“ hätten sich im Unterschied zu den „sogenannten Spezialisten“ der einzelnen Fraktionen schon immer an diese Disziplin gehalten. Auch Klöckner

[275] Hierzu und zum Folgenden die 103. Sitzung des Ausschusses für den Reichshaushalt, 29.1.1926, S. 1–3 (eine Anlage XVI ist dort nicht aufgeführt); Gustav Hoch (SPD) bei der 124. Sitzung des Ausschusses, 26.2.1926, S. 1.

begriff Heimanns Vorschlag als Weg, um im Ausschuss wieder zur „sachlichen Arbeit“ zu kommen und das „rhetorische Beiwerk“ im Reichstagsplenum zu lassen. Dem schloss sich die SPD an; der Abgeordnete Gustav Hoch betonte, „daß früher der eigentliche Zweck des Haushaltsausschusses viel besser zum Ausdruck gekommen sei, als es in der Jetztzeit geschehe.“ Es gelte daher, sich wieder auf die „Einzelfragen der Sonderetats“ zu konzentrieren, anstatt jene Reden zu halten, die zuvor im Plenum nicht gehalten worden seien. Walter Stoecker von der Kommunistischen Partei Deutschlands (KPD) begrüßte die Kontingentierung ebenfalls, hielt sie aber für zu weitgehend. So sei die Beratungszeit für den Etat des Reichsinnenministeriums um die Hälfte gekürzt und die Zeit für den Haushalt des Auswärtigen Amtes sogar von 19 Stunden (vor dem Krieg) auf sieben Stunden reduziert worden. Auch der Etat des Reichsarbeitsministeriums lasse sich in der vorgesehenen Zeit nicht bewältigen. Mit dem Vertreter der DNVP war Stoecker sich daher einig, dass es eine Möglichkeit geben sollte, die Beratungszeit bei wichtigen Punkten mit Zustimmung des Ausschusses zu verlängern. Der anwesende Reichstagspräsident Paul Löbe wies jedoch nach den Stellungnahmen von KPD und DNVP noch einmal darauf hin, dass das Parlament bei fortgesetzter Verspätung der Etatberatungen „sein eigenes Budgetrecht“ preisgebe, weil seine Beschlussfassung der tatsächlichen Finanzgebarung dann hinterherhinke. Nicht nur das öffentliche Ansehen des Parlaments, sondern auch inhaltliche Gesetzesinitiativen des Reichstags würden dadurch behindert, dass man das ganze Jahr über mit Haushaltsberatungen befasst sei. Schließlich wurde der Vorschlag Heimanns einstimmig angenommen.

Unmittelbar danach widmete sich der Ausschuss der Beratung der Einzelpläne, beginnend mit dem umstrittenen Etat des Reichsverkehrsministeriums. Erstaunlicherweise prüfte der Haushaltsausschuss damit die Pläne noch vor Beginn der ersten Lesung des Haushaltsplans im Reichstag, die erst am 10. Februar 1926 mit der Etatrede des neuen Reichsfinanzministers Reinhold einsetzte, und mehrere Wochen vor der erwähnten Entscheidungsfindung im Kabinett.[276] Der Entwurf eines Haushaltsgesetzes und der Haushaltsplan waren dem Reichstag schon am 8. Januar 1926 zugeleitet worden – also in der Interimsphase vor Reinholds Amtsantritt. Am 23. Januar 1926 hatte das Kabinett zudem einer

[276] Dies war eine Vorgehensweise, die vom Reichsfinanzministerium zur Beschleunigung der Beratungen auch für das Jahr 1927 wieder vorgeschlagen wurde, vgl. Reichsfinanzminister an den Reichstagspräsidenten betr. Beratung des Haushaltsentwurfs für 1927, 8.12.1926, BArch R43 I/877, Bl. 389: „Zu erwägen bleibt, ob und in welcher Form sich der Haushaltsausschuss schon vor der 1. Lesung der Vollversammlung mit dem Haushaltsplan beschäftigen könnte.“ Dieser Vorschlag resultierte wiederum aus der Tatsache, dass das Ministerium den Haushaltsentwurf, entgegen der Forderung des Reichstags, dem Plenum nicht rechtzeitig vor der Weihnachtspause zur ersten Lesung vorgelegt hatte, vgl. Reichstagspräsident an den Reichskanzler, 14.10.1926, ebd., Bl. 334.

Gesetzesinitiative zugestimmt, die eine vorzeitige Inanspruchnahme einzelner Ansätze des Haushalts ermöglichen sollte. Die Regierung präparierte sich also bereits für eine Zeit ohne beziehungsweise im Vorgriff auf den Haushaltsplan. Befeuert wurde dieses Verfahren durch Eingaben des Reichsverbandes der Deutschen Industrie, der eine vorzeitige Auftragsvergabe zur Milderung der Arbeitslosigkeit und zur Belebung der Bauwirtschaft forderte. Nachdem sich der Haushaltsausschuss schon zu Beginn der Etatberatungen bereit erklärt hatte, solche Vorgriffe seinerseits zu unterstützen, informierte Reinhold die Ressorts, dass er auch ohne ein entsprechendes Gesetz – das er für verfassungswidrig hielt – Betriebsmittel auf Anforderung vorschussweise für Unternehmen zur Verfügung stellen würde. Grundlage sollte jeweils nur eine Ermächtigung durch den Haushaltsausschuss sein. Die Länder und Gemeinden sollten sich diesem Verfahren anschließen.[277]

Wie dieses Beispiel zeigt, blieben Ausnahmepraktiken auch in der Mitte der 1920er-Jahre verbreitet, wurden aber in anderer Weise als zuvor legitimiert. An die Stelle der Währungsstabilisierung trat als zentrales Motiv die Unterstützung der privaten Wirtschaft. Damit war auch ein neuer Krisenmodus verbunden: Die Bewältigung der Inflation wurde durch die Bekämpfung konjunktureller Schwächen ersetzt, der Fokus der Debatten von der Staatsfinanzwirtschaft zur privaten Ökonomie verschoben. Nun war es vor allem deren Notlage, die angerufen wurde, um Ermächtigungen der Exekutive oder die Begrenzung politischer Aushandlungsprozesse zu begründen. Das Jahr 1926 war damit im Bereich der Haushaltspolitik ein Jahr, in dem sich Kontinuitäten und Brüche verschränkten, ein Jahr der Verstetigung wie der neuerlichen Infragestellung von Strukturen. Die Figur des Reichsfinanzministers Reinhold kann solche Verschränkungen exemplarisch veranschaulichen. Als Minister stand Reinhold für einen programmatischen Aufbruch zur Normalität. Doch fanden administrative Praktiken, die zuvor als außerordentliche Maßnahmen entwickelt worden waren, in diesen Aufbruch Eingang.

Zudem verlor sich auch bei Reinhold die Krisenrhetorik nicht vollständig. Die Haushaltsdebatte im Reichstag leitete er im Februar 1926 mit der Beschreibung einer Gemengelage ein: Der Reichshaushaltsplan, den er vorlege, sei „kein klares Spiegelbild unserer wirklichen Not", weil er noch zu einem Zeitpunkt aufgestellt worden sei, als sich die Wucht der „schweren Krisis", die über das deutsche Volk hereingebrochen sei, noch nicht absehen ließ. Im Kern gehe es in diesem Haushaltsjahr darum, die „Überlastung unserer Wirtschaft mit öf-

[277] Entwurf eines Gesetzes über die Feststellung eines Reichshaushaltsplans für das Rechnungsjahr 1926, 8.1.1926, RT-Drucksache Nr. 1731. Hierzu die beiden Schreiben des Reichsfinanzministers an die obersten Reichsbehörden, den Reichssparkommissar, die Reichsschuldenverwaltung und sämtl. Abteilungen des Hauses, 16.2.1926; sowie 2.3.1926, BArch R43 I/877, Bl. 232 und 237.

fentlichen Abgaben aller Art" zu reduzieren, um deren Konkurrenzfähigkeit auf internationaler Ebene zu sichern.[278] Im Vordergrund der Etatrede stand dann die Durchsetzung von Steuererleichterungen bei gleichzeitiger Forcierung der Verwaltungsvereinfachung, also ein wirtschaftsliberales Programm. „Der jetzige Apparat der gesamten öffentlichen Betätigung", so Reinhold, „der ja infolge der politischen Struktur unseres Reiches besonders kostspielig ist, ist auf die Dauer neben den uns durch den Kriegsverlust auferlegten Lasten für unser arm gewordenes Volk zu groß: in diesem Panzer werden wir nicht schwimmen können, sondern untergehen müssen, wenn wir die Last nicht erleichtern." Während Reinhold laut Protokoll mit diesen Aussagen auf weitgehende Zustimmung unter den Abgeordneten stieß, waren seine Steuersenkungspläne sowie sein Vorschlag, Investitionsausgaben nicht mehr auf „Unkostenkonto" zu buchen (also aus ordentlichen Einnahmen zu finanzieren), sondern diese im außerordentlichen Haushalt mittels Anleihen zu finanzieren, weniger konsensfähig.[279]

Umstritten war vor allem, ob Reinhold auf diesem Wege den Haushaltsausgleich schaffen könne. Seine Forderung, dass „unbedingte Voraussetzung" für all diese Pläne die Senkung von Ausgaben sein müsse, fand zwar allgemeinen Rückhalt, die von ihm dafür vorgeschlagenen konkreten Methoden wurden jedoch kritisiert. So wollte Reinhold nicht nur die Unterscheidung von Ordinarium und Extraordinarium (wieder) einführen, sondern forderte auch, dass das Parlament sich nach englischem Vorbild selbst verpflichte, „daß für jede von Ihnen etwa zu beschließende Erhöhung eines Ausgabepostens die entsprechende Verminderung eines anderen stattfindet". Erhöhungsbeschlüsse der Ausschüsse sollten zudem „nur im Benehmen mit der Regierung" gefasst und nur wirksam werden, wenn zugleich „Beschlüsse über eine entsprechende Einnahmenerhöhung" vorlagen. Diese neuen Grundsätze der Parlamentspraxis und des Budgetrechtes sollten gesetzlich festgelegt werden. Die DNVP fand diesen Vorschlag „für einen demokratischen Finanzminister außerordentlich interessant", da er de facto eine Verfassungsänderung darstelle und die legislative Souveränität des Reichstags untergrabe. Damit mache er sich zudem eine Forderung zu eigen, die bei den Verfassungsberatungen vergeblich von den Deutschnationalen vorgetragen und von den anderen Parteien stets abgelehnt worden sei; dies sei „ein Witz der Weltgeschichte".[280]

278 So Oskar Hergt (DNVP) bei der 158. RT-Sitzung, 11.2.1926, Sten. Ber., S. 5417; sowie die Rede Reinholds bei der 157. RT-Sitzung, 10.2.1926 ebd., S. 5403.

279 157. RT-Sitzung, 10.2.1926, Sten. Ber., S. 5403–5404. Hierzu die zeitgenössischen Eindrücke vom vergleichsweise friedlichen Verlauf der Plenardebatte, so etwa N.N., Kurs, S. 71; Neue Rede Dr. Reinholds – Weiterberatung des Haushalts im Reichstag, in: Deutsche Allgemeine Zeitung, 13.2.1926, BArch R8034 III/364, Bl. 140.

280 157. RT-Sitzung, 10.2.1926, Sten. Ber., S. 5407 und 5412; Ministerbesprechung vom 9.2.1926 über finanzpolitische Fragen, AdR, Kabinette Luther I/II, Bd. 2, Dok. Nr. 286;

Anders als die DNVP um 1919 lag Reinhold mit seinem Ansinnen aber unterdessen im Trend, genauer: Er machte einen relativ gemäßigten Vorschlag im Rahmen einer breiten Debatte um eine „Spar-" oder „Finanzdiktatur". Diese Debatte wurde vor allem von wirtschaftsnahen Kreisen geführt, die lautstark Vetorechte für eine einzelne Autorität forderten. Deren Vorstellungen unterschieden sich im Hinblick auf das einspruchsberechtigte Organ (Reichspräsident, Reichsfinanzminister, Reichssparkommissar) und die Geltungskraft des Vetos (absolut oder suspensiv), hebelten aber allesamt die Stellung des Reichstags aus. Demgegenüber stand Reinholds Vorschlag für eine Selbstbeschränkung des Parlaments, mit der die haushaltspolitische Verantwortung beim Reichstag geblieben wäre. Die Möglichkeit, über die parlamentarische Geschäftsordnung solche Regelungen einzuführen, wurde in den folgenden Jahren dann unter Finanzwissenschaftlern und Staatsrechtlern ausführlich verhandelt und 1931 schließlich durchgesetzt, allerdings unter bereits gewandelten Voraussetzungen.[281]

Im Haushaltsausschuss wiederholte Reinhold Mitte Februar 1926 diese Forderung nach Selbstdisziplinierung des Parlaments im Rahmen eines Vortrags, der gegenüber der Rede im Plenum erkennbar pessimistischer gestimmt war und eine „Notgemeinschaft" zur Bewältigung der Krise und zur Lösung der Deckungsfrage beschwor.[282] In der Plenardebatte hatte der Minister noch darauf verwiesen, dass man den ökonomischen Krisenzustand nicht länger als „Normalzeit" ansehen dürfe. Um das „Vertrauen des Auslandes" zurückzuerobern, müsse das Reich sich daher zu einer „großen und mutigen Tat" für die Zukunft, also zu einem wirtschaftsfreundlichen Steuerprogramm und der Reduktion von Staatsbedürfnissen entschließen. Konjunktursteuerung wurde so zum Leitbild staatlichen Handelns erklärt. Dafür griff der Reichsfinanzminister auch die internationale Expertendebatte auf; zustimmend erwähnte er die Ideen John Maynard Keynes'. Im vertraulichen Rahmen des Ausschusses knüpfte Reinhold hingegen rhetorisch eher an die „ernste Notlage" im Herbst 1923 an. An Reichskanzler Luther war es dann bei gleicher Gelegenheit, das Regierungsprogramm als „großen Wendepunkt" zu präsentieren: Wirtschaft statt Währung und Tatkraft statt Sorge lautete sein Tenor. Dies sei der entscheidende Unterschied gegenüber der Steuerpolitik und den entsprechenden Notverordnungen der Jahre 1923/24. Wie damals wisse man auch heute nicht, wie diese Entwicklung am Ende ausgehen werde. Dieses Mal aber sei damit die

158. RT-Sitzung, 11.2.1926, Sten. Ber., S. 5421. Hierzu Blaich, Wirtschaftskrise, S. 116; Clingan, Budget, S. 36.

281 Middendorf, Fundamente; Neumark, Reichshaushaltsplan (1929), S. 117–120, mit weiteren Quellenhinweisen; ders., Fortbildung; sowie für die weitere Entwicklung Kap. III.3.

282 120. Sitzung des Ausschusses für den Reichshaushalt, 18.2.1926, S. 4. Zur Kritik an Reinholds zahlenarmer „Finanzplauderei" vor dem Reichstagsplenum vgl. Der Tag, 11.2.1926, BArch R8034 III/364, Bl. 142 RS.

Rückkehr zu „normalen Etats- und Wirtschaftsverhältnissen“ verbunden, nicht der Rückgriff auf Artikel 48 WRV. Auch die DDP erklärte im Ausschuss, es gehe bei dieser Regierungsvorlage erstmals nicht darum, die Haushaltszahlen „in den Dienst einer bestimmten Absicht“ in den Reparationsverhandlungen zu stellen, sondern der ökonomischen Wirklichkeit gerecht zu werden.[283]

Zum Lackmustest für diese Linie wurde dann das Reichsfinanzministerium selbst, zumal sowohl im Reichstagsplenum als auch im Haushaltsausschuss die Aussprache über das Finanzprogramm der Regierung mit der Beratung des Einzelplans für das Ministerium verknüpft wurde. Schon in der Plenardebatte hatte die DNVP argumentiert, dass Reinhold seine Absichten zur Vereinfachung der Verwaltung zunächst einmal an seinem eigenen Ressort konkretisieren solle.[284] Auch im Ausschuss wurde von verschiedenen Seiten thematisiert, dass das Reichsfinanzministerium zwar bei allen anderen Behörden auf Abbau dränge und in deren Haushalte „hineinpfusche“, sich selbst aber jeder Kürzung oder auch nur einer Begutachtung durch den Reichssparkommissar verweigere. Bestimmend für diese Debatte wurde neuerlich die Frage nach der Normalität oder Anormalität der Situation. Staatssekretär Popitz lehnte im Ausschuss den Abbau von Personal im Finanzressort mit dem Hinweis darauf ab, dass die gegenwärtige Situation „noch nicht normal“ sei, sondern weiterhin eine von den Folgen der Inflation geprägte „Übergangszeit“, die besondere Herausforderungen mit sich bringe. Reinhold hingegen kündigte für den Sommer konkrete Abbaupläne für das Reichsfinanzministerium an, da „im Laufe dieses Jahres die Übergangszeit bis zu einem gewissen Grade beendet sein werde“ und mit dem „Eintritt normaler Zeiten“ zu rechnen sei.[285] Die bereits beschriebene „Umbildung“ des Ministeriums im Herbst 1926 resultierte also aus solchen Diskussionen im Haushaltsausschuss. Reinhold konnte damit die Machbarkeit seines Finanzprogramms, das wesentlich auf Aufgabensenkung angewiesen war, und sein volkswirtschaftlich begründetes Staatsverständnis dokumentieren. Bezeichnend für den neuen Stil war, dass Reinhold sich auf Vorschlag seines Parteifreunds Hermann Fischer, zugleich Präsident des Hansa-Bundes und vielfacher Aufsichtsrat, mit dem Haushaltsausschuss darauf einigte, dass man dort nicht mehr über einzelne Posten diskutieren und diese verbindlich festlegen wolle, sondern dem Reichsfinanzministerium nur mehr

[283] 157. RT-Sitzung, 10.2.1926, Sten. Ber, S. 5404 und 5412–5413; 159. Sitzung, 12.2.1926, ebd., S. 5477; 120. Sitzung des Ausschusses für den Reichshaushalt, 18.2.1926, S. 5; 121. Sitzung des Ausschusses für den Reichshaushalt, 19.2.1926, S. 1 und 6; 123. Sitzung des Ausschusses für den Reichshaushalt, 25.2.1926, S. 12–13; Balderston, Origins, S. 224–225; Hertz-Eichenrode, Wirtschaftskrise, S. 102.

[284] 158. RT-Sitzung, 11.2.1926, Sten. Ber., S. 5424.

[285] 123. Sitzung des Ausschusses für den Reichshaushalt, 25.2.1926, S. 14–15; 124. Sitzung des Ausschusses für den Reichshaushalt, 26.2.1926, S. 2–4.

einen globalen Erwartungsrahmen vorgebe, innerhalb dessen es eigenständig Einsparungen vornehmen konnte.[286]

Insgesamt verlief der Auftakt der Haushaltsplanungen im Reichstag Anfang 1926 außergewöhnlich ruhig. In der Presse erschien dies nicht zuletzt als Erfolg des sympathischen *money makers* Reinhold. Die ungewöhnliche Popularität des Reichsfinanzministers war auch in den Etatberatungen im Reichstag immer wieder Thema.[287] Doch lässt sich der eher friedliche Beginn der Haushaltsberatungen im Plenum auch dadurch erklären, dass im Haushaltsjahr 1926 überhaupt erstmals eine termingerechte Debatte des Haushaltsgesetzes erreicht wurde. Diese Normalisierung ging allerdings, wie schon angedeutet, wiederum mit Abweichungen von parlamentarischen Regularien einher. Als Reinhold am 10. Februar 1926 seine Rede im Parlament hielt, waren de facto die Einzelpläne im Haushaltsausschuss bereits seit Januar durchgesprochen worden. Die zweite Lesung des Haushalts begann am 13. Februar 1926 direkt im Anschluss an die erste Lesung, die am Vortag zu Ende gegangen war. Ohne Pause folgte dann am 26. März 1926 der Beginn der dritten Lesung wiederum direkt auf das Ende der zweiten Lesung noch in der gleichen Sitzung. Die Aussprache über Reinholds Steuersenkungsprogramm zur Ankurbelung der Wirtschaft wurde am 8. März 1926 an die zweite Lesung des Einzelplans für das Reichsfinanzministerium gekoppelt, der im Haushaltsausschuss bereits seit dem 18. Februar 1926 zusammen mit den finanzpolitischen Vorhaben der Regierung ausführlich behandelt worden war.[288]

Schon bei der ersten Lesung hatte der völkische Abgeordnete Albrecht von Graefe daher die „eigenartigen äußeren Begleitumstände“ kritisiert, unter denen die Etatberatung des Jahres 1926 stattfinde. Die unmittelbare Kopplung von erster und zweiter Lesung entspreche nicht den Grundsätzen des Parlamentarismus: „Denn die Auffassung muß doch die sein“, so Graefe, „daß die erste Beratung erst zum Abschluß gebracht sein muß, daß nach dieser ersten Beratung der Etat dem Ausschuß überwiesen wird, daß der Ausschuß dann den Etat in seinen Einzelheiten behandelt und daß dann erst die zweite Beratung im Plenum kommt.“ Stattdessen werde „eine fröhliche Debatte“ über die erste Lesung inszeniert, „während man inzwischen schon seit Wochen diesen Etat in seinen Einzelheiten im Haushaltsausschuß geknetet und beraten hat“.

[286] 124. Sitzung des Ausschusses für den Reichshaushalt, 26.2.1926, S. 2–6. Zu Fischers Aufsichtsratstätigkeit vgl. die polemische Diskussion um ihn und das kapitalistische „System Reinhold“ bei der 159. RT-Sitzung, 12.2.1926, Sten. Ber., S. 5457.

[287] Peter Reinhold, in: Der Tag, 11.2.1926, BArch R8034 III/364, Bl. 142 RS. Einen abweichenden Eindruck formulierten allerdings der sozialdemokratische Abgeordnete Wilhelm Keil, vgl. 173. RT-Sitzung, 8.3.1926, Sten. Ber., S. 6032; sowie Joseph Ersing (Zentrum), 158. RT-Sitzung, 11.2.1926, ebd., S. 5437–5438; Antwort Reinholds hierzu bei der 159. Sitzung, 12.2.1926, ebd., S. 5475.

[288] 173. RT-Sitzung, 8.3.1926, Sten. Ber., S. 6029.

Die Plenardebatte sei somit nicht mehr als eine Schießerei „über das Grab dieser Beratungen hinweg", eine „Komödie". Von der feierlichen Präsentation des Haushalts vor der Volksvertretung in früheren Zeiten sei aber auch deshalb nichts mehr übrig, weil sie nicht einmal mit einer Regierungserklärung verbunden worden sei. Tatsächlich hatte Reichskanzler Luther (wie Scheidemann im Übergangsjahr 1919, aber anders als Fehrenbach 1920) auf eine Ansprache zu den Haushaltsberatungen verzichtet und sich nur, wie erwähnt, in der Sitzung des Haushaltsausschusses am 19. Februar 1926 zu Etatfragen geäußert.[289] Darin kam nach Auffassung der DNVP das Bestreben der Regierung zum Ausdruck, die Haushaltsberatungen zu einem „neutralen Gebiet" zu machen, in dem nicht gestritten werden sollte, sondern konsensual gemanagt.[290]

Tatsächlich wurde die breite Auseinandersetzung im Reichstagsplenum durch die arkane Arbeit der Ausschüsse tendenziell unterlaufen. Die wichtigen Ausschüsse – Haushalt, Soziales und Außenpolitik – tagten sehr häufig, auch unabhängig von Parlamentsferien; der Ausschuss für den Reichshaushalt traf sich annähernd so oft wie das Plenum. Die Sitzungen dauerten im Schnitt zwei bis drei Stunden und waren in der Regel besser besucht als die Plenardebatten. Die Ausschüsse hatten ihre eigenen Hierarchien und kultivierten ein eigenes Ethos jenseits der Fraktionszugehörigkeit.[291] So verwies der Vertreter des Zentrums, Joseph Ersing, im Februar 1926 darauf, dass die Mitglieder von Fachgremien wie dem Sparausschuss seit Jahren über Parteigrenzen hinweg (inklusive der Deutschnationalen und der Sozialdemokraten) erfolgreiche „sachliche Arbeit" leisteten und Einsparungen am Haushalt erreichten. Während die Minister rasch wechselten, werde hier Stetigkeit garantiert – eine Selbstbeschreibung der Parlamentarier, die jener der Ministerialbürokratie ähnelte. Wohl nicht zufällig wurde explizit auch die Stärkung der Haushaltsabteilung des Reichsfinanzministeriums gefordert. Reinholds „süße Popularitätshascherei" durch Steuergeschenke und sein Auftreten in der Öffentlichkeit schienen den Experten im Ausschuss und den Beamten des Ministeriums gleichermaßen problematisch ebenso wie die langwierige Verhandlung politischer Dissonanzen im Plenum. Ersing berief sich auf das Vorbild der Vereinigten Staaten und die dort praktizierte Budgetdisziplin mithilfe eines „Sparkommissars". Anders als sein deutsches Pendant sei der amerikanische Kommissar aber mit „diktatorischen Vollmachten" ausgestattet und nicht nur „begutachtend" neben der Regierung tätig: „Ich bin an sich kein Freund von dem Worte ‚Diktatur'", so Ersing, „man spielt zuviel damit. Aber hier wäre ein Gebiet, wo man einmal einem Manne oder einer kleinen oder

289 Albrecht von Graefe (Völkische Arbeitsgemeinschaft / VA), 159. RT-Sitzung, 12.2.1926, ebd., S. 5485.

290 Oskar Hergt (DNVP), 158. RT-Sitzung, 11.2.1926, ebd., S. 5427.

291 Mergel, Kultur, S. 191–201, bes. S. 196.

auch größeren Kommission Befugnisse geben könnte, um in Reich, Ländern und Gemeinden entsprechende Ersparnismaßnahmen durchzuführen."[292]

Solche Vorschläge gingen über die parlamentarische Selbstbeschränkung hinaus, die Reinhold nach englischem Vorbild betrieb und mit dem Vorschlag eines „Etatsgrundgesetz" (einer Art gesetzlich festgelegter Ausgabenbremse) verbunden hatte. Die DDP-Fraktion, als Partei des Ministers, hielt weitere Vetorechte für den Ressortleiter auch für nicht verfassungskonform.[293] Darin war sie sich mit der DVP einig, die jede weitere gesetzliche Ermächtigung des Reichsfinanzministers als verfassungsändernd ansah. Die Vertreter der DVP plädierten daher ebenfalls für eine stärkere Selbstdisziplin der Regierungsparteien und die Anerkennung von „Verantwortung" durch das Parlament, ohne sich mit dieser Frage systematisch zu beschäftigen.[294] Die DDP legte einen weitergehenden Reformvorschlag vor, mit dem sie dafür plädierte, den Reichshaushalt in einen „stabilen" und einen „labilen" Teil zu spalten. Der stabile Etat sollte, wiederum nach englischem Vorbild, die jährlich etwa sechzig bis siebzig Prozent an Beträgen enthalten, die nicht zu ändern waren und rasch genehmigt werden konnten. Hingegen sollten im labilen Etat jene dreißig bis vierzig Prozent an Spitzenbeträgen festgelegt und dann auch ausführlich diskutiert werden, für die jährlich neue Deckungsfragen zu klären waren. Dies erlaube es, den Haushaltsberatungen auch in der Öffentlichkeit „einen ganz anderen Widerhall" zu geben, da die Gestaltbarkeit von Haushaltspolitik erkennbar würde. Gegenwärtig habe „die Öffentlichkeit kein Interesse daran".[295]

Die SPD hingegen stellte die Grundlage der Debatte als solche infrage: Die liberale Annahme, der Staat handele verschwenderisch und müsse daher notwendig „vereinfacht" oder „eingeschränkt" werden, sei eben falsch. Auch die Sozialdemokraten, vertreten durch den ehemaligen (und zukünftigen) Reichsfinanzminister Rudolf Hilferding, wollten aber das Budget „viel elastischer" gestalten, in dem Sinne, dass der jeweilige Finanzminister in der Lage sein sollte, „durch Abänderung weniger Sätze im Budget den Bedarf der wechselnden Konjunktur anzupassen". Neben den „nützlichen volkswirtschaftlichen Wirkungen" sei davon eine „sehr nützliche pädagogische Wirkung" im Hinblick auf die öffentliche Meinung, also ein gesteigertes gesellschaftliches Interesse an der Haushaltspolitik zu erwarten. Wie die DDP berief sich Hilferding hier

292 Joseph Ersing (Zentrum), 158. RT-Sitzung, 11.2.1926, Sten. Ber., S. 5437–5439.

293 Hermann Fischer (DDP), 173. RT-Sitzung, 8.3.1926, ebd., S. 6069. Zur Diskussion um das Etatsgrundgesetz die Rede Reinholds, 157. RT-Sitzung, 10.2.1926, ebd., S. 5404; sowie die Überlegungen bei der 123. Sitzung des Ausschusses für den Reichshaushalt, 25.2.1926, S. 13.

294 Carl Cremer (DVP), 158. RT-Sitzung, 11.2.1926, Sten. Ber., S. 5450.

295 Hermann Fischer (DDP), 173. RT-Sitzung, 8.3.1926, ebd., S. 6070; hierzu auch Fischers Intervention im Haushaltausschuss, 123. Sitzung, 25.2.1926, S. 11–13.

auf die Praxis des englischen Parlamentarismus. Ein Etatsgrundgesetz lehnte er als allzu starre Lösung ab, die Frage der Ausgabensenkung sollte mittels einer umfassenden Verwaltungsreform und der Reform des Finanzausgleichs gelöst werden. Die Entwicklung einzelner parlamentarischer Gremien, insbesondere des Sparausschusses, zu einer Art „Nebenregierung" mit engen Beziehungen zur Ministerialbürokratie betrachteten die Sozialdemokraten mit Skepsis.[296]

In den skizzierten Aushandlungsprozessen wurden gewisse Schnittmengen zwischen den Parteien erkennbar, die im Dienste flexiblerer Haushaltsplanungen genutzt werden konnten. Die parlamentarischen Gremien hatten für die Ermittlung solcher Schnittmengen eine wichtige Bedeutung, doch wirkte das dort beschworene Ethos der „Sachlichkeit" trotzdem politisch exklusiv: Ausgeschlossen davon blieb bei den Haushaltsberatungen 1926 wie bei vielen anderen Gelegenheiten beispielsweise die KPD – beim Vortrag ihres Vertreters Theodor Neubauer verließen die meisten Ausschussmitglieder den Raum, sodass er seine Rede schließlich abbrach. Vom sozialdemokratischen Vorsitzenden Heimann wurde für das Protokoll lapidar vermerkt, der kommunistische Kollege habe seine Redezeit nicht voll ausgeschöpft. Hinter der Beschwörung der „sachlichen Arbeit" parlamentarischer Ausschüsse im Kampf gegen verschwenderischen „Ressortpartikularismus" und „aufgeblähte" Verwaltung, hinter den zutiefst technischen Fragen des Budgetrechts waren und blieben also politische Konfliktlinien erkennbar.[297] Dieser Zusammenhang zeigte sich auch dort, wo programmatisch die Normalisierung der Budgetplanung nach internationalem Vorbild oder die Nutzung wissenschaftlicher Expertise gefordert wurden.

Vertrauenspolitik: Transparenz des Budgets

Programmatische Klarheit und Übersichtlichkeit waren Forderungen, die in den 1920er-Jahren immer häufiger an die Planung der Reichsfinanzen herangetragen wurden, aber nicht ohne widersprüchliche Effekte blieben. Die vermeintliche Verschlankung konnte Formen der Verdichtung hervorbringen, die den Haushaltsplan letztlich nur noch für Experten durchschaubar machte.[298] Als Nachtrag zum eigentlichen Reichshaushaltsplan legte das

[296] Rudolf Hilferding (SPD), 158. RT-Sitzung, 11.2.1926, Sten. Ber., S. 5430–5432; Gustav Hoch (SPD), 191. Sitzung des Ausschusses für den Reichshaushalt, 17.12.1926, S. 2–3. Aus sozialdemokratischer Sicht argumentiert auch Krohn, Stabilisierung, S. 200.

[297] 121. Sitzung des Ausschusses für den Reichshaushalt, 19.2.1926, S. 8–10; Reden Joseph Ersings (Zentrum) und Oskar Hergts (DNVP), 158. RT-Sitzung, 11.2.1926, Sten. Ber., S. 5423–5424 und 5438. Zur „Außenseiterlage" der KPD in der Ausschussarbeit Mergel, Kultur, S. 200–201.

[298] Heinig, Budget, Bd. II, S. 372–376; Neumark, Reichshaushaltsplan (1929), S. 103.

Reichsfinanzministerium daher dem Reichstag 1926 erstmals grafische Darstellungen vor, um die Struktur von Einnahmen und Ausgaben eingängiger zu visualisieren. Eine zentrale Forderung der Finanzwissenschaft aufgreifend wurde nicht nur ein Bild vom Bedarf einzelner Ministerien vermittelt, sondern eine Übersicht nach den gemeinsamen „Sachzwecken" der Behörden vorgelegt. So konnte auf den ersten Blick nachvollzogen werden, wie sich die Ausgaben der Reichsverwaltungen zwischen den Kosten der Militärverwaltung, den Überweisungen an die Länder für die Schutzpolizei, diversen Aufwendungen für Wohlfahrt und Fürsorge sowie den Kosten der Schuldentilgung aufteilten. Weitere Graphiken visualisierten die Reparationszahlungen, die als durchlaufender Posten in den Reichshaushaltsplänen erschienen, sowie die Einnahmen und Ausgaben der Reichsabgabenverwaltung. Letzteres diente vor allem dazu, angesichts der öffentlichen Kritik deutlich zu machen, dass es sich bei dieser Verwaltung, im Unterschied zu fast allen anderen Reichsverwaltungen, um eine Überschussverwaltung handelte und die Verwaltungskosten für Steuer und Zoll nur einen kleinen Anteil von 5,3 Prozent im Vergleich zum Ertrag dieses Verwaltungszweiges ausmachten [Abb. 8]. Ein Vergleich mit dem Vorjahreshaushalt sollte zudem die grundsätzlich positive Entwicklung in der Finanzpolitik darstellen, etwa den Anstieg ordentlicher Einnahmen des Reiches und den Abbau von Verwaltungskosten und sonstiger Ausgaben, auch hier mit Ausnahme der Reparationszahlungen. Ein wirklicher Haushaltsausgleich gelang allerdings letztlich auch in diesem Haushaltsjahr nicht, vielmehr ergab sich aus den Haushaltsrechnungen des Jahres 1926 de facto ein Defizit von etwa 500 Millionen RM, das nur durch die Verwendung von Überschüssen des Vorjahres, die Verbuchung anderer einmaliger Einnahmen und die Begebung einer Anleihe ausgeglichen wurde.[299]

Das Haushaltsjahr 1926 war also ein Jahr der Vertrauenspolitik, aber auch das Jahr, in dem der bis dato größte Wehrhaushalt der Republik verabschiedet wurde. Auch hier zeigte sich ein Zusammenspiel von zeitweiliger Normalisierung und neuen Dynamiken der Entgrenzung: Mit dem Haushaltsplan von 1926 wurden haushaltsrechtliche Normen auf den früheren Arkanbereich des Wehrhaushalts übertragen, zugleich aber der Staat für die weitere „Wehrhaftmachung" und deren Geheimhaltung in die Verantwortung gebracht. Dieser Trend wurde 1927 im Zuge der sogenannten Lohmann-Affäre um die Verschleierung von Aufrüstungen verstärkt. Die auf den Skandal folgende Bildung des sogenannten Mitprüfungsausschusses, von Popitz und Saemisch initiiert, trug dazu bei, bisherige Ausnahmepraktiken und informelle Absprachen zu normalisieren, aber auch staatliche Handlungsspielräume zu erweitern. Dieses

[299] Graphische Darstellungen – Beilagen zum Überblick über den Entwurf des Reichshaushaltsplans für das Rechnungsjahr 1926, 30.1.1926, Ergänzung zu RT-Drucksache Nr. 1731; Baumgarten, Finanzpolitik, S. 66–67 und 84.

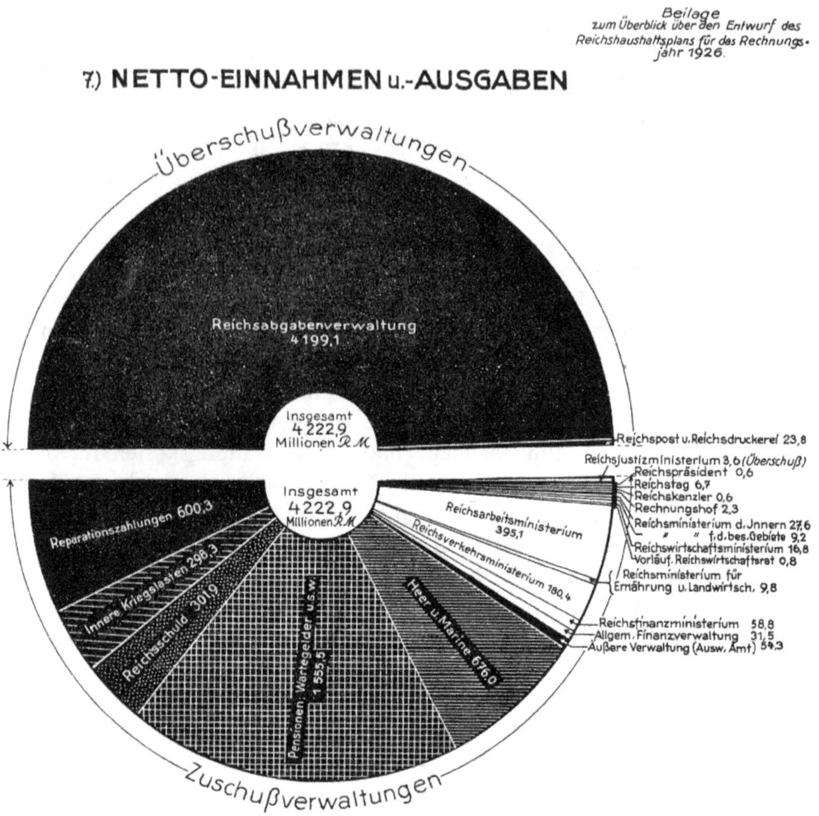

Abbildung 8 – Programmatische Klarheit: Grafische Aufbereitung des Reichshaushalts für 1926

Gremium aus Vertretern des Reichswehrministeriums, des Reichsfinanzministeriums und des Reichsrechnungshofs kontrollierte in den folgenden Jahren sowohl die geheimen Aufrüstungsmaßnahmen als auch die offizielle Steigerung der Wehrausgaben. 1930 gelang es der Führung des Reichswehrministeriums auf diesem Wege, sich die Summe von 830 Millionen RM, die dem Ressort 1928 zugestanden worden war, als Normalhaushalt garantieren zu lassen. Damit wurde dieser Etat, anders als andere Ressorthaushalte, von den Globalkürzungen ausgenommen, die im Sanierungsprogramm des Reichskanzlers Heinrich Brüning vorgesehen waren. Zugleich wurde der Einfluss der beteiligten Finanzbürokratie ausgebaut. Dafür hatten Reichsfinanzministerium und Reichssparkommissariat (als Spitze des Reichsrechnungshofs) sich in diesen Fragen abgestimmt; gemeinsam mit der Reichswehr erreichten sie dann auch, dass der Reichstag von der Verstaatlichung der Aufrüstung nur sehr begrenzte

Kenntnis erlangte. Als zuständiger Referent im Finanzressort sammelte hier der spätere Reichsfinanzminister Schwerin von Krosigk Erfahrungen damit, das Wissen von Haushaltsexperten politischen Zwecken anzudienen und zugleich die Eigenmacht der Exekutive zu stärken.[300]

1926 war außerdem das Haushaltsjahr, in dem erstmals in der Weimarer Republik eine Art Nettoetat aufgestellt wurde. Nach dem Nettoprinzip wurden die veranschlagten Einnahmen um die Kosten ihrer Erhebung und Verwaltung gekürzt und Ausgabenvoranschläge um damit verbundene Einnahmen reduziert. Diese Praxis war mit der Entwicklung des Konstitutionalismus und der parlamentarischen Budgetbewilligung seit dem 19. Jahrhundert zunehmend in die Kritik geraten, da die Bruttoveranschlagung größere Vollständigkeit und damit Transparenz verhieß. Erst seit der Einführung der zentralen Steuer- und Zollverwaltung im Jahr 1919 war die Anwendung des Bruttoprinzips für den gesamten Reichshaushalt möglich geworden. Die Weimarer Verfassung legte in Artikel 85 die Bruttokalkulation als Grundlage der Haushaltsaufstellung fest ebenso wie die RHO in den Bestimmungen der §§ 7, 69, 71 und 74, die allenfalls Ausnahmen zuließen. Eine grundsätzliche Abweichung vom Bruttoetat war gemäß § 15 der RHO nur für kaufmännisch eingerichtete, das heißt gewinnorientierte Wirtschaftsbetriebe des Reiches vorgesehen, da die Nettoverrechnung eine betriebswirtschaftliche Kalkulationsform darstellte. Dennoch nahmen sogenannte Rückeinnahmevermerke, die den wirtschaftlichen Zusammenhang der Mittelverwendung zum Ausdruck brachten, im Reichshaushaltsplan beständig zu. Seit 1926 bestimmte eine festgelegte Formulierung in den Bemerkungen zum Budget daher: „Einnahmen fließen den Mitteln zu." Diese Ergänzung sollte, so der einschlägige Kommentar von Schulze und Wagner, der „Vermeidung einer unsachlichen Aufblähung des Etats" dienen und das „Interesse einer Dienststelle an der Erzielung möglichst hoher Einnahmen" fördern. Beabsichtigt war also die Stärkung des wirtschaftlichen Denkens in der Reichsverwaltung. Zugleich entstand so aber die Möglichkeit, politisch umstrittene und daher im Haushaltsplan nicht spezifizierte Ausgaben zu tätigen, indem dafür eigenmächtig Rückeinnahmen verwendet wurden. Um diese Praxis wieder einzudämmen, wurden mit dem Reichshaushalt von 1928

300 Vgl. Bergien, Republik, S. 161–162 und 201–212, dort S. 205 zu Schwerin von Krosigk (allerdings schon für 1929 als Minister bezeichnet); Hürter, Groener, S. 112–117; Kroener, Mann, S. 180–186, der im Unterschied zu Bergien jedoch darlegt, dass zumindest der Haushaltsausschuss des Reichtags über den geheimen Wehretat in Teilen informiert wurde – wohl auch, um damit kritische Nachfragen im Plenum abzuwiegeln. Auch vereinte Saemisch nicht „alle eigentlich dem Parlament zustehenden Kontroll- und Entscheidungsbefugnisse in seiner Person" (Bergien, Republik, S. 210), sondern agierte, wie oben dargestellt, als einflussreicher Schnittstellenmanager. Hierzu und für die Entwicklung ab 1933 auch Kap. III.3.

schließlich Bestimmungen eingeführt, welche die Erläuterung der Einnahmen betrafen.[301]

Zudem wurde seit 1927 ein preisgünstiger Überblick über den Reichshaushalt angefertigt und vertrieben, der auf circa 100 Seiten die wichtigsten Inhalte des Haushaltsentwurfs (der etwa 1500 Seiten stark war und 34 RM kostete) zusammenfasste und dem „Laien das Eindringen in die schwierige Materie" erleichtern sollte. Hiermit folgte die Reichsregierung dem Vorbild der Vereinigten Staaten.[302] Der im Reichstag verabschiedete und gesetzlich festgestellte Reichshaushaltsplan wurde hingegen weiterhin nicht veröffentlicht, sondern nur in der reduzierten Form als sogenannter Gesamtplan (ohne genauere Aufschlüsselung und Begründung der einzelnen Posten) zusammen mit dem jährlichen Haushaltsgesetz im *Reichsgesetzblatt* publiziert. Diese Praxis war umstritten. Der sozialdemokratische Finanzwissenschaftler Fritz Neumark hielt sie für verfassungswidrig, da laut Reichsverfassung die Veröffentlichung von Gesetzen in ihrer vollständigen Form vorgeschrieben war. Damit widersprach er dem Kommentar von Schulze und Wagner, der darin eine verfassungskonforme und vor allem zweckmäßige Praxis sah. So wies Neumark zu Recht darauf hin, dass ein wirklicher Nachvollzug der Haushaltsplanung es erfordert hätte, den veröffentlichten Entwurf um die Ergebnisse der dritten Lesung im Reichstag, die Anträge des Haushaltsausschusses und die in letzter Lesung angenommenen Initiativanträge der Fraktionen zu ergänzen. Die Kombination der Lektüre von Regierungsentwurf und veröffentlichtem Reichshaushaltsgesetz reichte hingegen für ein wirkliches Verständnis nicht, da der dem Gesetz beigefügte Gesamtplan nur geänderte Kapitelsummen, nicht aber die relevanten Änderungen in einzelnen Titeln dokumentierte.[303]

An der Reform dieser Praxis und der Herstellung größerer Transparenz war auch die Ministerialbürokratie beteiligt, jedoch überließ das Reichsfinanzministerium die Federführung hier anderen Stellen. Nach seiner Entlassung aus dem Reichsinnenministerium und dem Amtsantritt als Generalberichterstatter für den Reichshaushalt im Reichsrat fertigte Arnold Brecht seit 1927 Übersichten über Einnahmen und Ausgaben des Reichshaushalts an, die ebenfalls nach funktionalen Ausgabearten gegliedert waren. Brecht beabsichtigte damit – wie

[301] Zur Diskussion darum vgl. Oskar Hergt (DNVP), 158. RT-Sitzung, 11.2.1926, Sten. Ber., S. 5424; Zitate und Erläuterungen nach Neumark, Reichshaushaltsplan (1929), S. 130–144, bes. S. 142.

[302] Neumark, Reichshaushaltsplan (1929), S. 359–360. Auch die Arbeit des Reichsfinanzministeriums wurde seit 1927 in Veröffentlichungen dokumentiert, vgl. Überblick über die Tätigkeit des Reichsfinanzministeriums. In ähnlicher Absicht erschienen auch weitere populäre Darstellungen, etwa Külz, Reichshaushalt, S. 455–466, dort weitere Literaturhinweise; Spielhagen/Jessen, Reichshaushalt; Saemisch, Vereinheitlichung.

[303] Neumark, Reichshaushaltsplan (1929), S. 360–362; Schulze/Wagner, Reichshaushaltsordnung, S. 85 und 143.

er retrospektiv erklärte –, die Sparsamkeit des deutschen Staates „gebührend ins Licht der Öffentlichkeit" zu rücken, womit er insbesondere die Sachverständigen der Reparationskommission meinte. Brechts „Haushaltsführer", der die Staatsfinanzen in ihrer Gesamtheit (das heißt für Reich, Länder und Gemeinden) nach wirtschaftlichen Zwecken ordnete und auf diese Weise die „kameralistischen Fesseln der Ministerialorganisation" lockern wollte, bildete auch die Basis für die erwähnten *Finanziellen Überblicke*, die bis 1933 jeweils der Haushaltsvorlage an den Reichstag als Anlage beigefügt wurden. Auf der Basis dieser Zahlen hatte Brecht zudem das „Gesetz der progressiven Parallelität von Ausgaben und Bevölkerungsmassierung" entwickelt, das den Zusammenhang zwischen öffentlichen Ausgaben und Bevölkerungsdichte beschrieb. Indem er argumentierte, dass wegen des relativ hohen Urbanisierungsgrads in Deutschland die Ausgaben zwangsläufig hoch sein müssten, verteidigte Brecht das Deutsche Reich gegen die Kritik der Reparationsgläubiger an den vermeintlich zu hohen Staatskosten.[304] Zu einer wirklichen Ausarbeitung solcher Ansätze, die das Budget systematisch in wirtschaftspolitische Zusammenhänge ein- beziehungsweise diesen sogar untergeordnet hätten, kam es allerdings in der Ministerialbürokratie kaum. Auch Ansätze zur Flexibilisierung und Dynamisierung des Budgets konnten sich nicht durchsetzen.[305]

Der finale Reichshaushaltsplan mit allen Einzelplänen war nach seiner Feststellung im Reichstag allerdings nicht nur für die Öffentlichkeit unzugänglich, auch für den inneren Verwaltungsgebrauch in den anderen Ressorts stand er nicht wirklich zur Verfügung. Die Reichsbehörden erhielten lediglich beglaubigte Abschriften der sie betreffenden Einzelpläne oder sogenannte Berichtigungsblätter, in denen für die Einzelhaushalte die Änderungen von Zahlenansätzen gegenüber den Entwürfen mitgeteilt wurden. Neumark schlug daher vor, in einer besonderen Reichstagsdrucksache in tabellarischer Form zumindest sämtliche Abänderungen mitzuteilen, welche die Entwürfe des Haushaltsgesetzes und des Haushaltsplans im Laufe der parlamentarischen Beratungen erfahren hatten. Der Grad der Öffentlichkeit des Budgetwesens (womit nicht nur die schlussendlich fixierten Zahlen, sondern die Prozesse der Entscheidungsfindung in den beteiligten Gremien sowie die Praxis der Haushaltsführung in den Ressorts gemeint waren) sei als Maßstab für den „Umfang der politischen Freiheiten" der Bürger und damit für „wahre Demokratie" zu verstehen. An diesem Postulat hielt Neumark fest, obwohl auch in anderen Ländern, etwa in den USA unter dem dortigen Budgetdirektor Charles Dawes, regelmäßig davon abgewichen wurde. Für das Deutsche Reich sei diese Trans-

304 Brecht, Kraft, S. 44–49; Heinig, Budget, Bd. II, S. 390; Kähler, Brecht'sche Gesetz, S. 83–106.

305 Allgemein Neumark, Reichshaushaltsplan (1929), S. 25–26; Stucken, Grundsätze, S. 760; Blaich, Wirtschaftskrise, S. 50, 54 und 116.

parenz besonders wichtig, zumal die Budgetöffentlichkeit vertrauensstiftende Wirkung besitze und die „Verhältnisse auf dem Anleihemarkt" günstig beeinflussen könne. Neben parlamentarischen Prinzipien waren für Neumark also die spezifischen Zwänge der deutschen Staatsfinanzierung entscheidend.[306]

Denn die Kreditwürdigkeit des Deutschen Reiches wurde in einem internationalen Raum bestimmt, war abhängig von den Bedingungen des Reparationsregimes sowie den Stimmungen des weltweiten Kapitalmarktes.[307] Die Vereinbarungen des am 1. September 1924 in Kraft getretenen Dawes-Plans beruhten auf der Voraussetzung, dass die Reparationen aus einem ausgeglichenen Budget des deutschen Staates und aus ordentlichen Einnahmen, also nicht über Anleihen oder staatliche Geldschöpfung aufgebracht werden sollten. Nur unter der Berücksichtigung dieser Grundsätze sollte von einem Haushaltsausgleich gesprochen werden dürfen. Die an den Beratungen des Dawes-Plans beteiligten Experten legten damit spezifische Rahmenbedingungen für die Überwachung der deutschen Finanzgebarung und die Erfüllung der Reparationsverpflichtungen fest. Auf dieser Basis mehrten sich die Stimmen, die – wie etwa der durch den Plan eingesetzte Reparationsagent Seymour Parker Gilbert – den Sinn der Haushaltspläne neu beschrieben. Nicht die demokratische Praxis der Budgetaushandlung stand dabei im Zentrum, sondern die ausreichende Information der Gläubiger über die Finanzen des Schuldnerstaates. Die Aufgabe des Reichshaushaltsplans sollte nach dieser Auffassung vor allem in der „Unterrichtung des Publikums" liegen, also in der Vermittlung eines „klaren und stets aktuellen Bildes" an die interessierte Öffentlichkeit von Steuerzahlern, Sparern und Anlegern im In- und Ausland.[308]

Diese internationale Kontrolle beeinflusste die nationale Debatte sowie die verschiedenen budgetrechtlichen Ordnungsversuche, die seit Mitte der 1920er-Jahre zu beobachten waren.[309] Beginnend mit dem Jahr 1926 und verschärft seit dem Herbst 1927 kritisierte Parker Gilbert in seinen Berichten neben der Ausgabensteigerung insbesondere die Undurchsichtigkeit der deutschen Haushaltsplanung; dies bezog sich vor allem auf die Übertragung von Posten in nachfolgende Haushaltsjahre sowie auf die Unterteilung des Haushalts in einen ordentlichen und einen außerordentlichen Haushalt (die 1931 schließlich aufgegeben wurde). Die durch die RHO festgelegte Trennung zwischen dem ordentlichen Haushalt, der laufende Einnahmen und Ausgaben umfasste, sowie dem außerordentlichen Haushalt mit besonderen Ausgaben, dessen Finanzierung aus einmaligen Einnahmen sowie Anleihen und Krediten

306 Neumark, Reichshaushaltsplan (1929), S. 363 und 353–354.
307 Ausführlicher hierzu Middendorf, Democracy.
308 Bericht des Generalagenten für Reparationszahlungen, 21.5.1930, S. 194.
309 Hierzu Lüke, Stabilisierung, S. 80–96. Zur Frage der finanziellen Souveränität in der parlamentarischen Debatte die Rede Reinholds, 157. Sitzung, 10.2.1926, Sten. Ber., S. 5410; Albrecht von Graefe (VA), 159. RT-Sitzung, 12.2.1926, ebd., S. 5492.

erfolgte, hielt der Reparationsagent für eine gezielte Form der Verschleierung. Dies galt umso mehr, als bis 1928 im Reichshaushalt Anleiheermächtigungen als Einnahmen ausgewiesen wurden, obwohl diese Anleihen gar nicht begeben wurden oder sehr viel geringere Erlöse als erwartet erbrachten. In seinen eigenen Berechnungen beseitigte Parker Gilbert daher diese Unterscheidung und dokumentierte auf dieser Basis die tatsächlichen Defizite im Reichshaushalt: So kam er nur für das Rechnungsjahr 1924/25 auf einen Überschuss, für alle folgenden Jahre bis 1930 hingegen auf Fehlbeträge, mit einer ersten Spitze von über 850 Millionen RM im Jahr 1926/27 sowie über 1,2 Milliarden RM im Jahr 1928/29. Die deutschen Berechnungen, die auf anderen Parametern beruhten, kamen hingegen zunächst immer wieder auf Überschüsse, erst für das Rechnungsjahr 1928/29 wurde ein Defizit von knapp 860 Millionen RM ausgewiesen.[310]

Die Transparenz und Seriosität des Reichshaushalts wurde damit zum Ausweis einer gelingenden Staatlichkeit, der von parlamentarischen Verfahren und kapitalistischen Marktmechanismen gleichermaßen getragen sein sollte. Dies wurde auch an der Definition des ausgeglichenen Haushalts beziehungsweise des „Haushaltsgleichgewichts" ersichtlich. Hier gab es verschiedene Kriterien, welche die rein zahlenmäßige Bestimmung dieses Gleichgewichts ausdifferenzierten: So konnte vom nicht nur formell (also rechnerisch), sondern auch materiell ausgeglichenen Budget gesprochen werden, in dem der gesamte Bedarf durch ordentliche Einnahmen und nicht (oder nur in geringem Maße) durch öffentlichen Kredit gedeckt werden sollte. Diese Unterscheidung entsprach im Wesentlichen der Differenzierung von quantitativem und qualitativem Gleichgewicht. An Relevanz in der finanzwissenschaftlichen Diskussion gewann zudem die Unterscheidung von finanziellem und wirtschaftlichem Gleichgewicht, in dem längerfristige ökonomische Wirkungen berücksichtigt wurden.[311]

In den deutschen Haushaltsverhandlungen des Jahres 1926 und den begleitenden Debatten um Vereinfachung und Sparsamkeit wurden also nicht nur Ausgabe- und Einnahmeposten, sondern auch die Kriterien staatlicher Souveränität verhandelt.[312] Letztlich war mit der Reichshaushaltsplanung der Beweis zu erbringen, dass die parlamentarische Demokratie fähig war, in einer Notlage rasch und entschlossen zu handeln. Dies gelang Mitte der 1920er-Jahre besser als zuvor, wenngleich Reinholds Paket aus Ausgaben- und Steuersenkungen

310 Lüke, Stabilisierung, S. 82–84; leicht abweichende, in der Tendenz ähnliche Zahlen bei Balderston, Origins, S. 226, Tab. 7.2, und S. 268, Tab. 8.1; Bachmann, Reichskasse, S. 86–90.

311 Rybinski, Grundsatz, S. 14–20 und 137–149; Bachmann, Reichskasse, S. 32–35; Neumark, Reichshaushaltsplan (1929), S. 22–26; Baumgarten, Finanzpolitik, S. 63–67.

312 So argumentierte auch der Minister Reinhold in seiner Etatrede, 157. RT-Sitzung, 10.2.1926, Sten. Ber., S. 5410.

sowie Arbeitsbeschaffungsmaßnahmen im Laufe der nachfolgenden Verhandlungen abgeschliffen und in der Folge auch kritisch beurteilt wurde. Der Ruf nach diktatorischen Lösungen, der im Winter 1925/26 lauter geworden war, verstummte aber zunächst und tauchte erst an der Jahreswende 1929/30 wieder auf.[313] Trotzdem ist zu konstatieren, dass Taktiken der Ausnahme und des informellen Regierens auch in dieser Phase der Normalisierung genutzt wurden und – wie 1919 – schließlich sogar ein Misstrauensvotum der Opposition begründeten.[314]

Damit stand das Haushaltsjahr 1926 für einen Moment der „Gleichzeitigkeit" und für das Nebeneinander widersprüchlicher Phänomene: Im Bereich der Budgetpolitik war in diesem Jahr die Fähigkeit des Parlaments, Konsens zu stiften, ebenso beobachtbar wie der Wunsch der Exekutive, Konflikte technokratisch zu lösen.[315] Auch personell kamen Ausnahmedenken und Normalisierungsrhetorik zusammen: Sowohl der Ermächtigungspolitiker Luther als auch der Erneuerer Reinhold trugen Verantwortung, und sie einte trotz politischer Differenzen die Selbstinszenierung als unabhängige Experten. Aufgrund seiner zeitgenössischen Popularität erscheint Reinhold in der Historiografie vielfach als Visionär, der zu einer Finanzpolitik „außerhalb der Erfahrungen seiner Epoche" gekommen sei. Durch sein Agieren „hart an der Grenze des Defizits" sei er zum Vorreiter der keynesianischen Wirtschaftslehre geworden.[316] Gleichwohl hatte es Ansätze zu Steuererleichterungen schon in der Amtszeit von Schliebens

313 Zur Einordnung in die zeitgenössische Stimmung Blaich, Wirtschaftskrise, S. 100 und 172; Hertz-Eichenrode, Wirtschaftskrise, S. 82; McNeil, Fiscal Policy, S. 56–57. Zur neuerlichen Debatte um eine „Finanzdiktatur" N.N., Beratungen, S. 5–6. Hierzu auch Kap. III.3.

314 Hierzu der Antrag der KPD bei der 173. RT-Sitzung, 8.3.1926, Sten. Ber., S. 6065, der jedoch abgelehnt wurde, vgl. 174. RT-Sitzung, 9.3.1926, ebd., S. 6088.

315 Zu diesem Gedanken Gumbrecht, 1926, S. 474. Für die Bedeutung des Jahres 1926 als Moment „zwischen Krieg und Krise" auch Herbert, Geschichte, S. 223–257. Das erstmalig „normale" Funktionieren der Haushaltsverhandlungen dieses Jahres betonen Clingan, Budget, S. 34; sowie Upmeier, Versuche, S. 109–135. Das Übergewicht technokratischer Vereinfachung gegenüber parlamentarischer Handlungsfähigkeit akzentuiert für diesen Zeitraum hingegen Haungs, Reichspräsident, bes. S. 268–269, dort S. 283 auch zum Folgenden.

316 Blaich, Wirtschaftskrise, S. 140–141; Ehrlicher, Finanzpolitik, S. 5. In der parlamentarischen Debatte betonten die Abgeordneten der DDP immer wieder, dass Reinhold erstmals den Versuch mache, Finanzwirtschaft und Volkswirtschaft zusammenzudenken, vgl. die Rede des späteren Reichsfinanzministers Hermann Dietrich, 159. RT-Sitzung, 12.2.1926, Sten. Ber., S. 5471; sowie Hermann Fischer (DDP), 188. RT-Sitzung, 27.3.1926, ebd., S. 6833. Das vielzitierte Bonmot Reinholds u. a. in der 231. RT-Sitzung, 9.11.1926, ebd., S. 7976; 157. RT-Sitzung, 10.2.1926, ebd., S. 5406; sowie Aufzeichnung des Reichsfinanzministers für den Reichskanzler über seine Vorträge in Dresden, Hamburg und Bremen, 9.9.1926, BArch R43 I/2359, Bl. 270; Reinhold, Vortrag, S. 42; ders., Finanz- und Wirtschaftspolitik, S. 16.

gegeben. Prägendes Element blieb zudem auch unter Reinhold das Festhalten am Haushaltsausgleich als Gebot der „Not".[317] Aus Sicht der KPD verkörperten von Schlieben und Reinhold daher auch nur zwei Versionen des gleichen arbeiterfeindlichen Kapitalismus, autoritär dirigiert von Reichskanzler Luther als eigentlichem „Beherrscher der Reichsfinanzen". Reinholds Selbstinszenierung als jugendlicher Macher einer „neuen Ära", die von der Presse ausgiebig reproduziert und diskutiert wurde,[318] sei nur die „ölige, schmiegsame, gewandte, geschickte, breiige" Variante des auch unter von Schlieben herrschenden Systems kapitalistischer Erfüllungspolitik, nur nicht mehr auf „steife, junkerliche und bureaukratische" Art präsentiert.[319]

Dieses polemische Porträt stimmte mit der Wahrnehmung innerhalb des Ministeriums in gewisser Weise überein. Reinholds öffentliche Inszenierung als antibürokratischer Entscheider und seine sowohl in programmatischen Reden als auch im Arbeitsalltag artikulierte Distanz gegenüber der „Geheimratsmaschine" des Ministeriums wurden als Illoyalität wahrgenommen.[320] Was die von ihm betriebene Finanzpolitik und Haushaltsplanung anging, so scheinen die Widerstände und Differenzen zunächst geringer gewesen zu sein. Der intern schärfste Kritiker der Steuersenkungspolitik, der Staatssekretär Fischer, verlor im Zuge der Umbildung des Ministeriums zwar seinen Posten, ebenso wie einige politisch weit rechts stehende Ministerialräte.[321] In breiteren Kreisen der Beamtenschaft fand Reinholds Finanzprogramm aber durchaus hoffnungsvolle Aufnahme. Seine „Fixigkeit" in der Haushaltsplanung, die als mangelnde Gründlichkeit angesehen wurde, und seine Abbaurhetorik sorgten aber zugleich für Unruhe.[322] Letztlich war Reinholds Vorgehen für die Beamtenschaft zwiespältig: Einerseits konnten sich die Beamten unter seiner Ägide als Fachleute und damit als wesentliche Träger seiner Staatsvorstel-

317 Dies war ein Begriff, den auch Reinhold zur Verteidigung seiner Strategie immer wieder anrief, vgl. etwa seine Begründung der Steuersenkungen in der 173. RT-Sitzung, 8.3.1926, Sten. Ber., S. 6036.

318 Peter Reinhold, in: Der Tag, 11.2.1926, BArch R8034 III/364, Bl. 142 RS; ders., in: Deutsche Allgemeine Zeitung, 29.1.1927, ebd., Bl. 130 RS.

319 Theodor Neubauer (KPD), 159. RT-Sitzung, 12.2.1926, Sten. Ber., S. 5456–5457.

320 Neumark, Reichshaushaltsplan (1929), S. 99; Der neue Mann und die fertige Rede, in: Berliner Montagspost, 14.2.1926, BArch R8034 III/364, Bl. 140 RS; Peter Reinholds Schutztruppe – Auf der Suche nach dem Prügelknaben, in: Deutsche Zeitung, 11.3.1926, ebd., Bl. 138; Reinhold, in: Deutsche Allgemeine Zeitung, 29.1.1927, ebd., Bl. 130 RS, mit dem Hinweis darauf, dass der Minister seine wichtigsten Berater außerhalb des Ministeriums gehabt habe.

321 McNeil, Fiscal Policy, S. 50; Haungs, Reichspräsident, S. 267. Hierzu die Darstellung Reinholds auf dem Hamburger Parteitag der DDP 1927, wo der ehemalige Minister erläuterte, dass er im Zuge der Verwaltungsreform rechtsstehende Ministerialräte abgebaut habe, mit der Begründung: „es gab kaum andere" (wiedergegeben in Stephan, Aufstieg, S. 361).

322 N.N., Kurs, S. 69–72; N.N., Und nun, S. 140; Otto Schmidt (DNVP) im Haushaltsausschuss, 123. Sitzung, 25.2.1926, S. 15.

lung verstehen, andererseits blockierte sein Rationalisierungsprogramm das standespolitische Streben nach Verbesserung. Während die administrative Autorität der Ministerialbürokratie damit zuzunehmen schien, büßte sie zugleich an sozialer Macht ein.[323]

In dieser ambivalenten Entwicklung hatten Bezugnahmen auf „die Wirtschaft" eine zentrale Bedeutung. Dies war ein Aspekt, den Reinhold in seinen öffentlichen Auftritten als Minister immer wieder betonte. Die Vorgaben des Dawes-Plans hielt er für einen Fortschritt, weil sie „auf wirtschaftlichen Erwägungen", nicht auf politischer Willkür fußten. Ein *gentlemen's agreement* zwischen ökonomisch denkenden Männern wie ihm und Parker Gilbert sei eine verlässlichere Basis als diplomatische Noten, die vermeintliche Rolle des Generalagenten als „Aufsichtsbeamter" der deutschen Staatsfinanzen hingegen sei eine Zuschreibung, die ihm von den Deutschen aus politischen Gründen aufgedrängt werde. Kurz: Man müsse „dieses ganze Problem aus dem Gebiet leidenschaftlicher und kampfmäßig eingestellter Erörterungen herausbringen und auf das Gleis schieben, wo es hingehört, nämlich auf das wirtschaftliche". Die Wirtschaft dominierte in dieser Perspektive den Staat – beide gemeinsam aber sollten über der parlamentarischen Interessenpolitik und „leidigem Parteigeist" stehen.[324]

Diese technokratische Anrufung der Sachlichkeit war vielleicht eine auffällige Obsession, zugleich aber eine wirkmächtige diskursive Strategie, die nicht per se antidemokratisch war, schon deshalb nicht, weil zu ihrer Legitimation gerade das Vorbild des westlichen Parlamentarismus herangezogen wurde.[325] Die englischen und amerikanischen Praktiken der Budgetplanung spielten hierfür eine hervorgehobene Rolle: erstere im Hinblick auf eine Selbstbeschränkung der Legislative, letztere als Argument für die Ermächtigung der Exekutive. Der Präsident der Vereinigten Staaten, Calvin Coolidge, hatte Sparsamkeit kurz zuvor in einer viel beachteten und auch von der deutschen Regierung verbreiteten Rede nicht nur als „Quelle der Volksrechte" bezeichnet und damit zum demokratischen Prinzip erklärt. Die Fähigkeit, sparsam zu wirtschaften, wurde von ihm auch als Ausweis staatlicher Macht interpretiert.[326]

323 Caplan, Bureaucracy, S. 244.

324 Reinhold, Vortrag, S. 41–42 und 36; Reinhold fordert Verwaltungsreform, in: Vossische Zeitung, 16.11.1927, BArch R43 I/2360, Bl. 21.

325 So bei Steinmetz, Anbetung; hierzu auch Lethen, Verhaltenslehren.

326 Deutsche Botschaft, Text der Ansprache des Präsidenten auf der Budget-Konferenz am 1.7.1924 (Abschrift), BArch R101/302, Bl. 5–10, hier Bl. 6; Reichsfinanzminister und Präsident des Rechnungshofs an sämtliche Reichsressorts und die Regierungen der Länder betr. Rede des amerikanischen Präsidenten auf der Budget-Konferenz, 1.11.1924, ebd., Bl. 4. Zur Fortsetzung dieser Diskussion Anfang der 1930er-Jahre vgl. Philipp Wieland, Geh. Kommerzienrat, an den Reichsfinanzminister betr. amerikanische Budgetverhältnisse, 30.6.1930; Antwort des Reichsfinanzministers, 11.9.1930, beide BArch R2/21582.

Zwischenfazit

Auf die Experimente der Nachkriegszeit und die autoritäre Beendigung der Inflation folgte Mitte der 1920er-Jahre der versuchte Übergang zur Normalität, der im Reichsfinanzministerium mit der verstärkten Annäherung an ökonomische Logiken verbunden war. Die Frage, in welcher Beziehung Staat und Wirtschaft stehen sollten, erhielt eine programmatische Dimension, dafür ging die Kriegs- und Kampfrhetorik zeitweilig etwas zurück. Diese Veränderung prägte auch die Staatsvorstellungen, die von führenden Repräsentanten des Ministeriums sowie von diversen Beamtenorganisationen vertreten wurden. Nach den Jahren der „Staatsumwälzung" sollte die Finanzbürokratie nun an der Stabilisierung des Staatsgebäudes mitwirken. Zu diesem Zweck wurden Reformen der Ausbildungsstrukturen und der Verwaltungspraxis in der Reichsfinanzverwaltung diskutiert; zu einem Kernbegriff wurde die Rationalisierung. Dabei wurden betriebs- und volkswirtschaftliche Prinzipien ebenso aufgegriffen wie internationale Gepflogenheiten staatlicher Haushaltsplanung.

Diese Positionierung zwischen Staat und Wirtschaft, in der zugleich die Legitimität des expandierenden Sozialstaates verhandelt wurde, führte innerhalb der Reichsfinanzverwaltung und des Ministeriums zu Auseinandersetzungen, da sich hier soziale Statusunterschiede zwischen unterschiedlichen Beamtengruppen abbildeten. So entstand ein weites Feld an Bildungsinitiativen und Reformprogrammen, in dem unterschiedliche Verbindungen zwischen staatlichen und ökonomischen Zielsetzungen anklangen: von der Wiederaufnahme staatswissenschaftlicher Programme des 19. Jahrhunderts in den Vorlesungsreihen für die höhere Beamtenschaft bis zu psychotechnischen Modernisierungsvorschlägen aus der Feder einzelner Steuerfachleute. Auf der Ebene der Vorbildung und Rekrutierung blieben solche Ansätze allerdings weitgehend unvollendet, da sie nicht verbindlich festgeschrieben wurden. Gleichwohl stießen Angebote zur freiwilligen Weiterbildung wie die Verwaltungsakademien oder die Fachwissenschaftlichen Wochen auf Interesse. Gerade die mittlere Beamtenschaft sah hier Aufstiegs- und Entwicklungsmöglichkeiten, die sich allerdings mit Erwartungen an Statusverbesserungen verbanden. Letztere wurden durch die Besoldungsreform von 1927 eher enttäuscht als befriedigt. Aus solchen dynamischen Konfliktzonen und weniger aus einer starren Disposition der Ministerialbürokratie zu autoritärem Regierungshandeln begründeten sich dann antirepublikanische Haltungen.

Eine wesentliche Umbildung der Organisation wurde in dieser Phase aber von oben beziehungsweise außen in das Ressort hineingetragen. Die Forderung nach ökonomischem Effizenzdenken anstelle kameralistischer Kostenminimierung fand im Minister Reinhold einen entschiedenen Fürsprecher. In diesem

https://doi.org/10.1515/9783110712261-009

Vereinfachungsdenken waren der souveräne Staat und sein Budget nicht mehr Selbstzwecke, sondern Dienstleister der Volkswirtschaft. In diesem Sinne forderte die Führung des Reichsfinanzministeriums, dass die Exekutive auch in vermeintlich normalen Zeiten weiter zu ermächtigen sei, nun aber im Sinne unbürokratischen Regierens und nicht autoritärer Krisenbewältigung. Für das Reichsfinanzministerium bedeutete dies allerdings, dass auch die eigene Verwaltung der Vereinfachung unterworfen und „abgebaut" wurde, und dies mithilfe einer umstrittenen Auslegung der Rechtslage. Der Minister Reinhold griff für die Verschlankung der eigenen Verwaltung auf Strategien zurück, die nicht nur an der Grenze des Defizits, sondern auch an der Grenze des Gesetzmäßigen verliefen. So entstand in den Augen seiner Kritiker ein Nexus zwischen demokratischer Politik und rechtsförmigen Ausnahmepraktiken, der zur Delegitimation des Weimarer Staates genutzt werden konnte. Bis in die Zeit der nationalsozialistischen Diktatur sollte dies von den Gegnern der Weimarer Republik als Beispiel für das Versagen der parlamentarischen Ordnung und für die demokratische Ungerechtigkeit gegenüber dem Berufsbeamtentum herangezogen werden.

Auch die Reichshaushaltsplanung des Jahres 1926 war von Widersprüchen geprägt: Erstmals wurde der Reichshaushalt rechtzeitig vor Beginn des Haushaltsjahres verabschiedet und gestalterisch so aufbereitet, dass er für eine breite Öffentlichkeit zugänglich wurde. Routinen der parlamentarischen Entscheidungsfindung wurden festgeschrieben und ein sachorientierter „Gouvernementalismus" im Haushaltsausschuss des Reichstags mitgetragen. Und doch wurde diese Normalisierung zugleich durch die Exekutive wieder unterlaufen, etwa mittels vorzeitiger Absprachen sowie der Betonung einer „Notgemeinschaft" zwischen Fachausschuss und Ministerialbürokratie, gegen die vermeintliche Schwatzbude des Reichstagsplenums. In der regierungskritischen Öffentlichkeit konnten solche Verfahrensweisen als Ausdruck staatlicher Korruption und eines falschen Primats der Ökonomie gegenüber der Politik angeprangert werden. Die mittleren Jahre der Republik, die von den hier betrachteten Ministerialbürokraten wie auch von einem Teil der geschichtswissenschaftlichen Forschung als „normale Zeiten" beschrieben wurden, waren daher ein Zeitraum, in dem von der Exekutive auch weiterhin Ausnahmeregelungen gesucht wurden, wenngleich nicht mehr im Ausmaß der Krisenjahre zwischen 1919 und 1923.

Entscheidender für die nachfolgende Entwicklung war daher, dass zeitgleich von der obersten Staatsführung um Reichspräsident Hindenburg Versuche abgewehrt wurden, die durch die Weimarer Verfassung definierte Ausnahmegewalt rechtsstaatlich einzuhegen und ein klar definiertes Notverordnungsrecht zu schaffen, wie es vor allem die Sozialdemokratie um 1926 forderte. Eine wirkliche Eingrenzung des Ausnahmezustands misslang so, obwohl entsprechende Initiativen vorgetragen und von der zuständigen Ministerialbürokratie auch aufgegriffen wurden. Stattdessen setzte sich die Tendenz zu dessen Deformalisierung und Entgrenzung fort, die das „Ermessen“ von Verwaltungen stärkte. Hinzu kam die fortdauernde Disposition weiter Teile des Staatsapparats zu einer Überparteilichkeit, die aus der generellen Skepsis gegenüber dem Parlamentarismus und dem bestehenden Parteienspektrum resultierte.[327]

Diese Skepsis blieb, auch bei jenen, die für eine Stabilisierung der republikanischen Verhältnisse eintraten. Eine wichtige Rolle spielte dafür die Vorstellung, dass ökonomische Prinzipien einer „Entpolitisierung“ der Verhältnisse dienen könnten: „Wir müssen uns“, so hieß es etwa in einer programmatischen Schrift aus der Feder von Reinholds liberaldemokratischem Parteikollegen Hermann Fischer von 1928, „auf allen Gebieten der Wirtschaftspolitik von der Vorherrschaft parteitaktischer Koalitionskompromisse loslösen, müssen hier das sachliche Argument und die sachliche Vernunft als das allein Maßgebende anerkennen und dürfen die der Volkswirtschaft und damit dem gesamten Staat dienende Arbeit nicht durch engherzige parteipolitische Dogmen belasten.“[328] Solche Stellungnahmen richteten sich auch gegen das politische Taktieren leitender Ministerialbürokraten wie Popitz, der in einer zeitgleich erschienenen Schrift noch einmal den Primat des Staates gegenüber der Wirtschaft betont hatte.[329]

Spätestens mit der Weltwirtschaftskrise sollten aber sowohl das ökonomische Machbarkeitsdenken Reinholds als auch das hintergründige Zusammenspiel zwischen Ministerialbürokratie und parlamentarischen Gremien, wie es Popitz betrieben hatte, an ihre Grenzen stoßen. Die Krisenbewältigung durch eine „Diktatur“ (ob als außerordentliche Maßnahme oder als Ermächtigung eines Einzelnen) war seit dem Weltkrieg und auch in den 1920er-Jahren nie ganz aus dem Blickfeld geraten – in den frühen 1930er-Jahren aber wurde die diktatorische Ausnahmegewalt schrittweise zu einer programmatischen Strategie des Staatsumbaus erweitert, und dies im zunehmenden Konflikt der Reichsführung mit der Volksvertretung. Das Kabinett Heinrich Brünings und insbesondere dessen Reichsfinanzminister Hermann Dietrich legitimierte dieses Vorgehen Mitte des Jahres 1930 mit dem finanziellen Notstand, der Ermächtigungen und Maßnahmen nach dem Vorbild von 1923 erzwinge, zog aber darüber hinaus die Krise des Parlamentarismus als innenpolitisches Argument heran. Dabei blieben sie aber einem „Semiparlamentarismus“ verpflichtet, der den Reichstag als politischen Akteur erhielt. Nach der Absetzung Brünings konnte das bis dahin aufgebaute Laboratorium von Ausnahmegewalten durch neue Akteure

327 Hier war die Einflussnahme des Reichspräsidenten Hindenburg und der Reichskanzlei wesentlich, vgl. für eine Perspektive, die nah an jener der Zeitgenossen bleibt, Scheuner, Anwendung, S. 267–272.

328 Fischer, Finanzen, S. 419.

329 Popitz, Finanzen 1918–1928, bes. S. 179.

einer autoritären Überwindung der Weimarer Demokratie nutzbar gemacht werden.[330] Zeitgleich nahm die offene Politisierung der Beamtenschaft des Reichsfinanzministeriums zu. Auch hier hatten sich aber bereits im vermeintlichen Normaljahr 1926 mögliche Radikalisierungen abgezeichnet. So waren es kommunistische und völkische Abgeordnete, die sich in der Debatte um den Etat des Reichsfinanzministeriums besonders lautstark für die Stärkung der Rechte und die Verbesserung von Aufstiegsmöglichkeiten der Finanzbeamten eingesetzt hatten.[331]

[330] Hierzu Scheuner, Anwendung, S. 275–277; sowie Kap. III.3.

[331] Wilhelm Frick (VA), 187. RT-Sitzung, 26.3.1926, Sten. Ber., S. 6747; Emil Höllein und Ernst Torgler (beide KPD), 174. RT-Sitzung, 9.3.1926, Sten. Ber., S. 6108; 187. RT-Sitzung, 26.3.1926, ebd., S. 6745–6746.

III. Ausweitung der Kampfzone

III.1 Staat als Ideologie: Zur Politisierung der Beamtenschaft

Im Jahr 1929 beging das Reichsfinanzministerium sein fünfzigjähriges Bestehen als Reichsbehörde ebenso wie die zehnjährige Existenz der reichsweiten Steuerverwaltung. Dies bot Anlass zur Bilanzierung und Selbstvergewisserung. Eine offizielle Feier dieser Jubiläen aber, so ließ Rudolf Hilferding, der seit Juni 1928 erneut als Reichsfinanzminister amtierte, den Reichspräsidenten wissen, erschien angesichts der ökonomischen und politischen Situation unangemessen.[1] Auch der Staatssekretär Johannes Popitz betonte, das Ministerium werde trotz aller Gratulationen und Presseberichte lieber Zurückhaltung üben, „bis zu einer Zeit, in der die schweren Fragen, die uns heute bewegen, eine Lösung gefunden haben, die gewiß uns nicht von Sorgen befreit, aber vielleicht doch einen Schritt vorwärts bedeuten kann." Die Gegenwart des Jahres 1929 war also eine, die nach Meinung der Ressortleitung nicht gefeiert werden sollte; sie erschien vielmehr als weitere Etappe in einem fortwährenden „Leidensweg" der Beamtenschaft.[2]

Auffällig war der bellizistische Tenor, mit dem die zeitgenössische Situation beschrieben wurde. Popitz zeichnete die Geschichte des Ressorts als dauernden „Kampf und Widerstand gegen widriges Geschick" und als Dienst an einem Staat, welcher der „Gefahr der Vernichtung" ausgesetzt sei.[3] Der ihm unterstellte Ministerialdirektor Arthur Zarden sah die Reichsfinanzverwaltung als eine „Verwaltung in Kampfstellung", die durch Arbeitsüberlastung und die Abwehrhaltung der Steuerpflichtigen herausgefordert sei.[4] Und in der *Steuer-Warte* erschienen Beiträge, welche die Beamtenschaft auf dem „Kriegspfad" sahen: gegen zahlungsunwillige Bürger, gegen die allgegenwärtige Beamtenhetze und gegen die materielle Benachteiligung des Berufsbeamtentums, das von der eigenen Führungsspitze in Berlin nicht ernst genommen werde.[5] Diese „übermenschliche" Anstrengung der Beamten wurde eingebettet in den

[1] Potzel, Geburtstagskind; Bericht des Reichsfinanzministers zum fünfzigjährigen Bestehen der obersten Finanzverwaltungsbehörde des Reichs (Reichsfinanzministerium) an den Reichspräsidenten, 28.6.1929, BArch R43 I/932, Bl. 566.

[2] Popitz, Fünfzig Jahre, S. 324; Potzel, Geburtstagskind, S. 512.

[3] Popitz, Fünfzig Jahre, S. 325; ders., Finanzen 1918–1928, S. 179. Zum „Bellizismus" in der Weimarer Kultur Bergien, Republik, S. 33–42; mit Blick auf längere Linien Kroener, Kampf.

[4] Zarden, Zehn Jahre, S. 282. Mit anderen inhaltlichen Schwerpunkten, aber ähnlich „kämpferischer" Wortwahl auch Schapp, Wirtschaftsreform, S. 202; Buhl, Koalitionsfreiheit, S. 106.

[5] Hierzu Eggers, Sturmlauf, S. 405–406; N.N., Hauptbetriebsrat; N.N., Rechnungshof; N.N., Krieg; N.N., Siebenter Bundestag, S. 472; N.N., Etappe; Chill, Berufsbeamtentum; N.N., Großzügig.

https://doi.org/10.1515/9783110712261-010

„Selbstbehauptungswillen eines ganzen Volkes", so in einem Beitrag Wilhelm Markulls im *Reichsverwaltungsblatt*.[6] Während innerhalb des Ministeriums also eine kritische Stimmung vorherrschte (zumal man sich weiterhin genötigt sah, die Notwendigkeit einer Reichsfinanzverwaltung zu begründen),[7] kamen positive Würdigungen von außen, vor allem von der bürgerlichen Linken. So wies der sozialdemokratische Abgeordnete Paul Hertz in einem Grußwort darauf hin, dass der „Ausnahmezustand" der vergangenen zehn Jahre endlich beendet sei und nach der Annahme des Young-Plans zur Neuregelung der Reparationszahlungen eine „stetigere Entwicklung" zu erwarten sei. Auch der Steuerrechtler Max Lion lobte im *Berliner Tageblatt* die Leistungen des Ministeriums insbesondere auf dem Gebiet des internationalen Rechts und im Rahmen der Reparationsverhandlungen sowie die Funktion der Reichsfinanzverwaltung als „Kitt" der staatlichen Einheit des Deutschen Reiches. Die *Deutsche Allgemeine Zeitung* schloss sich dieser positiven Sicht an, zumal das Ministerium sich von einer Gesetzgebungsmaschine unterdessen zu einem Ort der praktischen Arbeit gewandelt habe; doch forderte sie im Einklang mit anderen Stimmen der Zeit noch mehr „kühne" Führung durch die Ministerialbürokratie und weniger parteipolitische Kompromisse.[8]

Damit stand aber nicht nur der Erfolg des Finanzressorts, sondern das grundsätzliche Verhältnis von Beamtenschaft, Staat und Politik zur Debatte. Auch Hilferding betonte in einem Grußwort für die Jubiläums-Ausgabe der *Steuer-Warte* im Oktober 1929, die „Stellung, die die Verwaltung in der Republik innehat", dürfe „nicht ohne Rückwirkung bleiben auf die Haltung, die der einzelne Beamte zum neuen Staat einnehmen muß". Da die Reichsfinanzverwaltung die wichtigste Hoheitsverwaltung des neuen Staates sei, müssten ihre Beamten nicht nur diesen Staat „schaffen", sondern ihn in Form seiner Verfassung auch „innerlich bejahen".[9] Auch einzelne Beamte brachten die Notwendigkeit zum Ausdruck, in einer „politisch sehr bewegten Zeit" der Republik zumindest Loyalität entgegenzubringen, wenngleich kein Beamter verpflichtet werden könne, „eine Staatsform zu lieben, die er eben aus seiner politischen Weltanschauung heraus nicht lieben kann".[10] Diese politische Selbstbefragung der Weimarer Beamtenschaft verstärkte sich zu dem Zeitpunkt, als mit dem Rücktritt von Hilferding und Popitz im Dezember 1929 auch im Inneren des Ressorts ein Umbruch stattfand. Die Entmachtung von Minister und Staatssekretär war ausgelöst worden durch einen Konflikt mit

[6] Markull, 50 Jahre, S. 459.

[7] So Zarden, 10 Jahre, S. 510: „Ich stehe nicht an, mit voller Überzeugung hier zu erklären, daß ich mir eine Zukunft deutschen Staatslebens ohne eine Reichsverwaltung auf dem Gebiete der Finanzen überhaupt nicht mehr denken kann."

[8] Hertz, Grußwort; Lion, 10 Jahre; Hollaender, 10 Jahre.

[9] Hilferding, Grußwort.

[10] Buhl, Koalitionsfreiheit.

dem Reichsbankpräsidenten Hjalmar Schacht. Der Chef der Reichskanzlei, Hermann Pünder beschrieb diesen Moment in seinem Tagebuch – wohl etwas überspitzt – als entscheidende Zäsur, vergleichbar nur mit den revolutionären Tagen von 1918/19.[11] Die hinter diesem Konflikt stehenden Konstellationen sowie die Gründe für die Demissionen sind Gegenstand vielfältiger Spekulationen in der Forschungsliteratur gewesen, meist basierend auf späteren Memoiren der beteiligten Politiker.[12] Offizieller Anlass war die Weigerung Schachts, einer von Hilferding und Popitz ohne sein Wissen ausgehandelten und mit Steuervorteilen für die Zeichner verbundenen Anleihe des Bankhauses Dillon, Read & Co. zur Überbrückung eines Kassendefizits zuzustimmen. Stattdessen sollte das Reich Gehaltszahlungen sowie Steuerüberweisungen an die Länder aussetzen. Schachts Ablehnung wurde unterstützt von Parker Gilbert, der im Einklang mit der französischen Regierung und US-amerikanischen Bankhäusern in Hilferdings Plänen eine Gefährdung des Marktes für die im Young-Plan vorgesehene Reparationsanleihe sah und auf die internationalen Abmachungen sowie die Bestimmungen des deutschen Reichsbankgesetzes pochte. Der Reparationsagent bestand darauf, dass die Informationen über die Verhandlungen öffentlich gemacht und die Reichsbank in alle weiteren Entscheidungen einbezogen werde. Hilferding verweigerte sich diesen „an eine Finanzkontrolle grenzenden" Forderungen, musste aber aufgrund des nationalen und internationalen Widerstands seine Pläne aufgeben und Inlandskredite zu den Bedingungen der Reichsbank aufnehmen.[13]

Interessanter als die persönlichen Motivlagen der diversen Protagonisten, die wohl ohnehin nur begrenzt ergründet werden können, ist für diese Studie die Bedeutung, die dieser Konflikt für die öffentliche Wahrnehmung des Weimarer Staates und seiner Ministerialbürokratie hatte. Diskutiert wurde diese Episode zeitgenössisch nicht nur als finanzpolitische Niederlage der amtierenden Regierung, sondern als grundlegende „Kapitulation" der parlamentarischen Demokratie vor den Intrigen der Exekutive.[14] Von liberal- und sozialdemokratischer Seite wurde vor allem Popitz dafür verantwortlich gemacht, dass sich die Konflikte zugespitzt hatten und die von der Regierung angestrebte Lösung gescheitert war. Er habe die neutrale Institution des beam-

[11] Dokumentiert bei Schulz, Demokratie, Bd. 2, S. 465.

[12] Haungs, Reichspräsident, S. 264–267, der sich vor allem mit Popitz' Persönlichkeit beschäftigt; differenzierter Dieckmann, Popitz, S. 88–93 und 99–101; Schulz, Demokratie, Bd. 2, S. 460–466; Maurer, Reichsfinanzen, S. 95–107; Balderston, Origins, S. 271–287.

[13] Hierzu Maurer, Reichsfinanzen, S. 96–99 und 102–104; Schulz, Demokratie, Bd. 2, S. 463–464; Balderston, Origins, S. 271–287.

[14] Stolper, Kapitulation; hierzu auch Dieckmann, Popitz, S. 90; sowie Popitz' Antwort auf Stolper in: Colm/Neisser, Kapitalbildung, Bd. 2, S. 154–155.

teten Staatssekretärs der Politik ausgeliefert.[15] Daher lohnt es, einen genaueren Blick auf das gewandelte Staatsdenken von Popitz zu diesem Zeitpunkt sowie auf die Positionen seines Nachfolgers, Hans Schäffer, zu werfen. An ihren Beispielen lässt sich zeigen, wie in den späten Jahren der Republik die Frage nach dem Verhältnis des Staatsapparats zur Politik jene nach der Beziehung zur Wirtschaft zusehends überlagerte.

Kampf um Begriffe: Staatsdenken im Umbruch

Mit dem Ausscheiden von Popitz Ende des Jahres 1929 und dem darauffolgenden Amtsantritt Hans Schäffers hielten neue Staatsvorstellungen Einzug im Finanzressort. Die *Steuer-Warte* war sogar der Auffassung, dass ein Wechsel auf der Position des Staatssekretärs für das Ministerium und die ihm unterstellte Verwaltung größere Bedeutung besitze als ein Ministerwechsel, zumal erstmals ein „Außenseiter" diese Aufgabe übernahm.[16] Dieser Umbruch an der Spitze des Ministeriums veränderte aber auch den ehemaligen Amtsinhaber Popitz. An seinem Beispiel zeigen sich daher biografische Brücken, die aus der von der Republik enttäuschten Ministerialbürokratie in den Apparat der nationalsozialistischen Diktatur führten. Dort sollte Popitz als preußischer Finanzminister ein einflussreicher Repräsentant des „neuen" Staates werden – dies zum Teil im Widerstreit, zum Teil in enger Kooperation mit dem Reichsfinanzministerium.

Der Staat als außerwirtschaftlicher Wille: Johannes Popitz

Nach seinem Rücktritt als Staatssekretär erfand sich Popitz als kritischer Beobachter und wirtschaftsnaher Experte neu. Vermutlich war es eher diese zeitweilige Marginalisierungserfahrung im demokratischen Staat und nicht politische Naivität, die ihn dann nach 1933 den „falschen Zungenschlag der neuen Machthaber" vermeintlich überhören ließ, wie in der Forschung argumentiert worden ist.[17] In jedem Fall bewegte sich Popitz ab 1930 in einschlägigen Zirkeln, die eine fundamentale Krise der Weimarer Ordnung beschrieben und damit auch bewusst herbeischrieben. Nachdem Popitz als Ministerialbeamter jahrelang in Diensten des Weimarer Staates gestanden hatte, widmete er sich nun, häufig an der Seite seines Freundes Carl Schmitt, der umfassenden Staatskritik. Auch das

15 Hierzu Stolper, Kapitulation; Stampfer, Wie es kam; weitere Stimmen zitiert Dieckmann, Popitz, S. 89–91 und 110–111.

16 N.N., 1930 – Was soll werden; sowie N.N., Wechsel im Reichsfinanzministerium, S. 3.

17 So bei Nagel, Johannes Popitz, S. 119.

Genre großer Reformpläne, das er in seiner Amtszeit als unrealistisch zurückgewiesen hatte, entdeckte er für sich. Dabei übernahm er die eher banale Idee von Demokratie, die Schmitt vertrat, und ergänzte diese um eigene Überlegungen zur Gestaltung staatlicher Willensbildung im modernen Wohlfahrts- und Wirtschaftsstaat.

Popitz thematisierte vor allem die mangelnde Leistungsfähigkeit des gegenwärtigen Staates, und dies insbesondere am Beispiel der fiskalischen Machtverhältnisse zwischen Reich, Ländern und Gemeinden. Das eher spröde Thema des Finanzausgleichs nutzte er wiederholt, um zu erklären, dass die Zersplitterung der Machtverhältnisse im gegenwärtigen Staat demokratischen Prinzipien widerspreche. Im *aliquod monstrum* der Weimarer Republik herrsche eine unheilvolle „Polykratie", die klare Führung und wirkliche Demokratie verhindere.[18] Eben diese Polykratie-Diagnose zitierte Schmitt, der zeitgleich als Gutachter für das Reichsfinanzministerium tätig war, kurz darauf in der erweiterten Fassung seiner Studie über den *Hüter der Verfassung* von 1931. Auch die Warnungen vor der Expansion der Staatstätigkeit ins Ökonomische und der darin erkennbaren „Entwicklung zum Versorgungsstaat schlechthin" übernahm er von Popitz.[19]

Anders als Schmitt blieb Popitz aber auch nach 1930 dem liberalen Gedanken der Differenz von Staat und Wirtschaft verpflichtet und betonte ihn sogar stärker als zuvor. Zwar konnte der „außerwirtschaftliche Wille" des modernen Staates seines Erachtens dazu dienen, die private Wirtschaft zu fördern.[20] Der „regulierende Mechanismus unseres Wirtschaftssystems", also der Mechanismus des Marktes, sei aber nicht auf die Regierungspraxis des Staates übertragbar. Die Basis des Staates bilde dessen Befugnis zur „Machtäußerung", also das Herrschaftsmonopol, „diese Form des Tätigwerdens ist ihm begriffswesentlich". In der Wirtschaft hingegen entstehe Macht allein durch die Marktlage, die auf gleichen Zugangschancen und nicht auf irgendeiner Befehlsgewalt beruhe.[21] Während der Markt damit weiterhin auf dem Prinzip der Freiheit basieren sollte, schlug Popitz für den Staat einen autoritären Umbau vor, da er den fragilen Zustand der Weimarer Republik auf den Parlamentarismus, das Nebeneinander

[18] Popitz, Finanzausgleich (1930), S. 6; ders., Finanzpolitische Aufgaben, Sp. 16–17. *Aliquod monstrum* war eine auf den Natur- und Völkerrechtler Samuel Pufendorf verweisende Formulierung, die Popitz Ende 1938 wieder aufgriff, um die polykratische Zersplitterung des NS-Staates zu kritisieren, vgl. Tielke, Dunkelmann, S. 492. Hierzu und zum Folgenden auch Middendorf, Wille.

[19] Schmitt, Hüter, S. 80, 91–94 und 115–131. Zu Schmitts Gutachtertätigkeit auch Mehring, Aufstieg, S. 253 und 281–282; Schmitt, Tagebücher 1930–1934, Einträge vom 30.1.1930, S. 11, und 22.2.1930, S. 23; Pyta/Seiberth, Staatskrise, Teil 1, S. 429.

[20] Popitz, Kapitalbildung, S. 268; ders., Kapitalwirtschaft, S. 243 und 245; ders. Finanzausgleich (1930), S. 6.

[21] Popitz, Kapitalbildung, hier S. 253–256 und 268.

von Kommunen und Sozialversicherungsträgern sowie die Kompetenzkonflikte zwischen Reich und Ländern zurückführte. Um solche Reibungen auszuschalten, müsse eine einheitliche Willensbildung im Staate angestrebt werden, also die Überwindung des „Elends deutscher Libertät".[22]

Die Gewalt der Vielen (dazu zählte Popitz „das Reich, die 17 Länder, 65000 Gemeinden und Gemeindeverbände, die Sozialversicherungsträger – [...] 7427 Krankenkassen, 106 Berufsgenossenschaften, 35 Invalidenversicherungsanstalten, die Reichsversicherungsanstalt für Angestellte, die knappschaftliche Pensionsversicherung und die Anstalt für Arbeitsvermittlung und Arbeitslosenversicherung") sollte durch eine „zwar mannigfach gegliederte, aber in der Entscheidung über das für unser Schicksal Wesentliche geschlossene Staatspersönlichkeit" ersetzt werden. Erst diese Zusammenführung in einer Hand schaffe eine wirkliche „Regierung" und lasse den „einheitlichen homogenen Demos als Willensträger" zu seinem Recht kommen.[23] De facto meinte Popitz damit die Einschränkung oder Abschaffung der parlamentarischen Rechte, zumindest auf Länderebene, die Durchsetzung einer verbindlichen reichsweiten Finanzstatistik und eine „Selbstverwaltung", die den Gemeinden finanzielle Verantwortung überließ, aber die eigentliche Entscheidungsmacht beim Reich beließ. Damit sollte die „politisch beeinflußte Zuweisung" von Mitteln überwunden werden, die Popitz insbesondere auf der Länderebene und in den davon geprägten Aufsichtsstrukturen im Bereich der Sozialpolitik vermutete. Dort sei die staatliche Bürokratie besonders stark von „parteipolitischen Schlacken" verunreinigt; parlamentarische und sonstige Beeinflussungen verhinderten „objektive Ermessensentscheidungen".[24] Die Forderung, staatliche Strukturen in einem solchen Sinne zu entpolitisieren, begründete Popitz (im Unterschied zu seinem Nachfolger Schäffer) vor allem mit dem Versagen des bestehenden Staates. Diesem sei es nicht gelungen, das Berufsethos des Beamtentums zu bewahren, weil er „seine gegenüber den Beamten erhöhten Machtmittel nicht auch zum Schutz vor jener Versuchung angewendet hat, daß parteimäßige Selbstvinkulierung ein besseres Mittel zum Aufstieg sei als Hingabe an den Staat und fachliche Leistung".[25]

Indem der konkrete Staat in seinem Pluralismus kritisiert wurde, ließ sich der abstrakte Staat zum übergeordneten „Träger einer Idee" verklären, „der Idee, die im ‚Wir' in der durch Ethos und Kratos zusammengehaltenen Gemeinschaft ein höheres Gut sieht, als im ‚Ich', im Wohl des Individuums." Nur eine solche kollektive Idee bewahre den Staat davor, durch den Wandel zum Wirtschaftsstaat die ihm „begriffswesentliche Sphäre" zu verlassen. Interessenten könnten sich

[22] Popitz, Finanzausgleich (1930), S. 47.

[23] Popitz, Finanzpolitische Aufgaben, Sp. 16–17; ders., Finanzausgleich (1930), S. 6–8.

[24] Popitz, Finanzausgleich (1930), S. 8–9, 41–44.

[25] Popitz, Eugen Schiffer, S. 620.

seiner zwar bedienen, „um die Wirtschaft in ihrer überkommenen kapitalistischen Form zu erhalten oder um sie in eine gemeinwirtschaftlich gebundene, ja kommunistische Ordnung zu überführen." Weder Kapitalismus noch Kommunismus aber könnten den Staat jemals in seiner Gänze erfassen. Dieser sei stets mehr als nur der „Garant einer bestimmten Ordnung des wirtschaftlichen Zusammenlebens", nämlich „in letzter Linie Garant des Zusammenlebens der Menschen, der Volksgemeinschaft schlechthin". Er stelle „das Volk im Zustande politischer Einheit, nicht in einem bestimmten volkswirtschaftlichen Zustande" dar. Das Kapital, für dessen Bewirtschaftung der Staat zuständig sei, bestehe in der „Gesinnung aller Volksgenossen", sei also „kein volkswirtschaftlicher Begriff", sondern ein „Gut weit höherer Ordnung". Um diese Zusammenhänge zu verstehen, reiche die Volkswirtschaftslehre als „Lehre vom Marktmechanismus der kapitalistischen Wirtschaft" nicht aus, vielmehr brauche es eine neue „Theorie vom Staat in seinem Verhältnis zur Wirtschaft", die vom Staatswesen „als einem grundsätzlich außerwirtschaftlichen, anderen geistigen Zusammenhängen begrifflich entstammenden Gebilde" ausgehe.[26]

Im Auftrag der wirtschaftsnahen Studiengesellschaft für den Finanzausgleich (zu der neben anderen der ehemalige Finanzsstaatssekretär Siegfried Graf von Roedern, der Preiskommissar Carl Goerdeler, der einflussreiche Industrielle Paul Silverberg und der liberale Ökonom und Politiker Gustav Stolper gehörten) legte Popitz dann 1932 ein vielbeachtetes Gutachten über die Reform der finanziellen Beziehungen zwischen Reich, Ländern und Gemeinden vor.[27] Darin betonte er die eigenständige Rolle der Gemeinden als „eigentliche Partner" des Zentralstaates, die eine aus dem Volk begründete Gemeinschaft verkörperten. Nur die Gemeinden sicherten, so Popitz, die „lebendige Wechselbeziehung zu denen, um derentwillen der Staat als Zustand politischer Einheit eines Volkes besteht." Diese unmittelbare Verwurzelung im „festen Boden" des Volkes bilde die eigentliche Basis des staatlichen „Willens zur Tat". Die Länder, insbesondere das sozialdemokratisch regierte Preußen, wurden damit zu Instanzen von nachrangiger Bedeutung erklärt.[28] Die Aufwertung der untersten Verwaltungsebene stellte Popitz – anders als Hugo Preuß in den ersten Jahren der Weimarer Republik – aber nicht in den Dienst einer politischen Autonomie der Gemeinden, sondern sah darin nur das Fundament eines streng einheitlich geformten Zentralstaats. Nachdem er selbst nicht mehr in einer obersten Reichbehörde tätig war, votierte Popitz also nun für eine Ordnung, in der zwar

[26] Popitz, Kapitalwirtschaft, S. 261–262; ders., Kapitalbildung, S. 258–260.

[27] Popitz, Gutachten Finanzausgleich (1932). Hierzu die Unterlagen der Studiengesellschaft für den Finanzausgleich in BArch N1262/25 und N1262/108. Zum Kontext außerdem Kim, Industrie, S. 55–59.

[28] Popitz, Gutachten Finanzausgleich (1932), S. 331, 333 und 339.

die Staatsbehauptung – das „Gouvernieren“[29] – an das Reich gebunden blieb, die kommunalen Institutionen aber innerhalb dieses Rahmens an Bedeutung gewannen, weil sie eine Form unmittelbarer Willensbildung im Staatswesen verkörperten. Damit zielte Popitz‘ Argumentation zugleich auf die Ausschaltung wesentlicher Institutionen der Weimarer Verfassung: der Länder sowie direkt gewählter Volksvertretungen.

Albert Hensel interpretierte dieses Gutachten als eine beängstigende „Umwertung aller Werte“ in Popitz‘ Denken, und sein ehemaliger Mitarbeiter Wilhelm Markull fragte in einer Rezension, „warum denn nun mit einem Male alles, aber auch gleich alles falsch sein“ solle, was seit 1919 auf diesem Gebiet unter Popitz eigener Zuständigkeit vertreten worden sei. Insbesondere irritierte Markull, dass Popitz den „Primat des Reichs“ aufgab und stattdessen der kommunalen Selbstverwaltung hervorgehobene Bedeutung zumaß, zudem als „geborener Führer“ plötzlich alle Hindernisse, die bisher solchen Plänen entgegenstanden, ausblende und auf eine Zwangsherrschaft abziele.[30] Auch sein Amtsnachfolger Schäffer reagierte im Oktober 1932 erschüttert auf Popitz‘ Visionen von der „Auslöschung“ der Länder, die er zu Recht als Vorboten jener autoritären Diktatur ansah, die dann ab 1933 unter Mithilfe von Popitz aufgebaut wurde. Schließlich äußerte auch der Reichssparkommissar Saemisch Vorbehalte gegen die von den Kreisen um Popitz verfolgten Absichten, denen er ebenfalls, jenseits der engeren Thematik des Finanzausgleichs, weitergehende politische Ziele unterstellte.[31]

Das Desinteresse der in Berlin „für den Staat Verantwortlichen“ an seinen Vorschlägen kränkte Popitz. Dies zeigten private Aussagen gegenüber Schmitt, aber auch öffentliche Stellungnahmen, in denen er der Reichsregierung und der Bürokratie die Politisierung dieser Themen vorwarf, für sich selbst hingegen Sachlichkeit in Anspruch nahm.[32] Sein Ton wurde schärfer. Das Problem des Finanzausgleichs bezeichnete er als Ausdruck eines beständigen Kampfes um „Selbstbehauptung“ im Inneren des Staates; die Erneuerung des „deutschen Volkskörpers“ durch die Reform des Finanzausgleichs sei eine Schicksalsfrage. Hier ging es darum, das konkrete Staatsgefüge umzubilden, zugleich aber

[29] Zu diesem Begriff Popitz, Zentralismus, S. 353.

[30] Hensel, Popitz-Gutachten, Sp. 594; Markull, Finanzausgleich, S. 66–67.

[31] Hierzu der anonym erschienene Artikel „Reichsminister Popitz“ in: Vossische Zeitung, 31.10.1932 (Abendausgabe), S. 1–2; Tagebuch Hans Schäffer, 13.1.1932, IfZ ED 93–17, Bl. 70; 10.2.1932, IfZ ED 93–18, Bl. 36. Mit dem preußischen Gemeindefinanzgesetz vom Dezember 1933 und daran anschließenden Maßnahmen sollte Popitz seine Ideen dann im Kontext des nationalsozialistischen Führerstaates durchsetzen. Hierzu auch Matzerath, Nationalsozialismus, S. 107–132; Voigt, Auswirkungen, S. 108–109; Bentin, Theorie, S. 22.

[32] Popitz, Vortrag Finanzausgleich (1932), S. 7; Schmitt, Tagebücher 1930–1934, Einträge vom 28.7.1931, S. 127, und vom 15.9.1931, S. 136; sowie Pyta/Seiberth, Staatskrise, Teil 1, S. 431.

eine abstrakte Staatsidee zu totalisieren. Dies war keine rückwärtsgewandte, „preußisch-idealistische“ Gesinnung, kein Zurück zu früheren Zuständen. Sein Lob der Unmittelbarkeit und der „urgewachsenen Träger“ der Staatsgewalt in den Gemeinden verband Popitz vielmehr mit dem Anspruch auf Modernität. Die historisch gewordene, „barocke“ (soll heißen: pluralistische) Bauweise des Zentralstaates konnte als eine Art Giebelschmuck zwar an der Oberfläche bestehen bleiben, sollte jedoch im Gebäudeinneren durch einen organischen „Funktionalzusammenhang“ als Bauplan ersetzt werden, dem sich alle Beteiligten unbedingt zu fügen hatten.[33]

So vertrat Popitz einen Dezisionismus, der auf autoritäre Maßnahmen eines „mutigen Baumeisters“ statt auf parlamentarische Diskussionen setzte. Wie Schmitt verstand auch Popitz seine Vorschläge als Rückkehr zu einer „wahren Demokratie“. Handeln statt Verhandeln war für beide das Gebot der Stunde.[34] Hatte der junge Popitz um 1919/20 den Staat als ein Gebäude begriffen, das noch im Entstehen begriffen war und dessen Ausbau die vorhandene Ministerialbürokratie aktiv mitzugestalten habe, so verlagerte er seine Staatsvorstellung nun auf ein abstraktes Wesen außerhalb der gegebenen Strukturen. Zugleich betonte er, dass Herrschaftsverhältnisse direkt sein müssten. Bis zu seinem Rücktritt als Staatssekretär hatte Popitz dem Weimarer Parlamentarismus noch die Fähigkeit zur Gesundung zugetraut, nun sprach er unter Anrufung des Freiherrn vom Stein von der grundsätzlichen Aushebelung der Idee des Staates durch die liberale Fiktion der „Kopfzahldemokratie“ und forderte stattdessen die „Volksgemeinschaft“, geführt von einer Gesinnungselite entschlossener Männer. Das parlamentarisch-demokratische Prinzip sei bankrott, ein Ausdruck „mißverstandener – und bereits überalterter – Anschauungen vom Staatsleben“.[35]

Auf der Basis solcher Ideen trat Popitz im Oktober 1932 dann als Reichsminister ohne Geschäftsbereich in die Regierung Franz von Papens ein, übernahm danach das Reichskommissariat für das preußische Finanzministerium und wurde im April 1933 Finanzminister in Preußen. Die Machtübernahme Adolf Hitlers und den damit verbundenen „revolutionären Umschwung“ bezeichnete er zu diesem Zeitpunkt als notwendige Überwindung des polykratischen Chaos der Weimarer Republik, das von „staatsfremden Kräften“ beherrscht werde. Hier erkannte er zugleich eine persönliche Chance, denn er war überzeugt, dass der autoritäre Führerstaat eine „auf Verantwortungsbewußtsein und Wissen gegründete, mit dem Volk verbundene und ihm dienende Herrenschicht“ be-

33 Popitz, Vortrag Finanzausgleich (1932), S. 8, 11 und 20; Bentin, Theorie, S. 22–23.

34 Zu diesem Konzept bei Schmitt und anderen McElligott, Paradigm, S. 94–95. Zitate bei Popitz, Finanzausgleich (1930), S. 8; ders., Finanzpolitische Aufgaben, Sp. 16; ders., Vortrag Finanzausgleich (1932), S. 21; für gegenseitige Bezugnahmen ders., Hüter.

35 Popitz, Eugen Schiffer, S. 621–622; ders., Kanzler.

nötige.[36] Schon in den Monaten zuvor hatte Popitz gegenüber der Republik eine explizite Kampfstellung eingenommen, von „Kampfverhältnissen", ja einem „Kriegszustand" zwischen der privaten Wirtschaft und den „durchpolitisierten" Strukturen auf Länder- und Gemeindeebene gesprochen.[37]

Arkane Aushandlungen

So unterschiedliche Figuren wie Popitz, Schäffer, der Bankenkommissar Friedrich Ernst, Hilferding, Saemisch und der aufstrebende Ökonom Gerhard Colm trafen sich um 1930 in der Friedrich-List-Gesellschaft. Dort wurde trotz der sehr unterschiedlichen politischen Standpunkte die existenzielle Empfindung einer „Zeitenwende" geteilt.[38] Die verbreitete Wahrnehmung, das Reich befinde sich in einer schicksalhaften Krise, bot Anlass, um gemeinsam nach Lösungen zu suchen. Diese Suche war von der Haltung getragen, politische Konfliktlagen zu versachlichen, dafür aber notfalls auch „diktatorische" Strategien einzusetzen.[39] De facto stand die Friedrich-List-Gesellschaft den Banken und der Industrie näher als den politischen Parteien. Ihre seit 1927 veranstalteten Konferenzen widmeten sich tagesaktuellen Problemen der Wirtschafts- und Finanzpolitik, etwa den Reparationen und der steuerlichen Kapitalbildung. Angeregt durch Saemisch und den Ökonomen Edgar Salin wurde aber auch eine grundsätzlichere Standortbestimmung zum Thema „Staat und Volkswirtschaft" versucht. Der Plan scheiterte an politischen Bedenken. Ebenso erging es der von Hans Luther im selben Jahr eingebrachten Idee, eine Konferenz über die Rolle des Nationalsozialismus abzuhalten, eingebettet in Diskussionen über die „Gestaltwandlungen des kapitalistischen Wirtschaftssystems" oder die „Krisis des Parteienstaates".[40]

Um 1931 widmete die Gesellschaft sich der Bedeutung der Notenbankpolitik für die wirtschaftliche Entwicklung. Den Anstoß hierzu gaben Luther, Schäffer und der Staatssekretär im Reichswirtschaftsministerium, Ernst Trendelenburg. Konkret ging es dabei um die „Möglichkeit und Folgen einer Kreditausweitung",

[36] So in einem Vortrag vor der Mittwochs-Gesellschaft in Berlin, 26.4.1933, zit. nach Bundesministerium der Finanzen, Amt und Verantwortung, S. 57–58. In der Phase des Übergangs zum nationalsozialistischen Regime, als er bereits neuerlich ein Staatsamt innehatte, verhielt sich Popitz gegenüber Schmitt, der zu diesem Zeitpunkt in der Kritik stand, zeitweilig eher ambivalent, vgl. die Einträge in: Schmitt, Tagebücher 1930–1934, vom 8.11.1932, S. 232; 29.1.1933, S. 257, sowie 6.3.1933, S. 267, sowie Schmitts Erinnerung an den 30.1.1933, ebd., Anhang S. 482.

[37] Popitz, Vortrag Finanzausgleich (1932), S. 7 und 14.

[38] Hierzu auch Salin, Wandlungen, bes. S. 3.

[39] Colm, Wege.

[40] Hierzu die Schilderungen bei Brügelmann, Ökonomie, S. 119–131.

wie sie der Plan vorsah, den Wilhelm Lautenbach aus dem Reichswirtschaftsministerium vorgelegt hatte. In diese Debatte brachte sich Popitz' Amtsnachfolger Schäffer besonders engagiert ein. Der Idee einer aktiven Krisenbekämpfung durch Kreditausweitung stand Schäffer zwar prinzipiell offen gegenüber, wegen der möglichen inflatorischen Wirkung und der Kritik einer liberalen Öffentlichkeit an solchen Maßnahmen lehnte er diesen Schritt aber letztlich ab.[41] Die entsprechenden Diskussionen verliefen unter größter Geheimhaltung, denn offenbar ging die Spitze der Gesellschaft davon aus, dass nicht nur die Reichsregierung in Berlin „noch nicht ahnt, daß alle diese Dinge heute nur das Vorspiel zu sehr viel größeren Entscheidungen" darstellten, sondern dass auch das nationale wie internationale Publikum im Nichtwissen besser aufgehoben war.[42] Zudem drängt sich der Eindruck auf, dass die Konferenz seitens der Reichsbankvertreter und Schäffers von Beginn an darauf angelegt war, gar kein konkretes Ergebnis zu zeitigen und so die entsprechenden Vorschläge als nicht machbar darzustellen.[43] Dies erklärt sich auch daraus, dass Pläne für eine Abkehr von der Deflationspolitik (dazu zählte auch der Plan, den der Präsident des Statistischen Reichsamtes, Ernst Wagemann, Anfang 1932 vorlegte) seit dem wenig erfolgreichen Steuersenkungs- und Arbeitsbeschaffungsprogramm Peter Reinholds den Geschmack des Gescheiterten besaßen; mit dem Aufstieg der Nationalsozialisten, die ähnliche Ansätze vertraten, hatten sie zudem den Ruch des Radikalen angenommen. Vielfach waren diese konjunkturpolitischen Vorstellungen mit nationalistischen Ideen verkoppelt, und ihre Vertreter forderten den Rückzug des Reiches aus der weltwirtschaftlichen Integration.[44]

Obwohl Schäffer und als sein engster Mitarbeiter auch Schwerin von Krosigk an den Geheimverhandlungen beteiligt waren, blieb das Reichsfinanzministerium in diesem Kontext ein eher unauffälliger Akteur. Die Vordenker solcher Konzepte waren eher dem Reichswirtschaftsministerium und dem Statistischen Reichsamt verbunden.[45] Dies lag wohl auch daran, dass – wie Schäffer es gegenüber Luther formulierte – die Beamten des Finanzressorts prinzipiell zögerten, „sich mit den Sachverständigen, in denen sie immer Interessenten wittern, zu

[41] Borchardt/Schötz, Wirtschaftspolitik; zu Lautenbach auch Tooze, Statistics, S. 170; sowie Schäffers Bemerkungen gegenüber Moritz Julius Bonn, zit. bei Borchardt/Schötz, Wirtschaftspolitik, S. 50, vgl. auch ebd., S. 17–18 und zur Rolle Schäffers S. 28–35.

[42] Edgar Salin in einem Brief an Bernhard Harms, 4.11.1930, zit. nach Brügelmann, Ökonomie, S. 127. Zur Geheimhaltungspolitik in diesen Angelegenheiten Tooze, Statistics, S. 171.

[43] Hierzu Brügelmann, Ökonomie, S. 139; Borchardt, Einleitung, S. 46; Schäffers Überlegungen zur strategischen Ergebnislosigkeit von Sitzungen in seinem „Vademecum für Staatssekretäre und solche, die es werden wollen", IfZ ED 93-32, Bl. 221.

[44] Morsey, Kritik; für die Rolle der „Studiengesellschaft für Geld- und Kreditwirtschaft" Ritschl, NS-Wirtschaftsideologie, S. 64–65; außerdem Regul, Wagemann-Plan.

[45] Hierzu Müller, Wirtschaftspolitik; ders., Demokratie; ders., Geburt.

unterhalten."[46] Anders als man mit Blick auf Forschungsdebatten um die Verwissenschaftlichung des Regierens vermuten könnte, war die systematische Beteiligung von Experten an der Formulierung von Entscheidungsprogrammen im Finanzressort nur wenig verbreitet.[47]

Die Expertenzirkel, die sich um die Friedrich-List-Gesellschaft gruppierten, und die Konfliktlinien, die hinter ihren fachspezifischen Tagungsthemen erkennbar wurden, zeigen stattdessen exemplarisch, wie umstritten der Weimarer Staat auch unter jenen blieb, die für ihn Verantwortung trugen und tragen wollten. Dabei waren auch die Standpunkte, welche die Repräsentanten des Reichsfinanzministeriums einnahmen, keineswegs einheitlich, und bereits Nuancen konnten erhebliche Unterschiede für die daraus folgenden politischen Optionen machen. Die jeweilige Position der Protagonisten in den finanzpolitischen Auseinandersetzungen (etwa in der Frage der Kreditschöpfung) deckte sich auch nicht notwendig mit einer bestimmten Haltung zur Weimarer Ordnung, da die politische Systemfrage – also die Frage von Diktatur oder Demokratie – hier nachrangig erschien gegenüber der Frage, wie überhaupt die nationalstaatliche Autorität im Kontext internationaler Finanzbeziehungen gesichert werden konnte. Die Ablehnung einer expansiven Kreditpolitik musste also nicht notwendig mit antidemokratischen Neigungen oder einer gezielten Preisgabe der Weimarer Republik verkoppelt sein, wie es mit Blick auf die Rolle Brünings wiederholt behauptet worden ist. Das beste Beispiel dafür, dass die Motivlagen der Protagonisten vielschichtig und die Folgen ihrer Handlungen oft schwer berechenbar waren, war der Nachfolger von Popitz im Amt des Staatssekretärs, Hans Schäffer.[48]

Der Staat als Schuldner: Hans Schäffer (1886–1967)

Hans Schäffer, zu diesem Zeitpunkt knapp 44 Jahre alt, kam im Dezember 1929 aus dem Reichswirtschaftsministerium in das Finanzressort und hatte neben Rechtswissenschaften auch Geschichte und Volkswirtschaft studiert, dabei unter anderem Vorlesungen von Werner Sombart und Adolf Weber gehört. Bevor er die Beamtenlaufbahn einschlug, hatte er eine Zeitlang in Breslau als Rechtsanwalt praktiziert und dann am Ersten Weltkrieg teilgenommen. Mitten in den Wirren der Revolution war er im Dezember 1918 als wissenschaftlicher

46 Tagebuch Hans Schäffer, 30.4.1932, IfZ ED 93–20, Bl. 96.

47 Einschlägig Raphael, Verwissenschaftlichung; sowie die Beiträge in Brückweh et al., Society.

48 Hierzu und zum Folgenden Middendorf, Fundamente; dies., Hans Schäffer; als Überblick zur Borchardt-Kontroverse Ritschl, Interpretation; neuerdings Köppen, Krankheit; Borchardt, Alternative; Köppen, Verweigerung.

Hilfsarbeiter in das Reichswirtschaftsamt eingetreten.[49] In das Finanzressort kam er dann als starker Mann des Reichswirtschaftsministeriums im Moment einer dramatischen Kassenkrise und einer innen- wie außenpolitischen Bewährungsprobe nach den Kämpfen um die Ratifizierung des Young-Plans. Diese konkreten Herausforderungen bildeten die Eckpunkte seines Handelns als Staatssekretär. Ökonomische Krisenerscheinungen, also konjunkturelle Schwankungen, hielt Schäffer hingegen für eine Normalität im „Rhythmus der kapitalistischen Wirtschaftsordnung“.[50]

Für das Wesen des Staates interessierte sich Schäffer kaum, zumindest nicht auf einer grundsätzlichen Ebene. Dies unterschied ihn von anderen einflussreichen Ministerialbeamten wie Popitz oder Brecht.[51] Vielmehr notierte er im Mai 1932 konsterniert, dass „die Frage, ob der Staat so bleiben soll oder nicht, immer noch als eine Frage gilt“ und dass nur aufgrund dieser permanenten Infragestellung eine „staatserhaltende“ Stellungnahme schon als politische Positionierung gewertet werde.[52] Für Schäffer war Staatlichkeit keine politische Idee, sondern ein Effekt des verfügbaren Kapitals. Wohl nicht zufällig bedauerten gerade die Vertreter der Reichsbank Mitte 1932 den Rücktritt Schäffers: Während Popitz stets vorrangig die „politischen Notwendigkeiten“ betont habe, habe Schäffer diese zugunsten des ökonomischen „Verstandes“ bekämpft und im Zweifel auch seine Minister gezwungen, dieses Vernunftprinzip gegen die Parteien durchzusetzen.[53] Noch bevor er vom kurzzeitigen Reichsfinanzminister Paul Moldenhauer (DVP) zum Staatssekretär ernannt wurde, hatte sich Schäffer im Dezember 1929 Gedanken über die unmittelbaren Prioritäten der Finanzpolitik gemacht.[54] Im Unterschied zu Popitz teilte er sich jedoch nicht in einer Vielzahl von intellektuellen und wissenschaftlichen Beiträgen mit; er sah sich nicht als Denker, sondern als Praktiker und als Netzwerker im nationalen wie im internationalen Kontext. Davon geben seine Tagebücher beredt Ausdruck. Er verfasste nur wenige eigene Publikationen, seine Vorträge hatten einen eher deskriptiven Charakter. Zeitungsbeiträge veröffentlichte er allenfalls anonym, eine ihm angebotene Professur lehnte er 1927 ab.[55]

Im gleichen Jahr legte er jedoch dem Reichskabinett eine Denkschrift vor, in der er ähnlich wie der Reparationsagent Parker Gilbert und Reichsbank-

[49] Wandel, Schäffer, S. 20–25.

[50] Vermerk über ein Gespräch mit Luther und Dreyse, 12.9.1930, IfZ ED 93–29, Bl. 200.

[51] Hierzu seine abfällige Bemerkung über Brechts „endlose Rederei“ im Reichsrat, Tagebuch 20.11.1930, IfZ ED 93–9, Bl. 143.

[52] Tagebuch Hans Schäffer, 14.5.1932, IfZ ED 93–20, Bl. 110.

[53] So Reichsbankvizepräsident Dreyse, Tagebuch Hans Schäffer, 2.5.1932, IfZ ED 93–20, Bl. 97.

[54] Hierzu Wandel, Schäffer, S. 133; Tagebuch Hans Schäffer, 22.12.1929, IfZ ED 93–7, Bl. 179.

[55] Wandel, Schäffer, S. 94–96; zu den Vorträgen etwa seinen Auftritt bei der 9. Fachwissenschaftlichen Woche, in: Steuer-Warte 10 (1931), 6, S. 122–123; sowie Schäffer, Problematik.

präsident Schacht die Ausgabengebarung des Reiches und die intransparente Haushaltsgestaltung kritisierte. Damit rückte er in der politischen Auseinandersetzung auf die Seite jener, die eher Gläubigerinteressen und internationale Wirtschaftsbeziehungen berücksichtigten als „Volksinteressen".[56] Das Bewusstsein für weltwirtschaftliche und völkerrechtliche Bedingungen der deutschen Politik teilte er mit Dorn, zu dem er schon vor seinem Wechsel ins Finanzressort engen Kontakt hielt und den er zunächst als Nachfolger von Popitz ins Spiel gebracht hatte. Im Konflikt zwischen dem Reichsfinanzministerium und dem Reichsbankpräsidenten agierte Schäffer 1929 aus dem Reichswirtschaftsministerium heraus als „Schaltzentrale" und forderte (zum Teil auf der Basis von Rücksprachen mit Bankiers wie Max Warburg) die Ministerialen auf, mit Schacht beziehungsweise der Reichsbank zu kooperieren – eine Strategie, der sich Reichsfinanzminister Hilferding verweigerte, der stattdessen eine Unterordnung der Reichsbank erreichen wollte.[57] Schäffer hingegen setzte nach seinem Amtsantritt sofort auf informelle Gespräche mit der Reichsbankführung, an denen Schwerin von Krosigk als sein engster Mitarbeiter teilnahm, und auf seine guten Kontakte zum Reichsbankvizepräsidenten Friedrich Wilhelm Dreyse.[58] Julius Curtius bezeichnete Schäffer kurz vor seinem Wechsel ins Reichsfinanzministerium noch als den „einzigen Kapitalisten" im Wirtschaftsressort.[59]

Probleme der Haushaltsplanung betrachtete Schäffer primär unter dem Aspekt der äußeren Kreditwürdigkeit und Zahlungsfähigkeit des Reichs. Mit anderen Ministerialbeamten und Experten wie Dorn und Neumark, dessen Buch über den Reichshaushaltsplan Schäffer noch am Tag seiner Ernennung las, verband ihn die technokratische Sicht auf Entscheidungsfindungen im Reichstag. Parlamentarische Beratung sollte vor allem die staatliche Kreditpolitik und die Haushaltssanierung nicht behindern. Insofern begrüßte er auch die von Dorns Gutachten für den Deutschen Juristentag aus dem Jahr 1928 vorbereitete und von Brüning im Februar 1931 durchgesetzte Reform der Geschäftsordnung des Reichstags, welche die parlamentarische Ausgabeninitiative regulierte. In einem Gespräch mit Dreyse wies er darauf hin, welche „Verbesserung" diese Reform darstelle, weil die Regierungsparteien von „agitatorischen Oppositionsanträgen" befreit würden und Ausgabensenkungen konsequenter als bisher umsetzen könnten. In diesem Zuge regte er

[56] Hierzu Wandel, Schäffer, S. 98.
[57] Einträge in Schäffers Tagebuch am 10.6.1929, IfZ ED 93–6, Bl. 7; am 9.12.1929, 13.12.1929 und 22.12.1929, IfZ ED 93–7, Bl. 137, 158 und 179–181; sowie am 29.12.1929, IfZ ED 93–8, Bl. 2.
[58] Wandel, Schäffer, S. 67 und 121–122; Vermerk über ein Gespräch mit Schacht am 7.1.1930, IfZ ED 93–8, Bl. 15–16. Dreyse war von 1926 bis 1939 Vizepräsident der Reichsbank, zuvor seit 1924 bereits Mitglied der Reichsbankdirektion.
[59] Tagebuch Schäffer, 22.12.1929, IfZ ED 93–7, Bl. 183.

auch an, dass die Reichsbank diese positive Entwicklung „den befreundeten Notenbanken einmal darlegen solle, damit diese auf ihren Märkten hinsichtlich des deutschen Kredits zur Beruhigung beitragen könnten."[60] Als Netzwerker mit guten Kontakten zu Banken, Unternehmen und Gewerkschaften im In- und Ausland sowie als tatkräftiger Macher wurde Schäffer zur wichtigen Stütze der Brüningschen Deflationspolitik. Die zeitweilig geplante Ernennung eines zweiten Staatssekretärs – in Aussicht genommen war dafür Arthur Zarden – wusste er durch geschicktes Agieren zu verhindern. Schwerin von Krosigk bezeichnete ihn rückblickend als „Herz und Hirn des Brüning-Kabinetts".[61] Damit zog Schäffer aber den Zorn verschiedener Kreise auf sich. Die eigene Angreifbarkeit als Jude und die Möglichkeiten, seine Personalie gegen das Finanzressort zu instrumentalisieren, waren ihm dabei stets bewusst.[62]

Eine wesentliche Wirkmacht politischer Entscheidungen sah Schäffer in der Kommunikation mit anderen Ländern beziehungsweise der Weltöffentlichkeit, die er jeweils nicht als Entitäten, sondern als Ensemble unterschiedlicher Meinungen und Bevölkerungsteile verstand. Auch die Reparationsfrage interpretierte er daher als Stellvertreterkonflikt für weitergehende Visionen in den beteiligten Staaten, insbesondere auf deutscher Seite: Die Nationalsozialisten verbänden damit die „Verwirklichung ihres Staatsideals", die Deutschnationalen den „Widerruf der Schuldlüge und die Zerstörung des Versailler Vertrags", die junge, von der Tat begeisterte Generation wolle eigentlich „eine Neuorientierung des gesamten wirtschaftlichen und politischen Systems in der Richtung auf eine Loslösung aus der Weltwirtschaft", also eine Überwindung des Kapitalismus. Die von Brüning betriebene Engführung der Regierungspolitik auf die Revision der Reparationen hielt er daher für sinnloses Symbolhandeln.[63] Zugleich war er davon überzeugt, dass der Verweis auf innenpolitische Problemlagen, etwa auf die Bedrohung des deutschen Staates durch Bolschewismus und Nationalsozialismus, bei den auswärtigen Verhandlungspartnern und Kreditgebern eher als eine Ausweichbewegung denn als wirkliches Argument gewertet werde.[64] Wenn er darauf beharrte, dass statt „rein juristischer" Auseinandersetzungen um einzelne Verfahrensweisen im Reparationstransfer

[60] Tagebuch Schäffer, 24.12.1929, ebd., Bl. 192; Vermerk über ein Gespräch mit Reichsbankvizepräsident Dreyse, 11.2.1931, IfZ ED 93-30, Bl. 47–48.

[61] Tagebuch Schäffer, 10.5.1930, IfZ ED 93-8, Bl. 150–151; Schwerin von Krosigk, zit. nach Wandel, Schäffer, S. 142.

[62] Wandel, Schäffer, S. 134; Tagebuch Schäffer, 22.12.1929, IfZ ED 93-7, Bl. 181–182; sein Brief an Paul Hertz, 22.12.1929, ebd., Bl. 185–187; sowie Tagebuch Schäffer, 18.6.1931, IfZ ED 93-11, Bl. 57, betr. Anfeindungen als „internationaler Jude"; sowie Geyer, Kapitalismus, S. 330.

[63] Aufzeichnung „Zur Reparationsfrage", 9.4.1931, IfZ ED 93-30, Bl. 107–108 und 119–120.

[64] Vermerk über eine Unterhaltung mit Henry Goldmann aus New York, 9.5.1931, ebd., Bl. 162.

oder der bloß ökonomischen Klage über die zu hohen Belastungen ein „stark politischer" Dialog geführt werden müsse, so meinte er damit den strategischen Umgang mit solchen sozialen und psychologischen Momenten internationaler Kreditbeziehungen, insbesondere mit den Kassen- und Stimmungslagen innerhalb des beteiligten Auslands.[65]

Solche auf wechselseitige Vertrauensbildung abzielenden Verhandlungen aber ließen sich eher im privaten als im parlamentarischen Raum ansiedeln. Ihren eigentlichen Ort hatten sie in persönlichen Netzwerken von Verwaltungseliten, Experten, Spitzenpolitikern und „in nicht funktioneller Stellung befindlichen" Vertrauensmännern, die sich beispielsweise um die im Mai 1930 gegründete Bank für Internationalen Zahlungsausgleich in Basel gruppierten.[66] Diese Zirkel von „Wirtschaftssachverständigen", zu denen Schäffer Reichsbankvertreter und Wissenschaftler eher zählte als die Ministerialbürokratie (und zu denen er von seinen eigenen Ministerialbeamten wiederum selbst gerechnet wurde[67]) hielt er für objektiver als Politiker und Parlamente. Sie dienten ihm als entscheidendes Korrektiv. Deren Stil des Berichtens und Kommunizierens sollte von Regierungsvertretern aufgegriffen werden. Jede Art von nationaler Symbolpolitik, etwa die wiederholte Kürzung der Beamtengehälter, hielt Schäffer hingegen für ungeeignet, da sie nicht nur die Situation der Betroffenen weiter verschlechtere, sondern auch „die Phantasie" des Auslands nicht beeindrucke. Stattdessen brauche es wirkliche Maßnahmen, beispielsweise eine umfassende Reichsreform oder die Neuregelung von Monopolen; hier würde sogar die bloße „Ankündigung [...] genügen". Auch die Brechung der „Militärdiktatur" im Haushaltswesen, welche den Wehretat seit 1928 von Kürzungen weitgehend ausnahm, zählte für Schäffer zu den notwendigen Strategien, um internationales Vertrauen aufzubauen und eine externe Finanzkontrolle zu vermeiden.[68]

Nach Schäffers Auffassung konnten Regierung und Parlament „nicht die Finanzen nach der Politik" ausrichten, sondern mussten „die Politik nach den Finanzen machen". Dies galt sowohl mit Blick auf die Außenpolitik, die

65 Aufzeichnung über ein Gespräch mit dem Minister Dietrich, Tagebuch Schäffer, 18.6.1931, IfZ ED 93-11, Bl. 56-60; Vermerk über ein Gespräch mit Shepard Morgan, 12.2.1931, IfZ ED 93-30, Bl. 54-55; Aufzeichnung „Zur Reparationsfrage", 9.4.1931, ebd., Bl. 99.

66 Bemerkungen Otto Nathans zu einer Niederschrift Hans Schäffers, 9.4.1931, IfZ ED 93-30, Bl. 134; Vermerk über eine Unterhaltung mit Henry Goldmann aus New York, 9.5.1931, ebd., Bl. 163.

67 Rede von Wilhelm Markull zur Abschiedsfeier von Schäffer, 7.6.1932, IfZ ED 93-32, Bl. 247.

68 Handschriftliche Notiz, 21.5.1931, IfZ ED 93-30, Bl. 170; Schreiben an Warburg, 17.9.1930, IfZ ED 93-29, Bl. 209; Vermerk betr. Besprechung im Bankenkuratorium, 26.11.1931, IfZ ED 93-31, Bl. 286-288; hierzu Wandel, Schäffer, S. 148-149; sowie Kap. II.3.

er im Einklang mit den Vertretern der Reichsbank aus der Perspektive des internationalen Kapitalmarktes dachte, als auch hinsichtlich der demokratischen Entscheidungsfindung. So betonte Schäffer im Juni 1931 angesichts von Bankenkrise und wachsender Kapitalflucht: „Man muß schon aus kreditpolitischen Gründen alles tun, um den Zusammentritt des Reichstags zu verhüten." Verhindere man die parlamentarische Auseinandersetzung, so könne dies auf die Kreditgeber beruhigend wirken und daher „die Beschaffung der Gelder für das Reich ohne große Schwierigkeiten" ermöglichen. Hingegen werde schon „die einfache Beschlußfassung" über die Einberufung des Reichstags „eine Unruhe auslösen, die zu weiteren Abzügen und zu Kreditrestriktionen der Reichsbank mit allen schlimmen wirtschaftlichen Folgen führen kann." Diese kapitalistische Sichtweise konnte die Dramatik politischer Ereignisse ausblenden. Im März 1932 deutete Schäffer rückblickend den Machtzuwachs der Nationalsozialisten bei den Wahlen im Herbst 1930 daher, gewissermaßen hegelianisch, als Effekt einer „inhärente[n] Vernunft in den Dingen". „Ohne die 107 Nationalsozialisten", so Schäffer gegenüber Dreyse, „hätte man wohl die Sozialdemokraten nicht zur Duldung der sachlich notwendigen Maßnahmen gebracht, die sie so geschluckt haben."[69]

Diese „sachlich notwendigen Maßnahmen" umfassten nicht zuletzt das Regieren über Notverordnungen in der Steuer- und Haushaltspolitik der Jahre 1930 bis 1932. An den Überlegungen und Diskussionen, die damit im Finanzressort verbunden waren, war Schäffer federführend beteiligt. Im Juli 1930 legte er dem Finanzminister zwei Ausarbeitungen vor, die sich mit Inhalt und Legitimität der Deckungsvorlage, die nach der Reichstagsauflösung per Notverordnung durchgesetzt werden sollte, sowie begleitender Gesetze beschäftigten.[70] Darin diskutierte Schäffer vor allem Fragen der Machbarkeit. Konfliktlagen und Widersprüche in seiner eigenen Positionierung löste er mit technokratischen Argumenten auf. So vermerkte er in seiner Vorlage: „Es mag an sich nicht dem Inhalt des Art. 48 entsprechend erscheinen, die Verordnung mit so vielen nicht unmittelbar der Etatsdeckung dienenden Vorschriften zu belasten. Je vollständiger aber die Verordnung im Sinne eines geschlossenen Finanzprogramms ist, um so geringer werden die verfassungsrechtlichen Bedenken hinsichtlich der unveränderten Wiederholung der Deckungsvorlage und die politischen Bedenken hinsichtlich der Verabschiedung der Reformgesetze auf sozialem Gebiet sein."[71]

Daher plädierte Schäffer dafür, über die eingeübte Interimspraxis der Notetats hinauszugehen und im Wege der Notverordnung einen endgültigen

[69] Aufzeichnungen über Gespräche mit Reichsbankvizepräsident Dreyse, 30.3.1932, IfZ ED 93–19, Bl. 143; 15.6.1931, IfZ ED 93–11, Bl. 42–43.

[70] Zum Kontext Wandel, Schäffer, S. 150–151.

[71] Vermerk für den Herrn Minister, 18.7.1930, IfZ ED 93–29, Bl. 104.

Etat aufzustellen, der dann notfalls später vom neuen Reichstag aufgehoben werden könne. Für diesen Weg spreche, dass sich die Parteien aufgrund der „Nachwirkung der Wahlversprechung“ nach einer Neuwahl voraussichtlich nicht zügig auf einen neuen Etat verständigen könnten. Dagegen werde ein aufgrund von Artikel 48 aufgestellter „Endetat“, bei dem das Parlament dann nur über Aufhebung oder Nichtaufhebung zu entscheiden habe, im Reichstag wohl auf weniger Schwierigkeiten stoßen. Die beschleunigte Durchsetzung der Deckungsvorlage, etwa der Ledigensteuer und der Beitragserhöhung für die Arbeitslosenversicherung, sei „unbedingt erforderlich, damit kein Etatsloch entsteht“. Dieser unmittelbare Handlungsbedarf mache es unter Umständen auch notwendig, entsprechende Durchführungsanordnungen schon vor der endgültigen Beschlussfassung des Kabinetts an die nachgeordneten Instanzen zu geben und dort die entsprechenden Vorbereitungen einzuleiten. In jedem Fall sollten solche Maßnahmen durch die Notverordnung für einige Zeit der parlamentarischen Aushandlung entzogen bleiben. Dort, wo jenseits des unmittelbaren Kassenbedarfs und der davon abhängigen Kreditwürdigkeit Spielräume für die Aushandlung sozialer Interessen bestünden (etwa in Fragen der Entlastung der Wirtschaft im Bereich der Krankenversicherung oder der Abschwächung der Darlehenspflicht des Reichs), sollten diese als „politische Frage“ von der Regierung selbst entschieden werden.[72]

Zum „Politischen“ zählte Schäffer auch die Entscheidung, ob die neue Notverordnung der zuvor im Reichstag gescheiterten Regierungsvorlage vollständig entsprechen müsse oder diese um neue Maßnahmen erweitern dürfe. Er plädierte dafür, in die Notverordnung all jene „vernünftigen Regelungen“ aufzunehmen, bei deren Aufschub die Gefahr bestand, dass diese sich nach den Neuwahlen als nicht mehr durchführbar erwiesen. Die Aufnahme weitergehender Maßnahmen im Bereich der Sozial- oder Wirtschaftsgesetzgebung lehnte Schäffer hingegen ab, weil er Unruhe in der Arbeitnehmerschaft befürchtete.[73] Erkennbar wurde hier, dass Schäffer die Bevölkerungsgruppen, die von der Sozialdemokratie vertreten wurden, nicht aus der politischen Landschaft exkludieren wollte. Daraus erklärt sich wohl, dass er gemeinhin als links galt, auch wenn er sich selbst nicht als Sozialdemokrat, sondern als „links über den Parteien“ schwebend beschrieb.[74] Grenzen des politisch Machbaren sah Schäffer außerdem dort, wo die Verfassung angetastet wurde, etwa im Bereich der verfassungsändernden Elemente des Ausgabensenkungsgesetzes, das mit der Deckungsvorlage verbunden war. Weder Verfassungsbruch noch eine Diktatur „starker Männer“ oder die „Ausschaltung des Parlaments“ wollte

[72] Ebd., Bl. 96–99.

[73] Wie sollen die neuen Notverordnungen aussehen?, 21.7.1930, IfZ ED 93–29, Bl. 105–110.

[74] Hierzu Schreiben an Warburg, 21.8.1930, IfZ ED 93–29, Bl. 133–134; Vermerk betr. Müller und Brüning, Ende April 1930, ebd., Bl. 63.

Schäffer zu einem politischen Programm erheben, zumal er in diesem Fall mit bürgerkriegsähnlichen Zuständen rechnete, wie er gegenüber Max Warburg (und damit an die Adresse der DVP gerichtet) erklärte.[75] Nach dem Aufstieg der radikalen Kräfte im Parlament im Herbst 1930 näherte sich Schäffer zwar den Gedankenspielen um die Übertragung der vollziehenden Gewalt an den Kanzler an, eine Ermächtigung militärischer Befehlshaber lehnte er hingegen weiter ab, weil dies „eine so weitgehende Annäherung an den alten Belagerungszustand" wäre, „dass sie in den Ländern alter demokratischer Denkweise, die nun einmal unsere Gläubigerländer sind, starke Beunruhigung hervorrufen" würde. Aus der Kassensicht, mit der Schäffer stets argumentierte, schien es sinnvoller, diktatorische Vollmachten im Zweifelsfall an einen dem Ausland vertrauenswürdigen Demokraten und nicht an einen unberechenbaren Autokraten zu übergeben. Kreditpolitisch „am ungünstigsten" sei, so Schäffer im Juni 1931, die Ernennung einer reinen Rechtsregierung.[76]

In seinen privaten Notizen verwies Schäffer um den Jahreswechsel 1932 kritisch darauf, dass das Interesse des Reichsfinanzministers Hermann Dietrich (DDP), der als Nachfolger Paul Moldenhauers im Juni 1930 sein Amt angetreten hatte, am Haushaltsausgleich und der Kassendeckung sank. Während Schäffer weiterhin – wenn auch mit gewissen Zweifeln – der Haushaltssanierung verpflichtet blieb und die Kreditwürdigkeit des Reiches in Gefahr sah, war Dietrichs Umdenken angetrieben davon, dass die radikale Rechte im Inneren erstarkte. Deren wachsender Einfluss war nicht zuletzt unter den Beamten der Finanzverwaltung zu beobachten. Man dürfe sich daher nicht „auf die Hoffnung versteifen [...], von außen her saniert zu werden", so Dietrich, und müsse notfalls bei Arbeitsbeschaffungsprogrammen „die Finanzierungsfrage" als nachrangig betrachten.[77] Diese Position legitimierte Dietrich mit einem „wirtschaftlichen Kriegszustand", in dem er die Deutschen sah, während Schäffer weiterhin auf die Verständigung mit internationalen Gesprächspartnern setzte.[78] Radikaler als Schäffer und ähnlich wie Popitz vertrat Dietrich die Vorstellung eines autonomen Staatswesens. Sein häufig zitierter Ausspruch aus der Debatte um die erste Notverordnung vom Juli 1930, das Parlament

[75] Vermerk für den Herrn Minister, 18.7.1930, IfZ ED 93-29, Bl. 103; Schreiben an Warburg, 21.8.1930, ebd., Bl. 133–135.

[76] Beurteilung der Kassenlage für den Rest des Monats Juni, 16.6.1931, IfZ ED 93-30, Bl. 202–203.

[77] Hierzu Borchardt/Schötz, Wirtschaftspolitik, S. 27–28; Kim, Wirtschaftspolitik, S. 71–76; Schulz, Inflationstrauma, S. 265–266; Schäffer an Krosigk, 16.12.1931, IfZ ED 93-31, Bl. 300; Tagebuch Hans Schäffer, 15.2.1932, IfZ ED 93-18, Bl. 69; sowie 16.3.1932, IfZ ED 93-19, Bl. 90; Kabinettsbesprechung betr. Reparationsfrage, 7.5.1931, AdR, Kabinette Brüning I/II, Bd. 2, Dok. Nr. 291.

[78] „Wirtschaftlicher Kriegszustand erster Ordnung". Dr. Dietrich im Rundfunk, Berliner Lokal-Anzeiger, 10.12.1931, BArch R8034 III/95, B. 29. Hierzu auch Kap. III.3.

müsse deutlich machen, „ob wir Deutschen ein Haufe von Interessenten oder ein Staatsvolk sind", und sein Konzept von „Staatspolitik" machten diese ersichtlich. In seinen Reden wurde die Frage, „ob der Staat sich behauptet", entscheidend.[79] Als politische Strategie ergab sich daraus, bei Dietrich wie bei Popitz, die zunehmende Annäherung an radikale und antirepublikanische Positionen. Trat Popitz dafür an die Seite Schmitts, so beteiligte sich Dietrich im Herbst 1930 an der Gründung der Deutschen Staatspartei, welche mit autoritären und staatsvölkischen Schlagworten um die wachsende Wählerschaft der NSDAP buhlte.[80]

Wie diffizil der Umgang mit Positionen der radikalen Rechten auch für Schäffer war, zeigte sich im Konflikt mit der Reichsschuldenverwaltung um die Kreditermächtigungen der Regierung.[81] Ausgelöst wurde diese Auseinandersetzung durch Stellungnahmen des Vizepräsidenten der Reichsschuldenverwaltung, Max Kühnemann, der zuvor Ministerialdirigent im Reichsfinanzministerium gewesen und von dort weggelobt worden war. Dieser hatte seit 1931 in verschiedenen Aufsätzen die Haushaltsaufstellung sowie die Kreditbewilligung durch Notverordnungen gemäß Artikel 48 WRV als „fehlerhaften Staatsakt" bezeichnet, der „von einem unzuständigen Organ vorgenommen und deshalb nichtig ist."[82] Kühnemann widersprach damit der herrschenden staatsrechtlichen Meinung. Das Vorgehen der Regierung Brüning hielt er für einen Akt „rein politischer Art", der mit der zuvor in vergleichbaren Krisenmomenten – etwa 1918/19 oder 1923 – geübten Praxis brach und die Budgetdiktatur um die Kreditdiktatur erweitere.[83] Eine Entscheidung über das Sanierungsprogramm der Reichsregierung obliege, so argumentierte Kühnemann, ausschließlich der gesetzgebenden Volksvertretung. Alles andere

[79] 204. RT-Sitzung, 18.7.1930, Sten. Ber., S. 6517; 54. RT-Sitzung, 14.10.1931, ebd., S. 2121. Hierzu, allerdings mit wenig Distanz gegenüber ihrem Protagonisten, die Biografie von Adelheid von Saldern, Hermann Dietrich, S. 102–108.

[80] Bracher, Auflösung, S. 355–358; Saldern, Hermann Dietrich, S. 108–114.

[81] Hierzu und zum Folgenden Poetzsch-Heffter, Kreditermächtigung; Kühnemann, Kreditermächtigung; Kaisenberg, Schlußwort.

[82] Kühnemann, Reichskredite, S. 1459. Ein Jahr zuvor hatte sich die Reichsschuldenverwaltung auf Anfrage des Reichsfinanzministeriums noch auf den Standpunkt gestellt, dass Kreditermächtigungen aufgrund einer Notverordnung rechtmäßig seien, vgl. Vermerk betr. Kredit-Ermächtigungen auf Grund der Notverordnung, 30.7.1930, BArch R2/3277, Bl. 21. Zur weiteren Entwicklung der Auseinandersetzung ab Herbst 1931 vgl. die Unterlagen in dieser Akte, insbes. den Vermerk Bayrhoffers für Schäffer, 27.1.1932, ebd., Bl. 52–59, bes. Bl. 55, der argumentierte, „bei der Zweifelhaftigkeit einer Rechtsfrage müsste diejenige Auffassung vertreten werden, die für das Staatswohl die vorteilhaftere wäre". Zu Kühnemann auch Schwerin von Krosig, Staatsbankrott, S. 100.

[83] Kühnemann, Stellung, S. 31 und 53; ders., Reichsetat, S. 746; sowie die Verweise auf die Fälle von 1918/19 und 1923 in den Vermerken Bayrhoffers vom 27.1.1932 und vom 19.8.1932, beide BArch R2/3277, Bl. 52–59 und 153–156. Die Position Kühnemanns stützte damals Heckel, Diktatur, S. 336–338.

sei: „Verfassungsbruch, ein Staatsstreich". Die Kreditaufnahme ohne gesetzliche Basis nach den Vorgaben des Artikels 87 WRV huldige der „Maßnahme, als neue[m] souveränen Götzen".[84]

Diese Konflikte zogen sich über die Jahre 1931 und 1932 hin, und gingen über bloße Rechtsfragen hinaus, da der spätere nationalsozialistische Finanzstaatssekretär Fritz Reinhardt als Abgeordneter der NSDAP und Mitglied im Reichsschuldenausschuss die Linie Kühnemanns unterstützte. Die extreme Rechte agierte so im Verbund mit der verfassungsmäßigen Institution der Reichsschuldenverwaltung als Vorsprecherin der parlamentarischen Demokratie, gegenüber einer vermeintlich diktatorisch agierenden Reichsregierung.[85] Schäffer stellte sich in dieser Auseinandersetzung auf den Standpunkt, dass man dem Druck der Reichsschuldenverwaltung letztlich nachgeben und den Reichstag zur Beschlussfassung einberufen müsse, sobald die Regierung über keine gültige Kreditermächtigung mehr verfüge; eine Geschäftsführung ohne eine solche Ermächtigung lehnte er „im Interesse des Reichskredits" ebenso ab wie die Entmachtung der Reichsschuldenverwaltung per Notverordnung.[86]

Allerdings dehnte er gemeinsam mit Walther Bayrhoffer, damals im Anleihereferat und später einflussreiche Figur der nationalsozialistischen Staatsfinanzierung, die Handlungsspielräume bis zu dem Punkt, an dem von einer ausreichenden Ermächtigung nicht mehr gesprochen werden konnte, immer wieder aus. Die bestehende Rechtslage wurde geschickt interpretiert, verfügbare Guthaben des Reiches wurden durch Verhandlungen mit den Banken „freizubekommen" versucht und der Betriebskredit der Reichspost – für den die Reichsschuldenverwaltung keine Urkunden ausstellen musste – für Reichszwecke herangezogen. Zudem sollten zukünftige Kreditermächtigungen den Kreditrahmen höher als zuvor ansetzen.[87] Grundsätzlich hielt Schäffer sowohl Kühnemann als auch Wagemann für politische Hasardeure („nomina sunt

[84] Kühnemann, Reichsetat, S. 746; ders., Reichskredite, S. 1460; ders., Preußenkredite, S. 66.

[85] Dies erhielt dann Mitte 1933 eine komische Note, als sich der Weimarer Staatsrechtler Walter Jellinek nunmehr zugunsten der nationalsozialistischen Diktatur für die Gesetzgebungsbefugnis der Regierung im Bereich von Haushalt und Kreditaufnahme aussprach. Diese war im Artikel 1 des Ermächtigungsgesetzes von 1933 explizit aufgeführt worden. Weil Jellinek diese auffällige Hervorhebung auf die „eigenartige Denkweise der Reichsschuldenverwaltung" in den Jahren der Republik zurückführte, rief er den Protest Kühnemanns hervor, der sich unter Verweis auf seine frühere Übereinstimmung mit Reinhardt gegen die mit Jellineks Argumentation verbundenen Andeutungen verwehrte, er beziehungsweise die Reichsschuldenverwaltung stehe womöglich nicht auf „dem Boden nationalsozialistischer Weltauffassung". Hierzu Jellinek, Verfassungsneubau, S. 131; N.N., Mitteilung der Schriftleitung; Schreiben der Reichsschuldenverwaltung an den Reichsschuldenausschuss, 23.5.1933, BArch R2/3277, Bl. 179–182.

[86] Tagebuch Schäffer, 31.3.1932, IfZ ED 93–19, Bl. 145; sowie 13.4.1932, IfZ ED 93–20, Bl. 29.

[87] Tagebuch Schäffer, 31.3.1932, IfZ ED 93–19, Bl. 148; 11.4.1932, IfZ ED 93–20, Bl. 18–19; 14.4.1932, ebd., Bl. 30; 25.4.1932, ebd., Bl. 74–75.

omina", notierte er sarkastisch in seinem Tagebuch), die den Reichskredit und die Bankensanierung gefährdeten. Die bisherige Haltung des Reichstags habe gezeigt, dass dieser mit den Kreditermächtigungen per Notverordnung kein Problem habe. Daher versuchte Schäffer, gemeinsam mit dem Innenstaatssekretär Erich Zweigert, die Widerstände in der Reichsschuldenverwaltung durch informelle Gespräche zu überwinden, die allerdings von Reinhardt öffentlich gemacht wurden. Bei diesem Versuch, die Verantwortlichen der Reichsschuldenverwaltung auf die Regierungslinie zu bringen, wies Schäffer darauf hin, dass „sich allgemeine Gesetzgebungsformen geändert haben im Hinblick auf die Schwere der Zeitverhältnisse, bei denen jede Behandlung der Frage im Reichstag katastrophale wirtschaftliche Folgen haben könne". Jede längere Debatte im Reichstag würde „Kreditorenpanik" auslösen und damit die ökonomische Sicherheit und Ordnung gefährden.[88]

Parallel kümmerte sich Schäffer persönlich um die Einholung von geeigneten Rechtsgutachten und reiste zu diesem Zweck im März 1932 zu den Staatsrechtlern Walter Jellinek und Gerhard Anschütz nach Heidelberg. Vorab erhielt Bayrhoffer den Auftrag, ein Gutachten zu entwerfen, „als ob er Anschütz wäre".[89] Bei diesem Gespräch bejahte Anschütz zwar die verfassungsrechtliche Problematik, argumentierte aber pragmatisch: „Richtig ist", so seine Position (in Schäffers Worten), „daß nach dem alten Staatsrecht die Dinge streng zu nehmen wären, daß Anleihen nicht durch Notverordnung aufgenommen werden können. Es waren dies eben andere Zeiten." Früher habe man die parlamentarischen Rechte „überbetont", weil die Volksvertretung insgesamt wenig Macht gehabt habe. Heute habe sich diese Situation geändert, weil die Regierung jederzeit vom Parlament gestürzt werden könne. Die Feststellung des Reichshaushalts durch Notverordnung lehnte Anschütz trotzdem ab, da er sie im Gegensatz zur Kreditermächtigung für eine „diktaturfeste" Ausnahme hielt. Jellinek war hingegen auch in diesem Punkt flexibel und argumentierte: „[W]enn das Reich in Gefahr ist, dann geht es nicht an, eine Verfassungsbestimmung strikte einzuhalten."[90] Wie diese Staatsrechtler ging auch Schäffer davon aus, dass die Krisenjahre der Republik „Änderungen des Rechtsbewußtseins" mit sich gebracht hätten. Während er kreditpolitische Experimente zur Konjunkturförderung und Arbeitsbeschaffung als ökonomisch gefährlich ablehnte, bewertete er finanzpolitische Notverordnungen als bloße Instrumente

[88] Tagebuch Schäffer, 15.2.1932, IfZ ED 93–18, Bl. 65–68; 20.2.1932, ebd., Bl. 105–109; 22.2.1932, ebd., Bl. 113; 26.2.1932, ebd., Bl. 137.

[89] Tagebuch Schäffer, 29.2.1932, ebd., Bl. 140.

[90] Tagebuch Schäffer, 1.3.1932, IfZ ED 93–19, Bl. 1–6. Hierzu Anschütz/Jellinek, Reichskredite.

der Staatstechnik, sofern sie nach außen nicht den Eindruck der „Verfassungswidrigkeit“ und des Regierens gegen den Volkswillen hinterließen.[91]

Die Option, ökonomische und soziale Probleme auf „diktatorischem“ Wege und mittels Notverordnungen zu lösen, war also bereits 1930 keineswegs allein die Sache reaktionärer Kräfte. Doch zeichnete sich im Verlauf des Jahres 1932 ein entscheidender Bruch ab: Als Schäffers Vorgänger Popitz und sein enger Mitarbeiter Schwerin von Krosigk in unterschiedlichen Rollen den autoritären Staatsumbau unter den Regierungen von Papen und Schleicher mit beförderten, war Schäffer von seinem Amt zurückgetreten und hatte die Ministerialbürokratie endgültig verlassen. Als Generaldirektor der Ullstein AG wollte er stattdessen zur „Selbstbesinnung“ der Demokratie beitragen.[92] Die Instrumentalisierung des staatstechnischen Arsenals im Dienste eines Staatsstreiches und unter gezielter Ausschaltung der Volksvertretung, lehnte Schäffer ab. Er kritisierte Ende 1932 nicht nur, wie gesehen, die autoritären Reichsreformpläne von Popitz, sondern wies auch die Versuche des Reichskanzlers Franz von Papen zurück, die Weimarer Verfassung durch Notstandsmaßnahmen zu überwinden. Diesem und seinen Mitstreitern warf er vor, durch „dilettantisches Experimentieren an der geltenden Reichsverfassung aus der Notlösung der gegenwärtigen Regierungsart einen dauernden Rechtszustand zu machen“.[93] Mit Kurt von Schleicher stand er zwar in direktem Austausch und betrachtete dessen Querfront-Pläne zeitweilig als mögliche Option zur Stabilisierung der Reichsregierung, ohne den bestehenden Staat und den Parlamentarismus aufzugeben. Er vermutete aber auch, dass von Schleichers Behauptungen, nicht mit Hitler zu verhandeln, kaum der Wahrheit entsprachen und dieser solche Gespräche auch Anfang 1933 fortsetzte, obwohl er sich der „unausbleiblichen furchtbaren Gemetzel“ unter politischen Gegnern bewusst war, welche die Nationalsozialisten planten.[94]

Als Alternative zu diesem Rechtskurs brachte Schäffer einen eigenen Vorschlag zur Rettung der Demokratie vor: eine Art Sammlungsbewegung mittels einer „gemeinsamen Reichsliste aller Gruppen und Parteien“, auf der „neben

[91] So Schäffer im Gespräch mit den Staatsrechtlern Kaufmann und Smend, 9.3.1932, IfZ ED 93–19, Bl. 67.

[92] Vermerk über ein Gespräch mit dem Reichstagsabgeordneten [Carl] Hoff (DVP), 2.1.1931, IfZ ED 93–10, Bl. 1; Ausarbeitung vom 30.9.1932, IfZ ED 93–32, Bl. 292. Hierzu McElligott, Weimar Republic, S. 181–207, der ebenfalls die komplexen Mischungsverhältnisse zwischen liberalen und konservativen Vorstellungen von staatlicher Autorität betont, sich aber in der empirischen Analyse weitgehend auf Carl Schmitt konzentriert und den Bruch zwischen beiden schon auf das Jahr 1930 datiert.

[93] Ausarbeitung vom 30.9.1932, IfZ ED 93–32, Bl. 292 und 300.

[94] Unterhaltung mit Reichskanzler von Schleicher, 10.1.1933, IfZ ED 93–33, Bl. 19: „Zu Hitler sagte Schleicher noch, er würde ihn nicht mehr zu sich rufen […] (Hier ‚irrt‘ Schleicher, denn er hat, wie mir am Nachmittag auch Brüning bestätigt, Hitler durch zwei Mittelspersonen sagen lassen, er möge bald nach Berlin kommen.)“

den prominenten Parteileuten eine Reihe wirklich bedeutender Männer aus Wirtschaft, Wissenschaft, usw. stehen [sollten], die nicht parteimäßig gebunden sind und eine Anziehungskraft für die Wähler darstellt [sic], die nun einmal nicht mehr Parteien, sondern Persönlichkeiten wählen wollen." In diese Strategie hineingezwungen werden sollten auch widerspenstige Parteien, indem deren Spendengeber durch konservative Autoritäten wie Schleicher und Luther dazu gebracht würden, ihre Gelder andernfalls zurückzuhalten. Zudem sollte das Weimarer Wahlgesetz mithilfe des Artikels 48 zu diesem Zwecke geändert werden.[95] Die Staatsnotstandspläne, die von diversen Kreisen und auch im Umfeld von Schleichers nicht nur hinter verschlossenen Türen verhandelt, sondern offenbar auch gezielt in der Presse lanciert wurden, sah Schäffer hingegen zunehmend kritisch, denn sie umfassten nicht allein die Auflösung des Reichstags. Am Ende ging es dabei auch um die anschließende Nichtausschreibung beziehungsweise längerfristige Verschiebung von Neuwahlen und damit um einen klaren Verfassungsbruch. Schäffer war überzeugt, dass damit nicht nur das Vertrauen des Auslands in den Reichspräsidenten endgültig enttäuscht werde, sondern auch, und dies womöglich absichtlich, Hitler in die Karten gespielt. Dieser könne sich angesichts solcher Regierungspläne als letzter „Träger der Legalität" inszenieren und damit ein breiteres Wählerpublikum der Mitte ansprechen.[96]

Schäffers Sicht auf den Staatsapparat war geprägt von einem Blick, dessen Fixpunkte der Haushaltsausgleich und die „Kunst" der Sparsamkeit darstellten, die aber nicht nur ökonomische Prinzipien, sondern zugleich Fundamente der demokratischen Staatlichkeit sein sollten. Auch nach seinem Ausscheiden aus dem Amt hielt Schäffer an einer weberianischen Vorstellung bürokratischer Neutralität fest.[97] Noch im Februar 1933 beharrte Schäffer bei einem Auftritt vor der Friedrich-List-Gesellschaft darauf, dass der Weg der Brüningschen Notverordnungen „der richtige" gewesen sei, auch wenn er „sich letzten Endes in einer starken Verschärfung der innerpolitischen Situation auswirken musste", denn dies sei „der einzige Weg [gewesen], der das Ausland davon überzeugen konnte, dass alle diese Dinge, die sich in Deutschland zutrugen, nicht auf unsere Schlamperei und unseren bösen Willen zurückzuführen waren".[98] Die

[95] Ebd., Bl. 21–22.
[96] Aufzeichnung „Wo stehen wir?", 23.1.1933, ebd., Bl. 41–44.
[97] Vademecum für Staatssekretäre und solche, die es werden wollen, IfZ ED 93–32, Bl. 212–213 und 220; Schäffer, Problematik.
[98] Hans Schäffer, Wirtschaftsstruktur und öffentliches Finanzwesen, Diskussionsrede gehalten am 12.2.1933 auf der Agrarkonferenz der Friedrich-List-Gesellschaft, Oeynhausen 1933, IfZ ED 93–33, Bl. 55–60. Hierzu Brügelmann, Ökonomie, S. 160, der auf die „Wirklichkeitsferne" dieser Veranstaltung hinweist, weil viele der Redner so debattierten, „als werde andertags der wirtschaftspolitische Kampf in Parlament und Presse in ähnlicher Form ausgetragen und ausgehandelt wie bisher".

Beamtenschaft hielt Schäffer zwar für einen „finanziell und gesellschaftlich entrechtete[n] Stand“. Zugleich lehnte er aber deren aktive politische Betätigung – und sei es auch *für* die parlamentarische Demokratie – ab. Der Beamte dürfe einer Partei angehören, sich aber nicht öffentlich für diese einsetzen, weil dieses Engagement die Vertrauenswürdigkeit der Verwaltung gefährde.[99]

Damit positionierte Schäffer sich in einer virulenten Debatte dieser Jahre, die sich um die polemisch so genannte „Zweiseelentheorie“ drehte. Diese Theorie bejahte zwar die dienstliche Treuepflicht der Beamten gegenüber dem Staatswesen und dessen Repräsentanten, sah aber ein aktives Eintreten für eine bestimmte (demokratische) Staatsform außerhalb der Dienstzeit nicht vor und tolerierte staatskritische Einstellungen, solange diese nicht öffentlich und in staatsgefährdender Weise vorgetragen wurden. Die von Schäffer aus republikanischer Überzeugung vertretene „Pflicht zur Sachlichkeit“ zeigte hier ihre Fallstricke, und dies nicht zuletzt in internen Konflikten um die Staatsgesinnung der Beamtenschaft des Reichsfinanzministeriums.[100]

Jenseits der Sachlichkeit: Staatsgesinnung und Dezision

Forderungen, dass die Weimarer Beamtenschaft nicht nur im Dienst, sondern auch außerhalb des Dienstes die republikanische Staatsordnung vertreten müsse, mehrten sich in der zweiten Hälfte der 1920er-Jahre. Zugleich intensivierte sich die Suche nach einem neuen, weltanschaulich bestimmten Beamtenethos. Insbesondere die sozialdemokratisch geführte Regierung in Preußen setzte in diesen Fragen – anders als die Reichsregierung – auf ein entschlosseneres Vorgehen zugunsten der Republik.[101] Der preußische Innenminister Albert Grzesinski betonte 1928, dass eine gezielte Personalpolitik „für die Eroberung der Verwaltung“ von entscheidender Bedeutung sei und diese gerade unter den höheren Beamten entschlossen durchgesetzt werden müsse. Die Erziehung zu einer republikanischen Gesinnung sei „nicht nur Aufgabe, sondern Pflicht“ der Beamtenorganisationen, die „Zeit der Toleranz“ sei vorüber.[102] Per Erlass vom 3. Juli 1930 wurde in Preußen dann auch die Mitgliedschaft von Beamten in der NSDAP und der KPD verboten – zu einem Zeitpunkt allerdings,

[99] Schäffer an Hans Staudinger, 26.8.1930, IfZ ED 93-29, Bl. 153–155; Schäffer an Warburg, 17.9.1930, ebd., Bl. 209.

[100] Schmahl, Disziplinarrecht, S. 102–107.

[101] Hierzu und zum Folgenden Huber, Verfassungsgeschichte, Bd. VI, S. 517 und 521; Schmahl, Disziplinarrecht, S. 92–98; sowie Morsey, Beamtenschaft, S. 153–157, der allerdings primär das Misslingen solcher Versuche beschreibt und die beamtenpolitische Liberalität der Weimarer Republik als eine Form des Versagens ansieht.

[102] Grzesinski, Verwaltungsarbeit, S. 16–17; ders., Republik, S. 9 und 18.

als der thüringische Innenminister Wilhelm Frick unter Berufung auf § 24 des Reichsbeamtengesetzes bereits die „Säuberung" seiner Verwaltung unter nationalsozialistischen Vorzeichen betrieb.[103]

Am Ende der 1920er-Jahre erhoben schließlich auch Vertreter der Reichsbehörden die Stimme zur Verteidigung der bestehenden Ordnung, allerdings weiterhin eher im Dienste des Staates als im Dienste der Republik. So wies der Innenstaatssekretär Erich Zweigert 1929 in einem Vortrag bei der Deutschen Vereinigung für Staatswissenschaftliche Fortbildung darauf hin, dass der Berufsbeamte im parlamentarischen System zwar an individuellem Einfluss eingebüßt habe und „ausführendes Werkzeug in der Hand eines Vorgesetzten" geworden sei. Dies aber sei keine Einbuße an Wert, sondern eine Rückkehr zum eigentlichen Wesen des Berufsbeamtentums, das zugleich nicht von „bloßen Technikern" oder „entseelten Bureaukraten" getragen werden könne, sondern eine eigene „Gesinnung" erfordere. Unabhängig vom Parteiprogramm des jeweiligen Ministers müsse der Beamte in seiner inneren Haltung den Staat bejahen. Die bisherige Praxis, dass der Reichsbeamte „von acht bis vier amtseifriger Republikaner" sei, außerhalb des Dienstes sich aber als „Gegner der Republik" betätigen könne, sei nicht länger hinnehmbar. Die notwendige Verbundenheit der Beamtenschaft mit dem Weimarer Staat müsse über die Idee eines großen Ganzen – die Nation – geschaffen werden.[104]

Einer der Vordenker dieser Vision einer staatsbejahenden Beamtenschaft war der Staatsrechtler Arnold Köttgen. Dessen Schrift über *Das deutsche Berufsbeamtentum und die parlamentarische Demokratie* von 1928 inspirierte nicht nur Zweigert, sondern auch Herbert Dorn zu Ausführungen über die Rolle der Beamtenschaft im Weimarer Staat. In der illustren, politisch allerdings widersprüchlichen Gesellschaft von Wilhelm Mommsen, Carl Schmitt, Hans Rothfels und Arnold Brecht hielt Dorn Ende 1930 als Vertreter für den verhinderten Hans Schäffer einen Lehrgang zum Thema „Staatsbürgerkunde" für die Arbeitsgemeinschaft „Hochschule und höhere Schule für Niederschlesien und Oberschlesien" in Breslau ab. Während Schmitt bei dieser Gelegenheit über die Verfassung vortrug und Rothfels über den Staatsgedanken sprach, widmete sich Dorn dem Reparationsproblem und forderte die Bürokratie auf, ihre fachliche Expertise im Dienste der Überparteilichkeit zu nutzen. Wie gesehen, trat er dabei vor allem für die Ermächtigung des einzelnen Beamten zur Entscheidung ein.[105]

103 Jasper, Schutz, S. 217–218; Schmahl, Disziplinarrecht, S. 137 und 144; Schulz, Einleitung, S. XXXII–XXXIII sowie die entsprechenden Dokumente ebd., S. 87–93; Grotkopp, Beamtentum, S. 85–86.

104 Zweigert, Beamte, S. 465–467 und 473.

105 Dorn, Deutschlands Wirtschaft, S. 134. Hierzu auch das Dankesschreiben des Vizepräsidenten der Arbeitsgemeinschaft „Hochschule und höhere Schule" für Niederschlesien

Bei einem Vortrag auf einer Tagung der Reichssteuerbeamten in Stuttgart 1932 griff Dorn, unterdessen Präsident des Reichsfinanzhofs, außerdem Schmitts Kritik an der zunehmenden Verflechtung von Staat und Wirtschaft sowie dem generellen „Anwachsen außerstaatlicher Autorität" auf. Die „Facharbeit der Verwaltung", so Dorn in entsprechender Diktion, werde durch die „Vielzahl gestaltender Kräfte" erschwert. Allerdings zog Dorn daraus den Schluss, die Beamtenschaft müsse das Vertrauen der Bürger auch zukünftig durch „unpolitische Sachlichkeit" zum Ausdruck bringen und nicht, wie Popitz oder Schmitt es forderten, sich kämpferisch für einen anderen Staat einsetzen. Dazu verwies Dorn unter anderem auf britische Studien, die den Despotismus der Exekutive kritisierten, der durch die Verordnungsregime seit dem Weltkrieg zugenommen habe. In diesem Zuge thematisierte er die mögliche „Reichweite der Facharbeit in der Sphäre der Staatspolitik" ebenso wie die nötigen „Grenzen der Amtsgewalt" gegenüber der Wirtschaft, also die Abgrenzungen des Staatsapparats sowohl gegenüber der Politik als auch gegenüber der Ökonomie. Die Funktion, die Dorn der Hoheitsverwaltung zuschrieb, war dabei im Kern eine demokratische: die „Mitwirkung bei dem großen Ausgleich der Interessen". Grundlage dieser Entscheidungsfähigkeit der Bürokratie sollte die berufliche Ausbildung der Beamtenschaft sein, wie sie etwa in den Verwaltungsakademien vermittelt wurde. Dort werde die eigentliche Amtspflicht der Beamtenschaft eingeübt: die „Pflicht zur Auslegung der Gesetze und zur Übung des Verwaltungsermessens".[106]

Doch blieb damit das inhaltliche Problem der Staatsgesinnung, die solche Auslegungen und Ermessensentscheidungen leitete, ungelöst. Wie Zweigert stützte Dorn sich an dieser Stelle auf die Positionen Köttgens und Otto Koellreutters. Deren Kritik am Zustand des Weimarer Staatsapparats wurde so in die Ministerialbürokratie hineingetragen und beförderte dort die Vorstellung, dass eine grundlegende Erneuerung notwendig sei. So argumentierte Köttgen 1928, dass die in der Weimarer Verfassung artikulierte Vorstellung vom „unparteiischen Staatsbeamten" unzureichend sei und die Beamten zu politisch indifferenten „Staatsangestellten" degradiere. Die vielfältige Erweiterung des Aufgabenkreises des Staates und die rechtsstaatliche Formalisierung in der Republik verschärfe diese Problematik, denn die Distanz zwischen den bürokratischen Experten und der politischen Führung, also den wechselnden Ministern mit ihren mangelnden Sachkenntnissen, sei dadurch gewachsen.

und Oberschlesien an Dorn, 17.10.1930, NS, NL Dorn, Ordner: Dokumente 1928–1935. Zur kritischen Rezeption Köttgens Heller, Beamte. Zu Dorn auch Kap. II.1.

106 Dorn, Stellung, S. 214–217 und 221–222. In diesem Kontext zitierte Dorn die einflussreiche Denkschrift des Lord Hewart of Bury, die unter dem Titel „The New Despotism" im Jahr 1929 erschien und sich kritisch mit dem Machtzuwachs der britischen Ministerialbürokratie beschäftigte. Hierzu auch Becker, Stellung, S. 257.

Köttgen forderte daher einen neuen Begriff des Politischen, der nicht länger auf das Engagement für oder gegen eine Partei bezogen sei, sondern die „politische Tat“ zugunsten einer „transpersonalen“ Staatsidee meine. Eben diese „metaphysische Basierung“ des deutschen Berufsbeamtentums unterscheide dieses, so Köttgen, dann von britischen oder amerikanischen Staatsdienern und sei durch einen Eid auf die Weimarer Verfassung nicht abbildbar.[107]

Diese Zeilen von 1928 ließen sich noch als eine republikanische Vorstellung lesen, sofern man davon ausging, dass die Weimarer Demokratie die geforderte Staatsidee liefern konnte. Als jedoch 1932 Köttgens Text über *Die politische Betätigung des Berufsbeamtentums* erschien, ging dieser bereits von einer grundsätzlichen Krise der staatlichen Ordnung aus: Der „typisch liberale Glaube an die Voraussetzungslosigkeit sachlicher Entscheidungen“, von dem Weber noch geprägt gewesen sei, sei seiner Zeit verloren gegangen, so Köttgen nun.[108] Die Reichsregierung habe bereits erkannt, dass die beamtenpolitischen Auffassungen der Kaiserzeit angemessener gewesen seien, und habe daher in der Staatspraxis, entgegen der ursprünglichen Intention der Verfassung, den Sonderstatus des Beamtentums bereits unter der Hand wieder eingeführt. Dies habe sich beispielsweise bei den disziplinarischen Maßnahmen gezeigt, die gegen Beamte ergriffen worden seien, die sich am Volksbegehren gegen den Young-Plan beteiligt hatten. Dieses Vorgehen sei aber nur dann zu legitimieren, wenn tatsächlich eine übergreifende Ordnung existiere, auf die man die Beamten verpflichte. Der Weimarer Verfassungskompromiss aber leiste diese Ordnungsstiftung nicht, sondern sei von „inhaltlicher Labilität“ geprägt. Es brauche einen deutlicheren Rahmen der Entscheidung „für das Eine oder das Andere“.[109]

Auch der von Dorn ebenfalls zitierte Koellreutter vertrat zu diesem Zeitpunkt die Auffassung, dass die politisch Verantwortlichen „sich heute zu entscheiden haben zwischen dem wertblinden Staat des alten Liberalismus und einem wertbetonten Staat, dessen Autorität sich aus irgend einer überpersönlichen und in diesem Sinne objektiven ‚Staatsidee‘ ableiten läßt“. Daher forderte er eine genauere Eingrenzung jener staatlichen „Substanz“, aus der legitime Entscheidungen begründet werden konnten. Die sozialstaatliche Ausrichtung der Weimarer Republik schloss Koellreutter aus dieser substanziellen Grundlage explizit aus und verengte das Wesen des Staates stattdessen auf die nationale Idee: „Weder eine Beseitigung des ‚demokratischen‘ Wahlrechts noch eine unitarische Lösung der Reichsreform würde die politische Gestaltung des deutschen Volkes als solche berühren, sondern würde seine traditionelle Gestaltung als Staatsnation unberührt lassen, während die Umwandlung in

[107] Köttgen, Berufsbeamtentum, S. 62, 71, 77, 116 und 119.
[108] Köttgen, Betätigung, S. 257.
[109] Ebd., S. 251, 258 und 263.

einen Sowjetstaat die ganzen bisherigen Voraussetzungen seiner geschichtlichen Existenz hinfällig machen würden." Der Kommunismus stand damit für Koellreutter im Widerspruch zum Wesenskern des deutschen Volkes als Nation, der Nationalsozialismus hingegen nicht. Nur die KPD erschien somit als eine „revolutionäre" Partei, welche die Grundlagen der staatlichen Ordnung antastete.[110]

So plädierte Kollreutter, im Unterschied zu Dorn oder Schäffer, nicht für Versachlichung, sondern für eine gezielte Politisierung des Beamtentums durch die Neubestimmung der „politischen Substanz des Volks- und Staatslebens". Die in seinen Augen heuchlerische „Entpolitisierung" staatlicher Institutionen in der liberalen Republik wollte er damit beenden. Noch deutlicher äußerte er solche Gedanken nach der Machtübernahme durch die Regierung Hitler. Seither berief er sich auf den Begriff des Politischen nach Schmitt, als „effektive Gruppierung von Menschen nach Freund und Feind". Die Beamtenschaft forderte er 1933 auf, sich dieses Prinzip des Politischen zu eigen zu machen und zu konkretisieren. Eine so organisierte Verwaltung richte sich nach der Wirklichkeit des Lebens und der „Durchführung der Zwecke", nicht mehr nach abstrakten Rechtsnormen und juristischen Rationalismen.[111] Der Reiz, den diese Texte für die Leserschaft in der Ministerialbürokratie um 1930 besaßen, lag wohl darin, die Bürokratie wieder mit politischer Verantwortung auszustatten sowie Zweckanstelle von Rechtmäßigkeit zum Maßstab staatlicher Ordnung zu erklären.[112] Koellreutters und Köttgens Ausführungen offenbarten insofern das Dilemma, dass der Weimarer Staat seine liberale Position gegenüber radikalen Anfechtungen nicht aufrechterhalten konnte, „sondern selbst antiliberal werden" musste, und andererseits die Gegner dieses Staates die bestehenden Strukturen nutzen konnten, um ihre eigenen Rechte zu behaupten.[113]

Für das Reichsfinanzministerium und andere Behörden ergab sich daraus die praktische Frage, wie auf problematische Haltungen in der Beamtenschaft disziplinarisch zu reagieren war. Für Koellreutter waren vor 1933 nur die unabhängigen Reichsgerichte in der Lage, auf der Grundlage der nationalen Idee des „Volksganzen" hier eine rechtmäßige Entscheidung zu treffen; das disziplinarische Vorgehen der Reichsministerien hielt er hingegen für den Ausdruck (partei-)politischer Voreingenommenheit. Die politische Tendenz dieses Plädoyers wird allerdings deutlich, wenn man sich vor Augen führt, dass sich die von Koellreutter favorisierten ordentlichen Gerichte in diesen Jahren meist mil-

[110] Koellreutter, Parteien, S. 115 und 137–138.

[111] Koellreutter, Wesen; ders., Bedeutung.

[112] Ein stärker völkisches Rechtsverständnis vertraten hingegen nationalsozialistische Juristen wie Hans Frank mit der Vorstellung vom „Lebensrecht" oder Roland Freisler mit dem Verweis auf das „ewig sich entwickelnde Recht" des „gesunden Volksempfindens", vgl. Hilger, Rechtsstaatsbegriffe, S. 88–90 und 131–132.

[113] Hierzu und zum Folgenden Koellreutter, Parteien, S. 117 und 133–134.

der gegenüber antirepublikanischen Beamten zeigten als die ministeriellen Disziplinarverfahren.[114] Für das Finanzressort wurden diese Konflikte im Zuge des Volksbegehrens gegen den Young-Plan besonders deutlich. Doch bereits zuvor war die bestehende Rechtslage in Bewegung geraten.

Zwischen Republikschutz und Staatsschutz

Das Republikschutzgesetz von 1922 war nach der Ermordung Walther Rathenaus verabschiedet worden und lief 1927 aus. Zusammen mit diesem war jedoch das „Gesetz über die Pflichten der Beamten zum Schutze der Republik" erlassen worden, das unbefristet galt. Es enthielt insbesondere die Ergänzung des § 10a des Reichsbeamtengesetzes, der die Beamtenschaft verpflichtete, in ihrer amtlichen Tätigkeit für die verfassungsmäßige Staatsgewalt einzutreten und innerhalb wie außerhalb des Dienstes alles zu unterlassen, was die Republik gefährdete oder auf die Wiedererrichtung der Monarchie abzielte.[115] Nachdem das Republikschutzgesetz noch einmal um zwei Jahre verlängert worden war, trat es im Sommer 1929 aufgrund des Widerstands der DNVP, der NSDAP, der KPD und der Wirtschaftspartei zunächst außer Kraft. Im März 1930 wurde es unter dem sozialdemokratischen Innenminister Carl Severing neu verabschiedet, befristet bis zum 31. Dezember 1932 und unter Vermengung von „republikfeindlichen" und „staatsfeindlichen" Tatbeständen. Diese Maßnahme zeigte die unausgesprochene Verschiebung vom Republikschutz zum Schutz der Staatsautorität, deren Ambivalenzen sich in der disziplinarischen Praxis der folgenden Jahre zeigen sollte.[116]

Zeitgleich erreichten das Reichsfinanzministerium immer häufiger Anzeigen wegen der politischen Betätigung seiner Beamten im rechten Spektrum. So wies die Republikanische Beschwerdestelle auf Reichsfinanzbeamte hin, die das Abzeichen des rechtslastigen soldatischen Kyffhäuserbundes trugen.[117] Aus den Landesfinanzämtern kamen Meldungen, dass sich Beamte in Uniform an Veranstaltungen des Stahlhelms beteiligten. Während in anderen Verwaltungen zu

[114] Schmahl, Disziplinarrecht, S. 92–98, dort auf S. 119–123 ein Beispiel für das disziplinarische Vorgehen des Reichsfinanzministeriums gegen einen seiner Beamten im Jahr 1924.

[115] Huber, Verfassungsgeschichte, Bd. VII, S. 255–257; ders., Verfassungsgeschichte, Bd. VI, S. 516–517 und 660–665; Gusy, Weimar, S. 128–191.

[116] Huber, Verfassungsgeschichte, Bd. VI, S. 665 und 683–685; Schmahl, Disziplinarrecht, S. 168.

[117] Schreiben der Republikanischen Beschwerdestelle an den Reichfinanzminister, 17.12.1928, BArch R2/22581, Bl. 6; Vermerk von ORegR Thiele, 16.3.1929, ebd., Bl. 15–16; Verfügung des Ministers betr. Verbot des Tragens politischer Abzeichen im Dienst, 16.3.1929, ebd., Bl. 18.

diesem Zeitpunkt schon entsprechende Regelungen vorlagen,[118] reagierte die Spitze des Finanzressorts erst jetzt, erließ ein Verbot und forderte anschließend eine „allgemeine Regelung“ durch das Reichsinnenministerium.[119]

Aus diesem Anlass wurde bei einer Ressortbesprechung im Dezember 1929 die Frage diskutiert, welche Verbände und Veranstaltungen als „politisch“ zu bezeichnen und ob darunter auch staatstragende Organisationen zu fassen seien. Die Meinungen über den Nutzen und die Durchführbarkeit eines Verbots waren geteilt. Das Reichspostministerium plädierte für Zurückhaltung, da viele seiner Beamten sich öffentlich und in staatsbejahender Absicht für die Sozialdemokratie engagierten, ein Verbot hätte entsprechend für Unruhe gesorgt. Das zu diesem Zeitpunkt (noch) von Hilferding geleitete Reichsfinanzministerium erhob Bedenken gegen die vom Reichsinnenministerium, unter Führung des Sozialdemokraten Severing, angeregte Ausdehnung des Verbots auf alle öffentlichen Veranstaltungen von politischen Verbänden jeglicher Richtung. Das Finanzressort wollte die Intervention stattdessen auf Umzüge beschränkt wissen und keine allzu weitreichende Festlegung treffen. Die Reichskanzlei wiederum wollte zuvor Preußen mit ins Boot holen. Die Entscheidung wurde schließlich ergebnislos vertagt. Ähnlich zögerlich gingen die Ressorts in der Frage vor, ob Angehörige umstürzlerischer Organisationen in den Beamtenstand aufgenommen beziehungsweise darin belassen werden sollten.[120] Und bezüglich der Mitgliedschaft in der monarchistischen Deutschen Adelsgenossenschaft setzte das Reichsfinanzministerium allein auf eine kritische Selbstprüfung der Beamten, die sich fragen sollten, ob ihr Verhalten ihren Beamtenpflichten widerspreche.[121]

Auch die Konflikte um das Volksbegehren gegen den Young-Plan im Oktober 1929 machten diese unentschlossene Haltung erkennbar. Disziplinarisch ging es vor allem um die Frage, wer sich in die entsprechenden Listen eingetragen hatte oder in anderer Form aktiv für das Volksbegehren eingetreten war. Ob das Engagement der betreffenden Beamten allerdings per se einer republikfeindlichen Einstellung entsprang, war gar nicht eindeutig zu bestimmen, denn das

[118] Rundschreiben des Reichsinnenministers, 9.9.1924; Verfügung des Reichspostministers, 6.2.1923, beide BArch R2/22581, Bl. 8–12.

[119] Vermerk vom 7.11.1929, ebd., Bl. 44; Reichsfinanzminister an Reichsinnenminister betr. Teilnahme an Reichsbeamten in Uniform an Umzügen politischer Verbände, 7.11.1929, ebd., Bl. 101; sowie weitere Korrespondenzen ebd.

[120] Vermerk über die Besprechung vom 18.12.1929 beim Reichsinnenministerium betr. Teilnahme von Beamten in Uniform an Umzügen politischer Verbände, 20.1.1930, ebd., Bl. 104; Protokoll des Reichsinnenministeriums über die Besprechung vom 18.12.1929, ebd., Bl. 106–108; handschriftliche Vermerke auf dem Schreiben des Reichsinnenministers an die Reichsminister, 2.1.1930, ebd., Bl. 116 RS und weitere Korrespondenz ebd., Bl. 117–124.

[121] Verfügung des Ministers vom 30.10.1929, ebd., Bl. 70. Zum Umgang mit der Deutschen Adelsgenossenschaft Schulz, Einleitung, S. XXII–XXIII.

zur Abstimmung vorgeschlagene „Freiheitsgesetz" enthielt neben dem berüchtigten Vorwurf des Landesverrats an die Adresse der Reichsregierung auch die Ablehnung der Kriegsschuld, die Revision des Versailler Vertrags und den Widerstand gegen neue Reparationsverpflichtungen.[122] Zur Entscheidung stand also ein ganzes Bündel an Themen, das die rückwirkende Deutung des Ersten Weltkrieges oder die zukünftige finanzielle Belastung der Bevölkerung durch den Young-Plan ebenso umfasste wie die politische Systemfrage. Daher wurde der von der Regierung herausgegebene Aufruf *An das deutsche Volk*, der sich gegen das Volksbegehren wandte, von Albert Einstein und Thomas Mann ebenso unterzeichnet wie von Hjalmar Schacht. Zu den Nicht-Unterzeichnern dieses Aufrufs zählte wiederum neben Carl Duisberg auch Hans Luther, der kurz darauf als Nachfolger Schachts selbst wieder in die Staatsführung der Weimarer Republik aufsteigen sollte.[123]

Für die Bestimmung disziplinarischer Vergehen wurde im Reichsfinanzministerium vor allem der Zeitpunkt der Eintragung in die Listen herangezogen. Erst am 18. Oktober 1929 – und damit nach Beginn der Einzeichnungsfrist – war ein Erlass des Ministeriums ergangen, der basierend auf einem Erlass des Reichsinnenministeriums und unter Berufung auf entsprechende Stellungnahmen der Beamtenorganisationen darlegte, dass der § 4 des Volksbegehrens die Grenze „des gebotenen Anstandes und insbesondere der Strafgesetze" überschreite, innerhalb derer sich der Beamte zu bewegen habe. Dieser Paragraf enthalte eine „Beschimpfung der höchsten Organe des Reiches", sodass jene Beamte, die für ihn einträten, mit disziplinarischen Maßnahmen rechnen müssten.[124] Da dieser Erlass aber erst nachträglich ergangen war, drehte sich die Diskussion in der Folge weniger um die der Eintragung zugrundeliegende Gesinnung der Beamten, sondern um die Frage, ob sie die „Befehle" ihrer Vorgesetzten respektiert hatten – ob die Einzeichnung also noch nach Veröffentlichung des Erlasses erfolgt beziehungsweise ein entsprechendes Engagement auch in der Folge fortgesetzt worden war.[125] Zudem ging es um die Form der Betätigung für das Volksbegehren. Das Reichsfinanzministerium hielt es für entscheidend, dass „nach Ansicht der Reichsregierung ein disziplinärer Vorstoß nur dann vorliegt, wenn ein Beamter für § 4 des Volksbegehrens in

122 Jasper, Schutz, S. 213. Zum Kontext Holz, Diskussion; Druc, Stellung; Berghahn, Volksbegehren, S. 431–446; Jung, Demokratie, der die Abwehrstrategien der Regierung mit den „Machtmitteln des Staates" (S. 118) gegen die Teilnahme der Beamtenschaft am Volksbegehren kritisiert, die politische Bedeutung dieser Kampagne für die Staatskrise und den Aufstieg des Nationalsozialismus aber – anders als Berghahn – relativiert.

123 N.N., An das deutsche Volk; Pfleiderer, Volksbegehren.

124 Erlass betr. Volksbegehren, 18.10.1929, in: Nachrichten des Reichsfinanzministeriums, Nr. 46, 19.10.1929, BArch R2/31796.

125 Bericht des Obersteuerinspektors Capelle aus Montabaur an den Präsidenten des Landesfinanzamtes Kassel, 24.10.1929, BArch R2/22585, Bl. 8 RS.

einer Weise eingetreten ist, durch die er die verfassungsmäßigen Grenzen überschritten hat". Die bloße Eintragung in die Liste erfülle diesen Tatbestand nicht, wohl aber die aktive Werbung für das Volksbegehren, zumal unter explizitem Verweis auf die eigene amtliche Stellung (etwa als Finanzvorsteher).[126]

Diese Sachverhalte regelte bereits der § 10a des Republikschutzgesetzes. Im März 1930 beschloss die Reichsregierung zusätzlich, jene Beamten, die sich an Aufrufen für das Volksbegehren beteiligt oder in Listen eingetragen hatten und entsprechende Beteiligungen auch nach Bekanntwerden der Formulierungen des § 4 des „Freiheitsgesetzes" aufrechterhielten, mit einer „Missbilligung" oder einem „Verweis" zu belegen. Mildernd einbezogen wurden spezifische Umstände der Unterzeichnungen, der Widerruf entsprechender Unterschriften und der Verzicht auf sonstiges Engagement nach Bekanntwerden der Haltung der Reichsregierung beziehungsweise des Inhalts des § 4. Zur Klärung der Sachverhalte verließ man sich allerdings weitgehend auf die Aussagen der Beamten oder auf von ihnen beigebrachte Zeugenaussagen. So kam es zu kleinteiligen Ermittlungen, in denen festgestellt werden musste, wann die betreffenden Beamten von den Ministererlassen Kenntnis erlangt hatten. Tendenziell war die Haltung des Ministeriums hierbei milde, sofern keine staatlichen Organe verunglimpft wurden.[127] Entsprechend resümierte ein Vermerk vom 4. November 1931: „Von einem dienststrafrechtlichen Einschreiten gegen Beamte ist auf Grund einer Entscheidung des Herrn Ministers dann abgesehen worden, wenn die Beamten vor Bekanntgabe des Erlasses vom 18. Oktober 1929 [...] sich an der Agitation für das Volksbegehren ‚Freiheitsgesetz' ohne gehässige oder beleidigende Ausfälle gegen die Reichsregierung beteiligt haben."[128]

Letztlich war die Beteiligung der Beamtenschaft an der öffentlichen Propaganda für das Volksbegehren auch gering. Immerhin nahm die Belegschaft des Reichsfinanzministeriums aber einen durchaus hervorgehobenen Platz ein: Von den insgesamt 43 Beamten der Reichsverwaltungen, die in dieser Weise auffällig geworden waren, kamen allein 25 aus dem Reichsfinanzministerium, allerdings war hier die inhaltliche Nähe zum Gegenstand des Begehrens auch besonders

[126] Zit. nach einem Schreiben des Präsidenten des LFA Brandenburg an den Reichsfinanzminister, 18.11.1929, ebd., Bl. 38. Hierzu auch der Entwurf eines Schreibens des Reichsfinanzministers an den Präsidenten des LFA Breslau betr. Verhalten des Regierungsrats Carganico, zur Mitzeichnung vorgelegt dem Reichsinnenminister, 21.10.1929, sowie die korrigierende Antwort des Reichsinnenministers, 25.10.1929, beide ebd., Bl. 90–91.

[127] Hierzu exemplarisch das Vorgehen im Fall Carganico, ebd., Bl. 115–117; im Fall des Bezirkszollkommissars Kopitz in Lyck, April 1930 bis Mai 1931, ebd., Bl. 168–172; sowie im Fall des Finanzamtes Salzwedel, dokumentiert in ebd., Bl. 190–196; außerdem die Hinweise an die Beamtenschaft im Beitrag „Beamte und Volksbegehren", in: Deutsche Zeitung, 10.10.1929, ebd., Bl. 95.

[128] Entwurf der Unterabt. P II/III für ein Schreiben betr. Anwendung des Erlasses vom 18.10.1929 auf Angestellte, zur Mitzeichnung an Ref. IX (Mitze), 4.11.1931, ebd., Bl. 208.

groß. 16 der beteiligten Beamte stammten aus dem Reichspostministerium, einer aus dem Reichsarbeitsministerium und ein weiterer aus dem Reichswehrministerium.[129]

Die Agitation gegen den Young-Plan warf die Frage danach auf, wie die „politische" Einstellung der Beamtenschaft zu bestimmen war. Im Reichsfinanzministerium wurde auf diese Frage keine klare Antwort im Sinne des bestehenden Systems gegeben. So stieß beispielsweise der Bericht eines preußischen Landrats, der sich über die „falsche Einstellung" des örtlichen Finanzamtsvorstehers beschwerte, weil dieser sich nicht „einwandfrei" gegen das Volksbegehren und damit für den derzeitigen Staat eingesetzt habe, im Ministerium auf Irritation.[130] Auf einer Eingabe des Allgemeinen Deutschen Beamtenbundes, der das aktive Eintreten eines Beamten gegen staatsfeindliche Haltungen seiner Kollegen und für die Republik nicht als „eine verbotene Auesserung seiner politischen Auffassung" gewertet wissen wollte, notierte der zuständige Referent: „Er müßte politische Diskussionen ablehnen!" Die ministeriale Linie zielte also auf die Vermeidung *aller* politischen Gespräche, egal welchen Inhalts. Daher erinnerte der Reichsfinanzminister in einem Erlass vom März 1931 unter Verweis auf bereits früher erfolgte Regelungen noch einmal daran, dass sich die Beamten der Reichsfinanzverwaltung aller politischen Äußerungen „während des Dienstes und in den Diensträumen" zu enthalten hätten, um „das Vertrauen auf die Unparteilichkeit und sachliche Arbeit der Reichsfinanzverwaltung" nicht zu schädigen. Dies gelte in besonderem Maße für staatsfeindliche Auffassungen – aber eben nicht nur.[131]

Die Zuspitzung dieser Konflikte hatte daher den paradoxen Effekt, dass auch ein Engagement für demokratische Überzeugungen, das zuvor möglich gewesen war, nicht mehr zugelassen wurde. So führte der Fall des Steuerbeamten Graumann aus Hannover, der sich als Schriftleiter einer nationalsozialistischen Zeitschrift betätigte, dazu, dass auch die zuvor genehmigte Mitarbeit eines Beamten an einem gemeindepolitischen Blatt mit Nähe zur Sozialdemokratie eingestellt werden musste.[132] Hier taten sich Differenzen zwischen dem

[129] Der Reichsinnenminister an den Staatssekretär in der Reichskanzlei betr. Beamte, die sich an der Propaganda für das Volksbegehren „Freiheitsgesetz" beteiligt haben, AdR, Kabinett Müller II, Bd. 2, Dok. Nr. 465.

[130] Hierzu die Unterstreichungen im Bericht „Staatspolitik und Beamtenschaft", Abschrift, 30.5.1930, BArch R2/22581, Bl. 78–91.

[131] Allgemeiner Deutscher Beamtenbund an den Reichsfinanzminister betr. Erlass vom 28.3.1931, 25.4.1931, ebd., Bl. 138–139; Erlass des Reichsfinanzministers betr. politische Betätigung der Beamten der Reichsfinanzverwaltung, 28.3.1931, ebd., Bl. 135–136.

[132] Anweisung des Ministers an MinDir Zarden betr. Gegenüberstellung der beiden Referenten, 14.3.1931, ebd., Bl. 149; Vermerk über die entsprechende Besprechung im Reichsfinanzministerium, 18.3.1931, ebd., Bl. 151; Ministervorlage der Unterabt. P II/III, 12.5.1931, ebd., Bl. 187–188.

Reichsfinanz- und dem Reichsinnenministerium auf. Das Finanzressort hatte Graumann mit der Begründung, „dass eine derartige Betätigung eines Beamten meiner Verwaltung die Grenzen überschreitet, die einem Beamten für seine politische Betätigung gezogen sind", die Fortsetzung seiner Mitarbeit untersagt. Diese Linie schien dem Innenressort jedoch politisch zu weitgehend, sodass es die Mitzeichnung ablehnte.[133]

Der zuständige Präsident des Landesfinanzamtes Hannover, Wilhelm Denhard (1925 aus dem Ministerium dorthin gewechselt und später aufgrund des „Gesetzes zur Wiederherstellung des Berufsbeamtentums" entlassen) ging in der Folge tatsächlich gegen jede Form der „politischen Auseinandersetzung" im Dienst vor und verwies dafür auf die notwendige Objektivität der Beamten gegenüber den Steuerpflichtigen.[134] Ein Schreiben des liberaldemokratischen Reichsfinanzministers Dietrich an den Nachfolger Severings als Reichsinnenminister, Joseph Wirth, unterstützte diese Linie: „In der jetzigen politisch erregten Zeit ist es mit dem Amt eines Beamten der Reichsfinanzverwaltung nicht vereinbar, daß er sich als Schriftleiter eines parteipolitischen Blattes betätigt. Die mir unterstellten Beamten sind in der Öffentlichkeit einer besonders scharfen Kritik ausgesetzt, weil sie vielfach Anordnungen auszuführen haben, die dem einzelnen Staatsbürger unbequem sind, oft sogar ausserordentlich hart erscheinen. Ich halte mich daher für verpflichtet, darauf hinzuwirken, daß sie im politischen Meinungsstreit Zurückhaltung bewahren."[135] Der Erlass wurde letztlich so umformuliert, dass er nur mehr die Reichsfinanzbeamtenschaft betraf und vom Innenressort nicht mitgezeichnet werden musste, was innerhalb der Reichsregierung als Eigenmächtigkeit des Reichsfinanzministeriums auf dem Terrain der Beamtenpolitik wahrgenommen wurde.[136]

In den folgenden Monaten forderte Dietrich zunächst Wirth und dann dessen parteilosen Amtsnachfolger Wilhelm Groener mit Verweis auf Diszi-

[133] Reichsfinanzminister an die Präsidenten der Landesfinanzämter betr. politische Betätigung von Beamten, Entwurf, 28.2.1931, ebd., Bl. 131; endgültige Fassung ebd., Bl. 137; Reichsinnenminister an den Reichsfinanzminister betr. politische Betätigung von Beamten, 6.3.1931, ebd., Bl. 132.

[134] Präsident des LFA an die Vorsteher betr. politische Auseinandersetzungen während des Dienstes, 19.3.1931, ebd., Bl. 133. Hierzu auch sein späteres Vorgehen gegen den Vortrag von Gustav Stolper zum Thema *Wem gilt unser Kampf*, den er zunächst untersagte, Präsident des Landesfinanzamtes Hannover an den Regierungspräsidenten in Lüneburg, 9.1.1932, BArch R2/22582, Bl. 63; Präsident des Landesfinanzamtes Hannover an den Regierungspräsidenten in Lüneburg, 13.1.1932, ebd., Bl. 65.

[135] Reichsfinanzminister an den Reichsinnenminister betr. politische Betätigung von Beamten, 19.7.1931, BArch R2/22581, Bl. 192 RS. Die Missbilligung entsprechender Aktivitäten wurde unterdessen auch auf die Herausgabe oder den Verlag parteipolitischer Schriften ausgedehnt, vgl. den Erlass vom 17.6.1931 an die Präsidenten der LFA, ebd., Bl. 189.

[136] Reichsinnenminister an den Reichsfinanzminister betr. politische Betätigung von Beamten, 7.7.1931, ebd., Bl. 195.

plinarurteile in Preußen und im Reich dazu auf, im Kabinett ein Verbot der Mitgliedschaft von Beamten in der NSDAP zur Diskussion zu stellen – letztlich vergeblich.[137] Daran änderte auch die Tatsache nichts, dass ein solches Verbot in anderen Fällen, etwa mit Bezug auf den monarchistischen Nationalverband deutscher Offiziere, bereits ergangen war: Zwar wurde auf einer Ressortbesprechung im August 1931 kritisch angemerkt, dass es nicht plausibel sei, den „verhältnismäßig unbedeutenden N.D.O." in den Fokus zu rücken, andererseits die Unzulässigkeit der Mitgliedschaft bei der „erheblich wichtigeren" NSDAP nicht zu erörtern. Wirth verwies in seiner Antwort aber darauf, dass die NSDAP im Unterschied zum NDO ihre Ziele als legal bezeichne und eine Änderung des gegenwärtigen Regierungssystems „mit verfassungsmäßigen Mitteln" anstrebe, während der NDO „in dem Herrn Reichspräsidenten, den Ministern und den Leitern der republikanischen Verwaltung nach seiner Auffassung Usurpatoren, also Hochverräter sieht."[138]

Damit kam die Frage der Legalität ins Spiel. Zu diesem Aspekt verfügte das Reichsfinanzministerium über ein Gutachten des Staatsrechtlers Gerhard Anschütz, in dem er unter Berufung auf Carl Schmitt zu dem Schluss kam, dass der „Sonderstatus" der Beamten im Weimarer Staat die Art und Weise der ihnen erlaubten Meinungsäußerung einschränke. Hier greife daher der Unterschied zwischen dem bloßen Bekenntnis (der Gesinnung) und der positiven Handlung (der aktiven Betätigung), den das preußische Oberverwaltungsgericht schon mit Blick auf die KPD betont habe. Sofern es sich um eine nicht bloß staatsfeindliche, sondern strafgesetzwidrig agierende Partei handele, könne auch bereits die Mitgliedschaft eine Form der Betätigung darstellen. Für die NSDAP wie auch für die KPD bejahte Anschütz diesen gesetzeswidrigen Charakter eindeutig, da deren Vereinszweck allein auf den Umsturz der bestehenden Staatsordnung mit allen, auch illegalen Mitteln gerichtet sei. Dies war eine Sichtweise, die auch der Staatsrechtler Kurt Haentzschel teilte. Haentzschel hielt insbesondere die NSDAP nicht bloß für eine „Gesinnungsgemeinschaft", sondern für eine „Tatgemeinschaft", die als Partei von ihren Anhängern per se Aktivismus fordere und eine bloße Mitgliedschaft daher gar nicht zulasse.[139]

137 Reichsfinanzminister an den Reichsinnenminister betr. Reichsbeamte in der NSDAP, 18.8.1931, in: AdR, Kabinette Brüning I/II, Bd. 2, Dok. Nr. 450.

138 Niederschrift über die Besprechung im Reichsministerium des Innern am 31.7.1931 über die Frage der Zugehörigkeit von Reichsbeamten zum Nationalverband deutscher Offiziere, BArch R2/22582, Bl. 132; Reichsarbeitsminister an den Reichsinnenminister betr. Zugehörigkeit Reichsbeamter zum Nationalverband Deutscher Offiziere, 5.8.1931, ebd., Bl. 133; Vermerk der Unterabt. P II/III, 31.8.1931, ebd., Bl. 134; sowie Reichswehrminister an den Reichskanzler betr. Beurteilung der NSDAP, Entwurf, Sept. 1931, abgedr. in: Staat und NSDAP, S. 197–198.

139 Das Beamtentum und die revolutionären Parteien. Rechtsgutachten, im Auftrage des

Dietrichs Drängen auf ein offizielles Verbot oder zumindest eine verbindliche Regierungsentscheidung konnte sich also auf Anschütz' Rechtsgutachten und einen recht breiten Konsens unter den Staatsrechtlern stützen, sofern es um ein aktives Engagement für die NSDAP ging. Dissens bestand allenfalls in der Frage, ob dieser Tatbestand bereits durch eine Parteimitgliedschaft erfüllt wurde. Das besondere Engagement des Ministers in dieser Frage war aber wohl auch dadurch zu erklären, dass er den wachsenden Einfluss der nationalsozialistischen Bewegung unter der eigenen Beamtenschaft mit Sorge betrachtete. Im März 1931 hatte eine interne Umfrage des Ministerbüros ergeben, dass 37 Meldungen über die Betätigung von Beamten der Reichsfinanzverwaltung für extreme politische Parteien vorlagen.[140] Alle diese Fälle betrafen die Agitation für die NSDAP beziehungsweise für die politische Rechte; die entsprechenden Anzeigen waren vor allem aus dem Preußischen Ministerium und dem Reichsinnenministerium sowie von der Republikanischen Beschwerdestelle, von Reichstagsabgeordneten, vom Centralverein deutscher Staatsbürger jüdischen Glaubens und anonymen Hinweisgebern gekommen. Die meisten Eingaben in dieser Aufstellung bezogen sich auf die Orte Stettin, Rostock und Braunschweig; Beamte der Berliner Zentrale waren kaum betroffen.

Eine relevante Ausnahme war der Ministerialrat Friedrich Konopacki (später: Hanno Konopath),[141] der als DNVP-Mitglied 1926 im Zuge der Umbildung des Ministeriums in den einstweiligen Ruhestand versetzt worden und 1930 in die NSDAP eingetreten war. Konopacki hatte sich zudem als völkischer Agitator in dem von ihm mitbegründeten Nordischen Ring sowie der Nordischen Vermittlungsstelle (seit 1928) und als rassistischer Publizist mit großer Nähe zu führenden Köpfen der NSDAP einen Namen gemacht. Dennoch vermerkte die entsprechende Aufstellung des Ministeriums nur: „Konopacki ist in einer von der Ortsgruppe Helgoland der Nationalsozialistischen Arbeiterpartei am 18.8.1930 veranstalteten Versammlung als Referent aufgetreten und hat über Zwecke und Ziele der Partei gesprochen. Das bisherige Material hat nicht ergeben, daß er sich in hetzerischer Weise für die Partei betätigt hat. Die Ermittlungen sind noch nicht abgeschlossen. Der Preuß. Min. des Innern [der die Anzeige erstattet hatte, S. M.] ist um Auskunft ersucht worden, ob weiteres

Badischen Lehrervereins erstattet von Dr. Gerhard Anschütz, o. D., BArch R2/22581, Bl. 315–344.

140 Hierzu und zum Folgenden Zusammenstellung der zur Anzeige gelangten Fälle von Betätigungen von Beamten für extreme politische Parteien, vorgelegt vom Staatssekretär Schäffer, 6.3.1931, BArch R2/22582, Bl. 49–53. Zur Besorgnis Dietrichs gegenüber dem Erstarken der rechtsradikalen Kräfte auch Schäffer an Krosigk, 16.12.1931, IfZ ED 93-31, Bl. 300.

141 Konopacki-Konopath, Rasse. Zu seiner Rolle Gossman, Brownshirt, S. 65–88; Laqueur, Germany, S. 91–92; Bollmus, Amt, S. 34–36; Hitler, Reden, Bd. 4, Teil 1, S. 403, und Bd. 5, Teil 1, S. 201.

Material zu erwarten ist."[142] Aufschlussreich war auch in diesem Fall, dass die Grenze der Zulässigkeit nicht bei der inhaltlichen Zustimmung zu einem extremistischen Parteiprogramm, sondern nur in der Form der Betätigung sowie in der möglichen Beleidigung staatlicher Repräsentanten gesehen wurde.[143] Abwartend agierte das Ministerium auch in anderen Fällen: Von Juli 1931 bis Mai 1932 beschäftigte sich die Personalabteilung immer wieder mit der nationalsozialistischen Agitation von Finanzbeamten in Breslau. Diese war durch einen Abgeordneten der SPD angezeigt worden, der seine Gewährsmänner für die entsprechenden Informationen allerdings nicht nennen wollte. Die Führung des Landesfinanzamtes Breslau erstattete daraufhin gegen den sozialdemokratischen Abgeordneten Strafantrag wegen Beleidigung, unterstützt durch das Ministerium. Vonseiten der Verwaltung verwies man darauf, dass ein öffentliches Interesse an der Strafverfolgung des Informanten bestehe, weil den eigenen Beamten per Erlass zugesagt worden sei, „sie würden, wenn sie sich in ihrer politischen Betätigung einwandfrei verhalten, gegen unbegründete Anzeigen mit allem Nachdruck geschützt werden".[144]

Zu dieser Sache befragt, hielt sich auch der Staatssekretär Schäffer mit klaren Worten zurück, verhinderte aber zumindest die Strafverfolgung des Abgeordneten. Er vermerkte darüber hinaus nur, dass in Schlesien allgemein „die Überzeugung, dass nationalsozialistische Betätigung für Finanzbeamte sehr nachsichtig beurteilt wird" bestehe, dass es aber grundsätzlich schwer zu sagen sei, „ob diese Auffassung richtig ist". Er selbst habe zahlreiche entsprechende Anzeigen erhalten, sei ihnen aber nicht nachgegangen, „weil ich sie immer zu wenig substantiiert fand und meinerseits keine Feststellungen treffen wollte".[145] Parteimitgliedschaft und radikale Gesinnung allein sah auch Schäffer nicht als Anlass für disziplinarische Maßnahmen oder gar Entlassung an, solange diese politische Haltung nicht im Dienst oder in amtsschädigender Weise ausgeübt wurde. Dies galt andererseits auch für den Fall einer kommunistischen Stenotypistin, die anonym angezeigt worden war.[146] Aktiver wurde Schäffer dort, wo

142 Zusammenstellung der zur Anzeige gelangten Fälle von Betätigungen von Beamten für extreme politische Parteien, vorgelegt vom Staatssekretär Schäffer, 6.3.1931, BArch R2/22582, Bl. 50 RS.

143 Hierzu der Fall einer „systemkritischen" Tagung des Bundes Deutscher Zollbeamten in Stettin, dazu die Unterlagen in ebd., Bl. 275–303, sowie zur Vorgeschichte der von Hilferding gezeichnete Vermerk vom 20.12.1929, BArch R2/22585, Bl. 152.

144 Vorlage der Unterabt. P II/III für den Minister, 23.2.1932, BArch R2/22582, Bl. 253–254.

145 Transkript eines Stenogramms von Schäffer, o. D., ebd., Bl. 255; Mitteilung des Ministerbüros an die Unterabt. P II/III, 21.3.1932, ebd., Bl. 256; Mitteilung des Ministerbüros an MinRat Boenicke, 14.5.1932, ebd., Bl. 264, sowie die folgenden Dokumente, Bl. 265–266.

146 Zu den aufwendigen Klärungsprozessen, ob die Betätigung „im Dienst", also etwa unter Nutzung dienstlicher Postfächer erfolgte, vgl. etwa die Vorgänge in BArch R2/22581, Bl. 219–229 und 241–250; zum Fall der Stenotypistin Tagebuch Schäffer, 9.1.1932, IfZ ED 93–17, Bl. 52.

eindeutige Belege vorlagen und er finanzpolitische Konsequenzen fürchtete, etwa in der Frage parteipolitisch gebundener Steuerberatungsstellen. So verfügte der Minister auf Schäffers Anregung und gegen das Votum der Personalabteilung im Mai 1931, dass die Beteiligung von Beamten an solchen Einrichtungen grundsätzlich zu verbieten sei, weil damit das Vertrauen der Steuerpflichtigen in die „rein sachliche Arbeit" der Steuerverwaltung erschüttert und die Steuererhebung für das Reich erschwert werde.[147]

Insgesamt ging es also darum, die Integrität des Ministeriums als Hort staatlicher Autorität zu wahren, weniger um den Schutz der Republik. Im Frühjahr 1932 wurden solche Fragen noch einmal im Rahmen einer Ministerbesprechung über eine Präsidialverordnung „zur Sicherung der Staatsautorität" verhandelt. Die Finanz- und die Postbeamtenschaft wurden für ihre staatsschädigende Agitation im Dienste Hitlers besonders angegriffen.[148] Zwar gab Dietrich bei dieser Gelegenheit zu, dass tatsächlich die „Beamtenschaft der Zollverwaltung total nationalsozialistisch eingestellt sei", ja, dass sogar von „etwa 90 % nationalsozialistisch eingestellter Beamten" in diesem Teil seiner Verwaltung auszugehen sei. Seinen eigenen Handlungsspielraum redete er jedoch klein. Ohne klare Richtlinien für das Verhalten der Regierungsbehörden gegenüber diesem inneren Machtzuwachs der NSDAP sei er „wehrlos" und könne auch den Kampf mit den Disziplinarbehörden für ein härteres Vorgehen gegen die nationalsozialistischen Beamten nicht führen. Doch seine neuerliche Initiative für eine einheitliche Vorgehensweise verlief im Sande.[149] Erst im August 1932, also nach dem Amtsantritt der Regierung von Papen, ergingen ein Entschluss der Reichsregierung und ein entsprechender Erlass, dass Reichsbeamte außerhalb der Ausübung ihres Amtes nicht in Dienstkleidung

[147] Intern war allerdings umstritten, wo hier die Grenze der „Parteipolitik" verlief und ob etwa entsprechende Beratungseinrichtungen des Hansa-Bundes und des Landbundes ebenfalls unter das Verbot fallen sollten. Hierzu die Randbemerkungen auf der entsprechenden Ministervorlage der Unterab. P II/III, 12.9.1931, BArch R2/22581, Bl. 383; sowie die Auflistungen entsprechender Beratungsstellen der Landbünde, ebd., Bl. 384–386.

[148] Hierzu der Bericht des Regierungspräsidenten in Koblenz zur Rolle der mittleren Beamten der Reichspost-, Reichsbahn- und Reichsfinanzverwaltung bei nationalsozialistischen Versammlungen, auf den das Ministerium wider besseren Wissens („Gewiss wissen wir, dass das zum Teil richtig ist.") abwiegelnd reagierte, vgl. Bericht des Oberpräsidenten der Rheinprovinz an den Preußischen Innenminister, 28.2.1932, BArch R2/22582, Bl. 75–80; Vermerk an Dirig. P II/III, [15.] April 1932, ebd., Bl. 81. Zur „Nazifizierung" der Beamtenschaft in dieser Phase Grotkopp, Beamtentum, S. 73–83.

[149] Ministerbesprechung vom 13.4.1932 betr. Entwurf einer Verordnung des Reichspräsidenten zur Sicherung der Staatsautorität, AdR, Kabinette Brüning I/II, Bd. 3, Dok. Nr. 716; zur Verzögerung durch Bedenken des Reichsjustizministeriums Geheimes Schreiben des Reichsinnenministers an den Staatssekretär in der Reichskanzlei, 3.5.1932, (Abschrift), BArch R2/22582, Bl. 138–140; Reichsjustizminister an den Reichsinnenminister, 14.5.1932, (Abschrift), ebd., Bl. 141; Vermerk des Ministerbüros für MinDir Zarden, 28.5.1932, ebd., Bl. 142.

an politischen Veranstaltungen teilnehmen dürften – ein Beschluss, der nun aber schon im Dienste eines autoritären „Neuen Staates“ erfolgte und zudem bereits im Februar 1933 „für nicht mehr zeitgemäss“ erklärt und anschließend aufgehoben wurde.[150]

Sieg der Politik? Übergangsmomente um 1933

Das Anwachsen einer antirepublikanischen, den Staat gefährdenden Stimmung unter der Beamtenschaft beförderte in den letzten Jahren der Republik den Ruf nach entschlossener Führung und politischer Erneuerung ebenso wie eine Abkehr von der Rhetorik der Sachlichkeit. Das Ethos der Vereinfachung und die „Normalisierung“ von Arbeitsprozessen, so hatte ein Beitrag in der *Steuer-Warte* schon 1930 konstatiert, seien als Leitgedanken für die bürokratische Praxis unzureichend, weil sie „keinen Kampf, kein Durchsetzen gegen Widerstände“ forderten und damit dem Einzelnen auch keine geistig-sittliche Kraft verliehen. Erst aus einer Kampfsituation entstehe das Bewusstsein der individuellen „Verantwortlichkeit“, die Pflicht zur Sachlichkeit im Amt verweise die ethische Gesinnung hingegen ganz auf den Raum des Privaten.[151]

Dass die Idee der Überparteilichkeit an ihre Grenzen stieß und der Kampf um die Republik an Schärfe zunahm, zeigte sich dann immer deutlicher an konkreten Konflikten innerhalb der Reichsfinanzverwaltung. So berichtete der dem Zentrum nahestehende Alexander von Brandt, bis 1927 Leiter der Abteilung V des Ministeriums und unterdessen Präsident des Landesfinanzamtes Köln, im März 1932 über die zunehmende Agitation in seinem Verantwortungsbereich. Etwa ein Drittel der Beamten der Kölner Außenbehörden seien mittlerweile Nationalsozialisten, bedingt durch „die wirtschaftliche Notlage des Beamtentums, die starke Verstimmung infolge des mehrfachen Gehaltsabbaus, die Aussicht auf einen weiteren Abbau, schließlich auch eine gewisse Unsicherheit über die politische Zukunft“. Ihre Empfänglichkeit für radikale Botschaften sei „unvermeidlich“, kommunistische Einflüsse gebe es allerdings bisher nicht. Die radikale Politik sei mittlerweile aber auch in die Diensträume eingedrungen und drohe,

[150] Reichsinnenminister an die Obersten Reichsbehörden, 20.8.1932, ebd., Bl. 267; Reichsinnenminister an die Reichsminister betr. Tragen von Dienstkleidung bei politischen Veranstaltungen, 25.2.1933; N.N., Teilnahme von Reichsbeamten (1932); sowie N.N., Teilnahme von Reichsbeamten (1933); Reichsinnenminister an die Obersten Reichsbehörden betr. Tragen von Dienstkleidung bei politischen Veranstaltungen, 4.3.1933, beide ebd., Bl. 368–369. Den handschriftlichen Vermerken auf den Schreiben zufolge erfuhr das Reichsfinanzministerium von diesen Erlassen erst aus der Presse. Hierzu auch Morsey, Beamtenschaft, S. 165.

[151] N.N., Frage; Beck, Beamtentum, S. 36–37.

„auf den Verkehr mit dem Publikum und gar auf die materiale Bearbeitung“ abzufärben. Auf disziplinarische Maßnahmen habe er bisher verzichtet, um „keine Märtyrer zu schaffen“, und stattdessen mittels Versetzungen eine befriedende Lösung gesucht.[152] Trotzdem gingen bald darauf im Ministerium Beschwerden wegen des amtlichen „Terrors“ gegen nationalsozialistische Beamte in Köln ein. Von Brandt suchte daraufhin informelle Lösungen durch Gespräche mit den lokalen Vertretern der NSDAP, die sich bis Ende Januar 1933 hinzogen, und bat das Ministerium in Privatdienstbriefen, Telefonaten und persönlichen Vorträgen, sein Vorgehen mitzutragen.[153] Im Februar 1933 schloss sich die Berliner Zentrale schließlich dieser Taktik an. Die Rücknahme früherer Entscheidungen gegen nationalsozialistische Beamte sowie die Einsichtnahme in Personalunterlagen wurden dabei als Verhandlungsmasse eingesetzt, um den Wortführern der Rechten entgegenzukommen.[154]

Der Geschäftsführer der NSDAP-Fraktion im Reichstag, Hans Fabricius, der aus dem Landesfinanzamt Brandenburg stammte, erreichte mit seinen Interventionen sogar die unmittelbare Spitze des Ressorts. Fabricius war 1929 aus politischen Gründen suspendiert worden und schrieb Ende 1932 an den neuen Reichsfinanzminister Lutz Graf Schwerin von Krosigk: „Die parteipolitische Betätigung ist nämlich in den letzten Jahren nicht durch die Beamtenschaft, sondern durch die Regierung selbst, unter Bruch ihrer eigenen Dienstvorschriften, in den Dienst hineingetragen worden.“ Beispiel dafür sei das Plakat mit dem Titel *Stresemanns Vermächtnis*, das im Kontext des Volksbegehrens im Oktober 1929 auf Anordnung der sozialdemokratisch geführten Regierung in allen Behörden aufgehängt worden war und „das sich äußerlich wie dem Inhalte nach als Propagandaplakat einer Partei, und zwar der Deutschen Volkspartei charakterisierte“. Erst dieses Plakat, mit dem das Politische unübersehbar in die Diensträume eingezogen sei, habe die Beamtenschaft in Unruhe und

[152] Vermerk des Ministerbüros an die Unterabt. P II/III betr. Bitte des Ministers um Berichterstattung, 25.2.1932, BArch R2/22582, Bl. 146; Präsident des Landesfinanzamtes in Köln an den Reichsfinanzminister betr. Zeitungsbericht über politische Mißbräuche bei den Kölner Finanzämtern, 11.3.1932, ebd., Bl. 152–155; Bericht des LFA-Präsidenten an den Reichsfinanzminister betr. Verlegung von Planstellen, 10.3.1932, ebd., Bl. 150–151. Zu Brandt Schwerin von Krosigk, Memoiren, S. 95.

[153] Jakob Sprenger (NSDAP) an den Reichsfinanzminister, 19.7.1932, BArch R2/22582, Bl. 168–173; Präsident des Landesfinanzamtes in Köln an den Reichsfinanzminister betr. politische Betätigung von Beamten in Köln, 15.8.1932 sowie 3.9.1932, ebd., Bl. 175–179; Vermerk des MinRat Dr. Schwaedt, 20.9.1932, ebd., Bl. 180; sowie weitere Dokumente ebd., Bl. 182–188.

[154] Reichsfinanzminister an den Präsidenten des Landesfinanzamtes in Köln, 29.4.1932, ebd., Bl. 158–159; MinDirig Boenicke an Sprenger, 23.2.1933, ebd., Bl. 189; Bericht des Präsidenten des Landesfinanzamtes in Köln an den Reichsfinanzminister betr. Aushändigung von Akten an die Beamtenabteilung der Gauleitung der NSDAP, 20.6.1933; sowie der entsprechende Erlass des Ministeriums, 30.6.1933, beide ebd., Bl. 190–192;

antirepublikanische Empörung versetzt. Schwerin von Krosigks Antwort vom 5. Januar 1933 erinnerte an die bisher erfolgten Erlasse zum Verbot jeder politischen Betätigung im Dienst und verwies darauf, dass das Ministerium wie alle Dienststellen durch die „Pflicht zum Gehorsam“ gegenüber der Reichsregierung gezwungen gewesen sei, das erwähnte Plakat gegen das Volksbegehren aufzuhängen.[155]

Diese defensive Argumentationsweise überzeugte Fabricius erwartungsgemäß nicht. In einem weiteren Schreiben vom 7. Januar 1933 erklärte er, die Plakataktion sei verfassungswidrig gewesen, sodass hier keine Gehorsamspflicht bestanden habe. Zudem sei der Beschluss der Reichsregierung über dieses Plakat niemals veröffentlicht worden, sodass die Zusammenhänge für die meisten Beamten undurchschaubar geblieben seien. Den Reichsfinanzminister forderte Fabricius auf, der Beamtenschaft und auch dem Reichskanzler nunmehr unmissverständlich mitzuteilen, dass er „die gesamten parteipolitischen Maßnahmen des alten Systems […] scharf mißbilligt.“ Nachdem dieser Brief zunächst einige Wochen unbeantwortet geblieben war, reagierte das Ministerium einen Tag nach der Machtübernahme durch die Regierung Hitler doch noch eilfertig, wenngleich neuerlich ohne klare Linie: Fabricius‘ Anliegen wurde an das Reichsinnenministerium abgegeben und für „berechtigt“ erklärt und die Aufhebung disziplinarischer Maßnahmen gegen Beamte wegen der Betätigung für die NSDAP freigegeben. Entsprechende Anträge von Betroffenen wollte man aber erst einmal abwarten.[156]

So spielte das Ministerium auf Zeit. Ein kurz vor dem Machtwechsel, am 23. Januar 1933, ergangenes Verbot gegen einen nationalsozialistischen Beamten, der für eine Parteizeitung schrieb, wurde im April 1933 überprüft, aber erst Ende August 1933 endgültig aufgehoben.[157] Als im Februar 1933 nationalsozialistische Beamte im Landesfinanzamt Hannover Plakate für eine Kundgebung aufhängten, untersagte der Präsident Denhard solche Aktionen und erhielt dafür ebenso die Unterstützung des zuständigen Ministerialrats Karl Groth wie für das Vorgehen gegen Geldsammlungen, die zugunsten von Parteistellen in den Diensträumen durchgeführt wurden. Das Argument der Beteiligten, bei der NSDAP handele es sich nicht um eine Partei, sondern um eine „allgemeine Bewegung“ und die Beamtenabteilung der NSDAP habe daher

155 Geschäftsführer der NSDAP-Reichstagsfraktion, Fabricius, an den Reichsfinanzminister, 16.12.1932 (Abschrift), BArch R2/22582, Bl. 348–349; Reichsfinanzminister an RegRat Dr. Fabricius, 5.1.1933 (Abschrift), ebd., Bl. 350. Zur Position von Fabricius auch ders., Ueberwindung. Zu seiner Biografie Caplan, Recreating, S. 42.

156 Geschäftsführer der NSDAP-Reichstagsfraktion, Fabricius an den Reichsfinanzminister, 7.1.1933 (Abschrift), BArch R2/22582, Bl. 351; Reichsfinanzminister an Reichsinnenminister, 31.1.1933, ebd., Bl. 353; Reichsinnenminister an Reichsfinanzminister, 23.2.1933, ebd., Bl. 354; Vermerk der Unterabt. P II/III, 17.3.1933, ebd., Bl. 355.

157 Hierzu die Vorgänge in BArch R2/22582, Bl. 328–339.

das gleiche Recht zur Nutzung der Schwarzen Bretter in den Dienstgebäuden wie der Bund der Reichssteuerbeamten, wies Denhard zurück. Werbeplakate für Geldsammlungen der SS aber durften dann ab Mai 1933 aufgehängt werden.[158]

Im Vorgehen der Verantwortlichen zeigte sich, wie die Verschiebung oder aber Verteidigung solcher Grenzen mit der Funktionsfähigkeit der Verwaltung legitimiert wurde. Als im März 1933 lokale NSDAP-Vertreter das Kölner Landesfinanzamt mithilfe von SS-Mannschaften und „klingendem Spiel" neuerlich unter Druck setzten und außer der Entfernung des Portraits des ehemaligen Reichspräsidenten Ebert auch die Dienstenthebung einzelner Beamter forderten, ließ von Brandt unverzüglich erklären, das Portrait sei bereits zur Entfernung vorbereitet und die entsprechenden Beamten seien „zur Verhütung von Störungen beurlaubt." Für den Dienstbetrieb sei dieser Ausfall jedoch äußert problematisch, woraufhin ihm die anwesenden Parteigenossen zusicherten, „Überstunden" abzuleisten.[159] In Berlin bemühte von Brandt sich zugleich um einen Erlass der Reichsregierung zur Unterbindung solcher Aktionen. Diese Eingriffe seien „ebenso schlimm" wie die Unterwerfung der Kölner Verwaltung in der Besatzungszeit, argumentierte von Brandt gegenüber dem Ministerium, wenngleich er unermüdlich Unterredungen mit der Gauleitung abhielt und für die Wiedereinstellung der beurlaubten Beamten, zu der man ihn aus Berlin anwies, jede Verantwortung verweigerte. Während von Brandt immerhin ehemalige Zentrumsmitglieder und Sozialdemokraten vor den Angriffen der NSDAP in Schutz nahm und auf ihre Wiedereinstellung drang, unterblieb eine Verteidigung der „am meisten angegriffenen" jüdischen Beamten, weil die örtliche Parteileitung diese generell für untragbar erklärte. „Mißtrauen, Mißverständnisse und Störungsmomente" sollten für die Zukunft dadurch verhindert werden, dass das Personalreferat regimekonform besetzt wurde.[160]

[158] Präsident des LFA Hannover an den Reichsfinanzminister betr. politische Betätigung in den Dienstgebäuden der Reichsfinanzverwaltung, 25.2.1933, BArch R2/22582, Bl. 358–359; Reichsfinanzminister an den Präsidenten des LFA Hannover, 28.2.1933, ebd., Bl. 363; Reichsfinanzminister an den Präsidenten des LFA Hannover, 18.5.1933 betr. Werbung für die SS, BArch R2/22583, Bl. 18; sowie den entsprechenden Runderlass betr. Aushänge politischer Vereine usw. in den Diensträumen, 27.5.1933, ebd., Bl. 26.

[159] Präsident des LFA Köln an den Reichsfinanzminister betr. Forderungen der NSDAP, 13.3.1933, BArch R2/22582, Bl. 373–375.

[160] Präsident des LFA Köln an den Reichsfinanzminister betr. weitere Forderungen der Gauleitung der N.S.D.A.P, 14.3.1933, BArch R2/22582, Bl. 380; Telefonvermerk [Boenicke], 14.3.1933, ebd., Bl. 381; Gesprächsvermerk MinRat Meynen für den Minister, 16.3.1933, ebd., Bl. 384–385; Präsident des LFA Köln an den Reichsfinanzminister betr. Beurlaubung von Beamten auf Veranlassung der NSDAP, 17.3.1933, ebd., Bl. 390–393; Präsident des LFA Köln an den Reichsfinanzminister betr. Versetzung von Beamten des höheren und des gehobenen mittleren Dienstes, 24.3.1933, ebd., Bl. 396–397; Gesprächsvermerk,

Nachdem aber eine Abordnung der Kölner Gauleitung auch im Berliner Ministerium aufgetaucht war, beschwerte sich der neue Staatssekretär Fritz Reinhardt Anfang April 1933 bei Rudolf Heß, zu diesem Zeitpunkt Vorsitzender der politischen Zentralkommission der NSDAP, über die Eingriffe von Parteidienststellen und einzelnen Parteigenossen in die inneren Verhältnisse des Ressorts. Diese, so Reinhardt, legten den Verwaltungsapparat lahm und bedrohten die „Zahlungsmöglichkeit des Reichs". Zeitgleich ergingen Erlasse des Reichsfinanzministers, welche die Erfüllung der Dienstpflichten und die Autorität der nationalen Regierung in Erinnerung riefen und politische Diskussionen sowie entsprechende Einwirkungen der Partei während der Dienstzeit untersagten.[161] In diesem Zuge bestätigte das Ministerium noch einmal die bestehenden Erlasse zur politischen Betätigung der Beamten der Reichsfinanzverwaltung vom 29. Februar 1924, vom 4. Juni 1925 und vom 28. März 1931. Der Erlass über das Tragen politischer Abzeichen im Dienst, der im März 1929 als Reaktion auf die Kritik der Republikanischen Beschwerdestelle erfolgt war, war zu diesem Zeitpunkt hingegen schon aufgehoben, sofern es sich um Abzeichen der hinter der „nationalen Regierung" stehenden Bewegungen handelte. Das Verbot der Teilnahme von Beamten in Uniform an politischen Veranstaltungen war, wie gesehen, ebenfalls bereits zurückgenommen, der Fall Graumann und die Frage der Steuerberatungsstellen wurden überprüft. Die Betätigung für parteipolitische Schriften wurde nun zugelassen, sofern es sich um regimefreundliche Zeitungen handelte und durch diese Tätigkeit „die dienstlichen Belange nicht geschädigt" wurden.[162]

Das Dilemma der politischen Betätigung der Ministerialbeamten ließ sich nunmehr auflösen, weil *eine* parteipolitische Richtung sich machtvoll durchsetzte und die Grenzen des erlaubten Handelns vereindeutigte. In paradoxer Weise konnte dies als Form der Entpolitisierung der Reichsbürokratie, im Sinne einer vermeintlichen Stillstellung von Konflikten, legitimiert werden. Die bürokratische Idee der überparteilichen Staatsgesinnung und das weltanschauliche Programm der nationalsozialistischen Regierung konnten auf diese Weise als deckungsgleich erlebt werden. Diese Deutung blieb den bisher prägenden Sichtweisen also insofern verpflichtet, als sie der gesellschaftlichen Umstrittenheit

24.3.1933, ebd., Bl. 398. Zu dem sozialdemokratischen Fall vgl. Präsident des LFA Köln an den Reichsfinanzminister betr. politische Betätigung von Beamten, 3.9.1932, ebd., Bl. 179.

161 Reinhardt an den Vorsitzenden der politischen Zentralkommission der NSDAP, Rudolph Heß, 8.4.1933, BArch R2/22582, Bl. 412; Auszug aus dem Reichsbesoldungsblatt Nr. 6, 6.4.1933, ebd., Bl. 418; sowie Erlass des Reichsfinanzministers betr. politische Betätigung der Beamten der Reichsfinanzverwaltung, 12.4.1933, ebd., Bl. 421.

162 Vermerk der Unterabt. P über die Anordnungen über die politische Betätigung der Beamten, Angestellten und Arbeiter der Reichsfinanzverwaltung im Dienst, 19.4.1933, BArch R2/22583, Bl. 53–56; sowie für die Erledigung der entsprechenden Anordnung den Vermerk des Ministerialrats Dr. Berger vom April 1933, ebd., Bl. 57–58.

von Staat und Politik im Innern der Verwaltung weiterhin keinen Raum geben wollte. Auch deshalb konnte das, was folgte, als „Wiederherstellung des Berufsbeamtentums" inszeniert und an bestehende staatsrechtliche Semantiken angeschlossen werden. Der eingeübte Bezug auf die unbestimmte Abstraktion „des Staates" und die Distanzierung gegenüber „der Politik" waren also für die Diktatur nutzbar, der Dezisionismus der Nationalsozialisten konnte hier aufsatteln. Er traf auf eine Verwaltung, die den kämpferischen Modus des Ausnahmezustands verinnerlicht hatte und für die „sachliches" Ermessen nicht zuletzt die beständige, vielfach intransparente Ausdehnung verfassungsmäßiger Spielräume bedeutete. Insofern waren hier Strukturen angelegt, die für die Zerstörung der republikanischen Ordnung und die Durchsetzung eines anderen Regimes einsetzbar waren. Dafür brauchte es aber eine entsprechende Haltung derjenigen, die nun an der Spitze des Reichsfinanzministeriums standen oder im Inneren dieses Ressorts Verantwortung trugen.

Alte und neue Staatstechniker im Ministerium

In einem 1930 veröffentlichten Text, den er aus Anlass des Young-Plans verfasste, rechnete der bereits erwähnte liberale Nationalökonom Moritz Julius Bonn (ein regelmäßiger Gesprächspartner Schäffers) kritisch mit der Linie des Reichsfinanzministeriums seit den 1920er-Jahren ab.[163] Korrumpiert durch die Vorherrschaft von Juristen habe sich dieses Ressort auf undurchsichtige Winkelzüge und die Verschleierung von Haushaltsdefiziten beschränkt, anstatt eine zukunftsfähige Finanzpolitik zu betreiben – und sei schließlich mit dem Rücktritt von Hilferding und Popitz an den Verflechtungen mit der Parteipolitik gescheitert. Kein Reichssparkommissar und auch kein Finanzdiktator könne diese Fehlentwicklungen beheben, sondern nur eine gestärkte Ministerialbürokratie, getragen von einer „Diktatur unparteiischer Sachverständiger". Unter einem entschlossenen Staatssekretär (vulgo: Schäffer), der sich nicht nach den Stimmungslagen des Parlaments richte, sondern konsequent die Ökonomisierung der Finanzpolitik betreibe, brauche es dafür einen „Gehilfen, der die formale Gesetzgebung und die politische Verwaltung unter sich hat": einen „Ministerialdirektor, der ein wirklich guter Fachmann ist und sich diejenige parteipolitische Zurückhaltung auferlegt, die den Beamten selbstverständlich sein sollte".[164]

[163] Tagebuch Schäffer, 5.12.1930, IfZ ED 93-9, Bl. 160; 8.5.1931, IfZ ED 93-10, Bl. 145; 5.1.1932, IfZ ED 93-17, Bl. 12; 19.2.1932, IfZ ED 93-18, Bl. 98; 4.3.1932, IfZ ED 93-19, Bl. 31-32. Zu Bonn Hacke, Einleitung; sowie Wandel, Schäffer, S. 146.

[164] Bonn, Plan, S. 41, 222-223 und 230-232.

In der letztgenannten Figur wurde für Zeitgenossen wohl Lutz Graf Schwerin von Krosigk erkennbar, der zu diesem Zeitpunkt noch Leiter der Haushaltsabteilung im Ministerium war und im Frühsommer 1932 zum Reichsfinanzminister ernannt werden sollte, was er bis 1945 blieb. An seiner Person lässt sich zeigen, wie sich vermeintliche Fachleute des Ministeriums aktiv in den Dienst eines neuen Staates stellten, und das vorhandene Arsenal an Staatstechniken gezielt für dessen Zwecke einsetzten. Erstmals in der Geschichte des Reichsfinanzministeriums sollte mit Schwerin von Krosigk zudem ein Minister nicht nur aus dem Ressort selbst berufen werden (das war zuvor schon bei Otto von Schlieben der Fall gewesen), sondern auch über viele Jahre in diesem Amt bleiben. Sein Beispiel macht die aktive Politisierung der Ministerialbürokratie deutlich, ihre kämpferische Selbstmobilisierung im Dienste des Staatsumbaus, aber auch die Bedeutung, die technokratische Kontinuitäten für die Stabilisierung der nationalsozialistischen Diktatur besaßen.

Der Staat als Schicksal: Lutz Graf Schwerin von Krosigk (1887–1977)

Im „Kabinett der Barone", das Reichspräsident Hindenburg unter dem Reichskanzler Franz von Papen im Juni 1932 einsetzte, war der neue Reichsfinanzminister Schwerin von Krosigk einer von sieben Adligen (wenngleich er seinen Titel erst 1925 durch Adoption erhalten hatte) und galt mit seinen 45 Jahren als dynamisch-jugendlicher Experte. Anfang Mai 1945 wurde er von Karl Dönitz noch zum „Leitenden Minister" der geschäftsführenden Reichsregierung ernannt und verkündete schließlich über den Rundfunk die Kapitulation des Deutschen Reiches. Letztlich war Schwerin von Krosigk damit vor wie nach Hitler ein Mitglied der Reichsregierung.[165] Schon 1920 als Assessor in das Ministerium eingetreten, hatte der 1887 geborene Schwerin von Krosigk zunächst in der Abteilung V Karriere gemacht. Dort war er mit den wirtschaftlichen Bestimmungen des Versailler Vertrages befasst gewesen, insbesondere mit Fragen des Schuldenclearings und der Liquidation deutschen Eigentums im Ausland. In diesem Rahmen wurde er auch an Besprechungen in Paris beteiligt und zeitweilig als Verbindungsmann ins Wiederaufbauministe-

[165] Schulz, Brüning, S. 866–867; analytisch fragwürdig Steinert, 23 Tage, S. 107–141. Über die „pflichtbewussten" Motive für seine Amtsübernahme hat Schwerin von Krosigk in seinen Erinnerungstexten immer wieder Mitteilungen gemacht, die auch in die vorhandene Forschungsliteratur Eingang gefunden haben. Sie sollen hier nicht neuerlich wiederholt werden. Zu seiner Person liegt neben seinen eigenen apologetischen Schriften nur die wenig hilfreiche Biografie von Goehrke, Fesseln, vor. Als differenziertere Betrachtungen Woitkowski, Graf; Kuller, Bürokratie, S. 45–46; sowie die Pionierstudie zum Reichsfinanzministerium von Mehl, Reichsfinanzministerium, S. 11–14.

rium abgeordnet. Diese außenpolitische Orientierung prägte seine Perspektive auf finanzpolitische Fragen nachhaltig. Bereits 1921 war Schwerin von Krosigk Referatsleiter und Regierungsrat, im folgenden Jahr Oberregierungsrat und dann 1924 Ministerialrat geworden. 1925 hatte er die Abteilung gewechselt und war in der Abteilung I zum Generalreferenten für den Reichshaushalt ernannt worden. In dieser Funktion war er unter anderem für die Haushaltsreden des Ministers von Schlieben zuständig gewesen. In der Amtszeit Reinholds hatte Schwerin von Krosigk dann die Koordination der haushaltspolitischen Maßnahmen des Ministeriums übernommen und seither auch den Kontakt zum Haushaltsausschuss und zum Sparausschuss des Reichstags gehalten.[166] Als Haushaltsreferent war Schwerin von Krosigk, wie bereits angedeutet, auch an der Bewältigung der Lohmann-Affäre beteiligt gewesen und hatte seither im sogenannten Mitprüfungsausschuss die geheime Finanzierung der Aufrüstung durch den Weimarer Staat mit organisiert. Im Jahr 1929 übernahm er die Leitung der Haushaltsabteilung.[167]

In einer von der Verwaltungsakademie veröffentlichten Vortragsreihe zur Notverordnungspolitik trug Schwerin von Krosigk 1930 an der Seite von Johannes Popitz und Carl Schmitt vor. Schmitt begründete in diesem Rahmen wortreich die Notverordnungen des Reichspräsidenten und plädierte programmatisch für den Dezisionismus eines Staates im „Ausnahmezustand". Auch Popitz nutzte diesen Anlass, um seine Staatsauffassung noch einmal grundsätzlich darzustellen und zu veranschaulichen.[168] Im Unterschied dazu beschränkte sich der Vortrag Schwerin von Krosigks hingegen weitgehend auf die Präsentation von Fakten. Er erläuterte das Sparprogramm, das mit den Notverordnungen verbunden war (die Beitragserhöhung in der Arbeitslosenversicherung, das sogenannte Plafondgesetz zur Ausgabenbegrenzung sowie die Kürzung der Beamtengehälter), und verband diese Ausführungen mit der abschließenden Mahnung, in den kommenden Jahren einen wirklichen Haushaltsausgleich anzustreben. Klarsichtig, aber beiläufig streifte er die Widersprüche zwischen parlamentarischem Budgetrecht und Regierungsverantwortung in der Haushaltsführung, die durch die bis 1933 bindende Ausgabensperre allenfalls umgangen, aber nicht aufgelöst wurden.[169] Das Jahr 1930 hob Schwerin von Krosigk hier wie an anderer Stelle als den Moment der größten Krise und als Wendepunkt hervor. Jenseits der Faktenebene wurde dabei eine pathetische Schicksalsergriffenheit erkennbar, mit der Schwerin von Krosigk den eher spröden haushaltspolitischen Sachverhalten begegnete – hierin Popitz nicht unähnlich, der dabei aber hintergründiger argumentierte. So

[166] Schwerin von Krosigk, Memoiren, S. 94–96; ders., Staatsbankrott, S. 25–33 und 52.
[167] Brüning, Memoiren, S. 130; Schwerin von Krosigk, Staatsbankrott, S. 38–42 und 53.
[168] Schmitt, Bedeutung; dazu auch ders., Grundsätzliches; Popitz, Finanzausgleich (1931).
[169] Schwerin von Krosigk, Herabsetzung, S. 68.

beendete Schwerin von Krosigk 1931 einen ansonsten betont technischen Artikel zum Deckungsprogramm der Reichsregierung in der Zeitschrift *Reich und Länder* mit dem Appell: „Es bleiben Gefahrenquellen, es bleiben noch große Aufgaben zu lösen. Die gesamte politische und wirtschaftliche Entwicklung Deutschlands wird für lange Zeit von der Entscheidung darüber beherrscht werden, wann und in welcher Form die Lösung dieser Aufgaben gelingt."[170]

Als administrative wie politische Figur ist Schwerin von Krosigk schwer zu fassen. Wie Schäffer war er offenbar gut vernetzt, jedoch in anderen Kreisen. Er galt als eng verbunden mit dem jungkonservativen Deutschen Herrenklub, der autoritäre Staatsvorstellungen vertrat; allerdings bestritt er selbst später eine Mitgliedschaft.[171] Als Mitarbeiter Schäffers agierte er so unauffällig wie effektiv. Schäffer hielt ihn für seinen unentbehrlichen Verbündeten in der Sicherung von Kasse und Haushalt gegenüber politischen Begehrlichkeiten und für den am besten geeigneten Nachfolger, attestierte ihm aber auch eine gewisse Unberechenbarkeit und fehlende Standfestigkeit. Im März 1932 notierte Schäffer: „Krosigk sieht die Dinge ebenso wie ich. Ob er sie aber dem Kanzler ebenso brutal serviert, ist mir zweifelhaft."[172]

Nachdem Schwerin von Krosigk nicht sein Amtsnachfolger, sondern sogar Minister geworden war, sprach Schäffer ihm in einem Brief sein Vertrauen aus und setzte große Hoffnungen auf Schwerin von Krosigks Widerstand gegen dubiose Finanzexperimente der Regierung von Papen. Bekannt war ihm aber auch, dass der schweigsame Schwerin von Krosigk an „geheimen Konvertikeln" rechtsnationaler Kreise in Döberitz beteiligt gewesen war, zumal er ihm für die Fahrt dorthin sogar sein Auto geliehen hatte. Schäffer ging aber dennoch davon aus, dass sein Mitarbeiter von Verschwörungen gegen die Regierung Brüning nichts geahnt habe.[173] Über die politische Konstellation, in die er als Minister unter dem Reichskanzler Franz von Papen eintrat, war Schwerin von Krosigk gleichwohl vollständig im Bilde. Dass er, wie er später behauptete, über die NSDAP und Hitler bis Anfang 1933 „so gut wie nichts" wusste, ist kaum plausibel, noch weniger, dass es die „Sehnsucht nach Anstand und Moral", nach

[170] Schwerin von Krosigk, Reichshaushalt, S. 14; Popitz, Bedeutung.

[171] Schwerin von Krosigk, Memoiren, S. 139, der ein Treffen des Klubs erwähnt; ders., Staatsbankrott, S. 114, wo er die Mitgliedschaft verneint; dagegen Büttner, Weimar, S. 466–467; unter Berufung auf Hörster-Philipps, Politik, S. 47, 51 und 56, wo Schwerin von Krosigks Name allerdings nicht auftaucht. Schwerin von Krosigk fehlt auch in der Mitgliederliste von 1933 bei Schoeps, Herrenklub, S. 244–257. Zum Herrenklub auch Malinowski, König, S. 422–437.

[172] Luther, Abgrund, S. 277; Tagebuch Schäffer, 30.3.1932, IfZ ED 93-19, Bl. 143–144; 19.4.1932, IfZ ED 93-20, Bl. 64; 23.3.1932, IfZ ED 93-19, Bl. 125.

[173] Hierzu die Unterlagen vom Juni 1932, IfZ ED 93-21, Bl. 2–4 und 7; Tagebuch Schäffer, 4.6.1932, ebd., Bl. 8–9; Brüning, Memoiren, S. 482–483.

„Pflichterfüllung" und „Unbestechlichkeit in der Verwaltung" waren, die er in der nationalsozialistischen Bewegung verkörpert fand.[174]

Das Taktieren von Papens, Schleichers und Hindenburgs mit einer Regierungsbeteiligung Hitlers im Verlauf des Jahres 1932 dürfte Schwerin von Krosigk als Mitglied des Kabinetts kaum übersehen haben, war es doch selbst für die breite Öffentlichkeit erkennbar. Dies galt auch für die bürgerkriegsähnlichen Zustände, die selbst von Hindenburg so bezeichneten „Terror- und Gewaltakte" der NSDAP oder der Hass auf die jüdische Bevölkerung, der im August 1932 sogar Gegenstand einer Ministerbesprechung war. Bei diesem Anlass sprach Schwerin von Krosigk sich offen für eine Regierungsbeteiligung der NSDAP aus, um damit das „Vertrauen in eine ruhige politische Weiterentwicklung" zu schaffen und eine Präsidentenkrise (einen Fortbestand der Präsidialregierung ohne verfassungsmäßige, also parlamentarische Grundlage) zu vermeiden. Hingegen legte der Reichsjustizminister Franz Gürtner (DNVP), der direkt nach dem Reichsfinanzminister sprach, in dieser Sitzung offen dar, dass dieses Zähmungskonzept wohl ein „Wunschbild" sei, und rief in Erinnerung, dass die nationalsozialistische „Staatsidee" sich in hohem Maße auf den Kampf gegen andere Staatsbürger stütze, in erster Linie gegen die Juden als „Symbol des Finanzelends" sowie gegen die politische Linke. Da man um diese gewaltsamen Absichten der Nationalsozialisten wisse, herrsche „in weiten Kreisen der Bevölkerung" die Auffassung vor, man dürfe ihnen nicht die Regierungsverantwortung überlassen, befand auch sein deutschnationaler Parteigenosse, der kurzzeitige Reichsinnenminister Wilhelm von Gayl. Dass der nationalsozialistische Terror gerade darauf abzielte, Hitler in die Staatsführung zu bringen, indem die bestehende Ordnung beständig gestört wurde, erkannte der Reichskanzler von Papen – trotzdem plädierte er wie Schwerin von Krosigk dafür, diesem Ansinnen entgegenzukommen, um dem so gebildeten Kabinett ungehemmtes Regieren zu ermöglichen.[175]

Es ging in diesem Moment also für von Papen wie für Schwerin von Krosigk um die maximale Ermächtigung der Reichsregierung, nicht um die Eindämmung des Nationalsozialismus. Sie waren ganz offensichtlich informiert über Hitler und das politische Programm der NSDAP. Der Reichsfinanzminister konnte aus nächster Nähe wissen, dass die Regierung unter Führung von Papens in dieser Phase zugleich die Brücken nach links (auch zu sozial- und liberaldemokratischen Beamten wie Schäffer) abbrach, die „republikanisch gesinnten Bevölkerungskreise" isolierte und die NSDAP damit aktiv zur rele-

[174] Schwerin von Krosigk, Staatsbankrott, S. 108–109, 114–115, 131 und 174–175.

[175] Hierzu und zum Folgenden Blasius, Ende, S. 98–101; Ministerbesprechung, 10.8.1932, AdR, Kabinett von Papen, Bd. 1, Dok. Nr. 99; Aufzeichnung des Staatssekretärs Meissner über eine Besprechung des Reichspräsidenten mit Adolf Hitler, 13.8.1932, ebd., Dok. Nr. 101.

vanten Kraft erhob. Diese Konstellation versprach dem Staatsapparat größere Handlungsmacht und bot dem langjährigen Reparationsexperten Schwerin von Krosigk nicht zuletzt die Chance, zur endgültigen Revision des Versailler Vertrages und der internationalen finanziellen Verpflichtungen beizutragen. Der kämpferische „Vergeltungsinstinkt", den die NSDAP laut Gürtner gegen Andersdenkende und das Ausland offen zum Ausdruck brachte, stand dieser radikalen Wiederermächtigung des deutschen Staates eben nicht im Weg, sondern ebnete diesen Weg erst. Diese „Profanisierung politischer Gewalt" zeigte ihre Wirkung in den späten Jahren der Weimarer Republik daher auch an der Spitze des Reichsfinanzministeriums. Denn: Sich dieser Gewalt argumentativ zu bedienen oder mit ihrer Eskalation zu drohen, war 1932 eine Strategie, die Eroberung und Expansion staatlicher Macht diente. Mit Schwerin von Krosigks Amtsantritt in der Regierung von Papen endete daher die Phase, in der das Finanzressort unter Führung von Schäffer und Dietrich den Krisenerscheinungen primär mit technokratischen Mitteln und der Ausdehnung der verfassungsmäßigen Notverordnungspraxis begegnet war.[176]

Aus den Tagebüchern und anderen Selbstzeugnissen Schwerin von Krosigks spricht entsprechend wenig Sachlichkeit, sondern vielmehr großes Pathos. Auf den eigenen Lebensweg blickte er durch die Linse der Weltläufte. Seine Erinnerungsschriften gliederte er nach den großen Abschnitten und Zäsuren der politischen Geschichte Deutschlands; dies galt für die Zeit vor 1933 ebenso wie für die Jahre als Minister in der Regierung Hitlers. Analytisch war Schwerin von Krosigk konventionell, sein Verständnis von Politik und Regierungshandeln war von den elitären Netzwerken und persönlichen Eigenheiten „führender Männer" geprägt, welche die Machtübernahme durch die Nationalsozialisten taktisch verhandelten.[177] Politik als ein personalisiertes Schachspiel also, mit wenigen Figuren als Schicksalsträgern. Eine „Gesellschaft" kam jenseits von Jagdgesellschaften kaum vor; soziale oder ökonomische Resonanzräume auf nationaler und internationaler Ebene kolorierten allenfalls den Hintergrund. Die Beschreibung der Monate vor Hitlers Machtübernahme in Schwerin von Krosigks Tagebüchern konzentrierte sich entsprechend auf Ränkespiele und Gerüchte in Kreisen deutschnationaler Politiker und ostelbischer Adliger. Erkennbar wird auch dort, dass er die Beteiligung der NSDAP als eine politische Gelegenheit ansah, um „Kassenlage und Währung [zu] garantieren" und zugleich den Aufstieg der Linken zu hemmen: Den „Gedankengang, dass man die Nazis nicht nur <u>hinter</u> sondern <u>in</u> das Kabinett bringen müsse, auch unter den

[176] Blasius, Ende, S. 13 und 20–21; Keine Beruhigung! Die Gegensätze verschärfen sich, in: Vorwärts, 24.8.1932 (Morgenausgabe). Hierzu auch Weisbrod, Gewalt; Bessel, Gewalt; Schumann, Gewalt; Wirsching, Weltkrieg. Zu den haushaltspolitischen Konsequenzen Kap. III.3.

[177] Schwerin von Krosigk, Staatsbankrott; ders., Memoiren; ders., Deutschland, S. 235.

grössten personellen Opfern", vertrat Schwerin von Krosigk auch im November 1932 noch einmal – „vor allem mit der Begründung, dass [...] die Gefahr eines Abgleitens eines grossen Teils der Nazis einschliesslich der nationalen Jugend in das kommunistische Lager bestehe, wenn sie in der Opposition blieben und in eine immer radikalere Propaganda getrieben würden."[178]

Allein die Kanzlerschaft Hitlers bot für Schwerin von Krosigk zu diesem Zeitpunkt die „Rettung" vor Streiks, Unruhen und Bürgerkrieg sowie das Fundament einer wirtschaftlichen Wiederbelebung. Alle anderen Optionen stellten eine „Kontingenz" dar, die der neue Minister ablehnte.[179] Rückblickend behauptete Schwerin von Krosigk, dass er sich 1933 vor allem darüber gefreut habe, „nun auf politisch gesicherter Grundlage das deficit-spending durchführen zu können" und daher auch Hitlers Kanzlerschaft begrüßt habe: „Es war für den Fachminister beglückend, zum ersten Male ohne Hemmungen Konjunkturpolitik betreiben und die Richtigkeit der Keynesschen Theorie praktisch nachweisen zu können." Erst die „politische Beruhigung" unter dem Kabinett Hitler habe dafür die Bedingungen geschaffen.[180] Jenseits der Tatsache, dass ihm die politische Gewalt, die zu dieser „Beruhigung" führte, offensichtlich auch in der Retrospektive unproblematisch erschien, dokumentieren diese Aussagen vor allem die spätere Selbstinszenierung Schwerin von Krosigks, der sich auf diese Weise als finanzpolitischer Visionär vermarktete. Damit zeigte er ein ausgeprägtes Gespür für die Vorstellungen, die sich die Zeitgenossen in den 1970er-Jahren von moderner Finanzplanung und staatlicher Kreditschöpfung machten; ein klares Profil seiner Persönlichkeit Anfang der 1930er-Jahre ergab sich daraus gleichwohl nicht.[181]

Ende 1932 startete Schwerin von Krosigk eine Informationskampagne im In- und Ausland, die mit der Abschottungsstrategie des Kabinetts von Papen brach und dem umtriebigen „Benjamin" der Regierung gerade in den parlamentarischen Gremien positiv angerechnet wurde.[182] Diese Strategie setzte er zunächst auch im Jahr 1933 fort, über den Moment der Machtübernahme der Nationalsozialisten hinaus. Eher zufällig erschien Schwerin von Krosigks erster Beitrag als Finanzminister der nationalsozialistischen Regierung in einem französischen Wirtschaftsblatt. Darin warb er, wie auch schon in einem Interview mit der

[178] Tagebuch Schwerin von Krosigk, 13.11.1932, IfZ ZS A-20, Bd. 4a, Bl. 4.

[179] Tagebuch Schwerin von Krosigk, 27.11.1932, ebd., Bl. 6; 5.11.1932, ebd., Bl. 3.

[180] Schwerin von Krosigk zit. nach Steuer-Warte 12 (1933), 7, S. 107; ders., Staatsbankrott, S. 177.

[181] Hierzu seine Darlegungen in der Korrespondenz mit Heinrich Dräger in den 1950er-Jahren, abgedr. in: Gottfried Bombach et al., Keynesianismus II, S. 302–307.

[182] Walter Kiehl, Der Benjamin des Papen-Kabinetts spricht, in: 12-Uhr-Blatt, 30.11.1932; Reichsfinanzen und Krise. Eine Rede des Reichsfinanzministers, in: Deutsche Tages-Zeitung, 30.11.1932, beide BArch R8034 III/255, Bl. 51 RS; N.N., Wirtschaft. Hierzu auch die 6. Sitzung des Ausschusses für den Reichshaushalt, 11.1.1933, bes. S. 68.

Financial Times im September 1932, um ausländisches Vertrauen als Grundlage für die ökonomische Gesundung Deutschlands durch eine aktivere Finanz- und Wirtschaftspolitik.[183] Wiederkehrendes Schlagwort seiner Reden war die „Etatskonjunkturpolitik" – ein Signal in Richtung finanzieller Orthodoxie und Sparsamkeit, das um einige Akzente des Neuen ergänzt war, wie die Bezugnahme auf konjunkturtheoretische Modelle oder auf völkisches Denken.[184]

Mit diesem Begriff distanzierte sich Schwerin von Krosigk von der Finanzpolitik der Jahre 1926 bis 1932 und erhob „die Forderung, daß man in den Zeiten der Fülle Reserven schafft für die Zeiten der Knappheit, und nichts anderes." Der Weimarer Staat sei zu „schwach" gewesen, um eine solche Politik durchzusetzen, erst mit der Regierung Hitler habe sich die Möglichkeit geboten, „ein völlig einheitliches Wirtschafts- und Finanzprogramm ohne Rücksicht auf Parteien, ohne Rücksicht auf Interessenten" aufzustellen und durchzuführen. Eine Trennung zwischen Staat und Wirtschaft gebe es nun nicht mehr, doch je stärker ein Staat sei, umso weniger brauche er selbst Wirtschaft zu treiben; diese Position besaß gewisse Anklänge an Schmitts Überlegungen zum „totalen Staat" aus den Jahren 1931 bis 1933. Dort hatte Schmitt zwischen der Totalität des Staates aus Schwäche und aus Stärke unterschieden und auf diese Weise die Steuerungskraft der Marktwirtschaft verteidigt.[185] Gleichwohl konnte mit Etatskonjunkturpolitik bei Schwerin von Krosigk auch eine „von oben geleitete einheitliche Anlage- und Anleihepolitik" gemeint sein, also die zwangsweise Abschöpfung von Liquidität für den Staatskredit. Flexibel datierte Schwerin von Krosigk, je nach Publikum, die entscheidende „Wende" zu dieser Politik mal auf den Amtsantritt von Papens, mal auf die Machtübernahme Hitlers. Als wesentliche Ursache des früheren Staatsversagens erschien stets

183 Ist das wirtschaftliche Gesundung? Der Reichsfinanzminister schreibt in einer französischen Zeitung, in: Tägliche Rundschau, 31.1.1933, BArch R8034 III/255, Bl. 52; Appell an die Auslandsgläubiger, in: Deutsche Zeitung, 1.9.1932, ebd., Bl. 51.

184 Exemplarisch für eine Vielzahl von Äußerungen: Reichsfinanzen und Krise, Eine Rede des Reichsfinanzministers, in: Deutsche Tages-Zeitung, 30.11.1932, BArch R8034 III/255, Bl. 51 RS; Krosigk über den Steuerschwund, in: Vossische Zeitung, 15.12.1932, ebd., Bl. 52; Der Reichsfinanzminister über die Haushaltsgestaltung im Dritten Reich, in: Deutsches Nachrichtenbüro, Nr. 1031, 15.5.1934, BArch R43 II/754. Zu solchen Äußerungen Schwerin von Krosigks in der Frühphase auch Tooze, Ökonomie, S. 107.

185 Schwerin von Krosigk, Wirtschaft, S. 5–6, 11 und 22; ders., Abhängigkeit, Sp. 1437–1441; Der Reichsfinanzminister über öffentliche Finanzen und Wirtschaft – Eine Mahnung an das Inland und Ausland, in: Deutsches Nachrichtenbüro (Nachmittags-Ausgabe), Nr. 2409, 13.11.1934, BArch R43 II/778, Bl. 143; Graf Schwerin von Krosigk über „Oeffentliche Finanzen und Wirtschaft", in: Deutsches Nachrichtenbüro (Erste Abend-Ausgabe), 25.3.1934, ebd., Bl. 137 RS; Reichsfinanzminister Schwerin von Krosigk über Grundsätzliches zur Finanz- und Wirtschaftspolitik, in: Deutsches Nachrichtenbüro (Erste Abend-Ausgabe), Nr. 2613, 15.12.1934, ebd., Bl. 144–146; ausführlicher zu Schmitt Middendorf, Wille, S. 193–205; Schmitt, Wendung; ders., Starker Staat (1932); ders., Starker Staat (1933); ders., Weiterentwicklung.

die parlamentarische Ordnung. An deren Stelle traten als Grundbedingungen staatlicher Machtausübung nun das „psychologische Moment, der Faktor des Vertrauens“ (das allerdings nicht mehr durch Transparenz hergestellt werden sollte) sowie die „politische Stabilität“ (die, unausgesprochen, nicht zuletzt auf Gewalt basierte).[186]

Für die Vernebelung der staatlichen Finanzverhältnisse unter Hitler war die taktische Erfahrung des alteingesessenen Haushaltsexperten auf dem Ministerposten gefragt, dies zeigte sich schon in den ersten Kabinettssitzungen und bei der Aufstellung des Reichshaushaltsplans für das Jahr 1933.[187] Dabei bemühte sich Schwerin von Krosigk besonders darum, die parlamentarische Mitsprache auszuschalten. Seine spätere Aussage, er habe „in der Zeit nach 1933 die parlamentarische Unterstützung schmerzlich vermißt“, ist somit als retrospektive Überformung seiner Erfahrungen vielleicht plausibel, nicht aber als Beschreibung seiner Motivlage im Moment der Errichtung der Diktatur. Vielmehr drängte Schwerin von Krosigk bereits bei der Ministerbesprechung am 31. Januar 1933 darauf, im Dienste der Handlungsfähigkeit der neuen Regierung die Reichstagsausschüsse aufzulösen und für längere Zeit „beschlußunfähig“ zu machen, was dann am nächsten Tag durch die Fraktion der NSDAP im Haushaltsausschuss auch umgesetzt wurde. Die Forderung der NSDAP nach Neuwahlen zur Verbreiterung ihrer Machtbasis betrachtete er zunächst skeptisch, stimmte diesem Vorgehen aber schließlich zu – unter der Zusicherung, dass an der Zusammensetzung des Kabinetts nach den Wahlen nichts geändert werde.[188]

Die Ausschaltung des Reichstags und das Ermächtigungsgesetz schufen dann ein transitorisches Machtvakuum, in dem Schwerin von Krosigk zügig Fakten im Sinne des Ministeriums schaffen wollte. Allerdings stieß dieses Ansinnen auch früh auf Widerstände. Das Jahr 1935 wurde zu einem kritischen Moment. Obwohl Schwerin von Krosigk 1934 unzählige Auftritte vor Wirtschaftsführern

[186] Schwerin von Krosigk über „Öffentliche Finanzen und Wirtschaft“, in: Deutsches Nachrichtenbüro, Nr. 751, 17.5.1935, BArch R43 II/778, Bl. 148, wo Schwerin von Krosigk auf Zyklenmodelle und die „neueren Konjunktur- und Krisentheorien“ eingeht; Der Reichsfinanzminister über öffentliche Finanzen und Wirtschaft – Eine Mahnung an das Inland und Ausland, in: Deutsches Nachrichtenbüro (Nachmittags-Ausgabe), Nr. 2409, 13.11.1934, BArch R43 II/778, Bl. 143; Deutschlands Finanzen. Schwerin von Krosigk und R. von Renteln auf dem Industrie- und Handelstag, in: Berliner Tageblatt, 3.5.1934, BArch R8034 III/255, Bl. 48; Reichsfinanzminister Schwerin von Krosigk über Grundsätzliches zur Finanz- und Wirtschaftspolitik, in: Deutsches Nachrichtenbüro (Erste Abend-Ausgabe), Nr. 2613, 15.12.1934, ebd., Bl. 144–146; Schwerin von Krosigk, Wirtschaft, S. 9 und 11; zum Kontext auch Köster, Wissenschaft, S. 267–268.

[187] Hierzu auch Kap. III.3.

[188] Schwerin von Krosigk, Memoiren, S. 153; Ministerbesprechung vom 31.3.1933, AdR, Regierung Hitler, Teil I, Bd. 1, Dok. Nr. 2, S. 6; Tagebuch Schwerin von Krosigk, 5.2.1933, IfZ ZS A-20, Bd. 4a, Bl. 17.

und Expertenzirkeln absolviert hatte, berichtete die *Thurgauer Zeitung* im Dezember 1934 über einen möglicherweise bevorstehenden Rücktritt Schwerin von Krosigks. Um den Reichsfinanzminister sei es „in letzter Zeit recht stille geworden", und „gut unterrichtete Kreise" in Berlin vermuteten daher, dass er bald zurücktreten und zum Präsidenten des Reichsfinanzhofs in München ernannt werde. Der preußische Finanzminister Popitz stehe schon als ambitionierter Nachfolger bereit.[189] Im Frühjahr 1935 verdichteten sich diese Gerüchte in der ausländischen Presse, als Schwerin von Krosigk einen längeren Erholungsurlaub antrat, „da sein Gesundheitszustand durch Ueberanstrengung bei der Ausarbeitung des Budgets gelitten habe". Der Reichsfinanzminister wurde als „amtsmüde" wahrgenommen, da er als „Fachmann" keine Verantwortung für die „bedenkliche Finanzlage des Reiches" mehr übernehmen wolle.[190] Im Reich allerdings hielt Schwerin von Krosigk im Laufe des Jahres 1935 weiter unermüdlich „volkspsychologische" Vorträge, etwa beim Presseempfang der Leipziger Messe, an der Lessing-Hochschule, der Verwaltungsakademie oder dem Weltwirtschaftlichen Institut in Kiel, in denen er die Pläne der Regierung als „kühn" und „einzigartig" präsentierte.[191] Zudem veröffentlichte er in verschiedenen Zeitschriften Beiträge über die deutsche Finanzpolitik, in denen er die Überzeugung aussprach, dass die nationalsozialistische Regierung zukünftig mit „konstruktiver Sparpolitik" den Beweis erbringen werde, „daß sie dieser Probleme Herr werden kann und wird".[192]

Dass Popitz sich in dieser Phase für einen Amtswechsel präparierte, scheint durchaus wahrscheinlich. So brachte er im März 1935 Vorschläge für die zukünftige Gestaltung der Reichsfinanzverwaltung ein, die er ohne vorherige Beteiligung des Reichsfinanzministeriums im persönlichen Gespräch Hitler vorstellte.[193] Einige Monate zuvor hatte Popitz mit einem persönlichen Schrei-

[189] Rücktritt Schwerin von Krosigks?, in: Thurgauer Zeitung, 7.12.1934, BArch R8034 III/255, Bl. 46.

[190] Erholungsurlaub des Reichsfinanzministers Schwerin-Krosigk, in: Neue Freie Presse, 2.4.1935, ebd., Bl. 44; Graf Schwerin-Krosigk amtsmüde? Gerüchte um eine Regierungsumbildung im Reiche, in: Der Deutsche in Polen, 27.1.1935, ebd., Bl. 43 RS; Reichsfinanzminister Schwerin-Krosigk tritt länger[e]n Urlaub an, in: Basler Nachrichten, 13.5.1935, ebd., Bl. 44.

[191] Rheinisch Westfälische Zeitung, 12.12.1935, ebd., Bl. 39; Der Reichsfinanzminister sprach in Kiel, in: Kieler Neueste Nachrichten, 29.11.1935, ebd., Bl. 42 RS; Rede des Reichsfinanzministers beim Presseempfang auf der Leipziger Messe, in: Deutsches Nachrichtenbüro, Zweite Morgen-Ausgabe, 26.8.1935, ebd., Bl. 41 RS; Die Beschaffung der Mittel für die Wehrmacht. Der Reichsfinanzminister über die deutsche Finanzpolitik, in: Völkischer Beobachter, 12.12.1935, ebd., Bl. 40.

[192] Zielbewußte Finanzpolitik, in: Berliner Börsen Zeitung, 5.9.1935, ebd., Bl. 42; Schwerin von Krosigk, Die dreifache Aufgabe der Finanzpolitik, in: Deutsche Allgemeine Zeitung, 12.9.1935, ebd.

[193] Hierzu der entsprechende Vermerk in BArch R43 II/778, Bl. 147.

ben an Schwerin von Krosigk dessen Aufmerksamkeit auf das eigenmächtige Vorgehen seines Staatssekretärs bei der Vorbereitung der Steuerreformen und bei der Festlegung steuerrechtlicher Entscheidungskriterien zu lenken versucht. Empört war Popitz vor allem darüber, dass Reinhardt in Reden und Publikationen steuergesetzliche Vorhaben und Richtlinien für die Veranlagungspraxis bereits öffentlich kundgetan hatte, bevor diese mit den zuständigen Stellen (also auch dem preußischen Finanzministerium) abgestimmt und rechtskräftig erlassen worden waren, etwa in einem Beitrag in der *Deutschen Steuer-Zeitung*. Staatsentscheidungen seien entweder in Gesetzen oder in amtlichen Erlassen kundzutun, nicht aber in einem „Privataufsatz".[194] Über seine Intervention informierte Popitz parallel Hermann Göring sowie Hjalmar Schacht und setzte so den Reichsfinanzminister unter Druck. Eine Antwort Schwerin von Krosigks erhielt der preußische Finanzminister zwar nicht, immerhin wurde sein Ministerium aber anschließend rechtzeitig an entsprechenden Vorhaben beteiligt. Schwerin von Krosigk, der vermeintliche „Nichtpolitiker", blieb trotz solcher Ränkespiele im Amt und arrangierte sich nicht nur mit Popitz, sondern ebenso mit seinem Staatssekretär, dem überzeugten Nationalsozialisten Fritz Reinhardt, der auf Betreiben Hitlers in dieses Amt gelangt war.[195]

In ihren Biografien und Arbeitsweisen verkörperten der Minister und sein Staatssekretär zwei Facetten der nationalsozialistischen Verwaltungselite. Während Reinhardt sich als radikaler Macher des Ressorts hervortat, Formen der Vergemeinschaftung einführte und ideologisch zuverlässige Nachwuchskräfte persönlich förderte, blieb der Führungsstil des Ministers undurchsichtig. Schwerin von Krosigk repräsentierte das Ministerium zwar staatsmännisch und in seinen Reden nach außen, insbesondere im Krieg dann auch auf ausgedehnten Reisen. Diese öffentlichen Auftritte waren aber eher akademisch wirkende Sparappelle als mitreißende Beschwörungen der „Volksgemeinschaft". Auch seine interne Macht übte Schwerin von Krosigk mittels „Einspännergewohnheiten" aus, an seiner Seite nur wenige Referenten als Vertraute. Gerade leitende Beamte des Ministeriums wurden von Schwerin von Krosigk offenbar an wichtigen Vorgängen nicht beteiligt, Entscheidungen fielen auf der Basis

194 Persönliche Schreiben von Popitz an Schwerin von Krosigk vom 11.12.1934 sowie vom 31.10.1934, GStPK I HA Rep. 151 HB Nr. 45, Bl. 100–105. Hierzu Reinhardt, Antizinsparagraph.

195 Preußischer Finanzminister an den Preußischen Ministerpräsidenten, 30.1.1935, GStPK I HA Rep. 151 HB Nr. 45, Bl. 103; Neumark, Zuflucht, S. 55. Hans Schäffer urteilte später über Schwerin von Krosigk, dass dessen Verbleiben im Amt die Beamtenschaft „stärker demoralisiert" habe, als es fanatische Ideologen wie Ley oder Streicher vermocht hätten, vgl. IfZ ED 93–40, Bl. 115 RS; sowie die Korrespondenz zwischen Schäffer und Schwerin von Krosigk über die Lage der Juden 1933, IfZ ED 93–39, Bl. 4–13; zur Einsetzung Reinhardts auch die Ministerbesprechung vom 31.3.1933, AdR, Regierung Hitler, Teil I, Bd. 1, Dok. Nr. 80, S. 277.

persönlicher Referentenvorträge oder bei Besuchen von Externen, über die seine Mitarbeiter nichts Näheres erfuhren. Die von Schwerin von Krosigk schon für die Weimarer Zeit als Leitlinie seines Handelns beschriebene Strategie, die Ablehnung finanzieller Forderungen nicht auf ein generelles *non possumus*, sondern auf Sachkenntnis im Einzelfall zu stützen, bedingte eine tendenziell nachgiebige Haltung gegenüber interessierten Kreisen. Unter der Beamtenschaft führte dies im Verlauf der folgenden Jahre offenbar zu Enttäuschungen und zu einer gewissen Distanzierung gegenüber dem Minister, der mit seinem Verbleiben im Amt zunächst Stabilität signalisiert hatte.[196]

In der Summe sollten sich aber Schwerin von Krosigks eher vertrauliche Führungsmethoden mit Reinhardts lautstarken Inszenierungen zu einer Doppelspitze verbinden, die den Machterhalt der Organisation garantierte. Der von ehemaligen Mitarbeitern im Zuge der Nürnberger Prozesse konstruierte Antagonismus zwischen Schwerin von Krosigk und Reinhardt, der auch die späteren historiografischen Narrative geprägt hat, ist kaum überzeugend. Weder wurde Schwerin von Krosigk aus dem Machtzentrum des Ministeriums vertrieben, noch gab es eine scharfe Arbeitsteilung zwischen einer unpolitischen Haushaltsgestaltung unter der Ägide des Ministers und einer ideologisch ausgerichteten Steuer- und Personalpolitik unter Führung des Staatssekretärs.[197] Doch existierten selbstverständlich Unterschiede in den Prioritäten, die Minister und Staatssekretär aufgrund ihrer Position innerhalb der Organisation und ihrer Sicht auf den nationalsozialistischen Staat setzten, sowie Zielkonflikte zwischen den diversen Interessenlagen innerhalb des Hauses, die aus solchen Unterschieden resultierten.[198]

Der Staat als Volk in einer Person: Fritz Reinhardt (1895–1969)

Als der Haushaltsausschuss des Reichstags im Januar 1933 unter Anwesenheit Schwerin von Krosigks das autoritäre und intransparente Vorgehen der Reichsregierung anprangerte, gehörte auch Fritz Reinhardt zu den Kritikern. In ei-

[196] Hierzu die kritische Einschätzung des ehemaligen Leiters der Abt. V, Hugo Fritz Berger, 21.4.1947, BArch N1181; sowie Schwerin von Krosigk, Staatsbankrott, S. 49. Zu Reinhardts persönlichen Netzwerken die Studie von Kilian, Krieg. Zu Schwerin von Krosigks Vertrauten zählte vermutlich der seit 1929 im Reichsfinanzministerium beschäftigte Walter Brahtz, der als junger Mann wie Schwerin von Krosigk Regierungsbeamter in Stettin gewesen war und vom Minister auch als Vertrauensperson in die vom „alten Kämpfer" Otto Maaß geführte neue Personalabteilung des Ministeriums abgeordnet wurde, vgl. Schwerin von Krosigk, Staatsbankrott, S. 257.

[197] Hierzu auch die bisherigen Ergebnisse aus dem Forschungsprojekt zur Geschichte des Reichsfinanzministeriums im Nationalsozialismus, Kuller, Bürokratie, bes. S. 47–48; im Hinblick auf die Vielschichtigkeit der Zuständigkeit auch Banken, Steuerstaat, S. 87–93.

[198] Hierzu auch Kap. III.3.

ner zahlenlastigen und kleinteiligen Rede warf der damals 37-jährige Reinhardt dem nur wenige Jahre älteren Reichsfinanzminister vor, mit unseriösen Schätzungen zu agieren, woraufhin dieser, wie er in seinem Tagebuch gönnerhaft vermerkte, dem „kleinen Reinhardt" seine sachlichen Fehler dargelegt habe, „ohne ihn zu blamieren".[199] Im Verlauf dieser Debatte forderte Reinhardt – wie auch Rudolf Hilferding – die Reichsregierung zudem auf, den Etat von 1932 noch durch den Haushaltsausschuss parlamentarisch verabschieden zu lassen und auch den Kreditermächtigungen ihre „verfassungsrechtlich vorgeschriebene Form" im Sinne der Reichsschuldenverwaltung zu geben – ein beflissener Auftritt, für den ihn der kommunistische Abgeordnete Theodor Neubauer als „Regierungsratsaspirant" verspottete.[200] Als Reinhardt wenig später, im April 1933, den aus dem Amt getriebenen jüdischen Staatssekretär Arthur Zarden ersetzte, waren die kommunistischen Haushaltsexperten wie Neubauer oder Torgler im Untergrund oder inhaftiert. Reinhardt hingegen sollte bis 1945 auf seinem einflussreichen Posten verbleiben.

In den 1920er-Jahren hatte sich der gelernte Kaufmann und steuerrechtliche Autodidakt Reinhardt in Thüringen zum Handelsschullehrer und zum Steuerbevollmächtigten des Landesfinanzamtes hochgearbeitet.[201] 1924 hatte er in Herrsching am Ammersee die „Deutsche Fernhandelsschule" gegründet und in den folgenden Jahren im Selbstverlag zahllose Fachschriften herausgegeben, darunter ein sechsbändiges Werk zum kaufmännischen Selbst- und Fernunterricht und 45 Lehrbriefe für Steuerberater. Bereits 1926 in die NSDAP eingetreten, stellte er die von ihm aufgebauten Schulungseinrichtungen und Publikationsstrukturen in den Dienst der Parteipropaganda und schulte zu diesem Zweck Redner; bis Anfang 1933 durchliefen über 6000 Parteigenossen seine Seminare. Ende der 1920er-Jahre war Reinhardt Gauleiter von Oberbayern und Propagandaleiter der NSDAP geworden.[202] Finanzpolitische Themen und insbesondere die Reparationen spielten eine hervorgehobene Rolle in seinen öffentlichen Stellungnahmen. Zum Dawes-Gutachten von 1924 hatte er in einer Schrift verlauten lassen, dass dieses dazu bestimmt sei, „das Deutsche Volk zu entmündigen und zum Sklaven der internationalen Hochfinanz zu machen". Das Sachverständigengutachten, so Reinhardt, versinnbildliche die Entpolitisierung internationaler Beziehungen zugunsten der Interessen ausländischer „Geschäftsleute". Auch gegen den Young-Plan hatte er agitiert

199 Tagebuch Schwerin von Krosigk, 13.1.1933, IfZ ZS A-20, Bd. 4a, Bl. 12; 5. Sitzung des Ausschusses für den Reichshaushalt, 10.1.1933, S. 50 und 53.
200 6. Sitzung des Ausschusses für den Reichshaushalt, 11.1.1933, S. 67 und 69.
201 Hierzu und zum Folgenden Schöpf, Fritz Reinhardt; Friedenberger, Ausplünderung, S. 49; Meinl/Zwilling, Raub, S. 29–30 und 232–233.
202 Reinhardt, Deutschland; ders., Tributreichstag; ders., Notverordnung; ders., Klassenstaat; ders., Pest; ders., Volksbetrug. Hierzu Schöpf, Fritz Reinhardt, S. 253; Mehl, Reichsfinanzministerium, S. 14–15.

und insbesondere die jüdischen Finanz- und Haushaltspolitiker der SPD wie Hilferding und Hugo Heimann, der Lüge bezichtigt.[203]

Während über einige Staatssekretäre der nationalsozialistischen Zeit bereits Forschungen vorliegen, ist über Reinhardts Biografie und seine Rolle in der Ministerialbürokratie wenig bekannt.[204] Altersmäßig bewegte sich Reinhardt unter den Staatssekretären des nationalsozialistischen Regimes im mittleren Feld, als Figur ähnelte er dem zwei Jahre jüngeren Roland Freisler im Reichsjustizministerium. Wie dieser vertrat Reinhardt radikale Vorstellungen von Recht und Staat im Nationalsozialismus, beide bespielten zudem zahlreiche Veröffentlichungen in Fachzeitschriften ebenso wie in wissenschaftsnahen Zusammenhängen. Während Freisler den Strafrechtsausschuss der Akademie für Deutsches Recht leitete, saß Reinhardt dem dortigen Ausschuss für Finanz- und Steuerrecht vor. Neben seiner Tätigkeit als Staatssekretär war Reinhardt aber seit 1934 auch Hauptdienststellenleiter beziehungsweise Hauptbefehlsleiter im Stab des Stellvertreters des Führers.[205] Sein Büro im Ministerium mit den persönlichen Referenten Christian Breyhan und Herbert Gündel (später auch Hans Brack, der 1942 aus dem Reichsfinanzministerium zum Dienst in der Partei-Kanzlei beurlaubt wurde) betrieb daher Schnittstellenmanagement zwischen Staatsverwaltung und Parteiorganisation.[206] Generell hatte Reinhardt als Staatssekretär größere Handlungsspielräume als seine Weimarer Vorgänger, denn die Änderung der Geschäftsordnung der Reichsregierung im März 1935 sprach allen Staatssekretären das Recht zu, in Vertretung ihrer Minister Gesetze zu zeichnen. Da die Sitzungen des Reichskabinetts seltener wurden, nahm außerdem die Bedeutung von Besprechungen auf der Ebene der Staatssekretäre zu; dies galt insbesondere für die Kriegszeit.[207]

Den Staat beschrieb Reinhardt – anders als Schwerin von Krosigk oder Popitz – nicht als mystisches Schicksal, sondern als personifiziertes Kollektiv. „Niemand von uns", behauptete er 1930 (dem Jahr, in dem er als Abgeordne-

[203] Reinhardt, Sachverständigen-Gutachten, S. 3 und 18; ders., Klassenstaat, S. 8 und 15; ders., Hände.

[204] Hierzu und zum Folgenden Neliba, Staatssekretäre des NS-Regimes; Jasch, Staatssekretär; Rebentisch, Staatssekretäre; Benz, Riecke; Lehnstaedt, Reichsministerium. Zu Reinhardt Pausch, Fritz Reinhardt.

[205] Beschluss des Kassationshofes München, Beglaubigte Abschrift, 6.12.1950, Staatsarchiv München SpkA K 1401; sowie die Mitgliederliste des Ausschusses vom 31.1.1939, BArch R61/106, Bl. 38, und der dort gehaltene Vortrag Reinhardts über die „Beurteilung von Tatbeständen nach nationalsozialistischer Weltanschauung", BArch R61/471, Bl. 1–51.

[206] Meinl/Zwilling, Raub, S. 233. Zur Biografie Hans Bracks, dem in seiner Laufbahn auch vor 1933 stets Fleiß und Leistungsbereitschaft bescheinigt, aber verschiedentlich empfohlen wurde, „noch bestimmter" aufzutreten, vgl. die Personalakten BArch R2/102311 bis 102315. In die NSDAP trat Brack erst 1937 ein, wie auch Christian Breyhan und Herbert Gündel.

[207] Neliba, Die vier Staatssekretäre, bes. S. 1.

ter in den Reichstag einzog), „kann leben und gedeihen ohne die Anderen. Wohl ohne den einzelnen Anderen, nicht aber, ohne Glied einer Vielheit von Personen zu sein." Um die natürlich gegebenen Beziehungen innerhalb dieses Kollektivs auch rechtlich zu regeln, müsse „das Volk in eine bestimmte Rechtsform gekleidet werden". Diese Rechtsform des Volksganzen sei „das, was wir ‚Staat' nennen. Der Staat ist die Gesamtheit aller Volksgenossen, in eine einzige, auf bestimmten Gesetzen beruhende Person gekleidet. Er ist das Volk in einer Person." Dieses Staatsvolk sah Reinhardt schon 1930 in einem „Kampf um das Lebensrecht", wobei er auch Fragen des Steuerrechts und der Veranlagung von Steuerpflichtigen zu den existenziellen Herausforderungen der Deutschen zählte.[208] Für die Bestimmung derjenigen, die als Feinde (sowohl des Staates als auch des Volkes) in diesem Kampf angesehen wurden, waren rassistische Gründe entscheidend. Ein bürgerliches Individuum mit eigenen Rechten, das als Gegenüber des Staates auftrat, sollte es nicht mehr geben, sondern nur mehr den rechtmäßigen Überlebenskampf einer „Volksgemeinschaft", die auf Abstammung basierte.[209]

In einer Flut von Publikationen, die ihm nicht zuletzt kontinuierliche Nebeneinkünfte garantierten, legte Reinhardt seit 1933 ausführlich dar, wie er den existenziellen Kampf des deutschen Volkes mittels Steuergesetzen und administrativer Praxis zu führen gedachte. Öffentlichkeitsarbeit im Dienste des Regimes stellte insgesamt einen großen Teil seiner Tätigkeit dar, hier blieb Reinhardt seiner früheren Vita treu. Die renommierte *Deutsche Steuer-Zeitung* fusionierte Reinhardt zu diesem Zweck mit dem von ihm 1923 begründeten *Wirtschaftlichen Beobachter* und agierte fortan als deren Herausgeber. 1935 ging auch das preußische *Steuer-Archiv* in diesem Konglomerat auf. Die angesehene, bis heute erscheinende Fachzeitschrift wandelte er damit in ein Verkündigungsblatt des nationalsozialistischen Regimes um. So fanden seine programmatischen Reden, in denen er die Maßnahmen der Regierung ausführte und legitimierte, trotz ihrer Länge stets umgehend Aufnahme in die Zeitschrift.[210] Darüber hinaus gab Reinhardt die vielbändige *Bücherei des Steuerrechts* heraus, in der Fachleute – zumeist aus dem Reichsfinanzministerium – diverse Steuerarten, neuere Verordnungen oder die Strukturen der Reichsfinanzverwaltung allgemeinverständlich zu erläutern versuchten. Die

208 Reinhardt, Klassenstaat, S. 2–3 und 12.

209 Zur Definition von „Volks- und Staatsfeinden" im Umfeld des Reichsfinanzministeriums Ulbricht, Vermögen, Bd. I, hier S. 8–12. Aus der breiten Debatte um das Konzept der „Volksgemeinschaft" vor wie nach 1933 exemplarisch Wildt, Volksgemeinschaft; Thamer, Volksgemeinschaft; Hardtwig, Volksgemeinschaft; Retterath, Volk.

210 Hierzu N.N., Geleitwort; Reinhardt, Verminderung; ders., Steuerpflicht; ders., Steuerreform-Plan; sowie die in der Deutschen Steuer-Zeitung 23 (1934), S. 493–500, abgedruckten positiven „Stimmen über den Reinhardtschen Reformplan". Zu Reinhardts Publikationspolitik auch Schöpf, Fritz Reinhardt, S. 255.

nicht nur wegen der Umschlagfarbe als „braune Bände“ bezeichneten Schriften wurden oft mehrfach aktualisiert und auch im Krieg neu aufgelegt. Reinhardt selbst steuerte unter anderem zwei Bände zum Wareneingang und zur korrekten Amtssprache bei. 1938 wurde diese Publikationsreihe per Dienstordnung der Finanzämter zur offiziellen Handlungsanweisung für Entscheidungen der Finanzverwaltung erhoben. Manche Erlasse, wie etwa die Richtlinien über die Erhebung von Säumniszuschlag vom 22. Juli 1940, wurden nur in der Bücherei des Steuerrechts veröffentlicht, sodass die entsprechenden Bände in der Verwaltung angeschafft werden *mussten*. Die sogenannten Reinhardt-Briefe zur Ausbildung der Finanzbeamtenschaft erreichten die jungen Anwärter sogar noch im Feld.[211] In seinen Reden und Schriften war der Staatssekretär um Popularisierung bemüht; so ließ er in einem Lehrbuch für Bilanzprüfung sogar ein personifiziertes Konto mit dem Gruß „Heil Hitler“ auftreten.[212]

Exemplarisch für Reinhardts Weltanschauung war ein Vortrag, den er bei der Dritten Jahrestagung der Akademie für Deutsches Recht im Oktober 1936 hielt und anschließend in der *Deutschen Steuer-Zeitung* veröffentlichte. Der Text hatte die Beurteilung steuerlicher Sachverhalte „nach nationalsozialistischer Weltanschauung“ zum Gegenstand, die mit dem Steueranpassungsgesetz von 1934 eingeführt worden war. Als obersten Leitsatz formulierte Reinhardt, dass „alle Dinge des staatlichen und des privaten Lebens mit den allgemeinen Interessen des Volksganzen in Einklang stehen, und daß demgemäß Ausgangspunkt jeder Betrachtung die allgemeinen Interessen des Volksganzen sind.“ Das Völkische stellte in Reinhardts Vorstellung den inhaltlichen „Generalnenner“ aller Entscheidungen dar, und der einheitlich geformte Staat war wiederum notwendig für die „Entwicklungsmöglichkeit“ des Volkes. Mit dem Primat der Weltanschauung verband Reinhardt die „grundsätzliche Abkehr von formalrechtlichen Gesichtspunkten“, die vor 1933 handlungsleitend gewesen seien. Den bisherigen Auslegungsgrundsätzen bei steuerlichen Entscheidungen (amtlich festgelegter Zweck des Gesetzes, herrschende Verhältnisse und volkswirtschaftliche Bedeutung) wurde die nationalsozialistisch bestimmte Volksanschauung vorgeschaltet. Sowohl die Gesetzesauslegung als auch die – zuvor im Ermessensspielraum des einzelnen Beamten angesiedelte – Feststellung von Tatbeständen war nunmehr einheitlich weltanschaulich auszurichten, wobei dies natürlich eine willkürliche Setzung blieb. In Reinhardts volkspäd-

211 Reinhardt, Wareneingangsbuch; ders., Deutsch. Hierzu Meinl/Zwilling, Raub, S. 30 und 233; Mehl, Reichsfinanzministerium, S. 28; Henkelmann, Umgestaltung, S. 34; sowie der Bericht des Oberfinanzpräsidenten Nürnberg an die Hauptkammer München-Stadt vom 9.3.1949 im Spruchkammerverfahren gegen Reinhardt, StA München, SpkA K 1401.

212 Darüber spottete der ehemalige Ministerialrat August Weltzien in einem Bericht vom 8.2.1949 für das Spruchkammerverfahren gegen Reinhardt, vgl. StA München, SpkA K 1401.

agogischer Diktion: „Es ist alles richtig, was dem Volksganzen nützt, und alles falsch, was dem Volksganzen abträglich ist."[213]

Das Problem der wachsenden Staatsaufgaben und damit verbundener Ausgabensteigerung, Gegenstand jahrzehntelanger Kontroversen, erschien auf diese Weise vermeintlich leicht lösbar: „Der Ausgabenwirtschaft des Staates", so Reinhardt, „sind durch das Leistungsvermögen der Volksgemeinschaft bestimmte Grenzen gezogen". Apodiktisch erklärte er daher die „Verminderung der Verwaltungskosten" zum Königsweg, Haushaltsdefizite und die „Unordnung" der Staatsfinanzen waren zu vermeiden. Das „Gleichgewicht" des Haushalts wurde zum „Interesse des Volksganzen" erklärt, und die dafür notwendige „Vereinfachung" sollte sich auf das Gebiet des Rechts ebenso erstrecken wie auf das der Verwaltung und der Politik.[214] Hier wurde deutlich, dass hinter dem Schlagwort der Vereinfachung bei Reinhardt vor allem der Wunsch stand, Aushandlungsprozesse zu dominieren und den Rechtsstaat auszuhebeln. Das komplizierte „Parlamentsdeutsch" sei auszuschalten, so Reinhardt, denn auch Gesetze sollten zukünftig „einfach" sein. Prüfrechte des Reichsfinanzhofs sollten eingeschränkt, aministrative Einheiten zusammengefasst, Landes- und Gemeindesteuern abgeschafft werden. Nicht zuletzt verstand Reinhardt die verschärfte Steuerfahndung als Form der Verwaltungsvereinfachung, denn diese werde dazu führen, dass die arbeitsintensive Gewährung von Stundungszinsen vermieden und die zuständigen Vollstreckungsabteilungen abgebaut werden könnten. Zudem rief Reinhardt „alle Volksgenossen und Volksgenossinnen auf, ihre Steuern nicht nur pünktlich, sondern möglichst auch bargeldlos zu entrichten." Hier meinte Vereinfachung also die pflichtbewusste Selbststeuerung der Zahlungspflichtigen wie der Beamtenschaft „im Geist wahrer Volksgemeinschaft". Diese Steuerungsleistung wollte Reinhardt durch Restrukturierungen des Ressorts sowie die Einführung neuer Ausbildungsformen erreichen, die weltanschauliche Vorgaben an die Stelle von Logiken der Sachlichkeit setzten. Die Sprache, in die Reinhardt diese neuen Handlungsmodi kleidete, trug aber zum Teil vertraute Gewänder – wie eben jenes der „Vereinfachung".[215]

Die Idee der Verwaltungsvereinfachung, die der Beamtenschaft in den Weimarer Jahren vertraut geworden war und immer wieder die Möglichkeit geboten hatte, Entscheidungen über die Finanzmittel des Staates nicht nur technisch zu rationalisieren, sondern auch autoritär auszurichten, entwickelte in den Jah-

[213] Reinhardt, Beurteilung, S. 1291, 1294–1297 und 1305. Hierzu auch das Manuskript des Vortrags in BArch R61/471, Bl. 1–51.

[214] Reinhardt, Steuerreform-Plan, S. 465–466 und 468. Hierzu und zum Folgenden auch Reinhardts Rede bei seinem Amtsantritt im Ministerium, wiedergegeben in Steuer-Warte 12 (1933), 7, S. 107–108.

[215] Reinhardt, Steuerreform-Plan, S. 480–481; ders., Finanz- und Steuerpolitik. Hierzu auch Meinl/Zwilling, Raub, S. 232–233. Zur Verweltanschaulichung des Ministeriums Kap. III.2, zu Reinhardts Rolle in der Vereinfachungspolitik Kap. III.3.

ren der nationalsozialistischen Diktatur gleichwohl eine ganz neue Radikalität, gerade im Feld der Reichshaushaltsplanung. An verantwortlicher Stelle saß dort aber ein Beamter, der schon vor 1933 in das Ministerium eingetreten war und dem später Verbindungen zu Widerstandskreisen nachgesagt wurden: der Generalreferent für den Reichshaushalt, Josef Mayer.[216]

Der Staat als Provisorium: Josef Mayer (1887–1961)

Im gleichen Jahr wie sein Minister Schwerin von Krosigk geboren, trat Josef Mayer ebenfalls 1920 in die Reichsverwaltung ein. Karriere machte er zunächst auf Landratsebene. Nach Stationen im Reichsinnenministerium und im Reichsministerium für die besetzten Gebiete kam Mayer 1930 ins Reichsfinanzministerium. Bis 1931 als Referent für den hoch umstrittenen Bereich der Osthilfe zum Reichsminister Gottfried Treviranus abgeordnet, wurde er 1932 Generalreferent für den Reichshaushalt und blieb auf diesem entscheidenden Posten bis 1945, danach stieg er in der Bundesrepublik zum Präsidenten des Rechnungshofs und zum Bundessparkommissar auf. Zwischen 1926 und 1930 hatte Mayer nach eigenen Angaben der DNVP angehört, später die DVP gewählt. Im Frühjahr 1933 meldete Mayer sich zunächst für den Eintritt in die NSDAP, zog den Antrag dann aber wieder zurück. Stattdessen spendete er in Höhe des Mitgliedsbeitrages an die Partei und wurde förderndes Mitglied der NSV sowie des Reichsluftschutzbundes, womit er zumindest das finanzielle Engagement für die nationalsozialistische Sache erbrachte, das im Reichsfinanzministerium insbesondere vom neuen Staatssekretär verlangt wurde. 1941 wurde er auch aufgrund der Unterstützung durch Reinhardt zum Ministerialdirigenten befördert, obwohl es dagegen zuvor mehrfach Einwendungen von Parteiseite gegeben hatte. Mayer hielt zahlreiche Aufsichtsratsposten, insbesondere in der Luftfahrtindustrie. Regelmäßig kommentierte er die jährlichen Haushaltsgesetze für das *Neue Deutsche Reichsrecht*, ansonsten hielt er sich mit öffentlichen Stellungnahmen aber zurück.[217]

[216] Hierzu das Schreiben Hermann Woothke, Mayers Kollege aus dem Ref. 1 der Besoldungsabteilung, vom Dezember 1947, Nachlass Woothke LAV NRW R, RWN 44/2, Bl. 59, über ihre losen Beziehungen zum OKH und den Generälen Ludwig Beck und Erwin von Witzleben.

[217] Mayers Antworten im Fragebogen des Military Government of Germany sowie im Melde- und Personalbogen zum Bundesgesetz nach Art. 131 GG, für deren Überlassung ich seiner Familie und insbesondere Professor Dr. Dirk Schumann danke. Mayers Personalakten wurden vermutlich 1943 zerstört. Zu Mayers Beförderung vgl. seine Aussage bei den Nürnberger Prozessen, StA Nürnberg, Rep. 501 LV Fall 11 A-131, S. 16843–16844, wo er aus strategischen Gründen vor allem den Anteil des Ministers an seinem Aufstieg betont, aber auch Reinhardts Rolle in solchen Angelegenheiten erwähnt; zu seiner Persönlichkeit auch der Bericht des ehemaligen Ministerialbeamten Walter Eckhardt an das britische

Gleichwohl äußerte Mayer sich früh zu jener Reform der Reichshaushaltsordnung, die im Dezember 1933 die Kontrollfunktion des Reichsrechnungshofs aushebelte und die Grundsätze des Reichshaushaltsrechts auf die Länder ausdehnte. In einem Beitrag für das *Reichsverwaltungsblatt* legitimierte er den autoritären Umbau der Reich-Länder-Beziehungen und die Einschränkung der demokratischen Kontrolle im Bereich der Staatsfinanzen. Die haushaltsrechtlichen Reformen seien ein überfälliger Schritt hin zu einer Ordnung, die „modernen Bedürfnissen" entspreche. Dies war eine ganz ähnliche Diktion der Zweckmäßigkeit wie jene, die von Vertretern des Ministeriums 1919 in der Diskussion um ein Notbewilligungsrecht in der Weimarer Verfassung verwendet worden war. Auf die mögliche Kritik am Umbau des Reichsrechnungshofs reagierte Mayer mit dem Hinweis, dass die revidierte Fassung der RHO „eine schnellere und eindringlichere Prüfungsarbeit" gewährleiste. Nur aus diesem Grund sei das traditionelle Kollegialprinzip durch die Ausweitung der Entscheidungsbefugnisse des Präsidenten Saemisch „im Sinne des Führerprinzips" ersetzt worden. Dass aus dieser Konstruktion „Schwierigkeiten" für die Haushaltsführung des Reiches erwachsen könnten, weil eine unabhängige Kontrolle erschwert wurde, war Mayer allerdings auch bewusst; hier verwies er aber auf zukünftige Anpassungen im „Geiste der neuen Zeit". Gemeint war damit die noch weitergehende Umsetzung des „Führergedankens" bei Regierungsentscheidungen im Bereich des Haushaltswesens. Bis dahin, so argumentierte Mayer, lebe man eben im Zustand des Provisoriums, basierend auf der Geltungsdauer des Ermächtigungsgesetzes.[218]

In diesem provisorischen Zustand, der eine andauernde Ermächtigung der Exekutive versprach, baute Mayer in den folgenden Jahren (und dies unterhalb der Führungsspitze der Abteilung I, deren 1932 berufener Leiter Alfred Olscher 1937 aus dem Reichsdienst ausschied und seine Position an den farblosen Joachim von Manteuffel übergab) das Generalreferat zu einer Koordinationseinheit innerhalb des Reichsfinanzministeriums aus, die in den Akten immer wieder sichtbar wird. Dem Typus des „Haushälters" entsprechend, den auch Schwerin von Krosigk verkörperte, agierte er eher hinter den Kulissen, aber stets taktisch. So gelang es ihm, enge Verbindungen auch zu jenen Stellen innerhalb des Ministeriums zu halten, die seit 1933 gezielt für die Umsetzung der nationalsozialistischen Kriegs- und Vernichtungspolitik eingerichtet wurden, wie etwa zum 1938 geschaffenen Generalbüro für allgemeine Finanz- und

War Office nach dem Ende des Zweiten Weltkrieges, der aus unerfindlichen Gründen (teilweise) überliefert ist in den R2-Beständen der Jahre vor 1945, vgl. Notes on the Personalities and Work of the Officials in the Abteilungen of the Reichsfinanzministerium, CSDIC (UK), Ergänzung zu PW Paper 105, o. D., BArch R2/51, Bl. 230; zu Reinhardts Spendenappellen ders., Volksgenossen; Neef, Arbeit.

[218] Mayer, Bedeutung, S. 134. Hierzu auch Kap. I.2.

Kreditfragen.[219] Darin wurde das Bestreben deutlich, gerade in jenen Feldern eine federführende Rolle zu spielen, die für das nationalsozialistische Regime von entscheidender Bedeutung waren. Wenn sich Mayer also in der Überwachung der Haushalte der Konzentrationslager oder in Korrespondenzen mit dem Reichsführer-SS über mangelnde Haushaltsdisziplin und das eigenmächtige Agieren bis hin zur vermeintlichen „Ausschaltung des RdF" erregte, so hatte dieser Protest weniger mit Widerstand als mit der Sorge zu tun, dass die institutionelle Macht des Ministeriums hier von außen infrage gestellt wurde.[220]

Nachdem Mayer seit Kriegsbeginn regelmäßig mit dem Referat von Walter Maedel in Verbindung stand, das die Verwertung jüdischen Vermögens organisierte und zur Schaltstelle der fiskalischen Ausbeutung in der neugeschaffenen Abteilung VI wurde, versuchte er 1941, seine Zuständigkeit auch dorthin auszudehnen. Mit Verweis auf den beständigen Abstimmungsbedarf sollte das Referat in den Kompetenzbereich der Abteilung I überführt werden.[221] Dies gelang am Ende nicht, doch wird auch an diesem Beispiel deutlich, wie eng die Verflechtungen zwischen dem eher technischen Arbeitsfeld der Reichshaushaltsplanung und den Kernbereichen nationalsozialistischer Vernichtungspolitik waren.

Für die Nazifizierung des Reichsfinanzministeriums war Mayer trotzdem keine entscheidende Figur, wohl aber für die Übergänge, die von den bürokratischen Ausnahmepraktiken der Weimarer zu jenen der nationalsozialistischen Zeit führten. An Mayers Beispiel lässt sich auch zeigen, welche neuen Spannungsfelder ab 1933 für die breitere Beamtenschaft entstanden, sowohl innerhalb des Ministeriums als auch in dessen Beziehungen nach außen. Die in den Aufbau- wie in den Krisenjahren der Republik so virulente Diskussion, wie sich die Beamtenschaft gegenüber „der Wirtschaft" verhalten sollte, führte Mayer nicht fort. Auch Überparteilichkeit war auf Dauer in einem Staat, der den Parteienpluralismus gewaltsam beendet hatte und eine dezidiert „kämpfende Verwaltung" forderte, keine sinvolle Selbstbeschreibung mehr. Stattdessen schwankte der Status der Bürokratie in der nationalsozialistischen Rechtslehre wie auch in der Praxis zwischen technokratischem Apparat und politischer Führungseinheit – und dies war auch der Zwiespalt, den Mayer in seinem täglichen Verwaltungshandeln erkennbar machte.[222]

219 Ministervorlage von Abt.I/Gen.B. betr. Kassenlage im Monat August und Betriebsmittelanforderung der Wehrmacht, Juli 1939; Vermerk des Generalbüros an die Abt. I, 25.7.1939; Vorlage des Generalbüros an den Staatssekretär betr. Vorlage vom 28.7.1939 über die Kassenlage, August 1939, alle BArch R2/24171. Zu den organisatorischen Strukturen um 1938 vgl. Kap. III.2.

220 Entsprechende Vorgänge sind auch dargestellt bei Kuller, Bürokratie, S. 372–373.

221 Vermerk des Generalreferats an Dir. I A, 30.8.1941, BArch R2/12986, Bl. 54; Kuller, Bürokratie, S. 68–70.

222 Zu solchen Konflikten Kuller, Verwaltung; nah an der Selbstsicht der Beteiligten Laux, Führung, bes. S. 42–43; zeitgenössisch Ule, Herrschaft.

Dabei ging es vor allem darum, sich im Gefüge der Regierungsinstitutionen und gegenüber neuen Akteuren – vor allem den Partei- und Sonderorganen – so zu positionieren, dass die Finanzierung des Staates das Hoheitsgebiet der Ministerialbürokratie blieb. Eine der Taktiken, die Referenten des Finanzressorts wie Mayer dabei anwendeten, bestand darin, anders als vor 1933 nicht mehr nach einer umfassenden Ordnung zu streben, sondern den Staat dauerhaft als ein Provisorium zu begreifen. Dies eröffnete Räume des Unbestimmten, die der „rechtlichen Beurteilung", also einer normativen Eingrenzung, entzogen werden konnten und der Exekutive die Macht verliehen, selbstständig „neue, zeitgemäße Grundlinien" zu entwerfen, wie es Carl Schmitt damals formulierte.[223] Die darin liegenden Optionen erkannte auch Mayer, zugleich war er aber in seiner Position mit den problematischen Auswirkungen konfrontiert, die solche Unbestimmtheiten auf den Einfluss der alteingesessenen Beamtenschaft hatten.

Vereinfachung, Sparsamkeit und Wirtschaftlichkeit des Verwaltungshandelns blieben also relevante Konzepte, mit deren Hilfe auch im nationalsozialistischen Staat Kompetenzen verteidigt oder ausgeweitet wurden. So war an der zitierten Stellungnahme Mayers zur Reform der Reichshaushaltsordnung erkennbar, wie die Vereinfachungsrhetorik auf die dem Ministerium unterstellten Länder abgelenkt und damit die Autonomie der Zentralbehörde behauptet wurde.[224] Auch gegenüber Partei- und Sonderorganisationen wurde das Argument der Vereinfachung (oft im Zusammenspiel mit Gutachten des Reichssparkommissariats beziehungsweise Reichsrechnungshofs) von den Haushaltsreferenten des Reichsfinanzministeriums angeführt, um die Machtposition des Ressorts abzusichern und die Gegenseite in einem Zustand des Ungewissen zu belassen. Die Vereinfachung der Verwaltung wurde damit neuerlich ein Terrain der Machtkämpfe, und dies verstärkt im Zuge der Wiederkehr eines wirklichen Kriegszustands ab 1939. Die vom Generalreferenten Mayer, stellvertretend für viele Beamte, begrüßte Ausweitung der Handlungsmacht der Exekutive aus Gründen der „Zweckmäßigkeit" und die damit verbundene Aufweichung des Gesetzmäßigkeitsprinzips prägte in den Jahren von 1933 bis 1945 daher nicht nur die Aushandlungen in der Budgetpolitik, an denen Mayer großen Anteil haben sollte. Auch in der allgemeinen Personal- und Organisationspolitik des Ressorts wurden solche Argumentationsweisen herangezogen, und dies zugunsten der gezielten Politisierung und weltanschaulichen Ausrichtung der Beamtenschaft.[225]

[223] Schmitt, Bedeutung, S. 12–13 und 16.
[224] Mayer, Haushaltsrecht.
[225] Gräßlin, Grundsatz; Maunz, Rechtmäßigkeit; Dreier/Pauly, Staatsrechtslehre.

III.2 Vereinfachung und Weltanschauung: Die „Gleichschaltung" des Ministeriums

Als die Nationalsozialisten Ende Januar 1933 an die Macht kamen, war das Personal der Reichsfinanzverwaltung mit sich selbst beschäftigt, denn seit Monaten befand sich die reichsweite Steuerverwaltung auf dem Prüfstand. Im Zuge von Verwaltungsreformplänen des Kabinetts von Papen hatten nicht nur die Aufhebung der Steuerhoheit des Reiches und die Reform der Mittelinstanzen der Reichsfinanzverwaltung, sondern auch die Abspaltung der Zollverwaltung zur Diskussion gestanden – alles Vorhaben, die unter dem Vorzeichen der Vereinfachung liefen, von der Beamtenschaft aber als Maßnahmen der Politisierung und der Verschärfung von Rechtsunsicherheit für die Betroffenen wahrgenommen wurden. So kommentierte die *Steuer-Warte* auch den Amtsantritt Hitlers vor allem aus dieser Perspektive: Von der neuen Regierung fordere man, dass „der Charakter der Reichsfinanzverwaltung als unpolitischer Fachverwaltung gewahrt" bleibe, denn diese brauche vor allem „Ruhe" für die Lösung anstehender organisatorischer Aufgaben.[226]

Im Austausch dafür signalisierten die Beamtenverbände Verständnis für politische Eingriffe im Einzelfall: „Als parteipolitisch neutrale Organisation", so die *Steuer-Warte*, „interessiert uns pflichtgemäß nichts, was aus staatspolitischen Gründen gegen Beamte auf politischen Posten jetzt geschehen ist oder geschieht." Die Freistellung von Personal aus politischen Gründen gebe es schließlich bei jedem Regierungswechsel, nicht aber Maßnahmen gegen Berufsbeamte auf unpolitischen Stellen. Solche ungerechtfertigten Maßnahmen seien 1926 unter dem Vorwand der Verwaltungsvereinfachung und unter Zuhilfenahme einer Präsidialverordnung vom damaligen Minister Reinhold durchgeführt worden und dürften sich nicht wiederholen. Auch dagegen habe man nicht wegen der vom Abbau individuell betroffenen Personen, sondern nur aufgrund der Verletzung von Rechtsnormen und der erkennbaren „Verwaltungswillkür" protestiert. Heute wie damals fordere man daher, dass sich die Regierung zum „öffentlich-rechtlichen Berufsbeamtentum" als Institution bekenne und stelle dafür im Gegenzug dem jeweils herrschenden Regime die „parteipolitisch-neutrale Struktur" der Beamtenschaft zur Verfügung. Die Neutralität, die hier neuerlich betont wurde, offenbarte aber nun endgültig ihre politische Dimension. Zwar konnte sie zeitweilig als Motor der Kritik an

[226] N.N., Vertrauen; N.N., Einheitliche Reichsfinanzverwaltung; N.N., Erhaltung. Zu den Reaktionen auf die Verwaltungsreform N.N., Kritische Betrachtungen, sowie weitere Beiträge in der *Steuer-Warte* des Jahres 1932; das Zitat nach N.N., Wechsel der Reichsregierung, S. 57.

https://doi.org/10.1515/9783110712261-011

der nationalsozialistischen Bewegung dienen, zumal diese dem Beamtentum durchaus widersprüchlich gegenüberstand. Doch wurde mit ihrer Hilfe zugleich jene Ausgrenzungsstrategie legitimiert, die „Marxisten" sowie jüdische Beamte per se zu Repräsentanten der Parteilichkeit, also der Nicht-Neutralität, und damit zu Fremdkörpern innerhalb der Beamtenschaft erklärte, was deren Entlassung, sofern sie nur rechtsförmig verlief, rechtfertigte.[227]

Die von der neuen Regierung gewählte Vorgehensweise bei der sogenannten Gleichschaltung der Verwaltung durch das „Gesetz zur Wiederherstellung des Berufsbeamtentums" stieß in der Beamtenschaft der Reichsfinanzverwaltung daher auf weniger Widerstand als die von Reinhold Mitte der 1920er-Jahre gewählte Strategie der Verwaltungsverschlankung mittels Präsidialverordnung. Tatsächlich fand sich sogar die Erwartung, dass sich Frontverläufe klären und das Berufsbeamtentum abgesichert werden würde: „Mit der Beseitigung der Parteien", so fasste es der langjährige Referent Markull Anfang 1934 zusammen, „ist das alte quälende Problem für uns gelöst, es gibt nur noch die einheitlich und straff geführte Volksgemeinschaft". Dem soldatischen „neuen Geist" wolle man daher auch zu „neuer Technik" verhelfen.[228] Auch von der organisierten Beamtenschaft wurde der Machtantritt Hitlers als „grundsätzliche Umformung des gegenwärtigen politischen, wirtschaftlichen und sozialen Zustandes und Aufbaues des Volkskörpers" beschrieben, auch wenn zunächst offen war, wie man sich dazu verhalten sollte. Spätestens mit dem Ermächtigungsgesetz vom März 1933 schien dann, jedenfalls für die *Steuer-Warte*, ein „Neues Deutschland" entstanden zu sein, das durch „feste Regierungsverhältnisse" gekennzeichnet war.[229] Auch die mit dem Selbstverständnis der NSDAP als Kampfgemeinschaft verbundene Dynamik konnte anziehend und plausibel auf eine Beamtenschaft wirken, von der große Teile sich ohnehin dauernd im Ausnahme-, wenn nicht im Kriegszustand wähnten.

So traf die Behauptung Hitlers von 1941, „die Ausnahme" sei den Beamten „ein fremder Begriff" gewesen, schon zu Beginn seiner Herrschaft nicht zu, zumindest nicht für das Reichsfinanzministerium. Trotz seiner antibürokratischen Tiraden, die das vermeintliche Beharren der Verwaltungen auf

[227] N.N., Wechsel der Reichsregierung, S. 58, mit Verweis auf Berichte über den „gefährliche[n] Weg" der Verwaltungsvereinfachung, erschienen in der Steuer-Warte 5 (1926), 18, S. 350–353; N.N., Gesetz. Hierzu ausführlicher Caplan, Government, S. 102–130; Laux, Führung.

[228] So Markull in einer Rede vor Kollegen, 2.2.1934, zit. nach Wenn im Amte, S. 39.

[229] N.N., Wechsel der Reichsregierung; N.N., Neues Deutschland; N.N., Zum 21. März 1933, S. 107. Dass die Beamtenpresse den Machtantritt des Kabinetts Hitlers „kaum registriert[e]" und die organisierte Beamtenschaft beim Regierungswechsel „in weitgehender Passivität" verharrte, lässt sich für die Reichsfinanzbeamten kaum behaupten, auch wenn grundlegende Regierungsentscheidungen zunächst abgewartet wurden, so jedoch Mühl-Benninghaus, Beamtentum, S. 105.

rechtsförmiger Ordnung und Regelhaftigkeit anprangerten, konnte daher kaum von einer grundsätzlichen „Unvereinbarkeit des nationalsozialistischen Herrschaftsstils mit der preußisch-deutschen Staatstradition“ die Rede sein.[230] Zudem waren auch personelle Entscheidungen schon vor 1933 politisch aufgeladen gewesen. Daher wird im Folgenden noch ein kurzer Blick auf die Rationalisierung des Ressorts um das Jahr 1931 geworfen, als insbesondere die Rolle der Personalabteilungen zur Diskussion stand, die als Nadelöhre der „Politisierung“ galten. Erst ab 1933 sollten diese Personalreferate aber systematisch genutzt werden, um die „Gleichschaltung“ des Ministeriums im Sinne des herrschenden Regimes voranzutreiben.

Reformen und Restrukturierungen um 1931

Seit August 1929 hatte der Reichssparkommissar das Reichsfinanzministerium überprüft; die Ergebnisse lagen im Januar 1931 vor. Zum Zeitpunkt der Überprüfung arbeitete das Ministerium noch immer auf dem Stand des Geschäftsverteilungsplans, der nach der Umbildung im Oktober 1926 festgelegt worden war. In den vier großen Abteilungen waren 681 Beamte, 288 Angestellte und 147 Arbeiter – insgesamt also 1116 Personen – beschäftigt und damit 134 Personen mehr als laut Haushaltsplan vorgesehen. Mit dem administrativen Geschäft waren 844 dieser Personen betraut, die Übrigen verteilten sich auf Hausmeister- und Putzdienste sowie auf die Steuerausgleichsstelle, die dem Berliner Landesfinanzamt angeschlossen war. Seit 1927 war im Ministerium ein Personalzuwachs zu beobachten gewesen, der dann erst mit dem Haushaltsplan für 1930 abgebremst wurde. Dieser Anstieg war, folgt man dem Gutachten des Reichssparkommissars, mit dem „Widerstreit zwischen dem systematischen Einteilungsmaßstab und dem auf die Person zugeschnittenen Arbeitsgebiet“ zu erklären. Das Gutachten formulierte es explizit: „Rücksichten auf die persönlichen Interessen und Wünsche der Beamten“ ebenso wie „Aufsteigen mit dem Fortschreiten des Lebensalters, der Kenntnisse und Er-

230 So zitiert bei Diehl-Thiele, Partei, S. 9. Dies in Abgrenzung zu der von Rebentisch und Mommsen vertretenen Perspektive, vgl. Mommsen, Beamtentum, S. 121–123; Rebentisch/Teppe, Einleitung, S. 31–32: „Das Beamtentum und die Verwaltung, die der Nationalsozialismus 1933 in Deutschland vorfand, beruhten auch dort, wo vordemokratische Traditionen dominierten, auf der Rationalität des aufgeklärten Staatsgedankens. Dienst und Pflicht galten als die höchsten Werte, die Orientierung am Gemeinwohl war der kategorische Imperativ, die Bindung an Rechtsnormen und Gesetze eine Selbstverständlichkeit, die Bewahrung überpersönlicher Staatsautorität und institutioneller Interessen eine Sache der Berufsehre und Selbstachtung. Dazu kamen fachliche Qualifikationen, erworben durch Ausbildung und bewährt in Erfahrung.“

fahrungen, Anerkennung und Belohnung wichtiger Verdienste" seien zwar unentbehrlich. Diese Beförderungsmechanismen dürften aber nicht, wie im Reichsfinanzministerium offenbar zu beobachten, den Behördenaufbau stören: „Für die Organisation ist die Verquickung mit Beamtenpolitik verhängnisvoll", resümierte der Reichssparkommissar. Insbesondere kritisierte er daher die Gestaltung der Personalangelegenheiten in der Unterabteilung P II/III.[231]

Diese Unterabteilung war außerhalb des übrigen Abteilungsverbundes angesiedelt und den Direktoren der Abteilungen II und III gleichermaßen unterstellt. Bis Mai 1921 hatte es für Personalangelegenheiten eine eigene Abteilung (Abt. IV a) gegeben, deren Referate – „nicht zuletzt au[s] Gründen persönlicher Art" – danach auf die beiden Fachabteilungen verteilt worden waren. Seit der Umbildung 1926 waren in einem gemischten System die Personalfragen wieder zusammen der neuen Unterabteilung P II/III zugeordnet worden, während gemeinsame Organisations- und Rechtsangelegenheiten getrennt voneinander in den Abteilungen IV und III bearbeitet worden waren. Aus dieser Lösung schien „statt gradliniger Entwicklung ein Zickzackkurs" zu resultieren, zudem drohten beständige Reibungen „die Entschlusskraft und das Verantwortlichkeitsbewusstsein" des Leiters der Unterabteilung zu schwächen. Daher schlug das Gutachten den Ausbau der Unterabteilung zu einer eigenen Verwaltungsabteilung für alle gemeinsamen Angelegenheiten vor.[232]

Weiter wurde die Auflösung beziehungsweise Zerschlagung der von Dorn geleiteten Abteilung IV für Reparationsfragen, Vermögensverwaltung, Finanzausgleich und Rechtsangelegenheiten angeregt. Zudem sollte die Zuständigkeit für die Aufstellung des eigenen Haushalts des Reichsfinanzministeriums aus der Abteilung I für den Reichshaushalt herausgelöst werden, um – wie bei allen anderen Ressorts – eine Trennung zwischen Mittelanforderung und deren Bewilligung beziehungsweise Ablehnung herzustellen. Grundsätzlich positiv bewertet wurde die Verbindung zwischen dem Anleihewesen des Reiches und der Haushaltsaufstellung in der Abteilung I ebenso wie die Tatsache, dass es im Reichsfinanzministerium seit 1926 nur mehr einen Staatssekretär gab. In der Summe schlug das Gutachten die Verminderung der Zahl der Referate von 79 auf 56 vor, verbunden mit dem Wegfall von fünf Unterabteilungen. In diesem Zuge sollten 130 Stellen im Ministerium abgebaut werden, davon 41 Angestellte und 89 Beamte, darunter 21 aus dem höheren Dienst. Insgesamt votierte der

[231] Ankündigung der Prüfung, in: Nachrichten des Reichsfinanzministeriums, Nr. 42, 16.9.1929, BArch R2/31796; Gutachten des Reichssparkommissars über das Reichsfinanzministerium, 9.5.1930/22.1.1931, S. 1–2 und 8–13, BArch R2301/2286. In diese Version des Gutachtens waren nicht nur die Prüfungsergebnisse des Reichssparkommissars, sondern auch nachträglich darüber geführte Gespräche mit dem Reichsfinanzministerium eingeflossen. Hierzu auch Kap. II.2.

[232] Gutachten des Reichssparkommissars über das Reichsfinanzministerium, 9.5.1930/22.1.1931, S. 42–43, BArch R2301/2286.

Reichssparkommissar für eine „personelle Entlastung" von 29 Prozent (unter Einbeziehung einer gesonderten Regelung für die Steuerausgleichsstelle). Weitere Vorschläge betrafen die Dezentralisierung von Aufgabenfeldern zugunsten der Provinzialbehörden. Eine Spaltung des Ministeriums in eine Ausgaben- und eine Einnahmenbehörde wurde hingegen abgelehnt. Stattdessen wurde angeregt, durch die Einrichtung einer dafür zuständigen Generaldirektion die praktischen Fragen der Steuerveranlagung von der Steuergesetzgebung als Kernkompetenz des Ressorts abzukoppeln – eine Maßnahme, die zugleich der „Entpolitisierung" des Ministeriums dienen sollte.[233]

Auf Wunsch des Reichstags prüften Beauftragte des Reichssparkommissars in dieser Phase nicht nur das Ministerium, sondern auch die nachgeordneten Ämter in der Reichsfinanzverwaltung. Vor Ort erhoffte man sich unter anderem die Verbesserung von Arbeits- und Beförderungsbedingungen sowie die Erweiterung von Zeichnungsbefugnissen der einzelnen Beamten. Denn schon bei der Begutachtung des Ministeriums hatte der Reichssparkommissar für „möglichste Selbständigkeit der Expedienten" plädiert und sich dafür auf die geltenden Bestimmungen der Gemeinsamen Geschäftsordnung der Reichsministerien (§ 27) berufen.[234] Parallel zu seinem Gutachten veröffentlichte Saemisch zudem in der *Deutschen Juristen-Zeitung* einen Beitrag, der ebenfalls für größere Handlungsspielräume und Selbstverantwortung der Beamten plädierte. Dort hieß es: „Es gilt, den Geist der Beamtenschaft immer mehr so zu gestalten, daß die Pflichterfüllung nicht mehr nur formaler Natur ist, sondern einen über die Einzelaufgabe hinausgehenden materiellen Inhalt hat. Die Zukunft eines jeden Staatswesens hängt ebenso ab von dem Geist, der den Staatswillen bildet, wie von dem, der den Ausführenden beherrscht."[235]

Diese Forderungen nach Ermessensspielräumen und exekutiver Ermächtigung entsprachen dem Geist der Zeit. Trotzdem ignorierte die Führung des Ressorts die Reformvorschläge des Reichssparkommissars 1931 zunächst, erst nach 1933 sollten diese Ansätze weiterverfolgt werden. Stattdessen nahm Minister Dietrich Anfang 1931 hinter verschlossenen Türen eine Reorganisation des Hauses vor, die dem Gutachten in zentralen Punkten zuwiderlief [Abb. 9].[236] Zwar wurde wie gefordert die Abteilung IV aufgelöst, und einige ihrer wichtigeren Referate wurden direkt dem Staatssekretär Schäffer unterstellt, darunter das Referat für allgemeine Rechtsangelegenheiten und

[233] Ebd., S. 46–47, 67–68 und 73.

[234] Ebd., S. 19; hierzu auch Justinian, Machtbereich. Vgl. auch Riechers, Zeichnungsbefugnis.

[235] Zit. nach Eggers, Geist, S. 28.

[236] Hierzu und für einen Überblick über die weitere organisatorische Entwicklung die Geschäftsverteilungspläne des Reichsfinanzministeriums von 1930, BArch R2/12983; vom 14.10.1932 und 9.11.1935, beide BArch R2/60580; vom 15.10.1933, BArch R2/31797; vom 1.5.1937 und 25.4.1938, beide BArch R2/60579; vom 2.8.1940, BArch R2/35; vom 1.5.1941, BArch R2/56; vom 10.7.1943, BArch R2/57.

Abbildung 9 – Geschäftsverteilung des Reichsfinanzministeriums im Jahr 1932

Teile des Auslandsarchivs. Der bis dato einflussreiche Leiter der Abteilung IV, Dorn, wechselte als Präsident an den Reichsfinanzhof. Die übrigen Referate der Abteilung IV wurden auf die Abteilungen I, II und III verteilt. Letzteres galt aber, ganz entgegen den Empfehlungen des Reichssparkommissars, auch für die Unterabteilung P II/III.[237] Diese Maßnahmen sorgten im Reichstag für Irritation; sowohl vor dem Haushaltsausschuss als auch bei den Haushaltsberatungen im Plenum des Parlaments begründete Dietrich sie daher mit der Vereinfachung der Verwaltung, aber auch mit politischen Entwicklungen. So verwies er auf die zunehmende Tendenz in der Beamtenschaft, „die Staatsautorität zu zerstören".[238] Dass die Umstrukturierungen keineswegs nur der Rationalisierung der Verwaltung dienten, sondern eine politische Dimension besaßen, zeigte sich auch in der Auseinandersetzung im Haushaltsausschuss. Die DVP und der ehemalige Minister Köhler sprachen von Vertrauensbruch und einer „Mißachtung des Parlaments", da die Empfehlungen des Reichssparkommissars nicht berücksichtigt worden seien. Die KPD vermutete wohl zurecht „personelle Machtfragen" und eine versuchte Einflussnahme der DVP über ihren Kontaktmann Saemisch als Ursachen des Konflikts.[239]

Insgesamt lässt die Abschaffung der zentralen Personalabteilung tatsächlich vermuten, dass damit 1931 ein Einfallstor für Einflussnahmen von regierungskritischer Seite geschlossen werden sollte. In dieser Phase waren die Personalabteilungen Anlaufstellen für parlamentarische Akteure, deren Einmischung in die Beamtenpolitik der Ministerien – so formulierte es ein Vertreter der Reichsfinanzbeamtenschaft – in dem Maße zunahm, wie „das Parlament durch das Aufkommen der Diktatur politisch und als Gesetzgebungskörper ausgeschaltet wurde".[240] So lässt sich die Zerschlagung dieser Abteilungen als Akt der Verpanzerung deuten, der allerdings nur kurz währte. Anhand des verantwort-

[237] N.N., Umorganisation; Verfügung betr. Geschäftsverteilung, 10.2.1931, in: Nachrichten des Reichsfinanzministeriums, Nr. 4, 11.2.1931; sowie die Anordnung betr. Zuordnung der Referate Schwandt, Fuchs und Berger, 28.2.1931, in: ebd., Nr. 7, 1.3.1931, beide BArch R2/31796.

[238] 47. RT-Sitzung, 20.3.1931, Sten. Ber, S. 1792.

[239] 42. Sitzung des Ausschusses für den Reichshaushalt, 12.2.1931, S. 555–559.

[240] Niedermeyer, Krise, S. 1026.

lichen Personals im Ministerium sind solche Zusammenhänge allerdings nur ansatzweise zu entschlüsseln, da sich dort eher unauffällige Figuren fanden. Der Leiter der Unterabteilung P II/III war bis August 1929 der Ministerialdirigent Rudolf Kaiser gewesen, der aus der Zollverwaltung stammte, ihm folgte für kurze Zeit der Ministerialdirigent Prugger, der im März 1930 von dem aus der preußischen Steuerverwaltung stammenden Albert Boenicke abgelöst worden war. Dieser war schon unter Erzberger tätig gewesen und arbeitete seit 1921 im Organisationsreferat. Als 1932 schließlich doch eine neue Unterabteilung für Personalfragen eingerichtet wurde, stieg Boenicke zu deren Leiter auf; seine Karriere im Ministerium sollte anschließend aber nur noch von kurzer Dauer sein. Vermutlich wollte der neue Minister Schwerin von Krosigk mit der Berufung Boenickes auf diesen Posten das personalpolitische Schlupfloch mit einem alteingesessenen Beamten besetzen. Im September 1933 wurde Boenicke jedoch an das Landesfinanzamt Berlin versetzt.[241]

Im Jahr 1934 veröffentlichte Boenicke dann noch einen Artikel in der *Steuer-Warte* über die „Kosten der Reichsfinanzverwaltung". Inmitten der nationalsozialistischen Mobilisierungsrhetorik, die das nun durch Anzeigenwerbung neu aufgemachte Blatt (das zu diesem Zeitpunkt in einer Auflage von über 51000 Exemplaren erschien[242]) durchzog, wirkte dieser Text anachronistisch, denn Boenicke konstatierte nüchtern, dass in der Reichsfinanzverwaltung weiterhin ein viel zu hoher Anteil „von nicht voll leistungsfähigem Personal" vorhanden sei. Zudem verwies er mit erstaunlicher Offenheit darauf, dass gerade die „Zahlungen für das Propagandaministerium, für die Reichsstatthalter, Steuergutscheine, Bedarfsdeckungsscheine, Ehestandsdarlehen" – also Kernbereiche der nationalsozialistischen Finanz- und Sozialpolitik – die Ausgaben der Reichsfinanzverwaltung gesteigert hätten.[243] Solche (selbst-)kritischen Ausführungen waren aber nunmehr unerwünscht, Boenicke wurde 1935 beurlaubt.

[241] Hierzu und zum Folgenden Kuller, Bürokratie, S. 43–45; Personalmeldungen vom 3.3.1930, in: Nachrichten des Reichsfinanzministeriums Nr. 9, 3.3.1930, BArch R2/31796, sowie vom 19.9.1933, in: RFBl. 15 (1933), 24, S. 125.

[242] Damit lag die *Steuer-Warte* im Mittelfeld der Beamtenfachzeitschriften des Hauptamtes für Beamte der Reichsleitung der NSDAP, vgl. die Angaben in: Steuer-Warte 14 (1935), 25, S. 651.

[243] Boenicke, Kosten [I]; ders., Kosten [II]. Boenicke antwortete damit auch auf die Schrift von Bergmann, Kosten; dazu die Reaktion von Günter Schmölders, der die Hinweise auf „gewisse Reformerfordernisse" in der Reichsfinanzverwaltung hervorhob, Schmölders, Rezension.

Von der Rationalisierung zur „Säuberung"

Was nach 1933 in der Personalpolitik folgte, war die Infragestellung und Überformung der Autorität des Staates durch die Autorität der Partei. Schon in *Mein Kampf* hatte Hitler gegen die „geradezu hündische Verehrung der sogenannten Staatsautorität" agitiert, die das Staatswesen in der Weimarer Republik vom Mittel zum Zweck gemacht habe.[244] Die Idee eines machtvollen Staatwesens wurde zwar auch vom Nationalsozialismus nicht vollständig aufgegeben, aber – wie schon bei Reinhardt erläutert – auf dessen formgebende, instrumentelle Rolle für völkisch bestimmte Gemeinschaft zugespitzt: „Der Staat", so hieß es im Organisationsbuch der NSDAP von 1937, „ist aus der Notwendigkeit geboren, die Gemeinschaft eines Volkes nach bestimmten Gesetzen zu ordnen. Sein Kennzeichen ist die Macht gegenüber jedem Glied der Gemeinschaft. [...] Zum Unterschied vom Staat ist die Partei die Gemeinschaft gleichgesinnter Menschen. [...] Es ist denkbar, daß Partei und Staat ein und dasselbe sind. Das ist dann der Fall, wenn alle Volksgenossen von der Weltanschauung der Partei überzeugt und die Gesetze des Staates der klare Willensausdruck der Weltanschauung sind. Dann ist der Staat die große Gemeinschaft gleichgesinnter Menschen."[245]

Der geordnete Staat als äußeres Machtinstrument, die völkische Gemeinschaft als Mechanismus der inneren Gleichrichtung – so lautete die idealtypische Konstruktion in der offiziellen Parteiideologie. Juristen wie Koellreutter, Schmitt und Hans Frank entwarfen auf dieser Basis veränderte Rechtsbegriffe und Vorstellungen rechtsförmiger Ordnung, die Elemente der völkischen Gemeinschaftsstiftung wie „Rechtsgefühl" oder „Volkswillen" integrierten und diese an die Stelle der „Richtlinien verstaubter Paragraphen" setzten. Diejenigen, die von gesetzlichen Maßnahmen betroffen waren, sollten dann „freiwillig die Rechtsverbindlichkeit des Geschaffenen für sich anerkennen", wie es Roland Freisler 1933 formulierte.[246] Hier bezog sich Freisler konkret auf die Maßnahmen des „Gesetzes zur Wiederherstellung des Berufsbeamtentums" (BBG) vom April 1933, die auch die Beamtenschaft des Reichsfinanzministeriums betrafen. Für die Umsetzung der entsprechenden Maßnahmen benötigte die neue Reichsregierung aber die bestehende Ministerialbürokratie, sodass es hier rasch zu einer Interessenkoalition zwischen den auf Neugestaltung drängenden Parteipolitikern und den Standesvertretern des Berufsbeamtentums kam. Das BBG erging auf der Grundlage des Ermächti-

[244] Hitler, Mein Kampf, S. 993.
[245] Organisationsbuch der NSDAP, S. 486.
[246] So Roland Freisler in einem Interview mit dem Berliner Tageblatt, 12.4.1933, zit. nach Neliba, Vier Staatssekretäre, S. 7. Hierzu auch Laux, Führung; Hilger, Rechtsstaatsbegriffe, bes. S. 56–58 und 88–89.

gungsgesetzes, also im Modus der zeitlich begrenzten Ausnahmeherrschaft, markierte aber zugleich den Übergang von uneinheitlichen Sofortmaßnahmen zu allgemeineren Regelungen.[247]

Inhaltlich waren die Regelungen von einem kleineren Kreis nationalsozialistischer Beamtenpolitiker vorbereitet worden; dazu zählte insbesondere die spätere Führungsspitze des Reichsinnenministeriums um Hans Pfundtner, Wilhelm Frick und Wilhelm Stuckart. Eine von Pfundtner schon im Frühjahr 1932 an führende Nationalsozialisten versandte Denkschrift skizzierte neben personalpolitischen „Sofortmaßnahmen“, die zur Grundlage des BBG werden sollten, auch einige Vorhaben zur „Vereinfachung des Apparats der Reichsverwaltung“, die an die Pläne des Vereinfachungskommissars aus den ersten Jahren der Weimarer Republik erinnerten: So sollten das Reichswirtschafts- und das Reichsarbeitsministerium ebenso zusammengelegt werden wie das Reichsverkehrs- und das Reichspostministerium. Die politischen Ministerien (für Inneres, Äußeres, Finanzen und Wehrmacht) sollten gegenüber diesen wirtschaftlichen Ressorts gestärkt und Teil eines übergeordneten Geschäftskabinetts werden. Darüber hinaus zielte Pfundtners „Vereinfachung“ auf die Abschaffung republikanischer Institutionen wie der Reichszentrale für den Heimatdienst und des vorläufigen Reichswirtschaftsrats.[248] Die genauere Ausarbeitung dieser Ideen fand dann im Frühjahr 1933 unter Federführung des Innen- und des Finanzressorts inklusive des preußischen Finanzministers Popitz statt. Insbesondere der Letztgenannte sah hier die Möglichkeit, im Zuge der nationalsozialistischen „Gleichschaltung“ jene umfassende Reichs- und Verwaltungsreform durchzuführen, die er schon seit Jahren gefordert hatte.[249]

Der Anteil der etablierten Ministerialbürokratie an der Durchsetzung nationalsozialistischer Herrschaftsstrukturen reichte insofern über die „Rettung des vorläufig noch organisierten Chaos“ oder die Garantie der Gesetzmäßigkeit staatlichen Handelns hinaus. Auch im Reichsfinanzministerium wussten die Verantwortlichen schon vor 1933, dass „die Maßnahmen zur Vereinfachung der Verwaltung unter dem Vorwand angeblich höherer Effektivität auf die Beseitigung des Prinzips der Gesetzmäßigkeit als solchem“ abzielen konn-

[247] Hierzu und zum Folgenden Caplan, Government, S. 131–137; Grotkopp, Beamtentum, S. 105–106; Mommsen, Beamtentum, S. 26–30.

[248] Denkschrift des späteren Staatssekretärs im Reichsministerium des Innern, Hans Pfundtner, über beamtenpolitische Maßnahmen, o. D., abgedr. in: Mommsen, Beamtentum, S. 127–137.

[249] Popitz‘ Rolle in diesem Zusammenhang war nicht zuletzt von Machtstreben geprägt, das auch die Konkurrenz zum Reichsfinanzminister einschloss. Um die Effekte dieser Konstellation auf die Politik des nationalsozialistischen Regimes zu verstehen, wären weitere Forschungen nötig.

ten.[250] So war es auch nicht verwunderlich, dass das BBG nicht nur vom Machtstreben des nationalsozialistischen Reichsinnenministers Frick geprägt war. Ebenso einflussreich war die auf die Personalabbauverordnung von 1923 zurückgehende Rhetorik der Mitteleinsparung und der Vereinfachung, die vor allem das Reichsfinanzministerium einbrachte.[251] Hier erneuerte sich auch die institutionelle Konkurrenz zwischen Innen- und Finanzressort, welche schon die entsprechenden Diskussionen der frühen 1920er-Jahre geprägt hatte. Hinzu kam der Einfluss des preußischen Finanzministers, denn der erste Vorschlag für das BBG stammte von Popitz, der bereits am 23. März 1933 – noch bevor der neue Reichsinnenminister Frick die Reform der Beamtengesetzgebung im Kabinett überhaupt angesprochen hatte – einen entsprechenden Entwurf an Vizekanzler von Papen sandte. Dieser Entwurf enthielt nach dem Vorbild des italienischen Beamtengesetzes von 1925 eine Generalklausel, die „während der Geltungsdauer des Gesetzes" die begründungslose Pensionierung aller Beamten im Dienste der Verwaltungsvereinfachung und der Wiederherstellung eines „nationalen, von Parteieinflüssen freien Berufsbeamtentums" vorsah. Damit war deutlich gemacht, dass es um eine befristete Gesetzgebung gehen sollte, welche die wohlerworbenen Beamtenrechte nicht grundsätzlich, sondern in Form einer temporären Ausnahmepraxis aushebelte.[252]

Eine daraufhin von Papen angesetzte Besprechung mit Popitz, Schwerin von Krosigk, Göring, Frick und dem Justizstaatssekretär Franz Schlegelberger wurde aber abgesagt, stattdessen zog das Reichsinnenministerium die weiteren Vorarbeiten an sich. Durch die Festlegung bestimmter Tatbestände wurde die von Popitz vorgeschlagene Generalermächtigung eingeschränkt und die ursprüngliche Kann-Regelung teilweise (in den Fällen der §§ 2 und 3) durch zwingende Rechtsfolgen ersetzt. Die Zuständigkeit wurde zudem allein den obersten Reichs- und Landesbehörden übertragen. Diese Modifizierungen schränkten den ursprünglich angestrebten Ermessensspielraum der verfügenden Instanzen ein, stattdessen sollte die personalpolitische Säuberung zentral durch das Reichsinnenministerium gesteuert werden. Dies stieß auf die Kritik Görings, der im Mai 1933 die Wiedereinführung der von Popitz vorgesehenen Generalklausel forderte. Offenbar gab es zahlreiche Fälle, in denen die im Gesetz vorgesehenen Tatbestände – in der zeitgenössischen Formulierung ging es um „Novemberbeamte" (§ 2), „Nichtarier" (§ 3) und „Nichtnationale" (§ 4) – die angestrebte Entlassung oder Pensionierung eines Beamten nicht aus-

[250] Dies in Abgrenzung zu Mommsen, Beamtentum, S. 122–123 und 15 (Zitat von Wilhelm Kritzinger); ders., Aufgabenkreis.

[251] Dazu die Verweise bei Caplan, Government, S. 141; Seel, Beamtenrecht.

[252] Grotkopp, Berufsbeamtentum, S. 106–107; Entwurf eines Gesetzes zur Wiederherstellung des Berufsbeamtentums, März 1933, abgedr. in: Mommsen, Beamtentum, S. 151–155.

reichend zu rechtfertigen vermochten.[253] Doch konnte sich diese Sichtweise zunächst nicht durchsetzen.

Stattdessen sah die endgültige Fassung des BBG zwei weitere Paragrafen (§§ 5 und 6) vor, die dem Drängen des Reichsfinanzministeriums auf Entlastung der öffentlichen Etats und Verwaltungsabbau Rechnung trugen. So ermöglichte der § 5 die Versetzung von Beamten in ein anderes Amt bei Belassung der bisherigen Bezüge, womit etatrechtlich bis dato stark eingeschränkte Spielräume zur Umstrukturierung und Zusammenfassung von Verwaltungen geweitet wurden. Der § 6 erlaubte es im gleichen Sinne, noch dienstfähige Beamte zu Zwecken der Verwaltungsvereinfachung in den Ruhestand zu versetzen mit der Vorgabe, dass freiwerdende Planstellen nicht neu besetzt würden. Zu dieser Vorgabe wurden nach einer Gesetzesänderung ab Juni 1933 dann Ausnahmen zugelassen, der Paragraf aber zugleich um die erwähnte Generalklausel im Sinne Popitz‘ ergänzt. Diese Bestimmung schuf nicht zuletzt eine Handhabe, die nach der Personalabbauverordnung von 1923 in den Wartestand versetzten Beamten nunmehr endgültig zu pensionieren. So ließ sich nicht nur die finanzielle Belastung des Reichshaushalts verringern, zugleich wurden Stellen für den seit langem auf Beförderung drängenden Beamtennachwuchs der Reichsfinanzverwaltung frei. Tatsächlich konnten sogar NSDAP-Mitglieder im Wartestand nach § 6 behandelt und in den endgültigen Ruhestand versetzt werden – sehr zum Unmut des Reichsinnenministeriums, das im August 1933 darauf hinwies, dass sich das „Unrecht“ der PAV von 1923, die gerade national gesinnte Beamte in den einstweiligen Ruhestand versetzt habe, nun nicht durch das BBG wiederholen und verschärfen dürfe. Vielmehr sei deren Dienstfähigkeit und Eignung in besonderem Maße vorauszusetzen und ihre Wiederverwendung anzustreben.[254]

Dass das Reichsfinanzministerium gemeinsam mit Göring (und Popitz) gegenüber Frick die Bevorzugung der §§ 5 und 6 bei der Umsetzung des Gesetzes vertrat, hatte insofern nicht zuletzt mit programmatischer Abgrenzung gegenüber dem Reichsinnenministerium zu tun.[255] Die Begründung von Entscheidungen mithilfe dieser beiden Paragrafen ermöglichte in der Praxis zudem, wie die kommunal- und regionalgeschichtliche Forschung gezeigt hat, jene lokale Eigeninitiative, welche das Innenressort im Sinne des eigenen

[253] Hierzu die Beispiele bei Grotkopp, Berufsbeamtentum, S. 107–109, dort. bes. Anm. 131; Mommsen, Beamtentum, S. 43.

[254] Mommsen, Beamtentum, S. 50; Caplan, Government, S. 147–148, dort Anm. 55; Matzerath, Nationalsozialismus, S. 74–75; Rundschreiben des Reichsministeriums des Innern betr. nationalgesinnte Wartestandsbeamte, 7.8.1933, BArch R2/22559, Bl. 120.

[255] Aktenvermerk des Reichsinnenministeriums über die Ministerbesprechung zur Durchführung des BBG vom 25.4.1933, 27.4.1933, abgedr. in: Mommsen, Beamtentum, S. 159–160; Mühl-Benninghaus, Beamtentum, S. 64–65.

zentralistischen Machtgewinns mit dem BBG auszuschalten gedacht hatte.[256] In diesen Aushandlungen ging es also weniger um die von der bisherigen Forschung vielfach betonte „Milde" einer traditionellen Fachverwaltung, die Verfahren nach offen rassistischen oder politischen Kriterien (im Sinne der §§ 2 bis 4) zu vermeiden suchte, als darum, die in früheren Machtkonflikten eingeübten Handlungslogiken zu erhalten. Damit greift es auch zu kurz, das Vorgehen des Reichsfinanzministeriums als bloß „verwaltungstechnisches" zu beschreiben. Ebenso wenig sollte man darin „bewahrte demokratische und humanistische Denkweisen" in der Reichsfinanzverwaltung sehen.[257] Denn gerade die §§ 5 und 6 besaßen ein durchaus willkürliches Moment, konnten sie doch der Exklusion „wertloser" Mitarbeiter dienen: So rief Schwerin von Krosigk im Mai 1933 seine Amtsleiter in einem wenig milden Tonfall dazu auf, ihm gemäß den Vorgaben der §§ 5 und 6 „rücksichtslos alle die Beamten zu benennen, deren Tätigkeit für die Verwaltung nicht mehr den vollen Wert" habe. Durch deren Versetzung oder Entlassung solle die Reichsfinanzverwaltung „wieder schlagkräftig" gemacht werden.[258] Hier zeigte sich auch, dass die „Entlastung" von nicht mehr leistungsfähigen Beamten, auf die schon der Personalabbau der frühen 1920er-Jahre abgezielt hatte, mithilfe des BBG fortgeführt und radikalisiert werden konnte. Inwiefern dies wirklich der Verbesserung der „fachliche[n] Qualität" diente, ist schwer zu bemessen. Klar wird aber, dass es der Führung des Reichsfinanzministeriums gelang, den Umbruch nach eigenen Vorstellungen mitzugestalten und dafür das Erfahrungswissen der Weimarer Zeit zu nutzen.[259]

Die Haltung des Ministeriums wurde bei den nachgeordneten Behörden so interpretiert, dass dieses Instrumentarium entschieden angewendet werden sollte und im Zweifelsfall auch der „Wert" von Beamten noch einmal zu überprüfen war. Ermutigt wurden die zuständigen Behördenleiter dabei durch die Zusicherung des Ministeriums, dass für die nach § 6 freigewordenen Stellen im kommenden Haushalt Ersatz geschaffen werde.[260] Zudem ermöglichten

[256] Hierzu die Beispiele bei Kuller, Bürokratie, S. 107–108; dies., Finanzverwaltung und Judenverfolgung; Friedenberger, Ausplünderung, S. 50–52; Meinl/Zwilling, Raub, S. 276.

[257] Mommsen, Beamtentum, S. 59–60; mit Bezug darauf Mühl-Benninghaus, Beamtentum, S. 64–65; zum Forschungsstand auch Kuller, Bürokratie, S. 50.

[258] Runderlass des Reichsministers der Finanzen betr. Durchführung des Gesetzes zur Wiederherstellung des Berufsbeamtentums in der Reichsfinanzverwaltung, 10.5.1933, BArch R2/22559, Bl. 14–15.

[259] Hierzu die Auflistung von gemäß der PAV um 1924 in den Ruhestand versetzten Beamten im Bereich des LFA Münster, die nun endgültig pensioniert werden sollten, 1.7.1933, BArch R2/22557, Bl. 81–85. Darin schonungslos aufgeführt sind deren diverse Defizite – von „Neigung zum Trunke" bis „vorzeitiger Verblödung". Dagegen Mommsen, Beamtentum, S. 59.

[260] Schreiben des Präsidenten des LFA Unterweser an den Reichsfinanzminister, 24.5.1933, BArch R2/22559, Bl. 36; Anfrage des Präsidenten des LFA Stettin betr. Anwendung

diese Paragrafen ein entschlossenes Vorgehen auch dort, wo „andere rechtliche Handhaben" fehlten – also etwa die politische Unzuverlässigkeit nicht nachweisbar war oder man einen jüdischen „Frontkämpfer" trotz seines per Gesetz zugesicherten Sonderstatus loswerden wollte.[261] Nicht zuletzt waren es die §§ 5 und 6 des BBG, deren Anwendung sich noch jahrelang fortsetzte und schließlich im Deutschen Beamtengesetz von 1937 verstetigt wurde, während das Gesetz für die Maßnahmen nach §§ 2 bis 4 bereits 1935 außer Kraft trat. So ließ sich beispielsweise der § 6 des BBG bis zur Verabschiedung des DBG auch noch in jenen Fällen zur Entlassung „nichtarischer" Beamter heranziehen, die selbst durch die verschärften Bestimmungen des Reichsbürgergesetzes von 1935 nicht gedeckt wurden.[262] Insgesamt nahm die Durchführung des Gesetzes – das ursprünglich dezidiert als vorübergehende Maßnahme mit dem Ziel zügiger Rückkehr zu „normalen Vorschriften" vermittelt worden war – deutlich mehr Zeit in Anspruch als ursprünglich geplant. Statt der beabsichtigten sechs Monate blieb das Gesetz tatsächlich bis Anfang 1937 in Kraft; die vorgesehenen Fristen wurden mehrfach verlängert.[263]

Das beamtenpolitische Vorgehen des Reichsfinanzministeriums nach 1933 war also von einem komplexen Gewebe aus Kontinuität und Wandel geprägt. Dieses Gewebe war nicht nur durch die vermeintliche Frontstellung zwischen „Partei" und „Staat" gekennzeichnet, sondern ebenso durch die fortbestehende Konkurrenz zu anderen „traditionellen" Ressorts. Während das Reichsinnen-

der §§ 5 und 6 des BBG, 8.6.1933, ebd., Bl. 50–51; Runderlass des Reichsfinanzministers betr. Wartestandsbeamte, 7.6.1933, ebd., Bl. 94–95; Erlass des Reichsfinanzministers betr. Durchführung des Gesetzes zur Wiederherstellung des Berufsbeamtentums in der Reichsfinanzverwaltung, 26.5.1933, ebd., Bl. 44.

261 Dies erkannte auch Frick, vgl. sein Schreiben an den Stellvertreter des Führers betr. Zurruhesetzung von Parteigenossen nach § 6 des Berufsbeamtengesetzes, 11.5.1936, BArch R2/22559, Bl. 297. Hierzu Mühl-Benninghaus, Beamtentum, S. 65; Lotz, Reichspost, S. 50–51. Vgl. auch die Streichungen im Entwurf eines Bescheides des Reichsfinanzministeriums im Entlassungsfall Hauptmeyer, 19.3.1934, BArch R2/22879, Bl. 391; die Ministervorlage betr. Vierte Durchführungsverordnung zum BBG, [16.]5.1934, BArch R2/22880, Bl. 159; die ambivalente Argumentation des Präsidenten der Reichsschuldenverwaltung gegenüber dem Reichsfinanzminister im Fall des jüdischen Regierungsrates Dr. Ebhardt, 12.7.1933, BArch R2/22556, Bl. 52–53; sowie das mit lokalen NSDAP-Vertretern abgestimmte Vorgehen des Präsidenten des LFA Köln in Fällen, „in welchen Vorgänge politischen Inhalts in Betracht kamen, ohne dass das Material zur Behandlung nach § 4 ausreichte", dazu sein Bericht an das Reichsfinanzministerium betr. Durchführung des Gesetzes über die Wiederherstellung des Berufsbeamtentums, 27.6.1933, BArch R2/22556, Bl. 319–320, hier 319 RS.

262 Entsprechende Entscheidungen in BArch R2/22559, Bl. 244–250; sowie das vertrauliche Rundschreiben des Reichs- und Preußischen Minister des Innern betr. § 4 der Ersten Verordnung zum Reichsbürgergesetz (Abschrift), 17.1.1936, BArch R2/22558, Bl. 23 RS.

263 Mommsen, Beamtentum, S. 52; die Betonung des „vorübergehenden Charakters" des Gesetzes bei N.N., Gesetz, S. 125.

ministerium unter Frick vor allem auf administrative Zentralisierung abzielte, setzten das Reichsfinanzministerium und Popitz Ermächtigungen durch, die auf dezentraler Ebene Handlungsspielräume gewährten oder Anliegen der eigenen Organisation abbildeten.[264] Neben die nationalsozialistische Ideologie traten somit die Ressortkonkurrenz ebenso wie die spezifische Organisationslogik. Diese Einflüsse prägten auch die nachfolgende Umsetzung des Gesetzes und die Einzelfallentscheidungen. Intern drängte das Reichsfinanzministerium auf eine beschleunigte Durchführung des Gesetzes, wofür im Hause vor allem die Unterabteilungen I B und P zuständig waren.[265]

Die zahlenmäßigen Auswirkungen des Berufsbeamtengesetzes auf das Personal der Reichsfinanzverwaltung sind von der Forschung schon verschiedentlich untersucht und dokumentiert worden. Da einige Zusammenstellungen aus den Beständen des Reichsfinanzministeriums überliefert sind, lassen sich gewisse übergreifende Angaben ermitteln. Bis zum 31. März 1934 waren von den circa 73000 Beamten der Reichsfinanzverwaltung insgesamt 1732 Personen von den Maßnahmen des BBG betroffen.[266] Darunter waren 879 aktive Beamte, die restlichen Eingriffe richteten sich gegen Wartestands- und Ruhestandsbeamte. Im Ministerium betraf das Gesetz bis zu diesem Stichtag 14 aktive Beamte, davon wurden zwei nach § 3 entlassen und zwölf nach den §§ 5 und 6 in den Ruhestand oder ein anderes Amt versetzt. Nach damaliger Berechnung waren somit 3,17 Prozent der aktiven Beamten des Ministeriums von Eingriffen nach dem BBG betroffen, in der gesamten Reichsfinanzverwaltung waren es 1,2 Prozent. Von den Wartestandsbeamten des Ministeriums wurden insgesamt 102 Personen überprüft und 79 davon letztlich in ein anderes Amt oder in den endgültigen Ruhestand versetzt. Darüber hinaus wurde eine nicht näher verifizierbare Anzahl von Beamten „aus politischen Gründen im Verwaltungswege versetzt".[267]

Inwiefern das Finanzressort mit diesem Vorgehen repräsentativ war, ist schwer zu bestimmen. Für die übrigen Reichsministerien liegen bisher nur wenige Zahlen vor, zudem sind die jeweiligen Berechnungsgrundlagen in den Quellen und die Gewichtungen zwischen den §§ 2 bis 6 in der Anwendung des

[264] Zum Eintreten von Popitz gegen eine Milderung der nach dem BBG getroffenen Maßnahmen im Frühjahr 1936, zusammen mit dem Stab des Stellvertreters des Führers, Mommsen, Beamtentum, S. 58.

[265] Vermerk der Unterabteilung P betr. Feststellung der betroffenen Wartestandsbeamten, 26.6.1933, BArch R2/22556, Bl. 7.

[266] Hierzu und zum Folgenden die Personalzahlen der Haushaltspläne des Reichsfinanzministeriums für 1933 und 1934; sowie die Angaben bei Mühl-Benninghaus, Beamtentum, S. 60–65, welche die Zahlen bei Mommsen, Beamtentum, S. 54–55, sowie Grotkopp, Beamtentum, S. 283, korrigieren und erweitern.

[267] So die Bemerkung zu der entsprechenden Übersicht vom 31.3.1934, BArch R2/22559, Bl. 244 RS.

BBG sehr unterschiedlich. Ein aussagekräftiger Vergleich von Prozentangaben ist daher nicht möglich. Die Forschung hat lange angenommen, dass zumindest das Reichsarbeitsministerium stärker von entsprechenden Maßnahmen betroffen war, aber auch dort war offenbar von keinem Revirement zu sprechen. Das Reichsinnenministerium griff im eigenen Haus wie auch in der preußischen Innenverwaltung tendenziell schärfer durch. Dort spielte die Entlassung aus politischen Gründen auch eine etwas stärkere Rolle als im Reichsfinanzministerium.[268] Kurzfristig bewirkte das BBG wohl in keiner der Reichsverwaltungen einen tiefgreifenden Austausch des Personals; es erzeugte aber Unsicherheit und Misstrauen unter der Beamtenschaft, diente der Führungsspitze der Ministerien als (nur vermeintlich temporärer) Auftakt für weitergehende Umbauten und legitimierte von staatlicher Seite die Exklusion all jener Menschen, die jüdischer Herkunft oder politisch abweichender Meinung waren.

Der prominenteste Fall im Reichsfinanzministerium war jener des Staatssekretärs Arthur Zarden, der als Nachfolger Hans Schäffers erst 1932 ins Amt gekommen war. Zarden wurde 1933 als „Halbjude" seines Postens enthoben und nach § 6 des BBG in den Ruhestand versetzt, um für den neuen Staatssekretär Reinhardt Platz zu machen. Nachdem er im Januar 1944 wegen Kontakten zum regimekritischen Solf-Kreis verhaftet wurde, beging er im Gestapo-Gefängnis Selbstmord.[269] Seine Stellung verlor auch der einflussreiche Umsatzsteuerexperte und enge Mitarbeiter von Popitz, Rolf Grabower, der 1934 zunächst an den Reichsfinanzhof versetzt und 1935 entlassen wurde. 1942 wurde er nach Theresienstadt deportiert, wo er im Frühjahr 1945 befreit wurde. Nach dem Ende des Zweiten Weltkrieges wurde Grabower Oberfinanzpräsident in Nürnberg. Als Präsident an den Reichsfinanzhof berufen worden war bereits 1931 Herbert Dorn, der im gleichen Jahr auch Vorsitzender des Finanzausschusses des Völkerbundes wurde. 1933 verlor er aufgrund seiner jüdischen Herkunft sein Amt, arbeitete anschließend noch zeitweilig im Reichsfinanzministerium und wurde im März 1934 in den Ruhestand versetzt. 1938 von der Gestapo verhaftet und misshandelt, floh er anschließend nach Kuba und emigrierte nach dem Zweiten Weltkrieg in die USA.[270]

Blickt man auf einige der weniger prominenten Fälle, die in den Überlieferungen des Ministeriums dokumentiert sind, so wird das Lavieren zwischen den Interessen der Verwaltung, äußeren Einflussnahmen durch Parteiorgane, nationalsozialistischer Weltanschauung und der Abschätzung der individuellen

268 Mommsen, Beamtentum, S. 53–61; Caplan, Government, S. 144–149; Mühl-Benninghaus, Beamtentum, S. 65–77; Schulz, Reichsarbeitsministerium, S. 63; Günther/Maeke, Vorgeschichte, S. 31–32.

269 Zu Zarden die Memoiren seiner Tochter Irmgard Ruppel, Erinnerungen; sowie Bundesministerium der Finanzen, Arthur Zarden.

270 Zu Grabowers Lebensweg vgl. Wenn im Amte; zu Dorn Kap. II.1. Weitere Fälle dokumentiert Kuller, Bürokratie, S. 50–55.

Auswirkungen erkennbar. Strittige Fälle legten die nachgeordneten Behörden dem Reichsfinanzminister zur Entscheidung vor, sodass ein gewisser Einblick in die zugrundeliegenden Aushandlungsprozesse möglich ist.[271] Bei Personen, die von Vertretern der NSDAP, der Gauleitung oder anderen Externen denunziert worden waren, um sie nach § 4 zu entlassen, wurde eher nach gütlichen Lösungen im Sinne der betroffenen Beamten gesucht und auf den Dienstweg verwiesen. Eigeninitiative für Entlassungen beziehungsweise Versetzungen wurde hingegen insbesondere dort entwickelt, wo man nach § 6 nicht mehr leistungsfähige oder disziplinarisch auffällig gewordene Beamte „abbauen" konnte.[272] Die bereits zitierten, im Mai 1933 ergangenen Durchführungsbestimmungen des Reichsfinanzministers wurden von den nachgeordneten Instanzen als Ausdruck einer „scharfen" Linie gegenüber leistungsschwachen Beamten verstanden und entsprechend – etwa in Konflikten zwischen Lokal- und Mittelbehörden der Reichsfinanzverwaltung – zugunsten größerer Handlungsspielräume für die Verwaltung ausgelegt.[273]

Zuungunsten der betroffenen Beamten wurde auch argumentiert, wenn sie vor 1933 den Sozialdemokraten nahegestanden hatten und deshalb als sogenannte Parteibuchbeamte vermeintlich unzulässig protegiert worden waren. Dies galt etwa im Falle eines Oberfinanzrats bei der Reichsschuldenverwaltung, der im Dezember 1932 in einem Beförderungsverfahren von Arnold Brecht unterstützt worden war.[274] Enthielt die Sachlage hingegen zu viel „Lokalkolorit", etwa im Sinne kleinteiliger Streitigkeiten zwischen örtlichen Parteigenossen und andersdenkenden Kollegen in der Verwaltung, verhinderte das Ministerium in Einzelfällen die Entlassung. Dabei argumentierte der in der Berliner Zentrale zuständige Personalreferent Ernst Zschaler, obwohl selbst ein „alter Kämpfer", dass entsprechende Beamten in „untergeordneten Stellungen [...] kaum irgend welchen [sic] Schaden anstellen können", selbst bei politisch missliebigem Verhalten. Für eine milde Behandlung der betreffenden Beamten sprach seines Erachtens auch eine hohe Kinderzahl; hier argumentierte Zscha-

[271] Eine systematische Auswertung dieser Bestände wurde aufgrund ihres Umfangs und der ausschließlich alphabetischen Erfassung aller Einzelfälle für die gesamte Reichsfinanzverwaltung nicht unternommen.

[272] Hierzu die Ausführungen im Bericht des Präsidenten der Reichsmonopolverwaltung für Branntwein, 6.5.1933, BArch R2/22556, Bl. 34–39. Dort wird auch der Fall eines vermutlich jüdischen Beamten stillschweigend unter § 6 gefasst. Für die Frage des Dienstweges vgl. den Bericht des Präsidenten des LFA Mecklenburg-Lübeck, 31.10.1933, BArch R2/22557, Bl. 36–38, sowie die Antwort des Ministeriums, 10.11.1933, ebd., Bl. 39.

[273] Schreiben des Vorstehers des Hauptzollamtes Vreden an den Präsidenten des LFA Münster, 25.6.1933, ebd., Bl. 94. Ob diese Handlungsspielräume zugleich gezielt zugunsten fähiger Beamter ausgelegt wurden, muss hier offenbleiben, vgl. für diese (unbelegte) These Mommsen, Beamtentum, S. 60.

[274] Bericht des Präsidenten der Reichsschuldenverwaltung betr. Oberfinanzrat Landwehr, 12.7.1933, BArch R2/22556, Bl. 49–51.

ler auf der bevölkerungspolitischen Linie des Regimes.[275] In strittigen Fällen NS-naher Beamter wurde die Meinung des Staatssekretärs Reinhardt eingeholt, was aber keineswegs immer zur Bevorzugung verdienter Parteigenossen führte. So wurde ein „unverbesserlicher Querulant" aus dem Zollamt Laufen nach Entscheidung des Ministeriums beziehungsweise Reinhardts in den Ruhestand versetzt, obwohl er sich „besonders in der NSDAP" engagierte.[276] Auch der bereits erwähnte, 1926 in den einstweiligen Ruhestand versetzte „alte Kämpfer" Hanno Kannopath wurde im Frühsommer 1933 als Wartegeldempfänger gemäß § 6 des Gesetzes pensioniert, und dies gleichzeitig mit Arthur Zarden.[277]

Soweit aus den Akten ersichtlich, wurden im Reichsfinanzministerium Spielräume zugunsten von Beamten jüdischer Herkunft selten genutzt, eher ausgelassen. Bei „Frontkämpfern" wurde zwar entsprechend den Bestimmungen des BBG von einer Entlassung Abstand genommen, zugleich wurden sie im Einzelfall aber mit Zustimmung des Ministeriums und ohne Zwang von außen bei zuvor in Aussicht gestellten Beförderungen zurückgestellt.[278] Die Anregung eines bayerischen Finanzamtes, einen jüdischen Beamten ohne Frontkämpferstatus nicht im Sinne des Gesetzes gemäß § 3 zu behandeln, sondern im Amt zu belassen, weil er ein „sehr fleißiger, gewissenhafter Beamter" sei, wurde von den übergeordneten Behörden abgelehnt – sowohl vom Landesfinanzamt München als auch vom Reichsfinanzministerium, wo die entsprechende Begründung kommentarlos aus der Fallaufstellung gestrichen wurde.[279] Der ähnlichen

[275] Vermerk Dr. Zschaler, 16.2.1934, BArch R2/22557, Bl. 325. Zu Zschaler siehe auch die Ausführungen unten. Zum Einfluss der familiären Situation vgl. Erlass des Reichsfinanzministers betr. Anstellung und Beförderung von ledigen Beamten, 16.6.1937, gez. von Reinhardt; Erlass betr. Anstellung und Beförderung von kinderlos verheirateten Beamten, 22.1.1938, beide BArch R2/22568, Bl. 42 und 56; Erlass betr. Kündigung von kinderreichen Angestellten und Arbeitern, 28.7.1937, in: RFBl. 19 (1937), 18, S. 99.

[276] Verzeichnis des Landesfinanzamtes München über die Beamten der Zollverwaltung, die unter §§ 2 bis 6 des Gesetzes zur Wiederherstellung des Berufsbeamtentums fallen, 17.6.1933, BArch R2/22557, Bl. 68 RS.

[277] Hierzu die Aufstellungen vom 10.6.1933 und 12.7.1933, BArch R2/22556, Bl. 3, 6 und 17. Konopath wurde dann zunächst Staatsfinanzrat in der Reichsschuldenverwaltung und 1936 vom Dienst beurlaubt, 1938 des Dienstes enthoben. Seine von der Partei wiederholt betriebene Beförderung zum Oberfinanzpräsidenten lehnte Reinhardt ab, vgl. Banken, Steuerstaat, S. 73, dort Anm. 60; sowie die Eidesstattliche Erklärung Schwerin von Krosigks vom 18.3.1949, IfZ ZS A-20, Bd. 9, Bl. 7. Zu Konopath auch Kap. III.1.

[278] Bericht des Präsidenten der Reichsschuldenverwaltung betr. Regierungsrat Dr. Ebhardt, 12.7.1933, BArch R2/22556, Bl. 52–53. Hierzu auch der Fall des jüdischen Diplomaten Erich Michelsen im Auswärtigen Amt, bei dem der zuständige Referent des Reichsfinanzministeriums – anders als jener des Reichsinnenministeriums – für ein Vorgehen zuungunsten des Beamten plädierte, vgl. Conze et al., Amt, S. 60.

[279] Verzeichnis des Landesfinanzamtes München über die Beamten der Zollverwaltung, die unter §§ 2 bis 6 des Gesetzes zur Wiederherstellung des Berufsbeamtentums fallen, 17.6.1933, BArch R2/22557, Bl. 72.

Bitte der Führungsspitze des Reichsfinanzhofs (darunter des Senatspräsidenten Enno Becker), im Falle des Regierungsrats Kurt Friedländer wegen dessen „Tüchtigkeit" von der Anwendung des § 3 abzusehen, wurde ebenfalls nicht entsprochen. Hier schienen die zuständigen Referenten im Ministerium keine Ermessensfrage zu sehen. Anders war dies im Falle Rudolf Hochstetters, ebenfalls ein Beamter des Reichsfinanzhofs, der auf Anregung seiner Vorgesetzten vom Reichsfinanzministerium wegen seines im Weltkrieg gefallenen Sohnes als „Frontkämpfer" nicht nur im Amt belassen, sondern auch von der Behandlung gemäß § 5 ausgenommen wurde.[280]

Kenntnisse über die Auswirkungen, welche die sinngemäße Anwendung des Gesetzes auf Arbeiter und Angestellte, die im § 15 vorgegeben war, in der Reichsfinanzverwaltung hatte, liegen kaum vor. Studien zur Situation in der bayerischen Kommunalverwaltung haben gezeigt, dass vor allem Arbeiter von „Säuberungen" betroffen waren, und die personalpolitischen Eingriffe daher ähnlich wie 1923 auch einen starken sozialen Bias besaßen.[281] Die vorhandenen Dokumente zur Situation der Arbeiter und Angestellten in der Reichsfinanzverwaltung unterstützen diesen Eindruck, ohne ihn eindeutig belegen zu können. Ein Sachstandsbericht der Personalabteilung des Ministeriums vom Juli 1934 führte 142 Angestellte und Arbeiter auf, die bis zu diesem Zeitpunkt gemäß der §§ 2, 2a und 4 des BBG entlassen worden waren. Dem stand die Zahl von nur 56 entlassenen Beamten gegenüber, obgleich deren Gesamtkopfzahl in der Reichsfinanzverwaltung deutlich über jener der Angestellten und Arbeiter lag.[282]

Im April 1933 war der zuständige Referent, Ministerialrat Emil Schilling, nach Vorbesprechungen mit dem Reichsinnenministerium dafür mitverant-

280 Hierzu das Schreiben des Präsidenten des Reichsfinanzhofs an den Reichsfinanzminister, 14.6.1933, inkl. Anlage, BArch R2/22556, Bl. 23–24. Erst später wurde die „Dritte Verordnung zur Durchführung des Gesetzes zur Wiederherstellung des Berufsbeamtentums" vom 6. Mai 1933 so interpretiert, dass der Status des „Frontkämpfers" nur durch eigene Fronterfahrung, nicht aber durch gefallene Angehörige erreicht werden konnte, hierzu RGBl. I (1933), S. 247; Schnellbrief des Reichsfinanzministers betr. Übertritt der jüdischen Beamten in den Ruhestand, 24.12.1935, BArch R2/22558, Bl. 20–21.

281 Einige Einblicke bei Mühl-Benninghaus, Beamtentum, S. 79–80. Für Bayern zeigt dies Hanko, Kommunalpolitik, S. 370–402. Hierzu auch Caplan, Government, S. 144–146. In der späteren Entwicklung – etwa bei den Entlassungen jüdischer Beamter gemäß Reichsbürgergesetz nach 1935 – wurden Arbeiter und Angestellte hingegen zunächst aus solchen Maßnahmen ausgenommen, vgl. den vertraulichen Erlass des Reichsfinanzministers betr. Judengesetzgebung, 8.2.1936, inkl. Anlage, BArch R2/22558, Bl. 23.

282 Bericht der Unterabt. I B an die Abt. III, 6.7.1934; sowie Nachweisung der Personalabteilung an den Preuss. Ministerpräsidenten, 25.7.1934, beide BArch R2/22559, Bl. 249–250. Die Zahlen der zugrundeliegenden Nachweisungen der Einzelabteilungen sind nicht ganz eindeutig zugeordnet; unter den erwähnten 56 Beamten könnten daher auch noch weitere Angestellte sein. Die Maßnahmen nach den §§ 3, 5 und 6 wurden in dieser Statistik nicht erfasst. Nach den Haushaltsplänen waren zu diesem Zeitpunkt circa 19000 Angestellte und Arbeiter und knapp 73000 Beamte im Ministerium beschäftigt.

wortlich, dass im Entwurf für die zweite Durchführungsverordnung zum BBG die Entlassung aller „nichtarischen" Angestellten und Arbeiter nicht nur fakultativ, sondern zwingend vorgesehen wurde. Sonderregelungen zugunsten von Betroffenen – etwa für langjährig Dienstverpflichtete oder für jüdische Kriegerwitwen – wurden durch das Ministerium einzuschränken versucht; eigens eingefügt wurden hingegen Möglichkeiten der Kündigung aus Gründen der Verwaltungsvereinfachung.[283] Wie bei den Beamten sollten „national" überzeugte Angestellte und Arbeiter bei der Stellenbesetzung zukünftig besonders berücksichtigt werden. Darüber hinaus ordnete der Reichsfinanzminister an, dass entlassene weibliche Angestellte durch männliche Angestellte zu ersetzen waren.[284] Hier setzte sich eine Geschlechterpolitik fort, die bereits 1932 mit dem „Gesetz über die Rechtstellung der weiblichen Beamten" eingeleitet worden war, das die Entlassung verheirateter Reichsbeamtinnen, deren wirtschaftliche Versorgung gesichert schien, ohne deren Antrag ermöglichte. Ab Juni 1933 wurde diese Kann- zu einer Soll-Maßnahme ausgebaut, die von den Reichsbehörden im Verbund mit dem BBG so ausgiebig genutzt wurde, dass der Reichsinnenminister schließlich Einspruch gegen die inflationäre Anwendung dieser „Ausnahmeregelung" und die dadurch erzeugte Beunruhigung erhob. De facto stieg der Anteil von Frauen im öffentlichen Sektor in den folgenden Jahren an, allerdings vor allem bei Sekretariats- und Bürotätigkeiten. Eine Aufweichung der entsprechenden gesetzlichen Bestimmungen trat aber erst im Verlauf des Krieges ein, als weibliche Arbeitskräfte verstärkt gebraucht wurden.[285]

Im Hinblick auf die gezielte Förderung verdienter Nationalsozialisten unter den Beamten hatte der Reichsinnenminister die Reichsbehörden schon bei seiner Intervention im August 1933 darauf hingewiesen, dass bei Wiederbesetzungen von Stellen, Beförderungen und Neuernennungen möglichst auf „nationalgesinnte" Wartestandsbeamte zurückgegriffen werden solle und diese von

283 Schreiben Schillings an MinRat Seel im Reichsinnenministerium, 21.4.1933; abschlägiger Vermerk zu einer Härtefallregelung für jüdische Kriegerwitwen vom Juli 1933; sowie das Schreiben des Reichsfinanzministers an den Präsidenten des LFA Unterelbe betr. Durchführung des Gesetzes zur Wiederherstellung des Berufsbeamtentums, 15.6.1933, alle BArch R2/22878.

284 Erlass des Reichsfinanzministers betr. Durchführung des Gesetzes zur Wiederherstellung des Berufsbeamtentums, hier § 15, 12.5.1933, BArch R2/22874.

285 Gesetz über die Rechtstellung der weiblichen Beamten, 30.5.1932, sowie Ausführungsanweisungen des Reichsministers der Finanzen für den Bereich der Reichsfinanzverwaltung, in: RFBl. 14 (1932), 23, S. 93–95; Runderlass des Reichsinnenministers, 5.10.1933, BArch R2/22559, Bl. 159; Erlass zum Gesetz über die Rechtstellung der weiblichen Beamten, 6.2.1934, in: RFBl. 16 (1934) 4, S. 18–20; Verordnung über Maßnahmen auf dem Gebiet des Beamtenrechts, 1.9.1939 (RGBl. I, S. 1603). Hierzu Caplan, Government, S. 204–205 und 268; Grotkopp, Beamtentum, S. 154; Püttner, Dienst, S. 1096.

Personalabbaumaßnahmen nach den §§ 5 und 6 auszunehmen seien.[286] Im Oktober 1933 gab dann das Reichsfinanzministerium als erstes Ressort einen Erlass heraus, der bestimmte, dass Beamten, „die sich für die nationale Erhebung besonders verdient gemacht haben", bei Beförderungen bevorzugt werden sollten. Dies galt allerdings nur, wenn sie auch „nach ihren Fähigkeiten und Leistungen den Anforderungen" entsprachen. Eine von drei verfügbaren Stellen sollte jeweils für diesen Zweck herangezogen werden. Mit der Bevorzugung „alter Kämpfer" ging im gleichen Erlass der Ausschluss jüdischer und politisch missliebiger Beamter aus den Beförderungsverfahren einher. Zuvor war schon für alle Beamten der „Ariernachweis" verpflichtend gemacht worden.[287]

Der Vorstoß des Reichsfinanzministeriums diente anderen Ressorts als Anlass, um vom Reichsinnenminister eine grundsätzliche Klärung dieser Fragen einzufordern und in diesem Zuge ihre Skepsis gegenüber einer „Verewigung des BBG" zu äußern, da diese dem Geist des Gesetzes widerspreche. Diese Kritik wies Zschaler als Vertreter des Finanzressorts zurück und betonte, man wolle entsprechende Maßnahmen nur so lange durchführen, bis alle potenziell zu befördernden Beamten „auch innerlich zur NSDAP hinüber gefunden hätten". Diese Interimsperspektive galt allerdings nicht für Beamte jüdischer Herkunft, die auch zukünftig von Beförderungen ausgeschlossen bleiben sollten. Letztlich wurden die vom Reichsfinanzministerium vorläufig aufgestellten Richtlinien als Vorlage für ein möglichst einheitliches Verfahren in allen Ressorts beschlossen, ohne dass ein allgemein verbindlicher Erlass zu dieser Frage erging. So sollte jede oberste Reichsbehörde individuelle Spielräume behalten.[288]

[286] Rundschreiben des Reichsinnenministers betr. nationalgesinnte Wartestandsbeamte, 7.8.1933, BArch R2/22559, Bl. 120; Rundschreiben des Reichsinnenministers vom 2.2.1934, ebd., Bl. 209; Rundschreiben des Reichs- und Preußischen Ministers des Innern betr. Anwendung der §§ 5 und 6 BBG, 11.5.1936, ebd., Bl. 296; Schreiben des Reichs- und Preußischen Ministers des Innern an den Stellvertreter des Führers betr. Zurruhesetzung von Parteigenossen nach § 6 des Berufsbeamtengesetzes, 11.5.1936, ebd., Bl. 297.

[287] Erlass des Reichsfinanzministers betr. Beförderung von um die nationale Erhebung verdienten Beamten, 26.10.1933, BArch R2/22583, Bl. 138; hierzu auch Mehl, Reichsfinanzministerium, S. 26. Für die spätere Vereinfachung von Aufstiegsprüfungen für „alte Kämpfer" vgl. N.N., Sie wurden nicht vergessen. Zu den Fragebogenaktionen aus Anlass des „Ariernachweises" vgl. Erlass betr. die Durchführung des Gesetzes zur Wiederherstellung des Berufsbeamtentums in der Reichsfinanzverwaltung, 13.6.1933, in: RFBl. 15 (1933), 16, S. 75; Erlass betr. Nachweis der Abstammung der Beamten und ihrer Ehefrauen, 24.11.1936, in: Nachrichten des Reichsfinanzministeriums, Nr. 61, 27.11.1936, BArch R2/31797; Bestimmungen über Personalbogen und Befähigungsberichte, 8.11.1933 in: RFBl. 15 (1933), 28, S. 140–142; zur entsprechenden Überprüfung von Bewerbern vgl. Erlass betr. Durchführung des § 1a des Reichsbeamtengesetzes in der Fassung des Gesetzes vom 30.6.1933 in der Reichsfinanzverwaltung, 16.12.1933, in: RFBl. 15 (1933), 30, S. 166–170.

[288] Mommsen, Beamtentum, S. 71 und 168–169; Niederschrift der kommissarischen Besprechung über die Beförderung von Beamten, 17.1.1934, BArch R43 II/421 a.

Weitere Schritte zur Nazifizierung der Reichsverwaltungen wurden vom Innenressort angeregt. Da in den Haushaltsgesetzen seit 1933 festgelegt wurde, dass freiwerdende Stellen im einfachen und unteren mittleren Dienst zunächst zu neunzig Prozent (im gehobenen mittleren Dienst zu fünfzig Prozent) mit geeigneten Wartegeldempfängern und Versorgungsanwärtern zu besetzen waren, ergänzte der Reichsinnenminister diese Bestimmungen um eigene Anordnungen, die „bewährten Kämpfern" bei der Vergabe der übrigen Beamten- sowie der Angestelltenstellen Vorrang einräumten. Die ursprünglich schon 1932 per Notverordnung eingeführte Vorgabe, bei Stellenbesetzungen auf vorhandene Versorgungsfälle zurückzugreifen, um die Staatskosten zu senken, wurde so im Parteisinne zu unterlaufen versucht. Die Durchführung dieser Maßnahmen blieb jedoch hinter den Erwartungen zurück, sodass der Reichsinnenminister im Juni 1936 das Thema noch einmal in Erinnerung rief.[289]

In der Reichsfinanzverwaltung wurden auf diese Weise bis Oktober 1935 etwa 1000 Beamte bevorzugt befördert. Im Laufe des Jahres 1936 zeigte sich an verschiedenen Interventionen, dass die Parteivertretungen mit den bisher erzielten Effekten nicht zufrieden waren. So gab das Hauptamt für Beamte der Reichsleitung der NSDAP im Juni 1936 eigene „Richtlinien über bevorzugte Beförderung und Vordatierung des allgemeinen Dienstalters" an die Gaustellenleiter heraus.[290] Schon im März 1936 erreichte das Reichsfinanzministerium zudem eine Anfrage der NSDAP, welche Vergünstigungen oder Sonderstellungen den Angehörigen der Partei und ihrer Gliederungen bisher gewährt worden seien. Das Ministerium listete daraufhin die einschlägigen Maßnahmen aus seinem Amtsbereich auf. Dazu zählten unter anderem die Vereinfachung der Obersekretär- beziehungsweise Inspektorenprüfungen für nationalsozialistische Beamte, Beurlaubungen für Zwecke der Partei oder der Bezug der nationalsozialistischen Presse. Erwähnung fanden in dem Bericht auch jene Erlasse aus den Jahren 1934 und 1935, welche die Aufnahme in den Stand der Zivilanwärter für Assessoren und Finanzschüler (früher: Supernumerare) grundsätzlich von deren Mitgliedschaft in der NSDAP oder einer ihrer Gliederungen abhängig machten.[291]

[289] Reichshaushaltsgesetz für das Rechnungsjahr 1933, 28.6.1933 (RGBl. II, S. 489); Reichshaushaltsgesetz für das Rechnungsjahr 1934, 23.3.1934 (ebd., S. 121); Gesetz über die Haushaltsführung im Reich, 29.3.1935 (ebd., S. 339); Mühl-Benninghaus, Beamtentum, S. 97–99; Mommsen, Beamtentum, S. 68–69.

[290] Schreiben des Reichsfinanzministers an den Reichs- und Preußischen Minister des Innern betr. Beförderung von Beamten, die sich um die nationalsozialistische Erhebung besonders verdient gemacht haben, 9.9.1936, abgedr. in: Mommsen, Beamtentum, S. 175–176.

[291] Hierzu und zum Folgenden Reichsleitung der NSDAP an das Reichsfinanzministerium betr. parteiamtliche Zusammenstellung einschlägiger Bestimmungen, Abschrift, 30.3.1936, BArch R2/22583, Bl. 120 RS; Zusammenstellung des Referats III/III für das

Ein kritischer Punkt war die zunehmende Beteiligung von Parteistellen an der Personalpolitik. Seit 1934 gingen regelmäßig detaillierte „Vorschläge zum Etat" vom Amt für Beamte der NSDAP-Reichsleitung beim Ministerium ein, die dann in der hauseigenen Stellenplanung aufgegriffen wurden. Zudem gestand das Reichsfinanzministerium in mehreren Erlassen vom Herbst 1935 und vom Frühjahr 1936 die Mitwirkung der NSDAP bei der politischen Beurteilung der Angehörigen der Reichsfinanzverwaltung in bestimmten Grenzen zu, betonte dabei aber zugleich die prinzipielle Eigenverantwortlichkeit der Personalabteilung.[292] Im November 1936 wurde die Berechtigung zur Akteneinsicht für den Stellvertreter des Führers und andere Hoheitsträger durch den Reichsinnenminister grundsätzlich festgelegt. Schon zuvor hatte sich in der Praxis das Verfahren eingespielt, bei wichtigen Neueinstellungen oder Versetzungen Gutachten der lokalen Parteidienststellen einzuholen. Hier gingen entscheidende Impulse zur Zusammenarbeit von den Landesfinanzämtern aus. Deren Vorbild wurde dann wiederum von der NSDAP herangezogen, um von der Personalabteilung im Reichsfinanzministerium ebenfalls ein entsprechendes Vorgehen zu fordern; dort zeigte man sich aber weniger aufgeschlossen.[293]

In persönlicher Abstimmung mit Martin Bormann hatte Reinhardt bereits im Juni 1935 erreicht, dass offiziell nur die zuständigen Hoheitsträger der Partei und nicht beliebige Dienststellen zur Abgabe entsprechender Gutachten berechtigt wurden. Damit wuchs dem Stellvertreter des Führers in diesen Fragen in der folgenden Zeit eine Schlüsselrolle zu – festgelegt unter anderem im Erlass über die Änderung der Geschäftsordnung der Reichsregierung vom 20. März 1935 –, die mit der angestrebten Eigenverantwortung der Ressorts kollidierte. Im Zuge der 1936 erfolgenden Revision der „Reichsgrundsätze über Einstellung, Anstellung und Beförderung der Reichs- und Landesbeamten", die noch aus der Weimarer Zeit stammten, suchte daher insbesondere das Reichsfinanzministerium, die staatliche Personalhoheit wieder zu stärken und durch Generalklauseln Handlungsspielräume jenseits politischer Beförderungsprinzipien zu schaffen. Diese Wiederermächtigung wurde dabei in der üblichen

Referat III/I (Groth), 27.4.1936, ebd., Bl. 121; Zusammenstellung des Referats III/IV für das Referat III/I (Groth), 29.4.1936, ebd., Bl. 122–125.

292 Hierzu die Unterlagen in BArch R2/9370 und R2/9375; sowie die Erlasse vom 29.8.1935 und vom 10.3.1936, BArch R2/22583, Bl. 134–135.

293 Mommsen, Beamtentum, S. 74–75. Von einigen Landesfinanzämtern kamen auch schon früh Vorschläge für ein entschiedenes Vorgehen gegen Kommunisten und andere politisch missliebige Beamte, die vom Ministerium jedoch zunächst ausgebremst und dilatorisch behandelt wurden, bis das BBG verabschiedet war, vgl. Schreiben des Präsidenten des LFA Würzburg an den Reichsfinanzminister betr. Personal, 23.3.1933, BArch R2/22559, Bl. 5; Entwurf einer Antwort des Reichsfinanzministers [als Verfügung nicht ausgeführt], [Ende März 1933], ebd., Bl. 9; Vermerk betr. Bericht des LFA Würzburg, 11.5.1933, ebd., Bl. 11.

Organisationslogik auch damit begründet, dass der Reichshaushalt durch die bisherige Beförderungspolitik stark belastet werde. Dies war ein Argument, das angesichts des wachsenden Personalmangels später auch zur Wiedereinstellung eigentlich entlassener Beamter angeführt werden konnte. Das Recht des Reichsinnen- und des Reichsfinanzministers zu Ausnahmeentscheidungen, das mit den Grundsätzen von 1936 gestärkt wurde, war wiederum „erkauft" durch das Zugeständnis, dass hauptamtliche Tätigkeiten in der NSDAP und ihren Gliederungen nunmehr auf die beförderungsrelevante Dienstzeit angerechnet wurden. Auch in späteren Konflikten bemühte sich das Reichsfinanzministerium darum, den Machtzuwachs des Stellvertreters des Führers in Fragen der Personalpolitik zu begrenzen und gegebenenfalls entsprechende Entscheidungen eher Hitler selbst vorzulegen.[294] Dies galt, obwohl im Ministerium bereits früh eine Umstrukturierung der Personalabteilung nach nationalsozialistischen Kriterien erfolgt war und der neue Staatssekretär rasch Akzente im Sinne einer ideologisch begründeten „Durchsicht" des vorhandenen Personals gesetzt hatte.[295]

Schon am 14. Juli 1933 hatte Frick darauf hingewiesen, dass die Personalreferate in den Reichsbehörden mit überzeugten Nationalsozialisten zu besetzen seien, um die Durchführung des BBG entschieden vorantreiben zu können.[296] Im Reichsfinanzministerium wurde diese Aufforderung unmittelbar in die Tat umgesetzt: Per Erlass vom 17. Juli 1933 wurde festgelegt, dass Beamte, die Personalangelegenheiten bearbeiteten, grundsätzlich Mitglieder der NSDAP sein mussten.[297] Im Geschäftsverteilungsplan vom Oktober 1933 war die zuvor

[294] Erlass des Reichsfinanzministers betr. Reichsgrundsätze über Einstellung, Anstellung und Beförderung, 20.9.1937, in: RFBl. 19 (1937), 23, S. 132–134. Zu den damit verbundenen Konfliktlinien und ihrer weiteren Zuspitzung im Krieg Mommsen, Beamtentum, S. 75–90; zur Wiedereinstellungspolitik Mühl-Benninghaus, Beamtentum, S. 92–93 und 111–113; Caplan, Government, S. 171–174.

[295] Hierzu Reinhardts bevölkerungspolitisch motivierte Fragebogenaktion im Hinblick auf Familienstand und Kinderzahl, Mehl, Reichsfinanzministerium, S. 25.

[296] Erlass des Reichsinnenministers betr. Besetzung der Personalreferate mit überzeugten Nationalsozialisten, 14.7.1933, abgedr. in: Mommsen, Beamtentum, S. 166.

[297] Erlass betr. Gleichschaltung der Personalreferate, gez. Reinhardt, 17.7.1933, BArch R2/22583, Bl. 132: „Ich halte es für unerläßlich, daß die Personalreferate in Zukunft nur mit bewährten Nationalsozialisten besetzt werden, und daß vor der Besetzung meine ausdrückliche Zustimmung eingeholt wird. Ich ersuche, mir bis spätestens 22.7.1933 die Namen und NSDAP-Mitgliedsnummern derjenigen Nationalsozialisten mitzuteilen, mit denen Sie die Personalreferate [...] bereits besetzt haben oder sobald wie möglich (möglichst noch im Juli) zu besetzen beabsichtigen." Erlass betr. Mitarbeiter in den Personalstellen, gez. i. V. Olscher, 30.7.1934, ebd., Bl. 133: „Bei der Bearbeitung von Personalangelegenheiten werden die Behördenleiter und die zuständigen Sachbearbeiter häufig darauf angewiesen sein, sich von den in der Personalstelle tätigen Bürobeamten Vorschläge machen zu lassen. Zur Erleichterung einer Unterrichtung in politischen Fragen ist es notwendig, dass die zur Mitarbeit berufenen Bürobeamten grundsätzlich Mitglieder der

Abbildung 10 – Geschäftsverteilung des Reichsfinanzministeriums im Jahr 1933

von Boenicke geleitete Personalabteilung nicht mehr erwähnt, stattdessen wurden die Personalangelegenheiten von Zoll- und Steuerverwaltung wieder den jeweiligen Abteilungen II und III zugeschlagen [Abb. 10]. Die Zuständigkeit für Personalfragen übernahmen dort zwei „alte Kämpfer“: Der bereits erwähnte Ernst Zschaler, der seit 1920 Beamter der Reichszollverwaltung gewesen war, bearbeitete im Referat II.4 die Angelegenheiten der Zollbeamten und Otto Maaß im Referat III.2 jene der Steuerbeamten. Maaß, der zuvor im Finanzamt Berlin-Schöneberg und beim Reichssparkommissar tätig gewesen war, verantwortete zudem im Büro des Staatssekretärs die Personalien der leitenden Beamten.[298] Diese Teilung der Personalangelegenheiten nach den beiden Verwaltungszweigen wurde aufrechterhalten, bis Maaß – nach einem zeitweiligen Zwischenspiel als Oberfinanzpräsident in Nürnberg – ab 1938 die Leitung der neu geschaffenen Abteilung VI für Personal- und Verwaltungsangelegenheiten übernahm. In diesem Zuge wurde Maaß nicht nur zum Ministerialdirektor ernannt, sondern erhielt auch den Zusatztitel des „Vereinfachungsreferenten“.[299] Einerseits wurde damit die schon viel ältere Forderung des Sparkommissariats nach einer zentralisierten Personalverwaltung umgesetzt und diese in Richtung einer umfassenderen Organisationspolitik ausgebaut. Andererseits stand diese Maßnahme aber nun unter dem Vorzeichen forcierter „Wehrhaftmachung“. Vereinfachung wurde damit von einem zivilen Rationalisierungs- (wieder) zu einem militärischen Mobilisierungsprinzip erklärt.

NSDAP sind. Nur wenn ein Beamter in der Personalstelle sich vollauf bewährt hat und besonders schwer zu ersetzen ist, kann von dieser Voraussetzung abgesehen werden. Bei der Auswahl der Beamten ist auf ihre persönliche und sachliche Eignung besonderer Wert zu legen.“

298 Kuller, Bürokratie, S. 66–67; Personalmeldungen vom 3.3.1930, in: Nachrichten des Reichsfinanzministeriums Nr. 9, 3.3.1930, BArch R2/31796, sowie vom 19.9.1933, in: RFBl. 15 (1933), Nr. 24, S. 125. Zu Maaß Steuer-Warte 12 (1933), 14, S. 292.

299 Geschäftsverteilungsplan des Reichsfinanzministeriums vom 25.4.1938, BArch R2/60579.

Weitere Schritte erfolgten, die das Ressort strukturell aufrüstcten. Dazu zählte der Ausbau der seit 1937 bestehenden Abteilung V zu einer kriegswirtschaftlichen Abteilung sowie die Schaffung von Stabsreferaten mit übergreifender Steuerungsfunktion (ab Frühjahr 1938 das Generalbüro für allgemeine Finanz- und Kreditfragen sowie ab Herbst 1941 das Statistische Büro), die unmittelbar dem Staatssekretär unterstellt wurden. Erstmals entstanden Strukturen innerhalb des Ressorts, die wirklich gesonderte Kompetenzbereiche und nicht nur Arbeitsschwerpunkte des Staatssekretärs definierten, ohne dass diese Zuordnung aber intern zu einer wirklichen Abspaltung führte. Doch waren dies jene Themen, die im Kernbereich des nationalsozialistischen Machtprogramms lagen: die Ehestandsdarlehen als Mittel der Bevölkerungspolitik, die Sicherung der Grenzen durch den Zoll, die strategische Ressourcenmobilisierung. Solche „Mobilmachungsreferate“ waren aber auch im Vorfeld des Ersten Weltkrieges im Reichsschatzamt gegründet worden; auch damals sollten diese Einheiten in der absehbaren Kriegsdynamik koordinierend und steuernd wirken. Mit den Restrukturierungen, die in der zweiten Hälfte der 1930er-Jahre erfolgten, brachte sich das Ministerium also sowohl mit Blick auf die finanzielle Ressourcenmobilisierung als auch in der Konkurrenz gegenüber anderen Organisationen in eine Kampfstellung, nun mit Blick auf einen tatsächlichen, nicht mehr nur ökonomisch verstandenen Kriegszustand.[300]

Die Vorbereitung auf den Kriegszustand wurde zeitgleich auch auf der beamtenrechtlichen Ebene erkennbar. Das 1937 erlassene Deutsche Beamtengesetz war darauf angelegt, „unter schärferen Gesichtspunkten als bisher“ die Verwaltung zu formieren. Dies umfasste verstärkte politische und disziplinarische Zugriffe auf die Beamtenschaft sowie die Entfernung dienstunfähiger aktiver Beamter aus ihren Positionen. So erklärte der § 1 des DBG die Beamten zum „Vollstrecker des Willens des von der NSDAP getragenen Staates“ und § 26 definierte Eignung nicht mehr nur fachlich, sondern explizit als „politische Zuverlässigkeit“. Bewiesen Beamte diese Zuverlässigkeit nicht, sah § 71 ihre Versetzung in den Ruhestand vor. In der Folge wurden Ernennungen und Beförderungen der Beamten von der Zustimmung der Dienststellen der NSDAP abhängig. Der preußische Ressortchef Popitz ergriff im Zuge dieses Gesetzgebungsprozesses die Gelegenheit, seine eigenen Visionen eines ganz neuen Beamtentums im nationalsozialistischen Staat explizit einzubringen und mehr ideologische „Musik“ einzufordern. Im Reichsfinanzministerium übernahm Reinhardt eine führende Rolle. Er gab vor allem der Verwaltungsvereinfachung eine neue Gestalt. Seit 1939 führte dies zu einer weiteren Verschärfung, zu

300 Handschriftliche Notiz im Geschäftsverteilungsplan des Reichsfinanzministeriums vom 1.5.1941, S. 8, BArch R2/56; Geschäftsverteilungsplan des Reichsfinanzministeriums vom 10.7.1943, BArch R2/57. Zum Ersten Weltkrieg Roesler, Finanzpolitik, S. 19 und 76.

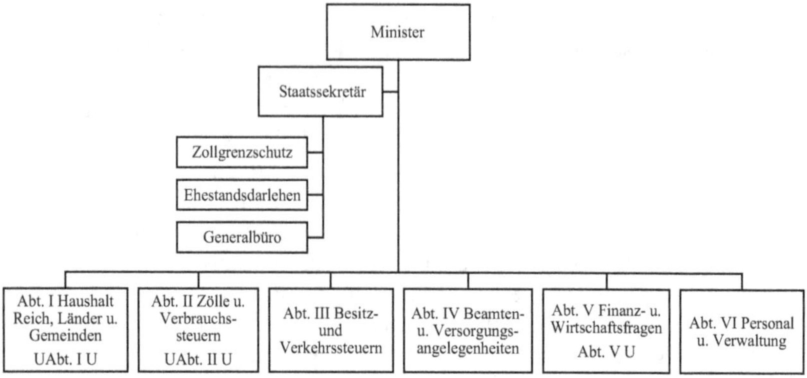

Abbildung 11 – Geschäftsverteilung des Reichsfinanzministeriums im Jahr 1938

Generalermächtigungen und zur Suspendierung aller beamtenrechtlichen Garantien.[301]

Zurückhaltend agierte das Ministerium hingegen in der Rekrutierung von Experten für eine solche Neuausrichtung, wenngleich sich einige Finanzwissenschaftler zeitgleich mit Studien anboten. Blickt man zum Vergleich auf das kaiserliche Reichsschatzamt, das um 1900 schon ein „volkswirtschaftliches Büro" besaß, für das große Namen der Staats- und Finanzwissenschaften wie Gustav von Schmoller oder Adolph Wagner Expertisen lieferten, so wirkten die entsprechenden Maßnahmen um 1938/39 im Ministerium kaum programmatisch gefasst.[302] Zeitlich parallel stattfindende Restrukturierungen in anderen Behörden, etwa dem Reichspostministerium, liefen unter der Devise „Vom Bürokratismus zum Nationalsozialismus" und wollten die innere „Menschenführung" sowie die Ausformung einer dezidiert nationalsozialistischen Verwaltungspraxis intensivieren. Dahinter stand insgesamt die Wende des Regimes zur außenpolitischen Expansion und Mobilmachung, die für alle fachlichen Ressorts eine Herausforderung ihrer Machtposition und eine Dynamisierung innerer Verhältnisse mit sich brachte.[303]

301 Zitat aus dem Erlass des Reichsfinanzministers betr. § 71 DBG, 2.11.1938, BArch R2/22558, Bl. 50. Die Geschichte des Deutschen Beamtengesetzes soll hier nicht noch einmal dargelegt werden, vgl. die entsprechenden Kapitel bei Caplan, Government, S. 174–183; Jasch, Staatssekretär, S. 130–132; Mommsen, Beamtentum, S. 91–123, bes. S. 94 und 106; Mühl-Benninghaus, Beamtentum, S. 135–169, bes. S. 166–168. Zu Reinhardts Rolle in der „Vereinfachung" auch Kap. III.3.

302 Hierzu Armbruster, Wandlung; Hans, Staat; für das Kaiserreich Witt, Finanzpolitik des Deutschen Reiches, S. 217–226.

303 Lotz, Reichspost, S. 92–96; für die komplexen Transformationserfahrungen im Reichsarbeitsministerium ab 1938 Schulz, Reichsarbeitsministerium, S. 92–96.

In diese Richtung kann also auch die Restrukturierung des Reichsfinanzministeriums um 1938 gelesen werden Hierbei kamen aber mehrere Entwicklungen zusammen. Im Jahr 1937 war nicht nur der langjährige Leiter der Zollabteilung (Abt. II), Willy Ernst, gestorben. Zugleich verließ der bisherige – noch von Schäffer geförderte – Leiter der Haushaltsabteilung, Alfred Olscher, das Ministerium und wechselte auf Vorstandsposten bei der Vereinigten Industrieunternehmungen AG (VIAG) sowie der Reichs-Kredit-Gesellschaft AG. Ernst und Olscher waren beide im Mai 1933 in die NSDAP eingetreten. Die Abteilung I, die seit 1935 unter dem Titel „Abteilung für allgemeine Finanzpolitik“ firmiert hatte, wurde in der Folge wieder zu einer klassischen Haushaltsabteilung; dies scheint zeitlich wie organisatorisch das Ende jener Phase zu markieren, in der Schwerin von Krosigk programmatisch für die konjunkturpolitische Erneuerung der Etatpolitik eintrat. Das Profil der Abteilung I wurde stattdessen auf die neu hinzugekommene Zuständigkeit für die Länderfinanzen ausgerichtet [Abb. 11]. An die Spitze dieser Abteilung gelangte nach dem Ausscheiden Olschers mit Joachim von Manteuffel wieder ein alteingesessener Beamter. Dieser blieb als Person in den Akten vollkommen unauffällig; als Handlungszentrum der Abteilung I wurde dort eher das von Josef Mayer geleitete Generalreferat sichtbar.[304] Manteuffel trat im Dezember 1944 in den Ruhestand. Ihm folgte sein bisheriger Stellvertreter, der Leiter der Abteilung I A für das Länderfinanzwesen, Johannes Kluge, sowie nach dessen Flucht aus Berlin Anfang 1945 kurzzeitig der Generalreferent Mayer. Kluge stammte aus der sächsischen Finanzverwaltung und war erst 1934 ins Reichsfinanzministerium gekommen; wie die Mehrheit der anderen Abteilungsleiter war er Parteimitglied erst seit Mai 1933, galt aber intern als ein Sympathisant früher Stunde.[305]

304 Zu Mayer Kap. III.1.

305 Dazu die Angaben im BDC und in der Personalakte Kluges in den Beständen des Bundesfinanzministeriums; sowie den Bericht des ehemaligen Ministerialbeamten Walter Eckhardt an das britische War Office, Notes on the Personalities and Work of the Officials in the Abteilungen of the Reichsfinanzministerium, CSDIC (UK), Ergänzung zu PW Paper 105, o. D., BArch R2/51, Bl. 232, der Kluges Parteibeitritt schon auf 1932 datiert. Als Kluge im Frühjahr 1952 für eine Angestelltenposition beim Bundesrechnungshof vorgeschlagen wurde, lehnte der unterdessen zum Präsidenten aufgestiegenen Mayer dies mit Verweis auf Kluges „politische Vergangenheit“ ab. Hierzu der vertrauliche Vermerk von Herbert Fischer-Menshausen, Unterabt. IIC des Bundesministeriums der Finanzen, an den Bundesfinanzminister, 12.5.1952, Personalakte Johannes Kluge, Bundesministerium der Finanzen, Bonn. Kluge wurde stattdessen vom Bundesfinanzministerium bis Anfang der 1960er-Jahre mit verschiedenen Werk- und Dienstverträgen beschäftigt. An diesem Vorgang war auch der ehemalige Mitarbeiter des Generalbüros des Reichsfinanzministeriums Heinz-Maria Oeftering beteiligt, nunmehr Leiter der Abteilung II des Bundesfinanzministeriums und später Nachfolger von Mayer beim Bundesrechnungshof. Hierzu die Geschäftsverteilungspläne des Bundesfinanzministeriums von Dezember 1950 und Juli 1952, BArch B126 GVPl.

Die zuvor ebenfalls in der Abteilung I angesiedelten internationalen Finanz- und Wirtschaftsfragen inklusive des Kapitalmarktbereiches, also die konjunkturpolitisch wie kriegsökonomisch besonders bedeutsamen Bereiche, wurden nicht der Abteilung I, sondern der neu geschaffenen Abteilung V unter Hugo Fritz Berger zugesprochen. Als Leiter des Reparationsreferats hatte Berger schon seit 1924 ein besonders wichtiges Arbeitsgebiet im Ministerium betreut, ab 1930 war er Leiter der Unterabteilung IV A für Friedensvertragsangelegenheiten und ab 1932 Leiter der Unterabteilung A für die finanziellen Auslandsbeziehungen gewesen. In seiner Tätigkeit als Leiter der Abteilung V seit 1937 konnte er also auf umfangreiche Erfahrungen sowohl im Bereich der internationalen Finanzverflechtungen als auch in Fragen der Kriegsfinanzierung zurückgreifen. 1938 entstand dort eine Unterabteilung für Angelegenheiten des Vierjahresplans, die von Arthur Nasse geleitet wurde, sowie mit Kriegsbeginn eine weitere Unterabteilung für Fragen des Wirtschaftskrieges unter Leitung von Johannes Schwandt. Nasse und Schwandt waren wie Berger schon seit den 1920er-Jahren im Reichsfinanzministerium. Die Angelegenheiten des Besoldungs- und Beamtenrechts wurden 1937 zu einer weiteren Abteilung (Abt. IV) ausgebaut, deren Leitung Karl Wever übernahm. Wever hatte bis 1923 als Beamter der Reichskanzlei an den Programmen zur Verwaltungsvereinfachung mitgearbeitet, bevor er 1925 ins Reichsfinanzministerium übergetreten war und dort 1932 Unterabteilungsleiter wurde. Insbesondere Wever und Berger hatten also schon in der Weimarer Zeit wichtige Positionen im Ministerium innegehabt, und sie stiegen in der NS-Zeit weiter auf. Im Zuge der Reorganisation im Jahr 1937 wurde Nasse zum Ministerialdirigenten, Wever und Berger wurden wie von Manteuffel zu Ministerialdirektoren ernannt. Nasse und Wever traten im Mai 1933 in die NSDAP ein, während Berger auf diesen Schritt verzichtete. Schwandt wurde erst 1942 Parteimitglied, war aber trotzdem bereits 1939 zum Ministerialdirigenten befördert worden. Auf ihren Posten agierten diese Männer in den folgenden Jahren als Schnittstellenmanager bei der Organisation der Kriegswirtschaft und der in diesem Zuge durchgesetzten Verwaltungsvereinfachung.[306]

Die Steuerabteilung (Abt. III) wurde von Otto Hedding geleitet, der seine Karriere bis 1932 bei den Mittelbehörden gemacht hatte, bevor er ins Reichsfinanzministerium übertrat. Er blieb bis Kriegsende auf seinem Posten. Die Zollabteilung unterstand seit 1937 Theodor Wucher, der ebenfalls 1932 ins Ministerium gekommen war und besonders von Reinhardt gefördert

[306] Hierzu Tagebuch Schäffer, 19.4.1932, IfZ ED 93–20, Bl. 64; sowie die Unterlagen im Nachlass Wevers, insbesondere die Berichte über die Arbeiten zur Vereinfachung und Vereinheitlichung der Reichsverwaltung, BArch N1203/1 und N1203/4. Zu Wevers Rolle bei der „Vereinfachung“ der Verwaltung im Kriegszustand auch Rebentisch, Führerstaat, S. 487. Zu den Beförderungen RFBl. 19 (1937), 10, S. 49.

wurde. Hedding und Wucher waren ebenfalls im Mai 1933 in die NSDAP eingetreten.[307] Mit Kriegsbeginn erweiterte sich die für Personal- und Organisationsfragen zuständige Abteilung VI zum Koordinationszentrum der fiskalischen Ausbeutung und der Verwertung der dem Reich durch Raub und Verfolgung zufallenden Vermögen. Ab 1940 existierte dort eine Art „Judenreferat" unter Leitung der Ministerialräte Walter Maedel und Konrad Eylert.[308] Die Einrichtung der Abteilung VI, der Ausbau der Abteilung V sowie die Schaffung der zentralen Stabsstellen seit 1938 stellten wichtige Schritte auf dem Weg der organisatorischen Mobilisierung des Ministeriums dar.

Diese Befunde zeigen, dass die Abteilungen I, IV und V von alteingesessenen Beamten mit einer gewissen Nähe zum Minister geprägt waren, während die Abteilungen II, III und VI – die mit ihren Aufgabenfeldern dem Staatssekretär Reinhardt unterstanden – eher von Beamten bestimmt wurden, die ab 1932 aus den dezentralen Behörden der Reichsfinanzverwaltung ins Ministerium gekommen waren. Nur für die Abteilung VI wurden jedoch dezidiert „alte Kämpfer" eingesetzt. Insgesamt ist die hohe personelle Kontinuität über den politischen Wechsel hinweg zu betonen. Auch der Wechsel an der Spitze der Zollverwaltung 1937 wurde nicht von Reinhardt erzwungen, sondern durch den Tod des bisherigen Leiters bedingt, der dieser Abteilung zuvor seit 1925 kontinuierlich vorgestanden und seit 1919 im Ministerium gearbeitet hatte. In der Praxis ergaben sich zwischen den organisatorischen Einheiten diverse personelle und strukturelle Beziehungen, die es wenig plausibel scheinen lassen, von einer Verdrängung des Ministers aus dem eigentlichen Machtzentrum des Ministeriums oder von einer dominanten Organisationspolitik des Staatssekretärs zu sprechen.[309] Schwerin von Krosigk gelang es vielmehr, an entscheidenden Stellen langgediente Mitarbeiter des Ministeriums zu installieren, mit denen er zum Teil schon lange in der Abteilung I zusammengearbeitet hatte. Die Erfahrungen und Haltungen dieser „Haushälter" verbreiteten sich auf diese Weise in verschiedenen anderen Arbeitsbereichen des Ministeriums, bis hin zu ihren neu geschaffenen Schaltstellen zur Kriegsvorbereitung. So übernahm Walther Bayrhoffer die Leitung des neuen Generalbüros, das Reinhardt unterstellt war. Bayrhoffer hatte schon seit Anfang der 1920er-Jahre im Reichsfinanzministerium gearbeitet, seit 1926 gemeinsam mit Schwerin von Krosigk in der Haushaltsabteilung.[310] Sein Fachgebiet war auch in den Weimarer Jah-

[307] Bericht des ehemaligen Ministerialbeamten Walter Eckhardt an das britische War Office, Notes on the Personalities and Work of the Officials in the Abteilungen of the Reichsfinanzministerium, CSDIC (UK), Ergänzung zu PW Paper 105, o. D., BArch R2/51.

[308] Kuller, Bürokratie, S. 68; Mehl, Reichsfinanzministerium, S. 32; zu Maedel auch Friedenberger, Ausplünderung, S. 305–317.

[309] Dies hat Kuller, Bürokratie, S. 67, bereits deutlich gemacht.

[310] Wie sein Mitarbeiter im Bereich der Anleihe- und Schuldenpolitik, Oberregierungsrat Friedrich Reuning (1901–1941), war Bayrhoffer (1890–1967) zum 1. Mai 1933 in die NS-

ren jener Bereich des Anleihe- und Geldwesens gewesen, den er ab 1939 im Generalbüro sowie als Vertreter des Ministeriums im Reichsbankdirektorium verantwortete. Die von Bayrhoffer mitorganisierte staatliche Schuldenaufnahme war ein Kernbereich der finanziellen Mobilisierung für den Krieg und ein seit 1937 zwischen der Reichsbank, dem Reichsfinanz- und dem Reichswirtschaftsministerium umstrittenes Terrain.[311] Daher bemühten sich Bayrhoffer und seine Mitarbeiter im Generalbüro darum, gerade bei diesen „neuartigen Aufgaben" in der Lenkung des Kapitalmarktes „die Initiative ganz in der Hand des RFM. zu erhalten".[312]

Insgesamt gelang es gerade der Haushaltsabteilung, sich über die politischen Wechsel und damit verbundene Reorganisationen hinweg immer wieder zu stabilisieren. Wie schon im ersten überlieferten Geschäftsverteilungsplan von 1922, so umfasste die Abteilung I auch 1933 sowie im letzten gedruckt vorliegenden Plan von 1943/44 jeweils 22 Referate.[313] Abgesehen von einem kurzzeitigen starken Ausbau auf dreißig Referate im Zuge der Restrukturierung als „Abteilung für allgemeine Finanzpolitik" bis 1935 und einem darauf bis 1937 erfolgenden Abbau auf nur noch 16 Referate gelang es, Kompetenzverluste – wie die Übertragung wichtiger finanz- und wirtschaftspolitischer Steuerungsaufgaben auf die neue Abteilung V ab 1936 – auszugleichen, vor allem durch die Zuständigkeit für die Länder- und Gemeindefinanzen sowie für die Haushalte neuer Organisationen wie des Beauftragten für den Vierjahresplan oder der Waffen-SS einschließlich der Konzentrationslager. Die stärkste strukturelle Veränderungsdynamik ging demgegenüber von dem Bereich Personal und Verwaltung aus, der seit Mitte der 1930er-Jahre beständig ausgebaut und erweitert wurde, sodass die Abteilung VI schließlich zwanzig Referate umfasste. Hinzu kamen bis 1943/44 der Ausbau der für Kriegswirtschaft und Besatzungspolitik zuständigen Abteilung V auf 14 Referate, die Reorganisation

DAP eingetreten. Über den im Generalbüro ebenfalls mit Kapitalmarktfragen befassten Ministerialrat Walter Bußmann (1895–1967) konnte zur Parteimitgliedschaft nichts ermittelt werden, er kam 1937 aus dem Oberfinanzpräsidium Berlin in das Ministerium und war kurzzeitig persönlicher Referent des Staatssekretärs.

311 Boelcke, Kosten; Oshima, Rüstungsfinanzierung; ders., Materialien; Middendorf, Democracy. Ausführlich hierzu Kap. III.3.

312 Vermerk Ref. Bayrhoffer für MinRat Groth, 5.4.1937, BArch R2/24167; Schreiben Reuning an Bayrhoffer, 30.7.1940, BArch R2/24191; Mitwirkung des Generalbüros des Reichsfinanzministeriums (Referat 2) bei der Begebung von Reichsanleihen und Schatzanweisungen [um 1946], BArch R2 ANH./84, Bl. 194. Hierzu auch Bayrhoffer, Entwicklung; ders., Reichsbank, S. 87–102; ders., Verschuldung, S. 425–426.

313 Diese Angaben beziehen sich auf den Kernbereich der Abteilung I. Zusätzlich gab es 1922 die kurzzeitig bestehende Abteilung I a für den Reichshaushalt der Verkehrsverwaltungen (sieben Referate); für 1943 setzt sich die genannte Referatszahl hingegen aus dem gemeinsam beschriebenen Aufgabenbereich Reichshaushalt und Länder-/Gemeindefinanzen der Abteilungen I (14 Referate) und IA (acht Referate) zusammen.

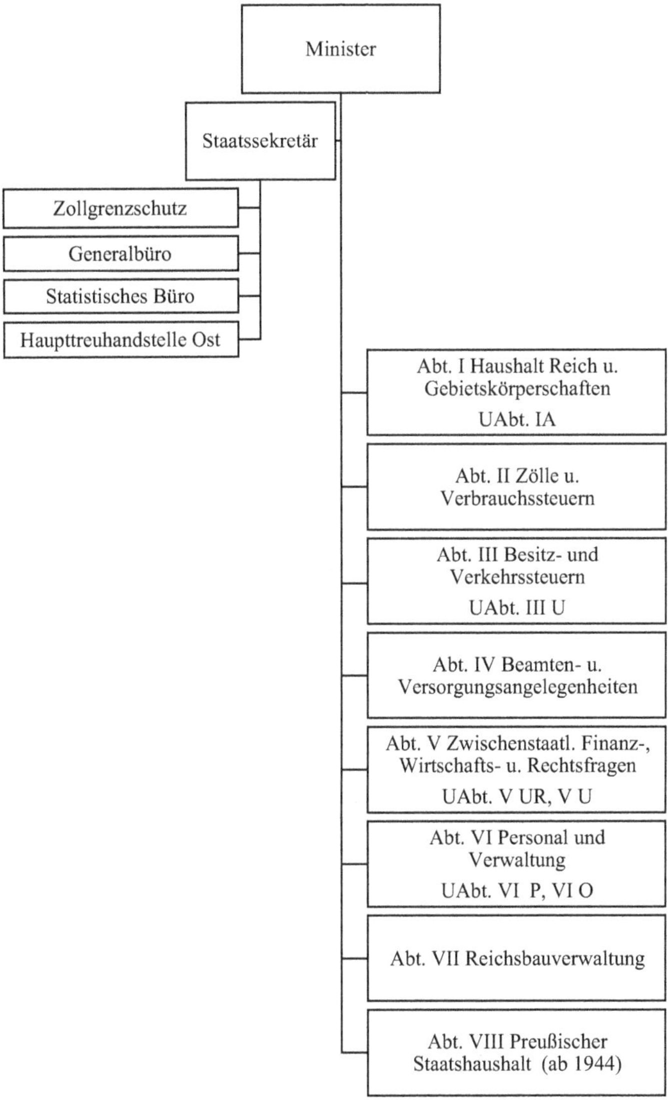

Abbildung 12 – Geschäftsverteilung im Reichsfinanzministerium in den Jahren 1943/44

der Reichsbauverwaltung sowie schließlich die Übernahme des preußischen Staatshaushalts [Abb. 12].[314]

Personell folgte auf die Abbauphase der letzten Jahre der Weimarer Republik, deren Trend sich bis 1935 zunächst noch fortsetzte, ein starker Zuwachs. Waren 1935 etwa 800 Beamte, Angestellte und Arbeiter im Haushaltsplan des Ministeriums aufgeführt, so stieg diese Zahl seither stetig an. Zwei Jahre später umfasste der Personalbestand bereits knapp 930 Personen, 1938 waren es über 1000 und 1939 schließlich über 1200 Beschäftigte. Dabei wuchs der Anteil an Angestellten und Arbeitern stärker als die Zahl der Planbeamten. Im Zweiten Weltkrieg stieg die Beschäftigtenzahl dann auf über 1500 Personen, was insbesondere durch die Wiederverwendung von Ruhestandsbeamten als Ersatz für einberufene Beamte oder zur Bewältigung neuer Aufgaben zu erklären war.[315] Im Verlauf des Krieges allerdings sank der Personalstand durch Maßnahmen der „Vereinfachung“ und Mobilisierung. Im September 1944 klagte das Ministerium schließlich darüber, dass nur noch „alte und zum großen Teil kranke Männer und weibliche Angestellte“ tatsächlich Dienst täten.[316]

Freunde oder Feinde: Mobilisierung der Beamtenschaft

Auf die „Säuberung“ der Beamtenschaft durch das BBG folgte die weltanschauliche Mobilisierung der Beamtenschaft. Diese Maßnahmen betrafen nicht nur die Reorganisation der Geschäftsverteilung oder die Personalentwicklung. Sie zielten auf die innere Einstellung der Beamten. Hierzu entwickelte die Ressort-

[314] Hierzu auch die nach 1945 entstandene Aufzeichnung „Aufgaben (Rechte und Pflichten) des Reichsministers der Finanzen“, o. D., BArch R2 ANH./32, Bl. 9, mit leicht abweichenden Zahlen für das Jahr 1945: Abt. I: 24 Referenten, Abt. II: 14, Abt. III: 14, Abt. IV: 13, Abt. V: 19, Abt. VI: 22, Abt. VII: 12.

[315] Hierzu die Haushaltspläne, v. a. die Erläuterungen im Einzelplan XV für das Rechnungsjahr 1941 (nur für den internen Dienstgebrauch), Archiv der Bibliothek des BMF Berlin. Die Aufzeichnung „Aufgaben (Rechte und Pflichten) des Reichsministers der Finanzen“, o. D. [nach 1945], BArch R2 ANH./32, Bl. 9, dokumentiert für 1934: 808 Arbeitskräfte, für 1938: 1038, 1940: 1372 sowie 1943: 1537. Im Bundesministerium der Finanzen wurden ab 1949 Strukturen, die auf das Generalbüro und das Statistische Büro zurückgingen und in der Phase der Mobilisierung aufgebaut worden waren, in der dortigen Volkswirtschaftlichen Gruppe fortgeführt. Dort wie in der Haushaltsabteilung gab es auch personelle Kontinuitäten.

[316] Reichsfinanzminister an die Reichsverteidigungskommissare betr. Vereinfachung, gez. Reinhardt, 9.9.1944, BArch R2/56003, Bl. 332. Dort wird die Beschäftigtenzahl der Reichsfinanzverwaltung für den 1.9.1939 mit 150531 angegeben, für den 1.8.1944 mit 97635 und für den September 1944 mit 78000 (ohne den Zollgrenzschutz, da dieser seit August 1944 dem Reichsführer SS unterstellt war).

leitung Programme, die von der nationalsozialistischen Auffassung geprägt waren, dass „Staaten […] sich nur durch Kampf bilden und durch fortgesetzten Kampf erhalten" ließen. Gegründet werden sollte die entsprechende Kampfgemeinschaft auf der „Totalität" von Partei und Staat; in dieses totale Ganze waren auch das Berufsbeamtentum und dessen Selbstverständnis einzubinden.[317]

Bei seinem Amtsantritt als Staatssekretär im April 1933 kündigte Reinhardt daher nicht nur eine umfangreiche Vereinfachung der Reichsfinanzverwaltung an, um unproduktive Traditionen zu beseitigen und nicht leistungsfähige Beamte freizusetzen. Reinhardt versprach der versammelten Mitarbeiterschaft des Ministeriums auch, er wolle ihnen „ein Freund" sein und „ein Förderer Ihrer Berufsinteressen". Entscheidend sei für diese Zusammenarbeit nicht die Parteizugehörigkeit, sondern die Leistungsfähigkeit und das Berufsethos des Berufsbeamtentums. Dies bedeute vor allem, jedes Wirken *gegen* die vom Volk gewählte Regierung Hitler zu unterlassen. Damit schloss Reinhardt an die frühere Auffassung an, dass sich Aktivitäten der Beamten nicht gegen die Autorität der Staatsführung richten durften. Doch verkoppelte Reinhardt diese Anordnung mit dem Volkswillen als Legitimationsgrundlage. Das Berufsbeamtentum sollte weiterhin unbestechlich und pflichtbewusst sein, aber eben als „Diener der Volksgemeinschaft". Diese Haltung solle sich vor allem in der Beteiligung am „Kampf um das Lebensrecht der Nation" beweisen. Wer diesen Kampf ablehne, lehne auch den Kampf für „sein persönliches Sein" ab. Jede Distanzierung gegenüber der nationalsozialistischen Weltanschauung wurde somit zu einer Form der Selbstverneinung erklärt. Die „Kampffront" der Ministerialbeamtenschaft, die auch der scheidende Staatssekretär Zarden bei diesem Anlass noch einmal beschwor, wurde fester geschlossen und richtete sich nun auch nach innen.[318]

Immer wieder betonten Reinhardt und andere Spitzen der Reichsfinanzverwaltung in ihren Reden an die Beamtenschaft, dass dabei nicht „das Parteiabzeichen allein" entscheidend sei, sondern die „innere Artung" als Ausdruck des persönlichen Einsatzes für das Regime.[319] Dies galt umso mehr, als auch der Reichsfinanzminister nicht der Partei beitrat, sondern erst 1937 von Hitler das Goldene Parteiabzeichen erhielt. So erläuterte sein Staatssekretär Reinhardt bei der ersten Reichstagung der Gauunterabteilungsleiter für die Reichssteuerverwaltung im Januar 1935, also in der Phase der Mitglieder-

[317] So die Wiedergabe der von Hitler beim Nürnberger Parteitag der NSDAP 1933 vorgetragenen Grundsätze in der Steuer-Warte 12 (1933), 20, S. 415; N.N., Beamtenorganisation, S. 426.

[318] Dazu der Bericht in der *Steuer-Warte* 12 (1933) 7, S. 107–108; dagegen die Rede des Vizekanzlers von Papen vor Mitgliedern des Stahlhelms in Breslau im März 1933, in der er den Kampf gegen innenpolitische Gegner auszublenden versuchte, abgedr. in: ebd., S. 109.

[319] Zitat aus der Ansprache des Landesfinanzamtsdirektors Müller an die Teilnehmer des Kameradschaftsabends der 12. Reichssteuerwoche, in: Steuer-Warte (1934), 6, S. 132.

sperre, noch einmal, dass das Tragen des Parteiabzeichens niemanden zum Nationalsozialisten mache und dass andererseits mancher ein wirklicher Nationalsozialist sei, der das Abzeichen noch nicht trage. Als Ideal diente neben dem Minister – der „in seinem Denken und Handeln so nationalsozialistisch eingestellt ist, wie wir es uns nicht besser denken können" – der Schriftleiter der *Steuer-Warte*, Otto Bornmann, der sich auch ohne Parteibuch regelmäßig mit scharf nationalsozialistischen Leitartikeln hervortat. Andererseits betonte Reinhardt, dass alle Parteimitglieder unter den Beamten auch tatsächlich verpflichtet seien, die entsprechenden Abzeichen ständig zu tragen und dies nicht nur als vorübergehende „Mode" aus den Monaten der Machtübernahme zu betrachten.[320]

Der Erwerb des Parteibuchs wurde von der Führung des Ressorts also erwartet und befördert, aber nicht als ausreichender Beweis für eine nationalsozialistische Überzeugung angesehen. Dies kann man als bewusstes Integrationsangebot an eine apolitische Berufsbeamtenschaft lesen, die vom neuen System nicht verschreckt werden sollte.[321] Doch unterschätzt eine solche Interpretation die Disziplinarmacht, welche die von Reinhardt und anderen geäußerten Anforderungskataloge trotzdem ausübten: Denn sie umfassten Kriterien, die weit über die Parteimitgliedschaft hinausreichten. Dass diese Botschaft gehört wurde, drückte sich dann auch in der Tatsache aus, dass im Vergleich zu anderen Berufsgruppen überdurchschnittlich viele Beamte gleich zwischen Februar und April 1933 der NSDAP beitraten.[322]

So mussten auch Verwaltungsrechtler wie Koellreutter und Köttgen in dieser Phase nur kleine Schritte tun, um die Positionen, die sie in den letzten Jahren der Weimarer Republik eingenommen hatten, dem nationalsozialistischen Regime anzupassen. Im *Reichsverwaltungsblatt* forderte Köttgen die Schaffung „eines innerlich freien Beamtentypus [...], der fern von aller bürokratischen Verknöcherung fähig und willens ist, selbständige Arbeit zu leisten und zu verantworten". Verwaltung sollte im Nationalsozialismus keine mechanische

[320] N.N., Reichstagung. Seit Juni 1933 war den Beamten des Reichsfinanzministeriums die Mitgliedschaft in der SPD verboten, vgl. Erlass betr. Verbot der Zugehörigkeit von Beamten, Angestellten und Arbeitern der Reichsfinanzverwaltung zur sozialdemokratischen Partei Deutschlands, in: RFBl. 15 (1933), 17, S. 83. Ein entsprechender Runderlass des Reichsinnenministers erging hingegen erst im August 1933, vgl. Reichsinnenminister an die Obersten Reichsbehörden, 11.8.1933, BArch R2/22583, Bl. 65. Ab 1936 wurde zudem, basierend auf einem Runderlass des Reichs- und Preußischen Ministers des Innern, der mögliche Austritt von Beamten aus der NSDAP mit dem Ausschluss oder der Zurückstellung von Beförderungen bedroht, vgl. Erlass betr. Austritt von Beamten aus der NSDAP, 5.3.1936, in: Nachrichten des Reichsfinanzministeriums, Nr. 15, 10.3.1936, BArch R2/ 31797.

[321] So für die Kommunalverwaltung Rabe, Stadt, S. 135–136; mit Bezug auf Hirschfeld, Einleitung, S. 10.

[322] Mühl-Benninghaus, Beamtentum, S. 107–108 und 110; Caplan, Government, S. 168.

Apparatur in den Fängen der Rechtsordnung mehr darstellen, sondern eine dezidiert „politische Elite“ schaffen. Damit verbunden war die Absage an jene ökonomischen Prinzipien, die für die Debatten der 1920er-Jahre wichtig gewesen waren und die Köttgen schon vor 1933 kritisch betrachtet hatte. Die „Kommerzialisierung der öffentlichen Verwaltung“ und die damit verbundene betriebswissenschaftliche Optimierung administrativer Arbeitsweisen sollten beendet werden. Der Staat, so Köttgen, sei im Nationalsozialismus „nicht mehr ein bloßer Betrieb unter anderen“, sondern der „verantwortliche Hüter der Solidarinteressen der Nation“. Als Vorbild imaginierte Köttgen eine preußische Verwaltungstradition, die nicht durch das „vermeintliche Ideal der Gesetzmäßigkeit“ gehemmt gewesen sei, sondern nach „schöpferischer Initiative“ im Politischen jenseits des Gesetzesvollzugs strebte.[323] In einem Text, der auch in der *Steuer-Warte* erschien, legitimierte Koellreutter den „autoritären Führerstaat“ als Reaktion auf die Weimarer Republik. Im „entarteten Parteienstaate“ vor 1933 sei das Berufsbeamtentum zwar vermeintlich über den Parteien angesiedelt, letztlich aber mit allen Parteien verflochten und daher politisch zerrissen gewesen. Aufgrund dieser inneren Spaltungen habe der Weimarer Staat seinen Charakter als Staat immer mehr eingebüßt. Nun verkörpere hingegen der Nationalsozialismus ein einheitliches Prinzip des Politischen und bilde so die Grundlage für die Staatsgesinnung der Beamtenschaft. Da nun „die aus dem Volke herausgewachsene und in ihm wurzelnde nationalsozialistische Bewegung die Staatsidee des nationalsozialistischen Staates“ trage, ergebe sich so auch ein legitimer Führungsanspruch der Partei gegenüber dem Verwaltungsapparat.[324]

Damit verschwand die letzte Distanz gegenüber „der Politik“, zumindest in den Selbstverständigungstexten aus der Feder von Köttgen und Koellreuter. Popitz und Schmitt hatten diese Distanz, wie dargelegt, bereits in den Weimarer Jahren aufgegeben und die Macht der (wahren) Politik eingefordert.[325] Was dies für die innere Umbildung des Ressorts ab 1933 bedeutete, zeigte sich nicht nur im BBG, sondern in einer Vielzahl von Maßnahmen. Diese bewegten sich zwischen allgemeiner Überwachung, bewusster Vergemeinschaftung und weltanschaulicher Formierung. Seit Dezember 1933 leisteten die Beamten ihren Diensteid nicht mehr primär auf die Verfassung, sondern auf „Volk und Vaterland“. Nach der Vereinigung der Ämter von Reichspräsident und Reichskanzler in der Person Hitlers war der Schwur dann unmittelbar auf den „Führer des Deutschen Reiches und Volkes“ zu leisten, der Bezug auf die Verfassung entfiel ganz.[326]

[323] Köttgen, Betrachtungen, S. 69–70; ders., Ausbildung, S. 467; Koellreutter, Wesen, S. 481.
[324] Koellreutter, Bundessatzung, S. 473.
[325] Hierzu auch Middendorf, Wille.
[326] Verordnung vom 14.8.1919 (RGBl., S. 1419); Gesetz über die Vereidigung der Beam-

Abbildung 13 – Im Interesse des „Volksganzen"? Die Leitung des Bundes Deutscher Reichssteuerbeamten mit den Vertrauensleuten der NSDAP, Frühjahr 1933

Auch die Standesvertretungen veränderten sich [Abb. 13]. Der Bundestag des Bundes Deutscher Reichssteuerbeamten im Mai 1933 war noch davon geprägt gewesen, den Fortbestand beamtenpolitischer Interessenverbände zu legitimieren. Deren Rolle wurde daher retrospektiv in den Kampf um die „Neugestaltung unseres staatlichen Gemeinschaftslebens" eingeordnet, der mit der nationalsozialistischen Herrschaft nun sein „siegreiches Endstadium" gefunden habe. Der Bundesvorsitzende Ferdinand Potzel verwies in seiner Rede auf einen Beschluss seiner Organisation von 1929, der bereits damals „das höhere Interesse des Volksganzen" als entscheidende Richtlinie der Beamtenpolitik festgelegt habe. Gerade die Vereinfachung der Verwaltung sei zudem ein Gebiet, auf dem der Bund stets ganz ähnliche Forderungen erhoben habe, wie sie nun beispielsweise der neue Staatssekretär Reinhardt vortrage. Bis 1933 sei deren Umsetzung aber durch die dilettantischen Gesetzgebungsprozesse des Reichstags verhin-

ten und der Soldaten der Wehrmacht, 1.12.1933 (RGBl. I, S. 1016); Gesetz über die Vereidigung der Beamten und der Soldaten der Wehrmacht, 20.8.1934 (ebd., S. 785); N.N., Treueeid; Erlass des Reichsfinanzministers betr. Vereidigung der seit dem 1.12.1933 eingetretenen Beamten, 22.2.1934, in: RFBl. 16 (1934), 6, S. 27; Mühl-Benninghaus, Beamtentum, S. 109–110; Schmahl, Disziplinarrecht, S. 43–54; die Schubwirkung solcher Veränderungen betont Rebentisch, Verfassungswandel, S. 137–138.

dert worden. Potzel deutete zudem eine Vorbildfunktion seines Bundes an: Als neugebildete Organisation habe man vor dreizehn Jahren ebenfalls „mit nichts begonnen“. Zugleich erinnerte Potzel aber in diesem Rahmen an die Mitstreiter, die seit der Machtübernahme von ihren Posten entlassen wurden, und mahnte kritisch, „ob es immer und unter allen Umständen notwendig gewesen [sei], das Bisherige voll und ganz zu beseitigen.“[327]

Nur wenige Wochen später musste Potzel sein Amt niederlegen und wurde stattdessen zum Leiter der Reichsfachgruppe Reichssteuerverwaltung im Deutschen Beamtenbund ernannt. Da der nationalsozialistische Staat das Berufsbeamtentum als Institution schütze, erklärte Potzel den alten Begriff der „parteipolitischen Neutralität“ der Beamtenschaft nun für „überlebt“ und forderte die Beamtenschaft zu aktivem Einsatz für die nationalsozialistische Herrschaft auf. Seither trug die *Steuer-Warte* als Motto auf der Titelseite jeder Nummer den Slogan: „Erst Deutscher, dann Beamter“. Dennoch wurde Potzel im Dezember 1933 auch von seinem Posten als Reichsfachgruppenleiter entbunden, schied aus dem Reichsdienst aus und wechselte als Direktor zur Deutschen Beamten-Versicherung in Berlin.[328]

Zum gleichen Zeitpunkt wurde die Beamtenschaft in den neugegründeten Reichsbund der Deutschen Beamten (RDB) überführt. Die Führung dieser Organisation lag beim Leiter des Amtes für Beamte der Reichsleitung der NSDAP. An die Spitze trat mit dem erst 28-jährigen „Reichsbeamtenführer“ Hermann Neef ein aus der Reichsfinanzverwaltung stammender mittlerer Beamter, der schon seit den 1920er-Jahren in der NSDAP aktiv gewesen war und im Zuge seines politischen Aufstiegs vom Reichsfinanzministerium zum Regierungsrat befördert wurde. Neef wurde 1933 zunächst zum Chef des Deutschen Beamtenbundes ernannt, den er dann im RDB aufgehen ließ.[329] Die Überwindung von „Arbeitnehmer-Standpunkten“ und „Gruppen-Egoismus“ erklärte Neef für bedeutsamer als die Ausdehnung der Parteimitgliedschaft auf jeden, also die „Gesinnungslumperei“. Eine „internationale Gesinnung“ von Beamten oder das Fehlen „deutschen Blutes“ seien aber trotzdem nicht zu tolerieren. Bis 1938 erfasste der RDB trotz zwischenzeitlicher Aufnahmesperren 98 Prozent der Beamtenschaft im Reich. In der Reichsfinanzverwaltung war der Andrang in der ersten Phase so groß, dass die *Steuer-Warte* als Mitgliederzeitschrift des RDB zwischenzeitlich offenbar vergriffen war. Anders als die früheren Beamtenorga-

327 N.N., Tagungsbericht, S. 215–217.

328 N.N., An alle; Potzel, Wir; N.N., Führerwechsel. Zeitgleich wurde der Bund Deutscher technischer Zollbeamten zur Reichsfachgruppe Reichszollverwaltung des DBB umgeformt, vgl. N.N., Bund.

329 So die Satzung des RDB, abgedr. in: Steuer-Warte 12 (1933), 22, S. 452–453. Hierzu auch Mühl-Benninghaus, Beamtentum. S. 114–124. Zur Resonanz von Neefs Positionen in der Reichsfinanzverwaltung N.N., Führer; N.N., Reichsbund; N.N., Beamten-Einheitsorganisation; Koellreutter, Bundessatzung.

nisationen diente dieser Verband offiziell nicht mehr der Standes- und Interessenpolitik, sondern der weltanschaulichen Formierung.[330]

Noch rascher als die Berufsverbände gerieten die Beamtenvertretungen innerhalb der Reichsfinanzverwaltung in die Defensive. Bereits im Mai 1933 wurde ihre Aufhebung durchgesetzt. Kritik an Vorgesetzten, Eingaben oder die Thematisierung von Personalangelegenheiten sollten nur noch auf dem Dienstweg erfolgen, da im neuen Staat „ein Gegensatz zwischen der Beamtenschaft und den Leitern der Behörden nicht mehr" bestehe und dies dem „Sinn wahrer Volksgemeinschaft und dem Wesen wahren Beamtentums" widerspreche. Die damit verbundene Botschaft richtete sich allerdings nicht zuletzt an nationalsozialistische Beamte, die aufgefordert wurden, den Anweisungen der Vorgesetzten Folge zu leisten und deren Autorität nicht durch Beschwerden oder eigenmächtiges Agieren zu untergraben.[331] Die seit 1931 amtierenden Mitglieder des Hauptbetriebsrats der Reichsfinanzverwaltung waren (mit einer Ausnahme) schon zuvor von Reinhardt durch andere Beamte ersetzt worden.[332]

Die innere Umgestaltung der Diensträume und der Kommunikationsformen innerhalb der Verwaltung war ein weiteres Element, um die Beamtenschaft im Sinne des Nationalsozialismus zu formieren. Wie bereits gesehen, wurde in diesem Zusammenhang zunächst die politische Betätigung von Beamten außerhalb der Amtstätigkeit, auch in Dienstkleidung, erlaubt, und die entsprechenden Verbote der Regierung von Papen wurden aufgehoben.[333] Nach und nach lockerten sich auch die Bestimmungen über die politische Betätigung im Dienst und in den Diensträumen. Im April 1933 ergingen Erlasse, die das Tragen politischer Abzeichen sowie politische Gespräche im Amt zuließen, aber noch einmal daran erinnerten, dass die Ausübung von Zwang zum Parteibei-

330 Bund Deutscher technischer Zollbeamten, in: Steuer-Warte 12 (1933), 12, S. 253; N.N., Million; N.N., Lieferung. Zu diesen Übergangsprozessen und zu Neef auch Caplan, Government, S. 190–196.

331 Runderlass des preußischen Innenministers, 20.5.1933, zit. nach Mühl-Benninghaus, Beamtentum, S. 118; Aufhebung der Beamtenvertretungen in der Reichsfinanzverwaltung, in: RFBl. 15 (1933), 18, S. 88; Erlass des Reichsinnenministers betr. Beschwerden über Vorgesetzte, 31.3.1933, sowie Erlass des Reichsfinanzministers betr. Verhalten der Beamten, Angestellten und Arbeiter der Reichsfinanzverwaltung, 10.4.1933, beide in: Nachrichten des Reichsfinanzministeriums, Nr. 22, 20.4.1933; Erlass betr. Eingaben und Beschwerden von Beamten und Beamtenorganisationen, 25.7.1933, in: ebd., Nr. 49, 27.7.1933, alle BArch R2/31797.

332 Hauptbetriebsrat für den Bereich der Reichsfinanzverwaltung, in: RFBl. 15 (1933), 10, S. 47; Hauptbetriebsrat für den Bereich der Reichsfinanzverwaltung, in: ebd., 14, S. 69; Gesetz über Betriebsvertretungen und wirtschaftliche Vereinigungen, 4.4.1933 (RGBl. I, S. 161).

333 Erlass betr. Teilnahme von Reichsbeamten an politischen Veranstaltungen, 10.3.1933, in: RFBl. 15 (1933), 6, S. 19. Hierzu auch Kap. III.1.

tritt unerwünscht und „zur weiteren Durchführung der nationalen Revolution die rückhaltlose Erfüllung der Dienstpflichten unter vollem Einsatz der Kräfte“ nötig sei.[334] Nachdem im Juni 1933 politische Aushänge in den Diensträumen kurzfristig noch einmal untersagt worden waren, wurden sie im Juli 1933 endgültig zugelassen. Das Innenministerium ließ dazu verlauten, dass das frühere Verbot „durch den Gang der revolutionären Entwicklung überholt“ sei; anders als im Parteienstaat sei die kontroverse politische Willensbildung dadurch ausgeschaltet, dass die NSDAP „der Staat geworden“ sei. Was dies genau bedeutete, wurde dann in weiteren Erlassen ausdifferenziert, die auch den Aushang von Werbematerialien der Partei oder parteinaher Einrichtungen erlaubten sowie weitere Maßnahmen von der Zustimmung des Propagandaministeriums abhängig machten.[335]

Hinzu kam die Einführung des sogenannten Deutschen Grußes im Juli 1933, die in der folgenden Zeit mit einer erstaunlichen Fülle an Durchführungsanweisungen und Präzisierungen verbunden wurde. Diese Anordnungen machen die herausgehobene Bedeutung erkennbar, die der alltäglichen Beherrschung (im doppelten Sinne) von Umgangsformen zugesprochen wurde. Von der Durchführung des Grußes waren militärische Beamte in Uniform und Kopfbedeckung zunächst ausgenommen, später wurde diese Ausnahme aufgehoben.[336] Die *Steuer-Warte* zitierte hierzu die *Deutsche Post-Zeitung*, die mit blumigen Worten den neuen Gruß als „Symbol des totalen Staates“ gefeiert und darauf verwiesen hatte, dass auch Frauen eingeschlossen seien – eine „starke Anerkennung der Würde der Frau“. Nicht nur wegen seiner „ästhetischen Schönheit“ überzeuge der Gruß, sondern auch als „symbolhafte Handlung, die, wenn wir an die ehrwürdige Vergangenheit unseres Volkes denken, etwas Geheimnisvolles und, so man will, etwas Mythenhaftes darstellt“. Die von der *Steuer-Warte* zitierte Postpresse sah im Deutschen Gruß also gewissermaßen einen performativen Akt, der Vergangenheit und Gegenwart in der volksgemeinschaftlichen Wirklichkeit verschmelze. Jede Form der Unterwürfigkeit sei damit unmöglich gemacht, denn – so erklärte es auch der *Völkische Beob-*

334 Erlass betr. politische Betätigung der Beamten der Reichsfinanzverwaltung, 12.4.1933, in: Nachrichten des Reichsfinanzministeriums, 18.4.1933; Erlass betr. Tragen politischer Abzeichen, 12.4.1933, in: ebd., Nr. 21, 18.4.1933, beide BArch R2/31797; Erlass betr. politische Betätigung im Dienst, 13.4.1933, in: RFBl. 15 (1933), 11, S. 56.

335 Erlass des Reichsfinanzministers betr. Aushänge politischer Vereine usw. in den Diensträumen, 3.6.1933, in: Nachrichten des Reichsfinanzministeriums, Nr. 34, 7.6.1933, BArch R2/31797; Steuer-Warte 12 (1933), 2, S. 254; ebd., 14, S. 292–293; Erlass des Reichsfinanzministers betr. Aushänge in den Diensträumen der Behörde, 17.8.1937, in: RFBl. 19 (1937), 20, S. 119.

336 Erlass betr. Einführung des Deutschen Grußes und Pflege des nationalsozialistischen Gedankengutes, 20.7.1933, i. V. gez. Reinhardt, in: Nachrichten des Reichsfinanzministeriums, Nr. 49, 27.7.1933, BArch R2/31797.

achter – der Gruß schließe untertänige Körperhaltungen rein anatomisch aus: „Eine Verbeugung mit erhobenem Arm ist einfach unmöglich." Den Gruß mit bürgerlichen Formen wie „Guten Morgen" oder „Guten Tag" zu verbinden, sei ebenso unwürdig. An die Stelle des kleinbürgerlichen Hochmuts und der Amtshierarchien trete damit, so brachte es die *Post-Zeitung* auf den erstaunlichen Punkt, die Begegnung von „Herrenmenschen" verbunden mit dem Prinzip von „Glaube, Hoffnung und Liebe". Wer aufgrund einer körperlichen Behinderung den Gruß nicht mit dem rechten Arm ausführen konnte, erhielt im August 1933 die Erlaubnis, den linken Arm zu nehmen. Im September 1933 wurde festgelegt, dass Ausländer diesen Gruß nicht ausführen mussten. Zwei Monate später wurde noch einmal präzisiert, dass man entweder „Heil Hitler" oder gar nichts zum erhobenen Arm zu sagen hatte – eigentlich aber war erstere die erwünschte Form.[337] Im Januar 1934 wurde der Gruß auch im Schriftverkehr eingeführt, sofern dort auch zuvor besondere Höflichkeitsformeln verwendet worden waren. Die Tatsache, dass sie den Gruß grundsätzlich verweigerten, trug den Beamten der Reichsfinanzverwaltung, die den Zeugen Jehovas angehörten oder angehört hatten, ab Juli 1934 die Entlassung ein. Bei der direkten Begegnung den rechten Arm nicht zu erheben, war außer den körperlich daran Gehinderten nur denjenigen erlaubt, die Akten in der entsprechenden Hand hatten oder die als Fahrzeugführer oder Radfahrer dadurch die Verkehrssicherheit gefährdeten – Letztere grüßten, so ließ Reinhardt im Dezember 1940 verlauten, „durch ‚Stillsitzen'".[338]

Bei diesem Thema nahm es die Spitze des Reichsfinanzministeriums also bis in den Krieg hinein sehr genau. Daran wird deutlich, dass die Verkörperung des Nationalsozialismus im alltäglichen Umgang deutlicher eingefordert beziehungsweise erzwungen wurde als die Parteimitgliedschaft. Überwacht wurde die Mitgliedschaft in der Partei und ihren Gliederungen aber trotzdem, verstärkt seit 1938. Im November des Jahres gab der Reichsfinanzminister nach Aufforderung durch die Reichskanzlei einen Erlass zum § 71 DBG heraus, der

[337] N.N., Hitler-Gruß, S. 292; N.N., Hitlergruß; Erlass betr. Deutscher Gruß, 7.8.1933, in: RFBl. 15 (1933), 21, S. 101; Erlass betr. Deutschen Gruß, 7.12.1933, in: ebd., 30, S. 160; N.N., Deutsche Gruß nur für Deutsche; N.N., Deutsche Gruß bei den Behörden; Reinhardt, Volksgemeinschaft, S. 154.

[338] Erlass des Reichsfinanzministers betr. Deutscher Gruß im Schriftverkehr, 15.1.1934, in: Nachrichten des Reichsfinanzministeriums, Nr. 4, 30.1.1934; Erlass des Reichs- und Preußischen Ministers des Innern betr. Anwendung des Grußes „Heil Hitler" im amtlichen Schriftverkehr, in: ebd., Nr. 38, 16.8.1933, beide BArch R2/31797; Vertraulicher Erlass an die Präsidenten der LFA betr. Zugehörigkeit zur Internationalen Bibelforschervereinigung, gez. Reinhardt, 9.7.1934, BArch R2/22583, Bl. 104; Erlass betr. Ausführung des Deutschen Grußes, 26.1.1934, in: Nachrichten des Reichsfinanzministeriums, Nr. 4, 30.1.1934, BArch R2/31797; Erlass betr. Deutscher Gruß im Eisenbahnzolldienst, 11.7.1938, in: RFBl. 20 (1938), 20, S. 577; Erlass betr. Anwendung des Deutschen Grußes, 16.12.1940, BArch R2/22570, Bl. 13.

sich auf Beamte bezog, die sich gegenüber der nationalsozialistischen Weltanschauung „gefühls- und verstandesmässig fremd" verhielten. Darin wurde verfügt, dass nach den neuen beamtenrechtlichen Vorgaben „unter schärferen Gesichtspunkten als bisher" dafür zu sorgen sei, solche Beamte aus dem Dienst zu entfernen.[339] Im Mai 1939 forderte Reinhardt über die Abteilung für Personal und Verwaltung Nachweisungen der Oberfinanzpräsidenten des „Altreichs" über die Zahl der Beamten, Angestellten und Arbeiter an, die sich aktiv für die NSDAP, ihre Gliederungen, angeschlossenen oder nicht angeschlossenen Verbände einsetzten. Die entsprechende Aufstellung kam auf einen Anteil von 75,6 Prozent unter den Beamten, 69,5 Prozent unter den Angestellten und 30,8 Prozent unter den Arbeitern.[340]

Ausbildung und Erziehung zum nationalsozialistischen „Beamtenkorps"

Als der Reichsfinanzminister im Juni 1933 die „Bestimmungen über die Ausbildung der Beamten der Reichssteuerverwaltung" erließ, beendete er damit eine Übergangssituation, die in den letzten Jahren der Weimarer Republik für Unruhe in der Beamtenschaft gesorgt hatte. Zwar bedeuteten die Bestimmungen inhaltlich keine große Neuerung, doch hatte zuvor nur eine Ansammlung von Einzelmaßnahmen mit teilweise provisorischem Charakter vorgelegen.[341] Hierzu zählten die vorläufigen Richtlinien für die Sekretär- und Obersekretärprüfungen von 1921 sowie der Ausbildungsplan für die Anwärter des mittleren Dienstes in der Besitz- und Verkehrssteuerverwaltung von Ende

[339] Erlass des Reichsfinanzministers betr. § 71 DBG, 2.11.1938, BArch R2/22583, Bl. 613; zuvor auch die Umfrage Reinhardts zur Mitgliedschaft der Angehörigen der Reichsfinanzverwaltung bei der NSV, 16.12.1937, BArch R2/22579 und die entsprechenden Unterlagen in BArch R2/22580. Dies waren auch Reaktionen des Ressorts auf vorherige eigenmächtige Fragebogenaktionen auf Gauebene, hierzu die Beschwerde Reinhardts bei Bormann, 9.5.1936, BArch R2/22583, sowie die anschließende vertrauliche Anordnung des Stellvertreters des Führers betr. Statistische Erhebungen, 3.6.1936, Bl. 200–202.

[340] Vermerk vom 25.8.1939, BArch R2/22583, Bl. 281; Übersicht über die Zahl der Beamten, Angestellten und Arbeiter der Reichsfinanzverwaltung, die aktiv in der NSDAP, ihren Gliederungen, in angeschlossenen und nichtangeschlossenen Verbänden (nur Altreich) tätig sind, Stand: 15.2.1939, ebd., Bl. 284; zur Zuordnung der Verbände die Aufschlüsselung in R2/31094.

[341] Erlass betr. Bestimmungen über die Ausbildung der Beamten der Reichssteuerverwaltung, 13.6.1933, in: RFBl. 15 (1933), 16, S. 76–79. Dazu die Kritik und die Forderung nach einer durchgreifenden Neuordnung des gesamten Prüfungswesens bei Tempel, Nachdenkliches. Hierzu auch Schönknecht, Ausbildung, S. 194–195; Breuckmann, Vorbereitung, S. 64.

1922.[342] Außerdem gab es aufgrund der vorbehaltlichen Richtlinien über die Dienstlaufbahnen der Reichsfinanzbeamten von 1924 gewisse Prüfungs-, jedoch keine Ausbildungsordnungen für den gehobenen und einfachen mittleren Dienst.[343] 1933 wurden diese Provisorien zunächst verstetigt und dann in einzelnen Aspekten erweitert. So wurden für verdiente „alte Kämpfer" Ende 1933 vereinfachte Prüfungsbedingungen erlassen. Im Februar 1934 wurden verpflichtende Prüfungslehrgänge für Steuerinspektoren eingeführt; im April 1934 folgte eine umfassende Prüfungsordnung für die Beamten der Reichsfinanzverwaltung des gehobenen und einfachen mittleren Dienstes, die aber keine weltanschaulichen, sondern nur formale Bedingungen regelte.[344]

Erstmals wurden jedoch von zentraler Stelle die Ausbildungsanforderungen für Anwärter des höheren Dienstes ausformuliert. Zu deren Implementierung wurden in allen Landesfinanzämtern höhere Beamte als „Sachbearbeiter für das Ausbildungswesen der Reichsfinanzverwaltung" eingesetzt, denen die Leitung und Überwachung der Ausbildung der Beamtenschaft übertragen wurde. Für die Anwärter der höheren Beamtenlaufbahn, die ihre zwölfmonatige Probezeit in der Reichsfinanzverwaltung erfolgreich bestanden hatten, wurde der Titel des „Regierungsassessors" eingeführt. Ihre theoretische Ausbildung bestand jedoch weiterhin primär in „eifrigem Selbststudium". Im November 1934 wurden allgemeine Richtlinien für die Annahme von Anwärtern des höheren Dienstes und ihre Übernahme in die Reichsfinanzverwaltung erlassen. Die Mitgliedschaft in der NSDAP oder einer ihrer Gliederungen war ebenso zwingend nachzuweisen wie die ausreichende Vertrautheit mit dem „nationalsozialistischen Gedankengut" und die „arische Abstammung". Hinzu kamen als Voraussetzungen die große juristische Staatsprüfung und die körperliche Gesundheit der Bewerber. Wer das Examen erst im zweiten Ablauf bestanden oder das dreißigste Lebensjahr überschritten hatte, war in der Regel abzulehnen.[345] Schon früh wurde aber

[342] Vorschriften für die Sekretärprüfung und die Obersekretärprüfung, in: RFBl. 3 (1921), 10, S. 113–119; Zulassung zur Obersteuersekretärprüfung, in: ebd. 3 (1921), 17, S. 206; Zulassung zur Obersteuersekretärprüfung, in: ebd. 3 (1921), 21, S. 292; Ausbildung der Beamten des mittleren Dienstes in der Besitz- und Verkehrssteuerverwaltung, in: ebd. 5 (1923), 1, S. 3–8. Hierzu auch Kap. II.1.

[343] Abgedruckt in: RFBl. 6 (1924), 34, S. 148–152; ebd. 12 (1930), 27, S. 161–163; ebd. 13 (1931), 15, S. 70–71.

[344] Erlass des Reichsfinanzministers betr. vereinfachte Obersekretärprüfung; Erlass des Reichsfinanzministers betr. Steuerinspektorprüfung; Prüfungsordnung für die Beamten der Reichsfinanzverwaltung, 24.4.1934, in: RFBl. 16 (1934), 12, S. 85–89; Änderung der Prüfungsordnung für die Beamten der Reichsfinanzverwaltung, 8.4.1936, in: ebd. 18 (1936), 11, S. 39–40.

[345] Zum Wortlaut der Bestimmungen RFBl. 15 (1933), 16, S. 76; sowie Erlass des Reichsfinanzministers betr. Annahme von Assessoren als Anwärter des höheren Dienstes und ihre Übernahme in die Reichsfinanzverwaltung, 27.11.1934, in: ebd. 16 (1934), 36, S. 286–288.

deutlich, dass der Rahmen, der mit den allgemeinen Einstellungsbestimmungen gesetzt war, für die weltanschauliche Formierung der Beamtenschaft zur „Beherrschung des nationalsozialistischen Staatsgedankens“ nicht ausreichte. Reinhardt scheute daher keine Mittel, um die Ausbildung der Reichsfinanzverwaltung zum „bestgeschulten Beamtenkorps im neuen Deutschen Reich“ zu befördern.[346]

Die in Preußen bereits 1933 eingeführte „Charakterprüfung“ für Referendare des Justizdienstes sowie deren Unterbringung in einem „Gemeinschaftslager“ dienten als Vorbilder für die weitere Umgestaltung des Ausbildungs- und Schulungswesens in der Reichsfinanzverwaltung seit 1935. Auch die bereits 1933 erfolgte Wiedereinführung des Regierungsreferendariats in Preußen wurde 1937 auf die Reichsebene übertragen. Dies galt in der nationalsozialistischen Staatsrechtslehre als Form der Wiederbelebung und Modernisierung des preußischen „Typus des Verwaltungsbeamten“, der wie einst der Landrat nicht technischer Fachmann, sondern führungsstarke Persönlichkeit sein sollte. Dessen Ideal sollte nicht mehr die „abstrakte Figur“ eines akademisch gebildeten Staatsbeamten sein, wie sie bisher der Richter verkörpert hatte, sondern eine politische Haltung und militärische Erziehung.[347] Entsprechend wurde der Kampf als „Vater aller Dinge“ beschworen. Aus den Schützengräben des Weltkrieges, so hieß es in Stellungnahmen zur Beamtenbildung, sei „eine neue Generation“ hervorgegangen, die das „Wir“ vor das „Ich“ gesetzt und sich daher schon in den Weimarer Jahren fortgebildet habe: „Diese wetterharten Beamten legten den Stahlhelm ab und setzten sich auf die Schulbänke der Hochschulen und Verwaltungs-Akademien, die zu jener Zeit gegründet wurden, um sich für die gesteigerten Aufgaben, die ihrer harrten, fortzubilden.“ An die „harte“ Haltung dieser Beamten sollte angeknüpft, das zur Verfügung stehende Bildungsangebot aber ganz neu aufgestellt werden. Hierzu dienten Rückgriffe auf ein überkommenes „Berufsethos des deutschen Beamten in seiner ursprünglichen Tiefe“, aber auch modern und professionell klingende Begriffe wie „Leistungsfähigkeit“, „Verantwortung“ und „Vertrauen“. Hinzu kam die Propaganda der „Volksgemeinschaft“, die als Erfindung und Markenkern des Nationalsozialismus ausgegeben wurde, obgleich der Begriff über eine längere Vorgeschichte verfügte.[348] Blickt man exemplarisch in Einstellungsunterlagen dieser Jahre, so trat der Ausweis nationalsozialistischer

[346] Erlass des Reichsinnenministers betr. Erziehung zum nationalsozialistischen Staatsgedanken, 15.7.1933, in: Nachrichten des Reichsfinanzministeriums, Nr. 54, 14.8.1933, BArch R2/31797; Reinhardt, Rede.

[347] N.N., Charakterprüfung; Köttgen, Ausbildung; ders., Betrachtungen; Höhn, Kampf; Breuckmann, Vorbereitung, S. 65.

[348] N.N., Schulung; Zschaler, Verhältnis; Bornmann, Reichssteuerbeamte; Reinhardt, Weltanschauung, S. 228–229; zur Geschichte des Begriffs insbesondere Thamer, Volksgemeinschaft; Wildt, Ungleichheit; Retterath, Volk, S. 272–326; Hardtwig, Volksgemeinschaft.

Gesinnung aber auch an die Stelle der „persönlichen Empfehlung" beziehungsweise der familiären Herkunft, die vor 1933 neben fachlichen Erfordernissen oder sozialen Gründen die Einstellung von Anwärtern erleichtern konnten. Verfassten die nachgeordneten Behörden um 1930 daher Listen der Söhne von Finanzbeamten, die zum Dienst einberufen worden waren, so verwiesen die Personalreferenten nach 1933 stattdessen auf die Verdienste der Bewerber in der Hitlerjugend, der SS oder anderen Parteiorganisationen – auch wenn es de facto weiterhin um Söhne von Kollegen ging.[349]

Die Weiterbildung der Beamtenschaft wurde zunächst, wie zuvor, über Vortragsveranstaltungen und Fachtagungen organisiert. Im März 1934 fand die zwölfte Fachwissenschaftliche Woche für Reichssteuerbeamte statt, die wie vor 1933 von der Verwaltungs-Akademie organisiert wurde und auch in ihrer Zählung an frühere Veranstaltungen anknüpfte. Zugleich war dies aber die erste fachwissenschaftliche Veranstaltung des nationalsozialistischen Staates. Um den angestrebten Bruch mit dem Früheren zumindest verbal deutlich zu machen, führte Reinhardt daher die neue Bezeichnung als „Reichssteuerwoche" ein. Tagungsthema war der „Nationalsozialismus im deutschen Steuer- und Wirtschaftswesen", als Redner traten der Minister und der Staatssekretär sowie neben anderen Hedding, Olscher und Bayrhoffer auf.[350] Schwerin von Krosigk sprach in einem eher knappen Grußwort von der „Verbindung zwischen Ministerium und Praxis, zwischen Generalstab und Front", die durch die Reichssteuerwoche ermöglicht werde. Reinhardt adressierte in atemlosen Interventionen jeden Beamten direkt als „Soldat[en] Adolf Hitlers", der in seinem Amt täglich „Frontdienst" für den Führer leiste. Einen Teil seiner Ansprachen hielt Reinhardt unter der Vorgabe völliger Geheimhaltung, was offenbar „einen besonders tiefen Eindruck" bei der Belegschaft hinterließ. Reichswehr und Reichsfinanzverwaltung bezeichnete der Staatssekretär als „die großen Säulen im Deutschen Reich". Jedes Handeln gegen den Führerwillen müsse die Entfernung des Betreffenden aus seinem Amt nach sich ziehen; Anregungen für die Vereinfachung des Geschäftsverkehrs seien hingegen auch auf direktem Wege an das Staatssekretariat willkommen, wie überhaupt das „Verantwortungsbewußtsein" der Beamten gestärkt werden solle.[351] Zur

[349] Hierzu die Auflistungen über Söhne von Beamten der eigenen Verwaltung bei der Einberufung von Steuersupernumeraren sowie die entsprechenden Erläuterungen des Präsidenten des LFA Berlin gegenüber dem Reichsfinanzministerium, 11.4.1930; sowie das Schreiben des Präsidenten des LFA Berlin an das Reichsfinanzministerium (Abt. III) betr. Einberufung von Steuersupernumeraren aus dem Zivilanwärterstande, 20.11.1934, beide im Bestand der OFD Berlin, FS Brühl / BFH München.

[350] Zagan, Fortbildung; N.N., Unterrichtswoche; sowie die Anzeige in der Steuer-Warte 13 (1934), 5, S. 101.

[351] N.N., Eröffnungsfeier; N.N., Finanz- und Steuerpolitik, S. 128; N.N., Verlauf; Reinhardt, Volksgemeinschaft.

Staatslehre des Nationalsozialismus trug der „alte Kämpfer" und Darmstädter Landesfinanzamtsdirektor Heinz Müller vor, der 1938 zum Präsidenten des Reichsrechnungshofs aufsteigen sollte. Er betonte in Schmittscher Diktion, dass der nationalsozialistische Staat im Unterschied zur Weimarer Republik „die Fähigkeit, zu unterscheiden zwischen Feind und Freund", zwischen „nützlich" und „schädlich" wieder besitze. Das Publikum dieser Reden bestand aus etwa 560 Teilnehmern, die größte Gruppe kam aus Berlin. Vertreten waren vor allem der gehobene Dienst sowie höhere Beamte.[352]

Ab Juli 1934 wurde die Eingliederung der Verwaltungsakademien in das nationalsozialistische Staatsgebilde dadurch vorangetrieben, dass der Staatssekretär in der Reichskanzlei, Hans Heinrich Lammers, an ihre Spitze gesetzt wurde. Seither wurden die Abschlusszeugnisse der Verwaltungsakademien zu den Personalakten genommen – was von der Beamtenschaft schon lange gefordert worden war – und bei Beförderungsvorschlägen als Belege im Sinne eines „nationalsozialistischen Leistungsprinzips" einbezogen.[353] Die nächste Reichssteuerwoche fand im Oktober 1934 statt und hatte die von Reinhardt betriebene Steuerreform zum Gegenstand. Knapp 670 Teilnehmer hörten die entsprechenden Vorträge und besuchten außerdem Hermann Görings Anwesen Carinhall. Im März 1935 erging ein Runderlass, der die Einführung von Berufslehrgängen in den Beamtenerholungsheimen der Reichsfinanzverwaltung ankündigte. Das direkt dem Staatssekretär unterstellte Referat für Ausbildungswesen im Reichsfinanzministerium wurde in diesem Zuge um ein Referat für Schulungswesen ergänzt, das „die fachliche und weltanschauliche Schulung" der Reichsfinanzbeamten verantwortete. Auch bei den Finanzämtern wurden regelmäßige Lehrgänge eingerichtet.[354]

Das damit verbundene Programm für Schulungen nach „Reinhardtscher Art" setzte der Staatssekretär sukzessive um. Ab 1935 liefen die Fachwissenschaftlichen Wochen unter neuer Bezeichnung als „Fachwissenschaftliche Tagungen"; die erste dieser Tagungen fand unter der persönlichen Leitung Reinhardts in Eisenach statt. Nach offiziellen Angaben kamen etwa 1400 Personen. Diese wurden ausschließlich aus dem Bereich der Einkommen- und Körperschaftsteuerverwaltung ausgewählt und zur Teilnahme an der Veranstaltung dienstlich „abgeordnet". Die Neuerungen dieser Tagung zielten außerdem darauf ab, Beamte jedes Finanz- und Landesfinanzamtes mit der

352 Dies zeigt die Übersicht über die Teilnehmer an der Zwölften Reichssteuerwoche in der Steuer-Warte 13 (1934), 6, S. 134; hierzu Müller, Staatslehre, S. 179; zu Müller Bathe/Kumpf, Mittelbehörden, S. 146–147.

353 Erlass des Reichsfinanzministers betr. Verwaltungsakademien, 30.7.1934, in: RFBl. 16 (1934), 21, S. 162.

354 Berichte in der Steuer-Warte 13 (1934), S. 383, 487, 534–535, 561–569, 591–593 und 612–619; sowie 14 (1935), S. 131–132, 461 und 634–635. Hierzu auch Groth, Reichsfinanzverwaltung, S. 20; Riewald/Becker, Reichsabgabenordnung, S. 252–253.

jeweiligen Führungsriege zusammenzubringen, die ihren Arbeitsbereich steuerte. Vorhandene „Rangunterschiede" und „Klassenunterschiede" sollten so in „berufskameradschaftlicher" Weise überwunden werden. Mehr als die Hälfte der Vorträge bei der Tagung hielt der Staatssekretär selbst. Die *Steuer-Warte* lieferte anschließend eine plastische Beschreibung des „fast vierzehnstündigen Vortrags" von Reinhardt über Buchführung, Abschluss- und Bilanzwesen, in dem dieser „die einzelnen Konten in drei Akten als Darsteller auftreten und ihre Rolle plastisch spielen" ließ. Auf diese Weise „hämmerte Staatssekretär Reinhardt immer wieder und wieder die grundlegenden Sätze und Gedanken seiner Lehren in die Gehirne der Hörer", sodass sich die Feinheiten der Buchungsvorgänge „jedem einzelnen Hörer für Lebenszeit" eingeprägt haben sollten. Der Vortrag wurde anschließend offizieller Lehrstoff der Ausbildung der Beamten im Bereich von Buchführung und Bilanzwesen, die ab Sommer 1935 in regelmäßig stattfindenden Lehrgängen an den Landesfinanzämtern organisiert war.[355]

Das System der fachwissenschaftlichen Tagungen wurde in der folgenden Zeit weiter ausgebaut. Im Juni 1935 kündigte Reinhardt außerdem die Gründung einer „Führerschule der Reichssteuerverwaltung" im bayerischen Herrsching mit einer ständigen Belegschaft an, welche die Reichsfinanzverwaltung zu einem „Elitekorps" des nationalsozialistischen Staates machen sollte.[356] Bereits im September 1935 erfolgte der Baubeginn für diese Reichssteuerschule. Reinhardt hielt wieder nicht nur die Eröffnungsrede, sondern auch mehrere fachliche Vorträge. Der Minister Schwerin von Krosigk nahm ebenfalls teil und lobte die Initiative seines Staatssekretärs zur Schaffung eines Ortes für die Vermittlung des „Geistes nationalsozialistischer Gesetze" [Abb. 14].[357] Die Reichssteuerschule (ab 1936: Reichsfinanzschule) in Herrsching wurde dann innerhalb eines Jahres fertiggestellt und im September 1937 dem Schulbetrieb übergeben. Der erste Lehrgang (ein Umschulungslehrgang für 162 Beamte des Zollgrenzdienstes) wurde im November 1935 abgeschlossen; alle Teilnehmer bestanden die von Reinhardt teilweise persönlich abgenommene Abschlussprüfung. Inhaltlich knüpfte das Programm an die Lehrgänge im Bereich Buch- und Betriebsprüfungswesen an, die in der Weimarer Zeit eingeführt worden waren. Angesichts des Personalmangels wurden die ursprünglich angekündigten Ausbildungszeiten allerdings schon früh abgekürzt.[358]

355 Berichte in der Steuer-Warte 14 (1935), S. 131–132 und 225–226; Erlass des Reichsfinanzministers betr. Ausbildung der Beamten in Buchführung, Abschluß- und Bilanzwesen, 20.8.1935, abgedr. in: ebd., S. 462.

356 Berichte in der Steuer-Warte 14 (1935), S. 209, 225–226 und, 305–307.

357 Berichte in der Steuer-Warte 14 (1935), S. 357, 465–466, 489–497 und 509–513. Hierzu und zum Folgenden Hellerer, Reichsfinanzschule.

358 Pausch, 250 Jahre, S. 135; Groth, Reichsfinanzverwaltung, S. 21–22; Reinhardt, Ausbildungs- und Fortbildungswesen; Bornmann, Abschluß.

Abbildung 14 – Minister Schwerin von Krosigk (li.) und Staatssekretär Reinhardt beim „Spatenstich“ für die Reichssteuerschule in Herrsching, September 1935

Bis 1941 entstanden auf dem Gebiet des „Altreichs“ acht Reichsfinanzschulen (Herrsching, Ilmenau, Meersburg, Wöllershof, Berlin-Grunewald, Mölln, Boppard, Sigmaringen), darüber hinaus zwei in der „Ostmark“ (Feldkirch, Pörtschach) sowie weitere vier im Sudetengebiet und in Danzig-Westpreußen (Tetschen-Bodenbach, Böhmisch-Leipa, Leitmeritz und Thorn). 1942 deutete sich allerdings schon die Einstellung der Ausbildungslehrgänge an. Ab 1943 wurden die Schulen in Herrsching, Feldkirch und Pörtschach der Wehrmacht als Lazarette zur Verfügung gestellt. Der letzte Jahrgang in Herrsching hatte aus kriegsversehrten Angestellten bestanden, er endete im Juli 1943.[359]

Der weltanschauliche Unterricht im Fach „Nationalsozialismus“ war zwar prüfungsrelevant, nahm im Vergleich zu anderen Themen (etwa Steuerarten, Buchprüfung, Haushalts- und Kassenwesen sowie allgemeiner Staats- und Rechtskunde) aber keinen besonders großen Raum ein. Als hauptamtliche Lehrkräfte wurden Finanzbeamte aus dem ganzen Reichsgebiet eingesetzt, die möglichst frisch von der „Verwaltungsfront“ kommen sollten. Die Vorbereitung für die administrative Praxis stand insgesamt im Vordergrund.[360]

359 Hierzu die Auflistungen bei Schönknecht, Ausbildung, S. 205–206 sowie 211.

360 Bestimmungen über die Ausbildung für den einfachen mittleren Dienst in der Reichsfinanzverwaltung, Abt. Steuer, 20.11.1937, in: RFBl. 19 (1937), 29, S. 184–185; Erlass betr.

Zweckmäßigkeit prägte die Bildungsziele, die einen Bruch mit rechtstaatlichen Regierungstechniken schaffen sollten. Nicht mehr der „mechanische" Wissenserwerb sollte im Zentrum stehen, sondern die „Erkenntnis der Zusammenhänge, des ‚Warum' und ‚Wozu' als Motiv und Zweck". An die Stelle der „handwerksmäßigen Gesetzesanwendung" sollte die Beschäftigung mit den „Absichten und Ziele[n] des Gesetzgebers" beziehungsweise mit dem „Endziel" der nationalsozialistischen Gesetzgebung in allen Lebensbereichen treten.[361] Damit wurde die Rechtsförmigkeit des Regierens infrage gestellt. Dies befeuerte Erwartungen, dass die Verwaltung wieder stärker ermächtigt werden würde, nach ihren eigenen Regeln zu handeln: „Das Verwaltungsmäßige", so frohlockte die *Steuer-Warte* 1935, „hat seinen Vorrang vor dem Justizmäßigen zurückerhalten!" Die administrative Zweckmäßigkeit sollte zugleich gegenüber den Prinzipien der Ökonomie triumphieren. Jede „wirtschaftliche Betrachtungsweise" sei ebenso wie jede sonstige „sachliche Betrachtungsweise" im nationalsozialistischen Staat zu überwinden. Für die Abschätzung wirtschaftlicher Folgen staatlicher Finanzpolitik sei kein Raum mehr, entscheidend sei allein die nationalsozialistische Weltanschauung in der von der NSDAP vertretenen und von Hitler verkörperten Form.[362]

Zusätzlich hatten die Reichsfinanzschulen von Beginn an ein militärisches Gepräge. Sie vermittelten nicht nur Fachwissen und Weltanschauung, sondern dienten auch der Kriegsvorbereitung und der Körperpolitik, als Elemente eines „organischen Kreislauf[s]", welcher der „regelmäßigen Blutauffrischung und Bluterneuerung" und der Ausscheidung „unbrauchbar" gewordener Elemente aus der Verwaltung diente.[363] Die Berichte über das Unterrichtswesen, die beim Staatssekretär Reinhardt eingingen, dokumentierten daher nicht nur den vermittelten Stoff und die dort erzielten Prüfungsleistungen der Lehrgangsteilnehmer, sondern auch die Anzahl derjenigen, die während des Lehrgangs wie vorgesehen das SA-Sportabzeichen erworben hatten. Im Mai 1937 listete ein Bericht sogar ausführlich die Ergebnisse der Handball- und Fußball-

praktische Ausbildung der Anwärter des höheren Dienstes in der Betriebsprüfung nach beendeter Probezeit, 10.5.1936, in: ebd. 18 (1936), 14, S. 64; Bestimmungen über die Ausbildung für den höheren Dienst in der Reichsfinanzverwaltung, Abt. Steuer, 22.6.1937, in: ebd. 19 (1937), 15, S. 82–83. Teile dieser Ausbildungsvorgaben wurden später von der Bundesfinanzakademie übernommen und fortgeführt, vgl. Pausch, 250 Jahre, S. 136–137, der in seiner Darstellung allerdings die Unterrichtsstunden im Fach „Nationalsozialismus" geflissentlich auslässt.

361 Bornmann, Nutzanwendung; Röttscher, Sinn.

362 Bornmann, Reichssteuerverwaltung, S. 570; ders., Hemmungen.

363 Zit. nach den Geleitworten und Eröffnungsansprachen von Otto Bornmann, Reinhardt und Willy Ernst aus der Steuer-Warte 14 (1935) 16, S. 389–398. Dies galt im Übrigen offenbar auch für den Alltag in der Berliner Zentrale, vgl. etwa die (allerdings recht ausgeschmückten) Erinnerungen Dora Igels an die Sportgruppe und die Schießübungen der weiblichen Gefolgschaftsmitglieder, FS Brühl.

mannschaften des SA-Sturms der Reichsfinanzschule in Spielen gegen lokale Mannschaften auf. Geht man von den handschriftlichen Hervorhebungen auf den entsprechenden Berichten aus, so waren es nicht zuletzt diese sportlichen Aspekte, die im Büro des Staatssekretärs auf Interesse stießen. Zur Feier eines Weltrekords im Gewichtheben, der bei einem Kameradschaftsabend in Herrsching aufgestellt wurde, reiste Reinhardt sogar persönlich an. Doch wurden auch Probleme artikuliert: So verwies ein Bericht über den Einführungs-Sonderlehrgang für Finanzanwärter vom 15. September bis 12. Dezember 1936 an der Reichsfinanzschule Ilmenau darauf, dass „vor allem nach den Gepäckmärschen" die Krankmeldungen zeitweilig erheblich zugenommen hatten. Die vorgesehene Zeit von zehn Wochen für den Erwerb des Sportabzeichens seien für die Beamtenschaft offenbar zu kurz. Zufriedener als mit der körperlichen Kraft zeigte sich dieser Bericht mit den Prüfungsleistungen in den fachlichen Examina. Herausragende Kenntnisse besaß ein großer Teil der Anwärter offenbar im Bereich der Buchprüfung (94 Prozent erhielten hier in der schriftlichen Prüfung „gut" oder besser); auch in Steuerangelegenheiten sowie im Fach „Nationalsozialismus" (69 Prozent) erreichten mindestens zwei Drittel der Prüflinge eine gute oder sehr gute Benotung.[364]

Berichte von den ersten Lehrgängen verwiesen aber auf den uneinheitlichen Stand der Vorbildung, da zu viele Beamte nicht die vorgesehenen Reinhardt-Lehrgänge an ihren Heimatämtern absolviert hatten, sowie auf die phlegmatische Einstellung der abgeordneten Planbeamten. Vorgesehene Lernschritte konnten nicht erreicht werden, sodass zeitweilig auf die Anfertigung schriftlicher Hausarbeiten verzichtet wurde sowie gesonderte Arbeitsgruppen eingerichtet wurden. Häufige Krankmeldungen beim Unterricht ließen Zweifel an der Motivation der Gefolgschaft aufkommen, die offenbar auch durch geringe Beihilfe- und Vergütungssätze für die Anwärter bedingt war. Beklagt wurde daher in den Berichten die materialistische Haltung der Nachwuchskräfte, welche die Finanzverwaltung „nach Art der Spiesser als Versorgungsinstitut" oder als bloßes Sprungbrett für andere Karrieren betrachteten und es an „idealistischem Schwung" fehlen ließen. Mehrere schwerere Erkrankungsfälle sowie schließlich ein altersbedingter Todesfall zu Beginn eines Lehrgangs im Oktober 1936 wurden zudem zum Anlass genommen, die Altersgrenze zu überprüfen.[365]

364 Bericht über den Betrieb in Abteilung II der Reichsfinanzschule Ilmenau im Monat November 1936 und die Finanzanwärter-Nachprüfung in der Zeit vom 23.11. bis 11.12.1936, 21.12.1936; Bericht über den Betrieb der Abteilung II der Reichsfinanzschule Ilmenau im Monat April 1937, 8.5.1937; Bericht über den Betrieb der Abteilung III der Reichsfinanzschule Ilmenau im Monat April 1937, 8.5.1937, alle BArch R2/24136a. Hierzu Schulz, Weltrekord.

365 Bericht über den Betrieb der Reichsfinanzschule Ilmenau im Monat Mai 1936, 6.6.1936; Bericht über den Betrieb der Reichsfinanzschule Ilmenau im Monat Juni 1936, 7.7.1936;

Für die Fortbildung der Beamten des höheren Dienstes wurde zusätzlich zu den Ausbildungslehrgängen an den Reichsfinanzschulen sowie den Angeboten der Verwaltungsakademie im März 1938 die Reichsfinanzakademie in Berlin-Tegel gegründet, die sich in der Villa Borsig am Tegeler See befand. Für den Staatssekretär Reinhardt markierte dieser Schritt den „Schlußstein im Werk der Neuformung" der Beamtenschaft. Dort wurden Fortbildungen für die mittlere Führungs- sowie die Leitungsebene abgehalten, zumeist von Gastdozenten aus dem Reichsfinanzministerium, aber auch von Referenten anderer Ministerien, der NSDAP oder der Gestapo (wie etwa Roland Freisler oder Werner Best).[366] Entscheidend für die Teilnahme war nicht der Dienstgrad, sondern die leitende Funktion. Die Kapazität der Akademie umfasste 75 Studienplätze. Die Finanzakademie sollte dem Ministerium die Rekrutierung von Beamten aus den nachgeordneten Verwaltungen erleichtern.[367]

Im ersten Lehrgang 1938 wurden Personalreferenten der Oberfinanzpräsidien und Leiter der Finanz- und Zollschulen gemeinsam in Personal- und Ausbildungsfragen unterrichtet, anschließend folgte im März 1938 eine Fortbildung in Steuer- und Zollfragen für Oberregierungsräte aus beiden Verwaltungszweigen, an der auch fünf höhere Beamte aus der früheren österreichischen Finanzverwaltung teilnahmen. Weitere Lehrgänge in diesem Jahr schulten die zuständigen Referenten der Oberfinanzpräsidien und die entsprechenden Sachgebietsleiter der größten Finanzämter auf dem Gebiet der Ehestandsdarlehen und Kinderbeihilfen sowie eine gemischte Gruppe von Regierungsräten und Steueramtmännern in ihrer Funktion als Finanzamtsvorsteher. Zusätzlich fanden an der Finanzakademie Tagungen der Finanz- und Oberfinanzpräsidenten sowie des Reichsfinanzhofs statt.[368] Im Unterricht wurde auf kleine Arbeitsgemeinschaften mit Referaten, Diskussionen und Gruppenarbeiten gesetzt. Ende 1944 wurde die Finanzakademie Berlin aus kriegswirtschaftlichen Gründen geschlossen und einer Panzerbaufirma als

Bericht über den Betrieb der Abteilung II der Reichsfinanzschule Ilmenau vom 15. bis 30.9.1936, 9.10.1936; Bericht über den Betrieb in der Abteilung I der Reichsfinanzschule Ilmenau im Monat September 1936, 9.10.1936; Bericht über den Betrieb in der Abteilung I der Reichsfinanzschule Ilmenau im Monat Oktober 1936, 11.11.1936, alle BArch R2/24136a; Bericht des Ausbildungsleiters Sieben über „Zweifelsfragen und Anregungen betreffend Reinhardt-Lehrgänge" an den Oberfinanzpräsidenten Berlin, 15.3.1940, Bestand der OFD Berlin, FS Brühl / BFH München.

366 Hierzu und zum Folgenden Pausch, 250 Jahre, S. 143–146; Reinhardt, Ausbildungs- und Fortbildungswesen, S. 266–269; Errichtung der Finanzakademie, in: Steuer-Warte 16 (1937), 25, S. 585, 587; Schröter, Jahr.

367 Reinhardt, Ausbildungs- und Fortbildungswesen, S. 266. An diesen Einheitsgedanken knüpfte man im späteren Bundesfinanzministerium an, vgl. etwa Pausch, 250 Jahre, der den Kampf um die „Rückgewinnung der Einheitlichkeit im Ausbildungswesen" gegen die unter der Besatzung eingeführte Dezentralisierung und Zersplitterung beschreibt.

368 Reinhardt, Ausbildungs- und Fortbildungswesen, S. 268; Schröter, Jahr, S. 137.

Konstruktionsstätte überlassen. Nach 1945 konnte man gleichwohl an diese Erfahrungen positiv anknüpfen und die Reichsfinanzakademie als nominell wie funktionell „höchste Entwicklungsstufe auf dem geschichtlichen Weg" zur später gegründeten Bundesfinanzakademie in Erinnerung halten. Die nationalsozialistische Didaktik wurde in der Bundesrepublik als vorbildliche „Hinwendung zu modernen Lehrmethoden" interpretiert.[369]

Jenseits solch prestigeträchtiger Projekte war die Personalpolitik des Ressorts seit der Mitte der 1930er-Jahre aber vor allem von wachsenden Personalengpässen und der hohen Arbeitsbelastung durch die nationalsozialistischen Steuerreformen geprägt. Dies bedingte schon früh die Abkürzung von Lehrgängen. Nachdem offenbar sowohl die meisten Versorgungsanwärter als auch viele der „alten Kämpfer" untergebracht worden waren, stießen die Rekrutierungsbemühungen nach den üblichen Einstellungsvoraussetzungen Ende 1937 zunehmend an Grenzen.[370] Der für die Finanzschüler erst im Vorjahr eingeführte Lehrgang an der Reichsfinanzschule in Ilmenau wurde im Herbst 1937 zunächst zurückgestellt, damit die Anwärter erst einmal den Bezirksbearbeitern bei der dringlichen Steuerveranlagung helfen konnten. Diese „Ausnahme" wurde durch einen provisorischen Ausbildungsplan aufgefangen. Seit 1939 wurde diese Ausnahme zur Regel, zumindest für jene als „Jungmänner 2" bezeichneten Nachwuchskräfte, deren Ausbildung gemäß eines Erlasses des Staatssekretärs vom 12. Januar stets mit einer praktischen Tätigkeit beim Finanzamt Ilmenau begann und durch ein erfolgreich absolviertes Ausbildungsjahr dort beendet wurde; die „Jungmänner 1" hingegen wurden weiterhin zunächst an der Reichsfinanzschule in Herrsching unterrichtet und dort geprüft.[371] Der Ausbildungsgang der „Jungmänner" war im Frühjahr 1938 als zusätzlicher Zugang zum gehobenen mittleren Dienst eingeführt worden. Damit konnten nun auch Absolventen mit Obersekundarreife oder einem Handelsschulzeugnis eingestellt werden, sofern sie zuvor dem Deutschen Jungvolk oder der Hitlerjugend angehörten und körperlich „kräftig entwickelt" waren. De facto übernahmen diese 17- bis 18-jährigen Anwärter in den Ämtern dann (bis zum Antritt ihres eigenen Kriegsdienstes)

[369] Pausch, 250 Jahre, S. 142–143 und 146; Groth, Reichsfinanzverwaltung, S. 22.

[370] Korrespondenzen des Oberfinanzpräsidiums Berlin mit der Zentralvormerkungsstelle für Versorgungsanwärter beim Oberpräsidenten der Provinz Brandenburg sowie dem Präsidenten der Reichsanstalt für Arbeitsvermittlung und Arbeitslosenversicherung, Okt. 1937/März 1938, Bestand der OFD Berlin, FS Brühl / BFH München. Dort auch verschiedene Pressemitteilungen hierzu.

[371] Eilerlass an die Oberfinanzpräsidenten betr. zusätzliche Einberufung von Finanzschülern Steuer zum 1.11.1937, 18.9.1937, inkl. Anlage; Erlass des Reichsfinanzministers an die Oberfinanzpräsidenten und Leiter der RFS betr. Nachwuchsmänner des Jungmännerstandes, 3.4.1939, beide Bestand des OFD Berlin, FS Brühl / BFH München; N.N., Ausbildung der Nachwuchsmänner.

vielfach die Stellen von älteren Sachbearbeitern, die zur Wehrmacht eingezogen worden waren. Der erste und einzige volle Lehrgang für „Jungmänner" begann in Herrsching am 20. April 1938, zu Ehren des Geburtstags von Adolf Hitler.[372]

Ab 1938 zeigten sich die bereits skizzierte Überlagerung von Staats- und Parteiinteressen ebenso wie der Personalmangel immer deutlicher. In den folgenden Jahren wurden die Zugangsvoraussetzungen für die Nachwuchsausbildung weiter gesenkt, um zügig Personal im noch nicht kriegsdienstfähigen Alter zu rekrutieren. Auch sogenannte deutschstämmige Jugendliche mit entsprechender Schulbildung aus den besetzten Gebieten (Elsass-Lothringen, Eupen-Malmedy und dem Protektorat Böhmen-Mähren) konnten sich bewerben. Bereits im Oktober 1939 wurden die Lehrgänge für „Jungmänner" kriegsbedingt auf sechs Monate reduziert. Das Unterrichtsfach „Nationalsozialismus" fiel schon im Juli 1939 weg, denn die neuen Nachwuchskräfte brachten das nationalsozialistische Gedankengut bereits aus Jungvolk und Hitlerjugend mit. Kurz darauf verzichtete man auch auf die Unterrichtung in Volkswirtschaftslehre, Rechtskunde, allgemeinem Finanz- und Rechnungswesen sowie Deutsch. Die Lerninhalte wurden ganz auf die Kompetenzen der effektiven Buchprüfung und Steuererhebung reduziert. Bereits vier Wochen nach Ausbildungsende sollten die Jungmänner als eigene Bezirksbearbeiter beim Finanzamt eingesetzt werden können.[373] Flankiert wurden diese internen Maßnahmen durch massive Anwerbungsversuche in anderen Verwaltungen, was schließlich den preußischen Finanzminister Popitz zu einem Protestschreiben veranlasste, in dem er sich über das „Wegengagieren von Kräften" aus der preußischen Kommunalverwaltung beschwerte.[374]

[372] Hierzu und zum Folgenden N.N., Jungmänner; Vorschriften über die Annahme von Jungmännern für die gehobene mittlere Laufbahn der Reichsfinanzverwaltung Abteilungen Steuer und Zoll, 20.11.1938, in: RFBl. 20 (1938), 31, S. 660–663; Pressenotiz des Reichsfinanzministeriums vom 14.7.1937 betr. Einstellung von Finanzschülern, sowie Bericht des Oberfinanzpräsidiums Schlesien über die auf diese Pressenotiz hin eingegangenen zahlreichen Bewerbungen, 13.8.1937, beide Bestand des OFD Berlin, FS Brühl / BFH München; weitere Angaben bei Schönknecht, Ausbildung, S. 190–191 und 195–202.

[373] Vgl. die Anweisungen des Reichsfinanzministeriums an die Leiter der Reichsfinanzschulen betr. Lehrpläne der Einführungslehrgänge der Jungmänner, 1.7.1939; Schnellbrief des Reichsfinanzministeriums betr. Unterricht im Jungmänner-Lehrgang, 26.8.1939; ab 1944 wurde die Rekrutierung von Jungmännern zugunsten der Einstellung von Kriegsversehrten zurückgefahren, vgl. das Schreiben des Präsidenten des Landesarbeitsamtes Brandenburg an den Oberfinanzpräsidenten Berlin-Brandenburg, 21.7.1943, alle Bestand des OFD Berlin, FS Brühl / BFH München.

[374] Preußischer Finanzminister an den Staatssekretär im Reichsfinanzministerium, 28.2.1938, GStPK I HA Rep. 151 HB Nr. 44, Bl. 135. Gegenüber den Gemeinden pochte Popitz aber seinerseits auf zentralistische Steuerungsrechte im Umgang mit dem Personalmangel, vgl. Matzerath, Nationalsozialismus, S. 332–333.

Trotz dieser realen Engpässe erfolgte zu Beginn des Jahres 1939 auf dem Verordnungswege erstmals eine einheitliche Regelung der Vorbildung und der Laufbahnen der deutschen Beamtenschaft, basierend auf den Bestimmungen des DBG von 1937. Eingeteilt wurde der Reichsdienst nun in den einfachen, mittleren, gehobenen und höheren Dienst. Die Bestimmungen für die Laufbahnen des höheren Dienstes fielen allerdings sehr knapp aus. Ressortübergreifend festgelegt wurden nur Altersgrenzen und allgemeine Fortbildungsfragen, die genauere Regelung von Zulassungs- und Prüfungsbedingungen blieb den obersten Dienstbehörden überlassen. Die grundsätzliche Nichtberücksichtigung von Frauen (außer bei jenen Stellen, „die ihrer Art nach mit weiblichen Beamten besetzt werden müssen") wurde ebenso verbindlich gemacht wie die Mitgliedschaft aller Bewerber in der Partei oder einer ihrer Gliederungen. Persönliche Eignung und charakterliche Haltung wurden als entscheidende Kriterien hervorgehoben, nicht die fachliche Bildung.[375]

Diese Vereinheitlichung erfolgte zu einem Zeitpunkt, in dem der Übergang in den Kriegszustand unübersehbar wurde, und zugleich in einem Moment, in dem die Debatte um die „Vereinfachung" der Verwaltung eine neue Konjunktur erlebte. Das Reichsinnenministerium versuchte in diesem Zuge, der eigenen Konzeption eines nationalsozialistischen Reichsbeamtentums endlich zum Durchbruch zu verhelfen, letztlich erfolglos. Stattdessen hatten die entsprechenden Maßnahmen – wie etwa der „Erlass des Führers über eine vorübergehende Einschränkung der Rechtsetzung" vom 5. Juni 1940 – eher eine dilatorische Wirkung. Dies entsprach wiederum der Position des Reichsfinanzministeriums wie jener der Reichskanzlei. Mit Leo Killy saß dort ein „Ehemaliger" des Finanzressorts an entscheidender Stelle. Entsprechend plädierte der Reichsfinanzminister erfolgreich für die Vertagung aller weiteren Neuerungen auf die Zeit nach dem Krieg. In den letzten Kriegsjahren verlagerten sich solche Konfliktlinien daher vielfach in die jährlichen Haushaltsverhandlungen mit dem Reichsinnenministerium, das durch die Gestaltung seines Budgets jene personal- und besoldungspolitischen Fakten zu schaffen versuchte, die es auf der Ebene des Regierungsprogramms nicht durchsetzen konnte.[376]

Die Initiativen des Reichsinnenministeriums, mittels neuer Ausbildungsstrukturen und der Zurückdrängung von Juristen praktisch denkende „Verwaltungsführer" zu formen, verhallten im Finanzressort weitgehend. Wie Köttgen so äußerte sich auch der Personalreferent des Reichsfinanz-

375 Verordnung über die Vorbildung und die Laufbahnen der deutschen Beamten, 28.2.1939 (RGBl. I, S. 871). Zur Geschichte dieser Regelungen auch Schneider, Bestimmungen; Eggerdinger, Vorbildungs- und Laufbahn-Richtlinien.

376 Zu diesen Konfliktlagen Caplan, Government, S. 268–271 und 300–302; Rebentisch, Führerstaat, S. 59–63.

ministeriums, Oskar Georg Fischbach, in einer Serie von Artikeln im *Reichsverwaltungsblatt* kritisch zu solchen Reformvorstellungen. Darin wandte er sich gegen den bürokratiekritischen Unterton entsprechender Debatten und warnte davor, auf diese Weise das Berufsbeamtentum neuerlich infrage zu stellen. Die Kenntnisse des Volljuristen seien für die Organisation des Staatswesens unerlässlich: „Nur wer den Aufbau von Volk und Staat, das Ineinandergreifen seiner Organe, die Zuständigkeiten und vor allem die in Gesetzen, Verordnungen, Verwaltungserlassen niedergelegten Grundsätze und Ziele der Staatsregierung kennt, kann in seinem Bereiche Ersprießliches leisten." Die Ersetzung der juristischen durch eine volkswirtschaftliche oder eine technische Vorbildung lehnte Fischbach daher ab. Unter Rückgriff auf Vorstellungen von Robert Ley über den politischen Führernachwuchs begrüßte er aber die Öffnung des rechtswissenschaftlichen Studiums für stärkere Praxisanteile, etwa in den Semesterferien, sowie die Verkürzung des Referendariats. Eine bessere Besoldung der Nachwuchskräfte sollte hinzutreten, um diese in der Konkurrenz mit der Wirtschaft überhaupt für den Staatsdienst interessieren zu können. Für bestimmte Sonderaufgaben „in Zeiten der Gefahr" konnte sich Fischbach auch die Rekrutierung militärischer Persönlichkeiten oder tatkräftiger Männer ohne besondere Rechtskenntnisse vorstellen. Weitergehende Reformen, etwa die systematische Ergänzung des Beamtentums durch „Staatsarbeiter" oder „Staatsangestellte", seien hingegen auf die Zeit nach dem Krieg zu verschieben.[377]

Die Personalpolitik des Finanzressorts nach 1933 war vor allem von der weltanschaulichen Formierung der Beamtenschaft und der Organisation eines „schlagkräftigen" Apparats geprägt. Deren Auswirkungen auf die administrative Praxis sind aber nicht leicht zu bemessen, zumal mit Kriegsbeginn viele dieser Programme bereits wieder eingestellt wurden. Konstatieren lässt sich, dass zumindest in den offiziellen Verlautbarungen die Betonung der praktischen Erfahrung gegenüber jener der formalen Schulbildung zugenommen hatte. Die Grenzen des Staatsapparats zur Politik waren programmatisch geöffnet, jene zur Wirtschaft vermeintlich wieder geschlossen worden. Systematisiert und zentralisiert wurden, zumindest zeitweilig, die Aus- und Weiterbildungsprogramme des Ressorts. Die (rechts-)wissenschaftliche Vorbildung des höheren Dienstes fiel als Kriterium aber nicht weg.[378] Als einzige wesentliche Maßnahme, die in diese Richtung wies, erging im Frühjahr 1942 die „bis auf weiteres" verfügte Zulassung von Diplomvolkswirten zur Aufnahme in den höheren Dienst. Seither konnten Diplomvolkswirte als Regierungsreferendare einen

[377] Fischbach, Beamtenrechtliche Probleme [I], S. 464; ders., Beamtenrechtliche Probleme [II], S. 675–676; ders., Beamtenrechtliche Probleme [III]; S. 712–715; ders., Beamtenrecht.

[378] Köttgen, Wissenschaftliche Ausbildung.

achtmonatigen Vorbereitungsdienst in der Ausbildungsbehörde absolvieren und anschließend in das Beamtenverhältnis übernommen werden.[379]

Personalmangel und kriegsbedingte Vereinfachung waren aber die eigentlichen Triebkräfte des Wandels: Schon im Sommer 1938 hatte das Reichsfinanzministerium als erstes Ressort die Möglichkeit eingeführt, ältere Beamte und Angestellte über die eigentliche Altersgrenze hinaus weiter zu beschäftigen. Seit August 1939 konnten nichtbeamtete Kräfte grundsätzlich nach dem 65. Lebensjahr weiterarbeiten, ab Oktober 1939 ergingen Anweisungen zur Einstellung von Ruhestandsbeamten. Selbst die über siebzigjährigen Pensionäre wurden nun wieder rekrutiert.[380] Bereits ab März 1939 fiel für die Finanzschüler die Ausbildungszeit beim Landesfinanzamt weg, stattdessen wurde die praktische Erprobung im Finanzamt auf vierzehn Monate ausgedehnt. Im Oktober 1939 wurden die Laufbahnprüfungen für den gehobenen und mittleren Dienst für alle Beamten, die zur Wehrmacht einberufen waren, entsprechend reduziert.[381] Seit 1941 wurde verstärkt auf geeignete Angestellte der Reichsfinanzverwaltung als Mitarbeiter bei der Steuerveranlagung zurückgegriffen; zugleich wurde auch die Zulassung von Beamten des mittleren Dienstes zur Vorbereitung auf den gehobenen Dienst erleichtert. Beamte aller Laufbahnen, denen die Einberufung zur Wehrmacht zugegangen war, durften eine vereinfachte Prüfung ablegen, um ihre Ausbildung vor dem Kriegsdienst zum Abschluss zu bringen.[382] Zeitgleich wurden die beiden Verwaltungszweige Steuer und Zoll durch die Gründung einer gemeinsamen Fachschaft enger zusammengeführt, aus deren etwa 140000 Mitgliedern nun ein „einheitlicher

379 Verordnung zur Änderung der Verordnung über die Ausbildung für den höheren Dienst in der allgemeinen und inneren Verwaltung, 24.4.1942 (RGBl. I, S. 241). Hierzu Caplan, Government, S. 286–287.

380 Beschäftigung von nichtbeamteten Gefolgschaftsmitgliedern über 65 Jahre in der Reichsfinanzverwaltung, 5.8.1939, in: RFBl. 21 (1939), 29, S. 208–209; Einstellung von Ruhestandsbeamten, 28.10.1939, in: ebd. 21 (1939), 38, S. 245; N.N., Mehrleistung mit Verantwortungsfreude. Vgl. auch die Erlasse betr. Aushilfsangestellte, 15.3.1940, in: RFBl. 22 (1940), 17, S. 89–90, sowie 4.7.1940, in: ebd. 22 (1940), 32, S. 186.

381 Handschriftliche Notizen in der Ausgabe des Reichsfinanzblatts von 1936 in der Bayerischen Staatsbibliothek München (Provenienz: Finanzamt Traunstein), S. 53; Vereinfachung der Prüfungen für die Laufbahnen des gehobenen Dienstes (Finanzschülerstand) und des mittleren Dienstes in der Reichsfinanzverwaltung, Abteilungen Steuer und Zoll, 7.10.1939, in: RFBl. 21 (1939), 32, S. 219–220.

382 Bestimmungen über die Zulassung von Beamten des mittleren Dienstes der Dienstzweige Steuer und Zoll zur Vorbereitung auf den gehobenen Dienst, in: RFBl. 23 (1941), 31, S. 228–233; Umfrage des Oberfinanzpräsidenten Berlin betr. Verwendung von Angestellten der Reichsfinanzverwaltung Dienstzweig Steuer als Mitarbeiter, 13.9.1941; Durchführungsanordnung des Reichsfinanzministers betr. Zulassung von Beamten des mittleren Dienstes der Dienstzweige Steuer und Zoll zur Vorbereitung auf den gehobenen Dienst, 9.3.1942 (dort handschriftliche Verweise auf weitere Erlasse), beide Bestand des OFD Berlin, FS Brühl / BFH München; N.N., Vereinfachte Prüfungen.

Typ des Reichsfinanzbeamten“ hervorgehen und Konflikte stillstellen sollte. Im Juni 1942 erging schließlich ein Runderlass, der die Dezentralisierung der Personalverwaltung bestimmte. Seither waren die Oberfinanzpräsidenten selbst für die Einstellung und Beförderung von Beamten zuständig, der Erlass entsprechender Rahmenrichtlinien durch das Ministerium erfolgte nur nach Bedarf.[383]

Gerahmt durch weltanschauliche Appelle an ein so „kämpferisches“ wie „entscheidungsfreudiges“ Beamtentum sollten auch diese Veränderungen den Anschein erwecken, die Reichsfinanzverwaltung werde nicht nur mobilisiert, sondern auch modernisiert. In ähnlicher Weise wurden Versorgungsmaßnahmen für Beamte an der Front – etwa die Weitergewährung von Dienstbezügen oder posthume Beförderungen – nicht als Maßnahmen der Not, sondern als gezielte Förderung von „Nachwuchskräften“ dargestellt. Die Tatsache, dass dabei teilweise mit „allen überkommenen beamtenrechtlichen Grundsätzen“ gebrochen wurde, diente in der Ausgabe der *Steuer-Warte* vom Januar 1943 noch als Beleg für die Neuerungskraft und Handlungsmacht des nationalsozialistischen Regimes.[384] Mit der nächsten Nummer wurde das Blatt allerdings mit Verweis auf die Kriegssituation eingestellt. Zeitgleich wurden das Hauptamt für Beamte und der Reichsbund der Deutschen Beamten auf Anweisung Bormanns aufgelöst; die trotzdem weiterhin fälligen Mitgliedsbeiträge für den Reichsbund waren fortan der Verwaltung durch den Schatzmeister der NSDAP unterstellt. Alles Handeln war nun dem „Gesetz des Krieges“ untergeordnet. Die Beamtenschaft war aufgefordert, Verordnungen nicht mehr nur als Interventionen in „Ausnahmefälle[n]“ anzusehen, sondern von den damit gebotenen Möglichkeiten „weitestgehend Gebrauch [zu] machen“. Vorbild dafür war der im „Schicksalskampf“ stehende Berufskamerad an der Front, der sich aufgrund dieser Erfahrung gänzlich „von den verbrauchten Formen einer überlebten formalen Betrachtungsweise freigemacht“ habe.[385]

Die seit 1933 vorgegebene neue Ordnung wurde also mit dem Kriegsbeginn von 1939 wiederum teilweise für suspendiert erklärt und damit dynamisiert. So schrieb die *Steuer-Warte*: „Jede Verwaltung ist, als Pflege des Vorhandenen, auf Verhältnisse eingestellt, die wir als ‚normale‘ bezeichnen. Treten ungewöhnliche Umstände ein, wie der uns jetzt aufgezwungene Kampf sie mit sich bringt, so müssen deshalb die Gelenke des Verwaltungsorganismus teils gelockert, teils straffer angezogen werden, um den neu herantretenden Erfordernissen zu genügen.“[386] Neuerlich spielte das Außerordentliche der Herausforderung eine Rol-

383 N.N., Gründung; Müller, Anstellungen.

384 N.N., Kämpferisches Beamtentum; N.N., Beamte als Kämpfer; N.N., Beamteneinsatz; N.N., Entscheidungsfreudiges Beamtentum; Brüggemann, Nachwuchs.

385 Neef, Parteigenossen; Bornmann, Gesetz.

386 N.N., Mobilisierung.

le, um Veränderungen zu legitimieren und gesetzliche Grenzen möglichst weit auszudehnen oder zu überschreiten. Gerade in der Haushaltsabteilung besaß das Ressort reichliche Erfahrungen mit dieser Suspension „normaler“ Verfahren, wenngleich nicht in einem offenen Kriegs-, sondern in einem temporären Ausnahmezustand. Insofern verfügte die dort über die Zäsur von 1933 hinweg arbeitende Beamtenschaft über Orientierungswissen, das die Bewältigung der „ungewöhnlichen Umstände“ erleichterte, von denen die *Steuer-Warte* sprach. Und doch sollte die Machtposition, die das Ressorts auf dem Terrain der Reichshaushaltsplanung eigentlich besaß, gerade im Zuge der Mobilisierung für den Krieg stark angefochten werden.

III.3 Budgetäre Mobilisierung: Haushaltsdiktatur und Kriegszustände 1930 bis 1938/39

Ende des Jahres 1931 hatte Reichsfinanzminister Dietrich in einer Rundfunkansprache den „Kriegszustand" ausgerufen – allerdings den ökonomischen. Die in normalen Zeiten geltenden Grundsätze seien aufgrund der außerordentlichen Lage aufgehoben, selbst Eingriffe in das geltende Recht daher möglich, so die Worte des Ministers. Auf diese Weise rechtfertigte Dietrich die Maßnahmen der „Vierten Verordnung des Reichspräsidenten zur Sicherung von Wirtschaft und Finanzen und zum Schutze des inneren Friedens", die 8. Dezember 1931 ergangen war.[387] Schon die Verabschiedung der zweiten dieser großen Notverordnungen im Juni 1931 hatte die Reichsregierung mit einem öffentlichen Appell verbunden, in dem sie auf den weltweiten Kampf um Märkte und Kapital verwies, der umfassende Opferbereitschaft von den Deutschen fordere. Zu diesen „Opfern" zählten aber auch die politische Aushandlung von Finanzfragen und die parlamentarische Debatte. Solche langwierigen Verfahren wollte Reichskanzler Brüning durch den „Willen des gesamten Volkes" ersetzen, der von der Reichsregierung entschlossen in die Tat umgesetzt werde.[388]

Angesichts der fortgesetzen Notstandsmaßnahmen wurden aber Vorwürfe lauter, die Regierung hebele den Rechtsstaat aus, nicht zuletzt zuungunsten ihrer eigenen Beamtenschaft. Der dauernde Verweis auf Staatsnotwendigkeiten, die im Moment der Not nicht hinterfragt werden dürften, wurde als politische Rhetorik aufgefasst und zurückgewiesen. So argumentierte die *Deutsche Zeitung* im September 1931, die Reichsregierung und insbesondere der Reichsfinanzminister Dietrich verwechselten „den Staat, wie das heutzutage so oft geschieht, mit den gegenwärtig in ihm herrschenden Mächten".[389] Nationalsozialistische Blät-

[387] „Wirtschaftlicher Kriegszustand erster Ordnung". Dr. Dietrich im Rundfunk, in: Berliner Lokal-Anzeiger, 10.12.1931, BArch R8034 III/95, Bl. 29, dort auch weitere Berichte. Die wichtigsten Notverordnungen ergingen am 26.7.1930 (RGBl. I, S. 311), am 1.12.1930 (ebd., S. 517), am 5.6.1931 (ebd., S. 279), am 6.10.1931 (ebd., S. 537) und am 8.12.1931 (ebd., S. 699). Zu diesen großen Notverordnungen traten in dieser Phase noch zahlreiche weitere, in ihrem Umfang begrenztere Verordnungen des Reichspräsidenten, vgl. Blomeyer, Notstand, S. 181–182.

[388] Aufruf der Reichsregierung, 5.6.1931, zu RT-Drucksache Nr. 1061, BArch R2/21895.

[389] Aufzeichnung des Ministerialrats Feßler über Grundgedanken der wirtschaftlichen Maßnahmen in der Notverordnung vom 8.12.1931, 16.12.1931, AdR, Kabinette Brüning I/II, Bd. 3, Dok. Nr. 606, dort auch Anm. 1; sowie Rechtsstaat?, in: Berliner Börsen Zeitung 23.12.1931, BArch R8034 III/95; Dietrich schweigt mit vielen Worten, in: Deutsche Zeitung, 3.9.1931, BArch R8034 III/95, Bl. 35 RS.

https://doi.org/10.1515/9783110712261-012

ter kritisierten die Zwangsmaßnahmen der Regierung Heinrich Brünings einerseits als Bankrotterklärung des „liberalistischen Wirtschaftssystems", begrüßten aber andererseits die Machtübernahme des Staates im Bereich der Ökonomie, die auf der Linie nationalsozialistischer Wirtschaftsprogramme lag (die solchen Dirigismus allerdings grundsätzlich und nicht nur als Notlösung vorsahen).[390]

In der Weltwirtschaftskrise brachen viele der Konflikte, die in der Frühphase der Republik auf der Tagesordnung gestanden hatten, in verschärfter Form wieder auf. Die versuchte Normalisierung von Ausnahmepraktiken, die 1928 zu den kurzzeitigen Initiativen geführt hatte, alle bestehenden Notverordnungen aufzuheben und durch ordentliche Gesetze zu ersetzen (was auch am Widerstand des Finanzressorts, damals vertreten durch Popitz, gescheitert war), gelangte an ihr Ende. Stattdessen experimentierte die Reichsregierung neuerlich mit der Ausdehnung des Notstands, nun aber im zunehmenden Konflikt und nicht mehr im Konsens mit der Volksvertretung.[391] 1932 dokumentierte das Reichsgesetzblatt schließlich nur noch fünf Gesetze gegenüber 59 teilweise umfangreichen Notverordnungen, während selbst in der Hochphase der Notstandspolitik im Jahr 1923 den 42 im Reichsgesetzblatt aufgeführten Notverordnungen noch 194 formelle Gesetze gegenübergestanden hatten. Zugleich wurde die parlamentarische Praxis eingeschränkt und verändert; vor allem das Reichstagsplenum verlor seine Funktion als beständiger Kommunikationsraum. Hatte der Reichstag im Jahr 1930 noch 94 Sitzungstage gehabt, so waren es im folgenden Jahr nur 41 und im Jahr 1932 nur 13 Sitzungstage. Auch die Einberufungen der Ausschüsse wurden seltener, bis ab 1933 der Reichstag ohnehin nur noch eine Fassade war.[392] Nach dem Auszug der radikalen Opposition (KPD, NSDAP und DNVP) aus dem Reichstag am 9. Februar 1931 – als Ergebnis einer budgetpolitisch motivierten Reform der Geschäftsordnung – sollte die Volksvertretung schließlich nur noch aus einem Rumpfparlament bestehen.

390 Zweimal Dietrich. Zwei Rundfunkreden, in: [Nat. Soz.], Weimar, 18.7.1931, BArch R8034 III/95, Bl. 37. Hierzu Bähr, Recht, S. 455.

391 Zu den Vorstößen des Reichsinnenministeriums zur Aufhebung aller Verordnungen aufgrund von Artikel 48 der Reichsverfassung die Korrespondenzen in BArch R43 I/1870, Bl. 76–78; sowie die Kabinettssitzung vom 10.8.1928 betr. Aufhebung der Verordnung betr. Stillegung von Betrieben, AdR, Kabinett Müller II, Bd. 1, Dok. Nr. 14. Hierzu und zum Folgenden Blomeyer, Notstand, S. 181 und 183.

392 Poetzsch-Heffter, Staatsleben (1933/34), S. 101 und 127, mit jeweils leicht abweichenden Angaben; ders., Staatsleben (1925), S. 145–146 und 216; sowie Witt, Kontinuität, S. 125. Ab 1933 reduzierte sich die Zahl der Plenarsitzungen des Reichstags dann von zunächst noch fünf auf durchschnittlich ein bis zwei Sitzungen pro Jahr. Zur Exekutivermächtigung in der Weimarer Republik und dem damit verbundenen Rückgang formeller Gesetzesbeschlüsse auch Möllers, Gesetz, S. 417–418; sowie Staedler, Versuche.

Haushaltsnotstand 1930

Für das Jahr 1930 wurde die Haushaltsführung des Rechnungsjahres zunächst interimistisch geregelt, wie schon in früheren Jahren. Erstmals wurde diese Regelung aber als „Nothaushaltsgesetz" bezeichnet. Zwei Tage zuvor war die Große Koalition zerbrochen und die Regierung des sozialdemokratischen Reichskanzlers Hermann Müller zurückgetreten. Die Forderung einiger Minister bei der letzten Kabinettssitzung, die „Notgemeinschaft" der Regierungsparteien nicht im Hinterzimmer aufzugeben und für das Finanzprogramm lieber „in offener Feldschlacht" mit dem Reichstag zu fallen, hatte nicht mehr getragen. Der erst im Dezember 1929 angetretene Reichsfinanzminister Paul Moldenhauer (DVP) nutzte seine kurze Amtszeit, um in diesem entscheidenden Moment der bestehenden Reichsregierung die nötige Machtbasis abzusprechen.[393] An Müllers Stelle erhielt der Fraktionsvorsitzende des Zentrums, Heinrich Brüning, vom Reichspräsidenten den Auftrag zur Regierungsbildung. Diese Entscheidung bildete den Auftakt für die Phase der Präsidialkabinette, wenngleich es auch zuvor schon Regierungen ohne ausdrückliche Koalitionsbindung gegeben hatte (darunter die Regierung Luther von 1925 bis 1926) und Hindenburg bereits im Januar 1927 erstmals in die Regierungsbildung eingegriffen hatte.[394]

Anders als frühere Kanzler ließ Brüning sich – seinen umstrittenen Memoiren zufolge – schon beim Amtsantritt vom Reichspräsidenten die Vollmachten des Artikels 48 für den Notfall zusichern. Eine solch autoritäre Lösung der Verteilungskonflikte kam der verbreiteten Stimmung in der Öffentlichkeit und insbesondere unter Wirtschaftsverbänden entgegen. Nachdem auch der Bericht des Generalagenten für die Reparationszahlungen im Mai 1930 neuerlich Kritik an der deutschen Etatpolitik geübt hatte, mehrten sich die Stimmen, die für ein „unabhängiges Finanzdirektorium" oder andere diktatorische Lösungen plädierten.[395] Denkschriften des Hansa-Bundes und des Deutschen Industrie- und Handelstages ventilierten Vorschläge für die Haushaltssanierung. Gefordert wurde die Stärkung der Exekutive, unter anderem durch einen Zustimmungsvorbehalt des Reichsfinanzministers bei allen Ausgabeninitiativen des Reichstags.[396] Kritisch vermerkt wurde aber auch, dass die Regierung

393 Nothaushaltsgesetz für das Rechnungsjahr 1930, 29.3.1930 (RGBl. II, S. 670); Ministerbesprechung vom 27.3.1930 betr. Politische Lage, AdR, Kabinett Müller II, Bd. 2, Dok. Nr 489.

394 Reichspräsident an den Reichskanzler, 20.1.1027, AdR, Kabinett Marx III/IV, Bd. 1, Dok. Nr. 173.

395 Maurer, Reichsfinanzen, S. 137–144; Brüning, Memoiren, S. 161; zum problematischen Quellenwert der Erinnerungen Brünings Rödder, Dichtung; Zitat Paul Silverberg nach Schulz, Demokratie, Bd. 3, S. 106; Bericht des Generalagenten (1930).

396 Fraktionsführerbesprechung vom 8.7.1930, AdR, Kabinette Brüning I/II, Bd. 1, Dok. Nr. 67; sowie die vorgeschlagenen Leitsätze und weitere Interventionen in BArch

Brüning sich ausschließlich auf die Kassensanierung konzentriere und keine konjunkturell ausgerichtete Finanzreform anstrebe, was nach Meinung vieler Industrievertreter vor allem durch die Abkopplung der Arbeitslosenversicherung vom Reichshaushalt erreicht werden sollte.[397]

Als Alternative zu Brüning tauchte in diesen Diskussionen häufiger der Name Luthers auf, eingebracht von der DNVP und den bürgerlichen Demokraten, denn Luther hatte sich in den frühen 1920er-Jahren, wie gesehen, als erfolgreicher Krisenmanager auf dem Notverordnungswege profiliert. Dies setzte Brüning unter Druck. Hatte sein Vorgänger Müller im Januar 1930 noch darauf gedrängt, den Haushalt unbedingt „rechtzeitig" (also bis zum 31. März) und „parlamentarisch zu erledigen", so setzte der neue Reichskanzler daher früh auf andere Wege.[398] Da in diesem Fall aber ein Misstrauensvotum des Reichstags drohte, eruierte der Regierungsapparat in den folgenden Wochen, inwiefern der Artikel 48 auch nach einer möglichen Auflösung des Reichstags anwendbar war, um das Sanierungsprogramm durchzusetzen. Zu diesem Zweck lieferten Reichsinnen-, Reichsjustiz- und Reichsfinanzministerium dem Kabinett verfassungsrechtliche Expertisen. Das Finanzressort wurde in dieser Angelegenheit vertreten durch Dorn. Aus politischen, nicht aus juristischen Gründen plädierte dieser – anders als die übrigen Stellungnahmen – für die Auflösung des Reichstags noch *vor* der Beschlussfassung über Notverordnungen und Misstrauensvotum, um nicht gegen eine explizite Willensbekundung des Reichstags agieren zu müssen. Zu diesem Zweck könne die Regierung aufgrund ihrer verfassungsmäßigen Rechte auch jederzeit die laufenden Verhandlungen des Reichstagsplenums unterbrechen.[399]

Auf der Grundlage dieser Gutachten einigte sich die Reichsführung zunächst darauf, dass ein Umgehen des Reichstags rechtens, eine scharfe Konfliktstellung zwischen Regierung und Parlament jedoch möglichst zu vermeiden sei. Dass eine ausreichende Bedrohung der öffentlichen Sicherheit und Ordnung durch ökonomische Probleme und politische Radikalisierung vorlag, schien unstrittig. Diskutiert wurden allein die taktische Abfolge der erforderlichen Schritte sowie die Reichweiten, welche die per Notverordnung durchgesetzten Maßnahmen in der Steuer- und Agrarpolitik sowie der Osthilfe erhalten sollten. Neben

R2/21889 und R2/21891; sowie das Rundschreiben des Deutschen Industrie- und Handelstages betr. „übersteigerte öffentliche Lasten", 19.8.1931, BArch R11/312, Bl. 90–91

397 Schreiben Ludwig Kastl an Paul Silverberg, 2.7.1930, zit. nach Schulz, Demokratie, Bd. 3, S. 106–107, dort auch zum Folgenden.

398 Zur Haltung Müllers das Schreiben des Staatssekretärs in der Reichskanzlei an die Herren Reichsminister, den Reichssparkommissar und den Reichspressechef, 2.1.1930, BArch R43 I/880, Bl. 220.

399 Gutachten des Ministerialdirektors Dorn zur Frage der Anwendung des Artikels 48 der Reichsverfassung und der Auflösung des Reichstags, o. D. [April 1930], AdR, Kabinette Brüning I/II, Bd. 1, Dok. Nr. 6.

den Notverordnungen wurde in diesen Wochen auch ein mögliches Ermächtigungsgesetz zur Sanierung der Reichsfinanzen – ohne festgelegte Einzelbestimmungen – diskutiert. Dieses wurde in den parlamentarischen Gremien vom Zentrum und der SPD sowie von der preußischen Regierung unterstützt, kam aber trotz einiger Vorabsprachen nicht zustande.[400]

Eine wichtige Rolle spielte in diesen Debatten das sogenannte Notopfer, die Gehaltskürzung für festbesoldete Staatsdiener, zumal auch Schäffer annahm, dass „auf dem Gebiet der Beschränkung der Beamten [...] Maßnahmen zur Zeit populär" seien. Diese Maßnahme erschien aber auch deshalb notwendig, weil Streichungen an anderer bedeutsamer Stelle, vor allem im Wehretat, nicht durchsetzbar waren, obwohl das Finanzressort dies offenbar durchaus versuchte. Seit 1928 waren die finanziellen Ansprüche der Reichswehrführung beständig gewachsen, und der Reichswehrminister Wilhelm Groener hatte mit präsidialer Unterstützung Druck auf das Reichsfinanzministerium ausgeübt, wo er „die nötige Vorliebe für das Militär" vermisste.[401] Ob sich daher mit der Notverordnungspolitik ab 1930 ein Bruch abzeichnete, der auf die Durchsetzung eines bellizistischen Gesellschaftsentwurfs abzielte, ist zumindest vom Reichsfinanzministerium aus gesehen fraglich. Dass sich Schäffer durchaus skeptisch zur Budgetdiktatur des Militärs äußerte, ist bereits erwähnt worden; zudem trugen viele der Krisenmaßnahmen unter Brüning eher den Charakter der kurzfristigen Reaktion, als dass sie planmäßige Schritte zur Durchsetzung eines reaktionären Programms waren. Nimmt man die Stimmen kritischer Beobachter innerhalb wie außerhalb der Exekutive hinzu, war der Verzicht auf Kürzungen im Wehretat jedenfalls unter den Verwaltungseliten sowie in anderen einflussreichen Kreisen im Reich nicht durchweg konsensual, sondern durchaus umstritten.[402] Auch der Minister Dietrich agierte widersprüchlich, mal in Zusammenarbeit und mal im Konflikt mit seiner eigenen Behörde.[403]

Offenbar ohne Wissen des Finanzressorts hatte Groener zum Haushaltsjahr 1930 von Brüning für das Reichswehrministerium die Zusage erhalten, dass ihm „vollkommen freie Hand gelassen würde, in welcher Weise es die

[400] Ministerbesprechung vom 3.4.1930 betr. politische Lage; sowie die anliegende Aufzeichnung über die Anwendung des Artikels 48 der Reichsverfassung, o. D., AdR, Kabinette Brüning I/II, Bd. 1, Dok. Nr. 5 und 6; Schulz, Demokratie, Bd. 3, S. 104.

[401] Schulz, Demokratie, Bd. 3, S. 92–93, 99–100 und 103, dort (S. 93) das Zitat Schäffers. Zu den Konflikten um den Wehretat seit 1928 vgl. Hürter, Groener, S. 150–162, Zitat S. 160; Oshima, Bedeutung, S. 203–215.

[402] Zur Stellung des Reichswehrministeriums in der Weimarer Demokratie Schmädeke, Kommandogewalt; den „Wehrkonsens" zwischen zivilen und militärischen Stellen betont für die Zeit bis 1932 hingegen Bergien, Republik, hier S. 169–176 und 355–357.

[403] Zur aktiven Rolle des Ministers (dort fälschlich: Robert Dietrich) und der Zollverwaltung bei der Militarisierung und Mobilmachung der Weimarer Gesellschaft ab 1931 Bergien, Republik, S. 360–363.

Ersparnisse durchführt, und daß der Reichswehr die in diesem Etatjahr ersparte Summe im nächsten Etat wieder erstattet würde."[404] Diese Haltung hatte Groener auch im Vorjahr eingenommen, als er gegenüber dem Reichsfinanzministerium, im Reichstag und in der Öffentlichkeit darauf beharrt hatte, dass Einsparungen „nur einmaliger Natur" sein dürften und spätere Haushalte diese wieder ausgleichen müssten. Brüning, zu diesem Zeitpunkt noch Reichstagsabgeordneter, hatte dieses Vorgehen unterstützt. Zeitgleich hatte das Reichswehrministerium mit Verweis auf die „Vereinfachung" eigenmächtig Vorgaben der Haushalts- und Besoldungsordnung unterlaufen. Noch im Januar 1930 war es den Referenten des Reichsfinanzministeriums nicht einmal gelungen, „mit den Referenten des Reichswehrministeriums zu einer Einigung oder auch nur sachlichen Verhandlungen darüber zu gelangen", an welchen Stellen Abstriche im Haushalt 1930 vorgenommen werden sollten. Kurz darauf beschloss das Kabinett, dass der Reichswehrminister „von den im Reichshaushaltsplan bewilligten Ausgabetiteln Beträge für andere als die in der Zweckbestimmung angegebenen Vorhaben" verwenden konnte, sofern er darüber einen besonderen Nachweis führte. Im Sommer 1930 legte Groener, in seiner Linie unterstützt durch Reichspräsident Hindenburg, schließlich selbstständig eine Globalsumme für Einsparungen bis zum Jahresende fest und lehnte jede Verhandlung über Einzelposten ab.[405] Dem Reichsfinanzministerium blieb damit nur die wenig beeindruckende Ankündigung, man werde mit dem Wehrressort in Verbindung treten, „sofern etwa im Einzelfalle vom Standpunkte des Finanzressorts Bedenken gegen die Auswahl der Titel für die Einsparungen zu erheben sein sollten".[406]

Auch jenseits des Wehretats signalisierte die Reichsführung, dass sie nur begrenzt Verhandlungen über ihr Sanierungsprogramm zulassen würde.

[404] Generalmajor von Schleicher an den Reichsminister der Finanzen, 10.7.1930, AdR, Kabinette Brüning I/II, Bd. 1, Dok. Nr. 72.

[405] Persönliches Schreiben des Reichswehrministers an den Reichsfinanzminister, 13.11.1929, BArch R43 I/880; Niederschrift über eine Chefbesprechung betr. Wehretat am 29.9.1930, BArch R43 I/881, Bl. 227; Vermerke des Staatssekretärs Pünder vom 16.11.1929, 23.11.1929, 15.2.1930 und 18.2.1930, BArch R43 I/880, Bl. 84–90, 285 und 325. Zur eigenmächtigen Haushaltsgestaltung vgl. das Schreiben des Reichsfinanzministeriums an die Obersten Reichsbehörden betr. Übereinstimmung der Stellenpläne des Reichshaushalts mit der Besoldungsordnung, 26.11.1929, ebd., Bl. 101; sowie den Kabinettsbeschluss vom 20.2.1930, zit. nach Oshima, Bedeutung, S. 206; zu den scheiternden Verhandlungsversuchen vgl. das Schreiben des Reichsfinanzministers an den Reichswehrminister, 9.1.1930; sowie dessen Antwort vom 14.1.1930, beide BArch R43 I/880, Bl. 226 und 239. Gegen die Pauschalbewilligung beim Wehretat protestierte auch der Reichssparkommissar, vgl. Saemisch an Moldenhauer, 3.6.1930, BArch R2/21852; sowie die von Schäffer gezeichnete Antwort vom 28.7.1930, ebd.

[406] Generalmajor von Schleicher an den Reichsminister der Finanzen, 10.7.1930, AdR, Kabinette Brüning I/II, Bd. 1, Dok. Nr. 72.

Gegenüber den Reichstagsfraktionen erklärte der Reichskanzler, dass „grundsätzliche Änderungen" an seinem Programm nicht infrage kämen – aller informellen Vorgespräche zum Trotz. Zudem seien die von der Regierung vorgelegten Deckungsvorlagen nur ein „Vorspiel" für die geplante „große Aufräumungsarbeit" in den Finanzen von Reich, Ländern und Gemeinden, welche das Kabinett nach erfolgtem Haushaltsausgleich sofort in Angriff nehmen werde.[407] Während Staatssekretär Schäffer in seinen internen Ausarbeitungen einen eher kleinschrittigen Maßnahmenkatalog vorschlug, sprach Brüning öffentlich von einem weitsichtigen „Fünfjahresprogramm" der Regierung.[408] Auch gegenüber seinen Ministern betonte Brüning im Juli 1930, also kurz vor der entscheidenden Reichstagssitzung, dass „das gegenwärtige Reichskabinett nicht gebildet sei, um unter allen Umständen nur die normale politische Entwicklung durchzumachen, daß es vielmehr die Aufgabe übernommen habe, mit allen legalen Mitteln die als notwendig erkannten Maßnahmen durchzusetzen."[409]

Weitere Aushandlungsprozesse nach einem Scheitern der vorgesehenen Bestimmungen im Parlament sollten daher unterbunden werden. Als das vorgesehene „Notopfer" am 11. Juli 1930 im Steuerausschuss des Reichstags abgelehnt wurde, erklärte daher der Reichsfinanzminister prompt, man sei an einer zweiten Lesung der Vorlage nicht mehr interessiert. Zudem erbat die Reichsregierung bei diesem Anlass, mit Verweis auf ihre „Notlage", die Ermächtigung durch das Parlament, weitere Abstriche in Höhe von 100 Millionen RM im Haushalt 1930 global, also ohne Deklarierung der Einzelposten, vornehmen zu dürfen. Ein kurz darauf entworfener Schnellbrief des Reichsfinanzministeriums, das unmittelbar mit entsprechenden Ressortgesprächen beginnen wollte, brachte aber Brüning auf den Plan, der zunächst um dilatorische Behandlung der Kürzungen bat.[410]

Die wachsenden Vorbehalte gegenüber der (parlaments-)öffentlichen Aushandlung von Konflikten bedingten einen Bedeutungszuwachs der Reichstagsausschüsse, die – insbesondere im Bereich der Haushaltspolitik – eine wichtige Rolle als funktionale Koalitionäre der Regierung übernahmen, aber auch als Testgebiete für die Grenzen parlamentarischer Kompromissbereitschaft. So hielt der Finanzwissenschaftler Bruno Rilinger 1933 fest: „In

[407] Fraktionsführerbesprechung vom 4.7.1930 betr. Deckungsvorlagen, ebd., Dok. Nr. 63.

[408] Schulz, Demokratie, Bd. 3, S. 93 und 97.

[409] Ministerbesprechung vom 9.7.1930 betr. Deckungsvorlagen und politische Lage, AdR, Kabinette Brüning I/II, Bd. 1, Dok. Nr. 71.

[410] Hierzu die Ausführungen des Generalberichterstatters für den Reichshaushalt Ministerialdirektor Dr. Brecht zur zweiten Ergänzung des Haushalts für 1930 in der Vollsitzung des Reichsrats am 3.7.1930, S. 1–2, BArch R43 I/881, Bl. 205; Abschrift eines Schreibens des Staatssekretärs in der Reichskanzlei an den Reichsfinanzminister, 11.7.1930, ebd., Bl. 209.

demselben Maße, wie Oeffentlichkeit und freie Diskussion als Wesensmerkmale des Parlaments entfallen, verschiebt sich das Schwergewicht parlamentarischer Willensbildung in die Ausschüsse: die alte liberale Vorstellung vom Parlament als dem Ort, wo Bildung und Besitz zu freier Diskussion sich treffen, ist zur ehrenvollen Fiktion abgeschwächt."[411] Diese Entwicklung kam der Exekutive zugute, zumal auf diesem Wege informelle Kontakte – etwa Beziehungen des Abteilungsleiters Schwerin von Krosigk zu Abgeordneten der DNVP – aktiviert werden konnten, um die Haushaltsgesetzgebung zu beeinflussen.[412] Schrankenlose Macht bedeutete dies für die Bürokratie gleichwohl nicht, allenfalls die Erweiterung von Machträumen. Diese Räume waren zum Teil schon in den 1920er-Jahren aufgebaut worden – etwa durch vertrauliche Besprechungen außerhalb der eigentlichen Tagungszeit, die vorzeitige Überweisung von Etatvorlagen an den Haushaltsausschuss oder die Erteilung von Ermächtigungen bei fehlender oder vorläufiger Gesetzeslage.[413] In Kombination mit der politischen Polarisierung besaßen solche Praktiken nunmehr aber eine ganz andere Sprengkraft. Von demokratischen Kritikern wie Ernst Fraenkel wurde die Vermeidung öffentlicher Diskussionen als Ausdruck eines Absolutismus der Bürokratie gewertet, der „die Staatsmaschine vor äußeren Erschütterungen zu bewahren" behaupte, damit aber eine „innere Aushöhlung der demokratischen Staatsverfassung" riskiere. Weil gleichzeitig von kommunistischen wie nationalsozialistischen Kräften der Weimarer Rechtsstaat „als Requisit des Liberalismus" verhöhnt werde, breche das politische Fundament weg, das solche Praktiken in früheren Jahren noch getragen habe. Als Folge werde auch unter jenen Klassen und Kreisen, welche die Weimarer Verfassung bisher gestützt hätten, deren innerer Wert nicht mehr verteidigt, vielmehr deren Zerstörung zunehmend gleichgültig hingenommen.[414]

Solche Entleerungen verfassungsmäßiger Vorgaben zeigten sich auch in der weiteren Haushaltspolitik. Schon am Folgetag der Ablehnung der Reichshilfe im Steuerausschuss legte die Reichskanzlei dem Justiz- und dem Innenministerium die Frage der Anwendbarkeit des Artikels 48 neuerlich vor. Nun behalfen sich die Staatssekretäre Curt Joël und Erich Zweigert mit der Argumentation, dass bei einer Ablehnung des Sanierungsprogramms durch den Reichstag aus formellen Gründen (hier: wegen der Kopplung mit der sogenannten Bürgerabgabe) der materielle Gehalt der Regierungsvorlage nicht betroffen wäre – eine Notverordnung daher keinen Verstoß gegen den Willen des Parlaments

411 Rilinger, Ausschuß, S. 7.

412 Vertrauliches Schreiben des DNVP-Abgeordneten Otto Schmidt (Stettin) an Schwerin von Krosigk, 8.6.1930, betr. Inhalte des Etats und des Ausgabensenkungsgesetzes 1930, BArch R2/21891.

413 88. Sitzung des Ausschusses für den Reichshaushalt, 19.11.1925, S. 1–2; Rilinger, Ausschuß, S. 18 und 20–22; 263. RT-Sitzung, 20.1.1928, Sten. Ber., S. 12247 C.

414 Fraenkel, Krise, S. 338–339.

darstellen würde.[415] Diese kreative Ausdeutung verfassungsrechtlicher Vorgaben war im Sommer 1930 das Gebot der Stunde. Regierungsintern blieb der Weg über die Notverordnung, vor allem nach bereits erfolgter Ablehnung im Reichstag, zwar nicht unumstritten, doch setzte sich die Linie Brünings letztlich durch. Daran konnte auch ein offenes Telegramm Hans Luthers, in seiner Funktion als Reichsbankpräsident, nichts mehr ändern, der mit Blick auf US-amerikanische Kreditgeber Bedenken gegen die Anwendung des Artikel 48 zum Ausdruck brachte: Eine „Finanzdiktatur“ Brünings werde die Kreditwürdigkeit des Deutschen Reiches im Ausland mindern. Die Situation sei auch nicht zu vergleichen mit dem Jahresende 1923, als er selbst als Finanzminister Steuernotverordnungen auf diesem Weg durchgesetzt hatte. Im Kabinett erklärten daraufhin sowohl Brüning als auch Reichsfinanzminister Dietrich und Wirtschaftsstaatssekretär Trendelenburg, dass diese Stellungnahme nicht der ihnen persönlich bekannten Meinung Luthers entspreche (also gewissermaßen ein durch die Auslandsöffentlichkeit und die BIZ erzwungenes offizielles Statement der Reichsbank darstellte). Zudem hatten „sämtliche leitenden Beamten des Reichsfinanzministeriums“ dem Reichskanzler schon im Vorfeld versichert, „daß auch nach ihrer Überzeugung der Weg der Notverordnung der richtige sei“. Auf dieser Basis kam das Kabinett zu einer Einigung. Man verständigte sich darauf, mögliche Bedenken angesichts der „Staatsnotwendigkeiten“ zurückzustellen und „gegebenenfalls nach außen hin nur die Meinung der Mehrheit des Reichskabinetts zu vertreten“. Zudem sollte auf den Beratungsgang im Reichstag dahingehend Einfluss genommen werden, dass entgegen der üblichen Vorgehensweise über jede selbstständige Bestimmung einzeln beraten und abgestimmt wurde. Davon erhoffte man sich frühzeitige Klarheit über die Stimmung im Parlament. Sobald der Reichstag einen der materiellen Artikel der Regierungsvorlage ablehnte, sollte dem Reichstag die Notverordnung vorgelegt und seine Auflösung bestimmt werden, sofern er die Notverordnung ablehnte. Die Reichshilfe, also das „Notopfer“ der Festbesoldeten, wurde damit zum Lackmustest erklärt.[416]

Nachdem dieser Teil der Deckungsvorlage (Artikel 2) am 16. Juli 1930 – aus sehr unterschiedlichen Motiven – von KPD, SPD, NSDAP und der Mehr-

[415] Vermerk des Staatssekretärs Pünder über die Anwendung des Artikels 48 der Reichsverfassung, 12.7.1930, AdR, Kabinette Brüning I/II, Bd. 1, Dok. Nr. 75.

[416] Ministerbesprechung vom 14.7.1930 betr. Deckungsvorlagen und politische Lage, AdR, Kabinette Brüning I/II, Bd. 1, Dok. Nr. 77. Zu den fortbestehenden Bedenken auch die Ministerbesprechung vom 15.7.1930 betr. politische Lage, ebd., Dok. Nr. 79. Zur Kritik des Reichsrats an den „ungewöhnlich[en] und haushaltspolitisch bedenklich[en]“ Ermächtigungsbestrebungen der Reichsregierung vgl. die Ausführungen des Generalberichterstatters für den Reichshaushalt Ministerialdirektor Dr. Brecht zur zweiten Ergänzung des Haushalts für 1930 in der Vollsitzung des Reichsrats am 3.7.1930, 4.7.1930, BArch R2/21891.

heit der DNVP im Reichstag abgelehnt worden war, unterbrach Brüning dann tatsächlich die Plenardebatte und erließ eine Notverordnung nach Artikel 48. Am Vortag hatte die Stimmenthaltung der SPD beim Artikel 1, der die Leitgedanken des Gesetzes enthielt, noch die parlamentarische Mehrheit gesichert und weitere informelle Verhandlungen ermöglicht – ein Schritt, den die Regierung in der Öffentlichkeit als Zustimmung des Reichstags zu den Grundsätzen des Deckungsprogramms darstellte. Bei der folgenden Sitzung hatten die Sozialdemokraten dann aber, wie von Joël und Zweigert erwartet, die weiteren Bestimmungen der Deckungsvorlage abgelehnt. Auf Antrag der SPD wurde auch die Notverordnung vom Parlament zurückgewiesen und dies mit einem Misstrauensvotum gegen die Regierung verbunden. Daraufhin löste der Reichspräsident den Reichstag am 18. Juli 1930 auf.[417] Anschließend machte sich die Regierung an die Ausarbeitung einer neuen Notverordnung, die gegenüber der ursprünglichen Vorlage um weitere einschneidende Maßnahmen ergänzt wurde. Für die politische Linke war damit der Beweis erbracht, dass die Reichsführung im Verbund mit dem RDI und rechten Kräften, abgesichert durch die politische Naivität der Sozialdemokratie, den Parlamentarismus abschaffe und gezielt die „faschistische Diktatur" vorbereite.[418]

Aus Sicht des Reichsfinanzministers sollte dieses Vorgehen hingegen „Wahlbeeinflussung im Sinne einer starken Regierungspolitik" sein, also die Leistungsfähigkeit der bestehenden Regierung demonstrieren und so die öffentliche Stimmung mit Blick auf die Neuwahlen positiv beeinflussen. Diesem technokratischen Staatsbild entsprach die Anrufung des demokratischen Souveräns als potenziell homogener Erscheinung: Wiederholt betonte Dietrich im Reichstag und in der Öffentlichkeit, dass die Deutschen mit der Entscheidung über die Notverordnungen vor der grundsätzlichen Wahl zwischen „Interessentenhaufen oder Staatsvolk", also: zwischen unverantwortlichem Egoismus und pflichtbewusstem Gemeinsinn stünden.[419] Gegen gewisse Zweifel des Reichskanzlers setzte der Reichsfinanzminister daher auch durch, dass nicht bloß die zuvor beabsichtigten Maßnahmen für den Haushaltausgleich in die Notverordnung aufgenommen wurden, sondern auch ein vorläufiges

[417] Mit Verweisen auf Presseberichte Ernst Torgler (KPD) bei der 201. RT-Sitzung, 16.7.1930, Sten. Ber., S. 6396; hierzu auch Abstimmungsergebnis ebd., S. 6407; Verordnung des Reichspräsidenten auf Grund des Artikel 48 der Reichsverfassung über Deckungsmaßnahmen für den Reichshaushalt 1930, 16.7.1930 (RGBl. I, S. 207); Verordnung des Reichspräsidenten auf Grund des Artikel 48 der Reichsverfassung über Außerkraftsetzung von Verordnungen, 18.7.1930 (ebd., S. 223). Für die Vorgänge im Einzelnen Bracher, Auflösung, S. 335–340.

[418] Adolf Ende (KPD), 201. RT-Sitzung, 16.7.1930, Sten. Ber., S. 6404.

[419] Ministerbesprechung vom 24.7.1930 betr. Notverordnungen, AdR, Kabinette Brüning I/II, Dok. Nr. 86; zu den öffentlichen Stellungnahmen Dietrichs die Presseberichterstattung in BArch R8034 III/95, Bl. 64–65.

Haushaltsgesetz inklusive eines Haushaltsplans für 1930 (die dann nie durch ein ordentliches Gesetz abgelöst werden sollten) sowie weitere Reformen im Bereich der Osthilfe, der Kartellpolitik und der Sozialversicherung.[420]

Bei der entscheidenden Ministerbesprechung am 24. Juli 1930 hatte Brüning zunächst für mehrere Einzelverordnungen plädiert, die dann durch ein „umfassendes Ermächtigungsgesetz" abgelöst werden sollten, verabschiedet durch den nächsten Reichstag. Dietrich hingegen wollte mit der Notverordnung jetzt „die Wahlen machen" und daher nicht bloß eine „behelfsmäßige Regelung der rein finanziellen Notwendigkeiten" anstreben, bis ein neues Parlament vielleicht eine neue Regierung politisch ermächtigte. Vielmehr sollte ein umfassendes Maßnahmenpaket geschnürt werden, das unmittelbar „nach außen hin beruhigend" wirke und so das inhaltliche Programm der amtierenden Regierung, vor allem in der Bekämpfung der Arbeitslosigkeit, zum Ausdruck bringe. Die Bedenken, die der anwesende Reichssparkommissar Saemisch im Namen des Reichsrechnungshofs gegen die Verfassungsmäßigkeit dieses Vorgehens vortrug, wurden vom Kabinett mehrheitlich „scharf" zurückgewiesen. Die Minister verständigten sich dennoch auf eine Besprechung im Reichsfinanzministerium mit den Beamten des Rechnungshofs, „um eine Einigung über die aufgeworfenen staatsrechtlichen Fragen zu versuchen".[421] Tatsächlich wurde bei dieser Sitzung, die am 25. Juli 1930 vormittags unter Beteiligung von Saemisch, Schäffer, Schwerin von Krosigk und Dorn sowie der Staatssekretäre Joël und Zweigert stattfand, die rechtliche Zulässigkeit des geplanten Verfahrens gemeinsam festgestellt. Am darauffolgenden Tag wurde die Verordnung des Reichspräsidenten zur Behebung finanzieller, wirtschaftlicher und sozialer Notstände erlassen.[422]

Zur Absicherung ihres Vorgehens holte die Reichsregierung nachträglich Rechtsgutachten von Carl Schmitt und Richard Thoma ein. Beide, der antiparlamentarische Dezisionist Schmitt ebenso wie der republikanische Positivist Thoma, bejahten die Verfassungsmäßigkeit der Notverordnung vom Juli 1930. Schmitts Gutachten erwies sich für die Regierung als besonders wertvoll, hatte dieser doch auf der Staatsrechtslehrertagung 1924 noch gemeinsam mit Erwin Jacobi ein gesetzvertretendes Verordnungsrecht des Reichspräsidenten

[420] Aus diesem Grund konnte verwaltungsintern noch im Januar 1931 über weitere Absetzungen vom Haushaltsplan 1930 diskutiert werden, vgl. Schnellbrief des Reichsfinanzministers betr. Durchführung des Haushalts 1930, 20.1.1931, BArch R43 I/882, Bl. 7.

[421] Ministerbesprechung vom 24.7.1930 betr. Notverordnungen, AdR, Kabinette Brüning I/II, Dok. Nr. 86.

[422] Ministerbesprechung vom 25.7.1930, ebd., Dok. Nr. 87; sowie der von Saemisch und Schäffer gemeinsam gezeichnete Vermerk über eine Besprechung im Reichsfinanzministerium, 25.7.1930, BArch R43 I/1870, Bl. 251–252. Zu den Inhalten der Notverordnung RGBl. I (1930), S. 311. Zur Position des Rechnungshofs und seines Präsidenten, des Reichssparkommissars Saemisch, jetzt Ullmann, Kontrolle, S. 133–137.

auf Grundlage des Artikels 48 abgelehnt.[423] Nun aber erklärte Schmitt, dass Notverordnungen auf allen Gebieten des Finanzwesens zulässig seien. Das davon bedrohte parlamentarische Budgetrecht sei ein Relikt des „frühliberalen Konstitutionalismus", ein *résidu* aus „verfassungsrechtlich andersgearteten Situationen". Die zeitgenössische Annahme, der Haushaltsplan müsse von der Volksvertretung, also formell als Gesetz beschlossen werden, sei historisch überholt: „Der unbedingte Begriff des formellen Gesetzes", so Schmitt, „ist sinnvoll und verständlich als Kampfmittel des Bürgertums im Kampf mit der konstitutionellen Monarchie. Die Formalisierung hat den Zweck, den Machtbereich des Parlaments gegenüber einer nicht-parlamentarischen Regierung auf wichtige finanzrechtliche Vorgänge und Handlungen auszudehnen. Der Vorbehalt des formellen Gesetzes richtet sich also polemisch gegen einen ganz bestimmten politischen Gegner, nämlich gegen die von der Volksvertretung unabhängige königliche Regierung der deutschen konstitutionellen Monarchie", es entspreche damit der „dualistischen Konstruktion eines solchen Staatswesens". Davon sei aber die verfassungsrechtliche Situation nach der Weimarer Verfassung völlig verschieden. Im gegenwärtigen Staat sei die Regierung keine vom Parlament unabhängige Macht mehr, sondern diesem verantwortlich. Sofern das Parlament also mehrheits- und handlungsfähig sei, verfüge es über umfangreiche Kontrollrechte, die „Normativitäten oder justizförmige Hemmungen" der Verordnungspraxis nicht nötig hätten. Sei das Parlament aber (wie im Sommer 1930) nicht entscheidungsfähig, so liege „es nicht im Sinn einer republikanischen Verfassung, die Formeln und Begriffe, die nach früherem Verfassungsrecht der Volksvertretung als Waffe gegen eine monarchische Regierung dienten, nunmehr zu benutzen, um eine republikanische Regierung handlungsunfähig zu machen."[424]

Generell wenig geneigt, anders als in homogenen Wesenheiten zu denken, sah Schmitt auch in der Notverordnungspolitik nur ein Entweder-Oder: Wie jeder Haushaltsplan seien auch die Notverordnungen als Ganzes anzuerkennen oder als Ganzes abzulehnen; eine inhaltliche Diskussion um Einzelmaßnahmen

[423] Vermerk Herbert Dorns für Brüning, 30.7.1930, BArch R43 I/1870, Bl. 285. Schmitts frühere Ablehnung erklärte sich aber gar nicht daraus, dass er grundsätzlich gegen eine Notstandspolitik aufgrund von Art. 48 gewesen war. Vielmehr hatte er diese damals als eine Maßnahme des umfassenden Staatsnotrechts interpretiert, die von normativer Rechtsbindung befreit sein sollte, also auch keine gesetzesvertretende Funktion haben konnte. Schmitts späterer Sinneswandel hatte aber sicher auch damit zu tun, dass 1930 mit Hindenburg ein Reichspräsident amtierte, der seinen politischen Hoffnungen eher entsprach als Ebert. Hierzu Schmitt, Bedeutung, S. 16–18; in Abgrenzung zu Schmitts Idee des Staatsnotrechts zeitgenössisch Friedmann, Ausnahmezustand, S. 8; zum Kontext jetzt Becker, Notverordnung, S. 52–69.

[424] Verfassungsrechtliches Gutachten von Prof. Dr. Carl Schmitt über die Frage, ob der Reichspräsident befugt ist, auf Grund des Art. 48 Abs. 2 RV. finanzgesetz-vertretende Verordnungen zu erlassen, 28.7.1930, BArch R43 I/1870, Bl. 286–310.

sei „grundsätzlich unzulässig". Nur die umfassende und einheitliche Machtbefugnis der Regierung entspreche den Eigenheiten des „Ausnahmezustandes" des modernen Wirtschaftsstaates, alles andere sei dagegen die Rückkehr in den begrenzten polizeilichen Belagerungszustand des Kaiserreichs, der noch von der „Fiktion der staatsfreien Wirtschaft und des wirtschaftsfreien Staates" getragen gewesen sei. Das Regieren im Ausnahmezustand enthülle damit den „Kern des Staates überhaupt", sei ein faktisches Resultat des Wandels, den der Staat in den vergangenen Jahrzehnten erfahren habe.[425]

Wie Schmitt ging Thoma in seinem Gutachten davon aus, dass neben dem Reichstag auch der Reichspräsident den Volkswillen demokratisch verkörpern und bei Dysfunktionalität des Parlaments dieses zeitweilig ersetzen könne. Anders als bei manchen nur „politisch, aber nicht juristisch zu rechtfertigenden" Diktaturverordnungen während der Präsidentschaft Eberts habe im Sommer 1930 auch ohne jeden Zweifel eine „erhebliche Gefährdung der gesetzmässigen Sicherheit und Ordnung" bestanden, die ein Abwarten bis zu einem neuerlichen Zusammentritt des Reichstags nicht erlaubt habe. Für die Frage der Verfassungsmäßigkeit der inhaltlichen Ausdehnung der Notverordnung sei die „gutgläubige subjektive Ueberzeugung" der Reichsregierung, dass einzelne Maßnahmen für die Wiederherstellung geordneter Zustände notwendig und dringlich seien, entscheidender als die Frage, ob alle diese Einzelbestimmungen wirklich in die Notverordnung hätten eingehen müssen. So goss Thoma seine mit Max Weber entwickelte staatsrechtliche Theorie der demokratischen Herrschaft als Handeln verantwortlicher Eliten in pragmatische Worte. Auch die Verabschiedung des Haushaltplans per Notverordnung legitimierte Thoma entsprechend mit dem Verweis auf die Verpflichtung der Reichsregierung zu „verantwortlicher Amtsführung", sofern sie sich hierbei in den Grenzen einer Verwaltungsverordnung bewege und weitergehende materielle Bestimmungen (etwa Kreditermächtigungen) nicht antaste. Thoma kam zu diesem Ergebnis, obwohl er in bestimmten Punkten – etwa der gewohnheitsrechtlichen Argumentation – der Position Schmitts explizit widersprach.[426] In der zeitgenössischen Debatte mussten also die Schritte, die mithilfe solcher Gutachten unternommen wurden, nicht notwendig Maßnahmen seien, die auf eine autoritäre Überwindung der Demokratie abzielten, denn nicht nur auf der antirepublikanischen Rechten war die Überzeugung

[425] Schmitt, Bedeutung, S. 22 und 33–34; ders., Grundsätzliches, S. 161–165, wo der Schritt zur Typisierung eines „Maßnahmenstaates" erfolgte.

[426] Rechtsgutachten über die Verfassungsmäßigkeit der Verordnung des Reichspräsidenten zur Behebung finanzieller, wirtschaftlicher und sozialer Notstände vom 26.7.1930, auf Ersuchen des Reichministeriums des Innern erstattet von Prof. Dr. Richard Thoma, 7.10.1930, BArch R43 I/1870, Bl. 336–355 und 360–379. Zu Thomas Haltung zur Demokratie Schönberger, Elitenherrschaft, S. 156–190.

verbreitet, es müsse „endlich *gut* regiert, [...] endlich überhaupt regiert" werden.[427]

Um ihre Handlungsfähigkeit zu demonstrieren und so die präsidiale Notverordnungspolitik zu legitimieren, setzte die Reichsregierung – wie schon während des Volksbegehrens gegen den Young-Plan – auch auf Meinungslenkung und PR-Maßnahmen, allerdings hier eher im Dienste der Diskursvermeidung. Zu diesem Zweck wurden Mittel aus dem Fonds zum Schutze der Republik entnommen, die der „Abwehr radikaler Strömungen" durch Pressearbeit dienen sollte. Schon seit 1929 war die Reichszentrale für den Heimatdienst in diesem Sinne von der Reichsregierung beauftragt, was von der rechten Opposition vehement kritisiert worden war. Der Ausgang der Herbstwahl vom 14. September 1930 und der rasante Aufstieg der NSDAP (von 12 auf 107 Sitze) sowie der Stimmenzuwachs der KPD (von 54 auf 77 Sitze) machten dann das Scheitern dieser republikanischen Kampagnen offensichtlich. Daraufhin sollten Journalisten durch direkte Ansprache wenigstens dahin gebracht werden, sich nicht mit den „taktischen Fragen" einer möglichen Regierungskoalition zu beschäftigen, sondern nur die „sachlichen Aufgaben" der Regierungspolitik zu erörtern.[428]

Jede offene Diskussion um eine Außerkraftsetzung der im Juli 1930 durchgesetzten Notverordnung durch den neugewählten Reichstag sollte möglichst unterbunden oder zumindest gezähmt werden. Mit dem Ziel, das Heft in der Hand der Reichsregierung zu behalten, wurde Ende September 1930 dann das als „Wirtschafts- und Finanzplan" betitelte Programm für eine neue Notverordnung in die Öffentlichkeit gebracht, mit dem die Reichsregierung verlorenes Vertrauen im In- und Ausland zurückzugewinnen hoffte. Wie Brüning und Dietrich betonten, waren die darin vorgesehenen Maßnahmen als

[427] So die DAZ am 31.3.1930, zit. nach Bracher, Auflösung, S. 341–342, dort Anm. 34. Hierzu das im Tonfall beruhigende Interview Brünings mit dem Berliner Vertreter der New York Times, 24.7.1930, zusammenfassend wiedergegeben in WTB, Nr. 1481, 24.7.1930, BArch R43 I/1870, Bl. 253. Darin verwies Brüning auf die Notverordnungspraxis unter Ebert sowie im sozialdemokratisch regierten Preußen.

[428] Ministerbesprechung vom 19.8.1930 betr. Verstärkung der Regierungspropaganda während der Wahlzeit, AdR, Kabinette Brüning I/II, Bd. 1, Dok. Nr. 103; Kabinettssitzung und Ministerbesprechung vom 29.9.1930 betr. politische Lage, ebd., Dok. Nr. 124; 24. Sitzung des Ausschusses für den Reichshaushalt, 17.1.1931, bes. S. 278–279; sowie der Hinweis auf Bemerkungen der NSDAP zu diesem Thema in dem Artikel „Vorstoss gegen Treviranus", in: Berliner Tageblatt, 18.1.1931, BArch R2/4490, Bl. 145; Persönliches Schreiben des Staatssekretärs in der Reichskanzlei an Schwerin von Krosigk, 6.2.1932, BArch R2/4491, Bl. 16, mit dem Pünder eine Rücknahme von Kürzungen im Etat der Reichszentrale erreichte, vgl. auch von Krosigks Antwort, 9.2.1932, ebd., Bl. 19. Zudem wurde bei der Stellenbesetzung in der Reichszentrale sowohl das Finanzressort als auch der Reichstag umgangen, vgl. die entsprechenden Vorgänge in BArch R2/4518, Bl. 2 und 37–46.

Abbildung 15 – Im „Kriegszustand"? Hermann Dietrich spricht vor dem Reichstag (hinter ihm am Präsidentenpult Paul Löbe, einen Ordnungsruf erteilend)

„einheitliches System", als „ein Ganzes" konzipiert worden und sollten der Aushandlung und Veränderung im Einzelnen entzogen sein.[429] Anstatt inhaltliche Überzeugungsarbeit durch Presse- und Öffentlichkeitsarbeit zu leisten, wollte insbesondere das Reichsfinanzministerium den grassierenden Pessimismus in der Bevölkerung vor allem durch „energische Fortführung" des Regierungsprogramms bekämpfen. Zwangsmaßnahmen zur Steuerung der Stimmung auf dem Kapitalmarkt lehnte das Finanzressort um die Jahreswende 1930/31 ebenso ab wie die Berufung eines unabhängigen Gremiums von Experten oder kurzfristige Arbeitsbeschaffungsmaßnahmen.[430]

[429] Hierzu die Ausführungen Brünings und Dietrichs bei der 44. Sitzung des Reichsrats, BArch R2/21894. Zur Legitimation in diesem Sinne auch Zarden, Änderung, S. 91–92; ders., Verordnung; sowie das in gönnerhaftem Tonfall verfasste Schreiben des Reichskanzlers an den Vorsitzenden des Haushaltausschusses, Hugo Heimann, 20.10.1930, BArch R2/21894, in dem Brüning zudem die Anpassung des Zeitplans der parlamentarischen Beratungen an die Umsetzungsschritte des „bekannten Wirtschafts- und Finanzplan[s] der Reichsregierung" einfordert; sowie die Dokumente in BArch R43 I/ 1870, Bl. 356–357.

[430] Stellungnahme des Ministeriums zur Denkschrift des Konsuls Marx, Schreiben an den

Der Wirtschafts- und Finanzplan bildete die Grundlage der ersten „Verordnung des Reichspräsidenten zur Sicherung von Wirtschaft und Finanzen“ vom 1. Dezember 1930, die einen breiten Katalog von Maßnahmen umfasste. De facto handelte es sich um ein neunzig Seiten starkes Gesetzbuch, das auch Modifizierungen der ersten Notverordnung vom Juli 1930 umfasste. Anders als diese wurde es aber nicht mehr als Krisenmaßnahme verstanden, sondern als integrales Programm zur Sicherung der Wirtschafts- und Finanzlage. Im Reichstag erreichte es knapp die erforderliche Mehrheit. Verfassungsrechtlich strittig gewesen war vor allem die Frage der Beeinträchtigung der wohlerworbenen Rechte der Beamten durch die vorgesehenen Gehaltskürzungen sowie die Ausweitung von Reichsbefugnissen auf die Länder durch das sogenannte Plafondgesetz zur Ausgabensenkung.[431] Auch hier unterstützte Schmitt in seinen Schriften die Position der Reichsregierung, indem er die „institutionelle Garantie“ des Berufsbeamtentums nur für dessen allgemeinen Status, nicht jedoch für die Höhe von Bezügen bejahte.[432] Skeptischer waren gerade in diesem Punkt andere Staatsrechtler, wie sich bei erhitzten Diskussionen auf der Staatsrechtslehrertagung in Halle 1931 zeigte. Dort entspann sich ein disziplinärer Richtungsstreit, in dem sich staatsrechtliche und politische Meinungen verwoben.[433] Weniger kontrovers beurteilt wurde die Befugnis des Reichspräsidenten, mit dem Ausgabensenkungsgesetz aufgrund von Artikel 48 in die übliche Zuständigkeitsabgrenzung zwischen Reich und Ländern einzugreifen und die Haushaltsführung bis ins Jahr 1933 hinein festzulegen, wenngleich die Rechtslage dafür ebenfalls kreativ interpretiert werden musste.[434]

Dieser rechtswissenschaftliche Konsens hatte auch damit zu tun, dass ein solches Plafondgesetz seit Jahren schon zum „Streitruf“ des Reparationsagenten in seiner Kritik an der deutschen Finanzgebarung gehört hatte. Darauf verwies auch der Staatssekretär in der Reichskanzlei gegenüber dem Justizressort, wo man Zweifel an diesem Vorgehen anmeldete: „Das geldgebende In- und Ausland“, so Pünder, „will absolut wissen und sichergestellt sehen, daß die jetzt

Staatssekretär in der Reichskanzlei, Januar 1931; Schreiben an den Reichsarbeitsminister betr. Arbeitsbeschaffungsmaßnahmen, 21.2.1931, beide BArch R2/21894.

431 Für den Text der Verordnung vgl. RGBl. I (1930), S. 517. Hierzu auch die Aufzeichnung des Ministerialrats Weinstein, 18.11.1930, AdR, Kabinette Brüning I/II, Bd. 1, Dok. Nr. 170; Schulz, Demokratie, Bd. 3, S. 236–237.

432 Schmitt, Beamtenrechte; daran anschließend Jellinek, Besoldungsrechte. Hierzu auch Kap. III.1.

433 Rechtsstaat?, in: Berliner Börsen Zeitung, 23.12.1931, BArch R8034 III/95; Verhandlungen der Tagung, S. 1; Fraenkel, Krise, S. 333, dort Anm. 5. Hierzu Pyta/Seiberth, Staatskrise, S. 431; Huber, Verfassungsgeschichte Bd. VI, S. 730; Stolleis, Geschichte, S. 196–199.

434 Aufzeichnung des Ministerialdirektors Hagenow über die Anwendung des Artikels 48 der Reichsverfassung, 21.11.1930, AdR, Kabinette Brüning I/II, Bd. 1, Dok. Nr. 172; Schreiben des Staatssekretärs Zweigert an Staatssekretär Pünder, 26.11.1930, ebd., Dok. Nr. 179.

in Gang gebrachte rigorose Sparsamkeitspolitik und Staatsvereinfachung nicht nur in diesem Augenblick großer Notzeit in Deutschland Anklang gefunden hat, sondern auch für eine weitere Zukunft Richtschnur jeder staatspolitischen Arbeit in Deutschland bleiben wird."[435] Doch verschärfte die Notverordnungspolitik den Eindruck, die Regierung entleere die Weimarer Verfassung von ihrem eigentlichen Gehalt und hebele gerade im Bereich des Budgets gezielt die Grenzen zwischen Gesetzgebungs- und Verwaltungsakten aus, um diese der öffentlichen Kritik und Kontrolle zu entziehen.[436]

Ähnlich wie in den Übergangsjahren von 1919 bis 1923 waren auch in dieser Phase Versuche des Reichsfinanzministeriums beobachtbar, unter der Ägide der Notstandspolitik die eigenen Zugriffsrechte auszudehnen. Zeitgleich zum Wirtschafts- und Finanzplan wurde im Herbst 1930 die Beteiligung von Haushaltskommissaren des Finanzressorts an der Haushaltsplanung sowie an möglichen haushaltsrechtlichen Reformen der Länder wieder auf die Tagesordnung gesetzt. Unter Leitung Dorns aktualisierte die Abteilung IV frühere Überlegungen zur Verwaltungsvereinfachung aus den Jahren 1926 bis 1928. Konkret sollten Beamten des Ministeriums noch vor der Fertigstellung der jeweiligen Haushaltsentwürfe am Sitz der Landesregierung mit den Sachbearbeitern die Haushaltsansätze durchsprechen und auch an „grundlegenden Haushaltsberatungen" der Landesfinanzministerien teilnehmen dürfen. Auch hier wurde insbesondere auf die „Auffassung des Auslandes" als Impuls für die engere Zusammenarbeit und Absprache zwischen Reich und Ländern hingewiesen.[437] Bei einigen Ländern stieß dieses Ansinnen allerdings auf Ablehnung. Insbesondere Bayern, Thüringen, Anhalt und Sachsen verwehrten sich gegen diese Form der Einflussnahme des Reichs, indem sie auf die dadurch entstehende zusätzliche Arbeitsbelastung sowie die Verfassungswidrigkeit eines solchen Vorgehens verwiesen. Um zumindest dem Aspekt der öffentlichen Meinungspflege Rechnung zu tragen, schlug das Bayerische Staatsministerium als symbolischen Akt die Vereinbarung gemeinsamer Richtlinien für die Aufstellung und den Vollzug der Haushalte in Reich und Ländern vor sowie eine weitestmögliche Anpassung des Haushaltsrechts der Länder an die Regelungen der RHO.[438]

[435] Schreiben des Staatssekretärs Pünder an Staatssekretär Joël, 24.11.1930, ebd., Dok. Nr. 175. Zur Forderung nach einem strengen Plafondgesetz vgl. die Position der DVP bei der 22. Sitzung des Ausschusses für den Reichshaushalt, 15.1.1931, S. 243.

[436] So deutete es zeitgenössisch Fraenkel, Krise, S. 330 und 333–335.

[437] Reichsfinanzminister an die Landesregierungen betr. einheitliche Sparmaßnahmen, 18.10.1930; Mitteilung der Abteilung IV des Reichsfinanzministeriums an Abteilung I betr. Durchführung von Maßnahmen des Programms der Reichsregierung vom 30.9.1930, 16.10.1930, beide BArch R2/19979.

[438] Schreiben des Bayerischen Staatsministeriums der Finanzen an das Reichsfinanzministerium betr. einheitliche Sparmaßnahmen, 5.11.1930; sowie weitere Stellungnahmen von Okt./Nov. 1930 in BArch R2/19979.

Letztlich erübrigten sich diese Maßnahmen. Zunächst brachte das Plafondgesetz im Dezember 1930 Vorgaben für die Länderhaushalte mit sich, die weitere Beratung der Frage der Kommissare wurde daher vertagt. Auch die Notverordnung vom 5. Juni 1931 enthielt Regelungen in dieser Hinsicht. Aus diesem Grund konstatierte das Reichsfinanzministerium Anfang Juli 1931, dass „was im Verhandlungswege erreicht werden sollte, [...] inzwischen durch die Macht der Tatsachen in weit stärkerem Maße als s. Zt. erhofft werden konnte, erzwungen worden“ sei. Ohnehin hätte die Mitarbeit an den Länderhaushalten das Reichsressort „mit einer Verantwortung belasten“ können, „die im Hinblick auf das durch die Finanznot inzwischen zahlenmäßig bereits Erreichte in keinem Verhältnis zu dem evtl. noch zu erzielenden weiteren Erfolge stehen würde.“[439] Die Tendenz, den Staat auf dem Verordnungswege umzubauen, stieß also auch innerhalb der Exekutive auf Vorbehalte, die nicht nur politischer, sondern auch pragmatischer Natur waren. Letztlich lehnte das Kabinett Ende 1930 nach längerer Debatte auch weitergehende Vorschläge ab, die mit der rechtlichen Ausgestaltung der Notverordnung zugleich eine institutionelle Zurückdrängung des Kontrollrechts des Reichstags verbinden wollten. Vor allem Reichsfinanzminister Dietrich war der Meinung, dass die Reichsregierung auch ohne solche undurchsichtigen Taktiken ihr Ziel erreichen werde. Erkennbar wurde an den regierungsinternen Diskussionen aber, wie politische Fragen zunehmend in technokratisch-administrative Gestalt gebracht wurden und die möglichst spitzfindige Auslegung rechtlicher Gegebenheiten zum prägenden Instrument einer von der Ministerialbürokratie gestützten Politik wurde. Dabei spielte auch die Bezugnahme auf die Situation des Kampfes und die Erfahrungen des Krieges immer wieder eine wichtige Rolle – in diesem konkreten Fall die Wiederanknüpfung an bestimmte Methoden der Ermächtigungspraxis im Ersten Weltkrieg.[440] Die starken Verschiebungen in der parteipolitischen Tektonik Ende 1930 und die Möglichkeit einer nationalsozialistischen Machtübernahme erscheinen in den Quellen demgegenüber eher als vage Hintergrundmusik. Jenseits der Personalisierung von Regierungshandeln im öffentlichen Raum (und in einem großen Teil der späteren Weimarforschung) waren die arkanen Entscheidungsprozesse geprägt von der Anrufung „sachlicher“ Expertisen und der dauernden Umstrittenheit der vereinbarten Lösungen.

So drängt sich der Eindruck auf, dass für entscheidende Akteure die kurztaktige Staatstechnik als solche, also das rechtlich und exekutiv jeweils Machbare, den Horizont des Handelns in weitem Maße ausfüllte und den Blick für längerfristige Entwicklungen und größere Zusammenhänge verstellte. Die

439 Vermerk betr. Finanznot in Reich, Ländern und Gemeinden, 9.7.1931, ebd.

440 Stellungnahmen Dietrichs sowie des Staatssekretärs Zweigert in der Kabinettssitzung vom 30.11.1930 betr. Politische Lage, AdR, Kabinette Brüning I/II, Bd. 1, Dok. Nr. 183; Schulz, Demokratie, Bd. 3, S. 234; Bracher, Auflösung, S. 341–347.

Legitimation der entsprechenden Maßnahmen in der Öffentlichkeit erfolgte immer wieder durch den Verweis auf das Außerordentliche des Moments. Für das Reichsfinanzministerium brachte diese Situation zwar einen starken Machtzuwachs als Institution, aber auch interne Konflikte mit sich, da die Spitze des Ministeriums eine Sparpolitik der „Not" verantwortete, von der nicht zuletzt die eigene Beamtenschaft betroffen war. Solche Verwerfungen reichten bis in das Ministerbüro hinein: So wurde der persönliche Referent des Reichsfinanzministers auf Drängen Brünings mit sofortiger Wirkung seines Postens enthoben, nachdem er in der Zeitschrift *Der Beamtenbund* einen kritischen Artikel zu den beamtenrechtlichen Auswirkungen der Notverordnung vom Juni 1931 veröffentlicht hatte.[441] Von außen wiederum richtete sich gerade an den Reichsfinanzminister die Erwartung, gegen die besitzstandswahrende Haltung der Beamten im Reich vorzugehen. Die Unternehmerschaft ließ Reichsfinanzminister Dietrich, der seit der Reichstagswahl von 1930 an der Spitze der Deutschen Staatspartei stand, im Mai 1931 wissen, „daß ein Angestellter oder Arbeiter, der infolge der Krisis seine Arbeitsstelle verloren hat, einen stärkeren Anspruch auf Arbeitslosenversicherung hat, als sie ein Beamter auf die Erhaltung seiner Gehaltsstufe besitzt". Es sei aber wohl „unmöglich, diese Aufgabe zu erfüllen, wenn man auf der einen Seite das Reich mit den unpopulärsten Maßnahmen sanieren und auf der anderen Seite eine sterbende Partei als Parteiführer für die nächsten Reichstagswahlen hochpäppeln will."[442]

Entparlamentarisierung des Budgetrechts bis 1933

Die Strategie der Notverordnungen wurde in Etappen entwickelt. Am Ende dieser Entwicklung stand eine sehr breite Auslegung der für die Wiederherstellung von „Ordnung" notwendigen staatlichen Sicherungsmaßnahmen. Zweck, Begründung und Wirkung der Notstandspolitik traten immer weiter auseinander. In diesem Zuge radikalisierte sich der Tonfall, und auch in der höheren Bürokratie hielt ein kämpferischer Geist Einzug. Dorn schlug im April 1931 vor, einen „Generalstab" aus „führenden Männern der Wirtschaft" zu berufen, der die Reichsregierung in ihrem finanzpolitischen „Kampf" unterstützen sollte.[443]

[441] Auszug aus der Niederschrift über die Ministerbesprechung vom 23.6.1931; Schreiben des Regierungsrats Hesse an Brüning, 23.6.1931, BArch R43 I/935, Bl. 295–296 und 299.

[442] Hans von Raumer, zit. nach Schulz, Demokratie, Bd. 3, S. 346.

[443] Stellungnahme des Ministerialrats Dorn zur Denkschrift des Staatssekretärs Schäffer über die Reparationsfrage (Auszüge), 9.4.1931, in: Politik und Wirtschaft, Bd. 1, S. 601. Mit dem zeitweilig einberufenen Wirtschaftsrat wurde ein solches Gremium zur Stärkung der Regierungsautorität dann im Herbst 1931 auch tatsächlich gebildet, vgl. Schulz, Demokratie, Bd. 3, S. 613–626.

Dem widersprach zwar sein ehemaliger Chef, Reichsfinanzminister Dietrich, der sich gegen die Ermächtigung von Expertengremien verwahrte. Gleichwohl drängte auch Dietrich auf „Handeln" und „Entscheidung".[444] Und der Leiter der Abteilung V im Finanzressort, Ministerialrat Hugo Fritz Berger, beschrieb in einem Memorandum vom Mai 1931 die „elementare Wucht" der wirtschaftlichen Ereignisse, die das Deutsche Reich dazu nötigten, „ohne Rücksicht" auf die Gläubigerländer den „schweren Kampf gegen alle" aufzunehmen. Die politische „Ausnutzung wirtschaftlicher Notstände" sei daher das Gebot der Stunde.[445] Es zeigte sich, dass die politische Spannung innerhalb des Regierungssystems auch deshalb anwuchs, weil die seit den Herbstwahlen 1930 gestärkte NSDAP mit den eingeübten Mechanismen des bürokratisch-parlamentarischen „Gouvernementalismus" brach.[446] So torpedierten die NSDAP-Vertreter, darunter Fritz Reinhardt, die bis dato betont fachmännischen Ausschussverhandlungen im Reichstag durch ideologische Grundsatzreden, die einen nationalsozialistischen Machtstaat imaginierten, in dem zukünftig jene budgetpolitischen Aushandlungsprozesse, unter deren öffentlicher Austragung die Legitimität der Weimarer Republik gerade so litt, im Geheimen stattfinden sollten.[447]

Für den Bereich des Haushaltsrechts resultierten aus diesen Konfliktlagen verschiedene Maßnahmen, die einerseits die Zähmung der Legislative intendierten und andererseits die Überwachung der Haushaltsführung durch die Exekutive verschärften. Dazu gehörten Novellen der Reichshaushaltsordnung sowie eine Veränderung der parlamentarischen Geschäftsordnung. Zunächst stand die Reichshaushaltsordnung von 1922 auf dem Prüfstein. Anlass waren unter anderem zunehmende Unregelmäßigkeiten in der Haushaltsführung der staatlichen Verwaltung, bis hin zu wiederholten offenen „Verletzungen der gesetzlichen Vorschriften" sowie klaren „Unwahrheiten" in der Begründung von Haushaltsentscheidungen.[448] Damit war das intransparente Haushaltsgebaren einzelner Ressorts (insbesondere des Auswärtigen Amtes, des Reichswehr-, Reichslandwirtschafts- und Reichsverkehrsministeriums) im Bereich der über- und außerplanmäßigen Ausgaben gemeint. Die entsprechenden Regelungen

444 Kabinettsbesprechung vom 7.5.1931 betr. Reparationsfrage, AdR, Kabinette Brüning I/II, Bd. 2, Dok. Nr. 291.

445 Stellungnahme des Ministerialrats Berger zur Denkschrift des Staatssekretärs Schäffer über die Reparationsfrage (Auszüge), 9.5.1931, in: Politik und Wirtschaft, Bd. 1, hier S. 611–612; Schulz, Demokratie, Bd. 3, S. 327.

446 So rückblickend das damalige Ausschussmitglied Kurt Heinig, Budget, Bd. I, S. 389. Hierzu Witt, Kontinuität, S. 139; Stenographische Berichte, Haushaltsausschuss, 98. Sitzung, S. 5.

447 13. Sitzung des Ausschusses für den Reichshaushalt, 28.11.1930, S. 147 und 156–157; 17. Sitzung, 10.12.1930, S. 191–193; 23. Sitzung, 16.1.1931, S. 257–262 und 271–272; 24. Sitzung, 17.1.1931, S. 280 und 286.

448 Hierzu und zum Folgenden Neumark, Fortbildung, S. 417–418; 24. Sitzung des Ausschusses für den Reichshaushalt, 17.1.1931, S. 277.

wurden daher Ende der 1920er-Jahre auf den Prüfstein gestellt, zumal dem Reichshaushalt wiederum eine „schicksalhafte“ Bedeutung für die staatliche Ordnung zugeschrieben wurde. Selbst eher spröde Details der formalen Haushaltstechnik konnten daher mit öffentlicher Aufmerksamkeit rechnen.[449]

Für die angestrebten Reformen dienten ausländische Regelungen als Vorbild, vor allem das englische Budgetrecht und die US-amerikanische Praxis der Budgetüberwachung. Mit dem Ziel, „Übergriffe im Reichshaushalt seitens der Bürokratie“ zu verhindern, aber auch das Parlament zu „erziehen“, wurde im Regierungsapparat die Schaffung eines Budgetbüros nach dem Vorbild der USA diskutiert. Dieses sollte anstelle der Volksvertretung das Recht der Budgetaufstellung und der Ausgabeninitiative erhalten und auf diese Weise zugleich den Ressorts die Möglichkeit nehmen, die in der Haushaltsplanung gestrichenen Posten auf dem parlamentarischen Wege wieder einstellen zu lassen. Der Rechnungshof sollte wie in den USA in seiner Position gestärkt werden, weswegen der Reichsfinanzminister eine Änderung des bisherigen Kollegialprinzips zugunsten einer größeren Autonomie des Präsidenten vorschlug. Dies war eine Maßnahme, die dann 1933 bei der zweiten Novelle der RHO durch den nationalsozialistischen Staat umgesetzt werden sollte.[450]

Zudem betraf die Diskussion die bessere Überwachung der Budgetführung in den Ressorts. Damit rückten, wie erwähnt, die abgeordneten Kommissare des Reichsfinanzministeriums wieder in den Blick, die zwischenzeitlich etwas in Vergessenheit geraten waren. Im Haushaltsausschuss geriet der Reichsfinanzminister unter Druck, weil dieses Machtinstrumentarium von ihm offenbar nur zurückhaltend genutzt wurde. Zuvor hatte der zuständige Ministerialrat Alfred Olscher, ab 1932 dann Leiter der Haushaltsabteilung, im Ausschuss selbst zugegeben, dass das Reichsfinanzministerium de facto „nur in beschränktem Umfang die Möglichkeit“ habe, Einblick in die Ausgabengebarung der Ressorts zu erhalten. Die Erfahrung hatte zudem gezeigt, dass die über die Jahre wachsende enge Verbindung der Beauftragten des Reichsfinanzministeriums zu den von ihnen jeweils beaufsichtigten Ressorts einer ernsthaften Kontrolle im Wege stand und nicht funktionierte. Der langjährige Haushaltspolitiker Kurt Heinig von der SPD argumentierte sogar, dass „sich solche Delegierung umgekehrt auswirken könne als glatte Deckung für die einzelnen Ministerien“. Ähnliches galt für das mit der RHO 1922 eingeführte Vetorecht des Reichsfinanzministers, das nicht ein einziges Mal im Kabinett Anwendung gefunden

449 Popitz, Bedeutung. Zur Debatte auch die 48. Sitzung des Ausschusses für den Reichshaushalt, 18.3.1929.

450 Schreiben Philipp Wielands an Reichsfinanzminister Dietrich, 30.6.1930; Antwort des Ministers, 11.9.1930, beide, BArch R2/21852. Außerdem die Debatte bei der 48. Sitzung des Ausschusses für den Reichshaushalt, 18.3.1929, S. 4 und 8.

hatte.[451] Angemahnt wurde daher von verschiedenen Seiten, dass jenseits der vorhandenen formellen und informellen Zugriffsrechte der jeweilige Ressortchef seine politische Durchsetzungskraft beweisen müsse. Dietrich versuchte deshalb, die entsprechende Tatkraft an den Tag zu legen und ließ beispielsweise eigenmächtige Verstöße gegen die Haushaltsordnung durch Haftbarmachung der verantwortlichen Beamten ahnden.[452]

Die ursprüngliche Initiative zu einer Reform der Reichshaushaltsordnung war im Frühjahr 1928 vom Reichstag ausgegangen, der die Finanzgebarung der Ressorts besser überwachen wollte. Einen entsprechenden Vorschlag hatte die Regierung dann aber erst am 25. Februar 1929 vorgelegt, also in der Amtszeit des sozialdemokratischen Reichsfinanzministers Rudolf Hilferding. Sie basierte auf den gedanklichen Leitlinien, die Herbert Dorn auf dem Juristentag von 1928 dargelegt hatte.[453] Dessen Gutachten wurde schließlich sogar der offiziellen Reichstagsdrucksache zum Gesetzentwurf beigefügt – zum Ärger der Mitglieder des Haushaltsausschusses, die in Dorns Leitsätzen sowohl die Eigenständigkeit des Ausschusses als auch die Budgetverantwortung des Reichstags angetastet sahen. Nachdem sich mit Blick auf die RHO in den parlamentarischen Gremien großer Diskussionsbedarf gezeigt hatte, wurde die Angelegenheit zunächst provisorisch überbrückt, indem entsprechende Neuregelungen in das Haushaltsgesetz für 1929 aufgenommen wurden.[454] Im Reichstag und in der Fachöffentlichkeit wurde die Novelle einerseits als Machtgewinn des Reichsfinanzministers gegenüber den Ressorts und andererseits als Ausweitung der bürokratischen Herrschaft wahrgenommen. Beide Maßnahmen waren zur Bewältigung der Wirtschaftskrise zwar bei den gemäßigten politischen Kräften prinzipiell konsensfähig und blieben im Rahmen internationaler Regelungen der damaligen Zeit. Doch rührte die Reform an verfassungsmäßigen Kräfteverhältnissen, nicht nur am Budgetrecht des Parlaments, sondern auch am Prinzip der Eigenverantwortlichkeit der Fachminister. Dies wurde bereits bei den begleitenden Aushandlungsprozessen ersichtlich, in denen sich die Ressorts immer wieder gegen die Einengung

[451] 24. Sitzung des Ausschusses für den Reichshaushalt, 17.1.1931, S. 277 und 279–280; Neumark, Fortbildung, S. 418; Daniel Stücklen (SPD), 132. RT-Sitzung, 26.2.1930, Sten. Ber., S. 4068.

[452] Schreiben Dietrichs an Philipp Wieland, 11.9.1930, BArch R2/21852.

[453] RT-Drucksache Nr. 4158, 24.3.1928. Hierzu Kap. II.1.

[454] Entwurf eines Gesetzes zur Änderung der Reichshaushaltsordnung, 25.2.1929, RT-Drucksache Nr. 851; 48. Sitzung des Ausschusses für den Reichshaushalt, 18.3.1929, bes. S. 5. Ohnehin erschien Dorn immer wieder als Sphinx innerhalb des Reichsfinanzministeriums, sodass sein Weggang Anfang 1931 im Haushaltsausschuss Hoffnungen auf einen „konstruktiven" Neuanfang weckte, vgl. 39. Sitzung des Ausschusses für den Reichshaushalt, 7.2.1931, S. 526.

ihrer Entscheidungsspielräume zugunsten des Reichsfinanzministeriums wehrten.[455]

Im Verlauf des Jahres 1929 trat als weiterer Aspekt die Rolle des Reichssparkommissars und des mit ihm verbundenen Reichsrechnungshofs hinzu.[456] Beide Institutionen sollten auf Bestreben der parlamentarischen Rechten, insbesondere der DVP und der Wirtschaftspartei, sowie einer wirtschaftsnahen Expertenöffentlichkeit (inklusive der Reparationssachverständigen) in der zukünftigen Fassung der RHO gegenüber dem Reichsfinanzminister und der Reichsregierung gestärkt werden. Dem Reichssparkommissar sollte dabei dauerhaft die Möglichkeit gegeben werden, über den Artikel 48 gemeinsam mit dem Reichspräsidenten gegen wachsende Staatsausgaben vorzugehen – ein Schritt in Richtung „einer viel weiter gehenden Diktatur", wie die Sozialdemokraten Anfang 1930 monierten. Die SPD, die zu diesem Zeitpunkt noch an der Regierung beteiligt war, aber nicht mehr den Reichsfinanzminister stellte, wollte hingegen den Reichssparkommissar nur als gutachterlichen Berater der Volksvertretung verstehen und eher die parlamentarische Kontrolle ausbauen.[457]

Die Forderung, vorhandene Staatstechniken zu schärfen und die Überwachung des Reichshaushalts zu stärken, wurde also auch von außen an die Regierung herangetragen und richtete sich in Teilen gegen das Reichsfinanzministerium und gegen die große Bedeutung, die fiskalische Argumente in der politischen Diskussion einnahmen. Die Bemerkung des Zentrums-Abgeordneten Georg Schreiber im Februar 1930, es brauche „neben dem Reichsfinanzministerium verantwortliche Träger", weil es „auch außerhalb des Reichsfinanzministeriums noch große und wichtige Lebensfragen der Nation" gebe, stieß daher im Reichstagsplenum auf breite Zustimmung, wenngleich die einzelnen Fraktionen sehr unterschiedliche Vorstellungen davon artikulierten, wer diese Verantwortungsträger und was die von ihnen gelösten Lebensfragen

[455] Protokolle der Sitzungen vom 4. und 5.12.1928 sowie vom 14.12.1928 über den Vorentwurf eines Gesetzes zur Änderung der Reichshaushaltsordnung unter Vorsitz von MinRat Graf Schwerin von Krosigk, 18.12.1928, BArch R2301/1475, Bl. 106–110 und 118–119; Neumark, Fortbildung, S. 419, der betonte, dass eine weitere Stärkung des Reichsfinanzministers nicht mehr „ohne materiale Verletzung der verfassungsmäßig festgelegten Eigenverantwortlichkeit der Fachminister" denkbar sei.

[456] Rechnungshof des Deutschen Reichs an den Reichsfinanzminister betr. Änderung der Reichshaushaltsordnung, 9.10.1928, BArch R2301/1476, Bl. 90–104, in dem der Rechnungshof u. a. dafür plädierte, die Ermächtigung des Reichsfinanzministers zur Aufnahme von Anleihen (§ 26) nicht zu weit zu fassen und dessen starke Position auch im Bereich vertragsrechtlicher Fragen (§ 45) nicht zu überdehnen.

[457] Hugo Heimann (SDP), 132. RT-Sitzung, 26.2.1930, Sten. Ber., S. 4072–4075. Zur Forderung der Sachverständigen des Young-Plans nach Schaffung eines außerparlamentarischen Kontrollorgans Mommsen, Staat, S. 123, dort Anm. 15.

sein könnten.[458] Von den Widersprüchen, die mit dieser Situation verbunden waren, wurde insbesondere die SPD gespalten. Die RHO-Novelle war unter Hilferding ursprünglich so konzipiert worden, dass sie auf eine Stärkung seines eigenen Ressorts sowohl gegenüber den anderen Ministerien als auch gegenüber dem Parlament hinauslief. Sein Nachfolger Paul Moldenhauer ließ bei der Reichstagsdebatte hingegen Zweifel an der Relevanz dieses Reformvorhabens erkennen, da die DVP eher auf die Sonderkompetenzen des Reichssparkommissars setzte.[459] Der entscheidende Punkt der Novelle lag aber darin, dass der verpflichtende Charakter des Haushaltsplans infrage gestellt wurde, denn die Regierungsvorlage sah vor, basierend auf der Expertise Dorns, dass die Posten des Haushaltsplans nur als Ermächtigungen galten und von der Exekutive nicht ausgegeben werden *mussten*. Die SPD-Fraktion im Reichstag verteidigte Anfang 1930 einerseits diese Novelle, weil sie an der primären Verantwortlichkeit der verfassungsmäßigen Institutionen (also der Reichsregierung, des Reichsrats und des Reichstags) festhielt und die Einschaltung außerordentlicher Instanzen vermeiden wollte. Andererseits sahen die Sozialdemokraten sich gezwungen, nun gegen die Entbindung der Exekutive von Reichstagsbeschlüssen mit einem (letztlich symbolischen) Sondervotum des Haushaltsausschusses zu protestieren.[460]

Solche Ambivalenzen wurden schließlich in eine Bestimmung überführt, die dem Reichsfinanzminister die nochmalige Prüfung und Begrenzung bereits bewilligter Ausgaben nach den Prinzipien von Wirtschaftlichkeit und Sparsamkeit einräumte (§ 26).[461] Auch nach der Verabschiedung der RHO-Novelle im Februar 1930 ebbte die Diskussion aber nicht ab. Insbesondere die Kompetenzen des Reichssparkommissars wurden von verschiedenen politischen Lagern weiterhin thematisiert; dabei ging es vor allem darum, dieses Sonderorgan aus dem persönlich begründeten Vertrauensverhältnis zur Reichsregierung zu lösen. Stattdessen sollten die Tätigkeiten des Reichssparkommissars und des Reichsrechnungshofs zusammengelegt und damit ihre regierungsunabhängige Stellung gestärkt werden. Aufseiten der Parteien (vor allem SPD, Zentrum und DVP) war damit die Hoffnung verbunden, der Volksvertretung die Haushaltskontrolle zu erleichtern, während der amtierende Reichssparkommissar Saemisch gemeinsam mit dem Reichsfinanzministerium darauf spekulierte, in diesem Zuge die autoritären Entscheidungsbefugnisse des Präsidenten des Sparbüros auch auf den kollegial organisierten Reichsrechnungshof zu übertra-

458 Redebeiträge Georg Schreibers (Z) sowie der Abgeordneten Oskar Hergt (DNVP) und Carl Cremer (DVP) bei der 132. RT- Sitzung, 26.2.1930, Sten. Ber., S. 4076, 4083 und 4086.

459 Rede Paul Moldenhauers (DVP), ebd., S. 4071.

460 Ausführungen des Berichterstatters Daniel Stücklen (SPD), 132. RT-Sitzung, 26.2.1930, Sten. Ber., S. 4068–4069 und 4073; sowie Hugo Heimann (SPD), ebd., S. 4073.

461 Gesetz zur Änderung der Reichshaushaltsordnung, 8.3.1930 (RGBl. II, S. 31).

gen. Letzteres sollte dann 1933 tatsächlich nach Gesprächen zwischen Saemisch und Hitler umgesetzt werden, obwohl die NSDAP noch 1931 dafür gestimmt hatte, die Position des Reichssparkommissars ersatzlos zu streichen.[462]

Für das Haushaltsjahr 1931/32 setzte die Reichsregierung dann tatsächlich darauf, wieder auf parlamentarischem Wege zu einer Entscheidung zu kommen. Die Vorlage des Reichshaushaltsplans im Parlament erfolgte noch vor der entsprechenden Frist, sodass die Beratung im Haushaltsausschuss bereits im Januar 1931 beginnen konnte. Als Beratungsgrundlage legte die Regierung einen besonders ausführlichen Finanzüberblick vor, der sich auch mit konjunkturellen Entwicklungen und Fragen der Reichsreform beschäftigte.[463] Seine Etatrede hielt Dietrich schon im Dezember des Vorjahres und verbreitete in diesem Zuge einen „gemäßigten Optimismus". Mit der Beratung des Haushaltsentwurfs für 1931 wurde im Reichstag (der zu diesem Zeitpunkt von einem starken Polizeiaufgebot umgeben war, was die Abgeordneten der KPD mit einem „Belagerungszustand" verglichen) zugleich die nachträgliche Beratung des in der Notverordnung vom 26. Juli 1930 enthaltenen Haushaltsplans für 1930 eingefordert, wobei ein Antrag der NSDAP auf Fortsetzung der Aussprache jedoch abgelehnt wurde. Während der Haushalt für 1930 damit der parlamentarischen Aushandlung vollständig entzogen wurde, setzte Brüning für 1931 offenbar einiges daran, „den Haushalt normalerweise im Plenum des Reichstages zur Erledigung zu bringen".[464]

Dafür setzte er allerdings jene Reform der Geschäftsordnung des Reichstags voraus, die um 1926 schon einmal vom Minister Reinhold zur Durchsetzung seines Finanzprogramms betrieben worden war, damals vergeblich. Die entsprechenden Debatten waren seither aber nicht verstummt, insbesondere das erwähnte Gutachten Dorns hatte dazu wirkmächtige Vorschläge gemacht. Im Kern dieser Geschäftsordnungsreform stand die Forderung, dass jeder ausgabenerhöhende oder einnahmensenkende Antrag des Parlaments entweder von der Zustimmung der Regierung abhängig zu machen oder mit einem Ausgleichsantrag zu verbinden sei, der Vorschläge für die Deckung enthielt. Zudem sollten alle Anträge vor der Lesung im Parlament in den zuständigen Ausschüssen verhandelt werden. Nach Vorgesprächen mit Abgeordneten der SPD, des Zentrums, der DVP, BVP, der Landvolk-Partei und Dietrichs Deutscher Staatspartei wurde schließlich Anfang 1931 ein Vorschlag zur Änderung des § 48a

462 Zur Debatte Störring, Beratungsfunktion, S. 56–61.

463 Hierzu und zum Folgenden 21. Sitzung des Ausschusses für den Reichshaushalt, 14.1.1931, S. 233–239; sowie 40. Sitzung, 9.2.1931, ebd., S. 532.

464 Redebeiträge von Ernst Torgler (KDP) und Wilhelm Frick (NSDAP) bei der 7. Sitzung des Reichstags, 3.12.1930, Sten. Ber., S. 221 und 231–232; Aufzeichnung für die finanzpolitische Aussprache im Haushaltsausschuss des Reichstags am 10.1.1933, BArch R2/12, Bl. 43–44; Reichskanzler an Staatssekretär Pünder, 27.12.1930, AdR, Kabinette Brüning I/II, Bd. 1, Dok. Nr. 212. Hierzu und zum Folgenden Dorn, Gutachten; sowie Kap. II.1.

der Geschäftsordnung des Reichstags eingebracht. Der Regierungsentwurf schrieb die Verweisung von Finanzvorlagen an die Ausschüsse zwingend fest (sofern der Finanzminister nicht einer Abweichung zustimmte) und machte die Deckungsvorschläge grundsätzlich von der Anerkennung durch die Regierung abhängig.[465]

Als dieser Entwurf am 9. Februar 1931 im Reichstag eingebracht wurde, führte dies zu Tumulten und dem demonstrativen Auszug der Abgeordneten von KPD, NSDAP und DNVP. Die Reform der Geschäftsordnung, deren Grundgedanken eigentlich in den „normalen Zeiten" der mittleren und späten 1920er-Jahre entstanden waren, hatte zu diesem Zeitpunkt eine veränderte Stoßrichtung angenommen, weil sie – angesichts des Erstarkens der radikalen Kräfte – die prinzipielle Fähigkeit der Volksvertretung zur Selbstverantwortung gar nicht mehr voraussetzte. Dies wurde auch in der Begründung des Antrags durch den Berichterstatter Johannes Bell (Zentrum) deutlich. Während sich die NSDAP und die DNVP in der anschließenden Debatte daher des Begriffs der „wahren Demokratie" bemächtigen und sich als Vertreter der „Mehrheit des deutschen Volkes" gerieren konnten, umgingen die Parteien der Mitte den demokratischen Diskurs und argumentierten vor allem mit der „unabweisbaren Staatsnotwendigkeit", mit der „Funktionsfähigkeit des Staates" und mit betonter „Sachlichkeit". Die Reform der Geschäftsordnung ermöglichte so zwar die rechtzeitige parlamentarische Verabschiedung des Haushaltsgesetzes, löste aber eine Eskalation der Staatskrise aus.[466] Sie zielte de facto auf eine Sanierung der Reichsfinanzen nach den Bedingungen der Regierung, nicht des Parlaments. Die Entscheidung darüber wurde aber gezielt in der Volksvertretung gesucht, wo die NSDAP ihrerseits immer neue Ausgabeninitiativen startete. Als Produkt einer internationalen Expertendiskussion entstanden, wurde die Reform nun von der demokratischen Mehrheit im Parlament als ein Akt der Souveränität der Regierung betrachtet und gegen republikfeindliche Kräfte im Reichstag durchgebracht. Diese „Erhaltungs- und Abwehrmajorität" setzte aber kein gelingendes Krisenmanagement im Dienste der Republik mehr in Gang, sondern verlagerte die Konflikte letztlich auf die außerparlamentarische Ebene.[467] Sie war damit ein weiterer Schritt im Prozess der Entmachtung des Reichstags, jedoch nicht als Resultat eines reaktionären Masterplans. Sie ergab sich eher aus der breit geteilten Erwartung, dass die republikanische

465 Besprechung vom 2.2.1931 betr. Abänderung der Geschäftsordnung für den Reichstag, AdR, Kabinette Brüning I/II, Bd. 1, Dok. Nr. 234 plus Anlage; sowie RT-Drucksache Nr. 698, 4.2.1931. Hierzu ausführlicher Middendorf, Fundamente.

466 Reichshaushaltsgesetz für das Rechnungsjahr 1931, 30.3.1931 RGBl II (1931), S. 92; 21. RT-Sitzung, 9.2.1931, Sten. Ber., S. 790, 795, 802 und 819.

467 Bilfinger, Geschäftsordnung; Schulz, Demokratie, Bd. 3, S. 868.

Regierung ihre Souveränität mittels der kompromisslosen Durchsetzung von Entscheidungen zu beweisen habe.

Der im März 1931 per Gesetz verabschiedete Haushaltsplan war aber ohnehin nur eine Fassade, denn kaum war er beschlossen, sandte Minister Dietrich bereits ein Schreiben an seine Kollegen, in dem er dessen Durchführbarkeit anzweifelte. Zudem betrafen die drei großen Notverordnungen des Jahres 1931 wesentliche Bereiche der Finanzpolitik. Zur „Erzielung einer geregelten Wirtschaftsführung für das laufende Rechnungsjahr" wurde der Reichshaushaltsplan daher nachträglich „berichtigt", basierend auf den Regelungen der Notverordnungen. Zu diesem Vorgehen war die Reichsregierung im Haushaltsgesetz (§ 18) schon prospektiv ermächtigt worden. Davon betroffen waren nicht zuletzt die Beamten, Arbeiter und Angestellten des Reichsfinanzministeriums, deren Unterstützungen gekürzt wurden und die ihr Gehalt nur in Raten ausgezahlt bekamen. Bis Ende des Jahres 1931 erreichte die auf dieser Basis durchgeführte Kürzungsaktion einen Umfang von über 1,4 Milliarden RM gegenüber dem ursprünglich bewilligten Entwurf. Im Vergleich zu den Ausgaben von 1930 war dies sogar ein Abstrich von etwa 2,7 Milliarden RM. Einzig der Wehretat blieb von diesen nachträglichen Streichungen weitgehend ausgenommen.[468]

Stattdessen rückten die Haushalte der Länder und Gemeinden verstärkt in den Fokus, die schon mit dem Plafondgesetz adressiert worden waren. Die von Reichsfinanzminister Dietrich durchgesetzte Dietramszeller Notverordnung vom August 1931 unterlief die finanziellen Autonomierechte der dezentralen Körperschaften und sollte so die „Totalität" des Regierungshandelns demonstrieren. Vorbereitet worden war sie unter Beteiligung Schwerin von Krosigks in einer kleinen Kommission. De facto zielte diese Notverordnung darauf, die Länder und Gemeinden zu ermächtigen, Haushaltsmaßnahmen ohne Befragung ihrer parlamentarischen Gremien durchzuführen. Dies lief auf einen diktaturrechtlich legitimierten Schritt in Richtung Reichsreform hinaus. Auf dieser Basis unternahmen es dann die Länder, mittels Sparverordnungen, verwaltungsmäßigen Vereinfachungen und Kreditermächtigungen bis hin zur Änderung des Landeswahlrechts die ihnen unterstellten Finanzen zu

468 Reichsfinanzminister an die Herren Reichsminister, den Staatssekretär in der Reichskanzlei, den Präsidenten des Rechnungshofs und den Reichssparkommissar betr. Haushalt 1931, 28.3.1931; Rundschreiben des Reichsfinanzministers betr. Berichtigung des Reichshaushaltsplans 1931, 6.6.1931; Unterabt. I B an Abt. I (Generalreferat), 12.5.1931; Rundschreiben des Reichsfinanzministers betr. Unterstützungsmittel bei Kap. XII 1 Tit. 4 für 1931, 16.5.1931; Rundschreiben des Reichsfinanzministers betr. Reichshaushaltsplan 1931, 17.12.1931; Vermerk Olschers für Dir 1 (Schwerin von Krosigk), 16.10.1931; Ausführungen des Generalberichterstatters MinDir Brecht zum berichtigten Reichshaushalt für 1931 in der Vollsitzung des Reichsrats am 21.1.1932, 22.1.1932, alle BArch R2/21895.

reorganisieren.[469] An die Notverordnung knüpfte sich seitens des Reichsfinanzministeriums auch der Anspruch an die Länder, ihre Haushaltslage sowie beabsichtigte Sparmaßnahmen nach gemeinsamen finanzstatistischen Vorgaben für das Reich transparent zu machen. Die Finanzlage von Reich, Ländern und Gemeinden wurde somit informationspolitisch beherrscht; dies waren Ansätze zentralistischer Steuerung, die dann nach 1933 nahtlos fortgeführt wurden.[470]

Für den Reichshaushalt des Jahres 1932 verließ die Regierung sich dann auf eine gänzlich außerparlamentarische Lösung. Die Notverordnung vom 6. Oktober 1931 hatte die Regierung bereits zur Aufstellung eines Interimsetats für die ersten Monate des Folgejahres ermächtigt. Im März 1932 erging dann eine Verordnung des Reichspräsidenten, welche die Verwaltung der Einnahmen und Ausgaben des Reiches für die Zeit bis Juni 1932 betraf. Dieser Verwaltungsplan enthielt auch jene Anleiheermächtigungen, die zu dem erwähnten politischen Konflikt mit der Reichsschuldenverwaltung führen sollten.[471] Eine Diskussion über den vorläufigen Haushaltsplan im Kabinett wurde unterbunden. Nachdem der Reichsarbeits- und der Reichswirtschaftsminister das intransparente Vorgehen kritisiert hatten, brach Brüning die Aussprache ab und mahnte in einem vertraulichen Kreis (also ohne Referenten) alle Minister zur Zurückhaltung. Informationen über den Zustand der Reichsfinanzen sollten angesichts der anstehenden Reparationsverhandlungen in Lausanne nicht mehr nach außen dringen, vor allem ausländische Experten auf diese Weise desinformiert werden.[472] Die Feststellung des Reichshaushaltsgesetzes auf parlamentarischem Wege, die in der Verordnung vorgesehen war, erfolgte nicht mehr. Zwar wurde

469 Verordnung des Reichspräsidenten zur Sicherung der Haushalte von Ländern und Gemeinden, 24.8.1931, (RGBl. I, S. 453). Hierzu Schulz, Demokratie, Bd. 3, S. 489–490; Brüning, Memoiren, S. 371–372; Huber, Verfassungsgeschichte, Bd. VII, S. 863–865. Zur Forderung nach mehr Rigidität im Bereich der Länder- und Gemeindefinanzen die Stellungnahme der DVP bei der 22. Sitzung des Ausschusses für den Reichshaushalt, 15.1.1931, S. 243.

470 Vermerk betr. Finanznot in Reich, Ländern und Gemeinden, 9.7.1931; Aufzeichnung zur Finanzlage der Länder [Nov. 1931]; Niederschrift über die Aussprache mit den Finanzministern der größeren Länder über die Finanzlage am 23.8.1932 im Festsaale des Reichsfinanzministeriums; Vermerk betr. Auswertungsübersichten des Statistischen Reichsamtes, 23.6.1933, alle BArch R2/19979; sowie die Unterlagen betr. Übersichten zum Reichshaushalt nach den Verordnungen zur Finanzstatistik seit 1926, BArch R2/19983.

471 Hierzu die Passagen zu Hans Schäffer in Kap. III.1; Verordnung des Reichspräsidenten über die Verwaltung der Einnahmen und Ausgaben des Reichs für die Zeit vom 1.4.1932 bis zum 30.6.1932, 29.3.1932 (RGBl. II, S. 97); Dritte Verordnung des Reichspräsidenten zur Sicherung von Wirtschaft und Finanzen und zur Bekämpfung politischer Ausschreitungen vom 6.10.1931 (RGBl. I, hier S. 551 (Dritter Teil Kap. VI)). Dahinterstehende Überlegungen zu einer grundsätzlichen „Verschiebung des Rechnungsjahrs" dokumentiert die Aufzeichnung Olschers für den Minister vom 3.10.1931, BArch R2/21852.

472 Ministerbesprechung außerhalb der Tagesordnung: Plan für die Haushaltsführung im

im April 1932 im Kabinett noch ein ordentlicher Haushaltsplan diskutiert, dessen Beratung aber immer wieder aufgrund der politischen Situation vertagt.[473]

Letztlich wurde der – in einigen Posten erstmals pauschalisierte[474] – Haushaltsentwurf dem Reichstag erst am 15. Juni 1932 vorgelegt, also nach dessen Auflösung am 4. Juni 1932. Verabschiedet und in Kraft gesetzt wurde der Haushaltsplan dann am 30. Juni 1932 nicht mehr in der Form einer provisorischen Haushaltsgesetzgebung. Stattdessen erging eine „Verordnung des Reichspräsidenten über die Verwaltung der Einnahmen und Ausgaben des Reiches im Rechnungsjahr 1932", die als solche nicht mehr darauf abzielte, das reguläre Budgetrecht temporär zu ersetzen. Vielmehr wurde damit öffentlich der umfassende Verfassungsnotstand signalisiert.[475] Diese neue Art der Budgetdiktatur wurde nunmehr allein durch den Reichspräsidenten und nicht mehr durch den Reichstag gedeckt. Der im Juli 1932 neu gewählte und im September 1932 sogleich wieder aufgelöste Reichstag befasste sich mit dieser Verordnung ebenso wenig wie der nachfolgende, obwohl Verordnung und Haushaltsplan dem Parlament gemäß Artikel 48 Abs. 3 WRV mitgeteilt wurden. Anders als im Juli 1930 unterblieb eine verfassungsmäßige Vorlage des Haushaltsplans vor dem Reichstagsplenum, was das Reichsfinanzministerium aber als rechtlich unerheblich einschätzte: Solange der Reichstag nicht wie 1930 auf eine solche Vorlage dringe, sei die Reichsregierung dazu nicht verpflichtet. Die damals maßgebliche Annahme, dass der Sinn des Artikels 85 WRV, nämlich „die Ermöglichung einer ordnungsgemäßen Verwaltung des Haushalts durch Feststellung des Haushaltsplans" mit der Maßnahme des Reichspräsidenten erfüllt sei, gelte weiterhin. Sollte der Reichstag doch noch die Initiative ergreifen, so sei allerdings eine Plenarvorlage, die eine Aussprache erfordere, „die unbequemere und unerwünschtere" Variante, da sie Konflikte mit sich bringen werde. Dem sei gegebenenfalls die nachträgliche, rein technische Billigung durch den Reichstag vorzuziehen.[476]

1. Vierteljahr des Rechnungsjahres 1932, 17.3.1932, AdR, Kabinette Brüning I/II, Bd. 3, Dok. Nr. 697.

473 Kabinettssitzung vom 12.4.1932, AdR, Kabinette Brüning I/II, Bd. 3, Dok. Nr. 715; sowie die Ministerbesprechungen vom 14.4.1932, Dok. Nr. 720; vom 2.5.1932, ebd., Dok. Nr. 732; vom 3.5.1932, ebd., Dok. Nr. 733.

474 Rundschreiben des Reichsfinanzministers betr. sächliche Verwaltungsausgaben im Reichshaushaltsplan 1932, 13.5.1932, BArch R2/21857, Bl. 116 RS.

475 Heckel, Diktatur, S. 334–335, dies in affirmativer Absicht. Allerdings plädierte Heckel auch dafür, solche Diktaturmaßnahmen zukünftig durch den Einbau eines verfassungsmäßigen Notbewilligungsrechts für die Exekutive zu vermeiden, da er der Auffassung war, dass der „Diktator [...] auf dem Gebiet des Budgetrechts nichts zu suchen" habe. Hierzu die Verordnung des Reichspräsidenten über die Verwaltung der Einnahmen und Ausgaben des Reichs im Rechnungsjahr 1932, 30.6.1932 (RGBl. II, S. 153).

476 Aufzeichnung für die finanzpolitische Aussprache im Haushaltsausschuss des Reichstags am 10.1.1933, BArch R2/12, Bl. 34–47, hier bes. Bl. 43–44; Ministerbesprechung vom

Es kam aber gar nicht zu einer Konstituierung des neuen Reichstags, sodass dieser auch keine finanzpolitische Debatte fordern oder führen konnte. Dies war ein wesentlicher Unterschied zu den Entwicklungen der beiden Vorjahre und zur Ermächtigungspolitik der frühen 1920er-Jahre. Auch die Notverordnung vom Juli 1930 war vom Parlament inhaltlich nicht mehr toleriert worden, aber es hatte noch die Möglichkeit erhalten, diese Ablehnung zum Ausdruck zu bringen, bevor es aufgelöst wurde. Ähnliches galt für die Frühphase der Notverordnungs- und Ermächtigungspolitik in den 1920er-Jahren. Auch die Auflösung des Reichstags durch Friedrich Ebert im März 1924 erfolgte erst nach Wiederaufnahme der parlamentarischen Tätigkeit und war eine Reaktion auf verschiedene Anträge auf Aufhebung oder Abänderung der zuvor ergangenen Notverordnungen. Diese Anträge konnten im Reichstagsplenum noch behandelt (wenn auch nicht mehr beschlossen) werden, bevor Ebert den Reichstag nach Artikel 25 WRV auflöste.[477]

Auch im Haushaltsjahr 1932 sollte zunächst weiter gespart werden; ein Globalabstrich von 110 Millionen RM war von Beginn an vorgesehen gewesen. Als frisch berufener Finanzminister kündigte Schwerin von Krosigk Ende Juni 1932 weitere rigide Kürzungsmaßnahmen an. Sollten sich die Haushaltsreferenten der anderen Ressorts nicht zu entsprechenden Maßnahmen bereitfinden und nicht binnen acht Tagen zu einem Verhandlungsergebnis kommen, so der neue Minister, werde er die Summen selbst festsetzen. Hatte er im November 1931 als Leiter der Haushaltsabteilung noch „ergebenst" darum gebeten, auf die Sparzwänge in den Ressortverhandlungen „besonders Bedacht zu nehmen", so führte er nun die institutionelle Macht des Ministeriums offensiv ins Feld. Zudem verwies Schwerin von Krosigk darauf, dass der Vereinfachung der Verwaltung wieder mehr Aufmerksamkeit gewidmet werden müsse, dazu zählte er auch Eingriffe des Reiches in die Länder- und Gemeindefinanzen.[478] Im Ton

3.12.1932 betr. politische Lage, AdR, Kabinett von Schleicher, Bd. 1, Dok. Nr. 1, dort Anm. 11; sowie den Wortlaut der Verordnung des Reichspräsidenten über die Auflösung des Reichstags, 12.9.1932 (RGBl. I, S. 441). Zu den Vorgängen auch die nach 1945 entstandene „Darstellung der rechtlichen und tatsächlichen Unterschiede in der Aufstellung und Durchführung des Reichshaushaltsplans, der Rechnungslegung, Rechnungsprüfung und der Entlastungserteilung vor und nach 1933", überliefert im Nachlass von Heinz Fengler, FS Brühl, D Repro, Akten-Bd. VI b, Journal Nr. A 817, S. 12–13.

477 Poetzsch-Heffter, Staatsleben (1925), S. 161; Frehse, Ermächtigungsgesetzgebung, S. 132–133; Blomeyer, Notstand, S. 258–259, der die Notverordnungspraxis von 1932 als deutlichen Bruch begreift. Allerdings war auch Eberts Maßnahme schon eine vorbeugende Parlamentsauflösung und damit eine weitreichende Intervention in das Entscheidungs- und Kontrollrecht der Legislative gewesen. Brünings Vorgehensweise im Juli 1930 zielte ebenfalls darauf, eine vollständige Beschlussfassung des Parlaments über das Notverordnungsprogramm zu verhindern, wenngleich eine Diskussion darüber zumindest noch ansatzweise zugelassen wurde.

478 Vermerk Abt. I an die Haushaltsreferenten, 21.11.1931, BArch R2/21900; Rundschreiben

seiner Schreiben zeigte sich ein neuer, autoritärer Regierungsstil, aber wohl auch die Machbarkeitseuphorie Schwerin von Krosigks, die sich nach seinem Eintritt in die Regierung Hitler noch steigern sollte. Insgesamt ist für die haushaltspolitischen Entwicklungen um 1932/33 aber eher von einer Transformation als von einem radikalen Bruch zu sprechen, zumal an entscheidender Stelle im Reichsfinanzministerium kein neuer Mann installiert wurde, sondern der alteingesessene Haushaltsfachmann Schwerin von Krosigk zum Minister aufstieg. Doch richtete sich die Energie der Regierungen nun in einem ganz neuen Maße auf den Umbau des Staates in seiner Gesamtheit, zunächst insbesondere auf die Unterordnung der Länder unter das Reich.[479]

So verschoben sich im Laufe des Jahres 1932 die politischen Gewichte und veränderten die staatliche Ordnung. Angesichts dieser Entwicklungen trat Staatssekretär Schäffer im Mai 1932 von seinem Amt zurück, nachdem er die Hinhaltetaktik Brünings sowie den mangelnden Austeritätswillen Dietrichs schon seit längerem beklagt hatte. Weitere Verantwortung für die Haushaltsgebarung des Reiches lehnte er nunmehr ab. Anders als Brüning und Dietrich wollte sich Schäffer von radikalen Stimmen nicht zu einer Abkehr vom Sanierungskurs und zu einer nationalistischen Abschottung treiben lassen.[480] Politisch stand Schäffers Rückzug zu diesem Moment für die deutliche Schwächung der demokratischen Kräfte innerhalb der Ministerialbürokratie. Zugleich machte sein Ausscheiden den Weg frei für jene Beamten, die wie der junge Schwerin von Krosigk nicht nur deutschnational dachten, sondern auch gegenüber konjunkturpolitischen Experimenten und Arbeitsbeschaffungsprogrammen aufgeschlossen waren.

Da der Reichstag ohnehin aufgelöst war, konzentrierte sich die Reichsregierung aber zunächst auf die Übernahme der Macht in Preußen, wo seit April 1932 eine geschäftsführende Regierung amtierte. Parallel zum „Preußenschlag" vom 20. Juli 1932 wurde die Notverordnungspolitik auf Reichsebene fortgesetzt, allerdings nur in der Technik, nicht in der Sache. Die Verordnung des Reichspräsidenten zur Belebung der Wirtschaft vom 4. September 1932 bedeutete die endgültige Abkehr von der Haushaltssanierung; dieser Wandel hatte schon unter der Regierung Brüning begonnen, wurde nun aber dynamisiert. Eingeführt wurde ein System von Steuergutscheinen, das der Arbeitsbeschaffung dienen sollte; an diese Techniken knüpfte dann einige Monate später der neue Staatsse-

des Reichsfinanzministers betr. Haushalt 1932, 4.7.1932, BArch R2/21895; hierzu auch Schwerin von Krosig, Staatsbankrott, S. 115–116, dort auch zur Folgewirkung mit Blick auf die von Popitz durchgesetzte Reform der Gemeindefinanzordnung.

479 Heindl, Haushalte.

480 Bachmann, Reichskasse, S. 305–311.

kretär Reinhardt mit seiner nationalsozialistisch ausgerichteten Steuerreformpolitik (dem sogenannten Reinhardt-Programm) an.[481]

Unübersehbar wurde, dass die Regierung von Papen das Regieren mittels Artikel 48 WRV, das nach den Vorgaben der Verfassung immer wieder an den Reichstagswillen rückgebunden werden musste, durch eine umfassendere Lösung ersetzen wollte. Die entsprechenden Pläne aus dem Umfeld des Reichskanzlers zielten über eine intermittierende Notstandspolitik hinaus, und Carl Schmitt und seine Weggefährten (die *Vossische Zeitung* schuf für diese Zirkel die Gruppenbezeichnung „Pläneschmitte“[482]) lieferten dafür die rechtswissenschaftliche Legitimation – eine Entwicklung, die der Staatsrechtler Johannes Heckel im *Archiv des öffentlichen Rechts* 1932 deutlich kritisierte: „Mit gewaltigem Anlauf ist die Diktatur von der Bekämpfung innerer Unruhen zur Wirtschafts- und Steuerdiktatur fortgeeilt, hat sich von da zur Verwaltungsdiktatur weiterentwickelt und steht heute im Begriff, Verfassungsdiktatur zu werden; sie hat gegenüber den Ländern diese Position praktisch schon eingenommen, und die Theorie bahnt ihr sogar für das Reich den Weg.“[483]

Sowohl eher konservative Stimmen wie Heckel als auch sozialdemokratische Juristen wie Ernst Fraenkel oder Otto Kirchheimer monierten den „Krankheitszustand“ des Verfassungsstaates unter der Regierung von Papens. Sie vertraten die Auffassung, dass damit eine neue Stufe der Aufweichung der Verfassung erreicht sei, wenngleich Heckel den Beginn dieser Entwicklung schon auf die Herbstwahlen von 1930 datierte, während Fraenkel den Preußenschlag als den entscheidenden Bruch ansah.[484] Gegen die Versuche des Kabinetts von Papen, im Moment der Verfassungslähmung eine autoritäre Ordnung zu etablieren, plädierte Fraenkel für die Einführung eines konstruktiven Misstrauensvotums, den Volksentscheid über eine legale Verfassungsreform, um die illegale Verbreiterung des Verfassungsnotstands zu verhindern, und den politischen Zusammenschluss aller demokratischen Kräfte.[485] Wie Fraenkel

481 Rede von Papens vor dem Bayerischen Industriellenverband, 12.10.1932, AdR, Weimarer Republik, Kabinett von Papen, Bd. 2, Dok. Nr. 166; Reinhardt, Reinhardt-Programm; ders., Generalplan; ders., Arbeitsschlacht; Über den Kampf gegen die Arbeitslosigkeit; Banken, Steuerstaat, S. 289–290; Witt, Auswirkungen, S. 46.

482 So Fraenkel, Verfassungsreform, S. 492.

483 Heckel, Diktatur, S. 260.

484 Fraenkel, Verfassungsreform, S. 486, der Heckels Diagnose zustimmte, allerdings manche seiner Reformvorschläge für bedenklich hielt. Anders als Heckel war er zudem der Auffassung, dass nicht die Reichstagswahl vom 14. September 1930, sondern erst das Kabinett von Papen durch den Preußenschlag und die doppelte Reichstagsauflösung den „Krankheitsprozeß“ entscheidend verschärft habe (ebd., S. 487).

485 Damit stellte sich Fraenkel teilweise gegen eine zu diesem Zeitpunkt noch herrschende Meinung in der SPD, welche eine Verfassungsreform grundsätzlich skeptisch sah, vgl. Fraenkel, Um die Verfassung, S. 306–310; ders., Verfassungsreform, S. 486 (dort den „disclaimer“ der Redaktion in Anm. 1), 490, 494 und 500; ders., Abschied, S. 124; hier-

hielt auch Kirchheimer das Vorgehen von Papens für tendenziell verfassungswidrig, zumal dieser jene Neutralität gegenüber der Parteipolitik (vor allem gegenüber der NSDAP) aufgegeben habe, welche die Präsidialkabinette unter Brüning und ihre Notstandsmaßnahmen noch ausgezeichnet habe. Erst durch diesen politischen Umbruch würden „die Unregelmäßigkeiten unserer verfassungsrechtlichen Zustände, in denen die Regel durch die Ausnahme, das Gesetz durch die Maßnahme, die verantwortliche durch die geschäftsführende Regierung abgelöst wurde“ von einem vorübergehenden Stadium zu einer dauerhaften Ordnung, also zu einer neuen Normalität, aus der kein Rückweg mehr vorgesehen sei.[486]

Tatsächlich war auch innerhalb der Reichsregierung vor allem die Frage umstritten, inwiefern man sich für den erhofften Umbruch auf die NSDAP einlassen sollte. Schwerin von Krosigk plädierte nach späterer Aussage für die Einbindung der Nationalsozialisten, damit die Reichsregierung nicht den Charakter eines antiparlamentarischen „Kampfkabinetts“ annehme. Schäffer dagegen kommentierte die von Papen betriebene Politik schon damals abfällig als misslungenen Versuch, den zuvor stets nur krisenbedingten und kurzfristigen Notstand zu verstetigen.[487] Letztlich überstand von Papen im September 1932 die Konfrontation mit der ablehnenden Reichstagsmehrheit nicht. Auch nach der Neuwahl des Reichstags am 6. November 1932 blieb die NSDAP, trotz Stimmenverlusten, die entscheidende Partei; gemeinsam mit der KPD verfügte sie immer noch über die negative Mehrheit der Mandate. Von Papen gelang keine Kabinettsbildung mehr, und Hindenburg setzte im Folgemonat stattdessen Kurt von Schleicher als neuen Reichskanzler ein. Dieser stand für die Stärkung der Reichswehr im Moment der Krise, im Sinne des älteren, also militärisch bestimmten Belagerungszustands. Nach längeren Sondierungen gingen seine Pläne schließlich im Januar 1933 so weit, dass die Wahlen, die nach einer neuerlichen Reichstagsauflösung notwendig geworden wären, längerfristig verschoben werden sollten. Dies hätte einen temporären Verfassungsbruch bedeutet.[488]

zu auch Wildt, Beziehung, S. 284–290. Hingegen verband Fraenkel damit keineswegs ein Plädoyer für die diversen, von Schmitt legitimierten Pläne von Papens und Schleichers, im Zusammenspiel mit der NSDAP den Reichstag auszuschalten oder autoritäre Verfassungsumbauten vorzunehmen, wie Pyta, Verfassungsumbau, S. 179–180 (dort Anm. 13), es andeutet.

486 Kirchheimer, Probleme, S. 125.

487 Blomeyer, Notstand, S. 259–263; zu Schwerin von Krosigk, Staatsbankrott, S. 111; zu Schäffer dessen Ausarbeitung vom 30.9.1932, ED 93-32, Bl. 300–301. Vgl. auch Kap. III.1.

488 Als letzter Ausweg und einzige realistische Alternative zu Hitler erscheinen Schleichers (und Schmitts) Pläne hingegen bei Kolb/Pyta, Rettung, S. 180–181; Pyta, Verfassungsumbau; Bendersky, Ausnahmezustand, S. 73. Dabei werden aber die politisch ambivalente Wirkung wie die mangelnde Vertrauenswürdigkeit solcher Planspiele außerhalb der Hinterzimmer dieser „großen Männer“ kaum einbezogen, ebenso wenig wie deren ver-

Zunächst aber suchte Schleicher die Entscheidung über die bisherige Ausnahmepolitik noch im Parlament; dazu zählte die Frage der Notverordnung vom 4. September 1932. Ein Antrag der KPD, die Abstimmung über die Aufhebung der Notverordnung sowie ein Misstrauensvotum auf die Tagesordnung zu setzen, fand bei der Eröffnungssitzung am 6. Dezember 1932 keine Mehrheit. Dieses Reichstagsvotum wurde als Signal zugunsten der Regierung von Schleichers gewertet. Bei der Sitzung am 9. Dezember 1932 wurde allerdings ein Antrag des Zentrums auf Außerkraftsetzung des besonders umstrittenen sozialpolitischen Teils der Septemberverordnung angenommen und ein entsprechender Gesetzentwurf auf den Weg gebracht; anschließend vertagte sich der Reichstag auf unbestimmte Zeit. Dies sollte die letzte Sitzung des Reichstagsplenums vor der Machtübernahme durch die Regierung Hitler sein. Die Reichstagsausschüsse allerdings tagten weiter, und in deren Rahmen kam es auch zu inhaltlichen Abstimmungsprozessen zwischen den Regierungsplänen und der Haltung des Parlaments.[489]

Im Haushaltsausschuss fand eine letzte finanzpolitische Debatte statt: Um die Jahreswende 1932/33 trafen dort altbekannte Weimarer Finanzexperten unterschiedlicher Parteien wie Hilferding, Heinig, Ersing, Reinhardt und Torgler auf den ihnen als Haushaltsreferenten jahrelang vertrauten Schwerin von Krosigk, nun in seiner neuen Funktion als Minister. Zu diesem Zeitpunkt hatte es seit etwa anderthalb Jahren im Reichstag keine Debatte über den Reichshaushalt mehr gegeben. Auch ein Etatentwurf für das Jahr 1933 lag zu diesem Zeitpunkt noch nicht vor. Stattdessen präsentierte der Reichsfinanzminister vertrauliche Zusammenstellungen über Darlehen, Bürgschaften und Unternehmensbeteiligungen des Reichs.[490] Von der bürgerlichen Presse und sozialdemokratischen Abgeordneten wie Heinig und Hilferding wurde dieses Vorgehen als „autoritäre Haushaltsgebarung“ angeprangert. Gerade die Arbeitsbeschaffungs- und Konjunkturprogramme des Jahres 1932 seien als ungeheurer Zuwachs an „unkontrollierten Mitteln, Möglichkeiten und Hilfsquellen“ zu verstehen, denen sich die Reichsregierung unter Umgehung der parlamentarischen Kontrolle bediene – ein „Absolutismus [...] der Ministerialbürokratie“.[491] Schwerin

fassungsentleerende Wirkung in Kombination mit dem öffentlich geführten Bürgerkrieg. Hierzu auch Gusy, Ermächtigungsgesetzgebung, S. 270.

489 Blomeyer, Notstand, S. 263–274; Huber, Verfassungsgeschichte, Bd. VII, S. 1160–1176; Gesetz zur Änderung der Verordnung des Reichspräsidenten zur Belebung der Wirtschaft vom 4.9.1932 (RGBl. I, S. 547); Ministerbesprechung vom 14.12.1932, AdR, Kabinett von Schleicher, Bd. 1, Dok. Nr. 24, dort. Anm. 35; Verordnung über die Aufhebung der Verordnung zur Vermehrung und Erhaltung der Arbeitsgelegenheit, 14.12.1932 (RGBl. I, S. 545). Für die Koordination bei der Aufhebung des sozialpolitischen Teils der Septemberverordnung vgl. 3. Sitzung des Ausschusses für den Reichshaushalt, 13.12.1932, S. 17.

490 3. Sitzung des Ausschusses für den Reichshaushalt, 13.12.1932, S. 18–20.

491 Ohne Kontrolle. „Autoritäres Regime“ in der Etatpolitik, in: Berliner Tageblatt, 23.10.1932, BArch R2/21899; Autoritäre Etatsgebarung, in: Vossische Zeitung,

von Krosigk wies diese Kritik im Haushaltsausschuss zurück und stellte dabei wichtige Formalprinzipien des Haushaltsrechts infrage. Verlässlichkeit und Stabilität der Haushaltsplanung seien wichtiger als deren Vorherigkeit, so der Minister. Auch vom Bruttoprinzip könne man abweichen und dem Haushaltsausschuss Nettozahlen für die Steuereinnahmen vorlegen. Dies hatte die Reichsregierung schon 1930 versucht, war damals aber am Einspruch des Parlaments gescheitert.[492]

Nun ließ sich zumindest die DNVP auf dieses Vorgehen ein, um das „starke Mißtrauen gegen die öffentliche Finanzgebarung" im In- und Ausland durch niedrigere Haushaltszahlen zu besänftigen. Daher erklärte sie sich „vorübergehend damit einverstanden [...], daß die Nettoetatisierung gewählt werde, während das Bruttoprinzip unter allen Umständen grundsätzlich beibehalten werden müsse". Skeptischer zeigte sich das Zentrum, wenngleich auch dessen Vertreter Schreiber zugestand, dass der Etat des Jahres 1933 von zahlreichen „transitorischen Elementen" geprägt sei, die jedoch „im Laufe der Zeit unbedingt wieder verschwinden müßten". Die SPD äußerte sich zu der Frage des Bruttoprinzips nicht, ihr Vertreter Hilferding nutzte die Sitzung hingegen für eine programmatische Auseinandersetzung mit der Ausgabenpolitik der Regierung, die er als Ausdruck einer finalen Krise des Kapitalismus deutete. Er sah den historischen Moment für einen Neuanfang in den Beziehungen zwischen Legislative und Exekutive gekommen, bei dem hoffentlich „mit der Praxis der letzten Jahre endlich ein Bruch vollzogen und die Möglichkeit gegeben werde, den Etat, der immer bedeutsamer auch für die Wirtschaft geworden sei, parlamentarisch zu verabschieden". Dafür müsse jedoch an allen grundlegenden Prinzipien der Haushaltsordnung festgehalten werden, etwa am Prinzip der Pünktlichkeit sowie an der nachträglichen Bewilligung des per Notverordnungen verabschiedeten Etats für 1932 durch das Parlament. Im letzten Punkt wie auch in seiner scharfen Kritik an der Kreditermächtigungspolitik auf Basis des Artikels 48 war sich Hilferding zu diesem Zeitpunkt nicht nur mit den Vertretern der bürgerlichen Mitte, sondern sogar mit der NSDAP einig.[493]

23.10.1932, ebd.; Redebeitrag Rudolf Hilferdings (SPD) bei der 6. Sitzung des Ausschusses für den Reichshaushalt, 11.1.1933, S. 57.

492 Reichsfinanzminister an die Landesregierungen betr. Haushalt 1933, 11.10.1932, BArch R2/19983. Zur damaligen Kritik des Reichstags an Abweichungen vom Bruttoprinzip das Schreiben des Reichspostministers an den Reichsfinanzminister, 24.4.1931; ihrerseits hatte die Reichsregierung 1931 gegenüber den Ländern und Gemeinden auf die Einhaltung des Bruttoprinzips gepocht, vgl. Schreiben des Reichsfinanzministeriums an die Kommunalpolitische Vereinigung e. V. Köln, 16.9.1931, beide BArch R2/21852. Zu entsprechenden Debatten um 1931/1932, mit Verweis auf die nationalsozialistische Agitation, außerdem die Dokumente in BArch R2/21895.

493 5. und 6. Sitzung des Ausschusses für den Reichshaushalt, 10./11.1.1933, hier S. 49, 57, 64 und 68.

Doch mit der Machtübernahme der Regierung Hitler fand diese parlamentarische Kommunikation ein Ende. Hilferdings Erwartung eines Neuanfangs sollte sich nicht erfüllen, stattdessen vertagte sich der Haushaltsausschuss am 1. Februar 1933 auf Antrag der NSDAP-Fraktion. Grundlage dieses Beschlusses war die Annahme der nicht-nationalsozialistischen Ausschussmitglieder, dass kurz darauf entweder eine Plenarsitzung stattfinden oder der Ausschuss anderenfalls schon in wenigen Tagen wieder unabhängig vom Plenum zusammenkommen würde – eine Annahme, die sich als falsch erweisen sollte. Eine letzte protokollierte Haushaltssitzung fand erst wieder nach den Reichstagswahlen statt, am 23. März 1933. In dieser Sitzung brach Reinhardt als Ausschussvorsitzender endgültig mit den Gepflogenheiten dieses Gremiums und verhinderte, dass, wie bisher üblich, die SPD als zweitstärkste Fraktion einen stellvertretenden Vorsitzenden stellte. Von Heinig dazu aufgefordert, vermerkte Reinhardt für das Protokoll explizit, er sei „nicht gesonnen, die bisherige Methode weiterzuführen".[494]

Entgrenzte Kämpfe: Haushaltsplanung nach dem Ermächtigungsgesetz

Die Einsetzung der Regierung Hitler bedeutete nicht nur das Ende des Parlamentarismus. Zugleich löste dieser Machtwechsel fiebrige Aktivität im Reichsfinanzministerium aus. Bereits am 4. Februar 1933 legte Schwerin von Krosigk dem Kabinett eine Zusammenstellung von Punkten vor, deren baldige Regelung er für unabdingbar hielt. Dazu zählten die Verlängerung von Regelungen zum Personalabbau und zur Gehaltskürzung, die Verstetigung von Krisensteuern, die Herabsetzung der Vermögensteuer sowie die Entlastung der Wirtschaft durch das Verbot von Realsteuererhöhungen der Länder und Gemeinden. Neben kleineren Vorhaben zur Bekämpfung des Schmuggels und zur Verbesserung der Münzprägung führte der Reichsfinanzminister außerdem das große Projekt einer Zusammenlegung von Arbeitslosenversicherung, Krisenfürsorge und Wohlfahrtshilfe an.[495] Für die Mehrzahl dieser Punkte forderte Schwerin von Krosigk bei der Ministerbesprechung am 8. Februar 1933 die unverzügliche Regelung „im Verordnungswege", und zwar noch vor den Wahlen. Um öffentliche Diskussionen darüber zu vermeiden, sollte die Verordnung erst

494 1. Sitzung des Ausschusses für den Reichshaushalt, 23.3.1933, S. 235. Zu den Diskussionen um die Vertagung des Reichstags als Alternative zu Neuwahlen vgl. den Eintrag im Tagebuch Schwerin von Krosigk, 5.2.1933, IfZ ZS A-20, Bd. 4a, Bl. 17.

495 Zusammenstellung der Punkte, die vom Standpunkte des Reichsfinanzministeriums bald geregelt werden müssen, 4.2.1933, BArch R43 II/758, Bl. 3–7.

einmal „in der Stille“ vorbereitet und frühestens nach dem Wahltag am 5. März veröffentlicht werden. Die Aushandlung der einzelnen Bestimmungen wurde auf Vorschlag Schwerin von Krosigks zunächst in den Wirtschaftsausschuss der Reichsregierung ausgelagert. Mit seinem Bestreben, einzelne dringliche Maßnahmen unverzüglich durch eine besondere Verordnung zu regeln, konnte er sich zwar nicht durchsetzen, ansonsten stießen seine Pläne aber auf die Zustimmung des Kabinetts. Die entsprechende Verordnung wurde dann am 18. März 1933 vom Reichspräsidenten ausgefertigt und veröffentlicht.[496]

Hinzu kamen Vorstöße, mit denen das Ressort die eigene Systemrelevanz zu dokumentieren suchte. Ende Februar 1933 brachte der Reichsfinanzminister im Kabinett eine Vorlage ein, in der er die Möglichkeiten zur Deckung des Reichshaushalts für das kommende Haushaltsjahr erläuterte. Da die nationalsozialistische Regierung sicherlich keinen Defizitetat aufstellen wolle, verwies er auf notwendige Sparmaßnahmen wie die geplante Reorganisation der Arbeitslosenhilfe „nach den Wahlen“, aber auch auf die vorhandenen Möglichkeiten eines haushaltstechnischen „Kunstgriffs“. Dieser sollte darin bestehen, dass erforderliche Abführungen an den Fonds für die Anleiheablösungsschuld nicht in bar, sondern mittels Reichsschatzanweisungen erfolgten. Insgesamt drang der Reichsfinanzminister auf rasche Abstimmung der Etatvorlage mit den anderen Ressorts und ging davon aus, schon in etwa zwei Wochen zu einem Abschluss zu kommen. Eine eventuelle Verzögerung könne man aber auch durch einen Notetat überbrücken.[497] Diese Variante wurde dann tatsächlich umgesetzt. Die Haushaltsführung für die Zeit bis Juni 1933 wurde durch ein vorläufiges Haushaltsgesetz überbrückt, das sich in wesentlichen Inhalten an die Verordnung des Reichspräsidenten über die Verwaltung der Einnahmen und Ausgaben des Reiches von 1932 anlehnte. Zusammen mit diesem Gesetz wurden auch gleich der Haushaltsplan für 1932 rückwirkend festgestellt und ein Gesetz über Kreditermächtigungen des Reiches vorgelegt und angenommen. (Ähnlich reibungslos verlief dann im Folgejahr die Änderung verschiedener Vorschriften auf dem Gebiet des Finanzwesens, die ebenfalls vom Reichsfinanzministerium ausging und teilweise jahrzehntealte Regelungen aufhob.) Dies waren die umtriebigen Monate, in denen Schwerin von Krosigk auch in zahlreichen öffentlichen Auf-

[496] Ministerbesprechung vom 8.2.1933, AdR, Regierung Hitler, Teil I, Bd. 1, Dok. Nr. 17, S. 48–49; Ministerbesprechung vom 27.2.1933, ebd., Dok. Nr. 30, S. 120–122; Ministerbesprechung vom 15.3.1933, ebd., Dok. Nr. 60, S. 219–220; Niederschrift der Chefbesprechung in der Reichskanzlei am 25.2.1933; Vorlage des Reichsfinanzministeriums zur Beratung im wirtschaftspolitischen Ausschuss am 17.3.1933, beide BArch R43 II/778, Bl. 55–56 und 61–62. Für den Wortlaut der Verordnung vgl. RGBl. I (1933), S. 109.

[497] Auszug aus der Niederschrift über die Ministerbesprechung vom 22.2.1933 betr. Haushaltslage 1932 und 1933, BArch R43 II/758, Bl. 20–24; Aufzeichnung über die Haushaltslage 1932 und 1933, 20.2.133, ebd., Bl. 12–16.

tritten und Pressemitteilungen sein Programm einer aktiven „Etatskonjunkturpolitik“ vertrat.[498]

Der Artikel 1 des Ermächtigungsgesetzes vom 24. März 1933 hob explizit hervor, dass die Gesetzgebungskompetenz der Exekutive auch für die Bereiche gelte, die in den Artikeln 85 Abs. 2 und 87 der WRV geregelt wurden – also Haushalt und Kredit. Dies führte in der Praxis dazu, dass die Haushaltsgesetze nunmehr regelmäßig rechtzeitig zum Beginn des Haushaltsjahres verabschiedet wurden, allerdings ohne die Beifügung eines festgestellten Reichshaushaltsplans. Dessen (bei der Gesetzesverkündung meist noch gar nicht feststehende) Gesamtzahlen wurden damit nicht nur endgültig der Öffentlichkeit entzogen, sondern auch innerhalb der Verwaltung unsichtbar.[499] Für das Finanzressort bedeutete das zunächst eine deutliche Stärkung, wie auch Carl Schmitt festhielt. In einem Kommentar zum Ermächtigungsgesetz hob er dessen innere Beziehung zur „gegenwärtigen Reichsregierung“ hervor, die besonders machtvoll sei durch die Führungsrolle Hitlers, das Vertrauen Hindenburgs und das plebiszitäre Votum sowie, im Originalton: „die Mitarbeit von Fachministern (Reichsfinanzministerium und Reichswehrministerium)“.[500] Die Erwartung der Spitze des Reichsfinanzministeriums, auf der Basis der Ermächtigungsgesetzgebung nun zu neuer Handlungsmacht in der Finanz- und Haushaltsplanung zu kommen und mittelfristig zu den „alten Wahrheiten“[501] zurückzukehren, sollte jedoch trügen.

Noch Ende Juni 1933 lag kein neuer Haushaltsplan vor. Die Verlängerung des Notetatgesetzes hielt Schwerin von Krosigk aber für unmöglich, „weil eine solche Verlängerung in der Öffentlichkeit den Eindruck hervorrufen könnte, als ob die Reichsregierung, die praktisch an Reichsrat und Reichstag nicht

[498] Gesetz über die Haushaltsführung im Reiche, 30.3.1933 (RGBl. II, S. 141); Gesetz über Erteilung von Kreditermächtigungen, 30.3.1933 (RGBl. I, S. 151); Eilschreiben des Reichsfinanzministeriums betr. Nothaushalt 1933, 7.3.1933, BArch R43 II/758, Bl. 25. Zur Beschlussfassung über die beiden Gesetze die Kabinettssitzung vom 29.3.1933, AdR, Regierung Hitler, Teil I, Bd. 1, Dok. Nr. 77, S. 267–268; Gesetz über die Änderung und Ergänzung von Vorschriften auf dem Gebiete des Finanzwesens vom 23.3.1934 (RGBl. I, S. 232); Kabinettssitzung vom 22.3.1934, AdR, Regierung Hitler, Teil I, Bd. 2, Dok. Nr. 321, S. 1206; Gesetzesvorlage in BArch R43 II/778, Bl. 131–135. Für Schwerin von Krosigks öffentliche Stellungnahmen die Unterlagen ebd., Bl. 137–149 sowie ausführlich Kap. III.1.

[499] Gesetz zur Behebung der Not von Volk und Reich, 24.3.1933 (RGBl. I, S. 141); Aufzeichnung „Darstellung des Verhältnisses der Funktionen des Reichsfinanzministeriums, der Reichshauptkasse und des Rechnungshofs in Bezug auf Aufstellung, Durchführung und Kontrolle des Reichshaushaltsplans“, o. D. [nach 1945], BArch R2 ANH./32, Bl. 3; Aufzeichnung „Grundsätze für die Aufstellung der Reichshaushaltspläne und der Haushaltsrechnungen vor und nach 1933“, o. D. [nach 1945], ebd., Bl. 24 RS.

[500] Schmitt, Gesetz, Sp. 457; Neumann, Staat, S. 138.

[501] Der Reichsfinanzminister über die Haushaltsgestaltung im Dritten Reich, in: Deutsches Nachrichtenbüro Nr. 1031, 15.5.1934, BArch R43 II/754.

gebunden ist, über die Gestaltung des Haushaltsplans in sich nicht einig wäre." Daher schlug er vor, alle vorhandenen Meinungsverschiedenheiten zunächst zu übergehen und kurzfristig einen von ihm vorgelegten Etat zu verabschieden, den er mithilfe von vorläufigen Schätzungen (inklusive eines Vorgriffs auf die noch unerledigte Neuregelung der Arbeitslosenfürsorge) sowie der Auslassung „an sich notwendiger" Ausgaben ausgeglichen hatte. Ausreichende Beträge für die erforderliche Schuldentilgung waren nicht vorgesehen, zudem sollten Kassenreserven in Form von Vorzugsaktien der Reichsbahn verkauft werden. Ein Globalabstrich in Höhe von fünfzig Millionen RM war im Laufe des Haushaltsjahres erst noch einzutreiben. Um die Öffentlichkeit nicht länger „zu irrigen Auffassungen" über die Höhe der Staatsausgaben zu verleiten, war der Plan außerdem nach dem Nettoprinzip aufgestellt. So ließ sich gegenüber dem Haushaltsjahr 1932 eine Verringerung der Gesamtausgaben um rund 1,65 Milliarden RM suggerieren. Die bestehenden Konflikte sollten dann über spätere Chefbesprechungen beziehungsweise Kabinettsentscheidungen und erforderlichenfalls mittels eines Nachtragsetats gelöst werden.[502]

Am 27. Juni 1933 wurde dieser Etat von der Reichsregierung beschlossen und der Haushaltsausgleich öffentlich verkündet. Die in den Weimarer Jahren so umstrittene Abweichung vom Bruttoprinzip wurde beiläufig mit „Zweckmäßigkeitsgründen" legitimiert. Einigermaßen zynisch verwies das Reichsfinanzministerium in der Pressemitteilung zudem auf die „Ersparnis", die durch die „Verringerung der Abgeordnetenzahlen (Kommunisten, Sozialdemokraten und Staatspartei)" erzielt werde.[503] Auch wenn eine reguläre Haushaltsgesetzgebung zum eigentlichen Termin nicht erreicht worden war, schien die Zügigkeit der Beschlussfindung einen Befreiungsschlag für das Reichsfinanzministerium darzustellen. Im Anschluss an die Entscheidung über den Haushaltsplan 1933 teilte das Reichsfinanzministerium, in Gestalt seines neuen Staatssekretärs Reinhardt, den anderen Ressorts daher gleich mit, dass aufgrund der „Vereinfachung der Reichsgesetzgebung" zukünftig die langen Vorlauffristen nicht mehr zu beachten seien. Die Vorlage der Neuforderungen von erheblicher Tragweite wurde stattdessen auf den 15. November, die der eigentlichen Voranschläge inklusive der erforderlichen Übersichten auf den 15. Dezember terminiert. Detailliertere Aufstellungen über die Zergliederung der Haushaltsausgaben sowie die Zahl der Planbeamten waren sogar erst zum 1. Februar des Folgejahres vorzulegen.[504]

502 Reichsfinanzminister an den Staatssekretär in der Reichskanzlei betr. Reichshaushaltsplan für 1933, 26.6.1933, BArch R43 II/758, Bl. 53.

503 Der Reichsetat für 1933, in: WTB, Nr. 1568, 29.6.1933, ebd., Bl. 71.

504 Rundschreiben des Reichsfinanzministers betr. Haushaltsentwurf 1934, 6.7.1933, ebd., Bl. 104.

Doch brachte bereits das Frühjahr 1933 auch eine Entscheidung mit sich, die eine Zurückdrängung des Ministeriums aus wichtigen Bereichen der Haushaltspolitik bedeutete. Per Kabinettsbeschluss vom 4. April 1933 wurde festgelegt, dass der Reichsfinanzminister die Mittel für die anstehende Umorganisation der Wehrmacht „ohne Rücksicht auf die Herkunft der Gelder in *einer* Summe und in einer Form [...], die unter Vermeidung aller Einzelangaben der Öffentlichkeit im In- und Auslande den Einblick in die beabsichtigen Maßnahmen verwehrt", bereitzustellen hatte, also als Globalsumme und in einer rechnerischen Darstellung, die der „Tarnung" der Aufrüstung diente. Die Vorbereitung dieses Schritts hatte im Reichswehrministerium schon unmittelbar nach der Verabschiedung des Ermächtigungsgesetzes begonnen, als auch Pläne für einen grundsätzlichen Umbau der Wehrmacht entworfen wurden. In diesem Zuge erteilte Hitler die Weisung für eine vier- bis fünfjährige Phase der Reorganisation und Wehrhaftmachung.[505] Der Kabinettsbeschluss gehörte damit zu einem Maßnahmenpaket für die Aufrüstung, das zunächst als befristet beschrieben und erst später (auf formellen wie informellen) Wegen verstetigt wurde. Hierzu zählte auch die Einführung der sogenannten Mefo-Wechsel, die der verschleierten Rüstungsfinanzierung dienten.[506]

Zugleich wurde die Bildung eines Reichsverteidigungsrats beschlossen, durch den die Verantwortung für die Maßnahmen der Wehrhaftmachung nicht mehr allein dem Reichswehrministerium, sondern einem ministeriellen Kollegium übereignet wurde. Dort waren neben dem Reichskanzler und den Militärs auch der Reichsfinanzminister sowie weitere zivile Ressorts vertreten. Außerdem wurde eine Novelle der RHO angestoßen, die dem Rechnungshof weiterhin Beanstandungen am Wehretat, deren Natur eigentlich Geheimhaltung erforderte, ermöglichte. Auch die Haushaltsplanung gestaltete sich seit 1933 nicht vollständig einseitig: Die jährliche Haushaltsaufstellung basierte vielmehr auf der Aushandlung eines Gesamtbetrages zwischen dem Reichsfinanzminister und dem Reichsbankpräsidenten einerseits und dem

[505] Entwürfe für die Kabinettsvorlage, abgedr. in: Geyer, Rüstungsprogramm, bes. S. 156–157; grundlegend Oshima, Bedeutung; die endgültige Fassung des Kabinettsbeschlusses in: AdR, Regierung Hitler, Teil I, Bd. 1, Dok. Nr. 87, S. 291–292.

[506] Hierzu der Verweis Hitlers auf die „nächsten 4–5 Jahre" als Zeitraum für den Primat der Wehrmacht in der Ministerbesprechung am 8.2.1933, AdR, Regierung Hitler, Teil I, Bd. 1, Dok. Nr. 17, S. 51; für die Fortschreibung dieser Maßnahmen vgl. die spätere Feststellung der Regelungen des Kabinettsbeschlusses in einem Erlass vom 4.2.1938; sowie die Bezugnahme Himmlers darauf bei seinem Versuch, im Krieg die Waffen-SS und die Polizei der Wehrmacht gleichzustellen, dazu Oshima, Bedeutung, S. 232–235; außerdem die neuerliche Fristsetzung Hitlers von „3 bis 4 Jahre[n]" für die Priorität der Aufrüstung in der Finanzpolitik, ausgesprochen bei der Chefbesprechung in der Reichskanzlei, 26.11.1935, AdR, Regierung Hitler, Bd. 2, Teilbd. 2, Dok. Nr. 267, S. 948. Zu den Mefo-Wechseln vgl. Boelcke, Kosten, S. 18–23; Oshima, Rüstungsfinanzierung, S. 178–185; Tooze, Ökonomie, S. 78.

Reichswehrminister (später dem Chef des Oberkommandos der Wehrmacht (OKW)) andererseits; meist einigten die Beteiligten sich offenbar im Wege eines Kompromisses auf eine mittlere Summe. Diesen Gesamtbetrag konnte der Ressortchef eigenständig unter Heer, Marine und Luftwaffe aufteilen, die dann über die Mittel ohne Mitwirkung des Reichsfinanzministeriums verfügten. Außer- und überplanmäßige Ausgaben mussten allerdings nachverhandelt werden.[507]

Wichtige Bestandteile dieses Ermächtigungsprogramms schlossen also an frühere Praktiken an. Wie gesehen, hatte die Haushaltsgestaltung der Wehrmacht schon seit dem Haushaltsjahr 1929 eine beständige Kraftprobe zwischen dem Reichswehrministerium und dem Reichsfinanzministerium dargestellt. Tatsächlich legitimierten die Referenten des Wehrressorts ihre Kabinettsvorlage gerade mit dem Verweis darauf, dass das vorgeschlagene Verfahren, „*nichts grundsätzlich Neues*, sondern die zwangsläufige und logische Folge eines Verfahrens sei, das sich bereits in den letzten Jahren bewährt hat". Schon seit 1930 sei es üblich gewesen, „Abstriche am Wehrmachtsetat in Form von Globalabstrichen vorzunehmen, deren Verlastung am Ende des jeweiligen Haushaltsjahres dem Reichswehrminister allein überlassen blieb." Auch der Zusammenhang zwischen Arbeitsbeschaffungsmaßnahmen und Aufrüstungszielen musste nicht erst von Hitler hergestellt werden. Die schon in der Weimarer Zeit diskutierte Wechselfinanzierung der Aufrüstung diente im April 1933 als weiteres Argument für die Ermächtigung des Wehrministeriums, denn die Bezahlung durch Wechsel bei einzelnen Firmen sei schwer berechenbar und mache daher „fortlaufende Verschiebungen im Einsatz der Geldmittel" innerhalb der Pauschalsumme erforderlich. All dies seien, so resümierte das Wehrressort, die „zweckmäßigsten" Maßnahmen für „die baldige Erreichung des großen nationalen Zieles".[508]

Doch wurde mit dem Kabinettsbeschluss erstmals eine Verfahrensweise, die zuvor Gegenstand jährlich wiederkehrender Aushandlungen und stets nur vorläufiger Zugeständnisse an das Reichswehrministerium gewesen war, für gängig erklärt und damit die Ausnahme zur Regel erhoben. Zudem wurde der Mitprüfungsausschuss abgeschafft, der seit der Lohmann-Affäre für die besondere Überwachung des Wehretats zuständig gewesen war. Damit wurde auch der Einfluss des Präsidenten des Reichsrechnungshofs und Reichssparkommissars Saemisch zurückgedrängt, der dies aber als eine Art militärischer Taktik legitimierte: Der Kabinettsbeschluss gebe dem Reichswehrminister die „Vollmacht zu handeln wie im Kriege, d.h. das zu tun, was er für notwendig

[507] Oshima, Bedeutung, S. 218 und 229–231. Allerdings tagte der Reichsverteidigungsrat nur sehr selten. Zu den Verhandlungen des Wehretats auch Schwerin von Krosigk, Staatsbankrott, S. 188–191 und 232–233.

[508] Entwurf für die Kabinettsvorlage, abgedr. in: Geyer, Rüstungsprogramm, S. 157.

und je nach Lage der außenpolitischen Situation für zweckmäßig halte."[509] Die bisher betriebenen Verfahren der Rückbindung des Wehretats an prinzipielle Erfordernisse des Haushaltsrechts erschienen hingegen als überholte Regierungstechniken aus Friedenszeiten.

In der Praxis entstanden daraus Konflikte. Bereits für das Haushaltsjahr 1934 bat das Reichsfinanzministerium um eine Chefbesprechung bei Hitler über die Wehrausgaben, unter Einbeziehung des Reichswehrministers Werner von Blomberg, Görings und Schachts.[510] Im Jahr 1936 kam es erneut zu Verzögerungen in den Verhandlungen über den Wehrhaushalt, sodass das Finanzressort neuerlich einen gesonderten Führerentscheid anregte und im Kabinett zunächst über den Haushaltsplan ohne die Etats der drei Wehrmachtsteile abgestimmt wurde. Im März 1936 hielt Schwerin von Krosigk dann allein bei Hitler Vortrag über die Frage des Wehretats, ohne abschließendes Ergebnis. Bei dieser Gelegenheit wurde auch thematisiert, „in welcher Form und in welchem Umfang der Reichsfinanzminister wieder in die ihm nach der R.H.O. zustehenden Rechte" eingesetzt werden und zukünftig auf die Militärausgaben Einfluss nehmen könne. Auch diese Entscheidung wurde aber auf eine spätere Besprechung mit dem Reichskriegsminister vertagt, die dann nicht mehr stattfand. Glaubt man den Erinnerungen Schwerin von Krosigks, so war er nur ein einziges Mal gemeinsam mit Blomberg bei Hitler, um über Militärfragen zu sprechen – dies wäre dann die erwähnte Chefbesprechung im Februar 1934 gewesen.[511]

Seit 1938 sprach der Reichsfinanzminister gar nicht mehr in Ressortfragen bei Hitler vor, sondern traf ihn nur noch bei Staatsakten. Doch besaß Staatssekretär Reinhardt weiterhin Zugang zu Hitler und vor allem zu führenden

[509] Vermerk des Rechnungshofs vom 22.4.1933, zit. nach Oshima, Bedeutung, S. 219–220, dort auch zum Folgenden.

[510] Zur Chefbesprechung 1934 das Schreiben Schwerin von Krosigks an Hitler betr. Etat- und Finanzlage 1933/34, 16.2.1934, AdR, Regierung Hitler, Teil I, Bd. 2, Dok. Nr. 304, S. 1136–1142. Die Sitzung wurde auf den 23.2.1934 terminiert. Ein Protokoll konnte nicht ermittelt werden, es existiert aber ein handschriftlicher Vermerk vom 2.3.1934, der bestätigt, dass die Besprechung stattfand, BArch R43 II/758, Bl. 117 und 123. Für das Haushaltsjahr 1935 teilte das Ministerium dem Reichsrechnungshof mit, es sei an der Aufstellung der Einzelpläne für die Wehrmacht nicht beteiligt gewesen und habe nur den Globalbetrag in den Gesamtplan einsetzen können, vgl. das streng vertrauliche Schreiben des Reichsfinanzministers an den Präsidenten des Rechnungshofs betr. Haushaltsplan für das Rechnungsjahr 1935 / Gesamtplan, 6.5.1936, BArch R2/21905.

[511] Schwerin von Krosigk, Staatsbankrott, S. 232–233. Zu den verzögerten Etatverhandlungen und zum Ministervortrag 1936 vgl. Reichsfinanzminister an den Staatssekretär und Chef der Reichskanzlei betr. Reichshaushaltsplan für das Rechnungsjahr 1936, 25.3.1936, AdR, Regierung Hitler, Bd. 3, Dok. Nr. 56, S. 214–218; Kabinettssitzung vom 31.3.1936, ebd., Dok. Nr. 60, S. 225–227; Vermerk des Herrn Ministers über die Besprechung beim Führer und die Etatsberatung im Reichskabinett am 31.3.1936, BArch R2/21906.

Parteiorganen.[512] Die mit dem Kabinettsbeschluss beabsichtigte Verschleierung von Rüstungsausgaben gelang allerdings so gut, dass auch das Reichsfinanzministerium und der Reichsrechnungshof letztlich keinen genauen Überblick mehr besaßen; selbst die zuständigen Sachbearbeiter im Oberkommando der Wehrmacht kannten nicht mehr die Details aller Sonderhaushalte und Rüstungsposten.[513] Auf einer grundsätzlichen Ebene waren Ausgaben für den Aufbau der Wehrmacht ohnehin nicht mehr hinterfragbar; seit 1935 wurde dies auch in den Formulierungen der jährlichen Haushaltsrundschreiben immer deutlicher, während andere Aspekte in den Hintergrund traten. Seit 1936 kam die Durchführung des Vierjahresplans als zentrale Aufgabe nach dem „Willen des Führers" hinzu, die von Göring im Ministerrat mit der Anweisung verbunden wurde, alle Maßnahmen so durchzuführen, „als ob wir im Stadium der drohenden Kriegsgefahr uns befänden."[514]

Zu diesem Zeitpunkt unterlag die Rechtsordnung des nationalsozialistischen Staates einem Wandel. Bis 1935 machten Regierungsgesetze auf Basis des Ermächtigungsgesetzes den größten Teil der Gesetzgebung aus; im Mai 1935 ließ sich Hitler im wenig bekannten „Gesetz über den Sicherungszustand zum Schutze von Volk und Reich" dann das Recht einräumen, bei „drohender Gefahr für die innere Sicherheit" ausnahmsweise Verordnungen zu erlassen, die von bestehenden Gesetzen abwichen. Damit wurden dem „Führer und Reichskanzler" temporär jene Befugnisse zugesprochen, die zuvor nach Artikel 48 WRV dem Reichspräsidenten zugestanden hatten. Mit der „Verordnung zur Durchführung des Vierjahresplans" vom 18. Oktober 1936 und den dadurch installierten Rechtsetzungsbefugnissen nahm Hitler dann eine Verordnungsmacht für sich in Anspruch, die keiner gesetzlichen Ermächtigung mehr bedurfte. Wurde diese Entwicklung anfänglich noch mit einer „Notlage" gerechtfertigt, trat an deren Stelle später das weltanschauliche Prinzip nationalsozialistischer „Führung", die Exekutive und Legislative in einer Person

[512] Für Besprechungen Reinhardts mit Hitler über die allgemeine Finanzlage des Reiches vgl. dessen Bericht an Lammers, 11.7.1938, BArch R43 II/780, Bl. 5–8; sowie sein persönliches Schreiben an Hitler betr. Änderung des Körperschaftsteuergesetzes, 7.7.1936, BArch R43 II/792, Bl. 39–43.

[513] Zur bereits 1936 formulierten Kritik des Reichsrechnungshofs an der extensiven Auslegung des Kabinettsbeschlusses und der Missachtung der Reichshaushaltsordnung durch die Wehrmacht Oshima, Rüstungsfinanzierung, S. 184–185.

[514] Überblick über die Etats- und Finanzlage 1935, erläutert bei der Sitzung des Reichsministeriums am 29.3.1935, BArch R43 II/758, bes. Bl. 211 RS-212; noch deutlicher im Schreiben des Reichsfinanzministers an die Reichsstatthalter und obersten Landesbehörden betr. Unterstützung der Finanzpolitik des Reichs, 30.1.1936, BArch R43 II/759, Bl. 5–6; Rundschreiben des Reichsfinanzministers an die obersten Reichsbehörden betr. Aufstellung des Reichshaushaltsplans für das Rechnungsjahr 1937, 16.9.1936, ebd., Bl. 72 RS; Geheime Niederschrift über die Sitzung des Ministerrats, 4.9.1936, BArch-MA RW19/914, Bl. 4.

vereine. Dieses Führerrecht ersetzte also das Weimarer Notstandsrecht, das zunächst herangezogen worden war, um die nationalsozialistische Herrschaft zu begründen. Trotzdem wurde auch das Ermächtigungsgesetz 1937 noch einmal verlängert und nicht, wie vom Reichsinnenministerium geplant, durch ein eigenes Gesetz zur Reichsgesetzgebung ersetzt. Mit dem Reichsverteidigungsgesetz vom 4. September 1938 verschoben sich die Gesetzgebungsbefugnisse neuerlich. Ernannt wurde ein sogenanntes Dreierkollegium, gebildet aus den Generalbevollmächtigten für die Reichsverwaltung und die Wirtschaft sowie dem Chef des Oberkommandos der Wehrmacht.[515]

Schon zuvor hatte sich der Wandel der Staatsordnung auch auf die Rolle des Kabinetts ausgewirkt. Waren 1934 noch 19 und 1935 noch zwölf Sitzungen der Reichsregierung zu verzeichnen, so sank diese Zahl 1936 auf vier Sitzungen, 1937 traf sich das Kabinett noch sechs Mal. Die letzte Sitzung fand Anfang Februar 1938 statt, dies war aber keine wirkliche Kabinettssitzung mehr, sondern nur ein Ministertreffen mit einer Rede Hitlers zur politischen Lage. Damit wuchs die Bedeutung der Beziehungen der Ressorts untereinander. Zwar gab es weniger interministerielle Kommunikation auf der Ebene der „Gesamtpolitik", dafür aber eine Verstärkung des eigenständigen Austausches über Einzelpolitiken. Die Ressortpolitik trat damit an die Stelle der Kabinettspolitik.[516] Entsprechend verlagerte auch das Reichsfinanzministerium die Lösung von Konflikten auf die Ebene der Referentenbesprechungen und der direkten Ressortverhandlungen; dies galt auch jenseits des Wehretats.[517] Die Erfahrung, dass Chefbesprechungen in Haushaltsfragen tendenziell dazu führten, dass Ausgabensätze erhöht wurden und dass in Referentengesprächen die divergierenden Ressortinteressen leichter überwunden werden konnten, hatte das Ministerium ohnehin bereits vor 1933 gemacht. Zudem hatte das Reichswehrministerium auch schon in den Weimarer Jahren ressortübergreifende Etatverhandlungen durch kurzfristiges Fernbleiben unterlaufen.[518]

515 Mertens, Rechtsetzung, S. 14–25, dort auch zur staatsrechtlichen Diskussion um die „Notlage" als Basis der nationalsozialistischen Rechtsetzung, sowie S. 159 zur Anzahl der Regierungsgesetze zwischen 1933 bis 1945; Heckel, Wehrverfassung, Teil I; Huber, Verfassungsrecht.

516 Gruchmann, Reichsregierung, S. 192–194 und 199–200; Rebentisch, Führerstaat, S. 41. Die letzte ordentliche Kabinettssitzung fand bereits am 9. Dezember 1937 statt.

517 Geheime Niederschrift über die Chefbesprechung im Reichsfinanzministerium über die Finanzlage des Reichs und über den Reichshaushaltsplan für das Rechnungsjahr 1938 am 11.1.1938, S. 3, BArch R2/9192.

518 Vermerk der Abteilung I zu den strittigen Etatfragen für das Jahr 1930 mit dem Reichsarbeitsministerium [20.5.1930], BArch R2/21890: „Um diesen Bedenken [des Arbeitsressorts] zu begegnen und um Weiterungen, die sich aus Chef- oder Kabinettsbesprechungen ergeben sollten, zu vermeiden, wird auf den beiliegenden Entwurf eines Schreibens an das Reichsarbeitsministerium verwiesen"; sowie den Vermerk über die Besprechung von Vertretern der obersten Reichsbehörden am 30.5.1931 unter Vorsitz

Die Erfordernisse der Kriegsvorbereitung (und später der Kriegführung) wurden nun aber zu einem übergeordneten Motiv, nach dem sich die Vorhaben und Vorgehensweisen aller Ministerien zu richten hatte. De jure blieben zwar das Vetorecht und die autoritäre Sonderstellung des Reichsfinanzministeriums in Haushaltsangelegenheiten gemäß der RHO bestehen. Die symbolische Bedeutung, die diese Regelungen in den Krisenjahren der Demokratie und im internationalen Kontext der Reparationsregelungen besessen hatten, fiel jedoch weg. An ihre Stelle traten die Erfordernisse der Aufrüstung und damit die besondere Ermächtigung des Wehrressorts, die sogar gegenüber dem nationalsozialistischen Arbeitsbeschaffungsprogramm, wie es der Staatssekretär Reinhardt betrieb, den Primat besaß. So hieß es bei der Beratung von Maßnahmen der Arbeitsbeschaffung: „Sämtliche Vorhaben der übrigen Ministerien sollen vor Beginn der Durchführung dem Reichswehrminister unterbreitet werden, um ihm einen entscheidenden Einfluß auf die Art der Durchführung einzuräumen.“[519]

Die Staatsfinanzierung wurde zudem insgesamt der Geheimhaltung unterworfen. Schon 1933 war der Reichshaushaltsplan aufgrund der Nichtbeteiligung des Reichstags und des Reichsrats an der Entscheidung nicht mehr als Reichstagsdrucksache erschienen, sondern als Gesamtplan lediglich für den Dienstgebrauch hergestellt worden. Vorgelegt worden war der Öffentlichkeit aber noch der *Finanzielle Überblick* für 1933. Mutmaßungen der ausländischen Presse, das Reich verabschiede sich durch diese „Geheimnistuerei“ von den Gepflogenheiten der internationalen Finanzordnung und verschleiere damit endgültig (wie ansatzweise schon durch gewisse Budgetierungspraktiken der Weimarer Zeit) die eigene Rüstungstätigkeit, wies das Ministerium in einem Schreiben vom Oktober 1933 noch empört als „völlig abwegig“ zurück – ein Schreiben, das dann allerdings nicht mehr abging, weil das Reich zeitgleich aus der Genfer Abrüstungskonferenz austrat. Spätestens ab Frühjahr 1934 wurde erkennbar, dass die frühere Veröffentlichung und Verbreitung des Reichshaushaltsplans nicht wieder aufgenommen werden sollte. Auch die Drucklegung des *Finanziellen Überblicks* wurde nun „bis auf weiteres ausgesetzt“. Vollbände des Reichshaushaltsplans wurden gar nicht mehr hergestellt, nur Einzelstücke der Einzelpläne waren für den inneren Dienstgebrauch lieferbar. Nicht einmal die anderen Ressorts konnten sich somit einen Überblick über den Gesamtplan

Schwerin von Krosigks im Reichsfinanzministerium, 2.6.1931, BArch R2/21895, mit der Bemerkung, dass eine Erörterung über Abstriche im Wehretat nicht möglich sei, „da dessen Vertreter kurz vor Beginn der Sitzung abgerufen worden waren“. Zur Rolle der Referenten Schnellbrief des Reichsfinanzministers an den Reichsaußenminister, 9.7.1930, sowie Schnellbrief des Reichssparkommissars an den Reichsfinanzminister betr. Abstriche von den Haushaltsansätzen des Etats für 1930, 10.7.1930, beide BArch R2/21891.

519 Aktennotiz über eine Besprechung beim Wehramt am 19.5.1933, 20.5.1933, zit. nach Oshima, Bedeutung, S. 222, dort auch S. 223–224.

verschaffen – dieser wurde zum Herrschaftswissen des Reichsfinanzministeriums.[520]

Allerdings plante das Finanzressort für das Jahr 1935, in begrenztem Umfang zur Veröffentlichung von Haushaltszahlen zurückzukehren. In der entsprechenden Vorlage für die Kabinettssitzung am 29. März 1935 hieß es: „Was die Behandlung des Etats betrifft, so wird von einer Veröffentlichung der Einzelpläne und des finanziellen Überblicks zum Reichshaushalt wie bisher abzusehen sein. Dagegen wird, zumal im Hinblick auf die durch das Gesetz über die allgemeine Wehrpflicht völlig veränderte Lage, die Veröffentlichung des Gesamtplans zur Vermeidung unsinniger Gerüchte und einer böswilligen, die Solidität unserer finanziellen Lage anzweifelnden Kritik zweckmäßig und notwendig sein.“ Denn aus der fortgesetzten Geheimhaltung der Abschlusszahlen würde sich auch die Unmöglichkeit aller späteren Veröffentlichungen über die Entwicklung des Haushalts ergeben oder diese einem „übelwollenden Ausland lediglich als Mittel zur Verhüllung der wahren Finanzlage des Reichs erscheinen lassen.“ Dieses „Mißtrauen“ werde sich dann auf alle anderen amtlichen Nachweisungen, wie etwa den Reichsbankausweis, übertragen. Der Kompromissvorschlag des Reichsfinanzministeriums bestand daher darin, bei Uneinigkeit über die Haushaltssummen zunächst interimsweise ein Notgesetz zu verabschieden und nicht dauerhaft auf eine Veröffentlichung verbindlicher Zahlen zu verzichten.[521]

Damit setzte das Reichsfinanzministerium unter Führung Schwerin von Krosigks neuerlich auf die eingeübte Praxis, die haushaltsrechtliche Ordnung temporär zu umgehen, aber nicht grundsätzlich infrage zu stellen oder zu überwinden. Doch im nationalsozialistischen Staat ging es darum nicht mehr. Die Verantwortung der Reichsregierung gegenüber dem Parlament und anderen öffentlichen Instanzen war durch das Ermächtigungsgesetz nicht nur zeitweilig ausgeschaltet worden, sondern für die Legitimität der nationalsozialistischen Herrschaft nicht mehr relevant. Das Reichsfinanzministerium scheiterte daher mit seinem Ansinnen auf Veröffentlichung der Gesamtzahlen, der schließlich verabschiedete Reichshaushaltsplan wurde als „Staatsgeheimnis“ behandelt und durfte daher nur „von Hand zu Hand oder an persönliche Anschrift in doppeltem Umschlage gegen Empfangsbescheinigung“ weitergegeben werden. Zwar blieb die Reichshaushaltsordnung als solche bestehen ebenso wie der staatliche Anspruch, jährlich einen Haushaltsplan aufzustellen. Diese Ordnung

520 Reichsfinanzminister an Reichsminister a. D. Moldenhauer betr. Artikel der Times vom 22.9.1933, 14.10.1933, BArch R2/21901; Rundschreiben des Reichsfinanzministers betr. Reichshaushaltsplan für das Rechnungsjahr 1934, 15.10.1934, BArch R43 II/758, Bl. 191; Rundschreiben des Reichsfinanzministers betr. Drucklegung des Reichshaushaltsplans für das Rechnungsjahr 1934, 20.4.1934, BArch R21903.

521 Vertrauliche Aufzeichnung über die Etats- und Finanzlage für die Sitzung des Reichsministeriums am 29.3.1935, BArch R43 II/758, Bl. 212, sowie BArch R2/21905.

beruhte aber nicht mehr auf transparenten Verfahrensprinzipien wie Vollständigkeit, Klarheit oder Publizität des Budgets. Hitler erklärte diese Praktiken für nicht mehr „zweckmäßig" und entschied bei der Kabinettsbesprechung im März 1935, dass auch zukünftig keine Haushaltszahlen veröffentlicht werden sollten.[522]

In einem noch stärkeren Maße als der Wehretat (inklusive seiner außerbudgetären Finanzierung über die erwähnten Mefo-Wechsel) waren die Parteifinanzen – trotz des seit 1933 erfolgenden Zuflusses staatlicher Mittel an die NSDAP – der Kontrolle durch Reichsbehörden entzogen. Die finanziellen Forderungen, welche die Partei an den Staat stellte, wurden offiziell nicht als Zuschüsse, sondern als „Rückerstattungen" von Auslagen bezeichnet, welche die Partei bei ihrer Erfüllung staatlicher Aufgaben getätigt habe. Zu solchen Staatsaufgaben wurden beispielsweise die Durchführung der Volksabstimmung über den „Anschluss" Österreichs im April 1938, die „Freimachung" der westlichen Grenzgebiete in Vorbereitung des Frankreichfeldzuges oder die „Volkstumsarbeit" gezählt. Für solche Zwecke erhielt der Reichsschatzmeister der Partei, Franz Xaver Schwarz, zum Teil Barvorschüsse; fast durchweg waren es Globalsummen. Die NSDAP vertrat den Standpunkt, dass die Dienststellen der Partei anders als die Reichsbehörden nicht verpflichtet seien, bei der Verausgabung dieser Mittel „die Haushaltspläne genauestens einzuhalten" und den sonstigen Prinzipien klassischer Haushaltsführung zu entsprechen, sondern „ein wirtschaftliches Ergebnis anstreben" sollten. Daher sei ihnen auch die Übertragung von Mitteln und die selbstständige Reservebildung zu erlauben. Hier argumentierten die Parteivertreter also mit den klassischen Kriterien der „Wirtschaftlichkeit", um die Überwachung ihrer Finanzgebarung durch das Ministerium zu unterlaufen. Bis Kriegsende flossen so über 6,4 Milliarden RM aus dem Reichshaushalt an die Partei. Die größten Posten gingen seit 1937 über den Etat der Allgemeinen Finanzverwaltung an den Reichsschatzmeister, die Zuschüsse an die Partei waren aber über 18 Stellen im Reichshaushalt verteilt und daher nur schwer nachzuvollziehen. Eine verbindliche Regelung der Kontrolle dieser Ausgaben durch den Rechnungshof erfolgte erst durch eine Abgrenzungsvereinbarung mit Schwarz im Frühjahr 1941.[523]

[522] Auszug aus der Niederschrift über die Sitzung des Reichsministeriums, 29.3.1935, BArch R43 II/758, Bl. 220. In der gleichen Sitzung wurde der vom Reichsfinanzministerium per Haushaltsgesetz (§ 9) vorgesehene Rückbau der Begünstigung „alter Kämpfer" aufgehoben, vgl. Rundschreiben des Reichsfinanzministers betr. Reichshaushaltsplan für das Rechnungsjahr 1934, 15.10.1934, BArch R43 II/758, Bl. 191; Rundschreiben des Reichsfinanzministers betr. Drucklegung der Reichshaushaltsrechnung 1934, 6.2.1936, BArch R43 II/759, Bl. 7–8; Stempel „Geheime Reichssache" auf dem Gesamtplan für 1935 in endgültiger Fassung, 9.5.1936, BArch R2/21905.

[523] Denkschrift betr. Bereitstellung weiterer Mittel zum Ausbau der Partei, 7.4.1937, S. 5, BArch NS1/448; hierzu auch Störring, Beratungsfunktion, S. 62; Oshima, Bedeutung,

Doch es ergaben sich auch neue Spielräume für das Reichsfinanzministerium. So konnte das Ressort Kabinettsentscheidungen über noch nicht ausverhandelte Haushaltspläne herbeiführen – und dies war eine Ausnahme, die nicht nur für Wehrausgaben galt.[524] Im Anschluss bot sich die Gelegenheit, Forderungen der entsprechenden Ressorts über Monate zu verzögern und ohne Eingreifen Hitlers über Referenten- oder Staatssekretärsbesprechungen in Kompromisslösungen zu überführen, die den eigenen Vorstellungen entsprachen. Dies gelang etwa im Jahr 1936, als man Verhandlungen mit dem Reichsarbeitsministerium über die Verwendung von Überschüssen der Arbeitslosenversicherung führte und schließlich eine Regelung durchsetzen konnte, die in wichtigen Elementen den Vorstellungen des Finanzressorts entsprach.[525]

Intern brachte dies gleichwohl Auseinandersetzungen zwischen den Haushaltsspezialisten der Abteilung I, wie Josef Mayer, und dem Staatssekretär Reinhardt, der auf eine flexiblere Haltung unter den Beamten drang, mit sich. So tilgte der Staatssekretär eine der typischen missmutigen Formulierungen Mayers aus dem Entwurf der unvollständigen Haushaltsvorlage für 1937, in dem dieser geschrieben hatte: „Ich bedauere es lebhaft, daß sich die Beschlußfassung der Reichsregierung über den Entwurf des Reichshaushalts notgedrungen ein zweites Mal auf Grund so unvollständiger Unterlagen und damit in einer Form vollziehen muß, die keinen Anspruch darauf erheben kann, den bewährten Grundsätzen einer ordnungsgemäßen Haushaltsgebarung zu genügen. Es muß daher alles daran gesetzt werden, vom nächsten Jahr ab die

S. 222 und 232; Dommach, Potsdam, S. 60; Lükemann, Reichsschatzmeister, S. 163–174; Heinig, Budget, Bd. I, S. 134–135. Für die Übertragung haushaltsrechtlicher Normen auf die Parteifinanzen Schwarz, Reichsverwaltungsordnung, Bd. 1, Teil A. Für die erwähnten Gesamtbeträge die von der Restverwaltung nach 1945 erstellte Übersicht „Die Entwicklung der Haushaltsführung im Reich vom Rechnungsjahr 1932 bis zum Kriegsende“, Nachlass Heinz Fengler, FS Brühl, Akten-Bd. VI b, D Repro Journal A 822, S. 60, sowie die Übersicht über die Zuwendungen an die Partei und ihre Gliederungen in der Anlage zu diesem Aktenband, Bl. 69a/b; Ausarbeitung „Die Ausgaben für die NSDAP und ihre Gliederungen usw. von 1933 bis 1945“, 5.3.1949, Archiv des ehem. Reichsfinanzministeriums, IfZ ED 177, Bl. 148–152.

524 Hierzu der Beschluss über den Reichshaushaltsplan für das Jahr 1936 bei der Kabinettssitzung vom 31.3.1936, AdR, Regierung Hitler, Bd. 3, Dok. Nr. 60, S. 225–227, den Schwerin von Krosigk mit dem Hinweis einleitete, „daß die Verhandlungen über die Einzelpläne noch nicht vollständig abgeschlossen seien“. Ähnlich auch die Beschlussfassung über den Reichshaushaltsplan im März 1937, bei dem zwar über die Wehrausgaben bereits Einigkeit bestand, andere wesentliche Etatfragen (v. a. Vierjahresplan und Polizei) aber noch ungeklärt waren, vgl. Aufzeichnung des Reichsministers der Finanzen zum Reichshaushalt 1937, 16.3.1937, AdR, Regierung Hitler, Bd. 4, Dok. Nr. 55, S. 183–186.

525 Dies dokumentieren die monatelangen Verhandlungen mit dem Reichsarbeitsministerium über die Frage der Verwendung von Überschüssen der Arbeitslosenversicherung, AdR, Regierung Hitler, Bd. 3, Dok. Nr. 60, 67 und 96, Zitat dort S. 352, Anm. 22.

Aufstellung des Entwurfs für den Reichshaushalt und seine weitere Behandlung wieder in eine Form zurückzuführen, die einer geordneten Finanzwirtschaft entspricht." Ähnlich skeptisch hatte Mayer sich bereits im Frühjahr 1933 bei der Verankerung der „vereinfachten Gesetzgebung" in der Gemeinsamen Geschäftsordnung der Reichsregierung gezeigt, die seines Erachtens einzelnen Referenten eine zu große Verantwortung zusprach.[526]

Hier entstanden Konfliktzonen, die zuvor durch die Gewaltenteilung begrenzt worden waren. Dies zeigte sich etwa bei der Regelung von Dienstwegen in der Gemeinsamen Geschäftsordnung. Hier argumentierte das Reichsinnenministerium im April 1933: „Die gleichen Gründe, die Anlaß zur frühzeitigen Beteiligung des Reichsministers des Innern bei den gesetzesvertretenden Notverordnungen gegeben hatten (GGO II § 66), machen die Beteiligung des Reichsministers des Innern auch an der ‚Vereinfachten Gesetzgebung' notwendig, zumal das ‚Vereinfachte Gesetzgebungsverfahren' nicht zuletzt auch die Notverordnungspraxis abzulösen bestimmt ist."[527] Mit dieser Position konnte sich das Reichsinnenministerium zunächst nicht durchsetzen. Andere Ressorts betonten, dass die „Gleichstellung des Verfahrens beim Erlaß von Notverordnungen mit dem Verfahren beim Erlaß von Gesetzen auf Grund des Gesetzes zur Behebung der Not von Volk und Reich" nicht zutreffe: Die vom Innenressort angestrebte Prüfung der Verfassungsmäßigkeit von gesetzvertretenden Verordnungen sei nach dem Ermächtigungsgesetz nicht mehr nötig; dieses installiere eben kein weiteres temporäres Notstandsrecht nach Weimarer Vorbild, sondern ein ganz neues Verfahren.[528] Im folgenden Jahr kam das Thema trotzdem noch einmal auf die Tagesordnung, als es um die Beteiligung des Reichsinnenministeriums an zoll- oder steuerpolitischen Rechtsverordnungen des Reichsfinanzministeriums ging. Schließlich einigten sich die beiden Ressorts darauf, dass bei Rechtsverordnungen, die den einheitlichen Aufbau von Gesetzgebung und Verwaltung betrafen und keine außergewöhnliche Dringlichkeit besaßen, das Reichsinnenministerium beteiligt werden würde und dieses im Gegenzug die „vorherige Beteiligung [des Reichsfinanzministeri-

[526] Zit. nach den editorischen Angaben zur Aufzeichnung des Reichsfinanzministers zum Reichshaushalt 1937, 16.3.1937, AdR, Regierung Hitler, Bd. 4, Dok. Nr. 55, S. 184, dort Anm. 5; Vermerk Mayer für Dir I, 30.3.1933; Ministervorlage Mayers betr. Änderung der Gemeinsamen Geschäftsordnung der Reichsregierung (GGO II), 12.5.1933, beide BArch R2/4481, Bl. 267 und 287.

[527] Reichsinnenminister an den Staatssekretär in der Reichskanzlei betr. Änderung der Gemeinsamen Geschäftsordnung der Reichsministerien, Teil I und Teil II, 20.4.1933, BArch R2/4481, Bl. 277. Hierzu Mertens, Rechtsetzung, S. 35–43.

[528] So das Schreiben des Reichsministers für Ernährung und Landwirtschaft an den Staatssekretär in der Reichskanzlei betr. Änderung der Gemeinsamen Geschäftsordnung der Reichsministerien, 22.5.1933, ebd., Bl. 302–303.

ums] an allen Gesetzen und Rechtsverordnungen von finanzieller Bedeutung" beachtete.[529]

Konfliktlinien verliefen keineswegs nur gegenüber Parteiinstanzen oder neu geschaffenen Sonderorganen. Auch die Budgetverhandlungen mit der Reichskanzlei, wo mit Hans Heinrich Lammers ein alt eingesessener Beamter als Schnittstellenmanager agierte, sind in dieser Hinsicht aufschlussreich. Als Staatssekretär in der Reichskanzlei übermittelte er dem Reichsfinanzministerium immer wieder die Wünsche Hitlers, verstand es aber auch, seine eigenen Ansprüche (etwa im Hinblick auf eine Dienstwohnung) gegen Widerstände durchzusetzen. In den Auseinandersetzungen beharrte das Reichsfinanzministerium vor allem darauf, dass neue Haushaltsposten nicht gegen besoldungsrechtliche Bestimmungen verstießen und keine Präzedenzfälle darstellten, auf die sich dann andere Ressorts berufen konnten. In diesem Rahmen waren Arrangements immer wieder machbar. So wurde den Beamten der Reichskanzlei nach längeren Verhandlungen 1935 eine Zulage bewilligt, die das Finanzressort im Frühjahr 1934 noch abgelehnt hatte. Zunächst hatte sich Hitler übergangsweise bereit erklärt, diese Mittel aus eigenen Fonds aufzubringen. Nachdem sich die „staatsrechtliche Stellung" des Führers und Reichskanzlers durch das „Gesetz über das Staatsoberhaupt des Deutschen Reiches" im Verlauf des Jahres 1934 aber grundsätzlich geändert hatte, hielt Lammers es Anfang 1935 für geboten, dem „aus den veränderten Verhältnissen erwachsenen unabweisbaren Bedürfnis" nunmehr Rechnung zu tragen und die Reichskanzleibeamten grundsätzlich besser auszustatten. Dabei verband der Chef der Reichskanzlei geschickt die Argumentation mit dem Umbruch und die Berufung auf die bestehende Besoldungsordnung, die eine entsprechende Regelung längst vorsehe: So sei „in dem erstrebten Ziele nicht nur eine durch die veränderten Verhältnisse gebotene Maßnahme, sondern auch die Fortführung einer steckengebliebenen Entwicklung und die Beseitigung einer bisher bestehenden offensichtlichen Ungerechtigkeit" zu sehen.[530] Dem schloss sich das Ministerium schließlich an, ähnlich wie einer Dirigentenzulage für einen Ministerialrat in der Reichskanzlei, die Anfang 1936 diskutiert wurde und gegen die von den Haushältern zunächst Bedenken erhoben worden waren. Hier saß das Finanzressort ohnehin im Glashaus, besaß es doch im März 1936 mehr Planstellen für Ministerialdirigenten als jedes der anderen zivilen Ressorts.[531]

529 Reichsfinanzminister an den Reichs- und Preußischen Minister des Innern betr. Beteiligung des Reichsministeriums des Innern bei Gesetzesvorlagen und Rechtsverordnungen, 25.6.1934; sowie Vermerk vom 13.12.1934, beide BArch R2/4482, Bl. 53–54.

530 Staatssekretär und Chef der Reichskanzlei an den Reichsfinanzminister (Beglaubigte Abschrift), 21.1.1935, BArch R2/4491, Bl. 255–256.

531 Übersicht über die Zahl der Ministerialdirigenten 1.10.1927 bis 31.3.1936, BArch R2/4491, Bl. 254. Zu diesem Zeitpunkt verfügte das Reichsfinanzministerium über vier

Doch gelang es, diese Einigung mit einer Regelung zu verbinden, die im Sinne des Reichsfinanzministeriums war: In einer Kabinettssitzung am 31. März 1936 erreichte es Schwerin von Krosigk mit Zustimmung Hitlers, dass zwar der Reichskanzlei ausnahmsweise eine Ministerialratsstelle mit einer Dirigentenzulage aus dem Dispositionsfonds des „Führers" bewilligt wurde, dass aber alle Anträge auf Schaffung planmäßiger Ministerialdirigentenstellen oder deren Wiederbesetzung abzulehnen waren, bis der Rechnungshof ein Gutachten über die künftige Ausstattung der Ressorts mit solchen Stellen vorgelegt habe. Auf dieser Basis konnte das Finanzressort die später geäußerten Wünsche der Reichskanzlei auf Etatisierung der entsprechenden Stelle verzögern. Von diesem Verfahren ausgenommen waren nach Auffassung des Reichsfinanzministeriums nach dem Kabinettsbeschluss vom April 1933 nur die „Reichsverteidigungsressorts", also alle militärisch relevanten Stellen.[532] Nachdem Lammers jedoch hartnäckig geblieben war und mit der Entschlossenheit Hitlers argumentiert hatte, dem entsprechenden Beamten eine ausreichend ausgestattete Stelle notfalls auf anderem Wege zu verschaffen, ließ sich der Reichsfinanzminister überzeugen und hielt in der Antwort an die Reichskanzlei fest, dass er „in der mir von Ihnen mitgeteilten neuen Entschliessung des Führers und Reichskanzlers" die entscheidende Grundlage für die „Abweichung von dem Reichsbesoldungsgesetz 1927" sehe. Dieses Gesetz gelte aber fort und sehe auch weiterhin den zukünftigen Wegfall aller Dirigentenstellen vor. Damit wies das Reichsfinanzministerium Lammers' gewohnheitsrechtliche Argumentation zurück, die das Besoldungsgesetz für grundsätzlich überholt erklärt hatte. Nicht das Gewohnheitsrecht, sondern die singuläre „Willensmeinung" Hitlers legitimierte in der Einschätzung des Ministeriums diese Entscheidung, ohne dass damit aber die bestehende Gesetzeslage verändert wurde. Eine Neuordnung sei erst noch herbeizuführen – es herrschte aus Sicht des Ministeriums also weiterhin ein Zustand der Ausnahme. Überzeugend wirkte darüber hinaus wohl vor allem die von Lammers mehrfach ins Feld geführte Warnung, dass Hitler im Falle der fortgesetzten Blockade stattdessen die „staatspolitische Stellung" der Reichskanzlei auf gesetzlichem Wege ändern würde, was die Machterweiterung der Regierungszentrale ähnlich jener der Wehrmacht formell festgeschrieben hätte. Diesem für die institutionelle Stellung der Ministerien weitaus bedrohlicheren Szenario zog das Reichsfinanz-

solcher Stellen, das Reichsinnen-, Reichspost-, Reichswirtschafts- und Reichsarbeitsministerium über je zwei und das Reichsernährungsministerium über eine Dirigentenstelle.

532 Vermerk der Unterabteilung I B (Fischbach) betr. Kabinettssitzung am 31.3.1936, 26.5.1936, BArch R2/4491, Bl. 260; Reichsfinanzminister an den Staatssekretär und Chef der Reichskanzlei (Entwurf), 20.6.1936, ebd., Bl. 261; Vermerk der Unterabteilung I B (Fischbach) betr. Ministervortrag, 30.5.1936, ebd., Bl. 263–264.

ministerium ganz offensichtlich die informell immer wieder neu ausgehandelte Einzelfalllösung vor.[533]

So gelang es der Führung des Ressorts immer wieder, Kompromisse herbeizuführen und die eigene Vetomacht grundsätzlich zu bewahren. Zudem konnte die institutionelle Position des Ministeriums auf Kosten der Unabhängigkeit des Reichsrechnungshofs so gestärkt werden, dass ein gewisser Einblick auch in die Gestaltung des Wehretats möglich blieb. Im Dezember 1933 brachte der Reichsfinanzminister dafür eine Novelle der Reichshaushaltsordnung ein, die auf Vorarbeiten von Popitz, Saemisch und Dorn zurückging. Angestoßen worden war diese Maßnahme, wie bereits angedeutet, durch den Kabinettsbeschluss vom April 1933. Bei einer Besprechung am 12. April 1933, an der u. a. Blomberg, Friedrich Fromm als Chef des Allgemeinen Heeresamtes, Minister Schwerin von Krosigk und Staatssekretär Reinhardt teilnahmen, hatte Saemisch darauf gedrungen, dem Reichsrechnungshof nach dem Wegfall des Mitprüfungsausschusses durch eine Reform der RHO trotzdem die Berichterstattung über Verstöße gegen das Haushaltsrecht zu ermöglichen. Diese Kompetenz sollte auch jene Bereiche einschließen, die der Geheimhaltung unterlagen. Sie ging tatsächlich in die Änderung des § 109 Abs. 1 der RHO im „Gesetz über die zweite Änderung der Reichshaushaltsordnung“ vom 13. Dezember 1933 ein. Auf diese Weise konnte zumindest die Rechnungskontrolle des Wehrhaushalts bestehen bleiben. Nachdem Einzelangaben im Haushaltsplan des Reichswehrministeriums fehlten, sollten als Prüfgrundlage die entsprechenden Kassenanschläge dienen, die darauf basierenden Berichte waren nach der Entmachtung von Reichstag und Reichsrat direkt an die Reichsregierung zu richten.[534]

Vor allem aber enthielt der Entwurf wesentliche Änderungen der Vorschriften über den Rechnungshof, insbesondere durch die Abschaffung des Kollegialprinzips. Auf diese Weise sollte eine Kontrollpraxis durchgesetzt werden, „die straff geführt und von der Verantwortung der Einzelpersönlichkeit getragen ist.“ Die bisher übliche Überweisung aller wesentlichen Entscheidungen an die Vollversammlung des Rechnungshofs beeinträchtige hingegen „die Schlagkraft der gerade in bewegten Zeiten unerläßlichen laufenden und abschließenden Kontrolle der öffentlichen Haushaltsführung“. Diese „Vereinfachung“ orientiere sich an der US-amerikanischen und britischen Budgetpraxis und werde dem Präsidenten des Reichsrechnungshofs das direkte Eingreifen in laufende Prüfungsarbeiten ermöglichen: „Inmitten eines Kampfes des Gesamt-

[533] Vermerk über den Stand der Etatsverhandlungen [März 1936], BArch R2/4491, Bl. 209–214; Staatssekretär und Chef der Reichskanzlei an den Reichsfinanzminister (Vertraulich), 7.10.1936, ebd., Bl. 275–276; Reichsfinanzminister an den Staatssekretär und Chef der Reichskanzlei (Entwurf), 4.11.1936, Bl. 284–286.

[534] Zum Hintergrund Oshima, Bedeutung, S. 222; Störring, Beratungsfunktion, S. 62–63.

volkes um seine Erhaltung und Wiederaufrichtung", so die Begründung des Gesetzesentwurfs in nationalsozialistischer Diktion, „gilt es, die Bereitschaft des Rechnungshofs zum Handeln, zu strengster Überwachung der Einzelmaßnahmen der Verwaltung soweit irgend möglich zu erhöhen und dadurch den in letzter Linie Verantwortlichen die notwendigen Grundlagen der Entschließung im Kampf gegen Mißstände der Verwaltung zu geben, die Sparsamkeit und Wirtschaftlichkeit der öffentlichen Haushaltsordnung gefährden."[535]

Die Reform der RHO ermöglichte der Reichsregierung zudem die Selbstentlastung und stellte für die Jahre 1927 bis 1929 diese Entlastung auch gleich fest (Artikel II § 2). Dem Reichsfinanzminister wurde ein Widerspruchsrecht gegen die Entlastung eingeräumt, das gegebenenfalls zu einer neuerlichen Abstimmung im Kabinett zwang, aber offenbar nie angewandt wurde. Im Zuge der vierten Änderung der Reichshaushaltsordnung vom 17. Juni 1936 wurde die Selbstentlastung dann auf die Rechnungsjahre 1930 bis 1932 ausgedehnt, danach fand keine Entlastung nach den Vorschriften der RHO mehr statt. Zudem enthielt die Novelle von 1933 eine Bestimmung, welche die Übernahme der Vorschriften der RHO in den Ländern erleichtern sollte (Artikel IV § 1). Die damit angestrebte Vereinheitlichung des Haushaltsrechts wurde aber erst mit der neuerlichen Reform der RHO von 1936 konsequent durchgesetzt. In dem bei der Novelle von 1930 noch so umstrittenen § 26 wurde 1933 festgeschrieben, dass aus ordentlichen Einnahmen nunmehr Rücklagen an Betriebsmitteln zu bilden seien (Artikel I § 7). Dies zielte auf eine Rückkehr zur Praxis der Thesaurierung.[536]

Im Zuge der Reorganisation des Reichsrechnungshofs fiel das Büro des Sparkommissars weg, dessen Verantwortung für die reichsweite Verwaltungsvereinfachung auf den Reichsfinanzminister überging. Damit wurden Pläne umgesetzt, die schon lange im Ministerium diskutiert worden waren. Persönlich wurde Saemisch zwar nicht entmachtet, sondern rückte stattdessen an die Spitze der neuen Präsidialabteilung des Reichsrechnungshofs, wo er die allgemeine Überwachung der öffentlichen Wirtschaft übernehmen sollte, das heißt die Kontrolle der Länder- und Gemeindefinanzen. Die von ihm bis dahin geführte außerordentliche Sparbehörde, entstanden im Zuge der Krisenbewältigung nach dem Ersten Weltkrieg, hatte ihre Notwendigkeit hingegen eingebüßt, da die technokratische Aushebelung parlamentarischer Verfahren keine Ausnahme mehr darstellte, sondern auf der Grundlage des Ermächti-

[535] So die vom Reichsfinanzministerium vorgelegte Begründung des Entwurfes eines Zweiten Gesetzes zur Änderung der RHO, 2.12.1933, BArch R43 II/754.

[536] Für den Wortlaut der Bestimmungen vgl. RGBl. II (1933), S. 1007; ebd. (1936), S. 209; Aufzeichnung „Darstellung des Verhältnisses der Funktionen des Reichsfinanzministeriums, der Reichshauptkasse und des Rechnungshofs in Bezug auf Aufstellung, Durchführung und Kontrolle des Reichshaushaltsplans", o. D. [nach 1945], R 2 ANH./32, Bl. 6 RS.

gungsgesetzes der staatstechnische Normalfall geworden war. Dadurch verlor Saemisch aber den bisher informell gewährten Zugang zum Kabinett. Hatte der Reichssparkommissar zudem seit 1926 von der Reichsregierung auf Basis nicht-gesetzlicher Richtlinien regelmäßig die vollständigen Etatentwürfe aller Ressorts erhalten, so konnte der Reichsfinanzminister nun nach den offiziellen Bestimmungen der RHO (§ 19 Abs. 2) selber entscheiden, welche Unterlagen und Informationen er an den Präsidenten des Rechnungshofs weitergeben wollte und welche nicht. Damit steuerte das Finanzressort den Informationsfluss und konnte bei bestimmten Ausgaben ein Mitspracherecht des Rechnungshofs ausschließen.[537]

Die Neuerungen bedingten daher zwar die autoritäre Ermächtigung des Präsidenten Saemisch in seiner eigenen Behörde, vor allem aber die Stärkung des Reichsfinanzministeriums, das damit die Kodifizierung des Haushaltsrechts an sich zog. War die RHO-Novelle von 1930 noch der parteipolitischen Debatte ausgesetzt gewesen, so konnte das Finanzressort in diesem Bereich nun weitgehend unbehelligt agieren. Dadurch erreichte das Ressort nicht zuletzt die Ausweitung seiner Kompetenzen gegenüber den Ländern. Die Ausrichtung des Rechnungshofs als Instrument diktatorischer Überwachung der anderen Ressorts (nicht: der demokratischen Kontrolle der Regierung) war zudem sowohl ein Zeichen der Rückkehr zur haushälterischen Orthodoxie als auch der Transformation in Richtung Führerstaat, da verbunden mit der Idee einer „abschließend entscheidenden Persönlichkeit" in der Gestalt von Saemisch. Im März 1938 ging dieser aber in den Ruhestand, nachdem er zuvor die zunehmende Einflussnahme des Reichsfinanzministeriums auf innere Angelegenheiten des Rechnungshofs beklagt hatte. Ersetzt wurde er auf Vorschlag Reinhardts durch den „alten Kämpfer" Heinrich Müller, der zuvor Oberfinanzpräsident von Köln gewesen war. Dieser verbrachte dann die Kriegsjahre, in denen die Prüfungs- und Gutachtertätigkeit weitgehend außer Kraft gesetzt wurde, mit der Ausarbeitung eines umfassenden Reichskontrollgesetzes, das den Reichsrechnungshof zur „Führerbehörde" umformen sollte. Es wurde 1944 zwar noch

537 Störring, Beratungsfunktion, S. 65–66; Dommach, Potsdam, S. 118; Schulze/Wagner, Kommentar, § 19 Anm. 8; sowie die nach 1945 entstandenen Ausarbeitungen „Aufgaben (Rechte und Pflichten) des Reichsministers der Finanzen" und „Darstellung des Verhältnisses der Funktionen des Reichsfinanzministeriums, der Reichshauptkasse und des Rechnungshofs in Bezug auf Aufstellung, Durchführung und Kontrolle des Reichshaushaltsplans", beide o. D., R 2 ANH./32, Bl. 2 RS und Bl. 9, wo die Übersendung von Unterlagen an den Rechnungshof als Neuerung der NS-Zeit dargestellt wird. Eine fünfte und letzte Änderung der RHO während der nationalsozialistischen Herrschaft erfolgte per Gesetz vom 30. April 1938 (RGBl. II, S. 145) enthielt aber nur kleinere Änderungen u. a. im Bereich der Niederschlagung von Ansprüchen und der Festsetzung von Steuermessbeträgen.

beschlossen, aber nicht mehr verkündet.[538] Auch eine tiefergreifende Reform der Reichshaushaltsordnung erfolgte bis 1945 nicht mehr. Entsprechende Ansätze, etwa im Bereich der haushaltsrechtlichen Neugestaltung der Reich-Länder-Beziehungen, wurden schließlich auch vom Reichsfinanzministerium nicht mehr verfolgt, denn die dort neu entstandenen Machträume schienen für das Finanzressort durch informelle Kommunikation und provisorische Regelungen besser beherrschbar als durch umfassende Ordnungsentwürfe.

Regieren in neuen Räumen

Nach der Machtübernahme der Regierung Hitler erreichten das Reichsfinanzministerium diverse Eingaben aus den Ländern. Aus Hessen ging ein Schreiben ein, das um einen Kassenkredit oder andere Hilfsmaßnahmen des Reiches bat, da es bisher „keinerlei Anzeichen" für die Verbesserung der Finanzlage der Länder gebe. Auch der württembergische Finanzminister sandte einen Brief, in dem er sich besorgt über die finanzielle Entwicklung äußerte: Die neue Reichsregierung habe „der Finanzlage der Länder und Gemeinden bis jetzt noch keine Verbesserung gebracht, im Gegenteil." Vielmehr gäben die bisherigen sowie angekündigten Maßnahmen zu größten Bedenken Anlass, denn „von Deckungsmassnahmen ist nichts ersichtlich". So mache es der Zustand der öffentlichen Finanzen nötig, „warnend meine Stimme zu erheben, ehe es zu spät ist." Eine Antwort erhielt er nicht, denn der Minister und der Staatssekretär Zarden entschieden, dass es sich um „von Gerüchten ausgehende Erwägungen" handle, auf die ein sachliches Eingehen nicht nötig sei.[539] Der Reichsbeauftragte im Badischen Staatsministerium, Gauleiter Robert Wagner, sparte sich den Weg über das Ministerium. Er intervenierte direkt bei Hitler und legte die aus der Grenzlage zu Frankreich entstehende besondere Belastung und Gefährdung Badens ausführlich dar, die eine „besonders sorgsame Pflege der badischen Wirtschaft auch durch das Reich erforderlich" mache. Einige Wochen später traf sich der badische Ministerpräsident und Finanzminister Walter Köhler dann auch noch mit den Ministerialen in Berlin und warnte vor einer weiteren Einnahmenminderung für die Länder durch die nationalsozialistische Finanzpolitik. Schwerin von Krosigk beschied ihm aber knapp, dass die „Lage der Reichsfinanzen" sol-

[538] Begründung des Entwurfes eines Zweiten Gesetzes zur Änderung der RHO, 2.12.1933, BArch R43 II/754; Störring, Beratungsfunktion, S. 70–71; Dommach, Potsdam, S. 95–100 und 118.

[539] Schreiben der Hessischen Regierung an den Reichsfinanzminister (Abschrift), 31.7.1933, BArch R2/19979; Schreiben des württembergischen Finanzministers an den Reichsfinanzminister betr. Finanzlage der Länder und Gemeinden, 23.2.1933; Vermerk Zarden für den Minister, 27.3.1933, beide BArch R2/19979.

che Maßnahmen erzwinge. So war es der überzeugte Nationalsozialist und „alte Kämpfer" Köhler, der die finanzpolitischen Pläne der nationalsozialistischen Reichsregierung als unsolide kritisierte, und der parteilose Minister und alteingesessene Haushaltsexperte, der sie verteidigte. Schließlich war Köhler sogar gezwungen, eine seit langem geforderte Gehaltskürzung für die badischen Beamten wieder zurückzunehmen, weil der Finanzstaatssekretär Reinhardt diese für politisch und volkswirtschaftlich nicht tragbar hielt.[540]

Im Ministerium aber war man ohnehin nicht mit den Sorgen der Länder, sondern mit dem finanziellen Neuaufbau des Reiches beschäftigt, der sich vor allem zugunsten der Reichskasse auswirken sollte. Die finanzhistorische Forschung hat bereits gezeigt, dass die Neuordnung der Finanzverfassung durch das nationalsozialistische Regime weitgehend auf Kosten der Länder und Kommunen erfolgte und dass diese Entwicklung im Zuge der Kriegführung befördert wurde.[541] Entscheidend daran beteiligt war neben den zuständigen Referenten des Reichsfinanzministeriums der preußische Finanzminister Popitz, der solche Maßnahmen in den letzten Jahren der Weimarer Republik bereits gedanklich vorbereitet hatte und die Schaffung eines einheitlich strukturierten Staatswesens seit 1933 entschlossen vorantrieb. Daraus bildete sich eine – allerdings durchaus kontroverse – Interessenallianz zwischen Reichsfinanz-, Reichsinnen- und preußischem Finanzministerium, welche die Zentralisierung des Finanzausgleichs, die Ausschaltung der Länder und die vollständige Kontrolle der Gemeindehaushalte durchsetzen konnte. Den vorerst letzten Baustein in dieser Entwicklung bildete die Reichsfinanzausgleichsverordnung vom 30. Oktober 1944, die auch den Finanzausgleich zwischen den Ländern und den Gemeinden zur Reichsangelegenheit erklärte.[542]

Das Verhältnis zwischen den Reichsressorts und ihren Gesprächspartnern auf Länder- und Gemeindeebene gestaltete sich innerhalb dieses Transformationsprozesses aber keineswegs als Einbahnstraße autoritärer Zwangsmaßnahmen, sondern kann als beiderseitige „Kooperationsbereitschaft im Modus des Konflikts" bezeichnet werden, wie sie auch auf anderen Feldern

540 Schreiben des Beauftragten des Reichs beim Badischen Staatsministerium an den Reichskanzler betr. wirtschaftliche Lage Badens (Durchschrift), 27.3.1933, BArch R2/19980; Hammerstein, Finanz- und Wirtschaftsministerium, S. 255–256.

541 Aufzeichnung „Aufgaben (Rechte und Pflichten) des Reichsministers der Finanzen", o. D. [nach 1945], BArch R2 ANH./32, Bl. 11.

542 Zu Popitz Kap. II.1 und III.1; Matzerath, Nationalsozialismus, S. 107–114. Zur Vorgeschichte des nationalsozialistischen Finanzausgleichs Menges, Reichsreform, S. 399–402, der die These vertritt, dass die „Finanzhoheit der Länder [...] schon in der Weimarer Republik zur Bedeutungslosigkeit herabgesunken war" (dort S. 399); außerdem Heindl, Haushalte, S. 77–97; Banken, Steuerstaat, S. 456–486, der für die nationalsozialistische Diktatur von einem „schiefen Finanzausgleich" spricht; Hornschu, Entwicklung; Hidien, Finanzausgleich, S. 319–346.

der nationalsozialistischen Finanzpolitik beobachtbar war.[543] Dabei wurde der Finanzausgleich, und auch dies gilt ähnlich für die Haushaltsplanung, immer stärker auf technische Fragen reduziert. Auf diese Weise wurden die Grenzen des Machbaren nicht in großen Schritten oder mittels programmatischer Debatten, sondern durch kleinteilige Verschiebungen ausgedehnt. Das dadurch Erreichte diente der Ressourcenmobilisierung zugunsten des nationalsozialistischen Regimes und wurde doch in gewisser Weise entpolitisiert. Da jede beteiligte Organisation ihre „Ausrichtung [...] nach den Bedürfnissen der Volksgemeinschaft" begründen musste, machte es machtpolitisch wenig Sinn, Konflikte im Finanzwesen als staatstheoretische Grundsatzfragen zu behandeln, wie dies vor 1933 der Fall gewesen war, oder Haushaltsprobleme der Länder und Kommunen in die Öffentlichkeit zu tragen, um die eigene Handlungsunfähigkeit zu beweisen.[544]

Der daraus entstehende Konsens, dass die Öffentlichkeit nicht über interne Problemlagen informiert werden sollte, veränderte den Umgang mit Schwierigkeiten in der Reichshaushaltsplanung. Die Beteiligten in den Ressorts sahen sich gezwungen, Konflikte so beizulegen oder zumindest zu „rahmen", dass die vorgetragenen Argumente wie auch die verabredeten Lösungen im vorgegebenen Kontext völkischer Kollektivität verblieben. Dass damit Augenwischerei verbunden sein musste, war den Beamten des Reichsfinanzministeriums klar. In der Verhandlung des badischen Haushalts für das Jahr 1935 vermerkte die Haushaltsabteilung, dass der Plan „nur auf dem Papier" ausgeglichen und entgegen bestehender Vorschriften ein Fehlbetrag aus 1933 in Höhe von 15,3 Millionen RM nicht zur Deckung gebracht worden sei. Da Baden darin „allerdings dem Beispiel des Reichs" folgte, sei es schwierig, dies gegenüber der Landesführung zu beanstanden. So nahm das Ministerium die Tatsache, dass in der badischen Presse im Frühjahr 1934 stolz der Haushaltsausgleich verkündet wurde, kommentarlos hin.[545]

Über solche taktischen Kompromisse hinaus brachte der Umbau der Reich-Länder-Beziehungen die Vorstellung mit sich, es existiere nun eine für sich

[543] So für das Beispiel München Rabe, Stadt, S. 169.

[544] Karl Augustin (1938), zit. nach Banken, Steuerstaat, S. 485–486. Augustin war bis 1936 nationalliberaler Bürgermeister in Berlin (zunächst in Wilmersdorf, dann in Charlottenburg) gewesen, danach wechselte er als Referent für den Finanzausgleich und die Kommunalfinanzen ins Reichsfinanzministerium.

[545] Vermerke betr. Haushalt des Landes Baden für das Rechnungsjahr 1934, 29.3.1934 und 12.7.1934; Der badische Haushalt ausgeglichen, in: Badische Presse, 5.4.1934, alle BArch R2/19994; Vermerk Referat III B der Abt. I, gez. Kluge, 25.5.1935; Vermerk betr. Haushaltsgesetz des Landes Baden für das Rechnungsjahr 1935, 2.7.1935, beide BArch R2/19995. Ganz anders sah die Lage dann im Folgejahr aus, als ein Anstieg der Steuereinnahmen zu verzeichnen war, vgl. Vermerk betr. Finanzlage Badens nach dem Rechnungsjahr 1935, o. D., BArch R2/19993.

stehende fiskalische Zweckrationalität. So schrieb der Finanzwissenschaftler Fritz Terhalle 1936 in einem Leitfaden für die deutsche Finanzpolitik: „Da es grundsätzlich keine Rivalität zwischen Reich und Ländern mehr geben kann, kann das Reich frei und unter ausschließlicher Heranziehung von staatswirtschaftlichen Zweckmäßigkeitsüberlegungen entscheiden, wem die von ihm gesetzten Aufgaben zuzuweisen sind."[546] Ähnlich hatte auch Popitz in einer Meinungsverschiedenheit mit Schwerin von Krosigk im Mai 1933 darauf hingewiesen, dass im nationalsozialistischen Staat „sowohl in Grundsatz- wie auch in Einzelfragen die Übereinstimmung zwischen den Auffassungen der Reichs- und Preußischen Regierung gesichert" sei. Damit sei für Fragen der Budgetierung nur mehr der „Gesichtspunkt der Aufrechterhaltung einer geordneten Finanzwirtschaft" ausschlaggebend – also eine (vermeintlich) objektive Dimension der Finanzverfassung und nicht mehr die politische Einzelmeinung der Ressorts. Staatsausgaben seien daher nun keine „Willenskundgebungen" mehr, sondern allein „Ausdruck des finanziellen Leistungsvermögens" und in dieser Form letztlich unstrittig. Allerdings widerlegte er sich im gleichen Schreiben selbst, denn mit dieser Korrespondenz versuchte er, eine finanzielle Inanspruchnahme Preußens für vermeintlich „unabweisbare" Ausgaben zur Beamtenversorgung zu verhindern. Beim Reichsfinanzminister stieß er daher auch nur im Prinzip auf Zustimmung; so schloss sich Schwerin von Krosigk dem insofern an, als auch er „etwaige Meinungsverschiedenheiten über die Berechtigung oder Nichtberechtigung" von Anträgen nicht nach außen dringen lassen wollte. Allerdings beharrte er seinerseits darauf, dass Preußen grundsätzlich finanziell zu beteiligen sei, wenn das Reich dies vorsah.[547]

Nachdem mit den ersten beiden Gleichschaltungsgesetzen des Frühjahrs 1933 sowie der Reform der Reichshaushaltsordnung Ende 1933 bereits die entsprechenden Grundlagen gelegt worden waren, brachte das „Gesetz über den Neuaufbau des Reiches" vom 30. Januar 1934 den entscheidenden Schritt zu einer Machtausdehnung des Reichsfinanzministeriums in Richtung der Reichs- und Länderhaushalte.[548] Damit wuchs die Zugriffsmacht des Ministeriums auf die dezentrale Organisations- und Personalpolitik. Insbesondere der Staatssekretär Reinhardt verband damit auch die Hoffnung, grundlegende Strukturreformen unter der Ägide des Finanzressorts durchzusetzen. Viele dieser Maßnahmen liefen unter dem Schlagwort der „Vereinfachung der Verwaltung", wenngleich sie de facto in den betroffenen Länder- und

546 Terhalle, Leitfaden, S. 8; Pawellek, Finanzverwaltung, S. 83–85.

547 Persönliche Mitteilung von Popitz an Schwerin von Krosigk, 8.5.1933; Antwort des Reichsfinanzministers betr. Beteiligung Preußens an finanziellen Hilfsmaßnahmen des Reichs, 26.5.1933, beide BArch R2/21852.

548 Hidien, Finanzausgleich, S. 320; Vorläufiges Gesetz zur Gleichschaltung der Länder mit dem Reich, 31.3.1933 (RGBl. I, S. 153); Zweites Gesetz zur Gleichschaltung der Länder mit dem Reich, 7.4.1933 (ebd., S. 173).

Gemeindebehörden eher für Mehrarbeit und Verwirrung sorgten.[549] Per Haushaltsrundschreiben des Ministeriums wurden die Länder im Februar 1934 über die durchaus widersprüchlichen Auswirkungen der reichsweiten „Gleichschaltung" informiert. Auf dem Verordnungswege war ergänzend zu dem Gesetz vom Januar 1934 festgelegt worden, dass das Reich auf die Ausübung der Hoheitsrechte der Länder verzichten könne – „eine Zwischenlösung, die den Fortgang des öffentlichen Dienstes im gesamten Reichsgebiet sicherstell[en]" sollte, wenngleich sich die „verfassungsmässigen Zusammenhänge" durch das Gesetz natürlich grundsätzlich geändert hätten. Die Länder handelten nun zwar im „Auftrag" des Reichs, seien diesem gegenüber rechenschaftspflichtig und könnten nur noch „übertragenes" Recht setzen, behielten aber das volle Maß an „Verantwortung" für ihre Finanzgebarung. Kurz: „Solange die räumlich-organisatorische Gliederung des Reichs in der bisherigen Ordnung fortbesteht, verbleibt es für die damit gegebenen Einheiten bei ihrer <u>uneingeschränkten finanziellen Selbstverantwortung</u>." Dies bedeutete de facto, dass das Reich per Steuer- und Haushaltsgesetzen zwar die Einnahmen- und Ausgabengebarung der Länder grundsätzlich lenken und überwachen konnte, dass diese für die nötige Haushaltsdeckung und die Vermeidung möglicher Defizite aber trotzdem allein zuständig blieben. Damit wurden die Länder vor allem zum Sparen gezwungen, denn die Veräußerung von Vermögen oder die Aufnahme von Schulden waren wiederum „nur mit ausdrücklicher Zustimmung des Reichsministers der Finanzen" gangbar.[550]

Das Reichsfinanzministerium avancierte so gewissermaßen zu einem Generalagenten der Länder, aber mit weiter reichenderen Interventionsbefugnissen. Die Grundsätze geordneter Haushaltsplanung, an denen die Weimarer Demokratie sich immer wieder vergeblich abgearbeitet hatte und die auch die nationalsozialistische Diktatur auf Reichsebene nicht einhielt, wurden vom Finanzressort als Maßstab an die Länder weitergereicht. Diese sollten ihren Haushalt also rechtzeitig und sparsam planen, denn die „Hindernisse", die dem bisher entgegengestanden hätten, seien ja „nunmehr fortgefallen". Dass man im Ministerium an diese Fassade selbst nicht so recht glaubte, wurde aber auch gleich klar: Für das Jahr 1934 war eine rechtzeitige Zustimmung zu den Haushaltsplänen ohnehin nicht mehr beziehungsweise nur mit einem „formalen Charakter" erreichbar, daher wurde auf die Übersendung von Haushaltsplänen gleich ganz verzichtet und eine nachträgliche Prüfung allenfalls „vorbehal-

[549] Gesetz über den Neuaufbau des Reiches, 30.1.1934 (RGBl. I, S. 75). Hierzu Kuller, Bürokratie, S. 75–78; Hammerstein, Finanz- und Wirtschaftsministerium, S. 255–256. Zu Reinhardts teilweise mit dem Innenressort abgestimmten Vereinfachungsplänen vgl. auch unten.

[550] Runderlass des Reichfinanzministers und des Reichsinnenministers an die Landesregierungen, 8.2.1934, BArch R43 II/758, Bl. 113–116, hier Bl. 113–114.

ten".[551] Dies war eine machtpolitische Taktik, die sich in den folgenden Jahren verstetigen sollte. Zwar unterstand nunmehr die Finanzwirtschaft der Länder der Reichsaufsicht und die Haushaltsentwürfe waren dem Reichsfinanzminister zur Prüfung und Genehmigung vorzulegen.[552] Doch zog sich das Ministerium bei Konflikten immer wieder auf die Position zurück, die im Anschluss an die Prüfung erteilte Zustimmung gelte nur für das Haushaltsgesetz der Länder, nicht aber für den zugrundeliegenden Haushaltsplan. Während das Finanzressort also in den Konflikten mit den anderen Reichsbehörden darauf drang, nach der routinemäßigen Verabschiedung der jährlichen Haushaltsgesetze Kontrolle über möglichst jeden einzelnen Haushaltsposten und weitere Ausgabebewilligungen zu erlangen, weil es für den Ausgleich von Einnahmen und Ausgaben verantwortlich zeichnete, beschränkte es sich gegenüber den Ländern darauf, einen globalen Überblick zu bekommen, denn die Verantwortung für dort entstehende Defizite ließ sich auf diese Weise umgehen.

Ein Rundschreiben vom September 1934 bestätigte diese Haltung. Dort wurde darauf hingewiesen, dass die durch das Ministerium „unbeanstandete Aufnahme einer Ausgabebewilligung" in den Haushaltsplan eines Landes keinesfalls eine Verpflichtung zur tatsächlichen Leistung dieser Ausgabe bedeute. Vielmehr sei dabei die Entwicklung der Finanz- und Kassenlage im Laufe eines Jahres zu berücksichtigen und entsprechend zu handeln. Der bei der Novelle von 1930 noch so umstrittene Passus im § 26 Abs. 1 der RHO, der die Verantwortung der Exekutive für die Verausgabung von Mitteln betraf, wurde somit gegenüber den Ländern nun ohne größere Diskussionen durchgesetzt. Dies hatte auch damit zu tun, dass sich die Länder zu diesem Zeitpunkt mit finanziellen Forderungen unterschiedlicher politischer Interessenten – vor allem der Parteiorganisationen – konfrontiert sahen. Gegen solche Entwicklungen hatte sich das Reichsfinanzministerium bereits im Mai 1934 gestellt, als es den Ländern beschied, dass entsprechende Eingaben von Stellen, „denen weder ein staatsrechtlich begründetes Mitbestimmungsrecht über die Haushaltsführung des Landes zukommt, noch die Möglichkeit zu Gebote steht, die ganze Tragweite ihrer meist auf politische Erwägungen gestützten finanziellen Wünsche zu überblicken", zurückzuweisen oder höchstens nach Zustimmung

551 Rundschreiben des Reichfinanz- und des Reichsinnenministers an die Landesregierungen, 8.2.1934, BArch R43 II/758, Bl. 113–116, hier Bl. 114 RS. Zur Übernahme der Bestimmungen der RHO und der Reichswirtschaftsbestimmungen (RWB) durch die Länder und zur fortbestehenden „Selbstverantwortung" auch das Rundschreiben des Reichsfinanz- und des Reichsinnenministers an die Landesregierungen (außer Preußen) betr. Haushaltsführung der Länder und Aufstellung der Haushaltspläne für das Rechnungsjahr 1935, 10.10.1934, BArch R2/19984; außerdem Rösch, Hammer, bes. S. 226–229 und 233–238.

552 Aufzeichnung „Aufgaben (Rechte und Pflichten) des Reichsministers der Finanzen", o. D. [nach 1945], BArch R2 ANH./32, Bl. 10 RS.

des zuständigen Reichsministers und des Reichsministers der Finanzen zu berücksichtigen seien. Dies gelte auch dann, wenn Forderungen „für Zwecke der Landesverteidigung und der politischen Sicherheit" erhoben würden. Nicht zuletzt aber wollte das Ministerium in solchen Fällen nicht jene Stelle sein, die diese Posten schlussendlich ablehnen musste. Die wiederholten Versuche der Gemeinden und Länder, solche politischen Anfragen auf die höheren Reichsbehörden „abzuwälzen", sah das Finanzressort entsprechend kritisch.[553]

Damit versuchte das Reichsfinanzministerium, die Kontrolle über die Länder- und Gemeindehaushalte, nicht aber die Verantwortung für deren finanzielle Lage zu übernehmen. Dennoch gehörte auch die Beanstandung einzelner Haushaltsposten regelmäßig zu den Reibungspunkten in der Verhandlung der Länderhaushalte. In einem Konflikt mit dem Gauleiter und Reichsstatthalter in Hamburg im August 1934 zeigte sich, wie die Referenten des Reichsfinanzministeriums es dabei verstanden, in den neuen Machtverhältnissen über Bande zu spielen. Der Reichsstatthalter – der „starke Mann Hamburgs" Karl Kaufmann[554] – hatte sich gegen „Vorbehalte" des Reichsfinanzministeriums verwehrt, die dieses zuvor dem Senator der Hamburgischen Finanzverwaltung mitgeteilt hatte. Kaufmann betonte, er trete selbstverständlich für „äußerste Sparsamkeit in der Verwendung der öffentlichen Gelder" ein, habe einen „rigoros durchgeführten Personalabbau" und „nicht unerhebliche Abstriche an den sachlichen Ausgaben" durchgesetzt – wofür er bei seinen Adressaten im Ministerium nur ein lapidares Fragezeichen auf dem Schreiben erntete, denn zugleich kündigte er weitere „Forderungen" an, die er nicht schriftlich, sondern nur mündlich erläutern wollte. Die Ministerialen hingegen stellten sich auf den Standpunkt, eine Besprechung sei erst möglich, „wenn Hamburg seinen Haushaltsplan auf die bezeichneten Sparmöglichkeiten nochmals durchgeprüft" habe. Dass das Ministerium zu diesem Zeitpunkt aber davon ausging, dass wirkliche Verhandlungen mit den haushaltsrechtlich entmachteten Ländern gar nicht nötig seien, machten weitere Randvermerke deutlich; diese vermittelten, dass es hier schlicht um eine „finanzielle Unmöglichkeit" ginge und kein Verhandlungsspielraum bestehe.[555] Schließlich führte der Hamburger Weg über Hitler, der den Reichsstatthalter und den

[553] Rundschreiben des Reichsfinanzministers an die Obersten Landesbehörden (außer Preußen), 26.9.1934; Rundschreiben des Reichsfinanz- und des Reichsinnenministers an die Landesregierungen (außer Preußen) betr. Haushaltsführung der Länder, 12.5.1934; Rundschreiben des Reichsfinanzministers und des Reichs- und Preußischen Ministers des Innern an die Obersten Reichsbehörden vom 12.1.1935, alle BArch R2/19984.

[554] Ruck, Partikularismus, S. 92.

[555] Schreiben des Reichsstatthalters in Hamburg an den Reichsfinanzminister, 27.8.1934; Vermerk und Entwurf eines Antwortschreibens an den Reichsstatthalter, 13.9.1934; Schreiben des Senators der Hamburgischen Finanzverwaltung an den Reichsfinanzminister betr. Staatshaushaltsplan 1934, 22.9.1934, alle BArch R2/20012.

regierenden Bürgermeister von Hamburg im November 1934 im Rahmen einer Chefbesprechung unter Anwesenheit der meisten Reichsminister und Staatssekretäre empfing. Hitler unterstützte die Hamburger Forderungen, es wurden aber keine verbindlichen Beschlüsse gefasst. Dennoch verliefen die Haushaltsverhandlungen für den Nachtragshaushalt 1934 und den Etat des Jahres 1935 weniger konfliktreich. Letztlich bemühte sich auch Kaufmann um einvernehmliche Regelungen.[556]

Ähnliches galt im Haushaltsjahr 1935 für Auseinandersetzungen mit dem Reichsstatthalter in Lübeck, Friedrich Hildebrandt, der für seinen Etat Mittel für den NS-Schulungsverein und die Hitlerjugend sowie persönliche Mittel zur Entschuldung „alter Kämpfer“ angefordert hatte. Die Vertreter der Lübecker Senatsverwaltung wiesen das Reichsfinanzministerium in Vorgesprächen und mittels Privatdienstbriefen auf diesen problematischen Haushaltsposten hin; zudem wurde dem Ministerium vertraulich ein Schreiben zugespielt, aus dem hervorging, dass der Reichsstatthalter seinen Ansatz selbst für haushaltsrechtlich fraglich hielt.[557] Daraufhin verzögerte das Finanzressort zunächst die Genehmigung des Haushaltsplans, verständigte sich aber telefonisch mit der Senatsverwaltung und riet dieser, eine einvernehmliche Lösung mit dem Reichsstatthalter zu suchen, sprich: diesen herunterzuhandeln. Die nachfolgend eingehenden Kompromissvorschläge des Senats wies das Ministerium jedoch mit dem Verweis zurück, diese Frage sei nunmehr „von politischer Bedeutung“.[558] Schließlich erreichte ein Schreiben des Reichsstatthalters die Ministerialreferenten, in dem dieser sich darüber empörte, dass seine „Autorität auf das Schwerste gefährdet“ sei, „da durch solche Schreiben die Meinung aufkommen muß, als ob ich als Reichsstatthalter hier gesetzwidrig handele und mich nicht an die Bestimmungen und Anordnungen des Reiches halte.“ Nicht ganz zu Unrecht ging er davon aus, dass die entsprechenden Posten absichtlich von den „Herren“ in Berlin so „frisiert“ worden waren, dass der

556 Rundschreiben des Reichsarbeitsministers betr. wirtschaftliche Lage Hamburgs inkl. Anlagen, 6.12.1934, ebd. Hierzu auch die eher auf Formalitäten beschränkten Verhandlungen über die nachträgliche Genehmigung von Haushaltsüberschreitungen in Hessen im Jahr 1935, vgl. Privatdienstschreiben des Oberregierungsrats Ungethüm an den hessischen Haushaltsreferenten Ministerialrat Krapp, 21.11.1935; Schreiben des Reichsfinanzministeriums an den Reichsstatthalter in Hessen (Landesregierung) betr. Haushaltsführung des Landes Hessen, 8.8.1936, beide BArch R2/20025.

557 Vermerk betr. Haushaltsentwurf Lübeck, 12.4.1935; Schreiben des Senators der Finanzverwaltung Lübeck an den Reichsfinanzminister betr. Haushaltsplan 1935, 17.5.1935; Vermerk vom 16.7.1935, alle BArch R2/20035.

558 Privatdienstschreiben des Senators Böhmcker an Ministerialrat Kluge, 3.7.1935, mit der Bitte „Lübeck nicht mehr lange warten [zu] lassen“; sein Schlichtungsvorschlag per Schreiben vom 6.7.1935; Antwort Kluges vom 12.7.1935, in der auf fernmündliche Absprachen verwiesen wird, um „die Schwierigkeiten fürs erste aus der Welt zu schaffen“, Vermerk betr. Haushalt Lübeck für 1935, 4.[7].1935, alle BArch R2/20035.

Eindruck entstand, er wolle von dem Geld „eine Vergnügungsreise“ machen und sie die Ausgabe für die geplante Entschuldung der Parteigenossen daher nicht aus inhaltlichen Gründen ablehnen mussten, sondern auf vermeintlich „anständige Weise“, also mit Verweis auf haushaltsrechtliche Vorgaben, verhindern konnten. Als Antwort erhielt Hildebrandt ein harsches Schreiben des Reichsfinanzministers, aus dem allerdings – wohl von Reinhardt – die Passage gestrichen worden war, in der behauptet wurde, dass es Hildebrandts „Stellung nach dem Reichsstatthaltergesetz nicht entspricht, gegen meine Anordnungen in der von Ihnen gewählten Form vorstellig zu werden.“[559] In diesem Konflikt legte der Staatssekretär, wie so oft, Wert auf eine geschmeidige Form des Schnittstellenmanagements, die keine Kritik am nationalsozialistischen Herrschaftssystem zuließ.

In anderen Fällen verzögerte die Ministerialbürokratie zunächst Entscheidungsprozesse, vor allem gegenüber neuen Akteuren des nationalsozialistischen Staates, und suchte dann kleinteilige Lösungen, etwa in der formalen Umbenennung eines umstrittenen Haushaltspostens oder der persönlichen Freigabe einer Einzelsumme für (inoffizielle) Parteizwecke durch den Reichsfinanzminister.[560] Zwar erwiesen sich die Gauleiter und Reichsstatthalter tatsächlich gelegentlich als „viel hartnäckigere Föderalisten als vor ihnen die Länderministerpräsidenten“. Trotzdem ist Michael Ruck darin zuzustimmen, dass von Territorialherrschaft auf dieser Ebene keine Rede sein konnte und die „bisweilen spektakulären Eigensinnigkeiten selbstbewusster Regionalpotentaten der NSDAP“ nur verdeckten, dass sich vor allem in grundsätzlichen Fragen die Reichsbehörden vielfach durchsetzten; zumindest galt dies für das Reichsfinanzministerium. Dies zeigen im Vergleich auch die konfliktträchtigeren Verhandlungen mit den Reichsressorts über deren Haushaltspläne. Der sich ausbreitende Ressortpartikularismus und die Verselbstständigung der Fachbehörden erschienen als Dynamiken des NS-Staates für das Ministerium daher weitaus gefährlicher als der eher schwindende Länderpartikularismus und die gelegentlichen „Extratouren“ regionaler Führungskräfte.[561] Daher

559 Reichsstatthalter in Mecklenburg und Lübeck an den Reichsfinanzminister, 9.7.1935; Reichsstatthalter an den Senat der Freien und Hansestadt Lübeck, 23.7.1935; Reichsstatthalter an den Kreisleiter des Kreises Lübeck der NSDAP (Abschrift), 28.5.1935; Entwurf des Schreibens nach der Hand des Ministers, gez. Reinhardt, 16.7.1935, alle ebd.

560 Schreiben des Reichs- und Preußischen Ministers für Wissenschaft, Erziehung und Bildung an den Reichsfinanzminister, 11.9.1935, BArch R2/19985, Bl. 50; Antwortschreiben des Reichsfinanzministers betr. Ansatz im Badischen Haushaltsplan 1935 für die Zwecke der Hitler-Jugend, 22.11.1935, ebd., Bl. 75–76; Vermerk zum Haushalt für Württemberg, o. D., ebd., Bl. 54–56; Schreiben des Reichsfinanzministers an den Badischen Finanz- und Wirtschaftsminister betr. badischer Haushaltsplan 1935 / Unterstützung der Hitler-Jugend, 21.11.1935, BArch R2/19996, dort bes. die handschriftlichen Streichungen.

561 Zitat Schwerin von Krosigks in seiner Zeugenaussage, zit. nach Broszat, Staat Hitlers, S. 154; Ruck, Partikularismus, S. 90–92 und 99.

war im Ministerium auch das Interesse an einer dauerhaften Regelung der budgetären Reich-Länder-Beziehungen eher gering, wenngleich man sich um die Einführung verbindlicher Grundsätze für die Aufstellung und Ausführung der Haushaltspläne bemühte.[562] Ein interner Bericht aus dem Mai 1938 hielt fest, dass mit Blick auf die staatsrechtliche Situation der Länder zwar seit 1933 eine Reihe von Maßnahmen ergriffen worden sei, dass aber mit „einer umfassenden Anpassung an die vielfach veränderten Verhältnisse [...] in nächster Zeit noch nicht gerechnet" werde. Das „Gesetz über die Haushaltsführung, Rechnungslegung und Rechnungsprüfung der Länder und über die vierte Änderung der RHO" vom 17. Juni 1936 bilde weiterhin die Basis einer materiellen Fortbildung des Reichshaushaltsrechts für den beschränkten Geltungsbereich der Länderhaushalte mittels Durchführungsverordnungen und Vollzugsanweisungen.[563]

Weitergehende Ordnungsversuche verliefen vor diesem Hintergrund im Sande. Nachdem sich der Generalreferent Mayer zeitweilig mit einer Novelle der RHO befasst hatte, wurden diese Überlegungen Anfang 1938 mit dem Hinweis eingestellt, dass „der gegenwärtige Zeitpunkt nicht geeignet" sei, um eine größere Änderung durchzuführen. Stattdessen erging in einem eher schleppenden Umlaufverfahren eine begrenzte fünfte Novelle der RHO, die nur einige kleinere Änderungen umfasste, wie die Erweiterung der Befugnisse zur Niederschlagung von Ansprüchen durch nachgeordnete Dienststellen.[564] Spätere Initiativen zu einer Reform wies Mayer dann 1943 umgehend zurück, da die Schaffung einer neuen RHO „klare verfassungsrechtliche Verhältnisse und eine starke Stellung des RdF" benötige, beides aber sei im Kriegszustand

562 Rundschreiben des Reichsfinanz- und des Reichsinnenministers an die Landesregierungen (außer Preußen) betr. Haushaltsführung der Länder / Aufstellung der Haushaltspläne für das Rechnungsjahr 1936, 14.10.1935, BArch R2/19984; Tätigkeitsbericht des Badischen Finanz- und Wirtschaftsministeriums in den beiden ersten Haushaltsjahren nach der Machtübernahme, 31.5.1935, R2/19996.

563 Hierzu und zum Folgenden Referentenentwurf zur Ersten Anweisung zum Vollzug des Reichshaushaltsrechts in den Ländern, 27.5.1938; Rundschreiben des Reichsfinanzministers und des Präsidenten des Reichsrechnungshofs an die Landesregierungen/Reichsstatthalter betr. Ausführung des Gesetzes vom 17.6.1936, beide BArch R2/21786; Gesetz über die Haushaltsführung, Rechnungslegung und Rechnungsprüfung der Länder und über die vierte Änderung der RHO, 17.6.1936, (RGBl. II, S. 209); Erste und Zweite Durchführungsverordnung zu diesem Gesetz vom 16.10.1936 (ebd., S. 325) und vom 30.6.1937 (ebd., S. 195).

564 Schreiben des Reichsfinanzministers an den Präsidenten des Reichsrechnungshofs betr. Änderung der Reichshaushaltsordnung (Entwurf), 29.2.1938; Schnellbrief des Reichsfinanzministers betr. Verabschiedung des Gesetzentwurfs über die fünfte Änderung der Reichshaushaltsordnung, 6.4.1938; Vermerk Mayers betr. Mitteilung der Reichskanzlei über die Zustimmung zum Gesetzentwurf, 30.4.1938, alle BArch R2/21786.

und dem damit einhergehenden Modus der „Verwaltungsvereinfachung" nicht vorhanden.[565]

In ähnlicher Weise blieb die Frage der Reichsreform und damit der territorialen Reorganisation der Haushaltsplanung bis in die Kriegsjahre hinein virulent. Als das Reichsfinanzministerium im Dezember 1938 vorschlug, bei der Eingliederung der „ostmärkischen" Gaue deren Budget nach Vorbild der Länderhaushalte aufzustellen, stieß es auf den Widerspruch des Reichsinnenministeriums. Während das Finanzressort für eine kurzfristige Lösung „aus technischen Gründen" mit vorläufiger Gültigkeit nur für das Rechnungsjahr 1939 plädierte, stellte sich das Innenressort auf den gegenteiligen Standpunkt: „Ausschlaggebend ist die Tatsache, daß nach Ihrem Vorschlage eine vorläufige, am Grundgedanken der Länderverwaltung festhaltende Regelung in einem Augenblick gewählt werden soll, wo die bisherigen Landeshauptmänner und die an ihre Stelle tretenden Reichsstatthalter eine endgültige, dem Ziele der Reichsreform entsprechende und in dieser Richtung zugleich beispielgebende Lösung erwarten." Dies würde einen „nicht wieder gutzumachenden politischen Rückschritt" bedeuten, denn die haushaltsrechtliche Eingliederung der Reichsgaue müsse man als „einen Schritt zur Reichseinheit, zur Durchsetzung der einheitlichen politischen Willensbildung und zur Aufrichtung einer schlagkräftigen einheitlich ausgerichteten inneren Verwaltung" verstehen. Das Reichsinnenministerium plädierte damit für eine Lösung, welche die Aufteilung der Mittel der Reichsgaue auf die Etats der einzelnen Reichsressorts vorsah. Das Reichsfinanzministerium hingegen forderte sogenannte „Regional-Etats", also die Aufstellung eigener Etats der Reichsgaue, die damit eigenständige Bestandteile des Reichshaushaltsplans werden sollten und nicht bloß Bestandteile der Ministerialbudgets. Damit hätte das Finanzressort weiterhin die Zuständigkeit für die Zuweisung von Mitteln an die Gaue und damit eine bessere Kontrolle über die Ausgabenentwicklung behalten. Zugleich wäre in Analogie zu den Ländern die Eigenverantwortlichkeit der Gaue für ihre Haushaltsführung und für mögliche Defizite festgestellt worden. Das Innenressort hingegen sah in dieser Lösung eine „haushalts-technisch nicht verantwortbare äußere Ausweitung des Reichshaushalts" und wollte im Sinne der Zentralisierung stattdessen die direkte Machtachse zwischen der inneren Verwaltung und den Gaustrukturen stärken.[566]

Das Problem der sogenannten Territorialhaushalte blieb bis in die Kriegszeit hinein ungelöst. Dies kann als Erfolg der Haushaltsexperten des Reichsfinanz-

[565] Aufzeichnung Mayers über Gründe und Gegengründe nach den einschlägigen Akten [seit 1931], 2.2.1943; Vermerk Ref. Mayer für Ref. Gündel betr. Zusammenlegung von Rechnungsjahr und Kalenderjahr, 2.2.1943, beide BArch R2/21854.

[566] Reichsinnenminister an den Reichsfinanzminister betr. Etatsgestaltung für die künftigen Reichsgaue, 2.12.1938, BArch R2/21853.

ministeriums bewertet werden, die hier wie an anderen Stellen Interimsregelungen bevorzugten. Waren gesetzliche Festlegungen nicht zu verhindern, so plädierte das Finanzressort zumindest dafür, sie dezidiert als Ausnahme- oder Übergangsbestimmungen zu verstehen.[567] Der provisorische Zustand und die außergewöhnliche Regelung blieben damit in den Beziehungen des Reichsfinanzministeriums zu den Ländern beziehungsweise den neu entstehenden Gebietskörperschaften wichtige Herrschaftsmechanismen. Auch die zermürbenden Haushaltsverhandlungen und das Ringen um Haushaltsdisziplin mit allen beteiligten Akteuren waren Staatstechniken eigener Art, die das Finanzressort weiterhin gezielt einsetzte. Diese ermöglichten nicht zuletzt jene informellen Kontakte, auf die gerade das Reichsfinanzministerium immer wieder setzte. Daher beschwerte sich der Innenstaatssekretär Wilhelm Stuckart Ende 1940 bei einer Besprechung über den „ungesunden Zentralismus", den das Reichsfinanzministerium mit seinem Beharren auf eigenständigen Gauhaushalten befördere (und damit den „gesunden" Zentralismus nach den Vorstellungen des Reichsinnenministeriums behindere). Das entsprechende Protokoll vermerkte Stuckarts Ausführungen: „Die Aufgabe der Reichsstatthalter und Oberpräsidenten und ihrer Beamten bestehe nicht darin, durch Dienstreisen in Berlin je nach Geschicklichkeit mehr oder weniger Geld locker zu machen. Ihre Aufgabe und Bewährung habe vielmehr darin zu bestehen, die ihnen zu Beginn des Haushaltsjahres zugewiesenen Mittel sinnvoll und zweckentsprechend praktisch zu verwenden."[568]

Das Reichsinnenministerium musste aber die Erfahrung machen, dass solche Reformbemühungen letztlich versandeten und zugleich die Ordnung der eigenen Organisation aufs Spiel setzten, denn das Ressort zerfiel zusehends und verlor wichtige Kompetenzen.[569] Die eher diffusen Taktiken des Reichsfinanzministeriums, die auf die Vermeidung endgültiger Regelungen abzielten, erscheinen demgegenüber als nachhaltiger, zumindest für den Erhalt der eigenen organisatorischen Struktur, wenngleich dies bedeutete, die starke

567 Schnellbrief des Reichsinnenministers betr. Haushaltsgestaltung in den Reichsgauen der Ostmark und der eingegliederten Ostgebiete, 23.3.1940; Vermerk Ref. Mayer betr. Entwurf eines Gesetzes über den Haushalt der Kolonien, 23.3.1940. Die Diskussionen um das Weisungsrecht der Reichsstatthalter Ende 1938, in denen das Finanzressort eine gesetzliche Regelung nur für „außergewöhnliche Fälle" befürwortete und mit diesem Gesetz zugleich eine „Übergangsbestimmung" verbinden wollte, „nach der bis zur Neugliederung des Reichs in Reichsgaue die ostmärkischen Reichsgaue wie bisher Landeshaushaltspläne aufzustellen haben", dokumentiert der Schnellbrief des Reichsfinanzministers betr. Ostmarkgesetz / Chefbesprechung, 31.10.1938, alle ebd.

568 Niederschrift über die Staatssekretärbesprechung am 13.12.1940, S. 1 und 4; Vermerk Ref. Mayer betr. Haushaltsgestaltung in den Reichsgauen, 15.4.1941, beide BArch R2/21854.

569 Jasch, Staatssekretär, S. 110–127 und 155–166; Caplan, Recreating, S. 41–42; dies., Politics, bes. S. 717–719 und 725; Rebentisch, Führerstaat, S. 499–512; zum Länder- und Ressortpartikularismus Hüttenberger, Gauleiter, S. 116.

Rolle als Machtzentrum der Regierung aufzugeben, die es in den 1920er- und 1930er-Jahren erhalten hatte. Im Hinblick auf die zentrale Steuerung der Länderhaushalte hatte das Reichsfinanzministerium, wie oben dargelegt, schon um 1931 die Erfahrung gemacht, dass die Macht der Tatsachen wirksamer sein konnte als programmatische Aushandlungen und dass eine stark zentralistische Verantwortung im Bereich der Staatsfinanzierung ohnehin nicht erstrebenswert war. Unterschiede zeigten sich dabei allerdings im Vorgehen von Minister und Staatssekretär sowie zwischen den verschiedenen Einheiten innerhalb des Reichsfinanzministeriums. Es war vor allem Reinhardt, der sowohl hinsichtlich der Vision eines nationalsozialistischen Einheitsstaates als auch im Feld der Kriegsfinanzierung darum bemüht war, das Reichsfinanzministerium auch als programmatische Institution im Gespräch zu halten. Dies galt gerade im Hinblick auf die sogenannte Finanzierungswende, die um 1938/39 erfolgte, mit zwar inhaltlich begrenztem, machtpolitisch aber durchaus bedeutsamem Erfolg.

An der Schwelle: Etatpolitik 1938/39

Im April 1939 verkündete die Pressestelle des Reichsfinanzministeriums den Ausgleich des Reichshaushaltsplans für 1939. Die ordnungs- und fristgemäße Grundlage dafür sei per Haushaltsgesetz geschaffen worden, wenngleich – dies musste eingestanden werden – der Haushaltsplan zu diesem Zeitpunkt aufgrund der finanziellen Auswirkungen der Eingliederung neuer Gebiete „noch nicht in allen Einzelheiten endgültig festgestellt“ sei. Das öffentlich verkündete Budgetgleichgewicht war also gar keine Tatsache, sondern bloß ein Versprechen des Ministeriums, das den Ausgleich im Laufe des Jahres durch „Sparsamkeit“, „weitere Aufwärtsentwicklung des Steueraufkommens“ und den „Neuen Finanzplan“ zu erreichen gedachte. Was folgte, war kompliziert. Noch im Juli 1939 lagen von den Einzelplänen des Reichshaushalts nur einige wenige vor, die Mehrzahl war noch nicht festgestellt. Um zu vermeiden, dass eine ausgedehnte Verhandlungsphase die Ausgabenexpansion weiter beförderte, erklärte die Haushaltsabteilung zunächst die noch nicht beschlossenen Entwürfe zur verbindlichen Grundlage der Haushaltsführung der Ressorts.[570] Ende August

[570] Pressenotiz der Pressestelle des Reichsfinanzministeriums, 3.4.1939; Mitteilung der Abt. I an die Haushaltsreferenten und -expedienten betr. Feststellung des Reichshaushaltsplans für das Rechnungsjahr 1939, 11.7.1939, beide BArch R2/21908.

1939, unmittelbar vor Kriegsbeginn, wurden dann erst einmal die Betriebsmittel der Ressorts pauschal halbiert.[571]

Schon die Haushaltsaufstellung des Vorjahrs war krisenhaft verlaufen. In einer Chefbesprechung hatte Schwerin von Krosigk am 11. Januar 1938 in seinem Ministerium persönlich die Vertreter der anderen Ressorts aufgefordert, ihre Anforderungen drastisch zu kürzen. Seine Referenten seien angewiesen, bei den anstehenden Verhandlungen keine Mehrforderungen gegenüber dem Etat von 1937 zuzulassen, schon gar nicht mit durchsichtigen Verweisen ziviler Ressorts auf „militärische Notwendigkeiten".[572] Letztlich wurde die Beratung des Haushaltsgesetzes für 1938 aber gar nicht formgerecht durchgeführt; der Entwurf wurde stattdessen mit kürzester Frist auf dem Umlaufwege beschlossen, um noch rechtzeitig im Reichsgesetzblatt verkündet werden zu können. Nachdem Hitler im Mai 1938 die Beschleunigung der Rüstung sowie die militärische Vorbereitung für die Eingliederung des Sudetengebiets und den Festungsbau im Westen angeordnet hatte, wurde der „Ausbau der Reichsverteidigung" zum Zentrum der weiteren Planungen. Göring ließ gegenüber der Wehrmacht verlauten, dass diese sich durch ökonomische Zwänge nicht beirren lassen solle und das Geld „keine so überragende Rolle in der jetzigen Lage" spiele. Sollte es Schwierigkeiten gebe, werde der Feldmarschall persönlich einspringen und dem Reichsfinanzministerium die Verantwortung abnehmen.[573]

Mit der Vorbereitung auf den Krieg entstanden also neue Machtkonstellationen, die das Reichsfinanzministerium unter Konkurrenzdruck setzten, denn die Zahl der kommissarischen Sonderinstanzen und fluiden Nebenhaushalte nahm im Spannungszustand zu. So setzte Hitler beispielsweise im Juni 1939 ohne vorherige Rücksprache mit dem Reichsfinanzministerium im Einzelplan des Führers und Reichskanzlers einen Verfügungsfonds für den Reichsprotektor in Böhmen und Mähren ein, der keinerlei Kontrolle des Finanzressorts oder des Rechnungshofs unterlag; ein ähnlicher Fonds wurde kurz darauf auch für den Reichsstatthalter im Reichsgau Sudetenland eingerichtet.[574] Zudem

571 Schnellbrief des Reichsfinanzministeriums betr. Betriebsmittel für September 1939, gez. Reinhardt, 26.8.1939, BArch R2/56034; Vermerk des Generalreferats der Abteilung I für den Leiter der Abteilung, 23.5.1940, BArch R2/21908.

572 Niederschrift über die Chefbesprechung im Reichsfinanzministerium über die Finanzlage des Reichs und über den Reichshaushaltsplan für das Rechnungsjahr 1938 am 11.1.1938 (Geheime Reichssache), BArch R2/992.

573 Schnellbrief des Reichsfinanzministers betr. Gesetz über die Haushaltsführung im Reich im Rechnungsjahre 1938, 23.3.1938; Schnellbrief des Reichsfinanzministers betr. Reichsverteidigung und Durchführung des Reichshaushaltsplans für das Rechnungsjahr 1938, 1.9.1938, beide BArch R2/21907 a; Formulierung Hermann Görings bei einer Sitzung am 14.6.1938, zit. nach Oshima, Rüstungsfinanzierung, S. 208. Hierzu auch Kilian, Krieg, S. 33.

574 Reichsminister und Chef der Reichskanzlei an den Reichsfinanzminister (Persönlich), 10.6.1939; Reichsfinanzminister an Reichsinnenminister (Abschrift), 10.8.1939, beide

brachte die Einrichtung kurzzeitiger Ämter wie jenes des Reichsministeriums ohne Geschäftsbereich für Arthur Seyß-Inquart Irritationen mit sich, die das Reichsfinanzministerium allerdings mittels Berufung auf die Reichshaushaltsordnung dilatorisch zu behandeln verstand (selbst wegen der Beschaffung einer blauen Beamtenuniform für 612 RM wurde bei Seyß-Inquart telefonisch nachgehakt[575]). Diese Verwandlung der Haushaltspolitik in eine Arena, in der sich immer mehr Akteure nach unklaren Regeln gegenübertraten, hatte sich schon mit dem Ermächtigungsgesetz abgezeichnet. Nach Kriegsbeginn intensivierte sich diese Entwicklung, und dies unter dem Schlagwort „radikaler" Verwaltungsvereinfachung. Damit verschärfte sich auch die Tonlage in den jährlichen Haushaltsrundschreiben. Die Referenten der Haushaltsabteilung und der Reichsfinanzminister bemächtigten sich nun selbst in der spröden Routine der Budgetplanung einer radikalisierten Sprache. Im Krieg zog die Regimeführung die Grenze des Machbaren nicht mehr in der Verfügbarkeit von Geld, sondern in der Verfügbarkeit von Gütern und Arbeitskraft. Bei der im Herbst 1938 beginnenden Planung des Haushalts 1939 war daher nicht nur von „rücksichtsloser Drosselung" aller Ausgaben die Rede, sondern auch von einer „Periode zunehmender Menschenverknappung", die eine „größere Menschenökonomie" benötige.[576] Während die Reichsregierung ihre rassistische Verfolgungspolitik verschärfte und das Ministerium selbst internen Mobilisierungsmaßnahmen unterlag, wurde zugleich die Staatsfinanzierung inhaltlich wie verbal auf den Vernichtungskrieg ausgerichtet.

Dahinter stand auch eine sich abzeichnende Finanzkrise. Bis 1938 war die Kreditpolitik des Reichs, aufgrund entsprechender Steuerungsmaßnahmen, bei den institutionellen Anlegern und dem breiteren Publikum einigermaßen erfolgreich gewesen. Im Jahr 1935 konnten ein Betrag von 1,9 Milliarden RM bei Sparkassen, Versicherungen und den Girozentralen untergebracht sowie eine Konsolidierungsanleihe von 500 Millionen RM an Reichsschatzanweisungen zur öffentlichen Zeichnung aufgelegt werden. Ende 1936 hatte der Reichsfinanzminister angesichts dieses Zuspruchs die Idee einer größeren „Volks- und Wehranleihe" aufgebracht, die unter Einsatz des gesamten Propagandaapparates beworben werden sollte. Stattdessen entschied sich die Regierung

BArch R2/4493, Bl. 2–4. Zu den daraus entstehenden Konflikten auch Kuller, Haushaltspolitik, bes. S. 62–68; sowie Hartmannsgruber, Finanzierung.

575 Schreiben des Reichsministers und Chefs der Reichskanzlei an den Reichsfinanzminister, 20.6.1940, BArch R2/4505, Bl. 72; Vermerk Mayer, Dir 1, an Dr. Gase, 17.6.1939, ebd., Bl. 8; Seyß-Inquart an Schwerin von Krosigk, 29.9.1939, ebd., Bl. 40–41; Vermerk betr. Verfügungsfonds, 23.2.1940, ebd., Bl. 68.

576 Geheimes Rundschreiben des Reichsfinanzministers betr. Aufstellung des Reichshaushaltsplans für das Rechnungsjahr 1939, 29.10.1938, BArch R2/9191. Für zeitgleiche Veränderungen in der fiskalischen Verfolgungspraxis Kuller, Bürokratie, Kap. 4.3 und 5.4. Zur Reorganisation des Ministeriums Kap. III.2.

dann aber für die Fortsetzung der zuvor schon betriebenen „geräuschlosen" Begebungstechnik über Kapitalsammelstellen – aus Scheu vor einer „finanziellen Volksabstimmung", also vor der Verweigerung der Anleihezeichnung durch die Bevölkerung, wie die Forschung vermutet hat.[577] Tatsächlich aber lag diese Form der Staatsfinanzierung über intermediäre Instanzen im kreditpolitischen Trend der Zeit, und die damit im Deutschen Reich erzielten Mobilisierungserfolge ernteten in anderen Ländern, etwa in Frankreich, entsprechende Anerkennung.[578] Gerade der Verzicht auf laute Propaganda für Reichsanleihen konnte so von den Vertretern des Reichsfinanzministeriums, aber auch in der Expertenöffentlichkeit als Zeichen der Stärke gewertet werden, und die stille Unterbringung von Staatspapieren als Ausdruck der „außerordentlichen Erweiterung und Bereicherung, die die geld- und kredittheoretische Erkenntnis seit dem vorigen Krieg erfahren" habe. Diese Strategie sei nicht nur „fiskalisch sparsamer", sondern auch „volkswirtschaftlich richtiger". Sie beweise das Wissen des nationalsozialistischen Regimes um die „moderne Theorie der Kreditschöpfung". Die eigentliche Herausforderung liege daher nicht in der Vermeidung der Kreditaufnahme, sondern nur mehr in der kostengünstigen Gestaltung ihrer Form.[579]

Die propagandistisch begleitete Schuldenaufnahme beim Privatpublikum erschien so wenig zeitgemäß oder vielversprechend. Erstaunlich ist es daher eher, dass Schwerin von Krosigk diese Option in der zweiten Hälfte der 1930er-Jahre überhaupt noch ins Spiel brachte. Durchsetzen konnte er sich damit nicht, stattdessen wurde finanzielle Mobilmachung durch andere Maßnahmen abgesichert, wie die Einengung des Kapitalmarktes und die Inanspruchnahme verfügbarer Einlagen der Parafiski. Schatzanweisungen wurden bei Banken untergebracht, längerfristige Anleihen im „rollenden Verkauf" durch Vereinbarungen mit den Sparkassen und Versicherungen so abgesetzt, dass sowohl das Reichsinteresse als auch die „Rentabilitätsfrage" berücksichtigt wurden. Dafür erhielt Schwerin von Krosigk seit 1935 von Hitler immer wieder neue Kreditermächtigungen. Im Ergebnis lag 1938 der Anteil des An-

577 Zahlen und eine Übersicht über die Zeichner bei Oshima, Materialien (III), S. 279; hierzu auch Boelcke, Kosten, S. 24. Grundlage auch dieser Einschätzung war, wie so oft, eine entsprechende Darstellung Schwerin von Krosigks nach 1945, die in der deutschen Forschungsliteratur wie eine fundierte wissenschaftliche Aussage behandelt wurde, ders., Finanz- und Außenpolitik, S. 315.

578 Middendorf, Ökonomisierung, bes. S. 281; Buggeln, Währungspläne, S. 41–42 und 74–76. Auch in der noch von Zeitzeugenschaft geprägten frühen Forschung wurde hervorgehoben, „mit welcher Eleganz ungeheure Mittel bei geschickter Handhabung der Finanzierungstechnik auf dem Kreditwege aufgebracht werden konnten", so Caesar/Hansmeyer, Haushalts- und Finanzwesen, S. 872.

579 Zitate aus dem Artikel „Guthaben statt Anleihebesitz", in: FZ, 28.6.1942, als Presseausschnitt gelesen im Generalbüro des Reichsfinanzministeriums, BArch R2/24164, Bl. 114, dort die handschriftlichen Unterstreichungen.

staltsbesitzes in der Reichsschuld bei 81,9 Prozent, der des Publikumsbesitzes bei nur 18,1 Prozent.[580] Einige Jahre später verkündete der Minister dann, das nationalsozialistische Deutschland habe die „Eierschalen mittelalterlicher Finanzierungsmethoden und -vorstellungen", die der Kriegsfinanzierung des Ersten Weltkrieges noch angehaftet hätten, überwunden und zu einer Lösung gefunden, die nicht nur praktisch funktioniere, sondern von internationalen Experten als theoretisch richtig anerkannt werde. Diese „neuen und kühnen Maßnahmen" der geräuschlosen Kreditschöpfung seien vor allem „undogmatisch", da damit „die Frage, ob der Kredit lang-, mittel- oder kurzfristig zu gestalten ist, nicht mehr als eine grundsätzliche, sondern als eine reine Zweckmäßigkeitsfrage" verstanden werde.[581]

Schon früh zeichneten sich in diesem Prozess aber Konfliktzonen ab. Während die Reichsbank immer wieder die übermäßigen „Expansionswünsche" und die „zweckwidrige Gestaltung der Geldwirtschaft" des Reiches anprangerte, warf das Reichsfinanzministerium der Reichsbank vor, durch eigenmächtige Zusagen an Banken und Versicherungen nach „rein privatwirtschaftlichen Gesichtspunkt[en]" die „einheitliche Beeinflussung" des Kapitalmarktes zu erschweren. Gegenüber Parteistellen wiederum betonte das Finanzressort, dass ein „Druck auf die Wirtschaft" nicht ausgeübt werden dürfe, um das Vertrauen der Anleger nicht zu gefährden. Dieser Vorbehalt gegenüber allen erkennbaren Formen der Zwangszeichnung oder des Zwangssparens galt aus Sicht des Ministeriums im Übrigen nicht nur für die inländischen Kreditgeber, sondern auch mit Blick auf das Ausland fort.[582]

Da das seit 1933 entwickelte System aber an Liquiditätsgrenzen stieß, wurden zwischen April 1938 und April 1939 verschiedene alternative Finanzierungsverfahren diskutiert und erprobt. Das Reichsfinanzministerium gab nach Gesprächen mit der Reichsbank und dem OKW im März 1938 neue „Richtlinien für die künftige Rüstungsfinanzierung" heraus und sagte darin die Einstellung des Mefo-Systems und die Tilgung der verbliebenen Wechsel aus Haushaltsmit-

580 Vorlage des Ref. Bayrhoffer für den Minister betr. 500 Millionen Reichsmark-Anleihe bei den Sparkassen, 19.1.1935, BArch R2/3402, Bl. 40; Vermerk des Generalbüros betr. Kreditermächtigung, 2.6.1939, BArch R2/24171; Boelcke, Kosten, S. 24–25; zum verfassungsändernden Charakter des Gesetzes über die Kreditermächtigungen vom 19.2.1935 die Mitteilung der Reichsschuldenverwaltung an das Reichsfinanzministerium, 1.2.1935, BArch R2/3278, Bl. 22. Hierzu Müller, Entstehung; Bähr, Unternehmens- und Kapitalmarktrecht; ders., Bankrecht; Middendorf/Priemel, Primats.

581 Vortrag des Ministers zur Finanzpolitik, gehalten in Mailand, 24.1.1942, S. 7, 14 und 22–23, BArch R2/242450; Notizen und Exzerpte des Ministers zur einschlägigen Literatur zur Kriegsfinanzierung in BArch R2/24257.

582 Reichsbank-Direktorium an den Reichsfinanzminister, 16.5.1935, BArch R2/3402, Bl. 99; Reichsfinanzminister an den Reichsbankpräsidenten, 14.1.1936, BArch R2/3248, Bl. 22–26, hier Bl. 24; Staatssekretär Reinhardt an den Stellvertreter des Führers, 28.6.1937, ebd., Bl. 34–35.

teln zu, was die Reichsbank schon seit einigen Jahren gefordert hatte. Vereinbart wurde auch, dass ab dem 1. April 1938 lombardfähige Lieferschatzanweisungen an die Stelle der Mefo-Wechsel treten sollten. Damit wurde die Reichsbank vom Zwang der Rediskontierung befreit; die Basis der weiteren Reichsfinanzierung sollten Steuereingänge sowie mittel- und langfristige Reichsanleihen sein.[583] Rechtliche Probleme der neuen Lieferschätze, etwa die Frage ihres Ausweises im Reichshaushaltsplan, konnten aufgrund „mündlicher Verhandlungen" mit der Reichsschuldenverwaltung erledigt werden – anders als 1932, als im parlamentarischen System deren öffentliches Veto noch die Staatskrise befördert hatte. Zuständig war jedoch noch immer der gleiche Beamte, nämlich Bayrhoffer, der schon 1932 als Anleihereferent den Konflikt des Ministeriums mit der Reichsschuldenverwaltung gemanagt hatte.[584]

Ende 1938 wurde dann aber unübersehbar, dass das Reich, im unterdessen erreichten Zustand der Vollbeschäftigung, auf dem Kapitalmarkt zunehmend mit dem Finanzierungsbedarf der Wirtschaft im Rahmen des Vierjahresplans konkurrierte. Die öffentliche Zeichnung der vierten Folge der Reichsschatzanweisungen schlug fehl, da die Banken auch die wachsenden Kapitalbedürfnisse der privaten Kundschaft zu bedienen hatten. Zudem hatten die antisemitischen Ausschreitungen während der Novemberpogrome die Stimmung der Anleger getrübt; zumindest behauptete dies die Reichsbankführung. In einem Gespräch mit Hitler, über das er Schwerin von Krosigk wohl in Kenntnis setzte, drang Schacht daher auf einen finanz- und wirtschaftspolitischen Kurswechsel. Zudem verweigerte er (ähnlich wie bei den Ereignissen des Winters 1929, die zum Rücktritt von Popitz und Hilferding geführt hatten) dem Reichsfinanzministerium einen weiteren Überbrückungskredit, befeuerte damit die Kassenkrise und forderte von Schwerin von Krosigk, dass auch er Hitler über die Krisenlage in Kenntnis setze.[585] Das allerdings hatte der Reichsfinanz-

583 Richtlinien für die künftige Rüstungsfinanzierung (Geheime Reichssache), 10.3.1938, BArch R2/3845, Bl. 100–104; Reichsbank-Direktorium an den Reichsfinanzminister betr. Mefowechsel-Fälligkeiten (Geheime Reichssache), 12.11.1938, BArch R2/3270, Bl. 6–7; Vermerk Ref. Bayrhoffer zum Schreiben der Reichsbank (Geheime Reichssache), 29.11.38, ebd., Bl. 13–17. Hierzu auch Oshima, Rüstungsfinanzierung, S. 192–194 und 204–207; Diehl, Marktwirtschaft, S. 163–168.

584 Zu Bayrhoffer Kap. III.1 und III.2. Vermerk Ref. V/1 für Dir 5 betr. Umstellung des M-Verfahrens, 28.1.1938, BArch R2/3845, Bl. 24–25; Vermerk Ref. Bayrhoffer zur Besprechung über den Wehrmachtsetat für 1938, 11.2.1938, ebd., Bl. 41; für das Jahr 1932 erklärte Bayrhoffer die Bedenken der Reichsschuldenverwaltung für berechtigt, vgl. seine Vermerke in BArch R2/3277, Bl. 54 und 61. Die verfassungsmäßige Berücksichtigung der Reichsschuldenordnung blieb grundsätzlich auch nach 1933 für die Referenten des Reichsfinanzministeriums handlungsrelevant, nur war die Erlangung von Kreditermächtigungen nach der Ausschaltung des Parlaments wesentlich erleichtert, vgl. den Vermerk des Generalbüros betr. Kreditermächtigung, 2.6.1939, BArch R2/24171.

585 Die Anleihebegebung des Jahres 1939 erbrachte dann den im Vergleich zu den Vorjahren

minister in einem persönlichen Brief schon Anfang September 1938, einige Wochen vor dem Münchner Abkommen, getan. Als Ursache der Probleme hatte der Reichsfinanzminister darin aber nicht die Finanzierungsbedürfnisse der privaten Wirtschaft, sondern die durch eine wachsende „Kriegs- und Inflationspsychose" bedingte Flucht aus den Reichsanleihen angeführt und betont, dass diese Entwicklung schon „zu eingehenden Erörterungen" ausländischer Beobachter geführt habe. Weder die Bevölkerung noch die Wirtschaft sei derzeit für einen Krieg aufgestellt. Das „fanatische Bestreben der Kommunisten, Juden, Tschechen", die Deutschen in einen überstürzten Krieg zu treiben, müsse vom Deutschen Reich daher durch Abwarten gekontert werden, um zu einem geeigneteren Zeitpunkt seinen Gegnern den „Gnadenstoß" geben zu können. Der Reichsfinanzminister setzte also im Gegensatz zur Reichsbankführung auf eine poltisch-militärische, nicht auf eine ökonomische Semantik. Er skizzierte „seinem Führer" die Welt-, nicht die Finanzlage.[586]

Dieser Ton entsprach vermutlich eher den Vorstellungen Hitlers als Schachts finanzwirtschaftliche Argumentation, wenngleich Joseph Goebbels nur Spott für den Reichsfinanzminister übrig hatte.[587] Schwerin von Krosigk behauptete später, Hitler habe nach seiner Intervention die Verschwendungssucht der Wehrmacht kritisiert und in einem Gespräch mit Reinhardt die Absicht geäußert, den Reichsfinanzminister wieder in seine vollen Etatrechte einzusetzen. Letzteres bleibt wie so viele seiner Nachkriegsaussagen unbelegt, doch forderte Hitler tatsächlich kurzzeitig das OKW zu Einsparungen auf.[588] Vor allem aber wurden, anders als 1929, die institutionellen Konflikte nun durch eine Entmachtung der Reichsbank zugunsten einer Allianz von Reichswirtschafts- und Reichsfinanzministerium beendet. In der bekannten Denkschrift vom 7. Januar 1939 hatte das Reichsbankdirektorium noch einmal die „hemmungslose Ausgabenwirtschaft der öffentlichen Hand" gegeißelt und die Rückkehr zu einem geordneten Etat gefordert. Dafür sollten die Staatsausgaben beschränkt und der

niedrigsten Betrag. Zu diesem Zeitpunkt, Ende August 1939, lag die Reichsschuld bereits bei knapp 49 Milliarden RM, in den folgenden sechs Jahren sollte sie auf fast 398 Milliarden RM ansteigen. Hierzu und zum Folgenden Boelcke, Kosten, S. 26–31; Banken, Steuerstaat, S. 124–135; Kilian, Krieg, S. 401; Oshima, Rüstungsfinanzierung, S. 210–211; Tooze, Ökonomie, S. 334–338, 346–353 und 412.

586 Schwerin von Krosigk an Hitler (Geheime Reichssache), 1.9.1938, BArch R2/24266. Die „Juden" wurden im Typoskript nachträglich eingefügt. Hierzu und zur Wirkung dieser Intervention auf Hitler vgl. Tooze, Ökonomie, S. 318–322.

587 Tagebücher Joseph Goebbels, Teil I, Bd. 6, S. 106, Eintrag vom 22.9.1938: „Crosigk [sic] hat den Führer in einem ausführlichen Brief gewarnt. Er soll noch 5 Jahre warten. Papierkorb. Auch eine ganze Reihe von Generalen haben Denkschriften verfaßt. Alle gegen die Meinung des Führers. Aber er läßt sich nicht beirren."

588 Schwerin von Krosigk, Staatsbankrott, S. 281. Hierzu auch Kilian, Krieg, S. 35–36.

Kapitalmarkt ganz der Reichsbank unterstellt werden. Zudem wollte man die Kontrollfunktion des Reichsfinanzministers wiederhergestellt sehen.[589]

Dies klang auf den ersten Blick nach einer Fürsprache für das Finanzressort. Allerdings hielt sich der Reichsfinanzminister selbst auffällig zurück, zumal das Finanzressort schon 1937 erkannt hatte, dass gerade in den „neuartigen Aufgaben" der Kreditschöpfung und Kapitalmarktlenkung das machtpolitisch entscheidende Feld nationalsozialistischer Staatsfinanzierung lag, nicht in der Beschränkung von Ausgaben. Da der Mobilisierungszustand intensiviert wurde, war nicht Sparsamkeit gefragt, sondern Entgrenzung. Entgegen der Warnungen der Reichsbank sagte Finanzstaatssekretär Reinhardt daher zusammen mit Reichswirtschaftsminister Walther Funk Hitler zu, dass die Finanzierung der Rüstungspläne gesichert sei. Die Reichsbankführung wurde daraufhin entlassen, Funk zum Nachfolger Schachts ernannt. Als Maßnahme der „Vereinfachung" wurden Referenten des Reichswirtschafts- und Reichsfinanzministeriums zu Mitgliedern des neu gebildeten Reichsbankdirektoriums ernannt, um dort ein gemeinsames Entscheidungszentrum zu bilden und das bisherige Neben- und Gegeneinander zu beenden. Die Reichsbank verlor durch das Reichsbankgesetz vom Juni 1939 ihre Unabhängigkeit. Auch das Reichsfinanzministerium nahm in der Folge eine veränderte Rolle in der Bereitstellung von Mitteln für die nationalsozialistische Expansion ein. Die eigentliche Aufgabe des Ressorts bestand nicht mehr in der kassenmäßigen Konsolidierung, sondern im Versprechen ungehinderter Ressourcenbereitstellung für den Krieg.[590]

Davon zeugte auch die Initiative für den „Neuen Finanzplan", der am 20. März 1939 per Gesetz eingeführt wurde. Mit einigem Aufwand präsentierte Staatssekretär Reinhardt dieses Maßnahmenpaket als „entscheidende Wende" der deutschen Finanzpolitik. An die Stelle der Einsparungen in den Staatsausgaben traten als Leitgedanken die Beschränkung des privaten Konsums und die Einnahmensteigerung. Im Rahmen des Plans wurden Steuergutscheine eingeführt, eine Art Zahlungsmittel und Wertpapier, das nach offizieller Lesart die „bisher vom Kapitalmarkt verdrängten Emissionswünsche der Privatwirtschaft zur Befriedigung" bringen sollte. Diese Papiere konnten teilweise am Rentenmarkt gehandelt werden und umfassten steuerliche Privilegien; sie sollten so dem Bedürfnis der Unternehmen nach „Gewinn" Rechnung tragen, weil ihr längerfristiger Besitz Bewertungsfreiheit für Teile des betrieblichen Anlagevermögens verschaffte. Von regimetreuer Expertenseite wurde daher

589 Abdruck eines Auszuges der Denkschrift in Hansmeyer/Caesar, Kriegswirtschaft, S. 381–383.

590 Vermerk Ref. Bayrhoffer für MinRat Groth, 5.4.1937, BArch R2/24167. Hierzu auch Hansmeyer/Caesar, Kriegswirtschaft, S. 384–385; Mehl, Reichsfinanzministerium, S. 66–67.

besonders betont, dass dies keine Zwangsanleihe, sondern ein wirkliches Kreditinstrument sei, dass dem Staat als Schuldner also auch tatsächliche Kosten verursache.[591] Auch Schwerin von Krosigk legitimierte den Plan nach außen als eine „Öffnung des Kapitalmarkts für die Befriedigung der Bedürfnisse der Privatwirtschaft", jedoch versehen mit einer „nur aus der nationalsozialistischen Wirtschaftsauffassung zu verstehenden erheblichen Einschränkung", das heißt der Lenkung der „Privatinitiative" in eine Richtung, die „im Interesse des Gesamtwohles" liege. Dieses vermeintliche Gesamtwohl umfasste allerdings auch die mit der Partei ausgehandelte Bevorzugung aller „Amtsträger, Angestellten und sonstigen Bediensteten der NSDAP" (nach Vorbild der Beamten) bei der Erhebung der Mehreinkommensteuer sowie die explizite Gleichstellung der NSDAP mit dem Reich bei der Anwendung des Gesetzes, was bedeutete, dass auch die Partei ihre Rechnungen bei gewerblichen Unternehmen mittels Steuergutscheinen begleichen konnte.[592]

Unter Experten sowie in den anderen Ressorts, insbesondere im Reichswirtschaftsministerium, wurde der Neue Finanzplan sehr kritisch beurteilt. Er wirke inflatorisch, so der Tenor, und sei in seinen steuerpolitischen Folgen so ungerecht gegenüber den wirtschaftlich Schwachen, „wie es eigentlich bei der Steuer eines geordneten Staatswesens unmöglich sein sollte".[593] Das Finanzressort konterte diese Kritik mit dem Hinweis, dass der Neue Finanzplan ein Finanzierungsverfahren sei, „das den Grundsätzen des Nationalsozialismus Rechnung" trage, und forderte im Gegenzug das Wirtschaftsressort auf, bei der Privatwirtschaft und den Banken entschlossener auf die Erfüllung ihrer „nationale[n] Pflicht" in der Zirkulation der Steuergutscheine hinzuwirken.[594] Gerade diese Pflichterfüllung stieß aber bei den betroffenen Unternehmen auf

[591] Gesetz über die Finanzierung nationalpolitischer Aufgaben des Reichs (Neuer Finanzplan – NF –), 20.3.1939 (RGBl. I, S. 561); Vermerk des Generalbüros betr. Kreditermächtigung, 2.6.1939, BArch R2/24171; Vor einer neuen Finanzierungswende, in: Berliner Börsenzeitung, 28.2.1939, BArch R2/24189; Bornmann, Neue Finanzplan, S. 215; Schulze, Wandlungen, S. 121–122. Zur Verkopplung solcher Maßnahmen mit der weltanschaulichen Mobilisierung für den „Wirtschaftskampf" um Lebensraum durch die große Reichstagsrede von Hitler am 30.1.1939 vgl. Tooze, Ökonomie, S. 353–354.

[592] Lutz Graf Schwerin von Krosigk, Manuskript „Finanzpolitik" [vorgesehen für die Veröffentlichung in „Die Verwaltungs-Akademie. Ein Handbuch für den Beamten im nationalsozialistischen Staat"], o. D., S. 20, BArch R2/24176; Vermerk Ref. Zülow, 19.4.1939; Reichsschatzmeister der NSDAP an den Staatssekretär im Reichsfinanzministerium betr. Anwendung des Gesetzes über die Finanzierung nationalpolitischer Aufgaben des Reiches (Abschrift), 18.4.1939, beide BArch R2/3331, Bl. 142–143.

[593] Dazu die zahlreichen kritischen Stellungnahmen der Ressorts sowie aus Wirtschafts- und Finanzkreisen in BArch R2/3331, hier Bl. 71; BArch R2/3332 bis 3334. Zur außergewöhnlich scharfen Kritik auch in veröffentlichten Texten die Hinweise bei Dreißig, Fragen, S. 589.

[594] Schreiben des Reichsfinanzministeriums (Generalbüro) an den Reichswirtschaftsminister betr. Neuen Finanzplan – Steuergutscheine II, 14.7.1939, BArch R2/3331, Bl. 295–296;

Widerstand, zumal hier ebenfalls die Wahrnehmung vorherrschte, dass darin „keine gerechte Verteilung von Lasten“ liege – so eine der zahlreichen Eingaben. Während manche Unternehmen (etwa die großen Kaufhäuser in Berlin) durch die Steuergutscheine „ein glänzendes Geschäft machen“ und diese mit Gewinn weiterreichen könnten, seien andere (nämlich ihre Lieferanten) diejenigen, „die diese Geschäfte bezahlen müssen“, weil sie keine Bareinkünfte mehr erhielten. Auch andere Beobachter waren der Meinung, mit dem Finanzplan habe sich de facto das „Rentabilitätsdenken und der wirtschaftliche Egoismus“ einzelner Unternehmer gegen das öffentliche Interesse durchsetzen können.[595]

Mit der inhaltlichen Ausgestaltung und der Legitimierung des Finanzplans stellte sich das Reichsfinanzministerium also programmatisch in den Dienst des Regimes und vertrat (wie auch in anderen Fällen, etwa in der Frage der Rekrutierung von Versicherungsguthaben) eine Haltung, die auf die Durchsetzung der Reichsinteressen zielte, ohne Marktinteressen völlig zurückzuweisen. In diesem Zuge bildete die Spitze des Ministeriums eine strategische Allianz mit parteinahen Akteuren und nicht mit den anderen „traditionellen“ Reichsressorts. Zugleich wilderte sie im Kompetenzbereich anderer Organisationen und verlieh sich, angeführt von Reinhardt, einen programmatischen Anstrich. Das Generalbüro wurde in diesem Zuge zu einem Expertenstab für finanzpolitische und volkswirtschaftliche Probleme aufgebaut, wie ihn das Ministerium zuvor nie besessen hatte. In den Kriegsjahren entstanden dort diverse Ausarbeitungen zu Steuerfragen, Kapitalmarktentwicklung und Kreditpolitik, auch in Auseinandersetzung mit der nationalen und internationalen Fachliteratur.[596] Der Primat der Ökonomie wurde dabei zurückgewiesen und das Ministerium als dezidiert politisches Ressort konturiert. Ein handschriftliches Exzerpt von Otto Donners Aufsatz über *Die Grenzen der Staatsverschuldung* von 1942, das im Generalbüro verfasst wurde, hob hervor: „Man kann die Grenze des maximal Produzierbaren hinausrücken! Der Staat hat keine wirtschaftspol. Zielsetzung als letzte Richtschnur!“ Staatsausgaben seien „aus rein politischen Gründen“ zu legitimieren und die Grenzen der Kreditschöpfung nicht länger ökonomisch zu bestimmen, denn: „[I]m Kriege tritt hinter dem Willen zum Sieg alles zurück.“[597]

Gutachten des Generalbüros über die Schrift von Rudolf Dillmann „Die Steuergutscheine des Neuen Finanzplans“, 28.5.1941, BArch R2/3334, Bl. 104.

595 Schnabel & Seelenwind Schrottaktiengesellschaft an Staatssekretär Reinhardt, 10.7.1939, BArch R2/3331, Bl. 314; Gutachten des Generalbüros über die Schrift von Rudolf Dillmann „Die Steuergutscheine des Neuen Finanzplans“, 28.5.1941, BArch R2/3334, Bl. 104.

596 Gutachterliche Auseinandersetzung mit dem vorliegenden Schrifttum in BArch R2/3334; für den Bestand des Generalbüros die Handaktensammlung in BArch R2/24156 bis 24233; Ausarbeitung „Mitwirkung des Generalbüros des Reichsfinanzministeriums (Referat 2) bei der Begebung von Reichsanleihen und Schatzanweisungen“, [um 1946], BArch R2 ANH./84, Bl. 194.

597 Notiz o. D., BArch R2/24159, Bl. 59. Zur persönlichen Korrespondenz des Generalbüros

Doch funktionierte diese Herausschiebung von Grenzen trotz der autoritären Steuerungsmaßnahmen nicht automatisch, sondern machte eine Vielzahl von Verhandlungen nötig, in denen die Macht des Reichsfinanzministeriums und der anderen beteiligten Institutionen sich daran erwies, die Rentabilitätsinteressen der verschiedenen Marktteilnehmer immer wieder neu auszutarieren. Dabei drang das Reichsfinanzministerium stets darauf, möglichst alle verfügbaren Mittel in die Papiere des Reiches zu bringen.[598] Dies gelang tatsächlich bis 1943 einigermaßen erfolgreich, dann griffen Inflationsängste um sich und das Vertrauen der Sparer, deren Gelder abgeschöpft wurden, wich; der Kreislauf der Kriegsfinanzierung über die Kapitalsammelstellen funktionierte nicht mehr.[599]

Die finanzpolitischen Schritte der Jahre 1938/39 waren also Taktiken, die das Finanzessort für die Kriegführung in Stellung bringen sollten. Sie brachen mit der bisherigen, eher defensiven Identität des Ressorts als Krisenbewältigungsbehörde. Dies führte zu Konflikten, sowohl innerhalb des Ministeriums als auch mit anderen Organisationen. Daher musste sich das Generalbüro gegenüber Reinhardt rechtfertigen, weil es Ende Juli 1939 gemeinsam mit der Haushaltsabteilung eine Vorlage verfasst hatte, welche die akuten Finanzierungsprobleme im Spannungszustand ostentativ auf die nötige „Kurspflege für die Steuergutscheine" zurückführte und diese kritische Einschätzung nicht nur dem Minister und dem Staatssekretär gleichzeitig vorgelegt, sondern zuvor auch bereits mit der Reichsbank besprochen hatte. Zudem hatte die Haushaltsabteilung der Wehrmacht aus den dargelegten Gründen nur eine Abschlagszahlung auf die Betriebsmittel überwiesen. Dieses Vorgehen erzürnte Reinhardt, machte es doch deutlich, dass sich der ihm direkt unterstellte Stab des Generalbüros nicht nur zunächst mit den alteingesessenen Experten der Haushaltsabteilung besprochen, sondern auch den direkten Weg (an ihm vorbei) zu Schwerin von Krosigk gesucht hatte.[600] Im August 1940 verfügte

mit Otto Donner vgl. BArch R2/3847, Bl. 284. Eine scharfe Kritik an den Thesen Otto Donners und der darin erkennbaren „Nichtachtung des Geldes" findet sich hingegen zeitgleich in der Reichsbank, vgl. die Stellungnahme der dortigen Volkswirtschaftlichen Abteilung zu dem Aufsatz, 17.11.1942, BArch R2501/7008, Bl. 466–467.

598 Zu den notwendigen Aushandlungen mit Banken und Versicherungen die Ministervorlage betr. Überbrückungskredit zur Finanzierung des Kassenfehlbetrages zum Ultimo März/Anfang April (Entwurf), März 1939; Bemerkungen des Generalbüros zu den Gewinnen der Reichsbank beim Verkauf von Steuergutscheinen, Vorlage für Bayrhoffer betr. Kassenlage, 26.10.1939, beide BArch R2/24172; Vermerk Bayrhoffer/Reuning betr. Versicherungsanleihe 1939 (Entwurf), Februar 1939, mit der Bemerkung, „dass bei entsprechendem Druck die Versicherungen erheblich mehr Anleihe zeichnen konnten, als ursprünglich von ihnen verlangt wurde"; Vermerk des Generalbüros betr. Lockerung des Kommunalkreditverbots (Entwurf), April 1939, beide BArch R2/24180. Ausführlicher Middendorf, Democracy.

599 Herbst, Krieg, S. 231–241 und 410–415.

600 Vorlage Abt. I / Generalbüro für den Minister betr. Kassenlage im Monat August und

Reinhardt daher an alle leitenden Beamten der Abteilungen und des Generalbüros, dass „zur Wahrung der Einheit unseres Ministeriums" grundsätzlich alle Ministervorlagen über den Staatssekretär zu leiten waren (mit Ausnahme von entsprechend angeordneten Einzelfällen) sowie die gegenseitige Beteiligung aller Referate möglichst großzügig gehandhabt werden solle, denn die Schnittstellen zwischen unterschiedlichen Abteilungen würden im Kriegszustand immer größer.[601]

Schon im Mai 1939 hatte Reinhardt auch ein von der Haushaltsabteilung vorbereitetes Papier gestoppt, das vor einem „unhaltbaren Zustand" der Finanzen bei Kriegsausbruch warnte und die Wiederherstellung der Etatkontrolle über sämtliche Ressorts forderte, um einen Währungsverfall zu verhindern. Der Staatssekretär hielt die darin geäußerte Skepsis der Haushaltsexperten für „sehr bedenklich" und legte selbst eine optimistischere Ausarbeitung vor.[602] Seine Denkschrift zu „Möglichkeiten der Kriegsfinanzierung" vom 22. Juli 1939 stieß im Wirtschaftsressort allerdings auf harsche Kritik. Der Finanzstaatssekretär hatte darin vorgeschlagen, die „alte Forderung des Nationalsozialismus" umzusetzen und den Krieg vor allem durch Wehrbeiträge, privaten Konsumverzicht und Produktivitätssteigerung zu finanzieren, außerdem sollte das Steuergutscheinverfahren zu einem diskontfähigen Wechselverfahren umgebaut werden. Auf die Begebung von Anleihen sei zu verzichten, denn die eigentliche Grundlage der Kriegführung sei nicht mehr das Geld, sondern die Expansion der „menschlichen Kräfte" und der verfügbaren „Rohstoffe", also die Eroberung neuer Gebiete.[603]

Die Vertreter des Reichswirtschaftsministeriums befanden, diese Pläne seien „von der Wirklichkeit weit entfernt" und schlussfolgerten sarkastisch: „Es ist schwer zu sagen, was man an den hier einschlägigen Ausführungen der Denkschrift mehr bewundern könnte: die spielerische Leichtigkeit, mit der rein kassentechnisches Denken mit volkswirtschaftlichen Tatbeständen und Zusammenhängen umgeht, oder den starken Glauben an die magische Kraft des Wortes ‚Steuergutschein'." Auch aus der Vierjahresplanbehörde kam die Rückmeldung, Reinhardts Pläne seien „utopisch", da sie die tatsächlichen

Betriebsmittelanforderung der Wehrmacht, [28.]7.1939; Vermerk des Generalbüros für Abt. I, 25.7.1939; Vorlage des Generalbüros für den Staatssekretär betr. Vorlage vom 28.7. über die Kassenlage im August und die Betriebsmittelanforderungen der Wehrmacht, August 1939, alle BArch R2/24171.

601 Verfügung Reinhardts vom 10.8.1940, BArch R2/31095.

602 Zit. nach Kilian, Krieg, S. 55, dort S. 54–61 auch zu den breiteren Debatten. Hierzu auch der Vermerk für Bayrhoffer betr. Reichsanleihe-Verkäufe, 22.1.1940, BArch R2/24174, der auf unterschiedliche „Absichten" von Minister und Staatssekretär hinweist.

603 Fritz Reinhardt, Die Möglichkeiten der Kriegsfinanzierung (Geheime Reichssache), 22.7.1939, BArch R3101/34236, Bl. 74–96, hier Bl. 76 und 90.

Produktionskräfte nicht berücksichtigten und zu geringe Einsparungen am Bedarf der öffentlichen Hand vorsähen.[604]

Letzteres, also die Beschränkung des Bedarfs der staatlichen Verwaltung, sollte dann zum zentralen Streitpunkt der folgenden Haushaltsjahre werden. Die Einsparung von Ausgaben war das eigentliche Machtgebiet des Finanzressorts gewesen, doch nun verkehrte sich diese institutionelle Position in eine beständige Infragestellung, weil das Ministerium im Mobilisierungs- und Kriegszustand immer weniger in der Lage war, eine Staatsverschlankung durchzusetzen. Schon im Herbst 1939 ließ Schwerin von Krosigk daher Funk wissen, dass dessen Finanzierungspläne auf einer offensichtlichen „Überschätzung der sich bietenden Einsparungsmöglichkeiten" basierten und dass weitere Einsparungen nicht mehr im Rahmen der gesetzmäßigen Reichshaushaltsplanung, sondern nur über Wege der „Verwaltungsvereinfachung", also über Anordnungen der einzelnen Ressorts, zu erreichen seien. Der Reichsfinanzminister spielte den Ball damit zurück: Denn für die kriegsbedingte Verwaltungsvereinfachung waren nach dem Führererlass vom 28. August 1939 vor allem die Generalbevollmächtigten für Wirtschaft und Verwaltung – im Einvernehmen mit dem Finanzressort – zuständig. Das Generalbüro des Ministeriums lieferte zusätzlich sogar eine ökonomische Legitimation wachsender Staatskosten. So hieß es dort: „Staatsausgaben sind volkswirtschaftlich weitgehend geboten. Das wurde eine Zeitlang eigenartigerweise vielfach nicht gern zugegeben, obwohl die neuzeitliche Wirtschaft anerkanntermaßen ohne den Staat gar nicht denkbar ist. Der Staat ist ja in vielem geradezu Voraussetzung einer geordneten Wirtschaft."[605]

Im Umfeld des Wirtschaftsressorts hörte man in diesen Fragen allerdings eher auf Popitz als auf Schwerin von Krosigk oder Reinhardt, da Popitz mit dem sogenannten Professorenausschuss vernetzt war, der sich aus der Freiburger Schule rekrutierte und zeitweilig das Reichswirtschaftsministerium

[604] Vorläufige Stellungnahme des Ministerialrats Paul Josten zu der Denkschrift „Möglichkeiten der Kriegsfinanzierung", o. D., ebd., Bl. 114 und 117; Vermerk über die Denkschrift des Reichsfinanzministeriums über die „Möglichkeiten der Kriegsfinanzierung" vom 22.7.1939, 2.8.1939, ebd., Bl. 129–132; Reichswirtschaftsminister an den Generalbevollmächtigten für die Wirtschaft, 18.8.1939, ebd., Bl. 150; Schreiben des Beauftragten für den Vierjahresplan an den Generalbevollmächtigten für die Wirtschaft betr. Kriegsfinanzierung / Denkschrift des Reichsfinanzministeriums vom 22.7.1939, 19.8.1939, ebd., Bl. 182–190; diese Konfliktlinien dokumentiert auch der Vermerk über die Ministerbesprechung betr. Kriegseinkommensteuertarif am 16.1.1940 unter Vorsitz des Reichsfinanzministers, 22.1.1940, ebd., Bl. 479–486.

[605] Reichsfinanzminister an den Generalbevollmächtigten der Wirtschaft betr. Ersparnisse in der öffentlichen Verwaltung zur Finanzierung der Kriegsausgaben, 18.10.1939, BArch R2/21908; Erlass des Führers über die Vereinfachung der Verwaltung, 28.8.1939 (RGBl. I, S. 1535); Notiz des Generalbüros, o. D., BArch R2/24156, Bl. 74.

beriet.[606] Während die Vorschläge des Reichsfinanzministeriums für steuerliche Maßnahmen zur Kriegsfinanzierung und zur Abschöpfung der Kaufkraft als „technische" Zwangsmaßnahmen zurückgewiesen wurden, galten die Ideen des preußischen Finanzministers als besser geeignet, die „Unternehmerfreudigkeit" zu bewahren und unverhältnismäßige Steuerbelastungen der Wirtschaft zu verhindern. Ähnlich wie die Reichsbank forderten auch die mit Popitz verbundenen Professoren, den Reichsfinanzminister wieder in seine „frühere Macht- und Kontrollstellung" einzusetzen, damit dieser „den Abbau von Friedensausgaben öffentlicher Körperschaften erzwingen" könne. Ein reiner Sparminister also, mit einer politisch isolierten und im Krieg zudem weitgehend aussichtslosen Aufgabe. Der Reichswirtschaftsminister hingegen sollte über die bisherigen Möglichkeiten hinaus „in die Lage versetzt werden, die Notwendigkeiten einer einheitlichen Wirtschaftssteuerung allen Ressorts und Stellen gegenüber unmittelbar zur Geltung zu bringen", also eine Art Superminister sein, dem alle ökonomisch relevanten Staatsmaßnahmen zur Zustimmung vorzulegen waren.[607]

Die Skepsis des Wirtschaftsressorts gegenüber dem Neuen Finanzplan sollte sich letztlich bewahrheiten. Bereits zum November 1939 wurde die Ausgabe neuer Steuergutscheine eingestellt. Ab Mai 1942 wurde intern diskutiert, die Steuergutscheine vorzeitig einzuziehen und die damit verbundenen Bewertungsfreiheiten auszuhebeln, obwohl die Ausgabe dieser Papiere 1939 von Reinhardt gerade mit ihrer jahrzehntelangen Verwendbarkeit beworben worden war. Diese Überlegungen zogen sich allerdings bis Anfang 1944 hin, da der dadurch ausgelöste Schaden für den Reichskredit bis zu diesem Zeitpunkt als zu hoch eingeschätzt wurde. Schließlich schlug das Reichswirtschaftsministerium vor, die Beseitigung der Steuergutscheine „auf kaltem Weg" zu erreichen, indem durch die Aufhebung der mit den Steuergutscheinen verbundenen Bewertungsfreiheit für Betriebsvermögen „der Besitz dieser Stücke den Besitzern vermiest würde". Das Reichsfinanzministerium wollte aber nicht nur eine Verminderung der umlaufenden Papiere, sondern deren vollständige Einlieferung erreichen und schlug daher den verpflichtenden Umtausch in Reichsschatzanweisungen vor. Im März 1944 machte der „Zustand des totalen Kriegs" aus Sicht des Reichsfinanzministeriums schnelles Handeln nötig, daher wurde per

[606] Schreiben von Popitz an Funk betr. Kaufkraftabschöpfung, 26.10.1939, BArch R3101/34236, Bl. 233: „Auf Ihren Wunsch hin habe ich diese Frage zum Gegenstand einer Besprechung in dem von Herrn Ministerialrat Joosten [sic] betreuten Professoren-Ausschusse gemacht." Hierzu auch Overy, Blitzkriegswirtschaft, S. 391–392; Rüther, Nationalökonomen, S. 75–94; Kißener, Ordnungsvorstellungen, S. 86–98.

[607] Vermerk für den Staatssekretär des Reichswirtschaftsministeriums betr. Neuordnung der Einkommensteuer, 15.12.1939, BArch R3101/34236, Bl. 260; Vermerk des Reichswirtschaftsministers betr. Vorschläge zu einem neuen Einkommensteuertarif, [Dez. 1939], ebd., Bl. 329–331; Gutachten des Ausschusses vom 16.12.1939, ebd., Bl. 351–353.

Verordnung die Bewertungsfreiheit ab 1945 aufgehoben und den Besitzern von Steuergutscheinen angeboten, diese beim Erwerb von Schatzanweisungen des Reichs in Zahlung zu geben. Allerdings beharrte der Reichswirtschaftsminister Funk darauf, in der Presseerklärung zu dieser Maßnahme jede Bezugnahme auf den Kriegszustand und seine ökonomischen Folgen zu streichen.[608]

Als 1940 das Rechnungsergebnis für das Haushaltsjahr 1939 auf dem Tisch des Ministers lag, vertraulich und nur für den internen Dienstgebrauch, hatte sich der angekündigte Haushaltsausgleich als Schimäre erwiesen. Die von der Haushaltsabteilung vorgelegte Aufstellung ermittelte stattdessen einen Fehlbetrag im ordentlichen Haushaltsplan von knapp 8,1 Milliarden RM, wobei in diesem Abschluss schon eine Anleiheermächtigung von über 5,4 Milliarden RM enthalten war – also die Finanzierung ordentlicher Ausgaben über außerordentliche Einnahmen. Nach den klassischen Vorgaben der Haushaltsaufstellung wäre hier also sogar ein Soll von 13,5 Milliarden RM zu verbuchen gewesen. Zusätzlich ergab sich im außerordentlichen Haushaltsplan, der mit Kriegsausbruch erstmals wieder aufgestellt wurde, ein Defizit von 15 Milliarden RM. Die tatsächliche Haushaltsrechnung für das Jahr 1939 ergab dann einen rechnungsmäßigen Gesamtfehlbetrag von etwa 18,3 Milliarden RM – trotz der Tatsache, dass im ordentlichen Haushalt gegenüber der ursprünglichen Schätzung die Ausgaben um circa neun Milliarden RM gekürzt und die Einnahmen um knapp 4,4 Milliarden RM erhöht worden waren. Zu Letzteren zählte neben den mit Kriegsbeginn eingeführten Steuerzuschlägen und Kriegsbeiträgen als „außerplanmäßige" Einnahme auch die sogenannte Judenvermögensabgabe, laut Verzeichnis des Reichsfinanzministeriums zu diesem Zeitpunkt ein Betrag von 533,1 Millionen RM.[609]

Die Radikalität, mit der hier alle finanziellen Mittel für die Kriegführung mobilisiert wurden, zeigte die Rücksichtlosigkeit des nationalsozialistischen Regimes. Nicht nur der Wert des Geldes wurde für den weltanschaulichen Kampf als nachrangig behandelt; diese Haltung hatte Goebbels schon bei den Haushaltsbesprechungen des Jahres 1938 in seinem Tagebuch notiert: „Denkschrift Crosigk [sic] über Etat und Finanzlage des Reiches gelesen. Danach sieht's doch schlimmer aus als ich gedacht. Aber an Schulden ist noch nie ein Volk zugrunde

608 Vermerk Generalbüro betr. Einlösung von Steuergutscheinen I, [Mai 1942], BArch R2/20933, Bl. 502–507; Vermerk Ref. III/4 betr. Aufhebung der Bewertungsfreiheit auf Grund von Steuergutscheinen I, 7.3.1944, ebd., Bl. 546; Vermerk Abt. III betr. Aufhebung der Bewertungsfreiheit auf Grund von Steuergutscheinen I, 13.3.1944, ebd., Bl. 554.

609 Vertraulicher Überblick über das Rechnungsergebnis für 1939 (Nur für den Dienstgebrauch im Reichsfinanzministerium bestimmt!), 4.7.1940; Vermerk des Generalreferats der Abt. I an das Generalbüro betr. Einnahmen aus Anleihen, 18.1.1940, beide BArch R2/21908.

gegangen. Wohl aber an Mangel von Waffen".[610] Der Reichsfinanzminister passte sich dieser Linie immer weiter an. Im November 1939 ebenso wie im April 1941 artikulierte Schwerin von Krosigk in Briefen an Göring zwar noch einmal Vorbehalte gegenüber weitergehenden Kriegsplanungen, zunächst mit Blick auf den Angriffskrieg im Westen, dann mit Blick auf den Krieg gegen die Sowjetunion.[611] Doch bot der Übergang von einem dauernden Ausnahme- in den erklärten Kriegszustand dem Reichsfinanzministerium auch die Möglichkeit, sich als Organisation neu aufzustellen. Dies gelang unter der Doppelspitze von Minister und Staatssekretär erstaunlich geräuscharm innerhalb weniger Monate und umfasste sowohl die innere Struktur des Ministeriums als auch seine Beziehungen zu anderen Organisationen. Im Unterschied zu anderen Ressorts wurde das Reichsfinanzministerium nicht grundlegend infrage gestellt oder destabilisiert, die bisherigen Kompetenzbereiche blieben erhalten und wurden sogar ausgebaut.

Grund für die Geschmeidigkeit, die der alteingesessene Haushaltsexperte Schwerin von Krosigk hier zeigte, war wohl weniger die „besonders ausgeprägte Schwäche" und „prononcierte (ererbte?) Loyalität" zur Staatsführung, die der Leiter der Abteilung V, Hugo Fritz Berger, seinem Minister rückblickend attestierte, oder eine „bis zur Selbstentäusserung" betriebene, aber letztlich widerwillige Anpassungsstrategie.[612] Vielmehr erkannte Schwerin von Krosigk auch die Chancen, die sich seinem Verständnis von internationaler Finanzpolitik im nationalsozialistischen Regime boten. Mit seinen Erfahrungen in den Reparationsverhandlungen und als ehemaliger Rhodes-Stipendiat hatte er Staatsfinanzierung wie Staatsdienst früh als eine Form der Außenpolitik und der diplomatischen Interaktion erlebt. Die monetären Beziehungen, die aus dem Eroberungskrieg und der Besatzungsherrschaft entstanden, deutete er daher als Auftakt für eine „künftige europäische Ordnung". Da die klassische Haushaltspolitik ganz offensichtlich an Bedeutung verlor, wurden unter Führung des Ministers seit Kriegsbeginn Konzepte für die finanzwirtschaftliche Ausgestaltung der Besatzungspolitik ausgearbeitet. Die Abgrenzung gegenüber den gescheiterten Strategien der Kriegsfinanzierung im Ersten Weltkrieg spielte dafür eine wichtige Rolle, ebenso wie die Bezugnahme auf Erfahrungen, die in der Ausbeutung besetzter Gebiete zwischen 1914 und 1918 und in der Weimarer Reparationspolitik gemacht worden waren. Auf dieser Basis entstand

610 Tagebücher Joseph Goebbels, Teil I, Bd. 5, S. 96, Eintrag vom 14.1.1938. Hierzu auch Banken, Finanzproblem; ders., Steuerstaat, S. 188–196.

611 Persönliches Schreiben von Schwerin von Krosigk an Göring (Geheime Reichssache), 6.11.1939, BArch R2/24243, Bl. 26–27; Schreiben Schwerin von Krosigk an Göring, 19.4.1941, ebd., Bl. 34–41.

612 Interne Studie zum Charakter Schwerin von Krosigks (Nur für den eigenen Gebrauch bestimmt!), 21.4.1947, BArch N1181/7; Memorandum „Über die Tätigkeit und Haltung des letzten Reichsfinanzministers", 26.4.1947, S. 6, BArch N1181/62.

Anfang August 1940 im Finanzressort eine Denkschrift, welche die Gestaltung eines „Deutsch-europäischen Wirtschaftsraums“ avisierte.[613]

Während sich Schwerin von Krosigk den Besprechungen über die Neugestaltung der Reichsfinanzen zu Jahresbeginn 1939 durch Abwesenheit entzogen und die Untiefen der Kapitalmarktpolitik eher Reinhardt überlassen hatte, trat er bei der Verhandlung monetärer Großraumvisionen nun wieder selbst in Erscheinung, begleitet von Berger. Zwar betonte er die Absicht, die Fehler des Versailler Vertrages nicht zu wiederholen, plädierte aber ebenso dafür, das Nachdenken über die „neue Ordnung“ gleich mit der Regelung der „Zahlung der Kriegsschuld“ durch die Besiegten zu verknüpfen. Angesichts der militärischen Erfolge ließ sich hier um 1940 schon staatsmännisch über eine neue Rolle Deutschlands in der Welt nachdenken und ein Souveränitätskonzept mit weiten historischen Bezügen vertreten. Nicht zufällig war es dieses Terrain, auf dem sich zeitgleich auch der Staatsrechtslehrer Schmitt als Großraumdeuter neu zu erfinden suchte. Der Reichsfinanzminister wiederum verbrachte nun große Teile seiner Zeit nicht mehr in Berlin, sondern auf Dienstreisen in verschiedenen Gebieten des Reichs.[614]

Im Zuge der Transformationskrise von 1938/39 wurden bisherige Herrschaftskompromisse infrage gestellt. An ihre Stelle trat „eine Phase des Kampfes aller gegen alle“, ein System dauernder Herrschaftskonkurrenz. Die vom nationalsozialistischen Regime vorangetriebene Ordnung des Krieges und die Ordnung der Rüstungsökonomie verschränkten sich auf radikalere Weise als zuvor.[615] Den Primat besaß dabei die Politik. Es waren weder die in den Weimarer Jahren so prägende Wirtschaft noch das ab 1933 ins Staatszentrum gerückte Militär, welche die Grenzen dieser Expansion bestimmten. Die Spitze des Reichsfinanzministeriums erkannte diesen Wandel und passte die Organisation des Ressorts an. Mit den Richtlinien zur Rüstungsfinanzierung, dem Neuen Finanzplan und der Konzeption eines Großwirtschaftsraums legte das Ressort in zentralen Handlungsfeldern der Kriegsfinanzierung programmatische Überlegungen vor, eine Herangehensweise, wie es sie in der dauernden

[613] Schwerin von Krosigk, Deutschlands Kriegsfinanzierung, S. 1–3 und 16; in Auszügen abgedr. in: ders., Kriegsfinanzierung; ders., Die volkswirtschaftlichen Aufgaben der Finanzpolitik, Manuskript, o. D. [um 1942], BArch R2/240, Bl. 107–108; vertrauliche Ausarbeitung des OKH, Schulungsheft Nr. 8: Kriegsfinanzierung, Mitte April 1943 / Neudruck Nov. 1943, S. 1–14, BArch-MA RH9/82. Hierzu Kilian, Krieg, S. 43–52 und 64–73.

[614] Aussagen Schwerin von Krosigks bei einer Chefbesprechung im Reichswirtschaftsministerium, 22.7.1940, BArch R2/230, Bl. 129–132, zit. nach Kilian, Krieg, S. 67. Hierzu Wendt, Großdeutschland; Gruchmann, Großraumordnung; Diner, Völkerrecht; Herbert, Ende. Die Dokumentation der Reisen des Reichsfinanzministers findet sich in BArch R2/3 bis R2/5; die Reden in Budapest 1941 und Mailand 1942 in BArch R2/24250.

[615] Geyer, Rüstungspolitik, S. 152–153; Herbst, Krieg, bes. S. 95–102; für die Debatte um den Charakter der nationalsozialistischen „Kriegswirtschaft“ Streb, Wirtschaftssystem, S. 77–83.

Krisenbewältigung zuvor sehr lange nicht, vielleicht nie gegeben hatte. Diese Konzepte reichten über die Angelegenheiten einer „wirtschaftlichen und sparsamen" Staatsführung hinaus. Manche der einst so dominanten Konfliktfelder fielen damit weg oder traten zumindest in den Hintergrund, etwa die Fragen der Gesetz- und Verfassungsmäßigkeit der budgetpolitischen Praxis und der angemessenen Ausgestaltung einer haushaltsrechtlichen Ordnung. Als es im Januar 1944 darum ging, welche Einheiten des Ministeriums nach dem teilweisen Wiederaufbau des im November 1943 zerstörten Gebäudes schnellstmöglich an das Regierungszentrum am Wilhelmplatz zurückkehren sollten, waren dies daher: das Generalbüro, die kriegswirtschaftliche Abteilung V, das Organisationsreferat Groth und der Zollgrenzschutz – und nicht die haushaltspolitische Abteilung I. Diese kämpfte derweil in einer Charlottenburger Ersatzunterkunft um den Reichshaushalt als dauerndes Provisorium, durchzogen von Taktiken der Vereinfachung.[616]

Epilog: Radikale Vereinfachung im „Totalen Krieg"

Die Urteile, die sich in der Forschungsliteratur über den Machtverlust des Reichsfinanzministeriums finden, sind einschlägig: Von einem „drastischen Bedeutungsrückgang" und der Degradierung zu einer „Auftragsbehörde ohne politischen Rückhalt" ist die Rede, von Schwerin von Krosigk als „Zahlmeister des Reichs" beziehungsweise „Hauptbuchhalter der Nation", der auf wesentliche Einzelpläne und das Haushaltsgebaren vieler Institutionen keinen Einfluss mehr gehabt habe. Nicht zuletzt der ehemalige Reichsfinanzminister selbst hat durch seine Aussagen nach 1945 diese rückwirkende Einschätzung befördert.[617] Solche Bewertungen sind, dies sollte in den vorangegangenen Kapiteln deutlich geworden sein, schon für die Zeit vor 1939 zu differenzieren. Mit Ausnahme des Wehretats, dessen Globalsumme er aber immerhin weiter mitbestimmte, und der Parteifinanzen, wo es jedoch zu Arrangements kam, besaß der Reichsfinanzminister durchaus Zugriff auf die Einzelpläne, zumal sein Apparat zu Flexibilität und formellen ebenso wie informellen Aushandlungen mit unterschiedlichen Ansprechpartnern in der Lage war. Die zuvor vorhandene

[616] Privatdienstschreiben des persönlichen Referenten des Ministers, Walter Donandt, an den Leiter der Abteilung III, Otto Hedding, 11.1.1944, BArch R2/5, Bl. 143. Zur Unterbringung die Übersicht über die Ersatzunterkünfte des Reichsfinanzministeriums, Stand 24.8.1943, BArch R2/51, Bl. 186 RS.

[617] Caesar/Hansmeyer, Haushalts- und Finanzwesen, S. 845; Petzina, Wirtschaft, S. 118; Heinig, Budget, Bd. I, S. 130; Boelcke, Kosten, S. 28; Schwerin von Krosigk, Staatsbankrott, S. 190–191 und 259–262; sowie die im Nachlass gesammelten Nürnberger Entlastungsdokumente, BArch N1276/92 bis 101.

Kontrolle durch den Reichstag, den Reichsrat, ausländische Verhandlungspartner oder eine kritische Öffentlichkeit fiel dabei weg. Vor allem aber beruhen die zitierten Einschätzungen, unausgesprochen, mehrheitlich auf Befunden aus den Kriegsjahren. Dies klingt gleichwohl nur beiläufig an, wenn etwa in einem Grundlagenwerk die Formulierung gewählt wird, „die eigentlichen Entscheidungen über den größten Teil der öffentlichen Ausgaben wurde *spätestens ab 1941* nicht mehr vom Finanzminister, sondern vom Oberkommando der Wehrmacht, dem Beauftragten für den Vierjahresplan, dem Generalbevollmächtigten für die Reichsverwaltung und dem Generalbevollmächtigten für die Wirtschaft getroffen".[618]

Diese Darstellung bezieht sich, ohne dies explizit zu reflektieren, nicht auf die Zeit der Friedenswirtschaft beziehungsweise der Aufrüstung, sondern auf die Budgetverhandlungen in der Folge der Verordnung des Ministerrats für die Reichsverteidigung am 12. Februar 1941 zur „Vereinfachung der Haushaltsführung in Reich und Ländern". Diese bestimmte in § 2, dass der Reichsfinanzminister für 1941 die Erhöhung von Ausgaben für militärische Zwecke gegenüber dem Haushaltsjahr 1940 allein entscheiden konnte, für die Ausweitung ziviler Mittel hingegen das Einvernehmen mit dem Ministerrat für die Reichsverteidigung (der sich aus den genannten vier Organen sowie dem Stellvertreter des Führers und der Reichskanzlei zusammensetzte) herstellen musste.[619] Ähnlich wird eine Auseinandersetzung zwischen dem Reichsfinanzministerium und der NSDAP über die Reichszuschüsse an die Partei im Jahr 1943 als Beleg für die grundsätzliche Machtlosigkeit des Finanzressorts angeführt. Ausgeblendet wird dabei, dass bis zum Haushaltsjahr 1942 die Arrangements mit der Partei weitgehend geräuschlos verliefen und auch 1943 aufgrund persönlicher Gespräche mit Martin Bormann schließlich eine Lösung gefunden wurde, welche die machtpolitischen Vorbehalte beider Organisationen berücksichtigte. Die Urteile über die schwache Stellung des Reichsfinanzministeriums „im NS-Staat" nehmen also die Kriegsregierung als pars pro toto, ohne dies zu begründen. Sie differenzieren nicht zwischen den Übergangsjahren im Ausnahmezustand, der Zeit der Finanzierungswende oder den Bedingungen des Regierens im Krieg.[620]

[618] Caesar/Hansmeyer, Haushalts- und Finanzwesen, S. 845 [Hervorh. d. Verf.], die Passagen mit Bezug auf Schmölders, Denkschrift, S. XXIII–XXIV. Diese Formulierung klingt durch bei Ullmann, Steuerstaat, S. 143–144; Kuller, Haushaltspolitik, S. 66. Für diese Beobachtung auch Gruner, Kommunen, hier S. 181, der darauf hinweist, dass die Forschung „oft Kriegsaussagen als gültig für die ganze NS-Diktatur" anführe.

[619] Für den Wortlaut der Bestimmungen vgl. RGBl. II (1941), S. 37; hierzu auch die Nachweisung der nach § 2 der VO zur Vereinfachung der Haushaltsführung in Reich und Ländern vom 12.2.1941 zu genehmigenden Ausnahmen, 31.1.1942, die ohne Widerspruch der betroffenen Ressorts durchging, vgl. BArch R2/4493, Bl. 233 und 259; Heinig, Budget, Bd. I, S. 130.

[620] Caesar/Hansmeyer, Haushalts- und Finanzwesen, S. 842 und 845. Zu den Aushandlungen

Um zu einer präziseren Einordnung der Position zu gelangen, die das Reichsfinanzministerium im nationalsozialistischen *war government* einnahm, sollen daher abschließend die budgetpolitischen und haushaltsrechtlichen Entwicklungen der Kriegsjahre betrachtet werden. Untersucht werden jene Vereinfachungsmaßnahmen in der Reichshaushaltsplanung, an denen sich die Machtdynamiken ab 1939 besonders nachhaltig ablesen lassen. Vor allem der Übergang zu einer „fließenden" Etatgestaltung seit 1940 ist in der Forschung als Ausdruck der „totalitären Budgetführung" und damit als Machtverlust des Finanzressorts gedeutet worden.[621] Doch wurde dieser Wandel von der Ministerialbürokratie zunächst aktiv mitbetrieben. Ende Oktober 1939 teilte der Leiter der Haushaltsabteilung bei einer streng vertraulichen Besprechung seinen Referenten mit, dass für den anstehenden Haushalt des Jahres 1940 keine Voranschläge der Ressorts einzufordern seien, da diese „unvermeidlich trotz aller Kürzungsermahnungen neue Ausgaben Anforderungen [sic] zur Folge haben" würden. Stattdessen sollte der gekürzte Etat des Jahres 1939 als Grundlage für weitere Kürzungsverhandlungen und die abschließende Feststellung durch den Reichsfinanzminister dienen. Jede „Neuverhandlung" von Ansätzen sei zu vermeiden, allenfalls einseitig festgesetzte Zuschläge zu erlauben. Diese Marschroute sei als geheime Reichssache zu verstehen, „die über den Kreis der Anwesenden zur Vermeidung von Komplikationen mit den übrigen Ressorts nicht hinausgebracht werden dürfte".[622]

Diese Vorgaben griffen den „Führererlass über die Vereinfachung der Verwaltung" vom 28. August 1939 auf und setzten dessen Bestimmungen im Sinne des Finanzressorts so um, dass das Mitspracherecht der anderen Ressorts minimiert wurde und die Referenten des Reichsfinanzministeriums über Herrschaftswissen verfügen konnten. Doch gingen im Herbst 1939 auch von den Generalbevollmächtigten für die Reichsverwaltung und für die Wirtschaft Vereinfachungsbestrebungen aus, welche die Haushaltsgebarung betrafen. Hieraus entstanden in der Folge Reibungsflächen. Zunächst erhob aber die „Verordnung des Ministerrats zur Vereinfachung der Haushaltsführung in Reich und Ländern" vom 15. Januar 1940 die Marschroute des Reichsfinanzministeriums für die Haushaltsplanung zur offiziellen Doktrin. Sie bestimmte die Weitergeltung des Haushaltsplans von 1939 sowie das Gebot zusätzlicher, durch den Reichsfinanzminister „nach Benehmen" (und nicht, wie von der Literatur nach 1945 angenommen, „im Einvernehmen") mit den obersten Reichsbehörden vorge-

der Parteizuschüsse die Korrespondenz zwischen Reichsfinanzminister und Reichsschatzmeister der NSDAP, Februar/März 1937, BArch R2/31096, Bl. 1–3; die Dokumente in BArch R2/31096, Bl. 4–18. Zu den „chaotischen" und „willkürlichen" Dimensionen jeder Kriegsregierung Rossiter, Constitutional Dictatorship, S. 293–294.

621 Rebentisch, Führerstaat, S. 463; Heinig, Budget, Bd. I, S. 129–131, Bd. II, S. 162–163; Vialon, Haushaltsrecht, S. 48.

622 Vermerk des Generalbüros betr. Haushaltsplan 1940, 23.10.1939, BArch R2/24186.

nommener Kürzungen. Ausnahmen von diesem Kürzungsgebot sollten nur „im dringenden Interesse der Reichsverteidigung“ oder für die „neu eingegliederten Gebiete“ erlaubt sein und dies nur mit Zustimmung der Organe des Ministerrats (also OKW, Vierjahresplan, GBV und GBW), deren eigene Budgets den Reichsetat allerdings fast vollständig ausmachten.[623]

Der Referent in der Haushaltsabteilung, Friedrich Karl Vialon, bewertete in einem Beitrag für das *Reichsverwaltungsblatt* die Verordnung als „erhebliche Verstärkung“ der Stellung des Reichsfinanzministers, da „die Möglichkeit der Ausbringung neuer und der Erhöhung alter Ausgabeansätze“ durch die Reichsbehörden damit nicht mehr vorhanden sei. Vielmehr werde „die Kürzung der im Reichshaushaltsplan 1939 ausgebrachten Ausgabemittel über die obengenannte freie Vereinbarung der Ressorts mit dem Reichsminister der Finanzen hinaus zur bindenden gesetzlichen Pflicht erhoben“. Die zuvor gemäß der Reichshaushaltsordnung (§ 20) mögliche Anrufung des Kabinetts durch die Ressorts bei Fragen von grundsätzlicher Bedeutung entfalle. Zeit- und kräfteraubende Budgetverhandlungen könnten so endlich vermieden werden, gerade hier werde der „Vereinfachungscharakter“ der Verordnung sinnfällig. Die beiden Ausnahmen für Reichsverteidigungsmaßnahmen und die besetzten Gebiete seien ohnehin „zwangsläufig“, außerdem sei die Notwendigkeit eines Einvernehmens zwischen den Beteiligten des Ministerrats ein Schutzwall gegen eine allzu starke Expansion der Haushaltsposten. Letztlich sei die Verordnung auch nicht „revolutionär“, sondern verstetige nur eine Praxis, nach der die Einzelpläne der Ressorts ohnehin in ihren großen Posten seit Jahren festlägen. So seien die Budgetverhandlungen im zivilen Bereich auch in den Vorjahren im Wesentlichen nur noch „Kürzungsbesprechungen“ gewesen. Der Krieg biete daher nun die „günstige Gelegenheit“, um „die überall geforderte Vereinfachung der Verwaltung auf etatrechtlichem Wege zu fördern“ und zu größerer „Klarheit der Haushaltswirtschaft des Reichs“ zu gelangen.[624]

Vialon gab sich 1940 also überzeugt, dass diese Form der Verwaltungsvereinfachung ganz im Sinne des Reichsfinanzministeriums sei, da sie den Minister nicht nur von Verhandlungen entlaste, sondern auch zu einer Vielzahl eigener Regelungen und Verordnungen bis hin zur gezielten Abgabe von Beteiligungsrechten ermächtige. Sein Vorgesetzter im Reichsfinanzministerium, Generalreferent Mayer, war weniger euphorisch und bemühte sich vor allem darum, die möglichen Kompetenzverschiebungen in der Schwebe zu halten;

[623] Zum Wortlaut des Führererlasses vgl. RGBl. I (1939), S. 1535. Hierzu auch die Korrespondenzen in BArch R2/21856; Verordnung zur Vereinfachung der Haushaltsführung in Reich und Ländern für das Rechnungsjahr 1940, 15.1.1940 (RGBl. II, S. 29); die Feststellung der daraus hervorgegangenen Einzelpläne erfolgte per Verordnung über die Haushaltsführung im Reich im Rechnungsjahre 1940, 26.3.1940 (ebd., S. 65); für die Einschätzung nach 1945 Heinig, Budget, Bd. I, S. 130.

[624] Vialon, Haushaltsführung.

hierbei griff er auf seine seit 1932 gesammelten Erfahrungen an dieser Stelle zurück. Die Vereinfachung, die Mayer anstrebte, sollte vor allem nicht das Finanzressort betreffen, sondern die Vereinfachung der anderen Verwaltungen sein, nicht zuletzt der besonders parteinahen und damit kostenträchtigen Verwaltungen.[625] Auch die Spitze des Ressorts wollte die Initiative in diesem Bereich im Reichsfinanzministerium halten. Nachdem der Haushalt des Jahres 1941 neuerlich auf dem Wege der Vereinfachungsverordnung erlassen worden war,[626] drang Schwerin von Krosigk daher für das Haushaltsjahr 1942 darauf, von den „Notbehelfen" des Verordnungsweges wieder zur fristgerechten Haushaltsplanung auf gesetzmäßiger Basis zu gelangen. Eine Verlängerung des Reichshaushaltplans für das Folgejahr, die verschiedentlich vorgeschlagen und später auf Länderebene durchgeführt wurde, lehnte der Reichsfinanzminister hingegen ab, da er die Ausgabengestaltung prinzipiell „beweglich" halten wollte. Tatsächlich kehrte das Reich für die Haushaltsjahre 1942 bis 1945 zur Verabschiedung von Gesetzen über die Haushaltsführung im Reich zurück – also zu der Form, die bereits zwischen 1935 und 1939 gewählt worden war. Auch dies waren jeweils nur Interimsgesetze (in der Sprache der Weimarer Jahre: „Notetats") gewesen, welche inhaltlich weitgehend den vorherigen Verordnungen entsprachen, auf einen noch nicht fertiggestellten Haushaltsplan verwiesen und im Umlaufwege beschlossen wurden. Gleichwohl trugen sie die Unterschrift des Reichsfinanzministers und wahrten die Fassade ordentlicher Gesetzgebung. In seinen Haushaltsrundschreiben erläuterte der Reichsfinanzminister, dass diese Form ebenso wie der Verzicht auf „zeitraubende Erörterungen" gerade aus Gründen der Verwaltungsvereinfachung unerlässlich sei.[627]

In einer Diktatur im Kriegszustand konnten komplizierte Budgetverhandlungen, in denen anhand der Haushaltsgestaltung über politische Grundsatzfragen entschieden wurde, kaum mehr eine Rolle für das Machtgefüge spielen.

625 Hierzu sein Plädoyer gegen eine Festschreibung der Befugnisse des Ministerrats für die Reichsverteidigung, Vermerk für Ref. Zülow, 2.4.1940; Vermerk betr. Vereinfachung der Verwaltung, 3.4.1940; Aufstellung für den Staatssekretär Reinhardt über die Vereinfachung der Einzelpläne, Jan. 1942, alle BArch R2/21856.

626 Verordnung zur Vereinfachung der Haushaltsführung in Reich und Ländern im Rechnungsjahr 1941, 12.2.1941 (RGBl. II, S. 37); Verordnung über die Haushaltsführung im Reich im Rechnungsjahr 1941, 26.3.1941 (ebd., S. 85). Für 1941 war aber anders als für das Vorjahr die Aufstellung neuer Voranschläge möglich, Haushaltsrundschreiben des Reichsfinanzministers für das Rechnungsjahr 1941 (Schnellbrief), 28.2.1941, BArch R2/56034, Bl. 106–110.

627 Haushaltsrundschreiben des Reichsfinanzministers zum Rechnungsjahr 1942 (Schnellbrief), 11.11.1941; Haushaltsrundschreiben des Reichsfinanzministers zum Rechnungsjahr 1943 (Schnellbrief), 26.8.1942, beide BArch R2/9191; Haushaltsrundschreiben des Reichsfinanzministers für das Rechnungsjahr 1944 (Schnellbrief), 25.10.1943, BArch R2/560324, Bl. 287–294. Die Haushaltsgesetze wurden jeweils Ende März im Reichsgesetzblatt veröffentlicht.

Vielmehr ging es für das Ministerium darum, das Alleinstellungsmerkmal als Überwachungsressort zu wahren, dem in den Haushaltsgesetzen immer wieder bescheinigt wurde, es sei besonderes „ermächtigt", über die Mittelverwendung der anderen Reichsbehörden zu entscheiden.[628] Anstelle der vorherigen Planung des gesamten Reichsbudgets wurde die fortlaufende „Führung" von Einzelhaushalten zum wesentlichen Machtterrain des Ministeriums. Die Haushaltsplanung wurde dadurch eine kleinteilige Angelegenheit im Zusammenspiel mit oder in der Konkurrenz zu den anderen Ressorts, während die politische Grundsatzdebatte über die Ziele staatlichen Handelns oder die Legitimation von Staatsausgaben fortfiel. Die Fähigkeit des Reichsfinanzministeriums, die Ausgaben anderer Akteure im laufenden Betrieb einzuhegen, rückte in den Vordergrund, da es nicht mehr gelang, diese Ausgaben vorab verbindlich festzulegen. Im Februar 1942 unterbreitete Reinhardt daher Göring den Vorschlag, ihn zum „Vereinfachungskommissar" zu ernennen. Kurz zuvor hatte sich bereits Schwerin von Krosigk an Göring gewandt und beklagt, dass es „bisher nur in einem leider sehr geringen Umfang gelungen [sei], zu einer Vereinfachung auf dem Gesamtgebiet der öffentlichen Verwaltung zu kommen". Stattdessen hätten die Kontingentierungs- und Rationierungsmaßnahmen der Kriegsfinanzierung „zu einer weiteren Komplizierung" geführt. Eine dem Feldmarschall unterstellte Stelle müsse daher damit beauftragt werden, „zu durchgreifenden Vereinfachungsregeln zu kommen, die alle Doppelarbeit verhüten" und zudem durch „eine Auskämmung der Büros" weitere Arbeitskräfte für den Krieg bereitzustellen.[629]

Die daraufhin von Göring betriebene Einsetzung einer Vereinfachungskommission aus Innen- und Finanzressort scheiterte am Chef der Reichskanzlei. Lammers setzte stattdessen einen weiteren Führererlass zur Verwaltungsvereinfachung durch, der am 25. Januar 1942 erging, aber nicht veröffentlicht wurde. Darin wurde die Reichskanzlei als Zentrum der Vereinfachung installiert. Auf dieser Basis folgten am 9. März 1942 drei weitere Führererlasse zur Dezentralisierung der Personalverwaltung, zu personalrechtlichen Vereinfachungen und zur Vereinfachung des Haushaltsplans. Der letztgenannte Erlass war ebenfalls eine Maßnahme der Dezentralisierung, denn er ermächtigte die Behörden in der Mittelstufe, über Reichsmittel in Form von Fonds zu verfügen – nach Richtlinien der Obersten Reichsbehörden, die durch den Generalbevollmächtigten für die Reichsverwaltung, den Beauftragten für den Vierjahresplan und den

[628] Für den Wortlaut der Gesetze über die Haushaltsführung vom 26.3.1942 (RGBl. II, S. 179), 30.3.1943 (ebd., S. 120), 31.3.1944 (ebd., S. 35) und 29.3.1945 (ebd., S. 15).

[629] Schwerin von Krosigk an Göring, 1.1.1942, BArch R2/24243, Bl. 59. Im Bereich der Verwaltungsvereinfachung konkurrierten Reinhardts Vorstellungen mit entsprechenden Ideen der Vertreter des Reichsinnenministeriums, vor allem des dortigen Staatssekretärs Wilhelm Stuckart. Es formten sich daraus aber auch taktische Allianzen, hierzu und zum Folgenden Rebentisch, Verwaltung, S. 768–769; ders., Führerstaat, S. 464–467.

Reichsfinanzminister gemeinsam überwacht wurden.[630] Als durch den Führererlass zur Reichsverteidigung vom 31. Januar 1943 dann eine „Generalrevision der gesamten Reichsverwaltung“ (nunmehr inklusive der Parteidienststellen) angemahnt wurde, war das Reichsfinanzministerium nicht an federführender Stelle beteiligt. Stattdessen wurde ein Dreierausschuss gebildet, in den Keitel für das OKW, Lammers für die Reichskanzlei und Bormann für die Parteikanzlei eintraten. Damit war aber vor allem das Reichsinnenministerium, das in diesem Bereich als erklärtes Zentralisierungsressort besonders engagiert war, aus der Vereinfachungspolitik ausgeschaltet; das Reichsfinanzministerium hingegen konnte über Reinhardt auf enge Fühlung mit Bormann setzen und besaß zudem gute Kontakte zu den Referenten in der Reichskanzlei, insbesondere zum bereits erwähnten Leo Killy. Über solche informellen Beziehungen gelang es dem Minister gemeinsam mit Reinhardt sowie dem Leiter der Besoldungsabteilung, Wever, im Februar 1943, den sogenannten Stop-Erlass der Reichskanzlei durchzusetzen, welcher der Ausweitung der Stellenpläne gewisse Grenzen setzte. Dies war eine Maßnahme, die schon damals als teilweise Rückeroberung der früheren starken Position des Finanzressorts in Etatsachen gewertet wurde.[631]

Zudem instrumentalisierte Reinhardt Anfang 1943 die Konflikte zwischen der Parteikanzlei und der Kanzlei des Führers, um die Stellung des Reichsfinanzministeriums in Fragen der Verwaltungsvereinfachung zu stabilisieren, und schürte damit die Konkurrenz der Parteiorgane. In einer Sitzung des Dreierausschusses verlas er einige Schreiben der Kanzlei des Führers an Mittelbehörden, durch welche die dem Reichsfinanzministerium unterstellten Behörden „in eine schiefe Lage gebracht“ würden. Zudem legten seine Referenten persönliche Interventionen der Kanzlei des Führers beim Reichsfinanzministerium vor, woraufhin Bormann vermerkte: „Diese Art des Vorgehens der Kanzlei des Führers müssen wir für die weitere Kriegsdauer grundsätzlich stoppen.“[632] Mit einem ausführlichen Bericht über die in seiner Verwaltung erfolgten Vereinfachungen – etwa die Bereitstellung weiterer Beamten für den Krieg, den Rückbau der aufwendigen Schulungsformen und die Aufhebung von Steuerarten – stellte Reinhardt zudem gegenüber Bormann die „Vertrauensfrage“, um sich dessen Rückhalt zu versichern. Außerdem rief der

630 Zu den dadurch ausgelösten Aktivitäten der verschiedenen Ressorts mit Auswirkungen auf die Haushaltsgebarung die Dokumente in BArch R2/21856, insbes. Rundschreiben des Reichsfinanzministers betr. Vereinfachungsmaßnahmen auf dem Gebiet des Reichshaushaltswesens (Schnellbrief), 25.4.1942; Erlasse des Führers zur Dezentralisierung der Personalverwaltung, zur personalrechtlichen Vereinfachung und über Vereinfachungen in der Ausführung des Haushaltsplans, 9.3.1942 (RGBl. I, S. 119), hierzu auch die Erläuterungen in Führer-Erlasse 1939–1945, S. 238.

631 Rebentisch, Verwaltung, S. 769; ders., Führerstaat, S. 486–487.

632 Vorlage für Reichsleiter Bormann betr. Verwaltungsvereinfachung, hier Kanzlei des Führers, 10.2.1943, BArch R2/31096, Bl. 129.

Reichsfinanzminister im Februar 1943 alle Referenten der Haushaltsabteilung zum persönlichen Vortrag, um von ihnen Vorschläge zur Verwaltungsvereinfachung zu erhalten. Allerdings musste sich das Ressort zeitgleich selbst wieder der Vereinfachung und Verschlankung seiner eigenen Arbeitsfelder erwehren. Daher wetterte Reinhardt in einem Beitrag in der *Deutschen Steuer-Zeitung* Ende 1943 gegen allzu weitreichende „Steuervereinfachungs-Phantasien", die auf die Abschaffung der Veranlagungen zielten, nachdem entsprechende Ideen im Verlauf des Jahres von anderen Ressorts und der Parteikanzlei vorgebracht worden waren.[633]

Die nationalsozialistische Verwaltungsvereinfachung erwies sich so einerseits als eine radikalere Version ähnlicher Programme aus der Spätphase des Ersten Weltkrieges. Dabei ging es um Anpassungs- und Rationalisierungsmaßnahmen, die den Geschäftsbetrieb betrafen. Andererseits entwickelte sie sich zu einem Terrain beständig gärender Herrschaftskonflikte, und diese Tendenz verstärkte sich noch einmal mit der Ausrufung des „Totalen Krieges". Diese komplexen machtstrategischen Dimensionen sind zu berücksichtigen, wenn man die Stellung des Reichsfinanzministeriums im Gefüge der Kriegsregierung beurteilen will. Anders als bei den rein symbolischen Haushaltsberichten der Reichsregierung im Ersten Weltkrieg wurde eine detaillierte Budgetplanung auch während der Kriegsjahre weiterhin angestrebt, aber nun im Geheimen und unter Aufgabe des Prinzips der Vorherigkeit. Dabei gingen hinter den Kulissen erhebliche Ressourcen an Arbeitskraft aller beteiligten Institutionen in die Aufrechterhaltung der Fiktion einer staatlichen Finanzordnung, die sich Haushaltsausgleich und Haushaltskontrolle ungeachtet ihrer realen Entleerung weiterhin auf die Fahnen schrieben. Das galt selbst für manche Parteisatrapen und Günstlinge Hitlers.[634]

Insbesondere die komplizierten Haushaltsverhandlungen mit dem Reichsführer SS und Chef der deutschen Polizei, Heinrich Himmler, in denen es zumeist um die Gleichstellung mit der Wehrmacht und die sogenannte Veroffizierung der Polizeibeamten ging, waren von solchen Widersprüchen geprägt. So forderte Himmler mit dem Haushalt 1944 Zugriff auf den Preußischen

633 Entwurf Brack für eine Vorlage an Bormann (Telegramm an Gündel im Reichsfinanzministerium) betr. Vereinfachung der Reichsfinanzverwaltung, 1.2.1943; Vorlage für Reichsleiter Bormann betr. Vereinfachung in der Reichsfinanzverwaltung, 2.2.1943, beide BArch R2/31678; Verfügung an die Haushaltsreferenten der Abteilung I betr. Vereinfachung der Verwaltung, 9.2.1943, BArch R2/12136a, Bl. 69. Reinhardt, Steuervereinfachungs-Phantasie; sowie die Dokumente zu den Vereinfachungsdebatten im Januar/Februar 1943 in BArch R2/31678. Eine ähnliche Berichterstattung war auch schon im Januar 1942 erfolgt.

634 Scherpenberg, Finanzwirtschaft, S. 46–47; Schulte, Konvergenz, S. 178–179; ders., Zwangsarbeit, bes. S. 81–91 und 250–252. Für die damit verbundenen vielfältigen Konflikte Kuller, Haushaltspolitik.

Polizeiresthaushalt. Dies scheiterte zunächst am Widerstand von Popitz, wurde dann aber unter Verweis auf gewisse Vereinfachungseffekte im Sinne Himmlers geregelt. Die – erst nach zwei Monaten ergehende – Zustimmung des Reichsfinanzministeriums knüpfte sich aber an die Zusicherung, dass die entsprechende Regelung „auf die Zeit des Krieges beschränkt" sei.[635] In ähnlicher Weise sicherte der Chef des Wirtschafts-Verwaltungshauptamtes im Hauptamt Ordnungspolizei, August Frank, dem Reichsfinanzministerium im September 1943 persönlich zu, dass alle beantragten Stellenvermehrungen bei der Ordnungspolizei nur für die Kriegszeit gelten und nach Kriegsende auf ihre Berechtigung geprüft würden. Ein anderes Vorgehen sei aus Gründen „der damit verbundenen Verwaltungsarbeit" aber nicht möglich, vielmehr sei dies „die einzige Möglichkeit, wieder Ordnung und Klarheit zu bekommen und Irreführungen hintanzuhalten". Schließlich drang Frank mit Verweis auf Vereinfachungsanordnungen Himmlers darauf, den gesamten Polizeihaushalt zum (außerordentlichen) Kriegshaushalt zu erklären. Im Gegenzug kündigte er an, auf neue Stellenforderungen zu verzichten, sich intern für weitere Einsparungen einzusetzen und das Ministerium bei allen Regelungen von besonderer Tragweite zu beteiligen. Das Interesse der Polizei an besserer Personalausstattung wurde so mit dem Interesse des Reichsfinanzministeriums, Etatverhandlungen zu vermeiden und Dienstwege einzuhalten, in Austausch gebracht. Allerdings waren die entsprechenden Vereinfachungsanordnungen de facto ohne jede Beteiligung des Ministeriums ergangen und griffen zum Teil in dessen ressortmäßige Zuständigkeit ein. Die Lösung für das Reichsfinanzministerium bestand schließlich auch in diesem Fall darin, eine „auf [die] Kriegsdauer beschränkte" Stellenverbuchung vorzuschlagen, Einzelfragen zu vertagen und bei weiteren Vereinfachungsanordnungen Himmlers darauf zu bestehen, dass darin jeweils „das Einverständnis des RdF zum Ausdruck" gebracht wurde.[636]

Über dieses Vorgehen war sich die Führung des Reichsfinanzministeriums allerdings nicht immer einig. Schon im November 1941 hatte Reinhardt in einer ähnlichen Auseinandersetzung mit dem Hauptamt der Ordnungspolizei dafür plädiert, „unabwendbaren Entwicklungen zuzustimmen" und sich über die Einwände seiner Referenten zugunsten der Polizei hinweggesetzt. Demgegenüber

[635] Reichsführer SS und Chef der Deutschen Polizei an den Reichsfinanzminister betr. Preußischer Polizeiresthaushalt, 19.1.1944; Antwort des Reichsfinanzministeriums, gez. Mayer (Abschrift), 21.3.1944, beide BArch R2/12135, Bl. 11 und 14.

[636] Frank an Ministerialrat Kallenbach, 24.9.1943; Vermerk Kallenbach betr. Haushalt der Ordnungspolizei für 1944, 9.10.1943, beide, BArch R2/12135, Bl. 2–3; Vermerk Kallenbach für GenRef. Abt. I betr. Polizeihaushalt, 17.4.1944, ebd., Bl. 18; Vermerk Kallenbach betr. Verwaltungsvereinfachung bei der Polizei, 4.5.1944, ebd., Bl. 24–26; Vermerk Kallenbach betr. Verwaltungsvereinfachung bei der Deutschen Polizei, 14.4.1944, ebd., Bl. 46–48.

empörte sich Schwerin von Krosigk über die Auffassung der Polizeivertreter, dass der Kriegshaushalt gewissermaßen außerhalb der finanziellen Ordnung zu behandeln sei.[637] In einem scharf gehaltenen Privatdienstbrief an Himmler schrieb er im Februar 1942: „Chefbesprechungen verlieren auch ihren Sinn, wenn ohne Rücksicht auf ihr Ergebnis die Zahl der leitenden Beamten einer Obersten Reichsbehörde einfach dadurch vermehrt wird, daß sie zunächst über die vorhandenen Planstellen hinaus dem Führer Ernennungsvorschläge unterbreitet und nachträglich die dazu gehörigen Planstellen beim Reichsminister der Finanzen angefordert werden." Entsprechende Stellen könne er daher nicht im Haushalt ausbringen.[638] Die Protestnote und eine im Juli 1942 anberaumte Chefbesprechung blieben ohne Erfolg; auch in den folgenden Monaten wurden beim Reichsführer SS Ernennungen und Beförderungen vorgenommen, ohne dass entsprechende Stellen bewilligt waren. Zum Teil waren noch nicht einmal die Gebiete erobert, für die Stellen besetzt wurden. Da die betreffenden Beamten aber bereits ernannt waren, hatten sie Anspruch auf Zahlung ihrer Bezüge, sodass das Ministerium die entsprechenden Beträge anweisen musste. Eher hilflos bat der Minister daher den Chef der Reichskanzlei, zukünftig auf eine andere Praxis beim Reichsführer SS „hinzuwirken" – eine Bitte, auf die er auch nach Monaten noch keine Antwort erhalten hatte. Allerdings erfuhren die Referenten des Ministeriums im April 1943 unter der Hand (durch einen *leak* des Ministerialrats Gottfried Boley aus der Reichskanzlei), dass Himmler und Lammers sich längst darauf geeinigt hatten, „die Schwierigkeiten dadurch zu beheben, daß bei Ernennungen, für die Planstellen nicht verfügbar sind, der Führer zugleich über die Planstellen entscheiden soll". Zudem verhandelten sie bereits ohne das Reichsfinanzministerium darüber, ob der Reichsführer SS haushaltsmäßig ganz der Wehrmacht gleichgestellt wurde.[639]

Nicht nur an der Spitze des Ministeriums, sondern auch zwischen den Abteilungen zeigten sich unterschiedliche Haltungen. So stritt die Abteilung I unter Führung Mayers und des zuständigen Referenten Richard Kallenbach im No-

[637] Vermerk für Dir I A und Dir I betr. zusätzliche Planstellen für den Einsatz der Polizei in den besetzten russischen Gebieten und für das Hauptamt Ordnungspolizei, 5.11.1941, BArch R2/12136, Bl. 11; Schreiben Daluege an Reinhardt, 27.11.1941, ebd., Bl. 12; Handschriftliche Notiz des Ministers auf einem Schreiben Dalueges an Lammers, 27.2.1943, BArch R2/12136a, Bl. 136, in dem der Chef der Ordnungspolizei die Auffassung vertrat, dass sich seine Stellenanforderungen „finanziell kaum auswirken" würden, da sie im „außerordentlichen Haushalt (Kriegshaushalt)" ausgebracht würden. Dazu vermerkte Schwerin von Krosigk sarkastisch: „hat der keine finanzielle Auswirkung?"

[638] Schwerin von Krosigk an Himmler (Entwurf), 19.2.1942, BArch R2/12136, Bl. 47.

[639] Vermerk Kallenbach betr. Planstellen für SS- und Polizeiführer, Befehlshaber und Kommandeure der Ordnungspolizei, 8.12.1942, ebd., Bl. 61; Reichsfinanzminister an Reichsführer SS und Chef der Deutschen Polizei, 8.1.1943, ebd., Bl. 64; Schwerin von Krosigk an Lammers (Entwurf), o. D., ebd., Bl. 65; Boley an Kallenbach, 10.4.1943, ebd., Bl. 131; Vermerk für den Minister, 13.5.1943, ebd., Bl. 141.

vember 1944 mit der besoldungsrechtlichen Abteilung IV darüber, ob die mit General Frank verabredeten Lösungen tatsächlich den „Rücksichten der Vereinfachung der Verwaltung" entsprachen oder nicht eher eine „Komplizierung" darstellten, die der per Führererlass vom 25. Juli 1944 neuerlich angeordneten Vereinfachung des Staatsapparats zuwiderlief.[640] Nachdem das Hauptamt Ordnungspolizei in seiner Forderung nach besoldungsrechtlicher Angleichung an die Verhältnisse der Wehrmacht nicht nachließ und zudem eigenmächtig Stellen besetzte, die noch gar nicht bewilligt worden waren, setzte sich Schwerin von Krosigk schließlich im Januar 1945 neuerlich mit Lammers in Verbindung und bat um Vermittlung. Im März 1945 gingen die Stellenanforderungen der Ordnungspolizei für das Haushaltsjahr 1944 dann zur Entscheidung an den Dreierausschuss, ein Beschluss darüber erfolgte aber nicht mehr.[641]

Die mit solchen Entwicklungen verbundene schlechte Stimmung in der Haushaltsabteilung brachte insbesondere der Generalreferent Mayer immer wieder in Vermerken zum Ausdruck. Im Juli 1943 notierte er, dass er nicht davon ausgehe, dass die Polizei überhaupt die notwendigen Unterlagen für die Bewilligung von Stellen vorlegen werde, denn haushaltsrechtliche Fragen ließen diese „ebenso gleichgültig" wie beamtenrechtliche: „Die Sache wird also aller Voraussicht nach im Sande verlaufen, wenn wir wie gewöhnlich wieder resignieren." Er empfahl daher, Lammers zu benachrichtigen, um „dieser Anarchie in der Verwaltung einen Riegel vorzuschieben". Sein Koreferent Kallenbach war realistischer. Da der Minister sich bereits mehrfach vergeblich an die Reichskanzlei gewandt habe, sei es nicht sinnvoll, dies neuerlich zu tun. Vielmehr rate er „die Sache [...] auf sich beruhen zu lassen", denn daraus „kann ein Einverständnis mit dem Geschehenen nicht gefolgert werden. Einer künftigen ablehnenden Stellungnahme wird nicht vorgegriffen." Dieser dilatorischen Haltung schloss sich Schwerin von Krosigk an. Sein Verharren in Schwebezuständen und Provisorien ermöglichte ihm wiederum, im März 1944 gegenüber dem Rechnungshof den Verzicht auf die Aufstellung von Stellenplänen damit zu begründen, dass die entsprechenden Fragen mit dem Reichsführer SS „noch nicht abschließend geregelt" seien und einen unnötigen „Arbeitsanfall" erzeugen würden, der in Zeiten der Verwaltungsvereinfachung nicht angezeigt sei.[642]

640 Abt. I an Abt. IV, 30.11.1944 (Entwurf), BArch R2/12135, Bl. 143–144. Zu solchen Konflikten vgl. auch den Protest der Haushaltsabteilung bei der Abteilung V bzgl. Vereinfachungen bei der Polizei, 19.1.1944; sowie die nachfolgenden persönlichen Gespräche des Haushaltsreferenten Kallenbach mit Generalleutnant Frank, BArch R2/12136b, Bl. 79–80.

641 Schwerin von Krosigk an Lammers, 24.1.1945, BArch R2/12135, Bl. 159–161; Reichsfinanzminister an den Reichsminister und Chef der Reichskanzlei betr. Vollzug des Sperrerlasses vom 17.2.1943, März 1945 (Entwurf), ebd., Bl. 195.

642 Vermerk vom 16.7.1943 zur Vorlage bei Dir 1; sowie handschriftliche Notizen zur Mi-

Was die Haushaltsabteilung des Reichsfinanzministeriums umtrieb, war insgesamt oft weniger eine inhaltliche Differenz als die Sorge vor formalen Kompetenzverlusten. Mit Blick auf das eigenmächtige Vorgehen Himmlers vertrat das Generalreferat daher die Auffassung, man hätte sich „über die meisten Wünsche" leicht einigen können, wenn eine vorherige Fühlungnahme erfolgt wäre. Das eigentliche Problem liege darin, dass hier Präzedenzfälle geschaffen worden seien, die nun von anderen Ministerien aufgegriffen würden.[643] Staatssekretär Reinhardt verfolgte eine andere Linie und rief die eigene Beamtenschaft selbst zur aktiven „Vereinfachungsschlacht" auf. In einem markigen Rundschreiben an die Abteilungsleiter, Unterabteilungsleiter und Referenten des Ministeriums forderte er von jedem Einzelnen, „zu vereinfachen, was irgendwie zu vereinfachen geht". Man müsse „den Mut finden, uns vom Althergebrachten zu trennen und die da und dort noch immer bestehenden Hemmungen der einen und anderen Art zu überwinden. Aller Kleinkram muß beseitigt werden. Das Verbleibende muß radikal vereinfacht werden." Eine Fülle von Vorschlägen zur weiteren Vereinfachung – vor allem der internen Arbeitsprozesse – wurde damit eingefordert und auch von verschiedenen Stellen des Ministeriums geliefert. Darunter fand sich sogar der Vorschlag, für die Kriegszeit ganz auf die Aufstellung neuer Haushaltspläne zu verzichten. Mayer notierte dazu nur lapidar: „Für das Reich nicht möglich". Auch den von der gleichen Stelle ausgehenden Vorschlag, die einzelnen Beamten bei „einfachen Vorgängen" zu selbstständigen Entscheidungen zu ermächtigen, betrachtete der Generalreferent skeptisch und fragte: „Wo ist die Grenze?"[644]

Tatsächlich hatte jede der vom Reichsfinanzministerium nach innen wie nach außen durchgeführten Vereinfachungsmaßnahmen Folgewirkungen; sie konnte Forderungen weiterer Instanzen oder Konflikte auf unteren Ebenen nach sich ziehen. So berief sich im März 1944 das Wirtschaftsressort auf die Vorgehensweisen, die das Finanzressort bei der Polizei akzeptiert hatte. Dort saß ein ehemaliger Mitarbeiter des Reichsfinanzministeriums, der um 1938 ins Reichswirtschaftsministerium gewechselte Hans Illgner (ein früher Nationalsozialist und SS-Oberführer im Stab des Reichsführers SS, unterdessen Leiter der Personal- und Verwaltungsabteilung des Reichswirtschaftsministeriums). In einem Privatschreiben forderte Illgner nun auch für sein Ressort

nisterentscheidung, beide BArch R2/12136b, Bl. 12–13; Reichsfinanzminister an den Rechnungshof des Deutschen Reichs, 28.3.1944, ebd., Bl. 108. Hierzu auch Weinert, Sauberkeit, S. 84–94.

643 Vorlage der Abt. I für den Staatssekretär betr. Vereinfachungsmaßnahmen, 6.5.1944, BArch R2/21857, Bl. 31–32.

644 Rundschreiben des Staatssekretärs an alle Abteilungsleiter, Unterabteilungsleiter und Referenten, 31.3.1944, ebd., Bl. 17, abgedr. in: Scherpenberg, Finanzwirtschaft, S. 509; Handschriftliche Notizen auf dem Vermerk über Vereinfachungsvorschläge, 14.4.1944, ebd., Bl. 20.

den Verzicht auf jegliche Kapitel- und Titelgliederung; vorangegangen waren dem offenbar seinerseits Besprechungen mit dem Wirtschaftsamt der Polizei. Mayer vermerkte auf dem entsprechenden Schreiben entrüstet: „Und so etwas verzapft ein Mann, der aus dem RFM hervorgegangen ist! Dann soll man doch den Ressorts ein grünes Scheckheft geben u. das RFM auflösen. Eher wird es doch keine Ruhe geben."[645] Die Haushaltsabteilung ließ Illgners Anfrage zunächst unbeantwortet, doch dieser wandte sich daraufhin an Reinhardt, der sich aufgeschlossen zeigte und Illgners Ideen auch gegenüber Schwerin von Krosigk befürwortete. Mayers ablehnende Haltung entspreche hingegen „nicht dem Gebot der Stunde".[646]

Illgners Eingabe zeigte aber nicht nur die Erosion der geordneten Haushaltsführung im Krieg. Aufschlussreich ist in diesem Fall auch, wie der Kriegszustand als Laboratorium fortschrittlicher Budgetierungsmethoden betrachtet wurde, zumindest im Wirtschaftsressort, denn im Unterschied zu den Vertretern der Polizei und der Wehrmacht begründete Illgner seine Forderungen nicht mit kriegsbedingten Handlungszwängen. Stattdessen sah er darin (wohl ähnlich wie Reinhardt) einen programmatischen Beitrag zur „Fortentwicklung des Haushaltsrechts im Sinne der nationalsozialistischen Rechts- und Staatsauffassung". Es gebe auch in anderen Verwaltungen eine „starke Bewegung" in diese Richtung, die das Reichsfinanzministerium weiter in die Defensive bringen werde, wenn es sich nicht selbst an deren Spitze setze. Die Freisetzung nicht nur des eigenen, sondern aller Ressorts von der detaillierten Budgetierung erhielt so den Anschein einer Modernisierungsmaßnahme. Die Praxis der Haushaltsplanung nach den Vorgaben der RHO sei hingegen „überholt", denn sie stamme aus der Zeit der „machtpolitischen

645 Beschwerde des Reichsstatthalters in Oberdonau beim Reichsarbeitsministerium unter Bezugnahme auf Vereinfachungsmaßnahmen des Reichsfinanzministeriums, 28.6.1944, ebd., Bl. 140; Illgner an Manteuffel, 15.3.1944, ebd., Bl. 143–146; Illgner an Manteuffel, 30.6.1944, ebd., Bl. 147. Hierzu Scherpenberg, Finanzwirtschaft, S. 47–50; Boelcke, Wirtschaft, S. 182 und 305; Fremdling, Wirtschaftsstatistik, S. 313. Zur Forderung auch der Waffen-SS nach „grünen Schecks" nach dem Vorbild der Wehrmacht und unter dem Vorwand der „Verwaltungsvereinfachung" vgl. die Besprechung über Haushaltsfragen der Waffen-SS am 28.1. und 17.3.1944, Protokoll vom 20.3.1944, BArch R2/12135, Bl. 15–16; kurz darauf stimmte das Reichsfinanzministerium dieser Forderung zu, vgl. Besprechung betr. Geldversorgung und Betriebsmittelzuweisung der Waffen-SS, o. D., BArch R2/21857, Bl. 16.

646 Handschriftlicher Vermerk Reinhardts für Schwerin von Krosigk, 11.9.1944, ebd., Bl. 148; Entwurf eines Privatbriefes von Mayer an Illgner, o. D., ebd., Bl. 149 RS–151; Oberfinanzpräsident Mitteldeutschland, „Das Gebot der Stunde", o. D. [14.12.1944], ebd., Bl. 239; sowie die Antwort Mayers, 14.12.1944, ebd., Bl. 240. Einige Monate später ging dann ein Schreiben des Oberfinanzpräsidenten Mitteldeutschland, Theodor Hillmer, beim Ministerium ein, das unter exakt diesem Schlagwort die Einführung globaler Haushaltstitel und die eigenständige Bewirtschaftung von Mitteln für die Mittelbehörden der Reichsfinanzverwaltung forderte. Zu Hillmer Bathe/Kumpf, Mittelbehörden, S. 115–116.

Bindung der Regierung an den von der Volksvertretung bewilligten Etat“ im Jahr 1922. Gefordert sei stattdessen Flexibilität in der Mittelverwaltung durch die Aufstellung von „Wirtschaftsplänen“, zu denen der Reichsfinanzminister nur „generelle Zustimmungserklärungen“ abzugeben habe. Diese Pläne sollten vom Rechnungshof auch nicht mehr nach „starren Haushaltsbestimmungen“ geprüft werden, sondern auf „sachliche Zweckmässigkeit und Wirtschaftlichkeit“. In dieser Vorstellung verblieb dem Reichsfinanzministerium letztlich allein die Organisation ausreichender Deckung, während die Bedarfsgestaltung zu weiten Teilen in andere Hände überging.[647]

Illgner betonte zwar, an der „Aufrechterhaltung der Ordnung auf dem Gebiet der Haushaltsgebarung“ keinesfalls rütteln zu wollen, wollte diese Ordnung aber über „andere Wege“ erreichen. Damit verfolgte er Ansätze einer dynamischen Budgetgestaltung, die in ähnlicher Form schon zu Zeiten der Weltwirtschaftskrise diskutiert worden und seit 1938 verstärkt auf die Agenda geraten waren.[648] Bereits damals war ein Reformvorschlag aus dem Reichsrechnungshof an Reinhardt gelangt, in dem für sachlich gegliederte Globalhaushalte plädiert wurde; die bisher nach Ressorts strukturierten Einzelpläne sollten hingegen wegfallen. Effiziente Zielerreichung wurde zum eigentlichen Maßstab der Verausgabung erklärt. Die Führungsspitze des Reichsrechnungshofs wie die Haushaltsabteilung des Ministeriums befanden zwar, dass solche Reformansätze den Gedanken der Verwaltungsvereinfachung verkannten. Doch entsprach es durchaus dem Trend der Zeit, die Budgetpolitik in eine volks- beziehungsweise wehrwirtschaftliche Gesamtplanung einzuordnen und eher nach der Zweckmäßigkeit als nach der Gesetzmäßigkeit zu fragen.[649]

Als Vordenker dieser Tendenz können der Volkswirtschaftler Walter Weddingen, der Freiburger Rechtswissenschaftler Hubert Armbruster und der bevölkerungs- und finanzpolitische Berater des „Generalplans Ost“ und spätere Planungsexperte der Deutschen Demokratischen Republik, Felix Boesler, betrachtet werden. So hatte Boesler 1939 in dem von ihm überarbeiteten traditionsreichen *Grundriß der Finanzwissenschaft* ausgeführt, dass der „Finanzplan [...] in den autoritär geführten Staaten immer stärkere Bedeutung erlangt“ habe und daher „im Haushaltsplan nicht mehr eine Bindung der politischen Führung“ gesehen werden solle. Die Prinzipien der Haushaltsplanung wie Genauigkeit, Vollständigkeit und Einheitlichkeit seien nur als

647 Illgner an Manteuffel, 15.3.1944, BArch R2/21857, Bl. 143–146; Vermerk der Abt. I für den Minister, Juli 1944, ebd., Bl. 149.

648 Illgner an Manteuffel, 15.3.1944, ebd., Bl. 145 RS. Hierzu Munzer, Staatshaushalt; Ritschl, Staatshaushalt, S. 293–335; sowie zur damit verbundenen „Ökonomisierung der Finanzpolitik“ Mann, Staatswirtschaft.

649 Präsident des Reichsrechnungshofs an den Reichsfinanzminister betr. Verwaltungsvereinfachung (Abhandlung des Amtsrats Bauch), 17.2.1944, BArch R2/21858, Bl. 45–51, mit Randnotizen des Generalreferenten im Reichsfinanzministerium.

„Verwaltungsgrundsätze (die sie ursprünglich auch allein gewesen sind)“ anzusehen. Im Weimarer Parlamentarismus habe man dieses „rein verwaltungsrechtliche Normensystem“ unnötig politisiert. Weil die Gewaltenteilung im nationalsozialistischen Staat nicht mehr existiere, sei auch die Gesetzesform des Haushaltsplans entbehrlich geworden. Gleichwohl bleibe das bestehende Haushaltsrecht beziehungsweise die RHO ein „Fundament des Führerprinzips“. Es dürfe aber anders als im Parlamentarismus nicht der Einengung, sondern müsse der Förderung der „Beweglichkeit“ der staatlichen Administration dienen.[650]

Auch Armbruster trennte sich in seiner Studie von 1939 nicht ganz von den Prinzipien geregelter Haushaltsplanung, die in der Weimarer Zeit festgeschrieben worden waren, und hielt insbesondere am Gedanken des ausgeglichenen Budgets fest. Dieses Gleichgewicht aber verstand er als eine Form der Balancierung über eine mehrjährige Finanzperiode; daher könne auch ein jährlicher Haushalt, der mit einem Fehlbetrag abschließe, unter diesem „höheren Gesichtswinkel des Finanzplanes als materiell ausgeglichen angesprochen werden.“ Mit Neumark argumentierte Armbruster dafür, den Staatshaushalt als Zentrum der Staatswirtschaft und als unerlässliche Notwendigkeit für die „Ordnung“ des Staatswesens zu bewahren. Gleichzeitig gelte es im Nationalsozialismus aber, diesen Ordnungsbegriff „nicht formell“ auszulegen; dies bedeute etwa, dass Störungen im Vollzug des Haushaltsplans nur dann problematisch seien, wenn sie der längerfristigen Sicherung des Gleichgewichts im Wege stünden. Hier sah er sich selbst im Einklang mit der internationalen finanzwissenschaftlichen Debatte.[651]

Der Vereinfachungsdiskurs wurde also nicht nur von Vertretern der Ministerialbürokratie geführt. Auch Teile der nationalsozialistischen Finanzwissenschaft erklärten nun die „Flexibilität“ der Exekutive zum neuen Maßstab. Die Zeiträume, nach denen deren Effektivität bemessen werden konnte, wurden aber ins Ungewisse ausgedehnt, da eine wirkliche Finanzplanung über längere Zeiträume in der nationalsozialistischen Diktatur nie etabliert wurde. Wann galt also das längerfristige Gleichgewicht, das Armbruster im Sinn hatte, als erreicht, wenn dafür die jährliche Abrechnung nicht mehr entscheidend sein sollte? Mit solchen Ansätzen wurden bestehende Taktiken des Reichsfinanzministeriums in der Budgetpolitik hinterfragt und geschwächt. Das Finanzressort sah sich damit vor die Wahl gestellt, entweder ein fiskalisches Kontrollzentrum zu sein, das die restliche Exekutive in der Umsetzung politischer oder ökonomischer Programme nur überwachte oder sich stärker an der Ausformulierung dieser Programme sowie der Dynamisierung der Budgetplanung zu beteiligen.

[650] Eheberg/Boesler, Grundriß, S. 28–29 und 35.

[651] Armbruster, Wandlung, S. 19. Er zitierte neben anderen Roberts, Elasticity; Robbins, Budget.

Im Kriegszustand wurde darüber aber nicht mehr entschieden. Im Mai 1944 vermerkte die Abteilung I stattdessen in einer Vorlage an den Staatssekretär, dass Vereinfachungen im Haushaltsrecht ihre Grenze eben dort fänden, „wo sie zur Auflösung der unerläßlichen Ordnung führen". Kein anderes Rechtsgebiet in der Zuständigkeit des Reichsfinanzministeriums unterliege ähnlich weitgehenden Forderungen nach Rationalisierung, die eigentlich „Freiheit vom Reichsfinanzminister" meinten.[652]

Die Haushaltsverhandlungen liefen unterdessen bereits weitgehend mündlich. Zudem hatte der Bombenkrieg es mit sich gebracht, dass eine engere Überwachung der anderen Ressorts durch einzelne Beamte, wie sie im Zuge der krisenbedingten Vereinfachung der 1920er-Jahren mittels der Ernennung von Haushaltskommissaren angestrebt worden war, teilweise auf pragmatischem Wege erreicht wurde: So war das für das Reichsarbeitsministerium zuständige Haushaltsreferat nach dem Brand des Dienstgebäudes am Wilhelmplatz Ende 1943 zeitweilig selbst im Arbeitsressort untergebracht - eine nach Meinung des Referenten durchaus „geschäftsvereinfachende Arbeitsmethode", die allerdings nach der Beschädigung des Reichsarbeitsministeriums wieder aufgegeben werden musste. Die Praxis, „Verbindungsbeamte" in die anderen Ressorts zu entsenden, lebte so im Kriegszustand aus provisorischen Gründen wieder auf.[653]

Ohnehin prägten ad-hoc-Maßnahmen die Haushaltspolitik der letzten Kriegsjahre. Programmatische Absichten gingen damit nicht mehr einher, dennoch hinterließen diese Eingriffe Spuren in der Erfahrung der beteiligten Beamtenschaft. Im August 1944 erging ein Runderlass des Reichsfinanzministers zur Vereinfachung, der nunmehr auch Maßnahmen „in Abweichung von haushaltsrechtlichen Bestimmungen" vorsah, etwa die Ausweitung der gegenseitigen Deckungsfähigkeit und Übertragbarkeit von Posten entgegen den Bestimmungen von § 31 und § 30 RHO und den teilweisen Verzicht des Ministers auf die Zustimmung zu Haushaltsüberschreitungen gemäß § 33 RHO. Zudem wurde für das Haushaltsjahr 1945 die Aufstellung eines neuen Haushaltsplans ausgesetzt, stattdessen wurden die Haushaltsansätze des Jahres 1944 auch für das Folgejahr für „bindend" erklärt. Diese Festlegung sollte rückwirkend durch ein Gesetz über die Haushaltsführung im Reich kodifiziert werden. Weitere pragmatische Vereinfachungen, etwa der Verzicht auf detaillierte Eingliederungspläne oder Abschlusszahlen, wurden eingeführt, zudem ließ Reinhardt die Verallgemeinerbarkeit eigener Vereinfachungserlasse

[652] Vorlage der Abt. I für den Staatssekretär betr. Vereinfachungsmaßnahmen, 6.5.1944, BArch R2/21857, Bl. 31. Hierzu kritisch, mit vergleichendem Blick auf verschiedene Länder, Neumark, Probleme, S. 338–339.

[653] Vereinfachungsvorschläge des Ref. I/3, 20.4.1944, BArch R2/21857, Bl. 23.

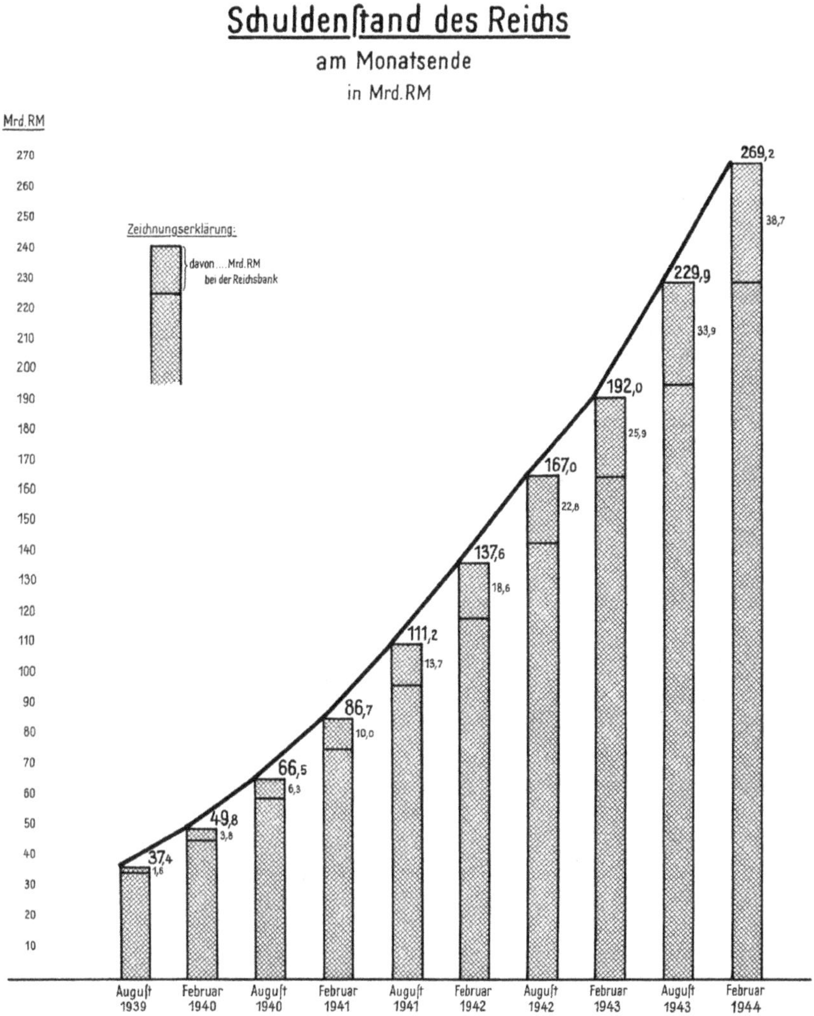

Abbildung 16 – Visualisierung des Staatsbankrotts: Schuldenstatistik des Reichsfinanzministeriums, Juli 1944

für andere Verwaltungen prüfen. Die Prüftätigkeit des Reichsrechnungshofs wurde ab September 1944 weitgehend suspendiert.[654]

654 Rundschreiben des Reichsfinanzministers betr. Vereinfachungen auf dem Gebiet des Reichshaushaltswesens im totalen Kriegseinsatz (Schnellbrief), 25.8.1944, BArch

In den ersten Monaten des Jahres 1945 erweiterte das Ressort dann mehrfach die vorgesehenen Vereinfachungsmaßnahmen im Reichshaushaltswesen. Hektisch wurde im Februar 1945 noch an der Zusammenstellung des Haushaltsplans für 1944 gearbeitet, der fertig werden musste, um überhaupt für das Rechnungsjahr 1945 weitergelten zu können. Eine Drucklegung des Haushaltsplans für 1945 war gar nicht mehr vorgesehen.[655] Stattdessen hatte das Statistische Büro des Reichsfinanzministeriums schon im Vorjahr mit der finanziellen Bilanzierung des Krieges begonnen. Die dort erstellten Diagramme und Tabellen visualisierten den absehbaren Staatsbankrott [Abb. 16]. Im Juni 1945 gingen diese Unterlagen des Statistischen Büros, vermutlich über die Handakten des zwischenzeitlich „Leitenden Ministers" Schwerin von Krosigk, direkt in das Berlin Document Center und damit in die Nachkriegspolitik der Alliierten ein.[656]

Der Krieg war verloren, verbliebene Beamte des Ressorts hatten aber schon im Mai 1945 mit der neuerlichen Organisation des Übergangs begonnen. Aus den Überresten des Ressorts, aus ungeheizten Zimmern ohne Fenster, trugen sie „später noch einmal dringend benötigte[s] Schriftgut" zusammen, um Auftragsstudien für alliierte Besatzungsbehörden zu erstellen, aber auch die eigene Erzählung des Geschehenen aktenkundig zu machen. Seit April 1945 ohne Gehaltszahlung, finanzierten sie ihre Tätigkeit teilweise durch den Verkauf eigenen Besitzes, teilweise durch den Bezug von Fürsorgeleistungen. Die Leitung dieser „Restverwaltung" des Reichsfinanzministeriums übernahm Mayer, sogleich darum bemüht, eine neue Systematik der Haushaltsplanung zu erstellen, welche die Praxis in den unterschiedlichen Besatzungszonen koordinierbar machte. Mit dieser Aufgabe beauftragt worden war er noch durch den von Schwerin von Krosigk eingesetzten Stellvertreter des Ministers, Karl Wever. Ab August 1945

R2/21857, Bl. 133–135; Schreiben des Generalreferenten der Abt. I betr. Verwaltungsvereinfachung, 14.12.1944, ebd., Bl. 240; Staatssekretär-Sondermitteilungen F, 1.8. und 9.8.1944 (Auszüge) mit anliegenden Prüfbemerkungen des Generalreferats, o. D. [27.12.1944], ebd., Bl. 255–260; Niederschrift über eine Besprechung beim Reichskommissar für den totalen Kriegseinsatz unter Vorsitz des Senatspräsidenten Dr. Fabricius (Abschrift), 14.9.1944, BArch R2/21858, Bl. 87; Rundschreiben des Reichsfinanzministers an die Landesregierungen betr. Haushaltsplan (Nachtrag) für 1944 und sonstige Haushaltsangelegenheiten, 30.6.1944, BArch R1501/62.

655 Rundschreiben des Reichsfinanzministers betr. weitere Vereinfachungen auf dem Gebiet des Reichshaushaltswesens im totalen Kriegseinsatz (Schnellbrief), 24.1.1945, BArch R2/21858, Bl. 8–14; Rundschreiben des Reichsfinanzministers betr. Haushaltsplan für 1945 und weitere Vereinfachungen auf dem Gebiet des Reichshaushaltswesens im totalen Kriegseinsatz (Schnellbrief), 23.2.1945, ebd., Bl. 38–41; Erlass des Reichsfinanzministers betr. weitere Vereinfachungen auf dem Gebiet des Kassen- und Rechnungswesens, 17.3.1945, ebd., Bl. 128–131.

656 Schaubilder und Zahlen zum Kriegshaushalt des Großdeutschen Reichs (Geheime Reichssache), Stat. Büro, Juli 1944, BArch R2/24253; sowie die Übernahmevermerke ebd.

stand diese Gruppe von Ehemaligen (im März 1946 waren es 20 Personen) dann unter der Aufsicht der sowjetischen Besatzungsmacht.[657]

Ein zügig erstellter Überblick über die Finanzgebarung in den Jahren 1933 bis 1945 sollte die Neuordnung der Staatsfinanzierung erleichtern, wenn „über kurz oder lang unser politisches Geschick wieder in unsere Hand gelegt wird“, so Mayer im November 1945. Die Ausarbeitungen, die daraus hervorgingen, fanden nicht nur Abnehmer unter den Alliierten, sondern gingen gemeinsam mit den darin vermittelten Narrativen in die zeithistorische Disziplin ein, denn das aus Restverwaltung hervorgehende „Archiv des ehemaligen Reichsfinanzministeriums“ wurde in die Bestände des Instituts für Zeitgeschichte aufgenommen. Darin wurde der umfassende Staatsbankrott nach Kriegsende noch einmal genauer zu erfassen versucht. Die Summe der Reichsschuld wurde nun auf über 376 Milliarden RM beziffert, der Anteil der Kriegsjahre daran auf knapp 342 Milliarden RM – gewaltige, aber noch zu niedrige Zahlen, wie man heute weiß.[658]

Der militärische und finanzielle Bankrott war aber zugleich ein moralischer, den die Ehemaligen des Ressorts ebenfalls zu bilanzieren versuchten, ohne die eigene Verantwortung zu thematisieren. Eine nüchterne Ausarbeitung des Archivs über die verschiedenen Verfolgungsmaßnahmen gegen die jüdische Bevölkerung seit 1933 endete mit dem Verweis darauf, dass die besonders gut geordnete Überlieferung des Reichsfinanzministeriums es zukünftig möglich machen werde, „zu seinem Teil zu der Wiedergutmachung der den Juden durch Sondermaßnahmen zugefügten Schäden beizutragen.“[659] Die ungeheure Zahl an Opfern, die solche Wiedergutmachungsanträge gar nicht mehr stellen konnte, fand keine Erwähnung. Hier zeigte sich ein weiteres Mal die institutionelle Resilienz der Ministerialbürokratie. Schon Anfang 1946 sollte Mayer in einem

657 Aufzeichnung Amtsrat Längericht für Herrn Dir. Josef Mayer, 19.11.1945, BArch R2 ANH./86, Bl. 62–63; MinDirig Mayer an Staatsminister a. D. Höpker-Aschoff, 12.12.1945, ebd., Bl. 67–68; Restverwaltung an den Magistrat der Stadt Berlin betr. Personalbesetzung bei den ehemaligen Reichs- und Staatsdienststellen, 2.7.1946, BArch R2 ANH./87, Bl. 50.

658 MinDirig Mayer an Reichsminister a. D. Hermes, 19.11.1945, ebd., Bl. 17; Archiv des ehemaligen Reichsfinanzministeriums, Die Entwicklung der deutschen Reichsschuld von 1932 bis 1945, 9.6.1949, IfZ ED 177, Bl. 238. Hierzu die Berechnungen unter Berücksichtigung der Mefo-Wechsel und der Steuergutscheine bei Kilian, Krieg, S. 401, der für die Reichsverschuldung bis April 1945 auf eine Summe von knapp 398 Milliarden RM kommt, davon knapp 349 Milliarden RM in den Kriegsjahren; etwas niedriger die ältere Berechnung bei Boelcke, Kosten, S. 102. Detaillierte Übersichten zur Struktur des Reichshaushalts und der Staatsverschuldung bei Oshima, Statistische Materialien (I), bes. S. 143–144, und ebd. (II), S. 274–282.

659 Archiv des ehemaligen Reichsfinanzministeriums, Ausarbeitung „Die Maßnahmen gegen die jüdische Bevölkerung und ihre Einrichtungen seit 1933“, 2.2.1949, IfZ ED 177, Bl. 138 RS.

Brief an den Staatsrechtler Friedrich Glum optimistisch betonen, dass „die Entwicklung der Dinge uns jetzt die Möglichkeit in die Hand gegeben [hat], einen entscheidenden Schritt für die Rettung des Berufsbeamtentums zu tun, der unter anderen Voraussetzungen für die Zeit nach dem Kriege bereits vorbereitet war, dann aber viel schwerer zu verwirklichen gewesen wäre." Was er damit meinte, war die „gerade in der heutigen Zeit auch politisch erwünschte Folge einer wesentlichen Verminderung" von Personal und Kosten, also: die Vereinfachung der Verwaltung, nun aber wieder nach den Vorstellungen des Finanzressorts. Nicht gemeint war damit die Entlassung der „nur nominellen Pgs", denn hier plädierte Mayer aus Gründen der Leistungsfähigkeit der Verwaltung für Toleranz.[660] Einige Jahre später war Mayer dann als Präsident des Bundesrechnungshofs und erster Bundesbeauftragter für Wirtschaftlichkeit in der Verwaltung dafür verantwortlich, aus dem Feld der Vereinfachung (wieder) ein Terrain demokratischer Rationalisierung zu machen.

Neuerlich wurde die Rolle der Finanzbürokratie also in transitorischen Räumen abgesteckt; in diesen Räumen waren die Belastungen und Herausforderungen des entstehenden Staates früh erkennbar. Auch die administrativen Vereinfachungen der Kriegsjahre hatten bereits den Weg in die Nachkriegszeit gewiesen. So wurden die ersten Haushalte der Bundesrepublik allesamt nachträglich verabschiedet oder als sogenannte Überrollungs- oder Wiederholungshaushalte aus den Vorjahren übernommen; die ineinander übergehende Budgetführung der Kriegsjahre setzte sich damit strukturell fort, wurde jetzt aber wieder als „Notstandsmaßnahme" der Demokratie legitimiert.[661] Die Kriegsmaßnahmen hatten aber nicht nur die Finanzgebarung flexibilisiert, sondern auch Verantwortung an nachgeordnete Stellen delegiert, die dann unter militärischer Besatzung eine wesentliche Rolle spielen sollten.[662] Sie hinterließen darüber hinaus den bleibenden Eindruck einer Zersplitterung der Zeit, eines unberechenbaren Wechselspiels zwischen gezielten Verzögerungen und spontanen Entscheidungen, in dem nicht längerfristige Planung und Ordnungsdenken, sondern die Fähigkeit zu umsichtigem Taktieren darüber entschied, welche Macht eine staatliche Organisation besaß. Die Ministerialbürokraten managten in diesem Modus dann auch den Moment der Niederlage

660 MinDirig Mayer an Professor F. Glum, 20.1.1946, BArch R2 ANH./86, Bl. 92–93.

661 Solche Aussagen kamen sowohl von Ehemaligen des Reichsfinanzministeriums, die in der Bundesrepublik Karriere machten (so Vialon, Haushaltsrecht, S. 50), als auch von jenen vertriebenen Weimarer Demokraten, die aus dem Exil den deutschen Wiederaufbau unterstützten (dazu Heinig, Haushalt-Fibel, S. 31–32).

662 Scherpenberg, Finanzwirtschaft, S. 53–61. Hierzu auch die Unterlagen der britischen Control Commission Division (Finance Division), etwa Draft Papers on Decentralisation of German Public Finance, Jan./Feb. 1946, Nat. Arch. FO 1046/426; Former Reich Expenditure and Rules regarding the Conduct of the Reich Budget, 5.8.1945, Nat. Arch. FO 1046/507.

und fanden zügig neue Strategien, um ihre Position zu stabilisieren. In seiner späteren Vernehmung beim Prozess gegen Schwerin von Krosigk vor dem Nürnberger Militärgerichtshof im August 1948 skizzierte Mayer die in den Jahren nationalsozialistischer Herrschaft von den „politischen Ressorts“ verfolgte Taktik, das Reichsfinanzministerium als „reines Fachministerium“ zu zermürben.[663] Doch war das Ressort nie unpolitisch gewesen, und selbst die so technisch erscheinende Verwaltungsvereinfachung war eine umstrittene Staatstechnik, mit der Radikalisierung im „Totalen Krieg“ ermöglicht wurde und für deren Durchsetzung das Reichsfinanzministerium Verantwortung trug.

663 Aussage Josef Mayers vor dem Militärgerichtshof Nr. IV, Fall XI, 18.8.1948, S. 16681, StA Nürnberg, Rep. 501 LV A 131 Fall 11.

Zwischenfazit

Mit dem dritten und längsten Zeitschnitt, der im Moment der Weltwirtschaftskrise einsetzte, erscheint das Ressort (wieder) in Kampfstellung. Schon seit 1929 zeichnete sich ab, dass Vertreter der Ministerialbürokratie sich aus unterschiedlichen Gründen in einem „Kriegszustand" sahen: gegen zahlungsunwillige Bürger, gegen die Beamtenhetze, vor allem aber gegen das Reparationsregime und die Auswirkungen des Young-Plans. Intern ging dies, durch den Rücktritt von Johannes Popitz als Staatssekretär, mit einem personellen Wechsel einher. In den nachfolgenden Jahren wurde das Reichsfinanzministerium von einer demokratischen Spitze geführt, welche die Leistungsfähigkeit des deutschen Staates auf eine technokratische Weise bewahren wollte und diktatorische Lösungen in der Finanzpolitik ablehnte. Der Modus der Ausnahme, in dem über haushaltspolitische Fragen entschieden wurde, entfaltete in dieser Phase trotzdem eine systemtransformierende Macht. Der dauernde Rückgriff der Regierung Brüning auf Ermächtigungen, die mit Sachzwängen legitimiert wurden, beförderte nicht nur die Entparlamentarisierung der Reichshaushaltsplanung, sondern trug auch zu Konflikten innerhalb der Organisation wie auch in der politischen Öffentlichkeit bei.

Die Beamtenschaft der Reichsfinanzverwaltung radikalisierte sich, zumindest in Teilen, und der Bezug auf ein überparteiliches Staatswesen reichte als Integrationsmodell nicht mehr aus. Das von verschiedenen Seiten angerufene „Volk" mit seinem Bedürfnis nach „Führung" konnte diese Stelle einnehmen, weil die umfassenden, auch von der Ministerialbürokratie genährten Erwartungen an die Leistungsfähigkeit ihrer Staatstechniken nicht eingelöst wurden.[664] Nun tauchten Akteure auf der politischen Bühne auf, die zuvor im Ministerium marginalisiert worden waren, wie etwa Popitz oder jene republikfeindlichen Beamten, die Mitte der 1920er-Jahre im Zuge des Personalabbaus und der Umbildung des Ressorts in den Ruhestand versetzt worden waren. Die staatsrechtliche Lehre, die auch von der Beamtenschaft im Reichsfinanzministerium rezipiert wurde, thematisierte immer offener die vermeintliche Leerstelle der „politischen" Gesinnung in der Weimarer Demokratie und forderte eine Alternative zur Ökonomisierung des Regierens. Der Versuch, Regierungsentscheidungen durch den Verweis auf finanzielle und wirtschaftliche Notwendigkeiten zu „entpolitisieren" und so die Republik zu stabilisieren, scheiterte in diesem Moment. Dessen stärkste Verfechter verließen um 1931/32 das Reichsfinanzministerium.

[664] Eine dafür relevante Stimme, die hier nur am Rande berücksichtigt wurde, war auch Forsthoff, Totale Staat; dazu Laux, Führung, S. 49–50.

https://doi.org/10.1515/9783110712261-013

Die pragmatische Auslegung der Verfassung, die Zähmung parlamentarischer Praktiken und die Etablierung einer budgetären „Militärdiktatur", die zuvor erfolgt waren, erleichterten ab Mitte 1932 den forcierten Umbau des Staatswesens, ohne diesen gezielt herbeigeführt zu haben. In den Jahren zwischen 1930 und 1933 zeigten sich die widersprüchlichen Semantiken, die offenen Entscheidungssituationen und die sich rasch verändernden Resonanzräume des Regierungshandelns in der Weimarer Republik besonders deutlich. Dieser Wandel erzählt sich, zumindest für das Reichsfinanzministerium, eher in kleinschrittigen Etappen als in der Form einer eindeutigen Zäsur. Dem Jahr 1932 und dem Regierungsantritt des „Kabinetts der Barone" unter von Papen, zu dem auch Schwerin von Krosigk als Minister zählte, kam dennoch eine hervorgehobene Rolle für die Ermöglichung der nationalsozialistischen Diktatur zu. Es war das Jahr, in dem auch Carl Schmitt seinen eigentlichen Aufstieg zum politischen Berater der Reichsregierung erlebte, der die immer undurchsichtigeren Planspiele des Verfassungsnotstands staatsrechtlich legitimierte.

Die nationalsozialistische Bewegung konnte die Handlungsspielräume, die zuvor geschaffen worden waren, nutzen und traf zudem auf eine Verwaltung, die den Modus der Ermächtigung und die Taktik der Ausnahme bereits verinnerlicht hatte. Nach einer kurzen Phase, in der sich die Spitze des Ressorts gegenüber (partei-)politischen Einwirkungen zu verpanzern suchte, folgte nach der Machtübernahme der Regierung Hitler die Verweltanschaulichung des Ressorts. Dies war ein Prozess, in dem sowohl Methoden der Professionalisierung als auch Strategien der Militarisierung zum Tragen kamen. Der strategische Personalabbau, der in den republikanischen Krisenjahren genutzt worden war, um den Staat zu verschlanken und die Beamtenschaft vorsichtig zu demokratisieren, konnte nun der „Säuberung" dienen. Im Bereich der Aus- und Weiterbildung wurden unter der nationalsozialistischen Herrschaft in kurzer Zeit Fakten geschaffen, wenngleich ein großer Teil der leitenden Beamten des Ministeriums in seiner Funktion verblieb und zunächst vor allem Regelungen zusammengefasst wurden, die unter der demokratischen Regierung vereinzelt gestanden hatten. Eine entscheidende Veränderung lag darin, dass die Organisation durch die Reichsfinanzschulen militarisiert und exklusiv auf die „Volksgemeinschaft" ausgerichtet wurde; dies diente aber der Mobilisierung für den Krieg und nicht der Modernisierung von Ausbildungsformen. De facto währte dieses System nur wenige Jahre, und die dort ausgebildeten Nachwuchskräfte stiegen in der Folge nicht zu leitenden Figuren im Ministerium auf, sondern gingen an die Front. Gleichwohl kann die kleine Gruppe an Leitungskräften innerhalb dieser Ausbildungsstrukturen als genuin nationalsozialistische Führungselite innerhalb des Ressorts beschrieben werden; ihre Macht entfaltete sie vor allem in der Besatzungsverwaltung.[665]

[665] Dazu die Befunde bei Kilian, Krieg, S. 112–113.

Die Hoffnungen, die führende Vertreter des Ressorts mit der nationalsozialistischen Herrschaft verbanden, waren zunächst groß, zumal die Reichweite des Ministeriums sowohl in der Haushaltsgesetzgebung als auch in der Kontrolle der Länder- und Gemeindehaushalte in den ersten Jahren stark ausgedehnt wurde. Diese Entgrenzung galt dann aber auch für die daraus sich ergebenden Konflikte mit anderen Ressorts und den diversen Gebietskörperschaften. Bis in die letzten Kriegsmonate hinein wurde trotzdem ein hoher Aufwand getrieben, um eine Reichshaushaltsplanung nach den formalen Vorgaben zumindest nachträglich zu erreichen. Dies veränderte die Techniken der Haushaltsplanung. Diese wurden nicht mehr dafür genutzt, mit verschiedenen Teilen der Öffentlichkeit zu kommunizieren oder die Kontrolle durch externe Institutionen zu unterlaufen. Sie wurden vielmehr ein inneradministratives, weitgehend arkanes Instrument der Steuerung, vor allem aber ein Terrain der Machtkonflikte.

Als sich um 1938 der nahende Kriegszustand abzeichnete, passten die Verantwortlichen des Ressorts ihre Handlungsstrategien neuerlich an; seither kam auch eine deutlichere Arbeitsteilung zwischen langjährigem Minister und parteinahem Staatssekretär zum Zuge, die aber nicht auf Konfrontation, sondern auf Koordination beruhte. Erstmals gingen auch aus dem Ministerium Grundsatzentwürfe hervor, die das Ressort als programmatische Zentrale jener „Finanzplanung“ darstellten, die dem Geist der Zeit (nicht nur im Deutschen Reich) entsprach und so radikalisierend wie modernisierend erscheinen konnte.[666] Dabei trat die maximale Ressourcenmobilisierung gegenüber der Ausgabenkontrolle in den Vordergrund und die Handlungsräume verlagerten sich vom „Altreich“ weg in die gewaltsam eroberten neuen Gebiete. Klassische Prinzipien der Haushaltsführung wurden aber nicht vollständig aufgegeben oder in gänzlich andere Formen staatlicher Planung überführt (wie dies etwa das stalinistische Regime tat), sondern es wurde eine flexible Balance gesucht. Die entleerte Rechtsförmigkeit solcher Verfahren diente einerseits der propagandistischen Verschleierung, andererseits ließ sich damit die Austragung politischer Konflikte in das Innere der Exekutive verlagern. Dabei fiel der strategische Verweis auf eine existenzielle Not des Staates und die mangelnde Ermächtigung der Staatsführung weg. An diese Stelle traten die Aufrüstung und die Mobilisierung für den Krieg, mit all ihren gewaltsamen Folgen für die „Menschenökonomie“. Zur Begründung dieser Gewalt wurde die Kategorie des Ausnahmezustands nicht mehr gebraucht.

[666] Für entsprechende Entwicklungen in anderen Ländern und die Bedeutung der „mittelfristigen Finanzplanung“ für die Reformdebatten der zweiten Hälfte des 20. Jahrhunderts Middendorf, Ökonomisierung; Heinig, Budget, Bd. II, S. 113–170.

Fazit

Die Gründung des Reichsministeriums der Finanzen erfolgte am Ende eines verlorenen Krieges, in einer historischen Situation, in der sich revolutionäre Umbrüche, neue Ordnungsversuche und administrative Kontinuitäten verschränkten. In der staatsrechtlichen Literatur wie in den Selbstbeschreibungen der Beamtenschaft wirkten Konstellationen des 19. Jahrhunderts fort, etwa der systemische Dualismus von Legislative und Exekutive oder die Vorstellung, die Finanzierung staatlicher Aufgaben sei im Kern ein Verwaltungsakt. Auf anderen Ebenen ergaben sich aus den Erfahrungen des Weltkrieges und den Organisationsformen der Kriegswirtschaft neue Impulse, so etwa in einem verbreiteten Habitus des Kampfes, in der Rhetorik der Sozialisierung und in verschiedenen Methoden der Rationalisierung. Die finanzielle Zukunft der jungen Republik war zudem entscheidend bestimmt von internationalen Beziehungen, denn sie war nur ansatzweise kodifiziert in den Verpflichtungen des Versailler Vertrages und blieb durch die fortlaufenden Reparationsverhandlungen beständig offen. Eine vom Krieg geprägte und wirtschaftlich krisenhafte Lage kennzeichnete letztlich den gesamten Untersuchungszeitraum, der hier betrachtet worden ist. Der Fokus des neu geschaffenen Ministeriums richtete sich daher weniger auf längerfristige Planungen als darauf, die unmittelbaren Herausforderungen zu bewältigen.

Wenn man mit Reinhart Koselleck davon ausgeht, dass in der Moderne das Maß an Erfahrungen stets auch das Maß an Erwartungen bestimmt und dass dort die Erwartungen am kleinsten sind, wo die größten Erfahrungswerte vorliegen, so ließe sich argumentieren, dass die vor 1919 schon bestehenden Erfahrungen die Zukunftserwartungen im Bereich der Reichshaushaltspolitik kleiner hielten als in Bereichen mit geringerem Erfahrungsgehalt, etwa in den Feldern der reichsweiten Wirtschafts- oder Arbeitspolitik.[1] Große Gesetzeswerke wie die Reichshaushaltsordnung oder die Reichsabgabenordnung lagen de facto schon in den Schubladen oder sogar auf den Schreibtischen, als die Weimarer Republik und damit auch das Reichsfinanzministerium als demokratische Organisation entstand. Hieraus mag sich die Distanz führender Vertreter der Finanzbürokratie gegenüber umfassenden Plänen und Zukunftsvisionen erklären. Dennoch war auch im Apparat des Reichsfinanzministeriums ein gewisser Gestaltungswille zu beobachten.

Dazu griffen die Verantwortlichen auf Erfahrungen aus der Zeit des Kaiserreiches und auf Praktiken der Kriegswirtschaft zurück, nutzten aber auch gezielt das neue Arsenal an Staatstechniken, das der Exekutive für Aushand-

[1] Koselleck, Erfahrungsraum, S. 374; Graf, Zukunft.

https://doi.org/10.1515/9783110712261-014

lungsprozesse in einer parlamentarischen Republik zur Verfügung stand. Daher war das Reichsfinanzministerium im Bedarfsfall zu „brutal vereinfachten" Verfahren ebenso in der Lage wie zu „legalistischem" Agieren.[2] Das Finanzressort konnte damit nicht nur Prozesse verregeln, sondern solche Verregelungen auch vermeiden oder gezielt aushebeln. Mit diesem Willen zur Tat ging es der Ministerialbürokratie stets und wohl zuallererst um die Sicherung der eigenen Macht innerhalb des neuen Staatsgebildes, was mittels informeller Beziehungen zu anderen Ressorts, autoritärer Umbauten im Willensbildungsprozess sowie der möglichst weitreichenden Vereinheitlichung des Regierungsapparats auf Reichs- und Länderebene erreicht werden sollte. Hier wurden in den ersten Nachkriegsjahren zunächst provisorisch Normen eingeführt und Strukturen geschaffen, die sich dann als beständig erweisen sollten. Solche Entwicklungen waren bereits in der Weimarer Reichsverfassung angelegt und wurden im Falle der Reichsfinanzverwaltung früh genutzt, um den Zentralstaat zu stärken und die Herausforderungen der Parlamentarisierung zu bewältigen. Was dabei immer wieder neu zur Aushandlung stand, waren die Handlungsräume des Ressorts in den Bereichen von Staat, Ökonomie und Politik.

Grenzverläufe: Das Ministerium in Staat, Ökonomie und Politik

Die materielle Absicherung des Weimarer Staates gestaltete sich in den ersten Nachkriegsjahren als großes Experiment, geprägt von Lösungen der Not und Zuständen der Ausnahme. Umgeben von politischer Gewalt und aufgrund der langwierigen Reparationsverhandlungen in Ungewissheit über die Zahlungsfähigkeit des Staates, organisierte die Ministerialbürokratie die Reichsfinanzen immer wieder an den Grenzen des Rechts und des Defizits, auf der Basis von Ermächtigungsgesetzen, Diktaturverordnungen und provisorischen Etats. Der „überforderte Friede"[3], der aus dem Versailler Vertrag hervorging, war vor allem mit der Ordnung der Weltwirtschaft überfordert, was sich in der finanziellen Situation der Weimarer Republik abbildete. Die materielle Belastung des Deutschen Reichs, seine mögliche „Ottomanisierung" und die finanzielle Begleichung der Kriegsschuld hatten im Zentrum der Versailler Verhandlungen gestanden, und an diesen Fragen bildeten sich daher auch in den Folgejahren jeweils nicht nur nationale Handlungsbedingungen des Weimarer Staates, sondern Zusammenhänge einer globalen Ökonomie ab.

[2] So schon Witt, Reichsfinanzminister, S. 59–60.
[3] Leonhard, Frieden.

Vor diesem Hintergrund war das Reichsfinanzministerium als Organisation kontinuierlich mit dem Anspruch konfrontiert, dass sich der Staatsapparat selbst „wirtschaftlicher" gestalten, sich verschlanken und vereinfachen, also konkurrenzfähig halten müsse. Als Nachhall kriegswirtschaftlicher Debatten standen hierbei die individuelle Persönlichkeit und Tatkraft des einzelnen Beamten im Fokus – von den Verfechtern der Rationalisierung wurde eine Art unternehmerisches Selbst innerhalb der Bürokratie gefordert. Solche Ideen beförderten schon im Zuge der Verfassungsgebung gewisse maßnahmenstaatliche Vorstellungen, deren Vertreter sich am Primat der Zweckmäßigkeit orientierten und für das Reichsfinanzministerium unter anderem ein Notbewilligungsrecht forderten. Diese Sichtweise konnte durchaus modern erscheinen, war aber ambivalent, da sie auch reaktionäre Referenzen an die Bürokratie des 19. Jahrhunderts beinhaltete, die nur ansatzweise rechtsstaatlich gebunden und daher politisch machtvoll gewesen war. Fallstricke, die daraus für die Weimarer Demokratie erwuchsen, zeigten sich am Beispiel sonderbevollmächtigter Einzelner wie dem Vereinfachungs- oder dem Reichssparkommissar. Solche Figuren konnten als dynamische Neuerer wirken, die „ohne die Fesseln verjährter Rechtsanschauungen" außerordentliche Aufgaben im Staatsbetrieb des 20. Jahrhunderts übernahmen und das Unerlässliche technokratisch durchsetzten, aber auch als Residuen der Kriegswirtschaft und als Verkörperungen einer autoritären Regierungsweise.[4] Die Tendenz, die Beamtenschaft vor allem nach ihrer wirtschaftlichen Leistungsfähigkeit zu beurteilen, konnte zudem dazu beitragen, ihren rechtlichen Sonderstatus zur Disposition oder sogar den Staat selbst als außerwirtschaftliche Institution infrage zu stellen. So tat sich in den Jahren der Weimarer Republik für die Ministerialbürokratie immer wieder die Frage auf, ob an die Stelle der Politik, von der Max Weber die Beamtenschaft ja hatte separiert sehen wollen, nicht eigentlich die Wirtschaft trete.[5]

Offen war gleichwohl, was damit genau adressiert wurde: Es konnten möglichst effiziente Methoden der Verwaltungspraxis gemeint sein, aber auch das Verhältnis des Staates zu Konflikten zwischen Kapital und Arbeit oder technokratische Strategien, mit denen Regierungsentscheidungen (vermeintlich) entpolitisiert wurden. Im Ministerium verwoben sich solche Konstellationen zudem mit inneren Konfliktlinien zwischen leitender Beamtenschaft und niedrigeren Besoldungsgruppen. Meinte Verwaltungsvereinfachung zunächst vor allem einen deutlichen Personalabbau, der per Verordnung durchgesetzt

[4] Hintze, Commissarius, S. 105. Als fortschrittliches Plädoyer für die integrative Kraft einer „organisch" eingebetteten Bürokratie und gegen die fehlgehenden Weberianischen Neutralitätsforderungen der Weimarer Jahre liest die Arbeiten Hintzes Seibel, Bureaucracy, S. 723.

[5] Die Antastung des Beamtenstatus durch die nationalökonomische Debatte um den Staat als „wirtschaftliche Unternehmung" beschreibt bereits vor dem Ersten Weltkrieg Hintze, Beamtenstand, S. 23–24; hierzu auch Cancik, Staat, S. 9–10.

wurde, so konnte der Ruf nach mehr Wirtschaftlichkeit in der Verwaltung auch den Wunsch von Quereinsteigern, Nicht-Juristen und mittleren Beamten zum Ausdruck bringen, eine Karriere innerhalb der neuen Verwaltung zu machen. Zudem wirkten in der Idee der Ökonomisierung Debatten des 19. Jahrhunderts fort, die um das Rechtsstaatsprinzip in der Bürokratie geführt worden waren. Die Tatsache, dass sich in der Folge der Französischen Revolution der Primat des römischen Rechts in Deutschland durchgesetzt und „dem Stande unserer höheren Verwaltungsbeamten den juristischen Stempel aufgedrückt" hatte, war schon von Otto Hintze kritisiert worden. Ähnlich wie Hintze plädierte dann in den 1920er-Jahren auch der Finanzstaatssekretär Johannes Popitz dafür, die nationalökonomischen Kenntnisse der Beamtenschaft zu stärken und so, letztlich, eine polizeistaatliche Prägung des Beamtenstandes wiederzubeleben, in der die „Persönlichkeit" eine größere Rolle spielte.[6] Dies war wiederum eine Gegenposition zum Staatsverständnis Max Webers, denn wie Karl Marx kritisierte dieser die potenzielle Verselbstständigung des regierenden Apparats, also die machtvolle Eigengesetzlichkeit der bürokratischen „Maschine". Marx hatte dies bereits im 19. Jahrhundert als Verwandlung von Staatszwecken in Bürozwecke und von Bürozwecken in Staatszwecke beschrieben.[7]

Die Ökonomisierung des Regierens war im Inneren also für unterschiedliche Seiten anschlussfähig, aber nicht unumstritten. Nach außen war sie ein taktisches Instrument. Nicht zuletzt sollte mit entsprechenden Maßnahmen die Kritik der Reparationsgläubiger, das Deutsche Reich halte seinen Haushalt nicht in Ordnung, entkräftet werden, um nicht in die Liga international unzuverlässiger Schuldnerstaaten abzusteigen. Die Eingruppierung unter jene finanziell fragwürdigen Länder, über die man vor dem Ersten Weltkrieg selbst als Gläubigerstaat zu Gericht gesessen hatte, empörte breite Kreise in Deutschland und, natürlich, nicht zuletzt die Reichsfinanzbeamten.[8] Um der Republik das Image eines fragilen Krisenstaates zu nehmen, begleitete gerade der liberaldemokratische Minister Reinhold seine finanzpolitischen Maßnahmen mit Programmen der internen Rationalisierung und des Bürokratieabbaus. Aber auch die von ihm

[6] Hintze, Beamtenstand, S. 52–53 und 55.

[7] Dabei ging Marx davon aus, dass der Staatsapparat mit den kapitalistischen Interessen der herrschenden Klasse identisch sei. Diese werde von der liberalen Behauptung, es existiere eine Trennung zwischen Staat und Gesellschaft, nur verdeckt. Hierzu und zum Folgenden Becker, Bürokratie, S. 5; Abrams, Notes, S. 59–60. Erst nachträglich wurden diese Gedanken als zeitlos gültige Konzeption rezipiert, dies wohl auch als Folge der nationalsozialistischen Erfahrungen sowie transnationaler Wissenstransfers nach 1945, hierzu Anter, Theorie; ders., Staatssoziologie; Kocka, Otto Hintze; Seibel, Bureaucracy, der eher eine Marginalität Webers in der deutschen Debatte annimmt. Zur Zweckorientierung des Staatsbegriffs Schuppert, Staat, S. 14–17.

[8] N.N., Kritik des Reichshaushaltsplans, S. 405–406; Spielhagen/Jessen, Reichshaushalt; Reinhold, Finanz- und Wirtschaftspolitik, S. 29.

durchgesetzte Reichsanleihe von 1926 rechtfertigte Reinhold damit, dass nur so die Staatsfinanzierung ohne jene ausländischen „Wucherzinsen“ gesichert werden könne, die „bei Darlehen und Anleihen an südamerikanische Staaten Sitte“ seien – das Deutsche Reich also in unwürdige Nachbarschaft rückten.[9]

Die Forderung nach mehr Wirtschaftlichkeit blieb also auch nach der sogenannten Stabilisierungskrise und der Klärung der Reparationsbedingungen im Dawes-Plan von 1924 prägend. Doch veränderte sich der diskursive Kontext, in dem diese Forderung artikuliert wurde. Nunmehr fand die Vorstellung, es herrschten nicht mehr Ausnahmezustände, sondern Zeiten der Normalität, zunehmende Akzeptanz.[10] Für den Bereich der Staatsfinanzierung wurde damit vor allem der Versuch verbunden, eine dynamischere Beziehung zwischen Staat und Wirtschaft herzustellen. Die strukturelle Umbildung des Finanzressorts, mit ihren Auswirkungen auf die Personalpolitik, sowie die formalen Neuerungen in der Reichshaushaltsplanung um 1926 standen in diesem Zusammenhang. Anders als zuvor wurde nun argumentiert, dass solche Maßnahmen nicht aus der Not geboren seien, dass es also nicht mehr um die Bewältigung außerordentlicher Probleme ging, sondern dass darin langfristig angelegtes Denken und reformerisches Handeln zum Ausdruck komme. Trotzdem wurden auch in dieser Phase die vorgesehenen Wege der Gesetzgebung und der demokratischen Kontrolle durch außerparlamentarische und informelle Regelungen immer wieder umgangen. Kurzzeitige Versuche, diese andauernde Dynamik der Ausnahme durch ein umfassendes Notrecht zu zähmen, scheiterten Mitte der 1920er-Jahre, stattdessen kehrte kurz darauf der offene Ausnahmezustand in die Finanzpolitik und in das Ministerium zurück.

Allerdings wurde diese spätere Notverordnungspolitik gerade von jenen Kräften innerhalb der Ministerialbürokratie mitgetragen, die man als prorepublikanisch bezeichnen kann. Diese waren, wie Herbert Dorn oder Hans Schäffer, in hohem Maße an internationaler Kooperation und Kreditfähigkeit auf dem Finanzmarkt interessiert und hielten aus diesem Grund das entschlossene Vorgehen der Exekutive in der Haushaltspolitik für unerlässlich – ohne damit aber eine Anfechtung der Demokratie zu verbinden. Letztlich wurden sie allerdings aus ihren Ämtern gedrängt. Diejenigen, die wie Johannes Popitz oder Lutz Graf Schwerin von Krosigk eher für autoritäre Visionen und die nationalistische Abkopplung standen, kamen erst nach dem Amtsantritt durch die Regierung von Papen (wieder) in leitende Funktionen und nutzten dann vorhandene Instrumente für andere Zwecke.

9 Reinhold, Finanz- und Wirtschaftspolitik, S. 29. Zur komplizierten Lage des Kapitalmarktes und den Wirkungen der Reinhold-Anleihe Balderston, Origins, S. 203–206; zur Schuldenpolitik Middendorf, Beyond.

10 Wirsching, Volksgemeinschaft, bes. S. 150–151; Mergel, High Expectations. Für vergleichbare Normalitätshoffnungen im Frankreich der 1920er-Jahre vgl. Kuisel, Capitalism, S. 59.

Die anschwellende Debatte um die „Politisierung“ des Staates und um die mangelnde Staatsgesinnung seiner Beamtenschaft am Ende der 1920er-Jahre zeigte an, dass sich die Koordinaten für das technokratische Durchregieren veränderten. Die scharfe Kontroverse um den Young-Plan machte diese Verschiebungen besonders deutlich. Seither wurden von verschiedenen Seiten explizit politische Bezugspunkte für das Verwaltungshandeln eingefordert, die an die Stelle ökonomischer Maßstäbe treten sollten. Gerade in der verfassungs- und verwaltungsrechtlichen Diskussion, an der sich auch leitende Ministeriale orientierten, bedingte dies ein durchaus ambivalentes Jonglieren mit dem Begriff des Politischen. Die schon zeitgenössisch zu findende Prognose, dass der Ausnahmezustand nicht dauerhaft durch die Gewaltenteilung gezähmt werden könne, sondern dass dieser Versuch letztlich die Diktatur hervorbringe, bewahrheitete sich. Hinter dieser Entwicklung stand jedoch keine inhärente Eigenlogik des Ausnahmerechts, sondern eine konkrete politische Konstellation. Hier wirkte sich die tatbegeisterte Vorstellung rechtskonservativer Eliten aus, die Führung auf dem Gebiet der Staatsfinanzen könne nicht länger von „Durchschnittstyp[en]“ und „anständig denkenden Beamten“ wie Schäffer oder Dorn betrieben, sondern müsse von veritablen Staatsmännern übernommen werden.[11]

Das Jahr 1932 erwies sich in dieser Entwicklung als entscheidender Moment. Die wirtschaftshistorische Annahme, hier habe im Moment der Krise ökonomische Alternativlosigkeit oder technokratische Leere geherrscht, verstellt den Blick dafür, dass eine laute politische Debatte um die Regierungsmaßnahmen geführt wurde. Verfassungsrechtliche Stellungnahmen hatten Hochkonjunktur, immer neue Entwürfe für Reichstagsauflösungen, Verfassungsumbauten, Misstrauensvoten und Notstandsszenarien wurden von den „Pläneschmitten“ im Umfeld der Reichsregierung ventiliert. Republikanische Gegenentwürfe, wie sie etwa Hans Nawiasky zur Rettung der parlamentarischen Ordnung und der Regierungsfähigkeit Weimarer Staates ohne Herbeiführung eines außerverfassungsmäßigen Staatsnotstands vorlegte, setzten sich dabei nicht mehr durch.[12] Das Budgetrecht bildete ein entscheidendes Experimentierfeld, denn hier traten die staatsrechtlichen wie auch die politischen Probleme mit besonderer Schärfe hervor. Auf diesem Gebiet wurde der Übergang von der Notstandsregierung zur Diktatur oder, um es mit Ernst Fraenkels späteren Begriffen zu formulieren, vom „dualistischen Staat“ älterer Provenienz zum

[11] Hierzu und zum Folgenden Heckel, Diktatur, S. 286–287, 308 und 319, in affirmativer Absicht.

[12] So die bereits erwähnte spöttische Bezeichnung in der *Vossischen Zeitung*, zit. nach Fraenkel, Verfassungsreform, S. 492; Nawiasky, Staatsnotstand; ders., Auslegung. Für die heißlaufende Debatte in diesen Jahren Kurz, Interpretation, S. 413, der ebenfalls betont, dass mit dem Amtsantritt der Regierung von Papens ein zuvor herrschender Konsens aufbrach.

radikal antipluralistischen „Doppelstaat" vorbereitet, der sich ausschließlich am Willen der Herrschenden orientierte. Der entscheidende Bruch lag für Fraenkel (wie auch für Schäffer) schon damals im Scheitern Brünings und in der ersten Regierungserklärung von Papens, die den verfassungskonformen „Kompromiss" als Möglichkeit aufkündigte und den Kampf gegen den bestehenden Staat an dessen Stelle setzte. Damit war in den Augen Fraenkels der republikanische Versuch, mit den Instrumenten des Rechtsstaates die potenziell absolute Herrschaft des Politischen zu begrenzen, an sein Ende gelangt. Selbst der „negative Kompromiß der Tolerierungspolitik", der die Jahre von 1930 bis 1932 und insbesondere die Bewältigung des Haushaltsnotstands geprägt hatte, sei nun nicht mehr möglich.[13]

Hatte in den 1920er-Jahren die Frage dominiert, in welcher Relation Staat und Wirtschaft zueinander standen, so wurde nun der Grenzverlauf gegenüber dem Raum des Politischen mit zunehmender Schärfe thematisiert. Innerhalb der Ministerialbürokratie blieb die rhetorische Distanzierung gegenüber *der* Politik als Ausdruck des Parteienstaates zwar um 1933 zunächst bestehen, zumal die nationalsozialistische Bewegung ohnehin behauptete, keine Partei zu sein. Mithilfe der Vorstellung, das Berufsbeamtentum könne im neuen Staat zu alter Überparteilichkeit und damit zu größeren Handlungsspielräumen zurückkehren, wurden der bestehenden Bürokratie zugleich Brücken in das neue weltanschauliche System gebaut. Doch brachte die Beamtenschaft sich politisch auch aktiv ein. So konnte die rassistische und weltanschauliche „Säuberung" des Ressorts mit jenen Entscheidungsprogrammen verbunden werden, die im Zuge des früheren Personalabbaus im Ministerium schon diskutiert und teilweise umgesetzt worden waren. Hierzu zählten die kämpferische Rede von der „Schlagkraft" der Gefolgschaft und die Frage nach dem „Wert" einzelner Beamter, aber auch rechtsförmige Verfahren, mit denen das geltende Beamtenrecht de facto ausgehebelt werden konnte, ohne dass es de lege aufgehoben wurde.

Die Idee des Staates allerdings verschwand nach der Machtübernahme der Nationalsozialisten zunehmend aus der Selbstverständigung der Ministerialbürokratie, stattdessen sollte und wollte sich die Beamtenschaft als Vertretung der „Volksganzheit" verstehen. Das imaginierte Staatswesen, das vor 1933 die bürokratische Praxis legitimiert und angeleitet hatte, sollte nur mehr der institutionelle Apparat des Volkes sein. Die Folgen solcher Appelle für das administrative Handeln waren allerdings unklar. Gemeint sein konnte, dass die Beamtenschaft allein als ausführendes Organ der Politik fungierte, sich also auf die Rolle als ef-

13 Fraenkel, Doppelstaat, S. 205–214 und 221–222; ders., Abschied, S. 118–119; Fraenkel bezog sich auf folgenden Wortlaut der Regierungserklärung von Papens (ebd., S. 109): „Die Reinheit des öffentlichen Lebens kann nicht auf dem Wege der Kompromisse um der Parität willen bewahrt oder wiederhergestellt werden."

fektive Maschinerie nationalsozialistischer Machtausübung beschränkte. Dies war aber eher die Sicht von außen. Innerhalb der Ministerialbürokratie stand der politische Appell der nationalsozialistischen „Volksgemeinschaft" vielmehr für das Versprechen, dass die Exekutive wieder – wie vor 1918 – zu einer autonomen und damit im eigentlichen Sinne politischen Macht gelangen konnte.

Zu diesem Zweck setzte das Finanzressort auf die Verweltanschaulichung der Ausbildungs- und Fortbildungsprogramme. Die fachlichen Auswirkungen solcher Umstrukturierungen waren allerdings nicht so nachhaltig, wie es die Spitze des Ressorts nach außen verkündete, zumal gerade auf der Ebene des leitenden Personals eher Kontinuität herrschte. Dies galt auch für die quantitativen Effekte, die durch die Entlassung oder Versetzung nach dem „Gesetz zur Wiederherstellung des Berufsbeamtentums" entstanden; diese betrafen nur einen kleinen Teil der aktiven Beamtenschaft. Stärkeren Einfluss hatte die Politisierung der alltäglichen Kommunikation (etwa die Einführung des Deutschen Grußes oder die Umbildung der Beamtenorganisationen) sowie die beständige Aufforderung, sich nach den Vorgaben des Regimes zu verhalten. Die Mitgliedschaft in der NSDAP wurde dafür von der Spitze des Ressorts zwar begrüßt, zugleich wurde aber deutlich gemacht, dass damit der Einsatz im Dienste des Nationalsozialismus nicht abgeschlossen sei. So blieb der nationalsozialistische Anforderungskatalog an die Beamtenschaft unberechenbar und dauerhaft in Bewegung. Das Innere der Organisation wurde zum entscheidenden Feld des politischen Kampfes erklärt, während es bis in die letzten Jahre der Weimarer Republik als entpolitisierter Raum gegolten hatte.

Haushaltspolitisch zeigten sich zunächst noch stärkere Kontinuitäten. Die Weimarer Notverordnungen und Verfassungsexperimente, die Novellen der RHO und die Sonderbehandlung des Wehretats in der Zeit der Präsidialkabinette hatten Strukturen geschaffen, die das nationalsozialistische Regime fortführte und für sich nutzen konnte. Früh bot sich die Spitze des Reichsfinanzministeriums auch aktiv an, die vorhandenen Erfahrungen in der Etatverschleierung für die Regierung Hitler einzusetzen oder der nationalsozialistischen Finanzpolitik einen programmatischen Anstrich zu geben, Letzteres allerdings mit begrenztem Erfolg. War in der Weimarer Republik die politisch gewollte Intransparenz des Reichshaushalts regelmäßig von außen kritisiert worden, fiel diese äußere Beobachtung nun weitgehend fort. Zunächst wurde dies als Aufbruch erlebt. Doch zeigte sich, dass eine vollständige Arkanisierung des Reichshaushalts eigentlich nicht im Sinne des Reichsfinanzministeriums war. Dessen Machtposition war bis 1933 nicht zuletzt durch die Möglichkeiten gestärkt worden, mit dem Parlament, dem Reparationsagenten oder dem Reichssparkommissar über Bande spielen zu können, um die eigene Linie zu legitimieren und durchzusetzen. Während diese informellen Möglichkeiten nun wegfielen, blieben die formellen Prinzipien der Haushaltsplanung gemäß der RHO in Kraft. Gerade das dort festgeschriebene Vetorecht aber war schon vor 1933 nie ernsthaft eingesetzt, sondern allenfalls als Drohpotenzial genutzt worden. Auch die Zustimmungspflichtigkeit von außer- oder überplanmäßigen Ausgaben war zwar in der RHO festgelegt, von diversen Ressorts aber bereits in der Weimarer Republik immer wieder unterlaufen worden. Im nationalsozialistischen „Führerstaat" wurden diese rechtsstaatlichen Prinzipien nicht vollständig aufgehoben, aber weitgehend entleert. Damit verstärkte sich die Tendenz, politische Konflikte auf technokratische Angelegenheiten zu reduzieren, die kleinteilig zwischen den Ressorts und Referenten verhandelt wurden und immer neue Deals erforderten. So veränderten sich die Staatstechniken des Reichsfinanzministeriums. Doch lässt sich diese Entwicklung nicht auf einen simplen Machtverlust reduzieren. Vielmehr besaß das Ressort auch hier bereits Regierungswissen, das aktualisiert werden konnte, etwa zur Überwachung der Länderhaushalte oder nationalsozialistischer Sonderbehörden.

Wie die Weimarer Ausnahmezustände kam dann der nationalsozialistische Kriegszustand dem Ressort in gewisser Weise entgegen, denn neuerlich konnte das Ministerium – wie in den Krisenjahren zwischen 1919 und 1923 sowie zwischen 1930 und 1933 – unter dem Verweis auf außerordentliche Herausforderungen agieren. Hingegen war das „Normaljahr" um 1926 zwar produktiv im Hinblick auf einige Reformprogramme im Bereich der Haushaltsplanung gewesen. Die beteiligte Ministerialbürokratie erlebte gerade diesen historischen Moment aber als eine Anfechtung des eigenen Status und als Infragestellung ihrer spezifischen Handlungsweisen. Im Kern war die Position des Reichsfinanzministeriums in den Räumen von Staat, Politik und Ökonomie stets davon abhängig, ob institutionelle Konkurrenzen bewältigt, Kompetenzverluste abgewehrt und der Abbau der eigenen Strukturen vermieden werden konnte. Dies gelang dem Reichsfinanzministerium auch nach 1933 in hohem Maße.

Damit blieb es in der nationalsozialistischen Diktatur ein bedeutender Akteur, dessen Unterbau die Fähigkeit zu Flexibilität, die das nationalsozialistische Regime verlangte, schon mitbrachte. Die dilatorische Ausdehnung von Handlungsspielräumen, der Verzicht auf endgültige Regelungen und die taktische Involvierung unterschiedlicher Akteure stellten hierfür wichtige Strategien dar, insbesondere im Krieg, der auch einen neuen Begriff der Ökonomie mit sich brachte. Wieder konnte sich die Ministerialbürokratie darauf stützen, die Anormalität des Moments zu behaupten und zu bewahren, bis in einer – ungewissen – Zukunft vermeintlich endgültige Regelungen getroffen werden konnten. Anders als in den Weimarer Jahren wurde diese Suspension von Regeln und Recht aber nicht mehr als Verzweiflungstat eines scheiternden Staates wahrgenommen. Das zunehmende Wegbrechen des Rechtsstaates und internationaler Maßstäbe als Sichtachsen der Normalität waren dafür entscheidend. Im inneren wie äußeren Kriegszustand konnte so letztlich jede Maßnahme als „zweckmäßige" Vorgehensweise im Dienste der personellen und materiellen Mobilisierung vorgestellt werden. Aus diesem Vorgehen konnten in Einzelfällen auch Ansätze einer „fortschrittlichen“ Haushaltspolitik entstehen, die den Krieg als Laboratorium dynamischer Budgetierung und längerfristiger Finanzplanung nutzte. Solche Programme, die schon in den Weimarer Jahren unter dem Schlagwort einer Ökonomisierung der Finanzpolitik diskutiert worden waren, setzten sich im Reichsfinanzministerium allerdings nie wirklich durch, wurden allenfalls unter der Hand befördert.[14]

Die besondere Rolle dieses Ressorts lag weiterhin nicht in programmatischen Entwürfen, sondern in der ad-hoc-Konstruktion von Staatstechniken. Von den ehemaligen Beamten, insbesondere jenen der Haushaltsabteilung, wurde dies nach 1945 als Beleg für die Entmachtung des Ministeriums angeführt. Die von ihnen in diesem Zusammenhang besonders häufig angeführte Tatsache, dass die Haushaltspläne im Nationalsozialismus meist erst mit großer Verspätung zustande kamen, spiegelte jedoch keineswegs eine exklusive Erfahrung dieser Zeit. Sowohl in der Weimarer Republik als auch in der Bundesrepublik waren die nachholende Aufstellung von Haushaltsplänen, das simple Überrollen oder Wiederholen von Budgets früherer Jahre, das Regieren per Nothaushalt oder die Ausnahmebewilligung gängige Praktiken.[15] Vor wie nach 1933 lässt sich die institutionelle Macht des Reichsfinanzministeriums also nicht primär daran bemessen, ob ein ordentlicher „Haushaltsausgleich“ gelang, „Defizite“ vermieden oder Schulden „konsolidiert“ wurden, wenngleich diese Kategorien die Weltsicht klassischer Haushälter wie Josef Mayer und öffentliche Debatten prägten. Diese Kategorien waren schon in der Weimarer Republik allenfalls fragwürdige Konstruktionen gewesen.

Entscheidender war, dass die Verantwortlichen des Reichsfinanzministeriums in der nationalsozialistischen Diktatur nun auch ihrerseits auf die Verrechtlichung staatlicher Praxis verzichteten und Ordnungsversuche im Bereich des Reichshaushalts auf die Zukunft verschoben. Dies trug zur Entgrenzung von Maßnahmen bei, die zuvor nur zur temporären Suspension genutzt worden waren – und damit zur Durchsetzung des weltanschaulichen „Willens“ als alleiniger Grundlage der Staatsgewalt. Für das Reichsfinanzministerium bedeutete das auch, die eigenen Machtstrategien neu bestimmen zu müssen. Während der Weimarer Republik hatten sich die institutionellen Interessen mit den politischen Interessen der jeweiligen Reichsregierung immer wieder gedeckt; das Ressort war systemrelevant für den Weimarer Staat gewesen, ohne diese Relevanz aktiv herbeiführen zu müssen. Diese Konvergenz endete in der Zeit des Nationalsozialismus. Trotzdem ergaben sich dabei auch neue Machtpotenziale. Für den Fall des britischen Treasury im 19. und frühen

[14] Peden, Treasury, S. 359, der eine ähnliche Marginalisierung des britischen Finanzressorts in der Ökonomisierung der Kriegsfinanzierung ab 1940 diagnostiziert.

[15] Krohn, Stabilisierung, S. 71–75 und 131–136; Neumark, Finanzgeschichte, S. 358; N.N., Bundeshaushalt, S. 19; Vialon, Haushaltsrecht, S. 50; Heinig, Haushalt-Fibel, S. 31–32.

20. Jahrhundert hat Maurice Wright gezeigt, dass dessen Stärke gerade in der Beherrschung vermeintlich ungeregelter Verfahrensweisen lag, da das Ressort dort unter dem Primat der „Zweckmäßigkeit" Einfluss nehmen und die viel konfliktträchtigere Ebene des Normativen umgehen konnte.[16] Ähnliches lässt sich für das Reichsfinanzministerium seit 1933 konstatieren. Die vorherige Erfahrung des Reichsfinanzministeriums als Krisenbewältigungsbehörde, die im dauernden Zustand der Ausnahme auf ein programmatisches Profil weitgehend verzichtete, war für diesen Machterhalt wichtig.

Politisierung? Zur Historizität von Staatlichkeit im Moment von 1933

So ist die Transformation des Reichsfinanzministeriums nach der nationalsozialistischen Machtübernahme mit dem Begriff der „Politisierung" nicht richtig beschrieben, denn gerade die Führung des Reichsfinanzministeriums legte in der Weimarer Republik wiederholt Wert darauf, als ein „politisches" Ressort zu gelten. Dem lag allerdings ein Begriff des Politischen zugrunde, der – im Sinne Carl Schmitts, Otto Koellreutters und Arnold Köttgens – auf die hoheitliche Funktion der Beamtenschaft für ein autonomes Staatswesen bezogen war, nicht auf die pluralistische Willensbildung im Parteienstaat. Zudem ging es für das Reichsfinanzministerium darum, den Einfluss der neuen Ressorts des demokratischen Wohlfahrts- und Wirtschaftsstaates auf den eigenen Kernbereich der politischen Macht abzuwehren. Die Vorstellung vom gänzlich „unpolitischen" Fachministerium ist dagegen ein Produkt der Zeit nach dem Zweiten Weltkrieg, befördert von den apologetischen Legitimationsversuchen der ehemaligen Beamtenschaft in der entstehenden Bundesrepublik. Auf diese Weise konnte die nach 1933 erfolgte „Gleichschaltung" als Eindringen politischer Kräfte in ein Territorium der Neutralität beschrieben werden, wodurch strukturelle Konvergenzen zwischen den Staats- und Politikbegriffen der NSDAP und jenen der Ministerialverwaltung ausgeblendet wurden. In der Zeit der nationalsozialistischen Herrschaft wurde aber nicht die Politik in die Verwaltung getragen, sondern das Politische mithilfe der Administration gewaltsam vereindeutigt, im Dienste der Mobilisierung der „Volksgemeinschaft" für einen Krieg. Insofern ging es ab 1933 zwar um eine politische Transformation, nicht aber um eine plötzliche Politisierung.

Der Moment von 1933 erweist sich als ein fragmentierter. Die Forschung zur Weimarer Bürokratie hat diese Übergänge bisher entweder empirisch kaum

[16] Wright, Treasury Control 1854–1874, S. 334–335; ders., Treasury Control 1854–1914, S. 197 und 218.

untersucht oder durch die einseitige Betonung der Differenzen zwischen den Systemen marginalisiert. So kam Dieter Rebentisch zu dem Befund, dass mögliche Kontinuitätslinien seit der Machtübernahme Hitlers durch „starke und identitätsverändernde Brüche" durchtrennt worden seien, insbesondere durch eine „Politisierung und Ideologisierung der Verwaltung" und durch die „Radikalität der personellen Umbesetzung in den leitenden Stellen der Behörden". Schaue man sich Beamtenpersonal, Organisationsstruktur und Funktionsweise der Verwaltung über die Zäsur von 1933 hinweg an, so lasse sich nur die „fortschreitende Zersplitterung und Zerrüttung der hergebrachten Rechtsordnung" konstatieren. Die in dieser traditionellen Ordnung enthaltene „Regelhaftigkeit des Verwaltungsverfahrens" sei im Zuge der Invasion der Politik seit dem Machtantritt der NSDAP obsolet geworden. Kurz: „Diese permanente Durchbrechung des Normengefüges war das eigentlich ‚Revolutionäre' an der Herrschaft der Nationalsozialisten."[17]

Wie auch die jüngeren Thesen zur Neuen Staatlichkeit funktioniert diese Argumentation vor allem über die Annahme einer vorherigen Ordnung der Administration, die deren Regelhaftigkeit und Rechtsförmigkeit sowie die Distanz gegenüber dem Politischen betont. Zu seinem Fazit kommt Rebentisch erstaunlicherweise, obwohl er sich näher mit der Weimarer Bürokratie und auch mit ihren Notstandspraktiken beschäftigt. Die damit verkoppelten Semantiken der Sachlichkeit und der Überparteilichkeit des Regierens werden bei ihm aber zur „Tarnung eines meist konservativen Interessenstandpunktes" verengt. Die Verantwortung für die Überwältigung der Demokratie durch die Diktatur trägt dann eine „oligarchisch-autoritäre" Reichsregierung, die zwar noch nicht die gezielte „Einübung der Diktatur" beabsichtigt habe, wohl aber eine „umfangreiche Restauration". Zu dieser Absicht seien die herrschenden Cliquen allerdings nicht allein aufgrund ihrer eigenen traditionellen Überhänge gekommen, sondern, weil der Weimarer Staat nicht in der Lage gewesen sei, die komplexen Verhältnisse in seinem Inneren in einheitlicher Weise und längerfristig zu befrieden.[18] So erklärt sich der Übergang zur Diktatur bei Rebentisch letztlich weitgehend aus der Perspektive des nationalkonservativen Teils der Weimarer Bürokratie, in seiner gewissermaßen Popitzschen Gestalt, die dann vom Nationalsozialismus zunächst getäuscht und schließlich entmachtet wurde. Gekoppelt wird dies mit der Vorstellung, ab 1933 seien Verwaltungspraktiken wie auch Führungspersonen radikal ausgetauscht worden.

Doch die Geschichte des Reichsfinanzministeriums vermag solche Annahmen empirisch nicht zu belegen, zumal sie von einem „binären Grund-

[17] Rebentisch, Verfassungswandel, S. 150.

[18] Rebentisch, Verfassungswandel, S. 127 und 135, hier mit Bezug auf die Formulierung bei Witt, Verfassungs- und Gesellschaftspolitik, S. 407.

verständnis"[19] der Weimarer Konstellationen geprägt sind, in dem sich anti- und prorepublikanische Akteure unvermittelt gegenüberstanden. Gerade die biografischen Sonden, die in dieser Arbeit stichprobenartig die Lebenswege einzelner Ministerialbeamter nachverfolgt haben, zeigen aber komplexere Mischungsverhältnisse und Erfahrungswelten. Dabei war der Krieg, der durch die Versailler Friedensordnung fortwirkte, der entscheidende Bezugspunkt, der einen kämpferischen Habitus und die existenzielle Aufladung des eigenen Tuns beförderte. An der Spitze des Ressorts und vor allem der Haushaltsabteilungen standen Staatssekretäre und Ministerialbeamte der 1880er- und 1890er-Jahrgänge, also Vertreter der älteren wie der jüngeren Frontkämpfergeneration. Dies blieb auch nach 1933 so, denn selbst der neue Staatssekretär Fritz Reinhardt war trotz seiner weltanschaulichen Radikalität kein typischer Exponent der Kriegsjugendgeneration. Letztere fanden sich eher (wie etwa Friedrich Karl Vialon) in jenen aufstiegswilligen Netzwerken im Inneren des Ressorts, die in der Besatzungsverwaltung und der fiskalischen Ausbeutung der besetzten Länder einflussreich waren.[20]

Weder wurde also die Führungsriege des Ressorts komplett nazifiziert noch änderten sich alle Verwaltungsroutinen oder inneren Strukturen. Was sich wandelte, war das Herrschaftsprogramm, das umgesetzt werden sollte, vor allem die rassistisch motivierte Gewalt und die offensichtliche Vorbereitung eines neuerlichen Krieges. Für beides ist – mit Blick auf die Organisationsgeschichte des Finanzressorts – das Jahr 1938 wohl ein entscheidenderes Datum als die Machtübernahme Hitlers im Jahr 1933, trotz aller unverkennbaren Vorzeichen und wichtigen Etappen, etwa jener des Vierjahresplans seit 1936. Die Machbarkeit der Eroberungs- und Vernichtungsfantasien des Regimes war abhängig von einem Regierungsapparat, der die entsprechenden Handlungsräume radikaler als je zuvor ausdehnte. Dazu diente die interne Umstrukturierung des Reichsfinanzministeriums ebenso wie die Reorganisation der institutionellen Allianzen im Bereich der Kriegsfinanzierung, die mit der „Finanzierungswende" im Haushaltsjahr 1938/39 einsetzte. Hier bewies sich die Flexibilität des Reichsfinanzministeriums, die schon in den Weimarer Jahren erprobt worden war und es erlaubte, dass sich das Ressort um 1938 als Organisation des nationalsozialistischen Regimes neu aufstellte, ohne grundsätzlich angefochten zu werden.

Am Ende ist es jedoch ohnehin unbefriedigend, die Geschichte des Reichsfinanzministeriums allein von 1933 her zu denken und auf dieser eher schmalen Basis nach der Genealogie des nationalsozialistischen Staates aus seinem „gescheiterten" Vorgänger zu fragen. Das Handeln der Weimarer Finanzbürokratie war eingebettet in nationale und internationale Konfliktzonen, die nur in ihrem Zusammenspiel erklärbar machen, welche Einstellungen und Regierungswei-

19 Wirsching, Vernunftrepublikanismus, S. 9.
20 Für die Begriffe Herbert, Generationen, S. 97–102; sowie zeitgenössisch Gründel, Sendung.

sen die nationalsozialistische Herrschaft ab 1933 für sich mobilisieren konnte. Hierzu zählte auch die Allgegenwart der Gewalt, die in der Überlieferung des Ministeriums allenfalls durchschimmerte, obwohl sie von den revolutionären Umbrüchen nach dem Ersten Weltkrieg bis zur Zerstörung des Ministerialgebäudes und den letzten Kriegsmonaten einen sehr konkreten Erfahrungsrahmen darstellte. Erst wenn Staatlichkeit in diesem Sinne als Ergebnis von gesellschaftlichen Auseinandersetzungen und nicht als Akt eines so autonomen wie willensstarken Wesens verstanden wird, ergibt sich also ein differenziertes Bild. Die damalige Pluralität des Politischen wird dann auch nicht länger zum Ausdruck einer besonders ausgeprägten staatlichen Schwäche der Weimarer Republik verzerrt, die man bei besserer „Führung" dezisionistisch hätte überwinden können. Damit geht es also nicht um die Dysfunktionalität, sondern um die Historizität von Staatlichkeit. Wie innerhalb der Organisation des Reichsfinanzministeriums, so waren es auch in ihrer Umwelt die politischen, sozialen und ökonomischen Konflikte, welche die Diktatur machbar werden ließen, denn sie drehten sich nicht zuletzt um konkurrierende Narrative der Ermächtigung.[21] In dieser Konfliktgeschichte hatte die hier beschriebene Finanzbürokratie aber einen bedeutsamen Platz, weil sie mit dem Regime der Ausnahme einen Handlungsrahmen bereitstellte, der diesen „mentalen Dispositionen" in der Gesellschaft administrative Konkretion verlieh.[22] So ließ sich ein kämpferischer Ermächtigungswille unter sich verändernden Bedingungen immer wieder neu mithilfe der Bürokratie mobilisieren. Diese Dispositionen überwölbten das Jahr 1933.

Aggregatszustände: Ausnahmeherrschaft als Übergangsregime

Als Hans Mommsen 1978 die Herrschaftstechnik des Nationalsozialismus als perpetuierten Ausnahmezustand beschrieb, verband er damit vor allem die These, dass das nationalsozialistische Regime „unvorbereitet" an die Macht gekommen sei. Der Rückgriff auf ausnahmerechtliche Bestimmungen, basierend auf Reichstagsbrandverordnung und Ermächtigungsgesetz, sei Ausdruck eines Mangels an Staatlichkeit und politischer Programmatik gewesen – ein Defizit, das eine amoklaufende „Regierung ohne Verwaltung" und die wechselseitige Radikalisierung konkurrierender Machtzirkel hervorgebracht habe.[23] Seither sind die wissenschaftliche Diskussion um den Ausnahmezustand und das Wis-

[21] Fritzsche, Weimar, S. 656, mit Bezug auf Geyer, Stigma.
[22] Geyer, Grenzüberschreitungen, S. 341, mit Bezug auf Boldt, Ausnahmezustand, S. 375.
[23] Mommsen, Ausnahmezustand, mit Bezug auf die Formulierung bei Caplan, Government.

sen um die eigenständige Bedeutung administrativer Organisationen für die Herrschaft des Nationalsozialismus vielfältiger geworden. Die formative Relevanz von Sicherheits- und Ermächtigungsregimen, die prägende Bedeutung von Ausnahmestaaten für das 20. Jahrhundert ist gerade in den letzten Jahren auch jenseits der Forschung zum Nationalsozialismus diskutiert worden. Dabei hat der Begriff des Ausnahmezustands teilweise die Funktion eines allgemeineren Krisenbegriffs übernommen und ist entsprechend breit als eine „Zeit der Regelerosion und der Regelunsicherheit" definiert worden.[24] Alternativ wurde er an die Stelle des Foucaultschen Gouvernementalitätskonzepts gesetzt, um Formen der Selbst- und Fremdführung in modernen Gesellschaften zu analysieren. Dabei verliert der Ausnahmezustand jedoch zunehmend seinen Charakter als „spezielle Kategorie" mit formellen Voraussetzungen und wird verstanden als ein „verstreute[s] diskursive[s] Archiv von Techniken, Aussagen, Subjektpositionen und Strategien", das über die Zeiten hinweg und von konkreten Rechtsordnungen entbunden existiert.[25]

Die Ergebnisse dieser Studie weisen in andere Richtungen. Zunächst zeigt sich am Beispiel des Reichsfinanzministeriums, dass im nationalsozialistischen Regime kein programmatischer Mangel an, sondern eine andere Art von Staatlichkeit herrschte. Diese Staatlichkeit war aber nicht gänzlich „neu", ihre administrativen Ermächtigungsstrategien griffen auf Erfahrungen früherer Jahre zurück. Über weite Strecken und insbesondere im Bereich der Finanzpolitik war die Weimarer Republik ebenfalls ein Staat im Ausnahmezustand gewesen, in dem „rechtsförmig geregelte, überpersönliche Verwaltungsgänge" und „festgefügte [...] Hierarchien" noch gar nicht fixiert worden waren, bewusst ausgehebelt wurden oder rasch erodierten. Die erste deutsche Republik war somit keine Verkörperung des „klassisch-modernen Staates", sondern eher ein modernistisches Staatsexperiment.[26] Sie war im Unterschied zum Nationalsozialismus allerdings geprägt von verschiedenen, zumeist hoch umstrittenen Versuchen, sich dem Weberianischen Idealtypus des Staates mittels eines rational arbeitenden, sachlich argumentierenden und normativ gebundenen Beamtenapparates anzunähern. Eben diese betonte Unparteilichkeit der Bürokratie konnte aber wiederum zur Durchsetzung und Verstetigung von Notstandsmaßnahmen beitragen, weil die verantwortlichen Ministerialbeamten diese als legitime Abwehrmaßnahmen gegen die Irrationalität der (Partei-)Politik verstanden. Blickt man also auf die Erfahrungsgeschichte der Ministerialbürokratie über die Zäsur des Jahres 1933 hinweg, so lässt sich die Entstehung, Legitimierung und Dynamisierung des nationalsozialistischen

[24] So Führer, Anarchie, S. 139. Diese Definition als Kern des Krisenbegriffs ursprünglich bei Siegenthaler, Regelvertrauen.

[25] Dies etwa bei Ahlheim, Gewalt; Neal, Foucault, S. 71.

[26] Die Zitate bei Hachtmann, Mobilisierung, S. 78.

Staates mithilfe der Kategorie des Ausnahmezustands besser verstehen und zugleich präziser auf ihre Spezifik hin befragen – jedoch nur dann, wenn dabei die genuine Beziehung dieser Kategorie zur formellen Ordnung des Rechts stets mitgedacht wird. Die in der gegenwärtigen Debatte zu beobachtende, meist von Carl Schmitt ausgehende Verallgemeinerung des Ausnahmezustands als Pathosbegriff, unter dem dann die „Ästhetik der Ausschließung" in der neapolitanischen Bilderwelt des 17. Jahrhunderts mit dem Leben im polnischen Ghetto des Jahres 1940 in Zusammenhang gebracht und die Anomie des nationalsozialistischen Konzentrationslagers zum „Paradigma" gegenwärtigen Regierens erklärt werden kann, verschleiert hingegen die konkreten politischen Bedingungen, unter denen Staatstechniken der Ausnahme erst ihre Wirkung entfalteten, ebenso wie die möglichen Grenzen ihrer Geltungskraft.[27]

Denn das Recht war als Gegenüber der Ausnahme keine statische Normalität, sondern selbst Resultat dynamischer Auseinandersetzungen. Anders als Schmitts *Politische Theologie* von 1922 und Agambens Philosophie der Anomie orientierte sich der Weimarer Regierungsapparat bei der Anwendung von Ausnahmepraktiken an einer normativen Ordnung, von der er abwich, die er aufnahm oder modifizierte, zu der er aber auch zurückkehren konnte.[28] Zwar wurden dabei außerordentliche Staatstechniken entworfen und angewendet, die nicht schon in das Verfassungsrecht „einregistriert", also auf den Artikel 48 WRV, zurückzuführen waren. Die von Schmitt und anderen antiliberalen Intellektuellen in der Zwischenkriegszeit betriebene radikale Romanze mit dem Außerordentlichen und der rechtlich ungebundenen „Dezision" sollte aber nicht die Augen davor verschließen, dass die staatliche Krisenbewältigung zumeist unterhalb einer solch absoluten Radikalität stattfand und ambivalente Amalgame zwischen Ausnahmefall und Normallage hervorbrachte. Die zeitgenössisch diagnostizierte Deformalisierung des Ausnahmerechts beschrieb die Realität allenfalls in Teilen. Allerdings lag darin eine politische Forderung, vorgetragen von bestimmten Akteuren im Streit um die verfassungsmäßige Ordnung der Weimarer Republik.

Dieses taktische Spannungsfeld von Politik und Recht, Führung und Verwaltung, Maßnahme und Gesetz prägte auch die Ministerialbürokratie, und dies nicht erst seit dem Ersten Weltkrieg. Mit dem Krieg aber waren die Stimmen eindringlicher geworden, die eine Ermächtigung der „Persönlichkeit" und die Entbindung der Exekutive von gesetzlichen Vorgaben anstrebten. Damit konnte

[27] So die Beiträge in Ruf, Ästhetik; Bredekamp/Werner, Bildtechniken. Stichwortgeber hierfür ist neben Schmitt dann Agamben, Ausnahmezustand.

[28] Hierzu und zum Folgenden Frankenberg, Grenzen, S. 7; ähnlich auch die kritische Bemerkung bei Wildt, Gewalt, S. 225 (dort Anm. 8), zu Agambens Vorstellung eines vollständig „rechtsfreien Raums".

die Vergrößerung von Ermessensspielräumen einzelner Beamter, eine leistungs- und kundenorientierte Reform des Bürokratismus oder schlicht die Ausweitung von Zeichnungsrechten gemeint sein – ebenso jedoch die weitreichende Umdeutung des Haushaltsplans in eine unverbindliche Vorgabe, von der zur Erreichung von Regierungszielen beziehungsweise aus Gründen der „Sparsamkeit und Wirtschaftlichkeit" durch die Exekutive abgewichen werden konnte. Die politische Dimension solcher Fragen lag oft im technischen Detail, war von kurzfristigen Entscheidungen geprägt und erwies sich in ihrer Wirkmacht als widersprüchlich. Blickt man auf die Diversität an Positionen, die innerhalb der Ministerialbürokratie in die Ausgestaltung von Ausnahmepraktiken Eingang fanden, fällt es schwer, darin eine schon seit den 1920er-Jahren zielgerichtete Dekonstruktion der Demokratie durch bestimmte Eliten zu sehen. Ebenso wenig überzeugt die Annahme, es sei von einem grundsätzlichen „Mangel an Selbstbewußtsein in weiten Bereichen der systemtragenden Kräfte" des Weimarer Parlamentarismus auszugehen.[29]

Natürlich entstand in der Weimarer Republik früh ein Experimentierfeld für Herrschaftsformen, die als diktatorisch bezeichnet wurden und autoritär nutzbar waren, wie es der nationalsozialistische Staat in seinen ersten Jahren auch tat. Doch zumindest bis 1932 bewegten sich solche Praktiken – vor allem im Bereich der Haushaltspolitik – im Rahmen internationaler Trends, gerade jener der westlichen Demokratien. Die Bezugnahme auf deren Erwartungen und Lösungen spielte in der deutschen Debatte eine prägende Rolle, und der international gescheiterte Versuch, mit dem Versailler Vertrag eine dauerhafte Friedensordnung zu etablieren, hatte nicht nur im Deutschen Reich den Wunsch nach Erlösung durch einen machtvollen Einzelnen befördert. Schon im März 1919 hatte etwa der britische Diplomat Harold Nicolson, von der Ergebnislosigkeit der Beratungen in Paris frustriert, einen „Diktator für Europa" gefordert.[30] Allerdings war in Deutschland die antiparlamentarische Skepsis angesichts der Konstellationen im Reichstag lagerübergreifend ausgeprägt und die Bereitschaft, die Beteiligung der Volksvertretung – bereits im Friedenszustand – längerfristig auszuschalten, daher im europäischen Vergleich besonders hoch. Hinzu kam, dass der Rückbezug auf ein Staatswesen, dessen „Überparteilichkeit" umstrittene Entscheidungen legitimieren sollte, auch republikanischen Kräften den Blick dafür verstellte, dass Krisenmaßnahmen in einer Demokratie öffentlich vermittelt und politisch begründet werden mussten.[31]

29 Hierzu und zum Folgenden Raithel/Strenge, Reichstagsbrandverordnung, S. 440–441 und 453. Gegen die Engführung auf einen vermeintlichen Masterplan oder aber den „mangelnden politischen Willen einzelner Beteiligter" auch Rödder, Reflexionen, S. 100.

30 Brief Nicolsons an seine Frau vom 24.3.1919, in ders., Friedensmacher, S. 277; für den Kontext Leonhard, Frieden, S. 865.

31 So die weitsichtige Kritik von Fraenkel, Krise, S. 339–341; für den europäischen Vergleich Rossiter, Dictatorship; Tingsten, Pouvoirs.

Nicht der Ausnahmezustand an sich war eine antirepublikanische Taktik, sondern seine spezifische Anwendung durch Entscheidungsträger in kritischen Momenten sowie seine Verkopplung mit gewaltförmigen Konflikten um die Legitimität des Weimarer Staates und seine parlamentarische Ordnung. Entscheidend war dabei, dass mit dem immer lauter werdenden Verweis auf den Verfassungsnotstand schließlich nicht nur einige, sondern fast alle Grundsätze der demokratischen Verfassung zur Disposition gestellt wurden. „Für die deutsche Entwicklung der letzten 14 Jahre", schrieb Ernst Fraenkel 1932, „ist es charakteristisch, daß nicht nur die demokratischen Grundsätze als solche niemals zum Inhalt der unstreitigen politischen Sphäre geworden sind (wie dies etwa in Amerika, Frankreich, England und der Schweiz der Fall ist), sondern daß darüber hinaus eine eindeutige Abgrenzung zwischen Streitigem und Unstreitigem sich niemals hat herstellen lassen."[32]

In dieser Auseinandersetzung wirkten die technokratische Aushöhlung des Regierens und die staatsrechtlichen Experimente zusätzlich delegitimierend, zumal damit immer wieder Kernelemente der Weimarer Staatlichkeit – wie das parlamentarische Budgetrecht, die Sozialverfassung oder die föderalistische Ordnung – aus der Zone des Unstreitigen herausgenommen wurden. Dies zeigte sich vor allem in der Phase des Haushaltsnotstands ab 1930, als außerordentliche Maßnahmen von der Ministerialbürokratie entwickelt wurden, um die Auswirkungen der Weltwirtschaftskrise zu bewältigen und parlamentarische Konflikte stillzustellen. Ab 1932 wurden die so geschaffenen Handlungsspielräume von rechtsgerichteten Kräften innerhalb und außerhalb der Reichsregierung genutzt, um einen anderen Staat zu etablieren, aber nun verbunden mit dem Bürgerkrieg als einer komplementären Strategie, mit der sich politische Entscheidungsprozesse ebenso wie die Verfassungswirklichkeit beeinflussen ließen. So beschrieb der Journalist Balder Olden in einem Beitrag im *Tagebuch* die herrschenden Zustände mit scharfer Ironie: „Ruhe und Sicherheit auf den Straßen – das nennt man in Berlin 1932 Ausnahmezustand [...]. Doch ist wenige Tage vor den Reichstags-Wahlen dieser Ausnahmezustand wieder aufgehoben worden. Es herrscht nun wieder unser Regelzustand."[33]

Erst dadurch, dass Ausnahmezustände gezielt herbeigeführt wurden und die dadurch geschaffene Situation genutzt wurde, um die Verfassung umzubauen, konnten taktische Ausnahmen zur Regel werden. Sie ersetzten nicht mehr nur scheiternde Aushandlungsprozesse, sondern die Aushandlung selbst. Die politische Lücke der „Staatsgesinnung", die konservative und reaktionäre Verwaltungsexperten wie Popitz, Köttgen und Koellreutter um 1930 bemängelt hatten, wurde zugleich mit radikaleren Inhalten gefüllt. Dies war die historische Konstellation, in der die „souveräne" Entscheidung über den Staat als Ganzen,

[32] Fraenkel, Um die Verfassung, S. 307–308.
[33] Olden, Ausnahmezustand; von rechts dagegen N.N., Ausnahmezustand.

die Schmitt seit dem Ersten Weltkrieg in seinen Schriften ersehnt hatte, im Januar 1933 getroffen wurde. Der kritische Beobachter Fraenkel hatte auch hier erkannt, worin der entscheidende Unterschied bestand – nicht in der staatsrechtlichen Art und Weise, wie diese Regierung in einer fragilen Demokratie an die Macht kam, sondern in der politischen Unmöglichkeit, diese wieder zu entmachten: „Ob aber eine auf parlamentarischer Mehrheit beruhende nationalsozialistische Regierung sich der Volkswahl nochmals stellt, Terrorwahlen vermeidet und bei ungünstigem Ausgang des Volksgerichts abtreten wird, das ist die Kernfrage", so Fraenkel schon Mitte 1932.[34]

Das Wesentliche des Nationalsozialismus war nicht der Ausnahmezustand, sondern die Sperre, die dieses Regime mittels Gewalt und per Weltanschauung gegenüber der Existenz eines wie auch immer gearteten Normalzustands errichtete. Während Fraenkel dieses Problem früh sah, wurde der Machtantritt Hitlers im Reichsfinanzministerium eher optimistisch betrachtet und weniger als Bruch, denn als Aufbruch erlebt. Daher verhielt sich die dortige Beamtenschaft vielfach so, als ob es auch hier wieder um temporäre Ausnahmeregelungen ging. Seither unterlag der Ausnahmezustand, an dem dieses Ressort in den Weimarer Jahren solch entscheidenden Anteil gehabt hatte, aber einer grundlegenden Transformation: Sein Aggregatszustand veränderte sich, bis er eine ganz andere Gestalt annahm.

Die mit dem Ersten Weltkrieg einsetzende Epoche exekutiver Ausnahmeregime ist zwar in der Theorie schon früh – etwa bei Emil Lederer, Herbert Tingsten oder Clinton Rossiter – entdeckt worden, geschichtswissenschaftlich erforscht aber wurde sie bisher nur wenig.[35] Der Ausnahmezustand stellte seit dem Ersten Weltkrieg tatsächlich ein Arsenal von Staatstechniken bereit, die für verschiedene gesellschaftliche Akteure verfügbar waren. Dabei ist die historische Relevanz von Kriegserfahrungen für die Plausibilisierung solcher Verfahrensweisen zu betonen. Mittels einer Rhetorik des Kampfes und eines Jargons des Existenziellen, die daran immer wieder neu anschlossen, ließen sich Ausnahmebefugnisse besonders gut begründen. Aus dieser konkreten Erfahrungswelt entstanden in der Finanzbürokratie sowohl Rettungsversuche für die Weimarer Demokratie als auch Entwürfe für die diktatorische Ermächtigungspolitik des nationalsozialistischen Regimes.

Von den Erfahrungen der Notstände in den Gründungs- wie in den Krisenjahren des Weimarer Staates führte aber keine ungebrochene Linie zur perpetuierten Ausnahmeherrschaft des Nationalsozialismus. Vielmehr ist auf die sich verändernde Temporalität und Modalität solcher Zustände hinzuweisen. Das Narrativ, man erlebe extraordinäre Herausforderungen und befinde sich in einer Kampfsituation, bildete zwar eine wichtige Konstante in der

[34] Fraenkel, Abschied, S. 119–120.
[35] Dazu jetzt Schneider, Schweiz; Keil/Stibbe, Laboratorium.

Selbstsicht der hier betrachteten Ministerialbeamtenschaft. Die Machtübernahme der Nationalsozialisten setzte aber eine Transformation in Gang, die sich von Kategorien der Ausnahme und dem damit verbundenen Gegenbild der Normalität zusehends löste. Der Ausnahmezustand, in dem die nationalsozialistische Regierung an die Macht gelangt war, wurde schon früh entgrenzt, zunächst durch die Einführung der Exekutivgesetzgebung auf Reichsebene, die autoritäre „Gleichschaltung" der Länder und die gezielte Exklusion bestimmter Beamtengruppen. Das Ermächtigungsgesetz von 1933 wurde zwar mehrfach verlängert, ab 1943 aber auf unbestimmte Zeit und gezeichnet nur mehr vom „Führer", dessen Wille dabei selbst zur Quelle eines fluiden Rechtsverständnisses wurde. Der offene Rassismus und die Volksgemeinschaftsideologie höhlten die normative Ordnung des bestehenden Rechts aus, wenngleich diese als technokratische Hülle des Staates bestehen blieb. Damit wurde der Weg in einen neuerlichen Krieg gebahnt. Das nationalsozialistische Regime zielte damit auf eine Gewaltherrschaft, welche eine „normale" Vorstellung des Rechts in immer weiteren Räumen hinter sich ließ – ebenso wie den Begriff des Staates als solchen, der nicht nur von Schmitt für überholt erklärt wurde.[36]

Wo aber gar nicht mehr vom Staat und vom Recht her gedacht wird, verliert eine Kategorie des Ausnahmezustands, die von einer bestimmten Idee der Rechtsstaatlichkeit ausgeht, an analytischer Kraft; dies hat Stefan Plaggenborg für das sowjetische Ermächtigungsregime überzeugend dargestellt. Auch der intellektuelle Seismograf Schmitt konstatierte mit Blick auf die Verfassung des nationalsozialistischen Regimes, dass dieses die Problematik des Ausnahmezustands „hinter sich gelassen" habe, denn es sei eben keine Diktatur im Sinne einer „vorübergehende[n] Abnormität".[37] Wenngleich Schmitt diese Sätze 1936 paradoxerweise schrieb, um dem nationalsozialistischen Staat ein legalistisches Gepräge zu geben und den Weimarer Ausnahmestaat nachträglich als Unrechtsstaat zu brandmarken, so traf seine Formulierung doch einen Kern. Die nationalsozialistische Herrschaft zielte letztlich darauf, das ursprüngliche Wechselspiel von Normalität und Ausnahme ganz zu überwinden, weil dieses in der konkreten Praxis eben doch, anders als Schmitt ersehnt hatte, immer an eine wie auch immer geartete Rechtsordnung gebunden geblieben war. An die Stelle des staatsrechtlichen Denkens sollten völkische Großraumvisionen treten, in denen Herrschaftszonen von der uneingeschränkten Gewalt der darin wirkenden „Mächte" durchzogen schienen.[38]

[36] Überblick bei Merk, Staatsgedanke; hierzu auch Möllers, Fußnote, bes. S. 49.

[37] Plaggenborg, Staatlichkeit, S. 137; Schmitt, Überblick, S. 266 und 268. Rossiters Begriff des *war government* ist hier leider nur wenig trennscharf, beschreibt er ihn doch als „the ultimate, if somewhat chaotic expression of the theory of constitutional dictatorship" (Rossiter, Dictatorship, S. 293). Mit dem Nationalsozialismus als einem Ermächtigungsregime eigener Art beschäftigt sich seine Analyse nicht. Zu Rossiter auch Greiner, Diktatur.

[38] Zu den damit verbundenen Konflikten und Umdeutungsversuchen vgl. Herbert, Ende.

Für die weitere geschichtswissenschaftliche Forschung zu Ausnahmezuständen ergibt sich daraus der Anstoß, den offenen Kriegszustand als spezifische Erscheinungsform von Ausnahmeherrschaft im 20. Jahrhundert und als weltanschauliches Signum des Nationalsozialismus stärker zu berücksichtigen. Mit Blick auf das nationalsozialistische Ermächtigungsregime könnte zudem von jenen Forschungen profitiert werden, welche die Verkopplung von Ausnahmeherrschaft und Gewalt in imperialen Räumen untersucht haben, in denen rassistische Denkmuster wirkmächtig waren und das dort entstehende Rechtsverständnis durchzogen. In Anlehnung nicht an Schmitts, sondern an Walter Benjamins politische Konzeption des „wirklichen" Ausnahmezustands als Situation der umfassenden Gewalt sind in solchen Studien ganz andere Konstellationen betont worden: nicht die Normalisierung eines Ausnahmerechts aus der Perspektive von oben, also vom Staat her, sondern die dauernde Erfahrung, entrechtet zu sein, die der offiziell erklärte Ausnahmezustand aus der Perspektive der Beherrschten eben gezielt verdeckte.[39] Wenig ist beispielsweise darüber bekannt, welche Rückkopplungen sich in den Jahren von 1939 bis 1945 zwischen der nationalsozialistischen Machtpraxis in den besetzten Gebieten, den dort entstehenden Ausnahmeregimen und der staatsrechtlichen Lehre auf Reichsebene ergaben. Auch die vorliegende Studie hat ihren Blick auf das kontinuierlich bestehende Regierungszentrum in Berlin beschränkt und die Ausdehnung oder Suspension des Rechts, welche die Kriegführung in den neuen Herrschaftsgebieten jenseits des „Altreiches" hervorbrachte, allenfalls streifen können. Hier wären weitere Forschungen wünschenswert, zumal Praktiken des *lawfare* derzeit auch in anderen Zusammenhängen verstärkt diskutiert werden, und dies wiederum beeinflusst durch die Positionen Carl Schmitts.[40]

Konstatiert werden muss jedoch auch, dass die weitläufige Debatte um den Ausnahmezustand und das staatliche Notrecht in der nationalsozialistischen Diktatur aufhörte. Zugleich verloren Haushaltspolitik, Budgetrecht und Ausgabenkontrolle ihre staatsrechtliche Relevanz. In der Diktatur wurde der Reichshaushaltsplan stattdessen zum Ausdruck einer „sensationelle[n], das

Nicht um Ausnahmezustände, sondern um die unbegrenzte Ermächtigung zur Gewalt geht es den Beiträgen in Baberowski/Metzler, Gewalträume; sowie Wildt, Gewalt. Die konstitutionelle Kontinuität und die Bedeutung des Rechts für das nationalsozialistische Regime betonen jetzt Lavis, Exception; Kivotidis, Norm.

39 Hussain, Jurisprudence; Reynolds, Empire, S. 10; für die kolonialen Ursprünge des Weimarer Begriffs auch Geyer, Grenzüberschreitungen, bes. S. 346 und 349–350. Zur komplexen Beziehung zwischen Schmitts und Benjamins Konzeptionen des Ausnahmezustands Agamben, Ausnahmezustand, S. 64–77; Raulet, Theorie, S. 148–154.

40 Hier verweise ich auf die vor der Veröffentlichung stehende Studie von Ramona Bräu zur nationalsozialistischen Beutepolitik in Polen; für Norwegen Graver, Krieg; für den Begriff Kittrie, Lawfare; Luban, Carl Schmitt.

bisherige Wissen geradezu auf den Kopf stellende[n]" Erfahrung: Durch die gigantische Kreditschöpfung und die dafür eingeführten Zwangsmaßnahmen erschien die Deckung von Maßnahmen grundsätzlich nicht mehr prekär.[41] Der autoritäre Markenkern des Reichsfinanzministeriums, seine genuine Nähe zum staatlichen Ausnahmezustand, die dieses Ressort vor allem in den Krisenjahren der Demokratie entwickelt hatte, stand damit infrage. Die Führung des Ministeriums wandte sich anderen Feldern der Finanzpolitik zu, vor allem der Organisation der Ausbeutung und Verschuldung in immer größeren Räumen, um Einnahmen für den Krieg zu generieren und die eigene Macht zu erhalten. Zwang und Gewalt prägten diese Handlungsbereiche mehr als das Recht.

Doch nutzten die Ministerialbürokraten weiterhin rechtsförmige Ausnahmepraktiken, um den nationalsozialistischen Krieg zu ermöglichen: Dies zeigte sich im Bereich der sogenannten Verwaltungsvereinfachung, einem unauffällig wirkenden Wiedergänger der Kriegswirtschaft vor 1918, der von Hitler zum Fundament der Kriegführung erklärt wurde. Hier wäre es jedoch nötig, mehr über den bisher kaum erforschten „Kampf um das Recht" und die Haushaltsplanung im Kriegszustand des Ersten Weltkrieges zu wissen, um ein präziseres Urteil über die Spezifika der nationalsozialistischen Entgrenzung und Entleerung von Rechtsbezügen in diesem Bereich fällen zu können.[42] Immerhin verzichtete die kaiserliche Regierung im Ersten Weltkrieg viel klarer als die NS-Diktatur auf eine ernsthafte Budgetgestaltung, machte dafür die formalen Haushaltspläne aber weiterhin jedes Jahr öffentlich. Im Zweiten Weltkrieg hingegen wurde die Festlegung des jeweils zu Vereinfachenden zum Gegenstand intensiver Auseinandersetzungen zwischen verschiedenen Machtzentren.

In diesem Bereich besaß das Reichsfinanzministerium als geübte Intendantur des Staates, im Gegensatz zu vielen der neuen Sonder- und Parteiorgane, langjährige Erfahrungen. Dass sich mittels der exekutiven Selbstermächtigung „polykratische" Unklarheiten der Staatswillensbildung im eigenen Sinne entscheiden lassen konnten, hatten führende Vertreter des Ressorts schon in der Weimarer Zeit erkannt. Ebenso aber brachten die Referenten des Ministeriums das Wissen mit, dass die Taktik der Vereinfachung die Anfechtung der eigenen Organisation mit sich bringen konnte. Von der treibenden wurde das Reichsfinanzministerium in dieser Frage zur getriebenen Kraft. Dies war eine Dimension, die sich in den letzten Jahren des Zweiten Weltkrieges verschärfte und in der Haushaltsabteilung des Ministeriums besonders deutlich wahrgenommen

41 So rückblickend Vialon, Haushaltsrecht, S. 48.

42 So hat die ältere Forschung zwar die politischen Strategien der Kriegsfinanzierung verglichen, nicht aber die Budgetierung und exekutive Umsetzung dieser Maßnahmen, hierzu Lapp, Finanzierung. Zu solchen Zusammenhängen Priemel, Lernversagen; sowie zur Verfassungsgeschichte und der transformativen Bedeutung des Kriegszustands Gusy, Ermächtigungsgesetzgebung, S. 250–253.

wurde. Hier aber von einer generellen Marginalisierung oder einem Machtverlust des Reichsfinanzministeriums zu sprechen, würde die Komplexität dieses Ressorts wie auch die Komplexität seiner Staatstechniken unterschätzen. Die von den beteiligten Ministerialbeamten verinnerlichte Erfahrung, dass es in den flexibilisierten Verwaltungsstaaten des 20. Jahrhunderts keine autonomen Räume mehr gibt und die funktionale „Nützlichkeit" von Verfahren wichtiger sein kann als ihre Gesetz- oder Rechtmäßigkeit, wirkte zudem nach 1945 fort, vielfach unausgesprochen.[43]

In solchen erfahrungsgeschichtlichen Dimensionen und ihren Folgewirkungen im Verlauf des 20. Jahrhunderts wird die historische Bedeutung der Ministerialbürokratie zwischen 1919 und 1945 fassbarer als in einer Verengung auf personelle Belastungen. Und die neuen Staaten? Die zu Beginn dieser Studie zitierten Worte von Rudolf Goldscheid gelten sicher auch für die Nachgeschichten in Ost und West, wo die entstehenden Staatsapparate in vielen Bereichen durch das Personal und die Eigengesetzlichkeit ihrer Vorgänger geprägt wurden. Daraus entstanden nach 1945 neue Staatstechniken, die als Erfahrungsschichten sowohl die Ausnahmelage als auch die Normallage von Staatlichkeit enthielten, mit denen zumindest im westdeutschen Kontext aber der offene Ausnahmezustand gezielt vermieden wurde.[44] Was die gegenwärtige Rückkehr der Ausnahme als Aggregatszustand, in dem sich verschiedene Gesellschaften beschreiben, bedeutet, wird eine Frage der Zukunft sein.

43 Hierzu etwa Luhmanns Begriff der „Brauchbarkeit", ders., Verwaltung.

44 Frankenberg, Staatstechnik, S. 36–38; Lahusen, Administration; Volkmann, Ausnahmezustand.

Dank

Inmitten der Ausnahmezeit einer Pandemie kommt dieses Buch zu seinem Abschluss. Die Studie entstand als Habilitationsschrift an der Martin-Luther-Universität Halle-Wittenberg, wo mich Patrick Wagner über Jahre mit der Freiheit zu eigenem Arbeiten und zahllosen Gesprächen unterstützt hat. Gemeinsam mit Jane Caplan, deren Rat schon in der Phase der Projektentstehung wichtig war, und Manfred Hettling hat er zudem die Begutachtung meiner Arbeit übernommen. Allen dreien danke ich sehr, ebenso wie Till Kössler als Mitglied der Habilitationskommission.

Besonders danken möchte ich dem Bundesministerium der Finanzen, das diese Studie gefördert hat, und den Kolleginnen und Kollegen in der Forschungsgruppe zur Geschichte des Reichsfinanzministeriums im Nationalsozialismus, insbesondere dem Sprecher der Kommission, Hans-Peter Ullmann, dessen Wissen und Verlässlichkeit das gesamte Projekt getragen haben. Ulrich Herberts Ermutigungen und zielsichere Einschätzungen waren (und sind) ein wichtiger Anker. Hans Günter Hockerts und Werner Plumpe haben sich wiederholt Zeit für Austausch und Rückmeldungen genommen Die teils schwierige Quellenlage, das nicht immer zugängliche Sujet ließen sich nur in der kollegialen Zusammenarbeit bewältigen: Hier danke ich Ramona Bräu, Jürgen Kilian, Christiane Kuller, Josephine Ulbricht und insbesondere Ralf Banken. Nicht zuletzt waren Marion Hombach, Martin Friedenberger und Berthold Schlotmann im Bundesfinanzministerium nicht nur Ansprech-, sondern Gesprächspartner.

Das Schreiben wäre nicht möglich gewesen ohne die produktive Zeit, die mir ein Fellowship des Historischen Kollegs in München im Jahr 2016/17 ermöglicht hat. Diese Unterstützung war in vielerlei Hinsicht entscheidend, hier danke ich stellvertretend dem damaligen Vorsitzenden des Kuratoriums des Historischen Kollegs, Andreas Wirsching, sowie dem Geschäftsführer Karl-Ulrich Gelberg sowie den Mitarbeiterinnen und Mitarbeitern in der Kaulbachstraße. Profitiert habe ich vom Austausch mit den anderen Kollegiatinnen und Kollegiaten dieses „Jahrgangs“, namentlich Jörn Leonhard, Hubertus Jahn, David Kuchenbuch, Benjamin Scheller, Korinna Schönhärl, Yfaat Weiss sowie, nicht zuletzt durch Gedanken jenseits der Wissenschaft, Helmut Puff.

Für die Suche nach Material war die Erfahrung von Karola Wagner im Bundesarchiv Berlin-Lichterfelde unerlässlich ebenso wie die Unterstützung durch die Verantwortlichen an anderen Orten, vor allem in der (unterdessen leider aufgelösten) Finanzgeschichtlichen Sammlung in Brühl, im Bundesarchiv Koblenz, im Landesarchiv Nordrhein-Westfalen, im Geheimen Staatsarchiv Preußischer Kulturbesitz, im Staatsarchiv Nürnberg, im Exilarchiv Frankfurt,

https://doi.org/10.1515/9783110712261-015

im Institut für Zeitgeschichte in München sowie in den Bibliotheken und Kellern des Bundesfinanzministeriums an den Standorten Berlin und Bonn, der Bundesfinanzdirektion in Hamburg und zuletzt des Bundesfinanzhofs in München, wo ich auf die besondere Hilfsbereitschaft von Astrid Seng zählen durfte. Von Dirk Schumann und seiner Familie erhielt ich wertvolles Material aus dem Nachlass von Josef Mayer, von Friedrike Hellerer aufschlussreiche Bildquellen. Dafür danke ich sehr.

Bei den Recherchen konnte ich auf die Hilfe von Jule Ehms und Grischa Nehls zählen, in München hat Karl Siebengartner Bücher und Scans organisiert, Alina Khatib hat für mich die Durchsicht von Quellen in den National Archives in Kew übernommen. Den Endspurt zur Abgabe der Habilitationsschrift hätte ich ohne Annelie Liebscher und vor allem Sophie Becker nicht geschafft, in Berlin konnte ich mich auf Lydia Bucher verlassen. Ihnen allen möchte ich danken.

Anregungen und Gespräche auf der langen Strecke verdanke ich sehr vielen, gesondert genannt seien Nicolas Barreyre, Nicolas Delalande, Jan Eckel, Martin H. Geyer, Bernhard Gotto, Anna Catharina Hofmann, Astrid Irrgang, Mala Loth, Stephan Malinowski, Martin Münzel, Alexander Nützenadel, Laura Rischbieter, Ulrike Schulz, Dietmar Süß, Mischa Suter, Adam Tooze, Michael Wildt, Peter-Christian Witt sowie verschiedene Diskussionsrunden in Berlin, Freiburg, Frankfurt am Main, Göttingen, München, Trier, Tübingen und Paris und zuletzt am Zentrum für Zeithistorische Forschungen in Potsdam, wo mich Rüdiger Graf und Frank Bösch besonders unterstützt haben. Dass die Zeit in Halle eine so gute war, lag an Simone Barth, Steffen Fiebrig, Katrin Moeller und Cornelius Torp. Dank habe ich aber vor allem Kim Christian Priemel und Annelie Ramsbrock zu sagen, die Teile des Manuskripts in entscheidenden Phasen gelesen und mich auch sonst ermutigt haben. Angelika Königseder danke ich für das Lektorat, Elise Wintz, Jessica Bartz und Martin Rethmeier für die zuverlässige und freundliche Begleitung der Publikation beim Verlag de Gruyter.

Meiner Familie möchte ich für die andauernde Geduld danken – und Rahel und Clara einfach dafür, dass sie da sind.

Berlin, im November 2021 *Stefanie Middendorf*

Verzeichnis der Abkürzungen

Abt.	Abteilung
ADB	Allgemeiner Deutscher Beamtenbund
AöR	Archiv des öffentlichen Rechts
AfS	Archiv für Sozialgeschichte
ASPG	Annalen für soziale Politik und Gesetzgebung
BArch	Bundesarchiv
BArch-MA	Bundesarchiv-Militärarchiv
BBG	Berufsbeamtengesetz (Gesetz zur Wiederherstellung des Berufsbeamtentums)
BDC	Berlin Document Center
BFH	Bundesfinanzhof
BGNS	Beiträge zur Geschichte des Nationalsozialismus
BIORAB	Biographien Abgeordneter deutscher Nationalparlamente 1848–1933
BVP	Bayerische Volkspartei
CSDIC	Combined Services Detailed Information Centre
DAF	Deutsche Arbeitsfront
DAZ	Deutsche Allgemeine Zeitung
DBB	Deutscher Beamtenbund
DBG	Deutsches Beamtengesetz
DDP	Deutsche Demokratische Partei
DIWIV	Deutsches Institut für Wirtschaftlichkeit in der Verwaltung
DJZ	Deutsche Juristen-Zeitung
DNVP	Deutschnationale Volkspartei
DVO	Durchführungsverordnung
DVP	Deutsche Volkspartei
FGO	Finanzgerichtsordnung
Finag	Deutsches Finanzierungsinstitut AG
FMI	Friedrich-Meinecke-Institut
FS	Finanzgeschichtliche Sammlung
GBV	Generalbevollmächtigter für die Reichsverwaltung
GBW	Generalbevollmächtigter für die Wirtschaft
GG	Geschichte und Gesellschaft
GGO	Gemeinsame Geschäftsordnung der Reichsministerien
GGO I	Gemeinsame Geschäftsordnung der Reichsministerien (Allgemeiner Teil)
GGO II	Gemeinsame Geschäftsordnung der Reichsministerien (Besonderer Teil)

https://doi.org/10.1515/9783110712261-016

GOH	Gemeinsame Geschäftsordnung der höheren Reichsbehörden
GStA PK	Geheimes Staatsarchiv Preußischer Kulturbesitz
GVPl.	Geschäftsverteilungsplan
HZ	Historische Zeitschrift
IfZ	Institut für Zeitgeschichte
JEV	Jahrbuch für europäische Verwaltungsgeschichte
KPD	Kommunistische Partei Deutschlands
LAV NRW	Landesarchiv Nordrhein-Westfalen
LFA	Landesfinanzamt
Nat. Vers.	Nationalversammlung
N.D.O.	Nationalverband deutscher Offiziere
N.F.	Neue Folge
N.N.	Nomen nominandum
NPL	Neue Politische Literatur
NSBZ	Nationalsozialistische Beamtenzeitung
NSDAP	Nationalsozialistische Deutsche Arbeiterpartei
NSKK	Nationalsozialistisches Kraftfahrkorps
NSV	Nationalsozialistische Volkswohlfahrt
OKH	Oberkommando des Heeres
OKW	Oberkommando der Wehrmacht
OFD	Oberfinanzdirektion
PAV	Personalabbauverordnung
RAO	Reichsabgabenordnung
RBG	Reichsbeamtengesetz
RDB	Reichsbund der deutschen Beamten
RdF	Reichsminister der Finanzen
RFBl.	Reichsfinanzblatt (Amtsblatt der Reichsfinanzverwaltung)
RGBl.	Reichsgesetzblatt
RHO	Reichshaushaltsordnung
RM	Reichsmark
RMF/RFM	Reichsministerium der Finanzen
RWB	Reichswirtschaftsbestimmungen
SA	Sturmabteilung
SS	Schutzstaffel
StA	Staatsarchiv
Sten. Ber.	Stenographische Berichte
StuW	Steuer und Wirtschaft
Tilka	Tilgungskasse für gewerbliche Kredite
VA	Völkische Arbeitsgemeinschaft
VfZ	Vierteljahrshefte für Zeitgeschichte
WRV	Weimarer Reichsverfassung
WTB	Wolff's Telegraphisches Bureau
ZaöRV	Zeitschrift für ausländisches öffentliches Recht und Völkerrecht

Verzeichnis der Abbildungen

Es wurden intensive Bemühungen unternommen, um die Urheberrechte der verwendeten Abbildungen vollständig zu klären. Sollte dies im Einzelfall nicht gelungen sein, bitten wir um eine Benachrichtigung.

https://doi.org/10.1515/9783110712261-017

Quellen- und Literaturverzeichnis

I. Unveröffentlichte Quellen

Bundesarchiv Berlin-Lichterfelde

R2	Reichsfinanzministerium
R2 ANH.	Restverwaltung des Reichsfinanzministeriums
R11	Reichswirtschaftskammer
R61	Akademie für Deutsches Recht
R101	Reichstag
R1501	Reichsinnenministerium
R2301	Rechnungshof des Deutschen Reichs
R2501	Reichsbank
R3301	Reichswirtschaftsministerium
R8034 III	Pressearchiv des Reichslandbundes
R43 I	Alte Reichskanzlei
R43 II	Neue Reichskanzlei
NS 1	Reichsschatzmeister der NSDAP
N2074	Nachlass Johann David Fischer
BDC	Berlin Document Center

Bundesarchiv Koblenz

N1004	Nachlass Hermann Dietrich
N1005	Nachlass Hermann Pünder
N1170	Nachlass Hermann Friedrich Sabath
N1171	Nachlass Friedrich Ernst Moritz Saemisch
N1181	Nachlass Hugo Fritz Berger
N1203	Nachlass Karl Wever
N1262	Nachlass Johannes Popitz
N1276	Nachlass Lutz Graf Schwerin von Krosigk
N1294	Nachlass Hjalmar Schacht
N1632	Nachlass Leo Killy
B126	Geschäftsverteilungspläne Bundesministerium der Finanzen

Bundesarchiv-Militärarchiv Freiburg

RH 9	OKH / Heeresverwaltungsamt
RW 19	OKW / Chef des Wehrwirtschafts- und Rüstungsamtes

https://doi.org/10.1515/9783110712261-018

Geheimes Staatsarchiv Preußischer Kulturbesitz Berlin

I. HA Rep. 151 Preußisches Finanzministerium

Staatsarchiv Nürnberg

Rep. 501 KV-Prozesse
Rep. 502 KV-Anklage

Staatsarchiv München

SpkA K 1401 Spruchkammerverfahren Fritz Reinhardt

Landesarchiv Nordrhein-Westfalen (Abt. Rheinland)

RWN 44 Nachlass Hermann Woothke

Exilarchiv Frankfurt

EB 91/155 Nachlass Fritz Neumark

National Archives Kew

FO 1046 Control Commission Divisions (Finance Division)
FO 1050 Control Commission Divisions (Internal Affairs and Communications Division)
FO 371 General Correspondence of the Foreign Office

Institut für Zeitgeschichte München

Da 03.03 Reichshaushaltsrechnungen
ED 93 Hans Schäffer
ED 177 Archiv des ehemaligen Reichsfinanzministeriums
Fa 223/65 Personalunterlagen Fritz Reinhardt
Fe 01 Dokumentensammlung Heinrich Stuebel
ZS Zeugenschrifttum
Repertorium Oberste Reichsbehörden Mikrofilme NARA
Varia

Finanzgeschichtliche Sammlung Brühl

Nachlass Herbert Dorn

Nachlass Johannes Popitz

Nachlass Rolf Grabower

Nachlass Otto Bolder

Nachlass Alfons Pausch

Nachlass Heinz Fengler

Materialsammlung (nicht klassifizierte Bestände)

Bundesfinanzhof München

Akten der Oberfinanzdirektion Berlin (ehem. Finanzgeschichtliche Sammlung Brühl)

Bundesministerium der Finanzen, Bonn / Berlin

Geheime Einzelpläne für den Reichshaushalt ab 1933

Personalakten (Berger, Breyhan, Gase, Grabower, Hartmann, Kluge, Oeftering, Schwandt, Siegert, Trapp, Vialon, von Knorre)

Bundesfinanzdirektion Nord, Hamburg

Unterlagen der Zentralen Erfassungs- und Auskunftsstelle für Angehörige der ehemaligen Reichsfinanzverwaltung

II. Amtliche Drucksachen / Periodika

Bank-Archiv

Deutsche Juristen-Zeitung

Deutsche Steuer-Zeitung

Deutsche Wirtschafts-Zeitung

Der deutsche Volkswirt

FinanzArchiv

Handbuch für das Deutsche Reich

Reich und Länder

Reichsbesoldungsblatt (später: Reichshaushalts- und Besoldungsblatt)

Reichsfinanzblatt (Amtsblatt der Reichsfinanzverwaltung)

Reichsgesetzblatt

Reichshaushaltspläne nebst Einzelplänen seit 1919

Reichsverwaltungsblatt (auch: Preußisches Verwaltungsblatt / Reichsverwaltungsblatt und Preußisches Verwaltungsblatt)

Steuer und Wirtschaft

Steuer-Archiv

Steuer-Warte

Verhandlungen des Ausschusses für den Reichshaushalt / Protokolle

Verhandlungen der Nationalversammlung / Stenographische Berichte

Verhandlungen des Reichstages / Stenographische Berichte

Verwaltungsarchiv

Vierteljahresschrift für Finanz- und Steuerrecht

Volk und Reich

Vossische Zeitung

Weltwirtschaftliches Archiv

III. Veröffentlichte Quellen/Quelleneditionen

Hinweis: Dieses Verzeichnis enthält eine Vielzahl von Quellen mit der Autorenangabe „N.N.“ Diese sind alphabetisch nach ihren im Text verwendeten Kurztiteln aufgeführt.

Adam, Max, Die Anstellungsgrundsätze (Grundsätze für die Anstellung der Inhaber eines Versorgungsscheins) vom 26.7.1922 in der Fassung vom 31.7.1926, 5. vollst. neu bearb. Aufl., Berlin 1926

Akten der Partei-Kanzlei der NSDAP. Rekonstruktion eines verlorengegangenen Bestandes, bearb. v. Peter Longerich, 2 Teile, München et al. 1983 ff.

Akten der Reichskanzlei. Regierung Hitler 1933–1945, bisher 10 Bde., Boppard a. Rh. u. a. 1983–2020

Akten der Reichskanzlei, Weimarer Republik, 14 Bde., Boppard a. Rh. 1968–1990

Anschütz, Gerhard, Georg Meyers Lehrbuch des deutschen Staatsrechts, 7., bearb. Aufl., München/Leipzig 1919

Anschütz, Gerhard, Die Verfassung des Deutschen Reichs vom 11. August 1919, 14. Aufl., Berlin 1933 (unveränd. Nachdr. Bad Homburg vor der Höhe 1960)

Anschütz, Gerhard, Drei Leitgedanken der Weimarer Reichsverfassung, Tübingen 1923

Anschütz, Gerhard/Walter Jellinek, Reichskredite und Diktatur. Zwei Rechtsgutachten, Tübingen 1932

Anschütz, Gerhard/Richard Thoma (Hg.), Handbuch des Deutschen Staatsrechts, Bd. 2, Tübingen 1932

Antweiler, Bruno, Rezension zu Rudolf Bergmann, Die Kosten der Reichsfinanzverwaltung, Jena 1933, in: FinanzArchiv N.F. 2 (1934), S. 698–699

Armbruster, Hubert, Die Wandlung des Reichshaushaltsrechts, Stuttgart/Berlin 1939

Aust, Oskar, Die Reform der öffentlichen Verwaltung in Deutschland mit dem Entwurf zu einem Reichsermächtigungsgesetz, Berlin 1928

Ball, Kurt, Vom neuen Weg der Gesetzgebung, Berlin 1921

Ball, Kurt, Organisationsprobleme der Finanzverwaltung. Ein Beitrag zur Verwaltungslehre, in: Vierteljahresschrift für Steuer- und Finanzrecht 1 (1927), 3, S. 523–549

Ball-Kaduri, Kurt Jakob, Das Leben der Juden in Deutschland im Jahre 1933. Ein Zeitbericht, Frankfurt a. M. 1963

Bamberg, Lotte, Erinnerung ans Dritte Reich – an der Oberfläche untergetaucht, in: Frankfurter Hefte 10 (1955), S. 803–808

Batocki, Adolf von et al., Staatsreferendar und Staatsassessor. Reformvorschläge für das Ausbildungs- und Berechtigungswesen der Juristen und Volkswirte, Jena 1927

Bayrhoffer, Walther, Die Verschuldung der Gemeinden, in: Reichsverwaltungsblatt 56 (1935), 22, S. 425–426

Bayrhoffer, Walther, Die alte und die neue Reichsbank, in: Deutsche Geldpolitik, Berlin 1941 (= Schriften der Akademie für Deutsches Recht, Gruppe Wirtschaftswissenschaften 4), S. 87–102

Bayrhoffer, Walther, Entwicklung und Aufgaben der deutschen Finanzwirtschaft im Krieg, in: Bank-Archiv (1942), 2, S. 41–44

Beck, F. Alfred, Verantwortungsbewußtes Beamtentum, in: Steuer-Warte 9 (1930), 2, S. 36–38

Becker, Enno, Die Reichsabgabenordnung vom 13. Dezember 1919 nebst Ausführungsverordnungen. Erläuterte Handausgabe, Berlin 1922

Becker, Enno, Stellung und Aufgabe der akademisch gebildeten Finanzbeamten im Hinblick auf Rechtsschutz und Rechtsverwirklichung, in: Vierteljahresschrift für Steuer- und Finanzrecht 1 (1927), 1, S. 250–259

Bergmann, Carl, Der Weg der Reparation. Von Versailles über den Dawesplan zum Ziel, Frankfurt a. M. 1926

Bergmann, Rudolf, Die Kosten der Reichsfinanzverwaltung, Jena 1933 (= Finanzwissenschaftliche Forschungen 2)

Bericht des Generalagenten für Reparationszahlungen, 10. Juni 1927, Berlin 1927

Bericht des Generalagenten für Reparationszahlungen, 21. Mai 1930, Berlin 1930

Beusch, Paul, Die Neuordnung des deutschen Finanzwesens. Vier Vorträge, 2. erw. Aufl., Mönchen-Gladbach 1920

Beusch, Paul, Währungszerfall und Währungsstabilisierung, hrsg. von Goetz Briefs und C. A. Fischer, Berlin 1928

Beusch-Briefs-Fischer, Währungszerfall und Währungsstabilisierung, Berlin 1928

Bilfinger, Carl (Karl), Der Reichssparkommissar, Berlin/Leipzig 1928 (= Beiträge zum ausländischen öffentlichen Recht und Völkerrecht 7)

Bilfinger, Carl, Die Geschäftsordnung des Reichstages und die Grenzen des parlamentarischen Systems, in: Zeitschrift für ausländisches öffentliches Recht und Völkerrecht 2 (1931), S. 439–454

Bilfinger, Carl, Die Geschäftsordnung des Reichstages und ihre Änderung im Rahmen der Reichsverfassung, in: DJZ 36 (1931), 6, Sp. 393–398

Boehm, Max-Hildebert, Gesamte Staatswissenschaft oder gesamte Volkswissenschaft, in: Volksspiegel. Zeitschrift für Deutsche Soziologie und Deutsche Volkstumswissenschaft (1935), S. 36–41

Boenicke, Albert, Die Organisation der Reichssteuerverwaltung, in: StuW 7 (1928), Sp. 701–750

Boenicke, Albert, Vereinheitlichung, Zentralisierung und Mechanisierung des Listen- und Meldewesens als allgemeiner Verwaltungsgrundlage, in: Reich und Länder 3 (1929/30), 3, S. 133–142

Boenicke, Albert, Die Kosten der Reichsfinanzverwaltung [I], in: Steuer-Warte 13 (1934), 10, S. 241–245

Boenicke, Albert, Die Kosten der Reichsfinanzverwaltung [II], in: Steuer-Warte 13 (1934), 11, S. 278–282

Bonn, Moritz Julius, Der Neue Plan als Grundlage der deutschen Wirtschaftspolitik, München/Leipzig 1930

Bornmann, Otto, Der deutsche Reichssteuerbeamte im nationalsozialistischen Staat, in: Steuer-Warte 13 (1934), 18, S. 458–459

Bornmann, Otto, Die Nutzanwendung, in: Steuer-Warte 13 (1934), 23, S. 614–615

Bornmann, Otto, Abschluß des ersten Lehrgangs in Herrsching, in: Steuer-Warte 14 (1935), 25, S. 634–635

Bornmann, Otto, Aus der Reichssteuerverwaltung, in: Steuer-Warte 14 (1935), 22, S. 569–570

Bornmann, Otto, Der Vorrang der Verwaltung, in: Steuer-Warte 14 (1935), 9, S. 204–205

Bornmann, Otto, Hemmungen?, in: Steuer-Warte 14 (1935), 21, S. 522

Bornmann, Otto, Nach Eisenach: Dresden, in: Steuer-Warte 14 (1935), 12, S. 281–282

Bornmann, Otto, Der Reinhardtsche Neue Finanzplan. Entscheidende Wende der Deutschen Finanzpolitik, in: Steuer-Warte/NSBZ 8 (1939), 7, S. 215–217

Bornmann, Otto, Unter dem Gesetz des Krieges, in: Steuer-Warte/NSBZ 11 (1942), 13/14, S. 49–50

Bornmann, Otto, Radikale Vereinfachungsmaßnahmen. Rationellste Arbeit bei größtem Leistungserfolg, in: Steuer-Warte/NSBZ 11 (1942), 9/10, S. 33–34

Braun, Magnus Freiherr von, Von Ostpreußen nach Texas. Erlebnisse und zeitgeschichtliche Betrachtungen eines Ostpreußen, Oldenburg 1955

Brecht, Arnold, Die Geschäftsordnung der Reichsministerien. Ihre staatsrechtliche und geschäftstechnische Bedeutung. Zugleich ein Lehrbuch der Büroreform, Berlin 1927

Brecht, Arnold, Dienst der Behörde am Publikum – des Publikums an der Behörde. Vortrag bei der Veranstaltung der Gesellschaft für Organisation im Herrenhaus Berlin, in: Zeitschrift für Organisation 3 (1929), S. 433–435

Brecht, Arnold, Das DIWIV, in: Walter Pietsch (Hg.), Verwaltungsprobleme der Gegenwart. Festschrift zum 10jährigen Bestehen der Verwaltungsakademie Berlin, Mannheim et al. 1929, S. 186–188

Brecht, Arnold, Democracy – Challenge to Theory, in: Social Research 13 (1946), 2, S. 195–224

Brecht, Arnold, Gedanken über den Verlust einer prodemokratischen Mehrheit unter einer demokratischen Staatsverfassung, in: Carsten Peter Claussen (Hg.), Neue Perspektiven aus Wirtschaft und Recht. Festschrift für Hans Schäffer zum 80. Geburtstag am 11. April 1966, Berlin 1966, S. 457–467

Brecht, Arnold, Aus nächster Nähe. Lebenserinnerungen 1884–1927, Stuttgart 1966

Brecht, Arnold, Mit der Kraft des Geistes. Lebenserinnerungen, zweite Hälfte, 1927–1967, Stuttgart 1967

Brecht, Arnold/Comstock Glaser, The Art and Technique of Administration in German Ministries, Westport 1971 [Orig. 1940]

Brosinsky, Otto, Studienstatistik, in: Verwaltungs-Akademie Berlin (Hg.), Bericht über die ersten vier Semester (Vom 1. Oktober 1919 bis 30. Juni 1921), Berlin 1921, S. 22–31

Bruck, Werner Friedrich, Das Ausbildungsproblem des Beamten in Verwaltung und Wirtschaft. Geschichtliches und Reformvorschläge, Leipzig 1926

Brüggemann, Was geschieht für den Nachwuchs?, in: Steuer-Warte/NSBZ 12 (1943), 1/2, S. 2–3

Brüning, Heinrich, Memoiren 1918–1934, Stuttgart 1970

Buchholtz, Paul, Der Haushaltsplan in Reich, Staat und Gemeinde, Berlin 1922

Buchholtz, Paul, Das Haushalts-, Kassen- und Rechnungswesen vom Standpunkt einer Verwaltungsreform, in: Einzelne Büroprobleme, Berlin 1927 (= Schriftenreihe des DIWIV 3), S. 1–20

Buchholtz, Paul/Karl Segebrecht, Musteranweisung zu einer Maschinen-Durchschreibe-Buchführung für Stadtkassen, Eilenburg 1932

Buhl, Jakob, Die Koalitionsfreiheit und die Beamten, in: Steuer-Warte 8 (1929), 5, S. 106

Bühler, Ottmar, Die Zuständigkeitsverteilung auf dem Gebiete des Finanzwesens, in: Gerhard Anschütz/Richard Thoma (Hg.), Handbuch des Deutschen Staatsrechts, Bd. 1, Tübingen 1930, S. 321–345

Bund Deutscher Reichssteuerbeamten (Hg.), Geschäftsbericht zum Bundestag 1933 in Dresden, Berlin 1933

Bury, Lord Hewart of, The New Despotism, London 1929

Calker, Fritz van, Grundzüge des Deutschen Staatsrechts. Vorlesungs-Grundriß, 2. Aufl., München 1928

Carl, Friedrich J. A., Die Reichsfinanzverwaltung im Rahmen der Staatsverwaltung. Betrachtungen und Anregungen, Oldenburg i. O. 1940

Cassau, Theodor Otto, Reform der Verwaltung, in: Vorwärts, Nr. 18, 12.1.1921

Chill, Das umstrittene Berufsbeamtentum, in: Steuer-Warte 9 (1930), 10, S. 207–210

Colm, Gerhard, Wege aus der Weltwirtschaftskrise, in: Die Arbeit 11 (1931), 8, S. 851–934

Colm, Gerhard/Hans Neisser (Hg.), Kapitalbildung und Steuersystem. Verhandlungen und Gutachten der Konferenz von Eilsen, 2 Bde., Berlin 1930 (= Veröffentlichungen der Friedrich-List-Gesellschaft 3/4)

Colm, Gerhard/Hans Neisser (Hg.), Kapitalbildung und Steuersystem. Verhandlungen und Gutachten der Konferenz von Eilsen, Teil 1, Berlin 1930 (= Veröffentlichungen der Friedrich List-Gesellschaft 3)

Colm, Gerhard/Hans Neisser (Hg.), Kapitalbildung und Steuersystem. Verhandlungen und Gutachten der Konferenz von Eilsen, Teil 2, Berlin 1930 (= Veröffentlichungen der Friedrich-List-Gesellschaft 4)

Couvé, Richard, Das Schrifttum über die Bestgestaltung der Arbeit im Behördenbüro, Berlin 1932 (= DIWIV-Blätter 4)

Couvé, Richard, Das Schrifttum über die Rationalisierung der öffentlichen Verwaltung, Berlin 1929

Couvé, Richard, Psychotechnische Eignungsuntersuchungen in der neuzeitlichen Verwaltung, in: Reichsverwaltungsblatt, Nr. 37, 9.6.1928, S. 583–585

Dalchow, Joachim, Vorschläge zur wirtschaftlicheren Gestaltung der öffentlichen Verwaltung in Deutschland, Berlin 1926 (= Veröffentlichung des Kuratoriums für Spar- und Vereinfachungsmaßnahmen 8)

Dale, Harold Edward, The Higher Civil Service of Great Britain, London 1941

Delbrügge, Hans, Die Ausbildung für den höheren Dienst in der allgemeinen und inneren Verwaltung. Verordnung vom 29. Juni 1937, Berlin 1938

Demtröder, E., Die Aktenführung. Ein Leitfaden für die Einrichtung, Führung und Aufbewahrung der Akten nach älteren und neuzeitlichen Formen nebst Aktenführungsplan und Aktenverzeichnis, Berlin 1921 (= Bücher für Recht, Verwaltung u. Wirtschaft 1)

Denkschrift der Bayerischen Staatsregierung. Zur Revision der Weimarer Reichsverfassung, [München 1924]

Denkschrift über die Erhaltung des Freien Aufstiegs für die nicht akademischen Fachbeamten in der Reichsfinanzverwaltung, Leipzig [1923]

Deutsche Wirtschafts- und Finanzpolitik, Berlin 1925 (= Veröffentlichungen des Reichsverbandes der Deutschen Industrie 29)

Deutsche Zentralstelle für Berufsberatung der Akademiker in Berlin (Hg.), Die akademischen Berufe, Berlin 1919/20

Dieben, Wilhelm, Die innere Reichsschuld seit 1933, in: FinanzArchiv N.F. 11 (1949), 4, S. 656–706

Diepenhorst, Fritz, Rezension, in: FinanzArchiv 37 (1920), 2, S. 331–332

Doeinck, Hans Ulrich, Die Neuordnung des Reichshaushaltsrechtes durch die Reichsverfassung vom 11. August 1919 und durch die Reichshaushaltsordnung vom 31. Dezember 1922, Univ. Diss. Cleve 1932

Dorn, Herbert, Gutachten, in: Verhandlungen des fünfunddreißigsten Deutschen Juristentages (Salzburg), Bd. 1: Gutachten, 2. Lieferung, Berlin/Leipzig 1928, S. 489–564

Dorn, Herbert, Die Bedeutung des internationalen Steuerrechts für das nationale Steuersystem, in: StuW 7 (1928), Sp. 909 ff.

Dorn, Herbert, Deutschlands Wirtschaft und Finanzen unter besonderer Berücksichtigung des Reparationsproblems, in: Staatsbürgerkunde und höhere Schule. Eine Vortragsreihe. Veröffentlicht von der Arbeitsgemeinschaft Hochschule und höhere Schule für Niederschlesien und Oberschlesien, Breslau 1931, S. 122–138

Dorn, Herbert, Die Stellung des Steuerbeamten zu Staat und Wirtschaft, ein Beitrag zur Lehre vom Fachbeamtentum, in: Reich und Länder 6 (1932), 9, S. 211–222

Drews, Bill, Grundzüge einer Verwaltungsreform, Berlin 1919

Drews, Bill, Verwaltungsreform und Berufsbildung der Volkswirte, München/Leipzig 1930

Eggerdinger, Max, Neue Vorbildungs- und Laufbahn-Richtlinien, in: Steuer-Warte/NSBZ 8 (1939), 3, S. 170–173

Eggers, Steuerzahler und Steuerfiskus, in: Steuer-Warte 5 (1926), 9, S. 170

Eggers, Die Beamtenhochschule, in: Steuer-Warte 7 (1928), 15, S. 243–244

Eggers, Die Notwendigkeit wissenschaftlicher Schulung, in: Steuer-Warte 7 (1928), 5, S. 65–66

Eggers, Der Sturmlauf gegen die Beamtenposition, in: Steuer-Warte 9 (1930), 18, S. 405–406

Eggers, Um den Geist der Beamtenschaft, in: Steuer-Warte 10 (1931), 2, S. 28–30

Eheberg, Karl Theodor von/Felix Boesler, Grundriß der Finanzwissenschaft, 8. wesentl. erw. Aufl., Leipzig 1939

Einsparungsvorschläge zum Reichshaushaltsplan 1929. Eine etatskritische Denkschrift. Im Auftrage des Hansa-Bundes für Gewerbe, Handel und Industrie ausgearbeitet von Ernst Mosich, 2 Bde., Berlin 1929

Entscheidung des III. Zivilsenats vom 30.1.1931, in: Entscheidungen des Reichsgerichts in Zivilsachen, Bd. 131, Berlin 1931, S. 207–213

Entschließung des Bundestages 1926 des Bundes Deutscher Reichssteuerbeamten, in: Steuer-Warte 5 (1926), 12, S. 251

Erlass des Reichsfinanzministers aus Anlass des zehnjährigen Bestehens der Reichsfinanzverwaltung am 28.9.1929 an die Präsidenten der Landesfinanzminister, in: Steuer-Warte 8 (1929), 20, S. 520–521

Erlass des Reichsfinanzministers betr. vereinfachte Obersekretärprüfung, gez. Reinhardt, 22.12.1933, in: Steuer-Warte 13 (1934), 1, S. 21–22

Erlass des Reichsfinanzministers betr. Steuerinspektorprüfung 1934, 22.2.1934, in: Steuer-Warte 13 (1934), 5, S. 117

Erzberger, Matthias, Reden zur Neuordnung des deutschen Finanzwesens, Berlin 1919

Fabricius, Hans, Die Ueberwindung des Bürokraten, in: Die Steuer-Warte 16 (1937), 3, S. 62

Fischbach, Oskar Georg, Beamtenrechtliche Probleme [I], in: Reichsverwaltungsblatt 62 (1941), 29, S. 461–465

Fischbach, Oskar Georg, Beamtenrechtliche Probleme [II], in: Reichsverwaltungsblatt 62 (1941), 46/47, S. 674–678

Fischbach, Oskar Georg, Beamtenrechtliche Probleme [III], in: Reichsverwaltungsblatt 62 (1941), 52/53, S. 712–715

Fischbach, Oskar Georg, Beamtenrecht und öffentliches Dienstrecht, in: Reichsverwaltungsblatt 63 (1942), 19/20, S. 181–185

Fischer, Hermann, Die Finanzen des Reiches, in: Anton Erkelenz (Hg.), Zehn Jahre Deutsche Republik. Ein Handbuch für republikanische Politik, Berlin 1928, S. 418–445

Földes, Béla, Finanzwissenschaft, 2. Aufl., Jena 1927

Forsthoff, Ernst, Der totale Staat, Hamburg 1933

Forsthoff, Ernst, Der Staat der Industriegesellschaft, 2. unveränd. Aufl., München 1971

Fraenkel, Ernst, Die Krise des Rechtsstaats und der Justiz, in: Die Gesellschaft 7 (1931), 10, S. 327–341

Fraenkel, Ernst, Abschied von Weimar?, in: Die Gesellschaft 9 (1932), 8, S. 109–124

Fraenkel, Ernst, Um die Verfassung, in: Die Gesellschaft 9 (1932), 10, S. 297–312

Fraenkel, Ernst, Verfassungsreform und Sozialdemokratie, in: Die Gesellschaft 9 (1932), 12, S. 486–500

Fraenkel, Ernst, Der Doppelstaat, 3. Aufl., Hamburg 2012 [engl. Orig. 1941]

Fraenkel, Ernst, Zur Auseinandersetzung mit Carl Schmitt – Besprechung von: Peter Schneider, Ausnahmezustand und Norm, Eine Studie zur Rechtslehre Carl Schmitts [1957], in: ders., Gesammelte Schriften, Bd. 2: Nationalsozialismus und Widerstand, hrsg. v. Alexander von Brünneck, Baden-Baden 1999, S. 595–599

Fraenkel, Ernst, Das amerikanische Regierungssystem, Köln/Opladen 1960

Friedmann, Heinrich, Der Ausnahmezustand nach Art. 48, Abs. II–V, RV, unter besonderer Berücksichtigung der geschichtlichen Entwicklung, Berlin 1927 (= Rechtswissenschaftliche Studien 35)

Führer-Erlasse 1939–1945. Zusammengestellt und eingeleitet von Martin Moll, Stuttgart 1997

Geleitwort, in: Deutsche Steuer-Zeitung XXII (1933), 6, S. 221

Gemeinsame Geschäftsordnung der Reichsministerien, Allgemeiner Teil (GGO I), hrsg. v. Reichsministerium des Innern, Berlin 1926

Gemeinsame Geschäftsordnung der Reichsministerien, Besonderer Teil (GGO II), hrsg. v. Reichsministerium des Innern, Berlin 1927

Gerloff, Wilhelm, Die Reichsfinanzgesetzgebung von 1913, in: ASPG 3 (1914), S. 289–354

Gerloff, Wilhelm, Steuerwirtschaftslehre, in: Handbuch der Finanzwissenschaft, Bd. II, hrsg. v. ders./Fritz Neumark, 2., völlig neubearb. Aufl., Tübingen 1956, S. 239–325

Geschäftsordnung der Reichsregierung, Berlin 1924

Giese, Friedrich, Grundriß des Reichsstaatsrechts, 4. Aufl., Bonn 1926

Glum, Friedrich, Die staatsrechtliche Stellung der Reichsregierung sowie des Reichskanzlers und des Reichsfinanzministers in der Reichsregierung, Berlin 1925

Goldscheid, Rudolf, Staatssozialismus oder Staatskapitalismus. Ein finanzsoziologischer Beitrag zur Lösung des Staatsschulden-Problems [1917], in: Rudolf Hickel (Hg.), Rudolf Goldscheid, Joseph Schumpeter. Die Finanzkrise des Steuerstaats. Beiträge zur politischen Ökonomie der Staatsfinanzen, Frankfurt a. M. 1976, S. 40–252

Goldscheid, Rudolf, Staat, öffentlicher Haushalt und Gesellschaft. Wesen und Aufgabe der Finanzwissenschaft vom Standpunkte der Soziologie [1926], in: Rudolf Hickel (Hg.), Rudolf Goldscheid, Joseph Schumpeter. Die Finanzkrise des Steuerstaats. Beiträge zur politischen Ökonomie der Staatsfinanzen, Frankfurt a. M. 1976, S. 253–316

Grabower, Rolf, Die Stellung der Buch- und Betriebsprüfung im Steuerwesen, in: Paul Deutsch (Hg.), Festgabe für Herrmann Grossmann zum 60. Geburtstag, Berlin/Wien 1932, S. 117–118

Gräßlin, Gustav Adolf, Der Grundsatz der Gesetzmäßigkeit der Verwaltung, Univ. Diss., Schramberg 1939

Groth, Karl, Die Reichsfinanzverwaltung, 8. Aufl., Berlin/Potsdam/Wien 1944

Grzesinski, Albert, Verwaltungsarbeit im neuen Staat, Berlin 1928

Grzesinski, Albert, Republik und Beamter, in: Das Beamtentum im neuen Staat. Zwei Vorträge auf dem Mitteldeutschen Beamtentag in Magdeburg am 1. Dezember 1929, Berlin 1930, S. 3–18

Goslar, Hans, Erzberger in Weimar. Einige Erinnerungen, in: Germania, 3.9.1921

Gutachten der Verwaltungsabbaukommission über die Vereinfachung der Gesetzgebung und Verwaltung auf dem Gebiete der direkten Steuern, Berlin 1924

Gutachten über die juristische Ausbildung unter besonderer Berücksichtigung der Interessen der Verwaltung. Der Ständigen Konferenz der Innenminister und dem Bundesminister des Innern erstattet auf Grund des Auftrages vom 14./15. Juni 1961, Köln/Berlin 1965

Haenel, Albert, Studien zum Deutschen Staatsrechte, Bd. II, 2. Heft: Das Gesetz im formellen und materiellen Sinne, Leipzig 1888

Handbuch für das Deutsche Reich 1913. Bearb. im Reichsamt des Innern, Berlin 1913

Handbuch für das Deutsche Reich auf das Rechnungsjahr 1918. Bearb. im Reichsamt des Innern, Berlin 1918

Hans, Helmut, Der Staat im Spiegel des Budgets. Eine Untersuchung über das Budget der öffentlichen Verwaltung des Deutschen Reiches in der Nachkriegszeit, Univ. Diss., Düsseldorf 1939

Harms, Bernhard (Hg.), Recht und Staat im Neuen Deutschland. Vorlesungen gehalten in der Deutschen Vereinigung für Staatswissenschaftliche Fortbildung, 2 Bde., Berlin 1929

Harms, Bernhard (Hg.), Strukturwandlungen der deutschen Volkswirtschaft. Vorlesungen gehalten in der Deutschen Vereinigung für Staatswissenschaftliche Fortbildung, 2., vervollst. Aufl., Berlin 1929

Harms, Bernhard (Hg.), Volk und Reich der Deutschen. Vorlesungen gehalten in der Deutschen Vereinigung für Staatswissenschaftliche Fortbildung, 2 Bde., Berlin 1929

Harms, Bernhard (Hg.), Kapital und Kapitalismus. Vorlesungen gehalten in der Deutschen Vereinigung für Staatswissenschaftliche Fortbildung, 2 Bde., Berlin 1931

Harnack, Ernst von, Die Praxis der Öffentlichen Verwaltung, Berlin 1936

Hatschek, Julius, Deutsches und preußisches Staatsrecht, Bd. 2, Berlin 1923

Haußmann, Hermann, Die Büroreform als Teil der Verwaltungsreform, Berlin 1925

Heckel, Johannes, Budgetäre Ausgabeninitiative im Reichstag zugunsten eines Reichskulturfonds, in: AöR N.F. 12 (1927), S. 420–471

Heckel, Johannes, Die Entwicklung des parlamentarischen Budgetrechts und seiner Ergänzungen, in: Gerhard Anschütz/Richard Thoma (Hg.), Handbuch des Deutschen Staatsrechts, Bd. 2, Tübingen 1932, S. 358–374

Heckel, Johannes, Einrichtung und rechtliche Bedeutung des Reichshaushaltsgesetzes, in: Gerhard Anschütz/Richard Thoma (Hg.), Handbuch des Deutschen Staatsrechts, Bd. 2, Tübingen 1932, S. 374–392

Heckel, Johannes, Die Budgetverabschiedung, insbesondere die Rechte und Pflichten des Reichstags, in: Gerhard Anschütz/Richard Thoma (Hg.), Handbuch des Deutschen Staatsrechts, Bd. 2, Tübingen 1932, S. 392–411

Heckel, Johannes, Diktatur, Notverordnungsrecht, Verfassungsnotstand mit besonderer Rücksicht auf das Budgetrecht, in: AöR N.F. 22 (1932), S. 257–338

Heckel, Johannes, Wehrverfassung und Wehrrecht des Großdeutschen Reiches, Teil I: Gestalt und Recht der Wehrmacht. Der Waffendienst, Hamburg 1939

Heimann, Hugo, Der Reichshaushalt. Grundlagen, Inhalt und Bedeutung, Berlin [1928]

Heinig, Kurt, Das Budget, Bd. I–III, Tübingen 1949/51

Heinig, Kurt, Haushalt-Fibel. Eine volkstümliche Erläuterung des Bundeshaushaltsplans, Bad Wörishofen [1953] (= Schriftenreihe des Bundes der Steuerzahler 1)

Heinig, Kurt, Budgetliteratur, in: Zeitschrift für die gesamte Staatswissenschaft 111 (1955), 2, S. 373–381

Heller, Hermann, Der Beamte im sozialen Volksstaat, in: Allgemeine Deutsche Beamtenzeitung IX, Nr. 106, 20.9.1930, S. 11

Hensel, Albert, Die wissenschaftliche Fortbildung der Reichssteuerbeamten, in: Steuer-Archiv 31 (1928), 1, S. 1–6 und 33–38

Hensel, Albert, Das Popitz-Gutachten über den Finanzausgleich, in: StuW 11 (1932), Sp. 593–610

Hertz, Paul, Grußwort, abgedruckt in: Steuer-Warte 8 (1929), 20, S. 506

Herz, Carl, Die Verwaltungsreform als Aufgabe der Demokratie, Berlin 1927 (= Schriftensammlung des ADB, 13)

Hilferding, Rudolf, Grußwort, in: Steuer-Warte 8 (1929), 20, S. 502

Hinnenthal, H., Die deutsche Rationalisierungsbewegung und das Reichskuratorium für Wirtschaftlichkeit, Berlin 1927

Hintze, Otto, Der Commissarius und seine Bedeutung in der allgemeinen Verwaltungsgeschichte. Eine vergleichende Studie [1910], in: ders., Beamtentum und Bürokratie, hrsg. u. eingel. v. Kersten Krüger, Göttingen 1981, S. 78–112

Hintze, Otto, Der Beamtenstand [1911], in: ders., Beamtentum und Bürokratie, hrsg. u. eingel. v. Kersten Krüger, Göttingen 1981, S. 16–77

Hitler, Adolf, Reden, Schriften, Anordnungen, Februar 1925 bis Januar 1933, Bd. 4, Teil 1, hrsg. v. Constantin Goschler, München 1994

Hitler, Adolf, Reden, Schriften, Anordnungen, Februar 1925 bis Januar 1933, Bd. 5, Teil 1, hrsg. v. Klaus A. Lankheit, München 1996

Hitler, Adolf, Mein Kampf. Eine kritische Edition, hrsg. v. Christian Hartman et al., Bd. II, München/Berlin 2016

Höhn, Reinhard, Volk und Verfassung. Eine Auseinandersetzung mit Ernst Rudolf Huber, in: Deutsche Rechtswissenschaft 2 (1937), S. 193–218

Höhn, Reinhard, Der Kampf um die juristische Ausbildung des Verwaltungsnachwuchses in Preußen, in: Reich – Volksordnung – Lebensraum. Zeitschrift für völkische Verfassung und Verwaltung 4 (1943), S. 13–104

Hollaender, Adolf, 10 Jahre reichseigene Steuerverwaltung. Aufsatz aus der „Deutschen Allgemeinen Zeitung" vom 1.10.1929, abgedr. in: Steuer-Warte 8 (1929), 20, S. 522

Höpfner, Johanna, Die Boden- und Wohnungspolitik der Stadt Cassel, Univ. Diss., Würzburg 1921

Höpker-Aschoff, Hermann, Maßnahmen zur Gewährleistung sparsamster Finanzpolitik, in: Die Länderkonferenz, hrsg. v. Reichsministerium des Innern, Berlin 1928, S. 48–50

Huber, Ernst Rudolf, Verfassungsrecht des Großdeutschen Reiches, Hamburg 1939

Huber, Ernst Rudolf, Die Einheit der Staatsgewalt, in: DJZ 39 (1934), Sp. 950–960

Iltgen, Hans, Der höhere Reichsfinanzbeamte, in: Merkblätter für Berufsberatung der Deutschen Zentralstelle für Berufsberatung der Akademiker, Berlin 1929, o. S.

Industriellendenkschrift von 1925, in: Horst Bartel (Hg.), Sachwörterbuch der Geschichte Deutschlands und der deutschen Arbeiterbewegung, Bd. 1, Berlin (Ost) 1969, S. 819–821

Jacobsen, Zur Ausbildung der Reichssteuerbeamten, in: Steuer-Warte 6 (1927), 21, S. 459–460

Jastrow, Ignaz, Die Ausbildung der Finanzbeamten, in: Das Neue Reich 1 (1919), 18, S. 9–10

Jellinek, Walter, Verfassungsneubau, in: Reich und Länder 7 (1933), 5, S. 129–142

Jellinek, Walter, Wohlerworbene Besoldungsrechte der Beamtenschaft in Zeiten der Not, in: Reichsverwaltungsblatt 53 (1932), S. 41–47

Jèze, Gaston, Allgemeine Theorie des Budgets. Deutsche Ausgabe von Fritz Neumark, Tübingen 1927

Jèze, Gaston, Aspect politique des problèmes financiers, in: Festgabe für Georg von Schanz, Bd. 1, Tübingen 1928, S. 20–38

Jèze, Gaston, Le rôle du ministre des Finances dans une démocratie, in: Revue de science et de législation financières XXVII (1929), 1, S. 5–24

Jouvenel, Bertrand de, Sur l'évolution des formes de gouvernement, Bulletin SEDEIS, Nr. 785 (Beilage Futuribles), 20.4.1961

Justinian, Es liegt im Machtbereich des Herrn Ministers, in: Steuer-Warte 9 (1930), 8, S. 170–171

Kaisenberg, Georg, Geschäftsvereinfachungen durch einheitliche Geschäftsordnungen. Das Kernstück der Büroreform in der Reichsverwaltung, in: Reich und Länder 3 (1929), 6, S. 327–335

Kaisenberg, Georg, Schlußwort, in: Reichsverwaltungsblatt 53 (1932), 21, S. 404–406

Kaufmann, Erich, Die reichseigene Steuerverwaltung – ihre politische Bedeutung und ihre verfassungsrechtlichen Grundlagen, in: Recht und Wirtschaft 8 (1919), 12, S. 211–218

Keynes, John Maynard, Réflexions sur le franc et sur quelques autres sujets, 5. Aufl., Paris 1928

Kiepert, Max, Die Arbeit des Landrats vom Weltkrieg bis zu Adolf Hitler, Berlin 1935

Kirchheimer, Otto, Die staatsrechtlichen Probleme der Reichstagsauflösung, in: Die Gesellschaft 9 (1932), 8, S. 125–135

Koch, Erich, Vereinheitlichung und Vereinfachung der Reichsverwaltung, in: DJZ 26 (1921), 9–10, S. 282–303

Koellreutter, Otto, Parteien und Verfassung im heutigen Deutschland, in: Festgabe für Richard Schmidt, Bd. 2, Leipzig 1932, S. 107–139

Koellreutter, Otto, Das Wesen des „Politischen“ in der öffentlichen Verwaltung, in: Reichsverwaltungsblatt 54 (1933), 25, S. 481–483

Koellreutter, Otto, Die Bedeutung der Verwaltungslehre im neuen Staat, in: Reichsverwaltungsblatt 54 (1933), 38, S. 741–743

Koellreutter, Otto, Die Bundessatzung des Reichsbundes der Deutschen Beamten, in: Steuer-Warte 12 (1933), 23, S. 473–474

Köhler, Heinrich, Rede zur Besoldungsordnung in Magdeburg. Stenographischer Bericht, abgedr. in: Steuer-Warte, Sonderausgabe 12.9.1927, S. 1–7

Köhler, Heinrich, Epilog zur Besoldungsreform, in: Steuer-Warte 7 (1928), 13, S. 209–210

Köhler, Heinrich, Lebenserinnerungen des Politikers und Staatsmannes (1878–1949), hrsg. v. Josef Becker, Stuttgart 1964 (= Veröffentlichungen der Kommission für Geschichtliche Landeskunde in Baden-Württemberg, Reihe A, Quellen 11)

Kohtz, Otto, Büro-Turmhäuser in Berlin, Berlin 1921

Kohtz, Otto, Das Reichshaus am Königsplatz. Ein Vorschlag zur Linderung der Wohnungsnot und der Arbeitslosigkeit, Berlin 1920

Konopacki-Konopath, Hanno, Ist Rasse Schicksal? Grundgedanken der völkischen Bewegung, München 1926

Köppe, Hans, Die Reichssteuerreform von 1913, in: FinanzArchiv 31 (1914), 1, S. 254–319

Köttgen, Arnold, Das deutsche Berufsbeamtentum und die parlamentarische Demokratie, Berlin/Leipzig 1928

Köttgen, Arnold, Die politische Betätigung der Beamtenschaft, in: Verwaltungsarchiv 37 (1932), S. 247–271

Köttgen, Arnold, Betrachtungen zum Neubau der deutschen Verwaltung, in: Reichsverwaltungsblatt 56 (1935), 4, S. 65–72

Köttgen, Arnold, Die Ausbildung der höheren Verwaltungsbeamten, in: Reichsverwaltungsblatt 56 (1935), 24, S. 465–469

Köttgen, Arnold, Die wissenschaftliche Ausbildung der Verwaltungsbeamten, in: Reichsverwaltungsblatt 61 (1940), 52, S. 725–728

Kowsky, Mehr Interesse für Wirtschaftsfragen!, in: Steuer-Warte 4 (1925), 14, S. 234

Krieger, Herbert, Auswahl und Aufstieg der Beamten unter Anwendung der Psychotechnik. Ein Beitrag zur Verwaltungsreform und zur modernen Auslesemethode, Berlin 1924

Krieger, Herbert, Wie gestalte ich mein Studium an der Verwaltungsakademie Berlin, in: Steuer-Warte 4 (1925), 20, S. 324–327

Kühnemann, Max, Haushaltsrecht und Reichsetat, Berlin 1930

Kühnemann, Max, Reichskredite durch Diktaturgewalt?, in: Der Deutsche Oekonomist, 9.10.1931, S. 1457–1462

Kühnemann, Max, Die Änderung der Geschäftsordnung des Reichstages vom Rechtstandpunkte, in: Reich und Länder 5 (1931), 3, S. 89–95

Kühnemann, Max, Kreditermächtigung auf Grund des Art. 48 der Reichsverfassung. Eine Erwiderung, in: Reichsverwaltungsblatt 53 (1932), 21, S. 403–404

Kühnemann, Max, Preußenkredite durch Reichsdiktatur?, in: Reich und Länder 6 (1932), 3, S. 59–66

Kühnemann, Max, Die staatsrechtliche Stellung der Reichsschuldenverwaltung, in: Archiv des öffentlichen Rechts 24 (1933), 1/2, S. 3–55 sowie 221–241

Kühnemann, Max, Können Reichsetat und Reichskredite diktatorisch geregelt werden? Ein Beitrag zur Lehre vom Ausnahmezustand, in: Reichsverwaltungsblatt 52 (1931), 38, S. 745–752

Külz, Wilhelm, Die Reform der Geschäftsordnung des Reichstages, in: Reich und Länder 5 (1931), 2, S. 38–39

Külz, Wilhelm, Wie liest man den Reichshaushalt? Was enthält er?, in: Anton Erkelenz (Hg.), Zehn Jahre Deutsche Republik. Ein Handbuch für republikanische Politik, Berlin 1928, S. 455–466

Kyris, Die Fortbildung des Reichssteuerbeamten, in: Steuer-Warte 4 (1925), 22, S. 362–363

Laband, Paul, Das Budgetrecht nach den Bestimmungen der preußischen Verfassungsurkunde unter Berücksichtigung der Verfassung des Norddeutschen Bundes, Berlin 1871

Laband, Paul, Das Staatsrecht des Deutschen Reichs, Bd. 4, 5., neubearb. Aufl., Tübingen 1914

Laski, Harold, The Pluralistic State (1919), in: ders., The Foundations of Sovereignty and Other Essays, London 1921, S. 232–249

Lassar, Gerhard, Reichseigene Verwaltung unter der Weimarer Verfassung. Zwei Studien, in: Jahrbuch des öffentlichen Rechts der Gegenwart XIV (1926), S. 1–231

Lassar, Gerhard, Die reichseigene Verwaltung, in: Bernhard Harms (Hg.), Recht und Staat im Neuen Deutschland. Vorlesungen gehalten in der Deutschen Vereinigung für Staatswissenschaftliche Fortbildung, Bd. 1, Berlin 1929, S. 207–248

Lederer, Emil, Zur Soziologie des Weltkriegs, in: Archiv für Sozialwissenschaft und Sozialpolitik 39 (1915), 2, S. 347–384

Leuthner, Karl, Parlament und Demokratie, in: Sozialistische Monatshefte 16 (1910), 2, S. 680–687

Lenin, Wladimir Il'ič, Über den Staat. Vorlesung an der Swerdlow-Universität, 11. Juli 1919, in: ders., Drei Quellen und drei Bestandteile des Marxismus, Karl Marx, Über den Staat, 14., überarb. Aufl., Berlin 1978, S. 61–86

Lion, Max, 10 Jahre Reichssteuerverwaltung. Aufsatz aus dem „Berliner Tageblatt" vom 26.9.1929, abgedr. in: Steuer-Warte 8 (1929), 20, S. 521–522

Lotz, Walther, Finanzwissenschaft, Tübingen 1917

Luther, Hans, Die Stabilisierung der deutschen Währung, in: Zehn Jahre deutsche Geschichte 1918–1928, Berlin 1928, S. 159–178

Luther, Hans, Politiker ohne Partei. Erinnerungen, Stuttgart 1960

Luther, Hans, Vor dem Abgrund. Reichsbankpräsident in Krisenzeiten 1830–1933, Berlin 1964

Mann, Fritz Karl, Die Staatswirtschaft unserer Zeit. Eine Einführung, Jena 1930

Markull, Wilhelm, Staatsreferendar und Staatsassessor, in: Reichsverwaltungsblatt 49 (1928), 45, S. 712–716

Markull, Wilhelm, 50 Jahre Reichsfinanzverwaltung, in: Reichsverwaltungsblatt 50 (1929), 28, S. 455–459

Markull, Wilhelm, Der künftige Finanzausgleich zwischen Reich, Ländern und Gemeinden. Eine Anzeige, in: Reichsverwaltungsblatt 53 (1932), 4, S. 61–69

Martitz, Ferdinand von, Über den constitutionellen Begriff des Gesetzes nach deutschem Staatsrecht, in: Zeitschrift für die gesamte Staatswissenschaft 36 (1880), S. 207–274

Matuschek, Die Reform der Abteilungsregistraturen der Reichszentralbehörden, in: Beamtenbund, Nr. 96, 7.12.1926

Maunz, Theodor, Die Rechtmäßigkeit der Verwaltung, in: Hans Frank (Hg.), Deutsches Verwaltungsrecht, München 1937, S. 51–66

Mayer, Josef, Die Bedeutung des Gesetzes über die 2. Änderung der Reichshaushaltsordnung und die 10. Änderung des Besoldungsgesetzes, in: Reichsverwaltungsblatt 55 (1934), 7, S. 133–135

Mayer, Josef, Einheitliches Haushaltsrecht in Reich und Ländern, in: Reichsverwaltungsblatt 57 (1936), 27, S. 581–585

Mayer, Otto, Deutsches Verwaltungsrecht, Bd. 1, 2. Aufl., Leipzig 1914 (= Systematisches Handbuch der deutschen Rechtswissenschaft Abt. 6, Bd. 1)

Mayo, Elton, The Human Problems of an Industrial Civilization, Boston 1948

Das Memorandum des Reparationsagenten und die Antwort der Reichsregierung in der amtlichen Fassung, Berlin 1927

Merk, Wilhelm, Der Staatsgedanke im Dritten Reich, Stuttgart 1935

Merkl, Adolf, Allgemeines Verwaltungsrecht, Wien/Berlin 1927

Merkl, Adolf, Gutachten, in: Verhandlungen des fünfunddreißigsten Deutschen Juristentages (Salzburg), Bd. 1: Gutachten, 2. Lieferung, Berlin/Leipzig 1928, S. 335–359

Mitteilung der Schriftleitung, in: Reich und Länder 7 (1933), 6, S. 187–188

Müller, Wilhelm, Planmäßige Anstellungen und Beförderungen, in: Steuer-Warte/NSBZ 11 (1942), 15/16, S. 57–60, sowie 17/18, S. 61–62

Munzer, Egbert, Dynamischer Staatshaushalt? Der Einfluss der Wirtschaftskonjunkturen auf den öffentlichen Haushalt, Jena 1931

Nawiasky, Hans, Die Auslegung des Art. 48 der Reichsverfassung, in: AöR 9 (1925), S. 1–55

Nawiasky, Hans, Die Stellung des Berufsbeamtentums im parlamentarischen Staat, München 1926

Nawiasky, Hans, Verfassungsmäßiger und außerverfassungsmäßiger Staatsnotstand, in: Reichsverwaltungsblatt / Preußisches Verwaltungsblatt 54 (1933), 8, S. 141–142

Neef, Hermann, Fördert die nationale Arbeit! Aufruf, in: Steuer-Warte 12 (1933), 14, S. 289

Neef, Hermann, Parteigenossen! Deutsche Beamte und Beamtinnen! Bekanntmachung an alle Mitglieder, in: Steuer-Warte/NSBZ 12 (1943), 3/4, S. 9–10

Neumann, Franz L., Behemoth. Struktur und Praxis des Nationalsozialismus 1933–1944 [1942/1944], hrsg. v. Gert Schäfer, Frankfurt 1998

Neumark, Fritz, Der Reichshaushaltsplan für 1924/1925 (I), in: Wirtschaftsdienst, Nr. 26, 27.6.1924, S. 800–803

Neumark, Fritz, Der Grundsatz der Vorherigkeit budgetärer Veranschlagungen und der Reichshaushaltsplan, in: Vierteljahresschrift für Steuer- und Finanzrecht 1 (1927), S. 423–458

Neumark, Fritz, Zur Fortbildung des Reichshaushaltsrechts, in: Vierteljahresschrift für Steuer- und Finanzrecht 3 (1929), 3, S. 417–422

Neumark, Fritz, Der Reichshaushaltsplan. Ein Beitrag zur Lehre vom öffentlichen Haushalt, Jena 1929

Neumark, Fritz, Aktuelle Probleme des Budgetwesens, in: Österreichische Zeitschrift für Bankwesen 2 (1937), S. 328–347

Neumark, Fritz, Internationale Gemeinsamkeiten und nationale Eigenarten der Finanzpolitik, in: Kyklos 2 (1948), 4, S. 317–348

Neumark, Fritz, Die Finanzpolitik in der Zeit vor dem I. Weltkrieg, in: Währung und Wirtschaft in Deutschland 1876–1975, hrsg. v. der Deutschen Bundesbank, Frankfurt a. M. 1976, S. 57–111

Neumark, Fritz, Zur Finanzgeschichte der Weimarer Republik, in: FinanzArchiv N.F. 35 (1976/77), 2, S. 351–366

Neumark, Fritz, Finanzieller und politischer Bankrott eines Staates, in: FinanzArchiv N.F. 35 (1976/77), 3, S. 497–501

Neumark, Fritz, Zuflucht am Bosporus. Deutsche Gelehrte, Politiker und Künstler in der Emigration 1933–1953, Frankfurt a. M. 1980

Nicolson, Harold, Friedensmacher 1919, Berlin 1933

Niedermeyer, Nochmals: Krise der Bürokratie, in: Reichsverwaltungsblatt 53 (1932), 47, S. 1025–1027

N.N., An alle Beamten, Anwärter und Ruheständler der Reichssteuerverwaltung, 2.6.1933, Beilage zur Steuer-Warte (1933) 11

N.N., „An das deutsche Volk!“, in: Steuer-Warte 8 (1929), 20, S. 523

N.N., „Wenn Sie meine Anweisungen nicht befolgen wollen, wird Ihnen einfach befohlen!“, in: Steuer-Warte 7 (1928), 10, S. 164

N.N., Aufruf des Deutschen Sprachpflegeamtes, in: Steuer-Warte 14 (1935), 18, S. 442

N.N., Die Aufstiegsfrage. Kampf oder Ausgleich, in: Steuer-Warte 4 (1925), 18, S. 291

N.N., Ausbildung der Anwärter des einfachen mittleren Dienstes und der in diesen Dienst auftragsweise abgeordneten Beamten im Bereiche der Besitz- und Verkehrssteuerverwaltung, in: Steuer-Warte 4 (1925), 1, S. 8–9

N.N., Ausbildung der Nachwuchsmänner für den gehobenen Dienst, in: Steuer-Warte/NSBZ 8 (1939), 9, S. 296–298

N.N., Wir fordern den Ausnahmezustand!, in: Völkischer Beobachter, 14.7.1932, Titelseite

N.N., Der Beamte als Kämpfer und Vorbild, in: Steuer-Warte/NSBZ 10 (1941), 18/19, S. 155–156

N.N., Die Beamten in den Parlamenten, in: Steuer-Warte 7 (1928), 7, S. 116–117

N.N., Die Beamten-Einheitsorganisation im nationalsozialistischen Volksstaat, in: Steuer-Warte 12 (1933), 22, S. 451–452

N.N., Der Beamteneinsatz im Kriege. Reichsbeamtenführer Hermann Neef in Kärnten und Mecklenburg, in: Steuer-Warte/NSBZ 11 (1942), 5/6, S. 19

N.N., Beamtenhetze – Staatshetze, in: Steuer-Warte 5 (1926), 16, S. 320–324

N.N., Die neue Beamtenorganisation, in: Steuer-Warte 12 (1933), 21, S. 426

N.N., Bemerkungen, in: Steuer-Warte 4 (1925), 16, S. 265

N.N., Aus den Beratungen des Haushaltsausschusses, in: Steuer-Warte 9 (1930), 1, S. 5–6

N.N., Besoldungsdenkschrift der Regierung, in: Steuer-Warte 4 (1925), 11, S. 174

N.N., Eine Beschwerde des D.B.B. gegen Stegerwald, in: Steuer-Warte 7 (1928), 1, S. 4

N.N., Besprechung bei Staatssekretär Popitz, in: Steuer-Warte 5 (1926), 2, S. 23–24

N.N., Bewertung des Besuchs der Verwaltungs-Akademien, in: Steuer-Warte 5 (1926), 18, S. 365

N.N., Bildung macht frei!, in: Steuer-Warte 8 (1929), 19, S. 477–479

N.N., Bitterer Ernst. Die Wahrheit über die ‚aufgeblähte' Steuerverwaltung, in: Steuer-Warte 5 (1926), 3, S. 44–54

N.N., Bürokratie und Führung. Oder Leistungssteigerung durch Uebertragung von Verantwortung, in: Steuer-Warte/NSBZ 8 (1939), 14, S. 473

N.N., Bund Deutscher technischer Zollbeamten, in: Steuer-Warte 12 (1933), 12, S. 253

N.N., Bundeshaushalt: Überrollt, in: Der Spiegel 37 (1960), S. 19

N.N., Charakterprüfung für Referendare, in: Steuer-Warte 12 (1933), 13, S. 280–281

N.N., Die Denkschrift des Reichsverbandes der akademischen Finanzbeamten (R.a.F.) an den Reichstag, in: Steuer-Warte 6 (1927), 6, S. 113–117

N.N., Der Deutsche Gruß bei den Behörden, in: Steuer-Warte 12 (1933), 23, S. 491

N.N., Der deutsche Gruß nur für Deutsche, in: Steuer-Warte 12 (1933), 17, S. 355

N.N., Dienstlaufbahnen der Reichsfinanzbeamten, in: Steuer-Warte 4 (1925), 1, S. 7–8

N.N., 13. Reichssteuerwoche, in: Steuer-Warte 13 (1934), 14, S. 383

N.N., Dritte fachwissenschaftliche Woche für Reichssteuerbeamte [I], in: Steuer-Warte 6 (1927), 16, S. 327–328

N.N., Dritte fachwissenschaftliche Woche für Reichssteuerbeamte [II], in: Steuer-Warte 6 (1927), 20, S. 431–434

N.N., Um die einheitliche Reichsfinanzverwaltung, in: Steuer-Warte 12 (1933), 2, S. 17–18

N.N., Einigungs-Kundgebung des Bundes Deutscher Reichssteuerbeamten am 13. Februar 1927, in: Steuer-Warte 6 (1927), 4, S. 82–83

N.N., Einstellung des Personalabbaues, in: Steuer-Warte 4 (1925), 16, S. 264–265

N.N., Entscheidungsfreudiges Beamtentum. Der Reichsbeamtenführer vor den Berliner Behördenleitern, in: Steuer-Warte/NSBZ 11 (1942), 19/20, o. S.

N.N., Erhaltung der einheitlichen Reichsfinanzverwaltung eine – Staatsnotwendigkeit!, in: Steuer-Warte 12 (1933), 3, S. 41–42

N.N., Eröffnung der Fünften Fachwoche für Reichssteuerbeamte, in: Steuer-Warte 8 (1929), 6, S. 129–131

N.N., Eröffnungsfeier der Zwölften Reichssteuerwoche, in: Steuer-Warte 13 (1934), 6, S. 122

N.N., Erste fachwissenschaftliche Woche für Reichssteuerbeamte [I], in: Steuer-Warte 4 (1925), 18, S. 294–295

N.N., Erste fachwissenschaftliche Woche für Reichssteuerbeamte [II], in: Steuer-Warte 4 (1925), 21, S. 348–349

N.N., Erste Reichstagung der Gauunterabteilungsleiter Reichssteuerverwaltung im Amt für Beamte der NSDAP, in: Steuer-Warte 14 (1935), 3, S. 52–53

N.N., Der Etat des Reichsfinanzministeriums im Haushaltsausschuß des Reichstages, in: Steuer-Warte 6 (1927), 6, S. 118–121

N.N., Die zweite Etappe. Ausgabensenkung zu Lasten der Beamtenschaft, in: Steuer-Warte 9 (1930), 10, S. 197–199

N.N., Ex-German Minister Visits Washington. Carl Bergman Tells Mellon and Hoover of German Economic Situation, in: The New York Times, 4.11.1921, S. 19

N.N., Fast eine Million Beitrittserklärungen zum Reichsbund der Deutschen Beamten, in: Steuer-Warte 12 (1933), 24, S. 502

N.N., Finanz- und Steuerpolitik im Dritten Reich. Vortrag von Staatssekretär im Reichsfinanzministerium Reinhardt, in: Steuer-Warte 13 (1934), 6, S. 123–130

N.N., Zur Frage der Zulässigkeit der Herabsetzung des Beamtengehalts durch einfaches Gesetz, in: Steuer-Warte 9 (1930), 8, S. 165–170

N.N., Neuer Führer im Deutschen Beamtenbund, in: Steuer-Warte 12 (1933), 12, S. 242–243

N.N., Führerwechsel, in: Steuer-Warte 12 (1933), 24, S. 497–498

N.N., Fünfte fachwissenschaftliche Woche für Reichssteuerbeamte, in: Steuer-Warte 8 (1929), 4, S. 85–86

N.N., 50 Jahre Reichsfinanzministerium, in: Steuer-Warte 8 (1929), 14, S. 381–382

N.N., Das Gebot der Stunde. Ein Notschrei und ein Mahnruf an das Reichsfinanzministerium und an den Reichstag, in: Steuer-Warte 7 (1928), 22, S. 393–397

N.N., Die Gefährdung des Berufsbeamtentums, in: Steuer-Warte 5 (1926), 23, S. 466–467

N.N., Ein gefährlicher Weg. Zur Vereinfachung der Reichsfinanzverwaltung, in: Steuer-Warte 5 (1926), 18, S. 350–353

N.N., Geleitwort, in: Deutsche Steuer-Zeitung 22 (1933), 6, S. 221

N.N., Das Gesetz zur Wiederherstellung des Berufsbeamtentums, in: Steuer-Warte 12 (1933), 8, S. 125–127

N.N., Geschäftsbericht, in: Steuer-Warte 5 (1926), 10, S. 205

N.N., Großzügig – gegen andere, in: Steuer-Warte 10 (1931), 10, S. 288–289

N.N., Grundsätze für die Beförderungen innerhalb der Reichssteuerverwaltung, in: Steuer-Warte 4 (1925), 19, S. 307–308

N.N., Gründung der Fachschaft Reichsfinanzbeamte, in: Steuer-Warte/NSBZ 10 (1941), 10/11, S. 107–110

N.N., Der Hauptbetriebsrat der Reichsfinanzverwaltung auf dem Kriegspfad, in: Steuer-Warte 10 (1931), 2, S. 33–34

N.N., Hilf, wer helfen mag!, in: Steuer-Warte 4 (1925), 17, S. 279

N.N., Hitler-Gruß, der Gruß der Deutschen!, in: Steuer-Warte 12 (1933), 14, S. 291–292

N.N., Hitlergruß – deutscher Gruß! (Auszug aus dem Völkischen Beobachter), abgedr. in: Steuer-Warte 12 (1933), 17, S. 348

N.N., Informationskursus, in: Steuer-Warte 6 (1927), 22, S. 486

N.N., Die ersten Jungmänner in Herrsching, in: Steuer-Warte/NSBZ 7 (1938), 12, S. 382–383

N.N., Kämpferisches Beamtentum! Der Reichsbeamtenführer vor der Verwaltungs-Akademie Frankfurt (Main), in: Steuer-Warte NSBZ 10 (1941), 12/13, S. 125

N.N., Karten auf den Tisch, in: Der Spiegel 22 (1972), S. 34

N.N., Endlich Klarheit!, in: Steuer-Warte 6 (1927), 17, S. 345

N.N., Der Krieg im Dunkeln, in: Steuer-Warte 10 (1931), 8, S. 162–164

N.N., Zur Kritik der Reichssteuerverwaltung, in: Steuer-Warte 5 (1926), 14, S. 285–288

N.N., Zur Kritik des Reichshaushaltsplans durch den Reparationsagenten, in: Steuer-Warte 6 (1927), 19, S. 405–406

N.N., Kritische Betrachtungen zur Verwaltungsreform, in: Steuer-Warte 11 (1932), 20, S. 321–322

N.N., Der neue Kurs. Zur Etatsrede des Herrn Reichsfinanzministers Dr. Reinhold, in: Steuer-Warte 5 (1926), 4, S. 69–71

N.N., Das alte Lied, in: Steuer-Warte 4 (1925), 19, S. 306–307 und 365–367

N.N., Lieferung der „Steuer-Warte", in: Steuer-Warte 13 (1934), 2, S. 43

N.N., M.d.R., in: Steuer-Warte 7 (1928), 8, S. 127–128

N.N., Mehrleistung durch Verwaltungsvereinfachung, in: Steuer-Warte/NSBZ 11 (1942), 3/4, S. 9–10

N.N., Mehrleistung mit Verantwortungsfreude. Auch die 65jährigen Arbeitskameraden müssen helfen, in: Steuer-Warte/NSBZ 8 (1939), 15, o. S.

N.N., Fast eine Million Beitrittserklärungen zum Reichsbund der Deutschen Beamten, in: Steuer-Warte 12 (1933), 24, S. 502

N.N., Mitteilung der Schriftleitung, in: Reich und Länder 7 (1933), 6, S. 187–188

N.N., Die Mobilisierung der Beamtenschaft, in: Steuer-Warte/NSBZ 8 (1939), 19, S. 625–626

N.N., Neues Deutschland, in: Steuer-Warte 12 (1933), 6, S. 89–90

N.N., 1925–1926, in: Steuer-Warte 5 (1926), 1, S. 1–3

N.N., 1930 – Was soll werden?, in: Steuer-Warte 9 (1930), 1, S. 1–3

N.N., Die Organisationsvertreter beim Reichsfinanzminister von Schlieben, in: Steuer-Warte 4 (1925), 7, S. 103–104

N.N., Oversubscribed, in: US Time Magazine, 23.6.1930

N.N., Pressehetze, in: Steuer-Warte 5 (1926), 1, S. 12

N.N., Die große Protestversammlung des Bezirksverbandes Berlin, in: Steuer-Warte 5 (1926), 22, S. 446

N.N., Große Protestversammlung der Reichssteuerbeamten in Berlin, in: Steuer-Warte 5 (1926), 22, S. 442

N.N., Zur Rationalisierung in der Reichsfinanzverwaltung, in: Steuer-Warte 5 (1926), 17, S. 336–337

N.N., Der Rechnungshof auf dem Kriegspfade gegen die Reichsfinanzverwaltung, in: Steuer-Warte 10 (1931), 4, S. 77–78

N.N., Rechtstellung der weiblichen Beamten, in: Amtsblatt der Reichsfinanzverwaltung 14 (1932), 23, S. 93–95

N.N., Reichsbund der Deutschen Beamten gegründet, in: Steuer-Warte 12 (1933), 20, S. 411–412

N.N., Beim Reichsminister der Finanzen. Vorstellung der Finanzbeamtenverbände, in: Steuer-Warte 7 (1928), 20, S. 345–348

N.N., An den Reichstag: Die Personalverhältnisse bei der Reichssteuerverwaltung, in: Steuer-Warte 5 (1926), 2, S. 21–23

N.N., Erste Reichstagung der Gauunterabteilungsleiter Reichssteuerverwaltung im Amt für Beamte der NSDAP, in: Steuer-Warte (1935), 3, S. 52–53

N.N., Reichsverband der akademischen Finanzbeamten, in: Steuer-Warte 7 (1928), 14, S. 234–235

N.N., Rückblick auf unseren Bundestag, in: Steuer-Warte 5 (1926), 14, S. 288

N.N., Satzung des RDB, in: Steuer-Warte 12 (1933), 22, S. 452–453

N.N., Reinliche Scheidung, in: Steuer-Warte 7 (1928), 24, S. 447–448

N.N., Durch Schulung zur Leistung!, in: Steuer-Warte 14 (1935), 6, S. 129–130

N.N., Sechste fachwissenschaftliche Woche für Reichssteuerbeamte, in: Steuer-Warte 8 (1929), 17, S. 445–446

N.N., Sie wurden nicht vergessen!, in: Steuer-Warte/NSBZ 7 (1938), 22, S. 733

N.N., Siebenter Bundestag des Deutschen Beamtenbundes, in: Steuer-Warte 9 (1930), 21, S. 469–478

N.N., Die sparsame Republik, in: Deutsche Tages-Zeitung, Nr. 472, 8.10.1921

N.N., Die Staatslehre des Nationalsozialismus, in: Steuer-Warte 13 (1934), 8, S. 179–182

N.N., Steuer- und Betriebswirtschaft, in: Steuer-Warte 6 (1927), 19, S. 409

N.N., Tagungsbericht, in: Steuer-Warte 12 (1933), 11, S. 213–229

N.N., Teilnahme von Reichsbeamten an politischen Veranstaltungen, in: Amtsblatt der Reichsfinanzverwaltung 14 (1932), 24, S. 97

N.N., Teilnahme von Reichsbeamten an politischen Veranstaltungen, in: Amtsblatt der Reichsfinanzverwaltung 15 (1933), 6, S. 19

N.N., Der Treueeid der deutschen Beamten, in: Steuer-Warte 12 (1933), 24, S. 511

N.N., Triebkräfte der Bundesbewegung, in: Steuer-Warte 4 (1925), 21, S. 337–342

N.N., Große Umorganisation im Reichsfinanzministerium, in: Steuer-Warte 10 (1931), 3, S. 62

N.N., Und nun? Eine Betrachtung zur Verabschiedung des Haushaltsplans 1926 in: Steuer-Warte 5 (1926), 7, S. 140–141

N.N., Unterrichtswoche der Verwaltungs-Akademie Berlin für Reichssteuerbeamte vom 19. bis 24. März 1934, in: Steuer-Warte 13 (1934), 4, S. 86

N.N., Vereinfachung im Reichsfinanzministerium, in: Vossische Zeitung, Morgen-Ausgabe, Nr. 242, 26.5.1921

N.N., Vereinfachung der Reichsfinanzverwaltung, in: Steuer-Warte 5 (1926), 17, S. 333–336

N.N., Vereinfachte Prüfungen, in: Steuer-Warte/NSBZ 10 (1941), 12/13, S. 124–125

N.N., Guter Verlauf der Zwölften Reichssteuerwoche. Teilnehmer und Veranstalter sind sehr befriedigt, in: Steuer-Warte 13 (1934), 7, S. 153–154

N.N., Vertrauenskrise, in: Steuer-Warte 6 (1927), 14, S. 289–290

N.N., Mit Vertrauen ins neue Jahr, in: Steuer-Warte 12 (1933), 1, S. 1–5

N.N., Verwaltungs-Akademie Berlin, in: Steuer-Warte 5 (1926), 18, S. 367

N.N., Die deutschen Verwaltungsakademien – immer noch ein Problem?, in: Steuer-Warte 6 (1927), 9, S. 188

N.N., Sind die Verwaltungs-Akademien und Beamtenhochschulen notwendig und welche Bedeutung haben sie gerade für uns Reichssteuerbeamten?, in: Steuer-Warte 4 (1925), 19, S. 309–310

N.N., Die Verwaltungsreform im RFM., in: Steuer-Warte 5 (1926), 19, S. 380

N.N., Vierte fachwissenschaftliche Woche für Reichssteuerbeamte [I], in: Steuer-Warte 7 (1928), 17, S. 284–285

N.N., Vierte fachwissenschaftliche Woche für Reichssteuerbeamte [II], in: Steuer-Warte 7 (1928), 21, S. 371–373

N.N., Vor zehn Jahren, in: Steuer-Warte 8 (1929), 16, S. 429–430

N.N., Die Vorbildung der Reichsfinanzbeamten. Von einem Amtsvorsteher, in: Steuer-Warte 4 (1925), 22, S. 361–362

N.N., Vorstellung beim Herrn Reichsfinanzminister, in: Steuer-Warte 6 (1927), 22, S. 485–486

N.N., Der Wechsel im Reichsfinanzministerium, in: Steuer-Warte 9 (1930), 1, S. 3

N.N., Zum Wechsel der Reichsregierung, in: Steuer-Warte 12 (1933), 4, S. 57–58

N.N., Weitere Verwaltungsvereinfachungen. Nun auch bessere Arbeitsmittel, in: Steuer-Warte/NSBZ 11 (1942), 5/6, S. 18

N.N., Wer will noch weiter die Verantwortung tragen? Ein Mahnruf vor dem völligen Zusammenbruch der Finanzämter, in: Steuer-Warte 5 (1926), 24, S. 477–479

N.N., Willkommen zur Dritten fachwissenschaftlichen Woche für Reichssteuerbeamte, in: Steuer-Warte 6 (1927), 18, S. 364–365

N.N., Willkommen zur Vierten fachwissenschaftlichen Woche für Reichssteuerbeamte, in: Steuer-Warte 7 (1928), 19, S. 321–322

N.N., Gesunde Wirtschaft im starken Staat, in: Steuer-Warte 11 (1932), 24, S. 413–414

N.N., Wo bleibt der Sparkommissar?, in: Vossische Zeitung, 11.8.1921

N.N., Zehn Jahre Reichssteuerverwaltung, in: Steuer-Warte 8 (1929), 20, S. 501–514, 520–522

N.N., Zersplitterung oder Einigung?, in: Steuer-Warte 4 (1925), 13, S. 217–218

N.N., Zum 21. März 1933, in: Steuer-Warte 12 (1933), 7, S. 105–107

N.N., Zweite fachwissenschaftliche Woche für Reichssteuerbeamte [I], in: Steuer-Warte 5 (1926), 17, S. 338

N.N., Zweite fachwissenschaftliche Woche für Reichssteuerbeamte [II], in: Steuer-Warte 5 (1926), 18, S. 355

N.N., Zweite fachwissenschaftliche Woche für Reichssteuerbeamte [III], in: Steuer-Warte 5 (1926), 19, S. 380–381

N.N., Zweite fachwissenschaftliche Woche für Reichssteuerbeamte [IV], in: Steuer-Warte 5 (1926), 20, S. 401–404

Ohlmann, Johanna, Der Gewerkverein der Heimarbeiterinnen Deutschlands, seine Entwicklung, sein Wirken und seine Bedeutung, Univ. Diss., Münster 1925

Olden, Balder, Ausnahmezustand, in: Das Tagebuch 13 (1932), 31, S. 1193

Organisationsbuch der NSDAP, hrsg. v. Reichsorganisationsleiter der NSDAP, 3. Aufl., München 1937

Paegel, Joachim, Die Bindung der Reichsregierung an die Ausgabeposten des Reichshaushaltsplans, Univ. Diss., Königsberg 1934

Paulyn, Willy, Registraturloser Geschäftsgang, in: Einzelne Büroprobleme, Berlin 1927 (= Schriftenreihe des DIWIV 3)

Personalstand und Personalausgaben der öffentlichen Verwaltung im Deutschen Reich (Erhebung vom 31. März 1930 unter Berücksichtigung der Entwicklung in den Rechnungsjahren 1931/32 und 1932/33), bearb. im Stat. Reichsamt, Berlin 1933

Poetzsch, Fritz, Vom Staatsleben unter der Weimarer Verfassung (vom 1. Januar 1920 bis 31. Dezember 1924), in: Jahrbuch des öffentlichen Rechts der Gegenwart 13 (1925), S. 1–248

Poetzsch-Heffter, Fritz, Vom Staatsleben unter der Weimarer Verfassung, II. Teil (vom 1. Januar 1925 bis 31. Dezember 1928), in: Jahrbuch des öffentlichen Rechts der Gegenwart 17 (1929), S. 1–141

Poetzsch-Heffter, Fritz, Vom Staatsleben unter der Weimarer Verfassung, III. (letzter) Teil (vom 1. Januar 1929 bis 31. Januar 1933), in: Jahrbuch des öffentlichen Rechts der Gegenwart 21 (1933/34), S. 1–204

Poetzsch-Heffter, Fritz, Kreditermächtigung auf Grund des Art. 48 der Reichsverfassung, in: Reichsverwaltungsblatt 53 (1932), 17, S. 321–324

Politik und Wirtschaft in der Krise 1930–1932. Quellen zur Ära Brüning, bearb. v. Ilse Maurer/Udo Wengst, Düsseldorf 1980 (= Quellen zur Geschichte des Parlamentarismus und der politischen Parteien 4/I)

Popitz, Johannes, Der Einfluß des Krieges und des Kriegszustandes auf das Staats- und Verwaltungsrecht, in: Preußisches Verwaltungsblatt 35 (1914), S. 869–876

Popitz, Johannes, Die Feststellung von Kriegsschäden und die Gewährung von Vorentschädigungen, in: Preußisches Verwaltungsblatt 38 (1917), S. 605–619

Popitz, Johannes, Die neue Umsatzsteuer, in: Preußisches Verwaltungsblatt 39 (1918), S. 533–538

Popitz, Johannes, Das Gesetz über die Reichsfinanzverwaltung, in: DJZ 24 (1919), Sp. 778–785

[Popitz, Johannes], Die Staatsumwälzung und die Deutsche Beamtenschaft, in: Preußisches Verwaltungs-Blatt 40 (1919), 20, S. 249–252

Popitz, Johannes, Finanzmilitarismus?, in: Festgabe für Otto Liebermann, Berlin 1920, S. 232–241

Popitz, Johannes, Die Steuerpolitik des Reichs, in: Recht und Wirtschaft (1920), S. 57–64

Popitz, Johannes, Finanzpolitik und deutsche Kultur, in: Kultur und Steuergesetzgebung. Zusammenhänge von Finanzpolitik und Kulturpolitik, Freiburg i. Br. 1926 (= Schriften zur deutschen Politik 15/16), S. 10–35

Popitz, Johannes, Der Reichssparkommissar, in: DJZ 32 (1927), 2, Sp. 123–128

Popitz, Johannes, Gegenwartsaufgaben der Finanz- und Steuerpolitik. Vortrag, gehalten am 10. Juni 1927, Leipzig 1927 (= Schriftenreihe Weltwirtschaftliche Gesellschaft zu Münster i. W. 15)

Popitz, Johannes, Betrachtungen über Errichtung und Einrichtung des Reichsfinanzhofs, in: StuW 7 (1928), Sp. 971–986

Popitz, Johannes, Die deutschen Finanzen 1918–1928, in: Zehn Jahre deutsche Geschichte 1918–1928, 2. Aufl., Berlin 1928, S. 179–202

Popitz, Johannes, Reformvorschläge für das Ausbildungs- und Berechtigungswesen im höheren Staatsdienst, in: DJZ (1928), 1, Sp. 17–21

Popitz, Johannes, Die Wandlungen in den Aufgaben und im Zuständigkeitsverhältnis von Reich und Ländern auf Grund der Weimarer Verfassung, in: Bernhard Harms (Hg.), Recht und Staat im Neuen Deutschland. Vorlesungen gehalten in der Deutschen Vereinigung für Staatswissenschaftliche Fortbildung, Bd. 1, Berlin 1929, S. 152–175

Popitz, Johannes, Die staatsrechtlichen Grundlagen des öffentlichen Finanzwesens, unter besonderer Berücksichtigung des Finanzausgleichs zwischen Reich und Ländern, in: Bernhard Harms (Hg.), Recht und Staat im Neuen Deutschland. Vorlesungen, gehalten in der Deutschen Vereinigung für Staatswissenschaftliche Fortbildung, Bd. 1, Berlin 1929, S. 176–206

Popitz, Johannes, Die Probleme der Finanzpolitik des Reiches, in: Bernhard Harms (Hg.), Strukturwandlungen der deutschen Volkswirtschaft. Vorlesungen gehalten in der Deutschen Vereinigung für Staatswissenschaftliche Fortbildung, 2., vervollst. Aufl., Berlin 1929, S. 425–450

Popitz, Johannes, Zehn Jahre Reichsfinanzverwaltung, in: Steuer-Archiv (1929), S. 313–318

Popitz, Johannes, Zentralismus und Selbstverwaltung, in: Bernhard Harms (Hg.), Volk und Reich der Deutschen. Vorlesungen, gehalten in der Deutschen Vereinigung für Staatswissenschaftliche Fortbildung, Bd. 2, Berlin 1929, S. 328–361

Popitz, Johannes, Fünfzig Jahre Reichsfinanzministerium, in: Deutsche Steuer-Zeitung 18 (1929), S. 323–325

Popitz, Johannes, Abschlussrede, in: Gerhard Colm/Hans Neisser (Hg.), Kapitalbildung und Steuersystem. Verhandlungen und Gutachten der Konferenz von Eilsen, Teil 2, Berlin 1930 (= Veröffentlichungen der Friedrich-List-Gesellschaft 4), S. 147–155

Popitz, Johannes, Der Finanzausgleich und seine Bedeutung für die Finanzlage des Reichs, der Länder und Gemeinden. Vortrag, gehalten im Steuerausschuß des Reichsverbandes der Deutschen Industrie am 9.10.1930, Berlin 1930

Popitz, Johannes, Der öffentliche Finanzbedarf und der Reichssparkommissar, in: Bank-Archiv 30 (1930), 2, S. 21–25

Popitz, Johannes, Der wirtschaftende Mensch als Steuerzahler, in: Vierteljahresschrift für Steuer- und Finanzrecht 4 (1930), S. 1–35

Popitz, Johannes, Betrachtungen zur Neuordnung der Steuern, in: StuW 10 (1931), S. 1–24

Popitz, Johannes, Dem heimlichen Kanzler deutscher Nation zum Gedächtnis, in: DJZ 36 (1931), 12, Sp. 789–794

Popitz, Johannes, Der Finanzausgleich in der Notverordnung, in: Verwaltungs-Akademie Berlin (Hg.), Notverordnung und öffentliche Verwaltung. Vorträge, gehalten in dem von der Verwaltungs-Akademie Berlin veranstalteten Kursus über die Notverordnung (Verordnung des Reichspräsidenten zur Sicherung von Wirtschaft und Finanzen vom 1. Dezember 1930), Berlin 1931, S. 96–112

Popitz, Johannes, Die Kapitalbildung der öffentlichen Hand, in: Bernhard Harms (Hg.), Kapital und Kapitalismus. Vorlesungen, gehalten in der Deutschen Vereinigung für Staatswissenschaftliche Fortbildung, Bd. 1, Berlin 1931, S. 251–288

Popitz, Johannes, Die Kapitalwirtschaft der öffentlichen Hand, in: Bernhard Harms (Hg.), Kapital und Kapitalismus. Vorlesungen, gehalten in der Deutschen Vereinigung für Staatswissenschaftliche Fortbildung, Bd. 2, Berlin 1931, S. 226–262

Popitz, Johannes, Die schicksalhafte Bedeutung des Etats, in: Der Staat seid Ihr 1 (1931), 5, S. 65–66

Popitz, Johannes, Wer ist der Hüter der Verfassung?, in: Germania, Nr. 89, 17.4.1931, wiederabgedr. in: Carl Schmitt, Verfassungsrechtliche Aufsätze aus den Jahren 1924–1954. Materialien zu einer Verfassungslehre, 2. Aufl., Berlin 1973 [Nachdr. der 1. Aufl. 1958], S. 101–105

Popitz, Johannes, Finanzpolitische Aufgaben, in: DJZ 36 (1931), 1, Sp. 11–17

Popitz, Johannes, Gesetzgeberische Zukunftsaufgaben. Ein Schlußwort, in: DJZ 36 (1931), 6, Sp. 385–393

Popitz, Johannes, Der künftige Finanzausgleich zwischen Reich, Ländern und Gemeinden. Gutachten erstattet der Studiengesellschaft für den Finanzausgleich, Berlin 1932

Popitz, Johannes, Der künftige Finanzausgleich zwischen Reich, Ländern und Gemeinden, in: Finanzausgleich und Verwaltungsreform. Sonderdruck aus der „Zeitschrift für Selbstverwaltung“, Organ des Deutschen und Preußischen Landkreistages, Berlin 1932, S. 6–21

Popitz, Johannes, Eugen Schiffer zur Kritik unserer Zeit, in: Juristische Wochenschrift 61 (1932), 9, S. 618–622

Potzel, Ferdinand, Rede des Bundesvorsitzenden beim Bundestag 1926 des Bundes Deutscher Reichssteuerbeamten, abgedr. in: Steuer-Warte 5 (1926), 11, S. 215–223

Potzel, Ferdinand, Abrechnung, in: Steuer-Warte 6 (1927), 24, S. 521–526

Potzel, Ferdinand, Unser Geburtstagskind, in: Steuer-Warte 8 (1929), 20, S. 511–513

Potzel, Ferdinand, Wir und der neue Staat, in: Steuer-Warte 12 (1933), 13, S. 258

Prion, Willi, Inflation und Geldentwertung. Finanzielle Maßnahmen zum Abbau der Preise. Gutachten erstattet dem Reichsfinanzministerium, Berlin 1919

Prion, Willi, Die Finanzen des Reiches (Kriegsanleihen, Inflation), in: Gerhard Anschütz et al. (Hg.), Handbuch der Politik, Bd. 4: Der wirtschaftliche Wiederaufbau, 3. Aufl., Berlin/Leipzig 1921, S. 1–7

Reichsfinanzministerium (Hg.), Zusammenhang zwischen Steuern und Betriebswirtschaft. Vorträge gehalten von Th. Beste, G. Felber, F. Haußmann, J. Popitz, E. Schmalenbach, K. Siche, E. Walther, E. Weber, H. Wulff, D. Zorn, Berlin 1928

Reichskuratorium für Wirtschaftlichkeit, Handbuch der Rationalisierung, 2. Aufl., Berlin/ Wien 1930

Reichsminister der Finanzen, Finanzieller Überblick über den Haushalt, Berlin 1929–1932

Reinhardt, Fritz, Das Sachverständigen-Gutachten. Geschrieben für das Deutsche Volk in einer einem jeden Laien verständlichen Sprache, Ilmenau 1924

Reinhardt, Fritz, Hände vom Youngplan! Warum?, Herrsching 1929

Reinhardt, Fritz, Deutschland, erwache!, Herrsching 1930

Reinhardt, Fritz, Die rote Pest!, Herrsching 1930

Reinhardt, Fritz, Organisierter Volksbetrug. Aufruf an alle Steuerzahler und an alle Sozialversicherten!, Herrsching 1930

Reinhardt, Fritz, Klassenstaat oder Volksgemeinschaft, o. O. [1930]

Reinhardt, Fritz, Hinweg mit dem Tributreichstag!, Herrsching 1931

Reinhardt, Fritz, Die Notverordnung vom 28. März 1931, o. O. [1931]

Reinhardt, Fritz, Die Arbeitsschlacht der Reichsregierung, Berlin 1933

Reinhardt, Fritz, Zeigt, daß Ihr Volksgenossen seid!, in: Steuer-Warte 12 (1933), 13, S. 261

Reinhardt, Fritz, Die Steuerpflicht im neuen Deutschen Reich [Rede auf dem Juristentag in Leipzig 1933], in: Deutsche Steuer-Zeitung 22 (1933), 10, S. 398–404

Reinhardt, Fritz, Die Verminderung der Arbeitslosigkeit [Ansprache bei einer Kundgebung der Gaue Hessen und Hessen-Nassau-Süd in Frankfurt a. M. am 1.9.1933], in: Deutsche Steuer-Zeitung 22 (1933), 9, S. 354–359

Reinhardt, Fritz, Finanz- und Steuerpolitik im neuen Deutschen Reich, in: Steuer-Warte 12 (1933), 19, S. 393–394

Reinhardt, Fritz, Generalplan gegen die Arbeitslosigkeit, Oldenburg 1933

Reinhardt, Fritz, Das Reinhardt-Programm. Die große nationalsozialistische Steuerreform, Berlin 1934

Reinhardt, Fritz, Der Antizinsparagraph im neuen Steuerrecht und die Liste der säumigen Steuerzahler – Wichtiger Fristablauf am 31. Dezember 1934, in: Deutsche Steuer-Zeitung 23 (1934), 39, S. 1109–1117

Reinhardt, Fritz, Der Reinhardt'sche Steuerreform-Plan [Rede bei der Vollsitzung der Akademie für Deutsches Recht in München am 26.6.1934], in: Deutsche Steuer-Zeitung 23 (1934), 16, S. 465–481

Reinhardt, Fritz, Volksgemeinschaft. Schlußvortrag in der Zwölften Reichssteuerwoche, in: Steuer-Warte 13 (1934), 7, S. 154–157

Reinhardt, Fritz, Rede beim Abschluss des ersten Lehrgangs in Herrsching, in: Steuer-Warte 14 (1935), 25, S. 634–635

Reinhardt, Fritz, Nationalsozialistische Weltanschauung, in: Steuer-Warte 14 (1935), 10, S. 227–231

Reinhardt, Fritz, Beurteilung von Tatbeständen nach nationalsozialistischer Weltanschauung, in: Deutsche Steuer-Zeitung/Wirtschaftlicher Beobachter 25 (1936), 44, S. 1291–1305

Reinhardt, Fritz, Das Ausbildungs- und Fortbildungswesen in der Reichsfinanzverwaltung – Zweck und Aufbau der Finanzakademie, in: Deutsche Steuer-Zeitung/Wirtschaftlicher Beobachter 27 (1938), 10, S. 261–269

Reinhardt, Fritz, Deutsch, 2. Aufl., Berlin 1943

Reinhardt, Fritz, Wareneingangsbuch und Warenausgangsverordnung, 3. Aufl., Berlin 1940

Reinhardt, Fritz, Steuervereinfachungs-Phantasie, in: Deutsche Steuer-Zeitung/Wirtschaftlicher Beobachter 32 (1943), 49–52, S. 553–554

Reinhold, Peter, Rede des Reichsministers der Finanzen, in: Steuer-Warte 5 (1926), 11, S. 214–215

Reinhold, Peter, Vortrag des Herrn Reichsministers der Finanzen über Finanz- und Wirtschaftspolitik, in: Veröffentlichungen des Reichsverbandes der Deutschen Industrie, Heft 32: Mitglieder-Versammlung des Reichsverbandes der Deutschen Industrie am 3. und 4. September 1926 in Dresden, Berlin 1926, S. 33–43

Reinhold, Peter, Deutsche Finanz- und Wirtschaftspolitik. Rede, gehalten am 23. April 1927 in Hamburg, Leipzig 1927

Reinhold, Peter, Reichsfinanzen und Steuerreform, in: Vossische Zeitung, Morgen-Ausgabe, Nr. 70, 11.2.1927, S. 1–2

Reports to the Council on the Work of the Third and Fourth Session of the Fiscal Committee, Genf 1931–1933

Respondek, Erwin, Die Reichsfinanzen auf Grund der Reform von 1919/20, Berlin/Leipzig 1921

Riewald, Alfred/Enno Becker, Reichsabgabenordnung und Steueranpassungsgesetz (Kommentar), Teil I, Erl. zu § 21 RAO, Berlin 1941

Riechers, Kurt, Die Zeichnungsbefugnis der oberen Reichssteuerbeamten gehört zu den elementarsten Forderungen bei der kommenden Verwaltungsreform, in: Steuer-Warte 10 (1931), 10, S. 285–286

Rilinger, Bruno, Der Ausschuß für den Reichshaushalt, Univ. Diss., Bottrop 1933

Ritschl, Hans, Der Staatshaushalt in der Depression, in: Archiv für Sozialwissenschaft und Sozialpolitik 69 (1933), S. 293–335

Ritter, Erwin, Von der öffentlichen Verwaltung. Gedanken zum Umbau und Aufbau, Berlin [1921]

Robbins, Lion, The Long-Term Budget Problem, in: Lloyds Bank Ltd. Monthly Review, London, April 1938, S. 158–160

Roberts, Warren Aldrich, Elasticity in Public Finance, in: Harvard Business Review 14 (1935/36), 2, S. 235–237

Roedern, Siegfried von, Die Reichsfinanzverwaltung, in: Die Finanzen des Reiches, der Länder und der Gemeinden. Feststellungen und Vorschläge. Arbeitsstätte für sachliche Politik e. V., [Frankfurt a. M. 1920], S. 39–47

Rosenthal, Eduard, Der Wandel der Staatsaufgaben in der letzten Geschichtsperiode, Jena 1913

Röttscher, Fritz, Die Bedeutung der Verwaltungsakademien und Beamtenhochschulen für die Reichsfinanzverwaltung, in: Steuer-Warte 4 (1925), 24, S. 413

Röttscher, Fritz, Wirtschaftlichkeit in der Steuerverwaltung, in: Steuer-Warte 4 (1925), 13, S. 218–219

Röttscher, Fritz, Die Ausbildung der Reichsfinanzbeamten, in: Steuer-Warte 4 (1925), 17, S. 278–279

Röttscher, Fritz, Die Juristen in der Reichsfinanzverwaltung, in: Steuer-Warte 4 (1925), 22, S. 372–373

Röttscher, Fritz, Der Sinn und Zweck unserer Berufsarbeit, in: Steuer-Warte 13 (1934), 17, S. 435–437

Ruthenberg, Otto, Verfassungsgesetze des Deutschen Reichs und der deutschen Länder nach dem Stande vom 1. Februar 1926, Berlin 1926

Ruppel, Irmgard, Erinnerungen, München 2009

Saemisch, Friedrich Ernst Moritz, Die Vereinheitlichung der Haushaltspläne, in: Reich und Länder 1 (1927), 1, S. 3–12

Saemisch, Friedrich Ernst Moritz, Der Reichssparkommissar und seine Aufgaben, Berlin 1930

Salin, Edgar (Hg.), Das Reparationsproblem, 2 Bde., Berlin 1929 (= Veröffentlichungen der Friedrich-List-Gesellschaft 1/2)

Salin, Edgar, Wandlungen der Weltwirtschaft in der Nachkriegszeit, in: Weltwirtschaftliches Archiv 35 (1932), S. 1–33

Schäffer, Hans, Die Problematik der kapitalistischen Gegenwart, in: Bernhard Harms (Hg.), Kapital und Kapitalismus. Vorlesungen gehalten in der Deutschen Vereinigung für Staatswissenschaftliche Fortbildung, Bd. 1, Berlin 1931, S. 38–52

[Schäffer, Hans], Reichsminister Popitz, in: Vossische Zeitung, Abend-Ausgabe, Nr. 522, 31.10.1932, S. 1–2

Schapp, Wirtschaftsreform – Verwaltungsreform, in: Steuer-Warte 8 (1929), 9, S. 201–202

Schiffer, Eugen, Deutschlands Finanzlage und Steuerpolitik. Rede, gehalten in der Berliner Handelskammer auf Einladung des deutschen Industrie- und Handelstages am 9. Dezember 1918, Berlin 1919

Schiffer, Eugen, Was will die Verwaltungs-Akademie?, in: Steuer-Warte 4 (1925), 18, S. 289–290

Schiffer, Eugen, Das Berufsbeamtentum in der Gegenwart und die Aufgaben der Verwaltungs-Akademie, in: Steuer-Warte 5 (1926), 15, S. 301–302

Schiffer, Eugen, Die Neuordnung des Reichsfinanzministeriums und ihre Rechtsgrundlagen, in: DJZ 32 (1927), 2, Sp. 113–117

Schiffer, Eugen, Ein Leben für den Liberalismus, Berlin 1951

Schlieben, Otto von, Rede des Reichsfinanzministers im (5.) Haushaltsausschuß des Reichstags, abgedr. in: Steuer-Warte 4 (1925), 12, S. 206

[Schmitt, Carl], Die Erklärung des Belagerungszustandes und die Form der Anordnungen aus § 9 des Gesetzes über den Belagerungszustand, in: Preußisches Verwaltungsblatt 36 (1915), S. 807–808

[Schmitt, Carl], Das Gesetz über den Belagerungszustand in der Rechtsprechung, in: Preußisches Verwaltungsblatt 37 (1917), S. 310–312

Schmitt, Carl, Diktatur und Belagerungszustand. Eine staatsrechtliche Studie, in: Zeitschrift für die gesamte Staatsrechtswissenschaft 38 (1917), S. 138–161

Schmitt, Carl, Die Einwirkungen des Kriegszustandes auf das ordentliche strafprozessurale Verfahren, in: Zeitschrift für die gesamte Strafrechtswissenschaft 38 (1917), S. 783–797

Schmitt, Carl, Politische Theologie. Vier Kapitel zur Lehre von der Souveränität, München/Leipzig 1922

Schmitt, Carl, Die Diktatur. Von den Anfängen des modernen Souveränitätsgedankens bis zum proletarischen Klassenkampf, 2. Aufl., München/Leipzig 1928

Schmitt, Carl, Verfassungslehre, München 1928

Schmitt, Carl, Tagebücher 1930–1934, hrsg. von Wolfgang Schuller, Berlin 2010

Schmitt, Carl, Die staatsrechtliche Bedeutung der Notverordnung, insbesondere ihre Rechtsgültigkeit, in: Verwaltungs-Akademie Berlin (Hg.), Notverordnung und öffentliche Verwaltung. Vorträge, gehalten in dem von der Verwaltungs-Akademie Berlin veranstalteten Kursus über die Notverordnung (Verordnung des Reichspräsidenten zur Sicherung von Wirtschaft und Finanzen vom 1. Dezember 1930), Berlin 1931, S. 10–35

Schmitt, Carl, Die Wendung zum totalen Staat (1931), in: ders., Positionen und Begriffe im Kampf mit Weimar – Genf – Versailles, 1923–1939, Berlin 1988 [unveränd. Nachdr. 1940], S. 146–157

Schmitt, Carl, Wohlerworbene Beamtenrechte und Gehaltskürzungen, in: DJZ 36 (1931), Sp. 917–921

Schmitt, Carl, Der Hüter der Verfassung, Tübingen 1931

Schmitt, Carl, Grundsätzliches zur heutigen Notverordnungspraxis, in: Reichsverwaltungsblatt 53 (1932), 9, S. 161–165

Schmitt, Carl, Der Begriff des Politischen. Mit einer Rede über das Zeitalter der Neutralisierungen und Entpolitisierungen neu herausgegeben, München/Leipzig 1932

Schmitt, Carl, Das Zeitalter der Neutralisierungen, in: ders., Der Begriff des Politischen. Mit einer Rede über das Zeitalter der Neutralisierungen und Entpolitisierungen neu herausgegeben, München/Leipzig 1932, S. 66–81

Schmitt, Carl, Legalität und Legitimität (1932), in: ders., Verfassungsrechtliche Aufsätze aus den Jahren 1924 bis 1954. Materialien zu einer Verfassungslehre, 2. Aufl., Berlin 1973, S. 263–350

Schmitt, Carl, Hauptvortrag: Starker Staat und gesunde Wirtschaft, in: Mitteilungen des Vereins zur Wahrung der gemeinsamen wirtschaftlichen Interessen in Rheinland und Westfalen N.F. 1 (1932), 21, S. 13–32

Schmitt, Carl, Starker Staat und gesunde Wirtschaft. Ein Vortrag vor Wirtschaftsführern, in: Volk und Reich 2 (1933), S. 81–94

Schmitt, Carl, Weiterentwicklung des totalen Staats in Deutschland (Januar 1933), in: ders., Positionen und Begriffe im Kampf mit Weimar - Genf - Versailles, 1923–1939, Berlin 1988 [unveränd. Nachdr. 1940], S. 185–190

Schmitt, Carl, Das Gesetz zur Behebung der Not von Volk und Reich, in: DJZ 38 (1933), 7, Sp. 455–458

Schmitt, Carl, Vorbemerkung zur zweiten Ausgabe, in: ders., Politische Theologie. Vier Kapitel zur Lehre von der Souveränität, 2. Aufl., München/Leipzig 1934, S. 7–8

Schmitt, Carl, Staat, Großraum, Nomos. Arbeiten aus den Jahren 1916–1969, hrsg. von Günter Maschke, Berlin 1995

Schmitt, Carl, Vergleichender Überblick über die neueste Entwicklung des Problems der gesetzgeberischen Ermächtigungen (Legislative Delegationen), in: ZaöRV 6 (1936), S. 252–268

Schmitt, Carl, Staat als ein konkreter, an eine geschichtliche Epoche gebundener Begriff (1941), in: ders., Verfassungsrechtliche Aufsätze aus den Jahren 1924 bis 1954. Materialien zu einer Verfassungslehre, 2. Aufl., Berlin 1973, S. 375–385

Schmölders, Günter, Rezension zu: Bergmann, Rudolf, Die Kosten der Reichsfinanzverwaltung, Jena 1933, in: Reichsverwaltungsblatt 55 (1934), 19, S. 390

Schmölders, Günter, Finanzpolitik. Mit 23 Tabellen, Berlin et al. 1955

Schmölders, Günter, Erhards Denkschrift im Lichte neuer Dokumente über die Kriegsfinanzierung 1933–1945, in: Ludwig Erhard, Kriegsfinanzierung und Schuldenkonsolidierung. Faksimiledruck der Denkschrift von 1943/44, Berlin/Wien 1977, S. XXIII–XXIV

Schneider, Richard, Einheitliche Bestimmungen für die Beamtenlaufbahnen, in: Steuer-Warte/NSBZ 7 (1938), 19, S. 622–624

Schröter, Johannes, Ein Jahr Finanzakademie, in: Steuer-Warte/NSBZ 8 (1939), 5, S. 137–138

Schulz, Weltrekord im SA-Sport in der Reichsfinanzschule Herrsching, in: Steuer-Warte 16 (1937), 6, S. 154–155

Schulze, Rudolf, Der Begriff der Umbildung im Sinne des § 24 RBG, in: Reichsverwaltungsblatt 53 (1932), 43, S. 843–848

Schulze, Rudolf/Erich Wagner, Reichshaushaltsordnung vom 32. Dezember 1922 mit Erläuterungen, 2. vollst. durchges. u. erw. Aufl., Berlin 1926

Schulze, Rudolf/Erich Wagner, Kommentar zur Reichshaushaltsordnung, 3. Aufl., Berlin 1934

Schumpeter, Joseph, Die Krise des Steuerstaats [1918], in: Rudolf Hickel (Hg.), Rudolf Goldscheid, Joseph Schumpeter. Die Finanzkrise des Steuerstaats. Beiträge zur politischen Ökonomie der Staatsfinanzen, Frankfurt a. M. 1976, S. 329–379

Schumpeter, Joseph, Staatsreferendar und Staatsassessor, in: Schmollers Jahrbuch 52 (1928), 2, S. 703–720

Schwandt, Johannes, Finanzverwaltung des Deutschen Reichs, in: Ludwig Elster/Adolf Weber (Hg.), Handwörterbuch der Staatswissenschaften. Ergänzungsband, 4. gänzl. umgearb. Aufl., Jena 1929, S. 240–266

Schwarz, Otto, Formelle Finanzverwaltung in Preußen und im Reich, Berlin 1907

Schwarz, Franz Xaver (Hg.), Reichsverwaltungsordnung der NSDAP, Bd. 1, Teil A: Reichskassenordnung, München 1938

Schwerin von Krosigk, Lutz Graf, Der Reichshaushalt 1930 und 1931 und die Verordnung des Reichspräsidenten vom 1. Dezember 1930, in: Reich und Länder 5 (1931), 1, S. 9–14

Schwerin von Krosigk, Lutz Graf, Die Abhängigkeit der öffentlichen Finanzen von der Wirtschaftslage und das Wirtschaftsprogramm der Reichsregierung, in: DJZ 37 (1932), 23, Sp. 1437–1441

Schwerin von Krosigk, Lutz Graf, Die Herabsetzung der Reichsausgaben in der Notverordnung, insbesondere die Gehaltskürzung der Beamten und Angestellten, in: Verwaltungs-Akademie Berlin (Hg.), Notverordnung und öffentliche Verwaltung. Vorträge, gehalten in dem von der Verwaltungs-Akademie Berlin veranstalteten Kursus über die Notverordnung (Verordnung des Reichspräsidenten zur Sicherung von Wirtschaft und Finanzen vom 1. Dezember 1930), Berlin 1931, S. 64–76

Schwerin von Krosigk, Lutz Graf, Die Abhängigkeit der öffentlichen Finanzen von der Wirtschaftslage und das Wirtschaftsprogramm der Reichsregierung, in: DJZ 37 (1932), 23, Sp. 1437–1441

Schwerin von Krosigk, Lutz Graf, Wirtschaft und öffentliche Finanzen. Vortrag, Leipzig 1934 (= Schriftenreihe der Wirtschaftswissenschaftlichen Gesellschaft zu Münster i. W.)

Schwerin von Krosigk, Lutz Graf, Deutschlands Kriegsfinanzierung. Rede vor der Ungarisch-Deutschen Gesellschaft in Budapest, o. O., Frühjahr 1941

Schwerin von Krosigk, Lutz Graf, Die Kriegsfinanzierung, in: Reichsverwaltungsblatt 62 (1941), 22, S. 347–350

Schwerin von Krosigk, Lutz Graf, Es geschah in Deutschland. Menschenbilder unseres Jahrhunderts, Tübingen/Stuttgart 1951

Schwerin von Krosigk, Lutz Graf, Wie wurde der Zweite Weltkrieg finanziert?, in: Bilanz des Zweiten Weltkrieges. Erkenntnisse und Verpflichtungen für die Zukunft, Oldenburg 1953, S. 311–328

Schwerin von Krosigk, Lutz Graf, Staatsbankrott. Die Geschichte der Finanzpolitik des Deutschen Reiches von 1920 bis 1945, Göttingen et al. 1974

Schwerin von Krosigk, Lutz Graf, Memoiren, Stuttgart 1977

Schwerin von Krosigk, Lutz Graf, Finanz- und Außenpolitik unter Hitler, in: Manfred Funke (Hg.), Hitler, Deutschland und die Mächte. Materialien zur Außenpolitik des Dritten Reiches, Nachdr., Düsseldorf 1978, S. 310–323

Seeck, Hedda, Der Kampf des deutschen Reichstags um sein Budgetrecht, in: FinanzArchiv 36 (1919), 2, S. 180–232

Seel, Hans, Das Beamtenrecht im neuen Staat, in: Steuer-Warte 12 (1933), 23, S. 475

Spangenberg, Hugo Bernhard, Ersparnismöglichkeiten auf dem Wege des Haushaltsrechts, in: Reich und Länder 2 (1928/29), S. 70–82

Spielhagen, Wolfgang/Arnd Jessen, Der Reichshaushalt 1927, Berlin 1927

Staat und NSDAP 1930–1932. Quellen zur Ära Brüning, bearb. v. Ilse Maurer und Udo Wengst, Düsseldorf 1977 (= Quellen zur Geschichte des Parlamentarismus und der politischen Parteien, 3. Reihe: Die Weimarer Republik 3)

Staedler, Bernhard, Die Versuche zur Vereinfachung der Reichsgesetzgebung, Breslau 1928

Stampfer, Friedrich, Wie es kam, in: Vorwärts, 22.12.1929

Statistisches Jahrbuch für das Deutsche Reich, Bd. 1922, [Berlin 1923]

Statistisches Jahrbuch für das Deutsche Reich, Bd. 1932, Berlin 1933

Staudinger, Hans, Der Staat als Unternehmer, Berlin 1932 (= Du und der Staat 6)

Staudinger, Hans, Wirtschaftspolitik im Weimarer Staat. Lebenserinnerungen eines politischen Beamten im Reich und in Preußen 1889 bis 1934, Bonn 1982 (= AfS Beiheft 10)

Steinkopf, Willy, Das Beamtenproblem, in: Der Tag, Nr. 252, 2.11.1921

Stier-Somlo, Fritz, Deutsches Reichs- und Landesstaatsrecht I, Berlin/Leipzig 1924

Stolper, Gustav, Ein neuer Finanzplan. Vorschläge zur deutschen Finanzreform, Berlin 1929

Stolper, Gustav, Kapitulation, in: Der Deutsche Volkswirt 4 (1929/1930), S. 435

Stucken, Rudolf, Grundsätze für die Anleihepolitik, in: Archiv für Sozialwissenschaft und Sozialpolitik 57 (1927), S. 746–768

Die Tagebücher von Joseph Goebbels. Im Auftrag des Instituts für Zeitgeschichte hrsg. v. Elke Fröhlich, 3 Teile, München 1998

Tempel, A., Nachdenkliches zu den Vorschriften für die Obersteuersekretärprüfung, in: Steuer-Warte 11 (1932), 19, Titelseite

Terhalle, Fritz, Leitfaden der deutschen Finanzpolitik, München et al. 1936

Thoma, Richard, Der Begriff der modernen Demokratie in seinem Verhältnis zum Staatsbegriff. Prolegomena zu einer Analyse des demokratischen Staates der Gegenwart, in: Melchior Palyi (Hg.), Hauptprobleme der Soziologie. Erinnerungsgabe für Max Weber, Bd. II, München/Leipzig 1923, S. 39–64

Thoma, Richard, Die Funktionen der Staatsgewalt, § 71 Grundbegriffe und Grundsätze, in: Richard Anschütz/ders. (Hg.), Handbuch des Deutschen Staatsrechts, Bd. 2, Tübingen 1932, S. 108–159

Tingsten, Herbert, Les pleins pouvoirs. L'expansion des pouvoirs gouvernementaux pendant et après la grande guerre, Paris 1934

Überblick über die Tätigkeit des Reichsfinanzministeriums, Berlin 1927–1929

Über den Kampf gegen die Arbeitslosigkeit. Rede des Reichsministers der Finanzen Graf Schwerin von Krosigk sowie nachfolgende Tischreden, Düsseldorf 1933

Ule, Carl-Hermann, Herrschaft und Führung im nationalsozialistischen Reich, Berlin 1941

Verhandlungen der verfassunggebenden Deutschen Nationalversammlung, Bd. 336: Anlagen zu den Stenographischen Berichten, Nr. 391 – Bericht des Verfassungsausschusses, Berlin 1920

Verhandlungen der Tagung der Deutschen Staatsrechtslehrer zu Halle am 28. und 29. Oktober 1931, Berlin 1932

Verhandlungen des 32. Deutschen Juristentages (Bamberg), Berlin/Leipzig 1922

Verhandlungen des 35. Deutschen Juristentages (Salzburg), Bd. 2: Stenographischer Bericht, 1. Lieferung, Berlin/Leipzig 1928

Veröffentlichungen des Reichsverbandes der Deutschen Industrie, Heft 32: Mitglieder-Versammlung des Reichsverbandes der Deutschen Industrie am 3. und 4. September 1926 in Dresden, Berlin 1926

Vialon, Friedrich Karl, Vereinfachte Haushaltsführung in Reich und Ländern im Rechnungsjahr 1940, in: Reichsverwaltungsblatt 61 (1940), 13, S. 137–138

Vialon, Friedrich Karl, Haushaltsrecht. Systematische Einführung. Übersicht über das Haushaltsrecht des Bundes, der Länder und Gemeinden. Kommentar zur Haushaltsordnung (RHO), Berlin/Frankfurt a. M. 1953

Vialon, Friedrich Karl, Die Stellung des Finanzministers, in: VfZ 2 (1954), 2, S. 136–148

Wachsmann, Kurt, Über das Verhältnis zwischen Staat und Wirtschaft im neuen Deutschland, in: Deutsche Wirtschafts-Zeitung 17 (1921), 10, S. 198–202

Wachsmann, Kurt, Über das Verhältnis der Wirtschaft zur Verwaltung, in: Deutsche Wirtschafts-Zeitung 17 (1921), 13, S. 256–259

Wachsmann, Kurt, Zur Verwaltungsreform, in: Deutsche Wirtschafts-Zeitung 17 (1921), 21, S. 402–405

Wachsmann, Kurt, Bemerkungen zum neuen Reichshaushaltsplan [I], in: Deutsche Wirtschafts-Zeitung 24 (1927), 1, S. 2–4

Wachsmann, Kurt, Bemerkungen zum neuen Reichshaushaltsplan [II], in: Deutsche Wirtschafts-Zeitung 24 (1927), 2, S. 486–488

Wachsmann, Kurt, Bemerkungen zum neuen Reichshaushaltsplan [III], in: Deutsche Wirtschafts-Zeitung 24 (1927), 51/52, S. 1204–1207

Wachsmann, Kurt, Über Probleme und praktische Möglichkeiten der Ersparnis im öffentlichen Haushalt [I], in: Deutsche Wirtschafts-Zeitung 24 (1927), 45, S. 1053–1055

Wachsmann, Kurt, Über Probleme und praktische Möglichkeiten der Ersparnis im öffentlichen Haushalt [II], in: Deutsche Wirtschafts-Zeitung 24 (1927), 46, S. 1079–1081

Wachsmann, Kurt, Über Probleme und praktische Möglichkeiten der Ersparnis im öffentlichen Haushalt [III], in: Deutsche Wirtschafts-Zeitung 24 (1927), 48, S. 1128–1131

Wachsmann, Kurt, Zur Frage des Vetos gegen öffentliche Ausgaben, in: Deutsche Wirtschafts-Zeitung 24 (1927), 50, S. 1178–1181

Wachsmann, Kurt, Kritisches zum neuen Reichshaushaltsplan, in: Der Deutsche Volkswirt 3 (1928/29), S. 959–962

Wagener, Herrmann, Staats- und Gesellschafts-Lexikon, Bd. IV, Berlin 1860

Wagner, Adolph, Finanzwissenschaft, 1. Theil: Einleitung, Ordnung der Finanzwirthschaft, Finanzbedarf, Privaterwerb, 3. Aufl., Leipzig/Heidelberg 1883

Waldecker, Ludwig, Die Grundzüge des militärischen Verordnungsrechts in Zivilsachen während des Kriegszustands, in: AöR (1917), S. 389–500

Waldecker, Ludwig, Finanz- und Steuerrecht als juristische Disziplin, in: FinanzArchiv 34 (1917), 1, S. 155–178

Waldecker, Ludwig, Vorschläge zur künftigen Ausbildung der Reichssteuerbeamten, Stuttgart 1920

Waldecker, Ludwig, Zum Budgetrecht der neuen Reichsverfassung, in: Annalen des Deutschen Reichs für Gesetzgebung, Verwaltung und Volkswirtschaft Jg. 1919/1920, München et al. 1921, S. 26–36

Waldecker, Ludwig, Steuerrecht oder Fiskalismus?, in: FinanzArchiv 42 (1925), 1, S. 69–110

Weber, Max, Parlament und Regierung im neugeordneten Deutschland. Zur politischen Kritik des Beamtentums und Parteiwesens, München 1918

Weber, Max, Deutschlands künftige Staatsform. Sonderabdruck aus der Frankfurter Zeitung, Frankfurt a. M. 1919

Weber, Max, Politik als Beruf, in: ders., Gesamtausgabe, Abt. I, Bd. 17, hrsg. v. Wolfgang J. Mommsen/Wolfgang Schluchter, Tübingen 1992, S. 156–252

Wenn im Amte, arbeite, wenn entlassen, verbirg dich. Prof. Dr. jur. Dr. phil. Rolf Grabower in Zeugnissen aus der Finanzgeschichtlichen Sammlung der Bundesfinanzakademie, Bonn o. J.

Wiese, Beamtenfortbildung, in: Steuer-Warte 7 (1928), 23, S. 422

Witte, I. M., Amerikanische Büroorganisation, Berlin 1925

Zagan, Berufliche Fortbildung, in: Steuer-Warte 12 (1933), 21, S. 430

Zarden, Arthur, 10 Jahre Reichssteuerverwaltung, in: Steuer-Warte 8 (1929), 20, S. 510–511

Zarden, Arthur, Zehn Jahre Reichssteuerverwaltung, Rückblick und Ausschau, in: Steuer-Warte 8 (1929), 11, S. 277–283

Zarden, Arthur, Die Verordnung des Reichspräsidenten vom 1. Dezember 1930 zur Sicherung von Wirtschaft und Finanzen, in: DJZ 35 (1930), Sp. 1542–1555

Zarden, Arthur, Änderung des Steuerrechts in der Notverordnung, in: Verwaltungs-Akademie Berlin (Hg.), Notverordnung und öffentliche Verwaltung. Vorträge, gehalten in dem von der Verwaltungs-Akademie Berlin veranstalteten Kursus über die Notverordnung (Verordnung des Reichspräsidenten zur Sicherung von Wirtschaft und Finanzen vom 1. Dezember 1930), Berlin 1931, S. 77–95

Zinkeisen, Ulrich, Die Geschäftsordnung der Reichsregierung in ihrem Verhältnis zur Verfassung, Univ. Diss., Münster 1929

Zorn, Philipp, Gesetz, Verordnung, Budget, Staatsvertrag, in: Annalen des Deutschen Reiches für Gesetzgebung, Verwaltung und Statistik (1889), S. 344–379

Zorn, Philipp, Das Staatsrecht des Deutschen Reiches, Bd. I: Das Verfassungsrecht, 2. Aufl., Berlin 1895

Zschaler, Ernst, Das Verhältnis zwischen Vorgesetzten und Untergebenen und zwischen Behörden und Fachschaften im Dritten Reich, in: Steuer-Warte 14 (1935), 5, S. 107–110

Zweigert, Erich, Der Beamte im neuen Deutschland, in: Bernhard Harms (Hg.), Volk und Reich der Deutschen. Vorlesungen gehalten in der Deutschen Vereinigung für Staatswissenschaftliche Fortbildung, Bd. 2, Berlin 1929, S. 460–475

IV. Forschungsliteratur

Abrams, Philip, Notes on the Difficulty of Studying the State [1977], in: Journal of Historical Sociology 1 (1988), 1, S. 58–89

Agamben, Giorgio, Ausnahmezustand (Homo Sacer II.1), 7. Aufl., Frankfurt a. M. 2017

Ahlheim, Hannah (Hg.), Gewalt, Zurichtung, Befreiung? Individuelle „Ausnahmezustände" im 20. Jahrhundert, Göttingen 2017

Allison, Graham T./Morton H. Halperin, Bureaucratic Politics. A Paradigm and Some Policy Implications, in: World Politics 24 (1972), S. 40–79

Aly, Götz, Hitlers Volksstaat. Raub, Rassenkrieg und nationaler Sozialismus, durchges. u. erw. Aufl., Frankfurt a. M. 2006

Aly, Götz, Vernichtete Akten, in: Frankfurter Rundschau, 15.11.2010, https://www.fr.de/meinung/vernichtete-akten-11460330.html [27.4.2021]

Aly, Götz/Karl Heinz Roth, Die restlose Erfassung. Volkszählen, Identifizieren, Aussondern im Nationalsozialismus, Frankfurt a. M. 2000

Anter, Andreas, Max Webers Staatssoziologie. Positionen und Perspektiven, Baden-Baden 2007

Anter, Andreas, Max Webers Theorie des modernen Staates. Herkunft, Struktur und Bedeutung, 3. aktual. u. erw. Aufl., Berlin 2014

Anter, Andreas, Verwaltung und Verwaltungsmetaphorik. Der lange Weg der Maschine, in: Collin, Peter/Klaus-Gert Lutterbeck (Hg.), Eine intelligente Maschine? Handlungsorientierungen moderner Verwaltung (19./20. Jh.), Baden-Baden 2009, S. 25–46

Asch, Ronald/Dagmar Freist (Hg.), Staatsbildung als kultureller Prozess. Strukturwandel und Legitimation von Herrschaft in der Frühen Neuzeit, Köln/Weimar/Wien 2005

Baberowski, Jörg/Gabriele Metzler (Hg.), Gewalträume. Soziale Ordnungen im Ausnahmezustand, Frankfurt a. M./New York 2012

Bachmann, Ursula, Reichskasse und öffentlicher Kredit in der Weimarer Republik 1924–1932, Frankfurt a. M. 1996

Bähr, Johannes, Modernes Bankrecht und dirigistische Kapitallenkung. Die Ebenen der Steuerung im Finanzsektor des „Dritten Reichs", in: Dieter Gosewinkel (Hg.), Wirtschaftskontrolle und Recht in der nationalsozialistischen Diktatur, Frankfurt a. M. 2005, S. 199–223

Bähr, Johannes, „Recht der staatlich organisierten Wirtschaft". Ordnungsvorstellungen und Wandel der deutschen Wirtschaftsrechtslehrer im „Dritten Reich", in: ders./Ralf Banken (Hg.), Wirtschaftssteuerung durch Recht im Nationalsozialismus. Studien zur Entwicklung des Wirtschaftsrechts im Interventionsstaat des „Dritten Reichs", Frankfurt a. M. 2009 (= Studien zur europäischen Rechtsgeschichte 199 / Das Europa der Diktatur 9), S. 445–472

Bähr, Johannes, Unternehmens- und Kapitalmarktrecht im „Dritten Reich". Die Aktienrechtsreform und das Anleihestockgesetz, in: ders./Ralf Banken (Hg.), Wirtschaftssteuerung durch Recht im Nationalsozialismus. Studien zur Entwicklung des Wirtschaftsrechts im Interventionsstaat des „Dritten Reichs", Frankfurt a. M. 2006, S. 35–69

Balderston, Theo, The Origins and Course of the German Economic Crisis. November 1923 to May 1932, Berlin 1993 (= Schriften der Historischen Kommission zu Berlin 2)

Balke, Friedrich, Das Zeichen des Politischen, in: Andreas Göbel/Dirk van Laak/Ingeborg Villinger (Hg.), Metamorphosen des Politischen. Grundfragen politischer Einheitsbildung seit den 20er Jahren, Berlin 1995, S. 249–266

Banken, Ralf, Es war überhaupt kein Finanzproblem! Die Kriegsfinanzierung des Dritten Reichs 1939–1945, in: Andreas Hedwig (Hg.), Finanzpolitik und Schuldenkrisen 16.–20. Jahrhundert, Marburg 2014, S. 197–220

Banken, Ralf, Hitlers Steuerstaat. Die Steuerpolitik im Dritten Reich, Berlin/Boston 2018 (= Das Reichsfinanzministerium im Nationalsozialismus 2)

Barczak, Tristan, Der nervöse Staat. Ausnahmezustand und Resilienz des Rechts in der Sicherheitsgesellschaft, Tübingen 2020

Barley, Stephen R./Pamela S. Tolbert, Institutionalization and Structuration. Studying the Links between Action and Institution, in: Organization Studies 18 (1997), 1, S. 93–117

Bast, Jürgen, Totalitärer Pluralismus. Zu Franz L. Neumanns Analyse der politischen und rechtlichen Struktur der NS-Herrschaft, Tübingen 1999

Bathe, Horst, Zur Geschichte der Berliner Finanzämter 1919–1994, Brühl 1996

Bathe, Horst/Johann Heinrich Kumpf, Die Mittelbehörden der Reichsfinanzverwaltung und ihre Präsidenten 1919–1945. Eine Dokumentation, Brühl 1999

Baumgarten, Dietrich, Deutsche Finanzpolitik 1924–1928, Univ. Diss., Freiburg 1965

Becker, Malte-Johannes, Notverordnung und Decreto-Legge. Der Ausnahmezustand in den Verfassungstraditionen Deutschlands und Italiens, Tübingen 2020

Becker, Peter, Überlegungen zu einer Kulturgeschichte der Verwaltung, in: JEV 15 (2003), S. 311–335

Becker, Peter, Formulare als „Fließband“ der Verwaltung? Zur Rationalisierung und Standardisierung von Kommunikationsbeziehungen, in: Collin, Peter/Klaus-Gert Lutterbeck (Hg.), Eine intelligente Maschine? Handlungsorientierungen moderner Verwaltung (19./20. Jh.), Baden-Baden 2009, S. 281–298

Becker, Peter (Hg.), Sprachvollzug im Amt. Kommunikation und Verwaltung im Europa des 19. und 20. Jahrhunderts, Bielefeld 2011

Becker, Peter, Bürokratie, Version: 1.0, in: Docupedia-Zeitgeschichte, 30.8.2016, http://docupedia.de/zg/Becker_buerokratie_v1_de_2016 [27.4.2021]

Becker, Peter, Macht, Gewalt und deren Kontrolle im Ersten Weltkrieg. Theorie und Praxis des Ausnahmezustandes in der Habsburgermonarchie, in: Elisabeth Gruber/Andreas Weigl (Hg.), Stadt und Gewalt, Innsbruck/Wien/Bozen 2016 (= Beiträge zur Geschichte der Städte Mitteleuropas 26), S. 109–140

Bendersky, Joseph W., Ausnahmezustand, Staatsnotstandsplan, and Ermächtigungsgesetz. Reappraising Carl Schmitt's Constitutionalism and the Demise of Weimar, in: Larry E. Jones/Hermann Beck (Hg.), From Weimar to Hitler. Studies in the Dissolution of the Weimar Republic and the Establishment of the Third Reich, 1932–1934, New York/Oxford 2019, S. 52–78

Bentin, Lutz-Arwed, Johannes Popitz und Carl Schmitt. Zur wirtschaftlichen Theorie des totalen Staates in Deutschland, München 1972

Benz, Wigbert, Hans-Joachim Riecke, NS-Staatssekretär. Vom Hungerplaner vor, zum „Welternährer“ nach 1945, Berlin 2014

Berghahn, Volker R., Das Volksbegehren gegen den Youngplan und die Ursprünge des Präsidialregimes, 1928–1930, in: Dirk Stegmann/Bernd-Jürgen Wendt/Peter-Christian Witt (Hg.), Industrielle Gesellschaft und politisches System. Beiträge zur politischen Sozialgeschichte. Festschrift für Fritz Fischer zum siebzigsten Geburtstag, Bonn 1978, S. 431–446

Bergien, Rüdiger, Die bellizistische Republik. Wehrkonsens und „Wehrhaftmachung“ in Deutschland 1918–1933, München 2012 (= Ordnungssysteme. Studien zur Ideengeschichte der Neuzeit 35)

Bessel, Richard, Politische Gewalt und die Krise der Weimarer Republik, in: Lutz Niethammer et al., Bürgerliche Gesellschaft in Deutschland. Historische Einblicke, Fragen, Perspektiven, Frankfurt a. M. 1990, S. 383–395

Bethke, Hannah, Das politische Denken Arnold Brechts. Eine transatlantische Ideengeschichte des 20. Jahrhunderts, Berlin 2013

Bevir, Mark/R. A. W. Rhodes, The State as Cultural Practice, Oxford 2010

Beyer, Lothar et al., Verwaltungsorganisation und Institution, in: Gerhard Göhler (Hg.), Die Eigenart der Institutionen. Zum Profil politischer Institutionentheorie, Baden-Baden 1994, S. 245–271

Bienert, Kurt/Rolf Caesar/Karl-Heinrich Hansmeyer, Das Ausgabenbewilligungsrecht des Bundesfinanzministers nach Art. 112 GG. Historische Entwicklung, praktische Handhabung und finanzwirtschaftliche Bedeutung, Berlin 1982

Blaich, Fritz, Die Wirtschaftskrise 1925/26 und die Reichsregierung. Von der Erwerbslosenfürsorge zur Konjunkturpolitik, Kallmünz 1977

Blänkner, Reinhard/Bernhard Jussen (Hg.), Institutionen und Ereignis. Über historische Praktiken und Vorstellungen gesellschaftlichen Ordnens, Göttingen 1998

Blasius, Dirk, Weimars Ende. Bürgerkrieg und Politik 1930–1933, Göttingen 2005

Bleek, Wilhelm, Von der Kameralausbildung zum Juristenprivileg. Studium, Prüfung und Ausbildung der höheren Beamten des allgemeinen Verwaltungsdienstes in Deutschland im 18. und 19. Jahrhundert, Berlin 1972

Blom, Philipp, Die zerrissenen Jahre, 1918–1938, München 2014

Blomeyer, Peter, Der Notstand in den letzten Jahren von Weimar. Die Bedeutung von Recht, Lehre und Praxis der Notstandsgewalt für den Untergang der Weimarer Republik und die Machtübernahme durch die Nationalsozialisten. Eine Studie zum Verhältnis von Macht und Recht, Berlin 1999

Böckenförde, Ernst-Wolfgang, Der Zusammenbruch der Monarchie und die Entstehung der Weimarer Republik, in: Karl Dietrich Bracher/Manfred Funke/Hans-Adolf Jacobsen (Hg.), Die Weimarer Republik 1918–1933. Politik – Wirtschaft – Gesellschaft, 3. Aufl., Bonn 1998, S. 17–43

Böckenförde, Ernst-Wolfgang, Die Organisationsgewalt im Bereich der Regierung. Eine Untersuchung zum Staatsrecht der Bundesrepublik Deutschland, Berlin 1964

Böick, Marcus/Marcel Schmeer (Hg.), Im Kreuzfeuer der Kritik. Umstrittene Organisationen im 20. Jahrhundert, Frankfurt a. M./New York 2020

Boelcke, Willi A., Die Kosten von Hitlers Krieg. Kriegsfinanzierung und finanzielles Kriegserbe in Deutschland 1933–1948, Paderborn 1985

Boelcke, Willi A., Die deutsche Wirtschaft 1930–1945. Interna des Reichswirtschaftsministeriums, Düsseldorf 1983

Boldt, Hans, Rechtsstaat und Ausnahmezustand. Eine Studie über den Belagerungszustand als Ausnahmezustand des bürgerlichen Rechtsstaates im 19. Jahrhundert, Berlin 1967

Boldt, Hans, Der Ausnahmezustand in historischer Perspektive, in: Der Staat 6 (1967), 4, S. 409–432

Boldt, Hans, Ausnahmezustand, neccessitas publica, Belagerungszustand, Kriegszustand, Staatsnotstand, Staatsnotrecht, in: Otto Brunner/Werner Conze/Reinhart Koselleck (Hg.), Geschichtliche Grundbegriffe. Historisches Lexikon zur politisch-sozialen Sprache in Deutschland, Bd. 1, Stuttgart 1972, S. 343–376

Boldt, Hans, Der Artikel 48 der Weimarer Reichsverfassung – sein historischer Hintergrund und seine politische Funktion, in: Michael Stürmer (Hg.), Die Weimarer Republik. Belagerte Civitas, Königstein/Ts. 1980, S. 288–290

Boldt, Hans, Deutsche Verfassungsgeschichte, Bd. 2: Von 1806 bis zur Gegenwart, München 1990

Boldt, Hans, Die Weimarer Reichsverfassung, in: Karl Dietrich Bracher/Manfred Funke/Hans-Adolf Jacobsen (Hg.), Die Weimarer Republik 1918–1933. Politik – Wirtschaft – Gesellschaft, 3. Aufl., Bonn 1998, S. 44–62

Boldt, Hans, Demokratie in krisengeschüttelter Zeit, in: Christoph Gusy (Hg.), Demokratisches Denken in der Weimarer Republik, Baden-Baden 2000, S. 608–634

Bollmeyer, Heiko, Der steinige Weg zur Demokratie. Die Weimarer Nationalversammlung zwischen Kaiserreich und Republik, Frankfurt a. M./New York 2007

Bollmus, Reinhard, Das Amt Rosenberg und seine Gegner, Stuttgart 1970

Bombach, Gottfried et al. (Hg.), Der Keynesianismus I–III, Berlin/Heidelberg 1976

Borchardt, Knut, Die Alternative zu Brünings Sparkurs? Zu Paul Köppens Erfindung französischer Kreditangebote, in: VfZ 63 (2015), 2, S. 229–239

Borchardt, Knut, Einleitung, in: ders./Hans Otto Schötz (Hg.), Wirtschaftspolitik in der Krise. Die (Geheim-)Konferenz der Friedrich-List-Gesellschaft im September 1931 über Möglichkeiten und Folgen einer Kreditausweitung, Baden-Baden 1991 (= Monographien der List-Gesellschaft N.F. 13), S. 17–50

Borchardt, Knut/Hans Otto Schötz (Hg.), Wirtschaftspolitik in der Krise. Die (Geheim-)Konferenz der Friedrich-List-Gesellschaft im September 1931 über Möglichkeiten und Folgen einer Kreditausweitung, Baden-Baden 1991 (= Monographien der List-Gesellschaft N.F. 13)

Bourdieu, Pierre, Über den Staat. Vorlesungen am Collège de France 1989–1992, Berlin 2014

Bracher, Karl Dietrich, Die Auflösung der Weimarer Republik. Eine Studie zum Problem des Machtzerfalls in der Demokratie, Stuttgart/Düsseldorf 1955 (= Schriften des Instituts für politische Wissenschaft 4)

Bracher, Karl Dietrich, Die deutsche Diktatur. Entstehung, Struktur, Folgen des Nationalsozialismus, Köln 1993

Bracher, Karl Dietrich/Erich Matthias/Rudolf Morsey (Hg.), Quellen zur Geschichte des Parlamentarismus und der politischen Parteien, Dritte Reihe: Die Weimarer Republik, Bd. 5: Linksliberalismus in der Weimarer Republik. Die Führungsgremien der Deutschen Demokratischen Partei und der Deutschen Staatspartei 1918–1933, Düsseldorf 1980, S. 375–376

Bräunig, Christoph, Herbert Dorn (1887–1957). Pionier und Wegbereiter im Internationalen Steuerrecht, Tübingen 2016

Bredekamp, Horst/Gabriele Werner (Hg.), Bildtechniken des Ausnahmezustands, Berlin 2004 (= Bildwelten des Wissens 2,1)

Breuckmann, Elmar, Die Vorbereitung auf den höheren Verwaltungsdienst. Eine historische und vergleichende Untersuchung, Berlin 1965 (= Schriftenreihe der Hochschule Speyer 28)

Breuer, Stefan, Der Staat. Entstehung, Typen, Organisationsstadien, Reinbek b. Hamburg 1998

Broszat, Martin, Der Staat Hitlers. Grundlegung und Entwicklung seiner inneren Verfassung, Wiesbaden 2007

Brückweh, Kerstin et al. (Hg.), Engineering Society. The Role of the Human and Social Sciences in Modern Societies, 1880–1980, Basingstoke 2012

Brügelmann, Hermann, Politische Ökonomie in kritischen Jahren – die Friedrich List-Gesellschaft e. V. von 1925–1935, Tübingen 1956 (= Veröffentlichungen der List-Gesellschaft 1)

Bruendel, Steffen, Volksgemeinschaft oder Volksstaat. Die „Ideen von 1914" und die Neuordnung Deutschlands im Ersten Weltkrieg, Berlin 2003

Brünneck, A. von, Das Demokratieprinzip und die demokratische Legitimation der Verwaltung, in: Dieter Grimm (Hg.), Wachsende Staatsaufgaben – sinkende Steuerungsfähigkeit des Rechts, Baden-Baden 1990, S. 253–272

Buchheim, Christoph/Michael Hutter/Harold James (Hg.), Zerrissene Zwischenkriegszeit. Wirtschaftshistorische Beiträge, Baden-Baden 1994

Budäus, Dietrich (Hg.), Organisationswandel öffentlicher Aufgabenwahrnehmung, Baden-Baden 1998

Büttner, Ursula, Weimar. Die überforderte Republik 1918–1933. Leistung und Versagen in Staat, Gesellschaft, Wirtschaft und Kultur, Bonn 2010

Buggeln, Marc, Währungspläne für den europäischen Großraum. Die Diskussion der nationalsozialistischen Wirtschaftsexperten über ein zukünftiges europäisches Zahlungssystem, in: Thomas Sandkühler (Hg.), Europäische Integration. Deutsche Hegemonialpolitik gegenüber Westeuropa 1920–1960, Göttingen 2002 (= Beiträge zur Geschichte des Nationalsozialismus 18), S. 41–76

Buggeln, Marc, Das Versprechen der Gleichheit. Progressive Steuern und die Reduktion sozialer Ungleichheit 1871 bis 1945, unveröff. Habilitationsschrift 2019

Bundesministerium der Finanzen (Hg.), Von der Reichsschatzkammer zum Bundesfinanzministerium. Geschichte, Leistungen und Aufgaben eines zentralen Staatsorganes, mit einem Geleitwort von Franz Josef Strauß, Bonn 1969

Bundesministerium der Finanzen (Hg.), Amt und Verantwortung. Ausstellung zur Erinnerung an Johannes Popitz (1884–1945), veranstaltet von der Bundesfinanzakademie, Siegburg 1984

Bundesministerium der Finanzen (Hg.), Arthur Zarden (1885–1944). Staatssekretär im Reichsfinanzministerium. Eine Gedenkausstellung, veranstaltet von der Bundesfinanzakademie, Siegburg 1985

Bundesministerium der Finanzen (Hg.), 40 Jahre Verantwortung für die Finanzen des Bundes. Das Bundesministerium der Finanzen. Geschichte, Aufgaben, Leistungen, München 1989

Caesar, Rolf/Karl-Heinrich Hansmeyer, Haushalts- und Finanzwesen, in: Kurt G. A. Jeserich/Hans Pohl/Georg-Christoph von Unruh (Hg.), Deutsche Verwaltungsgeschichte, Bd. 4: Das Reich als Republik und in der Zeit des Nationalsozialismus, Stuttgart 1985, S. 832–872

Cancik, Pascale, Zuviel Staat? – Die Institutionalisierung der „Bürokratie"-Kritik im 20. Jahrhundert, in: Der Staat 56 (2017), S. 1–38

Caplan, Jane, The Politics of Administration. The Reich Interior Ministry and the German Civil Service, 1933–143, in: The Historical Journal 20 (1977), 3, S. 707–736

Caplan, Jane, Bureaucracy, Politics and the National Socialist State, in: Peter D. Stachura (Hg.), The Shaping of the Nazi State, London/New York 1978, S. 234–256

Caplan, Jane, „The Imaginary Universality of Particular Interests". The „Tradition" of the Civil Service in German History, in: Social History 4 (1979), 2, S. 299–317

Caplan, Jane, Civil Service Support for National Socialism. An Evaluation, in: Gerhard Hirschfeld/Lothar Kettenacker (Hg.), Der „Führerstaat". Mythos und Realität / The „Führer State". Myth and reality, Stuttgart 1981, S. 167–193

Caplan, Jane, Government without Administration. State and Civil Service in Weimar and Nazi Germany, Oxford 1988

Caplan, Jane, Recreating the Civil Service. Issues and Ideas in the Nazi Regime, in: Jeremy Noakes (Hg.), Government, Party and People in Germany, Exeter 1981, S. 34–56

Cercel, Cosmin/Gian Giacomo Fusco/Simon Lavis (Hg.), States of Exception. Law, History, Theory, Abingdon/New York 2021

Cholet, Julia, Der Etat des Deutschen Reiches in der Bismarckzeit, Berlin 2012

Christ, Michaela, Die Praxis der Organisation, in: Mittelweg 36 25 (2016), 6, S. 88–96

Clingan, C. Edmund, The Budget Debate of 1926. A Case Study in Weimar Democracy, in: European History Quarterly 30 (2000), 1, S. 33–48

Clingan, C. Edmund, Finance from Kaiser to Führer. Budget Politics in Germany, 1912–1934, Westport/London 2001

Clingan, C. Edmund, The Lives of Hans Luther 1879–1962. German Chancellor, Reichsbank President, and Hitler's Ambassador, Lanham 2010

Collin, Peter, Staatsfinanzkrisen und Verwaltungsreformen. Das Beispiel der Weimarer Republik, in: Christian Rühr (Hg.), Staatsfinanzen. Aktuelle und grundlegende Fragen in Rechts- und Verwaltungswissenschaft. Liber discipulorum Maximilian Wallerath, Baden-Baden 2007, S. 123–142

Collin, Peter, Ökonomisierung durch Bürokratisierung. Leitkonzepte und Umsetzungsstrategien in der tayloristisch beeinflußten Verwaltungsreformdebatte der Weimarer Republik, in: ders./Klaus-Gert Lutterbeck (Hg.), Eine intelligente Maschine? Handlungsorientierungen moderner Verwaltung (19./20. Jh.), Baden-Baden 2009, S. 217–231

Collin, Peter/Klaus-Gert Lutterbeck (Hg.), Eine intelligente Maschine? Handlungsorientierungen moderner Verwaltung (19./20. Jh.), Baden-Baden 2009

Collin, Peter, Treffräume von Regulierungsrationalitäten. Überlegungen zu Voraussetzungen und Typisierungen juristisch-ökonomischer Kommunikation, in: ders. (Hg.), Treffräume juristischer und ökonomischer Regulierungsrationalitäten, Frankfurt a. M. 2014 (= Studien zur europäischen Rechtsgeschichte 286, Moderne Regulierungsregime 3), S. 1–44

Conze, Eckart et al., Das Amt und die Vergangenheit. Deutsche Diplomaten im Dritten Reich und in der Bundesrepublik, 2. Aufl., München 2010

Cordes, Helmut, Untersuchungen über Grundlagen und Entstehung der Reichsabgabenordnung vom 23. Dezember 1919, Univ. Diss., Köln 1971

Cronin, James E., The Politics of State Expansion. War, State and Society in Twentieth-Century Britain, London/New York 1991

Czerwick, Edwin, Demokratisierung der öffentlichen Verwaltung in Deutschland. Von Weimar zur Bundesrepublik, in: GG 28 (2002), S. 183–203

Därr, Manfred, Das Notbewilligungsrecht des Bundesministers der Finanzen nach Artikel 112 GG im Schnittpunkt zwischen Demokratie und Effektivität, Frankfurt a. M. 1973 (= Schriften zum Wirtschaftsverfassungs- und Verwaltungsrecht 5)

Daviet-Vincent, Marie-Bénédicte, Anciennes et nouvelles élites dans l'administration sous la république de Weimar. Trois fronts contre le monopole des juristes, in: Alain Chatriot/Dieter Gosewinkel (Hg.), Figurationen des Staates in Deutschland und Frankreich 1870–1945 / Les figures de l'État en Allemagne et en France, München 2006, S. 57–75

Delgado, Alan, The Enormous File. A Social History of the Office, London 1979

Demps, Laurenz, Berlin-Wilhelmstraße. Eine Topographie preußisch-deutscher Macht, 4., stark veränd. Aufl., Berlin 2010

Dieckmann, Hildemarie, Johannes Popitz. Entwicklung und Wirksamkeit in der Zeit der Weimarer Republik, Berlin 1960 (= Studien zur Europäischen Geschichte aus dem Friedrich-Meinecke-Institut der Freien Universität Berlin, Bd. IV)

Diehl, Markus Albert, Von der Marktwirtschaft zur nationalsozialistischen Kriegswirtschaft. Die Transformation der deutschen Wirtschaftsordnung 1933–1945, Stuttgart 2005 (= Beiträge zur Wirtschafts- und Sozialgeschichte 104)

Diehl-Thiele, Peter, Partei und Staat im Dritten Reich. Untersuchungen zum Verhältnis von NSDAP und allgemeiner innerer Staatsverwaltung. Studienausgabe der 2., durchges. Aufl., München 1971

Diner, Dan, Rassistisches Völkerrecht. Elemente einer nationalsozialistischen Weltordnung, in: VfZ 37 (1989), S. 23–56

Displaced German Scholars. A Guide to Academics in Peril in Nazi Germany during the 1930s, o. O. 1993 (= Studies in Judaica and the Holocaust 7)

Dogan, Mattei, The Mandarins of Western Europe. The Political Role of Top Civil Servants, New York et al. 1975

Dommach, Hermann A., Von Potsdam nach Frankfurt. Der Reichsrechnungshof im NS-Staat und die Neuordnung der staatlichen Finanzkontrolle im demokratischen Nachkriegsdeutschland, Berlin 1988

Dommach, Hermann, Der Reichsrechnungshof während der Amtszeit seines Präsidenten Saemisch (1922–1938), in: Heinz Günter Zavelberg (Hg.), Die Kontrolle der Staatsfinanzen. Geschichte und Gegenwart, 1714–1989. Festschrift zur 275. Wiederkehr der Errichtung der Preußischen General-Rechen-Kammer, Berlin 1989, S. 64–113

Dommach, Hermann, Der Reichssparkommissar Moritz Saemisch in der Weimarer Republik, Frankfurt a. M. 2012

Drecoll, Axel, Der Fiskus als Verfolger. Die steuerliche Diskriminierung der Juden in Bayern 1933–1941/42, München 2009 (= Studien zur Zeitgeschichte 78)

Dreier, Horst, Hierarchische Verwaltung im demokratischen Staat. Genese, aktuelle Bedeutung und funktionelle Grenzen eines Bauprinzips der Exekutive, Tübingen 1991

Dreier, Horst, Der Kampf um das Budgetrecht als Kampf um die staatliche Steuerungsherrschaft – Zur Entwicklung des modernen Haushaltsrechts, in: Wolfgang Hoffmann-Riem/Eberhard Schmidt-Aßmann (Hg.), Effizienz als Herausforderung an das Verwaltungsrecht, Baden-Baden 1998 (= Schriften zur Reform des Verwaltungsrechts 5), S. 59–105

Dreier, Horst/Walter Pauly (Hg.), Die deutsche Staatsrechtslehre in der Zeit des Nationalsozialismus, Berlin/New York 2001 (= Veröffentlichungen der Vereinigung der Deutschen Staatsrechtslehrer 60)

Dreißig, Wilhelmine, Ausgewählte Fragen zur öffentlichen Verschuldung. Rückblick auf eine 100jährige Diskussion im FinanzArchiv, in: FinanzArchiv N.F. 42 (1984), 3, S. 577–612

Druc, Henech, Die Stellung der deutschen Tagespresse und Wirtschaftswissenschaft zum Youngplan, Univ. Diss., Basel 1947

Eden, Sören/Henry Marx/Ulrike Schulz, Ganz normale Verwaltungen? Methodische Überlegungen zum Verhältnis von Individuum und Organisation am Beispiel des Reichsarbeitsministeriums 1919 bis 1945, in: VfZ 66 (2018), 3, S. 487–520

Ehrlicher, Werner, Die deutsche Finanzpolitik seit 1924, Bonn 1961

Ehrlicher, Werner, Finanzwissenschaft, in: ders. et al. (Hg.), Kompendium der Volkswirtschaftslehre, Bd. 2, 3., neubearb. Aufl., Göttingen 1972, S. 295–380

Eichenauer, Thorsten, Das Notbewilligungsrecht des Bundesministers der Finanzen, Univ. Diss., Kiel 1983

Eilers, Sylvia, Ermächtigungsgesetz und militärischer Ausnahmezustand zur Zeit des ersten Kabinetts von Reichskanzler Wilhelm Marx 1923/1924, Univ. Diss, Köln 1988

Elben, Wolfgang, Das Problem der Kontinuität in der deutschen Revolution. Die Politik der Staatssekretäre und der militärischen Führung vom November 1918 bis Februar 1919, Düsseldorf 1965

Ellwein, Thomas, Der Staat als Zufall und als Notwendigkeit. Die jüngere Verwaltungsentwicklung in Deutschland am Beispiel Ostwestfalen-Lippe, Bd. 1: Die öffentliche Verwaltung in der Monarchie 1815–1918, Opladen 1993

Ellwein, Thomas, Der Staat als Zufall und als Notwendigkeit. Die jüngere Verwaltungsentwicklung in Deutschland am Beispiel Ostwestfalen-Lippe, Bd. 2: Die öffentliche Verwaltung im gesellschaftlichen und politischen Wandel 1919–1990, Opladen 1997

Emich, Birgit, Die Formalisierung des Informellen. Ein Beitrag zur Verwaltungsgeschichte der Frühen Neuzeit, in: Peter Eich/Sebastian Schmidt-Hofner/Christian Wieland (Hg.), Der wiederkehrende Leviathan. Staatlichkeit und Staatswerdung in Spätantike und Früher Neuzeit, Heidelberg 2011, S. 81–95

Epstein, Klaus, Matthias Erzberger und das Dilemma der deutschen Demokratie, Frankfurt a. M./Berlin/Wien 1976

Eschenburg, Theodor, Matthias Erzberger. Der große Mann des Parlamentarismus und der Finanzreform, München 1973

Evans, Peter/Dietrich Rueschemeyer/Theda Skocpol (Hg.), Bringing the State Back In, Cambridge 1985

Falk, Ludwig, Die Bedeutung von Herbert Dorn, in: Finanz-Rundschau (1967), 15, S. 305–307

Färber, Gisela, Das rationale Budget. Voraussetzungen und Konsequenzen für ein funktionsfähiges Haushaltswesen der öffentlichen Hand, Frankfurt a. M. et al. 1984

Fattmann, Rainer, Bildungsbürger in der Defensive. Die akademische Beamtenschaft und der ‚Reichsbund der höheren Beamten' in der Weimarer Republik, Göttingen 2001 (= Kritische Studien 145)

Feldman, Gerald D., Army, Industry, and Labor in Germany 1914–1918, Princeton 1966

Feldman, Gerald D., The Political Economy of Germany's Relative Stabilization during the 1920/21 World Depression, in: ders. et al. (Hg.), Die deutsche Inflation. Eine Zwischenbilanz, Berlin/New York 1982, S. 180–206

Feldman, Gerald D., The Great Disorder. Politics, Economics, and Society in the German Inflation, 1914–1924, New York/Oxford 1997

Felix, Günther, Erinnerung an Kurt Ball, in: Steuer und Studium (1994), S. 149–152

Fenske, Hans, Monarchisches Beamtentum und demokratischer Staat. Zum Problem der Bürokratie in der Weimarer Republik, in: Demokratie und Verwaltung. 25 Jahre Hochschule für Verwaltungswissenschaften Speyer, Berlin 1972 (= Schriftenreihe der Hochschule Speyer 50), S. 117–136

Fenske, Hans, Beamtenpolitik in der Weimarer Republik, in: Verwaltungsarchiv 64 (1973), 2, S. 17–135

Fisch, Stefan, Verwaltungskultur – Geronnene Geschichte?, in: Die Verwaltung 33 (2000), 3, S. 303–323

Fischer, Fritz, Bündnis der Eliten. Zur Kontinuität der Machtstrukturen in Deutschland 1871–1945, Düsseldorf 1979

Flemming, Jens/Klaus Saul/Peter-Christian Witt (Hg.), Lebenswelten im Ausnahmezustand. Die Deutschen, der Alltag und der Krieg 1914–1918, Frankfurt a. M. 2011 (= Zivilisationen & Geschichte 16)

Foucault, Michel, Subjekt und Macht [1982], in: ders., Dits et écrits. Schriften, Bd. 4, Frankfurt 2005, S. 269–294

Frankenberg, Günter, Staatstechnik. Perspektiven auf Rechtsstaat und Ausnahmezustand, Berlin 2010

Frankenberg, Günter, An den Grenzen des Rechts, IRKS Working Paper 13 (2013), S. 1–15

Frehse, Michael, Ermächtigungsgesetzgebung im Deutschen Reich 1914–1933, Pfaffenweiler 1985

Fremdling, Rainer, Wirtschaftsstatistik 1933–1945, in: Werner Abelshauser et al. (Hg.), Wirtschaftspolitik in Deutschland 1917–1990, Bd. 2, Berlin 2016, S. 233–318

Frerich, Johannes/Martin Frey, Handbuch der Geschichte der Sozialpolitik in Deutschland, Bd. 1, 2. Aufl., München/Wien 1996

Friauf, Karl Heinrich, Der Staatshaushaltsplan im Spannungsfeld zwischen Parlament und Regierung, Bd. I: Verfassungsgeschichtliche Untersuchungen über den Haushaltsplan im deutschen Frühkonstitutionalismus mit einer kritischen Übersicht über die Entwicklung der budgetrechtlichen Dogmatik in Deutschland, Bad Homburg/Berlin/Zürich 1968

Friedenberger, Martin, Fiskalische Ausplünderung. Die Berliner Steuer- und Finanzverwaltung und die jüdische Bevölkerung 1933–1945, Berlin 2008 (= Zentrum für Antisemitismusforschung: Dokumente - Texte - Materialien 69)

Fritzsche, Peter, Did Weimar Fail?, in: Journal of Modern History 68 (1996), 3, S. 629–656

Frotscher, Werner, Organisation der Reichsverwaltung und der Länderverwaltungen einschließlich Vorschläge zur Reichsreform, in: Kurt G. A. Jeserich/Hans Pohl/Georg-Christoph von Unruh (Hg.), Deutsche Verwaltungsgeschichte, Bd. 4: Das Reich als Republik und in der Zeit des Nationalsozialismus, Stuttgart 1985, S. 112–137

Führer, Karl Christian, Anarchie im Rechtsstaat? Hausbesetzungen der 1980er Jahre als Ausnahmezustand des bundesdeutschen Rechtssystems, in: Rauh/Schumann, Ausnahmezustände, S. 139–157

Genschel, Philipp/Bernhard Zangl, Der zerfasernde Staat. Vom Wandel des Subjekts moderner Politik, in: Klaus Dieter Wolf (Hg.), Staat und Gesellschaft - fähig zur Reform? Baden-Baden 2007, S. 37–45

Genschel, Philipp/Bernhard Zangl, Metamorphosen des Staates - vom Herrschaftsmonopolisten zum Herrschaftsmanager, in: Leviathan 36 (2008), S. 430–454

Genschel, Philipp/Stephan Leibfried, Schupperts Staat. Wie beobachtet man den Wandel einer Formidee?, in: Der Staat 47 (2008), 3, S. 359–380

Geyer, Martin H., Verkehrte Welt. Revolution, Inflation und Moderne, München 1914–1924, Göttingen 1998

Geyer, Martin H., Grenzüberschreitungen. Vom Belagerungszustand zum Ausnahmezustand, in: Stefan Kaufmann/Niels Weber/Lars Koch (Hg.), Erster Weltkrieg. Kulturwissenschaftliches Handbuch, Stuttgart 2014, S. 341–384

Geyer, Martin H., Kapitalismus und politische Moral in der Zwischenkriegszeit. Oder: Wer war Julius Barmat?, Hamburg 2018

Geyer, Martin H., Notwehrmentalitäten im Staatsnot- und Ausnahmezustand, unveröff. Manuskript

Geyer, Michael, Das Zweite Rüstungsprogramm (1930–1934), in: Militärgeschichtliche Mitteilungen 1 (1975), S. 125–172

Geyer, Michael, Deutsche Rüstungspolitik 1860–1980, Frankfurt a. M. 1984

Geyer, Michael, The Stigma of Violence, Nationalism and War in Twentieth Century, in: German Studies Review (1992), S. 86–91

Giese, Frank Paul, Abgabenordnung im Dritten Reich. Rechtsentwicklung und -entartung im Steuerverfahrens- und allgemeinen Steuerrecht, Univ. Diss., Frankfurt a. M. et al. 1998

Gijsenbergh, Joris, Crisis of Democracy or Creative Reform? Dutch Debates on the Repression of Parliamentary Representatives and Political Parties, 1933–1940, in: ders., Creative Crises of Democracy, Brüssel 2012, S. 237–268

Gilles, Franz-O., Hauptsache sparsam und ordnungsgemäß. Finanz- und Verwaltungskontrolle in den während des Zweiten Weltkrieges von Deutschland besetzten Gebieten, Opladen 1999

Gilles, Franz-O./Gerhard Otto, Ordnungsgemäße Beuteverwaltung? Zur Finanz-, Verwaltungs- und Wirtschaftskontrolle in den von Deutschland während des Zweiten Weltkrieges besetzten Gebieten, in: Theo Pirker (Hg.), Autonomie und Kontrolle. Beiträge zur Soziologie des Finanz- und Steuerstaates, Berlin 1989, S. 35–63

Glenn, Bess, The Taft Commission and the Goverment's Record Practices, in: The American Archivist 21 (1958), S. 277–303

Goehrke, Klaus, In den Fesseln der Pflicht. Der Weg des Reichsfinanzministers Lutz Graf Schwerin von Krosigk, Köln 1995

Gossman, Lionel, Brownshirt Princess. A Study of the „Nazi Conscience", Cambridge 2009

Gotto, Bernhard, Nationalsozialistische Kommunalpolitik. Administrative Normalität und Systemstabilisierung durch die Augsburger Stadtverwaltung 1933–1945, München 2006

Gotto, Bernhard, Polykratische Selbststabilisierung. Mittel- und Unterinstanzen in der NS-Diktatur, in: Rüdiger Hachtmann/Winfried Süß (Hg.), Hitlers Kommissare. Sondergewalten in der nationalsozialistischen Diktatur, Göttingen 2006 (= BGNS 22), S. 28–50

Gottschalk, Bernd, Probleme der Kapital- und Programmbudgetierung im öffentlichen Haushalt, Univ. Diss., Hamburg 1972

Goupy, Marie, L'état d'exception ou l'impuissance autoritaire de l'état à l'époque du libéralisme, Paris 2016

Graeber, David, Bürokratie. Die Utopie der Regeln, Stuttgart 2016

Graf, Rüdiger, Die Zukunft der Weimarer Republik. Krisen und Zukunftsaneignungen in Deutschland 1918–1933, München 2008

Graver, Hans Petter, Der Krieg der Richter. Die deutsche Besatzung 1940–1945 und der norwegische Rechtsstaat, Baden-Baden 2019

Greiner, Bernd, Konstitutionelle Diktatur. Clinton Rossiter über Krisenmanagement und Notstandspolitik in modernen Demokratien, in: Mittelweg 36 22 (2013), 1, S. 24–40

Grimm, Dieter (Hg,), Staatsaufgaben, Baden-Baden 1994

Groh, Kathrin, „Von acht bis vier Uhr amtseifriger Republikaner" – Die Weimarer Staatsrechtslehre auf der Suche nach Sinn- und Handlungsorientierungen für die „neutrale" Bürokratie, in: Peter Collin/Klaus-Gert Lutterbeck (Hg.), Eine intelligente Maschine? Handlungsorientierungen moderner Verwaltung (19./20. Jh.), Baden-Baden 2009, S. 197–214

Groh, Kathrin, Demokratische Staatsrechtslehrer in der Weimarer Republik. Von der konstitutionellen Staatslehre zur Theorie des modernen demokratischen Verfassungsstaats, Tübingen 2010

Grotkopp, Jörg, Beamtentum und Staatsformwechsel. Die Auswirkungen der Staatsformwechsel von 1918, 1933 und 1945 auf das Beamtenrecht und die personelle Zusammensetzung der deutschen Beamtenschaft, Frankfurt a. M. et al. 1992

Grotkopp, Wilhelm, Die große Krise, Düsseldorf 1954

Gruchmann, Lothar, Nationalsozialistische Großraumordnung. Die Konstruktion einer „deutschen Monroe-Doktrin", Stuttgart 1962 (= Schriftenreihe der Vierteljahrshefte für Zeitgeschichte 4)

Gruchmann, Lothar, Die „Reichsregierung" im Führerstaat. Stellung und Funktion des Kabinettes im nationalsozialistischen Herrschaftssystem, in: Günther Doeker/Winfried Steffani (Hg.), Klassenjustiz und Pluralismus. Festschrift für Ernst Fraenkel zum 75. Geburtstag, Hamburg 1972, S. 187–223

Gründel, Ernst Günther, Die Sendung der jungen Generation. Versuch einer umfassenden revolutionären Sinndeutung der Krise, München 1932

Gruner, Wolf, Die Kommunen im Nationalsozialismus. Innenpolitische Akteure und ihre wirkungsmächtige Vernetzung, in: Sven Reichardt/Wolfgang Seibel (Hg.), Der prekäre Staat. Herrschen und Verwalten im Nationalsozialismus, Frankfurt a. M./New York 2011, S. 167–211

Günther, Frieder/Lutz Maeke, Vorgeschichte und Entstehung der Innenministerien in Bonn und Ost-Berlin, in: Frank Bösch/Andreas Wirsching (Hg.), Hüter der Ordnung. Die Innenministerien in Bonn und Ost-Berlin nach dem Nationalsozialismus, Göttingen 2018, S. 27–54

Gumbrecht, Hans Ulrich, 1926. Ein Jahr am Rand der Zeit, Frankfurt a. M. 2001

Gusy, Christoph, Weimar – die wehrlose Republik? Verfassungsschutzrecht und Verfassungsschutz in der Weimarer Republik, Tübingen 1991 (= Beiträge zur Rechtsgeschichte des 20. Jahrhunderts 6)

Gusy, Christoph (Hg.), Demokratisches Denken in der Weimarer Republik, Baden-Baden 2000

Gusy, Christoph, Ermächtigungsgesetzgebung in Deutschland zwischen Verfassungsgefährdung, Verfassungserhaltung und Verfassungszerstörung, in: Zeitschrift für neuere Rechtsgeschichte 39 (2017), 3/4, S. 246–273

Haas, Stefan/Mark Hengerer (Hg.), Im Schatten der Macht. Kommunikationskulturen in Politik und Verwaltung 1600–1950, Frankfurt et al. 2008

Haberler, Gottfried, Die Weltwirtschaft und das internationale Währungssystem in der Zeit zwischen den beiden Weltkriegen, in: Währung und Wirtschaft in Deutschland 1876–1975, hrsg. v. d. Deutschen Bundesbank, Frankfurt a. M. 1976, S. 205–248

Hachtmann, Rüdiger, „Neue Staatlichkeit". Überlegungen zu einer systematischen Theorie des NS-Herrschaftssystems und ihrer Anwendung auf die mittlere Ebene der Gaue, in: Jürgen John et al. (Hg.), Die NS-Gaue. Regionale Mittelinstanzen im zentralistischen „Führerstaat", München 2007, S. 56–79

Hachtmann, Rüdiger, Allerorten Mobilisierung? Vorschläge, wie mit Schlagworten in der Sozial- und Gesellschaftsgeschichte der NS-Diktatur umzugehen ist, in: Oliver Werner (Hg.), Mobilisierung im Nationalsozialismus. Institutionen und Regionen in der Kriegswirtschaft und der Verwaltung des ‚Dritten Reiches' 1936 bis 1945, Paderborn u. a. 2013 (= Nationalsozialistische ‚Volksgemeinschaft' Bd. 3), S. 69–83

Hachtmann, Rüdiger, Wie einzigartig war das NS-Regime? Autoritäre Herrschaftssysteme der ersten Hälfte des 20. Jahrhunderts im Vergleich – ein Forschungsbericht, in: NPL 67 (2017), 2, S. 229–280

Hachtmann, Rüdiger, Polykratie – Ein Schlüssel zur Analyse der NS-Herrschaftsstruktur?, Version 1.0, in: Docupedia-Zeitgeschichte, 1.6.2018, https://docupedia.de/zg/Hachtmann_polykratie_v1_de_2018 [27.4.2021]

Hacke, Jens, Einleitung: Moritz Julius Bonn – Liberale Krisendiagnostik in der Weimarer Demokratie, in: Moritz Julius Bonn, Zur Krise der Demokratie. Politische Schriften in der Weimarer Republik 1919–1932, hrsg. v. Jens Hacke, Berlin/Boston 2015 (= Schriften zur europäischen Ideengeschichte 9), S. 1–42

Haller, Heinz (Hg.), Probleme der Haushalts- und Finanzplanung, Berlin 1969 (= Schriften des Vereins für Socialpolitik N.F., 52)

Hammerstein, Katrin, Das badische Finanz- und Wirtschaftsministerium, in: Frank Engehausen/Sylvia Paletschek/Wolfram Pyta (Hg.), Die badischen und württembergischen Landesministerien in der Zeit des Nationalsozialismus, Bd. 1, Stuttgart 2019, S. 195–311

Hanke, Edith/Wolfgang J. Mommsen, Max Webers Herrschaftssoziologie. Studien zu Entstehung und Wirkung, Tübingen 2001

Hanko, Helmut M., Kommunalpolitik in der „Hauptstadt der Bewegung" 1933–1935. Zwischen „revolutionärer" Umgestaltung und Verwaltungskontinuität, in: Martin Broszat et al. (Hg.), Bayern in der NS-Zeit, Bd. 3: Herrschaft und Gesellschaft im Konflikt, München/Wien 1981, S. 329–440

Hansmeyer, Karl-Heinrich/Rolf Caesar, Kriegswirtschaft und Inflation (1936–1948), in: Währung und Wirtschaft in Deutschland 1876–1975, hrsg. v. der Dt. Bundesbank, Frankfurt a. M. 1976, S. 367–429

Hansmeyer, Karl-Heinrich, Der Weg zum Wohlfahrtsstaat. Wandlungen der Staatstätigkeit im Spiegel der Finanzpolitik unseres Jahrhunderts, Frankfurt a. M. 1957

Hansmeyer, Karl-Heinrich, Vorbemerkung. Budgettheorie und Rationalität, in: ders. (Hg.), Das rationale Budget. Ansätze moderner Haushaltstheorie, Köln 1971, S. 9–23

Hardach, Gerd, Die finanzielle Mobilmachung in Deutschland 1914–1918, in: Jahrbuch für Wirtschaftsgeschichte 56 (2015), 2, S. 359–388

Hardtwig, Wolfgang, Volksgemeinschaft im Übergang. Von der Demokratie zum rassistischen Führerstaat, in: Detlef Lehnert (Hg.), Gemeinschaftsdenken in Europa. Das Gesellschaftskonzept „Volksheim" im Vergleich 1900–1938, Köln/Weimar/Wien 2013, S. 227–253

Hartmannsgruber, Friedrich, „...ungeachtet der noch ungeklärten Finanzierung". Finanzplanung und Kapitalbeschaffung für den Bau der Reichsautobahnen 1933–1945, in: HZ 278 (2004), S. 625–681

Haungs, Peter, Reichspräsident und parlamentarische Kabinettsregierung. Eine Studie zum Regierungssystem der Weimarer Republik in den Jahren 1924 bis 1929, Köln/Opladen 1968 (= Politische Forschungen 9)

Häußermann, Hartmut, Die Politik der Bürokratie. Einführung in die Soziologie der staatlichen Verwaltung, Frankfurt a. M. 1977

Heindl, Wolfgang, Die Haushalte von Reich, Ländern und Gemeinden in Deutschland von 1925 bis 1933, Frankfurt et al. 1984

Heller, Jonas, Mensch und Maßnahme. Zur Dialektik von Ausnahmezustand und Menschenrechten, Weilerswist 2018

Hellerer, Sibylle Friedrike, Die Reichsfinanzschule in Herrsching, ihre Nachnutzung und die Erneuerung als Beamtenfachhochschule, unveröff. Magisterarbeit, München 2006

Henke, Josef, Das Schicksal deutscher zeitgeschichtlicher Quellen in Kriegs- und Nachkriegszeit. Beschlagnahme – Rückführung – Verbleib, in: VfZ 30 (1982), 4, S. 557–620

Henkelmann, Franz, Die Umgestaltung der Steuerverwaltung durch den Nationalsozialismus unter besonderer Berücksichtigung der Verordnungspraxis des Reichsministers der Finanzen, Univ. Diss., Köln 1947

Hentschel, Volker, Wirtschaft und Wirtschaftspolitik im wilhelminischen Deutschland. Organisierter Kapitalismus und Interventionsstaat?, Stuttgart 1978

Herbert, Ulrich, Drei politische Generationen im 20. Jahrhundert, in: Jürgen Reulecke (Hg.), Generationalität und Lebensgeschichte im 20. Jahrhundert, München 2003 (= Schriften des Historischen Kollegs, Kolloquiuen 58), S. 95–114

Herbert, Ulrich, Vom Ende des Völkerrechts zur Rechtfertigung der Gewalt, in: Uffa Jensen et al. (Hg.), Gewalt und Gesellschaft. Klassiker modernen Denkens neu gelesen, Göttingen 2011, S. 174–185

Herbert, Ulrich, Geschichte Deutschlands im 20. Jahrhundert, München 2014

Herbert, Ulrich, Best. Biographische Studien über Radikalismus, Weltanschauung und Vernunft 1903–1989, München 2016

Herbst, Ludolf, Der Totale Krieg und die Ordnung der Wirtschaft. Die Kriegswirtschaft im Spannungsfeld von Politik, Ideologie und Propaganda 1939–1945, Stuttgart 1982

Hertz-Eichenrode, Dieter, Wirtschaftskrise und Arbeitsbeschaffung. Konjunkturpolitik 1925/26 und die Grundlagen der Krisenpolitik Brünings, Frankfurt a. M./New York 1982

Herzfeld, Hans, Johannes Popitz. Ein Beitrag zur Geschichte des deutschen Beamtentums, in: Richard Dietrich/Gerhard Oestreich (Hg.), Forschungen zu Staat und Verfassung. Festgabe für Fritz Hartung, Berlin 1958, S. 345–365

Hettlage, Karl M., Die Finanzverfassung im Rahmen der Staatsverfassung, in: Veröffentlichungen der Vereinigung der Deutschen Staatsrechtslehrer, H. 14, Berlin 1956, S. 2–31

Hettlage, Karl M., Die Finanzverwaltung, in: Kurt G. A. Jeserich/Hans Pohl/Georg-Christoph von Unruh (Hg.), Deutsche Verwaltungsgeschichte, Bd. 4: Das Reich als Republik und in der Zeit des Nationalsozialismus, Stuttgart 1985, S. 177–201

Heun, Werner, Staatshaushalt und Staatsleitung. Das Haushaltsrecht im parlamentarischen Regierungssystem des Grundgesetzes, Baden-Baden 1989

Hidien, Jürgen W., Der bundesstaatliche Finanzausgleich in Deutschland. Geschichtliche und staatsrechtliche Grundlagen, Baden-Baden 1999

Hilger, Christian, Rechtsstaatsbegriffe im Dritten Reich. Eine Strukturanalyse, Tübingen 2003 (= Beiträge zur Rechtsgeschichte des 20. Jahrhunderts 39)

Hiller, Petra, Organisationswissen. Eine wissenssoziologische Neubeschreibung der Organisation, Wiesbaden 2005

Hirschfeld, Gerhard /Lothar Kettenacker (Hg.), Der „Führerstaat“. Mythos und Realität. Studien zur Struktur und Politik des Dritten Reiches, Stuttgart 1981

Hirschfeld, Gerhard, Einleitung, in: ders./Tobias Jersak (Hg.), Karrieren im Nationalsozialismus. Funktionseliten zwischen Mitwirkung und Distanz, Frankfurt a. M./New York 2004, S. 9–16

Holborn, Hajo, Diplomats and Diplomacy in the Early Weimar Republic, in: Gordon A. Craig/Felix Gilbert (Hg.), The Diplomats, 1919–1939, Princeton, NJ 1994 [Orig. 1953], S. 123–171

Holtfrerich, Carl-Ludwig, The Modernisation of the Tax System in the First World War and the Great Inflation, 1914–1923, in: Peter-Christian Witt (Hg.), Wealth and Taxation in Central Europe. The History and Sociology of Public Finance, Leamington Spa/Hamburg/New York 1987, S. 125–135

Holz, Kurt A., Die Diskussion um den Dawes- und Young-Plan in der deutschen Presse, 2 Bde., Frankfurt a. M. 1977

Hoppe, Bernd, Von der parlamentarischen Demokratie zum Präsidialstaat. Verfassungsentwicklung am Beispiel der Kabinettsbildung in der Weimarer Republik, Berlin 1998 (= Schriften zur Verfassungsgeschichte 55)

Hornschu, Hans-Erich, Die Entwicklung des Finanzausgleichs im Deutschen Reich und in Preußen von 1919 bis 1944, Kiel 1950

Hörster-Philipps, Ulrike, Konservative Politik in der Endphase der Weimarer Republik. Die Regierung Franz von Papen, Köln 1982

Houten Dippel, John van, Two against Hitler. Stealing the Nazi's Best-Kept Secrets, New York 1992

Huber, Ernst Rudolf, Deutsche Verfassungsgeschichte seit 1789, Bd. VI: Die Weimarer Reichsverfassung, Stuttgart et al. 1981

Huber, Ernst Rudolf, Deutsche Verfassungsgeschichte seit 1789, Bd. VII: Ausbau, Schutz und Untergang der Weimarer Republik, Stuttgart et al. 1984

Huber, Ernst Rudolf, Deutsche Verfassungsgeschichte seit 1789, Bd. III: Bismarck und das Reich, 3., wesentl. überarb. Aufl., Stuttgart 1988

Huber, Konrad, Maßnahmegesetz und Rechtsgesetz, Berlin 1963

Hung, Jochen/Godela Weiss-Sussex/Geoff Wilkes (Hg.), Beyond Glitter and Doom. The Contingency of the Weimar Republic, München 2012

Hürter, Johannes, Wilhelm Groener. Reichswehrminister am Ende der Weimarer Republik (1928–1932), München 1993

Hüttenberger, Peter, Die Gauleiter. Studie zum Wandel des Machtgefüges in der NSDAP, Stuttgart 1969

Hüttenberger, Peter, Nationalsozialistische Polykratie, in: GG 2 (1976), 4, S. 417–442

Hüttenberger, Peter, Aufbau und Ressourcen der deutschen Staatsverwaltung von 1930 bis 1934, in: Die Verwaltung und ihre Ressourcen. Untersuchungen zu ihrer Wechselwirkung. Tagung der Vereinigung für Verfassungsgeschichte in Hofgeismar, 13.3.–15.3.1989, Berlin 1991, S. 111–147

Hussain, Nasser, The Jurisprudence of Emergency. Colonialism and the Rule of Law, Ann Arbor 2019

Intelmann, Peter, Franz Neumann: Weimar, Nationalsozialismus – und was dann?, in: Samuel Salzborn (Hg.), Kritische Theorie des Staates. Staat und Recht bei Franz L. Neumann, Baden-Baden 2009, S. 57–76

Jahraus, Oliver et al. (Hg.), Luhmann-Handbuch. Leben – Werk – Wirkung, Stuttgart 2012

Jann, Werner, Verwaltungskulturen im internationalen Vergleich, in: Die Verwaltung 33 (2000), 3, S. 325–349

Janssen, Hauke, Nationalökonomie und Nationalsozialismus. Die deutsche Volkswirtschaftslehre in den dreißiger Jahren des 20. Jahrhunderts, 3. überarb. Aufl. Marburg 2009

Jasch, Hans-Christian, Staatssekretär Wilhelm Stuckart und die Judenpolitik. Der Mythos von der sauberen Verwaltung, München 2012

Jasper, Gotthard, Der Schutz der Republik. Studien zur staatlichen Sicherung der Demokratie in der Weimarer Republik 1922–1930, Tübingen 1963

Jennings, Ivor, Das britische Regierungssystem, Köln/Opladen 1960

Jesch, Dietrich, Gesetz und Verwaltung. Eine Problemstudie zum Wandel des Gesetzmäßigkeitsprinzipes, Tübingen 1961

Joyce, Patrick, What Is the Social in Social History?, in: Past & Present (2010), 206, S. 213–248

Joyce, Patrick, Die Archivierung Indiens. Zur politischen Technologie des Britischen Kolonialstaats, in: Peter Becker (Hg.), Sprachvollzug im Amt. Kommunikation und Verwaltung in Europa des 19. und 20. Jahrhunderts, Bielefeld 2011, S. 275–304

Joyce, Patrick, The State of Freedom. A Social History of the British State Since 1800, Cambridge 2013

Jung, Otmar, Direkte Demokratie in der Weimarer Republik. Die Fälle ‚Aufwertung', ‚Fürstenenteignung', ‚Panzerkreuzerverbot' und ‚Youngplan', Frankfurt a. M./New York 1989

Kähler, Jürgen, Das Brecht'sche Gesetz der Staatsausgaben, in: Claus-Dieter Krohn/Corinna R. Unger (Hg.), Arnold Brecht 1884–1977. Demokratischer Beamter und politischer Wissenschaftler in Berlin und New York, Stuttgart 2006, S. 83–106

Kaiser, Anna-Bettina, Intelligente Verwaltungsmaschine – intelligente Maschinen in der Verwaltung: Die Diskussion über Verwaltungsautomation in den 1950er und 1960er Jahren, in: Collin, Peter/Klaus-Gert Lutterbeck (Hg.), Eine intelligente Maschine? Handlungsorientierungen moderner Verwaltung (19./20. Jh.), Baden-Baden 2009, S. 233–243

Kaiser, Anna-Bettina, Ausnahmeverfassungsrecht, Tübingen 2020

Keil, André/Matthew Stibbe, Ein Laboratorium des Ausnahmezustands. Schutzhaft während des Ersten Weltkriegs und in den Anfangsjahren der Weimarer Republik – Preußen und Bayern 1914 bis 1923, in: VfZ 68 (2020), 4, S. 535–573

Kenkmann, Alfons, „Pater Devisius" – ein Finanzbeamter zwischen Weltwirtschaftskrise, Weltanschauung und Wiedergutmachung, in: Gerhard Hirschfeld (Hg.), Karrieren im Nationalsozialismus. Funktionseliten zwischen Mitwirkung und Distanz, Frankfurt a. M./New York 2004, S. 57–71

Kenkmann, Alfons/Bernd-A. Rusinek (Hg.), Verfolgung und Verwaltung. Die wirtschaftliche Ausplünderung der Juden und die westfälischen Finanzbehörden, Münster 1999

Kent, Bruce, The Spoils of War. The Politics, Economics, and Diplomacy of Reparations 1918–1932, Oxford 1989

Kichler, Paul, Entwicklung und Wandlung des parlamentarischen Budgetbewilligungsrechts in Deutschland, Berlin 1956

Kieser, Alfred/Mark Ebers (Hg.), Organisationstheorien, 7. aktualis. u. überarb. Aufl., Stuttgart 2014

Kilian, Jürgen, Krieg auf Kosten anderer. Das Reichsministerium der Finanzen und die wirtschaftliche Mobilisierung Europas für Hitlers Krieg, Berlin/Boston 2017 (= Das Reichsfinanzministerium im Nationalsozialismus 3)

Kim, Hak-Ie, Industrie, Staat und Wirtschaftspolitik. Die konjunkturpolitische Diskussion in der Endphase der Weimarer Republik 1930–1932/33, Berlin 1997 (= Schriften zur Wirtschafts- und Sozialgeschichte 50)

Kimmel, Hans-Dieter, Der Belagerungs- bzw. Ausnahmezustand im Deutschen Reich von 1919–1921, Göttingen 1971

Kirchhof, Paul, Gewaltenkontrolle zwischen Haushalts- und Wirtschaftsminister. Zur Notwendigkeit einer Reorganisation des Finanz- und Wirtschaftsressorts, in: Betriebs-Berater (1971), S. 1469–1474

Kißener, Michael, Wirtschaftspolitische Ordnungsvorstellungen im Deutschen Widerstand gegen das „Dritte Reich", in: Werner Plumpe/Joachim Scholtyseck (Hg.), Der Staat und die Ordnung der Wirtschaft. Vom Kaiserreich bis zur Berliner Republik, Stuttgart 2012, S. 86–98

Kittrie, Orde F., Lawfare. Law as a Weapon of War, Oxford 2016

Kittsteiner, Heinz Dieter, Der Begriff des Politischen in der Heroischen Moderne. Carl Schmitt, Leo Strauss, Karl Marx, in: Moritz Bassler/Ewout van der Knapp (Hg.), Die (k)alte Sachlichkeit. Herkunft und Wirkungen eines Konzepts, Würzburg 2004, S. 161–187

Kivotidis, Dimitrios, ‚Norm' and ‚Exception'. From the Weimar Republic to the Nazi State Form, in: Cosmin Cercel/Gian Giacomo Fusco/Simon Lavis (Hg.), States of Exception. Law, History, Theory, Abingdon/New York 2021, S. 119–139

Klein, Franz, Das Bundesministerium der Finanzen, 3. Aufl., Bonn 1970

Klein, Friedrich, Zur Erinnerung an Herbert Dorn, in: StuW (1987), S. 97–98

Kocka, Jürgen, Organisierter Kapitalismus im Kaiserreich?, in: HZ 230 (1980), S. 613–631

Kocka, Jürgen, Otto Hintze, Max Weber und das Problem der Bürokratie, in: HZ 233 (1981), S. 65–106

Kolb, Eberhard/Wolfram Pyta, Rettung durch den Staatsnotstand? Die Planung des Ernstfalls unter den Regierungen Papen und Schleicher, in: Heinrich August Winkler (Hg.), Die deutsche Staatskrise 1930–1933. Handlungsspielräume und Alternativen, München 1992 (= Schriften des Historischen Kollegs, Kolloquien 26), S. 155–181

Köppen, Paul, „Aus der Krankheit konnten wir unsere Waffe machen". Heinrich Brünings Spardiktat und die Ablehnung der französischen Kreditangebote 1930/31, in: VfZ 62 (2014), 2, S. 349–375

Köppen, Paul, Weil nicht wahr sein kann, was nicht wahr sein darf. Zur Verweigerung einer quellenbasierten Diskussion über Heinrich Brünings Sparpolitik, in: VfZ 63 (2015), 4, S. 569–578

Korff, Hans Clausen, Haushaltspolitik. Instrument öffentlicher Macht, Stuttgart et al. 1975

Koselleck, Reinhart, Staat und Souveränität, in: Otto Brunner/Werner Conze/Reinhart Koselleck (Hg.), Geschichtliche Grundbegriffe. Historisches Lexikon zur politisch-sozialen Sprache in Deutschland, Bd. 6, Stuttgart 1990, S. 1–68

Koselleck, Reinhart, Erinnerungsschleusen und Erfahrungsschichten. Der Einfluß der beiden Weltkriege auf das soziale Bewußtsein, in: ders., Zeitschichten. Studien zur Historik, Frankfurt a. M. 2003, S. 265–284

Koselleck, Reinhart, ‚Erfahrungsraum' und ‚Erwartungshorizont' – zwei historische Kategorien, in: ders., Vergangene Zukunft. Zur Semantik geschichtlicher Zeiten, Frankfurt a. M. 1989, S. 349–375

Köster, Roman, Die Wissenschaft der Außenseiter. Die Krise der Nationalökonomie in der Weimarer Republik. Göttingen 2011 (= Kritische Studien zur Geschichtswissenschaft, Bd. 198)

Köster, Roman, Vor der Krise. Die frühe Keynes-Rezeption in der Weimarer Republik, in: Mittelweg 36 (2013), 3, S. 32–46

Kott, Sébastien, Le contrôle des dépenses engagées. Évolutions d'une fonction, Paris 2004

Kott, Sébastien, Les contrôleurs des dépenses engagées devant la loi Marin du 10 août 1922, in: Nathalie Carré de Malberg (Hg.), La direction du Budget entre doctrines et réalités 1914–1944. Journée d'études tenue à Bercy le 10 septembre 1999, Paris 2001, S. 105–128

Kroboth, Rudolf, Die Finanzpolitik des Deutschen Reiches während der Reichskanzlerschaft Bethmann Hollwegs und die Geld- und Kapitalmarktverhältnisse (1909–1913/14), Frankfurt a. M. 1986

Kroener, Bernhard R., „Der starke Mann im Heimatkriegsgebiet". Generaloberst Friedrich Fromm. Eine Biographie, Paderborn u. a. 2005

Kroener, Bernhard R., Kampf als Daseinsform, in: ders., Kriegerische Gewalt und militärische Präsenz in der Neuzeit. Ausgewählte Schriften, Paderborn u. a. 2008, S. 241–255

Krohn, Claus-Dieter, Stabilisierung und ökonomische Interessen. Die Finanzpolitik des Deutschen Reiches 1923–1927, Düsseldorf 1974

Krohn, Claus-Dieter/Corinna Unger (Hg.), Arnold Brecht, 1884–1977. Demokratischer Beamter und politischer Wissenschaftler, Berlin/New York 2006

Kühl, Stefan, Ganz normale Organisationen. Zur Soziologie des Holocaust, Berlin 2014

Kühl, Stefan, Organisationen. Eine sehr kurze Einführung, Wiesbaden 2011

Kuisel, Richard, Capitalism and the State in Modern France. Renovation and Economic Management in the Twentieth Century, Cambridge u. a. 1981

Kuller, Christiane, Bürokratie und Verbrechen. Antisemitische Finanzpolitik und Verwaltungspraxis im nationalsozialistischen Deutschland, München 2013 (= Das Reichsfinanzministerium im Nationalsozialismus 1)

Kuller, Christiane, Der arrangierte Normenstaat. Die staatliche Finanzverwaltung und die wirtschaftliche Ausplünderung der deportierten Juden, in: Sven Reichardt/Wolfgang Seibel (Hg.), Der prekäre Staat. Herrschen und Verwalten im Nationalsozialismus, Frankfurt a. M./New York 2011, S. 213–239

Kuller, Christiane, „Kämpfende Verwaltung". Bürokratie im NS-Staat, in: Dietmar Süß/Winfried Süß (Hg.), Das „Dritte Reich". Eine Einführung, München 2008, S. 227–245

Kuller, Christiane, Haushaltspolitik als Machtpolitik? Kommissare im Spannungsfeld zwischen traditioneller Finanzpolitik und politischer Sondergewalt, in: Rüdiger Hachtmann/Winfried Süß (Hg.), Hitlers Kommissare. Führerbeauftragte und sektorale Sondergewalten in der nationalsozialistischen Diktatur, Göttingen 2006 (= Beiträge zur Geschichte des Nationalsozialismus 22), S. 51–71

Kunczik, Michael, Geschichte der Öffentlichkeitsarbeit in Deutschland, Köln/Weimar/Wien 1997

Kunz, Andreas, Civil Servants and the Politics of Inflation in Germany 1914–1924, Berlin/New York 1986

Kunz, Andreas, Stand versus Klasse. Beamtenschaft und Gewerkschaften im Konflikt um den Personalabbau 1923/24, in: GG (1982), 1, S. 55–86

Kurz, Achim, Demokratische Diktatur? Auslegung und Handhabung des Artikels 48 der Weimarer Verfassung 1919–1925, Berlin 1992 (= Schriften zur Verfassungsgeschichte 43)

Kurz, Achim, Zur Interpretation des Artikels 48 Abs. 2 WRV 1930–33, in: Rolf Grawert (Hg.), Offene Staatlichkeit. Festschrift für Ernst-Wolfgang Böckenförde zum 65. Geburtstag, Berlin 1995, S. 395–413

Lahusen, Benjamin, The Administration of Normality. German Law and German Society 1944–1952 / Die Verwaltung von Normalität. Deutsches Recht und deutsche Gesellschaft 1944–1952, in: ancilla iuris (2014), S. 99–109

Lange, Thomas, Bayern im Ausnahmezustand 1919–1923. Zur politischen Funktion des bayerischen Ausnahmerechts in den ersten Jahren der Weimarer Republik, Univ. Diss., München 1985

Lapp, Klaus, Die Finanzierung der Weltkriege 1914/18 und 1939/45 in Deutschland. Eine wirtschafts- und finanzpolitische Untersuchung, Univ. Diss., Nürnberg 1957

Laqueur, Walter, Young Germany. A History of the German Youth Movement, New York 1962

Laux, Eberhard, Führung und Verwaltung in der Rechtslehre des Nationalsozialismus, in: Dieter Rebentisch/Karl Teppe (Hg.), Verwaltung contra Menschenführung im Staat Hitlers. Studien zum politisch-administrativen System, Göttingen 1986, S. 33–64

Laux, Eberhard, Die Entwicklung des Verwaltungsbetriebes, in: Kurt G. A. Jeserich/Hans Pohl/Georg-Christoph von Unruh (Hg.), Deutsche Verwaltungsgeschichte, Bd. 5: Die Bundesrepublik Deutschland, Stuttgart 1987, S. 1081–1110

Lavis, Simon, The Exception of the Norm in the Third Reich. (Re)reading the Nazi Constitutional State of Exception, in: Cosmin Cercel/Gian Giacomo Fusco/ders. (Hg.), States of Exception. Law, History, Theory, Abingdon/New York 2021, S. 92–116

Lehnstaedt, Stephan, Das Reichsministerium des Innern unter Heinrich Himmler 1943–1945, in: VfZ 54 (2006), 4, S. 639–672

Leidel, Herbert, Die Begründung der Reichsfinanzverwaltung, Univ. Diss., Münster 1964 (= Schriftenreihe des Bundesministeriums der Finanzen, Heft 1)

Lemke, Matthias, Demokratie im Ausnahmezustand. Wie Regierungen ihre Macht ausweiten, Frankfurt a. M./New York 2017

Leonhard, Jörn, Der überforderte Frieden. Versailles und die Welt 1918–1923, München 2018

Lethen, Helmut, Verhaltenslehren der Kälte. Lebensversuche zwischen den Kriegen, Frankfurt a. M. 1994

Leuschen-Seppel, Rosemarie, Zwischen Staatsverantwortung und Klasseninteresse. Die Wirtschafts- und Finanzpolitik der SPD zur Zeit der Weimarer Republik unter besonderer Berücksichtigung der Mittelphase 1924–1928/29, Bonn 1981 (= Politik und Gesellschaftsgeschichte 9)

Lilien-Waldau, Falko Freiherr von, Der Bundesminister der Finanzen als Haushaltsminister. Ein Beitrag zum Regierungssystem des Bonner Grundgesetzes unter besonderer Berücksichtigung der staatsrechtlichen Stellung des Bundesministers der Finanzen innerhalb der Bundesregierung, Univ. Diss., Köln 1972

Llanque, Marcus, Die Theorie politischer Einheitsbildung in Weimar und die Logik von Einheit und Vielheit (Rudolf Smend, Carl Schmitt, Hermann Heller), in: Andreas Göbel/Dirk van Laak/Ingeborg Villinger (Hg.), Metamorphosen des Politischen. Grundfragen politischer Einheitsbildung seit den 20er Jahren, Berlin 1995, S. 157–176

Llanque, Marcus, Demokratisches Denken im Krieg. Die deutsche Debatte im Ersten Weltkrieg, Berlin 2000

Löffler, Bernhard, Moderne Institutionengeschichte in kulturhistorischer Erweiterung. Thesen und Beispiele aus der Geschichte der Bundesrepublik Deutschland, in: Hans-Christof Kraus/Thomas Nicklas (Hg.), Geschichte der Politik. Alte und neue Wege, München 2007 (= Historische Zeitschrift, Beihefte 44), S. 155–180

Löffler, Bernhard, Währungsgeschichte als Kulturgeschichte? Konzeptionelle Leitlinien und analytische Probleme kulturhistorischer Ansätze auf wirtschafts- und währungsgeschichtlichem Feld, in: ders. (Hg.), Die kulturelle Seite der Währung. Europäische Währungskulturen, Geldwerterfahrungen und Notenbanksysteme im 20. Jahrhundert, München 2010 (= Historische Zeitschrift, Beihefte 50), S. 3–35

Loschelder, Wolfgang, Weisungshierarchie und persönliche Verantwortung in der Exekutive, in: Josef Isensee/Paul Kirchhof (Hg.), Handbuch des Staatsrechts der Bundesrepublik Deutschland, Bd. 3: Das Handeln des Staates, Heidelberg 1988, S. 409–456

Lotz, Wolfgang, Die Deutsche Reichspost 1933–1939, Berlin 1999 (= Die Deutsche Reichspost 1933–1945)

Luban, David, Carl Schmitt and the Critique of Lawfare, Georgetown Public Law Research Paper Nr. 11–33 (2011)

Luhmann, Niklas, Kann die Verwaltung wirtschaftlich handeln?, in: Verwaltungsarchiv 51 (1960), 2, S. 97–115

Luhmann, Niklas, Zweck – Herrschaft – System. Grundbegriffe und Prämissen Max Webers, in: Renate Mayntz (Hg.), Bürokratische Organisation, Köln/Berlin 1968, S. 36–55

Luhmann, Niklas, Vertrauen. Ein Mechanismus der Reduktion sozialer Komplexität, 2. erw. Aufl., Stuttgart 1973

Luhmann, Niklas, Zweckbegriff und Systemrationalität. Über die Funktion von Zwecken in sozialen Systemen, Frankfurt a. M. 1973

Luhmann, Niklas, Funktionen und Folgen formaler Organisation, Berlin 1976

Luhmann, Niklas, Metamorphosen des Staates, in: ders., Gesellschaftsstruktur und Semantik. Studien zur Wissenssoziologie der modernen Gesellschaft, Bd. 4, Frankfurt a. M. 1999, S. 101–137

Luhmann, Niklas, Die Politik der Gesellschaft, Frankfurt a. M. 2000

Luhmann, Niklas, Organisation und Entscheidung, 3. Aufl., Wiesbaden 2011

Lüdtke, Alf/Michael Wildt (Hg.), Staats-Gewalt: Ausnahmezustand und Sicherheitsregimes. Historische Perspektiven, Göttingen 2008 (= Göttinger Gespräche zur Geschichtswissenschaft 27)

Lüke, Rolf E., Von der Stabilisierung zur Krise, Zürich 1958 (= Basle Centre for Economic and Financial Research Series B, 3)

Lükemann, Ulf, Der Reichsschatzmeister der NSDAP. Ein Beitrag zur inneren Parteistruktur, Univ. Diss., Berlin 1963

Lundgreen, Christoph, Staatsdiskurse in Rom? Staatlichkeit als analytische Kategorie für die Römische Republik, in: ders. (Hg.), Staatlichkeit in Rom? Diskurse und Praxis (in) der römischen Republik, Stuttgart 2014 (= Staatsdiskurse 28), S. 15–61

Luttenberger, Julia Alexandra, Verwaltung für den Sozialstaat – Sozialstaat durch Verwaltung? Die Arbeits- und Sozialverwaltung als politisches Problemlösungsinstrument in der Weimarer Republik, Berlin 2013

Lutterbeck, Klaus-Gert, Methodologische Reflexionen über eine politische Ideengeschichte administrativer Praxis, in: JEV 15 (2003), S. 337–366

Maaß, Werner, Die Mechanisierung von Aufgaben der Steuerverwaltung in den Vereinigten Staaten und in Deutschland, in: Verwaltungsarchiv 52 (1961), 2, S. 113–159

Mahoney, James/Kathleen Thelen (Hg.), Explaining Institutional Change. Ambiguity, Agency, and Power, Cambridge 2010

Mai, Gunther, Politische Krise und Rationalisierungsdiskurs in den zwanziger Jahren, in: Technikgeschichte 62 (1995), 4, S. 317–332

Maier, Charles, Leviathan 2.0. Die Erfindung moderner Staatlichkeit, in: Akira Iriye/Jürgen Osterhammel (Hg.), Geschichte der Welt, 1870–1945: Weltmärkte und Weltkriege, München 2012, S. 33–286

Maier, Charles, Transformations of Territoriality, 1600–2000, in: Gunilla Budde/Sebastian Conrad/Oliver Janz (Hg.), Transnationale Geschichte. Themen, Tendenzen und Theorien, Göttingen 2006, S. 32–55

Malinowski, Stephan, Vom König zum Führer. Sozialer Niedergang und politische Radikalisierung im deutschen Adel zwischen Kaiserreich und NS-Staat, 3. durchges. Aufl., Berlin 2003 (= Elitenwandel in der Moderne 4)

Marquardt, Sabine, Polis contra Polemos. Politik als Kampfbegriff der Weimarer Republik, Köln et al. 1997

Marx, Henry, Die Verwaltung des Ausnahmezustands. Wissensgenerierung und Arbeitskräftelenkung im Nationalsozialismus, Göttingen 2019

Matzerath, Horst, Nationalsozialismus und kommunale Selbstverwaltung, Stuttgart et al. 1970 (= Schriftenreihe des Vereins für Kommunalwissenschaften 29)

Maurer, Ilse, Reichsfinanzen und Große Koalition. Zur Geschichte des Reichskabinetts Müller (1928–1930), Bern/Frankfurt a. M. 1973 (= Moderne Geschichte und Politik 1)

Mayntz, Renate, Soziologie der Organisation, Reinbek b. Hamburg 1963

Mayntz, Renate, Soziologie der öffentlichen Verwaltung, Heidelberg/Karlsruhe 1978

McDonald, Andrew, The Geddes Committee and the Formulation of Public Expenditure Policy, 1921–1922, in: The Historical Journal 32 (1989), 3, S. 643–674

McElligott, Anthony, Rethinking the Weimar Paradigm. Carl Schmitt and Politics without Authority, in: Jochen Hung/Godela Weiss-Sussex/Geoff Wilkes (Hg.), Beyond Glitter and Doom. The Contingency of the Weimar Republic, München 2012, S. 87–101

McElligott, Anthony, Rethinking the Weimar Republic. Authority and Authoritarianism 1916–1936, London et al. 2014

McNeil, William C., German Fiscal Policy and the Depression of 1925–26, in: Harm G. Schröter/Clemens A. Wurm (Hg.), Politik, Wirtschaft und internationale Beziehungen. Studien zu ihrem Verhältnis in der Zeit zwischen den Weltkriegen, Mainz 1991, S. 37–58

Mecking, Sabine/Andreas Wirsching (Hg.), Stadtverwaltung im Nationalsozialismus. Systemstabilisierende Dimensionen kommunaler Herrschaft, Paderborn u. a. 2005 (= Forschungen zur Regionalgeschichte 53)

Mehl, Stefan, Das Reichsfinanzministerium und die Verfolgung der deutschen Juden 1933–1945, Berlin 1990

Mehring, Reinhard, Kriegstechniker des Begriffs. Biographische Studien zu Carl Schmitt, Tübingen 2014 (= Beiträge zur Rechtsgeschichte des 20. Jahrhunderts 78)

Mehring, Reinhard, Carl Schmitt – Aufstieg und Fall. Eine Biographie, München 2009

Meierhenrich, Jens, The Remnants of the Rechtsstaat. An Ethnography of Nazi Law, Oxford 2018

Meinel, Florian, Der Beamtenpolitiker Johannes Popitz, in: Zeitschrift für Ideengeschichte XI (2017), 1, S. 113–118

Meinl, Susanne, „Nationalsozialistische Verwaltungssoldaten". Struktur, Aufgaben und politisches Selbstverständnis der Beamten in der Reichsfinanzverwaltung, in: Manfred Grieger/Christian Jansen/Irmtrud Wojak (Hg.), Interessen, Strukturen und Entscheidungsprozesse! Für eine politische Kontextualisierung des Nationalsozialismus, Essen 2010, S. 145–163

Meinl, Susanne/Jutta Zwilling, Legalisierter Raub. Die Ausplünderung der Juden im Nationalsozialismus durch die Reichsfinanzverwaltung in Hessen, Frankfurt a. M./New York 2004 (= Wissenschaftliche Reihe des Fritz Bauer Instituts 10)

Meister, Rainer, Die große Depression. Zwangslagen und Handlungsspielräume der Wirtschafts- und Finanzpolitik in Deutschland 1929–1932, Regensburg 1992 (= Kölner Schriften zur Sozial- und Wirtschaftspolitik 11)

Melville, Gert (Hg.), Institutionen und Geschichte. Theoretische Aspekte und mittelalterliche Befunde, Köln/Weimar/Wien 1992

Menger, Christian-Friedrich, Das Gesetz als Norm und Maßnahme, in: Das Gesetz als Norm und Maßnahme, Berlin 1957 (= Veröffentlichungen der Vereinigung der Deutschen Staatsrechtslehrer 15), S. 3–34

Menges, Franz, Reichsreform und Finanzpolitik. Die Aushöhlung der Eigenstaatlichkeit Bayerns auf finanzpolitischem Wege in der Zeit der Weimarer Republik, Berlin 1971

Mentel, Christian, Die Debatte um „Das Amt und die Vergangenheit" und ihre Folgen, Version: 1.0, in: Docupedia-Zeitgeschichte, 06.01.2018, http://docupedia.de/zg/Mentel_debatte_amt_v1_de_2018 [27.4.2021]

Mentel, Christian/Niels Weise, Die zentralen deutschen Behörden und der Nationalsozialismus. Stand und Perspektiven der Forschung, hrsg. von Frank Bösch, Martin Sabrow und Andreas Wirsching, München/Potsdam 2016, https://zzf-potsdam.de/sites/default/files/forschung/Direktion/2016_02_13_zzf_ifz_bkm-studie.pdf [27.4.2021]

Mergel, Thomas, High Expectations – Deep Disappointments: Structures of the Public Perception of Politics in the Weimar Republic, in: Kathleen Canning/Kerstin Brandt/Kristin McGuire (Hg.), Weimar Publics/Weimar Subjects. Rethinking the Political Culture of Germany in the 1920s, New York 2010, S. 193–210

Mergel, Thomas, Parlamentarische Kultur in der Weimarer Republik. Politische Kommunikation, symbolische Politik und Öffentlichkeit im Reichstag, Berlin 2012

Mertens, Bernd, Rechtsetzung im Nationalsozialismus, Tübingen 2009

Metzger, Ulrike/Joe Weingarten, Einkommensteuer und Einkommensteuerverwaltung in Deutschland. Ein historischer und verwaltungswissenschaftlicher Überblick, Opladen 1989

Middendorf, Stefanie/Kim Priemel, Jenseits des Primats. Kontinuitäten der nationalsozialistischen Finanz- und Wirtschaftspolitik, in: Birthe Kundrus/Sybille Steinbacher (Hg.), Kontinuitäten und Diskontinuitäten. Der Nationalsozialismus in der Geschichte des 20. Jahrhunderts, Göttingen 2013 (= Beiträge zur Geschichte des Nationalsozialismus 29), S. 94–120

Middendorf, Stefanie/Ulrike Schulz/Corinna R. Unger, Institutional History Rediscovered. Observing Organizations' Behavior in Times of Change, in: Comparativ 24 (2014), 1, S. 8–17

Middendorf, Stefanie, Staatsfinanzen und Regierungstaktiken. Das Reichsministerium der Finanzen (1919–1945) in der Geschichte von Staatlichkeit im 20. Jahrhundert, in: GG 41 (2015), 1, S. 140–168

Middendorf, Stefanie, Finanzpolitische Fundamente der Demokratie? Haushaltsordnung, Ministerialbürokratie und Staatsdenken in der Weimarer Republik, in: Tim B. Müller/Adam Tooze (Hg.), Normalität und Fragilität. Demokratie nach dem Ersten Weltkrieg, Hamburg 2015, S. 315–343

Middendorf, Stefanie, Ökonomisierung des Regierens? Überlegungen zum Wandel „moderner" Staatsfinanzierung in Deutschland und Frankreich (1920–1980), in: AfS 57 (2017), S. 281–311

Middendorf, Stefanie, Außerwirtschaftlicher Wille? Antiliberale Haltungen zu Kapitalismus und Demokratie bei Johannes Popitz und Carl Schmitt, in: Detlef Lehnert (Hg.), Soziale Demokratie und Kapitalismus. Die Weimarer Republik im Vergleich, Berlin 2019, S. 173–207

Middendorf, Stefanie, Postheroische Ordnung? Zur Finanzbürokratie in der bundesdeutschen Demokratie nach 1945, in: Heuss-Forum 5 (2019), https://www.theodor-heuss-haus.de/fileadmin/user_upload/pics/Unser_Programm/Heuss-Forum/THK_2019/Heuss-Forum_5-2019_Middendorf.pdf [26.4.2021]

Middendorf, Stefanie, Hans Schäffer und die bürokratische Existenz im Finanzkapitalismus, in: Jörg Später/Thomas Zimmer (Hg.), Lebensläufe im 20. Jahrhundert, Göttingen 2019, S. 115–135

Middendorf, Stefanie, Beyond Democracy or Dictatorship. Structuring Sovereign Debt in Germany from Weimar to the Postwar Period, in: Nicolas Barreyre/Nicolas Delalande (Hg.), A World of Public Debts. A Political History, Cham 2020, S. 287–315

Migdal, Joel S., State in Society. Studying How States and Societies Transform and Constitute One Another, Cambridge 2001

Migdal, Joel S./Klaus Schlichte, Rethinking the State, in: Klaus Schlichte (Hg.), The Dynamics of States. The Formation and Crisis of State Domination, Ashgate 2005, S. 1–40

Miller, Susanne, Die Bürde der Macht. Die deutsche Sozialdemokratie 1918–1920, Düsseldorf 1978

Misera, Hans-Ulrich, Organisationsveränderungen in der Verwaltung. Verwaltungswissenschaftlich untersucht am Beispiel der Entwicklung der inneren Organisation der Finanzämter von 1919 bis 1992, Frankfurt a. M. et al. 1994

Mitchell, Timothy, The Limits of the State. Beyond Statist Approaches and Their Critics, in: American Political Science Review 85 (1991), 1, S. 77–96

Mitchell, Timothy, Society, Economy, and the State Effect, in: Georg Steinmetz (Hg.), State/Culture. State-Formation after the Cultural Turn, Ithaca/London 1999, S. 76–97

Möllers, Christoph, Das parlamentarische Gesetz als demokratische Entscheidungsform. Ein Beitrag zur Institutionenwahrnehmung in der Weimarer Republik, in: Christoph Gusy (Hg.), Demokratisches Denken in der Weimarer Republik, Baden-Baden 2000, S. 415–468

Möllers, Christoph, Der Methodenstreit als politischer Generationenkonflikt. Ein Angebot zur Deutung der Weimarer Staatsrechtslehre, in: Der Staat 43 (2004), 3, S. 399–423

Möllers, Christoph, Der vermisste Leviathan. Staatstheorie in der Bundesrepublik, Frankfurt a. M. 2008

Möllers, Christoph, Ernst Rudolf Hubers letzte Fußnote. Die normative Ordnung des Nationalsozialismus und die Grenzen der Kulturgeschichte, in: Zeitschrift für Ideengeschichte 10 (2016), 2, S. 47–64

Mommsen, Hans, Aufgabenkreis und Verantwortlichkeit des Staatssekretärs der Reichskanzlei Dr. Wilhelm Kritzinger, in: Gutachten des Instituts für Zeitgeschichte, Bd. 2, Stuttgart 1966, S. 369–398

Mommsen, Hans, Beamtentum im Dritten Reich. Mit ausgewählten Quellen zur nationalsozialistischen Beamtenpolitik, Stuttgart 1966 (= Schriftenreihe der VfZ 13)

Mommsen, Hans, Die Stellung der Beamtenschaft in Reich, Ländern und Gemeinden in der Ära Brüning, in: VfZ 21 (1973), 2, S. 151–165

Mommsen, Hans, Staat und Bürokratie in der Ära Brüning, in: Gotthard Jasper (Hg.), Tradition und Reform in der deutschen Politik. Gedenkschrift für Waldemar Besson, Frankfurt a. M. 1976, S. 81–137

Mommsen, Hans, Ausnahmezustand als Herrschaftstechnik des NS-Regimes, in: Manfred Funke (Hg.), Hitler, Deutschland und die Mächte. Materialien zur Außenpolitik des Dritten Reiches, Düsseldorf 1978

Mommsen, Hans, Nationalsozialismus als vorgetäuschte Modernisierung, in: ders., Der Nationalsozialismus und die deutsche Gesellschaft. Ausgewählte Aufsätze, Reinbek b. Hamburg 1991, S. 405–427

Mommsen, Hans, Aufstieg und Untergang der Republik von Weimar 1918–1933, 3. Aufl., Berlin 2009

Mommsen, Wolfgang J., Max Weber und die deutsche Politik 1890–1920, 3. verb. Aufl., Tübingen 2004

Morsey, Rudolf, Zur Beamtenpolitik des Reiches von Bismarck bis Brüning, in: Demokratie und Verwaltung. 25 Jahre Hochschule für Verwaltungswissenschaften Speyer, Berlin 1972 (= Schriftenreihe der Hochschule Speyer 50), S. 101–116

Morsey, Rudolf, Brünings Kritik an der Reichsfinanzpolitik 1919–1929, in: Erich Hassinger/J. Heinz Müller/Hugo Ott (Hg.), Geschichte, Wirtschaft, Gesellschaft. Festschrift für Clemens Bauer zum 75. Geburtstag, Berlin 1974, S. 359–373

Morsey, Rudolf, Beamtenschaft und Verwaltung zwischen Republik und „Neuem Staat", in: Karl-Dietrich Erdmann/Hagen Schulze (Hg.), Weimar. Selbstpreisgabe einer Demokratie. Eine Bilanz heute, Kölner Kolloquium der Fritz Thyssen Stiftung, Juni 1979, Düsseldorf 1980, S. 151–168

Morton, Stephen, States of Emergency. Colonialism, Literature and Law, Liverpool 2013

Mößle, Wilhelm, Die Verordnungsermächtigung in der Weimarer Republik, in: Horst Möller/Manfred Kittel (Hg.), Demokratie in Deutschland und Frankreich 1918–1933/40. Beiträge zu einem historischen Vergleich, München 2002, S. 269–282

Mühl-Benninghaus, Sigrun, Das Beamtentum in der NS-Diktatur bis zum Ausbruch des Zweiten Weltkrieges. Zu Entstehung, Inhalt und Durchführung der einschlägigen Beamtengesetze, Düsseldorf 1996

Müller, Christoph, Die Entstehung des Reichsgesetzes über das Kreditwesen vom 5. Dezember 1934, Berlin 2003

Müller, Tim B., Demokratie und Wirtschaftspolitik in der Weimarer Republik, in: VfZ 62 (2014), 4, S. 569–601

Müller, Tim B., Nach dem Ersten Weltkrieg. Lebensversuche moderner Demokratie, Hamburg 2014

Müller, Tim B., Die Geburt des Sozial-Liberalismus aus dem Geist der Verwaltung. Zur Erfindung der modernen Wirtschaftspolitik in der Weimarer Republik, in: Anselm Doering-Manteuffel/Jörn Leonhard (Hg.), Liberalismus im 20. Jahrhundert, Stuttgart 2015, S. 127–155

Müller, Tim B., Wirtschaftspolitik als Beruf. Die Verwaltung und der politische „Kampfboden" der Weimarer Demokratie, in: Detlef Lehnert (Hg.), Max Weber 1864–1920. Politik – Theorie – Weggefährten, Köln 2016, S. 105–134

Müller, Tim B./Adam Tooze (Hg.), Normalität und Fragilität. Demokratie nach dem Ersten Weltkrieg, Hamburg 2015

Mußgnug, Reinhard, Der Dispens von gesetzlichen Vorschriften, o. O. 1964

Mußgnug, Reinhard, Der Haushaltsplan als Gesetz, Göttingen 1976

Mußgnug, Reinhard, Die rechtlichen und pragmatischen Beziehungen zwischen Parlament, Regierung und Verwaltung, in: Kurt G. A. Jeserich/Hans Pohl/Georg-Christoph von Unruh (Hg.), Deutsche Verwaltungsgeschichte, Bd. 4: Das Reich als Republik und in der Zeit des Nationalsozialismus, Stuttgart 1985, S. 308–329

Nagel, Anne C., Johannes Popitz (1884–1945). Görings Finanzminister und Verschwörer gegen Hitler. Eine Biographie, Köln 2015

Naschold, Frieder, Anpassungsplanung oder politische Gestaltungsplanung? Zur politischen Planung in der BRD am Beispiel der mehrjährigen Finanzplanung, in: Winfried Steffani (Hg.), Parlamentarismus ohne Transparenz. Kritik Bd. III, Opladen 1971, S. 69–104

Neal, Andrew W., Foucault in Guantánamo. Eine Archäologie des Ausnahmezustands, in: Susanne Krasmann/Jürgen Martschukat (Hg.), Rationalitäten der Gewalt. Staatliche Neuordnungen vom 19. bis zum 21. Jahrhundert, Bielefeld 2007, S. 47–74

Neliba, Günter, Die vier Staatssekretäre des NS-Reichsjustizministeriums (1933–1945), in: Staatssekretäre des NS-Regimes. Ausgewählte Aufsätze, Berlin 2005 (= Zeitgeschichtliche Forschungen 25), S. 1–38

Neliba, Günter, Staatssekretäre des NS-Regimes. Ausgewählte Aufsätze, Berlin 2005 (= Zeitgeschichtliche Forschungen 25)

Netzband, Karl-Bernhard/Hans Peter Widmaier, Währungs- und Finanzpolitik der Ära Luther 1923–1925, Basel/Tübingen 1964

Neumann, Volker, Der Staat im Bürgerkrieg. Kontinuität und Wandlung des Staatsbegriffs in der politischen Theorie Carl Schmitts, Frankfurt a. M./New York 1980

Nicholls, Anthony, Die höhere Beamtenschaft in der Weimarer Zeit. Betrachtungen zu Problemen ihrer Haltung und ihrer Fortbildung, in: Lothar Albertin/Werner Link (Hg.), Politische Parteien auf dem Weg zur parlamentarischen Demokratie in Deutschland. Entwicklungslinien bis zur Gegenwart, Düsseldorf 1981, S. 195–207

Nipperdey, Thomas, Deutsche Geschichte 1866–1918, Bd. II: Machtstaat vor der Demokratie, München 1998

Nolzen, Armin, Ganz normale Organisationen, in: Mittelweg 36 25 (2016), 6, S. 97–104

Novak, William J./Stephen W. Sawyer/James T. Sparrow, Beyond Stateless Democracy, in: La Revue Tocqueville 36 (2015), 1, S. 21–41

Ortmann, Günther/Jörg Sydow/Klaus Türk, Organisation, Strukturation, Gesellschaft. Die Rückkehr der Gesellschaft in die Organisationstheorie, in: dies. (Hg.), Theorien der Organisation. Die Rückkehr der Gesellschaft, Opladen 1997, S. 15–34

Oshima, Michiyoshi, Die Bedeutung des Kabinettsbeschlusses vom 4. April 1933 für die autonome Haushaltsgebarung der Wehrmacht, in: FinanzArchiv N.F. 38 (1980), 2, S. 193–235

Oshima, Michiyoshi, Statistische Materialien über die Reichsfinanzen im Dritten Reich (I–III) [dt./japan.], in: Mita Journal of Economics 84 (1991/92), 2, S. 256–285; 3, S. 141–170; 4, S. 257–297

Oshima, Michiyoshi, Von der Rüstungsfinanzierung zum Reichsbankgesetz 1939, in: Jahrbuch für Wirtschaftsgeschichte / Economic History Yearbook (2006), 1, S. 177–217

Overy, Richard J., „Blitzkriegswirtschaft“? Finanzpolitik, Lebensstandard und Arbeitseinsatz in Deutschland 1939–1942, in: VfZ 36 (1988), 3, S. 379–435

Paris, Rainer, Normale Macht. Soziologische Essays, Konstanz 2005

Pauly, Louis W., International Financial Institutions and National Economic Governance. Aspects of the New Adjustment Agenda in Historical Perspective, in: Marc Flandreau et al. (Hg.), International Financial History in the Twentieth Century. System and Anarchy, Cambridge 2003, S. 239–264

Pausch, Alfons, 250 Jahre Fachausbildung für den höheren Finanzdienst. Von den Kamerallehrstühlen zur Bundesfinanzakademie, in: Bundesministerium der Finanzen (Hg.), Im Dienste der Gleichmäßigkeit der Besteuerung, Bonn 1976, S. 19–184

Pausch, Alfons, Im Gedenken an Kurt Ball, in: StuW N.F. 6 (1976), 4, S. 387–388

Pausch, Alfons, Fritz Reinhardt als Mahnung. Ein Steuerfachmann im Dienste Hitlers, in: Der Steuerberater 38 (1987), S. 349–360

Pausch, Alfons, Kurt Ball. Verfechter der Selbständigkeit des Steuerrechts, in: ders., Persönlichkeiten der Steuerkultur, Herne 1992, S. 76–83

Pawellek, Stefan, Die badische Finanzverwaltung 1919–1952, Rheinfelden 1986

Peden, Georges C., The Treasury and British Public Policy, 1906–1959, Oxford 2000

Peters, Katharina, Die Doppelkonstruktion budgetärer Wirklichkeit. Repräsentationen und Praktiken der Finanzverwaltung, in: Zeitschrift für Soziologie 29 (2000), 2, S. 121–137

Petersson, Niels P., Anarchie und Weltrecht. Das Deutsche Reich und die Institutionen der Weltwirtschaft 1890–1930, Göttingen 2009 (= Kritische Studien zur Geschichtswissenschaft 183)

Petersson, Niels P./Wolfgang M. Schröder, Souveränität im Wandel. Analysen zum „geschlossenen" und zum „offenen" Staat, in: Georg Jochum et al. (Hg.), Legitimationsgrundlagen einer europäischen Verfassung. Von der Volkssouveränität zur Völkersouveränität, Berlin 2007, S. 103–146

Petzina, Dietmar, Die deutsche Wirtschaft in der Zwischenkriegszeit, Wiesbaden 1977

Pietschmann, Dietrich, Das preußische Finanzministerium unter Stein und Hardenberg. Ein Beitrag zur Geschichte der Entstehung der modernen Fachministerien in Preußen, hrsg. v. Bärbel Holtz, Berlin 2018

Pfleiderer, Doris, Volksbegehren und Volksentscheid gegen den Youngplan, in: Archivnachrichten 35 (2007), S. 46

Pfuhlstein, Friedrich von, Über die Institution des Bundesbeauftragten für Wirtschaftlichkeit in der Verwaltung, in: Eckart Schiffer/Helmut Karenke (Hg.), Verfassung, Verwaltung, Finanzkontrolle. Festschrift für Hans Schäfer, Köln u. a. 1975, S. 375–426

Plaggenborg, Stefan, Staatlichkeit als Gewaltroutine. Sowjetische Geschichte und das Problem des Ausnahmezustands, in: Alf Lüdtke/ders. (Hg.), Staats-Gewalt: Ausnahmezustand und Sicherheitsregimes. Historische Perspektiven, Göttingen 2008 (= Göttinger Gespräche zur Geschichtswissenschaft 27), S. 117–144

Plumpe, Werner, Carl Duisberg 1861–1935. Anatomie eines Industriellen, München 2016

Plumpe, Werner/Joachim Scholtyseck (Hg.), Der Staat und die Ordnung der Wirtschaft. Vom Kaiserreich bis zur Berliner Republik, Stuttgart 2012

Polanyi, Karl, The Great Transformation. Politische und ökonomische Ursprünge von Gesellschaften und Wirtschaftssystemen [1944], 11. Aufl., Frankfurt a. M. 2014

Powell, Walter W./Paul J. Di Maggio (Hg.), The New Institutionalism in Organizational Analysis, Chicago 1991

Powell, Walter W./Paul J. Di Maggio, The Iron Cage Revisited. Institutional Isomorphism and Collective Rationality in Organizational Fields, in: American Sociological Review 48 (1983), S. 147–160

Priemel, Kim Christian, Lernversagen: Der Erste Weltkrieg und die nationalsozialistische Wirtschaftspolitik, in: Gerd Krumeich (Hg.), Nationalsozialismus und Erster Weltkrieg, Essen 2010, S. 299–322

Pröve, Ralf/Norbert Winnige (Hg.), Wissen ist Macht. Herrschaft und Kommunikation in Brandenburg/Preußen 1600–1850, Berlin 2001

Puhl, Thomas, Budgetflucht und Haushaltsverfassung, Tübingen 1996

Püttner, Günter, Der öffentliche Dienst, in: Kurt G. A. Jeserich/Hans Pohl/Georg-Christoph von Unruh (Hg.), Deutsche Verwaltungsgeschichte, Bd. 4: Das Reich als Republik und in der Zeit des Nationalsozialismus, Stuttgart 1985, S. 1082–1089

Pyta, Wolfram,Verfassungsumbau, Staatsnotstand und Querfront. Schleichers Versuche zur Fernhaltung Hitlers von der Reichskanzlerschaft, August 1932 bis Januar 1933, in: Ders./Ludwig Richter (Hg.), Gestaltungskraft des Politischen. Festschrift für Eberhard Kolb, Berlin 1998 (= Historische Forschungen 63), S. 173–197

Pyta, Wolfram, Die Präsidialgewalt in der Weimarer Republik, in: Marie-Luise Recker (Hg.), Parlamentarismus in Europa. Deutschland, England und Frankreich im Vergleich, München 2004 (= Schriften des Historischen Kollegs 60), S. 65–95

Pyta, Wolfram/Gabriel Seiberth, Die Staatskrise der Weimarer Republik im Spiegel des Tagebuchs von Carl Schmitt, in: Der Staat 38 (1999), 3, S. 423–448; 4, S. 594–610

Rabe, Paul-Moritz, Die Stadt und das Geld. Haushalt und Herrschaft im nationalsozialistischen München, Göttingen 2017

Raichle, Christoph, Die Finanzverwaltung in Baden und Württemberg im Nationalsozialismus, Stuttgart 2019

Raithel, Thomas, Das schwierige Spiel des Parlamentarismus. Deutscher Reichstag und französische Chambre des Députés in den Inflationskrisen der 1920er Jahre, München 2005

Raithel, Thomas/Irene Strenge, Die Reichstagsbrandverordnung. Grundlegung der Diktatur mit den Instrumentarien des Weimarer Ausnahmezustands, in: VfZ 48 (2000), 3, S. 413–460

Raphael, Lutz, Recht und Ordnung. Herrschaft durch Verwaltung im 19. Jahrhundert, Frankfurt a. M. 2000

Raphael, Lutz, Die Verwissenschaftlichung des Sozialen als methodische und konzeptionelle Herausforderung für eine Sozialgeschichte des 20. Jahrhunderts, in: GG 22 (1996), S. 165–193

Rauh, Cornelia/Dirk Schumann (Hg.), Ausnahmezustände. Entgrenzungen und Regulierungen in Europa während des Kalten Krieges, Göttingen 2015

Raulet, Gérard, Theorie der Gewalt und Ausnahmezustand, in: ders., Walter Benjamins Politisches Denken, Baden-Baden 2016, S. 135–158

Rebentisch, Dieter, Reichskanzlei und Parteikanzlei im Staat Hitlers. Anmerkungen zu zwei Editionsprojekten und zur Quellenkunde der nationalsozialistischen Epoche, in: AfS 25 (1985), S. 611–633

Rebentisch, Dieter, Die Staatssekretäre im Reichsministerium des Innern, in: Wolfgang Michalka (Hg.), Der Zweite Weltkrieg, München 1989, S. 260–274

Rebentisch, Dieter, Führerstaat und Verwaltung im Zweiten Weltkrieg. Verfassungsentwicklung und Verwaltungspolitik 1939–1945, Stuttgart 1989

Rebentisch, Dieter, Verfassungswandel und Verwaltungsstaat vor und nach der nationalsozialistischen Machtergreifung, in: Jürgen Heideking et al. (Hg.), Wege in die Zeitgeschichte. Festschrift zum 65. Geburtstag von Gerhard Schulz, Berlin/New York 1989, S. 123–150

Rebentisch, Dieter, Innere Verwaltung, in: Kurt G. A. Jeserich/Hans Pohl/Georg-Christoph von Unruh (Hg.), Deutsche Verwaltungsgeschichte, Bd. 4: Das Reich als Republik und in der Zeit des Nationalsozialismus, Stuttgart 1985, S. 732–774

Rebentisch, Dieter/Karl Teppe, Einleitung, in: dies. (Hg.), Verwaltung contra Menschenführung im Staat Hitlers. Studien zum politisch-administrativen System, Göttingen 1986, S. 7–32

Recktenwald, Horst Claus, Neuer Rahmen für moderne Finanzpolitik? Zur überfälligen Finanz- und Haushaltsreform, in: Heinz Haller/ders. (Hg.), Finanz- und Geldpolitik im Umbruch, Mainz 1969, S. 15–48

Regul, Rudolf, Der Wagemann-Plan, in: Gottfried Bombach (Hg.), Der Keynesianismus III. Die geld- und beschäftigungstheoretische Diskussion in Deutschland zur Zeit von Keynes. Dokumente und Analysen, Berlin/Heidelberg/New York 1981, S. 421–447

Reichardt, Sven/Wolfgang Seibel, Radikalität und Stabilität. Herrschen und Verwalten im Nationalsozialismus, in: dies. (Hg.), Der prekäre Staat. Herrschen und Verwalten im Nationalsozialismus, Frankfurt a. M. 2011, S. 7–27

Reinhard, Wolfgang, Geschichte der Staatsgewalt. Eine vergleichende Verfassungsgeschichte Europas von den Anfängen bis zur Gegenwart, München 1999

Reny, Jacques, À propos de la loi du 10 août 1922. Défense et illustration du contrôle financier central, in: La Revue administrative 42 (1989), 252, S. 526–537

Retterath, Jörn, „Was ist das Volk?“ Volks- und Gemeinschaftskonzepte der politischen Mitte in Deutschland 1917–1924, Berlin 2016

Reynolds, John, Empire, Emergency and International Law, Cambridge 2017

Richter, Ludwig, Das präsidiale Notverordnungsrecht in den ersten Jahren der Weimarer Republik. Friedrich Ebert und die Anwendung des Artikels 48 der Weimarer Reichsverfassung, in: Eberhard Kolb (Hg.), Friedrich Ebert als Reichspräsident. Amtsführung und Amtsverständnis, München 1997 (= Schriftenreihe der Stiftung Reichspräsident-Friedrich-Ebert-Gedenkstätte 4), S. 207–257

Ritschl, Albrecht, Die NS-Wirtschaftsideologie – Modernisierungsprogramm oder reaktionäre Utopie?, in: Michael Prinz/Rainer Zitelmann (Hg.), Nationalsozialismus und Modernisierung, 2. erg. Aufl., Darmstadt 1994, S. 48–70

Ritschl, Albrecht, Knut Borchardts Interpretation der Weimarer Wirtschaft. Zur Geschichte und Wirkung einer wirtschaftsgeschichtlichen Kontroverse, in: Jürgen Elvert/Susanne Krauß (Hg.), Historische Debatten und Kontroversen im 19. und 20. Jahrhundert. Jubiläumstagung der Ranke-Gesellschaft in Essen 2001, Stuttgart 2003, S. 234–244

Ritschl, Albrecht, Deutschlands Krise und Konjunktur 1924–1934. Binnenkonjunktur, Auslandsverschuldung und Reparationsproblem zwischen Dawes-Plan und Transfersperre, Berlin 2002

Rödder, Andreas, Dichtung und Wahrheit. Der Quellenwert von Heinrich Brünings Memoiren und seine Kanzlerschaft, in: HZ 265 (1997), S. 77–116

Rödder, Andreas, Reflexionen über das Ende der Weimarer Republik. Die Präsidialkabinette 1930–1933. Krisenmanagement oder Restaurationsstrategie?, in: VfZ 47 (1999), 1, S. 87–101

Roesler, Konrad, Die Finanzpolitik des Deutschen Reiches im Ersten Weltkrieg, Berlin 1967 (= Untersuchungen über das Spar-, Giro- und Kreditwesen 37)

Roethlisberger, Fritz Jules/William J. Dickson, Management and the Worker. An Account of a Research Program Conducted by the Western Electric Company, Hawthorne Works, Chicago, Cambridge, Mass. 1939

Rogers, Michael Dylan, The Development of Carl Schmitt's Political Thought during the First World War, in: Modern Intellectual History 13 (2016), 1, S. 123–149

Rosanvallon, Pierre, Der Staat in Frankreich. Von 1789 bis heute, Münster 2000

Rosanvallon, Pierre, Demokratische Legitimität. Unparteilichkeit – Reflexivität – Nähe, Hamburg 2010

Rosanvallon, Pierre, Für eine Begriffs- und Problemgeschichte des Politischen. Antrittsvorlesung am Collège de France, 28. März 2002, in: Mittelweg 36, 20 (2011), 6, S. 43–66

Rosanvallon, Pierre, Die gute Regierung, Hamburg 2016

Rösch, Mathias, „Hammer oder Amboß?“ Zur Rolle des Bayerischen Finanzministeriums 1933–1945. Strukturen, Entwicklungslinien, Fragestellungen, in: Hermann Rumschöttel/Walter Ziegler (Hg.), Staat und Gaue in der NS-Zeit. Bayern 1933–1945, München 2004, S. 217–243

Rosenfeld, Michael, Stellung und Aufgabe des Bundesfinanzministers im Haushaltsrecht, Univ. Diss., Münster 1974

Rossiter, Clinton, Constitutional Dictatorship. Crisis Government in the Modern Democracies, New Brunswick/London 2009 [Orig. 1948]

Ruck, Michael, Führerabsolutismus und polykratisches Herrschaftsgefüge. Verfassungsstrukturen des NS-Staates, in: Karl Dietrich Bracher/Manfred Funke/Hans Adolf Jacobsen (Hg.), Deutschland 1933–1945. Neue Studien zur nationalsozialistischen Herrschaft, Bonn 1993, S. 32–56

Ruck, Michael, Korpsgeist und Staatsbewußtsein. Beamte im deutschen Südwesten 1928 bis 1972, München 1996

Ruck, Michael, Beharrung im Wandel. Neuere Forschungen zur deutschen Verwaltung im 20. Jahrhundert Teil I / II, in: Neue Politische Literatur 42 (1997), 2, S. 200–256; 43 (1998), 1, S. 67–112

Ruck, Michael, Patriotischer Institutionalismus und bürokratische Modernisierung – Arnold Brecht als Verwaltungsreformer in der Weimarer Republik, in: Eberhard Laux/Karl Teppe (Hg.), Der neuzeitliche Staat und seine Verwaltung. Beiträge zur Entwicklungsgeschichte seit 1700, Stuttgart 1998, S. 177–202

Ruck, Michael, Partikularismus und Mobilisierung – traditionelle und totalitäre Regionalgewalten im Herrschaftsgefüge des NS-Regimes, in: Sven Reichardt/Wolfgang Seibel (Hg.), Der prekäre Staat. Herrschen und Verwalten im Nationalsozialismus, Frankfurt a. M./New York 2011, S. 75–120

Rüdiger, Axel, Staatswissenschaften oder Governance-Theorie? Ein literaturkritischer Blick auf Genese und Zukunft von Staatlichkeit, in: JEV 19 (2007) (= Themenheft „Räte und Beamte in der Frühen Neuzeit"), S. 309–331

Ruf, Oliver (Hg.), Ästhetik der Ausschließung. Ausnahmezustände in Geschichte, Theorie, Medien und literarischer Fiktion, Würzburg 2009 (= Film – Medien – Diskurs 25)

Rummel, Walter, Die Enteignung der Juden als bürokratisches Verfahren. Funktionen und Grenzen der pseudo-legalen Formalisierung eines Raubes, in: Katharina Stengel (Hg.), Vor der Vernichtung. Die staatliche Enteignung der Juden im Nationalsozialismus, Frankfurt a. M. 2007, S. 61–79

Runge, Wolfgang, Politik und Beamtentum im Parteienstaat. Die Demokratisierung der politischen Beamten in Preußen zwischen 1918 und 1933, Stuttgart 1965 (= Industrielle Welt 5)

Rüther, Daniela, Freiburger Nationalökonomen auf dem Weg in den Widerstand. Neue Erkenntnisse über die Rolle des „Professorenausschusses" von 1939, in: Historisch-politische Mitteilungen 10 (2003), S. 75–94

Rybinski, Helga, Der Grundsatz des Haushaltsgleichgewichts in historischer und dogmengeschichtlicher Sicht, Univ. Diss., Berlin 1964

Sabrow, Martin, Nazis zählen reicht nicht, in: Die Zeit, 11.2.2016, https://www.zeit.de/2016/07/ns-zeit-aufarbeitung-vergangenheit-forschung [27.9.2021]

Saldern, Adelheid von, Hermann Dietrich. Ein Staatsmann der Weimarer Republik, Boppard am Rhein 1966 (= Schriften des Bundesarchivs 13)

Schäfer, Gert, Franz Neumanns Behemoth und die heutige Faschismusdiskussion, in: Neumann, Behemoth, S. 663–776

Schatz, Rudolf, Behördenschriftgut. Aktenbildung, Aktenverwaltung, Archivierung, Boppard am Rhein 1961 (= Schriften des Bundesarchivs 8)

Schenck, Friedbert, Die Einstellung der deutschen Beamten zur Weimarer Republik, Bd. 1, Univ. Diss., Mannheim 1984

Scherpenberg, Jens van, Öffentliche Finanzwirtschaft in Westdeutschland 1944–1948. Steuer- und Haushaltswesen in der Schlußphase des Krieges und den unmittelbaren Nachkriegsjahren dargestellt unter besonderer Berücksichtigung der Entwicklung in der britschen Zone, Frankfurt a. M. 1984

Scheuner, Ulrich, Die Anwendung des Art. 48 der Weimarer Reichsverfassung unter den Präsidentschaften von Ebert und Hindenburg, in: Ferdinand A. Hermes/Theodor Schieder (Hg.), Staat, Wirtschaft und Politik in der Weimarer Republik. Festschrift für Heinrich Brüning, Berlin 1967, S. 249–286

Schiffers, Reinhard et al., Der Hauptausschuss des Deutschen Reiches 1915–1918, 4 Bde., Düsseldorf 1981/1983

Schlink, Bernhard, Die Kultur des Denunziatorischen, in: Merkur, Nr. 745, Juni 2011

Schmädeke, Jürgen, Militärische Kommandogewalt und parlamentarische Demokratie. Zum Problem der Verantwortlichkeit des Reichswehrministers in der Weimarer Republik, Lübeck/ Hamburg 1966 (= Historische Studien 398)

Schmahl, Hermannjosef, Disziplinarrecht und politische Betätigung der Beamten in der Weimarer Republik, Berlin 1977

Schmid, Hans-Dieter, „Finanztod". Die Zusammenarbeit von Gestapo und Finanzverwaltung bei der Ausplünderung der Juden in Deutschland, in: Gerhard Paul/Klaus-Michael Mallmann (Hg.), Die Gestapo im Zweiten Weltkrieg, Darmstadt 2000, S. 141–154

Schmid, Günter/Hubert Treiber, Bürokratie und Politik. Zur Struktur und Funktion der Ministerialbürokratie in der Bundesrepublik Deutschland, München 1975

Schneider, Oliver, Die Schweiz im Ausnahmezustand. Expansion und Grenzen von Staatlichkeit im Vollmachtenregime des Ersten Weltkriegs, 1914–1919, Zürich 2019 (= Die Schweiz im Ersten Weltkrieg 5)

Scholder, Klaus, Die Mittwochsgesellschaft. Protokolle aus dem geistigen Deutschland 1932–1944, 2. Aufl., Berlin 1982

Schoeps, Manfred, Der Deutsche Herrenklub. Ein Beitrag zur Geschichte des Jungkonservatismus in der Weimarer Republik, Univ. Diss., Erlangen-Nürnberg 1974

Scholl, Stefan, Begrenzte Abhängigkeit. ‚Wirtschaft' und ‚Politik' im 20. Jahrhundert, Frankfurt a. M./New York 2015 (= Historische Politikforschung 23)

Schöllgen, Gregor, Wer machte im Kaiserreich Politik? Zwischen ‚persönlichem Regiment' und ‚polykratischem Chaos', in: NPL 25 (1980), S. 79–97

Schönberger, Christoph, Das Parlament im Anstaltsstaat. Zur Theorie parlamentarischer Repräsentanten in der Staatslehre des Kaiserreichs (1871–1918), Frankfurt a. M. 1997

Schönberger, Christoph, Elitenherrschaft für den sozialen Ausgleich. Richard Thomas ‚realistische' Demokratietheorie im Kontext der Weimarer Diskussion, in: Christoph Gusy (Hg.), Demokratisches Denken in der Weimarer Republik, Baden-Baden 2000, S. 156–190

Schönberger, Christoph, Die überholte Parlamentarisierung. Einflußgewinn und fehlende Herrschaftsfähigkeit des Reichstags im sich demokratisierenden Kaiserreich, in: HZ 272 (2001), S. 623–666

Schönberger, Christoph, „Staatlich und Politisch". Der Begriff des Staates in Carl Schmitts Begriff des Politischen, in: Reinhard Mehring (Hg.), Carl Schmitt. Der Begriff des Politischen. Ein kooperativer Kommentar, Berlin 2003, S. 21–44

Schönhoven, Klaus, Die Entstehung der Weimarer Republik aus dem Krieg. Vorbelastungen und Neuanfang, in: Heinrich August Winkler (Hg.), Weimar im Widerstreit. Deutungen der ersten deutschen Republik im geteilten Deutschland, München 2002 (= Schriftenreihe der Stiftung Reichspräsidenten-Friedrich-Ebert-Gedenkstätte, Bd. 10), S. 13–32

Schöpf, Andreas, Fritz Reinhardt, in: Martin Friedenberger/Klaus-Dieter Gössel/Eberhard Schönknecht (Hg.), Die Reichsfinanzverwaltung im Nationalsozialismus. Darstellung und Dokumente, Bremen 2002 (Veröffentlichungen der Gedenk- und Bildungsstätte Haus der Wannsee-Konferenz 1), S. 253–259

Schötz, Hans Otto, Der Kampf um die Mark 1923/24. Die deutsche Währungsstabilisierung unter dem Einfluß der nationalen Interessen Frankreichs, Großbritanniens und der USA, Berlin/New York 1987

Schulz, Gerhard, Zwischen Demokratie und Diktatur. Verfassungspolitik und Reichsreform in der Weimarer Republik, Bd. 1: Die Periode der Konsolidierung und der Revision des Bismarckschen Reichsaufbaus 1919–1930, Berlin 1963

Schulz, Gerhard, Zwischen Demokratie und Diktatur. Verfassungspolitik und Reichsreform in der Weimarer Republik, Bd. 2: Deutschland am Vorabend der Großen Krise, Berlin/New York 1987, S. 460–466

Schulz, Gerhard, Zwischen Demokratie und Diktatur. Verfassungspolitik und Reichsreform in der Weimarer Republik, Bd. 3: Von Brüning zu Hitler. Der Wandel des politischen Systems in Deutschland 1930–1933, Berlin/New York 1992

Schulz, Gerhard, Einleitung. Staatsschutz und Nationalsozialismus in der Ära Brüning, in: Staat und NSDAP 1930–1932. Quellen zur Ära Brüning, Düsseldorf 1977 (= Quellen zur Geschichte des Parlamentarismus und der politischen Parteien, 3. Reihe: Die Weimarer Republik, Bd. 3), S. VII-LXX

Schulz, Gerhard, Triebkräfte und Ziele der Reichsreform nach der Weimarer Verfassung, in: Rudolf Morsey (Hg.), Verwaltungsgeschichte. Aufgaben, Zielsetzungen, Beispiele. Vorträge und Diskussionsbeiträge der verwaltungsgeschichtlichen Arbeitstagung 1976 der Hochschule für Verwaltungswissenschaften Speyer, Berlin 1977, S. 71–106

Schulz, Gerhard, Inflationstrauma, Finanzpolitik und Krisenbekämpfung in den Jahren der Wirtschaftskrise, 1930–1933, in: Gerald D. Feldman (Hg.), Die Nachwirkungen der Inflation auf die deutsche Geschichte 1924–1933, München 1985 (= Schriften des Historischen Kollegs, Kolloquien 6), S. 261–296

Schulz, Gerhard, Johannes Popitz (1884–1945), in: Kurt A. Jeserich/Helmut Neuhaus (Hg.), Persönlichkeiten der Verwaltung. Biographien zur deutschen Verwaltungsgeschichte 1648–1945, Stuttgart et al. 1991, S. 406–409

Schulz, Ulrike, Das Reichsarbeitsministerium 1919–1945. Organisation, Führungspersonal und politische Handlungsspielräume, in: Alexander Nützenadel (Hg.), Das Reichsarbeitsministerium im Nationalsozialismus. Verwaltung – Politik – Verbrechen, Göttingen 2017, S. 33–102

Schulz, Ulrike/Henry Marx, Soziologie des Holocaust, in: Kölner Zeitschrift für Soziologie und Sozialpsychologie 69 (2017), S. 173–176

Schulte, Jan Erik, Die Konvergenz von Normen- und Maßnahmenstaat. Das Beispiel SS-Wirtschafts-Verwaltungshauptamt, 1925–1945, in: Wolf Gruner/Armin Nolzen (Hg.), „Bürokratien". Initiative und Effizienz, Berlin 2001 (= BGNS 17), S. 151–188

Schulte, Jan Erik, Zwangsarbeit und Vernichtung. Das Wirtschaftsimperium der SS. Oswald Pohl und das SS-Wirtschafts-Verwaltungshauptamt 1933–1945, Paderborn et al. 2001

Schumann, Dirk, Politische Gewalt in der Weimarer Republik 1918–1933. Kampf um die Straße und Furcht vor dem Bürgerkrieg, Essen 2001

Schuppert, Gunnar Folke, Rigidität und Flexibilität von Verfassungsrecht – Überlegungen zur Steuerungsfunktion von Verfassungsrecht in normalen wie in „schwierigen Zeiten", in: Archiv des öffentlichen Rechts 120 (1995), S. 32–99

Schuppert, Gunnar Folke, Verfassungsrecht und Verwaltungsorganisation, in: Der Staat 32 (1993), 4, S. 581–610

Schuppert, Gunnar Folke, Staat als Prozess. Eine staatstheoretische Skizze in sieben Aufzügen, Frankfurt a. M. 2010

Schuppert, Gunnar Folke, Was ist und wie misst man Wandel von Staatlichkeit?, in: Der Staat 47 (2008), 3, S. 325–358

Seibel, Wolfgang, Staatsstruktur und Massenmord. Was kann eine historisch-vergleichende Institutionenanalyse zur Erforschung des Holocaust beitragen?, in: GG 24 (1998), 4, S. 539–569

Seibel, Wolfgang, Beyond Bureaucracy. Public Administration as Integrator and Non-Weberian Thought in Germany, in: Public Administration Review 70 (2010), 5, S. 719–730

Seibel, Wolfgang, Verwaltung verstehen. Eine theoriegeschichtliche Einführung, Frankfurt a. M. 2016

Sewell, William H., A Theory of Structure. Duality, Agency, and Transformation, in: American Journal of Sociology 98 (1992), 1, S. 1–29

Sewell, William H., Logics of History. Social Theory and Social Transformation, Chicago 2005

Sharma, Aradhana/Akhil Gupta, Introduction. Rethinking Theories of the State in an Age of Globalization, in: dies. (Hg.), The Anthropology of the State. A Reader, Malden 2006, S. 1–41

Siegert, Philipp, Staatshaftung im Ausnahmezustand. Doktrin und Rechtspraxis im Deutschen Reich und Frankreich, 1914–1919, Frankfurt a. M. 2020 (= Studien zur europäischen Rechtsgeschichte 322)

Smekal, Christian, Die Flucht aus dem Budget, Wien 1977

Smid, Stefan, Recht und Staat als „Maschine". Zur Bedeutung einer Metapher, in: Der Staat 27 (1988), 3, S. 325–350

Sparrow, James T./William J. Novak/Stephen W. Sawyer (Hg), Boundaries of the State in US History, Chicago 2015

Steinert, Marlis G., Die 23 Tage der Regierung Dönitz, Düsseldorf/Wien 1967

Steinmetz, Georg (Hg.), State/Culture. State-Formation after the Cultural Turn, Ithaca/London 1999

Steinmetz, Willibald, Anbetung und Dämonisierung des „Sachzwangs". Zur Archäologie einer deutschen Redefigur, in: Michael Jeismann (Hg.), Obsessionen. Beherrschende Gedanken im wissenschaftlichen Zeitalter, Frankfurt a. M. 1999, S. 293–333

Stephan, Werner, Aufstieg und Verfall des Linksliberalismus 1918–1933. Geschichte der Deutschen Demokratischen Partei, Göttingen 1973

Stern, Klaus, Das Staatsrecht der Bundesrepublik Deutschland, Bd. II, München 1980

Stollberg-Rilinger, Barbara, Der Staat als Maschine. Zur politischen Metaphorik des absoluten Fürstenstaates, Berlin 1986

Stolleis, Michael, Geschichte des öffentlichen Rechts in Deutschland, Bd. 3: Staats- und Verwaltungsrechtswissenschaft in Republik und Diktatur 1914–1945, München 1999

Stolleis, Michael, Die Entstehung des Interventionsstaats und das öffentliche Recht, in: ders. (Hg.), Konstitution und Intervention. Studien zur Geschichte des öffentlichen Rechts im 19. Jahrhundert, Frankfurt a. M. 2001, S. 253–282

Stolleis, Michael, Geschichte des öffentlichen Rechts in Deutschland. Weimarer Republik und Nationalsozialismus, München 2002

Stolleis, Michael, Öffentliches Recht in Deutschland. Eine Einführung in seine Geschichte (16.–21. Jahrhundert), München 2014

Störring, Jens Michael, Die Beratungsfunktion des Bundesrechnungshofes und seiner Präsidenten. Historische Entwicklungen, Rechtsgrundlagen und Praxis, Berlin 2013 (= Schriften zum Öffentlichen Recht 1228)

Strachan, Hew, Financing the First World War, Oxford 2004

Streb, Jochen, Das nationalsozialistische Wirtschaftssystem. Indirekter Sozialismus, gelenkte Marktwirtschaft oder vorgezogene Kriegswirtschaft, in: Werner Plumpe/Joachim Scholtyseck (Hg.), Der Staat und die Ordnung der Wirtschaft. Vom Kaiserreich bis zur Berliner Republik, Stuttgart 2012, S. 61–83

Streeck, Wolfgang, Gekaufte Zeit. Die vertagte Krise des demokratischen Kapitalismus. Frankfurter Adorno-Vorlesungen 2012, 5. Aufl., Frankfurt a. M. 2014

Sturm, Eckart, Die Entwicklung des öffentlichen Dienstes in Deutschland, in: Carl Hermann Ule (Hg.), Die Entwicklung des öffentlichen Dienstes, Köln et al. 1961, S. 1–285

Sturm, Roland, Haushaltspolitik in westlichen Demokratien. Ein Vergleich des haushaltspolitischen Entscheidungsprozesses in der Bundesrepublik Deutschland, Frankreich, Großbritannien, Kanada und den USA, Baden-Baden 1989

Stürmer, Michael, Koalition und Opposition in der Weimarer Republik 1924–1928, Düsseldorf 1967

Sühl, Klaus, SPD und öffentlicher Dienst in der Weimarer Republik. Die öffentlich Bediensteten in der SPD und ihre Bedeutung für die sozialdemokratische Politik 1918–1933, Opladen 1988

Tanner, Jakob, Bundeshaushalt, Währung und Kriegswirtschaft. Eine finanzsoziologische Analyse der Schweiz zwischen 1938 und 1953, Zürich 1986

Taylor, James R./Elizabeth J. Van Every, The Emergent Organization. Communication as Its Site and Surface, New York/London 2008

Thamer, Hans-Ulrich, Volksgemeinschaft. Mensch und Masse, in: Richard van Dülmen (Hg.), Erfindung des Menschen. Schöpfungsträume und Körperbilder 1500–2000, Wien 1998, S. 367–388

Thamer, Hans-Ulrich, Monokratie – Polykratie. Historiographischer Überblick über eine kontroverse Debatte, in: Gerhard Otto/Johannes Houwink ten Cate (Hg.), Das organisierte Chaos. „Ämterdarwinismus" und „Gesinnungsethik": Determinanten nationalsozialistischer Besatzungsherrschaft, Berlin 1999, S. 21–34

Theiss, Hermann, Das Nothaushaltsrecht des Bundes, Berlin 1975

Thierfelder, Hans, Die staatsrechtliche Bedeutung des Staatshaushaltsplans, Univ. Diss., Tübingen 1959

Thornton, Patricia H./William Ocasio/Michael Lounsbury, The Institutional Logics Perspective. A New Approach to Culture, Structure, and Process, Oxford 2013

Tielke, Martin, Dunkelmann und Lichtgestalt. Carl Schmitt, Johannes Popitz und der Widerstand, in: Sinn und Form 65 (2013), 4, S. 484–507

Tomuschat, Christian, Die parlamentarische Haushalts- und Finanzkontrolle in der Bundesrepublik Deutschland, in: Der Staat 19 (1980), S. 1–28

Tooze, Adam, Sintflut. Die Neuordnung der Welt 1916–1931, München 2014

Tooze, Adam, Ökonomie der Zerstörung. Die Geschichte der Wirtschaft im Nationalsozialismus, München 2007

Tooze, Adam, Statistics and the German State, 1900–1945. The Making of Modern Economic Knowledge, Cambridge 2001

Türk, Klaus/Thomas Lemke/Michael Bruch, Organisation in der modernen Gesellschaft. Eine historische Einführung, Wiesbaden 2002

Ulbricht, Josephine, Das Vermögen der „Reichsfeinde". Staatliche Finanzverwaltung und Gegnerverfolgung im nationalsozialistischen Deutschland, 2 Bde., Univ. Diss., unveröff. Manuskript 2019

Ullmann, Hans-Peter, Der deutsche Steuerstaat. Geschichte der öffentlichen Finanzen vom 18. Jahrhundert bis heute, München 2005

Ullmann, Hans-Peter, Finance, in: Jay Winter (Hg.), The Cambridge History of the First World War, Bd. II: The State, Cambridge University Press, 2014, S. 408–433

Ullmann, Hans-Peter, Kontrolle und Beratung. Der deutsche Rechnungshof im Wechsel der politischen Systeme des 20. Jahrhunderts, Göttingen 2021

Upmeier, Gisela, Die Versuche einer ‚endgültigen' Regelung des Finanzausgleichs, in: Karl-Heinrich Hansmeyer (Hg.), Kommunale Finanzpolitik in der Weimarer Republik, Stuttgart 1973, S. 109–135

Vesting, Thomas, Erosionen staatlicher Herrschaft. Zum Begriff des Politischen bei Carl Schmitt, in: Archiv des öffentlichen Rechts 117 (1992), S. 4–45

Vismann, Cornelia, Akten. Medientechnik und Recht, 3. Aufl., Frankfurt a. M. 2011

Vogel, Berthold, Die Staatsbedürftigkeit der Gesellschaft, Hamburg 2007

Vogl, Joseph, Der Souveränitätseffekt, Zürich/Berlin 2015

Voigt, Rüdiger, Die Auswirkungen des Finanzausgleichs zwischen Staat und Gemeinden auf die kommunale Selbstverwaltung von 1919 bis zur Gegenwart, Berlin 1975 (= Schriften zum Öffentlichen Recht 259)

Voigt, Rüdiger, Ausnahmezustand. Carl Schmitts Lehre von der kommissarischen Diktatur, in: ders. (Hg.), Ausnahmezustand. Carl Schmitts Lehre von der kommissarischen Diktatur, Baden-Baden 2013 (= Staatsverständnisse 57), S. 85–114

Voß, Reimer, Steuern im Dritten Reich. Vom Recht zum Unrecht unter der Herrschaft des Nationalsozialismus, München 1995

Volkmann, Uwe, Der alltägliche Ausnahmezustand oder: Not kennt viele Gebote, in: Merkur 62 (2008), 708, S. 369–379

Voth, Wilfried, Die Reichsfinanzen im Bismarckreich und ihre Bedeutung für die Stellung des Reichstages. Eine Studie über das Budgetrecht und dessen Ausübung in den Jahren 1871–1918, Kiel 1966

Wagner, Patrick, Bauern, Junker und Beamte. Lokale Herrschaft und Partizipation im Ostelbien des 19. Jahrhunderts, Göttingen 2005

Waldhoff, Christian, Die Reichsabgabenordnung 1919 – Historischer Kontext, Entstehung, Vorbildfunktion, in: Steuer und Wirtschaft (2020), S. 147–155

Walkenhaus, Ralf, Totalität als Anpassungskategorie. Eine Momentaufnahme der Denkentwicklung von Carl Schmitt und Ernst Rudolf Huber, in: Alfons Söllner/Ralf Walkenhaus/Karin Wieland (Hg.), Totalitarismus. Eine Ideengeschichte des 20. Jahrhunderts, Berlin 1997, S. 77–104

Wandel, Eckhard, Hans Schäffer. Steuermann in wirtschaftlichen und politischen Krisen 1886–1967, Stuttgart 1974

Wehler, Hans-Ulrich, Das Deutsche Kaiserreich 1871–1918, Göttingen 1994 (= Deutsche Geschichte 9)

Weick, Karl E., Der Prozeß des Organisierens, Frankfurt a. M. 1985

Weick, Karl E., Sensemaking in Organizations, Thousand Oaks, CA 1995

Weick, Karl E./Kathleen M. Sutcliffe/David Obstfeld, Organizing and the Process of Sensemaking, in: Organization Science 16 (2005), 4, S. 409–421

Weinert, Rainer, „Die Sauberkeit der Verwaltung im Kriege". Der Rechnungshof des Deutschen Reiches 1938–1946, Opladen 1993

Weisbrod, Bernd, Gewalt in der Politik. Zur politischen Kultur in Deutschland zwischen den beiden Weltkriegen, in: GWU 43 (1992), S. 391–404

Weiß, Hermann/Paul Hoser (Hg.), Die Deutschnationalen und die Zerstörung der Weimarer Republik. Aus dem Tagebuch von Reinhold Quaatz 1928–1933, München 1989

Welskopp, Thomas, Der Mensch und die Verhältnisse. „Handeln" und „Struktur" bei Max Weber und Anthony Giddens, in: Thomas Mergel/ders. (Hg.), Geschichte zwischen Kultur und Gesellschaft. Beiträge zur Theoriedebatte, München 1997, S. 39–70

Welskopp, Thomas, Die Dualität von Struktur und Handeln. Anthony Giddens' Strukturierungstheorie als „praxeologischer" Ansatz in der Geschichtswissenschaft, in: Andreas Suter/Manfred Hettling (Hg.), Struktur und Ereignis, Göttingen 2001 (= Geschichte und Gesellschaft, Sonderheft 19), S. 99–119

Welskopp, Thomas, Commentary: Institutional History Rediscovered: Observing Organizations' Behavior in Times of Change, in: Comparativ 24 (2014), 1, S. 81–86

Welskopp, Thomas, Bewegungsdrang. Prozess und Dynamik in der Geschichte, in: Rainer Schützeichel/Stefan Jordan (Hg.), Prozesse. Formen, Dynamiken, Erklärungen, Wiesbaden 2015, S. 189–213

Welzbacher, Christan, Die Staatsarchitektur der Weimarer Republik, Berlin 2006

Wendt, Bernd-Jürgen, Großdeutschland. Außenpolitik und Kriegsvorbereitung des Hitler-Regimes, München 1987 (= Deutsche Geschichte der Neuesten Zeit 18)

Wengst, Udo, Staatsaufbau und Verwaltungsstruktur, in: Karl Dietrich Bracher/Manfred Funke/Hans-Adolf Jacobsen (Hg.), Die Weimarer Republik 1918–1933. Politik – Wirtschaft – Gesellschaft, 3. Aufl., Bonn 1998, S. 63–77

Wildavsky, Aaron, The Politics of the Budgetary Process, 4. Aufl., Boston/Toronto 1984

Wilderotter, Hans, Alltag der Macht. Berlin Wilhelmstraße, Berlin 1998

Wildt, Michael, Gewalt als Partizipation. Der Nationalsozialismus als Ermächtigungsregime, in: Alf Lüdtke/ders. (Hg.), Staats-Gewalt: Ausnahmezustand und Sicherheitsregimes. Historische Perspektiven, Göttingen 2008 (= Göttinger Gespräche zur Geschichtswissenschaft 27), S. 215–240

Wildt, Michael, Die Ungleichheit des Volkes. „Volksgemeinschaft" in der politischen Kommunikation der Weimarer Republik, in: ders./Frank Bajohr (Hg.), Volksgemeinschaft. Neue Forschungen zur Gesellschaft des Nationalsozialismus, Frankfurt a. M. 2009, S. 24–40

Wildt, Michael, Die Transformation des Ausnahmezustands. Ernst Fraenkels Analyse der NS-Herrschaft und ihre politische Aktualität, Version 1.0, in: Docupedia-Zeitgeschichte, 1.6.2011, http://docupedia.de/zg/Fraenkel.2C_Der_Doppelstaat?oldid=97397 [5.4.2021]

Wildt, Michael, Volksgemeinschaft: A Modern Perspective on National Socialist Society, in: Martina Steber/Bernhard Gotto (Hg.), Visions of Community in Nazi Germany. Social Engineering and Private Lives, Oxford 2014, S. 43–59

Wildt, Michael, Die politische Ordnung der Volksgemeinschaft. Ernst Fraenkels Doppelstaat neu betrachtet, in: ders., Die Ambivalenz des Volkes. Der Nationalsozialismus als Gesellschaftsgeschichte, Berlin 2019, S. 261–278

Wildt, Michael, Eine spannungsvolle Beziehung: Ernst Fraenkel und Carl Schmitt, in: ders., Die Ambivalenz des Volkes. Der Nationalsozialismus als Gesellschaftsgeschichte, Berlin 2019, S. 279–301

Wilkenloh, Friedhelm, Grundprobleme des modernen Budgetwesens, Univ. Diss., Freiburg 1959

Winkler, Heinrich August, Ein umstrittener Wendepunkt: Die Revolution von 1918/19 im Urteil der westdeutschen Geschichtswissenschaft, in: ders. (Hg.), Weimar im Widerstreit. Deutungen der ersten deutschen Republik im geteilten Deutschland, München 2002, S. 33–42

Winkler, Heinrich-August, Die Revolution von 1918/19 und das Problem der Kontinuität in der deutschen Geschichte, in: HZ 250 (1990), S. 303–319

Wirsching, Andreas, Vom Weltkrieg zum Bürgerkrieg? Politischer Extremismus in Deutschland und Frankreich 1918–1933/39. Berlin und Paris im Vergleich, München 1999

Wirsching, Andreas, „Vernunftrepublikanismus" in der Weimarer Republik. Neue Analysen und offene Fragen, in: ders./Jürgen Eder (Hg.), Vernunftrepublikanismus in der Weimarer Republik. Politik, Literatur, Wissenschaft, Stuttgart 2008, S. 9–26

Wirsching, Andreas, *Volksgemeinschaft* and the Illusion of ‚Normality' from the 1920s, in: Martina Steber/Bernhard Gott (Hg.), Visions of Community in Nazi Germany. Social Engineering and Private Lives, Oxford 2014, S. 149–156

Witt, Peter-Christian, Die Finanzpolitik des Deutschen Reiches von 1903–1913, Lübeck 1970

Witt, Peter-Christian, Der preußische Landrat als Steuerbeamter 1891–1918. Bemerkungen zur politischen und sozialen Funktion des deutschen Beamtentums, in: Imanuel Geiss/Bernd Jürgen Wendt (Hg.), Deutschland in der Weltpolitik des 19. und 20. Jahrhunderts. Fritz Fischer zum 65. Geburtstag, Düsseldorf 1973, S. 205–219

Witt, Peter-Christian, Reichsfinanzminister und Reichsfinanzverwaltung, in: VfZ 23 (1975) 1, S. 1–61

Witt, Peter-Christian, Finanzpolitik und sozialer Wandel in Krieg und Inflation 1918–1924, in: Hans Mommsen/Dietmar Petzina/Bernd Weisbrod (Hg.), Industrielles System und politische Entwicklung in der Weimarer Republik, Bd. 1, Düsseldorf 1977, S. 395–426

Witt, Peter-Christian, Bemerkungen zur Wirtschaftspolitik in der „Übergangswirtschaft" 1918/19. Zur Entwicklung von Konjunkturbeobachtung und Konjunktursteuerung in Deutschland, in: Dirk Stegmann/Bernd-Jürgen Wendt/ders. (Hg.), Industrielle Gesellschaft und politisches System. Beiträge zur politischen Sozialgeschichte. Festschrift für Fritz Fischer zum siebzigsten Geburtstag, Bonn 1978, S. 79–96

Witt, Peter-Christian, Beschreibung von Archivbeständen der Finanz- und Wirtschaftsministerien, in: Archivbestände zur Wirtschafts- und Sozialgeschichte der Weimarer Republik. Übersicht über Quellen in Archiven der Bundesrepublik Deutschland, bearb. v. Thomas Trumpp und Renate Köhne, Boppard 1979, S. 286–311

Witt, Peter-Christian, Staatliche Wirtschaftspolitik in Deutschland 1918 bis 1923. Entwicklung und Zerstörung einer modernen wirtschaftspolitischen Strategie, in: Gerald D. Feldman et al. (Hg.), Die deutsche Inflation. Eine Zwischenbilanz, Berlin/New York 1982, S. 151–179

Witt, Peter-Christian, Finanzpolitik als Verfassungs- und Gesellschaftspolitik. Überlegungen zur Finanzpolitik des Deutschen Reiches in den Jahren 1930 bis 1932, GG 8 (1982), 3, S. 386–414

Witt, Peter-Christian, Konservatismus als „Überparteilichkeit". Die Beamten in der Reichskanzlei zwischen Kaiserreich und Weimarer Republik 1900–1933, in: Dirk Stegmann/Bernd-Jürgen Wendt/Peter-Christian Witt (Hg.), Deutscher Konservatismus im 19. und 20. Jahrhundert. Festschrift für Fritz Fischer zum 75. Geburtstag und zum 50. Doktorjubiläum, Bonn 1983, S. 231–280

Witt, Peter-Christian, Kontinuität und Diskontinuität im politischen System der Weimarer Republik. Das Verhältnis von Regierung, Bürokratie und Reichstag, in: Gerhard A. Ritter (Hg.), Regierung, Bürokratie und Parlament in Preußen und Deutschland von 1848 bis zur Gegenwart, Düsseldorf 1983, S. 117–148

Witt, Peter-Christian, Die Auswirkungen der Inflation auf die Finanzpolitik des Deutschen Reiches 1924–1935, in: Gerald D. Feldman (Hg.), Die Nachwirkungen der Inflation auf die deutsche Geschichte 1924–1933, München 1985 (= Schriften des Historischen Kollegs, Kolloquien 6), S. 43–95

Witt, Peter-Christian, Finanzen und Politik im Bundesstaat - Deutschland 1871–1933, in: Jochen Huhn/ders. (Hg.), Föderalismus in Deutschland. Traditionen und gegenwärtige Probleme, Symposion an der Universität Kassel, 10. bis 12. April 1991, Baden-Baden 1992, S. 75–99

Witt, Peter-Christian, Finanzpolitik und sozialer Wandel. Wachstum und Funktionswandel der Staatsausgaben in Deutschland, 1871–1933, in: Hans-Ulrich Wehler (Hg.), Sozialgeschichte Heute. Festschrift für Hans Rosenberg zum 70. Geburtstag, Göttingen 1994 (= Kritische Studien 11), S. 565–574

Woitkowski, Hans-Peter, Graf Schwerin von Krosigk, in: Martin Friedenberger/Klaus-Dieter Gössel/Eberhard Schönknecht (Hg.), Die Reichsfinanzverwaltung im Nationalsozialismus. Darstellung und Dokumente, Bremen 2002 (= Veröffentlichungen der Gedenk- und Bildungsstätte Haus der Wannsee-Konferenz 1), S. 246–252

Wright, Maurice, Treasury Control of the Civil Service 1854–1874, Oxford 1969

Wright, Maurice, Treasury Control 1854–1914, in: Gillian Sutherland (Hg.), Studies in the Growth of Nineteenth-Century Government, London 2010 [1972], S. 195–226

Wunder, Bernd, Geschichte der Bürokratie in Deutschland, Frankfurt a. M. 1986

Wunder, Bernd, Zur Geschichte der deutschen Beamtenschaft. Literaturbericht 1945–1985, in: GG 17 (1991), S. 256–277

Wunder, Bernd, Verwaltung als Grottenolm? Ein Zwischenruf zur kulturhistorischen Verwaltungsgeschichtsschreibung, in: JEV 19 (2008), S. 333–344

Zeidler, Karl, Maßnahmegesetz und „klassisches" Gesetz. Eine Kritik, Karlsruhe 1961

Zeidler, Manfred, Die deutsche Kriegsfinanzierung 1914 bis 1918 und ihre Folgen, in: Wolfgang Michalka (Hg.), Der Erste Weltkrieg. Wirkung, Wahrnehmung, Analyse, München/Zürich 1994, S. 415–433

Zunker, Albrecht, Finanzplanung und Bundeshaushalt. Zur Koordinierung und Kontrolle durch den Bundesfinanzminister, Frankfurt a. M./Berlin 1972

Zürn, Michael/Stephan Leibfried (Hg.), Transformationen des Staates, Frankfurt a. M. 2006

Personenregister